煤炭产业政策文件汇编

中国煤炭工业协会　编

下　册

（省区文件2004－2011）

中国商业出版社

编制说明

为了进一步贯彻落实煤炭产业政策的实施，应广大会员单位的要求，中国煤炭工业协会组织编辑了《煤炭产业政策文件汇编》（2004－2011）。该《汇编》为煤炭工业“十二五”发展起到了指导作用，为各企业改革和发展提供了政策和法律指南，为社会各界了解和研究煤炭产业政策提供了重要依据，具有现实和长远的意义。

《汇编》下册汇集了各省区发布的行政法规、部门规章以及规范性文件288件，对各省区发布的煤炭产业政策进行了全面系统的专题编录。

鉴于有关部门对煤矿安全生产类文件已有专门文件汇编，本书只选择了与其煤炭产业政策密切相关的重要文件。

由于时间仓促，书中有不当和遗漏之处在所难免，请予谅解。

目 录

下册

北京市

河北省

山西省

内蒙古自治区

辽宁省

吉林省

黑龙江省

江苏省

浙江省

安徽省

福建省

江西省

山东省

河南省

湖北省

湖南省

广西壮族自治区

重庆市

四川省

贵州省

云南省

陕西省

甘肃省

青海省

宁夏回族自治区

新疆维吾尔自治区

北京市

产权交易所矿业权转让项目进场交易指南（试行）

一、适用范围

1.1 为进一步规范矿业权转让交易，实现矿业权有序流转，探索建立跨区域矿业权转让交易平台，根据《中华人民共和国矿产资源法》、《矿产资源勘查区块登记管理办法》（国务院令〔1998〕第240号）、《矿产资源开采登记管理办法》（国务院令〔1998〕第241号）、《探矿权采矿权转让管理办法》（国务院令〔1998〕第242号）、《矿业权出让转让管理暂行规定》（国土资发〔2000〕309号）等国家相关法律法规和规范性文件及《北京产权交易所矿业权转让交易规则》（附录1），特拟定本指南。

1.2 本指南规定了进入北京产权交易所的矿业权转让项目的矿业权类别、交易矿种、矿业权地域类别、勘查程度、所需提交的要件资料、所需填报的基础表格、北京产权交易所受理转让申请、发布转让信息、登记受让意向、竞价及组织交易签约、结算交易资金、出具交易凭证等。

1.3 本指南是北京产权交易所的矿业权转让工作的总体要求，也是交易各方进场交易的基本依据。

二、交易类别

探矿权、采矿权以及以探矿权和采矿权为核心资产的相关投资权益的交易。

交易类别主要包括矿业权转让、股权（产权）转让及融资合作。

三、交易矿种

非国家现行政策法规限制交易的矿种。

四、地域类别

4.1 国内转让项目指矿业权所在地位于中华人民共和国境内陆地部分，不含国内海域部分的矿业权。

4.2 国外转让项目指矿业权所在地位于中华人民共和国国境以外的陆地部分，不含国外海域部分的矿业权。

五、勘查程度

必须是已提交勘查区相应工作程度地质勘查报告并经相应机构评审和备案的项目。

六、要件资料

6.1 相关权证（验原件留复印件）：

6.1.1 探矿权类

6.1.1.1 矿业权人为法人或其他经济组织的，需提供营业执照副本、税务登记证、组织机构代码、矿业权证。

6.1.1.2 矿业权人为自然人的，需提供矿业权人身份证、矿业权证。

6.1.1.3 探矿权评估报告及备案文件、探矿权价款缴付证明、探矿权使用费缴付凭证。

6.1.2 采矿权类

6.1.2.1 矿业权人为法人或其他经济组织的，需提供营业执照副本、税务登记证、组织机构代码、矿业权证、生产许可证、安全生产许可证、爆破证、排污证。

6.1.2.2 矿业权人为自然人的，需提供矿业权人身份证、矿业权证、生产许可证、安全生产许可

证、爆破证、排污证。

6.1.2.3 采矿权评估报告及备案文件、采矿权价款缴付证明、采矿权使用费、矿产资源补偿费和资源税缴付凭证。

6.1.3 权益类

以矿业权为核心资产的投资权益的有关证明。

6.2 技术资料

6.2.1 探矿权

相应勘查程度的地质报告及评审意见书。

6.2.2 采矿权

6.2.2.1 地质勘查报告及评审意见书；

6.2.2.2 开发利用方案；

6.2.2.3 环境评估报告；

6.2.2.4 地质灾害评估报告（可在环境评估报告中一并提出）；

6.2.2.5 矿山环境保护与恢复治理方案 （可在开发利用方案中一并提出）。

6.3 其他资料

6.3.1 矿业权类

6.3.1.1《矿业权转让信息发布申请书》；

6.3.1.2转让方企业内部决策文件和公司章程；

6.3.1.3具备矿业权评估资质的评估机构出具的《矿业权评估报告》；

6.3.1.4转让标的涉及他项权利的，相关权利人同意转让的意思表示；

6.3.1.5转让方为国有及国有控股企业的，还应提交有权批准机构同意转让的批复或决议及资产评估项目核准表或备案表；

6.3.1.6国家出资勘查所形成的探矿权、采矿权转让的，评估结果由国务院地质矿产主管部门确认或备案；

6.3.1.7《法律意见书》；

6.3.1.8北交所要求提交的其他文件。

6.3.2以矿业权为核心资产的投资权益转让，涉及股权类投资权益转让的尚需：

6.3.2.1转让方的主体资格证明文件；

6.3.2.2转让标的企业的内部决策文件和公司章程；

6.3.2.3转让标的近期审计报告及资产评估报告。

6.3.3以矿业权为核心资产的投资权益转让，涉及不设立/未设立企业法人勘查或开采矿产资源的尚需：

6.3.3.1合作方的主体资格证明文件；

6.3.3.2合作协议；

6.3.3.3合作方同意转让投资权益的意思表示。

七、基础表格

7.1 矿业权基本情况登记表

7.2 探矿权勘查工作情况表

7.3 采矿权勘查工作情况表

7.4 矿山企业资产登记表

八、资料受理

8.1 形式审查

北交所对转让方提交的材料进行齐全性及合规性审核。

8.2 缴纳矿业权独立专家工作费用

形式审核通过的，北交所按照《北京产权交易所矿业权转让项目独立专家工作细则》选定专家为转让项目出具《独立专家意见书》。相关专家工作费用由转让方承担。

九、独立专家意见书

按照《北京产权交易所矿业权转让项目独立专家工作细则》执行。

十、受理转让申请

10.1 《矿业权转让交易项目独立专家意见书》出具后，北交所向转让方 出具相关受理通知。

10.2 转让方应在转让信息发布前明确交易方式并填报《矿业权转让信息发布申请书》。

10.3 矿业权转让交易可以选择下列方式进行：

(一) 挂牌转让；

(二) 动态报价转让。

10.4 挂牌转让是指北交所依据转让方的申请，将矿业权转让项目信息在省级以上公开发行的国土资源、经济或者金融类报刊和北交所网站进行信息发布，公开征集意向受让方的行为。

10.5 动态报价转让是指北交所依据转让方的申请，将矿业权转让项目信息在省级以上公开发行的国土资源、经济或者金融类报刊和北交所网站进行信息发布，公开征集意向受让方，并组织意向受让方通过北交所指定的竞价系统进行报价，按照价格优先、时间优先的原则确定最终有效报价者为受让方的行为。

十一、发布转让信息

11.1 选择挂牌转让方式的，北交所依据转让方提交的材料进行信息发布。信息发布时间不少于20个工作日，累计不超过6个月，自报刊登载转让信息之日起计算。

11.2 选择动态报价转让方式的，信息发布时间不少于20个工作日。

十二、登记受让意向

12.1 北交所登记受让意向的截止时间为信息发布截止日北京时间17:00时。意向受让方应在登记截止时间前向北交所提出受让申请，并将保证金交纳至北交所指定账户。

12.2 北交所对《矿业权受让申请书》及受让材料进行审核，对符合条件并按时交纳保证金的意向受让方进行登记；对不符合条件的，北交所将予以书面告知，意向受让方应在收到通知次日起2个工作日内按要求做出补正。

12.3 采取动态报价转让方式的，意向受让方应在信息发布期间在北交所指定的竞价系统进行登记注册并交纳保证金。保证金到达指定账户、注册账户激活后，意向受让方应在指定竞价时间登录北交所指定竞价系统进行报价，并按该竞价系统规则执行。

十三、竞价及组织交易签约（交易流程图）

13.1 采取挂牌转让方式的，信息发布期满后，只产生一个符合条件的意向受让方的，进行协议转让；产生两家及以上符合条件的意向受让方的，由北交所按照转让方选定的竞价方式组织实施公开竞价。

13.2 公开竞价方式包括拍卖、招投标、网络竞价以及其他竞价方式。

13.3 采取动态报价转让方式确定受让方后，北交所依据报价结果通过竞价系统向受让方发送《动态报价结果通知书》。受让方应在接到《动态报价结果通知书》次日起5个工作日内向北交所提交法人资格证明或自然人身份证明，并按转让方要求签订《矿业权交易合同》。

13.4 矿业权转让交易涉及主体资格审查、反垄断审查等情形，产权交易合同的生效需经政府相关部门批准的，交易双方应自行将《矿业权交易合同》及相关材料报政府相关部门批准，北交所可出具政府相关部门审批所需的交易证明文件；不设立合作、合资法人勘查或开采矿产资源的，在签订合作或合资合同后，应当将《矿业权交易合同》向登记管理机关备案。

十四、结算交易资金

14.1 矿业权转让交易各方交纳的保证金和佣金均应通过北交所进行统一结算。

14.2 矿业权转让交易的成交价款可通过北交所结算。

14.3 通过北交所进行交易价款结算的，受让方应在国土资源行政主管部门审批通过后，在约定的期限内，将交易价款支付到北交所结算账户。受让方已交纳的保证金可根据约定转为交易价款。

14.4 交易双方应按照《北京产权交易所矿业权转让交易收费标准》支付交易佣金，北交所在收到交易佣金后，出具收费凭证。

十五、出具交易凭证

15.1 北交所对矿业权交易成交材料进行形式审核，经审核通过且交易佣金到账后向各方出具《矿业权交易凭证》。

15.2 交易标的权属移转需进行变更登记的，交易双方凭矿业权交易凭证等相关材料，按照国家有关规定及时到相关部门办理变更登记手续。

北京市矿业权出让和转让公开交易办法（试行）

第一条 为规范本市矿业权出让和转让行为，促进矿产资源的优化配置，根据《探矿权采矿权转让管理办法》（国务院令第242号）、《矿业权出让转让管理暂行规定》（国土资发〔2000〕309号）和《北京市矿产资源管理条例》，结合本市实际，制定本办法。

第二条 由北京市国土资源局负责颁发勘查许可证和采矿许可证矿业权的出让和转让，适用本办法。

第三条 本办法所称矿业权包括探矿权和采矿权。

矿业权出让是指市国土资源局以招标、拍卖、挂牌或协议等方式向矿业权申请人授予矿业权的行为。

矿业权转让是指矿业权人依法将矿业权转让他人的行为。

第四条 矿业权出让和转让在市国土资源局监督指导下，通过市国土资源局指定的矿业权交易机构进行。

市国土资源局指定的矿业权交易机构是本市矿业权出让和转让交易的平台，负责矿业权出让和转让交易的相关服务。

第五条 矿业权出让应采用招标、拍卖、挂牌、协议等方式进行。

采用招标、拍卖、挂牌、协议等方式出让矿业权的，必须符合国家规定的条件。

由市国土资源局颁发勘查许可证和采矿许可证的矿业权转让，应报经市国土资源局审核同意后，采用招标、拍卖、挂牌、协议等方式进行。

第六条 矿业权出让和转让的保留价由出让人或矿业权人确定。

第七条 矿业权出让按下列程序进行：

(一) 市国土资源局编制《矿业权出让方案》；

(二) 市国土资源局向矿业权交易机构下达矿业权出让任务书；

(三) 市国土资源局、矿业权交易机构发布矿业权出让公告；

(四) 公告期满，矿业权交易机构依照《矿业权出让方案》组织实施出让交易；

(五) 以招标、拍卖、挂牌、协议方式出让成交的，受让人持相应的《中标通知书》、《拍卖成交

确认书》、《挂牌成交确认书》、《协议出让通知书》等资料向市国土资源局申请办理矿业权登记手续，签订矿业权出让合同，缴纳价款，领取勘查许可证或采矿许可证；

(六) 市国土资源局、矿业权交易机构在10日内将矿业权出让结果在相关网站向社会公示。

第八条　矿业权转让按下列程序进行：

(一) 矿业权人先向市国土资源局申请转让审核，并提交相关材料；

(二) 市国土资源局对矿业权主体及矿业权是否符合转让条件进行全面审查，经审查符合矿业权转让条件的，市国土资源局出具同意转让的审查意见；

(三) 市国土资源局将矿业权拟转让的情况在相关网站向社会公示；

(四) 公告期内无异议的，矿业权人持核准文件及其他材料通过矿业权交易机构以招标、拍卖、挂牌、协议等方式实施转让交易；

(五) 转让成交的，转让双方签订矿业权转让合同，受让人持矿业权交易机构出具的转让交易凭证等资料向市国土资源局申请办理矿业权转让、变更登记手续。

第九条　矿业权转让合同应包括下列基本内容：

(一) 矿业权转让人、受让人的名称、法定代表人、注册地址；

(二) 转让业务承办机构，转让方式；

(三) 转让的矿业权基本情况，包括当前权属关系、勘查许可证或采矿许可证编号、发证机关、有效期限、矿业权的地理位置、坐标、面积、地质勘查工作或开发利用情况等；

(四) 转让价格，付款方式或权益实现方式等；

(五) 争议解决方式；

(六) 违约责任；

(七) 其他事项。

第十条　矿业权拟受让人应在公告期限届满前或指定时间，向市国土资源局报送下列资格审查材料。

(一) 工商营业执照复印件、《事业单位法人证书》或其他主体资格证明文件复印件；

(二) 法定代表人身份证明材料；委托办理的，提交授权委托书原件和被委托人的身份证明材料；

(三) 资金、技术人员和设备情况等材料；

(四) 其他应提交的材料。

第十一条　通过市国土资源局资格审核并取得相应的核准文件后方可参与矿业权交易。

第十二条　涉及矿业权协议转让的、采矿权续延或非交易性变更的，相关当事人应向市国土资源局提交申请，经审查通过后，由市国资源局在相关媒体和网站进行公示；公示期满无异议的，方可通过矿业权交易机构实施相关交易。

第十三条　申请审核或登记的报件资料均提交纸质、电子文档各一份，复印件须加盖申请人公章并提交原件核对。

第十四条　矿业权转让，有下列情形之一的，不得转让：

(一) 矿业权有争议尚未解决的；

(二) 矿业权转让人或受让人有矿产资源违法行为尚未处理的，或者矿产资源违法行为的行政处罚尚未执行完毕的；

(三) 依法应当终止矿业权转让的其他情形。

第十五条　矿业权交易机构及其工作人员、出让和转让交易当事人违反法律法规，由有关部门依法处理。

第十六条　本办法自二O一O年六月一日起施行。

河北省安全生产风险抵押金管理暂行办法

2005年5月10日　冀政〔2005〕37号

第一条　根据《国务院关于进一步加强安全生产工作的决定》（国发〔2004〕2号）和《河北省安全生产条例》关于建立安全生产风险抵押金制度的有关规定，为强化生产经营单位的安全生产责任，建立安全生产风险准备机制，保障事故抢险救灾工作的顺利进行，制定本办法。

第二条　安全生产风险抵押金（以下简称风险抵押金）是生产经营单位根据危险程度预先交纳，用于本单位发生重大以上生产安全事故后专项支付相关费用的资金。本省行政区域内的矿山企业、危险化学品生产企业、烟花爆竹生产企业、民爆器材企业和建筑施工单位应当依照本办法的规定，交纳安全生产风险抵押金。

各设区市政府可以根据本地实际情况，对其他生产经营单位交纳风险抵押金作出规定。

第三条　风险抵押金的交纳标准

(一) 煤矿：按年生产能力交纳。企业年生产能力低于3万吨的，交纳200万元。企业年生产能力3万吨（含3万吨）以上的，按每万吨100万元交纳，最高交纳限额1000万元。

(二) 非煤矿山：按企业从事开采作业的人数交纳。地下矿山企业按每人5至10万元交纳，最高交纳限额500万元。露天矿山企业按每人2至5万元交纳，最高交纳限额200万元。

非金属矿山企业的交纳标准由各设区市政府依据本地实际情况确定。

(三) 危险化学品生产企业：按企业从事生产作业人员人数交纳，每人5000至1万元，最高交纳限额300万元。

(四) 烟花爆竹生产企业：按企业从业人员人数交纳。每人2至5万元，最高交纳限额300万元。

(五) 民用爆破器材生产经营单位：生产企业按实际生产能力交纳，工业炸药按每1000吨交纳3万元；工业雷管按每1000万发交纳3万元。最高交纳限额100万元。经营企业按实际经营量交纳，工业炸药每1000吨交纳3万元，最高交纳限额50万元。

(六) 建筑施工单位：按照企业资质，结合企业事故发生率等情况交纳，最高交纳限额60万元。具体交纳标准由省建设行政主管部门确定。

(七) 其他生产经营单位：根据生产经营单位存在的危险源以及危险、危害程度确定。具体标准由各设区市政府确定。

(八) 生产经营单位风险抵押金标准每两年核定一次。

本条前六项之外的生产经营单位的分公司（子公司、车间）属于本条前六项所列生产经营范围的，应当按照本办法规定的标准交纳风险抵押金。

第四条　风险抵押金的交纳

(一) 风险抵押金的交纳原则上以独立核算的生产经营单位为计算单位，由法人或法人单位按规定交纳。生产经营单位不得以任何形式向职工摊派风险抵押金。

生产经营单位不按规定交纳风险抵押金的，由风险抵押金管理部门责令限期交纳；拒不交纳的，按未保证安全生产投入依法予以处理。

(二) 风险抵押金交纳标准在30万元（含30万元）以下的一次交清；超过30万元的可以分三年交清，首次交纳不得少于同行业最低交纳标准的50%。

(三) 生产经营单位应当根据风险抵押金管理部门核定的具体数额，在规定期限内将当年应交纳的风险抵押金汇入经同级财政部门审批的账户。

(四) 风险抵押金在生产经营单位财务“其他应收款”科目中反映。

第五条 风险抵押金可以用于下列项目支出：

(一) 重大以上生产安全事故的指挥、抢险、救灾等费用；

(二) 事故调查、技术鉴定、勘察以及保障事故调查所必须的安全投入等费用；

(三) 依照有关规定用于支付事故赔偿费用。其中用于遇难者家属的赔付金与其他赔付之和不应低于国家和本省规定的最低赔偿标准；

(四) 发生生产安全事故后应依法缴纳和支付的其他费用。

第六条 风险抵押金的管理实行分行业分级负责

(一) 省民爆器材行业主管部门负责民爆器材行业生产经营单位风险抵押金的管理。

(二) 各设区市安全生产监督管理部门负责辖区内市属以上矿山、危险化学品、烟花爆竹等行业生产经营单位风险抵押金的管理。各县（市、区）安全生产监督管理部门负责辖区内市属以下矿山、危险化学品、烟花爆竹等行业生产经营单位风险抵押金的管理。

(三) 各设区市建设行政主管部门负责建筑施工单位风险抵押金的管理。

(四) 其他行业生产经营单位风险抵押金的管理由设区市政府规定。

第七条 省直有关部门负责对所监管行业的风险抵押金工作实施监督管理；各级财政、审计部门负责资金的监督管理，确保资金专款专用。

第八条 风险抵押金的使用由风险抵押金管理部门依照本办法第五条规定的使用范围根据实际需要研究决定。

风险抵押金经批准使用后，风险抵押金管理部门应当及时告知生产经营单位，提供有关资金使用凭证；生产经营单位应当在收到补交通知当日起30日内按规定标准足额补交。

生产经营单位未按规定标准足额补交的不得恢复生产。

第九条 生产经营单位因清算、关闭、破产等原因不再从事生产经营活动时，应当提出返还风险抵押金申请。风险抵押金管理部门应当在接到申请书的20日内核准并办理相关手续，将全部或结余的风险抵押金返还生产经营单位。逾期未返还的，由其上级部门责令立即返还。

第十条 生产经营单位在12个月内发生两次重大或一次特大生产安全责任事故的，风险抵押金管理部门可以决定将该单位风险抵押金标准提高50%至100%。

第十一条 生产经营单位有权向风险抵押金管理部门了解本单位风险抵押金的使用和结存情况；对擅自变更资金用途、截留挪用、不提供资金使用凭证等行为，生产经营单位有权要求其予以纠正，并向其同级财政、审计或其上级机关举报。

第十二条 风险抵押金管理部门及其工作人员截留、挪用、贪污风险抵押金，或因玩忽职守造成风险抵押金流失的，将依法、依纪追究部门主要负责人和有关责任人员的责任。

第十三条 各设区市政府根据本办法，结合本地实际情况制定实施细则或对已经出台的相关规定进行修订完善。国家对实行风险抵押金制度另有规定的，依照国家有关规定执行。

第十四条 本办法由河北省安全生产监督管理局负责解释。

第十五条 本办法自颁布之日起施行。

关于整合矿产资源调整矿山布局的实施意见

2005年10月08日　冀政〔2005〕84号

各设区市人民政府，各县（市、区）人民政府，省政府各部门：

我省是矿业大省，矿业和以矿产品为主要原料的加工产业已成为我省国民经济和社会发展的重要支柱产业。近年来，全省矿业经济迅猛发展，现有各类矿山8682个，从业人员近80万人，年产矿石量3亿吨以上，矿业年产值达240亿元，矿山采掘业及其后续相关产业产值占全省工业总产值的50%以上。在各级各有关部门的共同努力下，我省矿产资源管理工作取得了显著成效，全省矿产资源勘查、开采秩序基本稳定，为保障矿产资源有效供应、促进国民经济和社会发展做出了贡献。但是，我省矿产资源管理中仍有一些深层次的问题亟待解决。特别是受“有水快流”等历史遗留问题的影响，全省矿产资源管理粗放，开发利用水平低，矿山数量多、规模小、资源浪费严重，一些矿山矿区范围交叉重叠、布局不合理，影响了矿产资源的科学合理利用和矿业经济的健康发展。为推动我省矿产资源管理方式和开发利用方式由粗放型向集约型转变，实现规模开发、集约发展，省政府决定用两到三年时间，在全省开展整合矿产资源调整矿山布局工作（以下简称整合资源调整布局）。现提出如下实施意见。

一、指导思想和总体目标

(一) 指导思想：认真贯彻党的十六大精神，按照全面建设小康社会、构建和谐社会的总体要求，全面落实科学发展观，实施可持续发展战略，以矿产资源法律法规为依据，以保护和合理开发矿产资源、满足经济发展对矿产资源的需求为目的，以整合资源合理布局为主要内容，以市场配置为手段，对矿产资源重新规划、整合、配置，对矿山企业依法进行重组，优化资源配置，转变增长方式，提高矿业经济运行质量，提升矿产资源管理和开发利用水平，为全省经济持续、健康、快速发展提供可靠的资源保证。

(二) 总体目标：一是矿山数量明显减少，矿山规模明显扩大，矿山布局基本合理，“多、小、散、乱”的局面得到扭转；二是矿产资源保护和利用水平明显提高，矿山生态环境明显改善，不合理开发利用资源和破坏浪费矿产资源的现象得到有效遏制；三是解决国有大矿范围内的小矿山、矿区范围交叉重叠、超期证等历史遗留问题，矿业权纠纷和越层越界等各类违法案件明显减少；四是建立和完善全省采矿权设置规划和计划，实现由被动无计划授予采矿权向有计划出让采矿权的转变，对矿业经济发展的调控能力明显提升；五是建立和完善全省矿业权市场，创造市场主体平等竞争和公开、有序、健全、统一的市场环境；六是建立和完善规范的矿产资源管理制度和维护矿产资源管理秩序的长效机制。

二、整合范围和主要任务

(一) 整合资源调整布局的范围：国有重点大矿周边地区；矿权布局不合理、一矿多开、大矿小开、矿山布点过密、生产规模过小和个体矿山集中区，以及矿区范围平面或立体交叉重叠的地区；矿业秩序较为混乱和因矿权布局不合理而导致安全隐患较多的矿区。

(二) 主要任务：依法取缔整合范围内的无证矿和其他违法开采的矿山；核查整合区域内已探明的矿产资源储量、地质情况和资源开采现状；按照合理开发有效利用矿产资源的要求，科学编制区内矿产资源规划方案、采矿权设置方案；按照政府引导、市场运作、平等有偿、择优扶强、依法组建的原则，组建新的矿山企业，依法设立采矿权，并办理有关登记手续。

三、原则和标准

(一) 整合资源调整布局按下列原则进行：

1. 宏观调控、集约利用。全面落实科学发展观，严格按照我省国民经济和社会发展需求、矿产资源总体规划和矿产资源法律法规等有关规定审批设立采矿权，有效控制和最大限度减少矿山企业数量，提升办矿规模和矿产资源开发利用水平。

2. 合理布局、规模办矿。以市场经济规律为准则，充分发挥市场调节作用，推进企业兼并、重组或联合，调整矿山布局，优化资源配置。原则上一个矿体（一个井田）只能设置一个采矿权，一个采矿权只能设计一套开采生产系统，杜绝大矿小开、一矿多开，低水平重复建设。

3. 提高标准、依法办矿。严把采矿权准入关，严格执行矿产资源法律法规，限定矿山企业准入条件和标准，矿山企业必须严格按照开发利用方案或矿山设计进行开采，杜绝一证多矿现象。

4. 保护环境，防治并举。坚持谁开发，谁保护，谁破坏，谁治理和开发与保护并重，严格执行矿山开发环境影响评价和环保“三同时”规定，推进“绿色矿山”建设，防治环境污染，保护矿山生态环境，走资源集约型、经营规模型、生态保护型的“绿色矿业”发展道路。

5. 科学办矿、科技兴矿。鼓励矿山企业依靠科技进步和技术创新，改造传统采选工艺和装备，推广新技术、新工艺，增强矿业开发科技含量，提高资源综合利用水平，把资源优势转化为产业优势、经济优势和效益优势。

6. 统筹兼顾、协调发展。树立全面、协调、科学的发展观，兼顾国家、集体和个人三者利益关系，正确处理整体和局部、当前和长远利益的关系，维护矿区经济发展和社会稳定，实现经济效益、资源效益、环境效益、社会效益同步提高。探索和实施矿产资源储备制度，在保护中开发，在开发中保护，保证和满足我省国民经济和社会发展当前和长远的需要。

(二) 整合后的矿区及矿山企业要达到以下标准：

1. 矿区范围明确，矿权设置合理，开发利用方案符合规范，矿权之间留有合理的保护矿柱。矿山企业占用矿产资源储量、设计生产规模、矿山服务年限匹配合理，“三率”指标科学规范，符合有效保护和合理开发利用资源的总体要求。

2. 新建矿山建设规模不低于国土资源部下发的《关于调整部分矿种矿山生产建设规模标准的通知》要求的最低生产建设规模，生产装配水平高于全省矿山平均装配水平。

3. 矿山企业具备相关的采矿资质条件，矿山企业组织符合《中华人民共和国公司法》等法律法规的要求，产权明晰，责权分明，并有相应的采、选、地、测专业技术人员。

四、方法与步骤

整合资源调整布局工作要坚持先重点、后一般，煤炭先行整合（2006年底前完成），与冀政〔2005〕20号文件接轨，采取突出重点，以点带面，逐步推开，综合运用法律、行政、经济等手段，推动整合资源调整布局工作深入开展，确保取得实效。全省整合资源调整布局工作分三个阶段进行，计划用两到三年时间完成。

第一阶段（2005年）。全面部署和启动整合资源调整布局工作。根据我省矿业开发实际，优先解决国有重点大矿周边地区整合问题，以铁、煤等大宗优势矿产为突破口，在矿业大市选择17个重点矿区进行整合试点，为全面推开整合资源调整布局工作做好准备。

第二阶段（2006年1月至12月）。确定整合区域，编制设区市和县（市、区）总体整合方案，逐级报批，并组织实施。总结和推广第一阶段整合经验，以点带面，全面推开，整体推进，集中精力扎实开展整合资源调整布局工作，力争通过一年半的时间初步完成全省整合资源调整布局任务。

第三阶段（2007年1月至6月）。巩固和扩大整合成果，查漏补缺，加强监督，严格管理，严防“明合暗不合”现象发生，全面完成整合资源调整布局工作。同时要对整合资源调整布局工作进行全面总结。省政府将对设区市整合资源调整布局工作进行验收。

五、保证措施

(一) 加强领导，狠抓落实。为加强对整合资源调整布局工作的领导，省政府成立由副省长柳宝全为组长，省国土资源厅、省发展改革委、省国资委、省工商局、省安监局、河北煤监局、省环保局等部门负责同志组成的省整合资源调整布局领导小组。领导小组办公室设在省国土资源厅，负责整合资源调整布局的日常工作。各设区市和县（市、区）也要成立相应的机构，具体组织、协调、落实整合资源调整布局工作。要充分认识整合资源调整布局工作的重大意义，加强宣传，正确引导，真抓实干，狠抓落实；整合任务较重的地区，政府主要领导要亲自抓，把目标任务落实到部门，落实到矿，落实到人。

(二) 明确分工，落实责任。整合资源调整布局工作由省政府统一部署和调度，设区市、县（市、区）政府统一组织，以县级政府为主组织实施。省政府将组织督导组不定期地深入重点整合矿区进行督导检查和指导。

(三) 强化措施，加大力度。整合工作要与整顿、规范矿产资源开发秩序工作相结合，首先对无证采矿及其他违法开采的矿山依法进行清理和取缔；要查清整合区域内已探明的资源储量情况、基本地质情况、开采现状，在此基础上编制矿产资源规划、矿业权设置方案和各拟设矿业权矿区的开发利用方案，并由市、县（市、区）政府逐级审核报省国土资源厅，由省国土资源厅组织专家对方案进行审查后报省政府批准。市、县（市、区）政府按照批准方案拟设置采矿权的数量，组建符合现代企业制度要求的矿山企业。通过投资入股、企业兼并、企业收购、联合重组、股份制改造、采矿权转让等手段对矿山企业进行重新整合，组建新的符合规定条件和规模的矿山企业。对原有矿山企业予以终止和关闭，合理配置依法设立采矿权。拒不参加整合的矿山采矿许可证到期后，一律不得延续，并强制关闭。

(四) 政策激励，促进整合。制定和出台优惠政策和激励机制，有条件的地区要加大财政支持力度，对整合关闭的合法矿山要给予适度经济补偿，对整合后保留的矿山在采矿权申报过程中，优先审批，优先办理。

(五) 严格标准，认真验收。整合资源调整布局工作必须严格按照本意见规定的原则和标准进行，不得擅自降低标准。整合资源调整布局工作结束后，设区市政府要先行组织自查，自查验收合格的由省政府统一组织验收，验收不合格的必须重新“补课”。

(六) 健全制度，规范管理。在整合过程中，要加强对有关政策和各种实际问题的研究，注意积累和总结有效措施，推广典型经验。进一步健全和完善我省矿产资源管理的各项法规、规章和制度，提高全省矿产资源管理水平。

关于调整煤矿井下艰苦岗位津贴有关工作的通知

2006年10月20日　冀劳社〔2006〕59号

各设区市劳动和社会保障局、发展和改革委员会、财政局，各扩权县人氏劳动和社会保障局、发展和改革委员会、财政局：

为贯彻落实《国务院关于促进煤炭工业健康发展的若干意见》（国发〔2005〕18号）的精神，提高煤矿工人的工资收入，稳定煤矿职工队伍，促进煤炭行业持续稳定健康发展，现根据劳动保障部、国家发改委、财政部《关于调整煤矿井下艰苦岗位津贴有关工作的通知》（劳社部发〔2006〕24号）精神，就调整我省煤矿井下工人岗位津贴有关工作通知如下：

一、煤矿井下艰苦岗位津贴的执行范围

本通知规定的井下艰苦岗位津贴适用于全省行政区域内各类煤炭企业的井下作业的各类职工，不包括露天煤矿职工。具体发放范围为：井下采掘工人、辅助工人、安检人员及下井工作且编制在井下采掘、辅助队的基层干部、技术人员和管理人员。

二、煤矿井下艰苦岗位津贴的种类及标准

井下艰苦岗位津贴包括：井下津贴、班中餐补贴和夜班津贴。

(一) 井下津贴

1. 井下采掘工：20元－30元/工（班）；

2. 井下辅助工：10元－20元/工（班）；

3. 安检人员、基层干部、技术人员及管理人员的井下津贴标准按井下辅助工标准执行。

(二) 班中餐补贴：6元－10元/工（班）。

班中餐补贴由企业集中用于井下作业职工的伙食，不得挪作他用，也不得直接支付给职工个人。暂不具备集中供餐条件的企业，可根据自己的情况，与企业工会或职工代表大会协商解决，并积极创造条件，尽早实现集中供餐。

(三) 夜班津贴

1. 前夜班（20点以前上班，20点至24点工作4个小时）：8元－10元/工（班）；

2. 后夜班（0点至8点工作4个小时）：10元－12元/工（班）。

三、调整煤矿井下艰苦岗位津贴的资金来源

调整井下艰苦岗位津贴所需资金可在企业成本中列支。实行工资总额同经济效益挂钩或工资总额包干的企业，调整津贴标准增加的工资在工资总额基数外单列。

四、煤矿井下艰苦岗位津贴的实施

各类煤炭企业要认真执行国家关于井下艰苦岗位津贴的有关规定，切实落实井下人员的相关待遇。企业对提供了正常劳动的劳动者发放的井下艰苦岗位津贴不得低于本通知确定的最低标准。实行吨煤工资含量计件制的企业，应结合职工出勤情况，在吨煤工资以外发放井下艰苦岗位津贴。实行岗位工资制的企业要合理调整和确定岗位工资和各种津贴的比例关系。企业要结合提高井下艰苦岗位津贴，采取多种措施，提高井下职工的收入水平，使工资分配向井下一线职工倾斜，形成合理的井下人员与地面人员的工资收入分配关系。

各类煤炭企业要在提高井下艰苦岗位津贴的同时，积极改善劳动条件和劳动环境，切实保证职工的身体健康。

五、有关工作要求

各企业要根据自己的情况，在本通知规定的标准区间内制定贯彻落实细则，并可根据本企业不同矿区的实际情况，综合考虑井下劳动强度、工作时间、煤层的赋存条件以及水、火、瓦斯等自然灾害和粉尘、温度、湿度、噪声等作业环境，合理确定各矿区煤矿井下艰苦岗位津贴的具体标准，但执行标准不得低于本通知规定的最低标准，也不得高于最高标准。

六、执行时间

本通知自2006年11月1日起执行。

关于印发《河北省矿山生态环境恢复治理保证金管理暂行办法》的通知

2006年12月25日　冀国土资发〔2006〕15号

各设区市人民政府，各县（市、区）人民政府，省政府各部门：

《河北省矿山生态环境恢复治理保证金管理暂行办法》已经省政府同意，现予印发，请认真贯彻实施。

特此通知。

河北省矿山生态环境恢复治理保证金管理暂行办法

第一条 为有效保护矿山生态环境，预防和治理矿山地质灾害，建立矿山环境治理和生态恢复责任机制，根据《河北省地质环境管理条例》和国务院《全面整顿和规范矿产资源开发秩序的通知》（国发〔2005〕28号），结合本省实际，制定本办法。

第二条 凡在本省行政区域内开采矿产资源的采矿权人，应当依法履行矿山生态环境恢复治理义务，并缴纳矿山生态环境恢复治理保证金。

采矿权人履行矿山生态环境恢复治理义务，经验收合格后，保证金本息返还采矿权人。

第三条 矿山生态环境恢复治理保证金（以下简称保证金），是指采矿权人对矿山生态环境恢复治理所缴纳的备用治理资金。

保证金只能用于因矿产资源开发引发的崩塌、滑坡、泥石流、地面塌陷、地裂缝等地质灾害的预防、治理和被破坏的矿山生态环境的恢复。

第四条 保证金由矿山所在地设区市国土资源行政主管部门负责收取。矿区范围跨设区市行政区域的，由占矿区面积较大的设区市国土资源行政主管部门负责收取。设区市国土资源行政主管部门可以委托县（市）国土资源行政主管部门收取。

第五条 保证金的收缴标准，依据采矿许可证批准面积、采矿许可证有效期限、开采矿种、开采方式以及对矿山生态环境影响程度等因素确定（保证金的收缴标准及影响系数见附件）。

第六条 保证金分一次性缴纳和分期缴纳。

采矿许可证有效期3年以下（含3年）的，采矿权人应当一次性全额缴纳保证金。

采矿许可证有效期3年以上的，采矿权人可以分期缴纳保证金。首次缴纳保证金数额不得低于应缴总额的30%，余额可每2年缴纳一次，每次缴纳数额不得低于余额的50%，但在采矿许可证有效期满前一年应当全部交清。

第七条 新设采矿权的采矿权人，应当在取得采矿许可证后1个月内，与负责收取保证金的国土资源行政主管部门签订《矿山生态环境恢复治理责任书》，提交经主管部门审批的《矿山生态环境保护与综合治理方案》，并缴纳保证金。

《矿山生态环境保护与综合治理方案》的编写技术要求和《矿山生态环境恢复治理责任书》样式由省国土资源厅统一制定。

第八条 本办法施行前已取得采矿许可证的采矿权人，应当在本办法施行起三个月内，与负责收取保证金的国土资源行政主管部门签订《矿山生态环境恢复治理责任书》，提交经主管部门审批的《矿山生态环境保护与综合治理方案》，并缴纳保证金。

第九条 采矿权人变更矿区范围或主采矿种的，负责收取保证金的国土资源行政主管部门应当按变更后的矿区面积或主采矿种重新核定应缴纳的保证金数额，采矿权人应当与国土资源行政主管部门重新签订《矿山生态环境恢复治理责任书》，提交经主管部门重新审批的《矿山生态环境保护与综合治理方案》，并按重新核定的保证金数额缴纳保证金。

第十条 采矿权人转让采矿权，应当同时办理保证金和利息的转移手续，由采矿权受让人与负责收取保证金的国土资源行政主管部门签订《矿山生态环境恢复治理责任书》，确认已经主管部门审批的《矿山生态环境保护与综合治理方案》，并履行相应的矿山生态环境恢复治理义务。

第十一条 采矿许可证期满，采矿权人申请延续登记的，应当重新计算应缴纳的保证金数额，与负责收取保证金的国土资源行政主管部门重新签订《矿山生态环境恢复治理责任书》，提交经主管部门审批的《矿山生态环境保护与综合治理方案》，并缴纳保证金。

第十二条 矿山停办、关闭或者闭坑前，采矿权人应当完成矿山生态环境的恢复治理，并向负责收取保证金的国土资源行政主管部门提出书面验收申请。

经验收达到《矿山生态环境保护与综合治理方案》要求的，由负责收取保证金的国土资源行政主管部门签发矿山生态环境恢复治理工程验收合格通知书，并在30个工作日内将保证金及其利息返还采矿权人。

第十三条 采矿权人在采矿过程中应当边开采边治理。采矿权人要求对分期治理工程进行验收的，应提出书面申请。经验收合格的，由负责收取保证金的国土资源行政主管部门签发矿山生态环境治理工程验收合格通知书，并及时将已缴纳保证金的相应部分（不超过50%）返还采矿权人，剩余部分抵缴下期应交保证金数额。

采矿权人恢复治理未达到《矿山生态环境保护与综合治理方案》要求的，由负责收取保证金的国土资源行政主管部门责令采矿权人限期进行恢复治理。过期不进行恢复治理或治理仍达不到要求的，由负责收取保证金的国土资源行政主管部门通过向社会公开招标等形式，组织有相应资质的单位进行治理。治理费用超过采矿权人所缴纳保证金（含利息）的部分由采矿权人承担。

第十四条 负责收取保证金的国土资源行政主管部门应当在收到采矿权人书面验收申请20个工作日内组织有关专家会同财政、安监等部门进行验收。

第十五条 保证金的收取必须使用省级财政部门统一印（监）制的河北省收款收据。

保证金的收缴参照票款分离和收支两条线管理，统一纳入同级财政专户，专户存储，专账核算，严禁任何单位和个人挪作他用。

保证金的收缴及本息返还工作由国土资源部门负责。

第十六条 对按规定予以返还采矿权人的保证金，由国土资源行政主管部门向同级财政部门提出申请，经财政部门审核同意后，拨付到同级国土资源行政主管部门，财政专户在做会计处理时冲销保证金收入。

对按规定不予返还的保证金，作为预算外资金收入纳入部门预算管理，专项用于相应的矿山生态环境恢复治理。由组织实施恢复治理的国土资源部门编报支出计划，报同级财政部门审批拨付使用。

第十七条 矿山生态环境恢复治理项目完成后，项目承担单位应提交财务决算报告，聘请具备相应资质的会计师事务所对决算报告进行专项审计，经负责组织恢复治理的国土资源行政主管部门审核后报同级财政部门审批。

第十八条 财政和审计部门应加强对恢复治理项目资金使用情况的监督检查。负责收取保证金的国土资源部门应建立相应的管理制度，自觉接受财政、审计和物价部门对保证金收缴、使用等情况的监督。

第十九条 国土资源、财政等有关部门及其工作人员占用、挪用或者不按规定返还保证金的，依法给予行政处分；构成犯罪的，依法追究刑事责任。

第二十条 本办法自2007年1月1日起施行。

关于加大小煤矿关闭力度加快推进煤矿企业兼并重组的决定

2011年4月10日　冀政〔2011〕45号

为建立健全煤矿安全生产长效机制，促进全省煤炭工业持续健康发展，现就加大小煤矿关闭力度、加快推进煤矿企业兼并重组作如下决定：

一、总体要求和主要目标

(一) 总体要求。

以科学发展观为指导，全面落实国务院淘汰落后产能和推进煤矿企业兼并重组的有关规定，加快转变煤炭产业发展方式，优化调整产业结构，提高资源利用水平，加快煤矿企业兼并重组和整合关闭，提高煤炭产业集中度、产业水平和安全生产水平。

(二) 主要目标。

按照“关小建大、重组一批、关闭一批”的整体工作思路，以大型煤矿企业为主体，通过收购、控股等形式，加大煤矿兼并重组和关闭力度，实现煤矿数量明显减少，技术装备水平明显提升，安全生产条件明显改善的目标。到2012年底，全省所有煤矿单井(独立生产系统)生产能力达到15万吨/年以上，煤矿数量控制在200处左右。

二、进一步加大关闭力度

(一) 列入省政府办公厅办字〔2005〕117号文件范围内与国有大矿相邻的矿井和剩余可采储量小于63万吨的矿井，2011年6月底前未与大型煤炭企业签订兼并重组协议的，7月底前关闭一批，12月底前关闭到位；到9月底，其他煤矿未与大型煤炭企业签订兼并重组协议的，12月底前关闭到位。

(二) 属于下列情形之一的矿井，一律予以无条件关闭：

1. 煤矿停产期间，发现超规定人数下井或未按批准的维修范围进行作业的；

2. 矿井开采达到或超过设计服务年限的；

3. 在规定期限内未申请办理采矿许可证、安全生产许可证、煤炭生产许可证、工商营业执照延续手续的；

4. 被依法责令停产整顿的矿井经整顿验收不合格的；

5. 发现有重大安全生产隐患的；

6. 擅自进行建（构）筑物下、铁路下、水体下开采和在自然风景名胜区、文物保护区、重要水源地、重要设施等区域内开采的；

7. 整合技改期间发生较大事故的；

8. 基建、技改矿井未经批准擅自组织生产、建设的；

9. 超层越界开采的。

(三) 属下列情形之一的合法矿井，按规定返还已缴纳的剩余采矿权价款，由省、市、县三级政府在其关闭后给予适当补偿。

1. 未被大型煤炭企业兼并重组的；

2. 带压开采且年生产能力低于30万吨的；

3. 开采急倾斜煤层且年生产能力低于30万吨的；

4. 复采煤矿年生产能力低于30万吨的。

(四) 列入省政府办公厅办字〔2005〕117号文件范围内与国有大矿相邻的矿井关闭后，由开滦集团、冀中能源集团给予适当补偿。

(五) 市、县（市、区）政府是煤矿关闭工作的责任主体，要精心组织，落实责任，强力推进，确保按规定时限关闭到位。

三、积极推进兼并重组

(一) 主体、对象和范围。

全省煤矿兼并重组以开滦集团、冀中能源集团为主体企业，鼓励省外大型煤炭企业参与我省地方煤矿兼并重组。其他煤矿均为兼并重组对象。

开滦集团负责兼并重组唐山、承德、秦皇岛、张家口市（蔚州矿业公司周边）的煤矿；冀中能源集团负责兼并重组石家庄、保定、邢台、邯郸、张家口市（张家口矿业集团周边）的煤矿。

(二) 方式和进度。

兼并重组采取收购、控股两种方式。自兼并重组协议签订之日起，被兼并重组企业的生产、经营、安全、技术等由兼并主体企业负责。兼并重组工作由各产煤市政府负总责，会同开滦集团、冀中能源集团等大型煤炭企业成立专门工作机构，明确工作程序、进度安排，2011年6月底前各产煤市提出兼并重组方案报省政府。

(三) 支持政策。

1. 资金方面：在向国家申报煤矿安全改造等项目资金时，优先考虑兼并重组的省属大型煤炭企业；兼并重组主体企业的煤矿生产安全费用可以重新确定提取标准。主体企业用于兼并重组、关闭地方煤矿的资金，业绩考核时可视为企业当年实现利润。

2. 矿权转让及调整方面：对已全额缴纳采矿权价款的被兼并重组煤矿，以缴纳的采矿权价款金额为基数，应将其剩余资源储量的采矿权价款折价入股兼并重组后的煤炭企业；被兼并重组煤矿退出煤炭生产直接转让采矿权的，由兼并重组后的煤炭企业向其支付剩余资源储量的采矿权价款；兼并重组后煤炭企业的新增资源在办理采矿许可证时，可按国家有关规定分期分批缴纳采矿权价款。

3. 税收方面：兼并重组后的煤炭企业在印花税、契税、所得税等方面，享受国家规定的税收优惠政策。具体办法按财政部、国家税务总局有关规定执行。被兼并重组企业仍按原渠道纳税。

4. 金融方面：支持具备条件的兼并重组企业上市融资，通过发行企业债券、股权转让等融资方式筹集发展资金；各类金融机构应积极支持煤矿企业兼并重组工作，在金融资源投放决策时，对兼并重组企业优先给予信贷支持，对其贷款授信和不良债务回购等予以优惠；鼓励省内商业银行设立小煤矿兼并重组专项贷款资金，加大对小煤矿兼并重组的贷款支持力度。

5. 资产补偿方面：对被兼并重组的合法煤矿，其现有的生产设备及地面建筑物等资产(采矿权价款另计)经有资质的机构评估后，由兼并重组主体企业给予合理的补偿或折价入股。

四、全面加强煤矿安全监管

(一) 自本决定印发之日起，煤矿技改方案设计一律停止审批，各设区市已批准的技改方案与本决定不符的一律停止施工，所有停产停建煤矿的证照一律暂扣。停产停建矿井必须由市、县（市、区）政府组织公职人员驻矿监管，每矿派驻人员不得少于4人。对停产停建矿井的巡查、互查、督查，可由市、县（市、区）政府商请武警给予支持。

(二) 停产矿井要严格控制下井人数。确需下井排水的，每班下井人数不得超过5人；确需进行井下维修作业的，须经市政府批准，下井人数不得超过9人。

(三) 严格控制停产矿井用电负荷，严禁供应火工用品。市、县（市、区）相关部门要对停产矿井的用电量进行认真核算，按维持通风、排水、维修等实际用电量，对矿井的供电系统加装限电装置。停产矿井不需井下作业的，备用电源（发电机）等设备由所在县（市、区）政府统一集中存放。

(四) 各金融机构要严格监控停产矿井的资金流量，发现异常及时向当地政府报告。

五、切实加强组织领导

(一) 省政府成立煤矿关闭整合工作领导小组。省长任组长，常务副省长、分管副省长任副组长，省安全监管局、河北煤矿安监局、省发展改革委、省工业和信息化厅、省财政厅、省人力资源和社会保障厅、省国土资源厅、省国资委、省工商局、省煤管局等部门主要负责同志为成员，研究制定煤矿关闭和兼并重组重大政策，审批全省煤矿关闭和兼并重组方案。领导小组办公室设在省安监局，负责具体工作的组织协调和督导。

(二) 建立联席会议制度。分管副省长为召集人，定期召集领导小组成员单位分管负责同志，及时协调解决工作推进中遇到的重大问题，研究提出政策意见和建议。

(三) 建立定期通报制度。省政府办公厅逐月通报各产煤市煤矿关闭和兼并重组工作进展情况，鼓励先进，鞭策落后，督促工作落实。

(四) 各产煤市要按照《中共河北省委办公厅河北省人民政府办公厅关于进一步加强企业安全生产工作的意见》（冀办发〔2010〕30号），全面落实“由党委负总责，政府主要负责同志负直接领导责任，其他党政领导‘一岗双责’，实现责任体系的全覆盖”的要求。要成立由政府主要负责同志牵头，党委和政府分管负责同志参加的领导机构和办事机构，加强组织领导，加大对兼并重组企业的监管力度，积极稳妥做好职工群众的思想工作，制定并落实相关工作预案，为煤矿关闭和兼并重组创造安全、稳定的环境。

(五) 省有关部门要按照职责分工，加强对各产煤市煤矿关闭和兼并重组开展情况的督导检查，确保关闭和兼并重组各项任务和安全措施落到实处。

(六) 兼并重组主体企业要切实担负起被兼并煤矿企业的安全生产主体责任，加强管理，加大投入，加快淘汰落后技术装备，采用安全可靠、先进适用的新技术、新工艺，进一步提高企业安全生产水平。

(七) 被兼并煤矿企业要认真做好干部职工的思想工作，加强资产和生产管理权移交前的安全管理，严格落实责任，及时排查整改安全隐患。

六、实行严格的考核和问责制

(一) 将煤矿关闭和兼并重组工作纳入市、县（市、区）、乡（镇）和开滦、冀中能源两大集团领导班子、领导干部综合考核评价的重要内容，严格实施考核。对未按要求期限完成兼并重组任务的，予以通报批评，主要负责同志和分管负责同志不得参加评优评先。

(二) 地方煤矿停产期间，发现超规定人数下井或未按批准的维修范围进行作业的，由监察部门视情节轻重给予驻矿监管人员纪律处分。发生安全生产事故的，从重从严对相关责任人员给予降级、撤职或开除公职的行政处分；构成犯罪的，依法移送司法机关追究其刑事责任。

凡以往有关规定与本决定不一致的，以本决定为准。

关于推进煤炭企业资源整合有偿使用的意见（试行）

2005年6月27日　晋政发〔2005〕20号

各市、县人民政府，省人民政府各委、厅，各直属机构：

根据《国务院关于促进煤炭工业健康发展的若干意见》（国发〔2005〕18号）提出的“合理有序开发煤炭资源，进一步完善矿业权有偿取得制度，规范煤炭矿业权价款评估办法，逐步形成矿业权价款市场发现机制，实现矿业权资产化管理”的精神，为推进煤炭资源有效保护和合理开发利用，保障煤炭工业可持续发展，现根据临汾试点实践，就我省煤矿企业资源整合和有偿使用提出如下意见（试行）。

一、推进煤炭资源整合和有偿使用要按照科学发展观的要求，围绕建设新型能源和工业基地的目标，切实做到合理利用和有效保护资源，切实维护矿产资源国家所有权益，切实保护采矿权人和投资者的利益，促进煤炭产业持续、健康、稳定发展。

二、推进煤炭资源整合和有偿使用要充分考虑保护国家资源，体现国家利益，最大限度地实现资源价值；妥善处理好政府、投资者、集体和农民的利益关系，努力做到国家资源不浪费，资源性资产不流失，投资者权益不受损害，农村集体经济不受影响，农民既得利益不受损失；充分考虑资源有偿使用与资源整合的有效衔接，坚持资源有效保护与合理开发并重、矿产资源总体规划与煤炭产业政策衔接的原则，坚持政府规划引导和企业自愿相结合的原则，稳步推进资源整合和采矿权的市场化改革，全面实现资源资本化管理或有偿使用。

三、按照“资源整合、关小上大、能力置换、联合改造、淘汰落后、优化结构”的发展思路，全力推进对小煤矿实施资源整合，进行联合改造，实现减少矿点数量、扩大单井规模、优化矿井布局、增强安全保障程度、提升整体开发水平的目的；鼓励和支持国有重点煤炭企业和地方国有骨干煤矿采取收购、兼并、控股、参股等多种形式整合、改造地方乡镇煤矿，组建和发展大型煤炭企业集团。

四、各市、产煤县人民政府要组织国土资源、煤炭等相关部门，按照开采现状和资源的完整性及可利用程度，以现保留的矿井为基础进行统一规划，按资源整合的原则和省人民政府对煤炭资源整合压减矿井数量的要求，统筹规划，科学合理地编制资源整合和有偿使用方案。资源整合和有偿使用方案完成后，由县、市人民政府逐级上报“省人民政府推进煤炭资源整合和有偿使用领导组”办公室，由领导组办公室组织有关单位和专家审查，报领导组批准后，由市、县组织实施。

五、制定资源整合方案应坚持关小改中上大的原则，重点产煤县生产能力9万吨/年以下的煤矿必须实施资源整合，扩大生产规模；坚持市场配置资源的原则，对于多个矿区包围的关闭矿资源或空白资源，具备公开出让条件的，通过公开出让的方式确定整合资源的归属；坚持明晰产权的原则，实施资源整合的煤矿，鼓励采用股份制、兼并、收购、重组等方式，解决各方利益，明晰和理顺产权关系。通过资源整合和关闭矿井，煤矿数量要减少30%以上。

六、对过去通过行政审批无偿取得的国有煤矿采矿权，由有关评估机构对煤矿企业保有资源量进行全面评估，按现行价款标准经规定程序批准后，资源价款可以转为国有资本金，建立与煤炭行业特点相适应的产权归属清晰、主体权责明确、经营方式规范、管理科学严格的现代煤矿企业制度。

七、对过去通过行政审批无偿取得的非国有煤矿采矿权，可采取两种办法：①资源量较多、规模

较大或可以进行资源整合的煤矿，政府可与采矿权人、投资者充分协商，将其剩余资源价款，转为国有资本金，形成政府控股或参股的股份制企业，各市、县人民政府对国有控股、参股的煤炭企业国有股权实行集中管理，委托国有重点煤炭企业或地方国有骨干煤矿管理、经营，并依法按股收取资本收益。②对资源量较少、规模较小且难以进行资源整合的煤矿采矿权可列入资源有偿出让变现的范围，采取“资源一次划定、分期分段出让、价款随行就市”的办法出让。

八、对不具备采煤方法改革条件的煤矿、重点产煤县生产能力9万吨/年以下矿井、属于关闭范围的矿井、“证照不全”的矿井以及国家有特殊限制规定的煤矿资源不予出让，限期关闭。矿井关闭后，如对其资源进行整合，按新增资源征收价款。

九、对资源整合、增层扩界所需的新增资源（包括关闭矿井的剩余资源）均实行有偿使用，价格上浮100%，对国有重点煤矿和骨干煤矿的资源整合、增层扩界以及在后备区新设采矿权，按规定程序批准后可按上述价款标准转为国有资本金。经国家和省有关部门批准的国有重点煤矿规划后备区，不再新设采矿权人。达不到30万吨/年的煤矿不再增层扩界。布局不合理又不能进行资源整合的煤矿，采矿许可证到期后不再延续。资源量不具备年30万吨/年以上的，不再新设置采矿权。

十、省国土资源厅要按规定权限，根据有关法律、法规和政策规定及市场情况，制定不同煤种的评估标准，并根据市场和矿产品价格变化情况，对采矿权价款评估标准适时进行调整；适宜市场化出让的，采取招标、拍卖、挂牌等形式，公开竞价出让。

十一、煤炭企业现有采矿权有偿出让变现价款的分成按照省财政厅晋财预〔2004〕105号文件规定，省、市、县按3:2:5比例，公开竞价出让的价款省、市、县按2:3:5比例分成。煤炭企业的国有股或国有资本金的管理办法，由省财政厅、省国资委、省国土资源厅另行制定。市、县人民政府上述的分成和收益，要按有关规定，统筹合理安排，重点用于煤矿开采所涉及乡（镇）、村生态环境治理、发展公益事业和维护农村原有的办矿利益以及对合法矿井的关闭补偿等。

十二、各市、县人民政府对推进煤炭资源整合和有偿使用工作要高度重视，认真组织、监督和管理，做到公开、公正、透明，严格程序，规范操作。国土资源部门要严格核实资源储量，严格按标准征收采矿权价款，严禁压量压价评估；国有资产管理部门要将煤炭资源形成的国有资本作为重要的监管内容，严防国有资产收益流失；行政监察机关要对煤炭资源整合和有偿使用的全过程进行监察，严肃查处违规违纪行为。同时，各级政府和有关部门要依法行政，顾全大局，统筹协调，兼顾各方，创造良好的环境，确保社会稳定，确保推进煤炭资源整合和有偿使用工作的有序进行。

关于调整煤矿井下艰苦岗位紧贴标准的通知

2006年9月26日　晋劳社厅发〔2006〕241号

各市劳动保障局、发改委、财政局，省煤炭工业局：

为贯彻落实《国务院关于促进煤炭工业健康发展的若干意见》（国发〔2005〕18号）和劳动保障部、国家发改委、财政部《关于调整煤矿井下艰苦岗位津贴有关工作的通知》（劳社部发〔2006〕24号）精神，切实提高煤矿职工工资收入，稳定煤矿职工队伍，促进我省煤炭行业全面、协调、可持续发展，现结合我省实际情况，就调整我省煤矿井下职工艰苦岗位紧贴标准有关工作通知如下，请遵照执行。

一、煤矿井下艰苦岗位津贴的执行范围

井下艰苦岗位津贴适用于山西省境内各类煤炭企业（不包括露天煤矿）的井下作业职工。具体发放范围为：井下采掘工人、辅助工人、安检人员及井下工作且编制在井下采掘、辅助队的基层干部、技术人员和管理人员。

二、煤矿井下艰苦岗位津贴标准

经下艰苦岗位津贴包括：井下津贴、班中餐补贴和夜班津贴。

(一) 井下津贴

1. 井下采掘工：20元/工；

2. 井下辅助工：15元/工；

3. 跟班的安检人员的井下津贴按井下采掘工标准执行；其他安检人员、基层干部、技术人员及管理人员的井下津贴按井下辅助工标准执行。

(二) 班中餐补贴：8元/工。

班中餐补贴由企业集中用于井下作业职工的伙食，要送在井下、吃在班中，不得挪作他用，也不得直接支付给职工个人。

(三) 夜班津贴

1. 前夜班：8元/工；

2. 后夜班：10元/工。

三、煤矿井下艰苦岗位津贴的使用

煤炭企业要严格按照劳社部发〔2006〕24号规定的范围发放井下艰苦岗位津贴，不得随意扩大范围。

(一) 井下艰苦岗位津贴按日考核，按月发放。

(二) 不论任何情况（含工伤、开会等）不下井工作，一律不得发放井下艰苦岗位津贴。

(三) 在井下工作不足五小时的，不发放井下艰苦岗位津贴。

(四) 井上职工下井工作，每在井下工作一个班次按在井下同岗位同工种人员标准相应发放井下艰苦岗位津贴。

四、调整煤矿井下艰苦岗位津贴的资金来源

调整井下艰苦岗位津贴所需资金在企业成本中列支。实行工资总额同经济效益挂钩的企业，调整津贴标准增加的工资总额在核定的工资总额基数外单列。

五、有关工作要求

(一) 各类煤炭企业要认真执行国家和省关于井下艰苦岗位津贴的有关规定，切实落实井下人员的相关待遇。实行吨煤工资含量计件制的企业，应结合职工出勤情况，在吨煤工资以外发放井下艰苦岗位津贴。

(二) 各类煤炭企业在提高井下艰苦岗位津贴的同时，必须严格执行《关于法部山西省煤矿井下从业人员最低工资标准的通知》（晋政办发〔2005〕53号）。要采取多种措施，促使企业工资分配向井下一线职工倾斜，在企业内部形成合理的工资收入分配关系。

(三) 各类煤炭企业在提高井下艰苦岗位津贴的同时，要积极改善劳动条件和劳动环境，合理确定劳动定额，采取有效措施，切实保障劳动者的身心健康。

(四) 我省将根据本省煤炭工业发展实际，考虑煤矿井下职工的劳动强度和风险、生产环境等情况，逐步提高井下艰苦岗位津贴标准。

六、本通知从二零零六年十月一日起执行。

关于印发山西省煤炭工业可持续发展政策措施试点工作总体实施方案的通知

2007年3月30日　晋政发〔2007〕9号

各市、县人民政府，省人民政府各委、厅，各直属机构：

省人民政府同意《山西省煤炭工业可持续发展政策措施试点工作总体实施方案》，现印发给你们，请结合实际，认真贯彻落实。

山西省煤炭工业可持续发展政策措施试点工作总体实施方案

根据《国务院关于同意在山西省开展煤炭工业可持续发展政策措施试点意见的批复》（国函〔2006〕52号），为了切实搞好试点工作，积累总结经验，特制定本方案。

一、指导思想和基本原则

试点工作的指导思想：以科学发展观为指导，从确保国家能源安全和推动山西地方经济持续健康发展出发，认真贯彻国务院第133次常务会议精神，统筹研究推进管理体制、资源开发、安全生产、环境治理、煤矿转产和煤炭城市转型等各项工作，建立职责明确、相互协调、务实高效的行业管理体制和监管机制，进一步完善煤矿安全生产长效机制，培育具有活力、依法经营、承担经济和社会责任的市场主体，形成节约、合理的资源开发机制，构建不欠新账、渐还旧账的生态环境恢复补偿机制，建立煤炭企业转产、煤炭城市转型发展援助机制，促进山西煤炭工业尽快步入资源回采率高、安全有保障、环境污染少、经济效益好、全面协调和可持续的发展道路，为推进全国煤炭工业可持续发展提供经验。试点工作应坚持的原则：

——立足山西，着眼全局。试点工作要立足当前，着眼未来，将当前利益与长期发展相结合；立足山西，着眼全国，既要推动地方经济可持续发展，更要确保国家能源安全。

——统筹考虑，周密安排。统筹考虑管理体制、资源开发、安全生产、环境治理、煤矿转产和煤炭城市转型等各个方面；统筹推进煤炭工业可持续发展与其他配套工作。

——积极稳妥，把握节奏。统筹考虑企业和社会的承受能力，逐步落实各项政策措施，推进相关改革，确保煤炭价格保持平稳和煤炭企业健康运行。

——突出重点，区别对待。要重点培育市场主体，着重解决生态环境破坏、资源浪费、枯竭煤矿转产、煤炭城市转型等突出问题，其中对于煤炭开采造成的新问题和历史遗留问题应区别对待，在不欠新账的同时，逐步消化历史欠账；对于不同煤种、不同类型的煤矿应区别对待。

二、政策措施

(一) 加强煤炭行业宏观管理

进一步理顺健全煤炭行业管理体制。加强煤炭行业管理，科学确定职能，充实和加强煤炭管理力量，健全和完善管理制度，优化政策环境，加强对煤炭生产经营全过程的监督管理。具体的机构调整、职能配置及编制核定等事宜，由省编委专题研究审定。山西煤矿安全监察局依法履行国家监察的职能。

加强煤炭行业宏观调控。按照国家宏观调控政策和全省“十一五”煤炭发展规划，山西省要率先实行煤炭生产总量控制，并建议国家在全国范围内强化煤炭总量调控。省发展改革部门要结合国家煤炭行业宏观调控，根据国民经济发展、国家能源中长期发展规划和“十一五”规划，统筹国内外各种因素，合理确定山西煤炭产量等中长期规划目标；省国土资源管理部门会同煤炭行业主管部门编制山西省煤炭资源勘查开发利用规划，指导和规范全省煤炭资源的保护、勘查、开采和审批管理。省煤炭行业主管部门编制和实施山西省煤炭生产开发规划。各级各部门要严格按照规划，结合各自职能，加强对煤炭行业的具体调控，优化资源配置和煤炭开发布局，确保煤炭总量平衡和煤炭行业健康发展。

提高煤炭行业准入标准。资源整合后的矿井规模不低于30万吨/年，新建矿井规模原则上不低于60万吨/年，矿井采区回采率不低于国家标准。对于30万吨/年以下的煤矿，不再办理增层、扩界手续；对于矿区布局不合理的煤矿，采矿许可证到期后不再办理延续手续。年产量30万吨以上煤矿的矿长，以及安全、生产、机电副矿长和总工程师，必须具有中专以上学历或助理工程师以上技术职称；30万吨以下煤矿至少配备3名中专以上学历或助理工程师以上技术职称的人员担任领导职务。

改革完善煤炭运销体制。在提高煤炭生产集中度的同时，要注重提高煤炭销售集中度，尤其要提高地方中小煤矿的销售集中度，避免无序竞争带来的利益流失，真正变资源优势为生产优势和经济优势，提高全省煤炭整体效益。以煤炭工业可持续发展为目标，统筹煤炭企业改革、地方煤炭运销体制改革、培育煤炭交易市场、建立煤炭交易中心等相关工作。

(二) 完善煤矿安全生产长效机制

落实安全生产责任制。企业是安全生产的责任主体，政府是安全监管的责任主体。要进一步完善煤矿主要负责人对安全生产工作全面负责的企业安全责任体系。涉煤部门要按照各自的职能加强对煤矿乃至煤炭行业的安全管理、监督、监察。根据《工伤保险条例》和《安全生产许可证条例》的规定，强制实行煤炭工伤保险，将煤炭企业参加工伤保险作为颁发安全生产许可证的前置条件。

建立联合执法机制。在省人民政府的领导下，由煤炭行业管理、煤矿安全监管、煤矿安全监察、劳动保障、国土资源、工商管理、公安等部门建立煤矿安全联合执法制度。一是建立联席会议制度。分析煤矿安全形势，提出安全生产任务；研究安全生产重大政策，制定安全工作制度，明确部门职责，协调联合执法要解决的重大问题。二是建立联合检查制度。对全省煤炭生产企业安全生产规章制度、安全设施、安全隐患、安全生产条件等进行联合检查，促进安全责任落实到位。三是建立联合执法制度。对煤炭生产企业的违法、违规行为实施处罚。检查中发现的煤矿违法、违规行为，按照职责划分由相关部门查处的，要及时书面移送各部门，各级政府及相关部门要及时核实并查处，确保执法到位，形成强大合力。

提高安全生产技术水平。加强煤矿安全技术培训和资质管理，煤矿井下人员必须经有资质的安全培训机构培训并考试合格，做到持证上岗；从事瓦斯检查、井下爆破、安全检查、主提升机操作、井下电钳工、采煤机司机等煤矿特殊工种的人员必须具备初中以上文化程度，应经过职业培训，并取得职业资格证书；政府相关部门要加强对煤矿全员培训的日常监管，建立全员培训管理制度，确保全员培训的落实；加强安全专业学历教育，着力培养安全专业人才和具有一定安全专业技能的管理人才；依托现有国有重点煤矿科技资源，建立面向中小煤矿的区域性煤矿安全生产技术服务中心；改善回采工作面支护条件，提高采煤机械化水平；改善安全技术装备，加大安全投入，重点加大煤矿“一通三防”安全设备设施和瓦斯治理的投入；实现省、市、县、矿四级联网；鼓励煤矿深入开展安全质量标准化活动，对达到一级标准的企业，减缴核定风险抵押金额度的30%，并优先进行验收或免检。

加强劳动用工管理。各级劳动保障部门要建立和完善煤矿招工登记和备案制度，并按国家有关法律规定要求煤矿与劳动者签订劳动合同。煤矿招用的职工必须按照规定在当地劳动保障部门办理招用工登记、备案手续，办理社会保险，缴纳保险费，做好就业前的安全教育培训工作。对达不到要求的企业，限期进行整改；逾期未进行整改或仍达不到要求的，依法责令其停产整顿。制定并实施煤矿井下工人艰苦岗位津贴标准。

(三) 深化煤炭企业改革

加快分离国有煤炭企业办社会职能。根据国家有关政策，在征收煤炭可持续发展基金的同时，同步分离国有煤炭企业办社会职能，切实减轻企业负担，培育具有竞争力的市场主体，确保煤炭工业可持续发展试点工作顺利开展。将国有煤炭企业所属的全日制普通中小学和公安等单位，按属地原则移交所在市或县级人民政府管理，实行一次性、成建制分离；将企业办医疗机构、市政机构、消防机构、社区机构、生活服务单位等，按《山西省人民政府办公厅转发省国资委等部门关于国有企业改革配套文件的通知》（晋政办发〔2006〕33号）有关规定办理，加快分离。

分离国有煤炭企业办社会职能所需经费由省、市、县各级人民政府负责筹集，主要通过地方分成的有偿出让地方煤矿过去无偿获得资源的矿业权价款和征收的煤炭可持续发展基金解决。

加快培育和发展大型煤炭企业集团。依托三大煤炭基地建设，打破地域、行业和所有制界限，以资源资本化和产权制度改革为突破口，坚持“一个规划矿区由一个开发主体开发，一个开发主体可以开发多个矿区”的原则，加强煤炭行业横向、纵向联合，实施资产重组和企业并购、托管，积极引导和鼓励煤炭企业以资产化管理、股份制改造、集团化重组的方式，加快培育和发展大型煤炭企业集团，提高产业集中度和企业核心竞争力。鼓励大型国有重点煤矿采取收购、兼并、控股、托管多种形式整合地方国有、乡镇煤矿，促使煤炭资源向优势企业集中，促进大型煤炭企业发展，带动中小型煤矿生产技术和管理水平的提高。力争在“十一五”期间在全省形成大同煤矿集团公司、山西焦煤集团公司2个亿吨级生产能力的特大型煤炭企业集团；阳泉煤业集团有限公司、潞安矿业集团有限公司、晋城无烟煤矿业集团有限公司、山西省煤炭运销总公司、山西煤炭进出口集团公司、中国中煤能源集团公司平朔公司6个3000～5000万吨级生产能力的大型煤炭企业集团。同时，集团内部要优化组织结构，创新管理体制和运行机制，建立规范的股东会、董事会、经理层和监事会，形成有效制衡的公司法人治理结构。

加快中小型煤矿股份制改造。按照现代企业制度的要求，加快中小煤矿股份制改造。有条件的市县要以所在区域内市县营骨干矿井为龙头，通过资源整合，对本区域内的中小型煤矿进行重组，组建千万吨级以上的煤炭集团，提高产业集中度，提高煤矿管理水平，提高市场竞争力。到“十一五”末，全省煤矿个数控制在2500个以内。

(四) 推进煤炭资源合理开发和有偿使用

强化煤炭资源勘查开发规划和矿业权管理。加强煤田地质勘探工作，建立煤炭资源战略储备制度。省国土资源管理部门会同发展改革部门、煤炭行业管理部门编制并实施矿产资源规划和三大煤炭基地资源勘查开发利用规划。省发展改革和煤炭行业管理部门负责组织编制煤炭矿区总体规划，并报国家发展改革部门审批。省国土资源管理部门组织制定优质主焦煤及其他稀缺煤炭资源开发保护管理办法，推进其保护性和集约型开发。强化煤炭资源规划的指导和约束作用，规范煤炭资源的勘查、开发、保护及审批管理。

加强煤炭矿业权管理，严格执行国家规划矿区管理制度，加快完成全省12个国家规划矿区内矿业权设置方案的报批工作。组织开展其余煤炭矿产地的矿业权设置方案编制、审批工作。凡新设置煤炭矿业权，一律根据矿业权设置方案进行；凡矿业权设置方案未经批准的，一律不得设置新的煤炭矿业权。除规定情形外，新设立的煤炭矿业权原则上采用招标、拍卖、挂牌等市场竞争方式出让。不再设置由社会投资的普查程度及以下的探矿权，已经取得的要按期提交普查报告，逾期不提交的不再受理探矿权延续登记申请。完善国家规划矿区矿产督察员制度。

全面推行煤炭矿业权有偿取得制度。对新设立的煤炭矿业权，按照“统一规划、集中开发、一次置权、分期付款”的原则，一律实行有偿出让。对国有地方煤矿、非国有煤矿现已无偿取得的矿业权，要结合资源整合、兼并重组和股份制改造，在2008年年底以前全部实现有偿使用。新设立的矿业权以市场竞争方式出让的，以评估机构按照矿业权价款评估标准所评估的结果为依据，由省国土资源管理部门以招标、拍卖、挂牌等方式有偿出让。以协议方式出让的，出让价款比照同类条件下的市场价确定，由省国土资源管理部门会同同级发展改革部门组织协议出让工作。国有重点煤炭企业对其现有矿井周边由国家出资勘查形成的矿产地，同等条件下具有优先受让权。

煤炭探矿权价款以国土资源部规定为依据进行评估，采取货币缴纳方式，缴纳期限最长不得超过2年。煤炭采矿权价款以国土资源部规定的评估标准和方法为依据进行评估，具体出让标准由省人民政府根据煤炭品种、质量、煤田赋存、矿山区位等进行调整。新设煤炭采矿权价款采取货币缴纳方式，新设煤炭采矿权价款的缴纳期限最长不得超过10年。煤炭矿业权价款按照管理权限，原则上由审批登记管理机关负责征收，但参与煤炭资源整合和有偿使用煤矿的采矿权价款由县级国土资源管理部门代收，市营国有（含市管）煤矿的采矿权价款由市级国土资源管理部门负责代收。合理分配矿业权收益。有偿出让煤炭矿业权取得的价款，由中央政府和山西省人民政府按2:8比例分成。其中，山西省所得部分分配比例为：以招标、拍卖、挂牌等市场竞争方式出让取得的采矿权价款，由省国土资源管理部门直接征收，价款收入按照省、市、县7:1:2比例分成；委托市级国土资源管理部门出让的，由市级国土资源管理部门征收，价款收入按照省、市、县6:2:2比例分成。在煤炭资源整合和有偿使用工作中，以协议方式出让取得的采矿权价款，按照省、市、县3:2:5比例分成；以市场竞争方式出让取得的采矿权价款，按照省、市、县2:3:5比例分成。煤炭矿业权价款地方各级留成部分除用于煤炭资源勘查、保护和管理支出外，主要用于解决因采煤引起的生态环境破坏和国有企业办社会等历史遗留问题，以及关闭合法矿井的补偿支出等。对山西原国有地方煤矿、非国有煤矿已无偿取得矿业权的资源，其矿业权价款中央分成部分用于支持山西煤炭工业发展。

切实推进煤炭资源整合。全面组织制定产煤县煤炭资源整合方案。对位于重要水源地、风景名胜区和文物保护区、城市规划区、交通枢纽区域的煤矿，以及不符合产业政策要求的部分高硫（含硫量3%以上）和高灰（灰分含量40%以上）的煤矿，一律予以关闭，其资源不得参与整合；主要产煤县核定生产能力9万吨/年以下（边角矿除外）、证照不全、经整改仍不具备安全生产条件、不具备采煤方法改革条件、不符合环保要求、布局不合理的煤矿，一律予以关闭，其资源可以参与整合。经过煤炭资源整合后的煤矿，只能由一个法人主体经营，必须实现壁式开采，达到一矿一证一井、两个安全出口、全负压通风等安全生产条件。

(五) 规范征收（提取）、合理使用煤炭工业可持续发展相关基金（资金）

为形成提高煤炭资源回采率的内在促进机制，建立生态环境恢复补偿机制和煤炭城市转型、重点煤炭接替产业发展援助机制，从而促进煤炭工业可持续发展，促进产煤地区经济和社会的协调发展，对山西省境内所有煤炭生产企业统一征收煤炭可持续发展基金，设立矿山环境治理恢复保证金和煤矿转产发展资金。

规范征收煤炭可持续发展基金。征收范围：山西省行政区域内，从事煤炭开采的所有生产企业。征收标准：按动用（消耗）资源储量、区分不同煤种，确定适用煤种征收标准为，动力煤5－15元/吨、无烟煤10－20元/吨、焦煤15－20元/吨。计征办法：矿井基金月征收额=适用煤种征收标准×矿井核定产能规模调节系数×矿井当月原煤产量；企业基金月征收额=所属各个矿井基金月征收额之和。其中，具体适用煤种征收标准由省煤炭工业可持续发展试点工作领导组组织省财政厅、省发展改革委、省经委、省煤炭局、省国土资源厅等部门，根据山西省矿区总体规划，按煤种、煤质、资源赋存条件及煤炭市场价格变动情况，适时提出区域性适用煤种征收标准，报省人民政府批准后公布执行。

加强煤炭可持续发展基金管理。煤炭可持续发展基金征收主体为省人民政府。省财政部门负责基金的征收和预算管理，省发展改革部门负责基金使用的综合平衡和计划管理，省人民政府相关部门负责本行业领域项目的组织和实施。省煤炭工业可持续发展试点工作领导组负责协调解决基金征收、使用中存在的重大问题。省财政部门委托省地方税务局具体组织基金征收工作。根据山西实际情况，地税部门可委托相关单位进行查验补征。各级基金收支纳入同级财政预算管理，按《国务院关于投资体制改革的决定》（国发〔2004〕20号）和政府投资管理要求，编制收支计划，纳入年度国民经济和社会发展计划及投资计划总盘子管理，严格执行收支两条线制度。

科学合理使用煤炭可持续发展基金。煤炭可持续发展基金主要用于单个企业难以解决的跨区域生态环境治理、支持资源型城市转型和重点接替产业发展、解决因采煤引起的社会问题。其中，跨区域生态环境治理主要内容包括：煤炭开采所造成的水系破坏、水资源损失、水体污染；大气污染和煤矸石污染；植被破坏、水土流失、生态退化；土地破坏和沉陷引起的地质灾害等。支持资源型城市、产煤地区转型和重点接替产业发展主要包括：重要基础设施；符合国家产业政策要求的煤化工、装备制造、材料工业、旅游业、服务业、高新技术产业、特色农业等。解决因采煤引起的社会问题包括：分离企业办社会；棚户区改造；与煤炭工业可持续发展密切相关的科技、教育、文化、卫生、就业和社会保障等社会事业发展。基金用于以上三个方面的支出，原则上按50%、30%、20%的比例安排。具体支出使用方案，由省财政厅、省发展改革委商有关部门综合平衡提出意见。

建立矿山环境治理恢复保证金制度。山西省境内所有煤炭生产企业应依据矿井设计服务年限或剩余服务年限，按吨煤10元分年按月提取矿山生态环境治理恢复保证金（以下简称保证金），按“企业所有、专款专用、专户储存、政府监管”的原则管理。经省人民政府批准，省属国有重点等煤炭开采企业，由企业设立保证金专户储存，专款专用，接受政府有关职能部门监督。其他煤炭开采企业，其保证金由煤炭可持续发展基金代征机构监交入同级财政部门专户储存。

由企业专户储存保证金的煤炭企业，其环境治理方案经政府相关部门批准后，由企业组织实施，环境治理恢复后由政府环保行政部门组织相关部门验收。在财政部门专户储存保证金的其他煤炭开采企业使用保证金时，企业按照治理方案提出项目实施计划申请，经同级环保部门及相关部门审查同意，并按要求完成治理任务的，资金由财政部门按项目进度直接拔付企业。对未完成环境恢复治理任务的，由相关部门监察监管，发出建议通知书督促限期完成。如逾期不完成的，由同级人民政府向社会公开招标进行治理恢复，费用从治理恢复范围内的企业的保证金中支付。

对终止经营或关闭清算的煤炭企业，已提取保证金有结余的，其环境恢复治理经环保等有关部门评定达标的，财政部门将保证金返还企业，企业作为清算收益处理；经评定未达标的，结余资金由政府通过社会公开招标方式，继续用于环境治理恢复方案的实施。

合理提取和管理煤矿转产发展资金。山西境内所有煤炭生产企业要建立煤矿转产发展资金。转产发展资金“成本列支，自提自用，专款专用，政府监督”。煤矿转产发展资金根据原煤产量，按月提取，提取标准为5元/吨。煤矿转产发展资金的使用实行项目管理制度，主要用于煤炭企业转产、职工再就业、职业技能培训和社会保障等。企业转产资金的使用，由政府相关职能部门监管。对无力单独进行转产项目实施的小型煤炭企业，可由当地政府组织转产项目的实施，转产资金按股份享受权益。对终止经营的煤炭企业，已提取转产发展资金有结余的，应首先用于本企业的职工安置，职工安置完成后仍有结余的，补交所得税后企业作为清算收益处理。

不断完善煤炭生产企业成本核算。科学界定煤炭企业成本和费用支出范围，构建科学、合理的煤炭成本核算新体系，逐步实现煤炭开采外部成本内在化，完善煤炭价格市场形成机制。现阶段应在现行成本项目中增加资源、环境和生态成本及转产成本。企业缴纳或提取的矿业权价款、煤炭可持续发展基金、矿山环境治理恢复保证金、煤矿转产发展资金计入生产成本，按有关会计准则进行处理。

(六) 建立煤炭开采生态环境恢复补偿机制

按照“统筹兼顾、突出重点，预防为主、防治结合，过程控制、综合治理”的原则，加强产煤地区生态环境恢复治理，建立健全煤炭开采生态补偿机制，构筑煤炭开发的“事前防范、过程控制、事后处置”三大生态环境保护防线，做到“渐还旧账，不欠新账”，争取用10年左右时间使全省矿区生态环境明显好转。

编制产煤地区生态环境综合治理规划，有序推进矿区生态建设。在详细调查全省煤炭开采生态环境破坏状况的基础上，由省环保部门牵头组织有关部门编制《山西省煤炭开采生态环境恢复治理规划》，省发展改革部门综合平衡报省人民政府批准后实施。各市、县人民政府、各煤炭企业分别组织编制本行政区域、本企业煤炭开采生态环境恢复治理规划和方案。各市煤炭开采生态环境恢复治理规划报省相关主管部门审核，由省发展改革、环保部门综合平衡后审批，其余由市级相关部门按程序审批。强化规划管理，所有煤炭开采生态环境恢复治理项目必须纳入各级各部门的环境治理规划。煤炭开采生态环境恢复治理的内容主要包括：地表沉陷治理、煤矸石治理、水资源保护、土地复垦、水土保持、矿区造林绿化、植被恢复、生物多样性保护、煤场和集运站除尘、污水处理和中水回用、矿区居民环境条件改善、生态环境监管能力建设等。

依照国家制定的生态环境恢复治理的标准和要求，全省煤炭开采生态环境恢复治理项目总投资按10年期规划，需资金1400亿元左右，规划期内通过矿山环境治理恢复保证金、煤炭可持续发展基金、煤炭两权价款等渠道共可筹集1000亿元左右，约400亿元资金缺口需通过中央财政转移支付、地方政府投入解决，同时要鼓励引导民间资本参与煤矿生态环境恢复治理工程。抓好煤炭开采的生态环境治理重点项目。其中，对于企业负责治理的生态环境问题，如矿井废水处理、煤矸石治理、除尘防治、矿区植被恢复、造林绿化和水土保持等项目，由企业利用生态环境恢复治理保证金实施。对于企业无法解决的区域生态环境问题，如较大范围采煤地表沉陷、水系破坏、林木损毁、矿区生态恢复治理等项目，由政府利用煤炭可持续发展基金等负责组织实施。使用政府资金的项目，按《国务院关于投资体制改革的决定》要求，严格实行政府投资项目审批制，由环保等有关部门实施监督。项目建设实行工程项目法人负责制、招投标制、工程建设监理制和合同管理制管理。

强化事前防范和过程控制，构建煤炭开采环境污染与生态破坏防治机制。严格执行《中华人民共和国环境影响评价法》，强化全省煤炭开发规划和建设项目环境影响评价工作，具体制定煤炭开发环境影响评价的内容、标准和规范。从区域生态环境安全角度出发，合理确定全省煤炭生产规模、布局、开采时段，划定禁采、限采区。要严格禁止有可能诱发严重生态衰退和环境灾难的采矿活动，建立起长期有效的防范和规避机制。

强化煤炭开发过程控制，实行矿区生态质量季报制度和煤炭企业生态环境保护年度审核制度。建立环境监理制度，加强对煤炭开采活动的环境监理，预防和减少环境污染与生态破坏。新建和已投产各类煤炭生产企业必须提交规范的环境影响报告书，作为发放生产许可证的条件。新建和已投产各类煤炭生产企业必须按照环境影响评价批复要求，制定矿山生态环境保护与综合治理方案，并经环保部门审批后实施。煤矿生态建设、环境保护工程要与生产设施同时设计、同时施工、同时投产使用。煤矿闭坑时，必须提交生态环境恢复治理评估报告书，经环保部门验收合格后，方可办理有关手续。

强化矿区生态环保能力建设，完善煤炭开采生态环境恢复治理保障体系。加强煤矿开采生态环境监测监理能力建设。加强矿区生态环境遥感监测与科学研究，重视生态环境恢复治理项目可行性研究、投资及工程实施效果的技术审核与评估。建设以遥感和地面观测站相结合，野外核查与室内纠正相补充的矿区生态环境综合监测体系。将生态监测和生态质量评价纳入环保等有关部门的日常监管工作中，全面及时掌握煤炭开采生态环境质量现状及动态变化情况。

推进煤炭开采生态环境恢复治理法制化建设。组织拟定《山西省煤炭开采生态环境保护管理条例》，提高生态环境恢复治理的法制化水平，统筹协调矿区生态建设与城市化、新农村建设、生态村建设、工业反哺农业、生态移民等。

（七）加快煤矿转产、煤炭城市（地区）转型加大转产转型力度。按照建设国家新型能源和工业基地的战略部署，以科学发展观为指导，以培育新的支柱产业和接替产业为目标，以资源型城市为主、重点产煤县和大型煤炭企业集团为重点，调整产业结构，延伸产业链条，建设产业园区，发展非煤产业，安置煤炭企业下岗职工再就业，分重点、分步骤实现煤炭城市（地区）转型和煤炭企业转产。力争到2015年，通过自主发展和吸引外资，煤炭城市（地区）各培育2～3个新的支柱产业，非煤产业工业增加值比重提高到60%～70%。大型煤炭企业集团通过延伸产业链，提高煤炭加工转化率，非煤产业比重达到50%以上。因资源枯竭关闭矿井的下岗职工和企业冗员，通过再就业培训和自谋职业，基本实现转岗就业。

“十一五”期间，要坚持高起点、高标准的要求，在整合中小煤炭企业资源的前提下，建设一批安全高效的现代化接替矿井，提高煤炭产业的技术水平，提高产业控制力和集中度；加快煤电一体化进程，大力发展坑口电站，鼓励发展煤泥、煤矸石等低热值燃料综合利用电厂和热电联产电厂建设，鼓励发展装备制造业、材料工业。延伸产业链条，大力推进煤化工、煤层气和伴生资源开发利用产业的发展。做大做强尿素、甲醇、乙炔、焦油加工产业，新建一批重点项目，建设煤炭间接液化等煤基液体替代燃料示范项目。扶持煤层气开发利用企业，开展液化煤层气、二甲醚、瓦斯提纯、瓦斯发电、加气站工程、城市管网改造等项目建设。加快与煤炭共伴生的铝土矿、高岭土、粘土矿的开发利用，充分发挥煤炭城市（地区）资源与能源的双重优势，推进大型煤炭企业实现产业扩张；加快第三产业和复垦农业发展，结合城市基础设施建设、城市改造、棚户区改造、沉陷区治理，发展现代物流业、服务业和复垦农业、林牧业、养殖业等特色产业发展。

按照“布局集中、用地集约、产业集聚、管理集成、良性循环”的要求，重点建设同煤塔山工业园等一批循环经济园区和转产开发园区，为煤炭城市（地区）和煤炭企事业搭建转型、转产平台。

为加快推进煤炭企业转产、煤炭城市（地区）转型，要结合国家促进中部地区崛起的政策措施，争取政策扶持。煤炭城市利用报废矿区土地设立的转产开发园区，优先审批用地计划，优先给予项目核准；对原煤炭部属大型国有煤炭企业下放地方前因利润总承包而导致的长期贷款利息，记入递延资产停息挂账，对欠交利息形成的金融资产股权进行缩水。

积极鼓励煤矿企业转产职工再就业。进一步加快对资源枯竭矿井的破产力度，优先将煤炭城市（地区）枯竭煤矿列入破产计划，解决资源枯竭型矿井职工的安置和基本生活保障问题；鼓励破产企业职工集资回购本企业清算资产，对破产企业资源和资产进行再开发，解决资源枯竭矿井破产企业职工下岗再就业问题；比照《国务院关于同意东北地区厂办大集体改革试点工作指导意见的批复》（国函〔2005〕88号），推进国有煤炭企业厂办大集体的改革；对安置煤矿转岗人员就业的企业按规定实行税收与信贷优惠，鼓励转岗，支持培训与创业。要加强资源枯竭城市劳动力市场建设，加大下岗失业人员再就业的扶持力度；完善工伤保险政策标准体系，逐步将工作保险制度实施之前的“老工伤”人员纳入工伤保险。

(八) 加强煤矿人才教育和培养

加强煤矿人员技能培训工作。用五年时间对全省煤矿管理人员普遍培训一次，并从第三年起开始对已培训人员进行每两年一次的复训；对国有重点煤矿和地方国有煤矿现有专业技术人员，进行为期一个月的知识更新培训，乡（镇）煤矿技术岗位的技术人员，进行为期3个月的专业知识培训，每两年复训一次，达到上岗标准，取得相应职业资格证书；对新从业工人严格执行先培训、后上岗的就业准入标准，进行4个月的培训，达到上岗标准，从根本上提高从业人员的基本素质。

建立健全省、市、县（市、区）、矿四级培训网络体系，根据煤炭企业需求合理布局培训机构。由劳动主管部门对各级培训机构进行统一管理和业务指导，加强全省煤炭行业培训机构资质认证，明确培训机构基础设施、组织机构、教师配备、教学管理、培训质量、后勤管理等环节的建设标准。提高培训质量，对培训设施、师资、培训大纲、培训计划、教材、培训档案进行定期测评和评定。建立和完善煤矿培训工作的监督机制和奖惩制度。

加大煤矿人才培养。适应山西煤炭工业当前和长远发展的要求，以煤炭工业可持续发展为出发点，以培养煤炭企事业单位科技创新型人才、技术应用型人才和技能型人才为着力点，采取有力措施，挖掘煤炭院校、技工学校、培训机构的潜力，加强煤炭专业人才培养工作，不断提高我省煤炭行业人才培养能力和水平。建立有效的人才培养机制和人才使用机制，为山西煤炭工业可持续发展提供强大的人才支撑。根据我省煤炭企业对人才的需求，未来五年，面向科研院所、煤炭类院校以及大型煤炭企业，培养和引进硕士以上的高级人才2000名，每年培养本专科专业学生6000名，中等职业学校学生10000名，本、专科成人学历教育1000名。“十二五”期间，在此基础上，力争培养更多的人才。

选择省内山西大学、太原理工大学、太原科技大学、大同大学以及煤科总院太原分院、中科院太原煤化工研究院、省社科院等和省外中国矿业大学等煤炭院校和科研机构，定向为我省培养煤炭专业人才。加强山西煤炭专业人才培养基地建设，加强煤炭院校和培训基地的基础设施建设。由煤炭企业设立“煤矿相关专业学生定向培养奖学金”，用于奖励学习煤矿相关专业、毕业后愿意到煤炭企业就业的学生，解决学生的部分学费和部分生活补助。

培养招生计划要优先面向煤矿企业优秀青年和矿工子弟，采取“对口单招，订单培养”的方式。积极向教育部申请单独招生政策，扩大煤炭相关专业高职专科学生“专升本”录取比例。

三、组织领导和保障机制

(一) 加强领导，落实责任

成立山西省煤炭工业可持续发展试点工作领导组及其办公室，由省长任领导组组长，对煤炭工业可持续发展重大事宜进行协调，统筹协调各相关规划和方案。领导组办公室设在省发展改革委，由省相关部门人员组成，内设体制工作组、资源工作组、安全工作组、环境工作组、转产发展工作组。领导组办公室负责领导组的日常事务，具体协调各部门、各市，与国家煤炭工业可持续发展政策研究及试点工作协调小组衔接，与各部委沟通汇报，组织专家对一些涉及全局性的重大问题进行研究。设立专家组，负责试点政策研究制定、咨询论证和总结完善等工作，为有关政策在全国推广奠定基础。

在此基础上，各市也要成立相应的机构，切实加强领导，强化组织保障。各市各部门要讲大局、讲纪律，把这项工作摆在重要议事日程，以高度的责任感和使命感加以推进。要结合本地实际，制定周密细致、操作性强的实施方案，编制生态环境治理恢复、资源型城市和产煤地区转型、重点接替产业发展，以及与煤炭工业可持续发展相关的其他社会事业发展规划；建立完善工作机制，细化分解工作任务；按照职能界定，严格明确各项政策责任主体，落实到各个具体部门，并且由政府分管领导负责。

(二) 精心安排，密切配合

在我省开展煤炭工业可持续发展政策措施试点，不仅涉及多个部门，而且任务繁重、紧迫。为此，要明确各项工作的时间安排，把握进度，搞好衔接。尤其要在明确责任的前提下，根据实际情况有步骤地出台各项政策及其配套措施。与此同时，要与实施煤炭工业“三大战役”、“蓝天碧水”工程等其他方面的工作进行有效衔接，以取得相得益彰的效果。

(三) 强化保障，扎实推进

一是针对试点工作中可能出现的问题，做好应对预案。如分离国有煤炭企业办社会职能中可能出现的社会稳定问题、煤炭可持续发展基金政策和资源有偿使用政策实施过程中可能出现的利益分配问题等等，要建立起有效沟通和信息反馈机制，及时发现问题，解决矛盾，确保矿区的社会稳定，确保试点工作的有序进行。

二是加强市场价格监测，确保煤炭价格平稳。保持煤炭市场价格基本稳定和煤炭企业健康平稳运行是这次煤炭工业可持续发展政策措施试点工作成功的重要标志。为此，有关部门要建立煤炭企业运行监测机制、信息专报和定期召开会议制度。

三是研究制定试点工作计划和年度工作计划，增强工作的主动性。要通过细化目标、分解责任、组织实施、检查督促等，促进各项工作的顺利深入开展。

四是建立重大问题及时跟踪研究制度，增强工作的预见性。对一些涉及全局性的重大问题，组织省内外有关专家及时进行研究，提出对策建议。

关于印发山西省矿山环境恢复治理保证金提取使用管理办法（试行）的通知

2007年11月15日　晋政发〔2007〕41号

各市、县人民政府，省人民政府各委、厅，各直属机构，各煤炭开采企业：

为促进煤炭工业可持续发展，规范矿山恢复治理保证金的提取、使用和管理，按照《国务院关于同意在山西省开展煤炭工业可持续发展政策措施试点意见的批复》（国函〔2006〕52号），结合我省实际，制定《山西省矿山恢复治理保证金提取使用管理办法（试行）》，现印发给你们，请遵照执行。

山西省矿山环境恢复治理保证金提取使用管理办法（试行）

第一章　总 则

第一条　为了建立煤炭生产企业环境保护、地质灾害防治、生态恢复投入机制，规范矿山环境恢复治理保证金的提取和使用管理，促进煤炭生产企业的可持续发展，按照《国务院关于同意在山西省开展煤炭工业可持续发展政策措施试点意见的批复》（国函〔2006〕52号），结合我省实际，制定本办法。

第二条　本办法适用于本省境内从事煤炭开采的各类企业。

第三条　矿山环境恢复治理保证金是指煤炭开采企业按本管理办法规定提取，保证用于本企业矿区生态环境和水资源保护、地质灾害防治、污染治理和环境恢复整治的专项资金。

第四条　矿山环境恢复治理保证金提取和使用管理应当遵循“企业所有、专款专用、专户储存、政府监管”的原则。

第二章　提取与储存

第五条　矿山环境恢复治理保证金的提取标准为每吨原煤产量10元，按月提取。

原煤产量以征收煤炭可持续发展基金核定的产量为准。

第六条　对社会负担沉重、足额提取矿山环境恢复治理保证金确有困难的国有重点煤炭开采企业，可根据其盈利水平、矿山服务年限、矿山环境保护和生态恢复治理的实际情况，提出矿山环境恢复治理保证金分年提取的意见，经省人民政府批准后，在两年试点期内分年逐步提取到位，但第一年提取标准不得低于应提取标准的50%。

第七条　矿山环境恢复治理保证金实行属地管理，由当地地税部门监督缴入同级财政部门专户储存。省属国有重点煤炭企业经省财政部门同意并报经省人民政府批准可以自设账户储存。

第八条　煤炭开采企业应当按本规定在每月10日前将上月的矿山环境恢复治理保证金储存到财政部门指定的账户，财政部门按企业分设二级明细，单独核算，利息一并计入本金归企业所有。

第九条　矿山环境恢复治理保证金计入煤炭开采企业生产成本，在所得税前列支。具体核算办法按国家现行财务和会计制度执行。

第三章　使用

第十条　矿山环境恢复治理保证金使用范围：

1. 矿区生态环境和水资源保护。

2. 矿区废水、废气、废渣等污染源治理、废弃物综合利用。

3. 采矿引发的崩塌、滑坡、泥石流、地面塌陷、地裂缝等地质灾害的预防、治理及受灾村庄搬迁。

4. 矿区自然、生态和地质环境的恢复，包括国土整治、土地复垦和矿山绿化。

5. 与矿区生态保护、治理和恢复直接相关的其他支出。

第十一条　煤炭开采企业要切实履行环境和生态治理的责任，根据环保部门制订的全省环境保护总体规划编制本矿区实施生态环境恢复治理的具体方案，并按照矿山环境恢复治理保证金的监交级次报市、县（市、区）级人民政府环保部门。环保部门要牵头组织同级国土资源、水利、林业等部门对实施方案进行会审批复。方案批复后由煤炭开采企业组织实施。

第十二条　市、县（市、区）财政部门依据环保及相关部门审批通过的治理方案，按项目将环境恢复治理保证金直接拨付企业。

第十三条　生态环境恢复治理项目的实施涉及到两户或两户以上企业的，当地人民政府要组织协调，统一实施。其费用从相关企业提取的环境恢复治理保证金中直接支付。

第十四条　对终止经营或关闭并实行清算的煤炭开采企业，已提取的矿山环境恢复治理保证金如有结余，企业环境恢复治理工作已经环保等有关部门评定达标的，财政部门应当将扣除所得税后的矿山环境恢复治理保证金返还企业；未达标的，由同级人民政府通过招标方式进行治理，结余资金继续用于环境恢复治理方案的实施。

第四章　管理与监督

第十五条　煤炭开采企业应按本规定足额提取、及时储存矿山环境恢复治理保证金，并纳入企业内部预算管理。

第十六条　地税部门要监督煤炭开采企业按本办法规定，足额提取、及时储存矿山环境恢复治理保证金。

第十七条　财政部门要加强对矿山环境恢复治理保证金的管理，并指导、监督地税部门和煤炭开采企业及时足额监交、储存矿山环境恢复治理保证金。

第十八条　环保、国土、水利和林业等部门要根据职责分工，指导和监督煤炭开采企业完成生态环境恢复治理项目实施工作。

第十九条　每年年度终了1个月内，县（市、区）财政、地税部门将上年度本县（市、区）行政区域内矿山环境恢复治理保证金的储存、使用、管理有关情况报市财政、地税部门。市财政、地税部门将上年度本市行政区域内矿山环境恢复治理保证金的储存、使用、管理有关情况和各县（市、区）上报情况进行汇总，于每年年度终了2个月内报省财政部门、地税部门。

第二十条　财政、审计等部门对煤炭开采企业矿山环境恢复治理保证金的提取、储存、管理、使用和财务处理等情况进行监督检查，对违反本办法规定的行为，依照有关规定进行处理。

第二十一条　对企业自设专户储存的矿山环境恢复治理保证金，必须按本办法规定用途使用，接受政府有关部门的监督。如发现企业在矿山环境恢复治理保证金提取、储存、管理、使用中存在违规行为的，将取消其自设专户，并纳入省级财政专户储存管理。

第二十二条　各级财政、地税、环保部门及其工作人员不得将矿山环境恢复治理保证金挪作他用。违反本办法规定及相关法律法规规定的，依照有关规定进行处理。

第五章　附 则

第二十三条　市、县（市、区）人民政府根据本地区的实际，制订本地的矿山环境恢复治理保证金的具体实施细则，报省财政厅备案。

第二十四条　本办法从2007年10月1日起实施。

关于对煤炭地质勘查单位资质进行备案的通知

2008年2月28日　晋煤规发〔2008〕199号

各市煤炭工业局、各煤炭地质勘查单位：

为进一步规范煤炭矿井勘查地质报告编制工作，确保煤炭矿井地质报告的质量和资料的真实性，省局决定对在我省行政区域内编制矿井地质报告的煤炭地质勘查单位资质进行备案，现就有关事宜通知如下：

一、煤炭地质勘查单位备案的范围

凡在我省行政区域内编制煤炭矿井地质勘查报告（包括：建设矿井地质报告、机械化采煤升级改造矿井地质报告、资源整合矿井地质报告等）的煤炭地质勘查单位。

二、申请备案的煤炭地质勘查单位需提交如下材料

1. 煤炭地质勘查资质证正、副本原件（审查后退回）及加盖公章的复印件；

2. 工商营业执照或事业法人登记证书正、副本原件（审查后退回）及加盖公章的复印件；

3. 山西省煤炭地质勘查资质单位备案登记表（附表一）（加盖公章）；

4. 加盖公章的×××煤炭地质勘查单位现有工程技术人员名单（附表二）；

5. 组织机构代码证书原件（审查后退回）及加盖公章的复印件；

6. 法定代表人、技术负责人任职文件复印件。

三、要求

1. 申请备案的煤炭矿井地质报告编制单位携有关材料自3月1日至3月20日到省局规划发展处进行备案。

2. 备案的煤炭地质勘查资质单位编制矿井地质报告的工程技术人员只能在一个勘查单位参与备案，不得重复备案。备案资质单位技术人员名单如有变动，应及时上报变更。

3. 未履行备案的煤炭地质勘查资质单位在山西省行政区域内编制的煤炭矿井地质勘查报告，省局将不予受理。各市煤炭管理部门不得以任何理由对其编制的报告进行审查和上报工作。

4. 联系人：乔程　杨海鹏　电话：0351－4117505

关于探矿权采矿权有偿取得制度改革有关问题的补充通知

2008年2月28日　财建〔2008〕22号

各省、自治区、直辖市、计划单列市财政厅（局）、国土资源厅（局）：

经国务院批准，山西等8个煤炭主产省开展了深化煤炭资源有偿使用制度改革试点工作。财政部、国土资源部制定了《关于深化探矿权采矿权有偿取得制度改革有关问题的通知》（财建〔2006〕

694号）、《以折股形式缴纳探矿权采矿权价款管理办法（试行）》（财建〔2006〕695号）等一系列配套政策。上述政策执行过程中，特别是在深化煤炭资源有偿使用制度改革试点过程中，有地方和部门反映，有些政策措施需要进一步明确或细化。为进一步规范和深化矿业权有偿取得制度改革，现就有关问题补充通知如下：

一、关于国家出资勘查并探明矿产地的界定。国家出资勘查并探明矿产地的界定，按照《关于清理国家出资勘查已探明矿产地的通知》（国土资厅发〔2000〕32号）中对出资范围、勘查程度和矿床规模的规定执行。

二、关于剩余资源储量核实问题。对无偿取得且尚未进行有偿处置的采矿权，剩余资源储量估算的基准日，各省已有规定的从其规定；没有规定的以2006年9月30日为准，按照现行规定进行核实、评审和备案。对由国土资源部登记发证的矿业权，与矿业权有偿处置有关的矿产资源储量评审、备案工作，国土资源部委托省级国土资源管理部门办理。对没有储量核实报告的采矿权，采矿权人可委托具备地质勘查资质的单位补充勘查，达到勘探程度并提交资源储量报告，经评审、备案后，作为采矿权价款评估的依据。对采矿权有偿处置时的资源储量核实，要注意对共伴生资源储量做出评价和估算。

三、关于矿业权价款评估问题。国土资源管理部门会同财政部门要加强对无偿占有（取得）的矿业权有偿处置过程中价款评估的管理。矿业权价款应委托矿业权评估机构评估，评估结果由国土资源管理部门按照有关规定进行备案。评估机构由国土资源管理部门商财政部门统一委托，采取公开、竞争的方式确定。

已转增为国家资本金的矿业权价款，原则上按已转增国家资本金的数额进行处置，不再另行对价款进行评估。矿业权价款已经评估备案但尚未进行有偿处置的，在评估备案的有效期限内，可以按已备案的评估结果缴纳矿业权价款。对由国土资源部登记发证的矿业权，与矿业权有偿处置有关的价款评估、备案工作，国土资源部委托省级国土资源管理部门办理。

四、关于以资金形式分期缴纳矿业权价款问题。国土资源管理部门要加强对分期缴纳矿业权价款的管理，由国土资源部登记发证的矿业权，其探矿权价款在500万元以下、采矿权价款在3000万元以下的，价款原则上一次性缴清；由地方登记发证的矿业权，其探矿权、采矿权价款一次性缴清的标准，由各省根据本省实际情况制定。

分期缴纳价款的矿业权人，应在价款评估备案后两个月内，向国土资源管理部门提交申请和分期缴款方案。国土资源管理部门对分期缴纳价款的期限、金额等进行审核后，发出“缴款通知书”。

分期缴纳价款的矿业权人应按中国人民银行发布的同档次银行贷款基准利率水平承担资金占用费。资金占用费计算基数为本期应缴纳价款的本金，计费期限为延期缴纳的天数，费率按缴款当日同档次银行贷款基准利率确定。对于分期缴纳价款期限内矿业权人提前缴款的，计费期限按实际延期缴纳的天数计算。矿业权人缴纳的资金占用费，参照矿业权价款进行管理，实行中央与地方2：8分成。

国土资源管理部门依据矿业权人的申请、核准的分期缴款方案及本年度缴纳矿业权价款的凭证，办理矿业权的审批登记工作。凡未按核准的分期缴款方案足额缴纳矿业权价款的，一律不得办理登记发证和年检手续。实行分期缴款的探矿权人申请采矿权的，必须在申请划定矿区范围前缴清全部的探矿权价款；实行分期缴款的矿业权人申请转让矿业权的，应当缴清剩余的矿业权价款后才可办理转让手续。

五、关于以折股形式缴纳矿业权价款问题。财政、国土资源管理部门要严格按照权限办理以折股形式缴纳矿业权价款审批事宜。其中：中央财政出资勘查形成的矿业权，按程序报财政部、国土资源部审批；中央财政与地方财政共同出资勘查形成的矿业权，由省级财政、国土资源管理部门在核实中央、地方出资比例的基础上，报财政部、国土资源部审核确认后按程序分别审批；地方财政出资勘查形成的矿业权，按程序报省级财政、国土资源管理部门审批。

财政、国土资源管理部门要加强对以折股形式缴纳价款的矿业权出资情况的核实，具体核实工作可委托具备资质的社会中介机构承担。

六、关于由探矿权转为采矿权后缴纳价款问题。取得国家出资勘查矿产地的探矿权已转为采矿权，既未缴纳探矿权价款，也未缴纳采矿权价款的，采矿权人应缴纳采矿权价款。对本应设置采矿权却设置了探矿权的，应缴纳采矿权价款，已缴纳过探矿权价款的，可从应缴纳的采矿权价款中扣除。

七、关于已转增国家资本金的矿业权价款的处置问题。财政、国土资源管理部门要加强对已转增国家资本金的矿业权价款的清理，严格按照规定进行有偿处置。已转增国家资本金的矿业权价款的清理处置工作，由原批准转增国家资本金的财政、国土资源管理部门负责。

已将价款转增国家资本金的矿业权，经批准转让给新企业的，由原批准转增国家资本金的财政、国土资源管理部门向价款转增国家资本金的股份持有者追缴价款。

八、关于矿业权价款分成问题。矿业权价款收入中央与地方分成的时间界限，是指2006年9月1日以后出让（或有偿处置）的矿业权价款收入，一律实行中央与地方2：8分成。

省级财政部门要制定完善省以下矿业权价款收入分成管理办法，地方分成的矿业权价款收入，原则上向资源产地倾斜。

九、关于“资源一次划定、分期分段出让”采矿权问题。对于资源储量大、服务年限长、一次性缴纳采矿权价款确有困难的矿山企业，国土资源管理部门可按照生产规模与资源量相匹配的原则，采取“资源一次划定、分期分段出让”的方式向矿山企业出让采矿权，并按规定收取采矿权价款。具体实施办法由国土资源部另行制定。各省可根据本省实际情况，研究制定具体的实施细则。

十、关于矿业权有偿处置相关费用的列支问题。各级国土资源管理部门在矿业权有偿处置过程中发生的资源储量核实、矿业权价款评估及其他相关费用，由同级财政部门核定，纳入财政预算管理，不得从矿业权价款收入中坐支。

山西省煤矿建设项目矿井地质报告编制提纲

2008年3月5日　晋煤规发〔2008〕218号

各市煤炭工业局、各国有重点煤炭集团公司、各煤炭地质勘查单位：

为规范全省煤矿建设项目矿井地质报告编制工作，提高煤矿建设项目地质报告的编制质量，进一步给矿井的生产建设提供真实、可靠的地质资料，省局组织有关部门和专家制订了《山西省煤矿建设项目矿井地质报告编制提纲》（以下简称《提纲》），现予以下发。今后，凡在我省境内进行改扩建、机械化采煤升级改造和资源整合改造等建设矿井项目地质报告编制均须按照本《提纲》要求进行，新建矿井地质报告的编制仍按《煤、泥炭地质勘查规范》执行。此前省局下发的有关煤矿建设项目矿井地质报告编制提纲与本《提纲》不符的，以本《提纲》为准，望遵照执行。

山西省煤矿建设项目矿井地质报告编制提纲

第一章　概况

第一节　目的任务

扼要叙述编制矿井地质报告依据的有关文件精神，简述本次兼并重组整合基本情况及有关内容，进行矿井建设的煤矿名称，批准开采煤层，井田面积，生产规模及净增能力；叙述编制该报告的主要地质依据，简述矿井开发利用方案的有关内容，叙述本次编制矿井地质报告的目的、任务及工作方法，要求达到勘探程度。若全井田达不到勘探程度需划分先期开采地段或首采区的，要求单独说明。

第二节 位置及交通

简述矿井的地理位置（附交通位置图）与地理坐标，所在行政辖区。叙述井田边界坐标、长宽、面积，简述主要铁路、公路交通线、井田至邻近主要城镇或交通枢纽的方位及距离。

第三节 自然地理

简述矿井的地形、地貌、水系、河流、水库、气象、地震、社会经济状况等。

第四节 周边矿井及小窑

详述矿井周边煤矿、小窑（包括已关闭矿井）的分布、生产建设、废窑破坏范围等调查情况等。对各煤矿要叙述其生产能力、实际生产能力、已采煤层、现采煤层、开采范围、采煤方法、有无越层越界行为、瓦斯、煤尘爆炸性、煤的自燃及矿井排水量等情况（附周边煤矿分布示意图）。

第五节 地质勘查及矿井地质工作

一、以往勘查地质工作

叙述以往与本矿井有关的地质勘查工作情况，提交的地质报告名称、时间、编制单位、审批情况、利用的成果资料及其质量情况。

二、矿井地质工作及本次勘查工作

叙述煤矿以往生产过程中矿井地质工作，叙述本次建设中进行的地质勘查工作、采用的勘查方法、完成的勘查工作量（包括井下见煤点的测量方法、煤样采取方法、数量、测试项目等）并进行质量评述。

三、井田地质勘查程度评价

叙述报告所使用地形地质及水文地质图来源，综述勘查工作中工程测量、地面物探、钻探工程、测井、采样数量、测试项目等工作成果及其质量评价并说明其可靠程度，简述验收评价使用标准以及存在问题。

第二章 矿井地质

第一节 区域地质简况

一、区域地质

叙述井田所处的区域构造位置及区域地层（列表说明）层序、时代、厚度、岩性特征、地层的接触关系、区域构造、岩浆岩特征。

二、区域含煤特征

叙述区域含煤地层及含煤特征，可采煤层编号及特征（列表说明）。

第二节 矿井地质

一、地层

叙述本井田在所处煤田及国家规划矿区中的位置。

叙述井田基岩出露分布情况、矿井内地层层序（由老至新）、时代、厚度、岩性特征、含煤地层及可采煤层赋存层位等地质特征。

二、构造

叙述井田内褶曲、断层和陷落柱的分布基本特征、延展情况及其控制和研究程度，构造对煤层破坏程度（插主要构造一览表）。

叙述井田内岩浆岩的时代、名称、产状、分布规律、控制研究程度及对煤层、煤质的影响程度和范围。

叙述井田总体构造形态，确定构造复杂程度。

第三章　煤层、煤质及有益矿产

第一节　煤层

一、含煤性

简述含煤地层及煤层的总厚度、含煤系数，叙述煤层的层数、层位、可采煤层层数。

二、可采煤层

评述各可采煤层赋存层位、分布特征、煤层间距（最小、最大、平均值）、厚度及变化、夹矸层数、夹矸厚度及岩性、煤层结构分类、顶底板岩性、煤层的稳定性与可采性（插可采煤层特征一览表、煤层等厚线图、可采煤层间距等值线图）。

三、煤层对比

叙述各可采煤层的对比方法、依据及对比可靠程度。

第二节　煤质

一、物理性质

叙述各煤层的物理性质（硬度等指标）、宏观煤岩组分、宏观煤岩类型，显微组分含量和显微煤岩类型、镜煤最大反射率、煤的变质阶段、变化规律等。

二、煤的化学性质、工艺性能

据勘查钻孔煤芯样及井下采样测试结果（对井下见煤点要有1/2－1/4的点采取煤样，并测试相关项目），叙述各可采煤层的水分、灰分、硫分、挥发分、磷、发热量等主要煤质指标及其变化范围，叙述煤的工艺性能，确定煤类及其空间分布（插可采煤层煤质特征表、主要煤质指标等值线图）。

三、可选性

叙述可采煤层的可选性试验成果，收集主要可采煤层筛分、浮沉大样试验报告，评价煤的可选性（±0.1含量法），并插相应的图表。

四、煤的风氧化

叙述各可采煤层风氧化带的确定依据、分布范围、风氧化煤煤质特征及其利用评价。

五、煤质及工业用途评价

综合以上煤质特征对各可采煤层的煤质及其研究程度，对煤的工业利用方向进行评价。

第三节　有益矿产

叙述井田赋存的有益矿产种类、质量及相关化验测试结果，评述其利用价值。

第四章　水文地质

第一节　区域水文地质

扼要叙述井田所处区域地表水流域及其水文特征，岩溶水水文地质单元及其地下水的补给、径流、排泄等水文地质特征，叙述区域含（隔）水层水文地质特征，（插泉域范围图并标注井田在泉域中的位置）。

第二节　矿井水文地质

叙述井田内地表水分布及其水文特征，井口及工业场地周边历史最高洪水位标高。

叙述井田内各含水层的岩性、厚度、埋藏条件、分布范围及其变化情况，裂隙与岩溶的发育程度及分布规律，各含水层的补、径、排条件、水位标高、富水性、水质及各含水层间水力联系等，评价隔水层的岩性组合厚度及其隔水性。

第三节　矿井充水因素分析及水害防治措施

评述井田内地表水体（河流、水库等）对矿井开采的影响。

评述构造破碎带的发育程度、规模、性质、导水性以及对矿井充水的作用和影响。

详述被整合矿井生产过程中的涌水或突水地点、水源、水量、动态变化及对生产的影响。详述矿井发生过的水害事件。根据开采过程中涌水量的变化情况及各种影响因素，详细分析论证影响涌水量的主要及次要因素。

详述采空区、古空区积水分布范围及积水量，分析其对矿井充水影响。若存在采（古）空区积水威胁，需评价下部煤层开采形成的导水裂隙带能否沟通上部采（古）空区积水。批采煤层位于奥灰岩溶水水位之下，需圈定各煤层带压范围、计算带压开采煤层承受的突水系数，并进行安全区划分，辅以插图表示。

综合各影响因素，确定矿井水文地质类型。根据矿井充水因素及水害类型，提出具体的矿井水害防治措施。

第四节　矿井涌水量预算

叙述矿井目前开采状况下的正常涌水量及最大涌水量。

根据水文地质特征和矿井充水因素分析，确定矿井涌水量计算方法，选择公式和确定参数的依据，预算建设后矿井涌水量并评述其可靠性。

第五节　供水水源

论述矿井建设前的供水水源情况，若目前供水水源不能满足建设后的要求，提出今后供水水源的勘查方向，并对其水量及水质做出评价。对需要进行专门供水水源勘查工作的井田，应叙述可能作为供水含水层的水文地质情况。

第五章　其他开采技术条件

第一节　煤层顶底板岩石工程地质特征

收集并叙述井田内及邻区生产矿井、小煤矿有关井巷的煤层顶底板工程地质特征和管理维护现状。

叙述矿井内各可采煤层顶底板的岩性、厚度、节理、裂隙及其他结构面发育情况、物理力学性质，评价煤层顶底板稳定性。

评价井田工程地质条件的复杂程度，针对矿井可能出现的主要工程地质问题，提出防治意见。

第二节　瓦斯

叙述本矿井及邻近煤矿近三年度瓦斯、二氧化碳相对涌出量及绝对涌出量的鉴定结果。

收集并叙述本矿井及邻近煤矿有关瓦斯和煤与瓦斯突出事故的资料，分析事故的原因。

利用钻孔各煤层瓦斯含量测试成果，叙述井田内瓦斯成分、瓦斯含量、瓦斯分带及其在平面上、垂向上的变化规律（可插瓦斯含量等值线及瓦斯分带图）。

评述瓦斯对矿井建设和安全生产可能产生的影响。

第三节　煤尘爆炸危险性

据本矿井及邻近煤矿煤尘测试成果，评价井田可采煤层煤尘爆炸危险性。列表说明各批采煤层测试成果，包括采样地点、测试单位、时间、测试结果。

评述煤尘爆炸危险性对矿井建设和安全生产可能产生的影响。

第四节　煤的自燃倾向性

叙述本矿井及邻近煤矿煤的自燃倾向性测试成果，叙述井下煤层及井上原煤的自燃情况，井下火区位置及现状，评价井田煤层煤的自燃倾向性。

列表说明各批采煤层煤的自燃等级测试结果（包括煤层号、采样地点、测试单位、测试时间、测试结果）。

评述煤的自燃对煤矿建设和安全生产可能产生的影响。

第五节　地温、地压

叙述本矿井的地温地压基本情况，根据以往勘探资料分析是否存在热害、冲击地压危害。当煤层埋深超过300米时，要调查本区地温恒温带深度、恒温带温度、地温梯度。

第六章　环境地质

第一节　地震与矿井稳定性

叙述矿井所在地区和邻近地区地震活动历史、地震烈度、地质地貌条件及新构造特征，并据此对矿井的稳定性做出评价。

第二节　地质灾害

叙述自然状态下的崩塌、滑坡、泥石流等不良地质现象和地质灾害的分布、强度。

叙述煤矿开采引起的或可能引起的滑坡、泥石流、水土流失、地裂缝、地表沉降及塌陷等地质灾害问题，提出防治意见。

第三节　井田水环境

叙述地下水、地表水资源分布特征及井下开采和矿井疏排地下水，引起的地面塌陷、地裂、滑坡、崩塌的分布范围以及对植被、地表水、地下水水量、水位、水质的影响，提出水资源保护建议。

第四节　有害物质

叙述煤层和岩层中的有害物质、有害元素分布特征及对环境可能产生的影响，叙述各种自然地质作用和采矿活动中煤矸石堆放、瓦斯排放、煤炭洗选等对地质环境可能造成的影响及破坏程度，提出防治措施。

第七章　矿山开采

第一节　煤矿生产建设情况

分别叙述兼并重组整合前各矿井的设计建设单位、日期、设计能力、服务年限、井口坐标、开拓方式、井筒数目、井筒特征、支护形式、开采煤层、水平及采区划分等内容。

简叙兼并重组整合后矿井的提升、通风、排水、压风供配电系统、采煤方法。简述本次建设的设计能力及开拓布置。

第二节　井田内小窑开采情况

叙述矿井历史开采情况，叙述矿井小窑数量、位置、井口、开拓方式、开采煤层、开采范围及目前状况等。

第三节　探采对比

一、煤层

根据矿山生产情况评述煤层厚度、煤层结构、煤质及资源/储量与原地质报告的异同、变化原因。

二、构造

根据矿山生产情况，评述矿井构造与原地质报告的异同。

第八章 资源/储量估算

第一节 资源/储量估算范围及估算指标

叙述资源/储量估算范围、边界及垂深（标高）、估算面积等有关参数。叙述采用估算指标及其确定的依据。

叙述参与资源/储量估算的煤层及其估算范围（包括面积及标高）、估算指标及其确定依据。

第二节 资源/储量估算方法与参数确定

一、资源/储量估算方法

叙述资源/储量估算采用方法及其依据。

二、资源/储量估算参数

叙述资源/储量估算参数的确定及原则。

第三节 资源/储量类别划分原则

依据井田构造复杂程度和煤层稳定性合理确定划分各类资源/储量的基本工程网度。在确定块段资源/储量类别时，必须在一定的基本工程网度的基础上，经过综合分析研究，根据地质条件，按对应类别条件的满足程度合理划分资源/储量类别，并合理划分资源/储量块段。

古空区及未实测采空区附近需划出30－50m的范围为推断的资源量（333），实测采空区外围可以不划出推断的资源量（333）。

第四节 资源/储量估算结果

要求资源/储量的相关比例达到勘探阶段要求。

各可采煤层皆需进行资源/储量估算，但未批采煤层需单独列出。资源/储量需分煤层、分煤类、分块段估算。

蹬空区煤层资源/储量估算需单独列出。灰分、硫分、发热量指标超出煤炭资源量估算指标的需单独列出。

采空区、古空区不需要进行资源/储量估算。

第五节 资源/储量估算需要说明的其他问题

对资源/储量估算中一些特殊问题所做的技术处理及具体做法、资源/储量与原勘查地质报告或原储量核查地质报告资源/储量有较大变化的，应给予必要的说明。

资源/储量估算结果汇总表

煤层号	煤类	资源/储量（万吨）					111b/总量（%）	(111b+122b)/总量（%）
		111b	122b	333	蹬空区	现保有		
×								
	小计							

注：煤类在两种以上者，合计中应分煤类。需划定先期开采地段或首采区的另列资源/储量估算结果汇总表。

第九章　结论及建议

评述本次矿井地质报告取得的地质成果（包括所做地质工作，地质构造、煤层、煤质、水文地质及其他开采技术条件查明程度，资源/储量估算结果），指出存在的主要问题，提出今后地质工作方向及应当注意的问题和建议。

山西省煤炭资源整合和有偿使用办法

2008年03月17日　山西省人民政府令　第187号

《山西省煤炭资源整合和有偿使用办法》已经2006年2月21日省人民政府第66次常务会议通过，现予公布，自公布之日起施行。

山西省煤炭资源整合和有偿使用办法

第一章　总　则

第一条　为了提高煤炭产业的集中度，加强对煤炭资源的保护和合理开发利用，维护矿产资源国家所有者权益，根据《中华人民共和国矿产资源法》等有关法律、法规，结合本省实际，制定本办法。

第二条　本省行政区域内实施煤炭资源整合和有偿使用适用本办法。

第三条　煤炭资源整合应当坚持科学规划、淘汰落后、明晰产权、资源/储量与生产规模和服务年限相匹配的原则。

煤炭资源有偿使用应当坚持公开、公平、公正的原则。

第四条　县级以上人民政府负责本行政区域内煤炭资源整合和有偿使用工作。

县级以上人民政府有关行政主管部门应当履行下列职责：

(一) 国土资源部门负责煤炭资源整合和有偿使用工作的组织协调，负责核实煤炭资源/储量，办理采矿权变更登记，征收采矿权价款；

(二) 煤炭工业部门负责对煤矿生产能力进行核定，并负责整合后矿井建设项目初步设计审批、竣工验收，办理煤炭生产许可证；

(三) 煤矿安全监察机构负责对整合后矿井建设项目安全设施设计审查、竣工验收，矿井安全生产条件审核，办理安全生产许可证；

(四) 工商部门负责对整合后采矿权人发生变更的煤炭企业的股份构成进行审核，依法办理企业名称预先核准和注册登记；

(五) 财政部门负责监管采矿权价款的入库，会同国土资源部门审核采矿权价款转国有股份和国家资本金；

(六) 国有资产监督管理部门负责监管采矿权价款转国有股份和国家资本金形成的国有股权；

(七) 行政监察机关负责对行政机关及其工作人员在煤炭资源整合和有偿使用工作中履行职责情况进行监察。

第二章　煤炭资源整合

第五条　煤炭资源整合是指以现有合法煤矿为基础，对两座以上煤矿的井田合并和对已关闭煤矿

的资源/储量及其他零星边角的空白资源/储量合并，实现统一规划，提升矿井生产、技术、安全保障等综合能力；并对布局不合理和经整改仍不具备安全生产条件的煤矿实施关闭。

第六条 煤炭资源整合可以采取收购、兼并、参股等方式。

鼓励大中型企业参与煤炭资源整合，组建和发展大型企业集团。

第七条 有下列情形之一的煤矿（矿井），应当予以关闭，其资源参与整合：

(一) 主要产煤县核定生产能力9万吨/年以下的；

(二) 证照不全的；

(三) 经整改仍不具备安全生产条件的；

(四) 不具备采煤方法改革条件的；

(五) 不符合环保要求的；

(六) 布局不合理的。

第八条 有下列情形之一的煤矿，应当予以关闭，其资源不得参与整合。

(一) 风景名胜、文物保护区的；

(二) 重要水源地的；

(三) 城市规划区的；

(四) 交通枢纽区域的；

(五) 其他法律、法规规定的。

第九条 主要产煤县核定生产能力30万吨/年以下的煤矿不得整合已关闭煤矿和其他空白资源/储量。

对于下组煤尚未整体开发的，不得进行整合。

第十条 县级行政区域内资源整合后新增资源面积不得超过整合前已占用资源总面积的10%；新增煤炭生产能力不得超过整合前核定生产能力的10%。

第十一条 县级人民政府应当按照资源整合的原则，编制煤炭资源整合和有偿使用工作方案，并逐级上报省人民政府。

县级人民政府应当将拟上报的煤炭资源整合和有偿使用工作方案向社会公示。

第十二条 省人民政府应当自收到煤炭资源整合和有偿使用工作方案15日内，委托国土资源部门会同煤炭工业部门和省级煤矿安全监察机构，组织专家论证，提出审核意见。

煤炭资源整合和有偿使用工作方案经省人民政府批准后实施。

县级以上人民政府应当向社会公布经批准的煤炭资源整合和有偿使用工作方案。

第十三条 经省人民政府批准的煤炭资源整合和有偿使用工作方案确定关闭的矿井，应当自该方案批准之日起30日内，省有关部门要吊销或收回有关证照，并由县级人民政府按照规定标准实施关闭。对整合改造可以利用的井筒，要拆除所有设备、设施，专人看守，改造设计完成后加以利用或炸毁。

第十四条 煤炭资源整合后的煤矿必须实现壁式开采，达到一矿一井、两个安全出口、全负压通风等法律、法规规定的安全生产条件。对历史原因形成的多井口煤矿，因地质构造因素不能整合为一矿一井的，由省人民政府煤炭工业部门会同省国土资源部门、安全监察机构进行认定，并由国土资源部门分立采矿许可证。

厚煤层采区回采率不低于75%，中厚煤层不低于80%，薄煤层不低于85%。

第十五条 煤炭资源整合后的煤矿必须依法办理采矿许可证、煤矿安全生产许可证、煤炭生产许可证、企业法人营业执照，煤矿矿长应当取得矿长资格证和矿长安全资格证。

第三章 有偿使用

第十六条 煤炭资源有偿使用是指通过行政审批取得采矿权的采矿权人，除缴纳采矿权使用费外，还应当依法缴纳采矿权价款。

在资源整合过程中，适宜公开竞价的空白或者已关闭煤矿的资源应当按照公开竞价的方式出让。

第十七条 采矿权价款由县级人民政府国土资源部门负责收取。

采矿权价款收取标准见附录；省人民政府可以根据市场情况调整采矿权价款收取标准。

第十八条 县级人民政府国土资源部门收取的采矿权价款，按照省、市、县3：2：5比例分配；资源整合过程中通过公开竞价出让采矿权收取的采矿权价款，按照省、市、县2：3：5比例分配。

县级人民政府国土资源部门收取的采矿权价款应当上缴同级财政专户，并由县级人民政府财政部门按照前款比例分别上缴省、设区的市财政专户。

第十九条 未整合煤矿和整合后煤矿的资源/储量应当由有资质的中介机构进行检测，并出具资源/储量检测报告。资源/储量检测报告应当由设区的市人民政府国土资源部门进行核查，并报省人民政府国土资源部门备案，备案结果作为缴纳采矿权价款的依据。

设区的市人民政府国土资源部门对中介机构出具的资源/储量检测报告进行核查时，应当组织专家评审。中介机构出具的资源/储量检测报告应当真实、可靠。

第二十条 采矿权人缴纳采矿权价款可以采取货币缴纳、转为国有股份、转为国家资本金三种方式。

第二十一条 煤种为焦煤、1/3焦煤、肥煤、炼焦配煤（瘦煤、贫瘦煤、肥气煤）、无烟煤的资源/储量在800万吨以下的煤矿和煤种为贫煤、优质动力煤（弱粘煤）、气煤及其他煤种资源/储量在1000万吨以下的煤矿，采矿权价款缴纳应当采取货币缴纳方式，标准一次确定，价款一次交清。除前款规定以外的煤矿，资源/储量定量、分期分段出让，价款按省人民政府公布的标准执行。

第二十二条 本办法第二十一条第二款规定的煤矿采矿权价款可以按有关规定转为国有股份和国家资本金。

第二十三条 县级以上人民政府对采矿权价款转为国有股份和国家资本金形成的国有股权，按现行国有资产管理体制管理。

第二十四条 采矿权价款应当纳入同级财政预算管理。

省、设区的市人民政府分配所得的采矿权价款，主要用于矿产资源勘查、保护和管理。

县级人民政府分配所得的采矿权价款，主要用于在煤炭资源整合过程中关闭合法矿井的补偿和煤矿企业所涉及乡村的地质生态环境治理。

第四章 监督检查

第二十五条 县级以上人民政府国土资源部门、煤炭工业部门、各级煤矿安全监察机构及其他有关部门应当密切配合，信息共享，在各自职责范围内加强对煤炭资源整合和有偿使用工作的监督检查。

监督检查可以采取联合执法的方式。

第二十六条 县级以上人民政府国土资源部门、煤炭工业部门、各级煤矿安全监察机构应当公布举报电话、电子信箱，接受公众举报和投诉。

第五章 法律责任

第二十七条 违反本办法第十三条规定，确定关闭的矿井逾期未关闭或者未达到关闭标准的，由行政监察机关对县级人民政府主要负责人、直接主管的负责人及相关责任人员给予行政处分。

第二十八条 违反本办法第十九条规定，中介机构提供虚假检测报告，由县级以上人民政府国土

资源部门给予警告，其行为记入企业不良信息，可以在有关媒体公布。情节严重的，根据国家有关规定，取消其相关资质。构成犯罪的，依法追究刑事责任。

第二十九条 煤矿主要负责人及其他相关人员阻挠煤炭资源整合工作，违反治安管理有关法律法规规定的，由公安机关依法予以处理；构成犯罪的，依法追究刑事责任。

第三十条 行政机关及其工作人员在煤炭资源整合和有偿使用工作中徇私舞弊、玩忽职守、滥用职权，尚未构成犯罪的，依法给予行政处分；构成犯罪的，依法追究刑事责任。

第六章 附 则

第三十一条 非煤矿山资源整合和有偿使用工作比照本办法规定执行。

第三十二条 本办法自公布之日起施行。

附录：2006年采矿权价款收取标准

2006年采矿权价款收取标准

(一) 焦煤、1/3焦煤、肥煤：3.80元/吨；

(二) 炼焦配煤（瘦煤、贫瘦煤、肥气煤）：3.10元/吨；

(三) 无烟煤：3.30元/吨；

(四) 贫煤：2.70元/吨；

(五) 优质动力煤（弱粘煤）、气煤：1.50元/吨；

(六) 其他煤种：1.30元/吨。

关于进一步加快推进煤矿企业兼并重组整合有关问题的通知

2009年4月15日 晋发〔2009〕10号

各市、县人民政府，省人民政府各委、厅，各直属机构：

加快推进煤矿企业兼并重组整合，淘汰落后产能，是完成国家下达我省减少煤矿数量任务的重要举措，是推进煤炭工业转型发展、安全发展、和谐发展的重大决策。为认真贯彻落实《山西省人民政府关于加快推进煤矿企业兼并重组的实施意见》（晋政发〔2008〕23号），提高煤炭产业集中度和产业水平，现就进一步加快煤矿企业兼并重组整合有关问题通知如下：

一、明确兼并重组整合目标。到2010年底，全省矿井数量控制目标由原来的1500座调整为1000座，兼并重组整合后煤矿企业规模原则上不低于300万吨/年，矿井生产规模原则上不低于90万吨/年，且全部实现以综采为主的机械化开采。各市保留矿井数量分别为：太原市50座，大同市71座，阳泉市50座，长治市95座，晋城市118座，朔州市65座，忻州市63座，晋中市110座，吕梁市100座，临汾市127座，运城市18座。国有重点煤炭集团公司保留矿井133座。

二、落实兼并重组整合责任。各市人民政府负责本行政区域内煤矿企业兼并重组整合，是这次兼并重组整合工作的责任主体。2009年是推进煤矿企业兼并重组整合的关键一年，11个市要全部完成兼并重组整合方案的报批工作和矿井压减任务，其中上半年完成一批，三季度再完成一批。各市人民政府要认真按照目标任务、进度要求，抓紧组织实施。省煤矿企业兼并重组整合工作领导组办公室将按季度进行通报。省人民政府将按照《山西省人民政府办公厅关于下达2009年全省安全生产考核指标和考核办法的通知》（晋政办发〔2009〕29号）的要求，对各市煤矿关闭整顿、兼并重组整合任务完成情况进行考核，对未按规定完成煤矿关闭整顿、兼并重组整合年度任务的实行否决，考核结论评定为不合格。

三、确定兼并重组整合主体。落实《山西省人民政府关于加快推进煤矿企业兼并重组的实施意见》（晋政发〔2008〕23号）的规定，大力支持大型煤炭生产企业作为主体，兼并重组整合中小煤矿、控股办大矿，建立煤炭旗舰企业，实现规模经营。同时，允许山西煤炭运销集团公司、山西煤炭进出口集团公司等省属煤炭生产经营企业作为主体兼并重组整合地方中小煤矿，建立煤源基地。

现已具备300万吨/年生产规模，且至少有一个120万吨/年机械化开采矿井的地方骨干煤炭企业，也可作为兼并重组的主体。其他作为兼并重组整合主体的地方骨干煤炭企业（矿井），由各市人民政府提出，原则上应有一个生产规模在90万吨/年及以上矿井作支撑，兼并重组整合后企业生产规模应不低于300万吨/年，所属矿井至少有一个规模不低于120万吨/年。

四、编报兼并重组整合方案。各市人民政府要按照总量适度、优化布局、产能置换、关小上大、提升水平的原则，以省与各市对接完成的兼并重组整合规划为基础，结合本行政区域内煤炭资源赋存情况、矿井开发现状，尽快编报兼并重组整合方案。兼并重组整合方案要达到以下要求：按2010年的目标任务一步到位；保留矿井数量不能突破控制目标；产能基本控制在兼并重组整合前核定和批准的范围内；明确保留矿井数量、名单、井型规模及矿井布局；明确关闭矿井数量、名单及关闭期限；明确符合条件的兼并重组整合主体。兼并重组整合方案以市或县为单位，成熟一批报批一批，成熟一片报批一片。以县或片为单位的方案应与市兼并重组整合目标相衔接，不得突破或降低标准。

五、强化煤矿安全生产工作。各地、各有关部门、各煤炭企业要高度重视做好兼并重组整合期间的安全生产工作，扎实开展煤矿安全生产专项整治。对资源枯竭的矿井一律实施关闭；被兼并重组整合煤矿企业的各类证照到期后一律不再重新换发。复工复产验收工作要严格标准和程序，认真落实“谁验收、谁签字、谁负责”的原则，验收合格矿井最终要由设区市的副市长签字同意，方可复工复产，对安全无保障的和未实现机械化开采的矿井一律停产整顿，不得复工复产。复产矿井要加强人员培训，严格控制下井人数，严禁超能力生产。对未经验收擅自组织生产的煤矿企业要加大打击力度；对在兼并重组整合过程中发生煤矿安全事故的，要加大对责任人和监管人员违法违纪的追查力度，严肃处理。

六、加强组织领导。省人民政府成立煤矿企业兼并重组整合工作领导组，对兼并重组整合工作实行统一领导。各成员单位要按照职责分工，各司其职，密切配合。领导组办公室设在省煤炭局。采取联合办公的方式，对兼并重组整合方案集中受理、审核后上报省人民政府批准实施。各市、县（市、区）人民政府也要成立由主要负责人任组长的专门机构，加强领导，统筹推进本行政区域内的兼并重组整合工作。

各市、县（市、区）人民政府、各有关部门、各煤炭企业要进一步提高认识，统一思想，坚定不移地加快推进我省煤矿企业兼并重组整合工作，紧密结合我省目前正在开展的煤焦领域反腐败专项斗争，加大对兼并重组整合工作的监督检查力度，确保兼并重组整合工作的顺利推进，实现我省煤炭工业转型、安全、和谐发展，促进全省煤炭工业的又好又快发展。

附件：山西省煤矿企业兼并重组整合工作领导组成员名单

山西省煤矿企业兼并重组整合工作领导组成员名单

组　长：王　君　　省　长

副组长：陈川平　　副省长

成　员：王　成　　省人民政府副秘书长

王守祯　　省煤炭局局长
朱成基　　省国资委副主任
康有全　　省国土厅副厅长
赵文才　　山西煤监局总工程师
张效彪　　省监察厅副厅长
李永平　　省发展改革委副主任
石常明　　省财政厅副厅长
赵　勇　　省工商局副巡视员
李广信　　省环保局巡视员

领导组下设办公室，办公室设在省煤炭局。办公室主任：王守祯（兼），副主任：牛建明（省煤炭局副局长）、于若洁（省纪委驻省煤炭局纪检组组长）、朱成基（兼）、康有全（兼）、赵文才（兼）。

关于开展燃煤电厂二氧化硫治理筛查标注工作的通知

2008年5月8日　晋电监资质〔2008〕48号

各持有电力业务许可证的燃煤发电企业：

为加强电力业务许可证监督管理，促进燃煤电厂二氧化硫治理，根据《电力业务许可证管理规定》及《关于加强电力业务许可管理促进燃煤电厂二氧化硫治理的通知》（办资质〔2007〕62号）、《关于进一步加强电力业务许可管理促进燃煤电厂二氧化硫治理工作有关事项的通知》（办资质〔2007〕77号）、《关于开展燃煤电厂二氧化硫治理筛查标注工作的公告》（第14号），按照国家电监会资质中心的统一部署，我办将于近期开展持证燃煤电厂二氧化硫治理筛查和许可证标注工作。现将有关事项通知如下，请各有关发电企业按照通知要求，认真落实。

一、报送材料

1. 脱硫设施与发电项目同步投产验收的燃煤发电企业，应提交完整的经环境保护行政主管部门认可环保验收报告；

2. 脱硫设施独立验收的燃煤发电企业，应提交完整的脱硫设施验收报告；

3. 脱硫设施未进行验收或其他情况的，应提交环境保护行政主管部门认可的二氧化硫排放监测数据，或环保行政主管部门出具的二氧化硫排放是否符合国家或地方2010年标准的证明材料。

二、报送期限：

1. 中央发电企业应将材料报送至电监会资质管理中心，材料报送时限为2008年5月15日之前；

2. 地方发电企业应将材料报送至太原电监办，材料报送时限最迟在5月31日之前。

三、报送要求：

请各持证燃煤电厂在规定时限内将各项材料以及电力业务许可证正、副本报太原电力监管办公室。对逾期仍未按要求报送材料的企业，或者在规定期限内未完成二氧化硫治理的企业，我办将按照有关规定进行处罚；情节严重的，将吊销其电力业务许可证。

四、联系方式

联系人：李冬冬

电　话：0351－5658018　　传　真：0351－5658063

地　址：太原市府东街209号禹皇大厦16层　　　邮　编：030002

附件：

1. 关于加强电力业务许可管理促进燃煤电厂二氧化硫治理的通知（略）

2. 关于进一步加强电力业务许可管理促进燃煤电厂二氧化硫治理工作有关事项的通知（略）

3. 关于开展燃煤电厂二氧化硫治理筛查标注工作的公告

附件3：

关于开展燃煤电厂二氧化硫治理筛查标注工作的公告

为加强电力业务许可证监督管理，促进燃煤电厂二氧化硫治理，根据《电力业务许可证管理规定》及《关于加强电力业务许可管理促进燃煤电厂二氧化硫治理的通知》（办资质〔2007〕62号）、《关于进一步加强电力业务许可管理促进燃煤电厂二氧化硫治理工作有关事项的通知》（办资质〔2007〕77号）等有关文件规定，电监会将于2008年上半年开展持证燃煤电厂二氧化硫治理筛查和许可证标注工作，具体安排如下：

1. 凡已取得电力业务许可证的燃煤发电企业，应当在规定的期限内向电力监管机构提交经环境保护行政主管部门认可的二氧化硫治理及排放情况的证明材料。其中，脱硫设施与发电项目同步投产验收的，应提交完整的项目环保验收报告；脱硫设施独立验收的，应提交完整的脱硫设施验收报告；脱硫设施未进行验收或其他情况的，应提交环境保护行政主管部门认可的二氧化硫排放监测数据，或环保行政主管部门出具的二氧化硫排放是否符合国家或地方2010年标准的证明材料。中央发电企业应将材料报送至电监会资质管理中心，材料报送时限为2008年5月15日之前；地方发电企业应将材料报送至电监会派出机构，材料报送时限最迟在5月31日之前，具体时限安排由各派出机构另行通知。

2. 电力监管机构对所报材料进行审查，筛查确定未完成二氧化硫治理的企业，对其电力业务许可证进行标注。企业应在规定期限内（期限为2009年6月30日，国家另有专门规定的项目除外），按时完成二氧化硫治理工作。

各燃煤发电企业要严格按照以上要求，积极配合电力监管机构做好本次筛查标注工作。对逾期仍未按要求报送材料的企业，或者在规定期限内未完成二氧化硫治理的企业，电力监管机构将按照有关规定进行处罚；情节严重的，将吊销其电力业务许可证。

关于建立电力企业经营情况及电煤价格信息报送制度的通知

2008年8月10日　晋电监价财〔2008〕105号

山西省电力公司、各省调电厂：

为加强对省内电力企业经营情况的调查研究，跟踪分析电价调整后的电煤价格情况，了解和掌握电力企业在运营中遇到的困难和问题，根据《电力监管条例》、《电力企业信息报送规定》的有关规定，我办决定建立全省电力企业经营情况及电煤价格信息报送制度。

一、　报送内容

各电力企业于每月10日前报送上月的资产负债表、损益表和现金流量表，发电企业同时报送上月的电力企业电煤价格情况统计表（见附件1－4）。

二、报送要求

各电力企业必须指定专人负责此项工作，每月以文字版和电子版两种方式按时上报我办，文字版

要加盖公章。

联 系 人：刘 智

联系电话：0351－5658086

E－mail：liuzhi@serc.gov.cn

通信地址：太原市府东街89号禹皇大厦16层价格财务（稽查）处

邮 编：030002

附 件：1. 资产负债表（略）

2. 损益表（略）

3. 现金流量表（略）

4. 电力企业电煤价格情况统计表（略）

关于加快推进煤矿企业兼并重组的实施意见

2008年9月2日 晋政发〔2008〕23号

各市、县人民政府，省人民政府各委、厅，各直属机构：

为加快培育大型煤矿企业和企业集团，提高煤炭产业集中度和产业水平，促进煤炭产业结构优化升级，根据《国务院关于促进煤炭工业健康发展的若干意见》（国发〔2005〕18号）、《国务院关于同意山西省开展煤炭工业可持续发展政策措施试点意见的批复》（国函〔2006〕52号）及《煤炭产业政策》（国家发展改革委公告2007年第80号）精神，现就加快推进我省煤矿企业兼并重组提出以下意见。

一、指导思想、基本原则和思路目标

(一) 指导思想。以邓小平理论和“三个代表”重要思想、党的十七大、中央及我省经济工作会议精神为指导，全面贯彻落实科学发展观，以培育现代大型煤矿企业和企业集团为主线，充分发挥大型煤矿企业理念、技术、管理、资金优势，加快煤矿企业兼并重组，着力提高煤炭产业集中度、产业水平和安全生产水平，建设新型能源和工业基地，保障国家能源安全，促进全省煤炭工业健康发展。

(二) 基本原则。坚持政府调控和市场运作相结合，依法推进煤矿企业兼并重组；坚持培育大型煤矿企业集团和与建设大型煤炭基地相结合，提高煤炭供应保障能力；坚持发展先进和淘汰落后相结合，依托大型煤矿企业兼并重组中小煤矿，发展煤炭旗舰企业，实现规模经营；坚持大型煤矿企业集团现有开发布局基本不变，优先兼并重组相邻煤矿企业和资源；坚持保障企业正常经营活动和维护劳动者合法权益相结合，促进社会和谐稳定；坚持“总量适度、优化布局、改善结构、提升水平”和“关小上大、产能置换、有序建设”的原则，以市、县（市、区）为单位整合重组，全省保持产能基本平衡。

(三) 思路目标。通过大型煤矿企业兼并重组中、小煤矿，形成大型煤矿企业为主的办矿体制，通过科学整合，合理布局，关小建大，扩大单井规模，提高煤矿安全保障程度，提升煤矿整体开发水平。

到2010年底，省内煤矿企业规模不低于300万吨/年，矿井个数控制在1500座以内。在全省形成2－3个年生产能力亿吨级的特大型煤炭集团，3－5个年生产能力5000万吨级以上的大型煤炭企业集团，使大集团控股经营的煤炭产量达到全省总产量的75%以上。

二、兼并重组工作的主要任务和要求

(四) 兼并重组的范围。参与兼并重组的煤矿企业包括现有山西省境内国有重点煤矿企业、在晋中央煤矿企业、市营煤矿企业和经省煤炭资源整合领导组批准单独保留和整合的市营以下地方煤矿。其中，因安全生产事故确定为关闭和资源枯竭、非法违法矿井不得作为基数进行兼并重组，其所剩资源可按《山西省煤炭资源整合和有偿使用办法》（省人民政府第187号令）有关新增资源的规定执行。

(五) 途径和模式。以三个大型煤炭基地和18个规划矿区为单元，以市、县（市、区）为单位，以资源为基础，以资产为纽带，通过企业并购、协议转让、联合重组、控股参股等多种方式，由大型煤炭生产企业兼并重组中小煤矿，并鼓励大型煤矿企业之间的联合重组；鼓励电力、冶金、化工等与煤炭行业相关联的大型企业以入股的方式参与煤矿企业兼并重组，但必须由煤矿企业控股，以实现专业化管理、煤炭与相关产业一体化经营。

股份制是煤矿企业兼并重组的主要形式，兼并重组企业应在被兼并企业注册地设立子公司。国有企业之间的兼并重组，可采用资产划转的方式；非国有之间或非国有与国有之间煤矿企业的兼并重组，可采用资源、资产评估作价入股的方式。

(六) 重组主体与矿区划分。按照“一个矿区尽可能由一个主体开发，一个主体可以开发多个矿区”的原则，合理确定兼并重组主体企业和矿区划分：

大力支持大同煤矿集团、山西焦煤集团、阳泉煤业集团、潞安矿业集团、晋城无烟煤集团和中煤平朔公司等大型煤炭生产企业作为主体，兼并重组中小煤矿，控股办大矿，建立煤炭旗舰企业，实现规模经营。

其他允许作为兼并重组主体的企业，要通过严格的检验资质并经省人民政府批准予以公告后，可兼并重组一些中小煤矿，建立煤源基地。

具备一定生产规模的地方骨干煤矿企业在不影响大型煤矿企业兼并重组的前提下，由所在市人民政府申报，经省人民政府批准后，也可以作为主体，兼并重组相邻中小煤矿。

大型煤炭生产企业兼并重组的矿区划分范围：

大同煤矿集团：大同矿区、轩岗矿区、朔南矿区、河保偏矿区。

山西焦煤集团：西山矿区、离柳矿区、乡宁矿区、汾西矿区、霍州矿区、霍东矿区、岚县矿区和石隰矿区。

阳泉煤业集团：阳泉矿区、东山矿区。

潞安矿业集团：潞安矿区、武夏矿区。

晋城无烟煤集团：晋城矿区。

中煤能源平朔公司：平朔矿区。

(七) 规划与实施。按照兼并重组的原则和全省各个矿区的资源赋存、产能规模以及矿井分布现状等，编制了《山西省煤矿企业兼并重组整合规划》，明确了矿区和区域规模、煤矿企业个数、关闭淘汰矿井数量、产能产量（见附件1《全省兼并重组前后煤矿数量及产能分地（属地）汇总表》）。

各市、各煤炭大集团公司及各兼并重组主体企业应统筹考虑本区域矿井布局、现有产能、生产现状；统筹考虑区域开发与生态环境协调发展；统筹考虑兼并重组范围内的煤炭资源，成片进行重组整合。签订重组整合协议后，编制重组整合方案，政府和重组整合的主体企业提出兼并重组申请报告，上报省煤矿企业兼并重组工作领导组进行审查批准后实施。

(八) 项目实施。列入兼并重组的改造矿井直接进入地质报告、初步设计、环保影响评价和安全设施设计等审查程序。新建和改扩建煤矿建设项目要与兼并重组规模挂钩，优先安排兼并重组的大型煤矿企业集团新建和改扩建煤矿、坑口综合利用电站以及煤炭加工转化等项目，鼓励兼并重组矿井进行改造升级，鼓励煤矿企业建立循环经济园区，发展循环经济。

(九) 资源配置。按照规划和重组规模，将整合矿区的资源配置给兼并重组企业（2010年前暂缓缴纳采矿权价款）。未达到300万吨/年企业规模且不参加兼并重组的企业，不予新增资源，采矿权到期后不予延期。

兼并重组煤矿企业原则上不得占用过多空白区资源，应按矿井规划能力与储量相匹配的原则进行资源配置。上、下组煤要统一考虑开采，矿井井田下组煤层的划界，原则上要以参与兼并重组的中小煤矿和周边大矿矿井边界为界。

(十) 矿业权调整及转让。对未按一个矿区尽可能由一个主体开发原则发放的矿业权，探矿权用地质勘查资金（周转金）收购，并按照一个矿区尽可能由一个主体开发的原则重新配置。采矿权按照矿区兼并重组规划与有关规定和程序配置给具有规模、技术、资金优势的大型煤矿企业。已全额缴纳采矿权价款的被兼并企业，原则上应将其资源、资产评估后入股兼并重组企业。被兼并企业直接转让采矿权的，兼并重组企业应向其支付矿业权价款，并给予适当经济补偿。煤矿企业兼并重组中所涉及资源采矿权价款的有关事宜，按照煤矿企业兼并重组所涉及资源采矿权价款处置办法执行。

(十一) 职工安置。地方人民政府和兼并重组煤矿企业要按照国家及省有关规定，坚持以人为本，制订职工安置方案，妥善安置被兼并企业职工，维护职工合法权益和社会稳定。改扩建和新建煤矿等项目应优先录用被兼并企业分流人员。

(十二) 生态与环境保护。兼并重组规划在实施中凡涉及的自然保护区、森林公园、风景名胜区、重点泉域等，要按照国家、省关于生态与环境保护的有关法律、法规及政策执行，明确禁采区和限采区。在禁采区严禁煤炭开采活动；对位于限采区内的煤矿一律不新增资源、不扩生产能力，不允许规划或建设新的煤矿项目。

三、兼并重组煤矿企业享受国家及省有关扶持政策

(十三) 国家对兼并重组工作的扶持政策。

1. 安全监管。按照管理权限，由市、县（市、区）煤炭行业管理部门负责对兼并重组企业矿井的安全监管，安全考核指标单列。被兼并企业安全指标3年内按原企业类型、统计口径考核。

2. 运力保障。铁路运输部门优先保障兼并重组企业的煤炭运输。按被兼并企业2005－2008年平均铁路外运量，给兼并重组企业相应增加年度运力计划。

3. 出口经营权。2010年前，年产1亿吨以上的煤矿企业提出申请，国家优先授予其煤炭出口经营权。

4. 市场融资。国家支持具备条件的兼并重组企业上市融资，已上市公司可优先增发或配售股票，支持兼并重组企业通过发行企业债券、股权转让等融资方式筹集发展资金。

5. 信贷支持。各类金融机构应积极支持煤矿企业兼并重组工作。

6. 中央预算内投资支持。国家对兼并重组企业煤矿安全改造、煤炭产业升级、煤矿地质勘探等项目，优先安排补助或贴息资金支持。

7. 设立专项资金。2008－2010年，国家安排煤矿企业兼并重组专项资金支持煤矿企业兼并重组，中央给予地方财政适当支持。

8. 税收优惠。2010年前，兼并重组后新组建煤矿企业免征印花税；承接被兼并煤矿企业土地、房屋权属免征契税；以资源、技术、管理入股评估增值部分免征所得税。对年产量5000万吨以上的煤矿企业实行消费型增值税。具体办法按财政部、税务总局有关规定执行。

(十四) 省对兼并重组工作的扶持政策。

1. 资金支持。按照国家确定的可持续发展基金使用方向，省级煤炭可持续发展基金优先安排兼并重组煤矿企业用于煤矿安全改造、煤炭产业升级、转产转型等，并切块设立专项基金，与中央设立的专项基金一并，按不同产量规模，支持煤矿企业的兼并重组。鼓励兼并重组完成的特大型煤矿企业集团组建集团财务公司，支持其依法依规融资。

2. 资源价款政策。国有大型煤炭生产企业应缴采矿权价款可以转为政府资本金，实现资源资产化，由省、市、县（市、区）人民政府按既定分成比例持有，应交国家部分按国家有关规定办理。

四、加强领导、明确责任

(十五) 地方各级人民政府及部门责任。省人民政府成立省煤矿企业兼并重组工作领导组（以下简称省领导组）。领导组办公室设在省煤炭局。省领导组办公室负责完成煤矿企业兼并重组规划的编制，确定矿区规模、兼并重组主体和煤矿企业个数，并做好牵头组织协调工作；省国土厅负责完成煤矿企业兼并重组资源采矿权价款处置办法的制定工作；省国资委负责完成煤矿企业兼并重组企业资产评估办法的制定工作；其他相关部门要积极配合。各市、县（市、区）人民政府也要成立相应的领导组，加强本地区煤矿企业兼并重组工作的组织领导，在深入调查的基础上，研究制订工作方案，并组织实施，要协调各方面的关系，防止国有资产流失和损害职工合法权益，确保高质量、按时完成煤矿企业的兼并重组工作。

(十六) 简化手续。涉及煤矿企业兼并重组的省人民政府有关部门应建立一站式服务的部门协调机制，配合煤矿企业兼并重组工作的顺利实施，按照省煤矿企业兼并重组流程图的规定，在兼并重组企业提出申请30个工作日内，办结有关行政审批和证照变更等工作。

(十七) 分离企业办社会职能。产煤市、县（市、区）人民政府要按照《国务院办公厅关于中央企业分离办社会职能试点工作有关问题的通知》（国办发〔2004〕22号）等有关规定，在2009年底前完成分离国有煤矿企业办社会职能工作，并积极支持兼并重组企业主辅分离等。

(十八) 企业责任。兼并重组煤矿企业除要发挥技术、资金、人才和安全管理方面的优势，有效解决中小煤矿安全保障水平低、资源利用率不高和环境综合治理方面存在的问题外，还要继续按照工业反哺农业的方针，支持当地新农村建设和公益性事业，承担相应的社会责任，使县、乡、村原有的既得合法利益得到保证。省人民政府参照《国务院关于试行国有资本经营预算的意见》（国发〔2007〕26号）的有关规定，对兼并重组企业从国有资本经营预算中拿出部分资金用于支持当地经济发展。

被兼并企业要从大局和长远出发，主动积极参加煤矿企业兼并重组，通过平等协商，实现平稳过渡和互利共赢。

兼并重组工作必须规范进行，不得弄虚作假和违规运作，否则将予以处罚，并追究有关人员责任。

(十九) 完善公司治理结构。兼并重组后的煤矿企业要在明晰各方产权关系的基础上，严格依照《中华人民共和国公司法》规定，组建股份有限公司，完善公司治理结构，保护各投资主体的合法权益，实行同股同权同利，公司股东按股依法享有资产收益、参与重大决策和选择管理者等权利。

(二十) 报告和考核制度。承担煤矿企业兼并重组任务的市人民政府和大型煤矿企业每季要向省人民政府报告本地区煤矿企业和本单位兼并重组进展情况，并抄送省领导组办公室。省领导组办公室要加强对煤矿企业兼并重组工作的指导和考核，按照省人民政府下达的年度任务分解目标（见附件2），分年度对产煤市人民政府和大型煤矿企业兼并重组工作进行考核通报，并向省人民政府报告。

加快推进煤矿集团企业兼并重组是我省煤炭工业改革的一项重大举措，关系着山西能源重化工基地的发展，地方各级人民政府主要负责人要亲自抓好组织领导和宣传发动工作，加强舆论宣传，在全省形成有利于企业兼并重组的氛围，并积极协调解决有关问题，促进全省煤炭工业的又好又快发展。

关于加强燃煤发电厂储灰场大坝安全管理的紧急通知

2008年9月15日　晋电监安全〔2008〕94号

省电力公司、山西国际电力集团公司、格盟国际能源有限公司、中电投华北分公司、大唐集团山西分公司、华能集团山西分公司、华电集团山西分公司、各发电企业：

9月14日，国家电监会下发了《关于加强燃煤发电厂储灰场大坝安全管理的紧急通知》，要求各电力企业认真贯彻党中央、国务院领导同志的重要批示精神，落实国务院办公厅《关于进一步加强矿山安全生产工作的紧急通知》（办安全〔2008〕54号），切实加强燃煤发电厂储灰场大坝安全管理，严防储灰场大坝事故的发生。现将文件转发你们，请各发电企业按照文件要求立即开展储灰场大坝安全专项检查，并于10月20日前将专项检查情况报太原电监办。

我办将于近期对各发电企业的专项自查工作进行督查。

附件：《关于加强燃煤发电厂储灰场大坝安全管理的紧急通知》

关于加强燃煤发电厂储灰场大坝安全管理的紧急通知

各派出机构，国家电网公司，南方电网公司，华能、大唐、华电、国电、中电投集团公司，各有关电力企业：

2008年9月8日，山西省临汾市襄汾县新塔矿业有限公司尾矿库发生溃坝，造成特别重大人身伤亡事故，给人民生命和财产造成了巨大损失。党中央、国务院对此高度重视，胡锦涛总书记、温家宝总理作出了重要指示，要求切实加强安全生产管理工作，确保人民生命和财产安全。近日，国务院办公厅针对此次事故，发出《关于进一步加强矿山安全生产工作的紧急通知》（以下简称《通知》），要求深刻吸取事故教训，举一反三，严防类似事故发生。为认真贯彻党中央、国务院领导同志的重要批示精神，落实《通知》要求，进一步加强燃煤发电厂储灰场大坝安全管理，严防储灰场大坝事故的发生，特提出如下要求：

一、提高认识，落实责任，切实加强储灰场大坝安全管理

燃煤发电厂储灰场大坝是电力企业重大危险源，一旦储灰场大坝发生事故，将对坝体下游广大人民群众生命及财产安全造成极大损失。各单位要充分认识做好储灰场大坝安全工作的重要性，以对国家和人民高度负责的态度，贯彻执行国家有关法律、规章和标准，落实储灰场大坝安全生产管理主体责任，制定完备的规章制度和操作规程。各电力企业要认真做好日常巡检和定期观测，保证必需的资金投入，把储灰场大坝的安全管理提到重要的工作日程，确保储灰场大坝安全。

二、排查隐患，健全机制，防止储灰场大坝事故的发生

电力企业要结合2008年安全生产隐患排查治理工作，全面查找大坝坝体、泄洪设施、排水设施、观测设施等方面存在的隐患，以及制度建设、责任落实、现场管理等大坝管理方面存在的薄弱环节，建立健全储灰场大坝隐患排查治理长效机制和风险管控体系，实现储灰场大坝隐患排查、治理和持续改进的全过程管理，有效预防和遏制储灰场大坝事故的发生。电力企业要立即开展储灰场大坝安全专项自查，并于10月20日前将专项检查情况报当地电监会派出机构。

三、完善预案，定期演练，加强储灰场大坝应急管理

电力企业要加强储灰场大坝应急管理，建立并完善储灰场大坝应急救援组织，落实人员、物资、经费等保障措施，针对可能出现的垮坝、漫顶等安全事故，制定切实可行的事故应急救援预案。要加强与当地政府相关部门的联系与沟通，定期组织预案演练，提高应急处置水平。

四、切实加强储灰场大坝的安全监管

电监会各派出机构要加强对燃煤发电厂储灰场大坝安全的动态监管，要对电力企业自查情况进行督查，并安排相应的抽查和检查，督促电力企业严格落实安全生产法律法规和规章制度，检查或抽查所属区域储灰场大坝安全情况，将危坝、险坝、病坝以及下游有居民区或重要设施的储灰场大坝作为监控重点，对不符合要求的危坝应当责令其立即整改；险坝要责令其限期消除险情；病坝应当要求其

按正常坝标准进行整治，消除安全隐患，确保发电厂储灰场大坝安全。

各派出机构督促检查情况于10月31日前报电监会。

关于煤矿企业兼并重组所涉及资源采矿权价款处置办法的通知

2008年9月28日　晋政办发〔2008〕83号

各市、县人民政府，省人民政府各委、厅，各直属机构：

省国土资源厅《关于煤矿企业兼并重组所涉及资源采矿权价款处置办法》已经省人民政府同意，现印发给你们，请认真贯彻执行。

关于煤矿企业兼并重组所涉及资源采矿权价款处置办法

为推动我省煤矿企业兼并重组工作，根据《中华人民共和国矿产资源法》和《国务院关于同意深化煤炭资源有偿使用制度改革试点实施方案的批复》（国函〔2006〕102号）、《财政部、国土资源部关于深化探矿权采矿权有偿使用制度改革有关问题的通知》（财建〔2006〕694号）、《财政部、国土资源部关于探矿权采矿权有偿使用制度改革有关问题的补充通知》（财建〔2008〕22号）以及《山西省人民政府关于推进煤炭企业资源整合和有偿使用的意见》（晋政发〔2005〕20号）、《山西省煤炭资源整合和有偿使用办法》（省人民政府令第187号，以下简称187号令）等有关规定，结合实际，制定本办法。

一、对于被兼并重组煤矿所涉及资源量已全部核定了价款尚未缴清的，原则上在采矿权转让前由原采矿权人缴纳。

二、在我省煤炭资源整合和有偿使用中，按照187号令的规定，只征收了首期资源量（800万吨或1000万吨）价款，而剩余资源量尚未制定价款征收标准和核定价款。对于剩余资源量的价款，仍按187号令规定的价款标准征收，由兼并重组后的企业缴纳。

对于价款数额较大、以资金方式一次性缴纳确有困难的，可采用分期缴纳的方式，但最长不超过10年，第一年缴纳比例不低于20%，并应承担不低于同期银行贷款利率水平的资金占用费。

三、对于被兼并重组煤矿在煤炭资源整合和有偿使用中已批准扩界或增层所涉及的新增资源量，市（县）国土资源部门已核定了价款，因价款额较大而采用分期缴纳尚未缴清的，原则上由原采矿权人在采矿权转让前缴纳。

四、关于被兼并重组煤矿已缴纳资源价款的经济补偿问题。

(一) 被兼并重组煤矿如按照187号令规定的标准缴纳了价款，直接转让采矿权时，兼并重组企业应向其退还剩余资源量（不含未核定价款的资源量）的价款，并按原价款标准的50%给予经济补偿，或按照资源资本化的方式折价入股，作为其在兼并重组后新组建企业的股份。

(二) 被兼并重组煤矿在187号令实施前按规定缴纳了价款，直接转让采矿权时，兼并重组企业应向其退还剩余资源量（不含未核定价款的资源量）的价款，并按原价款标准的100%给予经济补偿，或按照资源资本化的方式折价入股，作为其在兼并重组后新组建企业的股份。

五、对于兼并重组时进行扩界或增层的新增资源，按照187号令规定的价款标准再上浮100%计征资源价款。兼并重组企业缴纳新增资源价款后，按照资源资本化的方式，以所缴纳新增资源价款的150%折价入股，作为其在兼并重组后新组建企业的股份。

关于对全省燃煤发电企业储灰场安全隐患限期整改的紧急通知

2008年10月30日　晋电监安全〔2008〕106号

省电力公司、山西国际电力集团公司、格盟国际能源有限公司、中电投华北分公司、大唐集团山西分公司、华能集团山西分公司、华电集团山西分公司，各发电企业：

今年9月份，国家电监会和山西省政府分别开展了燃煤发电企业储灰场和尾矿库安全生产专项整治行动，我办于9月14日和9月27日分别发文（晋电监安全〔2008〕94号、晋电监安全〔2008〕97号）对全省燃煤发电企业储灰场安全管理及自查工作进行了安排。9月18－30日，我办分别对四个地区的部分燃煤发电企业储灰场安全管理及自查工作进行了现场督查，10月24日，我办听取了七个地区部分燃煤发电企业储灰场安全管理及自查工作汇报，并针对发现的重大安全隐患通报当地政府和有关部门。

督查和听取汇报的情况表明，全省燃煤发电企业储灰场仍然存在安全隐患和薄弱环节，尤其是周边环境造成的隐患比较普遍。储灰场安全运行事关重大，各发电企业要深刻汲取事故教训，举一反三，严防事故发生。

第一，要继续加大对储灰场及周边环境隐患排查治理工作力度，全面查找坝体、泄洪设施、排水设施、观测设施及周边环境等方面存在的安全隐患，以及制度建设、责任落实、现场管理等方面存在的薄弱环节，建立长效机制，实现储灰场隐患排查、有效治理和持续改进的全过程管理。

第二，对排查发现的安全隐患和薄弱环节，要立即制定详细的整改计划，加大整改资金投入，层层分解整改责任，安全第一责任人亲自抓落实，保证在最短的时间内治理到位。

第三，对自身无法整改和不在管辖范围内的安全隐患，要加强监控和预警，并及时报告当地政府和有关部门，取得支持，联合工作，消除隐患。对存在重大隐患但又一时难以整改到位的储灰场，要采取停产整顿等断然措施，并及时以文件形式向我办备案。

关于加强煤炭市场运行监测分析做好当前全省煤炭经济运行工作的通知

2008年10月31日　晋煤经发〔2008〕961号

各市煤炭工业局、省属各国有重点煤炭集团公司、平朔煤炭工业公司、太原煤气化公司、山西煤炭运销集团公司、山西煤炭进出口集团公司、省监狱管理局、省直各计划单列单位：

近期以来，受全球金融危机影响，我国经济增长出现了明显放缓趋势，对全国煤炭市场运行带来了负面影响，出现了需求下降、价格下滑、社会库存增加的趋势。为应对当前全国煤炭市场运行出现的新情况、新问题，确保全省煤炭经济的平稳运行，现就有关事项通知如下：

一、加强对煤炭市场运行的监测分析、预测判断，及时采取积极应对措施。针对当前煤炭市场运行出现的新情况、新问题，全省煤炭系统要密切关注，加强研究分析，并建立监测分析制度及工作机制。通过定期对煤炭及相关主要用煤行业、主要用户产品产量的产、销、存、价的变化情况及发展趋势分析，预测判断煤炭市场走势，并根据市场变化情况、发展趋势及时积极调整工作思路，采取应对措施。

二、坚持煤炭供求紧平衡的思路，自觉做好煤炭总量平衡调控工作。坚持煤炭供求紧平衡的思路和格局，是全省构建“资源节约型、环境友好型”社会、实现“转型发展、安全发展、和谐发展”及煤炭工业可持续发展的内在要求，全省煤炭系统要树立大局意识，在组织煤炭的生产、销售时，要综合考虑全省煤炭资源、环境承受能力、市场需求等情况，坚持以效益为中心，按照“以效以需定销、以销以运定产”的原则，自觉地做好煤炭产量平衡调控工作。

三、坚持“灵活、审慎”的经营策略，防止降价竞销、货款拖欠。针对当前部分重点用煤行业需求萎缩，煤炭价格下调压力增大，已出现拖欠货款苗头的状况，全省煤炭系统要高度重视、正确分析、冷静对待、重点关注。要在自觉调控平衡总量的基础上，加强与用户的沟通，合理确定煤炭售价，以共同应对形势的变化。要按照煤炭的价格、价值的内在规律正确把握和处理“数量与价格、价格与市场”的关系，进一步理顺市场煤价与合同煤价，缩小价差。要切实加强货款回收工作，煤炭销售必须做到“不照搬惯例，不欠款发煤，不对可能被市场关闭淘汰的用户和经营公司发煤”，以防造成死债和形成新的货款拖欠。

四、认真承担社会责任，履行社会职责，严格合同兑现。各煤炭生产、经营企业，尤其是国有重点煤炭企业、地方骨干煤矿要认真承担起企业的社会责任，切实履行好企业的社会职责，重合同守信用，严格省内外重点用煤合同兑现，通过加大与相关部门的协调力度，最大限度地提高省内外电煤合同兑现率。

五、进一步整顿规范煤炭生产经营秩序，加强安全监管，稳定煤炭生产和供应。各级人民政府、煤炭主管部门、煤炭生产企业要按照省政府要求加快推进全省煤矿的整顿关闭和重组整合工作，按期完成目标任务。全省上下要始终保持安全生产的高压态势，通过加强安全监管和企业安全主体责任的落实工作，加强隐患排查治理，狠抓重点部位和薄弱环节，有效遏制事故发生；要严厉打击非法违法生产经营行为，对生产矿井，不允许“煤矿超能力、超定员、超强度生产”；对建设矿井，不允许“擅自开工、擅自建设”、“批小建大”以及“以建设之名行生产之实”。要加强煤炭销售票使用管理工作，严厉打击无票销售行为，从源头上杜绝非法违法生产煤炭进入流通和消费渠道，维护合法煤炭生产企业的正常均衡稳定的安全生产。

六、继续推进煤炭市场化改革，进一步发挥市场配置资源的基础作用，进一步发挥企业是市场主体的作用，鼓励企业自主衔接，自主协商价格，自觉履行合同，提高合同兑现率。各级政府和煤炭管理部门要加强对合法货源合同和企业购销合同的监管，把提高合同兑现率作为煤炭运行监管的重要工作之一切实抓好，不断提高煤炭经济运行质量，保证经济平稳健康发展。

七、加强组织协调工作，确保全省煤炭经济平稳运行。各级煤炭主管部门要加强对区域内和同煤种的生产经营协调监管工作，组织同区域、同煤种的国有重点煤炭企业和地方煤炭生产、经营企业，加强相互间的衔接沟通，按照“同区域、同煤种、同质量、同市场、同价格”的原则，协调步调，共同做好煤炭总量平衡调控和产运销衔接工作，推进全省煤炭经济健康运行。

关于印发《山西省煤矿企业兼并重组流程图》的通知

2008年11月4日　晋政办函〔2008〕168号

各市、县人民政府，省人民政府各委、厅，各直属机构：

《山西省煤矿企业兼并重组流程图》已经省人民政府同意，现予印发。

山西省煤矿企业兼并重组流程图

市、县（市、区）人民政府对兼并重组主体企业与被兼并企业签订的重组整合协议和兼并重组申请报告进行初审，并向省煤矿企业兼并重组工作领导组提出兼并重组申请报告，10个工作日内完成。

↓

省煤炭局牵头，会同省发改委、省国资委、省国土资源厅、省工商局、省环保局和山西煤监局等部门共同对各市政府上报的兼并重组申请报告审核批复，7个工作日内办结。

↓

涉及国有资产之间或国有企业收购非国有资产的，国资监管机构对资产评估报告核准或备案，6个工作日内办结。

省工商行政管理部门对企业名称进行预核准，2个工作日内办结。

省、市、县国土资源部门对采矿许可证进行变更，5个工作日内办结。

进行改造的矿井

不进行改造的矿井

省、市、县煤炭行业主管部门审查批复初步设计，涉及省属重点煤矿企业的，直接由省煤炭行业主管部门审查批复，5个工作日内办结。

↓

省、市煤矿安全监察机构审查批复安全专篇，涉及省属重点煤矿企业的，直接由省煤矿安全监察机构进行变更，5个工作日内办结。

↓

法律法规规定的其他许可事项，省、市有关部门联合审查批复，涉及省属重点煤矿企业的，由省有关部门直接审查批复，5个工作日内办结。

省、市、县煤炭行业主管部门审查批复兼并重组煤矿整合改造矿井地质报告，涉及省属重点煤矿企业的，直接由省煤炭行业主管部门审查批复，5个工作日内办结。

↓

省、市、县环保部门审查批复环评报告，涉及省属重点煤矿企业的，直接由省环保部门审查批复，5个工作日内办结。

↓

省、市煤炭行业主管部门联合审查批复或备案开工申请，涉及省属重点煤矿企业的，直接由省煤炭行业主管部门审查批复或备案，3个工作日内办结。

省、市、县煤矿安全监察机构对安全生产许可证进行变更，涉及省属重点煤矿企业的，直接由省煤矿安全监察机构进行变更，5个工作日内办结。

↓

省、市、县煤炭行业主管部门对煤炭生产许可证进行变更，涉及省属重点煤矿企业的，直接由省煤炭行业主管部门进行变更，5个工作日内办结。

↓

省工商行政管理部门对营业执照进行办理，3个工作日内办结。

关于注销非煤矿山资源整合中列入单独关闭和参与整合的矿山企业安全生产许可证的通知

2008年11月11日　晋安监管一字〔2008〕338号

运城市安全生产监督管理局：

根据根据省国土资源厅《关于注销闻喜县龙庙铜矿等25座非煤矿山采矿许可证和垣曲县文云铜业有限公司平平沟铜矿的划定矿区范围批复的通知》（晋国土资函〔2008〕392号）和山西省非煤矿山企业资源整合和有偿使用工作领导组办公室《关于〈运城市非煤矿山企业资源整合和有偿使用工作方案〉的核准意见》（晋非煤矿山整合办核〔2008〕7号），经省安全生产监督管理局研究，决定注销单独关闭和参与整合、以及2006年前《采矿许可证》到期的非煤矿山企业安全生产许可证（名单附后）。

一、你局要立即收缴被注销企业的安全生产许可证，并于11月30日前将被收缴的安全生产许可证送达省安全生产监督管理局。

二、属于单独关闭的矿山，你局要在地方政府的统一领导下，配合有关部门按“六条标准”实施关闭。

三、对列入整合的矿山，注销安全生产许可证后，你局要按照省、市非煤矿山企业资源整合和有偿使用工作领导组的要求进行相应的处理。特别是要采取切实有效的措施，使参与整合的各方立即停产，进行资源整合，待重新办理采矿许可证后，严格履行安全设施“三同时”相关手续，并换发新的安全生产许可证后方可准许生产。

四、对单独保留的矿山，待换发采矿许可证后，在开采矿种、开采方式、矿区面积、开采标高、生产规模等发生变化时，市安全生产监督管理局要及时建议省安全生产监督管理局吊销其安全生产许可证，依照安全设施“三同时”有关规定，重新进行设计审查、施工建设、竣工验收和申请安全生产许可证。

五、你局要严格按照有关规定和要求，及时建议省安全生产监督管理局暂扣或吊销（注销）下列四种情况的企业的安全生产许可证。

1. 对已经领取安全生产许可证，但在资源整合前采矿许可证已经到期、吊销或注销的矿山企业。

2. 被注销《采矿许可证》的“一证多系统”的企业，应予注销其他相应系统的安全生产许可证的矿山企业。

3. 在资源整合过程中需要暂扣或吊销（注销）安全生产许可证的矿山企业。

4. 市级核准的非煤矿山企业，参照省非煤矿山企业资源整合和有偿使用工作领导组的做法，应予暂扣或吊销（注销）安全生产许可证的矿山企业。

六、按照属地监管的原则，你局及有关县（市、区）安全生产监督管理局要加强对整合期间非煤矿山的安全监管。暂扣或吊销（注销）安全生产许可证的非煤矿山企业要立即停止生产，按规定要求实施资源整合和取缔关闭。对擅自组织生产的企业，你局要依法严肃查处，发生事故的要严肃追究相关人员的责任。

附件：《注销安全生产许可证的企业名单》

注销安全生产许可证的企业名单

序号	名单	文号
1	垣曲县舜乡铁矿（单独关闭）	（晋）FM安许证字〔2005〕1043
2	垣曲县关沟铁矿（单独关闭）	（晋）FM安许证字〔2006〕1821
3	平陆县铝矾土煅烧厂郝刘庄耐火粘土矿（整合关闭）	（晋）FM安许证字〔2005〕0278
4	平陆县铝矾土煅烧厂曹河耐火粘土矿（整合关闭）	（晋）FM安许证字〔2005〕0276
5	平陆县张保官耐火粘土矿（整合关闭）	（晋）FM安许证字〔2005〕0284
6	平陆县旦旦沟徐全科铝土矿（整合关闭）	（晋）FM安许证字〔2008〕0285B1
7	平陆县崖底村铝矾土矿（整合关闭）	（晋）FM安许证字〔2008〕0394B1
8	平陆县徐占武耐火粘土矿（整合关闭）	（晋）FM安许证字〔2008〕0400B1
10	垣曲国泰矿业有限公司闫家池铁矿（整合关闭）	（晋）FM安许证字〔2007〕3663
11	垣曲具盘缠沟铁矿（整合关闭）	（晋）FM安许证字〔2006〕1838
12	垣曲县历山镇圪塔铁矿（整合关闭）	（晋）FM安许证字〔2006〕1820
13	闻喜县龙庙铜矿（整合关闭）	（晋）FM安许证字〔2006〕1829
14	闻喜县年家沟生茂铁矿（整合关闭）	（晋）FM安许证字〔2006〕1813
15	山西葛天有色金属有限公司（胆凡沟铜矿）（整合关闭）	（晋）FM安许证字〔2006〕2797
16	垣曲县毛家村小东沟铜矿（整合关闭）	（晋）FM安许证字〔2006〕2806
17	闻喜县六顺矿业有限公司（整合关闭）	（晋）FM安许证字〔2006〕3376
18	平陆县铝矾土煅烧厂柏崖底耐火粘土矿（整合关闭）	（晋）FM安许证字〔2005〕0277
19	山西省平陆县河西铝矿（参与整合）	（晋）FM安许证字〔2005〕0402
20	垣曲县宝鑫铁业有限责任公司金鑫铁矿（参与整合）	（晋）FM安许证字〔2005〕0355
21	平陆县铝矾土煅烧厂朝阳坡耐火粘土矿（参与整合）	（晋）FM安许证字〔2005〕0398
22	平陆县于银喜耐火粘土矿（参与整合）	（晋）FM安许证字〔2005〕0790
23	垣曲县少比沟铜矿（参与整合）	（晋）FM安许证字〔2005〕0954
24	垣曲县马家庄铁矿（参与整合）	（晋）FM安许证字〔2005〕1042B1
25	山西省绛县建民铜业有限公司（参与整合）	（晋）FM安许证字〔2006〕2810
26	闻喜县刘家庄民鑫铁矿（参与整合）	（晋）FM安许证字〔2007〕3707
27	夏县新星矿产采冶有限公司（2006年前采矿证到期）	（晋）FM安许证字〔2006〕3318

关于注销非煤矿山资源整合中列入单独关闭和参与整合的矿山企业安全生产许可证的通知

2008年11月11日　晋安监管一字〔2008〕330号

太原市安全生产监督管理局：

根据省国土资源厅《关于注销古交市郭家梁狼窝沟宏源铁矿等11座非煤矿山采矿许可证的通知》（晋国土资函〔2008〕377号）和山西省非煤矿山企业资源整合和有偿使用工作领导组办公室《关于〈太原市非煤矿山企业资源整合和有偿使用工作方案〉的核准意见》（晋非煤矿山整合办核〔2008〕3号），经省安全生产监督管理局研究，决定注销单独关闭和参与整合的非煤矿山企业安全生产许可证（名单附后）。

一、你局要立即收缴被注销企业的安全生产许可证，并于11月30日前将被收缴的安全生产许可证送达省安全生产监督管理局。

二、属于单独关闭的矿山，你局要在地方政府的统一领导下，配合有关部门按“六条标准”实施关闭。

三、对列入整合的矿山，注销安全生产许可证后，你局要按照省、市非煤矿山企业资源整合和有偿使用工作领导组的要求进行相应的处理。特别是要采取切实有效的措施，使参与整合的各方立即停产，进行资源整合，待重新办理采矿许可证后，严格履行安全设施“三同时”相关手续，并换发新的安全生产许可证后方可准许生产。

四、对单独保留的矿山，待换发采矿许可证后，在开采矿种、开采方式、矿区面积、开采标高、生产规模等发生变化时，市安全生产监督管理局要及时建议省安全生产监督管理局吊销其安全生产许可证，依照安全设施“三同时”有关规定，重新进行设计审查、施工建设、竣工验收和申请安全生产许可证。

五、你局要严格按照有关规定和要求，及时建议省安全生产监督管理局暂扣或吊销（注销）下列四种情况的企业的安全生产许可证。

1. 对已经领取安全生产许可证，但在资源整合前采矿许可证已经到期、吊销或注销的矿山企业。

2. 被注销《采矿许可证》的“一证多系统”的企业，应予注销其他相应系统的安全生产许可证的矿山企业。

3. 在资源整合过程中需要暂扣或吊销（注销）安全生产许可证的矿山企业。

4. 市级核准的非煤矿山企业，参照省非煤矿山企业资源整合和有偿使用工作领导组的做法，应予暂扣或吊销（注销）安全生产许可证的矿山企业。

六、按照属地监管的原则，你局及有关县（市、区）安全生产监督管理局要加强对整合期间非煤矿山的安全监管。暂扣或吊销（注销）安全生产许可证的非煤矿山企业要立即停止生产，按规定要求实施资源整合和取缔关闭。对擅自组织生产的企业，你局要依法严肃查处，发生事故的要严肃追究相关人员的责任。

附件：《注销安全生产许可证的企业名单》

注销安全生产许可证的企业名单

序号	名单	文号
1	太原钢铁（集团）有限公司矿业分公司东山石灰石矿（单独关闭）	（晋）FM安许证字〔2005〕0051
2	古交市常安乡水益村第二采矿厂（单独关闭）	（晋）FM安许证字〔2005〕0359
3	古交市郭家梁狼窝沟宏源采矿场（单独关闭）	（晋）FM安许证字〔2005〕0787
4	古交市常安乡科头村晋宝采矿场（单独关闭）	（晋）FM安许证字〔2005〕1199
5	娄烦县云林铁矿（单独关闭）	（晋）FM安许证字〔2008〕3931
6	古交市常安乡睦联坡村路口沟采矿场（整合关闭）	（晋）FM安许证字〔2005〕1196
7	娄烦县罗家岔铁矿（整合关闭）	（晋）FM安许证字〔2005〕1289
8	娄烦县罗家岔铁矿（第二采场）（整合关闭）	（晋）FM安许证字〔2005〕1288
9	娄烦县罗家岔铁矿（第一采场）（整合关闭）	（晋）FM安许证字〔2005〕1287
10	太原市娄烦县永昌铝矾土厂（整合关闭）	（晋）FM安许证字〔2006〕1516
11	古交市东兴硫酸铜厂南岔第二采矿场（整合关闭）	（晋）FM安许证字〔2006〕3171
12	山西信太制铁有限公司尖山铁矿（参与整合）	（晋）FM安许证字〔2005〕0045
13	古交市东兴硫酸铜厂南岔采矿场（参与整合）	（晋）FM安许证字〔2005〕1201
14	中国铝业股份有限公司山西分公司娄烦铝矿（南部采场）(参与整合)	（晋）FM安许证字〔2008〕3977

关于进一步做好全省煤炭经营管理工作的意见

2008年11月21日　晋煤经发〔2008〕990号

各市煤炭工业局、各国有重点煤炭集团公司、平朔煤炭工业公司、太原煤气化集团公司、山西煤炭运销集团公司、山西煤炭进出口集团公司、省监狱管理局、省直各计划单列单位：

煤炭经营管理工作作为全省煤炭产运销宏观管理、宏观调控工作的重要组成部分，对提高全省煤炭工业经济运行的质量和效益，推进全省煤炭工业的可持续发展有着非常重要的意义。为进一步规范全省煤炭经营秩序，维护煤炭供求的基本平衡，保证全省乃至全国国民经济发展对我省煤炭的需求，现就进一步做好全省煤炭经营管理工作通知如下：

一、认真履行行业管理职能，切实加强煤炭经营监管工作

各市、县煤炭行政主管部门要认真贯彻落实省委、省政府关于加强全省煤炭产运销宏观管理、宏观调控的一系列方针政策，依据省政府赋予煤炭行政主管部门“对全省煤矿生产、建设、经营、安全实施全过程监督管理”、“依法规范和整顿煤矿生产、建设和经营秩序”、“统筹、协调、调度全省煤矿的生产和销售”、“研究提出全省煤炭营销策略和政策建议，承担全省煤炭产运需衔接的相关工作”、“具体承办全省煤炭销售工作”、“建立和完善煤炭价格形成机制；参与整顿煤炭经营秩序，负责煤炭经营资格证的初审和煤炭销售票的管理”等职能，认真履行行业管理职能，从合法煤炭资源

采购合同的签订，煤炭销售票使用管理，煤炭运销调度统计、信息采集以及煤炭经营资格管理等诸多方面抓起，通过采取以上一系列的综合管理手段和措施，全面加强全省的煤炭经营监管工作，进而推动全省煤炭工业的可持续发展，为全省乃至全国国民经济发展对煤炭的需求提供可靠的保障。

二、切实做好年度合法煤炭资源的核实摸底工作

各市、县煤炭行政主管部门要认真组织对本辖区内合法煤炭生产企业的生产能力、建设矿井的建设规模，年度煤炭产量（含工程煤量）、煤炭销售量以及销售结构（通过铁路的销量、通过公路出省的销量、通过公路省内销量）的情况进行摸底调查，合理确定年度我省煤炭通过铁路（省内、省外）、公路出省、公路内销的可供资源量，为年度煤炭产运销衔接提供依据。同一煤炭生产企业铁路、公路出省、公路内销的可供资源量之和不得超过核定生产能力，严禁非法违法煤炭参与年度产运销衔接。各县、市煤炭局每年要在省局规定的期限前将摸底情况逐级汇总上报省局经济运行处。

三、依法组织合法煤炭生产企业与煤炭用户签订合法完整有效的煤炭购销合同

各市、县煤炭行政主管部门要在对合法煤炭资源进行调查摸底的基础上，重点做好以下两个方面的工作：

1. 组织煤炭生产企业与煤炭经销企业（含洗、储煤企业，下同）或用户签订合法完整有效的煤炭购销合同。

各市、县煤炭行政主管部门要会同当地经济部门组织煤炭生产企业与煤炭经销企业或区域内煤炭用户签订购销合同或代理协议。各煤炭经销企业必须与合法煤矿签订煤炭购销合同或代理协议，经煤炭行政主管部门审核确认落实合法煤炭货源后，方可与煤炭用户进行市场合同的衔接，落实运力。煤炭购销合同是煤炭经销企业和煤炭用户签订市场合同的前提条件。无煤炭购销合同的不得参与跨省区煤炭产运需衔接和省内、公路出省煤炭产需衔接。在组织本区域煤炭购销合同的过程中，一是要规范煤炭经销行为。煤炭生产企业与煤炭经销企业签订煤炭购销合同的，双方必须明确结算方式和煤炭价格；签订代理协议的，煤炭企业与煤炭用户直接结算，代理方只能收取代理服务费。二是要规范煤炭购销合同文本。购销合同内容要包括：销售方、购买方、煤炭质量数量、价格、品种规格和结算方式等，以维护购销合同的严肃性和完整性。三是要合理确定煤炭价格。煤炭生产企业要根据市场供求状况、充分考虑增支因素进行仔细测算，与煤炭用户自主协商确定煤炭价格。四是严禁签订虚假合同。各煤炭生产、经销企业和各大集团公司都要依照《合同法》的规定，签订合法完整有效的煤炭购销合同，严禁签订虚假合同。对于提供虚假购销合同的煤矿，一经发现，责令停产整顿，停发煤炭销售票；对于提供虚假购销合同的煤炭经销企业，一经发现，取消其煤炭经营资格。

2. 汇总审核煤炭购销合同。

各市、县煤炭行政主管部门要按驻地或隶属关系对煤炭生产企业与煤炭经销企业或用户签订的购销合同的合法完整性进行审查确认汇总。审核的内容包括：煤炭生产企业“六证”情况、批准的核定能力、合同文本的完整性、煤炭价格的真实性。核准确认合格后，汇总上报省煤炭局，作为年度全省合法煤炭资源供应和省、市、县三级月度发放煤炭销售票的依据。

四、将年度煤炭产销衔接工作与煤炭销售票使用管理有机结合起来，强化日常管理，防止违法违规生产的煤炭进入市场流通

实现煤炭产销有效衔接，签订完整有效的煤炭购销合同是发放使用煤炭销售票的前提和依据，使用煤炭销售票进行日常管理是规范煤炭生产经营秩序，提高合同兑现率的有效手段。各级煤炭管理部门、煤炭生产企业要将煤炭购销合同管理和煤炭销售票使用管理有机结合起来，加强日常管理。通过使用煤炭销售票，对煤炭生产、经营、消费进行全过程的监管，制止和打击非法煤矿和超能力违法违规生产的煤炭进入流通，同时提高合法有效合同的兑现，保障重点企业，重点行业煤炭供应。

五、加强煤炭质量管理，提高煤炭产品质量

各级煤炭行政主管部门要按照国家发展改革委、国家质检总局下发的《关于进一步加强煤炭质量管理工作的通知》（发改运行〔2007〕1955号）的要求，采取有效措施，加强对煤炭质量的管理，年产60万吨以上的生产企业要根据资源条件，对不同质量的煤层合理配采，大力发展煤炭洗选加工，严格按照煤炭可供资源的质量签订购销合同，按合同约定的煤炭质量规格保障供应，严禁以次充好、掺杂使假的行为，对违反规定的，坚决依法处理。

六、认真做好煤炭经营情况的监测分析和信息收集工作

各级煤炭管理部门、各煤炭生产经销企业要加强对煤炭经营情况进行日常调度和月度分析，及时分析和把握煤炭市场的供求变化，对煤炭经营过程中出现的问题，要及时发现、研究并上报，以便采取切实可行的措施加以协调解决，保障煤炭供应的基本稳定。

关于集中办理兼并重组整合煤矿证照变更手续和简化项目审批程序有关问题的通知

2009年7月21日　晋政办发〔2009〕100号

各市人民政府、省直有关部门、省属国有煤炭企业：

目前，我省多数市县已完成了煤矿企业兼并重组整合方案批复工作，为进一步加快推进煤矿企业兼并重组整合工作，确保主体企业尽快到位，现就集中办理兼并重组整合煤矿证照变更手续和简化项目审批程序有关问题通知如下：

一、加强组织领导

煤矿证照变更和项目审批手续办理是加快推进煤矿企业兼并重组整合的重要环节，直接关系着兼并重组整合工作成效。为提高工作效率，省煤矿企业兼并重组整合工作领导组办公室采取联合办公的方式，实行集中受理、即时送达、倒排进度、限时办结，及时协调解决工作中遇到的问题，并随时掌握有关部门的工作进度。各市县政府要高度重视，落实兼并重组主体责任，加强领导，精心组织。省直有关部门主要负责人要亲自抓，亲自安排部署，集中力量，集中时间，加快审批进度。各有关部门要进一步简化程序，下放审批权限，密切配合，协调推进。

二、及时组织上报各种资料

市县兼并重组整合方案批复后，各市县政府要抓紧组织兼并重组双方企业进一步完善协议，按照明确的内容准备兼并重组整合煤矿办理采矿许可证（附件2）、安全生产许可证（附件3）、煤炭生产许可证（附件4）、生产能力核定（附件5）、营业执照（附件6）等证照变更及项目审批的有关资料，并在8月20日前将有关资料（一式6份）统一上报省煤矿企业兼并重组整合工作领导组办公室。

三、加快审批工作进度

省煤矿企业兼并重组整合工作领导组办公室集中受理各市上报的资料，做好交接、登记工作，并在1日内将资料分送到省有关部门。省有关部门接到资料后，及时组织力量进行审查，开展相关工作，对符合条件的，在《审批工作流程图》（附件1）限定的时间内完成各种证照变更及批复工作；对不符合条件的，要及时提出意见，督促市县完善资料，并限定办理时间。在办理过程中，各部门要密切配合，每办结完一个手续，就要及时送达省煤矿企业兼并重组整合工作领导组办公室，由办公室负责分送或书面通知相关部门和市县及省属国有煤炭企业。

省属国有煤炭企业兼并重组中小煤矿，以省煤矿企业兼并重组整合工作领导组批复的文件作为企业经济行为的批准手续，省国资委不再进行经济行为审批，各有关部门依据领导组批复的方案，办理

工商登记及相关部门手续。

四、实行全过程监督检查

兼并重组整合煤矿证照变更和项目审批手续办理要坚持公开、公正、公平，实行阳光操作。各级纪检监察部门要全程参与，加强对各种证照手续办理的全过程监督检查，加强煤焦领域反腐败专项斗争，提高行政效率，防止腐败行为的发生，确保兼并重组整合工作规范、健康、有序推进，确保完成兼并重组整合目标任务。

附件：1. 审批工作流程图（略）

2. 换发采矿许可证需提交的资料

3. 换发安全生产许可证需提交的资料

4. 换发煤炭生产许可证需提交的资料

5. 煤矿生产能力核定需提交的资料

6. 煤炭企业设立、变更、注销需提交的资料

附件2

换发采矿许可证需提交的资料

一、单独保留且不新增煤炭资源煤矿

1. 采矿权申请登记书；

2. 采矿权变更申请登记书（变更采矿权人需提供）；

3. 采矿权转让申请书（变更采矿权人需提供）；

4. 采矿许可证正、副本原件；

5. 年检合格证复印件；

6. 省工商行政管理局出具的企业名称预先核准登记或企业名称变更核准登记的审批文件（文件中应载明投资人、投资比例和投资金额）以及法定代表人或负责人身份证复印件（变更采矿权人需提供）；

7. 市、县（市、区）国土资源部门对变更或转让等情况说明的文件（变更采矿权人需提供）；

8. 采掘工程现状平面图（需经县级国土资源局审核盖章）；

9. 采矿权转让合同或采矿权人合作协议书：采矿权转让的，需由转让人（原采矿权人）与受让人（现采矿权人）签订采矿权转让合同；采矿权人与采矿权人合作、采矿权人与新投资人合作的，需由双方签订采矿权人合作协议书（变更采矿权人需提供）。

二、单独保留且新增煤炭资源煤矿

(一) 划定矿区范围需提交：

1. 划定矿区范围的申请（由主体企业提出）；

2. 采矿许可证正、副本原件；

3. 年检合格证复印件；

4. 省工商行政管理局颁发的企业法人营业执照或营业执照，法定代表人或负责人身份证复印件；

5. 省工商行政管理局出具的企业名称预先核准登记或企业名称变更核准登记的审批文件（文件中应载明投资人、投资比例和投资金额）以及法定代表人或负责人身份证复印件（变更采矿权人需提供）；

6. 变更前后矿区范围对照图；

7. 采矿权转让合同或采矿权人合作协议书：采矿权转让的，需由转让人（原采矿权人）与受让人（现采矿权人）签订采矿权转让合同；采矿权人与采矿权人合作、采矿权人与新投资人合作的，需由双方签订采矿权人合作协议书（变更采矿权人需提供）。

(二) 办理变更采矿登记需提交：

1. 采矿权申请登记书；

2. 采矿权变更申请登记书；

3. 采矿权转让申请书；

4. 划定矿区范围批复；

5. 变更前后矿区范围对照图。

三、整合保留煤矿

(一) 划定矿区范围需提交：

1. 划定矿区范围的申请（由主体企业提出）；

2. 采矿许可证正副本原件（参与整合煤矿均需提交）；

3. 省工商行政管理局出具的企业名称预先核准登记或企业名称变更核准登记的审批文件（应载明投资人、投资比例和投资金额）以及法定代表人或负责人身份证复印件；

4. 市、县国土资源部门对申请划定矿区范围、延续、变更或转让等情况说明的文件；

5. 变更前后矿区范围对照图；

6. 采矿权转让合同或采矿权人合作协议书：采矿权转让的，需由转让人（原采矿权人）与受让人（现采矿权人）签订采矿权转让合同；采矿权人与采矿权人合作、采矿权人与新投资人合作的，需由双方签订采矿权人合作协议书。

(二) 申请变更采矿登记需提交：

(1) 采矿权申请登记书；

(2) 采矿权变更申请登记书；

(3) 采矿权转让申请书。

说明：

1. 单独保留且不新增煤炭资源煤矿，如变更采矿权人，由省煤矿企业兼并重组工作领导组确定的主体企业，直接办理采矿权变更登记手续，不再办理转让审批。

2. 整合后保留煤矿，如不新增煤炭资源，按照省煤矿企业兼并重组工作领导组批复文件，不再划定矿区范围，直接办理采矿权变更登记手续。

3. 需要互相调整矿区范围的，不重新划定矿区范围，可以与其他事项一起变更，但必须提交采矿权人双方签订的调整矿区范围协议书和调整前、后的矿区范围图，如调整中涉及国有大矿资源的，还需有国有大矿出具的同意文件及省国资委同意文件；需要增加煤层或扩大矿区范围的，重新划定矿区范围。

4. 为依法有效管理煤炭资源，凡是整合保留的煤矿、增加开采煤层的煤矿、扩大矿区范围的煤矿，必须在换领采矿许可证后一年内，到县（市、区）国土资源部门补交矿产资源开发利用方案（或矿井初步设计及批复）、地质环境影响评价报告及其审查批复文件一式三套。县（市、区）国土资源部门要及时将上述资料分别报送省、市国土资源部门。

5. 为简化办证程序，本次换发采矿许可证，暂不进行资源储量核实和资源价款处置，待换证工作完成后，在采矿许可证有效期内，再按规定分期分批完成储量核查和价款处置工作。

附件3

换发安全生产许可证需提交的资料

一、兼并重组整合后列为单独保留且生产系统及能力不变的生产矿井

1. 省煤矿兼并重组整合领导组批准为单独保留矿井的文件；

2. 省国土资源厅换发新的采矿许可证；

3. 煤矿企业安全生产许可证变更申请书或延期申请书。

二、兼并重组过渡期内暂时保留的生产矿井

1. 省煤矿兼并重组整合领导组允许暂时保留矿井的文件；

2. 省国土资源厅换发新的采矿许可证；

3. 复产验收批准文件；

4. 煤矿企业安全生产许可证变更申请书或延期申请书。

三、兼并重组整合后系统净增能力在60万吨/年及以下的生产矿井（原生产系统不进行改造）

1. 省煤矿兼并重组整合领导组批准文件；

2. 省国土资源厅换发新的采矿许可证；

3. 省煤炭工业厅核定生产能力的批准文件；

4. 具备相应资质的煤矿安全评价机构出具的煤矿安全设施和条件现状评价报告；

5. 煤矿企业安全生产许可证申请书。

说明：

1. 省兼并重组整合领导组批准整合重组方案中，由两个及以上的矿井整合为一个矿井，只保留主体煤矿且不改变系统不增加能力的生产矿井，矿井实现机械化采煤的，在取得省国土资源厅换发的新采矿许可证后，可直接办理安全生产许可证变更和延期。

2. 省兼并重组整合领导组批准整合重组方案中，矿井生产能力、开采系统均未发生变化，但办矿主体、矿区范围发生改变，矿井实现机械化采煤的，在取得省国土资源厅换发新的采矿许可证后可直接办理安全生产许可证变更和延期。

3. 省兼并重组整合领导组批准整合重组方案中，确定为过度期内暂时保留的生产矿井，安全生产许可证有效期根据省煤矿企业兼并重组整合工作领导组办公室批准保留的时限和安全生产许可证条例的规定执行。

4. 省兼并重组领导组批准整合重组方案中，确定为兼并重组的新建、改建和扩建矿井按照规定的程序进行建设、验收，按规定领取安全生产许可证。

5. 兼并重组煤矿需要变更安全生产许可证登记的主要负责人的需提供：变更申请书及主要负责人安全资格证（复印件）和主要负责人任命文件。

附件4

换发煤炭生产许可证需提交的资料

一、兼并重组整合后单独保留且系统及能力均不变的生产矿井

1. 企业申请文件；

2. 市级煤炭管理部门审查上报文件；

3. 省领导组办公室《重组整合方案》批文抄送件、省国土资源厅采矿许可证批文抄送件、山西煤矿安全监察局安全许可证批文抄送件；

4. 煤矿企业兼并重组换发煤炭生产许可证矿井基本情况登记表（见附表）。

二、兼并重组整合过渡期内暂时保留的生产矿井

1. 企业申请生产及换发证件文件；

2. 市级煤炭管理部门上报文件（附复产验收资料）；

3. 省领导组办公室《重组整合方案》批文抄送件、省国土资源厅采矿许可证批文抄送件、山西煤矿安全监察局安全许可证批文抄送件；

4.煤矿企业兼并重组换发煤炭生产许可证矿井基本情况登记表（见附表）。

三、兼并重组整合后系统净增能力在60万吨/年及以下的生产矿井

1. 企业申请文件；

2. 市级煤炭管理部门上报文件；

3. 山西煤矿安全监察局安全许可证批文抄送件；

4. 煤矿企业兼并重组换发煤炭生产许可证矿井基本情况登记表（见附表）。

说明：

1. 省领导组批准的《重组整合方案》中，明确要求关闭的矿井，各市人民政府不再行文上报有关文件，由省煤炭工业厅依据批准的《重组整合方案》直接注销其煤炭生产许可证，各市县人民政府、各有关企业按照关井“六条标准”立即对这部分矿井实施关闭。

2. 省领导组批准的《重组整合方案》中，由两个及以上矿井整合为一个矿井，但《方案》暂未对关闭矿井名单予以明确的，由重组整合主体企业依据批准的产能及矿井实际情况，按照“一矿一井一面”要求，原则上在9月底、特殊情况可到年底前确定关闭矿井名单及关闭时限，并按程序上报。此类关闭矿井的关闭时限最迟不得超过2010年底。

3. 省领导组批准的《重组整合方案》中，办矿主体、矿区范围、生产能力、开采系统均未发生变化的生产矿井，不需换领煤炭生产许可证，可继续持原有煤炭生产许可证生产。

4. 省领导组批准的《重组整合方案》中，矿井生产能力、开采系统均未发生变化，但办矿主体、矿区范围发生了变化的，由重组整合主体企业提出申请，并按规定程序上报，省煤炭工业厅根据省国土资源厅采矿许可证批文、煤矿安全监察局安全许可证批文变更煤炭生产许可证。

5. 省领导组批准的《重组整合方案》中，现有生产矿井，在开采系统不变，因装备水平提升、采煤工艺改革，导致生产能力在原证载能力基础上净增60万吨/年及以下的矿井，按照煤矿生产能力核定办法经省煤炭工业厅对其能力核定报告进行审查批复、煤矿安全监察局进行综合评价并变更安全生产许可证之后，可持申请文件到省煤炭工业厅变更煤炭生产许可证。

6. 省领导组批准的《重组整合方案》中，需重新设计进行改造建设的矿井，按照省人民政府晋政发〔2008〕23号文件规定的程序进行建设，矿井改造建设完成、验收合格后，按规定领取煤炭生产许可证。

7. 重组整合方案批复后，部分矿井生产与建设互不干扰、已实现机械化开采、安全保障程度较高，在2010年底之前确需维持生产的，由重组整合主体企业提出申请，市级人民政府审查批准、确定生产时限并上报，省煤炭工业厅根据省国土资源厅采矿许可证批文、煤矿安全监察局安全许可证批文，按照原证载能力予以变更煤炭生产许可证，此证有效期最长不超过2010年底，到期予以注销。

8. 上述意见仅适用于本次煤矿企业兼并重组整合期间列入重组整合方案的煤矿。

附件5

煤矿生产能力核定需提交的资料

1. 企业申请文件；

2. 市级煤炭管理部门初审意见；

3. 具有资质单位编制的生产能力核定报告书。

说明：

1. 重组整合前经省级以上有关部门批准进行建设的新建、改扩建、机械化升级改造矿井，本次批准的《重组整合方案》中，设计生产能力未发生变化的，继续按照原有程序完善相关建设手续并进行建设。

2.经省领导组批准的《重组整合方案》中，现有生产矿井，在开采系统不变，因装备水平提升、采煤工艺改革，导致生产能力在原证载能力基础上净增60万吨/年及以下的矿井，可由煤矿企业委托具备资质的生产能力核定单位提交生产能力核定报告书按规定程序上报，经省煤炭工业厅按照煤矿生产能力核定办法组织专家审查批复、煤矿安全监察局组织进行综合评价并变更安全生产许可证后，企业申请、按程序上报，省煤炭工业厅予以变更煤炭生产许可证证载能力。

附件6

煤矿企业设立、变更、注销需提交的材料

一、名称核准

1. 全体投资人签署的《企业名称预先核准申请书》；

2. 全体投资人签署的《指定代表或者共同委托代理人的证明》及指定代表或者共同委托代理人的身份证件复印件。

二、公司设立

1.《公司设立登记申请书》（公司法定代表人签署）；

2. 全体股东或被授权机构签署的《指定代表或者共同委托代理人的证明》及指定代表或委托代理人的身份证件复印件；

3. 全体股东或被授权机构签署的公司章程；

4. 股东（或发起人）的主体资格证明或者自然人身份证复印件；

5. 依法设立的验资机构出具的验资证明；

6. 股东首次出资是非货币财产的，提交已办理财产权转移手续的证明文件；

7. 以股权出资的提交《股权认缴出资承诺书》；

8. 董事、监事和经理的任职文件及身份证件复印件；

9. 法定代表人任职文件及身份证件复印件；

10. 住所使用证明；

11.《企业名称预先核准通知书》；

12. 公司申请登记的经营范围中有法律、行政法规和国务院决定规定必须在登记前报经批准的项目，提交有关的批准文件或者许可证书复印件或许可证明。

注：被授权机构指国务院或地方人民政府授权的本级人民政府国有资产监督管理机构。

三、变更登记

(一) 公司变更（需提交两部分材料）

第一部分 共性材料

1. 公司法定代表人签署的《公司变更登记申请书》（公司加盖公章）；

2. 公司签署的《指定代表或者共同委托代理人的证明》（公司加盖公章）及指定代表或委托代理人的身份证件复印件；

3. 关于修改公司章程的决议或决定；

4. 修改后的公司章程或者公司章程修正案（公司法定代表人签署）；

5. 法律、行政法规和国务院决定规定变更必须报经批准的，提交有关的批准文件或者许可证书复印件；

6. 公司营业执照副本。

第二部分 变更不同内容提交的材料

按照国家工商总局工商企字〔2009〕第83号文件规定要求选择提交。

(二) 企业法人变更（需提交两部分材料）

第一部分 共性材料

1. 法定代表人签署的《非公司企业法人变更登记申请书》（企业加盖公章）；

2.《指定代表或者共同委托代理人的证明》（企业加盖公章）及指定代表或委托代理人的身份证件复印件；

3. 法律、行政法规和国务院决定规定变更必须报经批准的，提交有关的批准文件或者许可证书复印件；

4. 企业营业执照副本。

第二部分 变更不同内容提交的材料

按照国家工商总局工商企字〔2009〕第83号文件规定要求选择提交。

四、公司合并

1. 合并公司各方签署的合并协议（加盖合并各方公章及法定代表人签字）；

2. 合并各方公司的股东会或股东大会关于公司合并的决议；

3. 合并各方的营业执照复印件；

4. 依法刊登公告的报纸报样；

5. 合并后的验资报告；

6. 因合并而注销的合并方的注销证明；

7. 因合并办理设立登记、变更登记、注销登记提交的材料。

五、注销登记

(一) 公司注销

1. 公司清算组负责人签署的《公司注销登记申请书》（公司加盖公章）；

2. 公司签署的《指定代表或者共同委托代理人的证明》（公司加盖公章）及指定代表或者委托代理人的身份证件复印件；

3. 股东会、股东大会确认清算报告的确认文件；

4. 经确认清算报告；

5. 清算组成员《备案通知书》；

6. 公司《企业法人营业执照》正、副本；

7. 法律、行政法规规定应当提交的其他文件。

(二) 企业法人注销

1. 法定代表人签署的《非公司企业法人注销登记申请书》（企业加盖公章）；

2. 企业法人签署的《指定代表或者共同委托代理人的证明》（企业加盖公章）及指定代表或委托代理人的身份证件复印件；

3. 企业法人的主管部门（出资人）批准企业法人注销的文件；

4. 企业法人的主管部门（出资人）出具的清理债务完结的证明或者确定清算组织负责清理债权债务的文件；

5.《企业法人营业执照》正、副本；

6. 企业法人公章。

说明：煤炭企业办理兼并重组注册登记需提交材料依据国家工商行政管理总局《关于印发〈内资企业登记提交材料规范〉和〈内资企业登记文书规范〉的通知》（工商企字〔2009〕第83号）文件准备，各类登记表格可通过国家工商行政管理总局《中国企业登记网》（http：//qyj.saic.gov.cn）下载或者到工商行政管理机关行政审批服务大厅（窗口）领取。

关于近期推进煤矿企业兼并重组整合工作的安排意见

2009年8月13日　市兼办发〔2009〕1号

各县（区、市）兼并重组整合领导组办公室：

根据省煤矿企业兼并重组整合领导组总体部署，按照市委、市政府的要求，现就近期全市煤矿企业兼并重组整合工作提出安排意见：

一、限期完成“双协议”签订任务

“双协议”是指本次兼并重组整合方案正式批准的保留矿井与被整合矿之间的整合协议和《方案》批准的兼并重组主体企业（集团）与保留矿井的兼并重组协议。

鉴于目前我市部分兼并重组主体企业暂时无法实质到位的实际，本着实事求是、同步推进的原则，为切实加快全市煤矿企业兼并重组整合工作，经市委、政府研究决定，采取“全力以赴推进煤矿整合，同步推进企业兼并重组”的工作的思路，各县（区、市）务必在8月25日前组织完成“双协议”的签订工作。具体分以下两类情况同步实施：

(一) 平遥县（两个集团）、煤运集团和寿阳县段王集团等四个集团，应按省规定程序由主体企业与被兼并重组整合矿井直接签订兼并重组整合协议，限期8月25日前完成集团组建工作，确保主体到位组织被控股重组煤矿恢复生产。

(二) 汾西瑞泰集团和7个县级集团，采取“先整合、再重组”、“签订两个协议”的办法推进兼并重组整合和复工复产工作。

1. 8月25日前由整合保留矿井（含已批准复工复产且有整合关闭矿井任务的煤矿）与被整合关闭矿井签订整合协议；

2. 汾西瑞泰煤业集团和七个县级主体（集团）必须在8月25日前按规定要求办理好公司名称核准和注册登记手续，并在8月底前与被兼并重组的保留矿井全部签订兼并重组框架协议，确保整合保留矿井按期换发新证照，正常有序组织生产和建设，确保按省政府要求期限完成兼并重组整合协议签订工作。

二、实行严格的兼并重组整合过渡期安全监管措施

为保证各县（区、市）在8月底前全面完成“双协议”签订工作，使兼并重组事例工作取得实质

性进展，确保兼并重组整合全过程的安全生产，根据省煤矿安全生产工作会议精神，市政府将采取超常规的加强安全监管措施。

1. 实行"休克疗法"。即从本文件下发之日起到8月底，除市批准的60座复工复产矿井外，其余煤矿包括各县（区、市）批准整顿或默许进行维护性作业（推进）矿井，一律停止井下生产建设作业活动，只准通风、排水、测瓦斯，集中时间，集中精力完成"双协议"签订。

市已批准复工复产且有整合关闭矿井任务的保留矿井，逾期未签订"双协议"的从9月1日起停工停产，直至签订好"双协议"后再安排进入复工复产程序；已批准复工复产的被整合矿井逾期不签订被整合协议的，一律停产，且不再批准复工复产。

2. 在兼并重组整合过渡期，对未签订"双协议"擅自违规组织维护和生产建设行为的煤矿，一经查实，要采取严厉的惩处措施，对被整合关闭矿井按非法组织生产实施关闭，对整合保留矿井，取消其保留资格，列入被整合关闭矿井名单，责令主体企业实施关闭。

3. 凡整合保留矿井与被整合、关闭矿井签订实质性协议，并与兼并重组主体企业签订兼并重组框架协议的，由县（区、市）复工复产领导组批准整顿，并按程序报市复工复产领导组办公室安排复工验收。

4. 进一步明确过渡期安全责任主体，严格责任追究。凡主体企业到位的，兼并重组整合主体企业为矿井安全生产的责任主体，县级政府履行安全监管主体责任；凡主体企业不能实质性到位的，整合保留矿井承担企业主体责任，由县级政府承担过渡期保留矿井安全生产主要责任。

5. 必须按照省安全生产会议精神和市政府要求，实行县级四大班子领导包片，乡镇干部、县煤炭、安监部门领导、科室（队）工作人员包矿、驻矿盯守保安全制度，责任落实到人，严格责任追究。要切实督促指导煤矿加强隐患排查治理，确保不符合复工复产规定和不具备安全条件矿井、违规违法矿井停得下、管得住，确保批准复工复产矿井有序组织生产建设。

6. 实行过渡期内煤矿安全生产保证金制度。凡主体企业暂无法实质到位、由县（区、市）政府批准整顿的整合保留矿井，必须向市、县煤炭局预缴押各100万元安全生产保证金，方可验收批准其复工复产（押期至主体企业到位后退还）。凡主体暂无法实质到位、由县（区、市）政府批准整顿的被整合生产矿井，必须向市、县煤炭局预缴押300万元安全生产保证金（市押100万元，县押200万元），方可验收批准其复工。

7. 各县（区、市）要抽调煤炭、安监、国土等部门力量实行联合执法。市煤炭局、晋中煤监局要按照已经制定的煤炭、煤监联合执法方案，在兼并重组整合过渡期实行不间断的督查执法。要把执法重点放在以下五个方面：

(1) 矿井负责人、安全生产管理、技术人员是否到位，安全生产管理机构是否健全，安全主体责任是否真正落实；

(2) 是否存在水、火、瓦斯、煤尘等方面重大隐患未得到治理，特别是按省要求落实复工复产矿井必须购置并使用的大功率探水钻，否则不予复工复产，购置不使用的要重处重罚；

(3) 矿井通风是否可靠，安全监控系统联网运行是否正常，应当实行瓦斯抽放的矿井是否建成瓦斯抽放（采）系统、抽采是否达标；

(4) 是否违反采掘计划进行掠夺性生产、是否存在超能力生产；

(5) 是否存在严重超层越界开采行为，并要结合安全生产专项整治和"三项行动"，集中、重点打击非法、违法生产和建设行为；

(6) 煤矿"六长"是否经过专业培训并取得相应资质证书。

8. 实行最严格的安全监管处罚措施。凡过渡期内批准复工复产的矿井，一旦发生死亡事故，取消复工复产资格，按照有关规定实施重处重罚；凡违章"三超"矿井，一经查实，重处重罚，情节严重

的，按非法生产无条件实行关闭。

三、认真做好煤矿兼并重组整合资料核查证照核发等服务工作

1. 实行联合办公，简化申报审批程序

根据省煤矿企业兼并重组整合办公室部署要求，在兼并重组整合期间（2010年6月底前），对兼并重组主体企业及保留矿井的证照核发、项目审批手续办理等实行相关部门联合办公，限时办结的快捷服务方法。要求各县（区、市）煤炭、国土、工商等相关部门实行联合集中办公方式，在县领导组统筹协调下，具体承办煤矿企业兼并重组整合的矿井座标核对、资源贮量预核定，各种证照变更资料审查上报等工作，所有兼并重组整合煤矿的相关资料均以市、县兼并重组整合办公室整理并联合整理审查审核上报（省直厅局有特殊规定的另外）。

2. 核定井田座标，按期上报审批

要按照省国土厅晋国土资发〔2009〕212号文件要求，全力配合矿权核查单位尽快开展并按期完成“80矿井座标”野外实测、数据核准上报工作。凡本次整合保留矿井，必须进行“80座标系统更新”，对属于整合（扩界）后新矿区范围座标变动的（包括变动开采标高），一律变更为“80座标”，否则省国土厅不予接收核发新采矿证。对本次兼并重组整合单独保留矿井其井田座标未发生变动的可暂按原座标核准上报。

省领导组批准《重组整合方案》中，由两个及以上矿井整合为一个矿井，但尚未明确被整合矿井关闭时限的，由重组整合主体企业依据批准的产能及矿井实际情况，按照省提出在确保安全、不影响建设的情况下可保留“一套系统生产、一套系统建设”的要求，可以经县（区、市）政府批准并上报市兼并重组整合领导组办公室审批后，保留至2010年底关闭井口，其余被整合关闭矿井应根据实际情况，明确关闭时限，其中“十关闭”矿井必须在2009年底拆除设备，按标准实施关闭。

3. 各县（区、市）煤矿企业兼并重组办公室要加强综合协调，按要求做好各项基础资料核查整理及兼并重组整合进度统计工作，确保各项数据资料按期上报。凡延误上报期限，影响全市统计汇综和报省审批的，要严肃追究责任。

关于下达2009年9－12月份省内重点焦化企业煤炭供应指导计划的通知

2009年10月9日　晋经信办字〔2009〕91号

各市经委、各有关国有重点煤炭企业：

为了支持焦化企业克服困难、健康发展，发挥焦化企业作为重点支柱产业的作用，巩固全省工业经济企稳向好的发展态势。按照省政府的要求，在组织焦化企业与重点煤炭企业产需衔接的基础上，下达2009年9－12月份省内重点焦化企业煤炭供应指导计划（以下简称《指导计划》）。全省59户重点焦化企业9－12月份计划生产焦炭1834万吨，产能利用率83%，预计需求煤炭2658万吨。《指导计划》安排煤炭供应1908万吨，其中：由重点煤矿供应587万吨，由地方煤炭供应1321万吨（供煤矿点及供煤量详见附表）。此外，焦化企业需自行采购750万吨。

由国有重点煤矿供应的要足额足量保证供应，执行供省外长协合同价格；由地方煤炭供应的凡涉及到煤矿资源整合与兼并重组矿井的，由兼并主体承担煤炭供应任务。焦化企业要备足资金，做好煤炭接卸各项工作，积极为保证煤炭正常供应创造有利条件。各市经委、煤炭管理部门要积极帮助协调焦化企业与煤矿企业按照《指导计划》签订煤炭供应合同，落实煤源，加强对重点焦化企业煤炭供应情况的监控，及时了解情况，发现问题及时协调解决。

附件：2009年9月－12月省内重点焦化企业煤炭供应指导计划表（略）

关于下达山西省2009年10月－2010年3月省内热电联产电厂煤炭供应指导计划的通知

2009年10月9日　晋经信办字〔2009〕92号

各市经委、各国有重点煤炭企业、山西煤炭运销集团公司、山西省国新能源发展集团公司、各热电联产电厂、山西中电燃料有限公司：

为了做好今冬明春省内热电联产电厂煤炭供应保障工作，确保全省城镇居民温暖祥和过冬，按照省政府的要求，省经信委组织有关煤炭、热电联产电力企业就供暖期间煤炭供应进行了产需衔接，并制定了《山西省2009年10月－2010年3月省内热电联产电厂煤炭供应指导计划》，现印发给你们。此次共安排重点煤炭1094万吨，其中，通过铁路运输528万吨，通过公路运输566万吨，并落实到各有关电厂、国有重点煤矿和山西煤炭运销集团公司、山西省国新能源发展集团公司等煤炭生产运销企业。请认真执行。

一、各承担供热任务的热电联产电厂要站在保民生、保稳定、促和谐的政治高度，承担起国有企业应尽的社会责任，克服困难，多方筹措资金，完善煤炭接卸设备，主动做好冬季煤炭采购工作，在10月底之前做好需检修机组的检修工作，保证机组的正常运行和顺利供热，不得因故擅自停机。

二、承担电煤供应任务的各煤炭生产运销企业，要正确处理好省内用煤与出省外销煤炭的关系，在保证安全生产的前提下，按照方案安排的资源量，保证煤炭供应。要积极与电力企业沟通，理解目前电厂经营困难，煤炭价格不得高于出省煤炭价格，优先保质保量供应省内热电联产电厂。绝不能因煤价、合同等问题擅自停止供应热电联产电厂煤炭。

三、省煤炭工业主管部门及煤炭计划管理部门要提前做好冬季煤炭生产安排和煤炭组织调运工作，合理调配煤炭运销计划，优先保证省内热电联产电厂煤炭资源，煤炭计划管理部门要对供热电厂电煤计划随到随批，不得擅自核减计划量。

四、按照省政府部署，各市人民政府要加强本地区煤炭生产及电煤供应情况的监控，各有关市经委要在当地政府的领导下，协助地方煤炭运销企业将方案下达的任务足额落实到各个矿点。对供热电厂电煤供应中出现的问题要及时发现及时解决，不能解决的要及时上报。

附件：1. 2009年10月－2010年3月省内热电联产电厂煤炭供应指导计划表（铁路）
　　　2. 2009年10月－2010年3月省内热电联产电厂煤炭供应指导计划表（公路）

关于印发“山西晋城无烟煤矿业集团有限责任公司寺河煤层气电厂等4个企业资源综合利用电厂认定会会议纪要”的通知

2009年10月27日　晋经信办字〔2009〕132号

晋城市、长治市经委：

现将“山西晋城无烟煤矿业集团有限责任公司寺河煤层气电厂等4个企业资源综合利用电厂认定会会议纪要”印发给你们。请接文后通知附件所列单位，到我委领取《资源综合利用机组（电厂）认定证书》，并持我委颁发的“证书”，到相关税务部门申报税收优惠事宜。

附件：山西晋城无烟煤矿业集团有限责任公司寺河煤层气电厂等4个企业资源综合利用电厂认定会会议纪要

山西晋城无烟煤矿业集团有限责任公司寺河煤层气电厂等4个企业资源综合利用电厂认定会会议纪要

根据国家发展改革委、财政部、国家税务总局联合制定的《国家鼓励的资源综合利用认定管理办法》（发改环资〔2006〕1864号），财政部、国家税务总局、国家发展改革委《关于公布资源综合利用企业所得税优惠目录（2008年版）的通知》（财税〔2008〕117号）（以下简称117号文件）以及原省经委、省财政厅、省国税局、省地税局联合制定的《山西省〈国家鼓励的资源综合利用认定管理办法〉实施细则》（晋经资源字〔2006〕696号）等文件精神，2009年9月28日由省经信委组织省国税局、省地税局、省质监局、省环保厅及电力行业的专家组成的评委会共12人，对山西晋城无烟煤矿业集团有限责任公司寺河煤层气电厂等4个企业资源综合利用电厂进行了评审认定。

会议听取了企业领导就企业产品生产、经营情况的汇报，电力行业专家汇报了上述4个电力企业综合利用煤矿瓦斯、焦炉高温烟气余热生产电力的工艺技术、炉型、机组，并就有关问题进行答疑。

会议认为：企业的申报材料与专家组的考察情况基本一致，专家组的考察意见符合有关技术政策，符合企业实际，可以作为评委会认定的主要依据。

会议议定：

1. 山西晋城无烟煤矿业集团有限责任公司寺河煤层气电厂60×1.8MW＋4×3MW发电机组，利用寺河矿井下抽放的瓦斯气为燃料，采用燃气发电机组、余热锅炉和蒸汽轮发电机组联合循环装置发电，瓦斯气经省煤炭地质研究所检验为合格，符合GB/T13610－2003的标准要求，初审认定，符合117号文件第一类第1条的规定。

2. 山西金驹煤电化股份有限公司21×1.8MW1#－21#发电机组，利用成庄煤矿、岳城矿和寺河2#井下抽放的瓦斯气为燃料，采用燃气内燃发电机组、余热锅炉进行发电，瓦斯气经山西煤炭地质研究所检验为合格，符合GB/T13610－2003标准要求，初审认定，符合117号文件第一类第1条的规定。

3. 山西金驹煤电化股份有限公司10×1.8MW101#－110#发电机组，利用成庄矿井下抽放的瓦斯气为燃料，采用燃气内燃发电机组、余热锅炉进行发电，瓦斯气经山西煤炭地质研究所检验为合格，符合GB/T13610－2003标准要求，初审认定，符合117号文件第一类第1条的规定。

4. 山西沁新煤焦股份有限公司余热发电厂3×12MW1#－3#发电机组，利用清洁型热回收焦炉产生的高温烟气，经6×35吨/h1#－6#余热锅炉回收其热量并产生蒸汽发电，初审认定，符合117号文件第二类第9条的规定。

关于加快推进煤矿企业兼并重组整合关闭工作的通知

2009年11月12日　晋煤重组办发〔2009〕12号

各市人民政府：

目前，全省煤矿企业兼并重组工作已进入实施的关键阶段，长治市政府认真贯彻落实省委、省政府的决策部署，按照省政府有关文件精神要求，结合本市实际，对加快推进煤矿企业兼并重组和整合关闭工作进行了具体安排，并以长政办发〔2009〕93号文件下发。该市煤矿企业兼并重组整合关闭工作目标任务和时间进度明确，政策措施和责任明确，要求具体有力，值得借鉴。

附件：关于加快推进煤矿企业兼并重组整合关闭工作的通知

关于加快推进煤矿企业兼并重组整合关闭工作的通知

各县市区人民政府，市直各委、局、办、各煤矿企业：

当前，我市煤矿企业兼并重组工作已进入实施阶段。根据省政府《关于进一步加快推进煤矿企业兼并重组整合有关问题的通知》（晋政发〔2009〕10号）和省政府办公厅《关于集中办理兼并重组整合煤矿证照变更手续和简化项目审批程序有关问题的通知》（晋政办发〔2009〕100号）等文件精神，现就近期我市煤矿企业兼并重组整合关闭工作有关事项通知如下：

一、坚定不移地加快推进煤矿兼并重组整合关闭工作

煤矿企业兼并重组整合关闭工作，是党中央、国务院的要求，是省委、省政府贯彻落实科学发展观，推动全省煤炭工业转型升级，实现“转型发展、安全发展、和谐发展”的重大决策和举措，目前已经进入关键阶段。各县市区和市直有关部门要进一步增强信心，统一步调，把思想和行动统一到省委、省政府和市委、市政府的决策部署上来。要坚持站在人民的立场，正确处理各方利益关系，精心组织，加快推进，圆满完成煤矿兼并重组整合关闭工作任务。

二、明确煤矿兼并重组整合关闭工作的目标和任务

要坚持统筹协调、分类处置的原则，圆满完成当前煤矿企业兼并重组整合的办证、签约和接管任务。一是如期完成省政府批准的106座保留煤矿的证照换发任务。二是对79座整合关闭矿井要区别情况，分类处置；符合条件的换发证照，在2010年底前关闭；不符合条件，不能换发证照的，列入关闭范围，在2009年底前关闭。三是对105座政策性关闭矿井，在2009年底前关闭。

三、明确煤矿兼并重组整合关闭工作的时间和进度

根据省政府办公厅晋政办发〔2009〕100号文规定，各市政府要在8月20日前将兼并重组整合煤矿的证照变更及项目审批资料上报省兼并重组领导办公室。各县市区要倒排工期，统筹安排，加快进度，如期完成有关工作。

1. 各县市区要在8月15日前，将106座兼并重组保留煤矿的有关证照变更资料，报送市兼并重组领导办公室。

2. 全市21座兼并重组主体煤矿，从8月5日起，正式进驻被兼并整合煤矿，对被兼并整合煤矿实施安全监管；从签约之日起正式接管，全面负责所属煤矿的工作。

3. 对105座政策性关闭矿井和不能换发证照的整合煤矿，在2009年底前实施关闭。

四、严格执行煤矿兼并重组整合关闭的有关政策

这次煤矿兼并重组整合关闭工作，上级有明确政策的，要严格按有关政策办事；没有明确政策要求的，要依据有关法律，本着有利推进兼并重组工作，有利维护各方合法权益的原则，妥善协商解决。

1. 关于资源价款问题。按照《山西省人民政府办公厅转发省国土资源厅关于煤矿企业兼并重组所涉及资源采矿权价款处置办法的通知》（晋政办发〔2008〕83号）执行。

2. 关于股权设置等问题。兼并重组整合主体企业必须绝对控股。新公司登记时，任何股东不得以“干股”等虚假形式出资；公司成立后，股东不得以任何形式抽逃出资。

3. 关于被整合关闭矿井的遗留问题。被整合关闭煤矿原承担的农村公益事业、社会责任等，原则上由兼并重组主体企业和保留煤矿根据“以煤补农”机制，提取一定比例的资金，上缴地方政府，由地方政府统筹安排，专款专用，分年度解决。

4. 关于维护稳定问题。在煤矿企业兼并重组整合期间，兼并重组主体企业要保障被兼并煤矿职工

队伍的相对稳定，原则上不裁员、不减薪、确保平稳度过。

五、实行集中联合办公

为了加快推进煤矿兼并重组工作，从8月1日起，市、县两级领导组办公室各成员单位要实行集中联合办公，由领导组办公室牵头负责，监察、国土、煤炭、煤监、工商等相关部门在领导组办公室的协调下，分工负责，各负其职，共同做好煤矿兼并重组换证等工作。国土资源部门负责采矿许可证县级审核手续办理、矿区座标的初核、储量初核和被整合煤矿市、县分成的资源价款的退还。煤矿安全监察部门负责煤炭安全生产许可证的办理。工商管理部门负责企业名称变更和工商营业注册。煤炭部门负责煤矿生产许可证办理。监察部门负责对兼并重组工作实施全方位、全过程监督检查，对不作为和乱作为的，从严查处追究责任。各有关部门，要本着公开、公平、公正的原则，改进服务，提高效率。对企业上报的相关资料要随审；对资料审报中存在的问题，要及时告知企业进行补充完善，不得借故拖延。

六、抓好试点，整体推进

要针对兼并重组整合关闭过程中如签约、进驻、接管等关键环节和问题，及时总结推广经验。先在沁源、郊区进行试点，取得经验后，及时召开现场推进会，以点带面，推进全市煤矿兼并重组整合关闭工作顺利进行。

七、做好煤矿与相关产业项目的对接工作

兼并重组主体企业和单独保留矿井，都必须办有一定规模的焦化等相关产业或非煤产业项目，产煤县（市、区）和无煤县（市、区）必须有项目对接。没有非煤产业项目的煤矿企业换证后，相关证照由地方政府暂时扣留，不予批准生产经营；在限期内仍不能兴办的，取消兼并重组主体资格和保留矿井资格。

八、加强对兼并重组工作的组织领导

煤矿兼并重组整合关闭工作实行“一把手”负责制。各县（市、区）政府“一把手”是煤矿企业重组整合关闭的第一责任人，要亲自抓、总负责。各级领导要把兼并重组整合关闭工作作为当前的大事，摆在重要议事日程，集中主要精力，解决工作中的主要问题。

加强督查指导。市政府成立煤矿兼并重组整合关闭工作督查组和服务指导组。工作督查组由监察部门牵头，煤炭、国土等部门参加，主要负责对煤矿兼并重组整合关闭工作进行监督检查；服务指导组由煤炭、国土、煤监、工商等部门和法律顾问组成，主要负责煤矿兼并重组整合关闭的业务指导和法律服务工作。

实行煤矿兼并重组整合关闭工作日报告制度。各县（市、区）煤矿兼并重组整合关闭领导组办公室要确定专人，在每日17时前，将当日工作进展情况及时报告市煤矿兼并重组领导组办公室。

严格奖惩。市政府将把煤矿兼并重组整合关闭工作作为今年各县市区政府业绩考核的主要内容，严格奖惩。截止到8月15日，主体企业不能按时完成协议签订和接管工作的，取消主体资格，保留矿井不能如期签约的，取消保留矿井资格；被整合关闭矿井不能如期签约的，不予经济补偿。市政府将拿出一定资金，对提前完成任务的单位和个人进行表彰奖励；对不能按时完成任务的，以通报批评，限期完成；对不作为、工作进展缓慢的，要严肃追究责任。

关于对报厅批准或审查的探矿权采矿权业务实行电子申报的通知

2009年11月13日　晋国土资办发〔2009〕148号

各市国土资源局，厅机关各处室（部门），厅属各事业单位：

电子申报是加强国土资源管理的一项重要举措，是加强审批管理提高办事效率、推进政务公开的必要手段。2007年11月28日，国土资源部下发了《关于报部审查的部分行政许可事项电子申报有关事宜的通知》（国土资发〔2007〕280号），要求对建设项目用地预审、建设项目用地审批、探矿权审批、采矿权审批自2008年1月1日起实行网上远程报送。同时，部出台了《电子申报技术要求》，并在国土资源部门户网站提供四项业务应用软件。

目前，我厅只有建设用地项目预审和建设项目用地审批两项业务实行了电子报盘，而探矿权审批、采矿权审批两项业务尚未实施，这不利于数据规范和我厅与国土资源部的数据交换，影响了厅网络中心数据的完整备份。为了满足省监察厅电子监察系统对我厅电子政务实时监控的要求，强化责任，进一步提高工作效率、缩短办件时间、规范审批行为及方便查寻。

从2009年12月1日起，省厅将在政务大厅收文阶段，对探矿权、采矿权等相关业务实行电子申报，申请人在提供纸质材料的同时，需提交相应的电子报件（涉密项目除外），未提交电子报件的不予受理。申请人可通过本地应用系统制作电子报件，也可以通过部开发的相关电子报盘软件制作电子报件，相关的电子报盘软件可在国土资源厅门户网站“下载中心”专栏（http：//www.shan×ilr.gov.cn/main/spinfo.jsp?id=322）或国土资源部门户网站“下载服务”专栏（http：//www.mlr.gov.cn/bsfw/×zfw/）下载。

各地要高度重视电子申报工作，认真研究，精心部署，做好人员、技术的准备工作，同时加强对申报单位（或申请人）的指导工作。

附件：《报国土资源厅批准（审查）的探矿权采矿权申请资料电子文档制作技术要求》（略）

关于加强煤矿建设项目安全管理的通知

2009年11月24日　晋煤办发〔2009〕287号

各市煤炭工业局、各国有重点煤炭企业、平朔煤炭公司、山西煤炭运销集团公司、山西煤炭进出口集团公司：

现将山西省人民政府办公厅晋政办发（2009）172号“关于加强煤矿建设项目安全管理的通知”转发给你们，请认真贯彻执行，并就落实加强建设矿井的安全管理工作安排如下：

一、各煤矿建设单位或煤矿建设项目要严格按照晋政办发（2009）172号文要求，立即进行逐条地自查自纠，要严格落实建设、施工、监理三方安全责任及各项安全措施，切实加强矿井建设安全日常管理工作，加大安全隐患排查治理力度，及时消除各种安全隐患。要切实做到“各尽其责、密切配合，齐抓共管、不留漏洞”，构建有效的安全管理保障体系。

二、市、县煤炭管理部门要切实加强建设矿井安全监管工作。一要按照晋政办发（2009）172号文要求，立即组织安全技术人员，对煤矿建设项目进行全面检查，认真督促参建三方严格落实安全责任，及时查出和消除重大安全隐患，及时发现和打击各种违法违规建设行为、确保煤矿建设项目安全；二要严格按照通知的要求，对检查不符合要求的和违反有关法律法规的煤矿建设项目进行严厉处罚，该整改的整改，该停工的停工；三要按规定要求尽快推行“包片包矿”监管责任制、停产停工矿井驻矿盯守责任制、月旬检查制度、隐患排查责任制、追踪复查制等，做到责任到人、措施得力、监管到位；四要贯彻执行晋政办发（2009）172号文工作作为搞好全省建设矿井安全管理的关键工作和重要措施，常抓不懈，使这项工作规范化、制度化。

三、国有重点煤炭企业要严格按照晋政办发（2009）172号文要求，认真组织自查自纠，要严格履行对直属建设矿井、兼并控股的建设矿井的安全主体责任和安全管理责任，切实加强日常安全管理工作。

四、省厅将定期或不定期地对晋政办发（2009）172号文的执行情况进行督查。

特此通知。

附件：山西省人民政府办公厅关于加强煤矿建设项目安全管理的通知

山西省人民政府办公厅关于加强煤矿建设项目安全管理的通知

各市、县人民政府，省人民政府各委、厅，各直属机构：

为贯彻落实国家安全监管总局、国家煤矿安全监察局、国家发展改革委、国家能源局《关于进一步加强煤矿建设项目安全工作的通知》（安监总煤监〔2009〕146号）和国家安全监管总局等14部委《关于深化煤矿整顿关闭工作的指导意见》（安监总煤监〔2009〕157号）的精神，进一步加强全省煤矿建设项目安全工作，有效遏制重特大事故的发生，促进转型发展、安全发展、和谐发展，现就切实加强煤矿建设项目安全管理工作通知如下：

一、严格落实煤矿建设项目建设、施工、监理三方安全责任

建设、施工、监理三方在建设施工过程中均负有重要的安全责任，要切实做到“各尽其责、密切配合，齐抓共管、不留漏洞”，构建有效的安全管理保障体系，确保建设安全。

(一) 落实项目建设单位的安全管理责任，强化安全管理职能。

建设单位是项目建设的投资者、组织者，严格落实建设单位的安全责任和法人安全责任是项目建设施工中最主要、最有效的安全保障。项目建设单位必须履行建设单位的安全管理职能，承担建设方安全管理责任。

1. 建设单位法人或主要负责人对项目建设安全全面负责，必须建立建设项目管理机构，办公地点要临近施工现场，要设安全、技术、工程管理等专业管理部门，配足专职安全员、专业技术人员等，保障建设单位项目管理机构的正常费用。

2. 要建立健全各专业管理部门、岗位安全责任制，明确每人每月入井跟班次数，并加强监督，认真考核，严格奖惩。

3. 负责项目建设的统一协调管理，科学组织施工，合理安排建设工期，严禁片面追求速度而忽视安全的现象发生。

4. 要严格实行招投标制，严把施工、监理队伍准入关，不具备资质或能力的施工、监理队伍不得进入，不具备安全施工条件的单位工程不得开工。

5. 负责施工单位人员入场培训和施工、监理人员的备案及管理工作，严禁施工单位使用未经培训或培训不合格的人员上岗，严禁不具备相应资质的监理人员上岗。

6. 负责建设施工过程中日常安全管理工作，必须做到跟班现场管理，及时发现和处理建设过程中的安全隐患。

7. 负责双电源供电、安全监控和矿井通风系统等基础工程及系统的建设和维护管理，为施工单位提供良好的安全施工条件。

8. 负责向施工方提供符合规范要求的地质、设计等技术资料，所提供资料必须真实、准确、完整。

9. 负责组织制订瓦斯、水、火等重大安全技术措施和落实工作，切实加强采空区积水、积气等重大安全隐患排查治理工作。

10.负责召开项目建设协调会、安全例会，负责按合同支付工程款和施工安全费（造价的2%），严禁少提或不提取安全费的现象发生。

上述要求将作为今后建设项目开工和建设的前提条件。

(二) 落实施工单位安全主体责任，强化施工现场管理

施工单位是矿井施工安全的直接责任人，对施工安全负主体责任。严格落实施工单位、队组、施工人员的安全责任，是项目建设施工中最关键、最直接、最有效的安全保障，是从源头上加强施工安全的关键环节。

1. 施工单位必须具备相应的资质和装备，必须建立项目施工管理机构，设立安全、工程技术、质量等专业管理部门，要有专人、专门的机构负责施工区域的“一通三防”工作和日常安全管理工作。

2. 要配齐专业技术人员、安全人员及特种作业人员，配备相应的办公设施和安全装备，管理、技术人员能满足安全施工和编制技术安全措施、作业规程的需要。

3. 必须配备专职安全员，安全员负责对安全施工进行现场监督检查，发现安全问题、隐患后，要及时向项目负责人和安全管理机构报告，对违章指挥、违章操作行为立即制止。

4. 落实施工人员培训制度，实行全员培训，其中新工人安全培训教育不得低于一个月、入场安全培训教育不得低于一周，严禁未经培训或培训不合格及不具备基本安全知识的人员上岗。

5. 必须建立健全和严格落实施工安全措施、作业规程以及岗位、作业人员的安全责任制度，做到责任到人、责任到岗，并加强监督，认真考核，严格奖惩。

6. 加强和规范现场安全管理和精细化管理，强化班组安全基础工作，规范工人操作细节，实行质量标准化建设，严格贯彻执行规范规定、安全标准和安全措施，坚持不懈地进行现场安全检查治理和反“三违”工作。

7. 建立和落实班前安全碰头会制度、安全旬（周）例会制度、安全绩效考核奖罚制度等。

8. 严禁中标的施工单位将工程转包，一经发现要立即清退。

建设单位按照上述要求对施工单位进行全面检查，不符合要求的要立即停止施工，该整改的整改，该清退的清退。

(三) 落实监理单位安全监理责任，规范工程监理行为

工程监理单位是受建设方委托，代表建设方进行项目监理的专业队伍，在项目建设过程中要规范监理行为，强化安全监理责任。

1. 监理单位必须根据施工安全需要配足安全监理人员。

2. 监理人员必须具备相应资质及安全、专业技术知识和监理能力，经培训持证上岗。

3. 要建立健全安全监理制度、监理人员安全监理责任制度、安全监理方案、安全监理实施细则，并严格落实、认真考核。规范监理技术资料管理，安全监理资料要定期存档，妥善保管。

4. 要参加安全技术措施和专项施工方案等审查会和建设单位组织的安全专项检查。

5. 负责日常的安全监理工作，按规定实施旁站监理，对所监理工程的施工安全负监理责任。

6. 监理人员必须及时制止违规施工作业行为。

7. 负责核查施工设备合格证件、安全标志、安全防护措施和施工材料检验等是否符合强制性标准要求，对证照不全的设备、不合格的材料不得用于工程，对防护措施不完善的不得施工。

8.负责对施工单位自查情况进行抽查，对发现的各类安全隐患，及时通知施工单位，并督促其立即整改，情况严重的，监理单位应及时报告建设单位并要求施工单位进行停工整改。

建设单位按照上述要求对监理单位进行全面检查，不符合要求的，该整改的整改，该清退的清退。

二、规范煤矿项目建设行为，严禁违法违规建设

煤矿建设项目必须严格执行现行的建设程序，未经批复开工报告的矿井一律不得开工建设，已擅自开工的必须立即停止施工；无生产许可证和安全生产许可证的边建设边生产或擅自组织生产的建设矿井必须立即停止生产；严禁批小建大，矿井建设项目必须按批准的设计进行建设。

三、加强矿井建设项目“一通三防”及防治水管理，加大安全隐患排查治理力度

建设矿井必须设置专门的通风管理机构，并配足专业人员，加强日常管理；通风系统必须合理、设施完好、风量充足、稳定可靠；通风设备和设施应及时维护维修，并根据施工需要及时调整。要加强高瓦斯和煤与瓦斯突出矿井管理，严格落实煤与瓦斯突出矿井的“四位一体”防突措施及揭煤前的防突措施，其瓦斯抽放系统要在揭煤前投入使用，最大限度地降低煤层的瓦斯含量，做到“先抽后掘”。凡通风系统不符合要求的、该抽未抽、措施不到位、瓦斯经常超限、监测监控系统不完善、报警及断电功能不全的建设矿井，一律停工整改。

要切实加强水害防治工作，配备水文地质专业人员和符合要求的探放水设备，严格执行“有掘必探”；水文地质条件复杂或水害隐患严重的建设矿井，必须设立专门的防治水机构负责水害防治工作，并建立健全水害预测预报制度、水害隐患排查治理制度等，查明和准确掌握水患情况，采取有效防治措施。

建设矿井要针对不同的瓦斯、水、煤层自燃等地质情况制订相应的安全建设工作方案和相应的防治措施；要加大隐患排查治理力度，将隐患排查治理制度化、日常化，对排查出的隐患和问题必须按“三定”要求整改，对排查出的瓦斯异常、自然发火、冲击地压、水害威胁等重大隐患必须由建设单位负责制定有效防范措施，及时组织治理或指定专人专项治理。对隐患排查不力、排出未整改到位或仍存重大安全隐患的建设矿井，要立即停工整改。

四、严格落实地方各级政府及其有关部门的监管责任，切实加大建设矿井安全监管力度

地方各级政府及其有关部门要高度重视建设矿井安全监管工作，认真履行政府监管责任，加大对涉及建设矿井安全的施工管理、队伍、火工品、设备材料等方面的监管力度。严格执行“包片包矿”监管责任制、停产停工矿井驻矿盯守责任制、月旬检查制度、隐患排查责任制、追踪复查制等，做到责任到人、措施得力、监管到位，及时查出和消除重大安全隐患，及时发现和打击各种违法违规建设行为、确保煤矿建设项目安全施工。

国有重点煤炭企业要认真履行对直属建设矿井、兼并控股的建设矿井的安全主体责任和安全管理责任，加强日常安全管理工作，严格贯彻执行国家法律、法规、《煤矿安全规程》、《煤矿建设安全规定》及煤矿建设程序，采取有效措施，确保施工安全；对兼并重组后的建设矿井其安全监管责任按照“分级负责、属地监管”的原则执行。

五、加强检查，确保煤矿建设项目各项安全制度措施落到实处

煤矿项目建设单位要按照此通知要求，负责组织自查自纠。地方各级政府及其有关部门要组织安全技术人员，结合区域内建设矿井实际情况，制订有针对性的检查方案，对煤矿建设项目进行全面检查。对检查不符合要求的，提出书面整改意见；违反有关法律法规规定的，要依法处理。其中，对整改建设矿井指派专人负责追踪监管，对停工整改建设矿井指派专人驻矿盯守，停工整改完成后经原检查部门验收合格，方可继续施工。

关于加强对复产煤矿环境监管的紧急通知

2009年12月17日　晋环发〔2009〕326号

各市环保局：

目前，全省煤炭资源整合、重组工作已基本结束，部分矿井已经开始恢复生产，个别企业为了尽快组织生产，全力加快矿井水抽排进度，导致矿井水未经处理直接外排，造成河道污染，已引发了县际甚至省际间环境污染纠纷。为此省环保厅要求各市必须加强对复产煤矿的环境监管，保证污染防治

设施正常运行，坚决杜绝矿井水污染环境事件的发生。现将有关要求通知如下：

一、全面加强对复产煤矿的环境监管

此次我省煤矿资源重组、整合将极大提高我省煤炭资源的综合利用率，对我省煤炭资源的可持续发展产生积极影响。为此，各级环保部门要在做好服务的同时，全面加强对复产煤矿的环境监管，确保环境保护各项要求落实到位。一是要认真检查复产煤矿执行环境影响评价制度情况，对违反环评制度的，要责令其停止生产，限期补办环保审批手续，经环保部门审批同意后方可复产。二是要全面检查复产煤矿环保“三同时”制度落实情况，对复产煤矿环保“三同时”制度落实不到位的，要依法责令其补建污染防治设施，并保证其正常运行；对不能稳定达标或超总量排污的单位，必须责令其限期治理，限产限排；对经限期治理逾期仍超标排放的企业，要责令其立即实行停产整治；对污染防治设施擅自停运或不正常运行的，要责令其立即整改，恢复污染防治设施的正常运行，并依照环保法律法规等有关规定予以高限处罚。

二、结合重金属污染企业专项检查要求，加大对矿井水排放情况的监督检查力度

各级环保部门必须加大对复产煤矿矿井水排放情况的检查力度，特别要对矿井水中所含重金属离子浓度以及酸碱性排放情况加以关注。要结合环保部等九部委及省环保厅印发的《关于深入开展重金属污染企业专项检查的通知》（环发〔2009〕112号）及《关于认真开展重金属行业污染排查的紧急通知》（晋环发〔2009〕151号）要求，加大对产生、使用、排放重金属行业的排查力度，特别是开采等行业的排查力度。煤矿抽排矿井水必须经处理达标后，方可外排，坚决杜绝矿井水超标排放，坚决禁止含有重金属及酸度超标的矿井水排入河道。

三、加大监测频次，预防跨界污染

各级环境监测部门要加强对复产煤矿矿井水排放的监督性监测，加密本辖区各河流跨界断面特别是出省断面的监测频次，随时掌握了解各断面的水质变化情况，如发现河流断面污染异常要及时查找原因，做到早发现、早报告、快速反应、及时处置、妥善应对，防止出现由于环保部门处置不及时导致事态扩大升级局面，坚决杜绝产生跨界特别是跨省际污染事件的发生，全力保障河流水质安全。请各市环保局接通知后，尽快组织实施。

关于重组整合煤矿生产矿井能力核定工作的安排意见

2009年12月21日　晋煤行发〔2009〕81号

各市煤炭工业、各国有重点煤炭集团公司、平朔煤炭工业公司、山西煤炭运销集团公司、山西煤炭进出口集团公司：

煤矿企业兼并重组整合是省委、省政府的一项重大战略部署，也是今明两年全省煤炭行业的一项重要工作。目前全省十一个市的兼并重组整合方案已经省政府领导组审查通过，近日省政府办公厅下发了《关于集中办理兼并重组整合煤矿证照变更手续和简化项目审批程序有关问题的通知》（晋政办发〔2009〕100号）。按照省政府要求，主体企业要尽快全部到位，各种证照要依法办好，该技改的技改、该生产的生产、该关闭的关闭。由于时间紧、任务重，为落实文件要求，提高工作效率，现就重组整合煤矿生产能力核定工作提出以下安排意见：

一、提前搞好摸底工作：按照省政府下发的晋政办发〔2009〕100号文附件5要求，各市煤炭工业局要依据经省煤矿企业兼并重组整合领导组审查通过的重组整合方案，提前组织对本市范围内参与重组整合的煤矿进行摸底、筛选。对符合能力核定条件的矿井，于2009年 8月20日前按附表要求，将名单上报省煤炭厅。经省厅组织核对和主体落实到位后，再按照国家发改委等三部委下发的《煤矿生产

能力核定管理办法》等三个文件要求，开展矿井能力核定的有关工作。

二、严格掌握核定范围：对重组整合煤矿生产矿井进行能力核定是完成煤矿企业兼并重组整合目标的一项重要工作内容。按照省政府晋政办发〔2009〕100号文规定，进行生产能力核定的煤矿为省煤矿企业兼并重组整合领导组办公室批准的重组整合方案中重组前持有煤炭生产许可证的合法生产矿井，并且矿井开采系统（井筒及开拓大巷数目、位置、功能）及开采煤层未发生改变、已实现机械化开采、生产能力在原证载能力基础上净增60万吨/年及以下的矿井。对符合能力核定条件的矿井，从现在开始到2010年6月30日止，可以成熟一个核定一个、成熟一批核定一批。各市审查上报的能力核定资料最晚不得迟于2010年6月30日。

三、严格执行能力核定规定：本次进行能力核定的矿井是指因矿井装备水平提升、采煤工艺改革使矿井生产能力提高，现已形成的实际生产能力比原煤炭生产许可证载明能力净增60万吨/年及以下的矿井。净增能力的计算基础以参加核定的原矿井证载能力为准，不含整合的其他矿井能力。

本次核定原则上按照“一矿一井一面”的要求进行，且核定能力不得大于重组整合方案批准的能力；核定能力小于《重组整合方案》批准能力的，按照本次核定能力换发煤炭生产许可证。

由两个及以上矿井整合而成的煤矿，只允许符合条件的其中一套主系统参加能力核定。

四、严格遵守能力核定程序：煤矿生产能力核定，要严格遵守国家发改委等三部委《煤矿生产能力核定资质管理办法》、《煤矿生产能力核定标准》（发改运行〔2006〕819号）的相关规定。能力核定由企业委托具备资质的能力核定单位提交能力核定报告，经企业、县、市煤炭工业局逐级审核后，报省煤炭工业厅审批。能力核定单位对能力核定结果承担法律责任。

五、认真搞好现场核查、核定基础工作：生产能力核定要严格执行国家有关规定，任何单位均不得强制煤矿接受指定的能力核定单位。能力核定单位必须按照能力核定办法实事求是地提交能力核定报告，如发现弄虚作假，提交的报告不实、质量低劣，将取消其能力核定资质；各市局如把关不严、审查不细，上报的能力核定矿井有两处及以上不符合能力核定规定的，该市上报的资料一律退回。

为加快落实省政府《关于集中办理兼并重组煤矿证照变更手续和简化项目审批程序有关问题的通知》（晋政办发〔2008〕100号文）要求，各市、县煤炭工业局要高度重视，在主体落实到位后，对符合能力核定条件矿井的能力核定报告，按规定程序尽快上报，以确保我省煤炭工业的健康有序发展。

附件：重组整合能力核定调查表

重组整合煤矿生产能力核定工作调查表

上报单位：

<table>
<tr><th rowspan="2">序号</th><th colspan="5">重组整合方案</th><th colspan="2">能力核定</th><th rowspan="2">备注</th></tr>
<tr><th>重组整合主体</th><th>重组后矿井名称</th><th>批准能力</th><th colspan="2">参与重组矿井</th><th>生产许可证载明能力</th><th>拟核定能力</th></tr>
<tr><td>1</td><td></td><td></td><td></td><td></td><td></td><td></td><td></td><td></td></tr>
<tr><td>2</td><td></td><td></td><td></td><td></td><td></td><td></td><td></td><td></td></tr>
<tr><td>…</td><td></td><td></td><td></td><td></td><td></td><td></td><td></td><td></td></tr>
<tr><td>1</td><td></td><td></td><td></td><td></td><td></td><td></td><td></td><td></td></tr>
<tr><td>2</td><td></td><td></td><td></td><td></td><td></td><td></td><td></td><td></td></tr>
<tr><td>…</td><td></td><td></td><td></td><td></td><td></td><td></td><td></td><td></td></tr>
</table>

说明：拟核定能力项只选择参加能力核定生产系统的拟核定能力。

关于加快兼并重组整合煤矿改造建设工作的安排意见

2009年12月21日　晋煤办基发〔2009〕83号

各市煤炭工业局、各国有重点煤炭集团公司、平朔煤炭工业公司、山西煤炭运销集团公司、山西煤炭进出口集团公司：

根据山西省人民政府办公厅晋政办发（2009）100号文“关于集中办理兼并重组整合煤矿证照变更手续和简化项目审批程序有关问题通知”规定，为了提高行政效率，加快审批手续办理工作，确保煤矿兼并重组整合工作规范、健康、有序推进，现就兼并重组整合煤矿改造建设项目工作提出以下意见：

一、兼并重组后不进行改造已具备净增60万吨/年以上能力的生产矿井：是指《重组整合方案》中批准能力比保留单井原生产许可证净增能力达到60万吨/年以上，且矿井综合能力已满足《重组整合方案》中批准能力要求的原生产矿井。这类矿井，领取新的采矿许可证后，编制矿井初步设计和安全设施专篇设计，待批准初步设计、安全设施专篇设计和安全设施专项验收后，进行项目验收。

二、《重组整合方案》批复能力增加的在建矿井：是指重组整合前经省级以上相关部门批准的新建、改扩建、机械化升级改造及资源整合等建设矿井，在本次批准的《重组整合方案》中，矿井设计生产能力增加的原建设矿井。这类矿井，领取新的采矿许可证后，按《重组整合方案》中批准的能力和新采矿许可证等依据，变更矿井初步设计（未审批过初步设计的建设矿井编制矿井初步设计）和安全设施专篇设计；变更初步设计（或初步设计）、安全设施专篇设计批复后，按现行建设程序进行。

为了加快兼并重组煤矿建设项目审批手续办理工作，增能的在建矿井首采区地质条件应达到设计规范要求；矿井地质报告要准确、可靠，能满足规范规定的勘探程度、储量级别等相关规定和安全生产需要，矿井地质报告不符合要求的，可随后补做补批。

三、兼并重组后需进行改造建设的矿井：是指兼并重组后需要新建工程或系统改造后方可达到《重组整合方案》中批准的能力要求的矿井。这类矿井，领取新采矿许可证后，编制并报批矿井地质报告、矿井初步设计、安全设施专篇设计、环保评价报告和开工报告等相关手续后，按现行建设程序进行。

四、设计生产能力不变的在建矿井：是指重组整合前经省级以上有关部门批准的新建、改扩建、机械化升级改造及资源整合等建设矿井，在本次批准的《重组整合方案》中，设计生产能力未发生变化的原建设矿井。这类矿井，仍按原建设程序执行。

五、按照晋政办发（2009）100号文件规定的简化办事程序要求，上述四类煤矿建设项目，矿井能力为60万吨/年及以下的由市煤炭工业局负责项目审批和项目竣工验收等工作；能力为60万吨/年以上（不含60万吨/年）的由市煤炭工业局上报省厅，由省厅负责项目审批和项目竣工验收等工作。

六、有关要求

1. 各市煤炭工业局要按照省煤矿企业兼并重组整合领导组审查通过的《重组整合方案》，立即对本市上述四类建设项目进行一次仔细摸底、分类，于2009年8月20日前，将各类建设项目名单（附表的电子版）上报省煤炭厅。

2. 各级煤炭管理部门在切实加强和做好建设矿井的日常监管工作，确保建设矿井安全的情况下，加强领导、精心组织，高度重视兼并重组煤矿建设项目审查审批工作，早计划、早安排，高质、高效地做好兼并重组矿井项目审批和建设监管工作，确保煤矿兼并重组整合工作规范、健康、有序推进；

要严格设计管理，严把设计审查审批关，从严查处或有效制止超规模设计，超规模建设现象发生。

3. 各建设矿井或兼并重组主体企业要根据各类建设矿井的建设程序要求，积极安排、准备相关资料和材料，早日完善所需审批手续、早日开工建设；要按照“建设本质安全型、标准化矿井”要求，全面提高矿井装备水平；在建设过程中要自觉、严格地贯彻执行国家相关法规、安全规程及标准，切实做好施工队伍管理、文明施工管理和日常安全管理工作，认真落实执行各项安全责任制和安全隐患排查治理制度，严格履行安全主体责任，坚决执行“不安全不施工、不安全不建设”，确保矿井安全；要严格按照批准的设计进行建设，不得擅自变更设计或擅自提高建设规模。

4. 施工单位应具备相应工程建设资质和安全资质，配足安全、专业技术人员和施工设备设施，编制矿井安全施工方案，建立建全各种规章制度，严格落实各项安全责任制，搞好文明施工和日常安全管理工作，严格按照批准的设计科学组织、精心施工，确保安全。

5. 工程监理单位应规范和加强建设项目施工的全过程监理，严格落实监理人员责任制，规范监理人员监理行为，坚持旁站监理，充分发挥监理人员的作用。发现擅自变更设计或增大能力行为的有责任及时制止或向煤炭等相关部门举报的义务和权利，对擅自变更设计或增大能力的，监理单位有权拒绝出具监理报告。

6. 各级煤炭工程质量监督站，应及时进入监督，及时制止和查处建设、施工、监理单位的违规、违法行为，不得对擅自变更设计的工程进行质量认证。

关于重组整合煤矿变更煤炭生产许可证有关事项的通知

2009年12月21日　晋煤行发〔2009〕274号

各市煤炭工业局、国有重点煤炭集团公司、平朔煤炭工业公司、山西煤炭运销集团公司、山西煤炭进出口集团公司：

目前，全省煤矿企业兼并重组整合工作已进入变更证照的关键时期。此前，省政府办公厅已以晋政办发〔2009〕100号文件对重组整合煤矿简化证照变更手续做出了明确规定，我厅也以晋煤行发〔2009〕81号、晋煤行发〔2009〕234号文件对重组整合煤矿生产能力核定及过渡期生产提出了安排意见。为加快证照变更进度，圆满完成重组整合煤矿煤炭生产许可证变更工作，根据近期变更证照过程中的一些新情况，经研究，现就有关事项通知如下：

一、本次重组整合因矿井名称、矿区范围发生变化的保留矿井、2010年底整合关闭，确需维持过渡期生产的矿井按规定均需变更煤炭生产许可证。国有重点煤矿集团公司原有矿井以及地方煤矿在本次重组整合中矿井名称、矿区范围未发生变化的生产矿井，可持原煤炭生产许可证继续生产，不需变更证照。

二、重组整合前，经省批准的新建、改扩建、资源整合、升级改造等在建矿井，按照原规定程序经过投产验收并领取安全生产许可证后，属于重组整合方案批准的保留矿井，资料齐全后，按照新的矿井名称给予颁发或变更煤炭生产许可证；属于被整合并列入2010年底关闭名单、需维持过渡期生产的给予颁发或变更过渡期生产的煤炭生产许可证。

三、需进行生产能力核定的矿井，按照晋煤行发〔2009〕81号文规定完成生产能力核定工作的，给予办理证照变更手续。2009年12月31日之前完不成能力核定工作的，按原证载能力先行变更煤炭生产许可证；重组整合方案批准保留的在建矿井、经验收合格并领取安全生产许可证后，按照新核准的矿井名称给予颁发或变更煤炭生产许可证。2010年6月30日前需继续进行生产能力核定的，在能力核定工作完成后，予以办理证照变更手续。

四、重组整合方案批准保留、无改造建设任务的生产矿井，生产许可证有效期限同原证件；重组整合方案批准保留需进行改造建设的生产矿井，按照省政府重组整合有关文件的要求，应在2010年底完成改造建设任务，煤炭生产许可证有效期限至2010年12月31日。因改造建设任务较大，到期需延长期限的，经申请批准后办理延期手续；重组整合方案批准2010年底关闭的过渡期生产矿井，煤炭生产许可证有效期限均不超过2010年12月31日，到期予以注销。

五、按照省政府办公厅晋政办发〔2009〕100号文件规定，重组整合煤矿变更煤炭生产许可证，均需重组整合主体企业提出申请，并经所在市煤炭管理部门正式行文上报。

1. 重组整合方案批准保留的生产矿井及2010年底维持过渡期生产的矿井变更煤炭生产许可证，需提供市级上报文件（附企业申请）、变更煤炭生产许可证矿井基本情况登记表。

2. 在建矿井经竣工验收并领取安全生产许可证后，申请领取煤炭生产许可证的，按照《煤炭生产许可证管理办法》规定，需提供市级煤炭管理部门上报文件（附企业申请及相关图纸、资料）。

3. 按照省政府办公厅晋政办发〔2009〕100号文件规定，通过了生产能力核定的矿井变更煤炭生产许可证，需提供市级煤炭管理部门上报文件（附企业申请）。

4. 为了缩短变更证照的期限，重组整合矿井主体管理团队接管到位后，可以在申领、变更采矿证、安全许可证的同时，抓紧按以上要求准备资料，上报文件。省煤炭厅依据重组整合方案和采矿证的批文抄件办理。

关于开展全省煤炭经营资格证年度全面检查及换发新煤炭经营资格证的通知

2010年2月5日　晋煤经发〔2010〕80号

各市煤炭工业局、中国（太原）煤炭交易中心、各国有重点煤炭集团公司、平朔煤炭工业公司、太原煤气化集团公司、山西煤炭运销集团公司、山西煤炭进出口集团公司、山西国新能源集团公司、山西统配煤炭经销总公司、山西能源产业集团公司、省监狱管理局、省劳教局、省直计划单列单位、各煤炭经营企业：

为加强煤炭经营监督管理，规范煤炭经营秩序，根据《煤炭经营监管办法》（国家发改委第25号令）的有关规定，决定对全省煤炭经营企业开展2010年度煤炭经营资格证年度全面审查及换发新证工作，现就有关事宜通知如下：

一、组织领导

本次年度检查和换证工作由省煤炭工业厅组织领导，各市煤炭工业局、各国有重点煤炭集团公司、各煤炭计划归口管理单位负责具体工作。

二、年度检查范围

凡山西省境内依法持有煤炭经营资格证的煤炭经营企业（包括从事铁路、公路和省内储售煤场）均纳入本次年度全面检查换证范围。

三、年度检查内容

按照《煤炭经营监管办法》（国家发改委第25号令）、《山西省煤炭管理条例》和“山西省《煤炭经营监管办法》实施细则”规定内容开展年度全面检查工作。

四、工作进度

年检时间从2010年2月1日开始，2010年3月31日结束。

2010年2月1日－2010年2月28日煤炭经营企业自检，填报资料；

2010年3月1日－2010年3月15日牵头单位审核签署意见并汇总上报；

2010年3月16日－2010年3月26日省厅组织审查，换证。

五、工作程序

按照煤炭经营资格证经营方式内容，分为三类：

(一) 经营资格证经营方式为通过铁路、公路经销的：

1. 省属国有重点煤炭集团公司、平朔煤炭工业公司、太原煤气化集团公司及所属企业，由牵头单位组织，对系统内煤炭经营企业煤炭发运量、销售票完成、回收情况进行核实并签章，汇总后统一上报省煤炭厅。

2. 山西煤炭运销集团公司、山西煤炭进出口集团公司、山西国新能源集团公司、山西统配煤炭经销总公司、省能源产业集团公司、监狱管理局、劳教局，负责对计划归口的煤炭经营企业的煤炭发运量、销售票完成、回收情况进行核实并签章，汇总后统一上报省煤炭厅。

3. 经省政府批准的计划单列单位，持省政府有关部门批准其单列批文（复印件），自检报告并经单位负责人签署意见后，直接上报省煤炭厅。

(二) 经营资格证经营方式为通过公路经销的：

煤炭经营资格证经营方式为通过公路经营的煤炭经营企业，按照属地管理的原则，由各市煤炭工业局负责审查签章，汇总资料后统一上报省煤炭厅。公路运量由山西煤炭运销集团公司所属11个市分公司进行核实，并在年检表上签署意见。

(三) 经营资格证经营方式为储售煤场的：

煤炭经营资格证经营方式为储售煤场的煤炭经营企业按照属地管理的原则，由各市煤炭工业局负责审查购销量、销售票使用量，汇总后统一上报省煤炭厅。

六、申报材料

1. 煤炭经营资格年度全面检查及换证申请报告。内容包括上一年度企业经营条件变更说明和煤炭经营及销售票使用、回收情况的总结，企业统一以正式文件上报，A4纸格式。

2. 煤炭经营情况年检表（表一、表二、表三），统一用计算机打印。如实填报煤炭实际经销量、销售票使用情况和购销量（通过铁路、公路经销填表一，通过公路经销填表二，储售煤场填表三）。

3. 煤炭经营资格证三年有效期满后，其经营资格证自然终止。凡欲继续从事煤炭经营的，须按照规定向煤炭经营资格审查部门提出申请报告。延续的需交回《煤炭经营资格证》正、副本；煤炭经营资格证年检的需提交《煤炭经营资格证》副本。

4. 企业工商营业执照和税务登记证复印件，其煤炭发运量（以开具的增值税票为依据）、销售票和基金上缴税票（复印件）。

5. 2008年10月以后取得煤炭经营资格证的煤炭经营企业，须提交申请领取《煤炭经营资格证》主管部门的批件，查看原件，留存复印件。

6. 2008年10月以后在铁路立户、变更发站、调整站点的煤炭经营企业须提交煤炭主管部门批文、铁路局开户、变更通知和铁路立户签章表原件。

七、年检结果

1. 本次年度全面检查结果分为合格、基本合格和不合格三种。

2. 凡在规定的时间内未提交年检申报材料、不参加年检或年检认定为不合格的，依法取消煤炭经营资格、注销煤炭经营资格证，并函告工商行政管理部门在其经营范围内取消煤炭经营项目，通知有关部门停止其计划提报。

3. 通过铁路、公路销售的煤炭经营企业年度煤炭实际发运量三年之和（07. 08. 09年）不得低于8

万吨；2008年后取得煤炭经营资格证，煤炭发运量不得低于5万吨；2009年取得的煤炭经营资格证，在铁路立户已开通半年以上，煤炭发运量不得低于3万吨。

通过公路或储售煤场的煤炭经营企业年度煤炭实际销量不得低于1万吨。

低于最低年度煤炭经营量的要进行整顿和整合。对领取煤炭经营资格证在1年内未开展煤炭经营业务的不予通过年检和换发新证，并取消其煤炭经营资格。开通的发煤站点一年内无运量的，取消其发运站点。

4. 在年检过程中，对发现的非法违规煤炭经营活动，严格按照《煤炭法》和《煤炭经营监管办法》等法律法规的有关规定依法予以查处。

八、工作要求

1. 各部门、单位要高度重视，精心组织，周密部署，为衔接好煤炭经营资格证年度全面检查和换证工作，各有关部门要成立年检换证工作小组，具体工作要有专人负责，并将工作小组名单于2月10日前上报省厅经济运行处。

2. 年检工作应在规定的时间内进行，任何单位和个人不得以任何理由拖延，逾期未上报年检资料的一律视为未参加年检。

3. 经济运行处联系电话：4117246（带传真）4117286

经济运行处咨询电话：4115237 4115230

附件：1. 2010年煤炭经营资格证年审表

2. 2010年煤炭经营资格证年审表

3. 2010年储（售）煤场煤炭经营资格证年审表

附件1

2010年煤炭经营资格证年审表

<table>
<tr><td>企业名称（公章）</td><td colspan="3"></td><td colspan="3">资格证编号</td><td colspan="4"></td></tr>
<tr><td>企业地址</td><td colspan="3"></td><td colspan="3">联系电话</td><td colspan="4"></td></tr>
<tr><td>企业类型</td><td></td><td>邮政编码</td><td></td><td colspan="3" rowspan="2">经营方式</td><td colspan="4" rowspan="2"></td></tr>
<tr><td>从业人数</td><td></td><td>注册资金</td><td></td></tr>
<tr><td>2007年发运量合计（万吨）</td><td colspan="3"></td><td colspan="3">2008年发运量合计（万吨）</td><td colspan="4"></td></tr>
<tr><td>铁路发运量小计（万吨）</td><td colspan="3"></td><td colspan="3">铁路发运量小计（万吨）</td><td colspan="4"></td></tr>
<tr><td>公路发运量小计（万吨）</td><td colspan="3"></td><td colspan="3">公路发运量小计（万吨）</td><td colspan="4"></td></tr>
<tr><td colspan="4">2009年发运量合计（万吨）</td><td colspan="7"></td></tr>
<tr><td colspan="3" rowspan="2">铁路发运量小计（万吨）</td><td rowspan="2"></td><td colspan="7">铁路销售票使用情况</td></tr>
<tr><td colspan="3">使用率</td><td></td><td>回收率</td><td colspan="2"></td></tr>
<tr><td rowspan="3">企业年度
经营情况</td><td colspan="3">批准的发站装车点运量（万吨）</td><td colspan="7"></td></tr>
<tr><td colspan="3" rowspan="2">公路发运量小计（万吨）</td><td rowspan="2"></td><td colspan="6">公路销售票使用情况</td></tr>
<tr><td>使用率</td><td colspan="2"></td><td>回收率</td><td colspan="2"></td></tr>
<tr><td colspan="4">销售额（万元）</td><td colspan="7"></td></tr>
</table>

<table>
<tr><td rowspan="5">年度企业经营资格证登记内容及变更情况</td><td>企业名称：</td><td></td><td>储煤场面积/地址：</td><td></td></tr>
<tr><td>企业地址：</td><td></td><td>计量设施：</td><td></td></tr>
<tr><td>经营方式：</td><td></td><td>质检设施：</td><td></td></tr>
<tr><td>注册资本：</td><td></td><td>计量/质检专业人员：</td><td></td></tr>
<tr><td>环保设施：</td><td colspan="3"></td></tr>
<tr><td colspan="2">年度有无违法、违规经营情况说明</td><td colspan="3"></td></tr>
<tr><td colspan="2">省级煤炭主管部门意见
（盖章）
年 月 日</td><td colspan="3">省级计划管理部门意见
（盖章）
年 月 日</td></tr>
</table>

备注：1. 铁路、公路经营填报此表；2. 各煤炭经营企业要如实填报煤炭铁路、公路发运量，并由归口计划管理部门审核签注意见；3. 企业年度经营资格登记内容发生变化的要如实填写变化情况。

附件2

2010年煤炭经营资格证年审表

<table>
<tr><td>企业名称（公章）</td><td colspan="3"></td><td>资格证编号</td><td></td></tr>
<tr><td>企业地址</td><td colspan="3"></td><td>联系电话</td><td></td></tr>
<tr><td>企业类型</td><td></td><td>邮政编码</td><td></td><td rowspan="2">经营方式</td><td rowspan="2"></td></tr>
<tr><td>从业人数</td><td></td><td>注册资金</td><td></td></tr>
<tr><td rowspan="3">企业年度经营情况</td><td>公路发运量合计（万吨）</td><td colspan="4"></td></tr>
<tr><td>省外运量小计（万吨）</td><td colspan="4"></td></tr>
<tr><td>省内运量小计（万吨）</td><td colspan="4"></td></tr>
<tr><td colspan="2">销售额（万元）</td><td colspan="4"></td></tr>
<tr><td rowspan="5">年度企业经营资格证登记内容及变更情况</td><td>企业名称：</td><td colspan="2"></td><td>储煤场面积/地址：</td><td></td></tr>
<tr><td>企业地址：</td><td colspan="2"></td><td>计量设施：</td><td></td></tr>
<tr><td>经营方式：</td><td colspan="2"></td><td>质检设施：</td><td></td></tr>
<tr><td>注册资本：</td><td colspan="2"></td><td>计量/质检专业人员：</td><td></td></tr>
<tr><td>环保设施：</td><td colspan="4"></td></tr>
<tr><td colspan="3">年度有无违法、违规经营情况说明</td><td colspan="3"></td></tr>
<tr><td colspan="3">市计划管理部门意见
（盖章）
年 月 日</td><td colspan="3">市煤炭管理部门意见
（盖章）
年 月 日</td></tr>
</table>

备注：1. 公路经营填报此表。2. 煤炭公路经营情况由市煤炭管理部门审核签注意见；3. 各煤炭经营企业要如实填报煤炭公路发运量，由煤运集团所属市级公司进行审核签注意见； 4. 企业年度经营资格登记内容发生变化的要如实填写变化情况。

附件3

2010年储（售）煤场煤炭经营资格证年审表

<table>
<tr><td>企业名称（公章）</td><td colspan="3"></td><td>资格证编号</td><td></td></tr>
<tr><td>企业地址</td><td colspan="3"></td><td>联系电话</td><td></td></tr>
<tr><td>法人代表</td><td></td><td>企业类型</td><td></td><td rowspan="2">经营方式</td><td rowspan="2"></td></tr>
<tr><td>从业人数</td><td></td><td>注册资金</td><td></td></tr>
<tr><td rowspan="5">企业年度经营情况</td><td>购销量合计（万吨）</td><td colspan="4"></td></tr>
<tr><td>购煤量小计（万吨）</td><td colspan="4"></td></tr>
<tr><td>销煤量小计（万吨）</td><td colspan="4"></td></tr>
<tr><td>销售额（万元）</td><td colspan="4"></td></tr>
<tr><td>上缴利税（万元）</td><td colspan="4"></td></tr>
<tr><td rowspan="9">年度企业经营资格证登记内容及变更情况</td><td>企业名称：</td><td colspan="4"></td></tr>
<tr><td>企业地址：</td><td colspan="4"></td></tr>
<tr><td>经营方式：</td><td colspan="4"></td></tr>
<tr><td>注册资本：</td><td colspan="4"></td></tr>
<tr><td>储煤场面积/地址：</td><td colspan="4"></td></tr>
<tr><td>计量设施：</td><td colspan="4"></td></tr>
<tr><td>质检设施：</td><td colspan="4"></td></tr>
<tr><td>计量/质检专业人员：</td><td colspan="4"></td></tr>
<tr><td>环保设施：</td><td colspan="4"></td></tr>
<tr><td colspan="6">年度有无违法、违规经营情况说明</td></tr>
<tr><td colspan="3">县煤炭管理部门意见
（盖章）
年　月　日</td><td colspan="3">市煤炭管理部门意见
（盖章）
年　月　日</td></tr>
</table>

备注：

1. 合法储（售）煤场填报此表。
2. 各储（售）煤场要如实填报煤炭购销量，并由县、市煤炭主管部门审核签注意见；
3. 企业年度经营资格登记内容发生变化的要如实填写变化情况。

关于开展焦炭经营许可证年度检查并换发新证工作的通知

2010年3月3日　晋经信能源字〔2010〕188号

各市经信委（经委）：

目前，省及各市政府机构改革工作已基本结束，山西省经济委员会已改组为山西省经济和信息化委员会，为了理顺焦炭经营许可证管理，根据《山西省焦化产业管理条例》的有关规定，经研究决定，开展焦炭经营许可证年度全面检查及换发新证工作，现将有关事项通知如下：

一、检查换证范围

凡持有原山西省经济委员会颁发的焦炭经营许可证均纳入此次换证范围。

二、检查内容

1. 持有焦炭经营许可证的焦炭生产经营企业2009年经营情况，其中包括年焦炭销售总额、通过铁路运输的铁路发运量、焦炭生产经营企业各项税费明细及缴纳情况。

2. 焦炭经营许可证登记内容及发运站变更情况。

3. 焦炭经营企业有无违法、违规经营现象，是否受过工商、税务等有关部门的处罚记录。

4. 各市经信委（经委）要严格审查焦炭经营企业上报的材料，对有违法、违规行为的企业不予换证。对通过铁路经营焦炭的企业要重点落实焦炭发运站点的开户和发运情况，并进行实地检查。落实焦炭发运站点的变更情况和货位情况。

三、换证程序

焦炭经营许可证到期换证须由经营企业提出申请，提交企业2009年经营情况总结并填具焦炭经营许可证换证审核表（见附表二）报送所在市经信委（经委）。市经信委（经委）组织焦炭运销管理单位及相关部门对报送材料进行初审，审查合格的填具焦炭经营单位换证明细表（见附表一）报省经信委。省经信委组织有关部门和单位对上报材料进行审核后提出换证意见。

四、换证时间

此次换证工作截至2010年4月25日，各市经信委须于2010年4月5日前将各市焦炭经营企业换证情况总结及焦炭经营企业的上报汇总材料报送省经信委。

附件：1. 焦炭经营单位换证明细表（表一）

2. 焦炭经营许可证换证审核表（表二）

附件1

焦炭经营单位换证明细表（表一）

年　月　日

经营单位名称	批准文号	许可证编号	地　址	企业类型	法人代表	批准发焦站点及货位数	有效期限

备注：此表由各市经委填写。

附件2

焦炭经营许可证换证审核表（表二）

<table>
<tr><td>企业名称（公章）</td><td colspan="2"></td><td>许可证编号</td><td colspan="2"></td></tr>
<tr><td>企业地址</td><td></td><td>联系电话</td><td colspan="3"></td></tr>
<tr><td>企业类型</td><td></td><td>邮政编码</td><td></td><td>经营方式</td><td></td></tr>
<tr><td>从业人数</td><td></td><td>注册资金</td><td colspan="3"></td></tr>
<tr><td>企业年度经营情况</td><td></td><td>发运量合计</td><td colspan="3"></td></tr>
<tr><td>铁路发运量小计</td><td></td><td>公路发运量小计</td><td></td><td>销售额（万元）</td><td></td></tr>
<tr><td>各批准发焦
站点及发运量</td><td colspan="5"></td></tr>
<tr><td>年度企业经营许可证
登记内容及变更情况</td><td colspan="5"></td></tr>
<tr><td>企业名称：</td><td colspan="5"></td></tr>
<tr><td>企业地址：</td><td></td><td>经营方式：</td><td></td><td>注册资本：</td><td></td></tr>
<tr><td>焦炭发运站点：</td><td></td><td></td><td></td><td></td><td></td></tr>
<tr><td>年度有无违法、
违规经营情况说明</td><td colspan="5"></td></tr>
<tr><td>市经信委</td><td colspan="5">（盖章）
年　月　日</td></tr>
<tr><td>省经信委</td><td colspan="5">（盖章）
年　月　日</td></tr>
</table>

备注：1. 各焦炭经营企业要如实填报焦炭发运量，并由市运销计划管理部门审核签注意见；
2. 企业年度经营许可登记内容发生变化的要如实填写变化情况。

关于进一步加强全省煤炭经营监管工作有关问题的通知

2010年3月5日　晋煤经发〔2010〕165号

各市煤炭工业局、各国有重点煤炭集团公司、中煤能源集团公司、平朔煤炭工业公司、太原煤气化集团公司、山西煤炭运销集团公司、山西煤炭进出口集团公司、山西能源产业集团公司、山西国新能源发展集团公司、山西统配煤炭经销总公司、省监狱管理局、省劳动教养局、省直计划单列单位、各煤炭经营企业：

2009年省政府机构改革对全省煤炭经营资格管理职责进行了调整，省政府办公厅晋政办发〔2009〕174号文件明确“将原省经委承担的煤炭运销经营资格证等管理职责划入省煤炭厅，省煤炭厅负责煤炭经营资格证颁发管理工作”。为认真贯彻落实省政府办公厅晋政办发〔2009〕174号文件规定，落实各级煤炭主管部门经营监管职责，加强全省煤炭经营监管工作，依法规范煤炭市场经营秩序，促进全省煤炭工业健康有序可持续发展，保障国民经济发展对煤炭的需求，现就进一步加强全省煤炭经营监管工作有关问题通知如下：

一、贯彻落实省政府规定，按照分级负责的原则，明确各级煤炭主管部门煤炭经营监管职责。根据省政府办公厅晋政办发〔2009〕174号文件规定，省煤炭厅为全省煤炭经营资格的审批机关，负责全省煤炭经营资格的审查和日常监督管理。依据《煤炭经营监管办法》（国家发改委第25号令）规定，全省煤炭经营资格继续实行分级审查制度，各市煤炭局负责本行政辖区内地方企业申请通过公路出省销售煤炭经营资格的申报工作，负责本行政辖区内煤炭洗选加工企业申请煤炭经营资格和辖区内经营当地工业与民用煤企业经营资格的初审工作，负责本辖区煤炭经营日常监管工作；各国有重点煤炭集团公司、各省级计划归口管理单位负责本系统内企业申请通过铁路、公路出省销售煤炭经营资格的申报工作；委托山西省煤炭安全纠察总队依法对煤炭经营进行监督检查。各市煤炭局、各国有重点煤炭集团公司、各省级计划归口管理单位、省煤炭安全纠察总队要按照省煤炭厅的规定或委托认真履行各自职责，采取有效措施切实加强煤炭经营监管工作，以促进全省煤炭市场经营秩序的进一步有序、规范。

二、贯彻落实国家和省煤炭产业政策，按照扶优、扶强的原则，支持和鼓励符合政策的煤炭生产企业通过铁路运输经营煤炭。根据国家和省关于“加快培育和发展大型煤炭企业集团”的煤炭产业政策，对国有重点煤炭集团兼并重组整合地方煤矿在属地成立的全资或控股公司申请铁路运输煤炭经营资格的，仍继续按省现有规定予以政策支持。同时支持年煤炭生产能力在300万吨以上的地方骨干煤炭生产企业在确定计划归口渠道的基础上申请铁路运输煤炭经营资格，从政策上扶持大型煤炭企业做实、做强、做大。

三、按照国家发改委“控制总量、优化结构、扩大规模、提高素质”的要求：

(一) 合理提高设立煤炭经营企业的准入标准。从发文之日起，今后全省凡申请铁路运输、公路运输、煤炭洗选加工销售、省内工业与民用煤储售煤炭经营资格的，在继续执行省现有申请煤炭经营资应具备条件基础上，增加落实煤炭货源的准入条件。凡申请煤炭经营资格，企业必须具备稳定的煤炭货源渠道，与合法煤矿生产企业（含经国家和省批准建设的合法基建、技改煤矿，下同）签订有效的煤源采购协议。

(二) 规范煤炭经营企业从事铁路运输煤炭经营行为。在继续执行省现有规定基础上，今后煤炭经营企业在从事铁路运输煤炭经营的过程中，还应严格遵守关于煤炭铁路立户、变更、调整管理的规定：

1. 符合就近运输和一户一站原则。国有重点煤炭集团公司实行一矿一点的原则，其他煤炭经销贸易企业，依据所签订的煤源采购合同就近选择发煤站进行发运；除特殊情况经批准外，同一煤炭经销贸易企业不得在铁路线50公里范围内多处布点发运；国有大型煤炭集团下属公司在一县（市、区）境内只可在一个发煤站（集运站）上铁路立户；除国有大型煤炭企业及省批准的企业外，其他企业原则上不得跨企业工商注册地的行政区域铁路立户（有铁路专用线的煤矿除外）发运煤炭；

2. 煤炭经销贸易企业在原批准基础上再申请增加铁路发站立户的，以与合法煤炭生产企业签订的货源采购合同、与用户签订的煤炭购销合同及以往年度经营规模为依据；

3. 煤炭经营企业的铁路户头、发煤站点要相对固定，除特殊必要情况外，原则上不得变更、调整户头及发运站点；

4. 凡批准铁路立户的煤炭经营企业，只准在批准的发煤站点办理煤炭发运业务，不得在站内其他装车点上随意装车发运煤炭；

5. 煤炭经营企业取得铁路运输煤炭经营资格后满一年未办理完铁路立户手续的，依法注销煤炭经营资格；

6. 煤炭经营企业取得铁路运输煤炭经营资格并在铁路已立户但一年以上未发运煤炭的，取消其铁路发运户头。

(三) 规范煤炭经营资格年度全面检查工作。我省煤炭经营企业必须按照有关规定进行年检，煤炭经营企业应当做到：

1. 持有煤炭经营资格证的煤炭经营企业必须按国家和省的规定参加煤炭经营资格年度检查；

2. 煤炭经销量必须达到省规定的年度经营规模要求。对达不到要求的，限期一年进行整改，凡在整改限期内仍达不到要求的，依法注消煤炭经营资格；

3. 禁止煤炭经营企业经营非法、违法煤炭企业生产的煤炭产品及无煤炭销售票的煤炭产品。凡违反规定的，依法注消煤炭经营资格；

4. 严格按省人民政府212号省长令的规定要求使用、回收、上缴煤炭销售票。参加年度全面检查时必须如实上报本企业年度内使用、回收、上缴煤炭销售票的情况。凡未按规定执行的，限期一年进行整改，凡在整改限期内仍达不到要求的，依法注消煤炭经营资格；

5. 其他需提交的年度煤炭经营资格全面检查资料仍按省现有规定执行。

(四) 规范年度煤炭经营资格全面检查程序。通过铁路、公路经营企业由计划归口管理单位负责审核，并将审核意见及企业提交的资料汇总后统一上报省煤炭厅；通过公路经营、洗选加工、储售煤场的经营企业，由各市煤炭局负责审核，并将审核意见及企业提交的资料汇总后统一上报省煤炭厅。

四、认真执行国家和省法律、法规、政策规定，依法在职责范围内加强对煤炭经营的监管工作。煤炭经营资格审查部门的工作人员应当熟悉有关法律、法规，具备必要的专业知识，公正廉洁，秉公执法。煤炭经营监督管理部门的检查人员对煤炭经营企业违反法律、法规的行为有权要求其依法改正。煤炭经营监督管理部门的监督检查人员进行监督检查时，应当出示煤炭行政执法证件。煤炭经营资格审查部门的工作人员滥用职权、玩忽职守或者徇私舞弊的，依法给予行政处分；构成犯罪的，由司法机关依法追究相关法律责任。

各市煤炭局，各煤炭生产、经营企业要按照本通知的要求规定，切实把煤炭经营的监督、管理工作作为本单位的重要工作来抓，通过加强对煤炭经营活动的管理，促进全省生产、建设、经营、安全的全过程管理，为实现全省煤炭工业的健康、有序的可持续发展，以及全省经济的平稳较快发展创造良好的基础和环境。

附件：山西省煤炭工业厅《煤炭经营资格申请表》

煤炭经营资格申请表

编号：　　　　　　　　　　　　　　　　　　　　批准文号：

(一) 申请煤炭经营资格企业情况

企业名称			
法定代表人		企业类型	
经营方式		经营范围	

注册资本（万元）		储煤场地面积（m^2）			
从业人员（人）		专业人员（人）			
主管单位		批准成立文件文号及日期			
地址		邮编		电话	

（二）提交文件、证件申报材料

序号	申报材料	有　　无
1	煤炭经营资格申请文件	
2	煤炭经营资格申请表（取得）	
3	企业工商营业执照（新设立需提交公司章程和企业名称预先核准通知书）	
4	煤炭经营项目可行性分析报告	
5	注册资本证明（铁路、公路、独立洗煤）	
6	企业法定代表人任职文件和身份证明	
7	企业固定办公场所证明	
8	储煤场地（公路经营运输车队）证明	
9	煤炭储运场地和设施环保合格证明	
10	质量技术监督部门出具的煤炭计量、质检设施合格证明	
11	质量技术监督部门颁发的煤炭计量、质检人员上岗证书	
12	根据法律法规规定的其他材料	

（三）主管部门审查意见

省级计划归口管理单位签署意见	签字：　　年　月　日（盖章）
县煤炭主管部门初审意见	签字：　　年　月　日（盖章）
市煤炭主管部门初审意见	签字：　　年　月　日（盖章）
铁路运输部门（站、段）意见	签字：　　年　月　日（盖章）

(四) 核准煤炭经营资格证

企业名称					
地　址		邮编		电话	
经营资格证编号		经营资格期限			
法人代表		身份证号			
注册资本（万元）		企业类型			
经营方式		经营品种			
批准的发煤站装车点					
省煤炭厅 核准意见	年　月　日（盖章）				

关于山西星光煤业有限责任公司等2处煤矿调整重组整合方案的批复

2010年3月25日　晋煤重组办发〔2010〕15号

晋中市人民政府、山西焦煤集团有限责任公司、山西潞安矿业集团有限责任公司：

你们《关于批准晋中市煤矿企业兼并重组整合总体工作方案的请示》（市政发〔2009〕48号）、《关于优化调整全市煤矿企业兼并重组整合方案的请示》（市政发〔2009〕56号）、《关于我市山西星光煤业有限责任公司变更重组整合主体的请示》（市政发〔2010〕10号）、《关于我市山西焦煤集团介休正益煤业有限公司提升生产能力的请示》（晋中兼并办〔2010〕1号）、《关于山西省汾西国能投资有限责任公司放弃作为主体兼并重组山西星光煤业有限责任公司的请示》（汾国投办〔2010〕2号）和《关于潞安集团兼并重组星光煤电有限责任公司的请示》（潞矿办字〔2010〕第14号）文收悉。省煤矿企业兼并重组整合工作领导组于2010年2月2日召开会议审查通过了山西星光煤业有限责任公司和山西焦煤集团介休正益煤业有限公司2处重组整合调整方案。现批复如下：

1. 同意重组保留山西星光煤业有限责任公司的主体由山西焦煤集团有限责任公司变更为山西潞安矿业集团有限责任公司，暂定名称为山西潞安集团和顺李阳煤业有限公司，其产能、估算井田面积等其他内容维持省重组整合办晋煤重组办发〔2009〕63号文不变。

2. 同意整合保留山西焦煤集团介休正益煤业有限公司的矿井能力由30万吨/年提升至60万吨/年。其主体、估算井田面积等其他内容维持省重组整合办晋煤重组办发〔2009〕61号文不变。

特此批复。

关于对煤炭地质勘查单位资质进行备案的通知

2010年3月25日　晋煤规发〔2010〕187号

各市煤炭工业局、省属七大煤炭集团、各煤炭地质勘查单位：

目前，我省煤矿企业兼并重组整合工作已进入生产、建设改造阶段，兼并重组整合矿井地质报告编制时间紧、任务重。根据省煤炭工业厅晋煤规发〔2008〕851号“关于加强山西省煤矿建设项目技术资料管理工作的通知”要求，为进一步规范和加快兼并重组整合矿井地质报告编制工作，省煤炭工业厅决定对在我省行政区域内编制矿井地质报告的煤炭地质勘查单位资质进行集中备案，现将有关事项通知如下：

一、备案的范围

凡在我省行政区域内编制煤炭矿井地质报告（主要包括兼并重组整合矿井地质报告，新建、改扩建矿井地质报告）的煤炭地质勘查单位。

二、备案需提交的材料

1. 煤炭地质勘查资质证正、副本原件及复印件。

2. 工商营业执照或事业法人登记证书正、副本原件及复印件。

3. 组织机构代码证书原件及复印件。

4. 法定代表人、技术负责人任职文件原件及复印件。

5. 填写山西省煤炭地质勘查单位备案登记表（附表一）。

6. 填写“×××煤炭地质勘查单位工程技术人员登记表”（附表二）。

（以上资料的原件审查后退回，复印件需加盖本单位公章）

三、相关要求

1. 所有申请备案的煤炭地质勘查单位（包括已备案和未备案）带备案材料统一于2010年3 月11日－3月31日到省煤炭工业厅规划发展处进行备案。今后每年集中在3月中、下旬进行备案资料更新，未备案的单位可在此期间进行登记备案。

2. 从事矿井地质报告编制的工程技术人员只能登记在一个已备案的地质勘查单位，不得在其他已备案的地质勘查单位重复登记。

3. 未履行备案登记的煤炭地质勘查单位在山西省行政区域内编制的煤炭矿井地质报告，省煤炭工业厅将不予受理。

联系人：乔程　电话：0351－4117505

附表：1. 山西省煤炭地质勘查单位备案登记表

2. ×××煤炭地质勘查单位工程技术人员登记表

附表1

山西省煤炭地质勘查资质单位备案登记表

备案单位：（公章）　　　　备案机关：（公章）

<table>
<tr><td>备案单位名称</td><td></td><td>资质
有效期限</td><td></td></tr>
<tr><td>企业性质</td><td></td><td>资质等级</td><td></td></tr>
<tr><td>所在地址</td><td></td><td>邮编</td><td></td></tr>
<tr><td>法定代表人</td><td></td><td>组织机构代码</td><td></td></tr>
<tr><td rowspan="2">资质证书编号</td><td rowspan="2"></td><td>事业法人
登记证书</td><td></td></tr>
<tr><td>营业执照证号</td><td></td></tr>
</table>

<table>
<tr><td rowspan="2">法定代表人</td><td rowspan="2">联系方式</td><td>固定</td><td></td><td rowspan="2">主要技术负责人</td><td rowspan="2">联系方式</td><td>固定</td><td></td></tr>
<tr><td>移动</td><td></td><td>移动</td><td></td></tr>
<tr><td>业务范围</td><td colspan="7"></td></tr>
<tr><td>注册登记机关</td><td colspan="4"></td><td>注册登记日期</td><td colspan="2"></td></tr>
<tr><td>备案意见</td><td colspan="7"></td></tr>
</table>

本表一式两份，备案机关、煤炭地质勘查单位各留存一份。

附表2

×××煤炭地质勘查单位工程技术人员登记表

单位：（公章）　　　　　　　　　　　　　　　　　　　　　　　　　　时间：　　年　月　日

序号	姓名	性别	年龄	毕业学校	专业	职称	是否聘用
1							
2							
3							
4							
5							
6							
7							
8							
9							
10							

关于上报做实做强煤炭主体企业有关情况的通知

2010年3月25日　晋煤重组办发〔2010〕22号

各市人民政府、国有重点煤炭集团公司：

省政府办公厅《关于进一步做实做强煤炭主体企业有关事项的通知》（晋政办发〔2010〕5号）

（以下简称《通知》）下发后，各市政府和国有重点煤炭集团公司进行了认真贯彻落实，采取有效措施做实做强煤炭主体企业做了大量工作。按照省领导要求，现就上报贯彻落实晋政办发〔2010〕5号文件，做实做强煤炭主体企业的有关事项通知如下：

一、各市人民政府和国有重点煤炭集团公司就落实《通知》要求，对在本次煤矿企业兼并重组整合中承担煤炭主体的企业是否进行了全面检查，以及处置、整改的落实情况书面汇报，并认真按附表内容填写相关内容，于3月20日前报省煤矿企业兼并重组整合工作领导组办公室。根据省政府晋政办发〔2010〕8号文的有关规定，各国有重点煤炭集团公司（含同煤集团、焦煤集团、阳煤集团、潞安集团、晋煤集团、省煤运集团、山西煤炭进出口集团和中煤集团）对本集团新设立的二级子公司进行全面检查落实；各市人民政府负责对本行政区域内的地方煤炭主体企业进行检查落实。

二、对不符合《通知》要求的煤炭主体企业，各市政府和国有重点煤炭集团公司切实加大整改工作力度，落实整改期限、责任、措施；对重大问题实行挂牌督办，跟踪整改。

三、3月底4月初，省政府将组织省属有关单位对各市人民政府、国有重点煤炭集团公司贯彻落实《通知》的情况进行一次抽查（抽查率不低于50%），对新组建的煤炭主体企业全面检查。在检查中，发现煤炭主体企业未按省政府《通知》要求完善和改进，存在重大问题的，将对各市人民政府和国有重点煤炭集团公司进行通报，对煤炭主体企业限期整改，逾期后仍未达到《通知》要求的，将取消其主体资格，所属煤矿由其他符合条件的主体企业重组整合。

四、联系人：赵树伟 杨海鹏　　联系电话：0351－4117233　　邮箱：smtjghc@sohu.com

附件：检查情况表

检查情况表

填报单位：　　　　　　　　　　　　　　　　　　　　　　　　　　　　检查日期：

检查内容		检查及整改情况	备 注
主体企业资本运行情况	公司注册资本金额、主体企业所占股比、注册资本中货币出资金额及所占比率、注册资本中实收资本数额及所占比率等资本运行的情况		
主体企业组织机构及人员配备情况	公司主要负责人（总经理，分管生产、安全的副总经理及总工程师）的姓名、职称及管理大中型煤矿经历的情况		
煤炭主体企业安全管理体系建立健全情况	公司安全管理机构建立健全情况，对所属煤矿派驻安全管理机构的人员姓名、职称及从事煤矿安全管理的经历情况；公司负责“一通三防”、机电、水文地质等安全管理工作的具有相应资质专业人员配备情况		
	公司的安全生产责任制度、安全会议制度等安全管理制度体系建立健全的情况		
	公司的责任管理体系建立健全情况，各类管理人员在安全生产中的职责划分情况		
	公司各职能部门的安全生产责任制、业务保安责任制及安全岗位责任制、考核制等安全管理责任到位的情况		
	以总工程师为核心的技术管理体系建立健全的情况		

市政府及国有重点煤炭集团公司主要负责人签字：　　　　　　　　　　联系人及电话：

关于全省煤炭经营企业煤炭经营资格证有效期限继续延续的通知

2010年3月31日　晋煤经发〔2010〕239号

各市煤炭局、各国有重点集团公司、中煤能源集团公司、山西煤炭运销集团公司、山西煤炭进出口集团公司、山西国新能源集团公司、山西统配煤炭经销总公司、山西能源产业集团公司、省监狱管理局、省劳动教养局、省直计划单列单位、各煤炭经营企业：

鉴于国家新版的煤炭经营资格证尚未颁发，全省煤炭经营资格年度全面检查工作延迟进行，经研究，决定全省煤炭经营企业持有的有效期限在2009年底到期的煤炭经营资格证有效期限继续延续到2010年6月底。

全省实现安全生产1000天以上煤矿（井工）名单

截至2010年12月31日，我省实现安全生产1000天以上煤矿（井工）84处，已由国家安全生产监督管理总局国家和煤矿安全监察局公告（2011年第9号），名单如下：

神华集团保德煤矿

中煤集团山西杨涧煤业有限公司

中煤集团平朔煤业有限责任公司安家岭井工一矿

中煤集团平朔煤业有限责任公司东坡煤业有限公司

山西焦煤集团西山煤电白家庄矿业有限公司

山西焦煤集团霍州煤电曹村煤矿

山西焦煤集团汾西矿业公司两渡煤矿河溪沟井

山西焦煤集团西山煤电镇城底煤矿

大同煤矿集团轩岗煤电有限责任公司梨园河煤矿

大同煤矿集团临汾宏大豁口煤业有限公司

阳泉煤业集团寿阳开元矿业有限责任公司

潞安矿业集团郭庄煤业公司

潞安矿业集团慈林山煤业公司夏店煤矿

潞安矿业集团潞宁煤业有限公司

潞安矿业集团司马煤业公司

潞安矿业集团余吾煤业公司

潞安环保能源开发股份有限责任公司王庄矿

太原煤炭气化有限公司嘉乐泉煤矿

山西晋城无烟煤矿业集团公司王台铺矿

山西晋城无烟煤矿业集团公司寺河煤矿二号井

晋城蓝焰煤业股份有限公司成庄矿

晋城蓝焰煤业股份有限公司古书院矿

晋城蓝焰煤业股份有限公司凤凰山矿

山西煤炭运销集团三元南耀小常煤业有限公司
山西煤炭运销集团三元煤业股份有限公司
山西煤炭运销集团掌石沟煤业有限公司
山西煤炭运销集团三元赵屋煤业有限公司
山西煤炭运销集团旧街煤业有限公司
山西煤炭运销集团马堡煤业有限公司
山西煤炭运销集团三元福达煤业有限公司
山西煤炭运销集团三元古韩永丰煤业有限公司
山西煤炭运销集团三元古韩荆宝煤业有限公司
山西煤炭进出口集团凌志达煤业有限公司
山西鲁能河曲电煤开发有限责任公司上榆泉煤矿
太原东山煤矿有限公司
阳泉市大阳泉煤炭有限责任公司
山西阳泉盂县石店煤业有限公司
山西阳泉盂县跃进煤业有限公司
山西平定古州同意煤业有限公司
山西义棠煤业有限责任公司
大同市杏儿沟煤业有限责任公司
山西兰花科技创业股份有限公司望云煤矿分公司
山西兰花科技创业股份有限公司唐安煤矿分公司
山西兰花集团莒山煤矿有限公司
山西兰花科技创业股份有限公司伯方煤矿分公司
山西兰花集团北岩煤矿有限公司
山西高平科兴南阳煤业有限公司
山西高平科兴赵庄煤业有限公司
山西高平科兴申家庄煤业有限公司
山西高平科兴龙马煤业有限公司
山西高平科兴牛山煤业有限公司
山西高平科兴新庄煤业有限公司
山西高平科兴高良煤业有限公司
山西高平科兴龙顶山煤业有限公司
山西陵川崇安关岭山煤业有限公司
山西泽州天泰锦辰煤业有限公司
山西泽州天泰岳南煤业有限公司
山西泽州天泰西陈庄煤业有限公司
山西沁新能源集团股份有限公司新源煤矿
山西沁新能源集团股份有限公司沁新煤矿
山西乡宁焦煤集团毛则渠煤炭有限公司
山西乡宁焦煤集团神角煤业有限公司
山西柳林大庄煤矿有限责任公司
山西阳城山城煤业有限公司

山西沁源县康伟煤焦有限公司南山煤矿
山西长治县西山煤业有限责任公司
山西长治县雄山煤炭有限责任公司第五矿
山西长治县雄山振义煤业有限责任公司
山西长治县雄山煤炭有限责任公司
山西新村煤业有限公司
山西阳训煤业有限公司
山西王家峪煤业有限公司
山西沁新集团新达煤业有限公司
山西通州集团安神煤业有限公司
山西通州集团留神峪煤业有限公司
山西马军峪曙光煤业有限公司
山西安泽玉华煤业有限公司
山西玉和泰煤业有限公司
山西蒲县蛤蟆沟煤业有限公司
山西朔州平鲁区华美奥兴陶煤业有限公司
山西朔州平鲁区后安煤炭有限公司
山西葫芦堂煤业有限公司
山西东江煤业有限公司
山西沁和能源集团有限公司侯村煤矿

关于明确煤层气抽采企业安全监管监察职能的通知

2010年4月16日　晋煤安发〔2010〕269号

各市煤炭工业局、省属七大煤炭集团公司、中煤能源集团公司、省监狱管理局：

现将《国家安全监管总局办公厅关于明确煤层气抽采企业安全监管监察职能的通知》（安监总厅〔2010〕22号）转发给你们，请各市煤炭管理部门、各国有重点煤炭企业及时转发到辖区内所有煤层气抽采煤矿企业，认真学习、贯彻落实文件要求，切实做好煤层气抽采煤矿企业安全工作。地方各级安全监管部门和煤矿安全监管部门、煤矿安全监察机构做好相关职责衔接工作，并切实加强煤层气抽采的安全监管监察工作。

附件：《国家安全监管总局办公厅关于明确煤层气抽采企业安全监管监察职能的通知》

国家安全监管总局办公厅关于明确煤层气抽采企业安全监管监察职能的通知

各产煤省、自治区、直辖市及新疆生产建设兵团安全生产监督管理局、煤炭行业管理和煤矿安全监管部门，各省级煤矿安全监察机构，司法部直属煤矿管理局，有关中央企业：

为做好煤层气抽采企业安全监管监察工作，经研究，决定明确煤层气抽采企业按煤矿企业实施安全监管监察。现将有关事宜通知如下：

一、各地煤矿安全监管部门负责煤层气抽采企业的安全监管工作；各级煤矿安全监察机构负责煤层气抽采企业的安全监察工作。

二、煤层气抽采企业依法申请领取煤矿企业安全生产许可证，不再申请领取非煤矿矿山企业安全生产许可证。煤层气抽采企业建设项目安全设施设计审查和竣工验收工作，由煤矿安全监察机构负责。

三、煤层气抽采企业一级加压站以外的煤层气输送、储存、使用等安全监管工作，按现有监管职责分工保持不变，继续由安全监管部门负责。

四、请地方各级安全监管部门和煤矿安全监管部门、各级煤矿安全监察机构做好相关职责衔接工作，并切实加强煤层气抽采的安全监管监察工作。

关于下发《山西省煤炭工业厅煤炭企业调度室质量标准化标准及考核评级办法（试行）》的通知

2010年5月12日　晋煤办调发〔2010〕333号

各市煤炭工业局、省属五大煤炭企业集团、山西煤炭运销集团公司、山西煤炭进出口集团公司、中煤集团、省监狱管理局：

为了适应全省煤炭工业发展的需要，提高煤矿安全生产水平，规范调度工作，完善调度工作制度，充分发挥调度工作在煤矿生产协调指挥和保障生产安全中的作用，省厅制订了《山西省煤炭工业厅煤炭企业调度室质量标准化标准及考核评级办法（试行）》，现下发给你们，请遵照执行。

本标准及考核评级办法纳入山西省煤矿标准化建设范围，单独考核。调度质量标准化考核评分必须在85分（不含）以上，方可评定一级标准化矿井；调度质量标准化考核评分必须在80分（不含）以上，方可评定二级标准化矿井。

附件：1. 山西省煤炭工业厅煤炭企业调度室质量标准化标准及考核评级办法（试行）

2. 山西省煤炭工业厅煤炭企业调度室质量标准化及检查评分办法（试行）(略)

附件1

山西省煤炭工业厅煤炭企业调度室质量标准化标准及考核评级办法（试行）

第一条　为了适应全省煤炭工业发展的需要，提高煤矿安全生产水平，规范调度工作，完善调度工作制度，充分发挥调度工作在煤矿生产协调指挥和保障生产安全中的作用，特制定本办法。

第二条　本标准及考核评级办法适用于全省各类煤炭生产矿井及对煤矿安全生产进行监督管理与服务的集团公司。

第三条　标准化调度室必备条件

1. 在组织指挥生产过程中及对生产死亡和重大非伤亡事故无调度指挥失误。

2. 调度室必须是本单位独立的组织机构，实行24小时值班，在单位生产副总经理（副矿长）直接领导下开展工作。

3. 集团公司调度室达标，须有2/3及以上的矿达标，各等级段均如此。例如，必须有2/3及以上的所属矿调度室达到一级，集团公司调度室才具备评一级调度室的资格。

第四条　评定等级

标准化调度室分三个等级：

1. 一级调度室总分在90分以上（不含90分）；

2. 二级调度室总分在85分以上（不含85分）；

3. 三级调度室总分在80分以上（不含80分）。

第五条 考核与定级

1. 各矿调度室每月自检一次，集团公司调度室每季自检一次，自检记录存档备案。

2. 集团公司（县煤炭工业局）每季按照《山西省煤炭企业调度室质量标准化标准及考核评级办法（试行）》对各矿调度室进行检查考核、评级，检查记录存档备案。各矿每季度得分相加除以4作为年度考评分并相应定级，不再单独进行年度检查。市煤炭工业局按照本条对市属煤矿进行考核。

3. 市煤炭工业局每半年对县所属矿调度质量标准化考核结果进行复查。

4. 省煤炭工业厅每年根据集团公司和市煤炭工业局申报的资料对矿调度室检查考核，对申报评级的矿调度室进行抽查。对各集团公司调度室每年进行一次检查考核评级。

5. 总分100分。除标明在总分中减分的条目外，其他采用各小项分递减，减至该项分数减完为止的评分办法。

第六条 本标准及考核评级办法纳入山西省煤矿标准化建设范围，单独考核。评定一级标准化矿井，调度质量标准化考核评分必须在85分（不含）以上；评定二级标准化矿井，调度质量标准化考核评分必须在80分（不含）以上。

第七条 本标准及考核评级办法自印发之日起施行。

第八条 本办法解释权归山西省煤炭工业厅。

关于做好全省煤矿企业兼并重组整合过渡期煤炭销售票使用管理工作的通知

2010年6月17日　晋煤经发〔2010〕543号

各市煤炭工业局、各国有重点煤炭企业集团、平朔煤炭工业公司、太原煤炭气化集团公司、中国（太原）煤炭交易中心、山西煤炭运销集团、山西煤炭进出口集团、山西统配煤炭经销总公司、山西省焦炭集团、省监狱管理局、山西国新能源发展集团公司、省能源产业集团公司、各有关单位：

我省煤矿企业兼并重组资源整合工作取得了重大的阶段性成果，目前正处在兼并重组整合的过渡期，除部分煤矿正常生产外，大部分煤矿将进入改造阶段，这就对全省煤炭销售票的使用管理工作提出了新的要求。为了保证合法煤炭生产和建设矿井在全省煤矿企业兼并重组整合过渡期间煤炭的正常生产和流通，现就煤炭销售票使用管理的有关事项通知如下：

一、保证合法煤炭生产企业的用票需要。各大煤炭集团、大公司和各市县所属的证照齐全、安全有保障的矿井要在确保安全生产的前提下，挖掘潜力，增加生产，并如实统计上报煤炭产量，按照上报统计产量领取煤炭销售票，上报统计的煤炭产量应全部使用煤炭销售票。

二、保证合法的建设改造矿井的用票需要。对于批准开工的建设矿井要认真做好工程煤的申报及煤炭销售票的申领和使用工作，按月如实统计上报工程煤量，如实计入区域（或集团公司）产量统计中，并按照上报统计工程煤量领取煤炭销售票，统计上报的工程煤量应全部使用煤炭销售票。

三、各级煤炭主管部门、各集团公司要加强对本区域、本部门煤炭销售票的管理。属市、县煤炭主管部门管理的批准生产和建设的煤矿企业要将逐个矿井的名单、生产能力、批准生产和建设的时间、月度煤炭销售情况随同月度报表如实上报市级煤炭主管部门。属各集团公司管理的批准生产和建设的煤矿企业（含兼并重组整合煤矿）要将逐个矿井的名单、生产能力、批准生产和建设的时间、月度煤炭销售情况随同月度报表如实报省厅煤炭票证管理中心。严格禁止合法煤炭生产和建设煤矿企业倒卖销售票。

四、各级煤炭主管部门、各集团公司不得降低验收标准和简化程序对证照齐全的合法生产矿井和批准开工的建设矿井进行复工复产验收；对于证照不齐全及不具备安全生产条件的矿井，任何单位和部门均不得为其发放煤炭销售票；要进一步采取有效措施，严厉打击非法、违法和违规生产；各有关单位要强化煤炭销售票查验回收力度，严格把关，对非法煤炭要按照有关规定进行处罚。

五、各级煤炭主管部门、各集团公司要切实加强对煤炭销售票使用管理工作的组织领导，要结合本区域、本集团的实际情况，制定切实可行的措施，保证全省合法煤炭生产和建设矿井（工程煤）的用票需要；要加大对煤炭销售票的监督检查和稽查力度，对无票销售、使用假票和倒卖票据等行为，要发现一起，查处一起，保证煤炭销售票的有序运行，为全省煤矿企业兼并重组整合创造良好的环境。

六、各级煤炭销售票使用管理领导组要加强对煤炭销售票运行情况分析和突出问题研究，组织指导协调好本区域本部门销售票的运行工作。

七、各级煤炭主管部门要加强与监察部门的联系，加强对煤炭销售票的监督管理，采取有效措施，把煤炭销售票的使用管理政策落到实处，严格杜绝无票销售，堵塞税费征收的漏洞。

八、对于今年以来发生的类似问题，参照本通知规定执行。

全省集中开展严厉打击煤矿企业非法违法生产建设行为专项行动实施方案

2011年7月11日　晋煤执发〔2010〕845号

按照《国务院安委会关于集中开展严厉打击非法违法生产经营行为专项行动的通知》（安委〔2010〕5号）和《山西省集中开展严厉打击非法违法生产经营建设行为专项行动实施方案》（晋安发〔2010〕6号）要求，为做好全省集中开展严厉打击非法违法生产建设行为专项行动各项工作，结合我省现阶段煤矿安全生产实际，制定本实施方案。

一、指导思想和工作目标

深入贯彻落实党中央、国务院及省委、省政府关于煤矿安全生产工作的重要指示精神，按照《国务院关于进一步加强企业安全生产工作的通知》（国发〔2010〕23号）、《国务院安委会关于集中开展严厉打击非法违法生产经营行为专项行动的通知》（安委〔2010〕5号）和《山西省集中开展打击非法违法生产经营建设行为专项行动实施方案》（晋安发〔2010〕6号）要求，结合我省继续深入开展煤矿安全生产专项整治工作实际，以更加严密的组织方式、更加有力的打击措施、更加严格的监管手段、强有力的执法监督，及时发现、严厉打击全省煤矿非法违法生产经营建设行为，切实解决影响和制约我省煤矿安全生产的突出问题，加快形成规范的全省煤矿安全生产法治秩序，坚决遏制重特大事故发生，强力促进我省煤矿安全生产形势持续稳定好转。

二、组织领导

为切实加强全省集中开展严厉打击煤矿企业非法违法生产建设行为专项行动组织领导，确保专项行动取得实效，成立省集中开展严厉打击煤矿企业非法违法生产建设行为专项行动领导组，制定专项行动实施方案，统一安排，统一部署，研究解决工作中的共性问题和突出问题，协调各市、各省属国有重点煤炭企业集团把专项行动各项工作开展好。

组　长：王守祯　　省煤炭工业厅厅长

杜建荣　　山西煤监局局长

副组长：杨茂林　　省煤炭工业厅副厅长

牛建明　　省煤炭工业厅副厅长

武建森　　省煤炭厅工业副厅长

胡万升　　省煤炭厅工业副厅长

王学军　　省煤炭厅工业副厅长

李成先　　省煤炭工业厅总工程师

徐占成　　山西煤监局副局长

赵文才　　山西煤监局总工程师

王怀科　　山西煤监局副巡视员

谢万星　　山西煤监局副巡视员

王学彦　　山西煤监局副巡视员

成　员：省煤炭工业厅、山西煤监局相关处室负责人

全省集中开展严厉打击煤矿企业非法违法生产建设行为专项行动领导组将组织有关监管人员，并抽调各国有重点煤炭集团公司政治素质好、业务水平高、责任心强的专业技术人员，组成省级督查工作组，对全省11个市及各国有重点煤炭企业集团公司集中开展严厉打击煤矿企业非法违法生产建设行为专项行动开展情况进行全面督查。其中山西煤矿安全监察局负责太原、大同、朔州、忻州、阳泉五个市的督查工作，省煤炭工业厅负责长治、晋城、晋中、吕梁、临汾、运城六个市的督查工作（督查分组名单附后）。

领导组下设办公室，承担专项行动日常工作。

办公室主任：房世全 省煤炭厅安全生产执法处处长　邓　磊 山西煤监局执法监督处处长

成 员：省煤炭工业厅、山西煤监局相关人员组成

三、工作内容

(一) 对全省兼并重组整合已关闭矿井、正在实施关闭和列入关闭名单且未批准过渡期生产的矿井（不含已经移交国土部门的关闭矿井）要重点检查和打击：

1. 已经关闭的矿井是否按照《关闭矿井六条标准》关实关死，重点打击死灰复燃现象。

2. 正在实施关闭和列入关闭名单且未批准过渡期生产的矿井是否拆除主、副井提升运煤系统动力设备，从业人员是否遣散，公安部门是否停供并清缴火工品，供电部门是否停止供电，有关部门是否注销相关证照，监管部门是否逐矿派驻专人24小时盯守，是否不再具备生产条件，重点打击擅自非法组织生产行为。

(二) 对其他煤矿企业要重点打击：

1. 无证、证照不全或过期从事生产建设的；

2. 停产整顿、整合技改未经验收擅自组织生产的和违反建设项目安全设施“三同时”规定的；

3. 不认真落实全省煤矿安全生产隐患排查治理各项制度，重大隐患隐瞒不报或不按规定期限予以整治的；

4. 未依法进行培训、没有取得相应资格证或无证上岗的；

5. 拒不执行安全监管监察指令、抗拒安全执法的；

6. 假借整合技改逃避关闭、限期内未实施改造、拖延工期未完成改造、在整合区域违法生产或只生产不技改的。

7.《国务院关于预防煤矿生产安全事故的特别规定》（国务院令第446号）规定的15类重大安全生产隐患和行为，未治理或治理不彻底的；

8. 其他违反煤矿安全生产法律法规的生产建设行为。

四、工作安排

各单位要把此次专项行动与正在进行的全省继续深入开展煤矿安全生产专项整治工作紧密结合起来，把此次全省集中开展严厉打击煤矿企业非法违法生产建设行为专项行动作为当前煤矿安全生产专项整治的重点工作，合理安排，统筹兼顾。

(一) 部署阶段：8月15日－8月25日，各市、各省属煤炭企业集团要结合2009年以来开展的全省煤矿安全生产专项整治查出的突出问题，在对今年以来发生的较大以上事故进行深入分析的基础上，找准主攻方向，明确打击的重点内容，针对可能导致重特大事故的严重非法违法行为、影响恶劣的典型非法违法行为、屡禁不止的顽固非法违法行为，制定本地、本单位的打击非法违法生产经营建设行为专项行动实施方案，进行宣传动员，安排部署，实施方案于8月25日前报省煤炭工业厅。

(二) 实施阶段：8月25日－10月20日，各市、各省属煤炭企业集团要层层组织检查，通过采取突击检查、重点抽查、跟踪检查、互查等多种方式，增强打击非法违法生产经营建设行为的针对性和有效性，要把加强督促检查和工作指导，作为深入推进严厉打击非法违法生产经营建设行为专项行动的关键环节，严格掌握标准，防止流于形式，要及时发现和解决工作不深入、打击不严厉、治理不彻底的突出问题，做到“四个一律”：对非法生产建设和经停产整顿仍未达到要求的，一律关闭取缔；对非法违法生产建设的有关单位和责任人，一律按规定上限予以经济处罚；对存在违法生产建设行为的单位，一律责令停产整顿，并严格落实监管措施；对触犯法律的有关单位和人员，一律依法严格追究法律责任。各市、各省属煤炭企业集团每月25日前将专项行动进展情况报省集中开展严厉打击煤矿企业非法违法生产建设行为专项行动领导组办公室。

对于正在实施关闭和列入关闭名单且未批准过渡期生产的矿井必须在8月底前拆除主、副井提升系统动力设备，遣散从业人员，公安部门停供并清缴火工品，供电部门停止供电，有关部门是否注销相关证照，监管部门逐矿派驻专人24小时盯守，确保矿井不再具备生产条件。

省集中开展严厉打击煤矿企业非法违法生产建设行为专项行动督查组将于9月5日－9月15日对各单位开展专项行动情况进行省级督查，重点对全省兼并重组整合已关闭矿井、正在实施关闭和列入关闭名单且未批准过渡期生产的矿井（已经移交国土部门的除外）进行全覆盖摸底排查。

(三) 总结阶段：10月20日－10月30日，各市、各省属煤炭企业集团对专项行动开展情况进行全面总结，对成绩突出的单位和个人进行表彰；对工作落实不到位，行动成效不明显的，要责令重新进行，并严肃追究相关人员责任，总结报告于10月30日前报全省集中开展严厉打击煤矿企业非法违法生产建设行为专项行动领导组办公室。

五、工作要求

(一) 高度重视、加强领导、落实责任。各市、各省属煤炭企业集团要充分认识开展专项行动的重要性和迫切性，切实把严厉打击非法违法生产建设行为作为贯彻执行《国务院关于进一步加强企业安全生产工作的通知》精神，全面加强安全生产的有力措施，严格落实安全生产行政首长负责制，及时研究解决专项行动中的焦点和难点问题，坚持以预防为主、加强监管、落实责任为重点，强化打击治理措施。要进一步落实好安全生产监管主体责任，严格分工，周密部署、措施果断，强力推进、打击到位、取得实效。

(二) 广泛宣传、营造氛围、强化监督。在集中开展严厉打击非法违法生产经营建设行为专项行动期间，要通过互联网、报纸、电视、广播等媒体，加大宣传力度、拓展宣传广度、延伸宣传深度，注重宣传效果，动员和引导广大从业人员，全面参与和推进专项行动，营造浓厚的社会氛围。要加强社会监督和舆论监督，进一步畅通安全生产的社会监督渠道，依法维护企业职工对安全生产的参与权和监督权，强化新闻媒体的舆论监督，为开展好专项行动各项工作奠定坚实的基础。

(三) 抓住重点，严格执法、重典治乱。坚持关口前移、重心下移，保持高压态势，重拳出击，重典治乱，强化监管。对列入关闭名单的矿井必须严格按照“六条标准”彻底关闭，尚未执行关闭的矿井，必须拆除主提升系统的动力设备、加封上锁、停止供电，专人24小时盯牢；对存在重大安全生产隐患，不能保证安全生产的以及不认真落实隐患排查治理制度的煤矿一律停产整顿；对六证齐全、具备安全生产条件的煤矿要加强监管，确保安全生产。对存在非法违法生产建设行为的矿井要按照法律规定的处罚上限从严从重处罚；对主要煤矿企业负责人，要严肃追究责任，还要在主要媒体曝光。

(四) 标本兼治、重在治本、注重长效。各市、各省属煤炭企业集团要以此次专项行动为契机，认真总结经验，创新机制，实现煤矿安全生产工作制度化、常态化；认真研究，着力解决制约我省煤矿安全生产工作的突出问题，标本兼治；完善安全措施，强化制度建设，建立安全生产长效机制。

附件：

1. 全省集中开展严厉打击煤矿企业非法违法生产建设行为专项行动省级督查分组名单

2. 全省集中开展严厉打击煤矿企业非法违法生产建设行为专项行动省级督查汇总表

3. 全省集中开展严厉打击煤矿企业非法违法生产建设行为专项行动检查表（已关闭矿井）

4. 全省集中开展严厉打击煤矿企业非法违法生产建设行为专项行动检查表（正在实施关闭和列入关闭名单且未批准过渡期生产的矿井）

附件1

全省集中开展严厉打击煤矿企业非法违法生产建设行为省级督查分组名单

第一组：太原市
组　长：王怀科　　山西煤监局副巡视员
副组长：刘三保　　山西煤监局监察一处专员
　　　　蔺建宙　　山西煤监局监察室主任科员
成　员：山西煤监局相关人员及同煤集团专家

第二组：大同市
组　长：徐占成　　山西煤监局副局长
副组长：李建国　　山西煤监局监察二处副处长
　　　　李建国　　科技装备处副专员
成　员：山西煤监局相关人员及焦煤集团专家

第三组：阳泉市
组　长：王学彦　　山西煤监局副巡视员
副组长：郭栓丑　　山西煤监局人事培训处专员
　　　　曹吉林　　山西煤监局事故调查处副处长
成　员：山西煤监局相关人员及晋煤集团专家

第四组：长治市
组　长：杨茂林　　省煤炭工业厅副厅长
副组长：马光生　　省煤炭厅劳动用工管理处处长
　　　　王浩志　　省煤炭厅应急救援处处长
成　员：省煤炭厅相关人员及阳煤集团专家

第五组：晋城市
组　长：胡万升　省煤炭工业厅副厅长

副组长：房世全　　省煤炭厅安全生产执法处处长
　　　　贺宏伟　　省煤炭厅人事处副处长
成　员：省煤炭厅相关人员及阳煤集团专家
第六组：朔州市
组　长：谢万星　　山西煤监局副巡视员
副组长：闫　涛　　山西煤监局二处专员
　　　　王江虹　　山西煤监局监察一处主任科员
成　员：山西煤监局及焦煤集团专家
第七组：忻州市
组　长：赵文才　　山西煤监局总工程师
副组长：常　江　　山西煤监局科技装备处专员
　　　　周　兵　　山西煤监局事故调查处科员
成　员：山西煤监局及晋煤集团专家
第八组：吕梁市
组　长：李成先　　省煤炭工业厅总工程师
副组长：景玉海　　省煤炭工业厅安全调度中心主任
　　　　田　义　　省煤炭安全纠察总队副队长
成　员：省煤炭厅相关人员及同煤集团专家
第九组：晋中市
组　长：牛建明　　省煤炭工业厅副厅长
副组长：刘振民　　省煤炭工业厅培训处处长
　　　　白锦荣　　省煤炭厅财务处调研员
成　员：省煤炭厅相关人员及潞安集团专家
第十组：临汾市、运城市
组　长：王学军　　省煤炭工业厅副厅长
副组长：卜访勤　　省煤炭厅行业管理处处长
　　　　李建廷　　省煤炭厅安全监督管理处处长
　　　　白淑艳　　省煤炭安全纠察总队总队长
成　员：省煤炭厅相关人员及潞安集团专家

附件2

全省集中开展严厉打击煤矿企业非法违法生产建设行为专项行动省级督查汇总表

（关闭矿井）

市（县、区）	2010年计划关闭矿井数	已关闭矿井					正在实施关闭和列入关闭名单且未批准过渡期生产的矿井				组长签字
		合计	已移交国土	未移交国土			合计	已按照专项行动要求完成工作的	按照专项行动要求完成工作不彻底的	非法擅自组织生产的	
				已按照六条标准关闭的	按照六条标准关闭不彻底的	存在死灰复燃现象的					

附件3

全省集中开展严厉打击煤矿企业非法违法生产建设行为专项行动检查表

（已关闭矿井）					
矿井名称	已移交国土	未移交国土			检查人员签字
		已按照六条标准关闭	按照六条标准关闭不彻底	存在死灰复燃现象	

附件4

全省集中开展严厉打击煤矿企业非法违法生产建设行为专项行动检查表

（正在实施关闭和列入关闭名单且未批准过渡期生产的矿井）									
市县									
序号	矿井名称	已按照专项行动要求完成工作的	按照专项行动要求完成工作不彻底的					非法擅自组织生产的	检查人员签字
			未拆除主副井提升动力设备	未遣退从业人员	公安部门未停供火工品	供电部门未切断电源	监管单位未派专人24小时盯守		
1									
2									

备注：已按照专项行动要求完成工作的是指：已按照《关于加强兼并重组整合矿井安全工作的安排》要求拆除了主、副井提升运煤系统动力设备，遣散了从业人员，公安部门停供并清缴了火工品，供电部门停止供电，有关部门注销了相关证照，监管部门逐矿派驻了专人24小时盯守，不再具备生产条件。

关于在全省井工煤矿开展重大危险源辨识评估和监控管理工作的通知

2011年7月11日　晋煤执发〔2010〕272号

各市煤炭工业局、各国有重点煤炭集团公司、平朔煤炭工业公司、太原煤炭气化集团公司、山西煤炭运销集团公司、山西煤炭进出口集团公司、省监狱管理局：

为实现煤矿安全生产由被动防范向源头管理转变，有效遏制和防范煤矿重特大事故的发生，根据省政府《山西省重大危险源监督管理制度》要求，省煤炭工业局印发了《山西省煤矿重大危险源监控制度》（晋煤安发〔2009〕24号），现就在全省井工煤矿开展重大危险源辨识评估和监控管理通知如下：

一、煤矿重大危险源辨识依据和范围

《安全生产法》第九十六条规定："重大危险源，是指长期地或者临时地生产、搬运、使用或者储存危险物品，且危险物品的数量等于或者超过临界量的单元（包括场所和设施）”。

煤矿重大危险源内涵及外延上与其他工业领域的重大危险源存在很大不同，很难由某种危险物质或能量的一个临界量来判定。煤矿生产环节多、条件复杂多变，影响安全的因素很多，有化学危险性（如瓦斯、一氧化碳等）、机械危险性（各种机械设备及存在场所）、电器危险性（电器设备及存在场所）、地质危险性（各种危险地质构造）。

根据国家安全生产管理总局《关于开展重大危险源监督管理工作的指导意见》（安监管协调字〔2004〕56号）文件精神，所有煤矿（井工开采）属重大危险源申报登记范围。针对影响煤矿安全生产诸多因素，重点对自然因素下影响煤矿安全的重大危险源（以下煤矿重大危险源提法专指此类）进行检测、辨识评估、建档备案并实施重点监控。主要指以下几类井工开采煤矿：

(1) 高瓦斯矿井；

(2) 煤与瓦斯突出矿井；

(3) 有煤尘爆炸危险的矿井；

(4) 水文地质环境条件复杂的矿井；

(5) 煤层自然发火期小于或等于6个月的矿井；

(6) 煤层冲击倾向为中等及以上的矿井；

(7) 采煤工作面存在不易垮落必须经人工强制放顶的坚硬顶板矿井；

(8) 其他自然因素下影响煤矿安全的重大危险源。

二、煤矿重大危险源检测与辨识

1. 山西省境内所有井工煤矿都必须进行重大危险源检测，经省煤炭工业局认定的安全评价机构进行辨识评估，认定是否存在煤矿重大危险源和存在煤矿重大危险源的等级、种类。

2. 存在重大危险源的煤矿，按照属地管理原则，由煤矿企业、所属煤炭行政主管部门（煤炭集团公司）登记建档，实施重点监控，并按照规定逐级上报。一级煤矿重大危险源逐级上报至国家煤矿安全监察局；二级煤矿重大危险源逐级上报至省煤炭工业局；三级煤矿重大危险源逐级上报至市煤炭工业局；四级煤矿重大危险源报县煤炭工业局。

3. 煤矿重大危险源辨识评估工作应由具备安全评价资格、取得资质证书的安全评价机构完成。开展煤矿重大危险源辨识评估工作的评价机构，应当根据资质证书确定的业务范围开展工作，并对其做出的辨识评估结果负责。

4. 煤矿企业应根据本单位实际，定期进行煤矿重大危险源检测。检测到存在重大危险源时，及时申报、组织评估、认定备案。煤矿企业应当委托具备安全评价资质的评价机构，每两年至少进行一次煤矿重大危险源辨识评估。

5. 煤矿生产过程、防护措施和自然环境等因素发生重大变化，或者国家有关法律法规、标准发生变化时，应当重新对煤矿重大危险源进行安全评估，并及时上报煤炭行政主管部门备案。

6. 全省所有井工开采煤矿必须于2010年底前完成煤矿重大危险源辨识评估、建档备案工作，并建立有效防范措施，加强煤矿重大危险源监控管理。

三、评价机构资质认定

为规范评价机构对煤矿重大危险源辨识评估工作，推进全省煤矿重大危险源辨识评估工作健康有序开展，对开展煤矿重大危险源辨识评估工作的评价机构进行资质认定。

(一) 安全评价机构申报

开展煤矿重大危险源辨识评估工作的评价机构须向省煤炭工业局或各市煤炭工业局提出书面申请，提供以下材料：

(1) 机构资质证书以及从业人员资格证书；

(2) 事业单位法人资质证书或工商营业执照；

(3) 安全评审业务质量保障体系、质量控制程序等规章制度；

(4) 机构资质条件发生变化，应当提供相应情况说明；

(5) 安全评价业绩情况；

(6) 机构及评价人员工作业绩考核证明。

申报时间：2009年6月1日－2009年6月15日。

(二) 市煤炭工业局对安全评价机构资质初审

各市煤炭工业局须按照有关规定，严格审查评价机构资质资料，确定两家开展煤矿重大危险源辨识评估工作的评价机构，向省煤炭工业局推荐上报。需要重点审核以下内容：

1. 相关证件是否齐全，是否在有效期限；

2. 业务范围；

3. 法人代表、专职技术负责人及专职安全技术评价人员资质条件；

4. 有无转让、出借资质证书及转包安全评价项目行为；

5. 有无其他违法违规行为。

6. 现场查看评价机构资质条件（包括软硬件设施、安全评价人员技术力量）。

评价机构资质初审时间：2009年6月16日－2009年6月30日。

(三) 省煤炭工业局对安全评价机构资质认定

省煤炭工业局组织专家对申报的评价机构进行审定，审定同意后认定并在山西省煤炭信息网上进行公示。未经省煤炭工业局认定的中介机构或中介组织，在山西省境内从事煤矿重大危险源评估工作，其评估认定结果，省煤炭工业局不予备案。

评价机构资质认定时间：2009年7月1日－2009年7月15日。

四、评价机构对煤矿重大危险源辨识评估

危险性评价是对危险源导致事故、造成人员生命或财物损失的危险程度进行评价，危险源危险性评价包括危险源自身危险性评价和对危险源控制措施效果的评价。

为了表征危险程度，通过危险评价，反映评价对象发生事故危险性的等级。按照危险程度的大小依次分为：Ⅰ级重大危险源、Ⅱ级重大危险源、Ⅲ级重大危险源、Ⅳ级重大危险源。根据危险源的潜在危险性大小、发生事故难易程度、事故危害程度等多项指标综合分析，或按单项指标、各类危险源分别评价，综合结果。

经认定的评价机构进行煤矿重大危险源辨识评估工作要本着实事求是的原则，严格参照相关技术标准，认真、严谨地进行煤矿重大危险源辨识评估，要尽量反映评估对象实际的安全状况或危险程度。对煤矿重大危险源评估结束后出具《煤矿重大危险源评估报告》，要求数据准确，内容完整，建议措施具体可行，结论客观公正。《煤矿重大危险源评估报告》应当包括以下内容：

(1) 安全评估的主要依据；

(2) 煤矿重大危险源基本情况；

(3) 危险、有害因素辨识与危害程度；

(4) 可能发生事故的种类及严重程度；

(5) 煤矿重大危险源等级；

(6) 防范事故的对策措施；

(7) 应急救援预案的效果评价；

(8) 评估结论与对策建议等。

五、评估结果审查、建档备案

省、市、县三级煤炭行政主管部门及各煤炭集团公司对煤矿重大危险源辨识评估工作各负其责。县煤炭工业局（煤炭集团公司）负责辖区内（所属）煤矿重大危险源普查、检测、申报，对中介机构开展煤矿重大危险源辨识评估工作进行监督检查；市煤炭工业局（煤炭集团公司）负责辖区内（所属）煤矿重大危险源辨识评估工作的指导、监督，对评估报告进行初审，审查同意后，正式行文向省煤炭工业局申请认定，并对辖区内（所属）煤矿重大危险源汇总上报；省煤炭工业局负责对评估结果审查认定，自接到市煤炭工业局（煤炭集团公司）上报申请之日起15个工作日内，组织专家对上报的煤矿重大危险源评估报告进行审查，根据专家评审意见，对煤矿重大危险源评估结果进行认定。认定存在的煤矿重大危险源，按照分级管理、属地管理原则，由煤矿企业、煤炭行政主管部门（煤炭集团公司）建立煤矿重大危险源管理档案，并实施重点监控。煤矿重大危险源管理档案内容主要包括：

(1) 煤矿企业重大危险源基本情况及周边环境概况；

(2) 煤矿重大危险源安全评估报告；

(3) 煤矿重大危险源安全管理制度；

(4) 煤矿重大危险源安全管理与监控实施方案；

(5) 煤矿重大危险源监控检查表；

(6) 煤矿重大危险源应急救援预案和演练方案。

六、煤矿重大危险源监控管理

(一) 企业主体监控管理责任

1. 煤矿企业法定代表人对本单位重大危险源监控管理工作全面负责。煤矿企业应建立健全重大危险源监控管理机构及管理制度，明确重大危险源监控管理具体负责人，明确管理部门和有关人员对重大危险源日常安全管理职责，制定煤矿重大危险源安全管理与监控实施方案。根据重大危险源级别，采取有效措施进行监控管理。

(1) 一级重大危险源必须建立有效的动态监控系统，进行不间断监控，随时掌握危险源有关参数的变化情况，发现问题立即进行处理，并每季度向各级煤炭行政主管部门报告重大危险源监控情况。

(2) 二级重大危险源应建立有效的监控措施，定期监测危险源的状态，发现问题及时处理，并每半年向各级煤炭行政主管部门报告重大危险源监控情况。

(3) 三级、四级重大危险源应建立有效的监控措施，发现问题及时处理，并每年向市、县煤炭行政主管部门报告重大危险源监控情况。

(4) 各煤炭集团公司所属煤矿的重大危险源由集团公司实施监控和管理，存在一、二级煤矿重大危险源，要上报省煤炭工业局备案。

2. 煤矿企业必须在重大危险源现场设置明显安全警示标识，对从业人员进行安全教育和技术培训，将重大危险源可能发生事故的应急措施，特别是避险方法书面告知相关单位和人员。

3. 煤矿企业主要负责人应保证重大危险源监控和管理所需资金投入，并组织对本企业重大危险源安全状况和防护措施落实情况进行定期检查，做好检查记录，按季度将检查情况报送煤炭行政主管部门（煤炭集团公司）。

4. 煤矿企业必须制定重大危险源应急救援预案，报县级以上煤炭行政主管部门（煤炭集团公司）备案，每年进行一次事故应急救援演练。重大危险源应急救援预案应当包括以下内容：

(1) 应急机构人员及其职责；

(2) 危险辨识与评价；

(3) 应急设备与设施；

(4) 应急能力评价与资源；

(5) 应急响应、报警、通讯联络方式；

(6) 事故应急程序与行动方案；

(7) 保护措施与程序；

(8) 事故后的恢复与程序；

(9) 培训与演练。

(二) 煤炭行政主管部门、煤炭企业集团监管主体责任

1. 加强煤矿重大危险源监控管理工作的宣传和培训，成立处置煤矿重大危险源组织机构，建立监督管理和技术指导相结合的组织体系，协调和指导辖区内（或所属）煤矿企业做好重大危险源检测、辨识评估和监控管理工作。

2. 督促辖区内（或所属）煤矿认真落实重大危险源监控管理要求，开展煤矿重大危险源专项监督检查，对存在重大危险源的煤矿，县级煤炭行政主管部门、各煤炭集团公司每季度覆盖检查不少于一次；市级煤炭行政主管部门每半年覆盖检查不少于一次；省级煤炭行政主管部门每年组织抽查不少于一次，抽查比例不少于存在重大危险源煤矿的20%。对煤矿重大危险源进行专项监督检查的内容包括：

(1) 贯彻执行国家有关法律、法规、规章和标准情况；

(2) 预防生产安全事故措施落实情况；

(3) 煤矿重大危险源登记建档情况；

(4) 煤矿重大危险源安全评估、检测、监控情况；

(5) 煤矿重大危险源设备维护、保养和定期检测情况；

(6) 煤矿重大危险源现场安全警示标志设置情况；

(7) 从业人员的安全培训教育情况；

(8) 应急救援组织建设和人员配备情况；

(9) 应急救援预案和演练工作情况；

(10) 应急救援器材、设备的配备及维护、保养情况；

(11) 煤矿重大危险源日常管理情况；

(12) 法律、法规、规章规定的其他事项。

3. 检查中发现煤矿重大危险源存在事故隐患的，应当责令煤矿企业立即整改。在隐患整改前或者整改中无法保证安全的，或发现存在重大安全生产隐患的，应当立即责令煤矿企业从危险区域撤出作业人员，停产整改，按照重大隐患挂牌督办要求，跟踪落实隐患整改。

4. 对不按要求进行重大危险源检测、辨识评估的井工煤矿，对存在重大危险源不按要求进行建档备案、定期检查和实施有效监控的煤矿企业，一律停产整顿。

5. 要根据当地自然环境、特点把握煤矿重大危险源可能发生变化的规律。在特定时期要采取特别措施，加大监控检查指导力度，强化管理，防止重大危险源变化升级导致事故发生。

6. 逐步建立省、市、县三级煤矿重大危险源监控系统和信息管理系统，实现对煤矿重大危险源动态监控、有效监控。

七、相关要求

1. 开展煤矿重大危险源辨识评估、建档备案工作要遵循客观事实，严格程序、严格标准、规范操作，各单位在工作中遇到难点、疑点问题要及时向省煤炭工业局汇报。

2. 煤矿企业对重大危险源辨识评估结果有异议的，可委托经省煤炭工业局认定的其他安全评价机构重新进行评估。

3. 发现评价机构资格条件发生变化、不再具备从业资格的，违背职业准则、弄虚作假的，转让或者出租资质，转包煤矿重大危险源评估项目，取消其煤矿重大危险源评估资格。

4. 各级煤炭行政主管部门（各煤炭集团公司）不得指定煤矿企业接受特定安全评价机构开展煤矿

重大危险源辨识评估工作，不得以任何形式实行地区保护，不得干预安全评价机构的正常活动。

5. 对新构成的煤矿重大危险源，煤矿企业要及时报送煤炭行政主管部门备案；对已不构成重大危险源的，煤矿企业要及时报告煤炭行政主管部门核销。

各级煤炭行政主管部门、各煤炭集团公司要认真落实煤矿重大危险源辨识评估、监控管理有关要求，建立本地区重大危险源数据库。根据重大危险源分布和危险等级，有针对性地做好日常监督检查和专项督查工作，切实加强对煤矿重大危险源的监控管理，确保全省煤炭安全生产形势稳定好转。

附件：1. 煤矿（井工开采）重大危险源申报表　　　　2. 煤矿重大危险源汇总表

附件1：

煤矿（井工开采）重大危险源申报表

矿井名称					
详细地址					
邮政编码		主要负责人		联系电话	
上级法人单位					
建矿日期		设计能力	万吨/年	实际产量	万吨/年
煤的牌号			矿井可采储量	万吨	
从业人数		固定资产	万元	年利润	万元
开拓方式	1立井　2斜井　3平峒				
通风方式	1中央并列　2中央分列　3两翼对角　4分区对角　5其他				
反风方式	1反风道反风　2主要通风机反转反风　3备用主要通风机的无反风道反风				
提升方式	1罐笼　2箕斗井　3串车　4带式输送机　5其他				
供电方式	1双回路　2双电源　3其他				
主采煤层倾角			主采煤层厚度	m	
矿井开采深度	m		生产采区个数		
回采工作面个数			掘进工作面个数		
工作面回采方式	1前进式　2后退式		采　高	m	
主要落煤方式	1机采　2炮采　3水采　4风镐落煤　5其他				
主要支护型式	1液压支架　2单体液压支柱　3摩擦式金属支柱				
顶板处理方法	1全部垮落法　2充填法　3煤柱支撑法　4缓慢下沉法				
矿井瓦斯等级	1突出矿井　2高瓦斯矿井　3低瓦斯矿井				
煤层的自燃倾向性	1容易自燃　2自燃　3不易自燃				
煤层的煤尘爆炸性	1基本无爆炸性　2弱爆炸性　3爆炸性较强　4爆炸性很强				
煤层顶底板含水层情况	1无　2孔隙含水层　3裂隙含水层　4岩溶含水层				
水文地质条件复杂程度	1简单　2一般　3复杂				

矿井开采是否受地表水体或洪水的威胁	1是　2否			
煤层冲击地压危害程度	1无冲击地压　2一般（弱）冲击地压　3严重（强）冲击地压			
煤层赋存状况（根据煤层厚度和倾角变化、裂隙发育情况、断层、冲刷带、陷落柱、岩浆岩侵入破坏等判断）	1煤层赋存状况好　2一般　3煤层赋存状况差			
开拓巷道的围岩稳定性	1围岩为比较稳定的坚硬砂岩或石灰岩等　2围岩为中等稳定的砂岩、砂页岩或较坚硬页岩等，3围岩为不稳定的煤、泥质页岩、炭质页岩等			
矿井相对瓦斯涌出量	m^3/吨		矿井绝对瓦斯涌出量	m^3/min
煤层自燃发火期			全矿近三个月瓦斯超限次数	
近三年内瓦斯突出次数			近三年内煤层自燃地点	处
近三年内主扇故障检修次数			近三年内供电系统故障检修次数	
采面粉尘浓度	总粉尘：　mg/m^3		呼吸性粉尘：　mg/m^3	
矿井总进风量	m^3/min		矿井有效风量率	
矿井最大涌水量	m^3/h		矿井最大综合排水量	m^3/h
地面消防水池容量	m^3		井下消防水管长度	m
地面爆破材料储存情况	库房数：　炸药（吨）：　吨　雷管：　万发			
井下爆破材料储存情况	峒室数：　炸药（吨）：　吨　雷管：　万发			
有无瓦斯异常涌出区域	1有　2无		有无未熄灭的火区	1有　2无
全矿通风系统复杂程度	1简单可靠，易于管理控制，井下风流稳定　2复杂程度一般 3通风系统复杂，管理困难，或有些巷道风流不稳			
总进风道和总回风道之间的联络巷道数量				
总进风道和总回风道之间的联络巷道的挡风墙坚固程度	1非常坚固　2一般　3差			
有无在水淹区积水面以下的采掘工作	1有　2无			
是否是在建筑物下、水体下或铁路下开采	1是　2否			
矿井安全是否受其他小矿乱采乱掘的影响	1是　2否			
近5年内伤亡事故	起数：　轻伤人数：　重伤人数：　死亡人数：			
建矿以来曾发生重大事故（指造成3人以上死亡或全矿或部分区域停产）	瓦斯（煤尘）爆炸		火灾	
	水灾		瓦斯突出	
	其他（注明事故类型）：			

主风机型号，台数					
局扇型号，台数					
主排水泵型号，台数					
探放水设备型号，台数					
绞车提升设备型号，台数					
带式输送机型号，部数					
瓦斯抽放系统型号，数量					
安全监测系统型号，数量		传感器使用数量			
闭锁断电装置型号，数量					
瓦检仪型号，数量					
自救器型号，数量					
井下固定敷设高压电缆型号，数量					
瓦检员人数		放炮员人数		绞车司机人数	
电工人数		安技管理人员数		安全员人数	
全矿技术人员数	高级： 中级： 初级：				
下井同时作业人数		下井人员中农民工、协议工、外包工所占比例			

填表人：　　　　联系电话：　　　　填表日期：

附件2

煤矿重大危险源汇总表

填报单位（盖章）：　　年　月　日

<table>
<tr><td>辖区内煤矿数量</td><td></td><td colspan="2">生产矿井数量</td><td></td><td colspan="2">基建矿井数量</td><td></td><td>资源整合保留矿井数量</td><td></td></tr>
<tr><td>高瓦斯矿井数量</td><td></td><td colspan="2">煤与瓦斯突出矿井数量</td><td></td><td colspan="2">有煤尘爆炸危险的矿井数量</td><td></td><td>水文地质条件复杂矿井数量</td><td></td></tr>
<tr><td>煤层自然发火期≤6个月矿井数量</td><td></td><td colspan="2">煤层冲击倾向为中等及以上矿井数量</td><td></td><td colspan="2">必须经人工强制放顶的坚硬顶板矿井数量</td><td></td><td>其他自然因素下影响煤矿安全的矿井数量</td><td></td></tr>
<tr><td>煤矿企业名称</td><td>法人代表</td><td>经济类型</td><td>生产规模
(万吨/年)</td><td>开采煤层</td><td>瓦斯等级</td><td>采煤方式</td><td></td><td>重大危险源</td><td>联系电话</td></tr>
<tr><td></td><td></td><td></td><td></td><td></td><td></td><td></td><td></td><td></td><td></td></tr>
<tr><td></td><td></td><td></td><td></td><td></td><td></td><td></td><td></td><td></td><td></td></tr>
<tr><td></td><td></td><td></td><td></td><td></td><td></td><td></td><td></td><td></td><td></td></tr>
<tr><td colspan="10">填报负责人：　　　　填表人：　　　　联系电话：</td></tr>
</table>

备注：此表由各市经委填写

关于建立全省煤矿安全质量标准化检查验收专家库的通知

2010年8月5日　晋煤安发〔2010〕760号

各市煤炭工业局、省属五大煤炭集团公司、平朔煤炭工业公司、太原煤炭气化集团公司、山西煤炭运销集团公司、山西煤炭进出口集团公司、省监狱管理局：

为全面推进我省煤矿安全质量标准化建设，构建煤矿安全生产长效机制，根据省煤炭厅《关于印发〈煤矿安全质量标准化标准及考核评级办法〉的通知》（晋煤安发〔2009〕269号）要求，决定建立"全省煤矿安全质量标准化检查验收专家库"，代表省厅检查验收全省煤矿安全质量标准化和安全高效矿井，并参加全国煤矿安全质量标准化和安全高效矿井的检查验收。现将有关事项通知如下：

一、专家构成

煤矿安全质量标准化检查验收专家库由各市煤炭工业局、省属五大煤炭集团公司、平朔煤炭工业总公司、太原煤炭气化集团公司、山西煤炭运销集团公司、山西煤炭进出口集团公司、省监狱管理局推荐的安全生产管理人员和煤炭有关专业技术人员组成。

二、名额分配

1.各市煤炭工业局、平朔煤炭工业总公司、太原煤炭气化集团公司、山西煤炭运销集团公司、山西煤炭进出口集团公司、省监狱管理局各推荐14名，分别为采煤专业、掘进专业、机电专业、运输专业、通风专业、地质和测量专业、安全管理专业各2名。

2.省属五大煤炭集团公司各推荐42名，分别为采煤专业、掘进专业、机电专业、运输专业、通风专业、地质和测量专业、安全管理专业各6名。

三、申报条件

1. 热爱煤炭事业，热爱本职工作，作风正派，廉洁自律，工作责任心强；

2. 熟悉煤矿安全质量标准化标准及评级办法，熟悉《煤矿安全规程》、煤炭行业技术规范及安全生产的法律法规等；

3. 具有煤矿相关专业中专以上学历，取得中高级专业技术职称，且具有五年以上现场工作经验及指导煤矿安全生产的能力；

4. 年龄一般不超过50岁，身体健康，能深入煤矿井下进行现场检查；

5. 具有较强的综合分析能力和语言文字表达能力。

四、推荐和审批

全省煤矿安全质量标准化检查验收专家由各单位推荐，按任职条件由省厅审核后审定。经审核确定为全省煤矿安全质量标准化检查验收专家库人员，由省煤炭工业厅行文进行公告。

五、相关要求

1.各单位要高度重视全省煤矿安全质量标准化检查验收专家库的建设，按推荐名额和专家的任职条件认真做好组织推荐工作。

2.各单位根据申报人所学专业和现从事的业务领域，从申报人专业技术特长考虑，并结合工作中所取得的业绩进行推荐。

3.请各单位于2010年8月15日前将《全省煤矿安全质量标准化检查验收专家申报表》和《全省煤矿安全质量标准化检查验收专家库人员审批表》一式三份报省煤炭工业厅安全监管处。

附件：1. 全省煤矿安全质量标准化检查验收专家申报表；

2. 全省煤矿安全质量标准化检查验收专家库人员审批表

附件1

全省煤矿安全质量标准化检查验收专家申报表

推荐单位（盖章）：　　　　　　　　　　　　　　　　　　　　日期：　　年　月　日

序号	工作单位	姓名	专业	专业技术职称	联系电话（手机）
1					
2					

附件2

全省煤矿安全质量标准化检查验收专家库人员审批表

<table>
<tr><td>推荐单位</td><td colspan="7"></td></tr>
<tr><td>姓 名</td><td></td><td>性 别</td><td></td><td>民 族</td><td></td><td>出生年月</td><td></td></tr>
<tr><td>政治面貌</td><td></td><td>职 务</td><td></td><td>专业技术职称</td><td></td><td></td><td></td></tr>
<tr><td colspan="4">毕业时间、院校和专业</td><td colspan="2"></td><td>学 历</td><td></td></tr>
<tr><td>联系电话（手机）</td><td colspan="7"></td></tr>
<tr><td>任现职工作单位</td><td colspan="7"></td></tr>
<tr><td>个人学习和 工作简历</td><td colspan="7"></td></tr>
<tr><td>申报单位意见</td><td colspan="7">（盖章）
年　月　日</td></tr>
<tr><td>推荐单位意见</td><td colspan="7">（盖章）
年　月　日</td></tr>
<tr><td>审批单位意见</td><td colspan="7">（盖章）
年　月　日</td></tr>
</table>

注：1. 本表一式三份，申报单位、推荐审核单位、审批单位各执一份。

2. 申报单位为专家工作单位、推荐单位为各市和各国有重点煤炭企业、审批单位为省煤炭工业厅。

关于进一步推进和规范全省井工煤矿重大危险源辨识评估和监控管理工作的通知

2010年8月16日　晋煤执发〔2010〕844号

各市煤炭工业局、各省属煤炭企业集团、平朔煤炭工业总公司、太原煤炭气化集团公司、省监狱管

理局：

为加强对煤矿重大危险源监控管理，实现煤矿安全生产由被动防范向源头管理转变，从根本上遏制重特大事故的发生，促进我省煤矿安全生产形势持续稳定好转，严格贯彻落实《山西省煤矿重大危险源监控制度》，省煤炭工业厅印发了《关于在全省井工煤矿开展重大危险源辨识评估和监控管理工作的通知》（晋煤执发〔2009〕272号）。为了进一步推进和规范全省井工煤矿重大危险源辨识评估和监控管理工作，加快工作进度，现就全省井工煤矿重大危险源辨识评估和监控管理工作相关事项通知如下：

一、高度重视，积极推进煤矿重大危险源辨识评估和监控管理工作。各级煤炭行政主管部门、各省属煤炭企业集团、各煤矿企业要深刻认识我省煤矿安全生产工作面临的复杂严峻形势，牢固树立安全发展理念，坚持“安全第一、预防为主、综合治理”的方针，高度重视煤矿重大危险源辨识评估和监控管理工作，积极开展源头治理，充分认识开展煤矿重大危险源辨识评估和监控管理工作是遏制重特大煤矿安全生产事故发生的必要途径和有效手段，是煤矿企业安全生产技术保障体系的重要组成部分。各级煤炭行政主管部门、各省属煤炭企业集团要把所辖（所属）煤矿企业重大危险源辨识评估和监控管理工作作为当前煤矿安全生产的一项重要的工作来抓，督促煤矿企业尽快完成煤矿重大危险源辨识评估工作，积极落实监控管理；落实好煤矿安全生产监管主体责任，切实加强煤矿重大危险源辨识评估和监控管理工作。

二、严格规范《煤矿重大危险源评估报告》编制工作。经省煤炭工业厅认定备案的评价机构要全力为煤矿企业提供技术支持和评价服务，认真帮助企业开展重大危险源辨识评估和监控管理工作，本着尊重客观、实事求是的原则，严格参照相关技术标准，严格程序、严格标准、规范操作、全面细致、科学严谨，出具的《煤矿重大危险源评估报告》，要反映评估对象实际的安全状况或危险程度，数据准确，内容完整，建议措施具体可行，结论客观公正。

1.《煤矿重大危险源评估报告》内容：

(1) 安全评估的主要依据；

(2) 煤矿重大危险源基本情况；

(3) 危险、有害因素辨识与危害程度；

(4) 可能发生事故的种类及严重程度；

(5) 煤矿重大危险源等级；

(6) 防范事故的对策措施；

(7) 应急救援预案的效果评价；

(8) 评估结论与对策建议等。

2.《煤矿重大危险源评估报告》格式：

(1) 封面

(2) 安全评价资质证书影印件

(3) 著录项

(4) 前言

(5) 目录

(6) 正文

(7) 附件

报告纸张规格、装订格式、封面格式以及著录项格式参照AQ8001－2007《安全评价通则》执行。

3.《煤矿重大危险源评估报告》附件：

(1) 采矿许可证、煤炭生产许可证、安全生产许可证；

(2) 瓦斯等级鉴定结果批文；

(3) 煤尘爆炸性检验报告；

(4) 煤层自燃倾向性鉴定检验报告；

(5) 地质报告评审意见书及批文；

(6) 其他涉及矿井重大危险源构成要素的鉴定、检验报告和批复文件；

(7) 煤矿重大危险源辨识评估委托书。

三、认真做好评估结果审查、认定工作。煤矿重大危险源辨识评估工作已经完成的煤矿企业，其评估报告由各县煤炭工业局（省属煤炭企业集团公司二级子公司）申报，各市煤炭工业局（各省属煤炭企业集团）对评估报告进行初审，审查同意后，向省煤炭工业厅申请认定；省煤炭工业厅组织专家对上报的煤矿重大危险源评估报告进行复审，根据专家评审意见，对煤矿重大危险源评估结果进行认定，并结合评估报告对煤矿企业重大危险源辨识评估结果组织抽检。

四、尚未进行煤矿重大危险源辨识评估的煤矿企业要积极与经省煤炭工业厅认定备案的评价机构联系，尽早签订协议，迅速开展工作，必须在2010年底前完成煤矿重大危险源辨识评估、建档备案工作，存在重大危险源的要建立有效防范措施，加强监控管理。逾期不按照要求进行重大危险源检测、辨识评估和存在重大危险源未进行建档备案、定期检查和实施有效监控的煤矿企业一律停止生产。

五、严格落实煤矿重大危险源监控管理措施。存在重大危险源的煤矿企业应建立健全重大危险源监控管理机构及管理制度，明确管理部门和负责人对重大危险源进行日常管理。各市县煤炭行政主管部门、各省属煤炭企业集团要成立煤矿重大危险源管理机构，建立监督管理和技术指导相结合的组织体系，指导辖区内（或所属）煤矿企业做好重大危险源监控管理工作。各级煤炭行政主管部门、各省属煤炭企业集团要把煤矿重大危险源辨识评估监控管理工作纳入复产验收否决项，未进行重大危险源检测、辨识评估和存在重大危险源未进行建档备案、定期检查和实施有效监控的煤矿企业一律不得复产验收。

六、加大煤矿重大危险源执法监督检查工作力度。各市县煤炭行政主管部门、各省属煤炭企业集团要积极开展煤矿重大危险源专项监督检查，对存在重大危险源的煤矿，县级煤炭行政主管部门、各煤炭集团公司每季度覆盖检查不少于一次；市级煤炭行政主管部门每半年覆盖检查不少于一次；省级煤炭行政主管部门每年组织抽查不少于一次，抽查比例不少于存在重大危险源煤矿的20%。

七、经省煤炭工业厅认定备案的评价机构要积极与煤矿企业联系，主动开展工作。对于不积极开展工作，及资格条件发生变化、不再具备从业资格的，违背职业准则、弄虚作假的，转让或者出租资质，转包煤矿重大危险源评估项目的评价机构，取消其煤矿重大危险源评估资格。由于全省煤矿点多、面广，煤矿重大危险源辨识评估工作时间紧、任务重，经省厅认定备案的评价机构数量较少，难以满足当前工作要求，各市煤炭工业局、各集团公司可适度增加部分具备资质的评价机构参与本地（本企业）煤矿重大危险源辨识评估工作，但增加的评价机构必须报省煤炭工业厅认定备案。

关于开展二O一O年度全省煤矿安全监控系统检查的通知

2010年8月24日　晋煤办信发〔2010〕770号

各市煤炭工业局、省属五大煤炭集团公司、山西煤炭运销公司、山西煤炭进出口公司、平朔煤炭工业公司、太原煤炭气化集团公司、省监狱管理局：

为贯彻落实省政府《关于切实加强当前煤矿安全生产工作的若干规定》的专题会议精神，全面落实山西省煤炭工业厅《关于进一步加强安全监控系统管理的通知》（晋煤办信发〔2009〕345号）要求，规范安全监控系统的运行管理，确保煤矿安全监控系统安全、可靠、正常运行，切实发挥安全监控系统在煤矿安全生产中的重要作用，有效遏制煤矿重特大瓦斯事故的发生，省厅决定开展二〇一〇年度全省煤矿安全监控系统检查的活动。现将有关事项通知如下：

一、检查的办法和范围

检查采取各单位自检和互检相结合的办法。各单位要抽调熟悉业务的人员组成检查组，检查组人数不少于5人，分管领导带队。

检查范围：全省所有复工、复产矿井。

1. 自检安排

各市局、集团公司要认真组织，统一安排，要抽调业务好的人员组成自检检查组，对所属的复工、复产矿井逐矿进行检查。

2. 互检安排

集团公司：

(1) 同煤集团一组检查晋煤集团

(2) 同煤集团二组检查煤气化公司

(3) 焦煤集团一组检查潞煤集团

(4) 焦煤集团二组检查阳煤集团

(5) 焦煤集团三组检查同煤集团（朔州煤电、轩岗煤电）

(6) 阳煤集团检查焦煤集团汾西矿业、华晋焦煤

(7) 潞煤集团检查同煤集团（大同矿区）

(8) 晋煤集团检查焦煤集团西山煤电

(9) 煤气化公司检查焦煤集团霍州煤电

(10) 平朔公司与监管局进行互检

市局：太原检查大同、大同检查晋城、晋城检查长治、长治检查吕梁、吕梁检查阳泉、阳泉检查朔州、朔州检查晋中、晋中检查临汾、临汾与运城组团检查忻州、忻州检查太原

二、检查的要求

根据省厅与各市局、集团公司年初签订的目标责任制，全省所有复工、复产矿井安全监控系统必须正常联网运行。安全监控系统运行不正常和未联网运行的矿井必须停产整改。存在下列情况之一的，视为安全监控系统运行不正常，检查结果不合格。

(1) 安全监控系统及设备不具备合格有效的“四证一标志”证件证书；

(2) 安全监控系统不具备甲烷超限断电闭锁、风电闭锁、和故障断电闭锁功能；

(3) 未能按标准要求定期完成传感器调校和“三闭锁”功能测试；

(4) 安全监控系统不能正常联网运行；

(5) 安全监控系统未完成升级改造工作；

(6) 安全监控系统不能实行24小时不间断值班；上岗人员未经培训或者培训人员不足6人。

1. 自检要求

各市局、集团公司对所属复工、复产矿井进行逐矿检查，对于安全监控系统不能正常运行的矿井要责令其停产整顿，限期整改。检查结束后将自检报告于10月15日前上报省厅信息调度中心。

2. 互检要求

互检要根据各市局、集团公司提交的自检报告对自检情况进行检查。互检检查组要本着检查受检单位50%矿井的原则进行。由于各单位所属复工、复产矿井数不均衡，对于存在安全隐患的停产整顿矿井可根据情况抽查。各市局被检矿井数量最低要求安排如下：太原市5座，大同市8座，阳泉市8座，

长治市15座，晋城市15座，晋中市12座，朔州市10座，忻州市5座，临汾市10座，吕梁市15座，运城市由于没有复工、复产矿井，因此只抽调人员与临汾市组团参加互检。检查结束后将互检报告于11月15日前上报省厅信息调度中心。

三、检查时间

自检时间：9月1日－9月30日　互检时间：10月8日－11月8日

各检查组应及时与受检单位取得联系，于9月25日前将检查组人员名单和检查时间上报省厅信息调度中心。

四、检查依据

1. 2010版《煤矿安全规程》；

2. 煤矿安全监控系统通用技术要求（AQ6201－2006）；

3. 煤矿安全监控系统及检测仪器使用管理规范（AQ1029－2007）。

五、检查报告

1. 自检报告：内容包括

(1) 检查情况总结（总矿数、实际检查矿数、每矿查出的问题及隐患情况，主要的个性和共性的问题，责令停产整顿矿井情况，不合格矿井数量和原因以及兼并重组整合矿井安全监控系统联网运行情况等内容）。

2. 互检报告：内容包括

(1) 检查情况总结（总矿数、实际检查矿数、每矿查出的问题及隐患情况，主要的个性和共性的问题，责令停产整顿矿井情况，不合格矿井数量和原因、系统不能正常运行煤矿停产整顿限期整改情况以及兼并重组整合矿井安全监控系统联网运行情况等内容）。

联系人：张晋宏　任凌云　电　话：0351－4117270　　传　真：0351－4117524

附件：1. 山西省煤矿安全监控系统检查评分表

2. 山西省煤矿安全监控系统自检综合评分表

3. 山西省煤矿安全监控系统互检综合评分表

4. 山西省煤矿安全监控系统检查评分标准

附件1

山西省煤矿安全监控系统检查评分表

单位：（矿）　　　　　（签章）

系统型号			生产厂家		
检查项目	组织机构	管理　技术资料	设备机房	井下安装使用	总 分
标准分	15分	20分	15分	50分	100分
实际得分（均分）					
评价意见					

受检单位负责人：　　　　　　　　检查人员：　　　　　　　　检查日期：

附件2

山西省煤矿安全监控系统自检综合评分表

单位：市（集团公司） （签章）

总矿数	联网数	系统正常运行矿数		检查矿数	
检查项目	组织机构	管理技术资料	设备机房	井下安装使用	总 分
标准分	15分	20分	15分	50分	100分
实际得分（均分）					
评价意见					

受检单位负责人： 检查人员： 检查日期：

附件3

山西省煤矿安全监控系统互检综合评分表

单位：市（集团公司） （签章）

总矿数	联网数	系统正常运行矿数		检查矿数	
检查项目	组织机构	管理技术资料	设备机房	井下安装使用	总 分
标准分	15分	20分	15分	50分	100分
实际得分（均分）					
评价意见					

受检单位负责人： 检查人员： 检查日期：

附件4

山西省煤矿安全监控系统检查评分标准

序号	检查项目	标准分	检查内容及要求	检查及评分办法	扣分	得分
1	组织机构	15				
1.1	机构	5	煤矿要设置监控调度室，同时配备值班人员和维护人员，有分管领导。	检查调度室及分管领导情况： 1. 未按要求设置监控调度室扣3分； 2. 无分管领导扣2分。		
1.2	人员配备	★	安全监控系统各工种上岗人员必须经培训合格并持有省厅颁发的工作人员上岗资格证书。	检查上岗工作人员： 未经培训或持上岗资格证书工作人员不足6人，检查不合格。		
1.3	管理制度	★	1. 安全监控系统应实行24小时不间断值班制度。为保证安全监控系统正常运行，应建立健全各项规章制度，包括：	检查安全监控系统不能实行24小时不间断值班制度，检查不合格。		

（续表）

序号	检查项目	标准分	检查内容及要求	检查及评分办法	扣分	得分
1.3	管理制度	10	2. 瓦斯事故应急预案	检查各项管理制度，每缺少一项扣1分。每项制度内容不完善或操作性差扣0.5分；没有具体实施或缺少实施记录的扣0.5分。		
			3. 操作规程			
			4. 岗位责任制			
			5. 技术资料管理制度			
			6. 设备管理制度			
			7. 系统设备和传输设备的定期检修制度			
			8. 网络运行管理制度			
			9. 监控故障报告制度	检查各项管理制度，每缺少一项扣1分。每项制度内容不完善或操作性差扣0.5分；没有具体实施或缺少实施记录的扣0.5分。		
			10. 监控异常上报制度			
2	管理技术资料	15				
2.1	系统技术资料	5	监控系统技术资料应归档管理，资料包括：	查阅各项技术资料，每缺少一项扣1分，内容不规范扣0.5分。		
			1. 安全监控布置图			
			2. 安全监控断电控制图			
			3. 安全监控系统设计方案			
			4. 安全监控系统验收合格文件			
			5. 数据备份			
2.2	设备管理资料	★	1. 安全监控系统必须具有“MA”标志证书。	系统无“MA”标志证书检查不合格。		
			2. 安全监控设备必须具有“MA”标志证书，防爆合格证，安全仪器仪表检验合格证，制造计量器具许可证，产品生产合格证即“四证一标志”。	安全监控设备无“四证一标志”，检查不合格。		
		3	1. 安全监控设备台账	查阅各项设备管理资料，每缺少一项扣1分，内容填写有欠缺扣0.5分。		
			2. 安全监控设备故障记录			
			3. 安全监控设备检修记录			
2.3	系统运行资料	★	1. 传感器调校记录	传感器未能定期调校，检查不合格。		
		★	2. “三闭锁”功能测试记录	未能定期进行“三闭锁”功能测试，检查不合格。		

（续表）

序号	检查项目	标准分	检查内容及要求	检查及评分办法	扣分	得分
2.3	系统运行资料	7	1. 运行日志	查阅各项系统运行资料，每缺少一项扣1分，内容填写有欠缺扣0.5分。		
			2. 巡检记录			
			3. 安全监控日报			
			4. 报警断电记录月报			
			5. 异常情况及处理记录			
			6. 瓦斯人工监测与传感器对照记录			
			7. 安全监控设备使用情况月报			
3	设备机房	20				
3.2	设备种类和数量	5	1. 系统设备的种类和数量应按照《煤矿安全规程》、《AQ1029－2007》和《AQ6201－2006》标准要求标准配置。	对照标准，检查所使用传感器、分站数量、种类是否符合要求，有一项不符，扣0.5分。		
			2. 系统设备备用数量不少于应配备数量的20%。	系统设备备用量少于应配备量的20%扣1分。		
			3. 系统主机应双机或多机备份，当工作主机发生故障时，备份主机应在5分钟内投入工作。	主机无双（多）机备份扣1分。		
3.3	主机联网	★	安全监控系统必须与县、市、省煤矿安全监控信息网络联网运行。	未按要求进行联网，检查不合格。		
3.4	监控软件	10	1. 具有报警查询、断电查询、馈电异常查询、历史数据查询、数据库备份功能。	检查每缺少一项扣2分，每项内容缺1小项扣0.5分。		
			2. 具有模拟量数据表格显示、开关量状态表格显示；具有模拟图显示和模拟量、开关量曲线显示。			
			3. 当模拟量监测值超限、馈电异常或开关量状态为报警状态时，发出声光报警。			
			4. 具有模拟量断电记录、馈电异常记录功能、开关量状态变动记录、报警及断电记录、馈电异常记录、监控设备故障记录。			

（续表）

序号	检查项目	标准分	检查内容及要求	检查及评分办法	扣分	得分
3.4	监控软件	10	5. 具有模拟量日报表、模拟量和开关量的报警、断电以及馈电异常日报表的打印功能。			
3.5	机房设备及安装要求	5	1. 有专用机房，机房设计符合《煤矿安全规程》的要求。	现场检查：1. 专用机房应有防静电地板，声光报警装置，防火设备，通讯设施齐全。有一项不符合，扣0.5分。2. 中心站计算机后备电源符合要求，信号电缆和电源电缆布置合理，网络运行符合要求。有一项不符合，扣1分。3. 监控系统无防雷保护措施，扣1分；机房无防雷接地设施，扣1分。		
			2. 有声光报警装置。			
			3. 主机有不少于2小时的在线式不间断备用电源。			
			4. 主机装备防火墙和杀毒软件。			
			5. 监控室采用双回路供电，严禁插接其他设备。			
			6. 监控系统必须有防雷保护措施，机房具有防雷接地设施，并且设施齐全可靠。			
			7. 配备防火设备。			
			8. 通讯设施齐全。			
4	井下安装使用	50				
4.1	供电	2	1. 安全监控设备的供电电源必须取自被控开关的电源侧，严禁接在被控开关的负荷侧。	现场检查有一项不符合要求扣1分。		
			2. 监控设备之间必须使用阻燃电缆连接，严禁与调度电话电线和动力电缆等共用。			
4.2	分站的安装	3	监控分站的安装使用应当符合《煤矿安全规程》、《AQ1029－2007》和《AQ6201－2006》标准要求	现场检查不符合要求扣3分。		
4.3	传感器的安装	35	各类传感器的安装位置和使用应符合《煤矿安全规程》、《AQ1029－2007》和《AQ6201－2006》标准要求	现场检查：各类传感器的安装位置必须符合要求，有一处不符合要求扣0.5分。		

（续表）

序号	检查项目	标准分	检查内容及要求	检查及评分办法	扣分	得分
4.3	传感器的安装	35	1. 采煤工作面上隅角、工作面及其回风巷设置甲烷传感器；高瓦斯和煤与瓦斯突出矿井采煤工作面回风巷长度大于1km时应当在回风巷中部增设甲烷传感器。	现场检查：采煤工作面及其回风巷未安装甲烷传感器，每项扣2分；高瓦斯和煤与瓦斯突出矿井采煤工作面回风巷长度大于1km时未在回风巷中部设置甲烷传感器扣1分。		
			2. 掘进工作面及其回风流中安装甲烷传感器；高瓦斯和煤与瓦斯突出矿井掘进工作面回风巷长度大于1km时应当在回风巷中部增设甲烷传感器。	现场检查：掘进工作面及其回风巷未安装甲烷传感器，每项扣2分；高瓦斯和煤与瓦斯突出矿井掘进工作面回风巷长度大于1km时未在回风巷中部设置甲烷传感器扣1分。		
			3. 井下个别机电设备设在回风流中，必须安装甲烷传感器。	现场检查：井下个别机电设备设在回风流中，未安装甲烷传感器扣1分。		
			4. 回风流中的机电硐室的进风侧应当安装甲烷传感器。	在回风流中的机电设备硐室的进风侧未安装甲烷传感器扣2分。		
			5. 使用架线电机车的主要运输巷道内装煤点处应当安装甲烷传感器。	使用架线电机车的主要运输巷道内装煤点处未安装甲烷传感器扣2分。		
			6. 高瓦斯矿井进风的主要运输巷道内使用架线电机车时，瓦斯涌出巷道的下风流处应当安装甲烷传感器。	高瓦斯矿井进风的主要运输巷道内使用架线电机车时，瓦斯涌出巷道的下风流处未安装甲烷传感器扣1分。		
			7. 井下临时瓦斯抽放泵站内下风侧栅栏外应安装甲烷传感器。	井下临时瓦斯抽放泵站内下风侧栅栏外未安装甲烷传感器扣2分。		
			8. 瓦斯抽放泵站应安装甲烷传感器，抽放泵输入管路中应设置甲烷传感器。	瓦斯抽放泵站应安装甲烷传感器，抽放泵输入管路中未安装甲烷传感器扣1分。		
			9. 采区回风巷、一翼回风巷及总回风巷测风站应当安装甲烷传感器。	采区回风巷、一翼回风巷及总回风巷测风站未安装甲烷传感器扣2分。		
			10. 兼做回风井的装有带式输送机的井筒内必须设置甲烷传感器。	兼做回风井的装有带式输送机的井筒内未安装甲烷传感器扣2分。		

注：★为否决项，不计入总分。

关于开展煤矿瓦斯治理专家会诊的工作安排

2010年9月2日　晋煤瓦发〔2010〕912号

各市煤炭工业局、省属五大集团：

为了深入落实《国务院关于进一步加强企业安全生产工作的通知》、国家发改委等四部门《关于进一步加强煤矿瓦斯防治工作，坚决遏制重特大瓦斯事故的通知》以及省政府《关于进一步加强当前安全工作的若干规定》，根据国家能源局、国家煤矿安全监察局《关于开展煤矿瓦斯治理专家会诊工作的通知》（国能煤炭〔2010〕235号），山西省相应成立煤矿瓦斯治理专家会诊工作组，牵头负责对全省高瓦斯和煤与瓦斯突出矿井开展一次煤矿瓦斯治理专家会诊，现将瓦斯专家会诊有关事项安排如下：

一、会诊目的

以此次国家开展瓦斯治理会诊为契机，通过开展煤矿瓦斯治理专家会诊，对高瓦斯和煤与瓦斯突出矿井进行剖析和评估，摸清全省煤矿瓦斯治理现状，全面总结我省“十一五”瓦斯治理成果，查找瓦斯治理存在的突出问题，调查我省资源整合兼并重组瓦斯治理遇到的新情况，掌握全省瓦斯治理安全欠账，研究和制定瓦斯治理新的政策措施，进一步将“通风可靠、抽采达标、监控有效、管理到位”瓦斯治理工作体系落实到位，提升我省瓦斯治理水平，为全面推进“十二五”瓦斯治理工作再上新台阶，促进我省煤矿安全生产形势的根本好转奠定基础。

二、会诊时间

2010年8月10日－2011年10月

三、成立煤矿瓦斯治理专家会诊工作组

(一) 国家煤矿瓦斯治理专家会诊（山西片区）工作组

组长：煤矿瓦斯治理国家工程研究中心：倪玉安

成员：由国家能源局、国家煤矿安全监察局抽调的瓦斯治理专家组成。

(二) 山西煤矿瓦斯治理专家会诊工作领导组

组　长：王守祯（煤炭厅厅长）

副组长：杨茂林（煤炭厅副厅长）、赵文才（煤监局总工程师）

下设瓦斯会诊领导组办公室：

办公室主任：苗贵财（瓦斯处处长）

联系人：吕祥，电话：03514117136；王小花，电话：03514095137

成立两个专家会诊小组：

一组：负责同煤集团、晋煤集团、潞安集团

组长：赵长春（山西省煤矿瓦斯综合治理工程研究中心总工程师）

成员：阳煤集团专家2人，焦煤集团专家3人

二组：负责阳煤集团、焦煤集团

组长：姜铁明（晋煤集团副总工程师）

成员：同煤集团专家2人、晋煤集团专家1人、潞安集团专家2人

2010年9月10日前，五大集团将通风瓦斯专家名单报瓦斯会诊办公室，将专家人员名单、职务、职称、联系方式发送至s×mttwsc@163.com。

四、会诊实施步骤

按照国能煤炭〔2010〕235号文中《煤矿瓦斯综合治理专家指导纲要》和《煤矿瓦斯治理专家会诊评估标准》（附后，以下简称指导纲要、会诊评估标准）进行会诊，主要分两步实施：

第一步：由国家和省两级专家组对全省国有重点监控企业（同煤集团、焦煤集团、阳煤集团、晋煤集团、潞安集团）所属高瓦斯和煤与瓦斯突出矿井在今年完成会诊。

第二步：由山西煤矿瓦斯治理专家会诊组对全省国有重点监控企业以外的高瓦斯和煤与瓦斯突出矿井在明年完成会诊。

具体实施分为四个阶段：

第一阶段：自评阶段

2010年9月10日前，由国有重点监控企业按照指导纲要、会诊评估标准组织对所属高瓦斯和煤与瓦斯突出矿井开展瓦斯治理自评估，按照国能煤炭〔2010〕235号文附件三的格式以矿井为单位填报《煤矿瓦斯治理专家会诊自评报告书》，各国有重点监控企业（集团公司）汇总后形成集团公司的瓦斯治理自评报告，与各所属矿的自评报告书一并在2010年9月10日前报到省煤炭厅瓦斯处。

2010年9月1日－11月30日，由各市煤炭工业局组织对所监管范围内的高瓦斯和煤与瓦斯突出矿井按照指导纲要、会诊评估标准开展瓦斯治理自评估，按照国能煤炭〔2010〕235号文附件三的格式以矿井为单位填报《煤矿瓦斯治理专家会诊自评报告书》，各市煤炭工业局汇总后形成各市的瓦斯治理自评报告，与各市监管范围矿的自评报告书一并在2010年12月15日前报到省煤炭厅瓦斯处。

报送邮箱：s×mttwsc@163.com

第二阶段：现场专家会诊阶段

2010年9月10日至10月30日，由国家会诊组对省确定的焦煤集团华晋焦煤公司沙曲矿和阳煤集团新景矿两个矿逐一进行会诊，并与矿签订会诊咨询服务协议，会诊组通过听取评估矿井自评意见，查阅图纸、资料、制度、瓦斯治理投入及人员配备等情况，并深入井下，查看矿井安全设施、设备，从瓦斯治理理念、管理、技术等方面全方位考察矿井瓦斯治理能力和水平，通过对煤矿采掘、通风、瓦斯抽采、运输、排水、防火等各大系统进行全面细致的会诊，每个矿会诊时间不少于3天。其他高瓦斯、煤与瓦斯突出矿井由省瓦斯治理会诊组同步进行，并在2010年10月30日前完成会诊工作。会诊后一周内，分别由两个会诊小组提交会诊总结报告报会诊办公室，由办公室对全省会诊情况进行总结提交国家会诊组。

2011年1月1日－6月30日，由省瓦斯会诊组对全省国有重点监控企业以外的高瓦斯和煤与瓦斯突出矿井参照国家瓦斯会诊模版进行会诊。

瓦斯专家会诊组到各市、集团公司煤矿具体日期由省瓦斯会诊组另行通知。

第三阶段：总结阶段

2010年11月、2011年7月，由省瓦斯治理会诊组分别将国有重点监控企业和各市煤矿的会诊情况分别总结形成报告，上报国家煤矿瓦斯治理专家会诊工作组，为下一步国家能源局和煤矿安全监察局研究提出加强煤矿瓦斯防治工作的新政策措施提供依据。

第四阶段：整改阶段

省国有重点监控煤矿企业在在2010年会诊后至2011年10月份，省国有重点监控以外煤矿企业在2011年6月会诊后至2012年6月份，按照专家会诊意见，确定整改方案、资金、时间、责任人，严格进行落实整改。省有关部门进行督促检查，国家能源局、国家煤矿安全监察局进行抽查，确保整改落实到位。

五、工作要求

1. 各煤矿企业主要领导要高度重视此次瓦斯会诊工作，并相应成立瓦斯会诊工作组，要切实把瓦斯会诊这项工作作为今年和明年的安全重点工作来抓，主要负责人亲自组织，积极开展瓦斯会诊工作。

2. 各煤矿企业认真按照国能煤炭〔2010〕235号文要求，对照基础标准和先进性标准做好瓦斯会诊自评，同时积极配合好国家、省瓦斯会诊组开展工作，摸清矿井瓦斯治理现状和问题，找出瓦斯治理的症结，充分利用此次专家会诊的有利条件和技术优势，转变观念和认识，寻求瓦斯治理的新途径、新方法，提升我省煤矿企业瓦斯治理水平。

3. 按照标准通过会诊，对于达不到基础标准的矿井，必须采取限产或停产整顿措施，严格整改，只有具备瓦斯防治基础标准后方可组织正常生产。

4. 各煤矿企业要把瓦斯会诊与自身的安全隐患排查与治理有机紧密地结合起来，特别是要把兼并重组的高瓦斯和突出矿井作为重点，对会诊发现的隐患和问题，根据专家会诊的意见，要认真梳理、深入研究，逐条逐项提出整改措施，要以“治大隐患、防大事故”为目标，及时采取有力措施，确保整改到位，安全管理有效，全面推进瓦斯治理各项措施的落实，为实现山西转型发展、跨越发展提供强有力的安全保障。

附件：国家能源局、国家煤矿安全监察局《关于开展煤矿瓦斯治理专家会诊工作的通知》

国家能源局 国家煤矿安全监察局关于开展煤矿瓦斯治理专家会诊工作的通知

各产煤省（区、市）煤矿瓦斯防治（集中整治）领导小组，发展改革委（能源局）、煤炭行业管理和煤矿安全监管部门，省级煤矿安全监察机构，新疆生产建设兵团，各有关煤炭科研院校、机构，各有关中央直属煤炭企业：

2006年，国家组织开展了以国有重点监控企业为重点的煤矿瓦斯治理专家会诊活动，有力地促进了煤矿瓦斯防治形势的稳定好转。目前，全国煤矿瓦斯防治形势和条件已发生重大变化。为深入贯彻落实《国务院关于进一步加强企业安全生产工作的通知》、《国务院办公厅关于继续深入开展“安全生产年”活动的通知》、国家发展改革委等四部门《关于进一步加强煤矿瓦斯防治工作 坚决遏制重特大瓦斯事故的通知》（发改能源〔2009〕3278号）以及关于组织开展大、中、小型煤矿瓦斯专项整治的通知精神，进一步摸清全国煤矿瓦斯防治现状，查找存在的突出问题，有针对性地帮助煤矿企业提高瓦斯防治水平，根据《国家发展改革委办公厅关于印发煤矿瓦斯防治2009年工作总结和2010年工作安排的通知》（发改办能源〔2010〕110号），国家能源局、国家煤矿安监局决定，在全国开展煤矿瓦斯治理专家会诊活动，现通知如下：

一、会诊目的

近年来，在党中央、国务院高度重视和正确领导下，通过各部门、各地区和广大煤矿企业的共同努力，全国煤矿瓦斯防治工作成效明显，抽采利用量大幅上升，事故死亡人数大幅下降，煤炭生产安全形势逐步好转。但全国煤矿瓦斯综合治理工作发展并不平衡，重特大瓦斯事故仍未得到有效遏制。部分煤矿在瓦斯防治理念、安全生产系统建设、安全技术管理、安全投入、职工培训教育等方面存在诸多问题，不能满足瓦斯治理的需要。

通过开展煤矿瓦斯治理专家会诊，对高瓦斯和煤与瓦斯突出矿井逐矿进行剖析和评估，摸清全国煤矿瓦斯治理现状，全面总结“十一五”煤矿瓦斯治理成果，查找存在的突出问题，调查安全欠账情况，研究和制定瓦斯治理新的政策措施，提升煤矿瓦斯治理水平，为全面推进“十二五”瓦斯治理工作再上新台阶，促进煤矿安全生产形势根本好转奠定基础。

二、会诊范围

所有高瓦斯和煤与瓦斯突出矿井。

三、实施方式

国有重点监控企业高瓦斯和煤与瓦斯突出矿井专家会诊工作，采取国家和省级两级专家会诊方式，以各省（区、市）为责任主体，国家能源局、国家煤矿安监局成立专家会诊工作组负责指导，今年内完成会诊工作。国有重点监控企业以外的高瓦斯和煤与瓦斯突出矿井的专家会诊，由各省（区、市）自行组织，明年内完成。

国家能源局、国家煤矿安监局分片区选择部分国有重点监控企业的高瓦斯和煤与瓦斯突出矿井，组织专家按照煤矿瓦斯综合治理专家会诊标准进行会诊，提出会诊意见。

各省（区、市）煤矿瓦斯防治（集中整治）领导小组办公室会同省级发展改革委（能源局）、煤炭行业管理和煤矿安全监管部门、煤矿安全监察机构，依据国家能源局、国家煤矿安监局制订的专家会诊标准，负责组织本辖区内其余国有重点监控企业高瓦斯和煤与瓦斯突出矿井的会诊工作。

四、片区划分

将全国煤矿企业按地区划分为11个片区。

(一) 辽吉片区。含抚顺矿业（集团）公司、阜新矿业（集团）公司、铁法煤业（集团）公司、沈阳煤业（集团）公司、辽源矿业（集团）公司、通化矿业集团公司等。

(二) 黑龙江片区。含龙煤集团公司下属的鸡西分公司、鹤岗分公司、七台河分公司、双鸭山分公司等。

(三) 山西片区。含山西焦煤集团公司、大同煤矿集团公司、阳泉煤业（集团）公司、晋城无烟煤矿业集团公司等。

(四) 河北片区。含开滦（集团）公司、冀中能源集团公司等。

(五) 内蒙古片区。含神华包头矿业公司、神华乌达矿业公司、平庄煤业（集团）公司等。

(六) 苏皖片区。含淮北矿业（集团）公司、淮南矿业（集团）公司、徐州矿务集团公司等。

(七) 湘赣片区。含江西煤炭集团公司、湘煤集团公司等。

(八) 河南片区。含中平能化集团公司、郑州煤炭工业（集团）公司、河南煤化工集团公司等。

(九) 川渝片区。含川煤集团公司及广旺能源发展（集团）公司、华蓥山广能（集团）公司等。

(十) 云贵片区。含盘江煤电（集团）公司、水城矿业（集团）公司等。

(十一) 陕甘宁片区。含铜川矿务局、韩城矿务局、窑街煤电公司、神华宁夏煤业集团公司。

五、工作机构

成立煤矿瓦斯治理专家会诊技术指导组和专家会诊工作组。

(一) 煤矿瓦斯治理专家会诊技术指导组（简称“技术指导组”），负责专家会诊的技术指导。

组　长：周世宁、张铁岗

成　员：卢鉴章、俞启香、王楚光

(二) 煤矿瓦斯治理专家会诊工作组（简称“专家会诊工作组”），负责专家会诊的现场技术指导、咨询服务。

组　长：袁 亮

成 员：程远平、周心权、刘泽功、刘明举、胡千庭、姜文忠、闫红新、卢溢洪、倪玉安、王积仁

下设11个片区会诊专家小组。

第一小组：沈阳煤炭研究院为组长单位，姜文忠任组长，负责指导辽吉片区专家会诊工作。

第二小组：辽宁工业技术大学为组长单位，王继仁任组长，负责指导黑龙江片区的专家会诊工作。

第三小组：煤矿瓦斯治理国家工程研究中心为组长单位，倪玉安任组长，负责指导山西片区的专家会诊工作。

第四小组：中国矿业大学（北京）为组长单位，周心权任组长，负责指导河北片区的专家会诊工作。

第五小组：重庆煤科院西北分院为组长单位，文光才任组长，负责指导内蒙古片区的专家会诊工作。

第六小组：中国矿业大学（徐州）为组长单位，程远平任组长，负责指导苏皖片区的专家会诊工作。

第七小组：河南理工大学为组长单位，刘明举任组长，负责指导湘赣片区的专家会诊工作。

第八小组：合肥煤炭设计院为组长单位，闫红新任组长，负责指导河南片区的专家会诊工作。

第九小组：重庆煤炭设计研究院为组长单位，卢溢洪任组长，负责指导川渝片区的专家会诊工作。

第十小组：重庆煤科院为组长单位，胡千庭任组长，负责指导云贵片区的专家会诊工作。

第十一小组：安徽理工大学为组长单位，刘泽功任组长，负责指导陕甘宁片区的专家会诊工作。

11个片区以外的浙江、福建、山东、湖北、广西、甘肃、青海、新疆等产煤省（区）及新疆生产建设兵团的瓦斯治理专家会诊工作按本通知要求，由本省（区）及新疆生产建设兵团自行组织。

六、工作步骤

国有重点监控企业瓦斯治理专家会诊工作分四个阶段进行。

(一) 自评阶段（8月10日至9月10日）

1. 确定会诊矿井名单。由各省（区、市）煤矿瓦斯防治（集中整治）领导小组办公室会同省级发展改革委（能源局）、煤炭行业管理部门和煤矿安全监管部门、煤矿安全监察机构等共同确定辖区需今年内进行会诊的国有重点监控企业的高瓦斯及煤与瓦斯突出矿井名单，以及建议由国家组织专家会诊的矿井名单（每省不超过2个），于8月20日前报国家能源局、国家煤矿安监局。

2. 企业自评。8月10日－9月10日煤矿瓦斯防治（集中整治）领导小组办公室会同省级发展改革委（能源局）、煤炭行业管理和煤矿安全监管部门、煤矿安全监察机构按照本通知要求，组织辖区内有关煤矿企业开展矿井瓦斯治理自评估，并将自评估报告汇总后以书面和电子版报送煤矿瓦斯治理国家工程研究中心。

3. 制订实施方案。其间的8月15日－9月10日，各片区会诊工作小组会同有关省级煤矿瓦斯防治（集中整治）领导小组办公室及相关部门，共同制订本片区会诊工作实施方案，报专家会诊工作组审核后实施。

(二) 现场专家会诊阶段（9月10日至10月30日）

国家组织的现场专家会诊时间为9月10日－20日。在11个片区中，每个片区选择2－3个重点煤矿，由片区会诊工作小组牵头单位与会诊矿井协商签订会诊咨询服务协议，并深入井下逐一进行专家会诊。会诊专家通过听取被评估矿井的自评意见，查阅资料、图纸，从瓦斯治理理念、管理、技术等方面全面考察矿井的瓦斯综合治理能力和水平，查看矿井安全设施、设备、制度、瓦斯治理投入及人员配备，研究瓦斯治理技术的针对性和可靠性，从井上到井下对煤矿的采掘、机电、通风、瓦斯抽采、运输、排水、防火等各大系统进行全面细致的会诊，并就矿井自评报告书汇报内容和自评意见提问、质询、讨论，形成片区会诊工作小组意见，每个矿井评估时间不少于3天。被评估企业需安排本企业相关人员参与评估，负责本企业专家会诊工作的协调联络，提供相关资料、图纸等工作，包括规章制度汇编、矿井地质说明书、矿井开拓平面图（剖面图）、采区布置图、煤层综合柱状图、瓦斯地质图、通风系统示意图、瓦斯抽采系统图、监测监控系统图、自评报告书和企业评审意见等。

各片区会诊工作小组负责将专家会诊结果材料交各有关省级煤矿瓦斯防治（集中整治）领导小组办公室，作为各省（区、市）组织专家会诊的模版。

9月10日－10月30日，各省（区、市）煤矿瓦斯防治（集中整治）领导小组办公室会同省级发展改革委（能源局）、煤炭行业管理和煤矿安全监管部门、煤矿安全监察机构，参照专家会诊模版，组织专家对本辖区内其余国有重点监控企业煤矿进行会诊，并将专家会诊报告报煤矿瓦斯治理国家工程研究中心。各片区会诊工作小组负责了解掌握本片区内会诊工作进展情况，提供技术指导和咨询服务。

(三) 总结阶段（11月1日至11月30日）

1. 专家会诊总结。11月1日－10日，由各省（区、市）煤矿瓦斯防治（集中整治）领导小组办公室会同省级发展改革委（能源局）、煤炭行业管理部门和煤矿安全监管、煤矿安全监察机构，形成本省（区、市）国有重点监控企业煤矿瓦斯治理专家会诊总结报告。

11月11日－20日，由片区会诊工作小组组织本片区评估人员，形成本片区国有重点监控企业瓦斯治理专家会诊总结报告。

11月20日－30日，由专家会诊工作组组长负责，形成本次专家会诊总结报告。

2. 报告审查。11月30日左右，国家能源局和国家煤矿安监局共同组织专家，评审专家会诊报告，研究提出加强煤矿瓦斯防治工作新的政策措施。

(四) 整改阶段（2010年12月至2011年10月）

各煤矿企业根据专家会诊意见，确定责任人，确保整改落实。各省（区、市）煤矿瓦斯防治（集中整治）领导小组办公室会同省级发展改革委（能源局）、煤炭行业管理和煤矿安全监管部门、煤矿安全监察机构负责督促检查。国家能源局、国家煤矿安监局组织抽查。

七、工作要求

(一) 明确会诊责任。国家能源局、国家煤矿安监局负责专家会诊的组织协调工作，成立技术指导组和专家会诊工作组，制订评估标准，明确评估要求，督促各省（区、市）按进度要求开展专家会诊工作。各省（区、市）是煤矿瓦斯治理专家会诊实施工作的主体，省级煤矿瓦斯防治（集中整治）领导小组办公室为本省（区、市）煤矿瓦斯治理专家会诊的牵头责任单位，负责协调本省（区、市）发展改革委（能源局）、煤炭行业管理部门和煤矿安全监管、煤矿安全监察机构，按照国家统一的会诊标准和要求，具体组织开展专家会诊工作。煤矿瓦斯治理专家会诊工作组负责了解掌握所负责的片区瓦斯治理专家会诊进展情况，提供技术指导和咨询服务。

(二) 加强组织领导。各省（区、市）要成立以煤矿瓦斯防治（集中整治）领导小组办公室主任为组长的煤矿瓦斯治理专家会诊工作领导小组，并从相关煤炭科研机构和院校、辖区内煤矿企业抽调技术专家成立会诊工作组，全面负责本地瓦斯治理专家会诊工作的实施。各省（区、市）煤矿瓦斯治理专家会诊工作领导小组和会诊工作组人员名单及联系电话，请于2010年8月20日前报国家能源局、国家煤矿安监局。

(三) 做好整改落实。本次会诊标准分两个层次，一是基础标准。国家已颁布的煤矿瓦斯治理相关法规、标准、规范，侧重于评估煤矿瓦斯防治基础条件；二是先进性标准。国家能源局、国家煤矿安监局总结近年来煤矿瓦斯防治工作经验，从瓦斯治理理念、管理、技术和治理效果等方面形成的会诊标准，侧重于评估煤矿瓦斯防治能力。达到基础标准要求，可认定为具备了煤矿瓦斯防治的基础条件；达到先进性标准，方可认定为具备了煤矿瓦斯防治能力。各省（区、市）煤矿瓦斯防治（集中整治）领导小组办公室会同相关部门，参考专家会诊整改意见，督促煤矿企业整改。对达到先进性标准的矿井，要认真总结好的经验做法，进行大力推广；对达到基础标准的矿井，要督促进一步提高瓦斯防治理念，完善瓦斯治理管理和技术措施，提高防治效果；对达不到基础标准的矿井，要采取限产或停产整顿等措施，具备瓦斯防治基础后方可正常组织生产。

联系电话：国家能源局 010－68502206 68502473 68502234（传真）

国家煤矿安监局 010－64463225 64464154（传真）

煤矿瓦斯治理国家工程研究中心 0554－7624675（带传真）

山西省经济和信息化委员会关于对太原市申请独立洗煤企业煤炭经营资格证企业审查情况进行公示的通知

2010年9月6日　晋经信能源字〔2010〕545号

太原市经信委：

你委晋经信能源字〔2010〕139号“关于申请领取独立洗煤企业《煤炭经营资格证》的报告”已收悉，按照晋经信办字〔2009〕19号“关于印发《独立洗煤企业煤炭经营资格证管理办法》的通知”

的有关规定，我委按要求对你们上报的山西明兴精煤有限公司等13户独立洗煤企业申报独立洗煤企业煤炭经营资格证的材料进行了审核，经研究决定：

一、山西明兴精煤有限公司立项、环保、土地、取水等行政许可手续完善，拟颁发有效期至2012年12月31日的独立洗煤企业煤炭经营资格证。

二、山西宏良国际焦化有限公司等12户企业立项、土地、环评、取水等行政许可手续尚不完备，拟颁发有效期至2011年6月30日的独立洗煤企业煤炭经营资格证，要求这些企业须在有效期内完善相关手续，否则将取消经营资格。

请你委将以上审查情况在当地媒体进行公示（公示期7天），接受社会监督，公示期结束后，对无异议的企业报我委。

山西省经济和信息化委员会关于对大同市申请独立洗煤企业煤炭经营资格证企业审查情况进行公示的通知

2010年9月6日　晋经信能源字〔2010〕546号

大同市经信委：

按照晋经信办字〔2009〕19号“关于印发《独立洗煤企业煤炭经营资格证管理办法》的通知”的有关规定，我委按要求对你们上报的大同市华昊实业有限责任公司洗煤厂等 3 户独立洗煤企业申报独立洗煤企业煤炭经营资格证的材料进行了审核，经研究决定：

一、大同市华昊实业有限责任公司洗煤厂、大同市南郊区汇源洗煤厂立项、环保、土地、取水等行政许可手续完善，拟颁发有效期至2012年12月31日的独立洗煤企业煤炭经营资格证。

二、大同市南郊区华天选煤有限责任公司立项、土地、环评、取水等行政许可手续尚不完备，拟颁发有效期至2011年6月30日的独立洗煤企业煤炭经营资格证，要求其须在有效期内完善相关手续，否则将取消经营资格。

请你委将以上审查情况在当地媒体进行公示（公示期7天），接受社会监督，公示期结束后，对无异议的企业报我委。

关于印发《山西省煤炭工业厅煤矿安全生产培训管理办法》及配套实施细则的通知

2010年9月13日　晋煤培发〔2010〕952号

各市煤炭工业局、国有重点煤炭集团公司，平朔煤炭工业公司，太原煤炭气化集团公司，山西煤炭运销集团公司，山西煤炭进出口集团公司，省监狱管理局：

为进一步加强和规范全省煤矿安全生产培训工作，省厅在认真调研和广泛征求意见的基础上，对2008年制定《山西省煤矿安全生产培训管理办法》（试行）及配套实施细则进行了修改、完善，现将修订后的《山西省煤炭工业厅煤矿安全生产培训管理办法》及《山西省煤炭工业厅煤矿主要负责人、安全生产管理人员安全生产培训实施细则》、《山西省煤炭工业厅煤矿特种作业人员安全生产培训实施细则》、《山西省煤炭工业厅煤矿企业其他从业人员安全生产培训实施细则》印发给你们，请各单位结合具体实际，认真贯彻落实。

附件：

1.《山西省煤炭工业厅煤矿安全生产培训管理办法》

2.《山西省煤炭工业厅煤矿主要负责人、安全生产管理人员安全生产培训实施细则》

3.《山西省煤炭工业厅煤矿特种作业人员安全生产培训实施细则》

4.《山西省煤炭工业厅煤矿企业其他从业人员安全生产培训实施细则》

附件1

山西省煤炭工业厅煤矿安全生产培训管理办法

第一章　总 则

第一条　为了加强全省煤矿安全生产培训工作，规范煤矿企业从业人员的安全生产培训、考核、发证管理，根据《煤炭法》、《安全生产法》、《矿山安全法》、《生产经营单位安全培训规定》（国家安全生产监督管理总局第3号令）、《安全生产培训管理办法》（国家安全生产监督管理局、国家煤矿安全监察局第20号令）、《关于加强煤矿安全培训工作的若干意见》（安监总培训字〔2005〕91号）、《关于印发〈煤矿安全培训监督检查办法（试行）〉的通知》（安监总煤矿字〔2005〕135号）、《特种作业人员安全技术培训考核管理规定》（国家安全生产监督管理总局令第30号）、《国务院关于进一步加强企业安全生产工作的通知》（国发〔2010〕23号）、《山西省安全生产条例》以及山西省人民政府办公厅《关于印发山西省煤炭工业厅主要职责内设机构和人员编制规定的通知》（晋政办发〔2009〕174号）、《山西省人民政府办公厅关于认真落实〈关于进一步明确煤矿安全监管职责的通知〉的通知》（晋政办函〔2010〕70号）等有关规定，结合本省实际，制定本办法。

第二条　本省行政区域内的煤矿安全生产培训及监督管理，适用本办法。

第三条　本办法所称安全生产培训是指以提高煤矿企业从业人员安全素质、管理水平及生产技能为目的的教育培训活动。

第四条　煤矿企业从业人员是指煤矿企业主要负责人、安全生产管理人员、煤矿特种作业人员（含煤矿矿井使用的特种设备作业人员）及其他从业人员。

主要负责人是指对煤矿生产和安全负全面责任、有安全生产决策权的人员。具体指：煤矿企业（含集团公司、总公司、子公司，下同）法定代表人、董事长、总经理，各类煤矿（公司）矿长（经理）。

安全生产管理人员是指从事煤矿安全生产管理工作的人员，分为A、B两类：

A 类安全生产管理人员具体指：煤矿企业安全、生产、机电副总经理、总工程师；各类煤矿（公司）安全、生产、机电副矿长（副经理）、总工程师、副总工程师、通风区（队）长。

B 类安全生产管理人员具体指：各类煤矿采煤、掘进、机电、运输、地测、调度等安全生产区（科、队、井）负责人；煤矿企业安全生产部门负责人。

煤矿特种作业人员是指直接从事煤矿特种作业的从业人员。

其他从业人员具体指除主要负责人、安全生产管理人员和特种作业人员以外，从事煤矿生产活动的所有人员，包括其他负责人、其他管理人员、技术人员、班组长和各岗位的工人以及临时聘用人员。

第五条　煤矿企业是安全生产培训的责任主体，负责本企业职工安全生产培训的组织管理工作，按规定选送企业主要负责人、安全生产管理人员、特种作业人员参加培训，并认真组织落实本企业职工的全员安全生产培训和考核工作。

第六条 安全生产培训遵循“依法行政、服务企业”的宗旨，按照“统一规划、归口管理；分级实施、分类指导；统一标准、教考分离”的原则组织实施。

第七条 省煤炭工业厅负责指导全省煤炭行业安全生产培训工作，依法对全省煤矿安全生产培训工作实施监督管理。

省属五大煤炭集团和省监狱管理局负责所属煤矿从业人员安全生产培训的组织管理。

各市煤炭工业局按属地负责除省属五大煤炭集团、省监狱管理局所属煤矿以外的各类煤矿企业从业人员安全生产培训的组织和监督管理。

第八条 省煤炭工业厅负责全省煤矿主要负责人和A类安全生产管理人员安全生产培训的组织管理、考核、发证工作；

省属五大煤炭集团和省监狱管理局负责所属煤矿B类安全生产管理人员和特种作业人员安全生产培训、考试的组织管理，省煤炭工业厅统一审核发证；

上述情况以外的各类煤矿B类安全生产管理人员和特种作业人员安全生产培训、考试由各市煤炭工业局按属地负责组织管理，省煤炭工业厅统一审核发证。

其他从业人员的安全生产培训、考核和发证由所在企业负责。

第九条 各市煤炭工业局、煤炭企业、省监狱管理局要结合本地区、本企业具体情况，制定相应的安全生产培训管理制度。

第二章 安全培训

第十条 煤矿企业从业人员安全生产培训应由具备相应资质的培训机构承担。

煤矿主要负责人和A类安全生产管理人员安全生产培训由具备二级以上资质的煤矿安全培训机构承担；

B类安全生产管理人员和煤矿特种作业人员安全生产培训由具备三级以上资质的煤矿安全培训机构承担；

煤矿企业其他从业人员安全生产培训由具备四级以上资质的煤矿安全培训机构承担。

第十一条 安全生产培训严格按国家统一制定的培训大纲，使用规范的培训教材，按规定的要求组织培训。

第十二条 煤矿主要负责人安全生产培训时间：地下煤矿初训时间不少于72学时，再培训时间不少于24学时；露天煤矿初训时间不少于48学时，再培训时间不少于16学时；

安全生产管理人员安全生产培训时间：地下煤矿初训时间不少于90学时，再培训时间不少于24学时；露天煤矿初训时间不少于52学时，再培训时间不少于16学时；

特种作业人员安全生产培训时间不少于90学时，复审和延期复审培训不少于8学时；

其他从业人员安全生产培训时间不少于72学时（井下新工人跟班实习不少于4个月），再培训不少于20学时。

第十三条 各市煤炭工业局、省属五大煤炭集团、省监狱管理局要结合本地区、本企业实际，做好安全生产培训规划和年度计划安排。

第十四条 培训机构要严格按规定的培训大纲组织教学，建立健全并严格执行各项培训教学管理制度，完善培训档案管理。

第三章 考核发证

第十五条 安全生产培训考核严格按“教考分离”原则组织实施。

第十六条 煤矿主要负责人、安全生产管理人员和煤矿特种作业人员安全生产培训考核按国家局统一制定的考核标准和方式执行；

其他从业人员安全生产培训的考核标准由各市煤炭工业局、省属五大煤炭集团、省监狱管理局按照国家局制定的培训大纲，结合本地区、本企业实际自行制定。

第十七条 培训期满，按规定考核合格后，发放相应的资格证书：

煤矿矿长发放《煤矿矿长资格证书》和《安全资格证书》；

矿长以外的其他主要负责人和安全生产管理人员发放《安全资格证书》；

特种作业人员发放《特种作业操作证》；其他从业人员发放《培训合格证书》。

第十八条 考试不合格者随下期培训班补考一次；补考仍不合格者，重新参加培训。

第四章 证书管理

第十九条 《煤矿矿长资格证书》、《安全资格证书》由省煤炭工业厅参照国家局规定式样统一监制；《特种作业操作证》由国家局统一监制；《培训合格证书》由煤矿企业按照省煤炭工业厅规定式样印制。

第二十条 《煤矿矿长资格证书》、《安全资格证书》、《特种作业操作证》的证书编号办法按国家局统一规定执行；《培训合格证书》的证书编号办法由省煤炭工业厅制定。

第二十一条 《煤矿矿长资格证书》、《安全资格证书》有效期均为3年，自取得证书次年起每年参加1次再培训，证书到期复训换证；

《特种作业操作证》有效期为6年，有效期内每3年复审一次，有效期满延期复审换证；

其他从业人员《培训合格证书》有效期为3年，证书到期复训换证。

第二十二条 《安全资格证书》和《特种作业操作证》全国范围内有效；《煤矿矿长资格证书》全省范围内有效；《培训合格证书》在本企业范围内有效。

第二十三条 持有A类《安全资格证书》的可直接到B类安全生产管理岗位任职，持B类《安全资格证书》的不得直接到A类安全生产管理岗位任职，需重新参加培训，取得相应类型的资格证书。

第二十四条 资格证书在有效期内，如服务单位与证书载明的工作单位名称不一致的，应按有关规定及时到发证机关办理变更手续。

第二十五条 资格证书为持证人任职或上岗的有效凭证，不得转借他人使用，如证书丢失或损毁，应及时到发证机关办理补办手续。

第二十六条 任何单位或个人不得无故扣留或占有持证人的资格证书。

第五章 监督管理

第二十七条 各市煤炭工业局、省监狱管理局要完善并落实好各项安全生产培训管理和监督检查制度，加强安全生产培训和持证上岗监督检查。

省属五大煤炭集团要完善并落实好各项安全生产培训管理和监督检查制度，加强安全生产培训和持证上岗监督检查。

各类煤矿企业要完善并落实好各项安全生产培训管理制度，建立健全从业人员安全生产培训档案，详细、准确记录培训考核情况，做好从业人员安全生产培训组织管理，严格持证上岗。

第二十八条 有违反《煤矿安全监察条例》（国务院令第296号）、《生产安全事故报告和调查处理条例》（国务院令第493号）、《国务院关于预防煤矿生产安全事故的特别规定》（国务院第446号令）、《国务院关于进一步加强企业安全生产工作的通知》（国发〔2010〕23号）、《安全生产培训管理办法》（国家总局令第20号）及《特种作业人员安全技术培训考核管理规定》（国家安全生产监督管理总局令第30号）等有关法律、法规、规章规定情形的，依据有关规定实施处罚。

第六章 附 则

第二十九条 本办法自2010年10月1日起执行。

附件2

山西省煤炭工业厅煤矿主要负责人、安全生产管理人员安全生产培训实施细则

第一章 总 则

第一条 为了加强和规范煤矿主要负责人、安全生产管理人员安全生产培训工作，依据《山西省煤炭工业厅煤矿安全生产培训管理办法》有关规定，制定本实施细则。

第二条 本省行政区域内的煤矿主要负责人、安全生产管理人员安全生产培训以及监督管理，依照本细则有关规定执行。

第三条 煤矿主要负责人、安全生产管理人员安全生产培训工作按照“归口管理、分级实施；统一标准，教考分离”的原则组织实施。

第四条 全省煤矿主要负责人和A类安全生产管理人员的安全生产培训组织及考核、发证由省煤炭工业厅负责；

省属五大煤炭集团和省监狱管理局负责所属煤矿B类安全生产管理人员安全生产培训、考试的组织管理，省煤炭工业厅统一审核发证；

上述情况以外的各类煤矿B类安全生产管理人员安全生产培训、考试由各市煤炭工业局按属地负责组织管理，省煤炭工业厅统一审核发证。

第五条 省煤炭工业厅负责制定煤矿主要负责人、A类安全生产管理人员年度培训计划并组织实施；各市煤炭工业局、省属五大煤炭集团和省监狱管理局按照本细则第四条职能划分负责制定B类安全生产管理人员年度培训计划并组织实施。

第二章 任职资格条件

第六条 按照国家和我省有关规定，结合我省煤炭行业发展实际，煤矿主要负责人和安全生产管理人员任职资格条件规定如下：

(一) 实行任职资格规定的人员包括：煤矿企业（含集团公司、总公司、子公司）总经理，各类煤矿（公司）矿长（经理）；所有安全生产管理人员。

(二) 煤矿企业总经理、矿长（经理）和A类安全生产管理人员要求具备煤炭相关专业大专以上学历；从事煤矿安全生产相关工作3年以上经历；矿长（经理）还须具备安全生产技术、管理岗位2年以上的工作经历。

B类安全生产管理人员要求具备煤炭相关专业中专或技校以上学力；从事煤矿安全生产相关工作2年以上经历。

第三章 培 训

第七条 煤矿主要负责人和A类安全生产管理人员的安全生产培训由省内具备二级以上资质的煤

矿安全培训机构承担（国有重点煤炭企业集团的董事长、总经理按国家局有关培训计划参加培训）。B类安全生产管理人员的安全生产培训由省内具备三级以上资质的煤矿安全培训机构承担。

第八条 培训严格按国家局制定的培训大纲组织进行，推荐使用国家局组织编写的培训教材。

第九条 煤矿主要负责人安全生产培训时间：地下煤矿初训时间不少于72学时，再培训时间不少于24学时；露天煤矿初训时间不少于48学时，再培训时间不少于16学时；

安全生产管理人员安全生产培训时间：地下煤矿初训时间不少于90学时，再培训时间不少于24学时；露天煤矿初训时间不少于52学时，再培训时间不少于16学时。

第十条 煤矿主要负责人和A类安全生产管理人员安全生产培训计划由省煤炭工业厅每年年初制定下发，并在山西煤炭教育培训网进行公布。

第十一条 初次培训领证人员报名时需提供以下材料：

1.《报名资格审查表》三份；

2. 任职煤矿企业的《煤炭生产许可证》或《采矿许可证》复印件三份（在非生产单位（无《采矿许可证》）任职的，需提供企业《营业执照》复印件）；

3. 本人身份证原件及复印件三份；

4. 相关学历毕业证原件及复印件三份；

5. 相关工作经历证明原件及复印件三份。

复训换证人员报名时需提供以下材料：

1.《报名资格审查表》三份；

2. 任职煤矿企业的《煤炭生产许可证》或《采矿许可证》复印件三份（在非生产单位（无《采矿许可证》）任职的，需提供企业《营业执照》复印件）；

3. 本人身份证原件及复印件三份；

4. 相关学历毕业证原件及复印件三份（如原资格证书为山西省煤炭工业厅发放，且证书所载学历符合任职资格规定的，不需再提供）；

5. 旧证书原件。

第十二条 主要负责人和A类安全生产管理人员的安全生产培训报名信息由培训机构使用“山西省煤炭工业厅安全培训网上报名系统”进行录入，报名结束后各培训机构要将报名材料及时整理上报省煤炭工业厅审核。

报送材料包括：

1.《培训报名人员花名表》一份（加盖培训机构公章）；

2. 参训人员报名材料一套。

第十三条 培训机构要做好培训教学和学员管理工作，严格考勤和请销假制度，规范培训建档，存档材料包括：

1. 培训办班申请审批表；

2. 培训授课安排表；

3. 培训人员花名表；

4. 培训人员报名材料（一套）；

5. 培训人员考勤表；

6. 培训人员考试成绩表。

第十四条 B类安全生产管理人员的安全生产培训，由各市煤炭工业局、省属五大煤炭集团和省监狱管理局按本细则第四条职能划分具体组织管理。

第四章　考核发证

第十五条　煤矿主要负责人和安全生产管理人员培训考核严格按照国家局制定的标准进行考核，考试统一使用国家局组织编制的考试软件，采用计算机操作方式，集中组织进行，总分100分，满60分及格。

领取《煤矿矿长资格证书》的参训人员，考试包括机考和笔试两部分，笔试内容以煤矿安全生产管理基本常识为主，采取闭卷笔答方式，总分100分，满80分及格。笔试成绩及格方可参加机考。

第十六条　培训期满，按规定考核合格的，发放相应的资格证书。

煤矿矿长发放《煤矿矿长资格证书》和《安全资格证书》；

矿长以外的其他主要负责人和安全生产管理人员发放《安全资格证书》。

第十七条　考试不合格者随下期培训班补考一次；补考仍不合格者，重新参加培训。

第十八条　B类安全生产管理人员的考核包括考试和审核两部分。考试由各市煤炭工业局、省属五大煤炭集团和省监狱管理局按本细则第四条职能划分负责组织。考试结束后，考试组织单位持《B类安全生产管理人员〈安全资格证书〉审核验印表》和《B类安全生产管理人员安全培训考试合格人员花名表》到省煤炭工业厅办理审核验印手续。

省煤炭工业厅对所上报的资料审核无误后，发放资格证书。

第十九条　考试组织单位要在培训结束后10个工作日内组织完成考试，考试结束后20个工作日内完成审核验印和证书发放工作。

第二十条　规范培训、考核、发证档案管理，存档资料包括：

1. 培训计划；

2. 培训办班申请审批表；

3. 培训人员报名材料（一套）；

4. 考场报告单、考生签字表、考试成绩单；

5. 审核验印表、验印人员名单。

B类安全生产管理人员的培训、考试资料由考试组织单位负责建档管理。

第五章　证书管理

第二十一条　《煤矿矿长资格证书》和《安全资格证书》由省煤炭工业厅参照国家局制定的式样统一印制，集中管理。

第二十二条　《煤矿矿长资格证书》和《安全资格证书》编号办法：

(一) 《煤矿矿长资格证书》证书编号共11位，编码规则为：

第1－2位是大写字母“MK”——“煤矿”汉语拼音的第一个字母；

第3－4位是省级地区代码，山西省代码为“14”；

第5－6位是地区分段管理码，详细设定见地区（集团）分段管理码表；

第7－11位是流水号，按照唯一性原则进行编制。

(二) 《安全资格证书》证书编号共14位，编码规则为：

第1－2位为发证年份后两位数字；

第3位代表证书延期情况（简称延期码），0代表初次领证，1代表第1次换证，依此类推；

第4－5位为省级地区代码，山西省代码为“14”；

第6位为类型码，代表资格类型，其中1代表主要负责人，2代表A类安全生产管理人员，3代表B类安全生产管理人员；

第7－8位为地区（集团）分段管理码，详细设定见地区（集团）分段管理码表；

第9－14位为流水号，按照唯一性原则进行编制。

地区（集团）分段管理码表

单　位	代 码	单　位	代 码
太原市煤炭工业局	01	忻州市煤炭工业局	10
大同市煤炭工业局	02	运城市煤炭工业局	11
阳泉市煤炭工业局	03	大同煤矿集团公司	12
晋中市煤炭工业局	04	山西焦煤集团公司	13
长治市煤炭工业局	05	阳泉煤业集团公司	14
晋城市煤炭工业局	06	潞安矿业集团公司	15
临汾市煤炭工业局	07	晋城无烟煤集团公司	16
吕梁市煤炭工业局	08	省监狱管理局	17
朔州市煤炭工业局	09		

第二十三条　《煤矿矿长资格证书》和《安全资格证书》有效期均为3年，取证后次年起每年参加一次再培训，证书到期复训换证。未按要求参加再培训的，不予复训换证。

第二十四条　持证人要在证书到期前3个月内参加复训；超过有效期3个月的，不再予以复训换证。

第二十五条　持有《安全资格证书》的A类安全生产管理人员，拟担任煤矿矿长的，应重新参加培训，考核合格取得《煤矿矿长资格证书》和《安全资格证书》两证后，方可任职。

第二十六条　《煤矿矿长资格证书》和《安全资格证书》中应载明持证人工作单位和职务。因工作变动或服务单位名称变更，造成任职单位与证书载明工作单位名称不一致的，应按有关规定及时到发证机关办理变更手续。

办理变更手续需提供以下材料：

1.《〈煤矿矿长资格证书〉、〈安全资格证书〉变更申请表》一份；

2. 本人身份证原件及复印件一份；

3. 现任职煤矿《煤炭生产许可证》、《采矿许可证》、《营业执照》（或《企业名称预先核准通知书》）复印件各一份；

4. 原任职的免职文件和现任职的任命文件原件及复印件各一份；

5. 资格证书载明学历与任职条件规定不符的，还需提供相关学历证明材料。

第二十七条　证书损毁、丢失的，要及时到发证机关补办证书。

办理证书补办手续需提供以下材料：

1. 本人身份证原件及复印件一份；

2. 原证书复印件一份（无原证书复印件的要由培训机构出具证明材料）；

3. 省级报刊遗失声明或企业主管部门（市煤炭工业局或集团公司）出具的证明材料。

第二十八条　B类安全生产管理人员《安全资格证书》的变更由各市煤炭工业局、省属五大煤炭集团、省监狱管理局按本细则第四条职能划分负责办理，并报省煤炭工业厅备案。

第六章 附 则

第二十九条 本细则自2010年10月1日起执行。

附件3

山西省煤炭工业厅煤矿特种作业人员安全生产培训实施细则

第一章 总 则

第一条 为加强和规范全省煤矿特种作业人员（含煤矿矿井使用的特种设备作业人员，以下简称“煤矿特种作业人员”）安全生产培训工作，依据《特种作业人员安全技术培训考核管理规定》（国家安全生产监督管理总局令第30号）和《山西省煤炭工业厅煤矿安全生产培训管理办法》有关规定，制定本实施细则。

第二条 本省境内所有煤矿特种作业人员的安全生产培训及监督管理，依照本细则有关规定执行。

第三条 本细则所称煤矿特种作业，是指容易发生事故，对操作者本人、他人的安全健康及设备、设施的安全可能造成重大危害的作业。特种作业的范围由特种作业目录规定。

按照国家现行有关规定，煤矿特种作业范围包括：井下电气作业、井下爆破作业、安全监测监控作业、瓦斯检查作业、安全检查作业、提升机操作作业、采煤机（掘进机）操作作业、瓦斯抽采作业、防突作业、探放水作业等10个类别。

第四条 煤矿特种作业人员应符合下列条件：

(一) 年满18周岁，且不超过国家法定退休年龄；

(二) 无妨碍从事相应特种作业的器质性心脏病、癫痫病、美尼尔氏症、眩晕症、癔病、震颤麻痹症、精神病、痴呆症以及其他疾病和生理缺陷，并经社区或者县级以上医疗机构体检健康合格；

(三) 初中以上文化程度，具备相应工种的安全知识和技能水平；

(四) 具有2年以上煤矿生产作业工作经历。

第五条 省属五大煤炭集团和省监狱管理局负责所属煤矿特种作业人员安全生产培训、考试的组织管理，省煤炭工业厅统一审核发证；

上述情况以外的各类煤矿特种作业人员安全生产培训、考试由各市煤炭工业局按属地负责组织管理，省煤炭工业厅统一审核发证。

第二章 安全培训

第六条 特种作业人员安全生产培训由具备三级以上资质的煤矿安全培训机构承担。本区域、本企业不具备培训条件的，经企业主管部门批准，可就近委托具备相应资质和条件的培训机构组织培训。

第七条 特种作业人员安全生产培训要严格按国家局制定的培训大纲组织进行，推荐使用国家局组织编写的培训教材。

第八条 初次培训领证人员培训时间不少于90学时，内容包括理论知识学习和实际操作技能培训。培训报名需提供以下材料：

1. 本人身份证原件及复印件；

2. 文化程度证明材料原件及复印件；

3. 社区或县级以上医院出具的健康证明；

4. 所在煤矿企业出具的工作简历证明材料。

第九条　培训报名信息由培训机构统一使用国家局编制的《特种作业IC卡管理系统》进行录入，报名结束后，及时上报考试组织单位。

第十条　培训机构要严格按计划组织办班，严格考勤管理，做好培训建档和管理工作，存档材料包括：

1. 培训办班申请审批表；

2. 培训授课安排表；

3. 培训人员花名表；

4. 培训人员报名材料（一套）；

5. 培训人员考勤表；

6. 培训人员考试成绩表。

第三章　复审和延期复审

第十一条　《特种作业操作证》在有效期内3年复审一次，有效期满需要延期换证的，需申请延期复审。

第十二条　到期需要复审或延期复审的，应当在期满前2个月内申请参加复审培训；超过有效期3个月未申请的，不再予以复审或延期复审。

第十三条　复审和延期复审培训时间不少于8学时，内容主要包括法律、法规、标准、事故案例和有关新工艺、新技术、新装备等知识。

第十四条　复审和延期复审培训人员报名时需提供以下材料：

1. 本人身份证原件及复印件；

2.《特种作业操作证》正卡（即：IC卡）原件；

3. 社区或县级以上医院出具的健康证明；

4. 所在煤矿企业出具的安全作业证明材料。

第十五条　复审合格的，正卡（IC卡）刷新数据，贴复审标签，副卡重新制作；延期复审合格的，换发证书。

第十六条　有下列情形之一的，复审或延期复审不予通过：

(一) 超过国家法定退休年龄或健康体检不合格的；

(二) 违章操作造成严重后果或者有2次以上违章行为，并经查证确实的；

(三) 有安全生产违法行为，并给予行政处罚的；

(四) 未按规定参加安全培训，或者考试不合格的。

第四章　考核和发证

第十七条　特种作业人员安全生产培训的考核包括考试和审核两部分，考试由各市煤炭工业局、省属五大煤炭集团和省监狱管理局按本细则第五条职能划分负责组织，省煤炭工业厅负责审核和发证。

第十八条　考试按国家局制定的考核标准执行，总分100分，满60分及格。初训人员要求进行理论知识和实际操作两项考试，复审和延期复审人员要求进行理论知识考试。

第十九条　理论知识考试统一使用国家局组织编制的考试软件，实行计算机操作考试，由考试组织单位集中组织进行。

实际操作考试应以实际操作方式为主，暂不具备实际操作条件的，可以计算机模拟或答辩方式进行。

第二十条 培训期满，按规定考核合格的，发放《特种作业操作证》。不合格者可随下一期培训班补考一次；补考仍不合格者，重新参加培训。

第二十一条 考试结束后，考试组织单位持《〈特种作业操作证〉审核验印表》和《煤矿特种作业人员安全生产培训考试合格人员花名表》到省煤炭工业厅办理审核验印手续。

省煤炭工业厅对所上报的资料审核无误后，发放资格证书。

第二十二条 考试组织单位要在培训结束后10个工作日内组织完成考试，考试结束后20个工作日内完成审核验印和证书发放工作。

第二十三条 要规范培训、考核、发证档案管理，存档资料包括：

1. 培训计划；
2. 培训办班申请审批表；
3. 学员报名材料（一套）；
4. 考场报告单、考生签字表、考试成绩单；
5. 审核验印表、验印人员名单。

具体培训、考试资料由各市煤炭工业局、国有重点煤炭企业、省监狱管理局负责建档管理。

第五章 证书管理

第二十四条 《特种作业操作证》分为正证（IC卡）和副证。正证有效期为6年，副证有效期为3年。

第二十五条 有效期内的证书，因持证人工作单位变动或其他原因，造成证书所载单位名称与服务单位名称不一致的，可暂不办理服务单位名称变更手续，到期随复审（延期复审）换证一并完成变更。

第二十六条 特种作业人员必须持证上岗。

第二十七条 证书在有效期内，但离开特种作业岗位6个月以上的，应当重新进行实际操作考试，经确认合格后方可上岗作业。

第二十八条 异地作业的特种作业人员，可向从业煤矿行业主管部门申请复审或延期复审。

第二十九条 《特种作业操作证》的注销、吊销，由各市煤炭工业局、省属五大煤炭集团和省监狱管理局按本细则第五条职能划分，按照《特种作业人员安全技术培训考核管理规定》（国家安全生产监督管理总局令第30号）有关规定和程序办理，并报省煤炭工业厅备案。

第三十条 《特种作业操作证》不得涂改、转借。

第六章 附 则

第三十一条 本细则自2010年10月1日起执行。

附件4

山西省煤炭工业厅煤矿企业其他从业人员安全生产培训实施细则

第一章 总 则

第一条 为了加强和规范全省煤矿企业其他从业人员安全生产培训工作，依据《山西省煤炭工业厅煤矿安全生产培训管理办法》有关规定，制定本实施细则。

第二条　全省煤矿企业其他从业人员安全生产培训及监督管理，依照本细则有关规定执行。

第三条　其他从业人员具体指除主要负责人、安全生产管理人员和特种作业人员以外，从事煤矿井下生产活动的所有人员，包括其他负责人、其他管理人员、技术人员、班组长和各岗位的工人以及临时聘用的人员。

第四条　煤矿企业是安全生产培训的责任主体，应根据工作性质对其他从业人员进行安全生产培训，保证其具备本岗位安全操作、应急处置等知识和技能；要做好培训计划和日常组织管理，未经安全教育和培训合格的人员，不得上岗作业。

第五条　各级煤炭行业主管部门负责指导监督所属煤矿及属地安全监管煤矿其他从业人员的安全生产培训。

第二章　培 训

第六条　其他从业人员的安全生产培训由具备四级以上资质的煤矿安全培训机构承担。

第七条　培训要本着"就近培训、工学结合"的原则，以企业自主培训为主；不具备安全培训条件的煤矿企业，可就近委托具有相应资质的安全培训机构组织培训。

第八条　培训按国家统一的培训教学大纲，推荐使用省煤炭工业厅组织编写的培训教材，同时，可结合具体工种要求选取规范的辅助教材组织教学。

第九条　其他从业人员安全生产培训时间不少于72学时（井下新工人跟班实习不少于4个月），再培训不少于20学时。

第十条　其他从业人员安全生产培训要重点加强实际操作技能培训，新工人培训要认真落实跟班实习制度。

第十一条　从业人员改换工种岗位或离开本工种岗位一年以上重新上岗时，应当接受转岗培训或重新培训。

第十二条　煤矿企业采用新工艺、新技术或者使用新设备、新材料时，应当对有关人员进行针对性的安全和技能培训。

第十三条　培训机构要严格按培训大纲和培训计划组织培训，严格考勤管理，规范培训建档。

第三章　考核发证

第十四条　其他从业人员安全生产培训考核由所在煤矿企业负责。

第十五条　考核严格按考核标准执行。煤矿企业要按照培训大纲和考核标准，结合本企业实际，组织编制考试题库，规范培训考核。

第十六条　培训期满，按规定考核合格后，由所在煤矿企业发放《培训合格证书》。不合格者可随下期培训班参加补考；补考仍不合格者，重新培训。

第十七条　取得《培训合格证书》的井下新工人，企业要进一步结合本矿实际，进行为期不少于三天的针对本矿特点的安全生产岗前技能培训，重点是《煤矿安全规程》、《作业规程》、《操作规程》、灾害特点、避灾路线、应急避险等内容，并在有经验的职工带领下实习不少于4个月。实习期满，考核合格后方可独立上岗作业。

第十八条　《培训合格证书》证书编号共20位，编码规则为：

第1－2位为地区（集团）分段管理码，详细设定见地区（集团）分段管理码表；

第3－20位为持证人身份证号。

地区（集团）分段管理码表

单　位	代码	单　位	代码
太原市煤炭工业局	01	大同煤矿集团公司	12
大同市煤炭工业局	02	山西焦煤集团公司	13
阳泉市煤炭工业局	03	阳泉煤业集团公司	14
晋中市煤炭工业局	04	潞安矿业集团公司	15
长治市煤炭工业局	05	晋城无烟煤集团公司	16
晋城市煤炭工业局	06	山西煤炭运销集团公司	17
临汾市煤炭工业局	07	山西煤炭进出口集团公司	18
吕梁市煤炭工业局	08	平朔煤炭工业公司	19
朔州市煤炭工业局	09	太原煤炭气化集团公司	20
忻州市煤炭工业局	10	省监狱管理局	21
运城市煤炭工业局	11		

第四章　附 则

第十九条　本细则自2010年10月1日起执行。

关于切实做好全省煤矿井下作业人员管理系统联网和煤矿安全监管执法与决策系统建设工作的通知

2010年9月15日　晋煤办调发〔2010〕1019号

各市煤炭工业局、各国有重点煤炭企业、平朔煤炭工业公司、太原煤气化集团公司、山西煤炭运销集团公司、山西煤炭进出口集团公司、省监狱管理局：

根据《国务院关于进一步加强企业安全生产工作的通知》（国发〔2010〕23号）、《国家安全监管总局、国家煤矿安监局关于建设完善煤矿井下安全避险“六大系统”的通知》（安监总煤监（2010）146号）及《国家安全监管总局、国家煤矿安监局关于认真贯彻落实国务院〈通知〉精神，切实加强煤矿安全生产工作的实施意见》（安监总煤监（2010）152号）文件精神，为了加快建设完善煤矿井下作业人员管理系统和安全监管执法系统，充分发挥系统在加强煤矿安全监管，促进煤矿安全生产中的作用，现就有关事项通知如下：

一、各单位要认真全面落实省厅晋煤办安调发（2009）179号文件精神和国家强制性标准《煤矿井下作业人员管理系统使用与管理规范》（AQ1048－2007）的规定，监督所属煤矿完善矿端井下作业人员管理系统，按规定设置井下人员位置监测分站、井口电子公示牌、配齐人员标识卡并保证完好，保证数据传输正常。要健全监控中心组织机构，完善机房设施，保证矿端系统正常运行。为了实现网络执法功能，各煤矿应有专用于煤矿安全监管与决策系统的终端。

二、各单位要督促矿端系统的生产厂商按照《山西省煤矿井下作业人员管理系统联网数据传输规范（修订版）》、《山西省煤矿井下作业人员管理系统联网数据生成技术要求》等技术规范的要求提供合格的数据上传程序。

三、各集团公司要抓紧进行井下作业人员管理系统联网和安全监管与决策系统硬件和软件的安装部署，保证所属煤矿井下作业人员管理系统联网和煤矿安全监管与决策系统按期正常运行。

四、各单位要督促煤矿安全监控系统、煤炭产量远程监控系统及煤矿井下作业人员管理系统生产厂商按照《山西省煤矿安全监管执法与决策系统数据采集标准》的要求，按期将合格数据传输至安全监管执法与决策系统中。

五、各单位必须在2010年底前，完成生产矿井的井下作业人员管理系统联网和监管执法与决策系统的建设，并投入正常运行。

六、各级煤炭管理部门要将各类煤矿安装并按规定使用煤矿井下作业人员管理系统作为煤炭生产许可的一项重要内容，对不按规定安装系统或系统运行不正常的煤矿，要按照有关规定暂扣煤炭生产许可证，责令停产整顿。基建矿井要按照“三同时”的原则设计、安装和使用煤矿井下作业人员管理系统。煤矿井下作业人员管理系统与建设项目主体工程未做到同时设计的，一律不得审批，未做到同时施工的责令立即停止施工，未同时投入使用的不得通过投产验收，不得颁发煤炭生产许可证。

七、煤矿井下作业人员管理系统联网及安全监管执法与决策系统投入运行后，各县煤炭管理部门和集团公司要通过安全监管执法与决策系统，对所属煤矿进行监管。

八、各级煤炭管理部门和集团公司要健全监控中心组织机构，配齐合格的监控和维护人员，实行24小时值班。

九、各单位要建立健全管理制度，搞好系统的管理、使用和维护工作，使系统在煤矿安全监管和服务方面发挥积极作用。

十、省厅将适时对各单位系统建设和运行情况进行检查，并将检查情况作为省厅对各单位年度目标责任制考核的依据。

关于独立洗煤企业煤炭经营资格证有关问题的通知

2010年9月19日　晋经信能源字〔2010〕594号

各市经信委（经委）：

《独立洗煤企业煤炭经营资格证管理办法》（以下简称《办法》）实施以来，对于规范我省煤炭洗选加工行业生产经营秩序，扼制盲目重复建设，提升产业技术装备水平，淘汰落后产能起到了非常重要的作用。经过一年来的工作，全省大部分符合《办法》条件的独立洗煤企业都领取了《独立洗煤企业煤炭经营资格证》。为了进一步加强独立洗煤企业煤炭经营资格证管理，现就有关问题通知如下：

一、符合《办法》条件，2009年7月22日之前立项，尚未领证的已投产企业，须于2010年11月1日前提出申请，过期不再受理。

二、2009年7月22日之后立项的独立洗煤企业，须符合省政府晋政发〔2005〕6号“关于加快三大煤炭基地建设促进全省煤炭工业可持续发展的意见”的有关规定方可提出办证申请。

三、各市经信委（经委）要对本辖区内的独立洗煤企业进行清理，督促已领取有效期至2011年6月30日的独立洗煤企业煤炭经营资格证的企业尽快完善相关手续，否则到期资格证失效。

四、在制定“十二五”发展规划时要将独立洗煤行业纳入规划范围。

五、鼓励合法独立洗煤企业兼并重组，淘汰落后产能，提高产业集中度，今后原则上不再审批单独增加产能的独立洗煤项目。

六、要加强独立洗煤企业监管，掌握企业经营状况，发现问题及时解决，如遇重大事项及时报告。

关于办理煤炭经营事项变更有关问题的通知

2010年9月21日　晋煤经发〔2010〕1015号

各市煤炭工业局、中国（太原）煤炭交易中心、各国有重点煤炭集团公司、中煤能源集团公司、平朔煤炭工业总公司、太原煤气化集团公司、山西煤炭运销集团公司、山西煤炭进出口集团公司、山西国新能源发展集团公司、山西统配煤炭经销总公司、山西能源产业集团公司、省监狱管理局、省劳教局、省直各计划单列单位：

为提高行政审批工作效率，建立权责明确、行为规范的煤炭经营监督管理体制，树立勤政、务实、廉洁、高效、法制、服务的省级煤炭管理机关新形象，更好地服务企业、服务社会，根据《煤炭法》、《山西省煤炭管理条例》、《煤炭经营监管办法》（国家发改委第25号令）、山西省人民政府晋政办发〔2009〕174号文件等法律、法规、政策的规定，结合我省实际，现就全省煤炭企业办理煤炭经营事项变更有关问题通知如下：

一、变更煤炭经营事项

(一) 变更煤炭经营资格证登记项目

煤炭经营企业申请变更煤炭经营资格证企业名称、法定代表人、注册资本、办公场所、经营场所等登记项目的，向省煤炭厅提出申请报告并提交下列相关资料。

1. 变更煤炭经营资格证企业名称，需提交工商管理部门出具的企业名称预核准通知书、企业董事会决议或企业出资（全资及控股）单位以及主管部门的正式批准文件；

2. 变更法定代表人，需提交企业董事会决议或企业出资（全资或控股）单位以及主管部门的正式任命文件；

3. 变更注册资本，需提交企业董事会决议或企业出资（全资或控股）单位以及主管部门的正式批准文件，法定验资机构出具的资信证明文件；

4. 变更办公场所，属自有产权的，需提交县级（含县级）以上国土管理部门出具的土地使用权证明。属租赁的，需提交与产权拥有单位签订的经公证部门公证的房屋租赁合同。

5. 变更经营场所，属自有产权的，需提交经营场所所在地县级（含县级）以上环保管理部门出具的环保合格批准文件和国土管理部门出具的土地使用权证明材料。属租赁的，需提交与产权拥有单位签订的经公证部门公证的租赁合同。

(二) 变更铁路发煤站点

铁路运输煤炭经营企业在铁路的户头、发煤站点保持相对固定，除特殊情况经省煤炭厅批准外，原则上两年内不得变更。确需变更的，向省煤炭厅提交申请报告，并提交下列资料：

1. 企业自有铁路专用线、储煤场地使用权证明或30个以上独立铁路发煤站货位的相关证明；

2. 与合法煤炭生产、建设企业签订的煤源采购合同（复印件并加盖公章），与用户签订的煤炭购销合同；

3. 县级以上（含县级）环保管理部门出具的环保合格的批准文件和国土管理部门出具的土地使用权批准文件，质监部门出具的计量设施、煤炭质量检测设施合格证明及颁发的计量、质检工作人员操作上岗证书；

4. 铁路基层站、段同意变更的意见。

(三) 变更煤炭铁路运输计划归口管理渠道

煤炭经营企业煤炭铁路运输计划归口管理渠道原则上维持现有管理渠道不变，确需变更的，向省煤炭厅提出申请，并提交原归口管理单位和新归口管理单位同意变更的正式文件。

(四) 增加煤炭经营方式

煤炭经营企业申请增加经营方式，向省煤炭厅提出申请，并根据申请增加的经营方式，按申请铁路运输、公路运输、储售煤场经营资格要求的内容提交相关材料。

(五) 增加铁路发煤站点

煤炭经营企业申请增加铁路发煤站点，须符合下列要求：

1. 符合省政府有关产业政策和环保要求；

2. 符合就近运输和一户一站原则。除特殊情况经批准外，同一企业不得在同一铁路线50公里范围内的发煤站（煤矿铁路专用线、煤炭集运站）连续铁路立户。国有大型煤炭集团下属公司在一县（市、区）境内只可在一个发煤站（煤矿铁路专用线、煤炭集运站）上铁路立户；除国有大型煤炭企业及省批准的企业外，其他企业原则上不得跨企业工商注册地的行政区域铁路立户（自建坑口铁路专用线的煤矿除外）发运煤炭；

3. 煤炭经销贸易企业申请增加铁路发站的，根据国家下达的煤炭铁路运输计划量及铁路实际发运能力，以与合法煤炭生产、建设企业签订的货源采购合同、与用户签订的煤炭购销合同、年经营规模为依据，按下列规定执行：年发运量低于30万吨的，原则上不予增加；年发运量在30－50万吨的，控制在2－3个发煤站发运；年发运量在50－100万吨的，控制在3－4个发煤站发运；年发运量在100万吨以上的，不应超过5个发煤站发运；

4. 符合规定的，向省煤炭厅提交申请报告，按变更发煤站的规定提交相关材料。

二、审批程序

(一) 审批程序

1. 煤炭经营事项变更文件和资料由市煤炭局及煤炭大集团和具有煤炭铁路运输计划归口管理资格的单位按规定权限上报，省煤炭厅政务大厅负责受理；

2. 受理人员按照国家和省的法律、法规、政策等规定，对上报的文件和资料的齐全完整有效性进行初审，符合规定的予以受理并出具《受理通知书》。对不符合规定的，告知企业不受理的原因。对上报材料齐全完整有效性不符合规定要求的，一次性告知需补办的资料内容；

3. 职能处室审查人员根据《煤炭法》、《山西省煤炭管理条例》、《煤炭经营监管办法》等，对受理的文件和资料进行审查。必要时可组织相关人员对企业的实际情况进行现场核实；

4. 对符合规定的由审查人员提出审查意见，处室负责人审核，报厅领导审批，以省煤炭厅正式文件批复并及时通知企业。对不符合规定的，告知企业原因并将申请报告和材料退还企业。

(二) 审批时限

省煤炭厅自收到齐全完整有效材料之日起，在25个工作日内完成审批。在25个工作日不能完成审批的，经省煤炭厅主要负责人批准，可延长。

(三) 实行A、B角岗位责任制

煤炭经营事项变更审批实行“A、B角零缺位制”，省厅领导正常情况下签批由A角负责，在A角缺位达5个工作日以上的，由B角负责。

三、其他

通知自下发之日起执行，以前所发文件与本通知不符的以本通知规定为准。

关于印发《煤矿领导带班下井及安全监督检查规定实施细则》的通知

2010年9月30日　晋煤安发〔2010〕1134号

各市煤炭工业局、各国有重点煤炭集团公司、平朔煤炭工业公司、太原煤炭气化集团公司、山西煤炭运销集团公司、山西煤炭进出口集团公司、省监狱管理局：

为切实加强煤矿安全工作，充分发挥煤矿领导在安全生产工作中的重要作用，按照《煤矿领导带班下井及安全监督检查规定》（国家安全监管总局令第33号）的要求，省煤炭厅通过调研，结合我省实际，制定了《煤矿领导带班下井及安全监督检查规定实施细则》（以下简称《实施细则》），现印发你们，请认真贯彻落实，同时提出以下要求：

一、高度重视，认真组织学习《实施细则》

《实施细则》对进一步规范煤矿领导带班下井，加强现场安全管理，有效预防煤矿安全事故的发生，具有重要意义。各单位要高度重视，提高矿领导思想认识，认真组织学习《实施细则》，深刻领会其各项条款的内涵，不折不扣贯彻执行。

二、结合实际，积极制定相关制度

各单位要按照省厅出台的《实施细则》，抓紧制定符合本地区和本单位实际的领导带班下井制度。省属五大煤炭集团公司制定的煤矿领导带班下井制度，要于10月30日前报省煤炭厅备案。

三、加强检查，确保制度执行到位

各市、县煤炭行业管理部门及省属五大煤炭集团公司要加强对煤矿领导带班下井制度的建立和执行情况的监督检查。发现煤矿存在违反《煤矿领导带班下井及安全监督检查规定》以及《实施细则》的行为，要依法作出现场处理或实施行政处罚。

附件：1. 煤矿领导带班下井及安全监督检查规定实施细则

2. 《煤矿领导带班下井及安全监督检查规定》（国家安全监管总局令第33号）

附件1

煤矿领导带班下井及安全监督检查规定实施细则

第一章　总则

第一条　根据《煤矿领导带班下井及安全监督检查规定》（国家安全监管总局令第33号），结合我省实际，制定本实施细则。

第二条　煤矿领导带班下井和县级以上煤炭行业管理部门对其实施监督检查，适用本实施细则。

第三条　各级煤炭行业管理部门是落实煤矿领导带班下井制度的主管部门，负责督促煤矿抓好有关制度的建设和落实。同时要对煤矿领导带班下井进行日常性的监督检查，对煤矿违反带班下井制度的行为依法作出现场处理或者实施行政处罚。

第四条　本实施细则所称的煤矿，是指煤矿生产矿井和建设矿井，建设矿井指新建、改建、扩建和技术改造等矿井。

本实施细则所称煤矿领导，是指煤矿的主要负责人、领导班子成员和副总工程师。

建设矿井的领导，是指从事煤矿建设的施工单位或项目部的主要负责人、领导班子成员和副总工程师。

第五条 煤矿、施工单位（以下统称煤矿，下同）是落实领导带班下井制度的责任主体，每班必须有矿领导带班下井，并与工人同时下井、同时升井。

煤矿主要负责人对落实领导带班下井制度全面负责，带班下井领导协助矿长对当班安全生产负责。

第六条 任何单位和个人对煤矿领导未按照规定带班下井以及下井不履行职责或者弄虚作假的，均有权向煤炭行业管理部门和各级煤矿工会、纪委、组织等部门举报和报告。

第二章 带班下井

第七条 煤矿要建立健全领导带班下井制度，并严格考核。带班下井制度应当明确带班下井人员、每月带班下井的次数、带班下井的任务、职责权限、群众监督和考核奖惩等内容。

煤矿的主要负责人每月带班下井不得少于5个。其他领导班子成员和副总工程师的带班下井次数由煤矿企业根据实际情况自行安排。

煤矿企业必须认真制定领导带班下井月计划。每月底之前要制定出下月的领导带班下井计划（下井排班计划表），计划中必须明确每日每班带班矿领导的姓名和职务。领导带班下井月计划要在矿调度室公示，当天带班下井领导姓名和职务要在井口明显位置挂牌公示。煤矿领导每月带班下井工作计划的完成情况，要在煤矿公示栏公示，接受群众监督。

第八条 煤矿领导带班下井制度实行备案制。

省属五大煤炭集团公司（同煤集团、焦煤集团、阳煤集团、潞安集团、晋煤集团）要制定所属煤矿的领导带班下井制度，报省煤炭厅备案，同时抄送山西煤监局。煤矿的领导带班下井制度，要报集团公司备案。

各市、县煤炭局要制定所监管煤矿的领导带班下井制度，并负责监督落实。各煤矿制定的领导带班下井制度，要按安全监管隶属关系报县、市煤炭局备案，同时抄送驻地煤矿安全监察机构。

第九条 煤矿领导带班下井时，要履行下列职责：

(一) 加强对重点部位、关键环节的检查巡视，全面掌握当班井下的安全生产状况；

(二) 及时发现和组织消除事故隐患和险情，及时制止违章违纪行为，严禁违章指挥，严禁超能力、超强度、超定员组织生产；

(三) 遇到险情时，立即下达停产撤人命令，组织涉险区域人员及时、有序撤离到安全地点。

第十条 煤矿领导带班下井实行井下交接班制度。

上一班的带班领导要在井下向接班的领导详细说明井下安全状况、存在的问题及原因、需要注意的事项等，并认真填写交接班记录簿。

第十一条 煤矿要建立领导带班下井情况每日汇报制度。省属五大煤炭集团公司所属煤矿每日要向上一级公司调度室汇报领导带班下井情况，各市、县煤炭局所监管煤矿每日要按照监管隶属关系向市、县煤炭局调度室汇报领导带班下井情况。

第十二条 煤矿要建立领导带班下井公布制度。

省属五大煤炭集团公司、各市煤炭局要于每季度首月5日前，在电视、报纸、网络等当地主要媒体上向社会公布上季度煤矿领导带班下井情况。对于未按照带班计划完成带班下井工作或履职不到位的领导，要在媒体上通报处理结果。

第十三条 煤矿要建立领导带班下井档案管理制度。

煤矿领导升井后，要及时将下井的时间、地点、经过路线、发现的问题及处理情况、意见等有关情况进行登记，并由专人负责整理和存档备查。

煤矿领导带班下井的相关记录和煤矿井下人员定位系统存储信息保存期不少于一年。

第十四条 煤矿要严格执行安全隐患排查治理制度。对领导在现场带班检查发现的问题和隐患，现场能整改的要立即整改；现场不能解决的，带班领导升井后要立即将有关情况报调度室，当日值班人员（分管领导）及时安排有关部门和单位按照“五落实”原则进行整改，相关人员要做好跟踪落实。

第十五条 煤矿要落实重大安全生产隐患报告、治理、督办、销号和隐患整改效果评价制度。各煤矿在领导带班下井过程中发现重大安全隐患时，要立即停产撤人，及时按照有关规定进行报告和治理，并进行挂牌督办。在整改结束后，煤矿主要负责人要组织相关人员进行隐患整改效果评价，确保整改到位。

第十六条 煤矿没有领导带班下井的，煤矿从业人员有权拒绝下井作业。煤矿不得因此降低从业人员工资、福利等待遇或者解除与其订立的劳动合同。

第十七条 加强煤矿企业内部考核与奖惩。要把煤矿领导带班下井情况与经济收入等挂钩，并把领导干部带班下井情况作为考核干部的主要内容，作为评优、晋级、提拔的依据之一，严格考核。要建立奖惩制度，对认真履行职责、防止事故有功人员要给予奖励；对弄虚作假的，一经发现，要严肃处理。

第三章 监督检查

第十八条 煤炭行业管理部门要加强对煤矿领导带班下井的日常管理和督促检查，并将煤矿建立并执行领导带班下井制度情况作为日常监督检查的重要内容，县级每月、市级每季、省级每半年至少对所监管的煤矿领导带班下井执行情况进行一次监督检查。

省属五大煤炭集团公司、平朔煤炭工业公司、太原煤炭气化集团公司、山西煤炭运销集团公司、山西煤炭进出口集团公司及其子、分公司和地方煤炭集团公司要对所属煤矿领导带班下井情况加强日常监督检查。

煤矿建设单位要对施工单位领导带班下井情况进行日常监督检查。

第十九条 煤炭行业管理部门对煤矿领导带班下井情况进行监督检查，可以采取现场随机询问煤矿从业人员、查阅井下交接班及下井档案记录、听取煤矿从业人员反映、调阅煤矿井下人员定位系统监控记录等方式。

第二十条 煤炭行业管理部门对煤矿领导带班下井情况进行监督检查时，重点检查下列内容：

(一) 是否建立健全煤矿领导带班下井制度，包括井下交接班制度和带班下井档案管理制度；

(二) 煤矿领导特别是煤矿主要负责人带班下井情况；

(三) 是否制订煤矿领导每月轮流带班下井工作计划以及工作计划执行、公示、考核和奖惩等情况；

(四) 煤矿领导带班下井在井下履行职责情况，特别是重大事故隐患和险情的处置情况；

(五) 煤矿领导井下交接班记录、带班下井档案等情况；

(六) 群众举报有关问题的查处情况。

第二十一条 各级煤炭行业管理部门要建立举报制度，公开举报电话、信箱或者电子邮件地址，受理有关举报；对于受理的举报，必须认真调查核实；经查证属实的，依法从重处罚。

省煤炭厅接受举报单位：山西省煤炭安全纠察总队

举报电话：0351－4115432

通讯地址：太原市并州北路35号金港大酒店12A层

邮政编码：030012

电子信箱：①mtjczd@163.com

②jubao@s×coal.com.cn

第四章　法律责任

第二十二条　煤矿存在违反《煤矿领导带班下井及安全监督检查规定》（国家安全监管总局令第33号）中第十八、十九、二十、二十一条以及本实施细则的行为，其行政处罚遵照国家安全监管总局第33号令执行。行政处罚决定由煤炭行业管理部门依照法定职权决定。

第五章　附则

第二十三条　省监狱管理局要按照本实施细则制定所属煤矿的领导带班下井管理办法。

第二十四条　各露天煤矿领导现场带班参照本实施细则执行。

第二十五条　本实施细则由山西省煤炭工业厅负责解释。

第二十六条　本实施细则自2010年10月7日起施行。

关于进一步做好非煤资源整合工作中储量核实工作的通知

2010年10月8日　晋国土资办发〔2010〕150号

各市国土资源局，省地质矿产科学技术馆：

根据《关于非煤矿山企业整合和有偿使用中矿产资源储量评审备案有关事项的通知》（晋国土资办发〔2008〕112号）和《关于非煤矿山企业资源整合和有偿使用矿产资源储量评审备案有关要求的补充通知》（晋国土资办发〔2009〕31号）的要求，结合近期储量核实工作发现的问题，为确保年底完成非煤资源整合工作中储量核实工作，现就有关事项进一步明确如下：

一、对经省非煤矿山企业资源整合和有偿使用工作领导组办公室核准的非煤矿山，务于2010年11月底前完成资源储量核实及评审工作，并按要求报省厅（市局）备案，逾期未能完成的省厅将不再受理。

二、按照晋国土资办发〔2009〕31号文要求，资源整合前已完成资源储量评审备案并缴纳资源价款的非煤矿山，应在原报告基础上编制核实报告。核实中保有储量如无增加，市局应认真核实其在完成资源储量评审备案并缴纳资源价款后的备案情况，并由市局以文件形式确认其截至2007年底的保有资源储量；如有新备案的矿山，要重新编制核实报告，市局在审查该报告后根据其保有资源储量情况按照相关规定处理。

通过公开出让取得矿业权的矿山，所提交的储量核实报告由市局以文件形式确认其截至2007年底的保有资源储量。

以上由市局文件确认保有资源储量的矿山，应向市局汇交两份地质报告（含光盘），填写四份储量占用登记书（含电子版），非煤资源整合完成后由市局统一报送省厅。

三、完善储量评审备案与登记统计工作的衔接制度。评审机构在对有关报告组织评审过程中，应当要求报告满足储量登记书填写要求，对不能满足储量登记书内容的报告应要求编制单位补充完善。对储量登记书实施前置审查，由负责报告评审的专家组长在形成评审意见的同时，对登记书内容进行审查，合格后在评审机构意见一栏中签字。对不合格的登记书专家组长应要求其修改，否则一律不予通过评审。

非煤整合期间地市评审的非煤矿山按以上要求进行，在报告送省厅备案前先由省地质矿产科学技术评审中心对储量登记书进行复审，合格后报省厅备案。

关于规范煤矿企业兼并重组整合工作进度报表及推进汇报会汇报内容和格式的通知

2010年10月25日　晋煤重组办发〔2010〕77号

各市煤矿企业兼并重组整合工作领导组办公室、省属七大煤炭集团公司、中煤能源集团公司：

为进一步加快推进煤矿企业兼并重组整合工作，确保优质高效完成省委、省政府提出的既定目标任务，按照李小鹏常务副省长在10月18日推进汇报会的指示要求，现对规范煤矿企业兼并重组整合工作进度统计报表及推进汇报会汇报内容格式有关事项通知如下：

一、煤矿企业兼并重组整合工作进度报表

(一) 报表数据指标说明

1. 煤矿数量：整合前矿井数量指2008年底的矿井数量；整合后保留矿井数量指经省煤矿企业兼并重组整合工作领导组批准的整合保留矿井数量；省属五大煤炭集团公司、中煤能源集团公司整合后保留矿井数量不含重组整合前已纳入集团公司管理、统计的矿井数量。

2. 正式协议签订：指签订了采矿权转让协议和资产转让协议或在协议中已明确了股权比例，对资源、资产处置形成了一致意见；按重组整合前矿井数统计。

3. 采矿许可证应换数量按省煤矿企业兼并重组整合工作领导组办公室行文批复的煤矿数量统计。

4. 接管到位指主体企业以“六长”为主的管理团队全部到位，对被整合煤矿实现了全面接管；按重组整合前矿井数统计。

5. 资金补偿：指主体企业对被整合、重组（含关闭）煤矿全部应补偿资金总额和按协议进度应到位资金总额；未评估或评估报告未确定已到位补偿资金指补偿资金总额未确定但已预付的资金额；已到位资金不含未评估或评估报告未确定但已预付的资金额。

6. 移交接管确认书签订指省属五大煤炭集团公司、市政府、煤炭厅按《关于加快推进煤矿企业兼并重组整合移交接管工作的通知》（晋煤重组办发〔2010〕40号）要求签订了移交接管确认书。

7. 重组整合建设改造矿井审批进展情况：各市上报除省属五大煤炭集团公司重组整合以外所有煤矿的进展情况；省属五大煤炭集团公司、山西煤炭运销集团有限公司、山西煤炭进出口公司、中煤能源集团公司上报本集团公司重组整合煤矿的进展情况。

8. 关闭矿井情况：重组整合应关闭矿井是重组整合前矿井减去省批准的重组整合保留矿井数，对个别特殊情况未批事项附情况说明；已公告的关闭矿井指各市上报、省安委办公告的2009年、2010年7月底前关闭的矿井；列入专项行动矿井按省政府晋政发〔2010〕21号文中列入关闭且不具备过渡期生产条件的矿井统计；列入专项行动矿井中已关闭矿井指列入专项行动计划中截止报表日期已关闭的矿井；实施到位矿井指已按要求拆除了主、副井提升动力设备、遣退了从业人员、停供并清缴了火工品，停止了动力供电，注销了相关证照，有专人24小时盯守的矿井；未全部到位矿井指未达到专项行动要求的矿井；批准过渡期生产矿井按应关闭矿井减去已公告的关闭矿井和列入专项行动的矿井统计；生产矿井指批准过渡期生产矿井中截止报表日期的生产矿井；未生产矿井指批准过渡期生产矿井中截止报表日期未生产矿井。

(二) 具体要求

各单位要指定专人务于10月30日前按报表格式统计填报煤矿企业兼并重组整合工作进度情况，由市煤矿企业兼并重组整合工作领导组办公室主任、集团公司分管领导签字后上报省煤矿企业兼并重组整合工作领导组办公室。以后在每次推进会前一日分别上报。

二、推进汇报会汇报内容及格式：

请各单位在推进汇报会上按以下提纲汇报煤矿重组整合工作进展情况：

(一) 上一次推进会后新的进展情况

1. 正式协议签订增加××个，增加××%；

2. 采矿许可证换领增加××个，增加××%；

3. 接管到位矿井增加××个，增加××%；

4. 已到位补偿资金增加××亿，已到位资金占按协议进度应到位资金比例增加××%；

5. 移交接管确认书增加××个，提高××%；

6. 地质报告上报增加××个，批复增加××个； 初步设计上报增加××个， 批复增加××个；安全专篇上报增加××个， 批复增加××个； 环评报告上报增加××个， 批复增加××个； 开工报告上报增加××个，批复增加××个。

7. 列入专项行动矿井又关闭了××座， 实施到位矿井增加了××座。

(二) 总体进展情况

1. 煤矿重组整合情况：

矿井由××座整合为××座，产能由××万吨/年变为××万吨/年；分主体企业重组整合的具体情况。

2. 正式协议签订情况：应签订××份协议，已签订××份协议，协议签订率××%；未签订正式协议的矿井××座，分别说明未签订的原因及所属主体企业。

3. 采矿许可证换领情况：应换领××个，已换领××个，换证率××%，未换领采矿证的××个，分别说明未换领采矿许可证的原因。

4. 接管到位情况：应接管矿井××个，已接管××个，接管到位率××%，未接管到位的矿井××个，分别说明未接管到位的原因及所属主体企业。

5. 资金补偿到位情况：全部应补偿资金××亿元，按协议进度应到位资金××亿元，已到位资金××亿元，已到位资金占全部应补偿资金的××%，占按协议进度应到位资金的××%，另外，未评估或评估报告未确定的矿井已预付的资金××亿元。

6. 移交接管确认书签订情况：应签订××份，已签订××份，签订率××%。

7. 改造建设矿井项目审批及开工情况：重组整合建设改造矿井总数××个。地质报告上报××个，批复××个； 初步设计上报××个， 批复××个； 安全专篇上报××个， 批复××个； 环评报告上报××个， 批复××个； 开工报告上报××个，批复××个。

8. 矿井关闭情况：重组整合应关闭矿井××座，已关闭××座，其中，已公告的关闭矿井××座（2009年××座，2010年7月底前 ××座），列入专项行动矿井关闭了××座； 列入专项行动矿井已按晋政办发〔2010〕21号文要求实施到位的××座。

(三) 工作推进中存在的问题。问题要尽量具体，有针对性，并提出解决问题的意见和建议。

(四) 下一步工作推进措施及工作安排。

联系电话：0351－4117233 、4117505（传真）

电子邮箱：whz1997@163.com

附表：1. 全省煤矿企业兼并重组整合工作进度统计表

2. 全省煤矿企业兼并重组整合建设改造矿井审批进展情况表

3. 全省煤矿企业兼并重组整合关闭矿井情况表

4. 上次推进汇报会后新的进展情况表

附表1

全省煤矿企业兼并重组整合工作进度统计表

单位	煤矿数量		正式协议签订情况			采矿许可证换领			接管到位情况			资金补偿到位情况						移交接管确认书签订情况		
	整合前矿井数量（个）	整合后保留矿井数量（个）	应签（个）	已签（个）	签订率（%）	应换（个）	已换（个）	换证率（%）	应接管（个）	接管到位（个）	接管到位率（%）	全部应补偿资金（亿元）	按协议进度应到位资金（亿元）	已到位资金（亿元）	已到位资金占全部应补偿资金比例（%）	已到位资金占按协议进度应到位资金比例（%）	未评估或评估报告未确定已到位补偿资金（亿元）	应签（个）	已签（个）	签订率（%）

附表2

全省煤矿企业兼并重组整合建设改造矿井审批进展情况表

填报单位： 截止日期：

单位	地质报告						初步设计						安全专篇						环评报告		开工报告					
	累 计		其中：				累计		其中：				累计		其中				累计		累计		其中			
			省批		市批				省批		市批				省批		市批						省批		市批	
	受理	办结	受理	办结	受理	办结	受理	办结	受理	办结	受理	办结	受理	办结	受理	办结	受理	办结	受理	办结	受理	办结	受理	办结	受理	办结

填报人： 联系电话：

附表3

全省煤矿企业兼并重组整合关闭矿井情况表

填报单位：　　　　　　　　　　　　　　　　　　　　　　截止日期：

单位	重组整合应关闭矿井	已公告的关闭矿井		列入专项行动矿井				批准过渡期生产矿井		
		2009年	2010年7月底前	小计	已关闭矿井	实施到位矿井	未全部到位矿井	小计	生产矿井	未生产矿井

填报人：　　　　　　　　　　　　　　　　　　　　　　　　联系电话：

附表4

上次推进汇报会后新的进展情况表

填报单位：　　　　　　　　　　　　　　　　　　　　　　截止日期：

单位	正式协议签订		采矿许可证换领		接管到位情况		移交接管确认书签订情况		资金补偿到位情况		整合改造矿井项目审批新增				
	新增（个）	签订率新增（%）	新增（个）	换证率新增（%）	新增（个）	到位率新增（%）	新增（个）	签订率新增（%）	新到位资金（亿）	补偿率新增（%）	地质报告	初步设计	安全专篇	环评报告	开工矿井

填报人：　　　　　　　　　　　　　　　　　　　　　　　　联系电话：

关于开展2010年全省煤矿安全质量标准化检查验收工作的通知

2010年11月19日　晋煤安发〔2010〕1405号

各市煤炭工业局、各国有重点煤炭集团公司、平朔煤炭工业公司、太原煤炭气化集团公司、山西煤炭运销集团公司、山西煤炭进出口集团公司、省监狱管理局：

按照《山西省煤矿安全质量标准化标准及考核评级办法》（晋煤安发〔2009〕269号）和《关于深入开展煤矿安全质量标准化矿井和安全高效矿井建设的通知》（晋煤安发〔2010〕150号）要求，为抓好2010年全省煤矿安全质量标准化矿井建设工作，提高煤矿企业管理水平，力争完成年初制定的建成279座安全质量标准化矿井的建设目标，决定对各单位初验的安全质量标准化矿井进行检查验收。

一、成立领导组

为全面推进我省2010年度安全质量标准化矿井的检查验收工作，省厅决定成立安全质量标准化检查验收工作领导组，下设两个检查小组。

组　长：王学军

副组长：李建廷、景玉海

每个检查小组19人由省厅工作人员3人和《全省煤矿安全质量标准化检查验收专家库》抽调16名专家组成，其中一名任专家组组长，各专业专家分配情况：采煤2名，掘进2人，机电2人，运输2人，一通三防3人，地测防治水1人，安全管理1人，企业管理形象1人，调度2人；省厅工作人员2－3人。

(一) 第一组

检查组组长：景玉海

专家组组长：王华平

成　　员：王利民、李成郁、杨锐明、杨志文、宋空军、王晋宏、马玉川、王　继、王志强、陶东云、王孔善、齐振洪、王海清、李爱军、王艮在、梁春明、杨振全

被检查单位：同煤集团、山西焦煤集团、平朔煤炭工业公司、太原市、大同市、朔州市、忻州市、吕梁市、晋中市，以及山西煤销集团、山西煤炭进出口集团在太原及以北的煤矿。

(二) 第二组

检查组组长：李建廷

专家组组长：王　彪

成　　员：马文江、杨建武、丁武杰、张安民、郭春平、段哲林、韩兴国、张　猛、孟凡龙、刘振明、李春生、段文广、李峥嵘、赵茂林、马保印、张迎九、

被检查单位：阳煤集团、潞安集团、晋煤集团、太原煤炭气化集团、省监狱管理局、阳泉市、长治市、临汾市、晋城市、运城市，以及山西煤销集团、山西煤炭进出口集团在太原以南的煤矿。

二、检查时间

11月下旬开始，年底前结束。

三、检查标准和内容

1. 检查标准：《山西省煤矿安全质量标准化标准及考核评级办法》，《山西省煤炭工业厅煤炭企业调度室质量标准化标准及考核评级办法》；

2. 抽查对象：2010年度准备申报安全质量标准化矿井的煤矿企业；

3. 国家、省有关安全生产法律法规执行情况（包括《煤矿领导带班下井及安全监督检查规定》执行情况）；

4.煤矿各生产系统是否完善、是否存在重大安全隐患情况（执行国务院第446号令）；

5.矿井安全质量标准化达标情况。

四、检查程序

一是听取被检查单位汇报；二是组织下井检查；三是查阅相关资料；四是根据现场存在的安全隐患和问题，提出整改措施及建议；五是打分评级。

五、工作要求

1.各检查组本着高度负责的精神，认真做好安全质量标准化检查工作，同时做到廉洁自律、求真务实、高效履职；

2.被检查煤矿在组织正常安全生产的同时，为检查组提供检查所必需的工具、检查表和交通工具，协同检查人员做好检查验收工作；

3.检查工作结束后，检查组应提供书面检查验收报告、检查验收表（包括汇总表、各专业检查验收表及需整改的检查意见表）。

联 系 人：省煤炭厅安全监管处　王利民 马文江

联系电话：0351－4117204/4117209

电子信箱：mttajc@126.com

关于进一步加强煤矿企业安全生产工作的实施意见

2010年11月19日　晋煤安发〔2010〕1478号

各市煤炭工业局、各国有重点煤炭集团公司、平朔煤炭工业公司、太原煤炭气化集团公司、山西煤炭运销集团公司、山西煤炭进出口集团公司、省监狱管理局：

为认真贯彻落实《国务院关于进一步加强企业安全生产工作的通知》（国发〔2010〕23号）、《国家安全监管总局国家煤矿安监局关于认真贯彻落实国务院〈通知〉精神切实加强煤矿安全生产工作的实施意见》（安监总煤监〔2010〕152号）和《山西省人民政府关于关于贯彻落实国发〔2010〕23号文件精神进一步加强企业安全生产工作的通知》（晋政发〔2010〕24号）精神，切实加强煤矿安全生产工作，努力推动全省煤矿安全生产形势持续稳定好转，提出以下实施意见：

一、总体要求

1. 工作要求。深入贯彻落实科学发展观，坚持以人为本，牢固树立安全发展的理念，积极推进煤矿兼并重组、整顿关闭工作，淘汰落后产能，调整煤炭产业结构，提高煤炭工业发展的质量和效益；坚持“安全第一、预防为主、综合治理”的方针，健全规章制度，完善安全标准，全面加强煤矿企业安全管理，提高生产技术水平，夯实安全生产基础；坚持依法依规生产建设，切实加强安全监管执法，严厉打击非法违法行为，强化煤矿企业安全生产主体责任的落实和事故责任追究，提高煤矿安全生产水平。

2. 目标任务。进一步减少煤矿事故，有效防范和坚决遏制重特大事故， 确保全省煤矿事故总量、死亡人数、原煤生产百万吨死亡率控制在下达指标以内。

二、严格煤矿企业安全生产管理

3. 高度重视煤矿安全生产工作。煤矿企业法定代表人要兑现安全生产承诺，企业主要负责人对本单位的安全生产工作全面负责。企业内部必须依法建立健全安全管理机构、制度和责任体系，建立“一岗双责、层层负责”的煤矿安全监管责任机制，明确主要领导负总责，分管领导协助主要领导具体负责，其他领导负责分管业务范围内的安全工作；建立和完善企业安全绩效工资制度，加大安全工资权重；严格安全目标考核，形成党政工团齐抓共管的安全生产工作格局；强化科技创新对煤炭行业的引领作用，严禁使用国家禁用煤矿设备，提升矿井装备现代化水平；加强安全文化建设，提高安全生产管理水平。

4. 进一步规范企业生产经营行为。严格执行国家及省政府煤矿企业安全生产工作的若干规定，坚持不安全不生产。煤矿企业必须依法申请领取相关证照，未依法取得相关证照或证照不全的不得进行生产经营活动。煤矿企业要把安全工作各项要求落实到企业发展规划和日常工作之中，在制定企业发展规划和年度生产经营计划时要突出安全要求；必须在核定的生产能力范围内制定和安排生产计划、下达考核指标，做到均衡生产，严禁超能力、超强度、超定员（以下简称“三超”）和违反作业规程、违反操作规程、违反劳动纪律（以下简称“三违”）行为；严格落实煤矿企业复工复产验收程序和规定，坚持“谁验收、谁签字、谁负责”原则，严把复工复产验收关，严禁企业未经审批验收擅自组织生产；煤矿建设单位必须依法履行煤矿建设项目审批程序，取得采矿许可证等相关批准手续后方可开工建设；建设单位要全面负起安全管理职责，对项目施工相关单位进行统一协调管理，对防范瓦斯、水害等重大灾害负总责，严格落实项目建设、设计、施工、监理、监管等各方安全责任，按照施工组织设计合理控制各项工程施工进度，按照主体工程进度同步建设安全设施，严格施工现场管理。

5. 深入开展隐患排查治理。煤矿企业严格落实《山西省煤矿安全隐患排查治理制度》等六项制度。每月至少组织开展一次安全隐患排查，并切实做到整改措施、责任、资金、时限和应急预案“五落实”；建立以安全生产专业人员为主导的隐患整改效果评价制度，由企业负责人组织安全生产专业人员、工会代表等进行隐患整改效果评价，确保整改到位；未按规定排查治理隐患和报告重大隐患治理情况的，由煤矿隶属安全监管部门责令限期改正；逾期未改正的，责令停产整顿，并依照《国务院关于预防煤矿生产安全事故的特别规定》（国务院令第446号，以下简称《特别规定》）第九条规定，对煤矿企业主要负责人处15万元罚款；因安全生产技术问题未解决，产生重大隐患的，在严肃追究主要技术负责人责任的同时，要依照《特别规定》第十条规定，对企业主要负责人处15万元的罚款；发生事故的，依法追究法律责任。

6. 强化现场安全管理。加强安全技术管理，盯紧重要部位和薄弱环节，严格执行“三大规程”，严格正规循环作业，严格控制井下采、掘面个数，强化劳动定员管理，严格控制入井人数，坚决杜绝“三超”、“三违”等违法、违规生产建设行为；煤矿存在“三超”、“三违”生产行为的，瓦斯超限不采取有效措施继续作业的，煤与瓦斯突出矿井未采取区域和局部两个“四位一体”防突措施仍然在突出危险区域组织生产和作业的，安全监控系统装备不到位、数据不准确、断电控制不可靠、处置不迅速的，未严格执行“有掘必探、有采必探、先探后掘、先探后采”矿井水害防治规定的，自然发火严重未采取有效措施的，通风系统不完善、不可靠仍然进行生产等重大隐患的，除依法作出现场处理决定外，依照《特别规定》第十条规定，对煤矿企业处200万元、对煤矿企业主要负责人处15万元的罚款。

7. 强化生产过程管理的领导责任。严格落实国家安全监管总局第33号令和省煤炭厅《煤矿领导带班下井及安全监督检查规定实施细则》，建立完善企业领导干部带班下井制度，明确带班领导职责、权力和任务，加强严格考核，兑现奖惩，并报隶属安全监管部门备案，切实做到领导干部带班下井与工人“同时下井、同时升井”，保证煤矿井下24小时有矿领导带班；未制定和执行领导干部轮流带班下井制度的，要责令改正，并依照《特别规定》第十条规定，对煤矿企业主要负责人处15万元罚款；

领导班子成员未按规定下井带班的，按擅离职守处理，视情节给予警告直至撤职的行政处分，同时依照《特别规定》第二十一条规定，对煤矿企业处15万元罚款；发生事故而没有领导现场带班的，依照《生产安全事故报告和调查处理条例》（国务院令第493号）第三十七条规定，对煤矿企业按以下规定进行处罚：一般事故处20万元罚款，较大事故处50万元罚款，重大事故处200万元罚款，特别重大事故处500万元罚款，并依法从重追究煤矿企业主要负责人的责任。

8. 加强煤矿企业技术基础工作。煤矿企业要建立健全以总工程师（主要技术负责人）为首的技术管理体系，矿井开拓巷道布置、采掘部署，瓦斯抽放系统、生产系统调整，技术规范、标准、措施的制定，新技术、新工艺推广应用等重大技术问题必须由总工程师（主要技术负责人）负责决策。要认真执行《煤矿安全规程》、《防治煤与瓦斯突出规定》、《煤矿防治水规定》等规章标准，结合企业实际制定并落实作业规程、操作规程和相关安全技术措施；及时淘汰落后工艺和装备，积极应用先进适用的新技术、新工艺、新装备，优化采掘部署，合理集中生产，提高机械化水平。

9. 加强煤矿调度指挥系统的建设。煤矿企业要建立健全调度指挥管理体系，明确调度职能，合理配置调度值班人员，严格执行国家、省厅和各级煤炭行业管理部门制定的生产安全事故汇报程序，充分发挥调度在煤矿安全生产中的指挥、协调的作用。

10. 加强煤矿班组安全生产建设。煤矿企业要学习推广“白国周班组管理法”，进一步加强煤矿班组安全生产建设，把班组安全生产建设作为强化煤矿安全生产基础管理的重要组成部分，要加强煤矿班组安全生产建设的组织领导，建立完善班组安全生产管理体系和管理规章制度，加强班组现场安全管理，加强班组安全文化建设和教育培训工作；要广泛开展煤矿企业班组、班组长和特聘煤矿安全生产群众监督员评先创优活动，充分发挥煤矿企业班组在安全生产工作中的重要作用。

11. 继续开展安全培训教育。遵循实际、实用、实效原则，组织开展多层次、全方位的全员安全教育培训和技术比武、岗位练兵活动。煤矿企业切实抓好农民工和新上岗人员的教育培训，提升其安全意识和防范技能；切实抓好重组煤矿管理团队、关键岗位及特种作业人员的专项培训，特别要抓好采掘区队成建制的培训，采取以矿带矿、以队带队、业务部门对口服务，以及请专家到企业培训、组织外出学习等多种措施，提升全员专业技术技能基础素质；加快煤矿专业技术人才培养，加大企业领导层、中层干部和在职职工继续教育力度，从基础区队中选拔一批有实际操作经验的工人到煤炭专业院校培训，全面提高职工队伍素质。未依照国家有关规定对井下作业人员进行安全生产教育和培训或者特种作业人员无证上岗的，应当责令限期改正，并依照《特别规定》第十六条规定，对煤矿企业处50万元罚款，逾期未改正的，责令停产整顿；依照《特别规定》第十七条规定，对1个月内3次或者3次以上发现未经培训上岗或者特种作业人员无证上岗的，应当提请地方人民政府予以关闭。

12. 加强煤矿企业劳动用工管理。推行统一发布用工信息、组织报名和资格审查，统一培训，统一签订劳动合同和劳动用工备案，统一参加社会保险和派遣，统一管理的“五个统一”煤矿劳动用工管理制度。进一步理顺煤矿企业劳动用工管理职能，加强和规范煤矿劳动用工管理，确保“五个统一”煤矿劳动用工管理制度落到实处，推动全省煤矿企业劳动用工管理规范化、制度化；煤矿企业必须依法与职工签订劳动合同，切实维护煤矿职工合法权益，保证职工在安全生产上具有相应的知情权和监督权；煤矿所有井下从业人员必须经过专业培训合格后上岗，主要负责人和安全生产管理人员、特种作业人员必须经过培训、考试合格，做到持证上岗；煤矿企业要为职工缴纳工伤保险并建立安全风险抵押金制度，推行安全责任保险制度，依法履行工伤事故赔偿责任。从2011年1月1日起，依照《工伤保险条例》的规定，对煤矿生产安全事故造成的职工死亡，其一次性工亡补助金标准按全国上一年度城镇居民人均可支配收入的20倍计算，发放给工亡职工近亲属。同时，依法发放工亡职工一次性丧葬补助金和供养亲属抚恤金。

13. 加强安全质量标准化建设。按照省厅《山西省煤矿安全质量标准化矿井标准及考核评级办法》及《山西省煤炭工业厅煤矿企业调度室质量标准化标准及考核评级办法（试行）》，煤矿企业要建立安全质量标准化建设制度，定期开展安全质量标准化检查和考核，把安全质量标准化建设贯穿于煤矿安全生产全过程，落实到安全管理的每一个环节，深入开展以岗位达标、专业达标和企业达标为内容的安全生产标准化活动。全省生产矿井必须在2011年底前达到省级煤矿安全质量标准化最低等级；逾期未达标的，一律停产整改；新建、改扩建及兼并重组整合煤矿，未按照《山西省煤矿安全质量标准化矿井标准及考核评级办法》及《山西省煤炭工业厅煤矿企业调度室质量标准化标准及考核评级办法（试行）》规定，通过安全质量标准化专项验收的，不能进行联合试运转。

三、建设坚实的技术保障体系

14. 加大安全投入，合理提取使用安全费用。煤炭企业严格执行国家和省有关煤炭生产安全费用、维简费用和科研费用的提取使用规定，做到“专户存储，专款专用”，加大煤矿瓦斯综合治理、水害防治和防灭火等工程改造费用，加快监测监控、井下人员定位、紧急避险、压风自救、供水施救和通信联络等“六大系统”建设步伐；各级煤炭行业管理部门加强对各项费用提取使用情况的审计监督，督促企业采取多种措施筹集资金，加大投入，确保科技、装备和安全生产需要，推广先进适用的技术、装备和工艺。

15. 坚持“科技兴安”战略。加快装备升级和技术改造步伐，大力发展采掘机械化，着力提升矿井装备现代化水平。加强自动化和信息化建设，推动数字化矿山建设，实现减人提效保安。严格按照国务院23号文件和国家安监总局152号文件要求，安装完善“六大系统”技术装备。2010年底前所有煤矿（含建设矿井）要全面完成监测监控系统、井下人员定位系统、压风自救系统、供水施救系统和通信联络系统的完善工作；2012年6月底前所有煤（岩）与瓦斯（二氧化碳）突出矿井及驻晋中央企业煤矿和国有重点煤炭集团公司中的高瓦斯、开采容易自燃煤层的矿井全部建设完成紧急避险系统；2013年6月底前全省所有煤矿全部完成“六大系统”的建设完善工作，切实提高安全防护水平；逾期未安装的，依法暂扣相关证件，停工停产。

16. 加快安全生产技术研发。煤矿企业要建立和完善安全科技研发机制，鼓励职工和科技人员大力开展技术革新活动，针对安全生产中遇到的技术难题，与专业高等科研院校、机构加强协作并开展科研攻关；要加大科技投入，不断提高安全防范措施的科技含量。

四、严格标准，强化煤矿安全准入工作

17. 加强煤炭生产许可管理。加强对申办、变更、延续和注销煤炭生产许可证申请事项的审查把关。严格进行矿井生产能力核定工作，按照《国家安全监管总局国家煤矿安监局关于认真贯彻落实国务院〈通知〉精神切实加强煤矿安全生产工作的实施意见》（安监总煤监〔2010〕152号，以下简称《实施意见》）精神，煤矿建设项目投产后5年内不得申请改扩建，也不得通过能力核定提高生产能力；生产矿井通过能力核定提高生产能力后5年内不得再次通过能力核定提高生产能力；不得通过降低核定能力富裕系数提高矿井生产能力；健全完善煤炭生产许可证年检工作，对年检不合格的，要依法按照相关规定严肃处理。

18. 严格控制煤矿建设项目设计规模。按照国家安监总局国家煤矿安监局《实施意见》精神，煤与瓦斯突出矿井，设计生产能力应在45万吨/年及以上，但不得高于500万吨/年；高瓦斯矿井设计生产能力不得高于800万吨/年；低瓦斯矿井设计生产能力不得高于1500万吨/年。生产矿井能力核定以上述规定为限。

19. 加强安全生产服务机构监督管理。建设项目在设计、建设之前，必须按要求查明瓦斯、水害等安全开采条件，保证矿井地质勘查程度达到相应级别。建设高瓦斯、煤与瓦斯突出、容易自然发火或水文地质条件复杂等矿井，建设单位必须具有相应灾害类型矿井安全管理经验和业绩；设计单位要严格按照有关规范、规程、标准编制项目申请报告、初步设计和安全设施设计，不得承担地质勘查程度不够、特别是未查明瓦斯和水文地质等安全开采条件的煤矿建设项目的初步设计及安全设施设计编制任务。承揽高瓦斯、煤与瓦斯突出及水害严重矿井设计的单位要具有相同类型项目设计业绩。

20. 加强施工、监理企业的管理。施工、监理单位承揽高瓦斯、煤与瓦斯突出及水文地质条件复杂矿井施工、监理业务，必须具有相同类型项目的施工、监理业绩。施工过程中遇到瓦斯、煤层自燃倾向性、煤尘爆炸危险等级、水文地质类型等发生变化，原设计的开拓方式、开采工艺以及提升、运输、通风等主要生产系统、首采区及首采工作面布置等需要变更的，或发现设计存在重大缺陷、影响建设生产安全的，应立即停止施工，对初步设计和安全设施设计进行修改，报原批准部门重新审批。初步设计和安全设施设计经审查同意，并对施工组织设计修改完善后，方可恢复施工，严禁先施工后报批、边施工边修改。

21. 严格安全设施的进度建设。矿井建设进入二期工程施工前，必须安装矿井安全监控系统和通信联络系统；高瓦斯、煤（岩）与瓦斯（二氧化碳）突出、有突水危险或水文地质条件类型复杂及以上的矿井进入二期工程施工前，其他矿井进入三期工程施工前，必须按设计建成双回路供电；高瓦斯、煤（岩）与瓦斯（二氧化碳）突出矿井，进入二期工程施工前，必须形成由地面主要通风机供风的全风压通风系统；煤（岩）与瓦斯（二氧化碳）突出矿井揭露突出煤层前，高瓦斯矿井进入三期工程施工前，必须建成地面瓦斯抽采系统并投入运行；有突水危险或水文地质条件类型复杂及以上的矿井，进入三期工程施工前，必须形成永久排水系统。否则，必须停止施工，抓紧配套完善相应安全设施。矿井建设完成进入联合试运转前，必须安装煤炭产量监控系统。

五、实施更加有力的安全监管

22. 进一步加强安全监督检查。各级煤炭行业管理部门依法履行职责，加强各类矿井的日常监督检查和定期检查，确保各类矿井“三落实”切实到位，针对特殊时段和重大活动期间，加强重点专项检查，同时，要充分发挥好“5人小组”安全包保检查作用，保证24小时不间断严厉打击非法、违法、违规生产及建设行为，确保煤矿安全生产态势平稳运行。要落实国家安全监管总局、国家煤矿安监局、国家发展改革委、国务院国资委《关于加强中央企业煤矿安全管理工作的通知》（安监总煤综〔2008〕110号）精神，按照分级、属地管理的原则，加强中央企业煤矿安全生产监督管理工作。各级煤炭行业管理部门要在地方人民政府的领导下，会同国土、公安、司法和煤矿安全监察机构联合执法，以强有力措施查处、取缔非法煤矿。

23.进一步强化安全执法。认真制定专项措施和年度执法检查计划，进一步完善安全生产执法程序，规范执法行为，提高执法效率，加强对执法计划执行情况的考核，提高执法效能，强化跟踪执法，确保各项措施落实到位，坚决杜绝非法违法行为前纠后犯、明纠暗犯。同时，要充分发挥社会监督作用，依法落实职工对安全生产的参与权和监督权，加大对非法违法行为的曝光力度，严厉打击非法生产建设行为。凡发现或经举报核实存在非法生产行为的，应当依照《特别规定》第五条规定责令立即停止生产，没收违法所得和采掘设备，并处违法所得5倍罚款，同时提请当地县级以上地方人民政府予以关闭；对拒不执行政府及有关部门决定和指令的，颁发证照的部门要吊销矿长资格证和矿长安全资格证；整合矿井在规定限期内未实施改造、拖延工期未完成改造、改造期间违法生产的，要坚决取消其整合资格，提请地方人民政府依法予以关闭。

24. 加强安全监管队伍建设。完善安全监管人员考核制度，注重从基层选拔懂专业、懂技术、懂法律法规的高素质优秀人员，充实到各级安全监管岗位。同时，加强现有人员的专业知识提升教育，创新工作方式方法，提高执法能力。各单位要重视解决安全监管队伍建设中面临的实际困难和问题，激发队伍的工作积极性，造就一支公正廉洁、务实高效的安全监管队伍。

25. 加强社会监督和舆论监督。充分发挥工会、共青团、妇联组织的作用，依法维护和落实企业职工对安全生产的参与权与监督权，鼓励职工对本单位安全生产工作多提合理化建议，积极参与和监督本单位安全管理工作。认真落实《山西省安全生产隐患和事故举报奖励制度》，设立举报箱，公布举报电话，鼓励社会单位和个人对安全生产违法行为和事故隐患进行举报，充分发挥民众和新闻媒体的舆论监督，严厉打击各类非法、违法行为。

26. 进一步加强中介机构监督管理。对违法违规、弄虚作假的中介机构，要依法依规从严追究相关人员的法律责任，并责成相关部门降低或撤销其资质。经调查确认，对事故发生负有责任的相关中介机构，除追究其相应事故责任外，还应通报并建议发证机关吊销其执业资质并依法作出经济处罚。

六、建设更加高效的应急救援体系

27. 加强应急救援队伍建设。落实国务院办公厅《关于加强基层应急救援队伍建设的意见》，加强煤矿矿山救护队建设，加紧建设全省骨干应急救援队伍，加大应急投入和扶持力度，增配技术先进、性能可靠、机动性强的高、精、尖大型和特种救援救生装备和设备，努力提升整体装备水平和应急救援能力；强化兼职救护队建设，按照有关标准和规范配备应急技术装备，提高现场先期快速处置能力；积极推进各企业单位建立应急互助机制，发挥各企业应急队伍在区域联防和救援互助中的重要作用；加强专家队伍建设，建立相应数据库，完善专家信息共享机制和参与应急工作的机制，充分发挥专家的咨询与辅助决策作用，提高科学处置水平；针对煤矿各类重大危险源和可能发生的灾变，强化救援物资保障能力建设，以国有煤炭集团公司救护队为依托，建立重要救灾物资基本储备系统，扩大常备应急设备及救援物资的储备量，适当增加抢险新材料、新设备，并采取政府、企业相结合投入采购，企业负责维护管理的方式，逐步购置一批大型排水、灭火、深孔救援、运输等设备和装备，建立高效调运机制，实现“第一时间调得出、用得上”的目的。

28. 健全和完善应急预案。企业要健全完善各类应急预案和现场处置方案，加强对预案工作的审核，开展形式多样的应急预案学习和演练活动，提高预案的针对性、科学性、可操作性和衔接性，确保预案质量。赋予企业生产现场带班人员、班组长和调度人员在遇到险情时第一时间下达撤人命令的直接决策权和指挥权，保证遇到险情时能够安全撤出现场作业人员。

29. 加强重大危险源和重大隐患的监控预警。实行重大隐患挂牌督办制度，切实落实企业重大隐患整改责任；加强重大危险源监控，建立重大危险源辨识登记、安全评估、报告备案、监控整改、应急救援等工作机制和管理办法。重大危险源和重大隐患要报上级行业管理部门备案；定期进行安全生产风险分析，积极利用先进的技术和方法建立安全生产监测监控系统，进行有效的实时动态预警，发现事故征兆立即发布预警信息，落实防范和应急处置措施。

七、实行更加严格的考核和责任追究

30. 严格落实安全生产目标考核。建立和完善安全生产控制指标考核评价体系，逐级分解签订安全生产目标责任书，严格考核检查、进度监控、考核通报、兑现奖惩；加大重特大事故的考核权重，对发生事故的，根据有关规定追究相关人员责任。

31. 加大对企业负责人的安全生产责任追究力度。按照《国务院关于进一步加强企业安全生产工作的通知》（国发〔2010〕23号，以下简称《通知》）精神，煤矿企业发生重特大生产安全责任事故，要依法追究事故企业主要负责人（或实际控制人）责任（其中发生特别重大事故还要追究上级企业主要负责人责任），该事故企业主要负责人终身不得再担任煤炭行业的矿长（董事长、总经理）职务，由颁发证照的部门吊销其矿长资格证、矿长安全资格证（企业主要负责人安全资格证）并进行公告；对非法违法生产行为造成人员伤亡的，以及瞒报事故、事故后逃逸的，对主要负责人、直接负责的主管人员和其他直接责任人员依法从重处罚。

32. 加大事故责任企业的处罚力度。按照国务院23号《通知》精神，建立健全企业安全生产信用挂钩联系制度，对发生重大、特别重大生产安全责任事故或一年内发生2起以上较大生产安全责任事故并负主要责任的企业，以及存在重大隐患整改不力的企业，由省级相关部门向社会公告，并向投资、国土、建设、银行、证券等主管部门通报，作为煤矿企业信用评级的重要参考依据，建议一年内严格限制其新增项目核准、用地审批、证券融资、银行贷款等行为。

八、完善政策，不断推进煤矿安全生产工作

33. 积极争取政策支持力度。各有关部门要及时向地方人民政府汇报、报告、通报煤矿安全生产重要情况、重大问题，促进地方人民政府进一步加强对煤矿安全生产工作的组织领导，政策支持，加大对煤矿重大灾害治理、安全技术改造、整顿关闭、科技进步、淘汰落后产能、应急救援体系建设和重大课题研究等方面的政策、资金支持力度。

34. 制定落实安全生产规划。要把煤矿安全生产纳入煤炭行业发展的总体布局和规划之中，充分发挥产业政策导向和市场机制的调节作用，有序、规范推进煤矿企业兼并重组、整合技改，采取有力措施，落实责任，严格监管，把兼并重组、整合技改煤矿的安全生产工作落到实处；定期发布区域淘汰落后开采工艺和装备目录，加快淘汰落后产能，不断提高煤炭工业整体安全保障能力。

35. 鼓励扩大专业技术和技能人才培养。要推动地方政府进一步落实完善煤炭校企合作办学、对口单招、订单式培养等政策，建立省级安全生产培训基地，鼓励煤炭高等院校、职业技术学校逐年扩大采矿、机电、通风与安全等相关专业人才的招生培养规模；依托我省高等院校，继续举办煤矿相关专业大专班和专业证书班，进一步强化煤炭行业职业教育和专业学历教育，加快培养煤矿生产建设急需的专业技术人才。

各市煤炭局、各国有重点煤炭集团公司要结合本实施意见认真制订本地区、本单位贯彻落实本意见要求的具体措施，精心组织，狠抓落实，并及时研究、协调解决贯彻实施中出现的突出问题，确保各项要求和措施落实到位。请各单位将贯彻落实情况及时报送省煤炭厅。

关于全省煤矿井下严禁使用劳务派遣人员的通知

2010年11月26日　晋煤劳发〔2010〕1529号

各市煤炭工业局、各国有重点煤炭集团公司、平朔煤炭工业总公司、太原煤炭气化集团公司、山西煤炭运销集团公司、山西煤炭进出口集团公司、省监狱管理局：

近期，省厅对省属五大煤炭企业集团煤矿井下使用劳务派遣人员进行了调查摸底，从调查摸底的情况看，有部分煤矿企业存在井下使用劳务派遣人员的现象。使用劳务派遣人员对煤矿企业有效利用人力资源、降低用工成本、转移用工风险、增加用工灵活性、调节用工供求关系有其积极的一面。但针对煤矿井下工作岗位的特殊性，存在很大弊端，主要有以下几个方面：

一是与《劳动合同法》部分条款相悖。《劳动合同法》第六十六条规定“劳务派遣一般在临时性、辅助性或者替代性的工作岗位上实施”，煤矿井下工作岗位的特殊性与《劳动合同法》明确的劳务派遣工作岗位的“三性”明显不相符；《劳动合同法》第六十七条规定“用人单位不得设立劳务派遣单位向本单位或者所属单位派遣劳动者”，《劳动合同法实施条例》第二十八条规定“用人单位或者其所属单位出资或者合伙设立的劳务派遣单位，向本单位或者所属单位派遣劳动者的，属于劳动合同法第六十七条规定的不得设立的劳务派遣单位”，对已解除劳动合同关系的劳动者进行返聘，实行劳务派遣，以规避无固定期限劳动合同，也与《劳动合同法》、《劳动合同法实施条例》不相符。

二是不符合煤矿企业劳动用工管理的政策规定。在有关煤矿企业劳动用工管理的一系列政策规定中，尤其是最近下发的《国务院关于进一步加强企业安全生产工作的通知》（国发〔2010〕23号）和《关于认真贯彻落实国务院通知精神切实加强煤矿安全生产工作的实施意见》（安监总煤监〔2010〕152号）均规定“企业用工要严格依照劳动合同法与职工签订劳动合同”、“煤矿企业必须依法与职工签订劳动合同，切实维护煤矿职工合法权益，保证职工在安全生产上具有相应的知情权和监督权”。这种用工方式，煤矿企业与劳务派遣人员没有劳动合同关系，不符合相关政策规定。

三是劳动用工管理不能真正实现“四个百分百”。此种用工方式劳动者与派遣机构签订《劳动合同》，其备案由派遣机构在当地劳动部门进行，由派遣机构为其缴纳各类保险，有的甚至培训也在派遣机构进行，煤矿企业劳动用工管理不能真正实现“四个百分百”。

四是不能很好落实岗位安全责任。煤矿井下使用的劳务派遣人员素质良莠不齐，安全意识淡薄，对他们的安全考核收不到理想效果，违反劳动纪律、违章作业现象时有发生，安全生产的岗位责任得不到有效落实。

另外，这种用工方式劳务派遣人员不能享受同工同酬的待遇，劳动者的权益得不到有效的保障；劳务派遣人员流动性大，对企业长远发展目标缺乏认同感，不利于企业管理；涉及劳务派遣人员的劳动纠纷，处理起来更加复杂。

为认真贯彻落实《劳动合同法》和《国务院关于进一步加强企业安全生产工作的通知》等法律法规和政策规定，全面落实“五个统一”煤矿劳动用工管理制度，实现劳动用工管理“四个百分百”的目标，推进全省煤矿企业劳动用工管理规范化、制度化，对全省煤矿井下使用劳务派遣人员提出以下意见：

一、煤矿井下使用劳务派遣人员属违法违规用工行为，全省煤矿井下严禁使用劳务派遣人员。

二、各市煤炭行业管理部门、省属五大煤炭企业集团和各有关单位要对所属煤矿井下使用劳务派遣人员情况进行详细摸底调查，彻底摸清劳务派遣人员数量和在井下的分布情况。

三、制定清退工作方案，对煤矿井下使用的劳务派遣人员进行清退。省属五大煤炭企业集团将方案报省煤炭工业厅备案，其他煤矿企业按照监管权限报各市煤炭行业管理部门备案。考虑个别煤矿企业井下使用劳务派遣人员所占比例较大，为不影响企业正常生产，给予半年的清退期，到2011年5月底前必须将煤矿井下使用的劳务派遣人员清退完毕。

四、各级煤炭行业管理部门要加强对清退工作的监督检查，视情组织专项督查。

五、清退工作结束后，各市煤炭行业管理部门、省属五大煤炭企业集团和各有关单位要及时对清退工作进行总结，并将清退工作总结报省煤炭工业厅。

关于加强非煤矿产资源采选项目环境保护监管的通知

2010年12月8日　晋环发〔2010〕415号

各市环保局：

非煤矿产资源是不可再生的宝贵资源。近年来，一些地方对非煤矿产资源无序采选，导致生态破坏、环境污染严重。为贯彻科学发展观，促进我省转型发展和跨越发展，保护生态环境，现就加强非煤矿产资源采选的环境保护监管工作通知如下：

一、非煤矿产资源采选过程要实施和加强清洁生产，保护环境。污染物排放要符合《大气污染物综合排放标准》（GB16279－1996）、《污水综合排放标准》（GB8978－1996）、《一般工业固体废物贮存、处置场污染控制标准》（GB18599－2001）等有关现行环境排放标准及主要污染物排放总量控制要求。

二、非煤矿产资源集中的地区要结合保护生态环境的要求，对非煤矿产资源开发利用进行总体规划，整合非煤矿产资源，关小上大、淘汰落后，单个铁矿选矿企业整合后规模应达到年入选铁矿20万吨以上。各非煤矿产资源开发单位在符合规划条件下，按有关程序报批项目环评文件。

三、非煤矿产资源采选者必须按照环境保护、水土保持和耕地保护要求，严格执行相关法律法规和标准规范，防止土地污染，保护生态环境，严格执行土地复垦和生态恢复规定，履行土地复垦和生态恢复义务。

四、在饮用水源保护区、自然保护区、风景名胜区、天然林保护区、特殊生态功能区和基本农田保护区等需要特殊保护的地区，大中城市及近郊，居民集中区、学校、疗养地周边，河流两岸公路、铁路干线两侧不得开采非煤矿产资源和进行洗选。

五、各级环境保护部门应依法关停现有的违反《环评法》建设、不落实环境保护措施、污染环境、破坏资源的违法非煤矿产资源采选企业。

六、加强非煤矿产资源采选的环评分级审批，除按规定应由环保部审批环评文件的非煤矿产资源采矿、选矿项目外，按规定以下非煤矿产资源采矿、选矿项目环评文件由省环保厅审批：

1. 按照工业储量5000万吨以下规模的铁矿采矿、选矿项目；

2. 总投资5亿元以下的有色金属矿采矿、选矿项目；

3. 日采选矿石500吨以下的黄金矿采矿、选矿项目；

4. 由省国土厅划界并发采矿许可证的其他非煤矿产资源采矿、选矿项目。

七、超越审批权限做出环评文件审批决定的审批单位，要按规定整改并主动取消其与审批权限不符的审批文件，上级环境保护部门要加强检查和监督，发现问题要坚决予以纠正越权审批的审批文件，并建议有关机关按规定追究直接责任人员的责任。

关于启用2011年新版公路煤炭焦炭运销票据的通知

2010年12月9日　晋经信能源字〔2010〕724号

山西煤炭运销集团有限公司、山西省焦炭集团有限责任公司、山西统配煤炭经销总公司：

为了加强公路煤炭、焦炭运销票据的管理，提高票据管理工作的效率，堵塞票据使用中的漏洞。进一步改进和完善二零一零年版本的公路煤炭、焦炭运销票据。现就二零一一年启用新版公路煤炭、焦炭运销票据的有关事项通知如下：

一、从2011年1月1日零时起，公路出省煤焦统一启用新版煤炭、焦炭运销票据，其中《山西省公路出省焦炭稽查专用附票》、《山西省公路出省焦炭稽查小额专用票》不改版，号段延续，继续使用。

二、2011年的新版公路煤炭票据仍然采用压感无炭复写票据，开票方式为微机打印六联票据。具体格式详见附件。

三、新版压感无炭复写煤炭票据包含《山西省公路煤炭运销统一调运单》、《山西省公路精煤运销统一调运单》（附件1. 2）。山西省国有重点煤矿统一使用《山西省国有重点煤矿自产煤炭公路运销统一调运单》、《山西省国有重点煤矿省内自用煤炭公路运销统一调运单》、《山西省国有重点煤矿省内地销煤炭公路运销统一调运单》（附件3. 4. 5）。新版《山西省公路煤炭运销统一调运单》按地市重新从0000001开始编号，并在号码前加“（2011）”。票脊和封皮印刷内容为蓝色。新版《山西省公路精煤运销统一调运单》按地市重新从9000001开始编号，并在号码前加“（2011）”。票脊和封皮印刷内容为绿色。新版《山西省国有重点煤矿自产煤炭公路运销统一调运单》重新从0000001开始编号，并在号码前加“（2011）”。票脊和封皮印刷内容为紫色。新版《山西省国有重点煤矿省内自用煤炭公路运销统一调运单》重新从0000001开始编号，并在号码前加“（2011）”。票脊和封皮印刷内容为红色。新版《山西省国有重点煤矿省内地销煤炭公路运销统一调运单》重新从0000001开始编号，并在号码前加“（2011）”。票脊和封皮印刷内容为黑色。

四、新版焦炭公路出省票据包含《山西省公路出省焦炭定额附票》、《山西省计划单列单位公路出省焦炭定额附票》、《山西省公路出省焦炭小额专用票》。新版《山西省公路出省焦炭定额附票》按地市重新从0000001开始编号，并在号码前加“（2011）”。其中阳泉市（003）、朔州市（006）套印章为一枚（《山西省焦炭集团有限责任公司公路运输专用章》），其余地市套印章为两枚（《山西省焦炭集团有限责任公司公路运输专用章》、《山西省焦炭集团有限责任公司各市公司章》）（详见附件6）。新版《山西省公路出省焦炭定额附票》票脊和封皮印刷内容为蓝色，封皮右上角加印地市编号。联次颜色依次为：第一联：存根（紫色）；第二联：出省口（蓝色）；第三联：用户（绿色）；第四联：营业站留存（红色）；第五联：结算（黑色）；第六联：生产厂家（橙色）；第七联：承运单位（褐色）。《山西省计划单列单位公路出省焦炭定额附票》重新从0000001开始编号，并在号码前加“（2011）”。（详见附件7）票脊和封皮印刷内容为黑色，联次颜色依次为：第一联：存根（红色）；第二联：出省口（黑色）；第三联：用户（绿色）；第四联：营业站留存（蓝色）。《山西省公路出省焦炭小额专用票》不分地市，全省通用。重新从0000001开始编号，并在号码前加“（2011）”。（详见附件8）票脊和封皮印刷内容为红色，单联颜色为：红色。

五、对未使用的旧版公路出省、省内煤炭票据和焦炭出省公路票据，各市煤焦运销公司及用票单位要统一打包、造册，逐级上交省煤焦调运办。省煤焦调运办将对各单位领取、使用、上交票据情况进行一次全面清理。

六、从启用新版煤炭、焦炭出省票据起始时间起，已开出的现行公路煤炭、焦炭出省票据到达出省口煤焦管理站的有效期限为二天（48小时），对逾期使用旧版票据拉运煤炭、焦炭的，一律按废票论处。

七、公路出省煤炭、焦炭票据的印制、发放、使用、回收、核查、处罚等具体管理事项仍按原公路出省煤炭、焦炭运销票据管理的有关规定执行。

附件：1.《山西省公路煤炭运销统一调运单》
2.《山西省公路精煤运销统一调运单》
3.《山西省国有重点煤矿自产煤炭公路运销统一调运单》
4.《山西省国有重点煤矿省内自用煤炭公路运销统一调运单》
5.《山西省国有重点煤矿省内地销煤炭公路运销统一调运单》
6.《山西省公路出省焦炭定额附票》
7.《山西省计划单列单位公路出省焦炭定额附票》
8.《山西省公路出省焦炭小额专用票》

关于山西金地矿业有限公司320m³富锰渣生产线技术改造项目备案的通知

2010年12月9日　晋经信投资字〔2010〕739号

大同市经委：

报来《关于山西金地矿业有限公司320m³富锰渣生产线技改项目备案的申请》（同经投资字〔2010〕121号）及有关材料收悉。经审核，该项目符合国家产业政策，同意备案。

一、项目实施的必要性

山西金地矿业有限公司为实现节能降耗，减少污染物排放，提高资源利用率，实现公司可持续发展，对原富锰渣生产线进行技术改造是必要。

二、项目建设条件

项目地址位于灵丘县工业园区，在公司原址进行改造，无新增土地。生产用原料锰矿石主要由企业自有的矿山供给，用水、电等外部条件依靠公司现有公辅设施扩容后解决。

三、主要改造内容

将原2×17m^{3}富锰渣生产线改建为2×320m^{3}富锰渣生产线；新建一台62m^{2}带式烧结机、一条4×8万吨的磁选生产线和3000KW煤气发电机组，配套建设各系统操作室、变配电室、水泵房等，新增建设面积3000 m^2。

四、总投资及资金来源

项目总投资23335万元，其中固定资产投资21335万元、铺底流动资金2000万元。

资金来源：企业自筹21335万元，申请银行贷款2000万元。

五、经济效益

项目建成投产后，预计新增销售收入65220万元，实现利润15900万元，税金10879万元。

项目备案后，请按项目建设有关规定办理节能、环保、规划、招标、消防、安全等相关手续，抓紧实施，项目建成后按相关规定办理准入公告。

关于延长《煤炭经营资格证》有效期限的通知

2010年12月10日　晋煤经发〔2010〕1627号

各市煤炭工业局、各国有重点煤炭集团公司、平朔煤炭工业公司、太原煤气化集团公司、山西煤炭运销集团公司、山西煤炭进出口集团公司、山西省国新能源集团公司、山西统配煤炭经销总公司、山西能源产业集团公司、省监狱管理局、省劳改局、省直各计划单列单位、各煤炭经营单位：

鉴于到今年12月底部分煤炭经营企业《煤炭经营资格证》有效期即将到期的实际情况，省厅正在向国家发改委申请领取新证。为不影响煤炭企业的正常经营，经省厅研究决定，将煤炭经营企业于今年12月底到期的《煤炭经营资格证》的有效期限延长至2011年3月底。各计划归口管理单位负责通知各归口煤炭经营企业，储售煤场和通过公路经营的企业由各市煤炭局负责通知。

关于对全省煤矿安全监控系统和通信联络系统建设完善进展情况进行调查摸底的通知

2010年12月21日

各市煤炭工业局、省属五大煤炭集团公司、山西煤炭运销公司、山西煤炭进出口公司、平朔煤炭工业公司、太原煤炭气化集团公司、省监狱管理局：

根据《山西省煤炭工业厅推进全省煤矿建设完善井下安全避险六大系统工作规划和实施方案》（晋煤救字〔2010〕1644号）文件要求，请各单位将所属生产矿井名单及安全监控系统和通信联络系统建设完善进展情况于2011年1月5日前将电子版上报省厅信息调度中心指定邮箱，电子版表格请登陆山西煤炭信息网www.s×coal.gov.cn/cms/templet/ default/通知公告公示栏中下载。

关于下达外商投资企业2010年第一批焦炭出口配额及报送焦炭出口相关资料的通知

各有关外商投资焦炭出口企业：

根据《商务部关于下达外商投资企业2010年第一批工业品出口配额的通知》（商贸函〔2010〕106号）要求，现将2010年外商投资企业第一批焦炭出口配额下达给你们，并就报送焦炭出口相关资料事项通知如下：

一、除商务部公告2009年第95号（请上商务部网站www.mofcom.gov.cn查询）要求上报的资料外，各有关外商投资焦炭出口企业还须报送以下资料：

(一) 省级焦化行业主管部门批准的企业合法产能立项批复文件。

(二) 经过年检的外商投资企业批准证书。

(三) 外商投资企业股权登记查询证明。

二、外商投资焦炭出口企业应按照商务部2009年第95号公告要求报送相关材料，企业申报材料复印件（商务部规定要求提供正本的除外）请报送外贸处三份，同时报送外资处一份，所有上报材料均须由申请企业法人代表签字确认。

三、各外商投资焦炭出口企业申报材料统一用A4纸打（复）印，并按顺序于左侧装订成册，于2010年3月25日前报送省商务厅外贸处和外资处。

四、各外商投资焦炭出口企业报送申请材料复印件同时，需上报申请材料原件，省商务厅审核后将原件退回企业。

五、各企业接到通知后务必于3月11日前将本企业联系人、联系电话报外贸处。

六、联系方式

外贸处：

联 系 人：刘铁 李国荣　　联系电话：0351－4077210/4067436　　传　真：0351－4077210

电子邮件：linawmc@163.com

外资处：

联 系 人：胡燕萍　联系电话：0351－4082950　传　真：0351－4084950

附件：商务部关于下达外商投资企业2010年第一批工业品出口配额的通知（商贸函〔2010〕106号）（略）

关于山西省煤炭资产经营有限公司整合重组三户省属企业有关事宜的通知

2011年1月21日　晋国资改革函〔2011〕32号

山西省煤炭资产经营有限公司、山西金通投资管理有限公司、山西省农业资产经营有限公司、山西省环境保护基金有限公司：

根据省委、省政府关于实现跨越式发展的战略思路，我委提出了由山西省煤炭资产经营有限公司整合重组山西金通投资管理有限公司、山西省农业资产经营有限公司和山西省环境保护基金有限公司3户企业的意见，并上报了省政府。2011年1月12日，省政府第75次常务会议原则同意了该项整合重组。

根据会议精神，现将有关事宜通知如下：

一、将山西金通投资管理有限公司、山西省农业资产经营有限公司和山西省环境保护基金有限公司这3户企业整体划转到山西省煤炭资产经营有限公司，使其成为山西省煤炭资产经营有限公司的全资子公司。

二、山西省煤炭资产经营有限公司整合重组山西金通投资管理有限公司、山西省农业资产经营有限公司和山西省环境保护基金有限公司3户省属国有企业后，成为这3户企业的母公司，依法对其进行管理。

(一) 领导人员管理

山西金通投资管理有限公司、山西省农业资产经营有限公司和山西省环境保护基金有限公司这3户企业领导人员的任免由山西省煤炭资产经营有限公司管理，报我委备案。

(二) 财务管理

山西金通投资管理有限公司、山西省农业资产经营有限公司和山西省环境保护基金有限公司3户企业的财务报表报山西省煤炭资产经营有限公司合并统计，按照《公司法》等有关法规要求进行。

(三) 安全稳定和信息披露工作

山西金通投资管理有限公司、山西省农业资产经营有限公司和山西省环境保护基金有限公司3户企业的安全稳定和信息披露工作理顺到山西省煤炭资产经营有限公司。

(四) 时间点的确定

山西省煤炭资产经营有限公司整合重组3户省属国有企业自本通知下发之日起开始。3户企业的安全稳定等工作即由山西省煤炭资产经营有限公司负责管理；涉及财务报表的合并统计以2011年2月1日为基准日。

三、山西省煤炭资产经营有限公司要利用本次整合重组时机，从有利于企业发展的大局出发，规划企业未来的发展前景，不断增强企业核心竞争力，努力做强做大企业。

四、整合重组工作要按照《公司法》及国家和我省的有关规定规范运作，确保该项工作顺利进行。

关于山西煤炭运销集团有限公司整合重组山西省焦炭集团有限公司有关事宜的通知

2011年1月21日　晋国资改革函〔2011〕13号

山西煤炭运销集团有限公司、山西省焦炭集团有限公司：

根据省委、省政府关于实现跨越式发展的战略思路，我委提出了由山西煤炭运销集团有限公司整合重组山西省焦炭集团有限公司，并上报省政府。2010年12月31日，省政府第73次常务会议原则同意了该项整合重组。根据会议精神，现将有关事宜通知如下：

一、鉴于山西煤炭运销集团有限公司的12名股东为我委及11个市国资委，属于省、市两级国有资产监管机构，我委以整体划转方式，使山西省焦炭集团有限公司变为山西煤炭运销集团有限公司的全资子公司。接文后，请完善相关手续。

二、山西煤炭运销集团有限公司整合重组山西省焦炭集团有限公司后，变为其母公司，依法对其进行管理。

(一) 领导人员管理

山西省焦炭集团有限公司的组织关系理顺到山西煤炭运销集团有限公司，领导人员的任免由山西

煤炭运销集团有限公司管理，报我委备案。

(二) 财务报表

在财务管理上，山西省焦炭集团有限公司的财务报表报山西煤炭运销集团有限公司合并统计，按照《公司法》要求进行。

(三) 安全稳定和信息披露工作

山西省焦炭集团有限公司的安全稳定和信息披露工作理顺到山西煤炭运销集团有限公司。

(四) 时间点的确定

山西煤炭运销集团有限公司整合重组山西省焦炭集团有限公司自本通知下发之日起开始。山西省焦炭集团有限公司的安全稳定等工作即由山西煤炭运销集团有限公司负责管理。

三、你们要利用本次整合重组时机，从有利于企业发展的大局出发，规划企业未来的发展前景，不断增强企业核心竞争力，努力做强做大企业。

四、整合重组工作要按照《公司法》及国家和我省的有关规定规范运作，确保该项工作顺利进行。

关于进一步加强全省煤炭产量监控系统管理的通知

2011年2月11日

各市煤炭工业局、各国有重点煤炭集团公司、山西煤炭运销集团公司、山西煤炭进出口集团公司、平朔煤炭工业公司、太原煤炭气化集团公司、省监狱管理局：

为深入贯彻山西省人民政府令第221号《山西省煤炭产量监控系统管理规定》，全面落实《山西省煤炭工业厅煤炭产量监控系统管理细则》（晋煤办信发〔2009〕96号）文件要求，进一步加强煤炭产量监控系统的管理，发挥产量监控系统的作用，控制超能力生产，现将有关要求通知如下：

一、各单位要严格按照省政府颁布的第221号政府令《山西省煤炭产量监控系统管理规定》，建立和完善产量监控系统运行管理机制和机构，落实人员编制和运行维护资金及维护保障队伍，制定岗位责任制、设备维护管理、值班记录、操作规程等各项管理制度，结合本单位的具体实际，制定本单位的产量监控系统管理办法，将产量监控系统运行管理纳入制度化、规范化。

二、各国有重点煤炭集团公司对兼并重组整合后形成的全资及控股煤矿的产量监控系统要按照省煤炭工业厅要求的模式进行联网。对兼并重组整合煤矿产量监控系统未联网期间，要制定相应的管理制度，采取有效、切实可行的监管措施；对过渡生产矿井超过一年时限的，必须安装煤炭产量监控系统并联网运行。

三、煤矿企业及其所属生产矿井要严格按照国家安全生产行业标准《煤炭产量远程监测系统通用技术要求》（MT1082－2008）和《煤炭产量远程监测系统使用与管理规范》（MT1080－2008）的规定，将监控设备安装到位，计量仪器、传感器和监视装置的安装位置应当符合要求，系统及设备应取得“MA安全标志”和相关证书；在用系统和设备尚未取得“MA安全标志”和相关证书的，在今年年底前必须升级为具有“MA安全标志”和相关证书的产品。

四、基本建设矿井在未开工前，必须完成产量监控系统的设计和评审工作；在进入二期工程后，必须安装产量监控系统并联网运行。产量监控系统未经验收不得进行生产活动。

五、对已安装产量监控系统的煤矿企业及其所属生产矿井，应当按照省煤炭工业厅的要求，统一安装煤矿安全生产信息调度软件，实现产量数据的自动输入，并联网运行，实现各级安全生产日报自动上传。对不能完成的煤矿，产量监控系统不予验收。

六、煤矿企业及其所属生产矿井必须保证系统和设备运行正常，数据采集真实可靠，应每月对系统的称重装置进行检测。技术力量和检测设备不具备的单位，要与技术维护机构签订维护服务协议，委托其承担设备检修、维护、称重装置检测、软件升级等工作，确保设备使用完好，数据采集准确，系统正常运行。

七、各级产量监控系统监控中心要严格执行24小时值班制度，各市、集团公司（包括子、分公司）、县产量监控系统监控中心，值班人员总人数不得少于6人；煤矿企业值班人员不得少于6人，维护人员不得少于3人。产量监控系统工作人员必须经培训考核合格后方可持证上岗。

八、各监管单位应当本着求实、科学、公正、合理的原则，认真准确地核定毛煤与原煤的折算系数，每半年更新一次。

九、各级监管部门要进一步加强对煤矿企业产量监控系统的管理和督查，每季度对所辖煤矿企业的产量监控系统称重装置进行检测，确保煤炭产量监控系统能够真实有效地监控和反映各矿井的原煤产量。

十、各单位煤炭产量监控系统在线率和产量监测数据与统计产量的误差率将列入2011年度工作目标责任制，在年终进行考核评分。

关于对全省生产矿井水文地质情况进行调查的通知

2010年3月3日　晋煤行发〔2011〕257号

各市煤炭工业局、各国有重点煤矿集团公司：

为认真贯彻落实国家《煤矿防治水规定》和省厅防治水会议精神，进一步了解掌握全省生产矿井水文地质情况，采取针对措施强化煤矿防治水管理工作，有效防止水害事故发生，省厅对全省生产矿井水文地质情况进行摸底调查。请各单位按附表要求认真填写，于3月15日前将电子版、文字档报省厅行业管理处。

电子邮箱：mtthgc@163.com

电　话：4117128

联系人：宋俊生　穆志宏

附件：全省生产矿井水文情况调查表（略）

关于全省煤炭企业继续推行法定代表人安全生产承诺制工作的通知

2010年3月21日　晋煤安发〔2011〕440号

各市煤炭工业局、各国有重点煤炭集团公司、平朔煤炭工业公司、太原煤炭气化集团公司、山西煤炭运销集团公司、山西煤炭进出口集团公司，省监狱管理局：

今年是“十二五”规划开局之年，是我省煤炭企业安全生产主体责任落实年，是全省煤炭工业转型发展和跨越发展的关键时期，按照《山西省人民政府安全生产委员会办公室关于继续做好重点行业（领域）生产经营单位法定代表人安全生产承诺制工作的通知》（晋安办发〔2011〕13号，以下简称《通知》）要求，为切实做好今年的安全生产承诺制工作，省厅提出以下要求：

一、省属五大煤炭集团公司、平朔煤炭工业公司、太原煤炭气化集团公司、山西煤炭运销集团公司、山西煤炭进出口集团公司及省监狱管理局要按照动员部署、签订承诺书和监督检查三个阶段认真推行法定代表人安全生产承诺制工作。各集团公司要向省煤炭厅签订《安全生产承诺书》（格式和内容见附件2），按照《安全生产承诺书》中承诺的事项，由法人代表签字后于4月5日前将签订的《安全生产承诺书》原件上报省煤炭厅。

二、各国有重点煤炭集团公司要按照《通知》要求，制订本单位的《安全生产承诺书》，其所属子公司、全资煤矿、控股兼并重组整合煤矿的法定代表人要向集团公司签订《安全生产承诺书》，并于4月5日前将所属煤矿签订《安全生产承诺书》数量和名单以正式文件报省煤炭厅。

三、各市煤炭工业局，要按照《通知》要求，认真安排部署每个阶段工作，参照国有重点煤炭集团公司安全生产承诺事项，结合当地实际，制订《安全生产承诺书》，做好与企业法人安全生产承诺书签订工作。《安全生产承诺书》签订后，于4月5日前将各煤炭企业签订《安全生产承诺书》数量和名单以正式文件报省煤炭厅。

四、各市、各国有重点煤炭集团公司要按照《通知》要求，切实抓好煤炭企业法定代表人安全生产承诺制工作，督促检查其法定代表人认真履行安全生产法律法规，兑现《安全生产承诺书》中承诺的事项，并于2011年12月15日前将《落实安全生产承诺情况的报告》以正式文件报省煤炭厅，此项工作将作为省厅年度安全目标考核内容之一。

联 系 人：安全生产监督管理处 王利民

联系电话：0351－4117204，4117206（传真）　电子信箱：mttajc@126.com

通讯地址：山西省太原市并州北路67号（邮编：030012）

附件：《安全生产承诺书》（国有重点煤炭企业）（略）

关于切实做好当前煤矿安全生产工作的通知

2011年3月31日　晋煤安发〔2011〕474号

各市煤炭工业局、各国有重点煤炭集团公司、平朔煤炭工业公司、太原煤炭气化集团公司、山西煤炭运销集团公司、山西煤炭进出口集团公司、省监狱管理局：

今年以来，全省煤矿安全生产形势总体平稳，截止到3月23日，累计发生事故13起，死亡14人，无重特大事故。但在省级督查中发现，全省煤矿安全生产工作仍然存在着一些倾向性、苗头性问题：一是有些市、县政府盲目追求煤炭产量，不切实际地向企业下达超过矿井实际生产能力的生产任务；二是有些煤矿企业存在麻痹松懈思想；三是有些煤矿隐患排查治理不及时、不彻底，领导干部带班下井履职不认真；四是个别企业"一通三防"和防治水措施落实不够到位；五是由于正处于换届期间，有的领导抓安全精力不集中，导致监管放松；六是有的复产复工验收不够认真等。

针对上述问题，结合国务院安委办3.21专题视频会议要求，为切实做好当前全省煤矿安全生产工作，有效防范和坚决遏制重特大事故发生，现强调通知如下：

一、充分认识当前我省煤矿安全生产工作面临的艰巨性、复杂性、严峻性，切实增强工作的紧迫感和责任感：一要高度重视和警惕部分煤矿企业存在的麻痹松懈思想；二要高度重视事故多发、安全管理基础薄弱矿井的安全生产工作；三要高度重视生产矿井的"三超"问题；四要高度重视整合改造矿井的安全工作；五要严防关闭矿井死灰复燃和私挖滥采。

各市、各集团公司要进一步强化企业主体责任落实，加大安全监管力度，采取更加严格有力措施，坚决防范和遏制重特大事故发生。

二、严格执行煤矿领导带班下井制度，切实做到班班有矿领导。带班领导要认真履行职责，加强对重点部位、环节的现场监督检查指导，及时排查安全生产隐患，解决安全生产中遇到的突出问题。

三、强化煤矿"一通三防"管理，加大瓦斯综合治理力度。要突出预防为主，加强现场管理，严格落实"通风合理、抽采达标、监控有效、管理到位"的要求，严格遵守采掘作业操作规程，突出矿井必须严格落实"两个四位一体"综合防突措施。

四、严格执行煤矿防治水规定。坚持"有掘必探、先探后掘、有采必探、先探后采"原则，认真落实"防、堵、疏、排、截"综合防治水措施，并积极推行探放水队、掘进队分离管理。

五、认真落实"五人监管小组"的监管责任。严查各类矿井存在的隐患，严处各种非法违法生产行为。

六、严格复产复工验收标准和程序，确保复工复产矿井安全。各市、县煤炭管理部门及省属五大集团公司要严格落实省政府办公厅《关于规范煤矿复工复产验收工作的实施方案的通知》（晋政办发〔2008〕9号）和《关于加强煤矿复工复产验收工作的补充通知》（晋政办函〔2009〕13号）精神，不得随意降低标准、简化程序，不准下放审批权限，谁验收、谁签字、谁负责，确保验收质量，从源头上把住关、把好关。

七、切实加强劳动用工管理和班组建设。认真落实"五个统一"的劳动用工管理制度，严禁井下作业使用外包工，以落实岗位安全责任为核心，加强班组建设，加强现场管理，特别是掘进头的现场管理，坚决抵制"三违"行为。

八、加强各类建设矿井安全管理力度。各类建设改造矿井要严格遵守省政府《关于加强煤矿建设工作安全管理的通知》（晋政办发〔2009〕172号）和《关于进一步加强全省煤矿建设安全"十不准、两严格"的通知》（晋政办发〔2010〕47号），严格落实建设矿井各方责任，强化施工现场管理，不准擅自违反施工程序组织施工，严禁未批先建、批小建大以及借整合技改之名非法组织生产。

关于做好2011年全省煤矿机电装备工作的通知

2011年3月31日　晋煤科发〔2011〕483号

各市煤炭工业局、各国有重点煤炭集团公司、平朔煤炭工业公司、太原煤炭气化集团公司、山西煤炭运销集团公司、山西煤炭进出口集团公司、省监狱管理局：

近年来，在省委省政府的正确领导下，全省煤炭行业认真贯彻国家和省关于加强煤矿安全工作的一系列决策和部署，牢固树立安全发展理念，坚持"安全第一、预防为主、综合治理"方针，在机电装备工作上夯实基础，强化管理，加大投入，大力淘汰落后技术装备，加快新技术、新装备推广，提升了煤矿供电安全、机电管理和技术装备水平，为促进煤矿安全形势稳定好转，发挥了积极保障作用。

"十二五"时期，是我省煤炭工业转型跨越发展的关键时期。2011年是"十二五"开局之年，做好今年的工作对于完成"十二五"各项目标任务至关重要。按照省厅总体部署，为认真贯彻省厅《关于认真做好2011年全省煤矿安全生产工作的通知》（晋煤安发〔2011〕1号）精神，现就加强全省煤矿机电装备工作通知如下：

一、2011年总体工作思路

认真贯彻国务院《关于进一步加强企业安全生产工作的通知》（国发〔2010〕23号）、省政府《关于2011年安全生产工作的意见》（晋政发〔2011〕1号）和省厅《关于认真做好2011年全省煤矿安全生产工作的通知》（晋煤安发〔2011〕1号）精神，以开展"企业安全生产主体责任落实年"活动为契机，以实施“矿井机械化、信息化升级改造两化融合”、“安全质量标准化矿井建设”、“人本安全、培训教育、素质提升”三大工程为重点，坚持“管理、装备、培训”并重原则，提高煤矿供电保障、机电管理和技术装备水平，实现矿井生产规模化、集约化、机械化、信息化。

二、2011年主要工作

(一) 积极开展“企业安全主体责任落实年”活动，认真落实煤矿供电安全、机电装备管理责任。

各单位要认真贯彻省厅《关于认真做好2011年全省煤矿安全生产工作的通知》（晋煤安发〔2011〕1号）精神，积极开展“企业安全主体责任落实年”活动，全面落实企业安全主体责任。

各级煤炭行业管理部门、各煤矿集团公司要以开展“企业安全生产主体责任落实年”活动为契机，高度重视煤矿供电安全、机电装备管理工作，充实完善各专业管理机构，建立健全煤矿供电、机电、装备管理制度和责任体系，并督促各煤矿企业严格落实煤矿供电安全、机电、装备管理责任，逐级落实安全管理责任，严格岗位责任考核，强化现场管理，确保各项制度、责任、工作落实到位。

(二) 严格执行矿井两回路电源线路供电，提升煤矿安全供电质量和水平。

各单位要严格执行《煤矿安全规程》等有关规定，实现煤矿两回路电源线路供电。各级煤炭行业管理部门、各煤矿集团公司要进一步加强与供电等部门的沟通和联系，完善联席会议制度，及时召开专门会议，分析研究解决出现的问题。要加强煤矿安全供电管理，利用先进技术，加大矿区电网改造力度，重点推进整合矿井两回路供电线路建设，不断完善生产矿井供电系统，提高系统抗灾能力和可靠性。要科学制定煤矿应急预案、落实停送电、供电线路检修制度等有关安全用电管理制度，加强危险源的辨识，定期开展预案演练，建立有效的应急处置机制，建设安全可靠供电系统，提高煤矿安全供电能力和水平。

(三) 大力实施“机电安全质量标准化矿井建设”工程，提高煤矿机电运输安全管理水平。

煤矿机电安全质量标准化是煤矿安全生产基础管理的重点工作。各煤矿企业要以结合实施“安全质量标准化矿井建设”工程，不断强化煤矿机电安全管理工作，建立健全煤矿机电运输安全管理制度，制定煤矿机电安全质量标准及考核办法， 分类指导，稳步推进，大力开展煤矿机电安全质量标准化工作。建立现代化矿井综合监控系统，实现对矿井供电、提升、运输、排水、压风、通风、采掘、瓦斯抽放等系统机电设备的远程监测监控，努力建成省级、国家级安全质量标准化矿井，提高煤矿机电运输安全管理水平。

(四) 强制淘汰落后技术设备，提升煤矿技术装备和现代化管理水平。

今年，国家安全监管总局、国家煤矿安监局已制定了《禁止井工煤矿使用的设备及工艺目录（第三批）》（安监总煤装〔2011〕17号），省厅以晋煤科发〔2011〕313号文，及时进行了转发并提出要求。各单位要以国家发布《禁止井工煤矿使用的设备及工艺目录（第三批）》为契机，结合全省煤炭行业实施“矿井机械化、信息化升级改造两化融合”工程，按照“装备一流、技术先进、系统可靠、安全高效”的要求建设改造矿井，加强煤矿设备管理，建立各种煤矿设备、设施检查维修制度，定期进行检查维修，做好记录。加快新技术、新装备的推广应用，强制淘汰落后技术、工艺、装备，实现矿井生产规模化、集约化、机械化、信息化，提升煤矿技术装备和现代化管理水平。

(五) 加强煤矿安全培训教育，不断提高煤矿职工素质。

“人本安全、培训教育、素质提升”工程，是今年我省煤炭行业实施三大工程之一，各单位要加强机电、装备、运输从业人员的培训工作，尤其对整合矿井要加大培训力度，强化培训师资建设，更新培训教材，制定各层次培训计划，特种作业人员必须按国家规定经过专门培训并取得相应资格证书，既要抓好理论培训，宣传学习《煤矿安全规程》等煤矿相关规定和安全知识，又要注重实际操作技能，增强安全意识，规范安全行为，同时要组织开展煤矿安全知识竞赛、岗位和技能比武等多种形式的活动，扎扎实实做好煤矿安全培训教育工作，提高安全培训质量和效果，不断提升煤矿职工素质。

(六) 加大安全监管力度，进一步做好煤矿供电安全、机电装备管理工作。

各级煤炭管理部门、各煤炭集团公司要把煤矿供电安全、机电装备管理作为安全生产工作的一项重要工作，纳入煤矿安全专项整治的一项重要内容，建立健全煤矿供电安全、机电装备隐患排查治理制度。要加强领导，狠抓落实，结合当前煤矿安全实际，制定切实可行的煤矿安全隐患排查治理工作方案，组织煤矿供电、机电装备安全隐患排查治理专项工作，开展煤矿企业自查、交叉检查、抽查督察等多种形式的排查，对发现、查处的重大隐患要挂牌督办，限期整改，跟踪消号，及时总结工作经验，进一步做好煤矿供电安全、机电装备管理工作。省厅将在年底组织进行全省煤矿供电安全、机电装备管理工作督查或重点检查。

请各市煤炭行业管理部门、各煤矿集团公司迅速将本通知转发到辖区内所有煤矿企业，并督促抓好落实。

关于全省煤炭经营企业煤炭经营资格证有效期限继续延续的通知

2011年3月31日　晋煤经发〔2011〕494号

各市煤炭工业局、各国有重点煤炭集团公司、中煤能源集团公司、平朔煤炭工业总公司、太原煤气化集团公司、山西煤炭运销集团公司、山西煤炭进出口集团公司、山西省国新能源集团公司、山西统配煤炭经销总公司、山西能源产业集团公司、省监狱管理局、省劳教局、各省直计划单列单位、各煤炭经营企业：

鉴于国家煤炭经营资格证新证尚未颁发的实际情况，经省厅研究决定，全省煤炭经营资格证到期换证工作延迟进行，全省煤炭经营企业持有的有效期限在2010年底到期的煤炭经营资格证有效期限继续延续到2011年6月底。

关于对煤矿信息化系统建设和技术服务企业进行备案的通知

2011年4月21日　晋煤办信发〔2011〕626号

各市煤炭工业局、各国有重点煤炭集团公司、平朔煤炭工业公司、太原煤炭气化集团公司、山西煤炭运销集团公司、山西煤炭进出口集团公司、省监狱管理局：

为规范我省煤矿企业信息化系统建设招标、选型、使用、技术支持、系统维护等工作，推广应用先进、实用的信息产品和新技术、新成果，确保信息系统在煤矿安全、生产、建设、管理各环节运行可靠，省厅决定对在我省煤矿企业从事信息化系统建设和技术服务的企业开展备案登记，现将有关事项通知如下：

一、备案范围

凡为我省煤矿企业监测监控系统、生产自动化控制装备系统、通信联络系统、管理信息系统等信息化项目提供开发应用软件、系统集成、信息系统工程建设、项目监理、系统维护、测试校验等业务的信息系统生产、建设和技术服务企业。

二、备案材料内容

1. 工商营业执照、注册地税务登记证、组织机构代码证等盖公章的复印件（正本或副本原件审核后退回）、从业人员数量及构成、为职工缴纳养老保险证明等；ISO9000系列或同等质量保证体系认证书及年检记录等；

2. 信息系统及产品的生产许可证、煤安（MA）标志证书、防爆合格证等煤矿井下使用的各类标志证书加盖公章的复印件（原件审核后退回）；

3. 系统集成资质证书、安防产品资质证书；代理产品销售、建设、维护的委托代理证明；

4. 是否在山西境内建立维护服务机构及驻地机构备案证明（包括子、分公司、办事处等）；

5. 企业概况简述，内容包括：成立时间、注册资本、是否有专利技术、系统或产品鉴定材料、获奖情况等；

6. 首次备案时，提供近三年在全国及山西省煤炭行业项目主要业绩，全年合同金额500万元以上（合同、项目验收报告等证明材料）或上年度山西省内全年合同金额100万元以上（合同、项目验收报告等证明材料）；

7. 山西省煤矿信息化系统建设和技术服务企业备案登记表（加盖公章）；

8. 其他相关资质证书和材料等。

三、备案程序

1. 申请备案企业在“山西煤炭信息网www.s×coal.gov.cn”信息化系统备案栏目下载《煤矿信息化系统建设服务企业备案表》，按要求填写并加盖公章，同时将电子版一同报送备案；

2. 提交申请备案材料；

3. 申请备案企业在山西煤炭企业招投标中标的系统和产品在项目建设前，中标或承建单位应提交《煤矿信息化系统项目（中标）备案登记表》（在“山西煤炭信息网www.s×coal.gov.cn”信息化系统备案栏目下载）等有关材料进行项目备案；

4. 备案资料将在山西煤炭信息网进行公示，公示期为30个工作日；

5. 备案登记有效期两年。有效期满需要延期的，应当在有效期满30个工作日前申请办理延期手续。

四、备案要求

1. 凡拟在山西省煤炭行业从事信息化系统建设和技术服务的企业，应事先进行备案登记；

2. 已备案企业的信息资料如企业信息、技术资料、证件证书等变化和变动时，应在三个月内及时到备案登记单位变更原备案信息资料；

3. 各级煤炭行业管理单位必须要求所属煤矿企业在今后新建改造信息化项目或招投标时，从已备案的系统产品和企业中选用，在竣工验收时要严格审核把关。

五、备案企业有下列行为之一的，备案登记予以撤销或不予备案登记：

1. 所提供的备案资料不齐全或经查实有弄虚作假行为的；

2. 因产品缺陷、服务质量问题和发生过较大质量安全事故或违法违规行为的；

3. 拒绝接受各级煤炭行业管理部门实施正常监督检查的；

4. 因企业产品质量或服务不到位，煤矿企业强烈投诉到各级煤炭行业管理部门，经核实后不进行整改或限期整改不到位的；

5. 近三年在煤炭行业信息化项目主要业绩，即全年合同金额500万元以下（合同、验收报告等证明材料）或上年度山西省内煤炭行业全年合同金额100万元以下（工程项目设计、合同、监理、行业监管验收报告等证明材料）。

六、其他

1. 备案企业对提供的备案信息资料承担法律责任；

2. 受理单位在审核企业备案信息资料后，为备案企业出据备案证明；

3. 已通过正式备案的企业资料及内容在“山西煤炭信息网”公布；

4. 已在我省煤矿企业安装使用信息化系统产品和技术服务企业，自本通知下发之日起六个月内，应携有关材料（包括项目竣工验收材料和市、集团公司、县监管单位信息化部门证明）进行备案登记；

5. 请各有关单位接文后，督促本辖区范围内从事信息化系统和项目建设及技术服务企业及时办理备案手续，并加强对煤矿企业的相关管理工作。

关于成立省煤炭厅三项重点工作推进领导组的通知

2011年5月6日 晋煤办发〔2011〕705号

各市煤炭工业局、各国有重点煤炭集团公司、平朔煤炭工业公司、太原煤炭气化集团公司、山西煤炭运销集团公司、山西煤炭进出口集团公司、省监狱管理局、厅机关各处室、直属各单位：

为了加强领导，加强协调联动，加快实施“矿井机械化、信息化两化融合改造提升”工程，扎实推进“安全质量标准化矿井建设”工程，大力实施“人本安全、培训教育、素质提升”工程，省厅决定成立相关领导组，分别负责全面落实相关工作。具体组成人员如下：

一、“矿井机械化、信息化升级改造两化融合”工程推进领导组

组 长：牛建明副厅长

成 员：规划处、行管处、安监处、瓦斯处、执法处、应急救援处、科技装备处、基建局、信息中心、安全调度中心

领导组办公室：设在信息中心，办公室主任由金利国兼任，负责牵头全面工作。

二、“安全质量标准化矿井建设”工程推进领导组

组 长：王学军副厅长

成 员：安监处、行管处、瓦斯处、应急救援处、科技装备处、基建局、信息中心、安全调度中心

领导组办公室：设在安监处，办公室主任由李建廷兼任，负责牵头全面工作。

三、“人本安全、培训教育、素质提升”工程推进领导组

组 长：杨茂林副厅长

副组长：胡万升副厅长、戴子平主席、韩世敏副巡视员

成 员：劳动用工管理处、职业教育培训处、人事处、煤矿工会

领导组办公室：设在劳动用工管理处，办公室主任由马光生兼任，负责牵头全面工作。

关于充分发挥和利用中煤保险平台作用加快建立煤炭安全生产风险保障机制的通知

2011年5月6日 晋煤办发〔2011〕618号

各市煤炭工业局、各国有重点煤炭集团公司、平朔煤炭工业公司、太原煤炭气化集团公司、山西煤炭运销集团公司、山西煤炭进出口集团公司、省监狱管理局、中煤保险公司：

为充分发挥商业保险“事故预防、经济赔偿、安全监督”的重要作用，探索市场化煤炭生产风险管理机制，经中国保监会批准，由我省国有重点煤炭集团和中国中煤能源集团公司等共同组建成立

了“中煤财产保险股份有限公司”（以下简称中煤保险公司）。这是我省首家全国性金融保险法人机构，也是我国第一家服务于煤炭等高危风险行业的专业保险公司，于2011年2月25日正式运营。

党中央、国务院和省委、省政府对高危行业安全生产保障体系建设非常重视，《国务院关于保险业改革发展的若干意见》（国发〔2006〕23号）明确要“充分发挥保险在防损减灾和灾害事故处置中的重要作用，将保险纳入灾害事故防范救助体系”，“在煤炭开采等行业推行强制责任保险试点，取得经验后逐步在高危行业、公众聚集场所、境内外旅游等方面推广”。国家安监总局和中国保监会《关于大力推进安全生产领域责任保险健全安全生产保障体系的意见》（安监总政法〔2006〕207号）要求“要认清商业责任保险的积极作用和重要意义，为安全生产与责任保险的结合营造良好的社会氛围，切实做好安全生产领域责任保险的组织协调工作”，“逐步建立起符合各行业安全发展需要的责任保险制度，初步形成‘政府推动、市场运作’的安全生产领域责任保险发展机制”。《山西省人民政府关于加快保险业发展的实施意见》（晋政发〔2006〕43号）要求“加快我省保险业发展，充分发挥保险在促进我省经济社会发展中的作用”，“在煤炭开采等高危行业推行强制责任保险试点”。

3月28日，袁纯清书记在《关于中煤保险公司获批和开展运营的报告》上作出重要批示：“充分运用好这一平台，既有利于保障煤炭生产安全，又有利于推进发展”。李小鹏常务副省长、任润厚副省长对推进中煤保险公司稳健起步、加快发展工作提出了具体要求。4月1日，任润厚副省长专程到中煤保险公司进行了调研指导。

为认真落实袁纯清书记重要批示精神，加快建立煤炭安全生产风险保障机制，现就有关事宜通知如下：

一、中煤保险公司要认真按照中国保监会要求，“坚持专业化经营，积极探索煤炭安全生产风险保障机制，为煤炭企业安全生产做好保险服务”，充分发挥商业保险“事故预防、经济赔偿、资金融通、安全监督”的重要作用，创新拓展煤矿建井工程保险、煤矿安全生产责任保险、煤炭货运险和井下特种财产损失保险等煤炭保险业务，有效提升煤矿建设和安全生产领域的保障能力，与煤炭企业共同构建“安全、高效、稳定”的生产保障和风险管理体系。

二、各市煤炭工业局、各煤炭集团公司要结合安全生产管理和长远发展的需要，建立完善煤炭安全生产保险机制，充分运用好中煤保险这一平台，通过市场化、专业化、社会化路径，积极与中煤保险公司建立风险管理战略合作关系，有力推进煤矿企业安全生产的风险预测、评估和控制工作，切实增强抗风险能力，提高我省煤炭安全生产保障水平，推动全省煤炭行业可持续健康发展。

关于做好2011年迎峰度夏期间电煤供应工作的通知

2011年6月24日　晋煤经发〔2011〕943号

各市煤炭工业局、中国（太原）煤炭交易中心、各国有重点煤炭集团公司、中煤能源集团公司、太原煤气化集团公司、山西煤炭运销集团公司、山西煤炭进出口集团公司、山西国新能源集团公司、山西统配煤炭经销总公司、山西能源产业集团公司、省监狱管理局、省劳教局、省直计划单列单位、各煤炭经营企业：

6月10日，国家发展改革委及省政府召开了2011年全国及全省电力迎峰度夏电视电话会议，就做好2011年全国及我省电力迎峰度夏期间煤炭供应工作做了安排部署，为贯彻落实国家及全省电视电话会议精神，现就做好全省电力迎峰度夏期间全省煤炭供应有关工作通知如下：

一、统一思想、提高认识，充分认识做好2011年电力迎峰度夏期间煤炭供应的重要性

今年以来，全省煤炭行业面对国际能源价格持续上涨、国内通胀预期增强、经济持续发展拉动煤

炭需求增长的形势，按照市场需求科学组织煤炭生产，切实保障省内外煤炭供应，全省煤炭生产供应均衡平稳，为全省及至全国经济的平稳发展做出了应有的贡献。当前，全国已相继进入迎峰度夏用煤高峰期，各市、各煤炭生产经营单位要站在讲政治、保民生、保稳定、保发展的高度，充分认识做好迎峰度夏期间煤炭供应工作的重要性，把保障煤炭供应工作作为当前的一项重要工作来抓，以优异的成绩向党的90岁生日献礼。

二、加大工作力度，扎实做好电煤生产和供应工作

1. 科学组织生产，确保煤炭生产均衡稳定。全省煤炭生产企业要在确保安全的前提下，根据市场需求，科学组织煤炭生产，尤其是各国有重点煤炭企业和地方骨干煤炭企业要充分发挥主力军作用，合理安排采掘衔接计划，调整产品结构，努力增加电煤生产，有力保障全国及我省的电煤供应。

2. 统筹调控运力，优先保证重点供应。要切实加强与铁路部门的协调，合理配置资源与运力，优先保证省内外重点用户、重点地区、重点行业的电煤供应。各煤炭生产、经营企业要根据不同时段的煤炭需求情况合理安排销售计划，优先保证全国重点地区电煤供应，重点电煤计划提报严格按合同足量提报，并确保合同兑现，正式计划不足的采取补充计划的办法予以保证。

三、严格执行国家关于煤炭价格的调控政策，确保重点电煤合同兑现

各煤炭生产、经营企业进一步强化大局意识，自觉维护市场秩序，尤其是各国有重点煤炭集团公司和地方骨干企业要发挥带头作用，不擅自提高价格，不变相涨价，不哄抬价格，切实加强企业自律，严格执行国家关于重点电煤的价格政策，稳定煤炭价格。要根据年初国家及我省下达的年度煤炭产运需衔接框架，严格履行省内、外重点电煤合同，努力提高合同兑现率，各煤炭生产、经营企业严格按照电煤合同双方约定的数量、时间、价格以及质量要求履行销售合同，足量提报发运计划，及时发运电煤，确保重点电煤合同兑现。

关于印发《全省继续深入开展煤矿安全生产专项整治工作方案》的通知

2011年7月11日　晋煤执发〔2011〕808号

各市人民政府、各省属煤炭企业集团、省监狱管理局：

为了深入贯彻国务院和省政府关于煤矿安全生产专项整治工作的一系列精神，继续深化全省煤矿安全生产专项整治工作，实现煤矿安全生产专项整治制度化、常态化，按照《山西省人民政府关于在全省继续深入开展安全生产专项整治的通知》（晋政办发〔2011〕29号）要求，省煤炭工业厅、山西煤矿安全监察局、省国土资源厅组织制定了以打击非法违法生产、经营、建设行为和隐患排查治理为重点的《全省继续深入开展煤矿安全生产专项整治工作方案》，现印发给你们，请结合本地区、本部门实际，精心组织，周密部署，按照方案要求迅速开展工作。

附件：全省继续深入开展煤矿安全生产专项整治工作方案

全省继续深入开展煤矿安全生产专项整治工作方案

为了深入贯彻国务院和省政府关于煤矿安全生产专项整治工作的一系列精神，继续深化全省煤矿安全生产专项整治工作，实现煤矿安全生产专项整治制度化、常态化，按照《山西省人民政府关于在全省继续深入开展安全生产专项整治的通知》（晋政办发〔2011〕29号）要求，制订《全省继续深入

开展煤矿安全生产专项整治工作方案》。

一、指导思想和工作目标

深入贯彻落实《国务院关于进一步加强企业安全生产工作的通知》（国发〔2010〕23号）、《国务院办公厅关于继续深化“安全生产年”活动的通知》（国办发〔2011〕11号）、《山西省人民政府关于2011年安全生产工作的意见》（晋政发〔2011〕1号）、《山西省人民政府关于在全省继续深入开展安全生产专项整治的通知》（晋政办发〔2011〕29号）以及《关于认真做好2011年全省煤矿安全生产工作的通知》（晋煤安发〔2011〕1号）文件精神，牢固树立安全发展理念，坚持“安全第一、预防为主、综合治理”的方针，以“三深化”（深化企业主体责任落实，加强安全管理和监督；深化依法监管，持续严厉打击非法违法行为；深化专项整治，狠抓隐患排查治理）和“三推进”（推进科技进步，提高安全保障和救援能力；推进安全达标，强化安全基层基础；推进长效机制建设，构建安全防范体系）为重要内容，强化企业安全生产主体责任，规范全省煤矿的安全生产秩序。

煤矿安全生产专项整治行动要作为整顿煤矿秩序、实现煤矿安全生产的重要管理工作，步入制度化、规范化、常态化的轨道。通过安全生产专项整治，进一步推动企业安全生产主体责任和政府监管责任的落实；进一步健全和完善安全生产的各项规章制度，认真开展隐患排查治理工作，及时发现并消除重大安全隐患，加强基础安全管理工作；淘汰国家明令禁止使用设备，积极推进企业安全生产标准化建设，不断提升煤矿企业的本质安全水平；严厉打击非法违法生产、经营、建设行为，进一步减少一般事故，有效遏制重大事故，坚决杜绝特大事故，全面完成我省安全生产控制指标，为我省转型、跨越发展提供安全保障。

二、组织领导

为继续深入开展好全省煤矿安全生产专项整治工作，省煤炭工业厅、山西煤监局、省国土资源厅成立省继续深入开展煤矿安全生产专项整治工作领导组。

组　长：王守祯　　省煤炭工业厅厅长
　　　　杜建荣　　山西煤监局局长
　　　　李建功　　省国土资源厅厅长
成　员：杨茂林　　省煤炭工业厅副厅长
　　　　牛建明　　省煤炭工业厅副厅长
　　　　武建森　　省煤炭厅工业副厅长
　　　　胡万升　　省煤炭厅工业副厅长
　　　　王学军　　省煤炭厅工业副厅长
　　　　李成先　　省煤炭工业厅总工程师
　　　　徐占成　　山西煤监局副局长
　　　　赵文才　　山西煤监局总工程师
　　　　王怀科　　山西煤监局副巡视员
　　　　谢万星　　山西煤监局副巡视员
　　　　王学彦　　山西煤监局副巡视员
　　　　葛建生　　省国土资源执法监察总队总队长

省继续深入开展煤矿安全生产专项整治工作领导组负责制定继续深入开展全省煤矿安全生产专项整治总体工作方案，对全省继续深入开展煤矿安全生产专项整治工作进行统一领导，统一安排，统一部署。研究解决专项整治中发现的共性问题和突出问题，协调各市、各省属煤炭集团煤矿安全生产专项整治工作。

省继续深入开展煤矿安全生产专项整治工作领导组将依据省煤炭厅、山西煤监局、省国土资源厅各自业务职责，组织有关监管人员，并抽调各国有重点煤炭集团公司政治素质好、业务水平高、责任心强的专业技术人员，组成省级督查工作组，对全省11个市及各国有重点煤炭企业集团公司继续深入开展煤矿安全生产专项整治工作进行全面督查。其中山西煤矿安全监察局负责太原、大同、朔州、忻州、阳泉五个市的督查工作，省煤炭工业厅负责长治、晋城、晋中、吕梁、临汾、运城六个市的督查工作，省国土资源厅对涉及私挖滥采、超层越界等非法违法开采行为及移交后的关闭矿井组织专项督查。

领导组下设综合信息组，分别设在省煤炭工业厅、山西煤监局、省国土资源厅，负责全省煤矿安全生产专项整治日常工作，跟踪掌握各市、各省属煤炭集团公司专项整治工作进展情况，协调解决专项整治中的有关问题，负责专项整治情况的收集、整理、汇总、通报、上报等工作。

组 长：房世全　省煤炭厅安全生产执法处处长

　　　　邓　磊　山西煤监局执法监督处处长

　　　　侯自素　省国土资源执法监察总队副总队长

成 员：省煤炭工业厅、山西煤监局、省国土资源厅相关人员组成。

三、专项整治的主要内容

(一) 巩固2009、2010年安全生产专项整治成果

各市、各煤炭企业是否按照省政府晋政发〔2008〕35号文件中规定的方法步骤进行了分类整治。一类企业是否关闭到位，关死关实，是否有死灰复燃现象，是否对存在反复的企业采取了针对性措施；二类企业经整改仍然不符合安全生产条件是否列为关闭对象并实施了关闭；三类企业是否切实加强了安全管理，落实了安全监管责任。

(二) 深化专项整治的内容

重点是检查无证、证照不全或过期从事生产经营建设的行为；关闭取缔后又擅自生产经营建设的行为；停产整顿、整合技改未经验收擅自组织生产的和违反建设项目安全设施“三同时”规定的行为；瞒报事故，以及重大隐患隐瞒不报或不按规定期限予以整治的行为；未依法进行安全培训、没有取得相应资格证或无证上岗的行为；拒不执行安全监管监察指令、抗拒安全执法的行为；未依法严格追究事故责任，以及责任追究不落实的行为；其他违反安全生产法律法规的生产经营建设行为。

(三) 对省属煤炭企业集团、各市重点检查内容

1.《国务院关于进一步加强企业安全生产工作的通知》（国发〔2010〕23号）、《国务院办公厅关于继续深化“安全生产年”活动的通知》（国办发〔2011〕1号）、《山西省人民政府关于2011年安全生产工作的意见》（晋政发〔2011〕1号）、《关于切实加强当前煤矿安全生产工作的若干规定》（晋政发电〔2010〕5号）、《山西省人民政府关于在全省继续深入开展安全生产专项整治的通知》（晋政办发〔2011〕29号）文件精神学习贯彻落实情况。

2. 安全生产各项制度的贯彻落实情况，安全生产应急值守和事故报告制度执行情况。

3. 政府安全生产监管责任落实情况。重点是检查负有安全监管职责的部门领导、市县长安全助理“一岗双责”落实情况；煤矿安全监管“五人小组”到位情况和企业安全监管“三落实”情况。

4. 煤矿企业安全生产主体责任落实情况。重点是检查煤矿企业法定代表人安全生产承诺、安全监管机构和队伍建设、职工培训、班组建设、安全监管职责到位、现场管理、隐患排查治理、安全投入等情况。

5. 煤矿兼并重组后安全监督责任的落实情况；在建矿井和技改矿井的安全管理情况；全国煤矿瓦斯防治工作会议精神落实情况；瓦斯、水患、火灾、煤尘、顶板、机电、机械和运输等事故隐患的治理情况，特别是治大隐患、防大事故的措施落实情况；对列入关闭计划的矿井按“六条标准”关闭到位情况；水害防治和井下防灾避险“六大系统”建设情况。

6. 继续深入开展煤矿安全生产专项整治工作开展情况。

(四) 对煤矿企业检查内容

1. 对证照齐全的生产矿井重点检查以下内容：

(1) 瓦斯方面：煤矿瓦斯综合治理情况，“通风可靠、抽采达标、监控有效、管理到位”工作体系建设情况；高瓦斯、煤与瓦斯突出矿井瓦斯抽放情况，煤与瓦斯突出矿井“四位一体”综合防突措施。

(2) 防治水方面：是否严格执行煤矿水害防治规定；是否坚持“有掘必探、有采必探、先探后掘、先探后采”原则，是否摸清本矿井周边老空积水情况，完善水文地质资料。

(3) 采掘方面：是否加强工作面探放水、支护、通风等重点环节的管理。

(4) 机电方面：是否加强机电、大型设备维修检查和运行状况的动态管理，严禁使用国家明令禁止或淘汰的机电设备，严禁违章作业和机电设备带病运转，杜绝机电失爆。

(5) 火灾、煤尘防治：是否严格落实火灾预防和管理的各项规定，是否落实综合防尘措施。

(6) 是否建立健全以总工程师为主的煤矿安全技术责任体系，严禁在技术措施、作业规程未经审查批准的情况下擅自组织生产。

(7) 现场管理情况，领导干部带班下井制度执行情况，矿领导是否跟班指挥，与职工同上同下，区队长是否带班作业，是否落实“六大员”安全管理责任，“三项岗位”人员（主要负责人、安全生产管理人员、特种作业人员）是否持证上岗，从业人员是否经过培训并考试合格。

(8) 是否按照质量标准化要求，实现岗位达标、专业达标、企业达标，全过程、全方位动态达标。

(9) 是否切实做好雨季“三防”工作。

(10) 是否按照要求领取、管理和使用火工品。

(11) 是否超定员、超能力、超强度组织生产。

(12) 过渡期生产矿井是否严格执行“只回采，不掘进”规定。

2. 对各类建设矿井重点检查以下内容：

(1) 相关证照、手续是否齐全，是否存在未批先建、批小建大现象。

(2) 是否建立健全煤矿建设管理机构和安全监管体系。

(3) 项目建设单位安全管理责任是否落实到位，是否设置专门的安全管理部门，并配足专职安全员；是否建立健全岗位安全责任制；是否存在盲目赶工期、抢进度、多头多面建设现象；是否严格执行招投标制度；是否组织制定完善的瓦斯、水、火等重大安全技术措施；是否积极按要求开展隐患排查治理工作；是否定期召开安全例会。

(4) 施工单位安全主体责任是否落实到位，是否具备相应的资质和装备，是否设立专门的安全管理部门，配备专职安全员；是否严格落实施工人员培训制度；现场安全管理情况；是否建立健全安全管理制度。

(5) 监理单位安全监理责任是否落实到位。

(6) 安全设施是否与主体工程同时设计、同时施工、同时投入使用。

(7) 是否建立健全应急救援体系。

3. 应关闭矿井是否按照要求关闭到位，关闭矿井是否存在死灰复燃现象，对列入整合改造尚未批准开工建设矿井要检查是否签订移交接管确认书，主体是否全面接管。

四、工作安排

此次专项整治共分五个步骤进行：

(一) 统一部署和宣传发动（5月）

各市、各省属煤炭企业集团要成立继续深入开展煤矿安全生产专项整治领导组，制定本地、本部门、本企业实施方案，配齐工作人员，做好专项整治部署工作。通过召开会议、发布公告、媒体宣传等形式广泛宣传发动，使各级各部门和所有煤矿企业了解和掌握此次专项整治的重要意义、政策措施、方式步骤和具体要求，为扎实做好专项整治工作打下坚实基础。

(二) 企业自查自整（6月）

企业自查贯穿此次专项整治工作始终，各煤矿企业要按照本方案要求，结合自身实际，认真研究制定工作方案，对照本次专项行动内容，组织全面自查自整，查出的安全生产问题和隐患要立即采取有效措施，及时治理，一般隐患和问题，要按照“五落实”（责任人、措施、资金、时限和应急预案）规定限期整改，发现重大隐患必须立即停产停建，并及时上报煤炭行政主管部门。重大隐患整改完成前不得组织生产建设，隐患整改情况要在本单位以板报、企业内部报纸等形式进行公示。

(三) 市县督查检查（7月－8月）

各省属煤炭企业集团、各市（县）煤炭工业局负责组织对辖区内（所属）煤矿企业进行全覆盖检查。对重大问题进行集中整治，把解决当前问题同建立规范的煤矿安全生产法治秩序密切结合起来，对影响本地煤矿安全生产工作的突出问题及其成因进行深入分析，有针对性地研究提出进一步规范煤矿安全生产秩序的政策措施，制定遏制煤矿非法违法生产、建设行为的治本之策。

各省属煤炭企业集团、各市煤炭工业局要积极开展严厉打击煤矿企业非法违法生产建设行为专项行动，要把煤矿安全生产专项整治工作，与全省集中开展严厉打击煤矿企业非法违法生产建设行为专项行动相结合，力争取得实效。

(四) 省级督查（9月－10月）

省专项整治工作领导组组织人员按照分工对各省属煤炭企业集团、各市煤炭工业局继续深入开展煤矿安全生产专项整治工作开展情况分组进行督促检查，并对煤矿企业进行重点抽查，每个市抽查不低于30%的县区，对生产矿井抽查30%以上，对在建项目抽查30%以上，对关闭矿井抽查10%以上，对过渡期矿井100%检查，对列入整合改造尚未开工建设矿井抽查50%以上，督查时间由各督查组确定，督查结束将本组督查情况向领导组作出书面汇报。

(五) “回头看”再检查和总结（11月）

继续深入开展煤矿安全生产专项整治工作，省级领导组要组织“回头看”检查，重点是跟踪抽查一类企业的取缔关闭和二类企业重大隐患的整改情况，检查市、县（市、区）和生机督查中查出的问题整改落实情况。同时对专项整治情况进行全面总结。

五、工作要求

(一) 进一步提高思想认识、保持清醒头脑、加强组织领导。各级、各部门要充分认识我省煤矿安全生产工作面临的严峻复杂形势，充分认识做好当前煤矿安全生产工作的极端重要性，充分认识开展安全生产专项整治的重要性和必要性。要把专项整治作为一项政治任务来抓，主要负责人全面负责，分管负责人通力配合。各地、各部门要成立主要负责人任组长的专项整治领导组，认真落实专项整治的每一个步骤，确保各项工作落到实处，取得实效。

(二) 进一步落实企业安全生产主体责任、加大隐患排查力度。煤矿企业是安全生产责任主体，也是安全生产专项整治的责任主体，必须认真组织开展隐患排查治理，自查自整，消除隐患，确保安全生产，组织专业人员对本矿井涉及安全生产工作的各个环节全面排查，特别是排查重点部门、重点岗位；认真落实领导带班下井制度，针对动态的生产过程，加大日常巡查力度，及时发现问题，解决问题，把事故隐患消灭在萌芽状态。加大安全生产投入，科技保安，划拨专项资金用于专项整治工作，并确保资金落实到位。

(三) 进一步落实各级各部门安全生产监管责任。各级各部门要进一步认真落实监管责任，严格落实 “五人一组，一组五矿”的煤矿安全监管包保责任制；严格煤矿复工复产验收；严格关闭矿井的监管；严格停产整顿矿井的监管；严格建设、改造矿井的安全监管；严格矿井“一通三防”管理；严格矿井防治水管理；严格现场监管；严格劳动用工管理，认真落实好安全生产监管主体责任。

(四) 进一步加大打击非法违法专项行动工作力度。各级、各部门要立足于治隐患、防事故，依法严厉打击煤矿企业的非法违法生产、建设行为，重拳出击，从严从速，狠刹歪风，强力促进我省煤矿安全生产形势继续稳定向好。整治中发现不具备安全生产条件且整改无望的矿井，要坚决关闭；对存在重大安全生产隐患，不能保证安全生产的以及不认真落实隐患排查治理制度的煤矿一律停产整顿；对六证齐全、具备安全生产条件的煤矿要加强监管，确保安全生产。执法过程中发现单一部门无法解决的重大安全生产问题，要积极组织开展联合执法行动，及时督促解决。

(五) 进一步完善机制，注重长效。各级、各部门要以此次继续深入开展煤矿安全生产专项整治工作为契机，认真总结经验，积极探索建立专项整治长效机制，实现专项整治工作制度化、常态化；认真研究，着力解决制约我省煤矿安全生产工作的突出问题，标本兼治；完善安全措施，强化制度建设，建立安全生产长效机制。

各市人民政府、各省属煤炭企业集团每月5日前将上月专项整治情况上报省专项整治工作领导组，7月15日和12月15日前将半年、全年专项整治总结分别报省煤炭工业厅、省国土资源厅、山西煤矿安全监察局，省专项整治工作领导组将对各单位开展专项整治情况进行打分评比，并在全省通报。

关于印发《全省继续开展严厉打击煤矿企业非法违法生产建设行为专项行动实施方案》的通知

2011年7月11日　晋煤执发〔2011〕770号

各市人民政府、各省属煤炭企业集团、省监狱管理局：

为深入贯彻《国务院安委会关于开展严厉打击非法违法生产经营建设行为专项行动的通知》（安委明电〔2011〕7号）、《国务院办公厅关于继续深化“安全生产年”活动的通知》（国办发〔2011〕11号）文件精神，严格落实《国家煤监局2011年煤矿安全生产工作要点》、《山西省人民政府关于2011年安全生产工作的意见》（晋政发〔2011〕1号）文件要求，继续做好全省煤矿安全生产专项整治工作，严厉打击煤矿企业非法违法生产建设行为，实现全省煤矿安全生产形势稳定好转，省煤炭工业厅、山西煤矿安全监察局联合组织制定了《全省继续开展严厉打击煤矿企业非法违法生产建设行为专项行动实施方案》，现印发给你们，请结合本地区、本部门实际，精心组织，周密部署，并按照方案要求迅速开展工作，确保打击煤矿企业非法违法生产建设行为专项行动取得实效。

附件：《全省继续开展严厉打击煤矿企业非法违法生产建设行为专项行动实施方案》

全省继续开展严厉打击煤矿企业非法违法生产建设行为专项行动实施方案

按照《国务院安委会关于开展严厉打击非法违法生产经营建设行为专项行动的通知》（安委明电〔2011〕7号）和全省煤炭工作会议要求，为继续做好全省集中开展严厉打击煤矿企业非法违法生产建设行为专项行动各项工作，结合我省煤矿安全生产实际，制定本实施方案。

一、指导思想和工作目标

深入贯彻落实党中央、国务院及省委、省政府关于煤矿安全生产工作的一系列重要指示精神，按照《国务院关于进一步加强企业安全生产工作的通知》（国发〔2010〕23号）、《国务院办公厅关于继续深化“安全生产年”活动的通知》（国办发〔2011〕11号）、《国务院安委会关于开展严厉打击非法违法生产经营建设行为专项行动的通知》（安委明电〔2011〕7号）、《国家煤监局2011年煤矿安全生产工作要点》、《山西省人民政府关于2011年安全生产工作的意见》（晋政发〔2011〕1号）、《山西省人民政府关于在全省继续深入开展安全生产专项整治的通知》（晋政办发〔2011〕29号）以及《关于认真做好2011年全省煤矿安全生产工作的通知》（晋煤安发〔2011〕1号）文件要求，结合我省煤矿安全生产工作实际，继续保持高压态势，明确“打非”重点，强化“打非”责任，加大“打非”力度，形成强大声势，及时发现、深挖深查、依法严厉打击全省煤矿非法违法生产建设行为，切实解决影响和制约我省煤矿安全生产的突出问题，加快形成规范的全省煤矿安全生产法治秩序，坚决遏制重特大事故发生，强力促进我省煤矿安全生产形势持续稳定好转，为迎接中国共产党成立90周年创造良好的煤矿安全生产环境。

二、组织领导

为切实加强全省继续开展严厉打击煤矿企业非法违法生产建设行为专项行动组织领导，确保专项行动取得实效，成立省继续开展严厉打击煤矿企业非法违法生产建设行为专项行动领导组，统一安排，统一部署，研究解决工作中的共性问题和突出问题，协调各市、各省属国有重点煤炭企业集团把专项行动各项工作开展好。

组　长：王守祯　　省煤炭工业厅厅长
　　　　杜建荣　　山西煤监局局长
副组长：杨茂林　　省煤炭工业厅副厅长
　　　　牛建明　　省煤炭工业厅副厅长
　　　　武建森　　省煤炭厅工业副厅长
　　　　胡万升　　省煤炭厅工业副厅长
　　　　王学军　　省煤炭厅工业副厅长
　　　　李成先　　省煤炭工业厅总工程师
　　　　徐占成　　山西煤监局副局长
　　　　赵文才　　山西煤监局总工程师
　　　　王怀科　　山西煤监局副巡视员
　　　　谢万星　　山西煤监局副巡视员
　　　　王学彦　　山西煤监局副巡视员

成　员：省煤炭工业厅、山西煤监局相关处室负责人

领导组下设办公室，承担专项行动日常工作。

办公室主任：房世全 省煤炭厅安全生产执法处处长
　　　　　　邓　磊 山西煤监局执法监督处处长

成　员：省煤炭工业厅、山西煤监局相关人员

三、工作内容

此次继续开展严厉打击煤矿企业非法违法生产建设行为专项行动的重点内容是：

1. 无证、证照不全或过期从事生产建设的；

2. 应关未关和死灰复燃擅自生产建设的；

3. 停产整顿、整合技改未经验收擅自组织生产的和违反建设项目安全设施“三同时”规定的；

4. 非法用工、无证上岗的；

5. 拒不执行安全监管监察指令、抗拒安全执法的；

6. 假借整合技改逃避关闭、限期内未实施改造、拖延工期未完成改造、在整合技改区域违法生产或只生产不技改的；

7. 被兼并重组煤矿未按规定变更相关证照擅自组织生产的；

8. 超层越界、超能力、超强度、超定员组织生产的；

9. 不执行《防治煤与瓦斯突出规定》、没有能力采取“两个四位一体”防突措施的；

10.《国务院关于预防煤矿生产安全事故的特别规定》（国务院令第446号）规定的15类重大安全生产隐患和行为，未治理或治理不彻底的；

11. 其他违反煤矿安全生产法律法规的生产建设行为。

四、时间步骤

各单位要把此次专项行动与全省继续深入开展煤矿安全生产专项整治工作紧密结合起来，把此次全省集中开展严厉打击煤矿企业非法违法生产建设行为专项行动作为煤矿安全生产专项整治的重点工作，合理安排，统筹兼顾。

本次严厉打击非法违法生产建设专项行动分四个阶段进行：

(一) 部署发动阶段（5月5日－5月15日）

各市（县）人民政府、各省属煤炭企业集团要立即制定实施方案，迅速层层动员部署，确保专项行动尽快在基层全面启动。要充分利用各种舆论媒体和宣传方式，加大宣传发动力度，营造有利于对非法违法生产建设行为实施严厉打击的舆论氛围，设立举报电话、信箱，发动群众和媒体举报，并做到有举必严查、查实必严惩。实施方案于5月15日前分别报省煤炭工业厅、山西煤矿安全监察局。

(二) 集中打击阶段（5月15日－6月15日）

各市（县）人民政府、各省属煤炭企业集团要层层组织检查，通过采取突击检查、重点抽查、跟踪检查、互查等多种方式，增强打击非法违法生产经营建设行为的针对性和有效性，加强督促检查和工作指导，深入推进严厉打击非法违法生产建设行为专项行动，要及时发现和解决工作不深入、打击不严厉、治理不彻底的突出问题，要公开严惩一批严重非法违法行为，做好打非工作有关数据统计上报工作。同时，对列入整合关闭的矿井，除已批准过渡期生产的矿井外，在这个阶段的5月25日之前要严格按照关闭标准，全部关闭到位。

(三) 检查督导阶段（6月15日－7月5日）

专项行动领导组将组织有关监管人员，并抽调各国有重点煤炭集团公司政治素质好、业务水平高、责任心强的专业技术人员，组成省级督查工作组，对全省11个市及各国有重点煤炭企业集团公司集中开展严厉打击煤矿企业非法违法生产建设行为专项行动开展情况进行全面督查，确保“打非”专项行动取得实效。其中山西煤矿安全监察局负责太原、大同、朔州、忻州、阳泉五个市的督查工作，省煤炭工业厅负责长治、晋城、晋中、吕梁、临汾、运城六个市的督查工作。

(四) 总结阶段（7月5日－7月10日）

各市（县）人民政府、各省属煤炭企业集团对专项行动开展情况进行全面总结，对成绩突出的单位和个人进行表彰；对工作落实不到位，行动成效不明显的，要责令重新进行，并严肃追究相关人员责任，总结报告于7月5日前报专项行动领导组办公室。

五、工作要求

(一) 提高思想认识，加强组织领导。各级各部门要本着对煤矿安全生产工作高度负责的态度，充分认识到开展“打非”专项行动是深入贯彻落实党中央、国务院和省委省政府决策部署，有效防范和坚决遏制重特大事故的重大举措，要立即成立“打非”专项行动领导组，切实加强领导，抓好落实工作。

(二) 明确打击重点，加大惩治力度。各级各部门要结合本地区本部门煤矿安全生产实际，找准主攻方向，明确打击重点，重点打击可能导致重特大事故的严重非法违法行为、影响恶劣的典型非法违法行为、屡禁不止的顽固非法违法行为。对非法违法行为要加大惩治力度，做到“四个一律”：对非法生产建设和经停产整顿仍未达到要求的，一律关闭取缔；对非法违法生产建设的有关单位和责任人，一律按规定上限予以经济处罚；对存在违法生产建设行为的单位，一律责令停产整顿，并严格落实监管措施；对触犯法律的有关单位和人员，一律依法严格追究法律责任。

(三) 加强跟踪监管，强化社会监督。强化基层监管部门打击非法违法行为的责任，严格落实“五人一组，一组五矿”的包保责任制，不间断巡查，对发生过非法违法生产建设经营行为的煤矿企业要重点巡查，彻底铲除非法违法生产建设行为，要充分发挥舆论监督和群众监督的作用，鼓励发动群众举报，充分利用媒体对非法违法生产建设行为进行曝光，加快形成强有力的、快速反应的监督机制，同时，注意保护举报人权益。

(四) 加强协作配合，严格责任落实。各级各部门要层层落实，强化责任，按时间要求同步开展工作。加强各级各部门之间的沟通，做到上下协调，步调一致，并加强与相关职能部门之间的配合，形成打击非法违法生产建设合力，确保专项行动取得实效。对已关闭的矿井要加强巡查，逐矿检查，严防死灰复燃，并及时移交国土部门。

(五) 完善规章制度，建立长效机制。对专项行动中发现的问题，要及时研究解决，要以此次专项行动为契机，认真总结经验，创新机制，实现煤矿安全生产工作制度化、常态化；完善措施，标本兼治，强化制度建设，建立安全生产长效机制。

全省继续深入开展煤矿安全生产专项整治工作方案

2011年7月11日　晋煤执发〔2010〕848号

为了认真贯彻落实国务院关于深入开展“安全生产年”活动的安排部署及《山西省人民政府关于在全省继续深入开展安全生产专项整治的通知》（晋政发〔2010〕11号），扎实做好全省煤矿安全生产专项整治工作，加快实现全省煤矿安全生产形势稳定好转，特制订《全省继续深入开展煤矿安全生产专项整治工作方案》。

一、指导思想和工作目标

以科学发展观为指导，牢固树立安全发展理念，坚持“安全第一、预防为主、综合治理”的方针，认真贯彻落实《关于切实加强当前煤矿安全生产工作的若干规定》（晋政发电〔2010〕第5号），紧紧围绕“三个突出”（突出预防为主、突出加强监管、突出落实责任）、“三个加强”（加强宣传教育和队伍建设、加强安全基础工作、加强组织协作），扎实推进“三项行动”和“三项建设”，按照深化、巩固、提高的要求，抓反复，反复抓，进一步推动企业安全生产主体责任和政府安全监管主体责任的落实，坚决打击非法违法生产建设行为，规范全省煤矿的安全生产秩序，有效遏制重大事故，坚决杜绝特大事故，加快实现全省煤矿安全生产状况持续稳定好转。

二、组织领导

为继续深入开展好全省煤矿安全生产专项整治工作，省煤炭工业厅、山西煤监局、省国土资源厅成立省继续深入开展煤矿安全生产专项整治工作领导组。

组　长：王守祯　　省煤炭工业厅厅长
杜建荣　　山西煤监局局长
李建功　　省国土资源厅厅长

成　员：牛建明　　省煤炭工业厅副厅长
武建森　　省煤炭厅工业副厅长
胡万升　　省煤炭厅工业副厅长
王学军　　省煤炭厅工业副厅长
李成先　　省煤炭工业厅总工程师

徐占成　山西煤监局副局长
赵文才　山西煤监局总工程师
王怀科　山西煤监局副巡视员
谢万星　山西煤监局副巡视员
王学彦　山西煤监局副巡视员
葛建生　省国土资源执法监察总队总队长

省继续深入开展煤矿安全生产专项整治工作领导组负责制定继续深入开展全省煤矿安全生产专项整治总体工作方案，对全省继续深入开展煤矿安全生产专项整治工作进行统一领导，统一安排，统一部署。研究解决专项整治中发现的共性问题和突出问题，协调各级、各部门、各省属煤炭集团公司煤矿安全生产专项整治工作。

省继续深入开展煤矿安全生产专项整治工作领导组将依据省煤炭厅、山西煤监局、省国土资源厅各自业务职责，组织有关监管人员，并抽调各国有重点煤炭集团公司政治素质好、业务水平高、责任心强的专业技术人员，组成省级督查工作组，对全省11个市及各国有重点煤炭企业集团公司继续深入开展煤矿安全生产专项整治工作进行全面督查。其中山西煤矿安全监察局负责太原、大同、朔州、忻州、阳泉五个市的督查工作，省煤炭工业厅负责长治、晋城、晋中、吕梁、临汾、运城六个市的督查工作，省国土资源厅对涉及私挖滥采、超层越界等非法违法开采行为及移交后的关闭矿井组织专项督查。

领导组下设综合信息组，分别设在省煤炭工业厅、山西煤监局、省国土资源厅，负责全省煤矿安全生产专项整治日常工作，跟踪掌握各市、各省属煤炭集团公司专项整治工作进展情况，协调解决专项整治中的有关问题，负责专项整治情况的收集、整理、汇总、通报、上报等工作。

组　长：　房世全　省煤炭厅安全生产执法处处长
邓　磊　山西煤监局执法监督处处长
侯自素　省国土资源执法监察总队案件审理处处长

成　员：　省煤炭工业厅、山西煤监局、省国土资源厅相关人员组成。

三、专项整治的主要内容

此次继续深入开展煤矿安全生产专项整治工作的重点是：一是逐级对2009年安全生产专项整治工作进行检查，重点是检查各级、各部门、各企业是否按规定进行了分类整治；二是各级、各部门、各企业贯彻落实《国务院关于加强企业安全生产工作的通知》（国发〔2010〕23号）和省政府《关于切实加强当前煤矿安全生产工作的若干规定》（晋政发电〔2010〕第5号）情况；三是集中开展“打非治违”专项行动，深化煤矿安全生产“三项行动”。

(一) 对省属煤炭企业集团重点检查内容

1. 是否按照本次继续深入开展煤矿安全生产专项整治总体要求，制定了关于继续深入开展煤矿安全生产专项整治工作方案，对本集团所属煤矿专项整治工作进行了周密的安排；是否对所有煤矿进行了无一遗漏的排查摸底；该关闭的矿井是否组织实施了关闭；不具备安全生产条件的煤矿是否停产整顿，并制定了整改措施；对证照齐全、具备安全生产条件的煤矿加强了日常监管。

2. 是否建立了“集团统一领导、部门加强监管、企业全面负责、群众参与监督、社会广泛支持”的安全生产工作格局；是否将安全生产工作纳入集团公司发展规划，实行了同步规划、同步安排、同步实施、同步考核。

3. 是否建立健全了安全生产责任制，是否对安全生产控制考核指标进行了层层分解，签订了安全生产目标责任书，并实行严格考核；是否建立了一把手负总责、分管领导具体负责、班子其他成员负责分管范围内安全生产工作的“一岗双责”安全生产领导责任体系；是否落实了每个重点企业的监管部门和责任人；是否按照有关规定定期召开安全生产例会，研究解决重大安全生产问题，会议确定的事项是否得到全面落实；是否建立了安全生产“一票否决”制度，并落实到位。

4. 是否积极推进煤矿企业建立隐患排查治理长效机制。通过建立重大隐患分级挂牌督办制度，隐患治理措施、责任、资金、时限和预案“五落实”制度，重大隐患治理效果专家评价制度和公告制度等，实现隐患排查治理工作常态化、规范化。

5. 是否建立健全了能够适应本集团安全生产工作需要的安全生产监督管理机构；是否配足配强了监督管理人员；是否建立了应急救援体系，编制了应急预案，配置了相应的人员和装备，并进行了演练；是否建立了安全生产专项资金投入制度，并按规定提取、使用和管理。

6. 是否建立健全了安全生产事故责任追究制度，是否对不认真落实企业安全生产主体责任和部门监管责任的单位和个人进行了事前责任问责。

7. 是否严格执行煤矿建设项目安全管理规定，严格落实建设、施工、监理三方安全责任；是否严格复工复产验收程序和规定，坚持谁验收，谁签字、谁负责，严禁不经验收、不经签字擅自作业。

(二) 对地方政府及部门重点检查内容

1. 是否按照《山西省人民政府办公厅关于转发全省煤矿安全生产专项整治工作方案的通知》（晋政办发〔2009〕1号，以下简称《通知》）要求对煤矿企业进行了分类整治。一类企业是否关闭到位，关死关实；二类企业是否真停真整，整改无望的是否列为关闭对象实施关闭，整改达标的是否按照规定程序进行了复产复工验收；三类企业是否切实加强了安全管理和安全监督，保证安全生产。

2.《通知》中明确的对地方政府及部门检查的主要内容以及2009年煤矿安全生产专项整治工作中发现问题的整改情况。

3. 是否制定了关于继续深入开展煤矿安全生产专项整治工作方案。

4. 政府班子成员、负有煤矿安全监管职责的部门领导、市县长安全助理“一岗双责”落实情况，煤矿安全监管“五人小组”到位情况和安全监管“三落实”情况。

5.是否建立健全了安全生产事故责任追究制度，是否对不认真落实企业安全生产主体责任和部门监管责任的单位和个人进行了事前责任问责。

6. 是否严格执行煤矿建设项目安全管理规定，严格落实建设、施工、监理三方安全责任；是否严格复工复产验收程序和规定，坚持谁验收，谁签字、谁负责，严禁不经验收、不经签字擅自作业。

7. 是否加快推进煤矿整顿关闭工作进度，做到早关、快关、关实、关到位；是否严格规范煤矿整合技改行为，严格执行煤矿整合技改期限，加大力度、加快进度，推进整合技改矿井实现管理强矿；是否切实做好兼并重组煤矿的安全工作，加强对整合技改矿井的监管。

(三) 对煤矿企业检查内容

1. 对列入关闭名单的矿井要检查是否严格按照“六条标准”彻底关闭，尚未执行关闭的矿井，是否拆除主提升系统的动力设备、加封上锁、停止供电，任何单位不准向其提供生产条件，当地政府和主体企业要派人24小时盯牢看守。

2. 对生产矿井重点检查以下内容：

(1) 瓦斯方面：煤矿瓦斯综合治理情况，“通风可靠、抽采达标、监控有效、管理到位”工作体系建设情况；高瓦斯、煤与瓦斯突出矿井瓦斯抽放情况，煤与瓦斯突出矿井“四位一体”综合防突措施。

(2) 防治水方面：是否严格执行煤矿水害防治规定；是否坚持“有掘必探、有采必探、先探后掘、先探后采”原则，是否摸清本矿井周边老空积水情况，完善水文地质资料。

(3) 采掘方面：是否加强工作面探放水、支护、通风等重点环节的管理。

(4) 机电方面：是否加强机电、大型设备维修检查和运行状况的动态管理，严禁使用国家明令禁止或淘汰的机电设备，严禁违章作业和机电设备带病运转，杜绝机电失爆。

(5) 火灾、煤尘防治：是否严格落实火灾预防和管理的各项规定，是否落实综合防尘措施。

(6) 是否建立健全以总工程师为主的煤矿安全技术责任体系，严禁在技术措施、作业规程未经审查批准的情况下擅自组织生产。

(7) 现场管理情况，矿领导是否跟班指挥，与职工同上同下，区队长是否带班作业，是否落实“六大员”安全管理责任，“三项岗位”人员（主要负责人、安全生产管理人员、特种作业人员）是否持证上岗，从业人员是否经过培训并考试合格。

(8) 是否按照质量标准化要求，实现岗位达标、专业达标、企业达标，全过程、全方位动态达标。

(9) 是否切实做好雨季“三防”工作。

(10) 是否按照要求领取、管理和使用火工品。

3. 对全省煤矿在建项目还要重点检查以下内容：

(1) 是否建立健全煤矿建设管理机构和安全监管体系。

(2) 承揽施工任务的单位是否具备相应资质，是否存在转包行为，建设、施工作业人员是否达标。

(3) 建设、施工企业是否盲目赶工期、抢进度、多头多面建设。

(4) 是否严格“一通三防”管理和瓦斯治理。

(5) 是否设置专门防治水机构、措施到位。

(6) 矿井防灭火方案措施是否落实。

(7) 应急体系是否建立健全。

(8) 建设、施工企业是否存在违规违法建设行为，进行联合试运转，是否经主管部门批准。

(四) 集中开展严厉打击非法违法生产建设行为专项行动：

按照《国务院安委会关于集中开展严厉打击非法违法生产经营行为专项行动的通知》（安委〔2010〕5号）和《山西省集中开展严厉打击非法违法生产经营建设行为专项行动实施方案》（晋安发〔2010〕6号）要求，8－10月在在全省集中开展严厉打击非法违法生产建设行为专项行动。

(一) 对全省兼并重组整合已关闭矿井、正在实施关闭和列入关闭名单且未批准过渡期生产的矿井（不含已经移交国土部门的关闭矿井）重点检查和打击：

1. 已经关闭的矿井是否按照《关闭矿井六条标准》关实关死，重点打击死灰复燃现象。

2. 正在实施关闭和列入关闭名单且未批准过渡期生产的矿井是否拆除主、副井提升系统动力设备，从业人员是否遣散，公安部门是否停供并清缴火工品，供电部门是否停止供电，监管部门是否逐矿派驻专人24小时盯守，是否不再具备生产条件，重点打击擅自非法组织生产行为。

(二) 对其他煤矿企业重点打击：

1. 无证、证照不全或过期从事生产建设的；

2. 停产整顿、整合技改未经验收擅自组织生产的和违反建设项目安全设施“三同时”规定的；

3. 不认真落实全省煤矿安全生产隐患排查治理各项制度，重大隐患隐瞒不报或不按规定期限予以整治的；

4. 未依法进行培训、没有取得相应资格证或无证上岗的；

5. 拒不执行安全监管监察指令、抗拒安全执法的；

6. 假借整合技改逃避关闭、限期内未实施改造、拖延工期未完成改造、在整合区域违法生产或只生产不技改的；

7.《国务院关于预防煤矿生产安全事故的特别规定》（国务院令第446号）规定的15类重大安全生产隐患和行为，未治理或治理不彻底的；

8. 其他违反煤矿安全生产法律法规的生产建设行为。

四、专项整治工作安排

此次煤矿安全生产专项整治继续按照“企业全面自查，市县政府组织检查，省专项整治领导组垂直督导”的方式进行，共分四个阶段。

第一阶段：统一部署和宣传发动阶段（8月）

各级、各部门、各省属煤炭集团公司要成立继续深入开展煤矿安全生产专项整治领导组，制定本地、本部门、本企业实施方案，配齐工作人员，做好专项整治部署工作。通过召开会议、发布公告、媒体宣传等形式广泛宣传发动，使各级各部门和所有煤矿企业了解和掌握此次专项整治的重要意义、政策措施、方式步骤和具体要求，为扎实做好专项整治工作打下坚实基础。

第二阶段：企业自查自整

企业自查贯穿此次专项整治工作始终，各煤矿企业要按照本方案要求，结合自身实际，认真研究制定工作方案，对照本次专项行动内容，组织全面自查自整，查出的安全生产问题和隐患要立即采取有效措施，及时治理，一般隐患和问题，要按照“五落实”（责任人、措施、资金、时限和应急预案）规定限期整改，发现重大隐患必须立即停产停建，并及时上报煤炭行政主管部门。重大隐患整改完成前不得组织生产建设，隐患整改情况要在本单位以板报、企业内部报纸等形式进行公示。各煤矿企业8月10日、2011年1月10日前将本企业上半年和全年自查自整情况报上级煤炭主管部门、各省属煤炭企业集团。

第三阶段：实施整治阶段（9、10、11月）

市、县（区）人民政府、各省属煤炭企业集团负责组织对辖区内（所属）煤矿企业进行巡回检查。监督检查新建、整合改造矿井，相关手续是否完善齐备，是否严格按照批准设计组织施工建设，是否以基建名义组织生产；监督检查纳入关闭范围的矿井是否存在应关未关或关闭不彻底现象；监督检查整顿矿井是否制定切实可行的整改方案，落实资金，明确时限，明确专人负责，并严格按照方案进行整改；监督检查生产矿井是否落实安全生产各项法律、法规、规章、制度，是否超能力、超强度、超定员组织生产。查出的问题，要逐一处理落实，违反相关法律法规的单位和个人要依法严肃查处，处罚到位，坚持公正执法、严格执法，切实做到边查边纠、边查边改、边查边打击，从严从快解决影响煤矿安全生产的突出问题。

对重大问题进行集中整治，把解决当前问题同建立规范的煤矿安全生产法治秩序密切结合起来，对影响本地煤矿安全生产工作的突出问题及其成因进行深入分析，有针对性地研究提出进一步规范煤矿安全生产秩序的政策措施，制定遏制煤矿非法违法生产、建设行为的治本之策。

县级检查比例：一类企业100%，二类企业100%，三类企业100%以上；市级检查比例：一类企业100%，二类企业70%，三类企业50%以上，同时要对各县人民政府深入开展煤矿安全生产专项整治工作进行督查；各国有重点煤炭企业集团公司对所属企业检查比例：一类企业100%，二类企业100%，三类企业100%以上。

省继续深入开展煤矿安全生产专项整治工作领导组对各市、各国有重点煤炭企业集团公司继续深入开展煤矿安全生产专项整治工作进行督促检查，并对煤矿企业进行重点抽查，抽查一半以上的县（市、区），每县一类企业30%，二类企业20%，三类企业10%以上，对国有重点煤炭企业集团所属企业抽查比例为：一类企业30%，二类企业20%，三类企业10%以上（督查分组名单附后）。

第四阶段：“回头看”再检查及总结阶段（12月）

各市、县人民政府、各省属煤炭企业集团要组织“回头看”检查，跟踪抽查一类企业关闭情况，二类企业整改情况以及第三阶段查出问题的整改情况。省继续深入开展煤矿安全生产专项整治工作领导组将适时组织省级督查“回头看”。

五、工作要求

(一) 进一步提高对继续深入开展煤矿安全生产专项整治工作重要性和紧迫性的认识

各级、各部门、各省属煤炭企业集团要充分认识我省煤矿安全生产工作面临的严峻复杂形势，充分认识做好当前煤矿安全生产工作的极端重要性，始终保持头脑清醒、清醒、再清醒，时刻把安全生产工作放在首位，思想上重视，行动上自觉，工作上扎实，措施上得力，认真做好此次继续深入开展煤矿安全生产专项整治各项工作。要把专项整治作为安全生产责任制考核的一项重要内容，严格考核；成立相应的组织机构，保障经费投入；建立专项整治工作机制，明确职责分工，狠抓工作落实，协调解决整治中遇到的困难和问题，形成合力，齐抓共管，攻坚克难。

(二) 进一步落实好煤矿企业安全生产专项整治主体责任

煤矿企业是安全生产责任主体，也是安全生产专项整治的责任主体，必须认真组织开展隐患排查治理，自查自整，消除隐患，确保安全生产。各煤矿企业要成立专项整治工作领导组，制定方案，动员全体员工，深入开展隐患排查工作；组织专业人员对本矿井涉及安全生产工作的各个环节全面排查，特别是排查重点部门、重点岗位；针对动态的生产过程，加大日常巡查力度，及时发现问题，解决问题，把事故隐患消灭在萌芽状态。加大安全生产投入，科技保安，划拨专项资金用于专项整治工作，并确保资金落实到位。

(三) 进一步落实好各级、各部门、各省属煤炭企业集团煤矿安全生产专项整治监管主体责任

1. 落实责任、加强监管。各级、各部门、各省属煤炭企业集团要进一步细化各职能部门的监管职责，明确辖区内所有企业的监管部门、监管领导、监管责任人，做到职责明确、责任到人；认真落实“五人一组，一组五矿”的煤矿安全监管包保责任制；全面推行煤矿安全生产企业法人承诺制；严格煤矿复工复产验收；严格关闭矿井的监管；严格停产整顿矿井的监管；严格建设、改造矿井的安全监管；严格矿井“一通三防”管理；严格矿井防治水管理；严格现场监管；严格劳动用工管理，认真落实好安全生产监管主体责任。

2. 严格执法、从严重处。各级、各部门、各省属煤炭企业集团要立足于治隐患、防事故，依法严厉打击煤矿企业的非法违法生产、建设行为，重拳出击，从严从速，狠刹歪风，迅速扭转近期我省煤矿安全生产被动局面。整治中发现不具备安全生产条件且整改无望的矿井，要坚决关闭；对存在重大安全生产隐患，不能保证安全生产的以及不认真落实隐患排查治理制度的煤矿一律停产整顿；对六证齐全、具备安全生产条件的煤矿要加强监管，确保安全生产。执法过程中发现单一部门无法解决的重大安全生产问题，要积极组织开展联合执法行动，及时督促解决。

3. 完善机制、注重长效。各级、各部门、各省属煤炭企业集团要以此次继续深入开展煤矿安全生产专项整治工作为契机，认真总结经验，积极探索建立专项整治长效机制，实现专项整治工作制度化、常态化；认真研究，着力解决制约我省煤矿安全生产工作的突出问题，标本兼治；完善安全措施，强化制度建设，建立安全生产长效机制。

各市人民政府、各省属煤炭企业集团每月5日前将上月专项整治情况上报省领导组，2011年1月10日前将全年专项整治总结报省煤炭工业厅，省领导组将对各单位开展专项整治情况进行打分评比，并在全省通报。

附件：全省继续深入开展煤矿安全生产专项整治工作省级督查分组名单

全省继续深入开展煤矿安全生产专项整治工作省级督查分组名单

第一组：太原市

组　长：王怀科　　山西煤监局副巡视员

副组长：刘三保　　山西煤监局监察一处专员

蔺建宙　　山西煤监局监察室主任科员

成　员：山西煤监局相关人员及同煤集团专家

第二组：大同市

组　长：徐占成　　山西煤监局副局长

副组长：李建国　　山西煤监局监察二处副处长

李建国　　科技装备处副专员

成　员：山西煤监局相关人员及焦煤集团专家

第三组：阳泉市

组　长：王学彦　　山西煤监局副巡视员

副组长：郭栓丑　　山西煤监局人事培训处专员

曹吉林　　山西煤监局事故调查处副处长

成　员：山西煤监局相关人员及晋煤集团专家

第四组：长治市

组　长：杨茂林　　省煤炭工业厅副厅长

副组长：马光生　　省煤炭厅劳动用工管理处处长

王浩志　　省煤炭厅应急救援处处长

成　员：省煤炭厅相关人员及阳煤集团专家

第五组：晋城市

组　长：胡万升　　省煤炭工业厅副厅长

副组长：房世全　　省煤炭厅安全生产执法处处长

贺宏伟　　省煤炭厅人事处副处长

成　员：省煤炭厅相关人员及阳煤集团专家

第六组：朔州市

组　长：谢万星　　山西煤监局副巡视员

副组长：闫　涛　　山西煤监局二处专员

王江虹　　山西煤监局监察一处主任科员

成　员：山西煤监局及焦煤集团专家

第七组：忻州市

组　长：赵文才　　山西煤监局总工程师

副组长：常　江　　山西煤监局科技装备处专员

周　兵　　山西煤监局事故调查处科员

成　员：山西煤监局及晋煤集团专家

第八组：吕梁市

组　长：李成先　　省煤炭工业厅总工程师

副组长：景玉海　　省煤炭工业厅安全调度中心主任

田　义　　省煤炭安全纠察总队副队长

成　员：省煤炭厅相关人员及同煤集团专家

第九组：晋中市

组　长：牛建明　　省煤炭工业厅副厅长

副组长：刘振民　　省煤炭工业厅培训处处长

白锦荣　　省煤炭厅财务处调研员

成　员：省煤炭厅相关人员及潞安集团专家

第十组：临汾市、运城市

组　长：王学军　　省煤炭工业厅副厅长

副组长：卜访勤　　省煤炭厅行业管理处处长

李建廷　　省煤炭厅安全监督管理处处长

白淑艳　　省煤炭安全纠察总队总队长

成　员：省煤炭厅相关人员及潞安集团专家

关于印发山西省煤炭工业厅行政审批有关项目办理规定的通知

2011年7月11日　晋煤办发〔2011〕1000号

各市煤炭工业局、各国有重点煤炭集团公司、平朔煤炭工业公司、山西煤炭运销集团公司、山西煤炭进出口集团公司、山西正华实业集团有限公司、厅机关各处室、各直属单位：

为适应行政审批制度改革的要求，进一步规范煤炭行政审批工作，提高审批效率和质量，促进依法管理、依法行政，依据国家和我省有关法律、法规及规定，我厅对煤炭生产许可证核发、开办煤矿审批等煤炭行政审批项目进行了认真研究，进一步修改完善了相应的审批规定，现予以印发执行。

附件：1. 关于办理煤炭生产许可证核发的规定

2. 关于办理开办煤矿审批的规定

3. 关于办理煤矿矿井改扩建（包括技术改造、增大生产能力）审批的规定

4. 关于办理煤炭经营资格审批的规定

5. 关于办理煤炭建设工程质量监督机构审核的规定

6. 关于办理煤炭系统林木采伐许可证、木材运输证初审的规定

7. 关于办理煤炭行业房屋建筑工程和市政基础工程竣工验收备案注册的规定

8. 关于办理煤矿建设项目环境影响评价文件审批（预审）的规定

9. 关于办理煤矿矿长资格、矿长安全资格认定的规定

10. 关于办理煤矿特种作业人员操作资格认定的规定

11. 关于办理工伤保险基金统筹使用审批的规定

12. 关于办理煤矿及选煤厂初步设计及开工建设审批的规定

13. 关于办理煤炭铁路运输计划审批的规定（试行）

14. 关于办理煤炭发运铁路立户审核的规定

15. 关于办理山西省煤炭销售票审批的规定

16. 关于办理煤矿生产能力核定审批的规定

17. 关于办理新建、改扩建煤矿矿井地质报告和生产矿井地质报告审批的规定

18. 关于办理矿井瓦斯等级和二氧化碳涌出量鉴定报告审批的规定

附件1

关于办理煤炭生产许可证核发的规定

根据《煤炭法》、《煤炭生产许可证管理办法》、《安全生产许可证条例》、《行政许可法》等法律法规的规定，为进一步完善《煤炭生产许可证》审批制度，规范我省《煤炭生产许可证》管理，特制定本规定。

一、取得煤炭生产许可证的条件

1. 有依法领取的采矿许可证；

2. 有依法领取的安全生产许可证；

3. 有经过批准的采矿设计；

4. 矿井提升、运输、通风、排水、供电等生产系统符合国家规定的煤矿安全规程，并完善可靠，经依法验收合格；

5. 矿长经依法培训合格，取得矿长资格证书；

6. 瓦斯检验工、采煤机司机等特种作业人员持有县级以上地方人民政府负责管理煤炭工业的部门按照国家有关规定颁发的操作资格证书；

7. 井上、井下、矿内、矿外调度通讯畅通；

8. 有《井上下对照图》、《采掘工程平面图》、《通风系统图》、《地形地质图》、《避灾线路图》、《供电系统图》、《排水系统图》。

9. 有符合法律、法规要求的环境保护措施；

10. 法律、法规等规定的其他条件。

二、申请办理煤炭生产许可证需上报的资料

(一) 颁发煤炭生产许可证

1. 采矿许可证复印件（省属五大集团加盖集团公章；地方煤矿加盖市、县煤炭管理部门公章；山西正华实业集团有限公司煤矿加盖山西正华实业集团有限公司公章）；

2. 市级以上煤炭工业主管部门批准的初步设计或开采设计；

3. 按矿井规模由省、市级以上煤炭工业主管部门或储量管理部门批准的地质报告；

4. 矿井生产系统符合《煤矿安全规程》规定并须有市级以上煤炭工业主管部门批准的投产验收文件；

5. 安全生产许可证复印件（省属五大集团加盖集团公章；地方煤矿加盖市、县煤炭管理部门公章；山西正华实业集团有限公司加盖山西正华实业集团有限公司公章）；

6. 省级有关部门颁发的矿长资格证书复印件及煤矿上级主管部门的矿长任职任命书（省属五大集团加盖集团公章；地方煤矿加盖市、县煤炭管理部门公章；山西正华实业集团有限公司煤矿加盖山西正华实业集团有限公司公章）；

7. 工商行政管理部门出具的煤矿企业名称预先核准通知书（省属五大集团加盖集团公章；地方煤矿加盖市、县煤炭管理部门公章；山西正华实业集团有限公司煤矿加盖山西正华实业集团有限公司公章）；

8. 经过专业培训的特种作业人员花名表（需加盖培训单位和县级（集团公司、山西正华实业集团有限公司）以上煤炭工业主管部门公章）；

9. 有企业及所在县（市、区）、市煤炭工业主管部门（集团公司、山西正华实业集团有限公司）的申请文件；

10. 经县（市、区）、市煤炭工业主管部门（集团公司、山西正华实业集团有限公司）审查合格的煤炭生产许可证申请书（煤生许表一）；县、市煤炭工业主管部门（集团公司、山西正华实业集团有限公司）领导或分管领导需签字；

11. 环境监测报告（附编制单位资质证书复印件并盖章）；

12. 换发煤炭生产许可证现场核查表，井口坐标要与采矿证矿区范围拐点坐标采用同一坐标系统，不一致的，必须经有资质单位出具的换算表（附资质单位证书复印件并盖章）；

13. 上级煤炭工业主管部门批准的灾害预防计划及批准文件；

14. 新实测的《井上下对照图》、《采掘工程平面图》、《通风系统图》、《地形地质图》、《避灾线路图》、《供电系统图》、《排水系统图》，并在图上标明与邻近矿井的隔离煤柱及四邻关系（省属五大集团加盖集团公章；地方煤矿加盖市、县煤炭管理部门公章；山西正华实业集团有限公司煤矿加盖山西正华实业集团有限公司公章）；

15. 由于历史原因、地形限制、测量误差等原因造成井口、井底、大巷位于界外的，需有与相邻煤矿签订的互保协议和当地国土资源部门批准文件；

16. 基建矿井需有省级以上煤炭工业主管或投资主管部门的批准文件。

(二) 延期、变更、补办煤炭生产许可证

1. 采矿许可证复印件（省属五大集团加盖集团公章；地方煤矿加盖市、县煤炭管理部门公章；山西正华实业集团有限公司煤矿加盖山西正华实业集团有限公司公章）；

2. 年检合格的煤炭生产许可证正、副本原件；

3. 企业法人营业执照复印件（省属五大集团加盖集团公章；地方煤矿加盖市、县煤炭管理部门公章；山西正华实业集团有限公司煤矿加盖山西正华实业集团有限公司公章）；

4. 省级有关部门颁发的矿长资格证书复印件及煤矿上级主管部门的矿长任职任命书（省属五大集团加盖集团公章；地方煤矿加盖市、县煤炭管理部门公章；山西正华实业集团有限公司煤矿加盖山西正华实业集团有限公司公章）；

5. 企业及所在县（市、区）、市煤炭工业主管部门（省属五大集团公司、山西正华实业集团有限公司）申请文件；

6. 经县（市、区）、市煤炭工业主管部门（省属五大集团公司、山西正华实业集团有限公司）审查合格的相应申请书；县、市煤炭工业主管部门（省属五大集团公司、山西正华实业集团有限公司）领导或分管领导需签字；

7. 依法领取的煤炭安全生产许可证复印件（省属五大集团加盖集团公章；地方煤矿加盖市、县煤炭管理部门公章；山西正华实业集团有限公司煤矿加盖山西正华实业集团有限公司公章）；

8. 按规定批复的生产矿井地质报告及报告批复后储量动用情况说明（省属五大集团加盖集团公章；地方煤矿加盖市、县煤炭管理部门公章；山西正华实业集团有限公司煤矿加盖山西正华实业集团有限公司公章）；

9. 换发煤炭生产许可证现场核查表，井口坐标要与采矿证矿区范围拐点坐标采用同一坐标系统，不一致的，必须经有资质单位出具的换算表（附资质单位证书复印件并盖章）；

10. 实测的《井上下对照图》、《采掘工程平面图》、《通风系统图》，并在图上标明与邻近矿井的隔离煤柱及四邻关系（图签中必须有矿长签字，图中需加盖省属五大集团公司或市、县级煤炭管理部门、山西正华实业集团有限公司公章）；

11. 遗失补办煤炭生产许可证的须有市级以上报纸刊登的申明作废公告；

12. 变更（包括矿名、开采煤层、开拓方式、提升方式、运输方式、通风方式、采煤工艺、生产能力、开采范围等）须有相应的批准文件。其中改扩建（包括变更系统、开采煤层、生产能力）须有市以上煤炭工业管理部门的批准文件和当地煤矿安全监察机构对新系统安全设施验收合格证明文件；同时需提供设计及批准文件和竣工验收批文。旧井关闭或改变用途须有市级以上煤炭工业主管部门证明文件；

国有重点煤炭集团公司及山西正华实业集团有限公司所属煤矿的改扩建须有省级以上煤炭工业管理部门的批准文件、当地煤矿安全监察机构对新系统安全设施验收合格证明文件，同时需要提供设计及批准文件和竣工验收批文。旧井关闭或改变用途须有国有重点煤炭集团公司或山西正华实业集团有限公司证明文件；

13. 由于历史原因、地形限制、测量误差等原因造成井口、井底、大巷位于界外的，需有与相邻煤矿签订的互保协议和当地国土资源部门批准文件。

申请企业应对上报资料的真实性、合法性负责，一经发现弄虚作假的，吊销煤炭生产许可证。

三、审批程序

1. 省煤炭工业厅政务大厅负责接收各市煤炭局、省属国有重点煤炭集团公司、山西正华实业集团有限公司上报的煤炭生产许可证的颁证、换发、延期、变更、补办等申请文件和有关资料。政务大厅工作人员在接收文件和资料时对其齐全完整性进行初审。初审合格的开具《受理通知书》并移送省煤炭厅行业管理处办理。

2. 行业管理处承办人员根据《煤炭生产许可证管理办法》及其《实施细则》的规定，对上报资料的技术合理性，法律、法规的合法性进行认真审查，并与上一次换证资料进行对比，审查资料的连续性和可信性。审查合格的交负责人复核。审查复核合格的，起草文件，按审批权限报经处长、分管厅领导、厅长审定签批后发文。

3. 审查合格的煤炭生产许可证资料（包括审查意见卡）由许可证档案管理员整理归档，并根据批准办证文件由档案管理员打印生产许可证正、副本，填写台账和进行办证统计。

4. 生产许可证打印完成后，由承办人员审核，加盖省煤炭工业厅公章，经档案管理员进一步核实后，移交政务大厅发放生产许可证和办证文件。

5. 在资料审核中，对上报资料的合法性、技术合理性及连续性有疑义的，省煤炭工业厅组织专家组会同市（县）煤炭管理部门进行现场核查，现场核查合格、符合办证条件的，进入办理程序。上报资料审核不合格的，或现场核查不合格的，承办人员应一次性提出审查中发现的问题，并由政务大厅退回原报送单位。补充完善后重新行文上报。

四、审批时限

煤炭生产许可证办理实行限时办结制，按国家规定，办证机关在接收煤炭生产许可证申请完整齐全材料之日起60日内完成审查核实工作。为提高行政效率，省煤炭工业厅承诺对符合条件的在40个工作日内办理完毕（根据《行政许可法》第45条规定，需委托专家现场核查的时间不计入审批时限内）。

五、审批权限

延期、变更矿名、提升方式、运输方式、采煤工艺、开采范围、补办煤炭生产许可证的由分管厅领导审批后发文；变更能力、系统、煤层的，经分管厅领导审核，由厅长审批后发文。

六、实行A、B角岗位责任制

煤炭生产许可证审批实行“A、B角零缺位制”。省厅领导正常情况下签批由A角负责，在A角缺位达5个工作日以上的，由B角负责。

七、国家另有规定的，从其规定。

附件2

关于办理开办煤矿审批的规定

根据《中华人民共和国煤炭法》、《山西省煤炭管理条例》等有关法律法规和省政府办公厅晋政办发〔2002〕49号文件的规定，为进一步完善我省申请开办煤矿审批制度，规范申请开办煤矿管理，特制定本规定。

一、申请开办煤矿的条件

1. 符合国家有关规定及全省煤炭产业政策；

2. 煤矿建设项目可行性研究报告或开采方案；

3. 计划开采的矿区范围、开采范围和资源综合利用方案；

4. 开采所需的地质、测量、水文资料和其他资料；

5. 合理的煤矿矿井生产规模和与其相适应的资金、设备和技术人员；

6. 申请开办煤矿的设计生产能力原则上在90万吨/年以上，且必须采用先进的正规壁式机械化开采，资源回收率达到规范要求；

7. 法律、法规等规定的其他条件。

二、申请开办煤矿需提交的资料

1. 开办煤矿企业申请审批登记表（一式八份）；

2. 县（市、区）、市煤炭工业主管部门或国有重点煤矿集团公司逐级审核签署意见的文件；

3. 省国土资源部门划定矿区范围的批准文件，国土资源部门对其开采范围和资源综合利用方案进行复核并签署意见；

4. 具有相应资质的单位编制的可行性研究报告或开采方案；

5. 省级以上煤炭管理部门或储量管理部门批准的矿井地质报告；

6. 环境保护评价报告；

7. 法定验资机构出具的验资证明；

8. 工商行政管理部门出具的《企业名称预先核准通知书》；

9. 煤炭加工转化方案；

10. 法律、法规等规定的其他材料。

三、审批程序

1. 省煤炭工业厅政务大厅负责接收市煤炭工业主管部门或国有重点煤矿集团公司、山西正华实业集团有限公司上报的开办煤矿申请文件和有关资料。政务大厅工作人员在接收文件和资料时对其齐全完整性进行初审，初审合格的开具《受理通知书》并移送省煤炭厅行业管理处办理。

2. 行业管理处承办人员根据规定，对上报资料的技术合理性，法律、法规的合法性进行认真审查，审查合格的交负责人复核。审查复核合格的，将初审意见呈报分管领导审订，审订后的初审意见呈报厅主要领导；审查复核不合格的，应一次性提出审查中发现的问题，并由政务大厅退回原报送单位。补充完善后重新行文上报。

3. 由厅主要领导组织召开厅务会，讨论决定是否批准申请单位开办煤矿；

4. 对厅务会研究通过的申请开办煤矿，由省煤炭工业厅行文向省政府呈报请示；

5. 申请开办的煤矿经省政府批准后，由省煤炭工业厅行文批复。批复文件交由政务大厅负责送达相关单位。

四、审理时限

申请开办煤矿每年审批两次，分别在四月和十月召开厅务会。经厅务会议研究通过呈报省政府同意后，10个工作日内办理完毕。

五、审理权限

1. 申请开办煤矿须由省煤炭工业厅厅务会议研究通过并报省政府批准；

2. 省政府批准后，经省煤炭工业厅分管厅领导审核，由厅主要领导审批后发文。

六、实行A、B角岗位责任制

开办煤矿审批实行“A、B角零缺位制”。省厅领导正常情况下签批由A角负责，在A角缺位达5个工作日以上的，由B角审批。

附件3

关于办理煤矿矿井改扩建（包括技术改造、增大生产能力）审批的规定

根据《中华人民共和国煤炭法》、《山西省煤炭管理条例》和省政府办公厅晋政办发〔2002〕49号文件的规定，进一步规范矿井改扩建管理，特制定本规定。

一、申请矿井改扩建的条件

1. 符合国家有关规定及全省煤炭产业政策；

2. 煤矿建设项目可行性研究报告或开采方案；

3. 依法取得采矿许可证、安全生产许可证、煤炭生产许可证、企业法人营业执照等合法有效证照；

4. 矿井改扩建后的生产能力原则上在90万吨/年以上，必须采用先进的正规壁式机械化开采，资源回收率达到规范要求；

5. 合理的煤矿矿井生产规模和与其相适应的资金、设备和技术人员；

6. 法律、法规等规定的其他条件。

二、申请矿井改扩建需提交的资料

1. 煤矿增大能力申请审批登记表（一式六份）；

2. 县（市、区）、市煤炭工业主管部门或国有重点煤矿集团公司、山西正华实业集团有限公司逐级审核签署意见的文件；

3. 依法取得的采矿许可证、安全生产许可证、煤炭生产许可证；

4. 依法划定的开采范围、煤层、储量的有关资料；

5. 经省级以上煤炭管理部门或储量管理部门批准的矿井地质报告；

6. 具有相应资质单位编制的环境影响评价报告或环境监测报告；

7. 具有相应资质单位编制的可行性研究报告或开采方案；

8. 煤炭加工转化方案；

9. 法律、法规等规定的其他材料。

三、改扩建审批程序

1. 省煤炭工业厅政务大厅负责接收市煤炭工业主管部门或国有重点煤矿集团公司、山西正华实业集团有限公司上报的矿井改扩建（包括技术改造、增大生产能力）煤矿申请文件和有关资料。政务大厅文件和资料接收人员在接收文件和资料时对其齐全完整性进行初审，初审合格的开具《受理通知书》并移送省煤炭厅行业管理处办理；

2. 行业管理处审查人员根据规定，对上报资料的技术合理性，法律、法规的合法性进行认真审查，审查合格的交负责人复核。审查复核合格的，将初审意见呈报分管领导审订，审订后的初审意见呈报厅主要领导；审查复核不合格的，应一次性提出审查中发现的问题，并由政务大厅退回原报送单位。补充完善后重新行文上报；

3. 由厅主要领导组织召开厅务会，讨论决定是否进行扩大生产能力的申请；

4. 经厅务会研究同意的改扩建矿井，由省煤炭工业厅行文批复。批复文件交由政务大厅负责送达。

四、审批时限

矿井改扩建每年审批两次，分别在四月和十月召开厅务会。经厅务会议研究同意后，10个工作日内办理完毕。

五、审批权限

矿井改扩建须由省煤炭工业厅厅务会议研究同意，经省煤炭工业厅分管领导审核，由厅主要领导

审批后发文。

六、实行A、B角岗位责任制

矿井改扩建审批实行“A、B角零缺位制”。省厅领导正常情况下签批由A角负责，在A角缺位达5个工作日以上的，由B角审批。

附件4

关于办理煤炭经营资格审批的规定

根据《煤炭法》、《山西省煤炭管理条例》、《煤炭经营监管办法》（国家发改委第25号令）、山西省人民政府晋政办发〔2009〕174号文件等法律、法规、政策的规定，为提高行政审批效率，建立权责明确、行为规范的煤炭经营监督管理体制，进一步规范煤炭经营资格审查制度，特制定本规定。

一、申请煤炭经营资格证的条件（铁路、公路、储售煤场）

1. 省属同煤、焦煤、阳煤、潞安、晋煤五大煤炭集团公司，山西煤运集团公司，山西煤炭进出口集团公司及兼并重组整合地方煤矿新成立的煤炭主体企业；中煤能源集团公司兼并重组整合地方煤矿新成立的煤炭主体企业；太原煤气化集团公司、山西正华实业集团有限公司的全资及控股煤矿；年煤炭生产能力在300万吨（含300万吨）以上的地方骨干煤炭生产企业以及经省领导批准的拟从事煤炭经销的贸易类企业，可申请铁路、公路、储售煤场煤炭经营资格；年煤炭生产能力在300万吨以下的地方煤炭生产企业可申请公路运输煤炭经营资格；

2. 企业注册资本：煤炭生产企业不少于1亿元人民币，煤炭铁路经销贸易企业不少于2000万元人民币，煤炭公路经销贸易企业不少于1000万元人民币，储售煤场企业不少于500万元人民币；

3. 与合法煤炭生产、建设企业签订有煤源采购协议，具备稳定的煤炭货源采购渠道；

4. 有国土部门批准的土地使用手续和环境保护部门批准的环保合格文件，有固定的办公、经营场所且办公场所和经营场所的工商注册地必须在同一行政区域；

5. 有符合国家标准的煤炭计量和质检设施，计量和质检人员必须取得国家或省有关部门颁发的操作上岗证书；

6. 申请铁路经营资格，须具备储煤筒仓等相应条件或者30个以上货位（不允许几个经营企业共用）的煤炭发运站点（包括铁路专用线、煤炭集运站）等与经营规模相适应的储存、装卸、加工、发运等设施；

7. 申请公路经营资格，须具备30辆以上且取得道路运输经营许可证的全资或控股的运输车队，具备与经营规模相适应的车辆装卸等设施；

8. 申请储售煤场经营资格，须符合当地市政府为解决当地工业和民用生活用煤，并报经省煤炭厅备案的储售煤场布局规划。储售煤场面积不小于5000平方米并具备必要的加工设施，不得在国道、省道、名胜古迹、旅游景点、水源点和河道两旁1公里内选址；

9. 法律、法规和行政规章规定的其他条件。

二、申请煤炭经营资格需提交的资料

(一) 新办煤炭经营资格证需要提交的资料

1. 企业煤炭经营项目可行性分析报告；

2. 企业申请煤炭经营资格申请报告、申请表；

3. 企业批准成立文件，工商营业执照复印件，新设立的企业需提交公司章程、工商管理部门出具的企业名称预核准通知书，企业法定代表人身份证明（任职文件和身份证复印件）；

4. 企业注册资本证明及法定验资机构出具的资信证明文件；

5. 企业固定办公地点和经营场所证明；

6. 设储煤场的需要提供县级以上（含县级）环保、国土管理部门出具的环保合格、土地使用批准文件；

7. 质量技术监督部门出具的计量设施、煤炭质量检验设施合格证明以及有关部门颁发的计量、质检工作人员操作上岗证书；

8. 与合法煤炭生产、建设企业签订的煤源采购协议（复印件须加盖公章）以及煤源合法证明；

9. 煤炭经营资格初审（申报）部门的申请报告；

10. 申请铁路经营资格的还须提供企业自有铁路专用线、铁路货位数量证明；

11. 铁路基层站、段同意立户的意见（煤焦立户鉴章表）；

12. 铁路装车站台示意图；

13. 对铁路装车点，属自有产权的，需提交产权相关证明；属租赁的，需提交与产权拥有单位签订的租赁合同。

14. 申请公路经营资格的还须提供企业独资或控股运输车辆等材料；

15. 法律、法规和规章要求提供的其他材料；

16. 以上第4. 6. 7. 11项上报资料时需提供原件，留存复印件。

(二) 补办煤炭经营资格证需提交的资料

1. 工商营业执照复印件；

2. 当年年检的相关资料；

3. 市级及以上报刊登载的遗失声明原件；

4. 遗失地公安派出机构报案证明。

(三) 变更煤炭经营资格证登记事项需提交的资料

煤炭经营企业申请变更煤炭经营资格证企业名称、法定代表人、注册资本、办公场所、经营场所等登记事项及增加经营方式的，按程序向省煤炭厅提出申请报告并提交下列相关资料：

1. 工商营业执照和煤炭经营资格证复印件；

2. 变更煤炭经营资格证企业名称，需提交工商管理部门出具的企业名称预核准通知书、企业董事会决议或企业出资（全资及控股）单位以及单位主管部门的正式批准文件；

3. 变更法定代表人，需提交企业董事会决议或企业出资（全资或控股）单位以及单位主管部门的正式任命文件；

4. 变更注册资本，需提交企业董事会决议或企业出资（全资或控股）单位以及单位主管部门的正式批准文件，法定验资机构出具的资信证明文件；

5. 变更办公场所，属自有产权的，需提交县级（含县级）以上国土管理部门出具的土地使用权证明，属租赁的，需提交与产权拥有单位签订的经公证部门公证的房屋租赁合同；

6. 变更经营场所，属自有产权的，需提交经营场所所在地县级（含县级）以上环保管理部门出具的环保合格批准文件和国土管理部门出具的土地使用权证明材料，属租赁的，需提交与产权拥有单位签订的经公证部门公证的租赁合同；

7. 煤炭经营企业申请增加经营方式，需符合本规定要求的具备条件，向省煤炭厅提出申请，并根据申请增加的经营方式，按申请铁路运输、公路运输、储售煤场经营资格需提交的资料要求提交相关材料。

三、审批程序

1. 煤炭经营资格申领文件和资料由市煤炭局、国有重点煤炭集团以及具有煤炭铁路运输计划归口管理资格的单位按规定权限上报，省煤炭厅政务大厅负责受理；受理人员依据相关规定，对上报文件和资料的齐全完整有效性进行初审，对符合规定的予以受理并出具《受理通知书》，申请文件和资料移送省煤炭厅经济运行处办理；

2. 经济运行处审查人员根据《煤炭法》、《山西省煤炭管理条例》、《煤炭经营监管办法》等国家和省有关法律、法规、政策规定，对受理的文件和资料进行审查。必要时可组织相关人员对企业的实际情况进行现场核实；

3. 对符合规定的由审查人员提出意见并经处室负责人审核，报厅领导审定后召开厅务会研究审批。按照厅务会研究意见，行文报厅领导签批后以正式文件批复；

4. 批复文件交由政务大厅负责通知相关单位领取。对不符合规定的，告知企业原因并将申请报告和材料退还企业。

四、审批时限

申领煤炭经营资格证实行集中申报、集中受理、集中审批的办法，在每年的3月和8月各受理一次（根据《行政许可法》第45条规定，现场核实所需时间不计入审批时限内），经厅长办公会研究通过后，10个工作日内办理完毕。

对于煤炭经营资格证补办及变更事项，省煤炭厅自收到齐全完整有效材料之日起，在20个工作日内完成审批（根据《行政许可法》第45条规定，现场核实所需时间不计入审批时限内）。20个工作日内不能做出决定的，经省煤炭厅主要负责人批准，可以延长10个工作日，并将延长期限的理由告知申请人。

五、实行A、B角岗位责任制

《煤炭经营资格证》审批事项实行“A、B角零缺位制”，省厅领导正常情况下签批由A角负责，在A角缺位达5个工作日以上的，由B角负责。

附件5

关于办理煤炭建设工程质量监督机构审核的规定

根据国务院《建设工程质量管理条例》（国务院令第279号）规定，为规范山西省煤炭建设工程质量监督机构管理，特制定本规定。

一、办理的条件

1. 具有煤炭建设工程质量监督资质证书的煤炭建设工程质量监督机构；

2. 煤炭建设工程质量监督机构必须拥有规定数量的各专业质量监督工程师，有满足工程质量监督检查工作需要的检测工器具和设备；

3. 有固定的办公场所和质量检测场所；

4. 法律、法规等规定的其他条件。

二、需提交的资料

1. 煤炭建设工程质量监督机构资质证书；

2. 煤炭建设工程质量监督机构设置的批文或成立的文件，人事调整任免文件；

3. 监督人员资格证书；

4. 监督检查工器具装备明细表；

5. 质量监督机构工作规章制度；

6. 煤炭建设工程质量监督机构年度工作报告；

7. 法律、法规等规定的其他资料。

三、审批程序

1. 受理。煤炭建设工程质量监督机构申请文件和相关资料由各市煤炭工业局或国有重点煤矿集团公司按规定权限上报，省煤炭厅政务大厅负责受理；受理人员按照法律、法规、政策等规定，对上报的申请文件和资料的齐全完整有效性进行初审，对符合规定的予以受理并出具《受理通知书》。申请文件和资料移送省煤炭厅基本建设局办理。

2. 审核。基建局审查人员根据《建设工程质量管理条例》等相关规定，对已受理的文件和资料进行审查并提出审查意见。对申请文件和资料齐全有效，且符合相关规定的申请事项，经基建局承办处室负责人及基建局局长审核后报请分管厅领导审定。

3. 审定。分管厅领导按照相关规定及申请事项具体情况做出审批决定。对符合条件的，签发审批意见文件，按有关规定行文批复；对不符合条件的，提出审批意见，将申请文件和资料退回。

4. 告知批复。批复文件交由政务大厅负责送达相关单位。

四、审批权限

变更主要负责人、注册地址等变更事项的，由省煤炭工业厅分管厅领导审批后发文；新设立机构及换证的，经省煤炭工业厅分管厅领导审核，由厅长审批后发文。

五、审批时限

煤炭建设工程质量监督机构审批办理实行限时工作制，省煤炭厅自受理之日起，在20个工作日内作出行政许可决定。

在20个工作日内不能作出决定的，经厅主要负责人批准，可以延长10个工作日，并将延长期限的原因告知申请人。

六、实行A、B角岗位责任制

质量监督机构审核实行“A、B角零缺位制”。省厅领导正常情况下签批由A角负责，在A角缺位达5个工作日以上的，由B角负责。

附件6

关于办理煤炭系统林木采伐许可证、木材运输证初审的规定

根据《中华人民共和国森林法》第三十二条、《山西省林业厅关于进一步加强林木采伐管理的通知》第一条的规定，为进一步规范煤炭系统《林木采伐许可证》和《木材运输证》管理，结合我省煤炭系统林业工作实际，特制定本规定。

一、《林木采伐许可证》和《木材运输证》初审的条件

全省各煤炭企业办理《林木采伐许可证》和《木材运输证》，应符合以下条件之一：

1. 纳入国家、省森林采伐限额编制和省林业厅下达的年度分类采伐限额计划的；

2. 采伐火烧木和病虫害木及其他自然灾害侵害的林木，经省林业厅核查同意的；

3. 经国家和省有关部门批准立项的建设工程，需占用林地进行林木采伐的；

4. 矿区改扩建工程需进行林木采伐经批准的；

5. 矿区四旁树需更新改造的；

6. 在全省境内公路运输木材的；

7. 法律、法规规定的其他条件。

二、申请办理《林木采伐许可证》和《木材运输证》需上报的材料

1. 国有重点煤炭企业由集团公司上报林木采伐申请文件，属地管理的煤炭企业由市煤炭工业局上报林木采伐申请文件（省属五大集团加盖集团公章；属地管理的煤矿加盖市煤炭管理部门公章；山西

正华实业集团有限公司煤矿加盖山西正华实业集团有限公司公章）。

2. 采伐林木的所有权证书或使用权证书。

3. 具有资质的林业勘查设计单位编制的林木采伐设计书。

4. 上年度伐区采伐更新验收报告。

5. 纳入国家、省年度森林采伐限额计划的，设计采伐量、出材量不得超过本年度森林采伐限额。

6. 采伐火烧木、病虫害木及其他自然灾害侵害的林木，需提交下列材料：

(1) 火烧木的采伐，应在火灾发生后经一个生长季以上的观察后可提出采伐申请。申报材料：①包括采伐清理火灾烧死木林分起源、林种、树种、采伐量、出材量情况在内的伐区作业调查设计；②迹地更新造林方案；③省级森林防火部门对火灾发生情况的核实和清理意见；

(2) 病虫害受害林木采伐，申报材料：①包括采伐清理病虫害木林分起源、林种、树种、采伐量、出材量情况在内的伐区调查设计；②森林病虫害防治方案；③迹地造林更新方案和除害处理措施；④病虫害发生原始监测报告；⑤省级森林病虫害防治部门出具病虫害发生情况核实报告、防治意见；⑥防治大规模病虫害蔓延而划建保护隔离带采伐健康林木需增加采伐限额或木材生产计划的，提供经省级以上病虫害防治部门批准的病虫害防治规划；

(3) 申请清理因风灾、洪涝等自然灾害损毁林木临时增加采伐限额或木材生产计划的，必须提供包括清理林木林分起源、林种、树种、采伐量、出材量情况在内的伐区调查设计。

7. 申请因工程建设及占用征用林地采伐林木临时增加采伐限额或木材生产计划的，需提交下列材料：

(1) 工程项目批准文件；

(2) 包括采伐林木林分起源、林种、树种、采伐量、出材量情况在内的伐区调查设计；

(3) 占用征用林地项目还必须提供林业主管部门占用征用林地项目的审核同意文件和有批准权限的人民政府或国土资源部门依据土地管理法律法规批准的建设用地文件。

8. 对因矿区改扩建工程需进行林木采伐的，需提交经批准的矿区改扩建工程项目计划文件。

9. 申请木材运输证，需提供的材料：

(1) 林木采伐许可证及其他合法来源证明；

(2) 植物检疫证书；

(3) 经批准的木材经营、加工单位持营业执照副本。

三、《林木采伐许可证》和《木材运输证》初审的程序

1. 受理。市煤炭工业局、国有重点煤炭集团公司、山西正华实业集团有限公司上报申请文件和材料，省煤炭厅政务大厅负责受理。对上报材料符合要求的予以受理并出具《受理通知书》。申请文件和材料移转省煤炭厅环境保护管理处办理。

2. 审核。环保处会同省煤炭林业管理中心对申请材料、采伐设计进行审查，拟定初审意见文件。

环保处处长对初审意见文件审核后转分管厅领导审定。

3. 审定。分管厅领导审定，签发初审意见文件。

4. 告知批复。初审意见文件由政务大厅负责送达相关单位。

四、《林木采伐许可证》和《木材运输证》初审的时限

自受理之日起20个工作日内作出初审决定。

五、实行A、B角岗位责任制

《林木采伐许可证》和《木材运输证》初审实行“A、B角零缺位制”。正常情况下由A角负责，在A角缺位达5个工作日以上的，由B角负责。

附件7

关于办理煤炭行业房屋建筑工程和市政基础工程竣工验收备案注册的规定

根据国务院《建设工程质量管理条例》（国务院令第279号），为进一步完善《煤炭行业房屋建筑工程和市政基础工程竣工验收备案注册》制度，规范我省煤炭建设工程质量监督管理，特制定本规定。

一、申请办理监督备案注册的条件

1. 完成工程设计和合同约定的各项内容；

2. 施工单位在工程完工后对工程质量进行了检查，确认工程质量符合有关法律、法规和工程建设强制性标准，符合设计文件及合同要求，并提出工程竣工报告；

3. 监理单位对工程进行了质量评估，具有完整的监理资料，并提出工程质量评估报告；

4. 勘察、设计单位对勘察设计文件及施工过程中由设计单位签署的设计变更通告书进行了检查，并提出质量检查报告；

5. 有完整的技术档案和施工管理资料；

6. 有工程使用的主要建筑材料、建筑构配件和设备的进场试验报告；

7. 建设单位已按合同约定支付工程款；

8. 有施工单位签署的工程质量保修书；

9. 煤炭行政主管部门对工程是否符合规划设计要求进行检查，并出具认可文件；

10. 有公安消防、环保等部门出具的认可文件或者准许使用文件；

11. 法律、法规等规定的其他条件。

二、申请办理监督备案注册需提交的资料

1. 工程竣工验收备案表；

2. 工程竣工验收报告、规划许可证；

3. 公安消防、环保等部门出具的认可文件或者准许使用文件；

4. 施工单位签署的工程质量保修书；

5. 法律、法规及规章规定的必须提供的其他有关文件或资料。

三、办理的程序

1. 受理。煤炭行业房屋建筑和市政工程竣工验收备案注册申请文件和相关资料由各市煤炭局、各煤炭集团公司按规定权限上报，省煤炭厅政务大厅负责受理；受理人员按照法律、法规等规定，对上报的申请文件和资料的齐全完整有效性进行初审，对符合规定的予以受理并出具《受理通知书》。申请文件和资料移送省煤炭厅基本建设局办理。

2. 审核。基建局审查人员根据《建设工程质量管理条例》等相关规定，对已受理的文件和资料进行审查并提出审查意见。

基建局组织人员对工程质量进行现场核查；对资料审查和现场核查合格，且符合相关规定的申请事项，经基建局承办处室负责人及基建局局长审核后报请分管厅领导审定。

3. 审定。分管厅领导按照相关规定及申请事项具体情况做出审批决定。对符合条件的在《工程竣工验收备案表》上签注审批意见后备案；对不符合条件的，提出审批意见，将申请文件和资料退回。

4. 告知批复。批复文件交由政务大厅负责送达相关单位。

四、审批时限

煤炭行业房屋建筑和市政工程竣工验收备案注册审批办理实行限时工作制，自受理之日起，在20个工作日内作出行政许可决定（根据《行政许可法》第45条规定，现场核查所需时间不计入审批时限内）。

在20个工作日内不能作出决定的，经厅主要负责人批准，可以延长10个工作日，并将延长期限的原因告知申请人。

五、实行A、B角岗位责任制

竣工验收备案注册办理实行“A、B零缺位制”。省厅领导正常情况下签批由A角负责，在A角缺位达5个工作日以上的，由B角负责。

附件8

关于办理煤矿建设项目环境影响评价文件审批（预审）的规定

根据《中华人民共和国环境影响评价法》第二十二条、《中华人民共和国环境保护法》第十三条的规定，为进一步完善《煤矿建设项目环境影响评价文件》预审制度，规范煤矿建设项目管理，特制定本规定。

一、《煤矿建设项目环境影响评价文件》预审的条件

1. 有立项批复文件；

2. 有采矿许可证或国土资源部门划定矿区范围的批复文件；

3. 有环保主管部门批复的环境影响评价标准和污染物排放总量文件；

4. 有煤炭管理部门批复的建设矿井地质报告；

5. 法律、法规规定的其他条件。

二、《煤矿建设项目环境影响评价文件》预审需上报的材料

1. 市煤炭工业局或国有重点煤炭集团公司、山西正华实业集团有限公司上报的项目环境影响评价请示文件（省属五大集团加盖集团公章，属地管理的煤矿加盖市煤炭管理部门公章，山西正华实业集团有限公司煤矿加盖山西正华实业集团有限公司公章）；

2. 有相应资质的环境影响评价机构编制的煤矿建设项目环境影响报告书一式六份。

三、《煤矿建设项目环境影响评价文件》预审的程序

1. 受理。市煤炭工业局、国有重点煤炭集团公司、山西正华实业集团有限公司上报申请文件和材料，省煤炭厅政务大厅负责受理。对上报材料符合要求的予以受理并出具《受理通知书》。申请文件和材料移转省煤炭厅环境保护管理处办理。

2. 审核。环保处向山西省煤炭工程项目咨询评审中心出具评审委托书并转送项目环境影响报告书。

评审中心组织专家对环境影响报告书进行评审，评审后向省煤炭工业厅出具项目评审意见文件。

环保处审查人员对评审中心出具的评审意见文件和评审后的环境影响报告书进行审查，拟定预审意见文件。

环保处处长对预审意见文件审核后转分管厅领导审定。

3. 审定。分管厅领导审定，签发预审意见文件。

4. 告知批复。预审意见文件由政务大厅负责送达相关单位。

四、《煤矿建设项目环境影响评价文件》预审的时限

自受理之日起20个工作日内作出预审决定（根据《行政许可法》第45条规定，专家评审所需时间不计入审批时限内）。

五、实行A、B角岗位责任制

煤矿建设项目环境影响评价预审实行“A、B角零缺位制”。正常情况下由A角负责，在A角缺位

达5个工作日以上的，由B角负责。

附件9

关于办理煤矿矿长资格、矿长安全资格认定的规定

依据《中华人民共和国煤炭法》、《中华人民共和国安全生产法》、《安全生产培训管理办法》（国家安全生产监督管理局国家煤矿安全监察局令第20号）、《生产经营单位安全培训规定》（国家安全生产监督管理总局令第3号）、《关于明确山西省煤矿相关人员安全资格考核发证职责意见的函》（中央编办函〔2009〕111号）、《山西省人民政府办公厅关于印发山西省煤炭工业厅主要职责内设机构和人员编制规定的通知》（晋政办发〔2009〕174号）等有关法律法规规定，进一步规范煤矿矿长资格、安全资格认定管理，特制定本规定。

一、许可条件

(一) 煤矿主要负责人、A类安全生产管理人员应具备以下条件：

1. 国有重点煤炭集团（含所属分公司、子公司、煤矿企业）以及生产能力30万吨/年以上的地方煤矿企业的矿长（经理）、分管生产、机电、安全的副矿长（副经理）、总工程师、副总工程师、通风区队长应具备煤炭相关专业大专以上学历；从事煤矿安全生产相关工作3年以上经历；矿长还须具备安全生产技术、管理岗位2年以上的工作经历。

生产能力30万吨/年及以下地方煤矿企业的矿长（经理）、分管生产、机电、安全的副矿长（副经理）、总工程师、副总工程师、通风区队长应具备煤炭相关专业中专以上学历；从事煤矿安全生产相关工作3年以上经历；矿长还须具备安全生产技术、管理岗位2年以上的工作经历。

2. 身体健康，无妨碍从事相应工作的疾病和生理缺陷。

3. 参加安全培训，考试合格。

(二) B类安全生产管理人员应具备以下条件：

1. 具备煤炭相关专业中专或技校以上学历；从事煤矿安全生产相关工作2年以上；

2. 身体健康，无妨碍从事相应工作的疾病和生理缺陷；

3. 参加安全培训，考试合格。

二、申报材料

(一) 煤矿主要负责人、A类安全生产管理人员资格认定申报材料：

1. 审批申请函（一份，盖市煤炭工业局、省属五大集团、山西正华实业集团有限公司职能部门公章）

2. 申请审批人员资格情况表（一份，盖市煤炭工业局、省属五大集团、山西正华实业集团有限公司职能部门公章）

(二) B类安全生产管理人员资格认定申报材料：

1. 审批申请表（两份，盖市煤炭工业局、省属五大集团、山西正华实业集团有限公司安全培训考核专用章，无安全培训考核专用章的盖单位公章）

2. 申请审批人员资格情况表（两份，盖市煤炭工业局、省属五大集团、山西正华实业集团有限公司安全培训考核专用章，无安全培训考核专用章的盖单位公章；承担培训的机构盖培训机构公章）

三、审批程序

(一) 煤矿主要负责人、A类安全生产管理人员资格认定审批程序：

1. 受理。培训考试结束后，由各市煤炭工业局、各国有重点煤炭集团公司、山西正华实业集团有限公司统一向省厅提出办证审批申请。政务大厅受理后转省煤炭厅职业教育培训处办理。

2. 审查。职业教育培训处工作人员进行审查。审查内容包括：①相关专业学历；②煤矿安全生产相关工作年限；③煤矿安全生产技术、管理岗位工作年限；④健康状况；⑤考试成绩。资料审查合格的，审查人在审批表上签注审查意见。

3. 审核。审核合格，职教处负责人在审批表上签注审核意见。

4. 审定。由厅分管领导在审批表上签注意见，做出审批决定。

5. 告知批复。审批决定交政务大厅，由政务大厅负责送达相关单位。

(二) B类安全生产管理人员资格认定审批程序：

1. 受理。培训考试结束后，各市煤炭工业局、各国有重点煤炭集团公司、山西正华实业集团有限公司提出审批申请。政务大厅受理后转省煤炭厅职业教育培训处办理。

2. 审核。职业教育培训处工作人员进行审核。审核内容包括：①相关专业学历；②煤矿安全生产相关工作年限；③健康状况；④考试成绩。资料审核合格的，审核人在审批表上签注审核意见。

3. 审定。职教处负责人在审批表上签注意见，做出审批决定。

4. 告知批复。审批决定交政务大厅，由政务大厅负责送达相关单位。

四、审批时限

每周二、四全天集中受理，对符合规定的在20个工作日内办理完毕。

五、实行A、B角岗位责任制

煤矿主要负责人、安全生产管理人员资格认定实行“A、B零缺位制”。正常情况下审批办理A角负责，在A角缺位时由B角负责。

附件10

关于办理煤矿特种作业人员操作资格认定的规定

依据《中华人民共和国煤炭法》、《中华人民共和国安全生产法》、《煤炭生产许可证管理办法》、《乡镇煤矿管理条例》、《安全生产培训管理办法》（国家安监总局、国家煤监局令第20号）、《生产经营单位安全培训规定》（国家安监总局令第3号）、《关于明确山西省煤矿相关人员安全资格考核发证职责意见的函》（中央编办函〔2009〕111号）、《山西省人民政府办公厅关于印发山西省煤炭工业厅主要职责内设机构和人员编制规定的通知》（晋政办发〔2009〕174号）等有关法律法规规定，进一步规范煤矿特种作业人员操作资格认定管理，特制定本规定。

一、许可条件

1. 年满18周岁，且不超过国家法定退休年龄；

2. 无妨碍从事相应特种作业的器质性心脏病、癫痫病、美尼尔氏症、眩晕症、癔病、震颤麻痹症、精神病、痴呆症以及其他疾病和生理缺陷，并经社区或者县级以上医疗机构体检健康合格；

3. 初中以上文化程度，具备相应工种的安全知识和技能水平；

4. 具有2年以上煤矿生产作业工作经历；

5. 参加安全培训，考试合格。

二、申报材料

(一) 煤矿《特种作业人员操作证》申报材料

1. 审批申请表（一份，盖市煤炭工业局、省属五大集团、山西正华实业集团有限公司安全培训考核专用章，无安全培训考核专用章的盖单位公章）

2. 申请审批人员资格情况表（一份，盖市煤炭工业局、省属五大集团、山西正华实业集团有限公司安全培训考核专用章，无安全培训考核专用章的盖单位公章；承担培训的机构盖培训机构公章）

(二)《煤矿瓦斯监测系统工作人员上岗证》申报材料

1. 培训、考核情况：包括培训单位资质、培训计划、教学大纲、培训教材、师资人员、教学场地、实验设备、考试形式、考试试题以及考场情况报告单等。

2. 申领人员基本情况花名表。

三、审批程序

(一) 煤矿《特种作业人员操作证》审批程序

1. 受理。培训考试结束后，各市煤炭工业局、各国有重点煤炭集团公司、山西正华实业集团有限公司提出审批申请。政务大厅受理后转省煤炭厅职业教育培训处办理。

2. 审核。审核内容包括：①文化程度；②煤矿安全生产相关工作年限；③健康状况；④考试成绩。资料审核合格的，审核人在审批表上签注审核意见。

3. 审定。职教处负责人在审批表上签注意见做出审批决定。

4. 告知批复。批复文件交由政务大厅送达相关单位。

(二)《煤矿瓦斯监测系统工作人员上岗证》审批程序

1. 受理。各市煤炭工业局、各国有重点煤炭集团公司、山西正华实业集团有限公司提出审批申请。政务大厅负责受理，初审合格的出具《受理通知单》，移送省煤炭厅信息中心办理。

2. 审查。审查人员对申办单位人员个人及培训情况进行审查，对符合条件的，拟定审批意见。

3. 审核。信息中心主任审核审批意见。

4. 审定。分管厅长审定并签发审批意见。

5. 告知批复。审批决定交由政务大厅负责送达相关单位。

四、审批时限

每周二、四全天集中受理，自受理之日起20个工作日内完成审批。

五、实行A、B角岗位责任制

煤矿特种作业人员操作资格认定实行“A、B零缺位制”。正常情况下审批办理A角负责，在A角缺位时由B角负责。

附件11

关于办理工伤保险基金统筹使用审批的规定

根据国务院第375号令《工伤保险条例》和山西省人民政府第170号令“山西省实施《工伤保险条例》试行办法”的有关规定，为进一步完善国有重点煤矿工伤保险基金使用的审批制度，规范工伤保险基金统筹管理，特制定本规定。

一、申请办理工伤保险的范围

省属国有重点煤矿（同煤集团、阳煤集团、西山煤电、汾西矿业、潞安矿业、晋城煤业、霍州煤电、轩岗煤电）、平朔煤炭工业公司、太原煤气化集团有限责任公司及山西正华实业集团有限公司所属的煤矿。

二、申请工伤保险登记提供的资料

1. 山西省国有重点煤矿企业工伤保险登记表（一式二份）；

2. 山西省国有重点煤矿企业及所属单位基本情况登记表；

3. 企业营业执照复印件（加盖单位公章）；

4. 组织机构统一代码证书复印件（加盖单位公章）；

5. 社会保险登记证书；

6. 山西省国有重点煤矿企业参加工伤保险职工基本情况表（电子板）；

7. 上年度企业劳动工资统计年报复印件（加盖单位公章）。

三、工伤保险变更登记

(一) 变更内容

1. 变更单位名称；

2. 变更单位地址；

3. 变更法人代表或负责人；

4. 变更单位类型；

5. 变更组织机构代码；

6. 变更主管部门或隶属关系；

7. 变更开户银行或账号；

8. 经营项目发生变化。

(二) 提供的资料

1. 山西省国有重点煤矿企业工伤保险变更登记表；

2. 工商变更登记表、有关部门或单位批准的变更证明；

3. 与变更事项有关的其他证件和资料。

四、申请伤残待遇

(一) 申请条件

1. 工伤职工；

2. 参加了省属国有重点煤矿工伤保险统筹；

3. 企业按时足额缴纳了工伤保险费。

(二) 提供的资料

1. 山西省国有重点煤矿企业工伤保险待遇申请表（一式四份）；

2. 工伤（视同工伤）认定决定书（职业病患者需提供职业病诊断证明书）；

3. 工伤职工身份证复印件（加盖社保部门公章）；

4. 交通事故造成的工伤需提供公安交警部门的道路交通事故认定书和交通事故赔偿调解书；

5. 伤残职工还需提供劳动能力鉴定结论；

6. 工伤职工经批准退休享受基本养老保险待遇后变更工伤保险待遇的，只提供山西省国有重点煤矿企业工伤保险待遇申请表和山西省企业退休（职）人员养老金计算表；

死亡职工还需提供：

⑴ 医学死亡证明书；

⑵ 供养亲属身份、供养关系及无经济收入证明书（供养亲属为残疾的需提供劳动能力鉴定结论）；

⑶ 1－4级工伤职工退休后死亡的，提供离退休（职）人员死亡待遇审批表。

五、申请办理工伤保险登记、待遇支付程序

(一) 参保登记程序

1. 国有重点煤矿企业填报“山西省国有重点煤矿企业工伤保险登记表”、“山西省国有重点煤矿企业及所属单位基本情况登记表”和“山西省国有重点煤矿企业参加工伤保险职工基本情况表（电子版）”。

2. 国有重点煤矿企业将应提供的全部材料报送省煤炭厅政务大厅，符合要求的，由政务大厅受理并出具《受理通知书》。申报文件和资料移送省煤炭厅社保局办理。

3. 煤炭社保局完成参保登记后在“山西省国有重点煤矿企业工伤保险登记表”上加盖公章交由政务大厅送达相关单位。

(二) 变更登记程序

1. 国有重点煤矿企业填报“山西省国有重点煤矿企业工伤保险变更登记表”。

2. 国有重点煤矿企业将应提供的全部材料报送省煤炭厅政务大厅，符合要求的，由政务大厅受理并出具《受理通知书》。申请文件和资料移送省煤炭厅社保局办理。

3. 煤炭社保局完成变更登记后，在“山西省国有重点煤矿企业工伤保险变更登记表加盖公章交由政务大厅送达相关单位。

(三) 伤残待遇核定程序

1. 国有重点煤矿企业按工伤人员逐人填制“山西省国有重点煤矿企业工伤保险待遇申请表”，连同需提供的资料和申请核定工伤保险待遇函件一并报政务大厅。

2. 政务大厅按申请核定工伤保险待遇的工伤人员逐人对所报送的材料进行审核。符合要求的，政务大厅受理并出具《受理通知书》。申报文件和资料移送省煤炭厅社保局办理。

3. 煤炭社保局按照《工伤保险条例》的规定对工伤人员逐人核定工伤保险待遇。

4. 煤炭社保局完成工伤人员工伤保险待遇核定后，出具工伤人员工伤保险待遇核定情况通知书，连同“山西省国有重点煤矿企业工伤保险待遇申请表”（一式三份）交由政务大厅负责送达相关单位。

六、工伤保险登记及变更登记、伤残待遇审批时限

1. 工伤保险参保及变更登记，在受理之日起5个工作日内完成。

2. 伤残待遇核定，在受理之日起20个工作日内完成。在20个工作日不能完成待遇核定的，经厅主要负责人批准可延长10个工作日，并将延长期限原因告知申请人。

七、实行A、B角岗位责任制

工伤保险登记、变更登记和伤残待遇核定实行“A、B角零缺位制”。厅领导正常情况下签批由A角负责，在A角缺位达5个工作日以上的，由B角负责。

附件12

关于办理煤矿及选煤厂初步设计及开工建设审批的规定

根据《中华人民共和国煤炭法》、《中华人民共和国矿山安全法》、《中华人民共和国矿产资源法》等规定，为进一步完善我省煤矿及选煤厂设计、开工建设审批制度，规范煤炭建设项目管理，特制定本规定。

一、煤矿及选煤厂初步设计审批

(一) 煤矿及选煤厂初步设计审批的条件

1. 符合全省煤炭生产开发规划和煤炭产业政策，各市煤炭局管辖的能力在90万吨/年及以上的新建、改扩建、兼并重组整合、技术改造等煤矿及选煤厂建设项目，各集团公司所有煤矿及选煤厂建设项目；

2. 依法取得了采矿许可证；

3. 有满足开采需要并按照规定审批的矿井地质勘探报告；

4. 已按要求办理了建设项目核准或办矿许可审批；

5. 已办理了煤矿建设项目环保审批；

6. 有满足建设矿井需要的外部条件；

7. 法律、法规等规定的其他条件。

(二) 煤矿及选煤厂初步设计审批需提交的资料

1. 有相应资质的设计单位完成、提交的煤矿建设项目初步设计；

2. 采矿许可证（复印件）或划界文件；

3. 矿井地质勘探报告的批文；

4. 项目核准或办矿许可批文；

5. 有煤炭管理部门批准的瓦斯预测报告，高瓦斯或煤与瓦斯突出矿井要有瓦斯抽放批复文件；

6. 环境影响评价报告审批文件；

7. 建设矿井所需的外部条件证明资料（供电、供水、用地协议等）；

8. 县（市、区）、市煤炭工业主管部门或国有重点煤矿集团公司同意上报的正式文件；

9. 法律、法规等规定的其他资料。

(三) 审批程序

1. 受理。煤矿及选煤厂初步设计申请文件和相关资料由市煤炭工业局、国有重点煤矿集团公司或山西正华实业集团有限公司按规定权限上报，省煤炭厅政务大厅负责受理；受理人员按照法律、法规等规定，对上报的申请文件和资料的齐全完整有效性进行初审，对符合规定的予以受理并出具《受理通知书》。申请文件和资料移送省煤炭厅基本建设局办理。

2. 审核。基建局审查人员根据《中华人民共和国矿山安全法》等相关法律、规定，对已受理的文件和资料进行审查并提出审查意见。对符合规定的项目，基建局委托省煤炭工程项目咨询评审中心组织专家进行评审。

基建局承办处室根据省煤炭工程咨询评审中心出具的评审意见，以及市煤炭工业局、国有重点煤矿集团公司或山西正华实业集团有限公司上报的申请文件，起草初步设计批复文件，经基建局承办处室负责人及分管副局长复审，基建局局长审核后报请分管厅领导审定。

3. 审定。分管厅领导按照相关规定及申请事项具体情况做出审批决定。对符合条件的，签发审批意见文件，由省煤炭工业厅行文批复；对不符合条件的，提出审批意见，将申请文件和资料退回。

4. 告知批复。经分管厅领导签发的文件，由业务承办单位负责印刷盖章后交由政务大厅负责送达相关单位。

(四) 审批时限

煤矿及选煤厂初步设计审批办理实行限时工作制，自受理之日起，在20个工作日内作出行政许可决定（根据《行政许可法》第45条规定，专家评审所需时间不计入审批时限内）。

在20个工作日内不能作出决定的，经厅主要负责人批准，可以延长10个工作日，并将延长期限的原因告知申请人。

(五) 审批权限

负责市煤炭工业局上报的90万吨/年及以上煤矿及选煤厂建设项目；负责国有重点煤矿集团公司上报的所有煤矿及选煤厂建设项目。

(六) 实行A、B角岗位责任制

煤矿及选煤厂初步设计审批实行“A、B角零缺位制”。省厅领导正常情况下签批由A角负责，在A角缺位达5个工作日以上的，由B角负责。

二、煤矿及选煤厂建设项目开工审批

(一) 申请开工建设的条件

1. 建设项目已经国家或省有关部门核准（审批），项目初步设计、安全设施设计、环境影响评价报告书已经国家或省有关部门批准（省兼并重组整合改造项目建设单位可做出按期完成评审，环保设计与主体工程同步建设的承诺）；

2. 项目建设单位已依法取得了采矿许可证；

3. 通过招标已选定施工单位和监理单位，并通过资质和项目备案登记，工程质量监督已完成注册登记；

4. 矿井建设的管理机构、各专业管理部门、岗位安全责任制等已经建立；

5. 施工组织设计已经建设、设计、施工、监理等单位会审通过，建设单位已做出建设安全承诺；

6. 施工场地的“四通一平”已经完成，井田内设计不利用的井筒已关闭，施工单位人员的入场培训已经完成，施工设施及设备已安装到位；

7. 法律、行政法规等规定的其他条件。

(二) 申请建设项目开工需上报的资料

1. 市煤炭工业局、省属五大煤炭集团公司或山西正华实业集团有限公司上报的申请开工文件；

2. 项目核准（审批）文件（复印件）；

3. 矿井建设项目的初步设计、安全设施设计、建设项目环境影响评价报告书的批复文件（复印件，兼并重组整合改造项目可由建设单位提供按期完成评审，环保设计与主体工程同步建设的承诺书）；

4. 采矿许可证（复印件）；

5. 施工组织设计会审证明（加盖建设、施工、监理单位公章及会审人员签字）；

6. 井田内不利用井筒的关闭证明（加盖上报单位公章或关井证明原件）；

7. 工程质量监督注册登记证书（复印件加盖质量监督机构公章）；

8. 采掘工程平面图（加盖地质部门公章）；

9. 开拓平面图（加盖设计部门公章）；

10. 建设单位出具的建设安全承诺（原件）；

11. 法律、法规等规定的其他资料。

(三) 审批程序

1. 受理。煤矿及选煤厂建设项目开工申请文件和相关资料由市煤炭工业局、国有重点煤矿集团公司或山西正华实业集团有限公司按规定权限上报，省煤炭厅政务大厅负责受理；受理人员按照法律、法规、政策等规定，对上报的申请文件和资料的齐全完整有效性进行初审，对符合规定的予以受理并出具《受理通知书》。申请文件和资料移送省煤炭厅基本建设局办理。

2. 审核。基建局审查人员根据《中华人民共和国矿山安全法》、《建设工程安全生产条例》等相关法律、规定，对已受理的文件和资料进行审查并提出审查意见。对审查有效的申请项目，基建局组织人员或委托市煤炭工业局到现场核查所需资料及开工必备条件，有未完成事项的，责成建设单位（项目法人）予以完善；对所需的文件和资料齐全有效，且具备开工条件的申请项目，经基建局承办处室负责人及分管副局长复审，基建局局长审核后报请分管厅领导审定。

3. 审定。分管厅领导按照相关规定及申请事项具体情况做出审批决定。对符合条件的，签发审批意见文件，由省煤炭工业厅行文批复；对不符合条件的，提出审批意见，将申请文件和资料退回。

4. 告知批复。批复文件交由政务大厅负责送达相关单位。

(四) 审批时限

煤矿及选煤厂开工审批办理实行限时工作制，自受理之日起，在20个工作日内批复（根据《行政许可法》第45条规定，现场核查所需时间不计入审批时限内）。

在20个工作日内不能作出决定的，经厅主要负责人批准，可以延长10个工作日，并将延长期限的原因告知申请人。

(五) 审批权限

负责市煤炭工业局上报的90万吨/年及以上煤矿及选煤厂建设项目；负责国有重点煤矿集团公司上报的所有煤矿及选煤厂建设项目。

(六) 实行A、B角岗位责任制

煤矿及选煤厂开工审批实行“A、B角零缺位制”。省厅领导正常情况下签批由A角负责，在A角缺位达5个工作日以上的，由B角负责。

附件13

关于办理煤炭铁路运输计划审批的规定（试行）

根据《煤炭法》、《山西省煤炭管理条例》、《煤炭经营监管办法》等法律法规的规定，为进一步完善《煤炭铁路运输计划申报审批》制度，加强煤炭经营监管，特制定本规定。

一、煤炭铁路运输计划申报的主要条件

1. 具备煤炭经营资格并在铁路立户的煤炭经营企业；

2. 符合《山西省煤炭铁路月度运输计划平衡方案》。《山西省煤炭铁路月度运输计划平衡方案》由省煤炭厅于每月初组织铁路部门和各煤炭运销企业召开月度计划例会共同研究确定。各企业申报的月度煤炭铁路运输正式计划和补充计划均应符合方案要求；

3. 符合月度计划提报量规定。依据《山西省煤炭铁路运输月度计划管理办法》，正式计划以年度运量为基数；补充计划按照月度计划量的20%－30%控制，并结合煤炭企业生产和库存情况、铁路运输流向和煤炭市场需求情况进行确定。

二、申报煤炭铁路运输计划需提交的主要材料

1. 新立户（含变户、更名、变站）首次提报铁路运输计划的煤炭发运单位，应同时提交煤炭经营资格证批复文件、《煤炭经营资格证》和铁路开户通知书；

2. 日常提报煤炭铁路运输计划时，各发煤单位只需提交经本单位签章后的“铁路货物运输服务订单（整车）”。

三、审批程序

1. 正式及补充计划由省煤炭厅经济运行处受理；

2. 省煤炭经济运行处对受理的煤炭铁路运输计划按照《山西省煤炭铁路运输计划审批程序》和集体研究确定的月度计划平衡方案，依据“优先保证电力、冶金等省内外重点行业、重点用户的煤炭供应，优先保证有资源、有市场需求的煤炭生产主体企业的煤炭外运，优先保证大秦线、侯月线的铁路运输组织”的三优先原则，结合实际完成、回款情况、价格水平进行平衡审批；

3. 省煤炭厅经济运行处对批准后的煤炭企业月度铁路运输计划加盖“山西省煤炭铁路运输计划专用章”，属铁路大客户的运输计划直接录入“中国铁路商务网”数据库，其余分别由专人录入相关铁路局“铁路货运客户服务系统”数据库。

四、审批时限

从受理煤炭铁路运输计划完整齐全资料之日起，正式计划在3个工作日内办结；铁路直达运输补充计划在3个工作日内办结；到港下水煤炭补充计划在 5 个工作日内办结。

五、实行A、B角岗位责任制

煤炭铁路运输计划审批实行“A、B角零缺位制度”。正常情况下由A角负责，在A角缺位达5个工作日以上时，由B角负责。

附件14

关于办理煤炭发运铁路立户审核的规定

根据《山西省人民政府办公厅关于发煤站发煤单位有关立户和开户管理问题的通知》（晋政办发〔1995〕7号）、《关于办理煤炭经营事项变更有关问题的通知》（晋煤经发〔2010〕1015号）文件规定，为进一步完善煤炭发运铁路立户审核制度，规范全省铁路经营管理，特制订本规定。

一、申请办理铁路立户的条件

1. 符合省政府有关产业政策和环保要求；

2. 符合就近运输和一户一站原则。除特殊情况经批准外，同一企业不得在同一铁路线50公里范围内的发煤站（煤矿铁路专用线、煤炭集运站）连续铁路立户。国有大型煤炭集团下属公司在一县（市、区）境内只可在一个发煤站（煤矿铁路专用线、煤炭集运站）上铁路立户；除国有大型煤炭企业及省批准的企业外，其他企业原则上不得跨企业工商注册地的行政区域铁路立户（自建坑口铁路专用线的煤矿除外）发运煤炭；

3. 煤炭经销贸易企业申请增加铁路发站的，根据国家下达的煤炭铁路运输计划量及铁路实际发运能力，以与合法煤炭生产、建设企业签订的货源采购合同、与用户签订的煤炭购销合同、年经营规模为依据，按下列规定执行：年发运量低于30万吨的，原则上不予增加；年发运量在30－50万吨的，控制在2－3个发煤站发运；年发运量在50－100万吨的，控制在3－4个发煤站发运；年发运量在100万吨以上的，不应超过5个发煤站发运。

二、申请办理铁路立户提交的资料

(一) 申请增加铁路发煤站点需提交的资料

1. 企业工商营业执照、煤炭经营资格证复印件；

2. 企业自有铁路专用线、储煤场地使用权证明或30个以上独立铁路发煤站货位的相关证明；

3. 与合法煤炭生产、建设企业签订的煤源采购合同（复印件并加盖公章）以及合法煤源证明，与用户签订的煤炭购销合同；

4. 县级以上（含县级）环保管理部门出具的环保合格的批准文件和国土管理部门出具的土地使用权批准文件，质监部门出具的计量设施、煤炭质量检测设施合格证明及颁发的计量、质检工作人员操作上岗证书（提供原件，留存复印件）；

5. 铁路基层站、段同意立户的意见（煤焦立户鉴章表）；

6. 铁路装车站台示意图；

7. 对铁路装车点，属自有产权的，需提交产权相关证明；属租赁的，需提交与产权拥有单位签订的租赁合同。

(二) 变更铁路发煤站点需提交的资料

1. 铁路基层站、段同意立户的意见（煤焦变更装车站鉴章表）；

2. 铁路部门批准在原发煤站点立户的相关材料；

3. 其他资料按申请铁路立户规定提交。

(三) 变更煤炭铁路运输计划归口管理渠道需提交的资料

原归口管理单位和新归口管理单位同意变更的正式文件。

三、审批程序

1. 煤炭发运铁路立户文件和资料由具有煤炭铁路运输计划归口管理资格的单位或计划单列单位按规定权限上报，省煤炭厅政务大厅负责受理；受理人员按照国家和省的法律、法规、政策等规定，对上报的文件和资料的齐全完整有效性进行初审，符合规定的予以受理并出具《受理通知书》。申请文件和资料移送省煤炭厅经济运行处办理。

2. 经济运行处审查人员根据《煤炭法》、《山西省煤炭管理条例》、《煤炭经营监管办法》等，对受理的文件和资料进行审查。必要时可组织相关人员对企业的实际情况进行现场核实。

3. 对符合规定的由审查人员提出审查意见，处室负责人审核，报厅领导审批，以省煤炭厅正式文件批复。

4. 批复文件交由政务大厅负责通知相关单位领取。

四、审批时限

省煤炭厅自收到齐全完整有效材料之日起，在20个工作日内完成审批（根据《行政许可法》第45条规定，现场核实所需时间不计入审批时限内）。在20个工作日不能完成审批的，经省煤炭厅主要负责人批准，可延长10个工作日，并将延长期限的原因告知申请人。

五、实行A、B角岗位责任制

煤炭发运铁路立户审核实行“A、B角零缺位制”。省厅领导正常情况下签批由A角负责，在A角缺位达5个工作日以上的，由B角负责。

附件15

关于办理山西省煤炭销售票审批的规定

依据《山西省煤炭管理条例》第三十七条“在本省行政区域内销售煤炭产品应当根据市场需求实行总量控制、定额管理”的有关规定和省政府《山西省煤炭销售票使用管理办法》（山西省人民政府令第212号），为充分发挥煤炭销售票使用管理的作用，规范我省煤炭生产经营秩序，有效制止非法违法生产的煤炭进入流通市场，严格煤炭销售票的审批程序，特制定本规定。

一、许可依据

1.《中华人民共和国煤炭法》

2.《山西省煤炭管理条例》

3.《山西省煤炭销售票使用管理办法》（山西省人民政府令第212号）

二、申领《山西省煤炭销售票》的条件

各市、各集团公司、山西正华实业集团有限公司票证管理部门核定所辖区合法的煤炭生产、基建矿井所需销售票空白票据库存周转量，并负责上报。

三、申领《山西省煤炭销售票》需提交的材料

各市、各集团公司、山西正华实业集团有限公司票证管理部门填报的《山西省煤炭销售票申领函》。

四、审批程序

1. 省煤炭工业厅政务大厅负责受理各市、各集团公司、山西正华实业集团有限公司票证管理部门提交的《山西省煤炭销售票申领函》，政务大厅接受人员对资料进行初审，符合规定的开具《受理通知书》，申请文件和资料移送省煤炭厅票证中心办理。

2. 票证中心票据部票据发放人员根据该市或集团公司煤炭销售票使用情况进行审核，确定该市或集团公司需领取的煤炭销售票数量。

3. 票证中心票据部部门负责人复审。

4. 复审后报分管票据管理部的分管领导核准。

5. 库房管理人员根据申领单核准的结果，发放煤炭销售票。

五、审批时限

法定自受理之日起，在20个工作日内办结，为提高效率，我厅承诺在5个工作日内办结。

六、实行A、B角岗位责任制

《山西省煤炭销售票》审批实行“A、B角零缺位制”。正常情况下签批由A角负责，在A角缺位达5个工作日以上的，由B角负责。

附件16

关于办理煤矿生产能力核定审批的规定

根据国家发改委、国家安监总局、国家煤监局联合下发的《煤矿生产能力核定管理办法》、《煤矿生产能力核定标准》等有关规定，为了进一步加强煤矿生产能力管理，规范煤矿生产能力核定审批行为，特制定本规定。

一、申请核定煤矿生产能力的条件

1. 符合全省煤炭产业政策；

2. 生产矿井持有合法有效的《采矿许可证》、《安全生产许可证》、《煤炭生产许可证》、《营业执照》；

3. 有健全的生产技术、安全管理机构及必备的专业技术管理人员；

4. 有完善的生产技术、安全管理制度；

5. 各生产系统及煤矿产量监控系统、煤矿安全监控系统、井下作业人员管理系统等系统运转正常；

6. 采区回采率符合国家规范要求；

7. 煤矿生产能力核定必须委托具备核定资质的生产能力核定单位组织现场核定；

8. 提高煤矿核定生产能力的矿井必须有资源保障，核定生产能力后的服务年限应不低于煤矿设计规范对各类型矿井（露天）服务年限的规定。

二、申请核定煤矿生产能力需提交的资料

1. 相关市煤炭工业局或国有重点煤炭（集团）公司、山西正华实业集团有限公司提交的煤矿生产能力核定结果审查申请文件；

2. 生产能力核定结果审查申请表（一式二份）；

3. 具备核定资质的生产能力核定单位向煤矿提交的《生产能力核定报告书》；

4. 煤矿“三证一照”（《采矿许可证》、《安全生产许可证》、《煤炭生产许可证》、《营业执照》）复印件；

5. 能满足核定生产能力资源储量的证明资料。

6. 法律、法规规定的其他材料。

三、审批程序

1. 受理。相关市煤炭工业局或国有重点煤炭（集团）公司、山西正华实业集团有限公司上报申请文件及相关资料到省煤炭工业厅政务大厅，大厅工作人员对资料进行初审，资料齐全符合规定的予以受理并出具《受理通知书》。申请文件和资料移送省煤炭厅行业管理处办理。

2. 审查。行业管理处接收申请文件和资料后于当日委托评审单位评审，必要时组织专家现场核查。评审结束后，评审单位将审查意见书报行业管理处，符合核定条件的，起草文件上报处领导；不符合核定条件的，将资料退回政务大厅并书面说明理由。

3. 审核。分管处长、处长在文件上签署意见。

4. 审定。厅领导做出许可或不予许可决定。

5. 告知批复。许可的，行业管理处安排打印文件，批复文件交由政务大厅负责送达相关单位；不予许可的，政务大厅通知送审单位并说明理由。

四、审批时限

煤矿生产能力核定审批办理实行限时工作制，自受理之日起在20个工作日内完成审查（根据《行政许可法》45条规定，评审机构评审、现场核查所需时间不计入审批时限内）。

五、实行A、B角岗位责任制

煤矿生产能力核定审批实行“A、B角零缺位制”。省厅领导正常情况下签批由A角负责，在A角缺位达5个工作日以上的，由B角负责。

附件17

关于办理新建、改扩建煤矿矿井地质报告和生产矿井地质报告审批的规定

根据《中华人民共和国煤炭法》、《山西省煤炭管理条例》和《矿井地质规程》等有关法律、法规，为进一步完善《新建、改扩建煤矿矿井地质报告》和《生产矿井地质报告》审批制度，特制定本规定。

一、新建、改扩建矿井地质报告审批

(一) 报批条件

1. 经国家发改委、国家能源局、省煤矿企业兼并重组整合工作领导组办公室、省发改委、省煤炭工业厅等部门批准的新建、改扩建煤矿（包括兼并重组整合煤矿和水平延深矿井等），并有国土资源部门颁发的有效《采矿许可证》或井田范围划界批复。

2. 新建、改扩建煤矿必须委托具有资质的勘探单位对《采矿许可证》载明的井田范围或划界批文所划定的井田范围进行勘探。

3. 勘探单位须按照《煤、泥炭地质勘查规范》、《山西省煤矿建设项目矿井地质报告编制提纲》或《山西省兼并重组整合矿井地质报告编制提纲》等编制新建、改扩建煤矿矿井地质报告；按照管辖权限，地质报告须经各市煤炭工业局、省属五大煤炭集团公司、省监狱管理局审查。

(二) 上报资料

1. 国家发改委、国家能源局、省煤矿企业兼并重组整合工作领导组办公室、省发展改革委、省煤炭工业厅等部门批准的新建、改扩建煤矿（包括兼并重组整合煤矿和水平延深矿井等）核准、批准文件或方案批复文件复印件。

2. 国土资源部门颁发的有效《采矿许可证》或划界批复文件复印件。

3. 各市煤炭工业局、省属五大煤炭集团公司、山西正华实业集团有限公司上报的申请审查地质报告正式文件，并附初审意见和初审专家签名表复印件。

4. 改扩建煤矿需提供煤炭生产许可证复印件。

5. 具有勘探资质的单位编制的矿井地质报告全套资料一式四套。地质报告编制单位须在省煤炭厅备案，报告主编或项目负责人必须由本单位正式聘用的工程师及以上职称的技术人员担任；地质报告应盖编制单位公章，编制单位负责人、总工程师签字或盖个人名章；附地质报告编制人员签名表（本人签字）。

6. 地质报告应附编制单位资质证书和测绘单位资质证书复印件并加盖公章。

7. 地质报告附图盖编制单位公章，其中《采掘工程平面图》还需加盖测绘单位的测绘专用章（无测绘专用章的加盖测绘单位公章），属各市监管的煤矿需经煤矿所在地县级煤炭主管部门审查加盖公

章，省属五大集团公司、山西正华实业集团有限公司所属煤矿由五大集团公司、山西正华实业集团有限公司审查并由集团地测部门盖章。

8. 地质报告所附编制单位承诺书、建设煤矿承诺书符合要求，编制单位负责人、煤矿负责人签字并加盖单位公章。

9. 改扩建煤矿（包括兼并重组整合煤矿和水平延深矿井等）需要附采（古）空区、积水、积气及火区勘探成果报告，未做勘探的应附专门的调查报告；勘探成果报告（调查报告）附勘探（调查）人员签名表（本人签字），并加盖勘探（调查）单位和煤矿公章。地质报告使用的见煤点资料必须由测绘人员签字，并加盖测绘专用章（无测绘专用章的加盖测绘单位公章）。

(三) 审批程序

1. 受理。省煤炭工业厅政务大厅负责接收各市煤炭局和省属五大煤炭集团公司、山西正华实业集团有限公司上报的新建、改扩建煤矿矿井地质报告申请文件及有关资料。初审合格的予以受理并出具《受理通知书》，申请文件和资料移送省煤炭厅规划发展处办理。

2. 审查。省煤炭工业厅规划处下达委托通知书，委托评审机构对上报的地质报告组织进行评审。评审合格后，由评审机构出具评审意见书并以正式文上报省煤炭工业厅规划发展处。省煤炭工业厅规划处在接到评审机构上报的地质报告评审意见书以及地质报告相关资料（附表、附件、图纸）后进行审查。审查不合格的，由承办人员退回评审机构或编制单位修改补充完善，审查合格的或经修改补充完善后合格的，由承办人员起草批复文件。

3. 审核。起草好的批复文件（附地质报告评审意见书）按审批权限报送处长审核。审核不合格的，由承办人员通知相关部门修改补充完善；审核合格的处长签字。

4. 审定。批复文件（附地质报告评审意见书）按审批权限报送分管厅领导审定。审定合格的，由分管厅领导签批后行文。对于审定不合格的地质报告，由承办人员向政务大厅回复不予批复地质报告的原因，政务大厅向申请单位退回地质报告，出具书面通知并说明原因。

5. 告知批复。批复文件交由政务大厅负责送达相关单位。

(四) 审批时限

新建、改扩建煤矿矿井地质报告审批实行限时办结制。对符合要求的地质报告在20个工作日完成批复（根据《行政许可法》第45条规定，评审机构专家评审、修改补充完善、现场核查等程序时间不计入审批时限内）。

在20个工作日内不能做出决定的，经厅主要负责人批准，可以延长10个工作日，并将延长期限的原因告知申请人。

二、生产矿井地质报告审批

(一) 报批条件

1. 报审《生产矿井地质报告》的矿井必须是合法生产矿井；

2. 《生产矿井地质报告》必须委托具备甲、乙级地勘资质的单位进行编制，生产能力在120万吨/年及以上的矿井《生产矿井地质报告》必须由具有甲级资质的煤炭地质勘查单位编制；

3. 编制单位必须依照晋煤行发〔2011〕804号文件规定的《生产矿井地质报告编制提纲》进行编制；

4. 报审的《生产矿井地质报告》封二处应加盖法人代表和总工程师印章，封三处应打印参加编制人员的姓名、专业、职称及负责编制的部分，由本人签名，不得以打印、复印代之。

(二) 申报《生产矿井地质报告》须上报的资料

1. 相关市煤炭工业局或国有重点煤炭集团公司、山西正华实业集团有限公司上报的申请文件；

2. 相关市煤炭工业局或国有重点煤炭集团公司、山西正华实业集团有限公司对生产矿井地质报告的初审意见；

3.《生产矿井地质报告》一式三份。报告中应附采矿许可证、安全生产许可证、煤炭生产许可证、编制单位资质证的复印件。

(三)审批程序

1.受理。相关市煤炭工业局或国有重点煤炭（集团）公司、山西正华实业集团有限公司上报《生产矿井地质报告》申请文件及相关资料到省煤炭工业厅政务大厅。大厅工作人员对资料进行初审，资料齐全符合规定的予以受理并出具《受理通知书》。申请文件和资料移送省煤炭厅行业管理处办理。

2.评审。行业管理处接收资料后于当日委托评审中心评审，评审中心完成评审工作后，将《评审意见书》（须经评审专家亲笔签名）报行业管理处。评审合格的，起草文件上报处领导；评审不合格的，行业管理处通知政务大厅并将原因告知送审单位并退件。

3.文件审核。分管处长、处长在文件上签署意见报厅领导。

4.文件审定。厅领导做出许可或不予许可决定。

5.告知批复。予以许可的，行业管理处安排打印文件，批复文件交由政务大厅负责送达相关单位；不予以许可的，政务大厅告知送审单位并说明理由。

(四)审批时限

《生产矿井地质报告》审批办理实行限时办结制，自受理之日起在20个工作日内完成审查（根据《行政许可法》45条规定，评审机构评审时间不计入审批时限内）。

(五)有效期

《生产矿井地质报告》批复有效期为五年。

三、实行A、B角岗位责任制

《新建、改扩建煤矿矿井地质报告》和《生产矿井地质报告》审批实行“A、B角零缺位制”。省厅领导正常情况下签批由A角负责，在A角缺位达5个工作日以上的，由B角负责。

附件18

关于办理矿井瓦斯等级和二氧化碳涌出量鉴定报告审批的规定

根据《矿井瓦斯等级鉴定规范》（AQ1025－2006）、《煤矿安全规程》等规定，为规范全省煤矿矿井瓦斯等级和二氧化碳涌出量鉴定审批工作，特制定本规定。

一、审批条件

生产矿井必须具有合法有效的采矿许可证、煤炭生产许可证、安全生产许可证；

建设矿井必须经批准开工建设，具有合法有效的采矿许可证。

二、提交的资料

(一)煤矿需提交的资料：

1.瓦斯等级鉴定报告书（鉴定审核意见签字盖章齐全）；

2.采矿许可证（复印件）、煤炭生产许可证（复印件，生产矿井提供）、安全生产许可证（复印件，生产矿井提供）、建设矿井开工批复文件（复印件）、矿井联合试运转批复文件（复印件，联合试运转期间进行瓦斯等级鉴定的矿井提供）；

3.采掘工程平面图（1:2000或1:5000比例）、矿井通风系统图（1:2000或1:5000比例，单独绘制或绘制在采掘工程平面图上）、瓦斯鉴定测点布置示意图（单独绘制或标注在矿井通风系统图上）、瓦斯抽放系统图（具备瓦斯抽放条件的矿井）。

(二)各市煤炭工业局、各国有重点煤炭集团公司、山西正华实业集团有限公司需提交的资料：

1.上报申请批复的正式文件；

2. 年度瓦斯等级鉴定情况汇总表；

3. 年度瓦斯等级鉴定分析总结。

三、审批程序

1. 受理。省煤炭工业厅政务大厅负责接收各市煤炭工业局、各国有重点煤炭集团公司、山西正华实业集团有限公司上报的矿井瓦斯等级鉴定报告及有关资料。初审合格的予以受理并出具《受理通知书》。申请文件和资料移送省煤炭厅瓦斯防治与利用处办理。

2. 委托评审。省煤炭工业厅瓦斯防治与利用处下达委托通知书，委托评审机构对上报的矿井瓦斯等级鉴定报告组织评审，各单位按照专家提出的意见对矿井瓦斯鉴定报告及相关资料进行修改完善。对于评审合格的矿井瓦斯等级鉴定报告，由评审机构一并汇总出具评审意见书并以正式文上报省煤炭工业厅瓦斯防治与利用处；评审不合格的矿井瓦斯等级鉴定报告，退回申请单位，重新鉴定后可另行上报审批。

3. 审查。省煤炭工业厅瓦斯防治与利用处在接到评审机构上报的矿井瓦斯等级鉴定报告评审意见书、瓦斯等级鉴定报告相关资料（第二项：提交资料）和专家意见进行审查。审查不合格的，由承办人员退回评审机构或编制单位修改补充完善；审查合格的或经修改补充完善后合格的，由承办人员起草批复文件。

4. 审核。起草好的批复文件（附瓦斯等级鉴定报告评审意见书）按审批权限报送瓦斯防治与利用处处长审核，审核不合格的，由承办人员通知相关部门修改补充完善，审核合格后处长签名。

5. 审定。批复文件（附瓦斯等级鉴定报告评审意见书）按审批权限报送分管厅领导审定。审定合格的，分管厅领导签批后行文。对于审定不合格的瓦斯等级鉴定报告，由承办人员向政务大厅回复不予批复瓦斯等级鉴定报告的原因，政务大厅退回瓦斯等级鉴定报告，出具书面通知并向申请单位说明原因。

6. 告知批复 批复文件交由政务大厅负责送达相关单位。

四、审批时限

矿井瓦斯等级和二氧化碳鉴定报告审批实行限时办结制，对符合规定要求的在20个工作日内审批完毕（根据《行政许可法》第45条规定，评审机构专家评审的时间不计入审批时限内）。

在20个工作日内不能作出决定的，经厅主要负责人批准，可以延长10个工作日，并将延长期限的原因告知申请人。

五、实行A、B角岗位责任制

矿井瓦斯等级和二氧化碳鉴定报告审批实行“A、B角零缺位制”。省厅领导正常情况下签批由A角负责，在A角缺位时，由B角负责。

关于印发《2011年煤矿安全监管执法工作计划》的通知

2011年7月11日 晋煤执发〔2011〕781号

各市煤炭工业局、各省属煤炭集团公司、省监狱管理局：

为建立科学的执法工作体系，不断提高执法水平和质量，实现煤矿安全生产监管执法工作制度化、规范化和科学化，努力构建煤矿安全生产长效机制，按照《安全生产监管监察职责和行政执法责任追究的暂行规定》（国家安监总局第24号令）、《国家安监总局安全生产监管年度执法工作计划编制办法》（安监总政法〔2010〕183号）要求，结合我省煤矿安全生产监管执法工作实际，省煤炭工业厅编制了《2011年煤矿安全监管执法工作计划》，现印发给你们，请认真遵照执行。

机关各处室、各直属事业单位要认真落实本部门业务保安职责，对本执法计划中规定的执法任务进行细化分解，把安全监管职责落实到每个人，切实担负起安全监管责任。同时要相互配合，以更加务实的作风、更加有力的措施、更加有效的工作，把煤矿安全生产工作抓好、抓细、抓出成效。

各市、县（区）煤炭行政主管部门要严格按照国家安监总局24号令和省煤炭工业厅执法计划要求，结合实际、突出重点，编制年度执法计划，报同级政府批准，同时报上级煤炭行政主管部门备案。对执法计划在组织实施中，确需进行重大调整与变更的，要及时上报同级政府审批，并将新计划及调整变更事由自作出决定以后10个工作日内，报上级煤炭行政主管部门。各省属煤炭集团公司要编制煤矿年度安全生产检查计划，报省煤炭工业厅备案。

各级各部门要通过加强安全监管执法，认真履行煤矿安全生产监管职责，继续深入开展“安全生产年”活动，全面贯彻落实《国务院办公厅关于继续深化“安全生产年”活动的通知》（国办发〔2011〕11号）、《国家煤监局2011年煤矿安全生产工作要点》、《山西省人民政府关于2011年安全生产工作的意见》（晋政发〔2011〕1号）以及《关于认真做好2011年全省煤矿安全生产工作的通知》（晋煤安发〔2011〕1号）文件精神，扎实推动煤矿企业安全生产主体责任进一步落实，规范企业安全生产行为，建立规范的煤矿安全生产法治秩序，坚决杜绝重特大事故，有效防范较大事故，减少一般事故，完成省政府下达的各项考核指标，促进全省煤矿安全生产形势进一步稳定好转。

附件：《山西省煤炭工业厅2011年煤矿安全监管执法工作计划》

2011年煤矿安全监管执法工作计划

为了督促煤矿企业进一步落实好安全生产主体责任，严格贯彻执行煤矿安全生产法律法规，构建煤矿安全生产长效机制，实现煤矿安全生产监管执法工作制度化、规范化和科学化，严厉打击煤矿企业非法违法生产建设行为，促进全省煤矿安全生产形势的稳定好转，根据国家安监总局《安全监管职责和行政执法责任追究的暂行规定》（第24号令）和《国家安监总局安全生产监管年度执法工作计划编制办法》（安监总政法〔2010〕183号）及省政府有关文件要求，结合我省煤矿安全生产监管执法工作实际，制定山西省煤炭工业厅2011年安全生产监管执法工作计划。

一、指导思想

全面贯彻落实党中央、国务院和省委省政府关于煤矿安全生产工作的一系列决策部署，坚持“安全第一、预防为主、综合治理”方针，牢固树立“以人为本、安全发展”理念，按照省委省政府“转型发展、跨越发展”总体要求，严格落实《国务院关于进一步加强企业安全生产工作的通知》（国发〔2010〕23号），强化煤矿企业安全生产主体责任，规范企业安全生产行为，加强安全监管执法，加大执法力度，有效防范和坚决遏制重特大安全生产事故，建立规范的煤矿安全生产法治秩序，促进全省煤矿安全生产形势进一步稳定好转。

二、目标任务

建立科学的执法工作体系，不断提高执法水平和质量，通过认真履行煤矿安全生产监管职责，积极主动开展煤矿安全监管执法工作，继续深入开展“安全生产年”活动和“企业安全主体责任落实年”活动，扎实推进煤矿安全生产专项整治和打击非法违法行为专项行动，推动煤矿企业安全生产主体责任进一步落实，坚决杜绝重特大事故，有效防范较大事故，减少一般事故，完成省政府下达的各项考核指标，实现全省煤矿安全生产形势持续稳定好转。

各级煤炭行政主管部门要按照分级负责、属地监管原则，认真落实基层监管责任，继续落实和完善“五人小组”和驻矿安全员制度，强化其监管责任，充分发挥其前沿阵地作用。各县煤炭行政主管部门对辖区内煤矿巡查要达到每月覆盖2次，各市煤炭行政主管部门对辖区内煤矿巡查要达到每季度覆盖1次。省属煤炭集团公司按照省政府有关要求，建立三级垂直派驻监管的安全监管体系，集团公司对所属煤矿巡查要达到每季度覆盖1次，省厅全年安排的执法检查，对直接监管的煤矿企业，检查覆盖率100%。各类执法检查发现的违法行为查处率达到100%；重大隐患督促整改、跟踪督办率达到100%；行政许可在规定期限的办结率达到100%；煤矿安全生产执法复议、行政诉讼“零败诉”。

三、组织领导

为加强领导、统筹协调，保障落实，省厅成立“煤矿安全生产监管执法工作领导组”。定期召开会议，协调解决执法过程中发现的突出问题，研究安排下一步安全生产执法工作。

组　长：王守祯　　省煤炭工业厅厅长

副组长：杨茂林　　省煤炭工业厅副厅长

牛建明　　省煤炭工业厅副厅长

武建森　　省煤炭厅工业副厅长

胡万升　　省煤炭厅工业副厅长（常务副组长）

王学军　　省煤炭厅工业副厅长

何　青　　省煤炭工业厅纪检组组长

李成先　　省煤炭工业厅总工程师

戴子平　　省煤矿工会主席

韩世敏　　省煤炭工业厅副巡视员

侯文锦　　省煤炭工业厅副巡视员

领导组办公室设在安全生产执法处，负责统筹协调，具体安排煤矿安全生产专项检查、日常检查、重点检查和交叉检查。各直属单位、各处室现场执法检查工作，要明确检查的范围、时间和主要事项，编制现场执法检查方案，报领导组审核同意组织实施，有关执法检查文件会签煤矿安全生产执法处，确保省厅执法工作统筹兼顾、协调推进，保障目标任务全面完成。

四、执法依据、范围、重点

(一) 执法依据

《中华人民共和国安全生产法》、《中华人民共和国煤炭法》、《煤炭生产许可证管理办法》、《中华人民共和国行政处罚法》、《国务院关于预防煤矿生产安全事故的特别规定》、《安全生产违法行为行政处罚办法》、《山西省安全生产条例》、《山西省煤炭管理条例》等有关煤矿安全生产执法的法律、法规、部门规章及我省有关安全生产执法的地方法规、政府规章。

(二) 执法范围和重点

按照省人民政府办公厅《关于印发山西省煤炭工业厅主要职责内设机构和人员编制规定的通知》、省人民政府办公厅关于认真落实《关于进一步明确煤矿安全监管职责的通知》的通知（晋政办函〔2010〕70号）以及省煤炭工业厅2010年第三次会议纪要精神（业务保安职责），各处室、各直属单位在各自职责范围认真履责。

省厅依法履行全省煤炭行业管理和煤矿安全生产监管职责，指导协调各市煤炭行政主管部门和各省属煤炭企业集团按照分级负责、属地监管原则对所辖（所属）煤矿依法实施监管。重点对省属五大煤炭企业集团（大同煤矿集团公司、山西焦煤集团公司、阳泉煤业集团公司、潞安矿业集团公司、晋城煤业集团公司）贯彻执行煤矿安全生产法律法规情况进行监督检查。突出对重点地区和重点企业的执法检查，高度重视和突出对事故多发地区、非法开采严重的地区的执法检查，高度重视和突出对煤与瓦斯突出矿井、高瓦斯矿井、水患严重矿井、资源整合矿井以及近年来发生过较大以上事故煤矿的执法检查。加强对重组整合矿井的执法检查，严防关闭矿井死灰复燃，严禁擅自组织生产、建设的行为；严厉打击以整合、改造名义违规组织生产的行为。

五、执法事项、内容

(一) 综合监督考核

1. 省煤炭工业厅依法对全省煤矿安全生产实施综合监管，指导协调、监督检查各市煤炭行政主管部门和省属煤炭企业集团的安全监管工作，每年组织对各市煤炭行政主管部门、各国有重点煤炭企业集团年度安全工作目标责任制完成情况进行考核、评定。

责任部门：安全生产监督管理处，机关各处室、各直属单位、煤炭企业集团配合。

(二) 执法检查

1. 根据全年煤矿安全生产监管执法工作目标，组织安排煤矿安全生产日常执法检查、专项执法检查和特殊时期煤矿安全生产省级督查。

2. 组织开展煤矿安全生产专项整治省级督查。

3. 组织全省各市、各煤炭集团公司交叉检查。

责任部门：安全生产执法处，机关各处室、纠察总队配合。

(三) 行政许可

依法行使煤炭生产、经营许可及矿长资格、煤矿主要负责人、安全生产管理人员安全资格及特种作业人员操作资格的考核发证，煤矿新建、改扩建及竣工验收审批等行政许可职责。严格按照国家及我省有关规定，坚持标准，规范程序，在规定时限内办结完毕。

1. 全省生产矿井地质报告的批复；生产矿井煤矿生产许可证的颁发和管理；全省生产矿井生产能力核定审批。

责任部门：行业管理处

2. 全省新建、技改、扩建矿井地质报告审查和批复。

责任部门：规划发展处

3. 煤炭经营资格证颁发管理，铁路发煤单位的立户、开户和变更的审核。

责任部门：经济运行处

4. 矿井瓦斯涌出量与预测报告审批、瓦斯等级鉴定、瓦斯抽放工程设计审批和竣工验收。

责任部门：瓦斯防治与利用处

5. 煤炭行业建设项目环境影响报告书、节能评估报告的预审及环保专篇的审查。

责任部门：环境保护管理处

6. 煤矿矿长资格、煤矿主要负责人、安全生产管理人员安全资格及煤矿特种作业人员操作资格考核发证。

责任部门：职业教育培训处

7. 煤矿建设项目的设计审批和验收，煤矿建设项目联合试运转审批，煤炭建设工程质量监督机构审核。

责任部门：基本建设局

8. 省属煤炭企业集团和平朔煤炭工业公司、太原煤气化集团公司工伤保险基金统筹使用审批。

责任部门：山西省煤炭工业社会保险事业局

9. 山西省煤炭销售票审批。

责任部门：山西省煤炭票证管理中心

(四) 业务保安

1. 负责全省新建、技改、扩建矿井地质报告的审查和批复；负责全省关闭煤矿和复工复产动态信息的收集和整理；牵头负责安排列入关闭矿井专项检查工作等。

责任部门：规划发展处

2. 负责全省生产矿井地质报告批复及防治水的监管工作；负责生产矿井煤炭生产许可证的颁发和管理；负责全省生产矿井生产能力核定等，9月－11月组织有关专家对全省各煤炭集团公司、各市防治水专家会诊工作进行省级督查。

责任部门：行业管理处

3. 负责安全综合业务；负责安全生产控制指标分解、考核；牵头负责生产矿井安全监管和生产矿井复产验收检查；负责指导省煤矿物资供应公司（民爆管理办公室）对合法煤矿井下民用爆炸物品的安全监督管理；负责煤矿安全质量标准化建设；负责月产煤炭10万吨以上放顶煤工作面的批复；负责落实厅安全例会制度等。组织1－2次全省煤矿复工复产工作综合检查；组织1－2次全省煤矿安全质量标准化工作专项检查；组织2－3次全省煤矿带班下井制度贯彻落实情况综合或专项检查。

责任部门：安全监管处

4. 负责煤矿“一通三防”监督管理；负责瓦斯抽放工程设计的审批和竣工验收；负责瓦斯涌出量预测报告的审批；负责对煤矿年度瓦斯等级鉴定结果审批；配合行业管理处指导全省矿井通风能力核定工作；负责井下供水施救系统建设等。

责任部门：瓦斯防治与利用处

5. 负责全省煤炭行业应急救援管理工作；负责煤矿雨季防洪检查督促工作；负责事故抢险中急需物资的协调工作；负责指导全省煤矿安全生产应急救援体系建设；负责落实事故约谈制度等。

责任部门：应急救援处

6. 负责全省煤矿安全生产执法检查。重点负责对列入整合改造尚未批准开工矿井的安全执法检查；负责对煤矿违法、违规行为进行查处，牵头负责组织煤矿安全生产专项整治、打非治违联合执法等，督促煤矿企业对重大危险源进行安全管理和监控。

责任部门：安全生产执法处

7. 负责煤矿机电、运输安全监管；负责煤矿双回路供电及超负荷用电的安全监管；负责井下压风自救系统和井下救生舱系统建设等。四季度组织全省煤矿供电安全、机电装备管理工作督查或重点检查。

责任部门：科技装备处

8. 负责对全省煤炭行业安全教育培训工作进行组织协调和业务指导；负责煤矿矿长资格、煤矿主要负责人、安全生产管理人员安全资格及煤矿特种作业人员（含煤矿矿井使用的特种设备作业人员）操作资格等的考核发证及上岗准入管理。

责任部门：职业教育培训处

9. 负责全省煤矿劳动用工监管工作。重点负责生产矿井的劳动用工和班组建设工作；指导、督促建设改造矿井及井下施工的劳动用工监管工作。组织一次全省煤矿用工大检查。

责任部门：劳动用工管理处

10. 负责对全省批准开工建设改造矿井以及新建矿井的安全监管，包括“一通三防”、瓦斯治理、防治水管理以及煤炭项目单位、施工企业劳工用工等日常监管，组织两次基建矿井省级督查。

责任部门：基本建设局

(五) 举报案件处理

对接到的各类煤矿安全生产举报案件，按照相关程序，做好举报案件现场核查或者批转下级煤炭行政主管部门进行核查，依照行政执法程序进行查处。对举报的违法违规问题不属于煤炭厅行业管理范围，应当由其他部门进行处理的，按照有关程序及时移送其他有关部门，对重大案件和领导批示案件专题汇报。

责任部门：安全生产执法处、纠察总队

(六) 执法统计分析

开展煤炭安全生产执法情况统计、分析，研究和解决煤矿安全生产执法过程中存在的突出问题，提出改进工作的建议和意见。

1. 每月对全省煤矿安全生产执法工作开展情况以及行政处罚情况进行统计汇总。

2. 每季度对执法工作情况进行分析，针对煤矿安全生产执法方面存在的问题和薄弱环节，制定整改计划，落实整改措施，提高煤矿安全生产执法的能力和水平。

责任部门：安全生产执法处

六、强力推进现场执法检查

强化煤矿安全生产的现场监督检查，执法监管工作重心下移，深入到企业生产经营的每一个环节，严查矿井各类隐患、严处各种非法违法行为。强化对煤矿“一通三防”、防治水和现场管理的执法检查，及时纠正查处非法违法、违规违章行为，严防重特大事故发生。督促煤矿企业落实好基层基础工作，发挥“六大员”作用，加强区队和班组建设，提高煤矿现场管理水平，实现对煤矿安全生产隐患的全员、全方位、全过程控制。煤矿安全隐患排查治理工作，要重在预防、深挖隐患，强力整治，对隐患排查治理工作制度不健全、排查治理不及时、不全面、不彻底的企业，加大惩处力度，切实保证整改措施、责任、资金、时限和预案“五到位”。

采取日常检查和突击检查相结合、重点检查和专项督查相结合的方式，全方位细致开展工作，及时掌握煤矿安全生产现场情况，消除检查时段上、检查区域上的盲区。各部门现场执法检查，省煤炭安全纠察总队抽调人员配合，检查中发现需要处罚的问题，由省煤炭安全纠察总队依法实施行政处罚，并组织跟踪回查，监督整改落实。

七、保障措施

(一) 要进一步提高认识，加强领导。各级煤炭行政主管部门、各国有煤炭企业集团要充分认识煤矿安全生产执法工作的重要性和必要性，切实增强做好煤矿安全生产执法工作的责任感、使命感和紧迫感，要立足治大隐患、防大事故，严格落实标本兼治、重在治本的措施，依靠完善的制度、规范的执法工作，努力实现“有效杜绝重特大事故，防止和减少一般事故”的目标任务。

(二) 要及时编制工作计划，大力宣贯。各级煤炭行政主管部门要及时编制本部门执法工作计划，计划编制完成报同级人民政府同意后上报上级煤炭行政主管部门备案，各省属煤炭集团公司编制煤矿年度安全生产检查计划要报省煤炭工业厅备案。执法检查计划的编制要做到“六个明确”即：检查对象明确、检查时间明确、检查事项明确、检查方式明确、检查人员分工明确、检查措施和责任明确，确保执法计划的实施和执法任务的全面完成。

(三) 要按照计划组织开展，严格落实。各级煤炭行政主管部门、各国有煤炭企业集团要加强组织领导，统筹安排，严格落实执法检查计划，做到层层落实、责任到人，使煤矿安全生产执法工作有章可循、有序开展，避免出现盲目性、无目的性和无计划性。对执法计划在组织实施中，确需进行重大调整与变更的，要及时上报同级政府审批，并将新计划及调整变更事由自作出决定以后10个工作日内，报上级煤炭行政主管部门。

(四) 要突出工作重点，严厉打击。各级各部门各单位开展煤矿安全生产行政执法工作要以非法违法生产经营建设行为和事故多发地区、新建技改、整合重组煤矿为重点，抓住关键，实施准确打击、重点打击、有效打击，该停产整顿的要坚决停产整顿，该取缔的要坚决取缔，该关闭的要坚决关闭。依法严厉打击煤矿无证无照生产、不具备安全条件擅自生产以及未批先建、批小建大等非法违法行为，严肃查处煤矿超能力、超强度、超定员组织生产等违规违章现象。

(五) 要强化上下联动，紧密配合。各级煤炭管理部门要认真落实煤矿安全生产执法计划，积极配合上级部门开展工作，上级部门在开展工作时也要统筹兼顾，充分调动下级煤炭行政主管部门工作热情，要形成上下联动，齐抓共管的良好态势。省厅各处室、各直属单位要协调统一、互相配合、形成合力，共同完成省厅全年的安全生产执法计划，通过严格落实监管职责，规范煤矿安全生产、建设、经营秩序，确保煤矿安全生产形势稳定好转。

关于调整我省煤矿井下艰苦岗位津贴标准的通知

2011年7月13日　晋人社厅发〔2011〕92号

各市人力资源和社会保障（劳动保障）局、发改委、财政局，省煤炭工业厅：

为促进企业职工工资收入合理增长，切实提高煤矿井下职工工资待遇，促进我省煤炭行业全面、协调、可持续发展，根据《山西省人民政府关于加强企业工资宏观调控促进职工工资收入合理增长的意见》（晋政发〔2008〕31号）精神，结合实际，对我省煤矿井下职工艰苦岗位津贴标准进行调整。调整后的具体标准如下：

一、井下津贴：

(一) 井下采掘工30－50元/工；

(二) 井下辅助工20－35元/工。

二、班中餐补贴：15－20元/工。

三、夜班津贴：

(一) 前夜班津贴10－15元/工；

(二) 后夜班津贴12－17元/工。

各企业应认真贯彻《关于加强企业工资指导线实施方案备案工作的通知》（晋人社厅发〔2010〕192号）精神，将此次津贴标准调整工作与企业工资指导线工作相结合，并适当向一线岗位、艰苦岗位、关键岗位倾斜。

本通知自2011年7月1日起实行。

关于晋城无烟煤矿业集团公司沁水林场申请林木采伐许可证的初审意见

2011年7月14日　晋煤环函〔2011〕460号

山西省林业厅：

由山西晋城无烟煤矿业集团公司林业勘测设计队编制的沁水林场《抚育采伐作业设计》，以山西晋城无烟煤矿业集团有限责任公司晋煤集林字〔2011〕141号文上报。经我厅初审，该设计林权证及图表齐全，抚育小班合理，采伐强度及各项作业措施、作业程序符合国家采伐操作规程要求，现将作业设计随文呈报，请予以核发林木采伐许可证。

附件：

1. 山西省煤炭工业厅《林木采伐许可证》、《木材运输证》初审意见卡；晋煤沁水采伐证初审意见卡

2. 山西晋城无烟煤矿业集团有限责任公司 晋煤集林字〔2011〕141号

关于印发《山西省煤矿企业劳动用工执法大检查实施方案》的通知

各市煤炭工业局、省属七大煤炭集团公司、省监狱管理局：

为认真汲取王家岭煤矿“3.28”透水事故教训，贯彻落实省委、省政府主要领导的指示和全省煤矿安全生产工作紧急会议精神，按照山西省人民政府安全委员会《关于立即开展全省安全生产大检查的通知》（晋安发电〔2010〕3号）和山西省人力资源和社会保障厅《关于在全省开展劳动用工执法大检查的通知》（晋人社明电〔2010〕13号）精神，结合全省煤矿企业实际，省煤炭工业厅制定了《山西省煤矿企业劳动用工执法大检查实施方案》，现印发你们，请认真贯彻落实。

关于加快煤炭产业结构调整的指导意见

2005年2月23日　内政字〔2005〕37号

各盟行政公署、市人民政府，自治区各委、办、厅、局，各大企业、事业单位：

为科学合理地开发利用我区煤炭资源，促进煤炭产业结构优化升级和加快经济增长方式转变，将我区煤炭资源优势转变为经济优势，切实解决煤炭行业存在的小煤矿数量过多、产业集中度低、产品结构单一、深加工和就地转化率偏低等结构性矛盾和问题，特提出以下意见。

一、产业结构调整的原则

煤炭产业结构调整坚持“保大压小”和“转化增值”的原则，运用资源整合、运力调整、优化资源配置等手段，鼓励建设亿吨级煤炭基地、千万吨级煤炭集团、120万吨以上矿井。依法淘汰关闭不具备安全生产基本条件的小煤矿。鼓励煤炭企业加大煤炭深加工和就地转化力度，延伸产业链条，开发生产高附加值的煤炭化工产品。

二、产业结构调整的政策措施

(一) 矿井规模结构调整的政策措施

1. 从2005年起，集中3年时间对现有的900余处年产10万吨以下的小煤矿（以下简称小煤矿）进行资源整合重组、扩能技术改造和依法淘汰关闭。各盟市要认真研究小煤矿布局合理性问题，做出现有小煤矿整合重组、扩能改造规划，经自治区主管部门审核后，按照规划加快实施。对列入关闭淘汰的小煤矿和未在限定时间内达到规模和安全生产要求的小煤矿，要依法收回资源，进行重新配置。

2. 对具备资源整合条件的小煤矿，就近整合煤炭资源，重组煤炭企业。鼓励重点煤炭企业收购、兼并一批小煤矿，对其进行联合改造，实现规模生产和集约经营。引导小煤矿以煤炭资源等资产为纽带，进行股份制改造，重组一批大中型煤炭企业。对井田相邻的小煤矿，可将井田之间预留和闲置的煤炭资源合理规划后配置给重组后的煤炭企业，支持其扩大生产规模，提高安全装备水平。

3. 对不具备资源整合条件但有一定发展潜力的小煤矿，通过技术改造，提升矿井生产能力，改进采煤方法，提高资源回收率。此类煤炭企业要委托有资质的煤矿设计单位制定技术改造方案，同时足额提取煤矿维简费和安全生产费，多方筹措资金，加快技改进度。

4. 对达不到安全生产基本条件的小煤矿，要通过运用法律、经济、行政等手段，坚决依法淘汰关闭。对列入关闭淘汰的煤炭企业，要收回和废止各种证照，拆除生产设施，严防明关暗开，死灰复燃。淘汰关闭小煤矿工作由盟行政公署、市人民政府和旗县人民政府组织实施，自治区有关部门督查落实。要全面落实责任制，严格监督，严肃追究，奖罚分明。

5. 各盟市要在2005年3月底前。制定出本地区整顿治理小煤矿的工作方案。要结合自治区淘汰关闭小煤矿目标，按照具备资源整合条件、不具备整合条件但可技术改造、必须依法淘汰关闭3种类型，对小煤矿进行分类排队，确定工作目标，提出具体的工作实施方案，彻底调整矿井规模结构。

6. 自治区将以鄂尔多斯市为试点，对参加资源整合。技术改造并达到自治区产业结构调整要求的中小型煤炭企业，在集中维简费和安全费幅度上予以优惠，并奖励在小煤矿整合重组、技术改造、淘汰关闭和煤炭产业延伸优化以及就地转化增值工作中突出的企业和个人。

7. 对林区、贫煤地区、边远地区的小煤矿，如生产条件具备，可适当降低开采规模，但必须由当地盟行政公署、市人民政府报自治区人民政府批准。

(二) 煤炭产品结构调整的政策措施

1. 煤炭产品结构要由单纯生产原煤型向能源重化工型转移，加大煤炭深加工力度，特别是大型煤炭企业要加快建设煤转电项目，积极推进煤制油、煤制甲醇、煤焦化等综合利用煤炭资源的煤化工项目，形成煤、电高载能产品，煤、焦高附加值化工产品，煤气化、液化产品系列。

2. 在东胜、准格尔、白音花、呼伦贝尔、胜利煤炭基地建设5个500万吨级煤炭液化项目，在东胜、准格尔、白音花、霍林河、呼伦贝尔、胜利煤炭基地建设总规模为6000万千瓦左右的煤转电项目，在鄂尔多斯市、乌海市、巴彦淖尔市、阿拉善盟实施1000万吨煤焦化项目。

3. 新增铁路运力重点支持重点煤炭企业和符合自治区产业结构调整政策导向的企业。对煤炭铁路运销户头实行总量调控、动态管理，不再为单纯煤炭运销企业增加铁路运力。鼓励煤炭生产企业兼并煤炭流通企业。

4. 加快煤炭运输通道建设，重点建设铁路运煤专线，积极启动蒙西地区至沿海港口的高承载能力公路项目。鼓励大型煤炭企业出资参股建设煤炭专用通道和煤化工专用管道。

5. 对重点转化项目中电力装机容量达到240万千瓦的电厂项目和年消耗500万吨以上原煤的煤化工项目，可优先进行项目审批、优惠配置煤炭资源、优先调配运力、优先提供市场销售条件。

6. 已配置煤炭资源的建设项目，要加快开工建设进度。对长期圈占资源不开工和占用资源大矿小开、整矿零开、滥采乱挖的企业，自治区将收回矿权，重新配置资源。

三、产业结构调整的目标和任务

(一) 经过3年的资源整合重组、矿井技术改造和依法淘汰关闭，到2007年底，我区地方煤矿矿井数量由现在的1100余处减少至700处左右，矿井数减少40%；主要产煤地区矿井规模均在年产30万吨以上，矿井全部实现正规回采，矿井回采率由现在的30%提高到60%以上；煤炭百万吨死亡率下降为0.4以下，其中，国有重点煤矿下降为0.1以下，地方煤矿下降为1.0以下；矿井全部装备瓦斯监测监控系统，主要产煤盟市、旗县全部建立瓦斯远程监控中心，实现瓦斯联网监控。

(二) 经过3年的煤炭产品结构调整，到2007年底，全区原煤就地转化率达到50%以上，其中鄂尔多斯市、呼伦贝尔市、锡林郭勒盟、通辽市、乌海市就地转化率达到60%以上，阿拉善盟、包头市、巴彦淖尔市、赤峰市就地转化率达到40%以上。全区原煤洗选率达到50%以上，其中阿拉善盟、乌海市、包头市达到70%，鄂尔多斯市、巴彦淖尔市、锡林郭勒盟、赤峰市、通辽市、呼伦贝尔市达到40%以上。

关于进一步推进煤炭资源整合和有偿使用实施办法的通知

2005年08月20日　内政字〔2005〕210号

各盟行政公署、市人民政府，自治区各有关委、办、厅、局：

现将《关于进一步推进煤炭资源整合和有偿使用的实施办法(试行)》印发给你们，请认真贯彻执行。

关于进一步推进煤炭资源整合和有偿使用的实施办法(试行)

为贯彻落实《国务院关于促进煤炭工业健康发展的若干意见》(国发〔2005〕18号)精神，合理有序开发我区煤炭资源，提高煤炭回采率，进一步完善矿业权有偿取得制度，规范煤炭矿业权价款评估办法，逐步形成矿业权价款的市 场形成机制，深化矿产资源有偿使用制度改革，结合我区实际，制定本实施办法。

一、煤炭资源整合与有偿使用的目标

(一) 到2007年底，通过依法淘汰关闭和整合重组措施，使全区煤矿总数由现在的1100余处减少到700余处，年产10万吨以下的煤矿全部依法关闭退出市场，资源回采率达到60%以上，采煤机械化水平达70%以上；到2010年，全区煤矿总数降至600处之内，单井生产能力达到年产30万吨以上，资源回采率全部符合国家要求，采煤机械化水平达90%以上；坚持新上煤矿单井产量最低达到年产120万吨标准。

(二) 根据产业规划，今后对新设立的矿业权以市场竞争方式出让，通过招标、拍卖等市场竞争方式确立勘查、开采主体。对所有矿山企业，凡未缴纳矿业权价款的，一律实现补缴或转增国家资本金，彻底解决煤炭矿业权出让中的“双轨制”问题。建立产权归属清晰、主体权责明确、经营方式规范、管理科学合理的现代煤炭行业秩序。

二、煤炭资源整合的要求

(一)凡纳入被整合的小煤矿，整合期间不得增层扩界，再批准新增资源量，也不得进行单井技术改造。

(二) 对具备整合重组条件的小煤矿，按照批准的《煤炭资源区域或区块整合规划》，以合股、控股、兼并、收购等方式就近整合煤炭资源，形成产权明晰的年产30万吨以上的煤炭企业。在符合批准的矿区总体规划和矿业权设置方案的前提下，整合时可将井田范围外不宜再设置新矿业权的闲置边角煤炭资源划入整合区，支持整合后的煤炭企业扩大生产规模。

(三) 对既不符合整合条件又不符合单井改扩建的开采边角、残留资源的小煤矿，经自治区国土资源厅批准后，严格限定其矿区范围和开采期限，逐年淘汰关闭。

(四) 对于已纳入煤炭资源区域或区块整合规划的小煤矿，要按规定时限进行整合，对于在规定期限内未按规划要求完成整合以及拒不整合的，相关部门不得发放经营执照和生产许可证并依法予以关闭。

(五) 鼓励和支持大型企业在国土资源管理部门指导下严格按程序评估资产，合理确定补偿标准或股份比例，通过兼并、收购、控股等途径对区域小煤矿进行整合，严禁借重组之机违法倒卖国家资源。

(六) 从本办法发布之日起，凡煤炭生产企业平均回采率低于和等于30%的煤矿一律停产整顿，限期一年完成整改。达不到国家规定回采率标准的，坚决予以关闭。

三、强化煤炭资源有偿使用的管理

(一) 按照《内蒙古自治区人民政府批转自治区国土资源厅关于深化矿业权有偿使用制度改革培育和规范矿业权市场意见的通知》(内政字〔2003)343号)要求，所有未缴纳矿业权价款的矿山企业，要在办理延续、变更手续时，按现行价款标准依法补缴矿业权价款。对采矿许可证到期未实现有偿使用的，不得办理延续手续。

(二) 按照《内蒙古自治区人民政府关于加快发展能源重化工业进一步推进煤炭资源优化配置意见》(内政字〔2004)436号)的有关要求，新配置的煤炭资源经有资质评估机构对煤矿企业进行保有资源量评估后，按自治区现行价款标准确定矿业权价款。依据有关规定，经自治区国土资源厅确认后，收取矿业权价款。

(三) 进一步完善煤炭矿业权市场管理。今后凡不属于国家、自治区(包括盟市)出资安排的地勘项目，以及为煤化工配置资源合作探矿的项目，一律停止行政审批矿业权，采取招拍挂的市场化方式出让。规范煤炭矿业权价款的评估办法。煤炭探矿权出让实行最低限价。对以往在空白区和预测区内设置的煤矿探矿权，办理延续时收取不低于1万元平方公里的探矿权价款。对已有矿山，符合规划、需要扩界解决接替资源的，允许比照同类条件下的市场价协议出让。

(四) 对被依法关闭煤矿的采矿权，如原矿已缴矿业权价款的，将对剩余资源进行评估，按原价款标准折算后退还原矿主；如原矿未缴矿业权价款的，剩余资源予以收回。

(五) 对合并井田的煤矿整合的资源，以现有保留煤矿为基础，将关闭井田及矿间的资源划入。原井田中未缴矿业权价款的，有偿价款按其原资源(煤矿原批准的资源量)与增量资源(扩大的资源量)合并计算；原所有井田已缴矿业权价款的，有偿价款按增量资源计算。

(六) 对已有矿业权要按国家和自治区的规划，依据政府调控、整合和规范矿业权市场的原则，加强对矿业权转让、分立及保留等的管理。所有矿业权的转让、重组必须进行矿业权评估、规划审查，并经国土资源部门批准后，方可进行。对私自非法转让、倒卖矿业权的，一律依法吊销或注销勘查许可证、采矿许可证。

(七) 根据国务院有关要求，改革矿产资源补偿费的核收办法。从2005年9月1日起，自治区人民政府将出台政策由现在的按煤炭企业销售收入和产量为基数计征改为按煤炭企业消耗的资源储量计征；对回采率为30%－40%的煤矿，按实际消耗资源储量加一倍收取资源补偿费。

四、加强煤炭资源整合的组织实施

坚持“统筹规划、统一管理、协调运行、分步实施”的原则，稳步推进煤炭资源整合和有偿使用工作。

(一) 为加强对煤炭资源整合的领导，自治区和各盟市国土资源管理部门负责对此项工作的领导、协调和落实，煤炭行业管理部门、安全生产监管部门、工商部门全力配合，各司其职。

(二) 各盟行政公署、市人民政府按照煤炭资源开采现状和资源的完整性及可利用程度，以现保留的矿井为基础进行统一规划，按资源整合的原则利用2年多时间(2005年8月至2007年底)开展煤炭生产秩序的集中整治。各盟行政公署、市人民政府负责本区域内的资源整合工作，根据当地实际，制定具体的办法和措施。

(三) 各有关旗县人民政府按照资源整合方案负责本区域内具体实施工作。要妥善协调各方面关系，处理好各种矛盾。明确整合后煤炭企业的产权主体，由工商部门核发营业执照，国土资源管理部门划定整合范围、核发采矿许可证，煤炭管理部门和煤矿安全监察部门审批整合技改安全设计，经验收合格后，核发煤炭生产许可证和安全生产许可证。

(四) 各盟行政公署、市人民政府和各旗县人民政府要成立相应组织机构，加大对小煤矿资源整合方案实施的监督力度，严防出现“假整合”现象，依法严厉打击超层越界开采，证照不全非法开采，非法转让、出租、承包小煤矿等违法行为。各级行政监察机关要对煤炭资源整合的全过程进行监察，严肃查处领导干部、国家机关工作人员参与办矿的非法行为。各级政府和有关部门要坚持依法行政，顾全大局，统筹协调，兼顾各方，保持社会稳定，确保煤炭资源整合工作的有序进行。

(五) 自治区国土资源厅和煤炭行业管理部门每年对中小煤矿的回采率和旗县关闭重组小煤矿任务的落实情况进行考核。两年完不成任务的，建议调整旗县行政主要领导的工作，并追究相应责任。

(六)自治区国土资源厅要组织调查组对全区已配置的资源开发情况进行一次调查，凡占而不开、占而不按规划开发、为项目配置资源而不如期履约建设煤转化项目的，一律依法收回资源，并依法进行处理。

(七) 旗县级以上人民政府主要领导、负有管理职责的部门领导及具体工作人员，在煤炭资源整合和有偿使用工作中玩忽职守、徇私舞弊、滥用职权的，要按国家有关法律、法规规定追究相关法律责任。

(八) 本办法由自治区国土资源厅负责解释。

关于转发调整煤矿井下艰苦岗位津贴有关工作的通知

2006年12月1日　内劳社办字〔2006〕290号

各盟市劳动和社会保障局、发展和改革委员会、财政局，各有关单位：

为促进我区煤炭行业持续稳定健康发展，不断提高煤矿工人特别是一线采矿工人的工资收入，确保职工队伍的稳定和煤炭生产的正常开展。现将劳动和社会保障部、国家发展改革委、财政部《关于调整煤矿井下艰苦岗位津贴有关工作的通知》（劳社部发〔2006〕24号）转发给你们，并结合我区实际，提出如下贯彻意见，请遵照执行。

一、我区煤矿井下艰苦岗位津贴的执行范围、种类、标准和资金来源，按照劳社部发〔2006〕24号文件规定执行。

二、各类煤炭企业要根据自己的实际情况，在国家规定的标准区间内制定贯彻落实细则，并可根据本企业不同矿区的实际情况，合理确定各矿区煤矿井下艰苦岗位津贴的具体标准，但执行标准不得低于国家规定的最低标准，也不得高于最高标准。

三、各类煤炭企业要采取多种措施，提高井下职工的收入水平，使工资分配向井下一线职工倾斜，逐步形成合理的井下人员与地面人员的工资收入分配关系。在提高井下艰苦岗位津贴的同时，积极改善劳动条件和劳动环境，切实保证职工的身体健康。

四、本通知适用于自治区行政区域内的各类煤炭企业。自2006年12月1日起执行。

附件：《关于调整煤矿井下艰苦岗位津贴有关工作的通知》

关于调整煤矿井下艰苦岗位津贴有关工作的通知

各省、自治区、直辖市劳动和社会保障厅（局）、发展改革委、财政厅（局）：

为贯彻落实《国务院关于促进煤炭工业健康发展的若干意见》（国发〔2005〕18号）的精神，提高煤矿工人的工资收入，稳定煤矿职工队伍，促进煤炭行业持续稳定健康发展，现就调整煤矿井下工人岗位津贴有关工作通知如下：

一、煤矿井下艰苦岗位津贴的执行范围

井下艰苦岗位津贴适用于各类煤炭企业的井下作业职工，不包括露天煤矿职工。具体发放范围为：井下采掘工人、辅助工人、安检人员及下井工作且编制在井下采掘、辅助队的基层干部、技术人员和管理人员。

二、煤矿井下艰苦岗位津贴的种类及标准

井下艰苦岗位津贴包括：井下津贴、班中餐补贴和夜班津贴。

(一) 井下津贴

1. 井下采掘工：15－30元/工；

2. 井下辅助工：10－20元/工。

3. 安检人员、基层干部、技术人员及管理人员的井下津贴标准按井下辅助工标准执行。

(二) 班中餐补贴：6－10元/工。

班中餐补贴由企业集中用于井下作业职工的伙食，不得挪作他用，也不得直接支付给职工个人。

(三) 夜班津贴

1. 前夜班：6－10元/工；

2. 后夜班：8－12元/工。

三、调整煤矿井下艰苦岗位津贴的资金来源

调整井下艰苦岗位津贴所需资金可在企业成本中列支。实行工资总额同经济效益挂钩的企业，调整津贴标准增加的工资在挂钩工资基数外单列。

四、煤矿井下艰苦岗位津贴的实施

各类煤炭企业要认真执行国家关于井下艰苦岗位津贴的有关规定，切实落实井下人员的相关待遇。企业发放的井下艰苦岗位津贴不得低于各地确定的标准。实行吨煤工资含量计件制的企业，应结合职工出勤情况，在吨煤工资以外发放井下艰苦岗位津贴。企业要结合提高井下艰苦岗位津贴，采取多种措施，提高井下职工的收入水平，使工资分配向井下一线职工倾斜，形成合理的井下人员与地面人员的工资收入分配关系。各类煤炭企业要在提高井下艰苦岗位津贴的同时，积极改善劳动条件和劳动环境，切实保证职工的身体健康。

五、有关工作要求

各省、自治区、直辖市应在上述标准区间内，综合考虑井下劳动强度、工作时间、煤层的赋存条件以及水、火、瓦斯等自然灾害和粉尘、温度、湿度、噪声等作业环境，合理确定本地区煤矿井下艰苦岗位津贴的具体标准，在2个月内提出本地区调整煤矿井下艰苦岗位津贴标准的具体意见，并分别报送劳动保障部、发展改革委、财政部备案。

关于印发《内蒙古自治区矿产资源有偿使用管理办法（试行）》的通知

2007年3月29日　内政发〔2007〕14号

各盟行政公署、市人民政府，自治区各有关委、办、厅、局，各大企业、事业单位：

《内蒙古自治区矿产资源有偿使用管理办法（试行）》已经2007年1月10日自治区人民政府第1次主席办公会议通过。现印发给你们，请认真贯彻执行。

内蒙古自治区矿产资源有偿使用管理办法（试行）

第一章　总 则

第一条　为了深化矿产资源有偿使用制度改革，建立公平竞争、协调发展的矿产资源勘查开发秩序，促进我区矿业市场健康发展，根据《中华人民共和国矿产资源法》、《矿产资源补偿费征收管理规定》、《矿产资源勘查区块登记管理办法》、《矿产资源开采登记管理办法》、《国务院关于加强地质工作的决定》（国发〔2006〕4号）和《国务院关于同意深化煤炭资源有偿使用制度改革试点实施方案的批复》（国函〔2006〕102号）精神，结合自治区实际制定本管理办法（以下简称办法）。

第二条　旗县（市区）级以上人民政府分级负责本行政区域内的矿产资源有偿使用管理工作，在自治区行政区域内进行矿产资源的有偿使用，遵循本办法。

第三条　矿产资源有偿使用管理是指充分发挥市场配置资源的基础性作用，按照公开、公平、公正和竞争的原则有偿配置矿产资源。矿产资源勘查开发，应坚持规划先行、政府调控、市场调节的原则；矿山地质环境保护，应坚持谁利用、谁保护，谁破坏、谁治理的原则。

第四条 矿产资源的勘查与开发必须符合《内蒙古自治区矿产资源总体规划》、《内蒙古自治区地质勘查规划》、《"十一五"煤炭工业发展规划》等规划及自治区相关产业政策的要求。

第五条 坚持"大矿兼并小矿，小矿联合做大，下游加工企业整合上游矿山企业"的原则，各盟行政公署、市人民政府为责任主体，编制非煤矿山整合规划或方案，实施非煤矿山的资源整合工作，优化非煤矿山布局和矿产资源配置。

第六条 本办法中矿业权是指探矿权和采矿权的合称；矿业权人是指探矿权人和采矿权人。矿业权价款是指探矿权价款、采矿权价款和以招标、拍卖、挂牌出让矿业权的成交价格；国家出资是指中央财政出资、地方财政出资、中央和地方财政共同出资；市场方式出让是指以招标、拍卖、挂牌方式出让。

第二章 矿产资源有偿配置及矿业权市场管理

第七条 煤炭资源配置以服从服务于国家和自治区重大项目为原则，向煤液化、煤转电、煤化工和煤炭资源综合利用等重点项目倾斜；向进行煤炭资源转化的国内外大型企业倾斜；向区内资源枯竭的国有重点煤矿、优强企业倾斜。重点项目要遵循"先立项、后配资源"和"整装预留、分期配置"的原则，按照"50%转化"、"保障30年，后备20年的资源量一次预留"，经自治区人民政府批准，分期动态配置资源。

第八条 煤炭资源开发项目，要坚持高标准、规模化、集约化。新建煤矿矿井单井规模不低于120万吨/年，露天煤矿不低于300万吨/年，就地转化率达到50%以上；确定为资源整合和技改煤矿单井生产能力不低于30万吨/年。

非煤矿山原则上一个矿床设置一个矿山企业，建设规模必须与矿产资源储量规模相适应，不得低于小型规模上限的10%，其中有色金属矿山生产规模不低于3万吨/年，铁矿矿山生产规模不低于6万吨/年，其他矿种最低生产规模由各盟行政公署、市人民政府按照国家、自治区有关要求，并结合本地区实际制定。

第九条 全区含煤盆地、煤炭勘查的空白区或预测区不再向企业出让探矿权进行风险勘查，由国家、自治区人民政府出资或与因加工转化需配置资源的企业联合进行预查、普查和必要的详查，编制并批准矿区总体规划和矿业权设置方案后，按照规定程序出让。

第十条 一个煤矿矿区设置多个井田的，应编制《矿区总体规划》和《矿业权设置方案》，由自治区发展和改革委员会和国土资源厅组织编制并按照管理权限批准或上报国家有关部委批准（备案）。在审批《矿区总体规划》和《矿业权设置方案》时，同级发展和改革委员会和国土资源行政主管部门要相互征求意见。总体规划和设置方案一经批准，要严格遵守，不符合矿区总体规划的，发展和改革委员会不得核准项目，国土资源行政主管部门不得分设矿业权。其中：

(一) 煤矿矿区只有一个矿业权人的，由矿业权人组织编制《矿区总体规划》和《矿业权设置方案》，所在盟行政公署、市人民政府提出审核意见。

(二) 煤矿矿区有两个以上矿业权人或属于国家出资勘查形成的矿产地的，《矿区总体规划》和《矿业权设置方案》分别由盟市发展和改革委员会和国土资源行政主管部门组织编制，所在盟行政公署、市人民政府提出审核意见。

第十一条 非煤矿区或勘查区需设置多个矿业权的，由盟市国土资源行政主管部门组织编制《矿区勘查规划》或《矿业权设置方案》，经所在盟行政公署、市人民政府提出审核意见，报自治区国土资源厅按照管理权限批准或上报国土资源部批准（备案）。

第十二条 各盟行政公署、市人民政府组织编制本辖区内的《非煤矿山产业发展规划》，按照规划合理布局各类选矿厂及矿产品加工企业，对无矿石合法来源、规模达不到产业发展规划及产业政策要求、非法建设的选矿厂及矿产品加工企业要依法实施关闭整合。矿石来源不合法或仅持有探矿权申请建立选矿厂的，各级发展和改革委员会不得核准立项。

第十三条 新出让矿业权除以下情形可以有偿协议出让外，其他一律实行市场方式出让矿业权。

(一) 国务院批准的重点矿产资源开发项目和为国务院批准的重点建设项目提供配套资源的矿产地。

(二) 列入自治区人民政府出资勘查计划的项目，经自治区人民政府批准为重点建设项目提供配套资源的矿产地。

(三) 两个以上矿业权实施资源整合后，需扩大周边不宜再设置新的矿业权的区域；已设矿业权但矿体外延部分或周边不宜再设置新的矿业权的边角区域；地下水、矿泉水、地热资源的勘查。

(四) 国家出资安排的为危机矿山寻找接替资源的找矿项目、矿产资源补偿费勘查项目、国有地质勘查单位实施国家计划安排的地质勘查项目和中央、自治区地质勘查基金（含自治区财政出资）安排的煤炭勘查项目。

(五) 经自治区人民政府批准需进行协议出让的区域。

第十四条 下列情况应以市场方式出让采矿权：

(一) 无需勘查可直接设置采矿权的矿种（普通建筑用砂石、粘土；烧制白灰用石灰岩；型砂等）。

(二) 无争议的已灭失探矿权，矿产资源勘查工作程度已达到详查，且符合规划、矿业权设置方案和开采设计要求的矿产地。

(三) 无争议的已灭失采矿权或以往有过采矿活动的区域，符合规划、矿业权设置方案要求，经核实存在可供开采矿产资源储量或有经济价值的矿产地。

第十五条 非煤矿种探矿权原则按照批准的勘查规划和探矿权设置方案出让。

(一) 无条件编制勘查规划和探矿权设置方案的区域，首次出让范围一般不得低于两个基本勘查区块；有地质矿产物探、化探异常的区域，原则上整体出让。

(二) 探矿权申请人必须是具有独立法人资格的企事业单位，其资信证明应与勘查施工方案确定的计划投入勘查资金相匹配，不得低于100万元。

(三) 探矿权出让年限一般为2个勘查年度，出让期限内探矿权人要按照批准的勘查设计（方案）开展勘查工作，并提交相应勘查程度的地质报告，报有关部门评审备案。未按要求提交地质报告的、经实地检查勘查工作未达到勘查设计（方案）任务要求和投入的，以及弄虚作假的，探矿权出让期满后一律不再延续。

第十六条 探矿权申请人提交的勘查设计（方案）中年度计划投入直接用于勘查的资金，每平方公里不得低于以下标准：第一勘查年度2万元，第二勘查年度4万元，第三勘查年度及以后6万元。否则不予批准勘查设计（方案）。

第十七条 探矿权人取得探矿权后，煤炭资源勘查必须在两年之内提交勘查报告。非煤资源勘查在同一勘查程度的情况下可申请延续一次，如仍不能提交勘查报告的，不再延续其勘查许可证。

第十八条 探矿权转为采矿权，必须坚持大矿大开、整装开发的原则，对勘查区块内已发现的矿体全部进行评价，未提交勘查区域内总体普查以上（含普查）报告的，不得提交部分区域的详查或勘探报告并转为采矿权。煤炭地质勘查程度达到精查，非煤矿种地质勘查程度达到详查，资源储量及建设规模原则上达到国家、自治区确定的最低规模要求，方可申请探矿权转采矿权。探矿权批准转为采矿权的，应注销原探矿权人的勘查许可证，经批准预留资源的，可依法办理相关手续。

第十九条 各级国土资源行政主管部门要严格按照批准的勘查施工方案对已设置的探矿权进行监督管理，对已经进行了两年以上勘查工作的，要求探矿权人尽快按照批准的勘查程度提交相应的地质矿产勘查报告，无正当理由不提交的，勘查许可证到期后不再延续。煤炭探矿权人自领取勘查许可证未满2年的，或没有按照批准的勘查设计（方案）组织勘查和投入资金的，不予批准转让。

第二十条 凡属国家、自治区出资安排的地质矿产勘查项目，在设置探矿权时暂不收取探矿权价款，待该探矿权转让、变更或探矿权转为采矿权时，再根据当时的勘查程度及有关政策要求，一并进行有偿处置。

第三章 矿产资源有偿使用

第二十一条 矿产资源属于国家所有。为维护国家所有者的权益，显化矿产资源的资产价值，从事矿产资源勘查开发的矿业权人应依据有关规定缴纳探矿权使用费、采矿权使用费、矿业权价款和矿产资源补偿费。

第二十二条 探矿权使用费、采矿权使用费和矿业权价款由矿业权登记审批机关负责收取，矿产资源补偿费由所在地旗县以上国土资源行政主管部门负责征收，并按相关规定和规定的分成比例就地缴入各级国库或财政非税收入专户。

第二十三条 探矿权使用费以勘查年度计算，按区块面积逐年缴纳。第一个勘查年度至第三个勘查年度，每平方公里每年缴纳100元；从第四个勘查年度起每平方公里每年增加100元，但最高不得超过每平方公里500元。

采矿权使用费按矿区面积逐年缴纳，每平方公里每年1000元。

第二十四条 矿业权人取得下列情形的矿业权，必须缴纳矿业权价款：

(一) 本办法规定须有偿协议出让的矿业权。

(二) 矿业权人已取得国家出资勘查形成矿产地的矿业权，但未进行有偿处置的。

(三) 矿业权人已取得无需勘查直接设置采矿权矿种（普通建筑用砂石、粘土；烧制白灰用石灰岩；型砂等）的采矿权且未进行有偿处置的。

(四) 按照空白区域登记的煤炭探矿权且未进行有偿处置的。

(五) 以招标、拍卖、挂牌等市场方式出让的矿业权。

(六) 自治区人民政府规定的其他情形。

第二十五条 以市场方式出让国家出资勘查形成矿产地的矿业权，出让底价不得低于评估价，煤炭矿业权出让底价不得低于自治区人民政府确定的评估出让价格，市场出让成交价格为应缴纳的矿业权价款。

以协议方式出让国家出资勘查形成矿产地矿业权的，矿业权价款按照评估确认（备案）的结果缴纳，其中出让煤炭矿业权的，矿业权价款不低于自治区人民政府确定的评估出让价格。自治区人民政府将严格按规定的价格执行，凡在自治区境内进行煤炭资源就地转化的，经自治区人民政府批准，其转化部分的价款可优惠50%。盟市分成的部分由各盟行政公署、市人民政府自行制定政策。

矿业权人已取得国家出资勘查形成矿产地的矿业权，凡未进行有偿处置的，应在2007年10月底前进行有偿处置。但矿产资源储量核实报告的核实基准日必须在2006年12月底以前，矿业权价款按照评估确认（备案）的结果缴纳，其中煤炭矿业权价款不低于自治区人民政府确定的评估出让价格，可采储量回采率不得低于50%。

第二十六条 国家与企业或地质勘查单位共同出资勘查形成的矿业权，在出让、转让时，其价款按照双方投资比例进行分成。

第二十七条 企业已取得无需勘查的采矿权，其采矿权价款不得低于同一地区、同一矿种的市场出让价。

第二十八条 以市场方式出让空白区域探矿权的，其探矿权出让底价原则上不低于1万元/平方公里。经登记机关核实，属于以往未做过任何地质勘查工作的空白区域登记的已有煤炭探矿权未进行有偿处置的，在探矿权延续、变更、转让或探矿权转为采矿权时其价款按照不低于1万元/平方公里收取。

第二十九条 凡需评估确认或备案的矿业权价款，属国土资源部颁发勘查、采矿许可证的，经自治区国土资源厅初审后，到国土资源部确认或备案。除此之外，由自治区国土资源厅审查确认或备案。

第三十条 矿业权价款实行中央与地方按比例分成的政策。

(一) 凡属于国家出资勘查形成的矿产地，以招标、拍卖、挂牌方式出让或以协议方式出让矿业权及已设置的矿业权有偿延续、转让、变更收取的矿业权价款均实行三级分成，即中央20%，自治区40%，盟市、旗县（市区）40%。盟市与旗县（市区）的分成比例由各盟行政公署、市人民政府确定。

(二) 无需勘查直接设置采矿权矿种的矿产地，以招标、拍卖、挂牌等市场方式出让矿业权的价款，全额留盟市，与旗县（市区）的分成比例由各盟行政公署、市人民政府确定。

(三) 出让空白区的矿业权价款，自治区直接出让的，矿业权收益全额归自治区所有；委托盟市、旗县（市区）以招标、拍卖、挂牌方式出让的，矿业权价款按3：7比例缴库，即自治区30%，盟市、旗县（市区）70%。

第三十一条 矿业权人应按照有关规定及时、足额缴纳矿业权价款。对以资金方式一次性缴纳确有困难的，企业提出申请并提交缴纳矿业权价款承诺书，经矿业权审批登记管理机关批准，可在矿业权有效期内分期缴纳。分期缴纳价款的矿业权人应承担不低于同期银行贷款利率水平的资金占用费。

资金占用费=资金占用期的银行贷款利率×占用时间×资金占用额度

(一) 探矿权价款按以下方式分期缴纳：

1. 探矿权价款在300万元以上的，可分2年缴纳，但第一年缴纳比例不应低于60%。

2. 自治区地质勘查基金（含自治区财政出资）安排的煤炭勘查项目，其探矿权在转让时，按照自治区人民政府确定的缴纳方式缴纳。

(二) 采矿权价款按以下方式分期缴纳：

1. 属煤炭资源整合和有偿延续变更的采矿权，矿业权人缴纳价款确有困难的，经自治区国土资源厅批准，可分6年平均缴纳，但每年缴纳的价款不低于100万元。

2. 国有重点煤炭企业在进行采矿权有偿处置时，可分10年平均缴纳，但每年不低于100万元。

3. 本办法下发后新出让采矿权，价款在2亿元以上的，经自治区国土资源厅批准可分期缴纳，但最长期限不超过10年，首次缴纳不低于总价款的20%，其余部分原则上平均分9年缴纳。其中以市场方式出让的采矿权，按照批准的采矿权出让方案或合同中明确的缴纳方式缴纳。

第三十二条 2006年9月30日前，矿业权人已取得矿业权未进行有偿处置的和已将矿业权价款部分或全部转增国家资本金的要补缴矿业权价款。按下列情形处理：

(一) 在国土资源部登记发证的矿业权，首先应以资金方式缴纳，确有困难的，可按有关规定报批以折股方式缴纳，但折股比例不能超过补缴总价款的80%，其余以资金方式缴纳。

(二) 凡属自治区审批的矿业权，必须以资金方式缴纳。

(三) 自治区国有地质勘查单位在2006年9月30日前已经由其登记持有的由国家出资勘查形成的矿业权（承担自治区财政出资的项目除外），可继续执行将价款转增国家资本金的政策。

第三十三条 经国家批准以折股方式缴纳矿业权价款（指地方财政出资部分）所形成的股权归自治区地质勘查基金持有，股权收益用于补充自治区地质勘查基金。

第三十四条 矿产资源补偿费按照矿产品销售收入的一定比例计算，由采矿权人缴纳，缴纳的矿产资源补偿费列入企业管理费用。

征收矿产资源补偿费金额=矿产品销售收入×补偿费费率×开采回采率系数

开采回采率系数=核定开采回采率/实际开采回采率

第三十五条 依据《矿产资源补偿费征收管理规定》及自治区的有关规定，矿产资源补偿费实行中央与自治区、盟市、旗县（市区）按比例分成的政策。自治区直接征收的，40%缴入中央国库，29%缴入自治区国库，31%缴入盟市国库；盟市征收的，40%缴入中央国库，24%缴入自治区国库，36%缴入盟市国库；旗县（市区）征收的，40%缴入中央国库，60%缴入旗县（市区）国库。

第三十六条 符合国务院规定的减免矿产资源补偿费条件的，经自治区国土资源厅会同财政厅批准，采矿权人可以免缴或减缴矿产资源补偿费。采矿权人申请减缴额超过应缴额50%的，由自治区人民政府批准。

第三十七条 征收的探矿权使用费、采矿权使用费、矿业权价款和矿产资源补偿费，纳入同级财政预算管理，专款专用。主要用于矿产资源勘查、矿山地质环境治理、矿产资源保护、地质遗迹保护和管理性支出，也可用于解决国有老矿山企业的各种历史包袱问题、失地和采煤沉陷区农牧民的搬迁安置及长远生计的保障等。

盟市、旗县（市区）分成所得的矿业权价款，除按上述用途使用外，经自治区人民政府批准，也可用于建设围绕矿产资源勘查开发利用的基础设施。

自治区试行在矿产资源量较多的盟市，选择一批资源整装、便于综合大规模开发的煤田整体拍卖转让矿业权，所得收益主要用于支持盟市矿山行业的基础设施建设和与之有关的基础设施建设。具体方案由有关盟行政公署、市人民政府与自治区国土资源厅协商后，报自治区人民政府批准执行。

第三十八条 已破产重组的国有矿山企业，在破产中矿产资源已作价，并用于安置破产职工的部分，经自治区人民政府批准后，可在探矿权价款或采矿权价款中予以充抵。

第四章 建立自治区地质勘查基金

第三十九条 为增强自治区矿产资源对国民经济和社会可持续发展的保障能力，加大自治区财政对地质矿产勘查投入力度，形成矿产资源勘查投入良性循环机制，自治区人民政府决定设立自治区地质勘查基金。

第四十条 自治区地质勘查基金是指自治区财政在预算内安排的重点用于国家确定的重要矿种和重点成矿区带前期勘查的专项资金以及矿业权价款以折股形式上缴所形成的股权。主要用于支持自治区重点矿种和基础性地质勘查工作及为自治区国民经济发展提供资源保障的项目。

第四十一条 自治区地质勘查基金的来源包括：自治区财政预算安排（含从自治区所得的矿产资源补偿费和探矿权采矿权使用费及价款中划入部分）；其他资金。

第四十二条 自治区地质勘查基金的使用和管理，要严格遵守国家和自治区有关法律、法规和财务制度，项目的筛选和确定要遵循公开透明、科学管理、专款专用、滚动发展的原则，严格履行招投标程序，实行项目监理制度。

第四十三条 为加强自治区地质勘查基金的管理，自治区人民政府决定成立自治区地质勘查基金管理中心，负责地勘基金项目的组织实施及日常管理工作，代表政府行使出资人的职责。自治区地质勘查基金管理中心依法拥有自治区出资项目的矿业权，其他单位均不得代表政府行使出资人的职责和拥有矿业权及收益。自治区地质勘查基金由自治区财政厅、国土资源厅共同管理，自治区财政厅主要负责地质勘查基金的预算和资金管理；自治区国土资源厅主要负责地质勘查基金的项目管理。自治区地质勘查基金管理中心设在自治区国土资源厅，自治区地质勘查基金管理办法另行制定。

第四十四条 对自治区地质勘查基金全额投资的勘查成果，由自治区人民政府统一调控，除对重点项目以协议方式出让外，其余一律以市场方式出让矿业权；对自治区地质勘查基金与社会投资或其他资金合作投资的勘查成果，可以通过项目合同等方式决定矿业权的处置。

第五章 矿山地质环境治理

第四十五条 为加强全区矿山地质环境治理和生态恢复，自治区将依法实行矿山地质环境治理保证金制度，建立矿山地质环境治理责任机制。

第四十六条 矿山地质环境治理保证金（以下简称保证金），是指采矿权人在开采矿产资源过程中，为依法保护矿山地质环境，履行矿山地质环境治理的责任，在自治区财政部门指定的银行专户存储的担保资金。保证金及利息属采矿权人所有。

第四十七条 国土资源行政主管部门依据新建矿山设计服务年限、已有生产矿山剩余服务年限和矿山地质环境治理方案的要求，核定矿山企业的开采面积、矿产品销售量及矿山企业分年应预提的保证金，并列入企业成本。按照“企业所有、政府监督、专款专用”的原则管理。

第四十八条 矿山地质环境治理要严格执行地质环境影响评价制度。采矿权人应委托有相关资质的单位按照《内蒙古自治区地质环境影响评价技术要求（试行）》进行矿山地质环境影响评价，并制定治理方案。

第四十九条 采矿权发生转让的，由获得采矿权的新采矿权人接替承担矿山地质环境治理责任。

第五十条 责任人已经灭失的矿山地质环境问题，由旗县级以上人民政府依据《内蒙古自治区矿山地质环境治理规划》逐步进行治理。

第五十一条 矿山地质环境治理保证金的存储、管理、使用和监督等事宜，由自治区人民政府另行规定。

第六章 监督与检查

第五十二条 自治区矿产资源有偿使用的管理，要接受财政、审计、监察等部门的监督检查。

第五十三条 自治区国土资源厅和相关行业主管部门要对重点矿种和矿山企业的回采率等指标进行经常性的检查，对达不到行业标准要求的要按有关规定进行处理。

第五十四条 自治区经济委员会和国土资源厅要对已配置煤炭资源的建设项目实施监督，对变更项目或规模，不能按协议规定时间开工，占用资源大矿小开、整矿零开、滥采乱挖的企业，依法收回矿业权。

第五十五条 国土资源行政主管部门在办理矿业权延续、变更时，必须要求企业出具明确办理有偿使用的时限和到期不延续的承诺书。对国土资源管理部门注销或吊销采矿许可证的矿山，由当地政府予以关闭。

第五十六条 本办法规定应进行有偿处置的已有矿业权，必须在2007年10月底前评估并处置价款，在规定的期限内未进行有偿处置的，勘查许可证、采矿许可证到期后不予延续、变更。

第五十七条 国土资源行政主管部门批准分期缴纳矿业权价款的，企业必须按照承诺的时间和金额足额缴纳。到期不缴的，按照国家相关规定予以处罚。

登记机关要对分期缴纳矿业权价款的矿业权人进行清理，建立矿业权有偿使用的台账，掌握有偿使用的进展情况，督促企业按照承诺书规定的期限缴纳。

第五十八条 国家机关工作人员在矿产资源有偿使用管理工作中徇私舞弊、玩忽职守、滥用职权，尚未构成犯罪的，依法给予行政处分；构成犯罪的，依法追究刑事责任。

第七章 附 则

第五十九条 本办法自下发之日起执行。自治区人民政府及相关部门以前下发的文件规定与本办法不一致的，按本办法执行。国家另行出台收费政策和标准，执行国家政策。

关于印发《内蒙古自治区矿山地质环境治理保证金管理办法》的通知

2008年5月15日　内政发〔2008〕43号

各盟行政公署、市人民政府，自治区各委、办、厅、局，各大企业、事业单位：

《内蒙古自治区矿山地质环境治理保证金管理办法》已经2008年5月8日自治区人民政府第四次常务会议讨论通过，现印发给你们，请认真遵照执行。

内蒙古自治区矿山地质环境治理保证金管理办法

第一条　为保护矿山环境，有效防治矿山开发造成的地质环境破坏及诱发的地质灾害，促进经济社会可持续发展，根据《中华人民共和国矿产资源法》、《中华人民共和国环境保护法》、《内蒙古自治区地质环境保护条例》，制定本办法。

第二条　在内蒙古自治区行政区域内从事固体矿产资源开采、矿山地质环境治理，适用本办法。

第三条　矿山地质环境治理实行保证金制度。采矿权人依据本办法提交矿山环境保护与综合治理方案，同时与辖区盟市国土资源行政主管部门签订矿山地质环境治理责任书，并存储保证金。

矿山地质环境治理责任书由自治区国土资源行政主管部门统一制定。

第四条　矿山地质环境治理保证金（以下简称保证金），是指采矿权人在开采矿产资源过程中，依法保护矿山环境，履行矿山地质环境治理责任，在自治区财政部门指定银行专户存储的担保资金。

保证金及利息属采矿权人所有。

第五条　按照“企业所有、政府监管、专款专用”的原则，保证金由采矿权人在财政部门指定的银行专户存储。国土资源行政主管部门与存储保证金的银行签署协议，以协议的约定对保证金进行存储、返还、支取、结算。

各级财政部门对保证金的管理情况进行监督。

第六条　采矿权人应当聘请有相关资质（地质灾害治理工程设计或矿山设计乙级以上资质，并且具备相应地质灾害危险性评估资质）的单位，依据《矿山环境保护与综合治理方案编制规范（DZ/T223－2007）》，编制矿山环境保护与综合治理方案。

第七条　矿山环境保护与综合治理方案由盟市国土资源行政主管部门组织有相应资格的专家进行评审。大型矿山的环境保护与综合治理方案应聘请专家7至9名，中型矿山的环境保护与综合治理方案聘请专家5至7名，小型矿山的环境保护与综合治理方案聘请专家3至5名。自治区国土资源行政主管部门负责建立矿山环境保护与综合治理方案评审专家库。

矿山环境保护与综合治理方案经评审通过后按照矿山环境影响评估精度分级到相应的国土资源行政主管部门备案，一级评估在自治区国土资源厅备案，二、三级评估在盟市国土资源局备案。

第八条　保证金的存储、返还、支取、结算由各盟市国土资源行政主管部门组织实施。

第九条　矿山地质环境治理按照行政区划属地管理，跨盟市行政区划的矿山，按所跨盟市的矿区面积，由所在盟市国土资源行政主管部门组织实施，保证金存储额度按该矿山跨本行政区矿区面积计算。

第十条　盟市国土资源行政主管部门根据实际情况，可将建筑用砂、石、粘土矿委托旗县级国土资源行政主管部门实施保证金制度。矿山环境保护与综合治理方案的编制与评审可适当简化。

第十一条　新建矿山采矿权申请人收到国土资源行政主管部门划定矿区范围的批复后，应当编制矿山环境保护与综合治理方案，根据矿山环境保护与综合治理方案与辖区盟市国土资源行政主管部门签订矿山地质环境治理责任书，并存储保证金。矿山环境保护与综合治理方案、矿山地质环境治理责任书和保证金存储证明是办理采矿权登记手续的必备材料。

第十二条　已取得采矿权的采矿权人，应编制矿山环境保护与综合治理方案，根据矿山环境保护与综合治理方案与辖区盟市国土资源行政主管部门签订矿山地质环境治理责任书，并存储保证金。保证金存储额从本办法实施之日起计算。矿山环境保护与综合治理方案、矿山地质环境治理责任书和保证金存储证明是办理采矿许可证年检、延续手续的必备材料。

第十三条　采矿权人变更矿山开采方式、矿区范围，应当重新编制矿山环境保护与综合治理方案、签订矿山地质环境治理责任书、核定并存储保证金；采矿权人变更生产规模，应当重新修编矿山环境保护与综合治理方案、签订矿山地质环境治理责任书、核定并存储保证金。

第十四条　在本办法实施前，采矿权人已编制矿山环境保护与综合治理专项规划，并提取了专项资金，已实施治理工程，由采矿权人提出申请，经盟市国土资源行政主管部门组织专家进行评估，治理规划和治理工程效果达到矿山地质环境治理目的和要求的，报自治区国土资源行政主管部门批准，可不再存储保证金。

第十五条　保证金的存储标准，根据矿区面积、开采矿种、开采方式等影响因素确定。

保证金年存储额=存储标准×矿山年开采面积×矿山分类系数×矿山开采方式系数

自治区人民政府可以根据市场、物价变化情况和矿山环境保护与治理情况，对现行保证金存储标准进行调整。

第十六条　采矿许可证有效期在3年以下的，保证金一次性全额存储。

采矿许可证有效期4年以上的，保证金可以一次性全额存储或者分期存储；分期存储的，采矿权人应向国土资源行政主管部门提供保证金存储计划，每期存储额度不低于3年的保证金数额。

第十七条　采矿权发生转让的，由获得采矿权的采矿权人承担矿山地质环境治理责任，已存储的保证金一并转让或重新存储，并重新签订矿山地质环境治理责任书。

第十八条　矿山服务年限在3年以下的，采矿权人一次性完成矿山地质环境治理。矿山服务年限在4年以上的，采矿权人应分期实施矿山地质环境治理，每期矿山地质环境治理期限为3年。

根据矿山环境保护与综合治理方案的要求，3年内不能实施矿山地质环境治理的矿山，采矿权人继续按照本办法第十五条的规定存储保证金。

第十九条　每期矿山地质环境治理工程完成后，采矿权人向签订矿山地质环境治理责任书的国土资源行政主管部门提出矿山地质环境治理工程验收申请，国土资源行政主管部门应当组织有关部门的专家自接到验收申请之日起60日内完成验收工作。

检查验收的依据为矿山环境保护与综合治理方案、矿山地质环境治理责任书及国家相关的其他规定。

第二十条　每期矿山地质环境治理工程验收合格后，签订矿山地质环境治理责任书的国土资源行政主管部门应当自验收合格之日起30日内，为采矿权人办理本期保证金及利息的结算和转存手续。

第二十一条　采矿权人终止采矿活动或矿山闭坑，由盟市国土资源行政主管部门会同有关部门对矿山地质环境治理工程进行初步验收，1年后由自治区国土资源行政主管部门会同相关部门进行最终验收。验收合格后，方可办理保证金及利息的结算、返还手续。

第二十二条　采矿权人未按照矿山环境保护与综合治理方案治理矿山，或者治理工程验收不合格的，由签订矿山地质环境治理责任书的国土资源行政主管部门责令其限期治理。逾期仍不治理或者治理后验收仍不合格的，由签订矿山地质环境治理责任书的国土资源行政主管部门组织具有相应资质的单位实施矿山地质环境治理，治理费用从采矿权人存储的保证金中支取。矿山地质环境治理工程费用超出已存储保证金及利息的部分由采矿权人承担。

第二十三条 盟市国土资源行政主管部门应建立相应的保证金存储台账、保证金往来账和保证金管理制度，接受财政和审计部门对保证金存储、返还、支取、结算和管理情况的监督检查，并向自治区国土资源行政主管部门上报保证金制度年度执行情况。

第二十四条 违反本办法第七条、第十五条、第十九条、第二十条规定的，由有关部门追究相关人员的责任，构成犯罪的依法追究刑事责任。

第二十五条 本办法自2008年8月1日起实施。

第二十六条 本办法由自治区国土资源厅负责解释。

关于实施《内蒙古自治区矿山地质环境治理保证金管理办法》的通知

2008年8月13日　内国土资发〔2008〕110号

各盟市国土资源局：

为规范矿山地质环境治理保证金的管理，根据《内蒙古自治区矿山地质环境治理保证金管理办法》（以下简称《办法》），就有关事宜通知如下：

一、保证金实行属地管理制度。国土资源部登记发证和自治区在盟市设点受理初审发证的采矿权，由所在盟市国土资源行政主管部门负责管理；盟市国土资源行政主管部门可根据实际情况，将普通建筑材料用砂、石、粘土矿委托旗县级国土资源行政主管部门实施保证金制度。

二、各级国土资源行政主管部门应按照《办法》的规定，及时与自治区财政厅指定的银行签订保证金存储管理协议。

三、保证金的存储额由相应的国土资源行政主管部门根据《办法》规定的存储标准确定。

多种采矿方式并存的，以其中最高系数计算。

属于跨盟市行政区划的矿山，保证金的存储额按矿山在本行政区矿区面积计算。

四、保证金的存储程序：

(一) 国土资源行政主管部门，在划定矿区范围批复后，将《关于签订矿山地质环境保护与治理责任书及办理保证金核定手续的通知》（附件一）送达采矿权申请人；采矿权申请人委托具有符合《办法》规定资质的单位编制《矿山环境保护与综合治理方案》；

(二) 国土资源行政主管部门根据《办法》的规定，与采矿权申请人签订《矿山地质环境治理责任书》（附件二）并开具《矿山地质环境治理保证金开户和存储通知书》（附件三）；

(三) 采矿权申请人根据《矿山地质环境治理保证金开户和存储通知书》到指定的银行开设专户，存储保证金；

(四) 采矿权申请人凭保证金存储回执、《矿山地质环境治理责任书》、《矿山地质环境保护与综合治理方案》和采矿登记其他有关资料，到采矿登记机关办理采矿权登记手续。

五、在《办法》实施前已领取采矿许可证的采矿权人，应在年检前一年内，按照《办法》和本通知的规定，办理保证金相关手续。

六、采矿权准予转让的，转让人和受让人凭《采矿权转让审批通知书》及《矿山地质环境治理保证金过户通知书》（附件四），到银行办理保证金过户手续。

七、采矿权人按照《矿山环境保护与综合治理方案》开展矿山地质环境治理，经国土资源行政主管部门与财政部门验收合格，可办理保证金及利息的结算、转存和支取手续。未闭坑矿山可凭《内蒙古自治区矿山地质环境治理工程验收表》（附件五）和国土资源行政主管部门开具的《矿山地质环境治理保证金结转通知书》（附件六）到银行办理保证金及利息的结算和转存手续；闭坑矿山经验收合格一年后复核无问题，可凭《内蒙古自治区矿山地质环境治理工程验收表》、《矿山地质环境治理保证金支取通知书》（附件七）办理保证金支取手续。

八、国土资源行政主管部门应按照《办法》规定建立保证金存储台账,保证金往来账，逐矿建立登记卡片(附件八)，银行每月应向国土资源行政主管部门提供保证金存储明细表（附件九）。

九、根据《办法》规定，自治区国土资源厅将建立矿山环境保护与综合治理方案评审专家库，各级国土资源行政主管部门对矿山环境保护与综合治理方案的评审专家应从自治区专家库中选择。

十、根据《办法》规定，矿山环境保护与综合治理方案实行三级备案制度，备案表见附件十。

十一、盟市国土资源局应于每年1月15日前将上一年度保证金存储和支取情况上报自治区国土资源厅。

关于进一步完善煤炭资源管理的意见

2009年6月12日　内政发〔2009〕50号

各盟行政公署、市人民政府，自治区各委、办、厅、局，各大企业、事业单位：

煤炭资源是我区的战略性优势资源，随着经济的快速发展和对外开放的不断扩大，科学配置管理煤炭资源已成为我区经济结构调整和又好又快发展的必然要求。根据有关法律法规以及国家和自治区关于煤炭资源管理的政策要求，结合近年来自治区经济发展的新情况，现就进一步完善煤炭资源管理提出如下意见。

一、煤炭资源配置管理的基本原则

(一) 坚持规划先行、科学有序配置管理煤炭资源的原则。煤炭资源配置必须符合矿区总体规划和矿业权设置方案。

(二) 坚持政府调控、市场调节、有偿使用的原则。煤炭资源和矿权由自治区人民政府在全区范围内统一管理设置。

(三) 坚持依法公开、公平、公正和竞争的原则配置管理煤炭资源。

(四) 坚持以调整产业布局和优化产业结构为导向，重点向符合国家产业政策和环保要求，投资规模大、技术含量高的深加工转化项目配置煤炭资源的原则。严格控制向产能过剩的行业配置煤炭资源。

(五) 坚持整体布局、整装开发、集约开发、资源节约利用的原则。

(六) 坚持资源开发与生态环境保护相统一，严格遵循谁利用、谁保护，谁破坏、谁治理的原则。

二、煤炭资源配置的条件、标准与要求

(一) 煤炭资源配置的条件

1. 国家和自治区重点煤炭转化和综合利用项目。

2. 符合国家和自治区产业政策，经自治区人民政府确认，一次性完成固定资产投资额在40亿元以上的新建大型装备制造和高新技术项目。个别技术装备水平居全国同行业领先的项目，经自治区人民政府同意，可适当降低有关条件。

3. 经自治区人民政府批准同意通过招拍挂方式取得的矿权。

4. 自治区内矿山保有资源储量服务年限不足10年、职工安置困难大、无接续资源的资源枯竭型国有及国有控股重点煤炭企业。

5. 资源整合中需要扩大周边不宜单独设置采矿权区域的项目。

6. 现已配置的煤炭资源量超过项目实际需求的企业，新上项目可先利用已配置的煤炭资源。如果新上项目后续资源不足，可按有关规定另行配置接续资源。

7. 已获得国家批准的采矿权并已配置褐煤资源，上褐煤干燥项目，可视为转化项目。但不再为新上褐煤干燥项目配置资源。

(二) 煤炭资源配置的标准

1. 煤炭转化和综合利用项目，按项目有效生产期内实际用煤量1：2的比例配置煤炭资源。

2. 新建煤炭资源开发项目，井工单井规模不低于120万吨/年，露天开采规模不低于300万吨/年，且就地转化率均要达到50%以上。

3. 特殊稀缺性煤种资源配置，按国家产业政策标准执行，资源就地转化率必须达到60%以上。

4. 装备制造项目、高新技术项目固定资产投资每20亿元配置煤炭资源1亿吨，一个项目主体配置煤炭资源最多不超过10亿吨。

5. 经批准符合国家产业政策的PVC项目（包括电石），由自治区经济委员会协调组建1至2个配套兰碳合资企业，根据自治区人民政府确定的生产规模，按1：1的比例配置煤炭资源。

6. 经招拍挂获得的矿权，配置煤炭资源条件可适当放宽。

(三) 煤炭资源配置的要求

1. 申请配置资源的企业要在自治区内注册独立法人企业，实行属地管理。

2. 严禁非法转让矿业权。企业所配置的矿业权转让必须按照法定程序征得有关部门同意，并报自治区人民政府批准。对于未经自治区人民政府批准转让探矿权的，自治区有关部门不予办理采矿权。已经取得煤炭探矿权需转采矿权的项目，也要符合煤炭资源配置条件要求。

3. 严禁大矿小开、占而不开、越界开采等违法行为。煤炭转化或配套项目应得到国家和自治区相关部门核准或备案，必须按协议确定的条件开工建设，且建设进度要达到自治区规定的要求。未如期建设或不能开工建设的，将依法收回资源。

4. 坚持一个规划井田由一个项目主体开发的原则。一个项目主体配置的资源量未达到矿区总体规划要求的，可由批准配置资源的若干项目主体联合开发。

5. 自然保护区、重要水源涵养地、国家公园等明令禁止开发区域的煤炭资源不得配置和开发。

三、煤炭资源配置管理的审批程序

(一)自治区人民政府统一调控全区煤炭资源的一级市场勘查和管理。

(二)全区范围内统一配置煤炭资源，要充分考虑资源所在地的利益，实现地区之间共同协调发展。资源配置可以通过盟市之间相互协商提出意见，报自治区人民政府审批；个别项目的资源配置，也可以由自治区人民政府根据产业布局研究确定。

(三)自治区发展和改革委员会、国土资源厅会同有关部门根据矿产资源储量编制矿区总体规划和矿业权设置方案，经自治区人民政府同意后，分别报国家能源局和国土资源部批准后再行配置。

(四)申请配置煤炭资源的项目由各盟行政公署、市人民政府根据国家产业政策和自治区有关规定进行初审，符合产业政策、进入产业目录、具备条件的投资项目，由项目所在地盟行政公署、市人民政府报自治区人民政府审批。

(五)申报项目由自治区发展和改革委员会、经济委员会(煤炭工业局)、环境保护局、国土资源厅等有关部门根据职能职责提出审核意见。自治区发展和改革委员会、经济委员会(煤炭工业局)、环境保护局要将审核意见及时报送自治区人民政府并抄送自治区国土资源厅，由自治区国土资源厅负责汇总相关部门的意见后，报请自治区人民政府研究审批。

(六)对于预留资源区块矿业权，待项目实际开工建设后，根据开工规模测算资源配置量，按规定程序和要求办理出让、转让矿业权手续。

四、煤炭资源依法有偿使用和监管

(一)煤炭资源属于国家所有。为维护国家所有者的权益，显化煤炭资源的资产价值，从事煤炭资源开发的矿业权人应依据有关规定缴纳探矿权、采矿权使用费和矿产资源补偿费及矿业权价款。

(二)有偿协议出让、转让的煤炭资源矿业权价款收费标准及程序要严格执行《内蒙古自治区人民政府关于印发〈内蒙古自治区矿产资源有偿使用管理办法(试行)〉的通知》(内政发〔2007〕14号)的规定。矿业权价款分配仍按该文件的有关规定执行。

(三)征收的探矿权、采矿权使用费和矿产资源补偿费及矿业权价款，纳入同级财政预算管理并实行专款专用。

(四)自治区发展和改革委员会、经济委员会(煤炭工业局)、国土资源厅要按照各自职责，对已配置资源的建设项目实施跟踪监督。审计、监察部门要对煤炭资源配置业主投资到位情况及各种规费、价款的收缴和使用进行全程跟踪审计监督。

本意见自下发之日起执行。自治区人民政府及相关部门此前下发的文件规定中与本意见不一致的，以本意见为准。

附件：煤炭资源配置管理目录（略）

关于印发自治区煤炭价格调节基金征收使用管理办法的通知

2009年7月1日　内政发〔2009〕53号

各盟行政公署、市人民政府，自治区各委、办、厅、局，各大企业单位：

现将《内蒙古自治区煤炭价格调节基金征收使用管理办法》印发给你们，请结合实际，认真贯彻执行。

内蒙古自治区煤炭价格调节基金征收使用管理办法

第一条　为全面落实科学发展观，促进煤炭资源的节约利用，提高政府对煤炭市场价格的调控能力，保持煤炭价格的基本稳定，确保我区煤炭工业的可持续发展，依据《中华人民共和国民族区域自治法》和《中华人民共和国价格法》的有关规定，结合自治区实际，制定本办法。

第二条　本办法所称煤炭价格调节基金是指政府为调控煤炭等重要商品市场价格，促进煤炭工业可持续发展，依法向煤炭生产企业征收的专项基金。

第三条　本办法适用于自治区行政区域内煤炭价格调节基金的征收、使用和监督管理工作。

第四条　煤炭价格调节基金纳入政府基金预算，按照“统一征收、统筹安排、专款专用、国库集中收付”的原则管理。

第五条　旗县级以上人民政府应当加强对煤炭价格调节基金征收工作的领导，建立和完善相关工作制度。价格行政主管部门负责全区煤炭价格调节基金征收范围和征收标准的确定，财政部门负责全区煤炭价格调节基金的预算编制、资金使用和监督管理工作，地方税务部门负责全区煤炭价格调节基金的征收管理，审计、监察等部门按照部门职责做好相应的监督管理工作。

第六条　凡在自治区行政区域内开采原煤的企业，均应按照原煤产量缴纳煤炭价格调节基金。

第七条 煤炭价格调节基金的征收标准按照煤种的不同分别确定为：褐煤每吨8元，无烟煤每吨20元，除此以外的其他煤种每吨15元。在煤炭市场发生较大变化时，自治区人民政府根据市场变化情况适时调整煤炭价格调节基金的征收标准。

第八条 煤炭价格调节基金由地方税务部门在征收资源税时一并征缴。征收的煤炭价格调节基金，按照自治区70%、盟市30%的比例分成，就地缴入自治区级和盟市级国库。盟市对旗县的分成比例，由盟市根据当地实际情况具体确定。铁路和公路运输部门应当配合地方税务部门做好基金的征收工作。

第九条 对负责征收煤炭价格调节基金的地方税务部门，暂定由同级财政部门按照本级实际征收额的3%拨付征收管理经费，以保障征收工作的顺利开展。

第十条 煤炭价格调节基金的申报和缴纳期限与资源税同步进行，实行按月申报、按月缴纳。对不按照规定缴纳煤炭价格调节基金的，由地方税务部门负责追缴。

第十一条 征收煤炭价格调节基金统一使用《中华人民共和国税收通用缴款书》。

第十二条 煤炭生产企业缴纳的煤炭价格调节基金，全额计入企业当年生产成本，在所得税前列支。

第十三条 煤炭价格调节基金的主要用途：

(一) 建立重要商品储备和平抑市场物价；

(二) 在市场物价显著上涨时，对低收入群众的生活补贴；

(三) 困难煤矿和煤矿老企业的技术改造和社会保障补助；

(四) 矿区环境和生态恢复治理；

(五) 煤炭资源枯竭矿区转产补助；

(六) 城市优抚对象和特困家庭供热补贴；

(七) 农村牧区贫困户冬季取暖用煤补贴；

(八) 煤炭企业分离办社会职能经费补助；

(九) 煤炭沉陷区治理及矿区移民搬迁补助；

(十) 矿区道路、污水处理等基础设施补助；

(十一) 经自治区人民政府批准的其他支出项目。

第十四条 煤炭价格调节基金使用单位应当严格按照批准的用途使用基金，不准挪作他用。

第十五条 基金年度收支分别纳入同级财政年初预算，实行部门预算管理，并报同级人民代表大会批准后执行。

第十六条 煤炭价格调节基金使用单位擅自改变基金用途的，由财政部门和价格行政主管部门责令限期改正。逾期不改的，收回投入的资金，并由监察机关对相关责任人依法给予行政处分。情节严重构成犯罪的，移交司法机关追究刑事责任。

第十七条 有关行政机关工作人员在煤炭价格调节基金的征收、拨付、使用和监督管理工作中滥用职权、徇私舞弊、玩忽职守的，由监察机关依法给予行政处分。情节严重构成犯罪的，移交司法机关追究刑事责任。

第十八条 自治区财政部门会同自治区价格、地方税务等部门制定基金的征收管理和预算管理实施细则。

第十九条 本办法由自治区人民政府法制办公室负责解释。

第二十条 本办法自2009年7月1日起执行。

关于进一步推进矿产资源开发整合工作实施意见的通知

2010年1月14日　内政办发〔2010〕8号

各盟行政公署、市人民政府，自治区各有关委、办、厅、局，各有关企业、事业单位：

经自治区人民政府同意，现将自治区国土资源厅等部门制定的《关于进一步推进矿产资源开发整合工作的实施意见》转发给你们，请结合实际，认真贯彻落实。

关于进一步推进矿产资源开发整合工作的实施意见

《国务院关于全面整顿和规范矿产资源开发秩序的通知》(国发〔2005〕28号)和《国务院办公厅转发国土资源部等部门对矿产资源开发进行整合意见的通知》(国办发〔2006〕108号)下发以来，我区高度重视，认真贯彻落实，制定下发了全区整顿和规范矿产资源开发秩序实施意见、煤炭和非煤矿产资源整合实施方案，成立了自治区、盟市及旗县(市、区)三级整合工作机构，加强宣传，精心组织，狠抓落实，深入督查，资源整合工作取得显著成效。全区确定实施资源整合的230处煤矿区全部完成整合工作，关闭了地方煤矿852处，淘汰落后生产能力4216.35万吨。通过资源整合和技术改造，全区矿井生产能力由整合前的平均不足9万吨/年，提高到70万吨/年，资源回采率提高了20%以上。稀土、钨矿通过整合实现了有序开发，5个重点矿区资源整合工作全面完成。全区共确定非煤资源整合区320个，已完成了294个，其中重点整合区基本完成了整合工作。全区矿山安全生产和环境保护工作得到了明显改善，各类违法、违规案件得到了及时查处和有效遏制。但由于矿产资源开发整合是一项复杂的系统工程，涉及多方面利益关系的调整，政策性强，工作难度大，目前各地区整合工作进展还不平衡，一些地区还存在违法违规、矿山布局不合理以及环境和安全等问题，矿产资源开发监督管理的长效机制体制还有待于进一步完善。

为进一步推进我区矿产资源开发整合工作，促进矿业经济可持续发展，根据国土资源部等12部门《关于进一步推进矿产资源开发整合工作的通知》(国土资发〔2009〕141号)精神，现提出如下意见。

一、目标任务

在全面完成自治区矿产资源整体方案已确定的资源整合各项目标任务的基础上，继续加大矿产资源整合和专项整治工作力度，强化整合政策和措施，进一步调整优化矿产开发结构，推动产业升级，促进矿产资源高效开发利用，着力构建矿产资源勘查开发监督管理的长效机制。

(一) 矿产资源勘查开发布局进一步优化。要依托基础地质和矿产勘查成果，科学编制矿产资源规划、地质勘查专项规划、矿区总体规划、矿业权设置方案和矿业权年度投放计划，实施矿业权投放计划管理。出让矿业权必须符合矿区总体规划、矿业权设置方案和矿业权年度投放计划，确保矿业权合理设置、布局优化。

(二) 矿产资源勘查开发规模化、集约化程度进一步提高。加大矿业权整合力度，实施整装勘查、滚动勘查、勘查开发一体化，进一步推动矿产资源向具有实力、技术先进、开发利用水平高、安全生产和环境保护措施到位的优势企业集聚。全区采矿权数在2006年的基数上减少30%左右，资源整合重点区域的探矿权数在2006年基数上减少30%左右。地下开采的金属矿产回收率达到85%以上、露天开采达到95%以上，各类矿产选矿回采率提高2个百分点，综合回收共伴生矿种能力提高10%。铁选厂及非金属下游加工企业减少30%左右，有色金属及贵金属选矿厂减少20%左右。到2010年年底，单井规模在30万吨以下的煤矿全部退出市场，全区井工矿平均单井规模由2007年的70万吨提高到100万吨以上，全区煤炭生产企业控制在200家以内，矿井总数控制在500处左右(不含新建煤矿)，资源回采率提高到60%以上。

(三) 矿山安全生产和生态环境状况进一步改善。通过进一步整合，因矿山开发布局不合理引起的安全隐患基本消除，存在安全隐患的矿山尾矿库得到有效治理，全区矿山安全生产水平得到明显提高。全面落实《内蒙古自治区人民政府办公厅关于印发自治区矿山地质环境治理实施方案的通知》(内政办发〔2009〕61号)确定的目标任务，从2009年至2011年，完成8个资源型城市的13个矿区以及对人居安全和经济社会发展影响较大的42个矿区矿山地质环境恢复治理工作，解决矿山地质环境历史欠账问题。强化矿山企业矿山环境治理责任，全面落实矿山地质环境治理保证金制度和矿山地质环境保护治理、生态环境恢复和水土保持“三同时”义务，进一步有效防控环境污染和生态破坏问题，努力构建和谐矿业和绿色矿业。

(四) 矿产资源勘查开发利用长效机制逐步完善。进一步建立以基础地质工作为先行、以矿产资源规划为龙头、以准入制度为引导、以市场优化配置为手段、以有偿使用为条件、以资源储量管理为基础、以矿业权管理为核心的矿业权管理制度体系，促进资源集约节约利用和高效开发利用。

(五) 专项整治工作全面完成。进一步整顿和治理开采方法和技术装备落后、生产规模长期达不到设计要求、资源利用水平低和证照不齐的矿山；整顿和治理井工开采大型采空区、水患及机械通风系统不完善和通风管理混乱的矿山，露天开采边坡不符合安全规程的矿山，存在上下层开采等重大安全隐患的矿山；整顿和治理未执行环境影响评价的企业，违反“三同时”制度、没有环境污染和水土流失防治措施、生态环境问题突出的企业；整顿和治理一个矿区内总选矿能力大于矿区总开采矿石能力的设置多家选矿厂，入选矿石量6万吨/年以下的铁选厂，3万吨/年以下的铜、铅锌选矿厂，金矿露天氰化堆浸场、混汞法选金场，无上、下游产业链的选矿厂，无矿山合法来源或持勘查许可证建设的选矿厂，四等以上尾矿库、险库以及含有毒有害污染物和尾矿坝下游有居民区或有重要设施的尾矿库。

二、基本原则

(一) 进一步推进整合与产业结构调整相协调。进一步优化矿产勘查开发结构和布局，大力支持和鼓励上下游企业联合重组，推动产业结构调整和升级，提高产业集中度，增强产业竞争力。

(二) 矿产资源勘查与开发相衔接。按照各级矿产资源总体规划和地区产业发展规划，合理编制矿业权设置方案和资源整合方案，优化资源配置，积极培育大型矿业集团，推动大型矿业基地建设，努力推进勘查、开发、选冶、加工一体化。

(三) 资源效益与环境效益、安全生产相统一。以关闭促整合，以整合促整改，发挥好资源效益、经济效益、矿山安全效益和矿区生态环境效益。

(四) 政府引导与市场运作相结合。坚持政府引导和市场运作相结合，综合运用法律、经济和必要的行政手段，依法推进矿产资源整合工作，维护社会稳定。

(五) 改进生产工艺与提高综合利用水平相结合。通过资源整合，提高矿山企业、选矿厂、冶炼企业管理水平。淘汰落后开采、生产工艺，应用先进技术，改进生产工艺，提高资源利用水平。

三、整合范围及重点

根据《内蒙古自治区矿产资源整合总体方案》的规定，整合范围包括自治区已设探矿权、采矿权的所有矿种及符合整合条件的所有矿区。重点是中型矿产地及其周边地区，探矿权、采矿权密集区域，建筑用砂石、粘土开采区，主干公路、高速公路两侧可视范围内矿区，以及重要成矿区带、重点整装勘查区等。

(一) 采矿权整合范围及重点。在加快推进煤炭、非煤矿产资源整合工作的基础上，重点整合影响统一规划开采的布局不合理小矿、一矿多开和大矿小开的矿区、小矿密集区和位于地质环境脆弱区范围内的矿区；开采方法和技术装备落后、资源利用水平低的矿山；生产规模长期达不到产业政策和设计要求的小矿，以及管理水平低、存在安全隐患和社会效益、环境效益较差的矿山。

（二）探矿权整合范围及重点。整合具备统筹部署、整装勘查成矿地质条件的矿产资源勘查区，重点是大兴安岭成矿带已划定的五个区域，即得尔布干成矿带南段矿产资源调查评价规划区、甘河—乌尔其汉矿产资源调查评价规划区、阿尔山市—梨子山—博克图矿产资源调查评价规划区、二连浩特市—东乌珠穆沁旗矿产资源调查评价规划区、西乌珠穆沁旗—霍林郭勒市矿产资源调查评价规划区。整合探矿权设置和布局明显不合理的勘查区、已有采矿权之间的探矿权、重叠的探矿权、勘查投入达不到勘查实施方案要求和“圈而不探”的勘查项目、不符合矿区规划和矿业权设置方案的勘查项目，以及其他需要整合的勘查区及勘查项目。

四、总体部署

2010年1月底前，各地区要结合已往的矿产资源整合和专项整治工作，按照本实施意见的要求，组织编制本地区进一步推进矿产资源整合工作实施方案，经自治区整顿和规范矿产资源开发秩序领导小组办公室审核后，报自治区人民政府审批。2010年9月底前，按照经批准的整合实施方案，全面完成整合工作任务，并进行自查和总结，建立健全矿产资源管理有关制度和矿产资源开发利用长效机制。

（一）科学编制整合方案。各地区在完成和总结前一阶段整合工作任务的基础上，根据矿产资源总体规划和专项规划、矿区总体规划和矿业权设置方案及产业政策，依据矿产资源潜力评价、矿产资源储量利用调查和矿业权实地核查工作成果，对本行政区域内矿业权设置情况进行全面梳理，对需进一步推进整合的矿区逐一登记造册，确定整合范围，编制整合实施方案。实施方案要明确2010年9月底前必须完成的整合重点及目标任务，整合实施方案经自治区人民政府批准后组织实施，其中，对于盟市级发证的砂石、粘土、萤石采矿权的整合方案，由盟行政公署、市人民政府进行审批，并报自治区人民政府备案后实施。

（二）依法合理确定整合主体。各地区要结合实际，明确整合后的矿山建设规模、安全生产及环境保护指标，从资金、技术、管理和履行社会责任等方面制订整合主体标准。要注重运用经济、法律、政策和必要的行政手段推进整合工作，切实保护参与整合的矿业权人的合法权益。在符合标准的前提下，应优先从整合矿区内产生整合主体。对矿区内参与整合的矿业企业均达不到整合主体标准，或者参与整合的矿业企业在规定整合期限内未达成整合协议的，各盟行政公署、市人民政府和旗县（市、区）人民政府可以优先选择符合产业政策和布局规划的下游优势企业作为整合主体，或者以招标方式规范引入优势企业，公开、公平、公正地确定整合主体，或者将矿区内矿业权依法收回，统一规划后按规定权限以招标、拍卖、挂牌方式重新向符合整合主体标准要求的企业出让矿业权。鼓励优势企业充分利用资金、技术、管理等方面的优势，运用市场方式，实施整合，培育壮大矿业龙头企业。

（三）依法从快办理整合矿山相关证照。负责整合工作的各相关职能部门要密切配合、齐抓共管，进一步明确整合工作流程，简化办事程序，提高行政效率，实行限时办结等制度，依法为参与整合的企业换发和注销相关证照。国土资源管理部门在矿区整合主体确定后，应及时划定矿区范围。对于应发放采矿许可证的，在划定矿区范围后，列出办证所需要件清单；具备条件后，从快优先颁发采矿许可证。其他相关管理部门也要加快整合矿区有关要件的审批速度。涉及煤炭资源整合的，煤炭管理部门根据国土资源管理部门划定矿区范围的批复，从快批复整合主体的技改设计，进行技改验收，颁发煤炭生产许可证。安全生产管理部门对具备安全生产条件的整合矿山，及时发放煤炭安全生产许可证。工商行政管理部门依据采矿许可证、煤炭生产许可证和安全生产许可证，加快办理工商营业执照登记手续。未取得相关证照前，矿山企业不得生产，采矿权不得转让、变更。

（四）采取有效政策措施，推动整合工作顺利进行。对按照整合实施方案积极参与整合的，继续执行将被整合矿业权之间及周边不宜新设矿业权零星边角资源、深部资源协议方式出让给整合主体的政策。对整合任务完成好的地区，自治区将在已确定的保护性矿种开采总量控制指标基础上，对钨、锡、锑、钼、稀土等矿种开采总量指标投放适度倾斜；在符合相关规定的前提下，优先考虑矿业权投放和自治区地质勘查基金项目、矿山地质环境治理项目及矿产资源保护项目安排。对于未通过整合验收的地区，暂停该地区新设矿业权。

加强矿产资源规划管理，完善勘查开采和规划管理制度，积极推进探矿权出让分区分类管理，提高勘查开采准入条件，建立探矿权退出机制，限期淘汰达不到标准的矿山。对于长期达不到6万吨/年生产能力的小铁矿以及3万吨/年生产能力的金、铜、铅、锌等有色金属小矿山，符合整合条件的，必须进行整合；符合扩能改造条件的，要限期进行扩能改造；存在较大安全隐患、污染破坏环境严重的，要坚决予以关闭。持有探矿权时间超过4个勘查年度的，应提交普查报告；持有探矿权时间超过7个勘查年度的，应提交详查报告；持有探矿权时间超过9个勘查年度的，应达到开采所需地质工作程度。达不到上述要求的，探矿权到期不予延续。要根据规划合理设置矿业权，原则上一个矿区只设置一个主体。探索建立探矿权合理投放机制，积极推进探矿权有计划投放。

(五) 结合实际，总结和创新整合模式。统筹考虑矿产资源及矿山企业生产要素，进一步推进多要素整合。各地区要进一步总结完善资源整合工作方式，因地制宜地借鉴和推广煤炭资源边关闭边整合的“鄂尔多斯模式”、先关闭后整合的“乌海模式”，以及非煤矿山整合以矿种分类、以大型单一冶炼企业为龙头、下游整合上游及采取政策倾斜、收购、参股、兼并等方式整合周边探矿权和采矿权的“巴彦淖尔模式”，大矿兼并小矿、小矿联合做大、矿产品下游企业整合上游企业的“赤峰模式”。鼓励资源高效开发利用、资源综合回收率高、应用深部找矿技术和采用高新技术处理难选冶矿石的企业作为整合主体参与整合，进一步提升产业集聚度，增强产业竞争力。

(六) 建立和完善矿产资源监督管理的长效机制。进一步加强基础地质工作和矿产勘查工作，提高全区地质矿产工作程度，夯实矿产资源管理的基础；加强矿产资源规划管理，合理划分勘查和开采区；加快矿区规划和矿业权设置方案的编制工作，新设矿业权必须符合矿区规划和矿业权设置方案；进一步完善矿业权审批管理制度，严格审核探矿权、采矿权出让条件，优化矿业权设置和矿业布局，严格市场准入制度，完善矿业权有偿使用制度，加快推进矿产资源开采动态监督管理制度建设，加强矿产资源勘查开发日常监督检查工作，及时发现和依法查处圈而不探、以采代探和超层越界开采行为，促进资源集约和高效开发利用。

五、保障措施

(一) 强化领导，齐抓共管。整合工作是一项政策性强、涉及面广、利益调整大、工作难度高的系统工程。各盟行政公署、市人民政府和旗县(市、区)人民政府是矿产资源整合工作的责任主体，主要负责人是矿产资源整合的第一责任人。各级政府及其负责人要充分认识整合工作的长期性、复杂性和艰巨性，认真履行整合工作主体责任，落实整合任务和措施，切实加强对整合工作的组织领导。各盟市国土资源、发展改革、工业和信息化、公安、监察、财政、环境保护、水利、商务、工商、安全监管等行政主管部门要按照《国务院办公厅转发国土资源部等部门对矿产资源开发进行整合意见的通知》(国办发〔2006〕108号)、国土资源部等12部门《关于进一步推进矿产资源开发整合工作的通知》(国土资发〔2009〕141号)、《内蒙古自治区人民政府办公厅关于印发自治区矿产资源整合总体方案的通知》(内政办发〔2007〕49号)要求，明确分工，落实责任，加强协调，相互配合，建立联合执法和共同责任机制，形成齐抓共管的良好局面。要继续加大对违规违法行为的打击力度和案件的查处力度，切实巩固和扩大整顿规范工作成果，进一步规范整合工作期间的矿业权审批、项目核准、生产许可、安全许可、环评审查、企业设立等各项管理行为，确保整合工作有序推进。

(二) 加大力度，推进整合。各地区要切实抓好矿产资源整合实施方案的编制和审查工作，确保整合实施方案的科学性和可操作性。要协调处理好各方利益，以点带面，全面推进。对已列入整合范围的矿业权人，无故拖延整合的，要督促其限期开展整合；对于参与整合各方限期落实不了整合主体的，各盟行政公署、市人民政府可以引入具有实力的企业进行整合；对借整合名义圈占资源而假整合、扰乱整合秩序的，有关部门要通过联合执法给予严厉打击。要明确盟市、旗县重点整合矿区，对矛盾突出、问题较大的重点矿区实行挂牌督办，将督办责任落实到部门、落实到人，限时完成整合工作任务。自治区将根据各盟市整合方案确定的重点整合区，确定30%左右进行挂牌督办。各盟行政公署、市人民政府要随时掌握挂牌督办整合重点矿区工作进展情况，凡未按整合实施方案完成整合工作任务的地区，自2011年1月1日起不得新设矿业权。

（三）加强督导，规范实施。各地区要进一步加强对整合工作的督导，及时研究解决整合工作中出现的新情况、新问题。加强对整合实施方案落实情况和整合矿区的实地检查，确保整合到位，防止走过场、假整合。严禁借整合之机，倒卖矿业权。加强整合矿山爆炸物品管理工作，妥善处置整合工作中遗留的爆炸物品；对整合工作中因开展生产系统改造需要使用爆炸物品的，公安机关凭国土资源管理部门颁发的采矿许可证及安全生产监督管理部门出具的证明文件进行审批。对在协调确定整合主体、调整各方关系过程中采取不正当手段谋取利益的矿业企业，要予以曝光。强化对国家行政机关工作人员违法违规行为的责任追究，对徇私舞弊、滥用职权的，要依法依纪严肃查处；对涉嫌犯罪的，要移送司法机关处理。各盟市于2010年9月底前完成本行政区域内整合工作的自查和验收工作，并将自查和验收报告报自治区人民政府。自治区人民政府将组织有关部门于2010年10月对各地区整合工作进行抽查和验收。

（四）加强宣传工作。各地区要充分发挥新闻媒体的舆论导向和监督作用，大力宣传整合工作的重要意义、目标任务和工作成效，树立、宣传和推广正面典型及经验，发挥典型示范引导作用，及时通报整合工作不力的地区和弄虚作假行为。

附件：国土资源部办公厅关于抓紧做好矿产资源开发整合实施方案编制工作的通知

关于抓紧做好矿产资源开发整合实施方案编制工作的通知

各省、自治区、直辖市国土资源厅（国土环境资源厅、国土资源局、国土资源和房屋管理局、规划和国土资源管理局）：

为认真贯彻落实全国矿产资源开发秩序整顿规范总结表扬暨进一步推进整合工作部署电视电话会议精神,按照国土资源部等部门《关于进一步推进矿产资源开发整合工作的通知》（国土资发〔2009〕141号）要求,现就做好矿产资源开发整合实施方案编制工作有关事项通知如下。

一、全面梳理排查,确定整合范围

各省、自治区、直辖市国土资源行政主管部门要结合矿业权实地核查、矿产资源潜力评价和矿产资源储量利用调查等工作,对本行政区域内矿业权设置情况进行全面梳理,对需进一步推进整合的矿区逐一登记造册,确定整合范围,抓紧组织编制矿产资源开发整合实施方案。

在编制矿产资源开发整合实施方案工作中,应做好与上一轮整合实施方案的衔接。对未纳入上一轮整合范围的矿山,要认真审查其矿山开发布局、矿山生产规模、矿产资源开发利用水平等情况,凡符合国土资发〔2009〕141号文件规定的,都应纳入整合范围;对列入上一轮整合范围但未完成整合任务的,应列入进一步推进整合的重点矿区,编制切实可行的整合实施方案,原则上应实行挂牌督办;对上一轮整合不彻底或存在假整合,整合后矿山生产规模、矿产资源开发利用水平等仍达不到《国务院办公厅转发国土资源部等部门对矿产资源开发进行整合意见的通知》（国办发〔2006〕108号）及国土资发〔2009〕141号文件要求的矿区,应重新编制整合实施方案,确保整合工作落实到位。

二、结合本地实际,组织方案编制

按照国土资发〔2009〕141号文件规定,应由省级人民政府批准的整合矿区整合实施方案,各省、自治区、直辖市国土资源行政主管部门可采取以下两种形式之一组织编制:

(一) 各省、自治区、直辖市国土资源行政主管部门编制矿产资源开发整合总体方案或实施意见,对市、县整合实施方案编制提出总体要求。市、县人民政府组织国土资源等部门,结合本行政区实际,在充分征求有关方面意见的基础上,编制整合实施方案,报省级国土资源行政主管部门组织专家论证审查。省级国土资源行政主管部门将审查通过的市、县整合实施方案进行汇总,经省级人民政府批准后报部备案。

(二) 各省、自治区、直辖市国土资源行政主管部门根据本行政区域内矿产资源开发总体状况和矿产资源勘查开采布局,在充分征求有关部门和市、县人民政府意见的基础上,统一组织编制省级矿产资源开发整合实施方案,经省级人民政府批准后报部备案。

按照国土资发〔2009〕141号文件规定,应由市级人民政府审查批准的整合矿区整合实施方案的编制工作,由市、县级国土资源行政主管部门结合本行政区实际,在充分征求有关方面意见的基础上组织编制,经市级人民政府审查批准后报省级人民政府备案。

三、明确编制要求,确保按时备案

为指导各地做好矿产资源开发整合实施方案的编制和审批工作,部组织研究制定了《矿产资源开发整合实施方案编制大纲及编制要求》和《矿产资源开发整合实施方案审查要点》(见附件),供各地参考执行。各地可结合实际进行细化调整。

地方各级国土资源行政主管部门要按照国土资发〔2009〕141号文件要求,充分发挥共同责任机制作用,积极争取财政等有关部门的支持,落实工作经费,组织具有相应技术力量的单位,抓紧编制矿产资源开发整合实施方案,确保2010年3月底前完成审批和备案。

报部备案的材料应包括矿产资源开发整合实施方案或汇总报告、省级人民政府的批复。汇总报告应包括整合矿区总数、各整合矿区范围、整合矿区内参与整合的矿业权名单、整合后拟设置的矿业权数目、最低开采规模和整合后矿业权布置图等内容,确保整合实施方案切实可行,整合矿区内所有矿业权进表、上图、“落地”。

四、建立季报制度,加强督促落实

为了及时掌握各地矿产资源开发整合工作进展情况,部建立季报告制度。各省、自治区、直辖市国土资源行政主管部门在2010年每季度末,向国土资源部报送本行政区域矿产资源开发整合工作进展情况报告。工作报告要围绕各个阶段工作重点,应包括阶段工作完成情况、存在问题及原因、推进工作的措施。

当前,各省、自治区、直辖市国土资源行政主管部门重点要抓好矿产资源开发整合实施方案的编制和审批工作,部将采取分地区召开会议听取汇报、实地调研、印发通报等方式,督促指导各地做好整合实施方案的编制和审批工作。

附件:1. 矿产资源开发整合实施方案编制大纲及编制要求

2. 矿产资源开发整合实施方案审查要点

附件1

矿产资源开发整合实施方案编制大纲及编制要求

一、矿产资源开发整合实施方案编制大纲

第一部分　概述

(一) 行政区内矿产资源概况、分布特征(重点成矿区带划分情况)。

(二) 行政区内矿产资源开发利用基本情况(包括探矿权、采矿权设置情况)。

(三) 行政区内拟进行矿产资源开发整合的矿区情况(包括数量、范围、挂牌督办重点矿区等)。

(四) 通过整合拟达到的预期目标。

第二部分　整合工作部署

(一) 整合工作的原则。

(二) 整合工作的总体安排(包括组织领导、任务分工等)。

(三) 整合实施步骤和时间要求(实施步骤包括确定整合主体、划定勘查区块或矿区范围、办理相关证照等国办发〔2006〕108号文件及国土资发〔2009〕141号文件规定的步骤)。

(四) 整合的方式方法和基本要求。

第三部分　整合矿区矿产资源开发整合方案(各整合矿区分述，附图表)

(一) 整合矿区矿产资源现状(包括地理位置、交通状况、勘查区块或矿区范围、面积、区域地质工作概况、地质特征、资源储量情况、主要探明矿体分布及相对空间位置关系等内容)。

(二) 矿产资源勘查开采现状(包括已设置探矿权数量、勘查工作程度及预测资源储量，已设置采矿权数量、整合前各矿山占用和保有资源储量、生产规模，矿产资源勘查开采布局、资源利用等方面存在的突出问题等内容)。

(三) 整合矿区内拟整合探矿权的基本情况(包括各探矿权人基本情况)。

(四) 整合矿区内拟整合采矿权的基本情况(包括各采矿权人基本情况)。

(五) 整合矿区探矿权设置方案(包括整合后拟设探矿权数量、各探矿权的勘查区块范围、预测资源储量)。

(六) 整合矿区采矿权设置方案(包括整合后拟设采矿权的数量、最低开采规模、各采矿权的矿区范围、保有资源储量、生产规模)。

(七) 结论。

第四部分　保障措施

(一) 整合工作的经费保障。

(二) 参与整合的优惠政策。

(三) 整合实施过程中各环节的推进措施(包括明确整合工作流程、简化办事程序、重点矿区挂牌督办等)。

(四) 对拒不参与整合、不按时间和要求完成整合、整合工作弄虚作假等情况的制约措施。

第五部分　附图、附表

(一) 分行政区的矿业权分布图。

(二) 分矿区的矿产资源开发整合前后矿业权布置图。

(三) 整合矿区整合前探矿权、采矿权名单(表)。

(四) 拟整合矿业权一览表(附样表)。

(五) 挂牌督办重点矿区一览表。

二、总体要求

(一) 矿产资源开发整合实施方案必须以国家和省级矿产资源规划为依据，按照国办发〔2006〕108号文件及国土资发〔2009〕141号文件确定的整合工作基本原则组织编制，做到科学合理优化布局，有利于矿产资源开发综合效益的提高。

(二) 矿产资源开发整合实施方案原则上要委托具有相应技术力量的单位组织编写。要结合矿业权实地核查、矿产资源潜力评价和矿产资源储量利用调查等工作，全面梳理矿业权设置情况，收集已有地质资料，根据矿区自然界限、构造情况、矿体赋存形态及当前开采技术水平，依据《矿产资源法》、矿产资源规划及国土资源部《关于进一步规范矿业权出让管理的通知》（国土资发〔2006〕12号）等法律法规和规范性文件要求，进行充分的经济技术论证，重新调整布局，提出拟整合矿业权名单，确定整合后矿业权设置方案。

三、具体要求

分行政区的矿业权分布图应标注行政区内所有的矿业权范围，并突出显示拟整合矿区；分矿区的矿产资源开发整合前后矿业权布置图中应标注必要的地理要素、勘查工作程度、已设探矿权采矿权的名称和范围、拟设探矿权采矿权的范围等内容。图件比例尺由各地根据整合矿区面积大小并能清晰反映勘查开采现状及整合内容的原则确定。为保证图纸的整体性和行政区域、矿区的完整性，分行政区域的矿业权分布图和分矿区的矿产资源开发整合前后矿业权布置图原则上应分别集中在一幅图上。

整合矿区整合前矿山名单主要应说明矿山名称、采矿权人名称、开采矿种、保有资源储量、生产规模、地址及地理位置等；整合勘查区整合前勘查项目名单应说明勘查项目名称、探矿权人名称、勘查主矿种、工作程度及查明或预测资源储量等；挂牌督办重点矿区一览表应说明矿区位置、范围、整合工作进度要求、挂牌督办责任单位和责任人等。

附件2

矿产资源开发整合实施方案审查要点

一、总体审查

(一) 方案是否符合国家和省级矿产资源规划，是否符合国办发〔2006〕108号文件及国土资发〔2009〕141号文件的规定，做到科学合理优化布局，有利于矿产资源开发综合效益的提高。

(二) 方案是否由具有相应技术力量的单位组织编写，是否由政府组织呈报，并附专家审查意见。

(三) 方案是否包含《矿产资源开发整合实施方案编制大纲及编制要求》规定的章节、内容和图件，是否做到了内容完整、重点突出、叙述条理清楚、具备较强的可操作性。

二、内容审查

(一) 概述部分审查

1. 本行政区内矿产资源概况、勘查开发现状(含探矿权采矿权设置情况)是否阐述清楚；

2. 勘查项目设置集中的勘查区，矿山数量较多、布局不合理的矿区是否全部确定为整合矿区，勘查区、矿区情况是否阐述清楚；

3. 是否明确了挂牌督办重点矿区，挂牌督办重点矿区数量是否达到要求；

4. 整合预期目标是否明确可行。

(二) 整合工作部署审查

1. 整合工作的原则是否明确；

2. 整合工作的总体安排是否周密，组织领导和任务分工是否落实，能否满足本行政区整合工作实际需要；

3. 整合各实施步骤是否清晰具体，时间安排是否合理；

4. 整合的方式方法是否以经济的、法律的为主，是否符合法律法规及国办发〔2006〕108号、国土资发〔2009〕141号等文件的要求。

(三) 整合矿区矿产资源开发整合方案审查

1. 是否分别对每个整合矿区的地理位置、范围、面积、交通状况、地质工作概况、地质特征、资源储量及储量分布、主要探明矿体分布及相对空间位置关系等进行了详细说明；

2. 是否对每个整合矿区的资源勘查开采现状(已设置探矿权数量、勘查工作程度及预测资源储量，已设置采矿权数量、整合前各矿山占用和保有资源储量情况、生产规模)进行了详细说明，并明确列举了矿业权布局、资源利用等方面存在的突出问题；

3. 是否对整合矿区内拟整合探矿权采矿权的基本情况进行了说明，整合矿区中各探矿权人采矿权人的基本情况，拟整合探矿权预测资源储量，拟整合采矿权保有资源储量、生产规模、剩余服务年限等方面的内容是否反映清楚；

4. 整合矿区是否根据实际情况确定了合理的矿业权设置方案，拟设探矿权采矿权的数量、布局是否合理；

5. 整合后的勘查区是否具备整装勘查或规模勘查条件，勘查投入能力是否满足要求；

6. 整合后的矿山是否符合规划，是否达到最低开采规模，矿区范围划定是否合理，开采规模是否与资源储量相适应，是否达到技术上可行，经济上合理；最小开采规模的确定是否符合国家和省(区、市)相关产业政策。

(四) 保障措施审查

1. 是否落实了整合工作的经费来源；

2. 是否制定了具体可操作，能够引导探矿权采矿权人参与整合的优惠政策；

3. 整合工作流程是否明确，办事程序是否简化，整合实施各环节的推进措施是否切实可行，挂牌督办重点矿区责任单位和责任人是否落实；

4. 是否制定了对拒不参与整合、不按时间和要求完成整合、整合工作弄虚作假等情况的制约措施，制约措施是否具有可操作性。

(五) 附图、附表审查

1. 是否绘制了分行政区域的矿业权分布图、分矿区的矿产资源开发整合前后矿业权布置图，图件比例尺是否能清晰反映矿区(勘查区)内矿产资源勘查开采现状及整合内容；

2. 整合前探矿权采矿权、拟整合探矿权采矿权、挂牌督办重点矿区是否列表进行了说明；

3. 分矿区的矿产资源开发整合前后矿业权布置图中是否标注了必要的地理要素、勘查工作程度、已设探矿权采矿权的名称和范围、拟设探矿权采矿权的范围等内容；

4. 整合矿区整合前矿山名单是否对矿山名称、采矿权人名称、开采矿种、生产规模、资源储量、地址及地理位置等进行了说明；

5. 整合勘查区整合前勘查项目名单是否对探矿权人名称、勘查主矿种、工作程度及查明或预测资源储量进行了说明；

6. 挂牌督办重点矿区一览表中是否对矿区位置、范围、整合工作进度要求、挂牌督办责任单位和责任人等情况进行了说明。

中国人民政治协商会议内蒙古自治区委员会第十届第四次全体会议提案

2011年1月21日　总编（2011）第0029号　财贸金融类03号

内蒙古自治区既是煤炭资源储量大区又是国家重要的煤炭生产基地，煤炭资源得天独厚。截至

2007年6月，我区已查明煤炭资源矿产地445处，查明和预查资源储量6583.4亿吨，查明煤炭资源储量跃居全国第一位。近年来，我区原煤产量大幅增长，煤炭产量从2004年的2.03亿吨一举跃升到2009年的6.37亿吨，产量居全国第一位，占全国煤炭产量的1/5。

然而，现行煤炭资源税税制已不能适应我区环境友好型资源节约型社会发展的要求。

改革开放以来，随着经济的快速发展和市场经济体系的逐步完善，特别是近几年煤炭形势好转，煤炭价格大幅度上升，煤炭资源税占煤炭价格的比重迅速下降，其调节作用和收入职能严重弱化，已远远不能适应宏观调控的需要。

我区幅员辽阔，煤炭资源十分丰富，与煤炭相关的税收是我区的主要财源。2004年以来，国家先后两次提高我区煤炭资源税适用税额，一定程度上增强了我区煤炭产地的财政保障能力，促进了资源环境的可持续发展。同时，在煤炭资源价格高位运行的形势下，我区煤炭资源税税额仍然很低，目前每吨煤炭执行3.2元的税额标准，没有反映出煤炭的稀缺性和不可再生性，没有反映出煤炭的市场价值。据统计，2009年，我区原煤产量6.37亿吨，原煤平均坑口销售价格（含税）约230元/吨。其中，以褐煤为主的东部盟市，原煤坑口平均售价（含税）在160－170元/吨之间；以炼焦煤、动力煤、无烟煤为主的西部地区，原煤坑口平均售价（含税）在260元/吨。2010年以来，尤其进入10月份以后，煤炭价格出现了较大幅度上涨，据统计，我区西部原煤平均坑口销售价格（含税）达330元/吨，东部原煤坑口平均售价（含税）为190元/吨，目前我区煤炭生产企业的利润率高达50%以上，而每吨煤炭征收的资源税税额与目前我区西部原煤平均坑口销售价相比仅为0.9%。目前煤炭资源税从量计征的税额标准完成不能反映资源价格变动，过低的资源税税赋直接导致煤炭开采企业利润高企，开采效率低下，资源浪费严重，长此以往，不利于理顺资源产品价格关系，不利于资源开发与环境保护，不利于增加资源产地财政收入，提高我区煤炭资源税税赋水平改变其计征方式，并与煤炭市场价值相适应已是我区亟待解决的矿产资源税收机制失调的紧要问题。

办理提案的具体建议：

一、借鉴新疆经验，加快煤炭资源税改革是我区经济社会可持续发展迫切需求

今年6月2日，财政部正式发布新疆资源税改方案细则，从6月1日起，新疆原油、天然气资源税由从量计征改为从价计征，税率为5%。新疆率先实行油气资源税改革后，有力的促进新疆实现跨越式发展。据了解，今年上半年，新疆油气资源税未改革前，征收额只有3.67亿元。资源税改革方案公布后，截至10月份，新疆原油、天然气资源税收入14亿元，同比增收11.4亿元，增长442%，下半年按从价计收方式预计征收则高达20.1亿元，比同期从量计征增收16.2亿元；2011年全年增收可达32亿元，相比而言，2009年新疆地税收入仅为225.6亿元。油气资源税改为从价计征有利于平衡央企与民族地方的利益差距，使新疆有更多的财力发展地方民生建设和保护生态，有利于支援民族地区经济社会可持续的和谐发展。

内蒙古和新疆同为国家重要的民族自治地区，内蒙古地处祖国北部边疆，战略地位十分重要，是我国最早成立的少数民族自治区，自治区成立六十年来，在党的民族政策光辉照耀下，民族团结，经济发展，社会和谐，边疆稳定，始终走在少数民族地区前列，被誉为“模范自治区”，特别改革开放三十年来，经济社会各项事业取得辉煌成就，内蒙古的面貌发生了历史性变化，正处在重要的历史发展机遇期，同时也面临着前所未有的挑战，新疆在开发矿产资源改革前所面临的窘境和问题内蒙古也同样需要解决。

新疆能源资源以石油天然气为主，内蒙古矿产资源是以煤炭为主，来自于煤炭行业的税收收入在自治区地方财政收入中占举足轻重的作用，为解决我区煤炭资源税不合理税额标准问题，从2007年以来，我区曾多次向国家有关部委上报有关上调煤炭资源税税额标准的请示，鉴于我区以煤为主的能源矿产资源现状，改变我区煤炭资源税计征方式，实行从价计征并提高煤炭资源税税负水平对我区有重

要的意义和作用，一是将使资源开采企业税收负担水平更趋合理，缓解了目前资源税税额偏低和税负持续下降带来的矛盾，进一步发挥了资源税调节资源级差收入的作用，促进了资源的开发利用更加合理，促使更加珍惜和节约资源；二是可使资源税税收与煤炭资源市场价格直接挂钩，促进煤炭资源价格形成机制的转变；三是加速了资源所在地的资源优势向经济优势和财政优势的转化，对自治区财政自给能力的提高发挥重要作用，能够进一步平衡国家在各民族地区矿产资源税收政策尺度，促进各民族和谐团结，使内蒙古各族人民更多的分享资源红利，分享社会进步成果，实现自治区兴边富民，共同进步的目标。

二、提请国务院批准内蒙古实行煤炭资源税改革试点

为了更好地发挥煤炭资源税调节经济、组织收入的作用，促进我区煤炭经济进一步协调、稳定、健康地发展，切实贯彻落实《中共中央国务院关于深入实施西部大开发战略的若干意见》（中发〔2010〕11号）的决定精神，进一步完善国务院关于促进内蒙古自治区经济社会又好又快发展若干意见的实质内容，建议国务院继新疆实施石油天然气资源税从价计征试点后在我区开展煤炭资源税改革试点，将煤炭资源税由从量计征改为从价计征，并适当提高其税负水平，煤炭资源税税率按5%征收，若煤炭资源税改革试点时机暂不成熟，建议将我区煤炭资源税税额标准上调整为5元/吨。

关于印发自治区煤炭企业兼并重组工作方案的通知

2011年3月15日　内政发〔2011〕32号

各盟行政公署、市人民政府，自治区各有关委、办、厅、局，各有关企业：

现将《内蒙古自治区煤炭企业兼并重组工作方案》印发给你们，请认真贯彻执行。

内蒙古自治区煤炭企业兼并重组工作方案

煤炭工业是我区的重要支柱产业。近年来，全区煤炭产业进行了大规模、强有力的调整、升级和优化，通过整顿关闭、资源整合，淘汰了一大批规模小、技术水平低、资源浪费严重、安全无保障的小煤矿。全区煤矿数量由2005年的1378处减少到2010年的551处，平均单井产能由2005年不足14万吨提高到140万吨，资源回收率由2005年不足20%提高到60%，机械化生产水平提升到90%以上，30万吨以下矿井退出市场，原煤百万吨死亡率由2005年的0.5稳定在目前的0.05左右，原煤产量由2005年的2.6亿吨增至2010年的7.87亿吨。煤炭工业生产、安全水平居全国前列。

为进一步提高全区煤炭工业集中度，提升煤炭工业产业化水平，促进煤炭工业健康发展，根据《国务院办公厅转发发展改革委关于加快推进煤矿企业兼并重组若干意见的通知》（国办发〔2010〕46号）精神，结合自治区实际，特制定本方案。

一、工作思路

(一) 指导思想

以科学发展观为指导，以结构调整为主线，在巩固煤炭资源整合和煤矿整顿关闭成果的基础上，加快推进企业兼并重组，夯实煤矿安全生产基础，构建和发展大型煤炭产业集团，进一步促进煤炭产业结构优化升级，建立安全生产保障程度高，资源回收率和综合利用效率高，经济效益好，综合竞争力强的新型煤炭工业体系。

(二) 基本原则

坚持集约发展原则。以资产为纽带，以股份制为主要方式，鼓励和支持煤炭企业兼并重组，提高

煤炭生产的集约化发展水平。

坚持规划先行原则。新矿区原则上一个矿区由一个主体开发，现有矿区由大型企业兼并重组小型企业。将兼并重组和资源整合结合起来，减少开发主体，逐步实现集中开发。

坚持市场化运作原则。尊重企业意愿，兼顾各方利益。通过政策引导、政府推动、企业自愿、市场化运作的模式，推进煤炭生产企业兼并重组。兼并重组后的煤炭生产企业要形成一个法人治理结构，一个安全责任主体。

坚持积极稳妥原则。在矿区开发规划指导下，积极稳妥推进煤炭企业兼并重组，成熟一个，发展一个，注重兼并重组实效。

坚持安全生产原则。加强以煤矿安全质量标准化建设为主的煤炭安全基础管理，认真落实安全主体责任，提高煤炭安全生产管理水平。

(三) 发展目标

产能规模。“十二五”末期，全区原煤产量控制在10亿吨，其中120万吨及以上井工矿、300万吨及以上露天矿产能占总产能70%。2013年底，全区煤炭生产企业最低生产规模120万吨（有条件的地区，可提高到300万吨）。生产规模在120万吨以下的煤炭生产企业全部退出市场。

企业数量。2013年底，全区地方煤炭生产企业数量控制在80—100户（分盟市控制数见附表）；通过兼并重组，在地方煤炭生产企业中形成1—2户亿吨级、5—6户5000万吨级、15—16户千万吨级的煤炭企业，形成营业收入超百亿元的煤炭企业20户，其中2011年底达到8—10户、2012年底达到15—18户。

装备水平。“十二五”末期，全区煤炭生产全部实现机械化开采。

安全水平。“十二五”末期，全区原煤生产百万吨死亡率继续保持全国领先水平。

二、方法、途径

(一) 兼并重组范围

注册在自治区境内，具有独立法人资格和安全生产责任主体的煤炭企业，重点鼓励和支持地方煤炭生产企业的兼并重组。其中，自治区以引进项目方式配置煤炭资源的煤炭生产企业，在参与兼并重组时，要将项目和资源一并参与兼并重组。煤炭企业生产规模要以在内蒙古自治区境内已形成的产能确定。

(二) 确立兼并主体

各盟市根据下达的煤炭企业控制指标，综合考虑煤炭生产企业资产状况、生产规模、管理水平和产业化发展等条件确立兼并主体。其中，原煤生产能力在500万吨以上的企业，或已拥有至少一处井工矿单井规模在120万吨及以上、露天矿单矿规模在300万吨及以上，且三年内未发生10人以上重大事故、资产优良的企业，可优先作为兼并主体。鼓励区内有条件的大型国有企业参与兼并重组。

(三) 兼并重组形式

以资源为基础，以资产为纽带，以股份制为主要方式，通过并购、转让、联合、控股等多种有效形式，开展煤炭生产企业兼并重组。

煤炭企业兼并重组主要由兼并主体兼并其他企业；鼓励大型煤炭企业联合重组。兼并重组后，新形成的煤炭企业要实现资源、资本、生产、安全、经营、组织等方面的高度有机统一。鼓励自治区内跨地区兼并重组，严禁设置地区障碍，兼并主体要在被兼并对象原注册地设立子公司。

三、政策措施

(一) 严格煤炭生产行业准入

一是新上煤炭生产项目必须同步建设转化项目，以及高新技术、装备制造等配套项目。煤炭转化项目原煤就地转化率必须达到50%以上；井工矿生产能力不低于120万吨，露天矿不低于300万吨。二是限制单一以扩大产能为主的低水平煤矿改造建设项目。三是支持参与兼并重组的煤炭生产企业进行以资源整合和产业升级为主的技术改造。四是推行煤炭生产企业资质管理制度，最低生产规模为120万吨。

(二) 支持兼并企业提升生产水平

支持兼并重组后的煤炭生产企业进行采掘机械化改造。支持有条件的煤炭生产企业进行资源整合。考虑到兼并重组后新形成的煤炭生产企业管理、生产、安全等条件发生变化的实际，可对煤炭企业能力进行重新核定。核定的具体办法由自治区煤炭企业兼并重组领导小组（以下简称领导小组）办公室制定。

(三) 优先安排兼并主体铁路运力

兼并重组新形成的煤炭企业列入重点运输保障范围。兼并重组后生产能力超过1000万吨，尚未设立铁路运输户头的企业，经批准赋予铁路运输户头。兼并重组后生产能力超过2000万吨的，优先满足铁路运力。按照兼并重组后煤炭生产企业的外运需求、铁路运能总量，具体制订铁路运力保障计划。率先完成兼并重组的企业，优先安排铁路运力。

(四) 支持兼并企业资源配置

兼并规模超过500万吨以上，或相互兼并重组生产能力超过1000万吨的企业，可将其所属煤矿周边的空白区按不超过其现有储量总和的20%预留给新形成的煤炭企业作为后备资源；通过兼并重组生产能力超过3000万吨或营业收入超过100亿元的煤炭企业，在全区已具备开发条件的规划区内预留后备资源。兼并重组后达到“一个矿区一个主体开发”条件的煤炭企业，可将所在矿区内的空白资源预留为后备资源；优先为率先完成的企业配置资源，后续完成无资源可配的，不再配置。上述兼并重组后形成的生产能力不含通过能力核定所增部分。

(五) 加大财税政策支持力度

自治区相关政策性资金向兼并主体倾斜，优先申报和争取国家煤矿安全改造项目等资金。兼并重组涉及的资产评估增值、债务重组收益、土地房屋权属转移等给予税收优惠，具体按照财政部、税务总局《关于企业兼并重组业务企业所得税处理若干问题的通知》（财税〔2009〕59号）、《关于企业改制重组若干契税政策的通知》（财税〔2008〕175号）等规定执行。兼并主体注册地与被兼并对象原注册地可在国家、自治区有关法律、法规允许范围内，签订财税、地区生产总值产出等分成协议。

(六) 拓宽企业投融资渠道

优先支持具备条件的兼并主体，通过上市、发行债券、股权转让等融资方式筹集发展资金。兼并主体要落实好金融债权，各类金融机构要积极支持煤炭企业兼并重组工作，在回购不良债权时要予以优惠。鼓励自治区内商业银行设立煤炭生产企业兼并重组专项贷款资金，加大信贷支持力度。

(七) 建立煤炭企业退出机制

被兼并对象主动申请退出煤炭生产领域的，进入自治区矿业权交易市场，依法进行交易。对不积极参与重组的企业，不新增资源，不增加铁路运力，不审批煤炭建设项目。

(八) 认真落实安全生产责任

各地区要高度重视煤炭生产企业兼并重组过程中的安全生产工作。兼并主体要切实承担起被兼并对象煤矿安全生产的主体责任。跨地区兼并重组的煤炭生产企业，按照属地监管的原则，明确安全监管、监察责任。坚决杜绝和防止兼并重组过程中因安全监管缺位、不到位发生安全事故。

四、工作要求

(一) 加强领导

自治区煤矿整顿关闭领导小组兼自治区煤炭企业兼并重组工作领导小组，负责全区煤炭企业兼并重组领导工作。领导小组办公室设在自治区煤炭工业局，负责领导小组的日常工作，具体包括：组织专家论证各盟市的工作方案，提出初审意见上报领导小组审批，履行兼并重组煤炭生产企业、资源整合煤矿以及产业结构调整项目方案的论证和审批职责，协调跨盟市间的兼并重组等。

领导小组各成员单位要根据职责制订配套措施，依据批准的方案，履行各自职责，简化工作程序，提高工作效率，为煤炭企业兼并重组工作创造条件。

(二) 明确责任

各盟行政公署、市人民政府主要负责人是本地区煤炭企业兼并重组工作的第一责任人。兼并重组工作以各盟行政公署、市人民政府为责任主体，集体民主决策本行政区域内煤炭企业兼并重组的业主选择及重组方案确定，自治区将项目审批与重组工作挂钩联动。

(三) 有序实施

全区煤炭企业兼并重组工作从2011年开始，到2013年底结束。

2011年上半年为准备阶段。自治区相关部门制订配套政策。各盟市制订具体工作方案和分年度计划，确定兼并主体和被兼并对象，强化工作措施。自治区审批各盟市工作方案。

2011年下半年至2013年为实施阶段。各盟市按照自治区批准的工作方案，全面组织实施煤炭企业兼并重组工作。自治区人民政府派出指导组，指导各地区的兼并重组工作，协调解决兼并重组中存在的重大问题。凡被确定为兼并主体企业在两年内没有实质性兼并重组工作的，按程序应取消其兼并主体资格。

2014年上半年，自治区人民政府组成检查验收组，检查和验收各盟市兼并重组任务目标完成情况，总结全区煤炭企业兼并重组工作。

(四) 维护稳定

各地区要切实做好职工安置工作，兼并重组主体企业要认真贯彻相关法律法规及政策规定，按照企业改组改制要求，积极稳妥处理职工的劳动关系、社会保险关系接续等相关工作，维护职工合法权益，解决好企业兼并重组中存在的问题，确保社会和谐稳定。

(五) 跟踪考核

各地区、相关部门要按照方案确定的目标和原则，认真组织实施，健全和完善规划实施的监督机制，实行日常督促、年度考核、中期评估和终期总结，将实施情况纳入地区、部门考核体系。

(六) 做好宣传

各地区、各有关部门要组织开展多种形式的宣传活动，深入宣传调整煤炭工业结构，开展煤炭企业兼并重组的重要意义，明确此次整合着重于企业和煤矿做强做大，不涉及所有制结构调整的任务。宣传煤炭企业兼并重组的先进经验和成果，营造良好的舆论氛围。（来源:内蒙古煤炭网）

附件：2013年底全区煤炭企业数量控制表(略)

关于调整煤炭资源矿业权价款有关问题的通知

2011年5月16日　内政发〔2011〕63号

各盟行政公署、市人民政府，自治区各委、办、厅、局，各大企业、事业单位：

为进一步发挥市场对价格形成的作用，体现价格公平，实现煤炭资源的潜在价值，处理好资源所有者和开发者之间的利益关系，发挥煤炭资源配置政策在特色产业培育、产业延伸、产业多元、产业升级中的引导作用，根据煤炭矿业权市场价格变化情况，依据《中华人民共和国矿产资源法》、《中华人民共和国煤炭法》、《中华人民共和国价格法》及《内蒙古自治区人民政府关于进一步加强煤炭资源管理的意见》（内政发〔2009〕50号，以下简称《意见》）等法律法规和政策规定，自治区人民政府决定对《内蒙古自治区矿产资源有偿使用管理办法（试行）》（详见内政发〔2007〕14号文件，以下简称《办法》）第二十五条关于煤炭矿业权价格及有关规定进行调整。现就有关事宜通知如下：

一、调整的依据和适用范围

本次调整依据《中华人民共和国矿产资源法》、《中华人民共和国煤炭法》、《中华人民共和国价格法》及《意见》等法律法规和政策规定进行，调整适用的范围是由自治区人民政府配置煤炭资源的项目。

二、新的煤炭矿业权划分及价格标准

《办法》将煤炭矿业权分为“探矿权”和“采矿权”，现合并为“矿业权”，实行同一煤种同一价格标准。

三、取消价款优惠

《办法》规定“凡在自治区境内进行煤炭资源就地转化的，经自治区人民政府批准，其转化部分的价款可以优惠50%”，现予以取消。

煤炭矿业权最低评估出让价格表

可采储量：元／吨

煤种	无烟煤	焦煤、1/3焦煤、肥煤、气煤、瘦煤	贫煤	优质动力煤	褐煤
价格	17.0	15.0	11.0	6.0	3.0

四、煤炭矿业权的储量计算、价款缴纳方式和执行标准

煤炭矿业权的储量计算和价款缴纳方式仍按原规定执行。

煤炭矿业权价款缴纳标准以2011年5月1日为界，2011年5月1日以前自治区人民政府配置的煤炭资源，执行原标准；2011年5月1日以后自治区人民政府新配置的煤炭资源，按照本通知确定的价款缴纳标准执行。

五、煤炭探矿权整合

(一) 凡在自治区境内已获得煤炭探矿权（有效期内）但未落实资源转化项目，探矿权人自愿将探矿权退还给自治区人民政府的，自治区人民政府将比照鄂尔多斯市上海庙矿区煤炭资源开发主体整合标准（即以探矿权人实际支出的地质勘查费用为基数按照1∶2的比例补偿；被整合对象可以现金方式结算，也可以补偿费入股）给予补偿，并收回探矿权。

(二) 探矿权人按照《意见》精神落实了资源转化项目，并报请自治区人民政府批准同意配置煤炭资源的，经核算配置量后，剩余部分矿权储量交回自治区人民政府，政府按照上述第(一) 项标准回购，企业得到的配置量部分可延续探矿权转采矿权。

(三) 探矿权人未落实资源转化项目的，未经自治区国土资源管理部门批准，不得以任何方式转让探矿权，自治区国土资源管理部门不予办理采矿权，自治区发展改革委不予核准或申报煤炭项目。

本通知自2011年5月1日起生效。本通知的解释权归自治区人民政府。

辽宁省小煤矿安全生产管理规定

2003年7月19日　省人民政府令第159号

2003年7月3日辽宁省第十届人民政府第15次常务会议审议通过，现予公布，自2003年9月1日施行。

第一条　为了加强对小煤矿安全生产的监督管理，防止和减少生产安全事故，保障职工生命和财产安全，根据有关法律、法规规定，结合我省实际，制定本规定。

第二条　本规定所称小煤矿，是指除国有煤矿企业和外商投资煤矿企业以外的所有煤矿企业。

第三条　本规定适用于我省行政区域内小煤矿的安全生产管理。

第四条　省、市、县人民政府负责煤炭行业管理的部门（以下简称煤炭管理部门），对本行政区域内小煤矿安全生产工作实施监督管理。

煤矿安全监察机构按照国务院规定对划定区域内的小煤矿实施安全监察。

劳动和社会保障、公安、监察等有关部门按照本规定和其他法律、法规、规章规定，在各自职责范围内，对本行政区域内小煤矿安全生产工作实施监督管理。

第五条　政府应当加强对小煤矿安全生产的管理，建立小煤矿安全生产责任制，协调解决小煤矿安全生产监督管理中存在的重大问题。

第六条　工会依法组织小煤矿职工参加本企业安全生产工作的民主管理和民主监督，维护职工在安全生产方面的合法权益。

第七条　任何单位或者个人对小煤矿事故隐患或者安全生产违法行为，均有权向煤炭管理部门和煤矿安全监察机构报告或者举报。

第八条　政府或者政府有关部门对在改善安全生产条件、防止生产安全事故、参加抢险救护等方面取得显著成绩的单位和个人以及报告重大事故隐患或者举报安全生产违法行为的有功人员，给予表彰或者奖励。

第九条　小煤矿必须坚持安全第一、预防为主的安全生产方针，按照有关法律、法规、规章和煤炭行业安全规程、技术规范的要求，建立、健全安全生产责任制度，改善安全生产条件，确保安全生产。

第十条　小煤矿可以委托依法设立的为安全生产提供技术服务的中介机构为其安全生产提供技术服务。任何单位和个人不得强令小煤矿接受其指定的中介机构的服务。

第十一条　小煤矿建设工程应当由符合国家规定资质条件的设计单位，按照国家煤矿安全规程和行业技术规范的要求进行设计。

编制小煤矿建设项目的可行性研究报告和总体设计方案，应当对煤矿开采的安全条件进行论证。小煤矿建设项目的初步设计应当有安全专篇。

第十二条　小煤矿建设工程安全设施设计文件，必须经煤炭管理部门和煤矿安全监察机构审查同意；未经审查同意的，不得施工。

经批准的小煤矿建设工程安全设施设计文件需要修改时，必须征得原审查部门同意。

第十三条　小煤矿建设工程的施工单位必须按照批准的设计文件施工。工程竣工后，其安全设施和条件应当按照国家有关规定进行验收。验收部门及其验收人员对验收结果负责。

第十四条 小煤矿必须依法取得采矿许可证、煤炭生产许可证，并经工商行政管理部门登记注册取得营业执照后，方可开采煤炭资源。

第十五条 小煤矿必须具备下列安全生产条件：

(一) 矿井至少有两个独立的能行人的直达地面的安全出口，出口间的直线水平距离不得小于30米；

(二) 矿井有独立的机械通风系统，备用1台能在10分钟内开动的主要通风机，保证井下作业场所有足够的连续供给的风量，并具有反风能力；

(三) 矿井具有独立、合理的防水和排水系统；

(四) 矿井供电系统符合煤矿安全规程，机电设备符合国家有关安全标准，井下使用专用防爆电气设备且无失爆现象；

(五) 有符合煤矿安全规程要求的提升运输设备、装置和设施；竖井备有专用人员升降容器，斜井备有专用人员用车；

(六) 矿井备有灭火设施和器材，其中有自然发火可能的矿井，有消防火系统；消防水池（仓）保持不少于50立方米的水量，出口压力不小于0.5兆帕；

(七) 高瓦斯矿井和煤与瓦斯突出矿井有完善可靠的监测、监控系统；高瓦斯矿井或者高瓦斯煤巷、半煤岩巷掘进工作面有专用变压器、专用开关、专用线路和风电闭锁、瓦斯电闭锁；低瓦斯矿井煤巷、半煤岩巷掘进工作面有风电闭锁；

(八) 矿井建立防尘系统，进行湿式凿岩；

(九) 矿井有填绘及时、反映实际情况的矿井上下对照图、采掘工程平面图、通风系统图、矿井上下供电系统图和避灾路线图；

(十) 有完善的矿井通讯系统，矿井上下、矿井内外和主要作业地点通讯畅通；

(十一) 矿井安全仪器、仪表配备齐全，并按照有关规定定期校验，保证其完好准确；

(十二) 按照规定设置安全生产管理机构或者配备专职安全生产管理人员。

第十六条 禁止小煤矿有下列行为：

(一) 超越批准范围越界、越层开采煤炭资源；

(二) 采用非正规、落后的方式开采煤炭资源；

(三) 采用可能危及相邻煤矿生产安全的方法开采煤炭资源；

(四) 未经批准，擅自开采保安煤柱；

(五) 在作业时停开主要通风机；

(六) 用回风井运送煤炭；

(七) 调度绞车作为矿井提升绞车使用；

(八) 井下使用非防爆柴油机车和畜力运输；

(九) 采矿权人采用承包、转包或者租赁等方式，允许他人开采煤炭资源；

(十) 招收录用童工，分配女职工从事井下作业；

(十一) 违章指挥职工或者强令职工违章、冒险作业。

第十七条 小煤矿使用的有特殊安全要求的设备、器材、防护用品和安全检测仪器，必须依法进行安全技术检测；未经检测或者检测不合格的，不得使用。

第十八条 小煤矿应当建立瓦斯管理制度。按照有关规定对矿井进行瓦斯等级鉴定；配备专职瓦斯检查人员。开采具有瓦斯突出危险煤层时，按照规定采取有效的防护措施。

第十九条 小煤矿安全生产实行矿长负责制。矿长和安全管理人员必须按照国家规定，经过专门的安全生产知识和管理能力的培训考核，取得合格证书后方可任职。

第二十条 小煤矿必须对职工进行安全教育和培训，保证职工具备必要的安全生产知识，熟悉有关的安全生产规章制度和安全操作规程，掌握本岗位的安全操作技能；未经安全教育和培训合格的人员，不得上岗作业。每年安全教育和培训的时间不得少于２０小时。

小煤矿的特种作业人员必须按照国家规定经过专门的安全作业培训，经考核合格取得特种作业操作资格证书后，方可上岗作业。

第二十一条 小煤矿应当编制年度灾害预防及应急救援预案，并定期组织演练。灾害预防及应急救援预案应当报县煤炭管理部门备案。

小煤矿应当教育和督促职工学习和掌握灾害预防及应急救援预案，并向职工如实告知作业场所存在的危险因素、防范措施以及事故应急措施。

小煤矿应当根据国家规定，在有关设施、设备上设置明显的安全警示标志。

第二十二条 小煤矿应当依法为职工办理工伤社会保险，缴纳工伤保险费用。

小煤矿应当按照国家和省有关规定为职工提供符合国家标准或者行业标准的劳动防护用品，定期为职工进行职业病检查。

第二十三条 小煤矿应当按照国家规定配备应急救援器材和设备，建立由专职或者兼职人员组成的应急救援组织。不具备单独建立专职应急救援组织的小煤矿，除应当建立兼职的应急救援组织外，还应当与邻近的有专业矿山救护组织的矿山企业签订救护协议，或者与邻近的矿山企业联合建立专业应急救护组织。

第二十四条 小煤矿必须按照国家规定从煤炭销售额中提取安全技术措施专项费用。小煤矿的主要负责人或者个体经营的投资人，应当保证小煤矿具备安全生产条件所必需的资金投入，并对由于安全生产所必需的资金投入不足导致的后果承担责任。

第二十五条 煤炭管理部门、煤矿安全监察机构及其他有关部门依法对小煤矿执行安全生产的法律、法规、规章和国家标准或者行业标准的情况进行监督检查。

有关部门在监督检查中，应当相互配合，实行联合检查；确需分别进行检查的，应当互通情况，发现存在的安全问题应当由其他有关部门处理的，及时移送其他部门并形成检查记录；接受移送的部门应当及时处理。

有关部门在监督检查中不得影响小煤矿正常的生产经营活动。

第二十六条 小煤矿发生生产安全事故后，作业现场负责人或者安全管理人员应当立即组织职工撤离危险场所，并立即报告矿长或者有关主管人员；矿长或者有关主管人员接到事故报告后，必须立即采取有效措施，组织抢救，防止事故扩大。

小煤矿和有关单位应当保护事故现场；因抢救事故，需要移动现场物品时，应当作出标志，绘制事故现场图，并详细记录；在消除危险，采取有效防范措施后，方可恢复生产。

第二十七条 小煤矿发生生产安全事故，必须按照国家和省的有关规定及时上报；任何单位和个人不得隐瞒不报、谎报或者拖延上报。

第二十八条 小煤矿有下列行为之一的，责令限期改正；逾期未改正的，责令停止建设或者停产整顿，并处5000元以上５万元以下罚款；构成犯罪的，依法追究刑事责任：

(一) 小煤矿建设工程施工单位未按照批准的安全设施设计文件施工的；

(二) 小煤矿建设工程竣工后，其安全设施和条件未按照规定验收的；

(三) 未按照规定，在有关设施、设备上设置明显的安全警示标志的；

(四) 未为职工提供符合国家标准或者行业标准的劳动防护用品的。

第二十九条 小煤矿有下列行为之一的，责令限期改正；逾期未改正的，责令停产整顿，并处2000元以上２万元以下罚款：

(一) 矿长或者安全管理人员未按照规定接受培训考核，并取得合格证书后任职的；

(二) 未对职工进行安全教育和培训或者未对特种作业人员进行专门的安全作业培训，并取得特种作业操作资格证书，上岗作业的；

(三) 未向职工如实告知作业场所存在的危险因素、防范措施以及事故应急措施的。

第三十条 小煤矿的主要负责人或者个体经营的投资人未按照规定保证必需的资金投入，致使小煤矿不具备安全生产条件的，责令限期改正，提供必需的资金；逾期未改正的，责令小煤矿停产整顿。因缺少资金保证，导致发生生产安全事故，构成犯罪的，依法追究刑事责任；尚未构成犯罪的，对小煤矿的主要负责人给予撤职处分，对个体经营的投资人处2万元以上20万元以下罚款。

第三十一条 小煤矿有下列行为之一的，按照下列规定处罚：

(一) 未取得采矿许可证，擅自开采煤炭资源的，责令停止开采，没收采出的产品和违法所得，并处违法所得50%以下罚款；拒不停止开采，造成矿产资源破坏，构成犯罪的，依法追究刑事责任；

(二) 未取得煤炭生产许可证，擅自开采煤炭资源的，责令停止开采，没收违法所得，可并处违法所得1倍以上5倍以下罚款；拒不停止开采的，强制停产；

(三) 超越批准范围越界、越层开采煤炭资源的，责令退回本矿区范围内开采，没收越界、越层开采的产品和违法所得，并处违法所得30%以下罚款；拒不退回本矿区范围内开采，造成矿产资源破坏的，吊销采矿许可证；构成犯罪的，依法追究刑事责任；

(四) 未达到安全生产条件开采煤炭资源的，责令限期整顿；逾期仍未达到规定条件的，吊销采矿许可证、煤炭生产许可证和营业执照；

(五) 违章指挥职工或者强令职工违章、冒险作业的，给予警告；构成犯罪的，依法追究刑事责任；

(六) 擅自开采保安煤柱或者采用危及相邻煤矿生产安全的方法开采煤炭资源及采用非正规、落后的方法开采煤炭资源的，责令停止开采，没收违法所得，并处违法所得1倍以上5倍以下罚款，吊销煤炭生产许可证；构成犯罪的，依法追究刑事责任；

(七) 未按照规定将建设工程安全设施设计报煤炭管理部门和煤矿安全监察机构审查同意，擅自施工的，责令停止施工；拒不执行的，吊销采矿许可证；

(八) 调度绞车作为矿井提升绞车使用及在井下使用非防爆柴油机车和畜力运输的，责令改正，并处1000元以上1万元以下罚款。

第三十二条 本规定所列行政处罚，由法律、法规规定的行政部门决定；行政强制措施由法律、法规规定的政府或者行政部门决定。

第三十三条 小煤矿安全生产监督管理人员有下列行为之一的，由所在单位或者上级主管部门给予行政处分；构成犯罪的，依法追究刑事责任：

(一) 违反规定核发采矿许可证、煤炭生产许可证和营业执照的；

(二) 利用职权参股办矿或者收受贿赂的；

(三) 包庇袒护非法采矿的；

(四) 强令小煤矿接受其指定的中介机构服务的；

(五) 对小煤矿生产安全事故瞒报、谎报或者缓报的；

(六) 应当发现而没有发现小煤矿生产安全事故或者发现事故隐患未及时处理的；

(七) 阻碍、干涉小煤矿生产安全事故调查的；

(八) 对小煤矿安全生产监督检查不力的；

(九) 其他滥用职权、徇私舞弊、玩忽职守，导致发生安全生产事故的。

县、乡（镇）政府负责人实施前款第(二) 项至第(九) 项规定行为的，由所在单位或者上级机关给予行政处分；构成犯罪的，依法追究刑事责任。

小煤矿发生特大生产安全事故，对政府主要负责人和政府有关部门负责人，按照《国务院关于特大安全事故行政责任追究的规定》给予行政处分；构成犯罪的，依法追究刑事责任。

第三十四条 本规定自2003年9月1日起施行。

关于调整煤矿井下艰苦岗位津贴的通知

2006年11月28日 辽劳社发〔2006〕85号

各市劳动和社会保障局、发展和改革委员会、财政局：

为贯彻落实劳动和社会保障部、国家发展和改革委员会、财政部《关于调整煤矿井下艰苦岗位津贴有关工作的通知》（劳社部发〔2006〕24号）文件精神，不断提高煤矿工人特别是一线采煤工人的工资收入，稳定煤矿职工队伍，促进煤炭行业持续稳定健康发展，现结合我省实际，就调整我省煤矿井下职工艰苦岗位津贴标准的有关工作通知如下，请遵照执行。

一、煤矿井下艰苦岗位津贴的执行范围

井下艰苦岗位津贴适用于我省行政区域内的各类煤炭企业（不包括露天煤矿）的井下作业职工。

具体发放范围为：井下采掘工人、辅助工人、安检人员及下井工作且编制在井下采掘、辅助队的基层干部、技术人员和管理人员。

二、煤矿井下艰苦岗位津贴的种类及标准

井下艰苦岗位津贴包括：井下津贴、班中餐补贴和夜班津贴。

(一) 井下津贴

1. 井下采掘工：18－30元/工；

2. 井下辅助工：13－20元/工。

3. 安检人员、基层干部、技术人员及管理人员的井下津贴标准按井下辅助工标准执行。

(二) 班中餐补贴：6－10元/工。

(三) 夜班津贴

1. 前夜班：6－10元/工；

2. 后夜班：8－12元/工。

三、调整煤矿井下艰苦岗位津贴的资金来源

调整井下艰苦岗位津贴所需资金可在企业成本中列支。实行工资总额同经济效益挂钩的企业，调整津贴标准增加的工资在挂钩工资基数外单列。

四、煤矿井下艰苦岗位津贴组织实施

1. 各类煤炭企业要认真执行国家和省关于调整井下艰苦岗位津贴的有关规定，切实落实井下人员的相关待遇，不准扩大发放范围。

2. 企业要结合本企业实际，在本《通知》规定的津贴标准区间内，综合考虑井下劳动强度、工作时间、煤层的赋存条件以及水、火、瓦斯等自然灾害和粉尘、温度、湿度、噪音等作业环境，合理确定本企业井下艰苦岗位津贴的具体标准。各企业调整后的津贴标准不得低于本《通知》规定的下线标准，也不得高于上线标准。

3. 企业调整津贴标准要制定具体实施方案。省属煤炭企业须上报省劳动保障厅、财政厅和省煤炭管理局备案；其他煤炭企业根据自身的经营状况调整的井下艰苦岗位津贴标准，要分别报送所属市劳动保障局、财政局和煤管局备案。

4. 实行吨煤工资含量计件制的企业，应结合职工出勤情况，在吨煤工资以外单独发放，不得与计件工资或效益工资挂钩。各类煤炭企业要结合提高井下艰苦岗位津贴，采取多种措施，提高井下职工的收入水平，促使企业工资分配向井下一线职工倾斜，在企业内部形成合理的工资收入分配关系。同时，积极改善劳动条件和劳动环境，切实保证职工的身体健康。

五、执行时间

本《通知》自2007年1月1日起执行。

辽宁省矿山环境恢复治理保证金管理暂行办法

2007年4月9日　辽财经〔2007〕98号

第一条　为加强矿山环境治理和生态恢复，促使矿山企业合理负担其资源与环境成本，理顺资源价格形成机制，根据《国务院关于全面整顿和规范矿产资源开发秩序的通知》（国发〔2005〕28号）和《财政部、国土资源部、环保总局关于逐步建立矿山环境治理和生态恢复责任机制的指导意见》（财建〔2006〕215号）要求，结合本省实际，制定本办法。

第二条　凡在本省行政区域内开采矿产资源的采矿权人，必须依法履行矿山环境恢复治理的义务，与负责采矿许可登记的县级以上国土资源行政主管部门签订矿山环境恢复治理责任书（以下简称“责任书”），国土资源部登记发证的与省级国土资源行政主管部门签订责任书，交存矿山环境恢复治理保证金（以下简称“保证金”）。责任书的格式和内容由省国土资源行政主管部门按照有关规定和要求统一制定。

第三条　新设立、延续、变更登记的采矿权人在领取采矿权许可之前签订责任书，交存保证金。

本办法发布之前已取得采矿许可证的采矿权人，应当依本办法于6个月内补签矿山环境恢复治理责任书，交存保证金。采矿权人转让采矿权的，责任书重新签订。

第四条　保证金是采矿权人为履行矿山环境恢复治理义务而交存的保证资金。

保证金本金及利息属采矿权人所有，采矿权人履行矿山环境恢复治理的义务，经验收合格后，保证金本金及利息（按同期银行活期存款利率计算，下同）返还采矿权人。

第五条　国土资源、环境保护行政主管部门应当组织有资质的机构对矿山进行评估，按照基本恢复矿山环境和生态功能的原则，提出矿山环境治理和生态恢复目标及要求。矿山企业应制订矿山地质环境保护和综合治理方案，提出具体措施，并组织实施。

第六条　保证金由省、市、县（市、区）国土资源行政主管部门按登记发证权限分级负责收取，国土资源部登记发证的由省级国土资源行政主管部门负责收取。

上级国土资源行政主管部门可以委托下级国土资源行政主管部门负责应由其负责的保证金的收取、使用及本息的返还。

第七条　保证金交存标准按照不低于基本治理费用的原则，根据采矿许可证批准登记的面积及可以预测的影响面积、有效期、矿种、开采方式等因素，按照下列方法确定：

保证金交存总额=单位面积交存标准×影响面积×有效年数×影响系数

影响面积包括采矿许可证登记面积、登记面积之外对矿山环境的影响面积（包括因矿山建设运输的道路、排土排岩场、尾矿库等，应实际测量。新设立、延续、变更登记的采矿权人在划定矿区范围时确定）。

有效年数指新颁发采矿许可证的许可年限，或者已颁发采矿许可证的许可剩余年限。年限不足1年的按1年计算。保证金收取标准及影响系数见附件。

变更登记的矿山应重新核定保证金。

第八条　保证金实行一次性交存和分期交存两种方式。

采矿许可证有效期在3年以内（含3年）的，或影响面积在5千平方米以下（含5千），或应缴保证金在50万元以下（含50万），必须一次性全额交存保证金。

采矿许可证有效期在3年以上的，保证金可以一次性全额交存或分期交存；分期交存的，可依据采矿许可剩余年限分次交存。有效期前一年应当全部交清。

3年以上至6年的：分2次交存；

6年以上至10年的：分3次交存；

10年以上的：为5年交存一次。

第九条 采矿权人应将预提的保证金存入同级财政部门指定专户，实行收支两条线管理。采矿权人凭国土资源管理部门开具的交存通知书将保证金存入该账户，代理银行按月将保证金专户的存储情况反馈给同级财政部门和国土资源部门。

第十条 采矿权人持交存凭证办理采矿权许可证年检。拒绝缴纳保证金的，不予办理采矿许可证年检，并注销采矿许可证。对新办理采矿许可证的，采矿权申请人应当自收到准予采矿登记通知之日起15个工作日内，到指定银行交存保证金。凭保证金交存凭证及相关材料，到采矿权审批机关领取采矿许可证。

第十一条 采矿权人转让采矿权的，保证金和利息一并转让，由采矿权受让人承担相应的矿山环境恢复治理义务。转让人尚未交存的部分亦由受让人承担相应的义务。

第十二条 采矿权人在采矿过程中，应当实行边开采边治理。县级以上国土资源行政主管部门应当对采矿权人履行矿山环境恢复治理情况进行监督，并纳入矿产资源开发年检重要事项。

第十三条 恢复治理矿山生态环境，应当按照本省规定的恢复治理标准进行。

具体标准由省国土资源主管部门会同省环保等有关部门共同制定。

第十四条 采矿权人在矿山停办、关闭或“闭坑”前，必须完成矿山环境恢复治理工作，同时向负责保证金管理的国土资源行政主管部门提出检查验收申请，并提交矿山环境保护与恢复治理报告。国土资源行政主管部门会同环保等有关部门对其矿山环境恢复治理工作进行验收。

对剩余服务年限超过10年的矿山，可以根据矿山环境恢复治理情况，申请提前返还一定比例的保证金，或者将交存的保证金结转为下一期次的保证金。

第十五条 经验收符合本办法第十三条规定标准的，由组织验收的机关签发矿山环境恢复治理工作验收合格证。采矿权人可持合格证、保证金缴存凭据，申请返还保证金及利息。各级国土资源行政主管部门和财政部门应当自收到申请之日起2个月内，向代理银行下达保证金及利息返还通知，将保证金85%及全部利息返还采矿权人。

第十六条 采矿权人恢复治理工作未达到本办法第十三条规定标准的，由验收机关签发限期恢复治理矿山环境通知书，责令限期恢复治理，经验收合格后，按本办法第十五条规定返还保证金。采矿权人拒不恢复治理的，或恢复治理后仍达到标准的，保证金及利息不予返还，对不予返还的保证金作为非税收入纳入部门预算管理，专项用于矿山环境的恢复治理。由登记发证的国土资源行政主管部门用保证金按照《中华人民共和国政府采购法》等有关规定统一组织治理（国土资源部登记发证的由省级国土资源部门负责统一组织治理）。

保证金及利息不足以完成该矿山环境恢复治理的，采矿权人应当交纳不足部分的费用；保证金及利息有节余的，其余额返还采矿权人。

第十七条 验收后，采矿权人应对治理成果进行为期两年的后期管护。两年后，经国土资源行政主管部门、环保部门二次验收合格，将剩余的15%保证金及利息全额返还采矿权人。未完成后期管护责任的，15%保证金及利息不予返还，作为非税收入用于该矿山环境的恢复治理。

第十八条 国土资源部门要督促企业按规定足额缴存保证金；财政部门要会同国土资源、环境保护

主管部门加强保证金的财务管理和监督，定期检查保证金的缴存情况。任何部门、单位和个人均不得减免、挤占、挪用保证金。如违反有关规定，由同级人民政府或者上级行政主管部门责令其限期改正，并对直接责任人给予行政处分；构成犯罪的，依法追究刑事责任。

第十九条 本办法自发布之日起实行。

吉林省调整企业艰苦岗位津贴标准

2006年9月20日 吉劳社薪字〔2006〕330号

各市州、县（市、区），长白山管委会劳动保障局、煤炭局、财政局：

根据劳动和社会保障部、国家发展改革委、财政部《关于调整煤矿井下艰苦岗位津贴有关工作的通知》（劳社部发〔2006〕24号）精神，为提高煤矿工人的工资收入，稳定煤矿职工队伍，促进煤炭行业持续稳定健康发展，结合我省的实际情况，现就调整煤矿井下工人岗位津贴有关问题通知如下：

一、执行煤矿井下艰苦岗位津贴的范围

煤矿井下艰苦岗位津贴的执行范围为：在我省煤炭企业井下作业的职工，不包括露天煤矿职工。具体发放范围为：井下采掘工人、辅助工人、安检人员及下井工作且编制在井下采掘、辅助队的基层干部、技术人员和管理人员。

二、煤矿井下艰苦岗位津贴的种类及标准

井下艰苦岗位津贴包括：井下津贴、班中餐补贴和夜班津贴。

(一) 井下津贴

1. 井下采掘工：20元/工；

2. 井下辅助工：15元/工；

3. 安检人员及基层干部、技术人员和管理人员：15元/工。

(二) 班中餐补贴

班中餐补贴：6元/工。

(三) 夜班津贴

1. 前夜班：6元/工； 2. 后夜班：8元/工。

三、资金来源

调整井下艰苦岗位津贴所需资金可在企业成本中列支。

四、煤矿井下艰苦岗位津贴组织实施

各煤炭企业要认真执行国家和省关于井下艰苦岗位津贴的有关规定，切实落实井下人员的相关待遇，企业发放煤矿下艰苦岗位人员津贴不得低于省里确定的标准，不得随意扩大发放范围。班中餐补贴由企业集中用于井下作业职工的伙食，不得将班中餐补贴直接支付给职工个人或挪作他用，或变相克扣职工的伙食补贴。在井下工作不足四小时的人员，不享受艰苦岗位津贴。

实行吨煤工资含量计件制的企业，应结合职工出勤情况，在吨煤工资以外发放井下艰苦岗位津贴。企业要结合提高井下艰苦岗位津贴，采取多种措施，提高井下职工的收入水平，使工资分配向井下一线职工倾斜，形成合理的井下人员与地面人员的工资收入分配关系。

各类煤炭企业要在提高井下艰苦岗位津贴的同时，积极改善劳动条件和劳动环境，切实保证职工的身体健康。

五、执行时间

本通知自2006年10月1日起执行。

关于对整顿和规范矿产资源开发秩序工作进行阶段性检查验收的通知

2006年9月30日　吉政明电〔2006〕10号

各市(州)人民政府，省长白山管委会，各县(市)人民政府，省政府有关部门：

为认真贯彻落实《国务院关于全面整顿和规范矿产资源开发秩序的通知》(国发〔2005〕28号)、全国整顿和规范矿产资源开发秩序工作会议精神，省政府决定对全省矿产资源开发秩序整顿情况进行阶段性检查验收。现就有关事宜通知如下：

一、检查验收内容

这次全省矿产资源开发秩序整顿情况检查验收工作，总体上按照《国务院关于全面整顿和规范矿产资源开发秩序的通知》(国发〔2005〕28号)、国土资源部等九部委《关于全面启动整顿和规范矿产资源开发秩序工作的通知》(国土资发〔2005〕198号)、《吉林省全面整顿和规范矿产资源开发秩序实施方案》(吉政明电〔2005〕11号)及全国整顿和规范矿产资源开发秩序部际联席会议办公室《2006年整顿和规范矿产资源开发秩序工作方案》的部署要求进行。具体检查验收内容：

(一) 治乱工作情况

1. 市、县两级政府对各种违法开采矿产资源行为的排查、对正在实施的矿产资源勘查项目的检查、对矿产资源管理中的违法违规行为，尤其是国家工作人员参与办矿、徇私舞弊行为的清查情况和查处结果。

2. 各市(州)、县(市)政府关闭和取缔严重污染环境、不符合安全生产要求及其他方面应关闭取缔矿山企业的情况。矿山企业生态环境保护与综合治理方案的制订和落实情况。

3. 重要矿种、重点矿区专项整治情况。

4. 对无证非法勘查、非法开采和越界开采、非法转让等案件的查处情况。是否对各类群发性无证开采行为予以高度重视并有效制止，是否做到了及时发现、及时查处。

5. 整治爆炸物品，堵住非法采矿源头的有关情况。

6. 查处偷漏矿产资源税费的有关情况。

7. 对矿业权审批、项目核准、生产许可、安全许可、环评审查、企业设立等各项管理工作的清查情况。对越权发证、失职渎职等违法违规行为的查处情况。

(二) 治散工作情况

1. 贯彻执行矿产资源规划情况。对不符合规划设置探矿权、采矿权及对大矿小开、分割出让等行为的纠正情况。

2. 煤炭资源回采率专项检查情况。对破坏、浪费煤炭资源的典型案件是否进行了依法处置。

3. 煤矿资源整合工作进展情况。

4. 优化资源配置，矿山合理布局，开展非煤矿山资源整合情况，特别是整合采石场、采沙场及清理粘土烧砖方面的情况。

5. 加强矿产资源开发监督管理，建立健全矿山资源储量动态监测，完善矿山规范开采方面的情况。

(三) 治本工作情况

1. 按照法律法规和有关要求，在矿业权审批、项目核准、生产许可、安全许可、环评审查、企业设立等各项矿产资源开发管理等方面的制度建立和执行情况。

2. 按照省国土资源主管部门要求，在探矿权设置中进行复核、检查及制度建设情况。

3. 完善采矿权申请、延续、变更、注销等相关管理制度，规范矿业权管理行为方面的情况。

4. 在有偿出让采矿权中采用招标、拍卖、挂牌等市场机制方面的制度建设和执行情况。

5. 加强基层监管队伍建设，建立监管责任体系情况。各市(州)、县(市)政府将维护矿产资源开发秩序纳入政府工作目标，建立各项工作机制情况。

(四) 组织领导情况

1. 各级政府对整顿和规范矿产资源开发秩序工作的安排部署和工作指导情况。

2. 组织机构设立和部门配合协作、联合执法情况。

3. 落实责任、加强督办及整顿和规范工作中工作不力的有关责任人员的责任追究情况。

4. 宣传发动，舆论监督方面的情况。

二、检查验收组人员组成

检查验收工作在省整顿和规范矿产资源开发秩序工作领导小组领导下进行，具体分三个组：

第一组：具体负责长春、吉林、延边、长白山保护开发区等地。

组　长：臧全业　省国土资源厅副厅长

成　员：贾晓东　省国土资源厅矿管处副主任科员

省监察厅、省煤炭局各一名同志

第二组：具体负责辽源、通化、白山等地。

组　长：王国君　吉林煤矿安全监察局副局长

成　员：张凤才　省国土资源厅矿管处处长

省煤监局一位处长，省公安厅、省电力公司各一名同志

第三组：具体负责四平、白城、松原等地。

组　长：许　赫　省安全生产监督管理局副局长

成　员：贾利杰　省国土资源厅地勘处副处长

省安监局一位处长、省环保局一名同志

三、工作方法步骤

(一) 省政府检查验收组自10月10日起，分赴各地检查验收，25日前检查结束并将各组检查验收情况报省整顿和规范矿产资源开发秩序领导小组办公室，由领导小组办公室综合全组情况，向省整顿和规范矿产资源开发秩序领导小组汇报，并代省政府形成文字报告，于10月末前报国务院。

(二) 各市（州）人民政府要于10月10日前完成本地区整顿自查验收各项工作，并在总结各县（市）整顿情况的基础上，向省政府检查验收组提交自查验收报告，准备好各方面的法律文书、文件、会议记录、纪要等各种档案资料以备检查。

(三) 检查验收主要采取听各地政府汇报和现场抽查、查阅相关档案资料等方式进行。对每个市（州）至少抽查两个县(市、区)和2－3个矿山企业。

关于开展煤矿火工品使用管理安全专项督查行动的通知

2008年4月30日　吉安委办字〔2008〕14号

各产煤市（州）安委会办公室：

根据《国务院办公厅关于开展安全生产百日督查专项行动的通知》（国办发明电〔2008〕22号）、《国家安全监管总局关于加强安全生产领域危险物品和重要设施安全监管工作的紧急通知》

（安监总应急〔2008〕96号），结合吉林省辽源市东辽县金安煤矿“3.5”重大火灾事故暴露出火工品审批和管理混乱的问题，为预防和减少煤矿事故的发生，决定从5月初至6月，在全省开展火工品专项督查行动。现将有关事项通知如下：

一、工作目标

进一步推动地方各级人民政府有关部门贯彻党和国家安全生产方针政策、法律法规，摸清、搞准各地在煤矿火工品管理工作中存在的突出问题和薄弱环节，促进煤矿安全生产形势持续稳定好转。

二、督查范围

各产煤市（州）、县（市、区）负责火工品审批把关的部门，证照不全的煤矿、资源整合矿井。

三、督查内容

(一) 各地区贯彻执行《民用爆炸物品安全管理条例》和《关于加强煤矿安全生产工作规范煤炭资源整合的若干意见》（安监总煤矿〔2006〕48号）情况等。

(二) 有关部门对证照不全的煤矿、资源整合矿井审批、供应火工品的规定、依据、程序、数量等情况。

(三) 煤矿企业火工品使用和管理情况。煤矿严禁购买、使用非法火工品情况；建立和严格执行火工品的购买、运输、贮存、领退、使用责任落实等制度，并严格执行和监督督查，防止被盗和丢失情况等。

(四) 涉爆从业人员及爆炸物品来源、流向和处置等情况。

四、督查方法

(一) 听取汇报。

1. 听取地方人民政府有关部门关于煤矿火工品审批、供应、管理情况汇报；

2. 听取煤矿企业主要负责人关于煤矿火工品购买、运输、贮存、领退、使用责任落实情况汇报。

(二) 查阅资料。

1. 查阅地方人民政府相关部门关于煤矿有关部门对证照不全的煤矿、资源整合矿井火工品审批、供应、管理的规定、文件、程序、批件、规章制度等资料；

2. 查阅煤矿企业的有关火工品购买、运输、贮存、领退、使用的制度、账簿、纪录、责任制。

(三) 现场督查。

1. 现场督查采用随机抽查、突击督查等灵活多样的督查方式，力求发现真实情况和共性问题。

2. 督查组在现场查出的煤矿火工品审批、管理等方面的问题，由当地有关部门依据有关法律、法规提出责令改正等处理意见，并及时通报地方人民政府。

(四) 反馈意见。

对每个市（州）、县（市、区）督查工作结束后，及时向地方人民政府有关部门通报督查情况，交换意见，提出建议。

五、组织机构

为保证此次专项督查活动的开展，省安全生产委员会成立督查组。

组　长：许　赫　省安全生产监督管理局副局长

副组长：常天明　吉林煤矿安全监察局副局长

　　　　朱　涛　省监察厅执法监察室副主任

成　员：周德全　省监察厅执法监察室监察员

　　　　朱鲁峰　省安全生产监督管理局监管一处

　　　　金　玮　省总工会劳动保护部部长

　　　　栾德久　吉林煤矿安全监察局处长

崔　勇　省煤炭局监管二处处长

李承志　省公安厅九处副处长

刘大庆　省国土资源厅矿管处调研员

六、工作要求

(一) 此次督查是国务院加强安全生产工作和奥运会安全工作的一项重大举措，各相关部门要提高认识，增强责任感和使命感，搞好此次督查工作。

(二) 要注意发现问题和协调解决问题，对存在的问题要认真进行整改，督查结束后要向省政府写出书面报告。

(三) 督查组人员要严格执行廉洁自律有关规定。督查中要轻车简从，从严要求，做好表率。

关于印发黑龙江省煤矿重特大安全事故行政责任追究暂行规定的通知

2005年2月6日　黑政发〔2005〕7号

大兴安岭地区行政公署，各市、县人民政府，省政府各直属单位：

《黑龙江省煤矿重特大安全事故行政责任追究暂行规定》已经第四十九次省长办公会议讨论通过，现印发给你们，请认真贯彻执行。

黑龙江省煤矿重特大安全事故行政责任追究暂行规定

第一条　为落实各级政府及其有关部门和煤炭生产企业安全生产责任制，防止煤矿重特大安全事故的发生，根据《中华人民共和国安全生产法》、《中华人民共和国行政监察法》、《国务院关于特大安全事故行政责任追究的规定》等有关法律、法规，结合本省实际，制定本规定。

第二条　各级地方政府主要负责人、分管煤矿安全工作的负责人，政府有关部门主要、主管领导和黑龙江龙煤矿业集团有限责任公司（以下简称龙煤集团）及所属各矿业集团主要及主管领导，对煤矿重特大安全事故的防范、发生，有失职、渎职情形或者负有领导责任的，按照本规定给予行政处分。

前款规定以外的其他国家工作人员和行政机关任命的企事业单位行政负责人，需要给予行政处分的，以及发生重特大安全事故单位和责任人员的刑事责任、行政处罚和民事责任的追究，依照有关法律、法规和规章的规定执行。

第三条　重特大煤矿安全事故发生后，发生事故当事人、现场有关人员和事故单位应立即向当地政府及有关部门报告；当地政府及有关部门接到事故报告后，必须在发生事故6小时内上报至省政府及省有关部门，不得隐瞒不报、谎报或者拖延报告。各级政府及其有关部门应当按照国家规定的程序和时限履行而未履行的，对有关责任单位的领导和责任人员分别给予警告直至撤职处分。

第四条　重特大煤矿安全事故发生后，按照国家和省有关规定组成调查组对事故进行调查。由调查组提出对有关责任人员追究行政责任和其他法律责任的意见和建议。

第五条　事故调查完成后，调查组提出的事故调查报告要按照国家和省有关规定进行上报。事故调查报告批复后，涉及事故的各级政府及其有关部门、单位应当按照批复认真组织落实，监察部门应当对责任人员处理的落实情况进行监督检查。

第六条　重特大煤矿安全事故的行政责任处分结果应当及时通报，并向社会公开。

第七条　地方煤矿发生安全生产责任事故的，按照下列规定追究责任：

(一) 发生一次死亡3至9人事故的，给予乡（镇）长行政记大过以上处分，乡（镇）主管煤矿安全生产工作的副乡（镇）长行政降级或者撤职处分；给予县（市、区）政府主管煤矿安全工作负责人行政警告以上处分，给予有关管理部门主要领导行政记过以上处分。性质特别严重或者产生重大影响的，同时追究上一级政府主管负责人和主管部门主管领导的责任，可视情节轻重，给予行政警告以上处分。

(二) 发生一次死亡10至29人事故的，给予县（市、区）长行政记过以上处分，给予市政府（行署）主管煤矿安全工作负责人行政警告以上处分，给予市政府（行署）有关管理部门主要领导行政记过以上处分。性质特别严重或者产生重大影响的，同时追究上一级主管部门主管领导的责任，可视情节轻重，给予行政记过以上处分。

(三) 发生一次死亡30人以上（含30人）事故的，由国家有关部门组织进行事故处理。

第八条 县（市、区）行政区域内地方煤矿年度内连续三次发生3至9人重大事故的，根据情节轻重，对县（市、区）长给予降级或者撤职的处分；地市行政区域内年度内连续两次发生10至29人特大煤矿安全事故的，根据情节轻重，对专员、市长给予降级或者撤职的处分。

第九条 年度内因矿井无采矿许可证、安全生产许可证、生产许可证、矿长资格证和工商营业执照（以下简称“四证一照”）而非法生产的，依照下列规定追究责任：

(一) 发现有1处矿井无证非法生产的，给予乡（镇）长行政降级或者撤职处分。

(二) 发现有2处及2处以上矿井无证非法生产的，给予县（市、区）长行政记大过以上处分；给予主管副县（市、区）长行政降级或者撤职处分。

(三) 发现5处及5处以上矿井无证非法生产的，给予专员、市长行政警告以上处分；给予主管副专员、副市长行政记大过以上处分。

对不符合安全生产条件而发放“四证一照”的矿井发生重特大煤矿安全事故的，根据情节轻重，给予负责行政审批部门或机构的主要领导和主管领导行政记过以上处分。

关于完善煤矿安全监察体制的意见

2005年4月18日　黑安监发〔2005〕46号

2004年年底，原国家安全生产监督管理局在北京召开了全国煤矿安全工作座谈会。国务院领导对这次会议高度重视，国务委员华建敏出席会议并作重要讲话，国务院副秘书长尤权传达了《国务院办公厅关于完善煤矿安全监察体制的意见》（国办发〔2004〕79号，以下简称国办《意见》）。为进一步完善我省煤矿安全工作体制，根据会议精神和国办《意见》的要求，结合我省实际，提出如下贯彻意见：

一、理顺全省煤矿安全工作体制

目前，我省煤矿安全监察工作主要由黑龙江煤矿安全监察局和驻市（地）煤矿安全监察分局负责，行业安全监督管理工作由省经委和市（地）煤炭工业局（行业办）负责。产煤市（地）政府为了加强对地方煤矿的安全监察工作，有的设立了煤矿安全执法监察支（大）队，有的设立了煤矿安全监察处。从全省煤矿安全生产工作实际看，主要存在以下几个问题：一是煤矿地方日常监督的职责没有落实到位（尽管主管省长在会上确定由省经委负责，但在省经委给省政府的报告中，没有明确负责“日常监督”工作）；二是国家监察、地方监管、行业主管部门监督管理的职责没有具体划清；三是产煤市地设立的煤矿安全监察支队（大队）、煤矿安全监察处，进行安全监察的法律依据不足。国办《意见》把煤矿安全监察、监管职能分开，这是解决这些问题和理顺全省煤矿安全工作体制的一次好机会。为此，我们建议对全省煤矿安全工作实行国家煤矿安全监察机构监察、安全监管部门监管、煤炭行业管理部门监督管理的体制。

二、明确煤矿安全监察机构、安全监管部门、煤炭行业主管部门的职责

(一) 煤矿安全监察机构主要职责

依据《中华人民共和国安全生产法》、《煤矿安全监察条例》，煤矿安全监察机构行使国家煤矿安全监察职能。

1. 对煤矿安全实施重点监察、专项监察和定期监察，对煤矿违法违规行为依法作出现场处理或实施行政处罚。

2. 负责煤矿安全生产许可证的颁发管理工作和矿长安全资格、特种作业人员的培训发证工作。

3. 对地方煤矿安全监管工作进行检查指导。

4. 负责煤矿建设工程安全设施的设计审查和竣工验收。

5. 组织煤矿事故的调查处理。

(二) 安全监管部门主要职责

1. 依照《中华人民共和国安全生产法》、《中华人民共和国煤炭法》、《中华人民共和国矿山安全法》、《煤矿安全监察条例》、《黑龙江矿山安全处罚条例》、《煤矿安全规程》等法律、法规、规章的规定对煤矿安全违法行为，行使行政处罚权。

2. 对本地区煤矿进行日常安全监督检查；对煤矿违法、违规行为依法作出现场处理或实施行政处罚。

3. 监督煤矿企业事故隐患的整改并组织复查；依法组织关闭不具备安全生产条件的矿井。

4. 负责组织煤矿安全专项整治；参与煤矿事故调查处理。

5. 对煤矿职工安全教育和培训进行监督检查。

6. 对煤炭行业监督管理部门的安全监督管理工作实施协调指导和监督。

(三) 煤炭行业管理部门安全监督管理主要职责

1. 按照省政府《关于建立煤矿安全生产长效机制的决定》（黑政发〔2003〕17号），指导、监督市（地）煤炭工业管理部门及国有重点矿业集团公司做好各类煤矿的安全生产监督管理工作。贯彻、落实国家和省政府对煤矿安全生产工作的部署；组织开展煤矿安全生产督察、检查工作；监督、检查全省各类煤矿对安全生产法规的贯彻执行情况，安全生产机构设置、安全生产责任制、安全生产规章制度和操作规程的建立及执行情况，安全装备、设施的检查及重大安全隐患排查处理情况。

2. 负责审查向国家和省申请投资的煤矿安全技措、技改项目设计并申报资金计划，参与投资500万元以上项目竣工验收工作；指导煤矿企业采用先进适用技术和高新技术防治重大安全事故；指导、监督煤矿安全生产专项费用和安全专项资金的提取、使用及管理。

3. 依法审批发放煤炭生产许可证，对全省各类煤矿进行生产能力核定。对年产6万吨以上生产矿井接续、技术改造、改扩建方案设计进行审查批复。

4. 负责组织全行业各类煤矿开展矿井安全质量标准化活动；组织协调各有关部门搞好各类小煤矿整顿工作。履行《煤矿安全规程》规定的有关技术规程、技术鉴定及开采设计等审批职责；参与省内各类煤矿重、特大安全生产事故的调查处理。

5. 收集、发布煤矿安全生产事故信息，定期统计分析安全生产事故情况，组织建立黑龙江省煤矿安全生产信息管理系统。

三、明确煤矿安全监察机构、安全监管部门、煤炭行业管理部门及煤炭企业之间的工作关系

(一) 煤矿安全监察机构与安全监管部门的关系。在煤矿安全监管工作中两者之间是支持配合关系。煤矿安全监察机构要重视发挥安全监管部门作用，支持和协助安全监管部门工作。地方安全监管部门在煤矿安全监管工作中要接受煤矿安全监察机构的检查指导。

(二) 安全监管部门与煤炭行业管理部门的关系。两者是指导、协调和监督的关系。煤炭行业管理部门对煤矿安全的监督管理，具有一定的专业性，要充分发挥行业监督管理职能作用。安全监管部门主要是通过依法行政，制定政策措施，对煤矿安全实施有效监管。安全监管部门与煤炭行业管理部门要互相支持，密切配合，共同做好煤矿安全监管工作。

(三) 安全监管部门与煤炭企业的关系。安全监管部门与煤炭企业之间是监管与被监管的关系。煤

炭企业特别是特大型、大型企业，在接受国家安全监察的同时，还要接受地方安全监管部门的监督指导，把企业安全生产工作置于地方政府及安全监管部门的有效监督之中。同时，安全监管部门也要尊重企业的生产经营自主权，为煤矿安全生产提供优质高效的监管服务。

四、建立健全煤矿安全监察、监管、管理协调工作机制

(一) 建立联席会议制度

省、市（地）、县（市、区）政府要建立联席会议制度。联席会议由政府主管领导、煤矿安全监察机构、安全监管部门、煤炭行业主管部门及安委会有关成员单位主要或主管领导及有关处室主要负责人组成。

联席会议采取定期和不定期的方式举行。定期会议原则上每月召开一次，不定期会议可随时召开。联席会议由政府主管领导或由主管领导指派的临时负责人组织召开。联席会议的主要内容包括：

1. 通报工作计划和计划执行的情况；

2. 煤矿安全生产状况综合分析；

3. 监察执法和监督检查情况分析；

4. 煤矿安全专项整治和安全质量标准化矿井建设情况；

5. 研究解决煤矿安全生产中的重大事项；

6. 协调煤矿安全监察和监管工作中的问题；

7. 拟定工作部署和研究决定的事项；

8. 需要共同协商研究解决的其他事项。

(二) 建立工作通报和信息交流制度

工作通报和信息交流制度是煤矿安全监察机构和安全监管部门、煤炭行业主管部门相互沟通工作情况，加强联系，做到资源共享，避免重复执法和“一事两罚”的工作机制。工作通报和信息交流的主要内容包括：

1. 监察执法计划和监督检查计划及计划执行的情况；

2. 相互抄送有关行政执法文书；

3. 煤矿及有关人员的证照颁发、注销或吊销的情况；

4. 重大事故隐患监控治理的情况；

5. 煤矿违法行为整改复查的情况；

6. 加强和改善煤矿安全管理的建议和监察意见落实的情况；

7. 煤矿事故查处和相关责任人员责任落实的情况；

8. 双方认为需要通报和交流的其他事项。

对于监察执法和监督检查计划以及计划执行、重大事故隐患监控治理、事故查处和责任追究落实等情况一般采取定期通报交流的形式，定期通报和交流的周期由各地结合实际情况确定。对于有关行政执法文书、整改复查等情况应当随时通报。

工作通报和信息交流一般采用书面形式，也可采用电子文件或者座谈交流等其他形式。

(三) 完善联合执法制度

联合执法是煤矿安全监察机构、安全监管部门和煤炭行业主管部门相互配合、协调行动，共同对煤矿安全实施检查执法，提高执法效率的工作制度。必要时，可邀请地方政府有关部门参加联合执法。

煤矿安全监察机构监察工作与安全监管部门、煤炭行业主管部门监督检查内容相同的事项，应当采用联合执法的方式。联合执法的主要事项包括：

1. 事故多发地区和事故隐患严重的矿井；

2. 煤矿存在的普遍性或季节性事故隐患；

3. 重大事故隐患的整改复查；

4. 事故发生后防范措施和责任追究的落实；

5. 煤矿安全程度评估；

6. 关闭不具备安全生产条件的矿井；

7. 上级机关交办的联合执法事项；

8. 需要联合执法的其他事项。

联合执法一般由省级煤矿安全监察局、区域煤矿安全监察分局和省、市（地）安全监管部门、煤炭行业主管部门负责组织。执法过程中，发现煤矿在涉及建设项目“三同时”、安全生产许可、矿长安全资格、特种作业人员资格方面的违法行为以及事故责任的行政处罚，由煤矿安全监察机构依法作出处罚决定；其他安全方面的违法行为，可按安全监管和安全管理职责权限作出现场处理决定或行政处罚决定。对涉及煤矿安全生产方面的重大问题，要及时通报地方人民政府，提出加强和改善煤矿安全管理的建议。

联合执法组织单位，应拟定联合执法方案，明确执法内容、方法步骤、参加人员、时间安排等事项。联合执法工作完成后，要向上级煤矿安全监察机构、地方人民政府或其上级主管部门提交联合执法情况的报告，对需要复查的事项要落实到相关部门。

五、需要研究确定的几个问题

(一) 调整基层煤矿安全执法队伍。根据国办《意见》和省政府《关于鸡西市开展地方煤矿安全监察相对集中行政处罚权工作的批复》的精神，按照“事权一致”原则，将市（地）、县（区）现设的煤矿安全监察处、煤矿安全执法支队、大队划入市（地）、县（区）安全监管部门负责管理，没有组建煤矿安全执法队伍的，应视情况组建，保证煤矿安全监管工作的开展。

(二) 市（地）、县（区）安全监管部门负责地方煤矿的安全监管工作；省安全监管部门重点负责国有重点煤矿的安全监管工作。

(三) 煤矿安全监管职能划入省安全监管部门后，应相应增加内设机构，调整补充懂煤矿专业的人员。

关于进一步加强煤矿安全生产工作的决定

2005年12月5日　黑政发〔2005〕91号

大兴安岭地区行政公署，各市、县人民政府，省政府各直属单位：

安全生产事关人民生命财产安全，事关改革发展稳定的大局。为贯彻落实党的十六届五中全会精神，实现我省煤炭工业安全发展，进一步落实煤矿安全生产责任制，预防煤矿安全事故发生，保障职工的生命安全和煤矿安全生产，根据《国务院关于预防煤矿生产安全事故的特别规定》、《国务院关于促进煤炭工业健康发展的若干意见》等有关法律、法规和政策规定，结合我省实际，特作如下决定：

一、加大惩治力度，切实解决煤矿安全生产中的突出问题

(一) 对煤矿企业有《国务院关于预防煤矿生产安全事故的特别规定》第八条第二款所列十五项情形之一，仍然进行生产的，由县级以上地方人民政府负责煤矿安全生产监督管理的部门或者煤矿安全监察机构责令停产整顿，提出整改的内容、时间等具体要求，并处50万元以上200万元以下的罚款；对煤矿企业负责人处3万元以上15万元以下的罚款；逾期未整改，仍然进行生产的，由有关地方人民政府关

闭该煤矿，并由颁发证照的部门立即吊销相关证照。

(二) 加强煤矿安全生产特别是瓦斯治理费用提取、投入和使用管理情况的监督检查，建立专款专用的有效监管机制。对不按照国家、省有关规定足额提取的，要按照有关规定对煤矿企业和主要负责人进行处理；对挪用、挤占安全技术措施投入资金的，要依法依纪从重追究企业主要负责人的责任。

(三) 煤矿企业必须按照国家规定建立健全煤矿企业负责人和生产经营管理人员带班下井制度，确保每个班次至少有1名负责人或者生产经营管理人员在现场带班作业。未按照规定带班作业的，第一次警告，第二次撤职；导致事故发生的，按照有关法律、法规追究相关人员责任。

(四) 一年内连续发生2起一般事故或者发生1起重特大事故，资源濒临枯竭的小煤矿，要彻底关闭；对其中尚有储量，煤质较好的，依照有关法律、法规，吊销肇事小煤矿及矿主的相关证照，收回经营权，其剩余资源与井巷工程一并拍卖；对触犯刑律的矿主要依法追究刑事责任。

(五) 对无采矿许可证非法开采的小煤矿，要按照盗采国家资源行为依法追究矿主的刑事责任；乡（镇）、县（区）政府对非法开采打击不力的，给予乡（镇）、县（区）政府主要负责人行政处分，同时追究有关部门负责人和直接责任人失职、渎职的责任。对证照不全、非法生产的小煤矿，一经发现依法责令该煤矿立即停止生产，没收违法所得和开采出的煤炭及采掘设备，并处违法所得1倍以上5倍以下的罚款，构成犯罪的，依法追究刑事责任；有关部门于2日内提请当地县（区）或者市（地）政府予以关闭，对关闭不力的，要追究县（区）或者市（地）政府直接责任人的责任。

(六) 对受撤职行政处分的国有煤矿负责人决不能在当地或者异地煤矿企业再安排领导职务或者法定代表人；因安全隐患问题被吊销矿长资格证的煤矿负责人5年内不准在任何煤矿企业担任矿长或者法定代表人；发生死亡事故被吊销矿长资格证的煤矿负责人10年内不准在任何煤矿企业担任矿长或者法定代表人。

(七) 国家机关工作人员和国有企业负责人违反国家规定自己开办或者参与开办煤矿的；包庇、纵容有违法行为矿井的，一经发现一律先行免职，再根据情节轻重，给予降级、撤职或者开除的处分；构成犯罪的，依法追究刑事责任。

(八) 负责颁发证照部门向不符合法定条件的煤矿或者矿长颁发有关证照的，对直接责任人根据情节轻重，给予降级、撤职或者开除的行政处分；对主要负责人根据情节轻重，给予记大过、降级、撤职或者开除的行政处分；构成犯罪的，依法追究刑事责任。

(九) 县级以上地方人民政府负责煤矿安全生产监督管理的部门和煤矿安全监察机构不依法履行职责，不及时查处所辖区域的煤矿重大安全生产隐患和违法行为，致使应当责令限期改正、停产整顿或者依法关闭的煤矿逾期不改、继续生产、明停暗开或者未予关闭的，对其直接责任人和有关负责人依法追究责任；发生重大死亡事故的，有关负责人应当引咎辞职。

(十) 任何单位和个人均有权对其发现的煤矿重大安全生产隐患和煤矿有关安全生产的违法、违规行为，向县级以上地方人民政府负责煤矿安全生产监督管理的部门或者煤矿安全监察机构举报。受理的举报经调查属实的，受理举报的部门或者机构应当给予实名举报的最先举报人1000元至1万元的奖励，所需费用由同级财政列支。

二、立足治本，全面强化煤矿安全生产的基础工作

(十一) 新审批的地方小煤矿，年生产能力不得低于30万吨；属于稀缺资源和边角资源的，年生产能力不得低于6万吨。低于上述标准的，有关部门不得颁发相关证照。

(十二) 推进小煤矿管理体制的创新，通过矿产资源重组，股份制改造，组建煤炭公司，走规模化经营的路子，提高小煤矿的生产能力和安全管理水平。

(十三) 重点产煤城市要逐步把小煤矿安全监管权限下放到区，赋予其煤矿安全监管职能，履行日常监管职责，并从小煤矿税收地方应得部分增幅中，按照一定比例划入区财政。

（十四）把改善通风能力作为防治瓦斯的关键措施，严格按国家规定和技术规范核定矿井通风能力，进一步完善强化通风系统基础设施建设，对改造扩建等造成通风能力发生变化的要及时重新核定。对通风能力实施动态管理，保证通风系统合理稳定，坚持“先抽后采、监测监控、以风定产”，坚决杜绝超通风能力生产。

（十五）煤矿企业存在煤尘爆炸重大安全生产隐患的，要积极采取隔爆除尘措施。要严格按照操作规程作业，保证矿井除尘供水，防止煤尘爆炸。

（十六）教育部门要与大型煤炭企业合作，尽快恢复或设立一批煤炭职业学校，加强煤矿技术人才培养。要引导有关大专院校和中等职业学校按照煤炭行业市场需求培养各类专业技术人才。要通过设立煤炭专业奖学金、减免学费等措施，鼓励学生报考煤炭专业。煤矿企业要积极改善工程技术人员待遇，吸引煤矿专业大中专毕业生到煤矿工作。

（十七）煤矿企业要制定年度培训计划，安排安全培训经费，组织企业负责人、管理人员、井下作业人员和特种作业人员参加分级培训，同时组织好全员培训；负责煤矿安全生产监督管理的部门和煤矿安全监察机构，要依法认真组织煤矿相关人员进行安全培训。要加强对负责煤矿安全生产监督管理的人员及有关负责人的业务和法制培训，未经综合法律和有关煤矿安全生产专业法律培训合格并取得行政执法证件的，不得上岗执法。通过分层次、分类别的培训，进一步增强煤矿企业、有关主管部门和监督机构及其人员的守法和依法行政观念。

三、建立有效激励机制，增强抓好安全生产的自觉性、主动性

（十八）对3年内不发生死亡事故的小煤矿，从税收增幅形成的当地财政收入中按照一定比例投入，用于企业安全技术改造和设备更新。

（十九）国有重点煤矿企业推广井下作业人员吨煤计件结构工资制，安全和质量占工资构成的比重要达到60%。

（二十）提高值班段长、班组长的待遇，国有重点煤矿企业值班段长可以按照企业干部进行管理；设立值班段长、班组长岗位津贴；值班段长的工资收入应为工人平均工资收入2倍以上、班组长为1倍以上。

（二十一）重点产煤县（区）和乡（镇）在2年内无煤矿生产安全死亡事故的，对分管领导实行重奖。

（二十二）产煤市（地）、县（区）分管煤矿安全生产的 领导，对与煤矿安全生产相关主管部门的干部选拔任用有建议权。

（二十三）产煤市（地）要设立煤矿安全生产专项奖励资金，在奖金分配时，要充分听取分管煤矿安全生产领导的意见，增强抓安全工作领导的权威性。

四、理顺关系，强化职能，形成合力

（二十四）加强安全监管部门煤矿安全综合监管。省、市（地）、县（区）安全生产监督管理部门作为煤矿安全生产综合监管部门，要明确综合监管职能，增加专业人员，重点产煤市、县（区）要建立精干、高效的专业执法队伍，切实履行好综合监管职责。

（二十五）加强煤炭行业管理部门煤矿安全监管。省经委、产煤市（地）、县（区）煤炭管理部门承担煤矿安全生产日常监督管理职能，要进一步强化力量，落实责任，切实担负起行业监督管理的职责。

（二十六）加强煤矿安全监察。各级政府要积极支持配合国家煤矿安全监察机构依法实施安全监察；国家煤矿安全监察机构要突出抓好定期监察、重点监察和专项监察，特别是要抓好国有重点煤矿企业和地方重点煤矿企业的监察，对高瓦斯、双突矿井和事故隐患严重矿井要实行跟踪监察。

（二十七）加强煤矿安全生产工作的领导。省政府成立煤矿安全生产协调领导小组，与省政府安全生产委员会一套人马两块牌子，领导小组组长由主管省长担任。领导小组办公室设在省安全生产监督管理局。办公室主要职能是：综合监督煤矿行业主管部门、煤矿企业贯彻执行安全生产法律、法规情

况；负责组织对全省煤矿企业进行安全生产检查和督察；负责组织协调对证照不全矿井停产整顿恢复生产进行检查验收工作；负责协调解决煤矿安全生产工作中的重大问题；负责协调煤矿特大安全事故的调查处理工作。

(二十八) 重点产煤市要成立煤矿安全工作协调领导小组，由市长担任组长，办公室设在市安全生产监督管理局。有关方面及相关部门要从各自不同的角度落实责任，齐抓共管，形成合力。

关于印发《黑龙江省煤矿企业安全生产风险抵押金监管办法》的通知

2006年9月14日　黑财经〔2006〕39号

各行署、市、县财政局、安全生产监督管理局、农村信用合作社、龙煤集团及分公司：

为加强对煤矿企业安全生产风险抵押金的管理，根据《财政部 国家安全生产监督管理总局关于印发〈煤矿企业安全生产风险抵押金管理暂行办法〉的通知》（财建〔2005〕918号）的要求，结合我省实际，省财政厅、省安全生产监督管理局、省农村信用社联合社共同制定了《黑龙江省煤矿企业安全生产风险抵押金监管办法》，现印发给你们，并提出如下要求，请一并遵照执行。

一、经研究确定，我省煤矿企业安全生产风险抵押金由煤矿生产企业统一到当地农村信用社办理存储业务。

二、各级安全生产监督管理部门负责监督煤矿生产企业及时到当地农村信用社开设专户，于12月31日前将风险抵押金足额存入专户。

三、每个年度终了2个月内，由市级安全生产监督管理部门和财政部门将上年度风险抵押金存储、使用、管理情况上报省安全生产监督管理局和省财政厅。

四、各地要高度重视煤矿企业安全生产风险抵押金监管工作，强化煤矿企业安全生产意识，落实安全生产责任，保证煤矿生产安全事故抢险、救灾工作顺利进行。

黑龙江省煤矿企业安全生产风险抵押金监管办法

第一章　总 则

第一条　为加强对煤矿企业安全生产风险抵押金（以下简称“风险抵押金”）的监管，根据《财政部国家安全安全生产监督管理局关于印发〈煤矿企业安全生产风险抵押金管理暂行办法〉的通知》（财建〔2005〕918号）的有关规定，制定本办法。

第二条　本办法所称风险抵押金，是指煤矿企业以法人名义将本企业资金专户存储，用于本企业生产安全事故抢险、救灾和善后处理的专项资金。

第三条　本办法适用于我省境内所有煤矿企业，包括国有煤矿的集团公司、总公司、分（子）公司、股份制煤矿企业、个体私营煤矿企业等不同所有制企业。

第二章　风险抵押金的存储

第四条　煤矿企业按照省财政厅、省安全生产监督管理局转发《财政部国家安全生产监督管理局关于印发煤矿企业安全生产风险抵押金管理暂行办法的通知》（黑财经〔2006〕10号）的规定，在企业所在地农村信用社开设“煤矿企业安全生产风险抵押金专户”，并将风险抵押金及时足额存入专户。龙煤集团所属煤矿生产企业均按属地化原则，在当地农村信用社开设专户。煤矿企业安全生产风险抵押金存储标准按照黑财经〔2006〕10号文件规定的、以省级煤炭行业管理部门核定的年生产能力为依据所确定的标准执行。

第五条 煤矿企业生产能力发生变化后，要在下年度第一季度结束前调整风险抵押金存储数额，并按调整后的差额补存（退还）风险抵押金。

第三章 风险抵押金的使用

第六条 风险抵押金用于支付煤矿企业在处理本企业生产安全事故中直接发生的抢险、救灾和善后事宜等费用。

第七条 使用风险抵押金，必须按照事故处理权限，报经同级财政和安全生产监督管理部门审批。

第八条 发生生产安全事故、动用风险抵押金的煤矿企业，要在恢复生产三个月之内补齐风险抵押金。因事故影响正常生产而确需调减风险抵押金存储数额的，须报经省财政厅和省安全生产监督管理局审批，待恢复正常生产后再补齐风险抵押金。

第四章 风险抵押金的财务核算

第九条 煤矿企业要设专账管理风险抵押金。风险抵押金实际支出时计入煤矿企业成本，在缴纳企业所得税前列支。会计核算按照国家统一会计制度处理。

第十条 风险抵押金专户资金按照银行当期活期存款利率计息，利息收入计入风险抵押金本金。

第十一条 煤矿企业处理生产安全事故结束、恢复正常生产后，要按照事故处理权限，向同级财政部门和安全生产监督管理部门报送风险抵押金使用情况说明。

第五章 风险抵押金的监督管理

第十二条 财政部门负责风险抵押金使用的审批、监督工作；安全生产监督管理部门负责风险抵押金的存储、审批和日常的监督管理工作；农村信用社负责专户的开设和内部监督管理工作，为财政部门和安全生产监督管理部门提供技术支撑，并根据财政部门和安全生产监督管理部门的审批意见划拨风险抵押金。

第十三条 农村信用社不得以任何名义收取手续费、工本费、业务费等。

第十四条 凡违反本办法及国家和省有关规定挤占、挪用风险抵押金专户资金的，将依照有关法律法规予以严肃处理。

第十五条 农村信用社在风险抵押金的管理工作中发生重大经济问题或服务质量问题，省财政厅、省安全生产监督管理局在报经省政府同意后，有权变更风险抵押金存储单位，并撤回全部沉淀资金。

第六章 附 则

第十六条 本办法自2006年10月1日起施行。

关于黑龙江省煤矿安全工作的监察意见的通知

2006年11月2日 黑安发〔2006〕13号

大兴安岭地区行政公署，各产煤市人民政府，龙煤集团及分公司：

现将国家煤矿安全监察局《关于黑龙江省煤矿安全工作的监察意见》（煤安监函〔2006〕22号）转发给你们，并结合我省实际提出如下要求，请一并贯彻执行。

一、切实加强对煤矿安全生产工作的领导。9月份以来，我省煤矿连续发生4起重特大事故，安全生产形势非常严峻。为此，国家煤监局专门向我省发出了监察意见，这在以往是没有过的。各级政府和有关部门必须引起高度重视，进一步增强做好安全生产工作的紧迫感和危机感，加强领导，采取切实有效措施，迅速扭转被动局面。要切实做好后两个月的煤矿安全生产工作，严防超能力、超强度、超定员生产，防止抢产量、抢任务现象，坚决遏制煤矿事故多发势头。

二、进一步加大煤矿整顿关闭力度。关闭煤矿是控制煤矿事故总量的有力措施和治本之策，已成为国内一些省份的成熟经验，要把关闭煤矿工作作为贯彻十六届六中全会精神、构建和谐龙江的重要举措。各产煤市政府要对照《国务院办公厅转发国家安全监管总局等部门关于进一步做好煤矿整顿关闭工作意见的通知》（国办发〔2006〕82号）规定的16种关闭矿井类型，加大煤矿关闭力度；各地要认真落实今年确定关闭计划的94处矿井，按要求将关闭煤矿名单报省政府安委会办公室；已关闭的矿井务于11月30日前全部达到关闭标准。

三、严格执行《国务院关于预防煤矿生产安全事故的特别规定》（国务院令第446号，以下简称《特别规定》），认真落实煤矿隐患排查和整改措施。要树立“隐患就是事故”的观念，凡发现存在重大安全隐患的矿井，要立即停产整改，并追究造成隐患的责任人；对拒不整改的，坚决依法对矿井该停的停，该关的关；对失职渎职人员要依法依纪从严追究责任。

四、切实加大煤矿安全监管工作力度。各产煤市地、县区政府安全监管部门要针对4起事故暴露出的突出问题，深刻吸取教训，采取有效措施，认真履行职责，落实安全包保责任制和煤矿驻矿专盯制度。切实加大煤矿安全监管工作力度，对不具备安全条件的矿井提请发证机关暂扣或吊销相关证照。

五、加大事故责任追究力度。按照“四不放过”的原则，严肃追究事故责任人的责任，加大行政处罚力度，并按照《国务院关于特大安全事故行政责任追究的规定》（国务院令第302号）、《特别规定》和《黑龙江省人民政府关于印发黑龙江省煤矿重特大安全事故行政责任追究暂行规定的通知》要求，对发生重特大事故的煤矿，严厉追究当地政府、煤矿执法部门、发证机关有关责任者的责任，给予相应的处分。

此件请各市（地）政府（行署）转发至产煤县（市、区）。

关于调整煤矿井下艰苦岗位津贴标准的通知

2007年2月7日　黑劳社发〔2007〕11号

各市（地）劳动和社会保障局、发展和改革委员会（煤炭管理部门）、财政局，省直有关部门：

为贯彻落实《国务院关于促进煤炭工业健康发展的若干意见》（国发［2005］18号）的精神，提高煤矿职工的工资收入，稳定煤矿职工队伍，促进煤炭行业持续稳定健康发展，根据劳动和社会保障部、国家发展改革委、财政部联合下发的《关于调整煤矿井下艰苦岗位津贴有关工作的通知》（劳社部发〔2006〕24号），结合我省实际，现就调整煤矿井下职工岗位津贴有关工作通知如下：

一、煤矿井下艰苦岗位津贴的执行范围

井下艰苦岗位津贴适用于各类煤炭企业的井下作业职工，不包括露天煤矿职工。具体发放范围为：井下采掘工人、辅助工人、安检人员及下井工作且编制在井下采掘、辅助队的基层干部、技术人员和管理人员。

二、煤矿井下艰苦岗位津贴的种类及标准

井下艰苦岗位津贴包括：井下津贴、班中餐补贴和夜班津贴。

(一) 井下津贴

1. 井下采掘工：15－30元/工；

2. 井下辅助工：10－20元/工；

3. 安检人员、基层干部、技术人员及管理人员的井下津贴标准按井下辅助工标准执行。

(二) 班中餐补贴：6－10元/工。

(三) 夜班津贴

1. 前夜班：6－10元/工；

2. 后夜班：8－12元/工。

三、调整煤矿井下艰苦岗位津贴的资金来源

调整井下艰苦岗位津贴所需资金可在企业成本中列支。实行工资总额同经济效益挂钩的企业，调整津贴标准增加的工资在挂钩工资基数外单列。

四、煤矿井下艰苦岗位津贴的实施

各类煤炭企业要认真执行省关于井下艰苦岗位津贴的有关规定，切实落实井下人员的相关待遇。

1. 确定本企业井下艰苦岗位津贴的具体标准应综合考虑井下劳动强度、工作时间、煤层的赋存条件以及水、火、瓦斯等自然灾害和粉尘、温度、湿度、噪声等作业环境的因素，但不得低于规定的最低标准。

2. 实行吨煤工资含量计件制的企业，应结合职工出勤情况，在吨煤工资以外发放井下艰苦岗位津贴。

3. 班中餐补贴用于井下作业职工的伙食，不得挪作他用。

4. 企业应对已有的各类津贴进行梳理，切实与省有关规定衔接好。

5. 企业要结合提高井下艰苦岗位津贴，采取多种措施，提高井下职工的收入水平，使工资分配向井下一线职工倾斜，形成合理的井下人员与地面人员的工资收入分配关系。

6. 企业要在提高井下艰苦岗位津贴的同时，积极改善劳动条件和劳动环境，切实保证职工的身体健康。

五、有关工作要求

1. 建立备案制度。各类煤炭企业应于本规定实施后2个月内将落实井下艰苦岗位津贴的情况按隶属关系报同级劳动保障、发改委、财政部门备案，以后每年年初将上年艰苦岗位津贴执行情况进行备案。

2. 加强监督检查。各级劳动保障、发改委（煤炭管理部门）、财政部门每年都要对煤炭企业执行井下艰苦岗位津贴情况进行检查，对违反规定的企业按照有关规定进行处罚。同时要畅通举报渠道，对群众反映的问题要及时查处。

六、本通知自2007年1月1日起实行。

关于深入推进煤矿整顿关闭和瓦斯治理两个攻坚战进一步加强煤矿安全生产工作的通知

2007年9月10日　黑政办发〔2007〕53号

大兴安岭地区行政公署，各市、县人民政府，省政府各直属单位：

按照国务院关于争取三年解决小煤矿问题和力争用两年左右时间使煤矿重特大瓦斯事故有较大幅度下降的要求和省委、省政府关于加强煤矿安全生产工作的一系列部署，经过各地、各有关部门和单位的共同努力，全省煤矿整顿关闭和瓦斯治理工作取得了阶段性成果，2005年以来已累计关闭小煤矿568处，国有重点煤矿投入以瓦斯治理为重点的专项资金近30亿元。但随着国家相关新政策出台和工作向纵深发展，关闭小煤矿的矛盾仍然比较突出；煤炭资源整合工作滞后，保留矿井数量目标与国家要求有较大差距；瓦斯治理和综合利用的任务十分繁重；国有重点煤矿安全管理体制机制还需要进一步完善和创新。为深入贯彻落实科学发展观，切实解决煤矿存在的突出问题，提高煤矿企业安全生产水平，加快煤炭新型工业化进程，经省政府同意，现就有关问题通知如下：

一、制定煤矿整顿关闭经济政策，加快小煤矿关闭工作进度

(一) 认真落实省政府确定的返还关闭煤矿剩余采矿权价款的政策，由关闭矿井提出申请，所在地市政府审核同意，报省国土资源厅核实剩余储量，并提出价款返还数额，经省财政厅审核后，返还剩余采矿权价款。

(二) 各产煤地市政府要按照《国务院办公厅转发国家安全监管总局等部门关于进一步做好煤矿整顿关闭工作意见的通知》（国办发〔2006〕82号）和国务院安委办《关于转发部分地区煤矿整顿关闭工作经济政策的通知》（安委办〔2007〕13号）的有关要求，在调查摸底的基础上，结合本地实际，制定本地关闭矿井的补助标准和实施办法。

(三) 补助标准要根据关闭矿井的开采年限、开采收益、井型和按规定批准新改扩建矿井资金投入等情况区别对待。凡累计开采有利润的，原则上不予补助。对非法矿井、资源枯竭矿井、发生较大以上事故关闭的矿井一律不予补助。

(四) 补助资金由省、地市、县（市、区）三级政府根据现行财税体制按比例分别承担，具体办法由省财政厅会同有关部门制定。

(五) 鼓励关闭煤矿转产新办其他非煤产业项目，各产煤地市政府要在项目用地、审批、税费、财政扶持、就业培训等方面制定优惠政策。

(六) 2007年第一批公告列入关闭的135处矿井要加快关闭进度。对其中属于证照齐全且没有瓦斯和水患等重大隐患威胁的，由所在地市、县（市、区）政府在严格执行国家有关要求、从严把关、落实驻矿专盯、确保安全的前提下，逐矿制定回收回撤方案，经地市政府批准后，回收回撤时限最迟不得超过今年10月底。参与资源整合的矿井不得进行回收。各产煤地市政府要按照国务院安委办的要求和省政府安委会下达的2007年末各地控制矿井数量，按时上报2007年第二批关闭矿井名单，确保按期完成全省今年关闭200处以上小煤矿的任务。

(七) 凡属非正规开采、存在违规施工的隐蔽工程、严重超层越界和威胁国有重点煤矿安全的小煤矿一律列入关闭范围。

二、加快推进煤炭资源整合，减少小煤矿数量

(八) 各产煤地市煤炭资源整合工作必须按照通过整合最大限度减少小煤矿数量的原则，制定相应方案，及时报省煤炭工业管理局审核。省煤炭工业管理局要尽快完成实施方案审核工作，报省政府安委会批准。

(九) 对实施资源整合的矿井，要按建设项目进行管理。矿井必须依法取得（变更）采矿权，履行煤矿建设项目相关核准手续和安全设施“三同时”审核批准程序；有关部门按照建设项目对其实施监督管理。

(十) 依据《国务院安委会办公室关于印发2007年煤矿整顿关闭工作要点的通知》（安委办〔2007〕15号）有关规定，对七台河、鸡西、双鸭山开采极薄煤层的矿井，因资源条件限制，整合后难以达到原定的年产15万吨标准的，可以放宽到年产9万吨，但必须由省发改、国土资源、煤炭行业管理、安监和煤监等五部门联合审查并确定矿井名单，经省政府批准，报国家有关部门核准。

三、严格煤炭资源管理，限制小煤矿扩储

(十一) 根据《国务院关于促进煤炭工业健康发展的若干意见》(国发〔2005〕18号) 精神，进一步严格煤炭资源管理，限制小煤矿增扩资源储量，地方年产30万吨以下的矿井一律暂停办理资源扩储。

(十二) 由省国土资源厅牵头，省发改委、省煤炭工业管理局、省安监局、黑龙江煤监局配合，对全省煤炭资源储量和煤矿分布情况进行调查摸底，根据全省煤炭工业发展规划、矿产资源开发利用规划和国家发改委确定的到2010年黑龙江省年产30万吨以下小煤矿数量控制在600处的目标，制定全省年产30万吨以下煤矿资源扩储工作实施方案，并严格按方案开展资源扩储工作。

(十三) 支持国有重点煤矿和地方年产30万吨以上的煤矿通过资源扩储和技术改造提高生产能力。对影响国有重点煤矿及其规划接续区范围内的小煤矿一律不予扩储。

四、深入推进瓦斯治理工作，提高综合利用水平

(十四) 加快推进龙煤集团瓦斯抽放系统建设，对龙煤集团已经建设完成的瓦斯抽放系统进行逐矿检查验收，正在建设中的要加大推进力度，年底前达不到瓦斯治理标准的一律停产。要加大龙煤集团瓦斯治理等安全费用的提取力度，在今年年底前补齐安全欠账资金，2008年年底前补齐安全欠账工程，今后不允许发生新的安全欠账。沈煤集团、中煤集团在我省所属煤矿瓦斯治理工作比照龙煤集团管理。

(十五) 地方高瓦斯、按高瓦斯管理和瓦斯经常超限的矿井要在2008年6月底前上齐瓦斯抽放系统，否则列入关闭。

(十六) 对进入我省的监测监控产品按照《煤矿安全监测监控系统通用技术要求》进行严格审查，将不合格产品清出我省市场，有条件的地方要实行集中采购。

(十七) 根据《国务院办公厅关于加快煤层气(煤矿瓦斯) 抽采利用的若干意见》(国办发〔2006〕47号) 精神，积极落实国家对抽采销售煤层气实行增值税先征后退，对开采煤层气用于出售或用作民用燃气的企业进行补贴，煤层气发电上网享受补贴等经济政策，促进瓦斯抽采利用取得实质性进展。

五、积极推进国有重点煤矿安全管理体制创新，完善约束激励机制

(十八) 支持龙煤集团在所属煤矿推广全员安全风险抵押制度，工人和井区段队管理人员每月缴纳一定数额的风险抵押金，建立安全基金账户，企业对等匹配资金存入个人账户。经企业考核，全年没有因个人违章造成事故的，个人拿出部分返还，企业匹配部分累加，并按规定时间部分或全部发放给个人。具体实施办法由龙煤集团制定。采区以下职工及管理人员所得匹配奖金免征个人所得税。

(十九) 支持龙煤集团在所属煤矿推广安检人员工资与生产效益脱钩、与安全管理挂钩制度。

(二十) 在国有重点煤矿开展“安全生产超千天竞赛”活动，对连续1000天以上没有发生死亡事故的国有重点煤矿，省政府重奖100万元；对一年没有发生一次死亡3人以上煤矿事故、且死亡人数控制在龙煤集团下达控制考核指标范围内的所属分公司，省政府重奖200万元。

关于印发《黑龙江省煤矿重大隐患分级监管办法》的通知

2007年10月8日　黑安发〔2007〕20号

各产煤市(地) 人民政府，龙煤集团及各分公司、沈煤集团鸡西盛隆矿业有限责任公司、中煤龙化哈尔滨矿业有限公司：

为进一步贯彻落实《中共黑龙江省委黑龙江省人民政府关于进一步解决煤矿安全生产突出问题切实加强煤矿安全生产工作的意见》(黑发〔2006〕29号) 文件精神，依据《国务院关于预防煤矿生产安全事故的特别规定》(国务院令第446号)，特制定《黑龙江省煤矿重大隐患分级监管办法》，现印

发给你们，请认真贯彻执行。

黑龙江省煤矿重大隐患分级监管办法

为深入贯彻落实“安全第一、预防为主、综合治理”的方针，进一步落实煤矿重大隐患排查整改责任，预防煤矿生产安全事故，特制定本办法。

一、煤矿重大隐患的分级

依据《国务院关于预防煤矿生产安全事故的特别规定》(以下简称《特别规定》)，根据重大隐患可能造成的危害程度，将煤矿重大隐患分为三级。

(一) 一级重大隐患

1. 超能力、超强度或超定员组织生产；

2. 瓦斯超限作业，有毒有害气体浓度超过规定不采取措施；

3. 煤与瓦斯突出矿井，未依照规定实施防突出措施；

4. 高瓦斯矿井未建立瓦斯抽放系统和监控系统，或瓦斯监控系统不能正常运行；

5. 通风系统不完善、不可靠，井下供风地点存在无风、微风、循环风、老塘风和不合理串联通风，主扇带病运转、备用主扇不完好、擅自停开主扇和瓦斯抽放泵；

6. 高瓦斯工作面电气设备失爆；

7. 有严重水患，未采取有效措施；

8. 超层越界开采；

9. 有冲击地压危险，未采取有效措施；

10. 自然发火严重，井下存在未熄灭火区，没有采取有效措施；

11. 使用明令禁止使用或者淘汰的设备、材料、工艺，矿井有以掘代采、以采代探行为，通风、排水、提升、压风设备安全检验检测不合格；

12. 年产6万吨以上的煤矿没有双回路供电系统；

13. 矿井无完善的防尘供水系统，井下粉尘超标；

14. 新建煤矿边建设边生产，煤矿改扩建期间，在改扩建的区域生产，或者在其他区域的生产超出安全设计规定的范围和规模；

15. 煤矿实行整体承包生产经营后，未重新取得安全生产许可证和煤炭生产许可证从事生产或承包方再次转包，以及煤矿将井下采掘工作面和井巷维修作业进行劳务承包；

16. 煤矿改制期间，未明确安全生产责任人和安全管理机构或改制后未重新办理采矿许可证、安全生产许可证、煤炭生产许可证和营业执照。

(二) 二级重大隐患

1. 矿井存在水患未按规定填绘采掘工程平面图，在存在水患情况下作业未编制针对性安全措施；

2. 排放瓦斯无措施或措施不落实；

3. 启封火区、火区下开采、火区邻近区域开采无安全措施；

4. 掘进工作面不按规定设双风机、双电源或双风机不能自动转换；

5. 斜井人车保护装置失效、提人绞车不使用动力制动、专用信号失灵；

6. 井田范围内或井田周边有废弃矿井水文地质资料不清；

7. 入风井未按规定安设有效暖风设施，井筒冻冰影响安全生产；

8. 矿井之间出现连通，未按规定和设计要求进行密闭隔绝；

9. 矿井无设计或不按设计施工；

10. 无作业规程作业。

(三) 三级重大隐患

1. 主副提升绞车、主提升皮带、压风机、主扇、主排水泵等设备保护不全、不可靠，钢丝绳磨损断丝超限不及时更换，不按规定定期进行安全检验检测和检查；

2. 掘进工作面局扇一机供两头、擅自停开；

3. 回采工作面悬顶面积超过作业规程规定时，不采取措施或不执行人工强制放顶；

4. 采掘工作面不采取综合防尘措施或积尘超标；

5. 巷道贯通无措施或措施不落实，贯通后不及时调整通风系统；

6. 掘进工作面不使用防炮崩风筒和阻燃风筒；

7. 报废采区、报废采煤工作面、废旧巷道、独头盲巷未按规定及时封闭；

8. 采掘工作面过断层、破碎带、旧巷、采空区时无针对性安全措施或措施不落实；

9. 采煤工作面上下两口不畅通，两巷失修严重，巷道断面小于原设计20%；

10. 掘进巷道每50米内缺失或失效支护达10%以上；

11. 井下风门不联锁或联锁失效；

12. 低瓦斯矿井监测、监控系统传感器设置数量不足、安设位置不当、调校不及时、瓦斯超限后不能断电和声光报警；

13. 采煤工作面缺失或失效支柱达5%以上；

14. 矿井不按月填绘采掘工程平面图或图纸弄虚作假；

15. 有其他重大安全生产隐患。

二、加强重大隐患整改的监督管理

(四) 重大隐患实行分级挂牌督办。一级重大隐患分别由市（地）人民政府和龙煤集团挂牌督办；二级重大隐患分别由各县（市、区）人民政府和龙煤集团各分公司、沈煤集团鸡西盛隆矿业有限责任公司、中煤龙化哈尔滨矿业有限公司挂牌督办；三级重大隐患分别由各县（市、区）安全生产监督管理局和龙煤集团、沈煤集团鸡西盛隆矿业有限责任公司、中煤龙化哈尔滨矿业有限公司所属煤矿挂牌督办。

(五) 重大隐患整改程序：

1. 制定整改方案。煤矿企业是重大隐患排查、整改的责任主体，煤矿企业主要负责人对本企业重大隐患的排查和整改负全面责任。对排查出的重大隐患，由煤矿矿长组织制定整改方案，明确整改措施，确定整改标准，限定整改时间，落实整改责任。

2. 整改方案的审批和验收。凡属一级重大隐患以及发生事故后被责令停产整顿的煤矿，执行《黑龙江省停产整顿煤矿恢复生产验收实施办法（试行）》（黑安监联字〔2006〕12号）验收程序。煤矿整改方案和措施须经省煤炭行业管理部门审批，并报负责验收的省级煤矿安全监管监察部门和采矿权登记管理机关备案。各市（地）煤矿安全监管部门和龙煤集团会同各有关部门负责初验，初验合格后向省安全生产监督管理局提出申请。省安全生产监督管理局审核符合要求后，会同省煤炭工业管理局、煤矿安全监察、国土资源厅、公安厅、工商行政管理局、电力总公司、总工会等相关单位，聘请煤矿安全专家进行验收。其他各级重大隐患的整改方案审批，由挂牌督办单位的同级行业管理（生产技术）部门审批,整改结束由挂牌督办单位组织验收。

3. 加强领导和监督。各级人民政府及龙煤集团及各分公司、沈煤集团鸡西盛隆矿业有限责任公司、中煤龙化哈尔滨矿业有限公司应加强对煤矿重大隐患分级监管工作的领导和监督，采取有效措施，保证隐患整改的落实。

4. 建立重大隐患整改登记建档和报告制度。各有关部门和煤矿企业要加强对所排查出的重大隐患及时进行登记，跟踪整改。要将重大隐患的发现时间、采取的措施、整改情况、责任人、验收人、整改时间等情况进行登记建档，实行规范化管理，在重大隐患整改后进行消除记录，并逐级上报。

5. 建立重大隐患定期通报制度。省政府安委会办公室对重大隐患排查整改情况定期通报。

三、加大重大隐患排查整改的责任追究

（六）落实政府监管主体责任。各级人民政府要切实承担起煤矿重大隐患排查整改的监管主体责任。有关人民政府接到煤矿安全监管监察部门煤矿停止生产或停产整顿的报告后，没有采取有效措施处理，煤矿该停止生产而没有停止的，依据《黑龙江省安全生产条例》规定，给予直接负责人和有关负责人降级或撤职的行政处分。对各级人民政府及其负责煤矿安全生产监督管理的部门不依法履行职责，不及时查处所辖区域的煤矿重大安全隐患和违法行为的，依据《特别规定》第四条，对直接责任人和主要负责人，根据情节轻重，追究相应的责任。

（七）加强对颁发证照的日常监督。各颁发相关证照的部门，应当加强对取得证照煤矿重大隐患排查整改情况的日常监督管理，对不依法履行职责的，依据《特别规定》第六条，对主要负责人，根据情节轻重，追究相应的责任。

（八）建立健全煤矿重大隐患排查、治理和报告制度。煤矿企业应定期组织重大隐患排查，并将排查情况向有关部门报告。对未按照规定排查和报告的，依据《特别规定》，由县级以上人民政府负责煤矿安全监管部门责令限期改正；逾期未改正的，责令停产整顿，并对煤矿企业及负责人予以相应的行政处罚。

关于落实矿山地质环境恢复保证金管理暂行办法的实施意见

2008年1月10日　黑国土资发〔2008〕1号

大兴安岭地区行署、各市、县国土资源局，驻友谊国土资源局：

为积极稳妥地推进我省矿山生态环境恢复补偿机制，全面落实《矿山地质环境恢复保证金管理暂行办法》（黑财建〔2007〕85号文，以下简称“办法”），做好我省矿山地质环境恢复保证金（以下简称“保证金”）管理工作，提出以下实施意见。

一、提高认识、把握内涵，增强责任意识

（一）准确把握“保证金”的内涵。从目前情况看，“保证金”制度的建立，在全国较为普遍，既不是行政事业收费，也不是财源建设资金，更不能理解为增加企业负担的其他性质的摊派。“保证金”实质是采矿权人为恢复自身采矿活动造成的生态破坏，全面履行法定义务而预先提取的具有担保性质的矿山环境恢复治理费用。“保证金”本金及利息属采矿权人所有，各地必须按照“企业所有、政府监督、专款专用”的原则，管好、用好、返还好属于企业自有的矿山环境恢复保障费用。

（二）深刻理解实行“保证金”制度的重要作用。现行的“保证金”制度是落实国务院及三部局（财政部、国土资源部、国家环保总局）关于实行矿山生态环境恢复补偿机制要求的实际步骤，是强制引导资源开发企业依法履行义务的重要手段，是改变矿山地质环境现状的有效途径，是人类长远生存和建设生态、和谐社会的必然选择。各地要从全面落实科学发展观和建设生态文明的高度，充分认识在我省推行“保证金”制度的重要意义，全面落实“办法”中的各项要求，努力改变过去“重发展、轻保护，只破坏、不治理”，以牺牲矿山环境为代价的资源开发模式。

（三）要认真履行职责。作为国土资源管理部门，面对“办法”这一新的制度要求，不落实就是失职，不贯彻就是不作为。各级国土资源行政主管部门，要增强做好“保证金”收缴工作的责任意识。必须认真学习，深刻领会，在管理的各个环节，按要求积极落实，认真执行。

二、以科学发展观和生态文明理念指导“保证金”管理工作

(一) 指导思想。以科学发展观和生态文明理念为统领，认真贯彻十七大精神，按照“办法”要求，坚持落实矿山生态环境的保护责任，完善矿山地质环境恢复治理的法律体系，着力解决好我省矿山环境破坏严重的问题，改变以往寅吃卯粮——环境欠账的做法，努力实现我省资源开发良性循环的局面。

(二) 基本原则。坚持“谁破坏、谁恢复，谁受益、谁治理”的基本原则，明确矿山企业是矿山地质环境恢复的责任主体，确定“保证金”的缴纳对象、范围、标准和使用管理方式。

(三) 工作目标。通过“保证金”制度这一经济手段，促进资源开发企业积极履行矿山环境恢复义务，使以牺牲环境为代价的行为得到有效遏制；全社会矿山环境意识得到提高，矿山环境现状逐步改善；矿山环境管理得到加强，矿山地质环境管理工作在建设生态龙江中的贡献份额得到巩固和提高。

三、强化日常工作的落实

(一) 要加强领导。推行“保证金”制度，必须在党委（党组）统一领导下，建立分工负责、严格监管的工作机制，要切实加强对“办法”的贯彻落实工作。各单位主要领导是落实“保证金”制度的第一责任人，必须坚持把贯彻落实“办法”摆到工作的重要日程，做到认识到位、组织到位、措施到位、责任到位。各部门要建立“保证金”收缴工作责任目标，并将责任目标纳入干部政绩考核范围，对因监管失误，执行不当造成不良后果的，要严肃追究责任。

(二) 要加强部门之间的合作。各地必须完善内部配合机制，严格按“办法”的要求，将开发企业缴纳“保证金”和对矿山环境恢复的承诺作为资源开发初始登记、年度审验、日常监管的前置条件和重要依据，严格把握、共同执行，防止因配合不到位，造成工作漏洞，影响“办法”的落实。

(三) 要强化管理队伍的能力建设。没有强有力的工作队伍做保障，就难以实现“办法”确立的目标。各市、县要有针对性地配齐、配强地质环境管理业务干部，选拔能干事、会干事的工作骨干充实到地质环境管理重要岗位，努力改变以往一些市、县地质环境管理队伍人员少、力量弱的局面。

四、做好宣传教育工作

“保证金”制度的实行，要靠全社会的认可和努力。各地必须通过有效方式搞好宣传。一是要主动走访，动员社会各方力量，开展形式多样的宣传活动，努力营造社会氛围，提高社会对实行“保证金”制度、加强矿山环境保护的认识。二是各地要利用新闻宣传媒体等渠道，宣传实行“保证金”的相关政策，积极推介执行好的先进单位和经验，曝光拒不履行义务的反面典型。三是要对行政领导干部、职能队伍和企业负责人加强培训，增强政府执行力和“保证金”制度的落实力度。四是开展全民矿山环境恢复科普教育活动，提高公众保护矿山环境的自觉性。

五、规范管理，严密工作程序

(一) “保证金”的核定。矿山企业应缴“保证金”的额度由矿山所在地的国土资源行政主管部门按“保证金”缴纳计算公式（见附件1）核定。

公式中所称企业能力建设影响面积，是指矿山企业采矿许可证覆盖范围之外的矸石堆、运输道路、贮灰场、尾矿坝、矿山临时建筑、经济活动污染损毁等造成地质环境破坏的面积。

“保证金”原则上应一次性缴纳，并要防止任何情形的减免。对“保证金”数额较大的矿山企业，应考虑分年交纳，并依下列公式计算年度交纳标准。对缓交“保证金”的必须坚持集体会审。

年度标准=保证金总额度/（核准储量/最近核定年度生产能力）

“保证金”核定额度不足3万元的，按3万元标准执行。

国土资源行政主管部门根据审定的标准签发“保证金”缴纳通知书（见附件2）。

(二) “保证金”收缴。矿山企业必须与国土资源行政主管部门签订矿山地质环境恢复治理管理合同（下称“合同”，见附件3），编制矿山环境恢复治理方案（下称“方案”），同时交存“保证

金”。“保证金”由矿山所在地的财政部门收缴，矿山企业应在收到“保证金”缴纳通知书三十日内，持“保证金”缴纳通知书到当地财政或财政指定的银行交纳。

(三)“保证金”的监管。“保证金”收取后，必须保证专户存储、专款专用，其利息按同期银行活期存款利率计算，国土资源行政主管部门要会同财政、环保、审计等部门加强对“保证金”收取、使用、管理等情况的监督检查。

(四)“保证金”返还。矿山企业应在“合同”约定的期限内完成矿山环境恢复治理义务，经省级国土资源行政主管部门组织（或委托）有关部门验收。符合要求的，由省级国土资源行政主管部门签发矿山地质环境恢复治理工程验收合格证（附件4）。矿山企业可凭验收合格证、“保证金”缴纳凭据在当地财政部门办理“保证金”及利息返还手续。

分期进行矿山环境恢复治理的，国土资源行政主管部门应根据实际情况及时组织验收。恢复治理工程经验收合格后，矿山企业可根据验收合格证的结论，申请部分“保证金”及利息的返还。

对已缴存“保证金”，但因不可抗力及其他原因终止开采活动的企业，“保证金”可全额退回。届时，企业经所在地的国土资源行政主管部门审核，报省级国土资源行政主管部门签发“保证金”退还通知书（见附件5），企业可持“保证金”退还通知书到当地财政部门办理退还手续。

六、细化“办法”，注意解决好重点问题

(一) 各地要统一在2008年2月1日起实行“保证金”制度，原矿山企业缴纳的小型矿山闭坑抵押金可一次性转为“保证金”，经审核后的不足部分，按现行“办法”予以补缴。

(二) 自“办法”实行之日起，新建矿山企业取得采矿权时，应附矿山地质环境恢复治理方案及审查意见，报审相关材料经矿产资源开发管理部门通过后，再按规定到矿山所在地相关部门签订“合同”，缴纳“保证金”。凭“合同”和“保证金”收缴票据办理采矿权手续。矿山企业在申请矿权时，不能提交“保证金”交存收据和“合同”的，不予批准。

(三) 对在建企业，要调查摸底，掌握资源利用及矿山环境现状，比照对新建企业的要求，补充编制矿山地质环境恢复方案，并按核定的标准额度缴纳“保证金”，否则不予年检。

(四) 矿山企业转让采矿权的，应同时办理“保证金”转让手续。采矿权受让人承担相应的矿山地质环境恢复治理义务，重新签订“合同”，办理矿山环境恢复责任人更名等相关手续。

(五) 对采矿许可证有效期满申请延续登记的矿山，当地国土资源行政主管部门应确认“保证金”缴纳有无欠账，重新核定续交额度。

(六) 对修筑交通道路造成矿山地质环境破坏的，由施工单位承担恢复治理义务，并预交“保证金”。

(七) 对变更矿区范围和主采矿种的企业，应当按变更后的面积或矿种重新核定应缴“保证金”的额度，并签订“合同”。

(八) 矿山地质环境恢复治理应采取“边开采、边保护、边治理、边恢复”的方式进行。确因客观条件所限，不宜在开采期间治理的，治理期限应在“方案”和“合同”中加以明确。

(九) 矿山地质环境恢复治理方案是矿山企业履行矿山环境恢复义务的承诺，需在申请矿权之初完成。矿山地质环境影响勘查评价是编制“方案”的依据。“方案”应由具备相应资质的技术单位在完成矿山地质环境影响勘查评价的基础上编制，并由国土资源行政主管部门审定。

“方案”按矿山环境保护与综合治理方案编制规范（DZ/T 223－2007）要求的内容完成，重点考虑以下九个方面的内容。

1. 表层剥离土处置及再利用；

2. 矿渣、矸石、围岩杂石处置及再利用；

3. 尾矿渣、矿泥等尾矿废弃物的排放和存储；

4. 梯级开采的边坡的保护与整治；

5. 已诱发和潜在地质灾害的防治；

6. 地下水均衡保护和地下水污染预防与治理；

7. 矿山工业废水的处理及再利用；

8. 土地恢复和植被恢复方法及技术手段；

9. 其他矿山环境问题的防治方案。

(十) 为保证恢复治理方案科学和高质量，在“办法”执行期间，“方案”的编制单位必须为省内水文地质、工程地质和环境地质专业技术单位，其他单位从事此项工作，除具备《黑龙江省矿山地质环境勘查评价技术要求(试行)》（黑国土资发〔2005〕163号）的资质条件外，需同时具备地质灾害治理工程勘查甲级和设计甲级资质。

(十一) 矿山地质环境恢复治理工程验收启动可采取两种方式：一是矿山企业治理完成后经当地国土资源行政主管部门向省级国土资源行政主管部门提出验收申请（附件6）。二是所在地国土资源主管部门根据“合同”约定的期限，向矿山企业发出验收通知（附件7）。省级国土资源行政主管部门根据确定的时间组织验收，并依据验收组形成验收意见书（附件8）的结论意见，在三十日内做出验收终结的批复。

对于因矿山自身原因不能在通知期限内验收或验收不合格的工程，省级国土资源行政主管部门以限期恢复治理通知书（附件9）告知，到期仍不能通过验收的，不再给予延长，“保证金”将被留用，并以《保证金留用通知书》（附件10）通知矿山企业。留用的“保证金”将专门用于矿山地质环境治理，治理费用超过本金及利息的部分由采矿权人承担。

对存有潜在隐性环境危害的矿山，工程项目虽然通过验收，也应在一定年期内留有相应数额的“保证金”。

(十二) 从我省矿山企业发展现状考虑，对矿泉水、河道采砂以及采取净化处理和回灌的地热企业暂不收取“保证金”。

(十三) 加强基础业务建设，做好档案管理工作。各地要以市（地）为单位，对市本级及辖区县（市）的“保证金”核定收缴情况进行综合统计，于每月26日前以报表（见附件11）形式，向省级国土资源行政主管部门备案，并在每半年和年终报送综合备案表。

各市、县国土资源行政主管部门要按本实施意见的要求，切实抓好“办法”的落实，全面做好“保证金”收缴工作。省国土资源厅将监督检查各地对“办法”及本实施意见的贯彻执行情况。请各地将落实情况于3月20日前报省国土资源厅。

附件：1. 矿山环境恢复治理保证金缴纳标准、影响系数及计算方式

2. 矿山地质环境保证金缴纳通知书

3. 矿山地质环境恢复治理管理合同

4. 矿山地质环境恢复治理工程验收合格证

5. 矿山地质环境保证金退还通知书

6. 矿山地质环境恢复治理工程验收申请

7. 矿山地质环境恢复治理工程验收通知书

8. 矿山地质环境恢复治理工程验收意见书

9. 矿山地质环境限期恢复治理通知书

10. 保证金留用通知书

11. 矿山地质环境保证金收缴情况统计报表

附件1

矿山环境恢复治理保证金缴纳标准、影响系数及计算方式

<table>
<tr><th colspan="2" rowspan="3">矿种</th><th rowspan="3">标准(元/平方米)</th><th colspan="5">影响系数</th></tr>
<tr><th colspan="2">露天开采</th><th colspan="3">地下开采</th></tr>
<tr><th>开采方法</th><th>影响系数</th><th colspan="2">开采方法</th><th>影响系数</th></tr>
<tr><td rowspan="5">能源矿产</td><td>石油</td><td>3</td><td>–</td><td>–</td><td colspan="2">–</td><td>1</td></tr>
<tr><td>天然气</td><td>1</td><td>–</td><td>–</td><td colspan="2">–</td><td>0.3</td></tr>
<tr><td>煤层气</td><td>1</td><td>–</td><td>–</td><td colspan="2">–</td><td>0.3</td></tr>
<tr><td>煤</td><td>3</td><td rowspan="3">自上而下水平分层采矿法</td><td rowspan="3">1.0</td><td colspan="2">充填法开采</td><td>0.5</td></tr>
<tr><td>其他矿种</td><td>1</td><td colspan="2">崩落法开采</td><td>1.5</td></tr>
<tr><td>金属矿产</td><td></td><td>2</td><td rowspan="2">空场法开采</td><td>不允许地面塌陷和地面沉降</td><td>1.0</td></tr>
<tr><td rowspan="2">非金属矿产</td><td rowspan="2"></td><td rowspan="2">1</td><td rowspan="2">其他开采方法</td><td rowspan="2">1.5</td><td>允许地面塌陷和地面沉降</td><td>1.2</td></tr>
<tr><td colspan="2">其他开采方法</td><td>0.5</td></tr>
<tr><td>矿泉水</td><td></td><td>0.8</td><td>–</td><td>–</td><td colspan="2">–</td><td>0.2</td></tr>
<tr><td>地热</td><td></td><td>1</td><td>–</td><td>–</td><td colspan="2">–</td><td>0.3</td></tr>
</table>

保证金总额=（采矿许可证登记面积+企业能力建设影响面积）×单位面积缴纳标准×影响系数

附件2

矿山地质环境保证金缴纳通知书

________________________________（矿山企业）：

根据《黑龙江省矿山地质环境恢复保证金管理暂行办法》及其实施意见的规定，经____市（县）国土资源行政主管部门核定、确认，你单位的（矿山名称）___________矿山，需缴纳的矿山地质环境保证金为人民币（大写）_________元，（小写）______元，限收到本通知之日起30日内到_________缴纳。

国土资源局联系电话：

联 系 人：

收缴单位电话：

联 系 人：

（国土资源局印鉴）

年　月　日

附件3

矿山地质环境恢复治理管理合同

第一条 合同双方：

国土资源行政主管部门：________________________________

采矿权（申请）人：____________________________________

根据《矿产资源法》、《环境保护法》、《国务院关于全面整顿和规范矿产资源开发秩序的通知》、《财政部、国土资源部、环保总局关于逐步建立矿山环境治理和生态恢复机制的指导意见》和《黑龙江省矿山地质环境恢复保证金管理暂行办法》等法律、法规订立本矿山地质环境恢复治理管理合同（下简称“合同”）。

第二条 开发矿产资源必须保护矿山地质环境，坚持可持续发展的方针，坚持“谁破坏、谁恢复，谁受益、谁治理”的基本原则。

保护恢复矿山地质环境是采矿权人的法定义务，对因采矿活动破坏矿山地质环境、造成地质灾害发生及隐患的单位和个人应当承担法律法规确定的保护、恢复责任。

第三条 采矿权申请人的矿山名称：_______，采区位于________，矿区拐点坐标（另加页附后）采矿许可证号（新设矿权除外）：_______，矿区登记面积（大写）：_____平方米，小写________平方米，开采矿种：______，资源储量（大写）_______，小写______。矿山规模（设计开采量）（大写）立方米/吨，小写____立方米/吨。估算矿山服务年限______年。

第四条 采矿许可证有效期（大写）从____年____月____日起，至____年____月____日止。

第五条 根据《黑龙江省矿山地质环境恢复保证金管理暂行办法》（以下简称“办法”）的规定，保证金额度由所在地县（市）国土资源行政主管部门负责核定，并到当地财政部门指定银行缴纳。管理原则为“企业所有，政府监管，专款专用”，任何单位及个人不得挪用。

第六条 保证金缴纳额度

经核算，本矿山应缴纳保证金总额（大写）_________元，（小写）_________元。

第七条 保证金原则上应当一次性预缴。新申请采矿权的，保证金在矿山办理采矿权申请获批后、领取采矿许可证前缴纳。已建矿山按确定的时限缴纳。

第八条 新办采矿权申请的，应附矿山地质环境恢复治理方案，报审材料经矿产资源开发管理部门通过后，再到矿山所在地国土资源行政主管部门签订“合同”，缴纳保证金，凭“保证金”收缴票据和“合同”办理采矿手续。

第九条 采矿权人办理采矿许可证延续登记手续时，应当办理相应的保证金预存手续。

第十条 采矿权转让的，保证金可一并转让，并办理“合同”的更名手续，由采矿权的受让人承担矿山地质环境恢复义务。

第十一条 已建矿山凭“合同”、“保证金”缴纳凭据和矿山地质环境保护恢复治理方案办理矿山年检、延续、转让等手续。

第十二条 采矿权人必须按照“方案”中确定的恢复治理期限、工程手段、工程内容开展工作。

第十三条 国土资源行政主管部门有权依法对采矿权人的矿山地质环境恢复治理进行督促检查，采矿权人要积极配合，如实报告有关情况。

第十四条 国土资源行政主管部门对全面履行矿山环境恢复义务的应及时验收，并按规定返还保证金及利息。

对终结验收不合格的，“保证金”不予返还，由国土资源行政主管部门使用保证金统一组织恢复治理，治理费用超过保证金及利息的部分由采矿权人承担。

第十五条 当采矿权人因不可抗力的突发事件（自然灾害等）导致恢复治理内容（全部或部分）无法进行或无法如期完成的，应在事件发生5日内报当地国土资源行政主管部门登记。

第十六条 采矿权人必须按照本“合同”约定，按时足额交纳矿山地质环境恢复保证金。拒不签订“合同”和缴纳“保证金”的，国土资源行政主管部门将不予办理采矿权审批、年检、延续和转让手续。

第十七条 采矿权人未能达到本“合同”约定（含附件）的条件的，应视为违约，将按《办法》及其实施意见的具体规定处理。

第十八条 本“合同”要求的通知、申请等，均自实际收到时间起生效。

第十九条 采矿权人变更通讯方式、开户银行、账号或其他与矿山地质环境恢复保证金相关信息的，应在变更之日，将新的变更事项通知当地国土资源行政主管部门。因当事人一方迟延通知而影响“合同”履行或造成损失的，由过错方承担责任。

第二十条 本“合同”自双方签订之日起生效，一式三份，具有同等法律效力，签约双方各执一份，一份报省国土资源行政主管部门备案。

第二十一条 “合同”的内容需经双方确认无误，方可签订，不得涂改，否则视为无效。

第二十二条 本“合同”于_____年____月_____日在黑龙江省________市________县（市）签订生效。

第二十三条 “合同”未尽事宜，由双方约定后作为“合同”附件，与“合同”具有同等法律效力。

第二十四条 因履行“合同”发生争议，由争议双方协商解决，协商不果，可依法进行复议，仍无法解决的，可依法向人民法院起诉。

第二十五条 本“合同”的订立、效力、解释、履行及争议的解决均适用中华人民共和国法律。

主管部门（章）：	采矿权人（章）：
地址：	地址：
法定代表人（委托代理人） （签字）：	法定代表人（委托代理人） （签字）：
电　话：	电　话：
传　真：	传　真：
电子信箱：	电子信箱：
邮政编码：	邮政编码：
开户银行：	开户银行：
账　号：	账　号：

二OO　年　月　日

附页：

1. 采矿许可证复印件
2. 矿山地质环境恢复治理方案及图件
3. 保证金缴纳凭据复印件

附件4:

矿山地质环境恢复治理工程验收合格证

矿山企业：____________________

矿山名称：____________________

根据《黑龙江省矿山地质环境恢复保证金管理暂行办法》的规定和《矿山地质环境恢复治理管理合同》的要求，省国土资源厅组织验收组对你矿山履行矿山地质环境恢复治理工程进行了验收，恢复治理已达到验收标准的，验收通过。

省国土资源厅业务咨询电话：______________________

联 系 人：_________________________

矿山所在地国土资源局联系电话：_________________________

联 系 人：___________________

签发部门（印鉴）：

签发日期：　　　年　　月　　日

附件5：

矿山地质环境保证金退还通知书

__________________________（矿山企业）：

根据《黑龙江省矿山地质环境恢复保证金管理暂行办法》及实施意见的规定，经_____市（县）国土资源行政主管部门核实，你单位的（矿山名称）_____________矿山在取得采矿权后未进行开采，也未造成矿山地质环境的破坏，原缴纳的矿山地质环境保证金人民币（大写）________，（小写）____元，予以退还，特此通知。

国土资源行政主管部门电话：

联 系 人：

缴纳银行联系电话：

联 系 人：

（省国土资源行政主管部门印鉴）

年　　月　　日

附件6：

矿山地质环境恢复治理工程验收申请

______________________________ 国土资源局：

根据《黑龙江省矿山地质环境恢复保证金管理暂行办法》的规定和《矿山地质环境恢复治理管理合同》的要求，我单位已组织完成该矿山的地质环境恢复治理，现申请验收。

矿山所在地：______________________

矿 山 名 称：________________________
申请验收矿山企业名称：____________________________________
采矿许可证期限：　　自　　年　月　　日至　　年　月　　日

矿山企业联系电话：
联 系 人：

（申请单位印鉴）
申请日期：　　年　　月　　日

附件7：

矿山地质环境恢复治理工程验收通知书

矿山企业：____________________
矿山名称：_____________________

根据《黑龙江省矿山地质环境恢复保证金管理暂行办法》的规定和《矿山地质环境恢复治理管理合同》的要求，省国土资源厅将组织验收组对你单位履行矿山地质环境恢复治理工程进行验收。

验收日期定于：　年　月　日
省国土资源厅业务咨询电话：
联 系 人：
矿山所在地国土资源局联系电话：
联 系 人：

签发部门（印鉴）：
签发日期：　　年　　月　　日

附件8：

矿山地质环境恢复治理工程验收意见书

矿山名称				
矿山企业名称				
验收日期				
验收意见	一、矿山地质环境基本情况 二、矿山承诺开展地质环境恢复内容、工作量 三、恢复治理情况、效果，验收结论			
验收组人员签字	姓名	单位	职务/职称	签名

附件9：

矿山地质环境限期恢复治理通知书

矿山企业：____________________

矿山名称：____________________

根据《黑龙江省矿山地质环境恢复保证金管理暂行办法》的规定和《矿山地质环境恢复治理管理合同》的要求，省国土资源厅组织验收组于____ 年_____月____日对你矿山履行矿山地质环境恢复治理工程进行了验收，恢复治理工作未达到验收标准。限_____日内按照“方案”标准进行恢复治理，接受省国土资源厅验收，逾期仍验收不合格，不再给与延期，将按《黑龙江省矿山地质环境恢复保证金管理暂行办法》规定和《矿山地质环境恢复治理管理合同》的约定执行。

省国土资源厅业务咨询电话：　　　　　　联 系 人：

矿山所在地国土资源局联系电话：　　　　联 系 人：

签发部门（印鉴）：

签发日期：　年　月　日

附件10：

保证金留用通知书

矿山企业：____________________

矿山名称：____________________

按照《黑龙江省矿山地质环境恢复保证金管理暂行办法》的规定，你矿山缴纳的矿山地质环境保证金 _________元，将被留用，不予返还。

如有异议，可于30日内向省国土资源行政主管部门提出申诉。特此通知。

留用理由：

1. 省国土资源厅组织验收组于 _______年_____月____日对你矿山履行矿山地质环境恢复治理工程进行了验收，因恢复治理工作未达到验收标准，给予限期__日的恢复治理，经第二次复检仍未达到验收标准。

2. 该矿山企业拒不履行矿山地质环境恢复治理责任。

省国土资源厅业务咨询电话：　　　　　　联 系 人：

所在地国土资源局联系电话：　　　　　　联 系 人：

签发部门（印鉴）：

签发日期：　年　月　日

附件11：

矿山地质环境保证金收缴情况统计报表

________市________县（市）（盖章）

序号	矿山名称	采矿登记证号	矿种	登记矿区面积（m^2）	采矿证期限 年 月 日至 年 月 日	核定保证金额度（元）	缴纳期限及缴纳比例	已缴纳额度

注：此表同时上报电子文档。

关于印发黑龙江省煤炭生产安全费用提取使用管理和监督暂行办法的通知

2009年1月6日　黑政办发〔2009〕1号

各市（地）、县（市）人民政府（行署），省政府各直属单位：

《黑龙江省煤炭生产安全费用提取使用管理和监督暂行办法》已经省政府领导同意，现印发给你们，请结合实际认真贯彻执行。

黑龙江省煤炭生产安全费用提取使用管理和监督暂行办法

第一条　为加大我省煤炭生产企业对安全生产的投入，提足用好煤炭生产安全费用，依据国务院有关部门关于煤炭生产安全费用（以下简称安全费用）提取标准、使用管理等方面规定，结合我省实际，特制定本办法。

第二条　本办法适用于我省境内所有煤炭生产企业。

第三条　龙煤集团、沈煤集团鸡西盛隆公司和中煤龙化公司所属煤矿吨煤提取30元，由企业自提自用；地方煤矿在原来提取标准基础上，吨煤一律增提10元，上缴同级财政实行专户管理，其资金所有权不变，由企业提取政府监管，专款专用。

第四条　煤炭生产企业必须及时、足额提取安全费用，并按国家有关规定专项用于煤矿安全生产方面的支出。地方煤矿增提费用与企业提取部分一并用于瓦斯治理等生产安全项目建设，列入煤炭生产企业安全费用。

第五条　企业提取的安全费用应当根据煤矿核定生产能力内的实际生产情况足额提取。对于超能力生产的煤矿要依据国家和省政府关于煤矿生产能力管理的有关规定予以处罚。

第六条　各地煤炭行业管理部门要加强煤矿生产能力管理，确保按标准及时足额合理提取安全费用，避免超额提取和漏提，有条件的地区可以加装煤炭生产能力管理系统。

第七条　地方煤矿增提安全费用的使用，应由煤炭生产企业提出项目申请，经地方煤炭行业管理部门会同煤矿安全监管、财政部门审核同意，由市（地）政府（行署）批准后实施。

第八条　要定期公布地方煤矿增提安全费用的提取、上缴和使用情况，接受社会监督。

第九条　各级煤炭行业管理、财政、物价、煤矿安全生产监督部门要加强对安全费用提取和使用的监督管理，对不按规定提取和使用的要责令改正并按有关规定予以处罚，存在贪污等违法行为的要依法追究刑事责任。

第十条　本办法自2009年1月1日起施行。

关于调整出境煤炭价格调节基金征收标准的通知

2009年1月19日　七政办发〔2009〕4号

各区、县人民政府，种畜场，市政府各有关直属单位：

为合理调剂供热、供电用煤，保证供热企业用煤有效供给，确保我市生产生活秩序稳定。根据

《中华人民共和国价格法》、《国家发改委关于运用价格调节基金加强和改善价格调控的通知》(发改价格(2005)928号)规定，市政府决定对出境供热、供电用煤价调基金征收标准予以调整。征收标准由原煤每吨征收3元，调整为每吨征收12元，境内流动原煤，焦煤及七煤公司仍按原征收标准执行。执行期限为2009年1月15日至2009年3月15日止。征收标准提高后，多征收部分要单独建账，用于市政府供热专项补贴。

关于做好非煤矿山企业安全生产风险抵押金存储工作的通知

2009年3月13日　黑安监发〔2009〕18号

各市（地）安全监管局，省农垦总局、森工总局安全监管局：

为进一步落实安全生产主体责任，提高非煤矿山企业安全生产风险意识，为非煤矿山生产安全事故抢险和救援工作提供保障，根据国家财政部、安全监管总局、人民银行《关于印发〈企业安全生产风险抵押金管理暂行办法〉的通知》（财建〔2006〕369号）和《黑龙江省安全生产条例》关于在高危行业实行安全生产风险抵押金制度的要求，2008年，我省在新、改、扩建非煤矿山企业实行了风险抵押金存储工作试点，取得了明显成效，为提高非煤矿山准入门槛，起到了重要作用。为此，省安全监管局决定从2009年开始，在全省非煤矿山领域全面实行安全生产风险抵押金制度。现就有关问题通知如下：

一、安全生产风险抵押金存储范围

全省所有在生产和新、改、扩建非煤矿山企业，都要按规定存储安全生产风险抵押金。

二、安全生产风险抵押金存储代理金融机构

按照省财政厅、省安全监管局、省农村信用联社《关于印发〈黑龙江省企业安全生产风险抵押金监管办法〉的通知》（以下简称《办法》）（黑财经〔2007〕8号）规定，安全生产风险抵押金存储的代理金融机构为全省各级农村信用社，非煤矿山企业可就近将安全生产风险抵押金存储到当地的农村信用社服务网点。

三、安全生产风险抵押金存储办法

非煤矿山安全生产风险抵押的具体存储办法，由各市（地）根据《办法》规定，结合本地实际制定。新建非煤矿山企业要认真执行《办法》的规定，对在生产企业，在企业不断加强安全标准化建设，确保安全生产的前提下，原则上每个矿山企业累计存储总额度不得低于《办法》规定的最低存储额度。各市（地）制定的风险抵押金存储办法要报省安监局备案。

四、有关要求

(一) 切实加强对安全生产风险抵押金的管理。安全生产风险抵押金是非煤矿山生产安全事故抢险救援工作保证的专用资金，各级安全监管部门要加强与本地农村信用社的沟通协调，要求各级农村信用社将企业存储的风险抵押金实施冻结管理，不得随意支取，必须支取时，要经市（地）级以上安全监管部门批准。

(二) 新、改、扩建矿山建设项目在安全设施设计审批前，企业要到当地安全监管部门指定的农村信用社开设专户，按照安全监管部门确定的额度标准存储风险抵押金，而后持储蓄存折复印件及农村信用社提供的证明，到负责审批的安全监管部门备案，同时办理设计审批手续，未存储风险抵押金的，一律不予办理审批手续。

(三) 在生产矿山在申请延期换证或开工验收前，到当地安全监管部门指定的农村信用社开设专户，按照安全监管部门规定的额度标准存储风险抵押金，而后将储蓄存折复印件及农村信用社提供的证明材料与延期换证申报材料或开工申请一同报安全监管部门审查，未存储风险抵押金的一律不予受理延期换证或开工申请。

(四) 加大宣传力度，切实做好安全生产风险抵押金存储工作。在高危行业实行安全生产风险抵押金制度是国家规定，并在《黑龙江省安全生产条例》中予以明确的，各级安全监管部门要加大宣传力度，使企业真正认识存储安全生产风险抵押金的重要性，督促企业及时足额存储。对不按规定存储风险抵押金的，要按照《黑龙江省安全生产条例》第十二条第二款规定，对企业及主要负责人进行处罚。

各市（地）安全监管部门要按照《办法》规定，及时将本地非煤矿山安全生产风险抵押金存储情况上报省局，省局将把风险抵押金存储工作作为一项重要内容，纳入对各市（地）安全监管部门的绩效考核。

关于加快煤矿整顿关闭和资源整合有关问题的通知

2009年11月9日　黑政办函〔2009〕45号

各有关市（地）人民政府（行署），省政府各有关直属单位：

为加快推进煤矿整顿关闭和资源整合工作，确保年底前如期完成全省煤矿整顿关闭任务，经省政府领导同意，现就有关事宜通知如下：

一、认真落实关闭矿井指标。依据国家下达我省“十一五”后3年小煤矿的关闭任务，我省2009年将关闭小煤矿120处（其中：鸡西市31处，鹤岗市15处，双鸭山市25处，七台河市35处，牡丹江市10处，黑河市4处）。各有关市（地）政府（行署）要按照全省确定的关闭分解指标，抓紧制定保留关闭规划并落实2009年关闭矿井名单，于11月30日前报省煤炭生产安全管理局。对于列入2009年关闭的矿井，要确定关闭时限，及时公告关闭矿井名单。对未按期完成整顿关闭任务的市地，将暂停一切技改整合审批。

二、加大资源整合推进力度。对省煤炭生产安全管理局和省国土资源厅已经批准的资源整合方案，要加快组织企业上报有关资源情况的详细资料，按规定的流程和要求，加快矿区范围划定和储量核实评审，尽快进行方案立项审批和设计审查，抓紧进行建设施工。对于2个以上合法矿井，符合资源整合条件的，要抓紧组织企业制定和申报资源整合方案，最迟于2009年年底前完成矿区划界工作。已取得采矿许可证和初步设计批准的煤矿，2年内必须完成改造，并取得安全生产许可证和煤炭生产许可证。对限期内未实施改造的、拖延工期未完成改造的、在整合区域违法生产的煤矿，要取消整合资格，依法予以关闭。

三、继续组织做好先天条件认定工作。各有关市地要严格按照规定的标准对已经开工生产的煤矿进行评估认定，不合格的要立即停止生产并研究提出解决措施，在现有技术条件下难以解决的要坚决予以关闭。改、扩建和正在整改的煤矿在未完成评估认定前，要停止一切建设、整改活动，认定合格的准予建设或整改，评估和限期整改不合格的列入关闭。

四、进一步加强组织领导。各有关市地要加强对煤矿整顿关闭和资源整合工作的组织领导，落实责任，建立完善煤矿整顿关闭和资源整合审批部门联合办公机制，实行“一站式”服务，加快推进整顿关闭和资源整合工作。要加大对煤矿整顿关闭工作各项政策措施的宣传力度，使煤矿企业了解掌握国家和省的有关政策要求，切实把整顿关闭的各项政策落到实处。各级煤炭行业管理、煤矿安全监察、国土资源、工商、公安、电力等部门和单位要进一步强化联合执法，加大对关闭矿井和整合技改矿井的监管力度，严查非法用工、非法使用火工品、向非法煤矿供电等行为，严厉打击无证开采、偷采、盗采等非法行为，严防已关闭矿井死灰复燃。2009年年底前，各有关市（地）政府（行署）每周要将煤矿整顿关闭、资源整合和先天条件认定情况报省煤炭生产安全管理局。

关于印发黑龙江省煤矿事故应急救援“点对点”实施方案的通知

2010年10月25日　黑政办发〔2010〕49号

各市（地）、县（市）人民政府（行署），省政府各有关直属单位：

《黑龙江省煤矿事故应急救援“点对点”实施方案》已经省政府第四十五次常务会议讨论通过，现印发给你们，请认真贯彻执行。

黑龙江省煤矿事故应急救援“点对点”实施方案

为进一步提升全省煤矿事故应急处置能力，迅速、有效地组织和实施煤矿事故应急救援工作，实现救援队伍与煤矿企业“点对点”的全覆盖，特制定本实施方案。

一、指导思想坚持“安全第一、预防为主、综合治理”的方针，按照“统筹规划、合理布局、功能实用、技术先进”的原则，依托大中型企业救护队伍建立国家级矿山救援基地和省级矿山救援基地；整合各类应急资源，建立运行顺畅的应急救援指挥系统；建立健全应急物资储备制度，加强省级应急物资储备。实现救援队伍与煤矿企业“点对点”的全覆盖，提升全省煤矿突发事故应急处置能力，最大限度地减少人员伤亡和财产损失。

二、建设目标依托龙煤集团鹤岗分公司救护大队建设国家级矿山救援基地；依托龙煤集团鸡西分公司、双鸭山分公司、七台河分公司矿山救护大队和黑龙江省一五一煤矿救护队建设4个省级矿山救援基地，除负责本区域内煤矿突发事故应急救援工作外，同时根据需要参加全省跨区域煤矿重特大事故的应急救援工作；有关市、县（市、区）政府要进一步加强鸡西市矿山救护队、双鸭山市矿山救护队、七台河市矿山救护中队、鸡东县救护中队、东宁县和安矿山救护队、穆棱市矿山救护小队、沈煤集团鸡西盛隆公司矿山救护队、中煤龙化矿业公司矿山救护中队8支骨干矿山救援队伍建设；佳木斯市政府要依托当地煤矿企业组建桦南县矿山联合救护队，大兴安岭地区行署要组建大兴安岭地区矿山联合救护队。力争到2012年上半年，1个国家级矿山救援基地、4个省级矿山救援基地、10支骨干矿山救援队伍的装备能力明显加强，全省范围的协调、指挥能力和救援能力大幅度提高，实现全省15支矿山救援队伍与1065处煤矿“点对点”的全覆盖。同时，抢险救援任务扩展到辖区内地下非煤矿山企业。

三、“点对点”救援协作区域划分根据全省1065处煤矿企业、15支矿山救援队伍（包括拟组建的2支矿山救援队伍）的地理位置、交通条件、灾害特点、救援能力和救援半径等条件，综合考虑救援队伍快速反应、及时有效处置突发事故的需要，以1个国家级矿山救援基地和4个省级矿山救援基地为核心，划分5个区域，进行“点对点”的衔接安排。

(一) 鹤岗哈尔滨协作区域（简称鹤哈区域，共有99处煤矿）。

1. 龙煤集团鹤岗分公司救护大队（国家级矿山救援基地）。负责鹤哈区域内煤矿重特大突发事故的应急救援工作，以及龙煤集团鹤岗分公司所属煤矿和鹤岗市地方煤矿突发事故的应急救援工作。

2. 中煤龙化矿业公司矿山救护中队。负责哈尔滨市依兰县、方正县地方煤矿突发事故的应急救援工作。

(二) 鸡西牡丹江协作区域（简称鸡牡区域，共有420处煤矿）。

1. 龙煤集团鸡西分公司救护大队（省级矿山救援基地）。负责鸡牡区域内煤矿重特大突发事故的应急救援工作，以及龙煤集团鸡西分公司所属煤矿突发事故的应急救援工作。

2. 鸡西市矿山救护队。负责鸡西市地方煤矿突发事故的应急救援工作。

3. 鸡西市鸡东县救护中队。负责鸡西市鸡东县地方煤矿突发事故的应急救援工作。

4. 沈煤集团鸡西盛隆公司矿山救护队。负责沈煤集团鸡西盛隆公司所属煤矿突发事故的应急救援工作。

5. 牡丹江市东宁县和安矿山救护队。负责牡丹江市东宁县地方煤矿突发事故的应急救援工作。

6. 牡丹江市穆棱市矿山救护小队。负责牡丹江市穆棱市地方煤矿突发事故的应急救援工作。

(三) 双鸭山协作区域（简称双鸭山区域，共有172处煤矿）。

1. 龙煤集团双鸭山分公司救护大队（省级矿山救援基地）。负责双鸭山区域内煤矿重特大突发事故的应急救援工作，以及龙煤集团双鸭山分公司所属煤矿突发事故的应急救援工作。

2. 双鸭山市矿山救护队。负责双鸭山市地方煤矿突发事故的应急救援工作。

(四) 七台河佳木斯协作区域（简称七佳区域，共有323处煤矿）。

1. 龙煤集团七台河分公司救护大队（省级矿山救援基地）。负责七佳区域内煤矿重特大突发事故的应急救援工作，以及龙煤集团七台河分公司所属煤矿和佳木斯市桦南县地方煤矿突发事故的应急救援工作。

2. 七台河市矿山救护中队。负责七台河市地方煤矿突发事故的应急救援工作。

3. 佳木斯市桦南县矿山联合救护队（拟组建）。负责佳木斯市桦南县地方煤矿突发事故的应急救援工作。

(五) 黑河大兴安岭协作区域（简称黑大区域，共有51处煤矿）。

1. 黑龙江省一五一煤矿救护队（省级矿山救援基地）。负责黑大区域内煤矿重特大突发事故的应急救援工作，以及黑河市地方煤矿突发事故的应急救援工作。

2. 大兴安岭地区矿山联合救护队（拟组建）。负责大兴安岭地区地方煤矿突发事故的应急救援工作。

通过上述“点对点”的区域安排，合理配置救援资源，有效优化救援时间。发生较大以下突发事故时，15支救护队均可在10分钟至30分钟内到达事故现场实施救援；发生重特大突发事故时，鹤哈区域、鸡牡区域、双鸭山区域和七佳区域4个区域内矿山救援队伍均可在10分钟至150分钟内到达事故现场实施救援，黑大区域内黑龙江省一五一煤矿救护队到达漠河县境内事故现场需要10小时左右（若能借助森防航空运输方式，最迟100分钟即可到达事故现场实施救援）。

四、主要工作措施

(一) 明确部门职责，全力推进落实。各市（地）政府（行署）、省直各有关部门和单位要加强分工与协作，全力推进项目计划和建设资金的落实，切实加强煤矿事故应急救援队伍建设，提高全省煤矿事故应急救援能力。省安全监管局负责本实施方案的综合指导和协调工作，积极推进国家级矿山救援基地和省级矿山救援基地建设、骨干救援队伍建设、省级应急物资储备和煤矿事故应急救援指挥平台建设，及时协调解决工作中存在的问题，推动各项工作的落实。黑龙江煤监局要加强全省煤矿救护队的资质管理、标准化建设和救护技术培训工作。省煤炭生产安全管理局负责监督指导“点对点”救援区域内煤矿企业与救护队签订救护协议工作。2010年年底，要完成本实施方案的任务分解落实和救援基地建设规划编制工作。

(二) 建立应急救援投入保障机制。各级政府及有关部门要将本实施方案纳入当地经济和社会发展规划，用2年时间加强1个国家级矿山救援基地、4个省级矿山救援基地和10支市（地）骨干矿山救援队伍建设，形成适应多种灾害状态下的应急救援能力。各级政府要统筹安排专项资金用于矿山救援基地建设，省级财政可对省级矿山救援基地装备配备给予适当补助。煤矿企业要认真落实《黑龙江省煤炭生产安全费用提取使用管理和监督暂行办法》（黑政办发〔2009〕1号），龙煤集团在提取的安全费用中要安排3%用于救援基地基础设施建设和装备配备投入；地方煤矿在提取的安全费用中要安排15%至20%的比例用于救援基地基础设施建设和装备配备投入，此项资金要专户储存、专款专用。

(三) 加强应急物资储备，提高应急保障能力。煤矿企业要根据矿山救援基地和市（地）骨干矿山救援队伍应急物资储备现状，结合当地应急物资储备需要，建立应急物资储备专项资金，制定应急物资储备制度和储备标准。省级应急物资储备库主要储备大型快速救援钻机、大型排水设备、井下快速掘进及支护装备和人员搜索定位等高、精、尖的装备配备及材料；各市（地）要根据当地实际情况加强应急物资储备，2011年上半年要完成特种应急物资储备工作。建立省、市两级应急物资储备信息数据库，掌握应急物资生产、经营、存储情况，及时与相关企业签订应急物资生产、储存、运输保障协议，确保遇有突发事故时，能够及时快速调用。

(四) 加强煤矿事故应急救援指挥系统建设，提高指挥协调能力。2011年上半年，在省、市（地）两级煤炭生产安全管理部门建立煤矿事故应急救援指挥平台，实现省、市（地）、煤矿企业和救护队之间的互联互通，实现事故救援全覆盖。建立健全各级煤矿事故应急救援指挥机构、煤矿企业和救援队伍之间“统一指挥、反应灵敏、协调有序、运转高效”的应急响应机制。

(五) 加强救援队伍管理，提高应急响应能力。国家级矿山救援基地和省级矿山救援基地、市（地）骨干矿山救援队伍是安全生产应急救援体系的重要组成部分，其隶属关系不变。煤矿企业要加强救护队伍的管理，提高矿山救护队员的工资标准，力争达到高于井下辅助工种、低于井下采掘工种的工资标准，提高救护队员佩戴呼吸器入井的补助标准，落实救护队员伤残待遇和就医治疗政策。各级煤炭生产安全管理部门要监督指导政府有关部门、煤矿企业、救援队伍加强应急机制建设，建立健全快速应急响应机制。黑龙江煤监局要监督指导救护队伍建立健全应急预案体系，并针对易发、多发的煤矿事故类型和灾害特点，组织救护队伍开展形式多样的应急演练，提高跨区域、多支救援队伍参加的协同应急救援能力。

关于印发黑龙江省煤炭生产安全发展规划（2010－2012年）的通知

2010年10月27日　黑政发〔2010〕88号

各市（地）、县（市）人民政府（行署），省政府各直属单位：

《黑龙江省煤炭生产安全发展规划（2010－2012年）》已经省政府第四十五次常务会议讨论通过，现印发给你们，请结合实际，认真贯彻落实。

黑龙江省煤炭生产安全发展规划（2010－2012年）

按照《国务院关于进一步加强企业安全生产工作的通知》（国发〔2010〕23号，以下简称《通知）精神以及国家有关法律、法规和规定，进一步贯彻落实省委、省政府关于煤矿安全生产工作的一系列部署和要求，争取利用3年时间，全面提高我省煤矿安全生产水平，有效遏制重特大事故发生，实现煤矿安全生产形势根本好转，结合我省实际，制定本发展规划。

一、全省煤矿生产安全现状

(一) 煤矿生产安全概况。

1. 煤矿生产情况。截至2009年年底，全省生产矿井总数为975处，2009年生产原煤9735.8万吨（其中：国有重点煤矿5493.7万吨，占56.4%；地方煤矿4242.1万吨，占43.6%），与2005年相比，产量基本持平，国有重点煤矿产量略有提高。2006年至2009年，通过煤矿整顿关闭和资源整合等措施，累计关闭矿井639处，淘汰落后产能2239万吨。全省煤矿的单井生产能力由2005年的5.8万吨提升到2009年的9.4万吨，提升3.6万吨。

2. 煤矿安全情况。2009年全省共发生煤矿事故55起，死亡210人，百万吨死亡率2.6。与2005年相比，事故起数减少97起，下降63.8%；事故死亡人数减少188人，下降47.2%；百万吨死亡率减少1.9，下降42.2%。

(二) 存在的主要问题。

1. 产业集中度低，组织结构不合理。截至2009年年底，全省年生产能力在30万吨及以下的煤矿为926处，占总数的94.9%；年产量过百万吨的大型煤炭企业和企业集团仅有龙煤集团、沈煤集团鸡西盛隆公司和中煤龙化集团哈尔滨公司3家。

2. 产业链短，经营效益差。煤炭生产企业大多以原煤输出为主，煤炭就地转化和深加工量少，产业链短、产品单一、附加值低，经济效益差。

3. 回采率低，资源浪费严重。小煤矿开采方法落后，资源回收率远低于国家规定标准。一些大型煤矿片面追求高产高效，采厚弃薄，成片甚至整层丢弃薄煤层，回采率达不到国家规定标准，资源浪费现象严重。

4. 生产基础差，安全欠账多。煤矿普遍存在投入不足和历史“欠账”，龙煤集团尚有没更换的淘汰设备，多数煤矿已进入深部开采，地质条件复杂，技术水平相对落后，抵御事故灾害的能力不强，安全生产形势依然严峻。

5. 专业技术人员短缺，队伍不稳定。受工资待遇低、工作条件和工作环境差等因素影响，在人才引进中处于劣势，导致专业技术人员短缺，职工队伍不稳定。企业技术人员不断流失，已影响到企业劳动生产率和技术水平的提高，严重制约煤炭产业的发展。

6. 矿区环境问题日益突显。煤炭开采引起的地质环境和生态环境破坏、煤矿地表塌陷面积日益扩大，煤矸石堆积占地不断增加、部分矸石山发生自燃存在安全隐患，矿区瓦斯大量排放、粉尘浓度高等问题依然存在。

二、指导思想、总体思路与主要目标

(一) 指导思想。全面贯彻落实《通知》精神，按照省委、省政府统一部署，以科学发展观为指导，坚持以人为本，牢固树立安全发展理念，加快推进煤矿企业兼并重组，优化产业结构，切实转变经济发展方式；坚持“安全第一、预防为主、综合治理”方针，加强煤矿安全基础建设，严格安全执法，严厉“打非治违”，严防重特大事故，确保全省煤矿安全生产形势持续稳定好转。

(二) 总体思路。突出三个重点，建设完善三个体系，实现一个目标。即：突出煤矿瓦斯治理、煤矿井下安全避险“六大系统”建设、煤矿企业兼并重组三个重点；建设和完善煤矿安全监管、监控调度、抢险指挥救援三个体系；力争三年扭转煤矿安全生产被动局面，实现煤矿安全发展。

(三) 主要目标。

1. 行业目标。

(1) 煤炭产量：全省煤炭产量力争达到1.2亿吨。其中，国有煤矿7500万吨，地方煤矿4500万吨。

(2) 结构调整：力争用2年至3年的时间，全省煤矿总数控制在930处以内；通过兼并重组实现办矿企业100个以内；企业年生产能力原则上不低于30万吨。在全省形成1个年生产能力5000万吨级的特大型煤炭集团，2个至3个年生产能力500万吨级的大型煤炭集团，大集团控股经营的煤炭产量达到全省总产量的70%以上。全省形成以国有为主，股份制、民营企业并存的办矿格局。

(3) 技术进步：煤矿全部实现正规开采，全部取消淘汰设备。年生产120万吨及以上矿井采煤机械化程度达到100%，60万吨至90万吨矿井平均达到85%，30万吨至45万吨矿井平均达到70%，30万吨以下矿井平均达到30%。提高技术进步贡献率，国有重点煤矿技术创新投资占年收入总额的3%，地方煤矿达到1%。

(4) 标准化建设：国有重点煤矿达到二级及以上质量标准化标准；地方煤矿均达到三级及以上质量标准化标准。其中，二级及以上质量标准化矿井数量达到30%，一级质量标准化矿井数量达到10%。

(5) 职工队伍建设：加强人才培养和职工培训，全面提高煤矿从业人员素质。国有重点煤矿专业技术人员比例力争达到10%，地方煤矿达到5%。

(6) 环境治理与节能减排：全省煤矸石、洗矸、煤泥、粉煤灰综合利用率达到当年排放总量的85%；全省矿井水利用率达到85%。可燃固体废弃物作为矸石电厂燃料，灰渣、粉煤灰、电石渣等固体废弃物作为建材等原料使用，其中，煤矸石的综合利用率提高到85%、粉煤灰综合利用率提高到95%。

2. 安全目标。

(1) 百万吨死亡率：百万吨死亡率下降到1.6以下，其中，大型煤矿0.3以下，中型煤矿0.6以下，小型煤矿 2 以下。

(2) 瓦斯治理：不断加大瓦斯抽采、系统改造、资金投入等方面力度。2010年年底前，国有重点煤矿的高瓦斯与瓦斯突出矿井全部建立地面永久瓦斯抽采系统；地方煤矿高瓦斯与瓦斯突出矿井全部建立瓦斯抽放系统。2012年，全省煤矿瓦斯事故起数控制在 3 起以下，死亡人数控制在20人以下。2012年年底前，龙煤集团完成295项瓦斯治理工程项目建设，投入总资金53亿元，瓦斯抽采率由现在的42%提高到50%以上，瓦斯利用率由现在的23%提高到50%以上，力争达到国内先进水平。地方煤矿完成以通风系统改造和淘汰更新设备为重点的瓦斯治理重点工程，投入总资金24亿元，地方高瓦斯煤矿瓦斯抽采率达到22%，利用率达到31%。

(3) 水害治理：按照“预测预报，有疑必探，先探后掘，先治后采”的水害治理“十六字”原则和“防、堵、疏、排、截”五项综合治理措施，全省煤矿建立矿井水害防治工作长效机制。受水害威胁的煤矿全部建立完善防排水系统；受老空水和承压含水层水威胁的矿井，建立并实施煤矿地质及水文地质安全保障体系。

(4) 安全避险“六大系统”建设：加快煤矿井下监测监控系统、井下人员定位系统、紧急避险系统、压风自救系统、供水施救系统和通信联络系统等“六大系统”建设步伐。2010年年底前全省所有煤矿建立完善监测监控系统、压风自救系统、供水施救系统和通信联络系统；2011年全部安装井下人员定位系统；力争2013年 6 月底前全面建立完善紧急避险系统。

三、主要任务

(一) 以重点项目为支撑，保障煤炭稳定供应。黑龙江省东部煤电化基地主要为鸡西、鹤岗、双鸭山、七台河、牡丹江、佳木斯等 6 市，累计年产量超过8000万吨。加快产业结构调整步伐，以循环经济为主要发展模式，努力把黑龙江东部地区建设成为相关产业协调发展的国内知名区域，为黑龙江跨入经济强省行列奠定基础。通过有序安排新井建设，严格限制现有生产矿井低水平扩能改造，保障煤炭供应，实现规划目标。完成煤矿新建、改扩建项目136处，新增年生产能力约2680万吨，总投资近90亿元。其中，重点项目8处，新增年生产能力1600万吨，总投资约60亿元。

(二) 统一规划资源，科学合理有序开发。加大对煤炭资源的勘查投入，对煤炭资源实行统一规划、合理布局，从源头上科学合理有序配置资源，做到资源有序勘探和开发。提高大型煤炭企业集团的资源占有率，发挥大集团大公司的能源保障作用，着力从整体上发展壮大国有煤炭企业，提高国有煤炭企业的控制力、影响力和带动力。

(三) 积极推进兼并重组，加快结构调整。按照安全、节约、清洁和可持续发展的原则，坚持政府引导与市场机制相结合，充分调动各方积极性，推进煤矿企业兼并重组。采取收购、兼并、重组等方式，对小煤矿全面实施联合改造，严格控制新开工规模，强化产能调控，确保矿井数量、规模和总量控制目标的实现。积极推进龙煤集团、沈煤集团鸡西盛隆公司、中煤龙化集团哈尔滨公司等国有煤炭生产企业为主体，兼并重组中小煤矿，控股办大矿，实现规模经营。支持符合条件的民营煤矿企业成为兼并重组主体，鼓励各种所有制煤矿企业和电力、冶金、化工等行业企业以产权为纽带、以股份制为主要形式参与兼并重组。

(四) 加快“六大系统”建设，提升煤矿装备水平。按照《国家安全监管总局国家煤矿安监局关于建设完善煤矿井下安全避险“六大系统”的通知》（安监总煤装〔2010〕146号）要求，采用安全适用技术和保护设施，加快对现有煤矿实施安全技术改造，3年内完成煤矿井下安全避险“六大系统”建设，有效提高煤矿井下安全保障能力。

(五) 深入开展瓦斯治理，构建瓦斯防治体系。构建“通风可靠、抽采达标、监控有效、管理到位”瓦斯综合治理体系，完成瓦斯地质图的绘制。全面推进煤矿瓦斯专项整治和“双百工程”建设。加大煤矿瓦斯抽采利用力度，以龙煤集团为重点，尽快完成煤层气产业化开发规划利用目标。以治理煤与瓦斯突出为重点，进一步落实《防治煤与瓦斯突出规定》，强化“四位一体”防治措施，达到煤矿瓦斯抽采基本指标。

(六) 采取有效措施，增强抵御水害能力。按照水害治理“十六字”原则和“五项”治理措施，加大水害防治力度。健全矿井水文地质资料，配齐相关技术管理人员，投放先进探放水设备和配备充足应急排水物资。着力落实除险加固措施，防范暴雨洪水、河流等外源水害威胁，预防井下老窑、采空区透水等内源水患事故。

(七) 加大安全生产投入，提高煤矿安全水平。加大煤矿安全基础和技术改造投入，提高安全基础水平，增强矿井抗灾能力。按照企业负责、政府支持的原则，完善政府和企业共同增加投入的机制。积极争取国家资金支持，补齐安全“欠账”，避免出现新的“欠账”。

(八) 强化人员培训，全面提升从业人员素质。进一步强化煤矿矿长资格、矿长安全资格和特种作业人员的培训考核，按照国家规定，考核合格后持证上岗；职工经全部培训合格后上岗。深入开展“万名班组长”和“白国周管理法”等专题培训活动，全面提升全员安全素质。

(九) 推进资源综合利用，加强矿区生态环境保护。进一步提高煤炭洗选比例，提高商品煤质量，提高煤矸石利用率和矸石堆场绿化率。加强矿井水处理的监督管理，提高矿井水达标排放率和复用率。加强矿区的生态环境保护，加快建设资源节约型和环境友好型社会。

(十) 加快“三个体系”建设，提升安全管理水平。建立和完善监管体系：通过调整充实监管队伍，建立健全管理制度和明确落实责任制，完善安全生产省、市、县三级监管体系，建立监督有效的监管机制。严格督促落实煤矿企业领导带班下井制度，严厉打击安全生产非法违法行为，建立重大安全隐患治理机制，加强社会监督和舆论监督。建立和完善监控调度体系：通过更新充实企业监控设备等手段，建立完善省级监控调度平台，建立起省、市、县和企业联网的安全生产监控调度体系，充分发挥监控网络的预警作用，对重大安全隐患及时做出反应，提高指挥系统应急能力。建立和完善抢险指挥救援体系：通过资源整合建立起灵活有效、行动迅速、救援及时的煤炭矿山抢险救援体系，形成事前监管、事中监控和事后有效救援的监督救援机制，确保在煤矿发生事故时，实施及时有效的抢险救援，将灾害损失降到最低。依托龙煤集团鹤岗分公司国家级矿山救援基地以及七台河分公司、双鸭山分公司、鸡西分公司、黑龙江一五一煤矿 4 个省级矿山抢险救援基地，推动地方政府和煤矿企业专业抢险救援队伍建设。建立完善煤矿企业安全生产预警机制，强化企业应急预案编制和演练。

四、保障措施

(一) 加强资源管理，完善煤炭资源保障体系。结合振兴东北老工业基地的历史机遇以及建设东部煤电化基地的战略布局，根据煤炭开发总体布局，统筹规划，加强煤炭资源勘探，增强资源保障能力。完善资源管理、生产开发和矿业权有偿取得制度，建立严格的煤炭资源利用监管制度，进一步整顿规范资源开发秩序，严禁私采乱挖，实现合理有序开发。

(二) 坚持科技进步，提高煤矿技术装备水平。制定我省煤矿井下安全避险“六大系统”建设规划，加大安全投入，提高煤矿安全技术装备水平。积极引导开发、引进和推广应用煤炭工业新技术、新工艺、新装备，加快推进科技进步，促进行业科技水平提高。采用先进技术改造传统煤炭工业，促进煤炭技术变革。推进小煤矿积极采用新技术成果对现有矿井进行联合、改造，不断提高产业技术水平。

(三) 强化人才队伍建设，做好人才储备。制定优惠政策，实行“对口单招，定向培养，补贴学费”办法，吸引、留住和培养专业人才。聘请专家到煤炭城市开办各种层次的培训，保障煤炭工业健康发展的急需人才，尽快提升煤矿职工队伍综合素质。通过加强对煤矿技术管理和特殊作业人员的资格培训，建立面向全体职工的教育培训体系，提高干部职工队伍综合素质。

(四) 积极调整产业结构，实现可持续发展。加快产业结构调整步伐，结合我省实际，尽快制定出台我省关于加快推进煤矿企业兼并重组的实施意见，确保产业结构调整目标的实现。促进产业链条延伸，大力发展煤炭循环经济，加快产品产业结构调整步伐，促进煤炭产业优化升级。以煤炭大集团为主体，以大型矿区为依托，实行煤炭生产、洗选加工、低热值燃料发电、煤矸石建材和煤焦化工产业等科学布局。积极开展煤电联营，促进煤电转化、煤焦化转化、煤化工转化三条产业链发展。同时加强煤层气的抽采，以及用于发电、民用等项目建设。

(五) 强化煤矿安全监管，确保煤矿安全生产。按照“国家监察、地方监管、企业负责”的要求，抓好两个主体责任的落实。突出重点、强化监管，把煤矿建设项目、资源整合矿井纳入监管重点，落实监管责任，加强日常监管。加强行政执法，坚持关口前移、重心下移，严厉打击非法违法、治理违规违章行为，防范遏制重特大事故发生。充分发挥政府推动、示范带动、监管促动的作用，推动企业落实安全生产主体责任，强化专业安全生产管理、作业岗位操作规范和安全生产责任考核，加强煤矿各项安全生产基础管理工作。

(六) 加大政策支持力度，促进企业健康发展。积极支持、引导煤矿开展瓦斯治理、兼并重组等工作，研究制定我省关于煤矿瓦斯治理、煤矿企业兼并重组等方面相应优惠政策。加大对煤矿瓦斯治理、煤矿企业兼并重组、煤矿井下安全避险“六大系统”建设和煤矿安全管理“三个体系”建设的投入力度，提供资金保证，全面提升我省煤矿安全基础水平。同时，鼓励支持有实力的煤炭企业向省外、国外发展，不断增强我省煤炭企业发展后劲和可持续发展水平。

黑龙江省小型矿山闭坑抵押金管理办法

第一条　为了合理开发利用矿产资源，保护地质环境，维护正常的矿业生产秩序，保证小型矿山的采矿权人能够认真履行矿产资源合理开发与矿山地质环境保护和恢复治理的义务，根据《黑龙江省矿产资源管理条例》及其他有关法规，制定本办法。

第二条　本省辖区内矿山建设规模为小型的各类矿山企业和个体采矿者（以下称采矿权人），均应遵守本办法。

小型矿山的划分标准按照原地质矿产部《矿山建设规模分类一览表》(地发〔1998〕47号)执行。

第三条　闭坑抵押金是采矿权人为保证在采矿过程中合理开采矿产资源、保护矿山地质环境以

及在闭坑或者停办、关闭矿山时做好矿山地质环境恢复治理工作的质保金。闭坑抵押金属采矿权人所有，采矿权人履行了矿山地质环境保护和恢复治理的义务，抵押金和利息予以返还。

第四条 闭坑抵押金按照下列方式计算：

应缴存闭坑抵押金总额=基价×矿山建设规模×采矿许可证有效期

不同矿种的闭坑抵押金基价：石油每吨1.0元；煤每吨原煤0.3元；石墨每吨2.0元；岩金每吨矿石1.0元；砂金每立方米混合砂0.2元；石灰岩、白云岩、大理岩每吨矿石0.3元；建筑石材(含饰面石材)每立方米石料0.2元；建筑用砂每立方米0.15元；砖瓦用粘土每立方米0.1元；其他金属、非金属矿每吨矿石0.25元。

第五条 闭坑抵押金由矿区所在地地质矿产主管部门负责收取和管理，设立专门账户存储，不得挪作他用。

第六条 闭坑抵押金在办理采矿登记手续时一次性缴存，采矿权申请人应当自收到准予登记通知之日起30日内到矿区所在地地质矿产主管部门缴存闭坑抵押金，凭闭坑抵押金缴存收据到颁发采矿许可证的地质矿产主管部门办理采矿登记手续，领取采矿许可证。收取闭坑抵押金的地质矿产主管部门应当与采矿权申请人签定闭坑抵押金缴存合同(样式附后)。

本办法发布以前已经取得采矿权的采矿权人，应当按照本办法的规定在换发采矿许可证时缴存闭坑抵押金。

第七条 采矿权人办理采矿许可证延续登记手续时，应当续缴延长的采矿许可证有效期的闭坑抵押金。

第八条 采矿权人转让采矿权的，闭坑抵押可以一并转让，由采矿权转让的受让人承担矿山地质环境恢复治理义务。闭坑抵押金不转让的，采矿权转让人应当完成相应的矿山地质环境恢复治理工作，经验收合格后，闭坑抵押金和利息予以返还，由采矿权转让的受让人按本办法的规定缴存闭坑抵押金。

第九条 采矿权人在采矿过程中，应当按照边开采边恢复的原则，对因采矿活动破坏的矿山地质环境及时进行恢复治理。矿区范围所在地的县级地质矿产主管部门应当对采矿权人履行矿山地质环境保护和恢复义务的情况加强监督检查。

第十条 小型矿山闭坑或者停办、关闭矿山时，矿山地质环境恢复治理工作必须达到如下验收标准：

(一) 矿产资源开发利用达到开发利用方案的要求，剩余资源处于能够继续开采状态；

(二) 地下井巷采空区矿柱按设计保存完好，或者进行了必要的充填，矿区内无塌陷或塌陷隐患，或者塌陷得到有效治理；

(三) 露天采矿各类岩土体边坡小于容许坡度值，处于稳定状态；危岩体和不稳定边坡得到有效防治；

(四) 贫矿、尾矿、废石、废渣、粉尘、剥离表土等固体废弃物堆放场选择合理，有安全可靠的矿坝，无滥占耕地、破坏土壤、危害生物、污染环境、形成地方病源等现象；

(五) 矿坑水、选矿污水、固体废弃物淋滤溶解废液、生活污水等得到有效处理，未造成环境污染；

(六) 废弃井巷未形成污染地下水的通道，没有突水并危及邻矿的隐患；

(七) 井巷妥善封闭，废水井等及时回填；

(八) 剥离表土应恢复原位，采场边坡、断面、固体废弃物堆放场应覆土并种草植树，保护水土；

(九) 废井(窑)和矸石堆等无自燃隐患。

第十一条 小型矿山闭坑或者采矿终止需要停办、关闭矿山的，采矿权人应当在规定的时间内完成矿山地质环境恢复治理工作，按照闭坑或者停办、关闭矿山的有关规定办理审批手续，同时，申请矿区所在地地质矿产主管部门会同有关部门对其矿山地质环境恢复治理工作进行验收。

达到本办法第十条规定的验收标准的，由验收机关签发矿山地质环境恢复治理工作验收合格证(样式附后)。采矿权人应当在采矿许可证有效期内持验收合格证、闭坑抵押金缴存合同及缴存收据，向矿区所在地地质矿产主管部门申请返还闭坑抵押金及利息，到采矿许可证发证机关注销采矿许可证。地质矿产主管部门应当自收到返还申请之日起15日内将闭坑抵押金及利息返还采矿权人。

未达到本办法第十条规定的验收标准的，由验收机关签发限期恢复治理矿山地质环境通知书(样式附后)，责令限期恢复治理，经验收合格后，再返还闭坑抵押金及利息。采矿权人拒不恢复治理的，按照有关法律、法规和规章的规定予以处罚，由矿区所在地地质矿产主管部门用闭坑抵押金委托治理；治理费用超过闭坑抵押金的部分由采矿权人承担，闭坑抵押金有剩余的，余额返还采矿权人。

第十二条　开采矿产资源给他人造成损失的，由采矿权人按照有关法律、法规的规定承担赔偿责任，赔偿费用不得从闭坑抵押金中支付。

第十三条　地质矿产主管部门擅自将闭坑抵押金挪作他用的，由上级机关责令限期改正，对直接责任人员给予行政处分，构成犯罪的，依法追究刑事责任。

第十四条　采矿权人对地质矿产主管部门作出的有关闭坑抵押金处理的决定不服的，可以依法申请行政复议，也可以依法向人民法院起诉。

第十五条　本办法由省地质矿产主管部门负责解释。

第十六条　本办法自发布之日起实行。

江苏省

关于印发《江苏省矿山环境恢复治理保证金收缴及使用管理暂行办法》的通知

2002年12月4日　苏政发〔2002〕146号

各市、县人民政府，省各委、办、厅、局，省各直属单位：

《江苏省矿山环境治理保证金收缴及使用管理暂行办法》已经省人民政府批准，现印发给你们，请遵照执行。

江苏省矿山环境恢复治理保证金收缴及使用管理暂行办法

第一条　为了保护生态环境和自然景观，加强矿山生态环境保护的监督管理，根据《江苏省人大常委会关于限制开山采石的决定》的规定，结合本省实际，制定本办法。

第二条　凡在本省行政区域内山地丘陵露天开采石材石料及其他矿产资源的采矿权人，必须依法履行矿山环境恢复治理的义务，向县级以上国土资源行政主管部门作出书面承诺，并缴纳矿山环境恢复治理保证金（以下简称保证金）。

第三条　保证金是采矿权人为履行矿山环境恢复治理义务而缴存的保证资金。

保证金本金及利息属采矿权人所有，采矿权人履行矿山环境恢复治理的义务，经验收合格后，保证金本金及利息（按同期银行活期存款利率计算，下同）返还采矿权人。

保证金的收缴及本息的返还工作由国土资源部门负责。

第四条　保证金收缴标准按照不低于基本治理费用的原则，根据矿山登记面积以及矿山对环境的影响程度确定。具体标准见附件。

第五条　保证金缴存分一次性缴存和分期缴存。

采矿许可证有效期3年以下（包括3年）的应当一次性全额缴存。

采矿许可证有效期为4年以上的，首次应当缴存保证金总额的50%，余额可分年度平均缴存，有效期前一年应当全部缴清。

分期缴存的，采矿权人应当分年度应缴纳的保证金在当年的12月31日前缴存，凭缴存凭据办理年检。

第六条　保证金由省、市、县（市、区）国土资源行政主管部门分级负责收取，国土资源部登记发证的由省级国土资源行政主管部门负责收取。收取的保证金直接缴入同级财政专户，实行收支两条线管理。对不予返还的保证金作为预算外资金收入纳入部门预算管理，专项用于矿山环境的恢复治理。

第七条　新办矿山企业，采矿权申请人应当自收到批准登记之日起30日内向颁发采矿许可证的国土资源行政主管部门作出矿山环境恢复治理书面承诺，同时缴存保证金。凭保证金缴存凭据办理采矿登记手续，领取采矿许可证。拒绝缴纳保证金的，不予办理采矿登记手续。

国土资源部发证的，采矿权申请人应当在省国土资源行政主管部门初审前缴存保证金，凭保证金缴存凭据办理初审手续。

第八条 本办法实施以前已经取得采矿权的采矿权人，应当按照本办法的规定在本办法实施后三个月内缴存自取得采矿权之日起的保证金。拒绝缴纳保证金的，不予办理采矿许可证年检、注销采矿许可证。

第九条 采矿权人办理采矿许可证延续登记手续时，应当重新核定应缴纳的保证金。

第十条 采矿权人转让采矿权的，保证金和利息一并转让，由采矿权受让人承担相应的矿山环境恢复治理义务。

第十一条 采矿权人在采矿过程中，应当实行边开采边治理。县级以上国土资源行政部门应当对采矿权人履行矿山环境恢复治理进行监督。

第十二条 矿山停办、关闭或者闭坑时，矿山环境恢复治理应当达到如下标准：

1. 矿产资源开发利用达到开发利用方案的要求。

2. 对破坏或废弃的土地已进行回填、平整或改造，已恢复至适宜林木、植物生长、水产养殖等可供利用的状态。

3. 采矿活动中遗留的探槽、探井、钻孔等不能作其他利用的，已进行封闭或者回填。

4. 露采矿山终采后各类岩土体边坡小于允许坡度值，危岩体、不稳定边坡等得到有效治理。没有诱发山体崩塌、滑坡、泥石流等地质灾害隐患。

5. 尾矿、废石、废渣、剥离表土等固体废弃物堆放场选择合理，安全稳定，无滥占耕地、污染环境现象。

6. 采场边坡、固体废弃物堆放场种草植树。

第十三条 采矿权人在矿山停办、关闭或者闭坑前，必须完成矿山环境恢复治理工作，同时经收取保证金的国土资源行政主管部门会同有关部门对其矿山环境恢复治理工作进行验收。验收费用同采矿人承担。

第十四条 经验收符合本办法第十二条规定标准的，由组织验收的机关签发矿山环境恢复治理工作验收合格证。采矿权人可持合格证、保证金缴存凭据及承诺书，申请返还保证金及利息。各级国土资源行政主管部门应当自收到申请之日起三个月内将保证金及利息返还采矿权人。

第十五条 采矿权人恢复治理工作未达到本办法第十二条规定标准的，由验收机关签发限期恢复治理矿山环境通知书，责令限期恢复治理，经验收合格后，返还保证金。采矿权人拒不恢复治理的，保证金及利息不予返还，由矿区所在地国土资源行政主管部门用保证金统一组织治理，治理费用超过保证金的部分由采矿权人承担。

第十六条 开采矿产资源给他人造成损失的，由采矿权人按照有关法律、法规的规定承担赔偿责任，赔偿费用不得从保证金中支付。

第十七条 各级财政、国土资源行政主管部门擅自将保证金挪作他用的，由有关部门责令限期改正，对直接责任人员给予行政处分，构成犯罪的，依法追究刑事责任。

第十八条 本办法自发布之日起实行。

附件：江苏省矿山环境恢复治理保证金收取标准

江苏省矿山环境恢复治理保证金收取标准

矿区登记面积（平方米）	缴纳标准 （元/平方米）	
5000－30000	9	（1）登记面积5000平方米以下的一次性缴纳7万元。 （2）保证金总额=采矿许可证登记面积×缴纳标准。 （3）登记面积增加一档，登记面积与缴纳标准的积低于前一档登记面积与缴纳标准最高积的，以前一档最高积计算。
30000－100000	8	
100000－300000	6.5	
300000－500000	4.5	
500000以上	3	

关于印发江苏省矿山地质环境恢复治理保证金收缴及使用管理办法的通知

2010年11月25日　苏政办发〔2010〕132号

各市、县人民政府，省各委、办、厅、局，省各直属单位：

《江苏省矿山地质环境恢复治理保证金收缴及使用管理办法》已经省人民政府同意，现印发给你们，请切实遵照执行。

江苏省矿山地质环境恢复治理保证金收缴及使用管理办法

第一条　为加强矿山地质环境保护，有效恢复治理矿山地质环境，根据《江苏省地质环境保护条例》、《矿山地质环境保护规定》（国土资源部令第44号）等法规规章，制定本办法。

第二条　在本省行政区域内开采矿产资源的采矿权人，应当履行矿山地质环境恢复治理义务，依法缴纳矿山地质环境恢复治理保证金（以下简称保证金）。

第三条　保证金属采矿权人所有。采矿权人履行矿山地质环境恢复治理义务，矿山地质环境恢复治理工程经验收合格后，保证金本金及利息返还采矿权人。

采矿权人恢复治理矿山地质环境的费用列入生产成本。

第四条　保证金按采矿权审批权限，由县级以上国土资源行政主管部门分级收取。国土资源部发证的由省国土资源行政主管部门负责收取。收取的保证金直接缴入国土资源部门在同级财政部门开设的保证金专户。

第五条　按照不低于基本治理费用的原则，根据采矿许可证批准的矿区登记面积、开采方式以及对矿山生态环境的影响程度等因素，确定保证金收缴标准（附后）。

第六条　保证金缴存可分一次性缴存和分期缴存。

采矿许可证有效期三年以下（含三年）的，应当一次性全额缴存。

采矿许可证有效期为三年以上的，可分期缴存。首次应当缴存保证金总额的30%，余额可按年度平均缴存，但必须在采矿许可证有效期满前一年全部缴清。

分期缴存的，采矿权人应当在年检时缴纳分年度应缴纳的保证金，并凭缴存凭据办理年检。

第七条　新办矿山企业，采矿权申请人按照核定的保证金数额，向颁发采矿许可证的国土资源行政主管部门缴存保证金。凭保证金缴存凭据，领取采矿许可证。

第八条 因矿区范围、矿种或者开采方式发生变更的，采矿权人应当按照变更后的标准缴纳保证金。

第九条 本办法实施前，已经按《江苏省矿山环境恢复治理保证金收缴及使用管理暂行办法》（苏政发〔2002〕146号）规定缴存保证金，且采矿许可证未到期的，按原规定缴存保证金。采矿许可证期满需延续的，按本办法标准重新核定保证金。

本办法实施前，已经取得采矿权、不属于《江苏省矿山环境恢复治理保证金收缴及使用管理暂行办法》规定缴存保证金范围的采矿权人，缴存保证金的年限为采矿许可证有效期减去本办法执行之日起已开采的年限，并在办理矿山年检时按国土资源行政主管部门的通知要求缴纳。未缴纳保证金的，不予办理采矿许可证年检。

第十条 采矿权人转让采矿权的，保证金和利息一并转让，由采矿权受让人承担相应的矿山地质环境恢复治理义务。

第十一条 采矿权人应当按照国家规定要求，委托具有相应资质的单位编制《矿山地质环境保护与综合治理方案》，并按照采矿权批准权限报县级以上地方人民政府国土资源行政主管部门审批后组织实施。

第十二条 采矿权人应当实行边开采边治理。采矿许可证有效期为三年以上、按照开采设计或开发利用方案分期开采的，采矿权人可以依据《矿山地质环境保护与综合治理方案》，提出恢复治理分期工程实施方案，并报负责收取保证金的国土资源行政主管部门备案。分期治理工程经验收合格的，由负责收取保证金的国土资源行政主管部门按治理面积占矿区范围面积的比例返还保证金，也可将返还的保证金结转为分期缴纳的保证金。

第十三条 采矿权人在矿山停办、关闭或者闭坑前，应当完成矿山地质环境恢复治理义务。在矿山停办、关闭或者闭坑后一年内，向负责收取保证金的国土资源行政主管部门提出书面验收申请。国土资源行政主管部门自收到采矿权人验收申请之日起三十个工作日内会同有关部门组织验收。

验收依据为《江苏省地质环境保护条例》第十七条所规定的矿山地质环境恢复治理义务、《矿山地质环境保护与综合治理方案》及国家其他相关规定。

第十四条 矿山地质环境恢复治理经验收合格的，由负责收取保证金的国土资源行政主管部门签发矿山地质环境恢复治理工作验收文件。采矿权人可持验收文件、保证金缴存凭据办理保证金本息返还手续。

验收不合格的，由负责收取保证金的国土资源行政主管部门责令其限期恢复治理，限期治理经复验合格的，返还保证金本息。

第十五条 采矿权人未履行矿山地质环境恢复治理义务或者验收不合格，逾期不进行恢复治理或者恢复治理达不到要求的，保证金本息不予返还。

第十六条 不予返还的保证金本息转为治理费用，由矿区所在地县级人民政府通过公开招标方式组织有相应资质的专业施工单位进行矿山地质环境恢复治理。治理费用超过保证金本息的部分由采矿权人承担。治理费用如有结余，由矿区所在地县级人民政府统筹用于责任主体灭失的废弃矿山治理。

第十七条 各级财政、国土资源行政主管部门要严格执行专户存储和专款专用制度，加强对保证金的动态监管。对擅自将保证金挪作他用，或者采矿权人未缴纳保证金而给予办理采矿和年检手续的，由有关部门责令限期改正，对直接责任人员给予行政处分；构成犯罪的，依法追究刑事责任。

第十八条 本办法自发布之日起实行。原《江苏省矿山地质环境恢复治理保证金收缴及使用管理暂行办法》即行废止。

附件：江苏省矿山地质环境恢复治理保证金收取标准

江苏省矿山地质环境恢复治理保证金收取标准

<table>
<tr><td rowspan="2">矿区登记面积
(平方米)</td><td rowspan="2">缴纳标准
(元/平方米)</td><td colspan="5">开采方式影响系数</td><td colspan="2" rowspan="2">矿种影响系数</td><td rowspan="2">备　注</td></tr>
<tr><td colspan="2">露天开采</td><td colspan="3">地下开采</td></tr>
<tr><td>5000～30000</td><td>15</td><td>开采方法</td><td>系数</td><td colspan="2">采矿方法</td><td>系数</td><td>矿种</td><td>系数</td><td rowspan="6">（1）登记面积5000平方米以下的一次性缴纳20万元（水气矿产10000元）。
（2）保证金总额=采矿许可证登记面积×缴纳标准×开采方式影响系数×矿种影响系数。
（3）登记面积增加一档,登记面积、缴纳标准、影响系数的积低于前一档登记面积、缴纳标准、影响系数最高积的,以前一档最高积计算。</td></tr>
<tr><td>30000～100000</td><td>10</td><td rowspan="2">自上而下水平分层采矿法</td><td rowspan="2">0.8</td><td colspan="2">充填、水溶采矿法</td><td>0.2</td><td>金属矿产</td><td>0.3</td></tr>
<tr><td>100000～300000</td><td>7.5</td><td rowspan="2">空场采矿法</td><td>不允许地表塌落</td><td>1</td><td>能源矿产</td><td>0.25</td></tr>
<tr><td>300000～500000</td><td>5.5</td><td rowspan="3">露天高边坡采矿法、露天坑采</td><td rowspan="3">1.2</td><td>允许地表塌落</td><td>1.1</td><td>非金属矿产</td><td>1</td></tr>
<tr><td rowspan="2">500000以上</td><td rowspan="2">4.5</td><td colspan="2">崩落采矿法</td><td>1.2</td><td rowspan="2">水气矿产</td><td rowspan="2">0.05</td></tr>
<tr><td colspan="2">其他采矿法</td><td>1</td></tr>
</table>

浙江省

关于全面整顿和规范矿产资源开发秩序的实施意见

2005年12月1日　浙政发〔2005〕62号

为认真贯彻落实《国务院关于全面整顿和规范矿产资源开发秩序的通知》（国发〔2005〕28号）精神，进一步整顿和规范矿产资源开发秩序，有效保护和合理开发矿产资源，现结合我省实际，提出如下实施意见。

一、整顿和规范矿产资源开发秩序的指导思想与总体目标

(一) 指导思想。以邓小平理论和“三个代表”重要思想为指导，以科学发展观为统领，深入贯彻党的十六大和十六届三中、四中、五中全会精神，按照国发〔2005〕28号文件要求，坚持依法行政，严格整治，着重规范，立足治本，注重实效，综合运用经济、法律和必要的行政手段，切实解决矿产资源开发中存在的突出问题，不断完善与社会主义市场经济体制相适应的矿产资源开发管理的体制机制，走出一条科技含量高、经济效益好、资源利用率高、环境污染少、安全有保障的具有浙江特色的矿业发展新路子，促进我省节约型社会建设和经济社会持续快速健康发展。

(二) 总体目标。到2006年底，全面完成整顿和规范的各项任务，各类违法违规行为得到全面遏制，违法案件得到及时查处；全面实现采矿权有偿使用，市场配置资源的基础性作用充分发挥；矿山自然生态环境治理和恢复的新机制更加健全，并取得明显成效；矿山布局基本合理，矿产资源的合理开发和综合利用提高到一个新的水平；各项制度健全，基层监管到位，基本建立规范的矿产资源开发秩序。

二、整顿矿产资源开发秩序的主要任务

(一) 严厉打击无证勘查和开采等违法行为。各级政府要组织有关部门对本行政区域内所有勘查、开采的项目进行逐个排查。对未取得勘查许可证、超越批准的勘查区块范围进行勘查的，责令其停止违法行为并依法予以处罚。对持勘查许可证采矿的，责令其立即停止违法行为，没收违法所得并依法予以处罚，情节严重的，吊销其勘查许可证。对未取得采矿许可证、持过期失效采矿许可证采矿或者在被责令停产整改期间擅自采矿的，要依法严厉打击、从重处罚。拒不停止开采，情节严重，造成矿产资源破坏或者安全事故的，依法追究直接责任人的刑事责任。对无采矿许可证、或已吊销、注销采矿许可证的矿山企业，安全生产监管部门要吊销或暂扣其安全生产许可证，公安机关要停止审批其购买爆破器材，电力部门要停止供电，其他有关部门要依法吊销或者注销其相关证件。

(二) 严肃查处无证选矿等违法行为。各级政府要组织国土资源、工商、安全生产监管等有关部门对辖区内的单独选矿活动进行全面检查。对无选矿许可证或持过期失效的选矿许可证从事选矿活动的，要责令其立即停止违法行为，没收矿产品和违法所得，并处以罚款。对不及时办理选矿许可证变更登记，要责令限期改正；逾期不改正的，依法吊销其选矿许可证。对无合法矿石来源、无政府有关部门批准的采矿或选矿许可证的轧（碎、磨）石厂（点），视为无证选矿，要依法予以严肃查处。

(三) 全面查处越界开采等违法行为。各级政府要组织国土资源等部门对本行政区域内越界开采、非法转让探矿权和采矿权等违法行为进行全面排查。对超越批准矿区范围开采的，责令退回其本矿区范围，没收越界开采的矿产品和违法所得，密封越界的井巷工程（或者宕面），并依法进行处罚；对

拒不改正的，依法吊销其采矿许可证和其他证照。对非法占用耕地建砖瓦窑的，有关部门要依法予以关闭、拆除；对有合法用地手续，但未按规定范围和深度取土的，要依法责令其限期改正；对拒不改正或以各种理由逃避、拖延履行土地复垦义务的，要坚决予以关闭。

(四) 全面检查探矿权、采矿权人履行法定责任的情况。对取得勘查许可证后不按期进行施工或未依法完成最低勘查投入的，国土资源部门要责令其限期改正，并依法处罚；对拒不改正的，依法吊销勘查许可证。对吊销许可证的，要及时责令其依法注销工商登记，拒不办理的，依法吊销其营业执照。对采矿权人未按批准的开发利用方案或矿山设计进行开采、开采回采率达不到设计要求、浪费破坏矿产资源、存在安全生产隐患的，要责令其停止生产、限期整改，对整改后仍达不到要求的，要坚决予以关闭。对非法转让或变相买卖探矿权、采矿权的，没收其违法所得并处以罚款，并责令限期改正，逾期仍不改正的，依法吊销勘查许可证、采矿许可证和其他证照；对受让方按无证勘查、开采依法予以处罚。对采矿权人不交纳矿山自然生态环境治理备用金，或交纳备用金后，没有依法履行矿山自然生态环境恢复治理义务，或者要求分期治理但没有及时治理的，要责令其限期足额交纳备用金，限期履行治理义务；对拒不改正的，收回采矿许可证。对探矿权人、采矿权人及建设单位未履行矿产资源储量登记义务的，国土资源部门不得批准其勘查开采许可证，不得批准建设用地。

(五) 坚决关闭破坏环境、污染严重、不具备安全生产条件的矿山。切实加强对矿山企业在环境保护和安全生产方面的监督检查。对未进行环境影响评价工作，或已做了环境影响评价报告，但未落实环境保护措施，以及不具备安全生产条件的矿山企业，环保、安全生产监管部门要依法责令其限期整改，已经投入生产的要依法责令其停止生产并限期整改，有关部门暂扣其所有证照；对拒不停产或者整改后仍达不到要求的，由县级以上人民政府予以关闭，有关部门要依法责令其注销相关证照，或者依法吊销其相关证照。对未依法办理用地手续、无尾矿库或未经有资质设计单位设计建造的尾矿库、污染环境、破坏耕地、破坏河道、造成地质灾害的选（洗）矿厂，要责令整改，整改后仍不合格的予以依法取缔。

(六) 全面清查和纠正矿产资源开发管理中的各种违法违规行为。各级政府和有关部门要严格依法行政，规范矿产资源开发管理。要对照有关法律法规，对矿产资源开发管理中的探矿权和采矿权审批、项目核准、生产许可、安全许可、环评审查、企业设立等各项管理行为进行一次全面清理检查，依法严肃查处国家工作人员违法违规审批、滥用职权、失职、渎职行为。对国家工作人员以入股参股等方式参与办矿的，必须在2006年1月1日前撤出投资；对不撤出投资或者隐瞒事实真相、采取其他手段继续投资入股办矿的，一经查实，一律先就地免职，再视情节按有关规定严肃处理。

三、规范矿产资源开发秩序的主要任务

(一) 严格执行矿产资源规划。矿产资源勘查、开采、保护和利用必须严格执行矿产资源规划。2006年完成新一轮省、市两级矿产资源规划的编制工作；依据规划基本完成禁采区矿山企业的关停工作。大幅度减少限采区的矿山企业数量，明显降低限采区内的开采强度。建立集中开采区矿产资源开发利用总体方案编制和实施制度，促进开采区矿山的规模化和集约化；建立矿产资源开发利用效率综合评价指标体系，全面提高矿产资源的节约集约利用水平，使年均矿石量的增长低于矿业产值的增长，年均矿业产值的增长低于矿业利税增长；全省矿山布局基本合理，矿业结构更加优化。

(二) 严格探矿权、采矿权审批管理。国土资源部门要严格依法审批探矿权、采矿权，严格按照国家产业政策、矿产资源规划和安全生产法律法规设置探矿权、采矿权。要依据矿产资源储量及矿山企业设计生产能力，严格依法核定采矿权许可证有效期限。进一步完善探矿权、采矿权招标、拍卖、挂牌出让和协议出让办法，完善探矿权、采矿权各项管理制度。要严格依据规划和年度计划指标，实行采矿权总量控制，促进矿山企业的规模化和集约化。

(三) 完善探矿权、采矿权有偿使用制度。省国土资源厅要会同省级有关部门加快推进国有及国有控股矿山企业采矿权有偿使用，到2006年底前，全面实行采矿权有偿使用。制定并完善无风险类矿产资源和低风险类矿产资源由政府出资勘查，形成采矿权后由政府有偿出让的管理办法。完善全省采矿权有偿出让所得使用管理办法，进一步规范出让金的使用。规范工程建设中的矿产资源开采行为。

(四) 建立健全矿山生态环境保护与治理新机制。切实抓好《矿山自然生态环境保护与治理规划（方案）》的实施工作。修订完善《浙江省矿山自然生态环境保护与治理备用金收取管理办法》，改革备用金收取标准，进一步落实采矿权人的治理责任。各地要按照“谁投资、谁受益”的原则，研究制定鼓励废弃矿山整治政策，积极探索废弃矿山治理新路子。开展“绿色矿山”建设，逐步形成全省矿产开发与生态环境保护的良性互动新机制。

(五) 严格矿产资源勘查、开采准入管理。推进探矿权、采矿权准入制度建设，加强勘查、开采资质管理，严格市场准入标准，从源头上规范勘查、开采行为。国土资源部门审批勘查许可证和采矿许可证，必须依法对矿产资源勘查施工方案和开发利用方案进行严格审查，凡不符合矿产资源规划、资源不能综合评价和合理利用、不符合安全生产条件、不提交环境影响评价及审批报告和地质灾害危险性评估报告等文件的，一律不予批准。设计单位要严格按照国家规定的技术规范编制开发利用方案或设计，有关部门要加强监管。

(六) 建立矿产资源开发监管责任体系。国土资源、发展改革、经贸、林业、环保、工商、安全生产监管等有关部门要依据法律法规，进一步完善探矿权和采矿权审批、项目核准、生产许可、安全许可、环评审查、企业设立等各项矿产资源开发的管理制度，切实加强对矿产资源开发各个环节的监管并承担相应责任。要充分发挥执法监察队伍和矿产督察员队伍的作用，建立监管责任体系。强化市、县（市、区）国土资源部门监管职能，加强监管力量，实行任务到矿，责任到人，维护矿产资源勘查、开采正常秩序。要积极探索对储量进行动态监管的有效办法，严格矿产资源开发利用方案执行情况的检查，完善年度报告制度，切实提高矿产资源开发利用水平。

四、整顿和规范矿产资源开发秩序的工作安排

全省矿产资源开发秩序整顿和规范工作以市、县（市、区）政府自查自纠为主，省督导检查为辅。具体分四个阶段进行。

第一阶段：动员部署阶段（2005年9月－2005年12月）。按照国务院的统一部署，深入开展整顿和规范矿产资源秩序的宣传和发动，统一思想，提高认识，成立组织机构，制定实施方案，落实工作经费等保障条件。同时，采取多种形式广泛宣传，营造治理整顿舆论声势，为全面整顿和规范工作奠定坚实的基础。

第二阶段：集中整顿阶段（2006年1月－2006年6月）。集中力量全面查处无证勘查、无证开采、越界开采、以采代探和非法转让探矿权、采矿权、破坏矿山生态环境等违法行为；清理、纠正和查处党政机关工作人员和国有企业负责人参与办矿、违法批矿等违纪违法案件。各市、县（市、区）政府统一组织有关部门及辖区内探矿权人、采矿权人进行自查自纠、限期整改，及时处理违法行为，全面完成整顿任务。同时，开展相关的规范工作。

第三阶段：规范提高阶段（2006年7月－2006年12月）。按照规范的主要任务及要求进行整改，重点是建章立制，完善管理制度，建立矿产资源管理长效机制，进一步规范矿产资源勘查、开采行为，规范地勘单位、设计单位从业行为。

第四阶段：检查验收阶段（2007年1月－2007年3月）。在整顿和规范工作基本结束后，各市政府要组织检查组对各县（市、区）整顿和规范工作进行检查验收，并向省政府报告。省政府组织检查组对各市整顿和规范矿产资源开发秩序工作进行检查验收。对检查验收不合格的市、县（市、区），省国土资源厅要暂停其探矿权、采矿权审批。

五、加强对整顿和规范矿产资源开发秩序工作的领导

(一) 统一思想，提高认识。矿产资源是国民经济和社会发展的重要物质基础。整顿和规范矿产资源开发秩序，是国家整顿和规范经济秩序的系统工程之一，是实现矿产资源合理开发、永续利用，确保安全的重要措施。各地、各有关部门要从构建和谐社会、建设生态省和“平安浙江”的高度，深刻认识开展整顿和规范矿产资源开发秩序工作的重大意义，正确处理好整顿与发展、局部与全局、当前与长远的关系，圆满完成整顿和规范矿产资源开发秩序的各项任务。

(二) 加强领导，落实责任。整顿和规范矿产资源开发秩序任务重，要求高，涉及面广，持续时间长，各地、各有关部门要切实加强领导。省政府已经成立整顿和规范矿产资源开发秩序工作领导小组，各市、县（市、区）政府也要建立相应的组织，并把维护辖区内正常的矿产资源开发秩序纳入政府工作目标，强化考核。要按照统一部署、依法推进、突出重点、分步实施的原则，结合实际制定实施方案，切实抓好各项工作的落实。县（市、区）政府是搞好这次整顿和规范矿产资源开发秩序的关键，要建立和落实工作目标责任制，确保各项工作及时到位。乡（镇）政府是维护日常矿产资源开发秩序的重要基础，要充分发挥基层工作特点和优势，积极配合做好整顿和规范的各项工作。各有关部门要各司其职，密切配合，形成合力，共同推进整顿和规范工作。

(三) 强化督查，力求实效。整顿和规范矿产资源开发秩序，既要讲进度，更要求质量，在取得实效上下功夫。建立自查、互查和督查相结合的“三查”制度，在整顿和规范工作的各个阶段，都要开展以县（市、区）为单位的自查，县与县、市与市之间的互查，以及省对市、市对县的督查。自查、互查以及督查的结果要逐级上报，并予以通报。各阶段的“三查”工作计划由省整顿和规范矿产资源开发秩序工作领导小组办公室统一安排。各地要建立违法案件举报制度，公开举报电话，设立举报信箱，接受社会监督。

关于调整安徽省煤矿井下艰苦岗位津贴工作的通知

2006年7月12日　劳社〔2006〕74号

各有关市劳动保障局、经委（工经委、经贸委、煤炭局、工业发展局、安监局）、财政局，省属煤炭企业：

为促进我省煤炭行业持续稳定健康发展，按照劳动和社会保障部、国家发展改革委、财政部《关于调整煤矿井下艰苦岗位津贴有关工作的通知》(劳社部发〔2006〕24号)要求，现将我省调整煤矿井下艰苦岗位津贴的有关问题通知如下：

一、煤矿井下艰苦岗位津贴的执行范围

煤矿井下艰苦岗位津贴适用于我省各类煤炭企业的井下职工。具体发放范围为：井下采掘工人、辅助工人，安检人员及井下采掘、辅助队的基层干部、技术人员和管理人员。

二、煤矿井下艰苦岗位津贴的种类及标准

煤矿井下艰苦岗位津贴包括：井下津贴、班中餐补贴和夜班津贴。具体标准如下：

(一) 井下津贴

1. 井下采掘工：25元－30元/工

2. 井下辅助工：15元－20元/工

3. 安检人员、基层干部、技术人员及管理人员的井下津贴，按本企业井下辅助工标准执行。

(二) 班中餐补贴

凡在井下工作，因工作需要不能上井就餐的工作人员，班中餐补贴为8元/工。班中餐补贴由企业集中用于井下职工的伙食，不得挪作他用或以现金支付给职工个人。

(三) 夜班津贴

井下职工的夜班津贴为12元/工。实行前夜班和后夜班工作制的井下工作岗位，前夜班津贴为6元/工，后夜班津贴为10元/工。

三、调整煤矿井下艰苦岗位津贴的资金来源

调整井下艰苦岗位津贴所需资金可以在企业成本中列支。实行工资总额同经济效益挂钩的企业，调整津贴标准增加的工资在挂钩工资总额基数外单列。

四、煤矿井下艰苦岗位津贴的实施

(一) 各类煤炭企业要认真执行井下艰苦岗位津贴的规定，切实落实井下人员的相关待遇。企业确定和发放的井下艰苦岗位津贴不得低于上述标准。

(二) 企业与劳动者签订劳动合同时，应明确井下艰苦岗位津贴标准。企业发放职工工资时，应将职工艰苦岗位津贴与岗位工资及其他工资性收入分项列支。

(三) 实行吨煤工资含量计件制的企业，应结合职工出勤情况，在吨煤工资以外发放井下艰苦岗位津贴。

(四) 各企业要结合这次调整井下艰苦岗位津贴工作，采取多种措施，提高井下职工的收入水平，形成合理的井下人员与地面人员的工资收入分配关系。并在提高井下艰苦岗位津贴的同时，积极改善劳动条件和劳动环境，切实保证职工的身体健康。

(五) 调整煤矿井下艰苦岗位津贴的时间，从2006年11月1日起执行。

(六) 各市应将本通知及时转发到地方煤炭企业，并于2007年3月底以前将本地区煤炭企业的执行情况报省劳动保障厅、省经委、省财政厅备案；省属煤炭企业集团直接将执行情况报省劳动保障厅、省经委、省财政厅备案。

实行工资总额同经济效益挂钩的省属企业，每年年终要将本企业井下艰苦岗位津贴执行情况（各标准执行人数及总额）报省劳动保障厅备案。

安徽省矿山地质环境治理恢复保证金管理办法

2007年12月6日　安徽省人民政府令　第206号

《安徽省矿山地质环境治理恢复保证金管理办法》已经2007年11月26日省人民政府第59次常务会议通过，现予公布，自2008年1月1日起施行。

第一条　为了规范矿山地质环境治理恢复保证金的缴存、使用和管理，保证矿山地质环境治理恢复，根据《安徽省矿山地质环境保护条例》等有关规定，结合本省实际，制定本办法。

第二条　本办法适用于本省行政区域内矿山地质环境治理恢复保证金（以下简称保证金）的缴存、使用和管理。

第三条　本省行政区域内开采矿产资源的采矿权人，应当按照本办法的规定缴存保证金。

第四条　县（含县级市，下同）以上地方人民政府应当加强对保证金缴存、使用和管理工作的领导，及时协调、解决保证金缴存、使用中的问题。

第五条　保证金及其利息属采矿权人所有，专门用于矿山地质环境治理恢复。

采矿权人履行矿山地质环境治理义务，矿山地质环境治理恢复工程经验收合格后，依法返还其缴存的保证金及其利息。

第六条　保证金标准按照不低于治理恢复费用的原则，根据开采矿种、矿区登记面积、开采方式、采矿许可剩余年限等因素综合确定保证金，具体计算公式为：

应缴存保证金金额＝单位面积缴存标准×矿区登记面积×采矿方式影响系数×面积影响系数（按照累进制计算）×采矿许可剩余年限（剩余年限不足1年的，按1年计算）

保证金缴存标准及影响系数见附表。

保证金缴存标准、影响系数的调整，由省人民政府国土资源行政主管部门会同财政行政主管部门确定，报省人民政府批准后施行。

第七条　矿区在县级行政区域内的，由矿区所在地的县人民政府国土资源行政主管部门负责保证金的缴存工作。

矿区范围跨县级以上行政区域的，由所涉及行政区域的共同上一级人民政府国土资源行政主管部门负责保证金的缴存工作。

对大型矿山企业，由省人民政府国土资源行政主管部门负责保证金的缴存工作。

第八条　保证金账户，由采矿权人在与负责缴存工作的国土资源行政主管部门同级的财政行政主管部门指定的银行开设。

第九条　采矿权人在领取采矿许可证时，应当向采矿登记机关出具《矿山地质环境治理恢复和保证金缴存承诺书》，按照采矿登记机关核定的保证金数额和缴存期限，将保证金存入保证金账户。

国土资源部颁发采矿许可证的，采矿权人缴存保证金数额和缴存期限由省人民政府国土资源行政主管部门核定。

《矿山地质环境治理恢复和保证金缴存承诺书》样式由省人民政府国土资源行政主管部门统一制定。

第十条 保证金实行一次性缴存和分期缴存两种方式。

采矿许可证有效期3年（含3年）以下的，采矿权人应当一次性全额缴存保证金。

采矿许可证有效期3年以上的，可以分期缴存保证金，其中10年（含10年）以下的，首次缴存的数额不低于应缴存总额的40%；10年以上的，首次缴存的数额不低于应缴存总额的20%；余款逐年平均缴存，并在采矿许可年限届满前1年全部缴足。

第十一条 采矿权人扩大开采规模、变更矿区范围或者开采方式的，采矿权人应当向采矿登记机关重新出具《矿山地质环境治理恢复和保证金缴存承诺书》，并按重新核定的保证金数额和缴存期限缴存保证金。

第十二条 采矿权人转让采矿权的，转让合同中应当明确约定保证金及利息一并转让给受让人，并由受让人向采矿登记机关重新出具《矿山地质环境治理恢复和保证金缴存承诺书》，承担矿山地质环境恢复治理义务。

第十三条 依法经国土资源行政主管部门组织验收的矿山地质环境治理恢复工程，其保证金按照下列规定返还：

(一) 一次性治理完毕，验收合格的，自验收合格之日起20个工作日内，由国土资源行政主管部门会同财政行政主管部门，将采矿权人缴存保证金及利息全额返还采矿权人；

(二) 按照批准的矿山地质环境保护与综合治理方案分段、分期治理，对已治理且验收合格的工程，自验收合格之日起20个工作日内，由国土资源行政主管部门会同财政行政主管部门，将已治理面积应缴存的保证金及利息返还采矿权人。

采矿权人对国土资源行政主管部门组织验收的矿山地质环境治理恢复工程质量有异议的，可依法申请行政复议或者提起行政诉讼。

第十四条 根据有关法律、行政法规规定，由采矿权人组织验收的矿山地质环境治理恢复工程，其保证金按照下列规定返还：

一次性治理完毕，验收合格的，自验收合格之日起20个工作日内，由国土资源行政主管部门会同财政行政主管部门，将采矿权人缴存保证金的90%返还采矿权人；

(二) 按照批准的矿山地质环境保护与综合治理方案分段、分期治理，对已治理且验收合格的工程，自验收合格之日起20个工作日内，由国土资源行政主管部门会同财政行政主管部门，将已治理面积应缴存保证金的80%返还采矿权人。

采矿权人验收矿山地质环境治理恢复工程时，应当有国土资源行政主管部门参加。自工程验收合格之日起3年内，为工程质量观察期，在观察期内没有出现质量问题的，保证金余款及利息全额返还采矿权人。

第十五条 在矿山地质环境治理恢复工程治理过程中，有下列情形之一的，采矿权人可以向国土资源行政主管部门申请提取部分保证金：

(一) 一次性治理，治理费用超过1000万元的，可以提取的保证金金额不超过已缴存总额的50%；

(二) 按照批准的矿山地质环境保护与综合治理方案分段、分期治理，治理费用超过500万元的，可以提取的保证金金额不超过已缴存总额的65%。

国土资源行政主管部门自收到提取保证金申请之日起20个工作日内，应当会同财政行政主管部门予以审核；不予提取的，应当书面说明理由。

第十六条 返还保证金或者准予提取保证金的，国土资源行政主管部门应当会同财政行政主管部门书面通知缴存保证金的开户银行。银行接到书面通知后，方可办理保证金返还和提取业务。

第十七条 采矿权人对破坏的矿山地质环境拒不治理的，其缴存的保证金及利息不予返还，由负责缴存工作的国土资源行政主管部门组织治理，治理费用从保证金及利息中列支。保证金及利息不足以支付治理恢复费用的，由采矿权人补足。

国土资源行政主管部门按照前款规定组织治理矿山地质环境恢复工程时，应当建立保证金及利息支出台账。采矿权人有权查阅治理费用使用情况。

第十八条 保证金实行专户储存、专账核算，任何单位和个人不得截留、挤占、挪用。

第十九条 县以上地方人民政府国土资源行政管理部门应当会同财政行政主管部门建立保证金监督管理制度，接受审计、监察等部门的监督、检查。

第二十条 违反本办法规定，采矿权人未缴存保证金的，由负责缴存工作的国土资源行政主管部门责令其限期缴存；逾期不缴存的，按照《矿山地质环境治理恢复和保证金缴存承诺书》的约定，追究采矿权人的违约责任，并不予办理采矿权转让、变更登记、延续登记等相关手续。

第二十一条 违反本办法规定，有下列情形之一的，对直接负责的主管人员和其他直接责任人员依法给予行政处分；构成犯罪的，依法追究刑事责任：

(一) 未按照缴存标准核定采矿权人应缴存保证金的；

(二) 未按照规定返还或者准予提取保证金的；

(三) 截留、挤占、挪用保证金的；

(四) 其他滥用职权、徇私舞弊、玩忽职守情形的。

第二十二条 本办法施行前已领取采矿许可证的，采矿登记机关应当在本办法施行之日起2个月内，通知采矿权人依法缴存保证金；采矿权人应当自收到缴存通知之日起10个工作日内，向采矿登记机关申请核定应缴存保证金数额，并按照本办法规定，缴存保证金。

第二十三条 本办法自2008年1月1日起施行。

关于转发《安徽省地方煤与瓦斯突出矿井瓦斯综合治理能力审查标准》的通知

2009年12月17日　煤安监司办〔2009〕31号

各省级煤炭行业管理、煤矿安全监管部门和煤矿安全监察机构：

为加强安徽省地方煤与瓦斯突出煤矿安全管理，安徽省经济和信息化委员会、安徽煤矿安全监察局研究制定并印发了《安徽省地方煤与瓦斯突出矿井瓦斯综合治理能力审查标准》，对矿井瓦斯综合治理能力审查、处理等作了操作性较强的规定。现转发给你们参考借鉴，并请各单位结合辖区实际情况，进一步加强煤与瓦斯突出矿井安全管理，认真贯彻落实《防治煤与瓦斯突出规定》，推进煤矿瓦斯治理工作。

安徽将开征煤炭价格调节资金——地方与中央博弈煤炭调控

2011年7月21日　中国煤炭价格网

安徽省即将出台的“煤炭价格调节资金”充满了争议。

6月30日，在安徽省2011年电力迎峰度夏新闻发布会上，安徽省经济和信息化委员会副主任张海阁语出惊人地指出，作为产煤大省的安徽，今年将首次扭转多年的煤炭净调出省份的局面。“预计全省今年商品煤缺口达800万吨。”张海阁说。

安徽，中国主要产煤省份之一，2010年全省原煤产量达1.31亿吨，坐拥全国首个亿吨级大型煤电基地，多年来一直是煤炭净调出省份，煤炭产品主要销往华东、华南地区。今年一季度，全省商品煤销售达2950万吨，其中销往省外1056万吨，外销流量占比几近四成。

但面对今年5月份提前现身的全省电力紧张形势，安徽省除迅速启动有序用电、加强调度保重点之外，还“逆流”而上，要求省内煤企加快生产、调整销售流向。与此同时，安徽省拟近期出台煤炭价格调节资金，凡出省煤炭将收取20元/吨的外销费。

对照6月10日国家发改委在2011年全国电力迎峰度夏电视会议上重申的“产煤大省清理自行出台的煤炭收费，取缔煤炭出省限制”的要求，安徽此举似“有意”背道而驰。

外援华东“皖煤保皖电”另有隐情?

进入七月，随着高温天气的日渐逼近，安徽省面临着近年来最为严峻的用电形势。1751万千瓦——7月3日，安徽电网刷新了今年以来最大用电负荷记录。

“预测今夏全省最大统调用电需求达到2250万千瓦，目前，省统调机组容量仅2026万千瓦，电力硬缺口达250万千瓦，超过需求的11%。在出现极端高温天气，机组发生故障，电煤供应不及时等情况时，时段性电力缺口可能超过300万千瓦。”张海阁说。

“过去我也常常批评产煤大省的地方保护主义，对这种针对出省煤炭设立门槛的做法不能认同，但安徽的情况还情有可原。”7月13日，中国煤炭运销协会顾问武承厚对渐渐向同一阵线靠拢的“守煤”省份摆出了“有别”的基调，“虽然安徽强调的是皖煤保皖电，但这并非完全‘自我保全’，因为皖电东送的任务还落在他们身上。”

皖电东送工程，始于安徽，落地江浙沪，是华东地区调入电量的重要来源。按照合同，这部分全部输送华东，与安徽无关。截至去年8月份，皖电东送机组装机容量达到758万千瓦，已经超过了目前安徽省内统调机组容量的1/3。也就是说，有至少1/3省内统调机组所需电煤从空中走去了江浙沪。

“我们说的‘保皖电’并不特指保证省内本地用电供煤，皖电东送的机组同样包括在内。”安徽省经信委一位官员向本报记者证实。

据安徽省电力公司副总工程师胡晓飞介绍，今年1至3月份，安徽向华东电网净送电量达109.8亿度，同比增长30.5%，而前一年只有三、四十亿度的增量。也就是说，今年一季度就增长了以往一年的送电量。

“输电即输煤，只是能源输出形式的转换。”武承厚说，“从这个意义上讲，保皖电便是保了华东地区的部分用煤需求，这完全符合决策层的要求。”

一位在淮北市长期从事地区煤炭销售的人员表示，地方要想从皖电东送机组对应的坑口煤矿截留一斤煤都很困难，“为了完成上面的任务，省政府甚至向每个矿都派出专门人员，盯着井下挖出的每一块煤。”

拆墙补墙　守煤“防线”不得不设?

“自给不足，设防有理。”面对记者的质疑，厦门大学能源经济研究中心主任林伯强如是答复。据安徽省经信委调查统计，预计今年全省商品煤资源量约1.18亿吨，而总需求约1.26亿吨，缺口达800万吨。

为此，6月11日，安徽全省17市政府及煤电运企业签订了电力迎峰度夏目标责任书，明确了“先省内、后省外，先电煤、后非电煤，先重点企业、后非重点企业”的省内煤炭供应顺序。省四大矿业集团被要求100%兑现省内电煤供应计划，在年度重点合同的基础上，分别增加省内电煤供应量，使迎峰度夏省内保供比重达88%。

淮南矿业集团，安徽省最大的国有煤企，在今夏保供约2250万吨的计划中，承担了其中的1304.3万吨。提及此事，企业内部好几个人士对记者言必称国企责任，却始终不愿提供翔实的交易数据，连连直呼“这个东西太敏感”。

而省内第二大国有煤企淮北矿业集团相关负责人介绍说，企业坚持了“皖煤保皖电，保煤不保价”的原则，截至6月底共发运省内电煤447.4万吨，合同兑现率达到109%，“但因煤种调配及销售价格差异，损失已达2亿元。”

再加上即将启动的20元/吨的煤炭出省费，今年迎峰度夏，四大煤企面临的经营压力非比往常。但即便在此情境下，对比发电企业眼下的日子，煤企过得还是相对舒心。

“全省燃煤发电行业近三年年均亏损16.6亿元，目前平均资产负债率已经达到82.4%。今年前两个月亏损5.6亿元。特别是部分处在负荷中心的厂网分离机组和沿江发电机组，正面临资不抵债和资金链断裂的风险。”在全省一季度能源经济形势公报中，安徽省能源局直指燃煤火电企业亏损严重源自电煤价格的不断攀升，“2005－2010年，我省重点合同电煤价格从289元/吨上涨到580元/吨（折合5000大卡），涨幅达100%；市场煤价从435元/吨上涨到743元/吨，涨幅达70.8%。”

“再加上21家燃煤电厂今年在外省的500多万吨重点电煤合同兑现率目前并不理想，”上述省经信委官员无可奈何地表示，“我们拿上网电价又没辙，不得已才在权限范围内对自家煤企‘开刀’，要求他们让渡部分利润，缓解电煤供应价格压力。”

张海阁表示，即将出台的煤炭价格调节资金主要将用于省内电煤供应企业的奖励（以奖代补）和发电企业的经营补贴。

群起设限　加剧局部供应紧张

由于安徽省煤炭产量集中度较高，四大集团占比约98%，因此，尽管今年初省重点煤炭企业与发电企业签订的重点供煤合同只能满足发电需要的85%左右，但通过保供等有效调度，截至5月份，省内电煤合同兑现率达92%。

“目前，供煤合同每日计划完成率基本达到100%，省调21家主力电厂存煤已上升到80万吨以上，存煤水平明显提高，已达安全范围。”张海阁说。

上述省经信委官员告诉本报记者，下一步要推出煤炭价格调节资金，进一步引导出省煤炭“回流”。他还表示，目前尚未明确这个资金的设立是否仅为“缓兵之计”。“如果安徽真的自此扭转为煤炭调入区，不排除将来有可能将煤炭价格调节资金作为一项长期政策执行。”他进一步说，“这取决于未来一段时间的执行效果。”

对此，煤炭经济研究会秘书长赵家廉向本报记者表示难以认同：“名目一旦设立，恐怕很难取消。”

纵观地方政府近年来对煤炭资源的价格调控，数量和范围都在扩大。这其中有煤炭调入区，多数更为煤炭调出区，品种涉及煤炭可持续发展基金、价格调节基金和资源税等。以煤炭价格调节基金为例，全国已有四川、陕西、湖南、重庆、贵州、云南、内蒙古、河南等多个省份相继设立，征收标准集中在10－50元/吨，个别品种过百元。

针对这种日渐密布的跨省防线，中国煤炭运销协会理事长董跃鹰向本报记者表示，将阻碍煤炭流通、加剧局部地区煤炭供应紧张，助推煤炭价格上涨。

“我们认为在目前供求形势下，成本增加往下游转移的可能性比较大。”7月11日，招商证券就河南省7月4日开征的煤炭价格调节基金分析道：“由于重点电煤价格比市场价格低很多，此次成本增加后，煤企更有理由往下游转移。预计煤炭企业可能面临地方政府和国家发改委的矛盾政策无法协调。要么国家发改委取消电煤限价，要么河南省对重点电煤不征收煤炭价格调节资金。”

对于安徽来说，煤炭价格调节资金的开征也将面临同样的问题。记者就其中的政策矛盾问题致电国家能源局煤炭司，被告知“不知情”。

“煤将成为地方与中央博弈的一个方面。”林伯强表示。

关于印发《福建省煤矿生产能力复核工作实施方案》的通知

2006年6月29日　闽经贸能源〔2006〕393号

各产煤设区市、县（市、区）煤炭行业管理部门，安监局，省煤炭工业（集团）公司：

根据国家发展和改革委员会、国家安全生产监督管理总局、国家煤矿安全监察局《关于开展全国煤矿生产能力复核工作的通知》（发改运行〔2006〕1019号）有关精神，省经贸委、省安监局、福建煤监局共同制定了《福建省煤矿生产能力复核工作实施方案》（以下简称《实施方案》），现将该实施方案印发给你们，请认真贯彻实施。

福建省煤矿生产能力复核工作实施方案

为了进一步加强煤矿生产能力管理，规范煤矿生产行为，促进安全生产，保障煤炭有序供应，根据国家发改委、安监总局、煤监局印发的《煤矿生产能力管理办法》、《煤矿生产能力核定资质管理办法》、《煤矿生产能力核定标准》和《关于开展全国煤矿生产能力复核工作的通知》（发改运行〔2006〕1019号）及全国煤矿生产能力管理工作会议精神，经研究，决定在全省范围内开展煤矿生产能力复核工作，现结合我省煤矿的实际情况，特制定本实施方案：

一、指导思想

以科学发展观为统领，结合福建省情，实事求是、科学合理地核定煤矿生产能力，为依法生产、依法监管提供科学依据，推动煤矿技术进步，淘汰落后生产能力，促进煤矿安全生产和合理开发利用煤炭资源，促进煤炭工业持续、稳定、健康发展。

二、组织机构

为加强组织领导，省级有关部门成立省煤矿生产能力复核工作领导小组。领导小组由省经贸委、安监局、福建煤监局和省煤炭集团公司成员单位组成，组长：马鉴康（省经贸委副主任），副组长：丁明干（省安监局副局长）、郑金腾（省煤炭集团副总经理）。领导小组下设办公室，挂靠省经贸委能源处，办公室主任由能源处处长林本霖兼任。各产煤设区市、县（市、区）煤炭行业管理部门和省煤炭工业（集团）公司都要成立相应的能力复核工作领导机构，建立和落实领导责任制，具体组织实施所属煤矿的生产能力复核工作。龙岩煤炭管理局、三明市煤炭行业管理办公室、泉州市煤炭行业管理办公室和省煤炭集团公司各指派1名联络员常驻省经贸委能源处配合相应生产能力复核工作开展。

三、复核的对象与范围

截至2006年6月底，凡依法取得安全生产许可证和煤炭生产许可证的煤矿均为本次生产能力复核的对象和范围。2005年7月1日以后竣工投产的新建、改扩建和技术改造煤矿，一律按经批准的设计生产能力认定，不再进行能力复核。

四、复核的依据、标准及要求

(一) 严格执行国家发改委、安监总局、煤监局印发的《煤矿生产能力管理办法》、《煤矿生产能力核定资质管理办法》和《煤矿生产能力核定标准》。

(二) 凡本次复核以前进行的生产能力核定，所依据的标准与新印发的《煤矿生产能力核定标准》不一致的，均按新印发的核定标准作相应调整，其中年工作日数统一为330日。

(三) 符合国家基本建设程序，实施改扩建、技术改造的煤矿，以经批准的初步设计确定的生产能力为准，不得借本次复核，将违背初步设计、"批小建大"的矿井生产能力合法化。

(四) 凡未依法履行建设程序、办理各项审批(核准)手续而擅自实施改扩建、技术改造的煤矿，新增生产能力一律不予认可。不得借本次复核，对违规形成的生产能力给予认定。

五、工作程序、步骤和时间安排

全省煤矿生产能力复核工作实施自6月中旬开始，至10月20日结束。工作程序和步骤如下：

(一) 制定方案，统一布署，传达贯彻。

省经贸委牵头制定全省煤矿生产能力复核工作方案，并报国家发改委、安监总局、煤监局备案。6月下旬，省经贸委会同省安监局、福建煤监局召开全省煤矿生产能力管理工作会议，贯彻落实新印发的《煤矿生产能力管理办法》、《煤矿生产能力核定资质管理办法》、《煤矿生产能力核定标准》及全国煤矿生产能力管理工作会议精神，全面部署煤矿生产能力复核工作。

各产煤设区市行业管理部门、省煤炭集团公司要将会议精神和复核工作要求迅速传达至各产煤县（市）行业管理部门、所属煤矿企业，明确组织领导、工作步骤和要求，确保煤矿生产能力复核工作的顺利开展。

(二) 核准煤矿生产能力核定资质。

根据《煤矿生产能力核定资质管理办法》和《关于开展全国煤矿生产能力复核工作的通知》我省煤矿生产能力核定资质由省经贸委统一受理、审查、核准。煤矿生产能力核定资质实行总量控制，全省仅有10个核定资质单位指标。生产能力核定资质申请与授予的对象限定在目前已经成立的符合规定条件的煤炭生产企业、煤矿设计和科研院所等单位，不接受社会上一般的中介机构的申请。一个企业法人只能授予一个能力核定资质。具备《煤矿生产能力核定资质管理办法》规定条件的单位，必须在规定的时间内向省经贸委提出资质申请，并提交有关申报资料。各设区市煤炭行业管理部门应当协助省经贸委做好申报资料的核实工作。

中介机构在生产能力核定过程中，应严格按省物价局核定的收费标准向煤矿企业收费。

经核准的生产能力核定资质单位于7月20日前通过省经贸委网站向社会公示、公告，并报国家发改委、安监总局、煤监局备案。

(三) 复核人员培训。

7月下旬至8月中旬，省复核办将组织煤炭管理部门和核定资质单位的业务技术骨干参加国家统一举办的煤矿生产能力核定骨干技术人员培训班。在国家培训的基础上，省复核办统一组织由全国培训考核合格的骨干技术人员，对各地煤炭行业管理部门骨干技术人员及煤矿生产能力核定资质单位全部专业技术人员开展培训工作（具体安排另行通知）。生产能力核定资质单位的全部专业技术人员须经培训合格后，才能从事复核工作。

(四) 复核技术标准细化。

煤矿企业在生产能力复核前，必须按要求准备有关图纸、资料，同时做好矿井技术档案管理工作。省复核办届时将组织有关专家专题研究，制定具体、详细的复核技术资料、图表清单及其文本格式，确定有关参数的取值标准，指导各地（单位）煤矿生产能力复核工作。各生产能力核定资质单位必须严格遵循生产能力核定的各项规定和标准，确保煤矿生产能力复核结果的真实性、准确性。

(五) 复核试点工作。

8月中旬，省复核办从省属煤矿和龙岩、三明市地方煤矿中，各选1家生产矿井作为试点，进行煤矿生产能力复核示范。省复核办将组织有关专家对复核模式进行论证，其经验经总结和补充完善后，供全省推广使用。在此基础上，由省复核办根据核定资质单位数量、煤矿分布等，制定煤矿生产能力复核分步实施计划，有重点、有步骤地开展复核工作。

(六) 煤矿生产能力现场复核。

8月下旬至10月上旬，省复核办组织开展全省煤矿生产能力复核工作，各煤矿企业可委托有生产能力核定资质单位进行生产能力复核。具备资质的生产能力核定单位接受委托后，应在30日内完成生产能力复核，并向煤矿企业提交生产能力内容完整、规范的复核报告。各生产能力核定资质单位对每一处煤矿的复核，必须深入现场、深入井下，对各系统(环节)的能力逐一认真核查。

(七) 复核结果的审查确认。

煤矿企业按照隶属关系向主管部门（单位）提交生产能力复核结果的审查申请，并报送生产能力复核报告书、核定结果审查申请文件和申请表、煤炭生产许可证复印件等有关资料。

煤矿企业按属地管理原则向其主管部门提交申请：省煤炭集团总公司所属企业向省煤炭集团总公司提交生产能力复核结果审查申请；龙岩市、漳州市及其各县煤炭企业向龙岩市煤炭管理局提交生产能力复核结果审查申请；泉州市及其各县煤炭企业泉州市煤炭行业管理办公室提交生产能力复核结果审查申请；三明市、南平市及其各县煤炭企业向三明市煤炭行业管理办公室提交生产能力复核结果审查申请。

各主管部门（单位）收到所属煤矿生产能力复核结果审查申请后，应于１０日内组织完成审查并签署意见，连同煤矿企业的全部申请资料报送省经贸委。

省经贸委组织对经各主管部门（单位）审查并签署意见的煤矿生产能力核定结果进行审查确认（必要时可组织专家组重新核查），并正式行文批复。对不符合规定的，责成有关单位在限期内重新复核。

根据审查确认的核定生产能力，省经贸委将结合2006年度煤炭生产许可证年检进行全省统一换证。

(八) 生产能力复核总结。

10月中旬，各产煤设区市、县（市、区）煤炭行业管理部门和省煤炭工业（集团）公司要对煤矿生产能力复核工作进行全面总结，查找生产能力管理的薄弱环节，对煤矿生产能力复核结果的构成及其变化进行分析，并在此基础上，进一步完善煤炭行业结构调整、合理布局及生产发展规划，研究提出加强煤矿生产能力管理、严格按核定能力组织生产的措施，坚持以复核后的生产能力定产、定火工供应和提供有关票证等工作。

各级煤炭行业管理部门要依据《煤矿生产能力管理办法》，加强对煤矿生产能力的监管，发现超核定能力组织生产的，要依法严肃处理。

六、加强监督监察

在这次煤矿生产能力复核中，生产能力核定资质单位负责提交煤矿复核报告，是整个核定工作的基础，必须严肃认真，对核定数据负责；主管部门(单位) 负责对复核结果进行审查；省经贸委负责审查确认；安全监管部门、监察机构负责监督监察，形成了环环相扣的责任体系。在整个煤矿生产能力复核过程中，各级、各部门、各单位要明确责任，严肃纪律，自始至终公正、公开地开展各项工作。

生产能力核定资质单位及核定人员严格按照生产能力核定的各项规定和标准，独立开展能力复核工作，所有煤矿及其上级主管部门(单位)必须积极支持与配合，不得以任何方式影响和干扰复核工作，否则要严肃追究主要领导人和直接负责人的责任。

对生产能力核定资质单位在复核过程中不负责任、弄虚作假的，要严肃处理。发现1处弄虚作假的，给予通报批评；发现2处以上的，吊销其核定资质。

各级煤炭行业管理部门要加强对复核工作的统一组织、指导和督促，及时协调解决复核中出现的各种问题，确保复核工作进度和质量。各级煤矿安全监管部门和煤矿安全监察机构要加强对当地煤矿生产能力核定工作的监督、监察，并结合日常检查工作中掌握的情况，对存在问题的，立即向批准部门提出复审建议。煤炭行业管理部门要重新进行复审，并将复审结果书面通知煤矿安全监管部门和煤矿安全监察机构。

煤矿安全监管部门和煤矿安全监察机构要依据《国务院关于预防煤矿生产安全事故的特别规定》，严肃查处煤矿超能力生产行为；在事故调查处理中，要查清生产能力核定过程中存在的问题，对弄虚作假的依法严肃查处。

煤矿生产能力复核是当前煤炭生产管理一项重要而紧迫的任务，搞好生产能力复核工作，促使煤矿严格按核定能力组织生产，对保障安全生产、促进煤炭工业健康发展具有重要意义。各级煤炭行业管理、安全监管部门和煤矿安全监察机构及各有关单位务必高度重视，切实加强领导，精心组织，周密安排，顾全大局，协同行动，保证质量，提高效率，全面完成生产能力复核任务，坚决防止形式主义和“走过场”。对复核工作中出现的重大情况和问题，要及时报告。

附件：

1. 煤矿综合生产能力复核结果汇总表（略）

2. 井工矿生产系统（环节）能力复核结果汇总表(略）

3. 煤矿生产能力复核结果汇总表填报说明（略）

关于印发煤矿企业安全生产风险抵押金管理暂行办法的通知

2006年10月12日　闽财建〔2006〕194号

各市、县（市）财政局、安全生产监督管理局，省煤炭工业（集团）有限责任公司：

现将财政部、国家安全生产监督管理总局关于印发《煤矿企业安全生产风险抵押金管理暂行办法》的通知（财建〔2005〕918号）转发给你们，并提出以下几点具体要求，请一并遵照执行。

一、煤矿企业安全生产风险抵押金（以下简称风险抵押金）按照煤矿生产能力，依据以下标准存储：

(一) 3万吨以下（含3万吨）存储100万元；

(二) 3万吨以上至9万吨（含9万吨）存储200万元；

(三) 9万吨以上至15万吨（含15万吨），存储300万；

(四) 15万吨以上，以300万元为基数，每增加10万吨增加50万元。

风险抵押金累计达到600万元时不再存储。

二、风险抵押金实行分级管理。各市、县财政部门和安全生产监督管理部门共同负责对所属企业风险抵押金的管理，核定、下达风险抵押金的存储数额，并指定代理银行。具体实施办法由各市、县自行制定，并报上一级财政部门和安全生产监督管理部门备案。

福建省煤炭工业（集团）有限责任公司及其所属子公司风险抵押金由福建省煤炭工业（集团）有限责任公司按规定设立，并制定具体管理办法报省安全生产监督管理局和省财政厅备案。

三、信息沟通与报告制度

煤矿企业在风险抵押金专户开户、变更和风险抵押金专户资金存、取后一周内，应将设立的账户资料、存储情况报安全生产监督管理部门和财政部门备案。

每年年度终了后2个月内，各级安全生产监督管理部门和财政部门联合将上年度本地区风险抵押金存储、使用、管理有关情况报上一级安全生产监督管理部门和财政部门。

附件：财政部、国家安全生产监督管理总局关于印发《煤矿企业安全生产风险抵押金管理暂行办法》的通知（略）

关于印发《福建省矿山生态环境恢复治理保证金管理办法（试行）》的通知

2006年12月21日　闽国土资文〔2006〕195号

各市、县（区）国土资源局（国土资源与房产管理局）、财政局、环境保护局：

经省政府同意，现将《福建省矿山生态环境恢复治理保证金管理办法（试行）》印发给你们，请遵照执行。

福建省矿山生态环境恢复治理保证金管理办法（试行）

第一条　为贯彻落实科学发展观，建立健全矿山生态环境保护的长效机制，促进生态省建设和经济社会的和谐发展，根据《中华人民共和国矿产资源法》及其实施细则、《财政部、国土资源部、国家环保总局关于逐步建立矿山环境治理和生态恢复责任机制的指导意见》（财建〔2006〕215号）等有关规定，结合本省实际，制定本办法。

第二条　本办法所称矿山生态环境恢复治理保证金（以下简称保证金）是指采矿权人预先缴纳的，用于其矿山生态环境恢复治理的暂存资金。

第三条　凡在本省行政区域内的采矿权人必须按照本办法的规定，编制矿山生态环境恢复治理方案，与国土资源行政主管部门签订矿山生态环境恢复治理协议书，并缴纳保证金。

因基础设施和公益事业建设需要开采矿产资源的，应当编制矿山生态环境恢复治理方案，签订矿山生态环境恢复治理协议书，取得采矿许可证，并缴纳保证金。

第四条　保证金按照“谁发证，谁收取”的原则，由颁发采矿许可证的国土资源行政主管部门负责收取。

采矿许可证由国土资源部颁发的，保证金由省国土资源行政主管部门负责收取。

审核认可矿山生态环境恢复治理方案和牵头组织矿山生态环境恢复治理以及验收工作由收取保证金的国土资源行政主管部门负责。

第五条　保证金本金及孳生利息属采矿权人所有。

第六条　保证金纳入同级财政监督管理，实行专户存储、专户管理，严禁挪作他用。

收取保证金时，必须向采矿权人开具省级财政部门统一印制的《福建省行政事业单位往来结算凭证》。

采矿权人缴纳保证金时，按实际缴纳保证金额列入企业成本。采矿权人收到财政、国土资源行政主管部门返还的保证金（不含利息）与实际发生的生态环境恢复治理费用存在差额的，相应调整企业的年度成本。

第七条　保证金的收取标准根据矿区面积、影响系数确定。

生态环境恢复治理难度特别巨大，按照附件标准收取的保证金不足完成恢复治理工作的矿区，经省财政和国土资源行政主管部门批准，可以提高保证金的收取标准，保证生态环境恢复治理工作的资金需要。

第八条 矿山生态环境恢复治理方案应当包括以下主要内容：

(一) 编制单位或人员、采矿权人名称；

(二) 开采矿种，矿区位置、范围，采矿许可证期限；

(三) 矿区地形、地表等生态环境现状（包括耕作情形、森林覆盖、地表水、野生动植物、植被附着、存在及潜在地质灾害、水土保持等情况）；

(四) 矿山开发中及闭坑后可能引发的地质环境问题（地质灾害、地形地貌、地下水条件等）；

(五) 恢复治理措施及达到的具体标准；

(六) 恢复治理时间和经费概算；

(七) 其他需要编写的内容。

第九条 新办理采矿许可证的申请人在采矿登记申请时，应当提交报经国土资源行政主管部门审核认可后的矿山生态环境恢复治理方案和与该国土资源行政主管部门签订的矿山生态环境恢复治理协议书，作为矿产资源开发利用方案的组成部分。

国土资源部颁发采矿许可证的，采矿权申请人应当在初审前编制矿山生态环境恢复治理方案，经省国土资源行政主管部门审核认可后，与其签订矿山生态恢复治理协议书，作为矿产资源开发利用方案的组成部分。

第十条 本办法实施前已取得采矿权且在本办法实施后仍处于采矿许可证有效期内的采矿权人，应当自本办法实施之日起三个月内编制矿山生态环境恢复治理方案，经颁发采矿许可证的国土资源行政主管部门审核认可后，补签矿山生态环境恢复治理协议书，作为矿产资源开发利用方案的组成部分，并缴纳保证金。

第十一条 采矿权人依法转让采矿权的，保证金一并转让，同时变更矿山生态环境恢复治理责任人，原矿山生态环境恢复治理方案可以继续沿用，并重新签订矿山生态环境恢复治理协议书。

采矿权人需办理采矿许可证延续登记手续的，应当续签矿山生态环境恢复治理协议书，重新审核矿山生态环境恢复治理方案，并核定应缴纳的保证金。

采矿权人变更矿区范围或开采方式的，应修订原矿山生态环境恢复治理方案，重新签订矿山生态环境恢复治理协议书，保证金按变更后的矿区面积和影响系数确定。

第十二条 保证金缴纳分为一次性缴纳和每年度按一定比例缴纳两种。

采矿许可证有效期3年以下（包括3年）的，采矿权人应在领取采矿许可证时一次性全额缴纳保证金。

采矿许可证有效期超过3年的，保证金可一次性全额缴纳，也可以每年度按一定比例缴纳。每年度按一定比例缴纳的，首次缴纳的保证金应不少于总额的20%；余额每年度按一定比例缴纳，但在采矿许可证期满前1年，应缴纳全部保证金。

每年度按一定比例缴纳的，由收取保证金的国土资源行政主管部门与采矿权人按照本条第三款的规定，在矿山生态环境恢复治理协议书中确定每年度应缴纳的数额、缴纳的具体时间和方式。

采矿权人应当依法提交矿产资源开发利用年度报告，拒绝缴纳或者不足额缴纳保证金的，以不按规定提交矿产资源开发利用年度报告依法处理。

第十三条 采矿权人在开采过程中，应当根据矿山生态环境恢复治理方案实施生态环境恢复治理工作，一般应实行边开采边治理。

符合下列条件的，应当进行边开采边恢复治理：

(一) 根据矿山开采状况和技术措施，停办、关闭矿山前可以实施恢复治理的；

(二) 采矿许可证有效期超过1年的。

采矿权人分期实施矿山生态环境恢复治理的，可以申请使用已缴纳的保证金，但经国土资源行政主管部门批准返还部分保证金后，专户中保证金的余额应不少于总额的20%。分期恢复治理工作完成后的验收办法参照本办法第十四条第二款、第三款的规定办理。

第十四条　停办、关闭矿山的，采矿权人应当按照矿山生态环境恢复治理方案和矿山生态环境恢复治理协议书的要求，自停办、关闭矿山之日起6个月内完成矿山生态环境恢复治理工作。有特殊情况，经国土资源行政主管部门批准可以延长6个月。

采矿权人完成矿山生态环境恢复治理工作后，应当向收取保证金的国土资源行政主管部门申请验收。国土资源行政主管部门应当自接到申请之日起30日内组织同级财政、环保、林业、水行政等有关主管部门进行验收。验收结果符合国家有关规定和恢复治理方案的，保证金及孳生利息全额应在验收合格之日起30日内返还采矿权人。

验收结果不符合国家有关规定和恢复治理方案的，由收取保证金的国土资源行政主管部门责令采矿权人限期恢复治理。逾期不恢复治理或恢复治理仍达不到要求的，保证金及孳生利息不予返还，由国土资源行政主管部门直接用于恢复治理工作。恢复治理经费超过保证金的部分由采矿权人承担。

第十五条　国土资源行政主管部门应当加强对采矿权人合理开发利用矿产资源、保护环境及其他应当履行的法定义务等情况依法进行监督检查。

财政、国土资源行政主管部门应建立保证金收存台账、保证金往来台账和相关的财务会计管理制度，接受审计、监察部门的监督检查，并负责按月编制有关会计报表。

第十六条　本办法自2007年1月1日起施行。

附件：福建省矿山生态环境恢复治理保证金收取标准及影响系数表

福建省矿山生态环境恢复治理保证金收取标准及影响系数表

<table>
<tr><th colspan="2">采矿许可证登记面积及分档标准</th><th colspan="3">影响系数</th></tr>
<tr><th rowspan="2">矿区面积S
（单位：平方米）</th><th rowspan="2">缴纳标准（单位：元／平方米）
露天开采</th><th colspan="2">露天开采</th><th>地下开采</th></tr>
<tr><th>开采标高差H
（单位：米）</th><th>影响系数</th><th>影响系数</th></tr>
<tr><td>2000<S≤50000</td><td>9</td><td>H≤20</td><td>1.1</td><td></td></tr>
<tr><td>50000 <S≤300000</td><td>7</td><td>20<H≤40</td><td>1.2</td><td rowspan="4">0.2</td></tr>
<tr><td>300000<S≤1000000</td><td>4</td><td>40<H≤60</td><td>1.3</td></tr>
<tr><td>S＞1000000</td><td>3</td><td>60<H≤80</td><td>1.4</td></tr>
<tr><td></td><td></td><td>H＞80</td><td>1.5</td></tr>
</table>

备注：

1. 保证金的收取标准根据矿区面积、影响系数确定，保证金收取数额的公式：保证金=矿区面积×收取标准（累进制）×影响系数。如采矿许可证登记的矿山面积为100000平方米，露天开采高差为30米，计算方法为：保证金总额=〔100000+（50000－2000）×9+（100000　50000）×7〕×1.2=〔100000+432000+350000〕×1.2=882000×1.2=1058400（元）。

2. 登记面积2000平方米以下(包括2000平方米)的，一次性缴纳保证金总额10万元。

3. 矿山开采深度按照矿山开发利用方案中矿区开采加权平均深度取值。

关于进一步加强煤炭行业管理工作的通知

2006年11月29日　闽政办〔2006〕249号

各产煤市、县（区）人民政府、省直有关单位：

为贯彻落实国务院办公厅《关于加强煤炭行业管理有关问题的意见》（国办发〔2006〕49号）以及国家安监总局、国家煤监局和国家发展改革委《关于贯彻落实国务院办公厅关于加强煤炭行业管理有关问题的意见的通知》（安监总煤矿〔2006〕223号）精神，结合我省实际，现就进一步加强全省煤炭行业管理有关工作通知如下：

一、完善煤炭行业管理工作协调机制，强化安全监管

煤炭行业管理涉及面广，工作复杂；煤矿整顿关闭工作任务重，时间紧。为加强综合协调，统筹兼顾煤矿安全生产和有关行业管理，及时研究解决全省煤炭行业管理中涉及安全生产问题，在省人民政府安全生产委员会建立和完善煤炭行业管理工作协调机制，并相应调整其职责。

调整后，省人民政府安全生产委员会主要职责中增加：研究提出煤炭行业管理中涉及安全生产的重大方针政策、法规、标准，推动指导煤炭企业加强安全管理和科技进步等基础工作，协调解决相关问题。省人民政府安全生产委员会办公室在现有职能基础上，承担省人民政府安全生产委员会协调煤炭行业管理涉及安全生产方面的工作，督促检查各项工作和措施的落实情况，并相应加强组织建设，加大协调指导工作力度。

各产煤市、县（区）人民政府应根据《福建省人民政府关于进一步加强煤矿安全工作的意见》（闽政文〔2005〕131号）和《福建省人民政府关于进一步贯彻落实国务院关于预防煤矿生产安全事故的特别规定的通知》（闽政文〔2005〕585号）文的要求，健全煤炭行业管理机构，加强监管力量，明确地方安全监管责任和地方煤矿安全监管职能部门及其职责，各产煤市、县（区）原则上由煤炭行业管理部门负责地方煤矿安全监管工作。

二、明确相关部门职责，重在落实到位

为进一步加强煤矿行业管理和安全生产工作，要从宏观政策、安全监管、资源管理、行政监察、科技进步、人才培养等多方面采取措施，明确各相关部门职责及分工，强化和落实责任，建立和完善长效工作机制。

(一) 煤炭行业管理部门继续依法加强煤矿矿长资格的培训、考核和资格证颁发管理工作。严格煤炭生产许可证的审批、年检和管理工作，加强对取得煤炭生产许可证煤矿企业的日常监督管理。参与煤炭开发规划的编制，提出煤炭开发、建设项目的行业审查意见。负责组织煤矿企业生产能力、通风能力的核定及矿井瓦斯等级鉴定等工作。查处未经核准建设的煤矿；督促各类煤矿按煤炭生产许可证登记能力组织生产，查处超能力生产的矿井；禁止违法生产的煤炭进入市场流通领域。提出煤炭运行调节意见，制定和落实煤炭生产总量控制指标，认定违法生产、非法挂靠、一证多井、落后生产能力和不符合产业政策的矿井，并向县级人民政府提出关闭矿井名单。依法暂扣停产整顿矿井的煤炭生产许可证，对县级人民政府决定关闭的矿井及时依法吊（注）销煤炭生产许可证。

(二) 国土资源部门加强煤矿采矿秩序的监管，整合煤炭资源，严格采矿权审批、转让和年检工作，加强对取得采矿许可证的煤矿企业日常监督管理，促使煤矿持续保持符合取得采矿许可证应具备的条件。及时对非法煤矿的非法开采组织鉴定。及时依法查处未取得采矿许可证的非法煤矿，及时查处煤矿超层越界等违法开采行为。依法暂扣停产整顿矿井的采矿许可证，对县级人民政府决定关闭的矿井及时依法吊（注）销采矿许可证。

(三) 煤矿安全监管部门负责加强对煤矿企业安全的日常性监管检查工作和煤矿建设项目“三同时”的日常监管，及时依法查处对本行政区域内的煤矿重大安全生产隐患和违法违规行为。对存在重大隐患矿井依法作出停产整顿、停止施工的指令，并向县级人民政府提出不具备安全生产条件关闭矿井名单。负责对煤矿企业从业人员培训情况进行监督检查。

(四) 福建煤矿安全监察机构要认真履行煤矿安全的国家监察职能，加强重点监察、专项监察，依法查处煤矿重大安全生产隐患和违法违规行为。负责对项目进行安全核准及煤矿矿长安全资格的培训、考核和资格证颁发工作，严格煤矿安全生产许可证的颁发和监督管理，促使煤矿持续保持符合取得安全生产许可证应具备的条件。严格煤矿建设项目“三同时”工作，严肃查处未经“三同时”审批擅自建设的矿井，严肃查处煤矿生产安全事故。

(五) 公安部门要加强对煤矿企业民爆物品的购买、运输、储存和使用过程的监管，严禁向非法煤矿批供民爆物品，采取有效措施严厉打击非法制造、买卖、运输和使用民爆物品的犯罪行为。对停产整顿的矿井应根据整改需要实行限量供应民爆物品。

(六) 劳动保障部门要加强煤矿企业从业人员劳动保障管理和年检工作。保证煤矿劳动合同签订、劳动用工登记备案、在册职工工伤保险等各项煤矿企业从业人员劳动保障制度的全面贯彻落实。依法查处煤矿企业非法用工行为，加强劳动组织管理，落实和保护劳动者权益，严禁超定员组织生产，严禁强令劳动者超时限作业，严禁妇女从事井下作业。

(七) 工商行政管理部门要加强工商营业执照的监督管理。对无证经营或证照过期的煤矿企业进行依法查处，促使煤矿企业持续保持符合取得营业执照应当具备的条件。对停产整顿矿井依法暂扣营业执照，对地方人民政府决定关闭的矿井依法吊（注）销营业执照。

(八) 行政监察机关要加强对煤矿安全有关的行政监察。严肃查处国家机关工作人员和国有企业负责人投资入股煤矿或利用职权对非法、违法煤矿纵容包庇等违法、违规行为。

(九) 国有资产监督管理委员会要加强对国有煤矿安全生产工作的指导、监督和考核。

(十) 电力部门要加强对煤矿企业供电管理，严禁向非法煤矿供应电力。对政府决定关闭的矿井，必须切断电源，拆除电力设备和设施。

(十一) 省煤炭工业协会要充分发挥行业自律作用，协助有关部门制定煤炭行业规范和标准，推动和促进煤矿安全基础管理工作。

(十二) 统一煤炭建设管理。煤炭建设项目应当符合煤炭发展规划，新建煤炭项目由省经贸委提出行业审查意见、省发改委核准，改扩建煤炭技改项目由省经贸委审查、核准，建设项目要征求省安全监管部门和煤炭安全监察机构的意见。省发改委、省经贸委要加强对煤炭开发、建设项目的核准和日常监管，严格执行煤矿开发、建设项目的核准程序，严肃查处违反规定进行投融资建设的项目。

三、加强协调，形成合力，加强煤炭行业管理

省经贸委、安监局、质监局、福建煤监局以及省煤炭工业协会通力配合，对急需制定的煤炭行业规范和标准，及时向国家煤矿安全监察局提出制定或修改建议。

省发改委会同省经贸委在全省煤炭资源勘查专项规划的基础上，根据国民经济和社会发展需要，以及国家有关煤炭开发规划编制要求，编制全省煤炭发展规划，并征求省国土资源厅意见。国土、环保部门会同煤炭行业管理部门编制矿区生态环境治理规划。

省经贸委和福建煤监局共同组织制定矿长资格和矿长安全资格证的培训及颁证管理办法。

煤炭行业管理部门要加强对各类煤矿企业安全基础管理工作的指导，加强煤炭行业规划和指导，强化经济运行调节、煤矿资源整合等工作。

煤炭行业管理、煤炭安全监管部门要严格按照国家发改委、国家安监总局、国家煤监局下发的《煤矿生产能力管理办法》、《煤矿生产能力核定资质管理办法》、《煤矿生产能力核定标准》和

《关于开展全国煤矿生产能力复核工作的通知》，认真做好煤矿生产能力复核的各项工作。要加强与国土资源、劳动保障等有关部门的协调配合，继续打好煤炭整顿关闭工作攻坚战。配合国土资源管理部门打击无证非法开采、超层越界开采等违法行为；配合劳动保障部门抓好煤炭劳动定员、劳动用工管理工作及推进煤矿工伤保险有关政策措施的落实；配合国有资产监管机构加强国有煤矿企业安全工作的监督考核。

各产煤市（县、区）政府要结合本地实际，采取有力措施，切实落实责任，不断健全完善联合执法机制，按照《福建省煤矿整顿关闭工作三年规划实施意见》的要求，分阶段、有步骤地推进煤矿整顿关闭、整合技改及管理强矿等各项工作。

关于进一步做好煤矿整顿关闭工作的通知

2007年1月8日　闽政办〔2007〕3号

各产煤市、县（区）人民政府、省直有关单位：

去年以来，各产煤市、县（区）和省直有关部门集中开展对非法和不具备安全生产条件煤矿的整顿关闭工作，依法取缔关闭了一批非法和不具备安全生产条件以及生产能力落后的小煤矿，取得了初步成效。但是，一些煤矿非法开采和超层越界开采行为仍有存在；一些地方煤矿关闭工作不到位、煤矿资源整合不规范、煤矿建设项目违法违规问题还较突出，煤矿安全生产形势依然严峻。为进一步做好我省煤矿整顿关闭工作，根据《国务院办公厅转发安全监管总局等关于进一步做好煤矿整顿关闭工作意见的通知》（国办发〔2006〕82号）的精神，现就进一步做好我省煤矿整顿关闭有关工作通知如下：

一、煤矿整顿关闭工作的目标和任务

(一) 工作目标

到2010年，全省煤矿实现“一个好转、两个减少和三个提高”的目标。

一个好转：采矿秩序明显好转。全省基本消灭非法开采、违法违规建设、生产以及破坏浪费资源、污染环境和布局不合理的煤矿。

两个减少：一是煤矿特别是乡镇煤矿数量减少，全省煤矿数量减少到340家左右；二是煤矿事故总量大幅度下降，全省煤矿百万吨死亡率力争控制在4以下。

三个提高：一是煤炭资源回采率明显提高，全省煤矿采区回采率要达到规定的最低开采回采率指标，薄煤层不低于85%，中厚煤层不低于80%，厚煤层不低于75%，破坏和浪费资源的现象基本得到控制；二是煤矿安全保障、安全投入、安全生产条件和煤矿装备水平明显提高，煤矿全部装备安全监控系统，淘汰落后生产工艺，井下消灭板车运输，基本实现轨道矿车运输；三是煤矿安全管理水平和从业人员技术素质明显提高，设置安全管理机构，配齐安全管理人员，各项规章制度齐全。全省煤矿从业人员文化程度达到初中以上，特种作业人员文化程度达到高中以上，主要负责人和经营管理人员达到中专程度以上。

(二) 工作任务

依法取缔无证开采，关闭不具备安全生产条件和严重超层越界开采的煤矿；限期淘汰不符合产业政策、布局不合理、生产方式落后、破坏资源、污染环境的煤矿；清理纠正违规越权核准和不符合安全标准的新建、改扩建煤矿项目。

二、煤矿整顿关闭工作的步骤

第一阶段：（2005年7月～2006年6月）依法取缔关闭非法开采、违法生产、不具备安全生产条件和布局不合理的矿井（此阶段全省已关闭33家煤矿）。

第二阶段：（2006年7月～2007年6月）淘汰关闭不符合国家煤炭产业政策、布局不合理、生产方式落后、破坏资源、污染环境的煤矿。淘汰落后生产能力，改变乡镇煤矿过多、过散、生产能力低等状况，进一步减少矿点数量。计划全省在本阶段关闭65家煤矿， 2006年年底前全省关闭煤矿36家；2007年6月底前关闭29家。

第三阶段：（2007年7月～2010年）以政策治本，强化矿井安全管理，落实企业安全主体责任为工作重点；继续深化煤矿整顿关闭工作，严格安全准入，强化源头管理，继续清理纠正越权核准的新建、改扩建项目，全面提升全省煤矿整体水平。

三、煤矿整顿关闭工作的重点

(一) 严厉打击非法开采行为，严防已关闭矿井死灰复燃

1. 对非法开采和已关闭擅自恢复生产的矿井发现一处，取缔一处，并依据有关规定依法查处相关责任人；

2. 非法挂靠井（硐）口、系统一律予以关闭；

3. 同一个矿井1年内2次或2次以上超层越界开采的，一律予以关闭；

4. 非煤矿山违法从事煤炭开采的，一律予以关闭。

(二) 限期关闭和淘汰以下矿井

1. 关闭布局不合理矿井

(1) 不同的采矿权人，其许可的采矿范围在垂直方向上相互重叠且影响安全生产的，只保留一个矿井，其余予以关闭。

(2) 国有煤矿井田范围内的各类小煤矿。

2. 淘汰生产能力落后矿井

2007年年底前淘汰核定年生产能力（以下简称生产能力）在3万吨及以下的矿井。

3. 关闭违法组织生产的矿井

(1) 3个月内2次或者2次以上发现有重大安全生产隐患、仍然组织生产的煤矿，由县级煤矿安全监管部门、国家煤矿安全监察机构提请地方人民政府依法予以关闭。

(2) 存在重大安全生产隐患被责令停产整顿、擅自从事生产的煤矿，由县级煤矿安全监管部门、国家煤矿安全监察机构提请地方人民政府依法予以关闭。

(3) 被列入煤炭资源整合范围，整合过程中违法组织生产的矿井，由县级煤矿安全监管部门、国家煤矿安全监察机构提请地方人民政府依法予以关闭。

4. 关闭不具备安全生产条件的矿井

(1) 存在重大安全生产隐患被责令停产整顿，经整改后仍不具备安全生产条件的矿井，由县级煤矿安全监管部门、国家煤矿安全监察机构提请地方人民政府依法予以关闭。

(2) 存在水害威胁等重大安全生产隐患，现有技术条件难以有效防治，不能保证安全生产的矿井，责令停产整顿并经县级人民政府组织专家论证建议关闭的，依法予以关闭。

(3) 1个月内3次或者3次以上发现未按照国家有关规定对井下作业人员进行安全教育和培训或者特种作业人员无证上岗的矿井，由县级煤矿安全监管部门、国家煤矿安全监察机构提请地方人民政府予以关闭。

(4) 已取得相关证照，但管理滑坡、安全生产条件下降，被责令停产整顿，经整改后仍不具备安全生产条件的矿井，由县级煤矿安全监管部门、国家煤矿安全监察机构提请地方人民政府依法予以关闭。

5. 地方人民政府决定依法予以关闭的矿井

地方各级人民政府根据地方行政法规和规定，对发生重特大事故后决定依法予以关闭的矿井。

6. 关闭煤炭资源接近枯竭的矿井

经省国土资源厅认定煤炭资源接近枯竭的煤矿，采矿许可证到期后应及时注销其各种证照，依法予以关闭。

(三) 规范煤炭资源整合，从严控制煤矿新建项目

1. 所有纳入资源整合的矿井必须按照先关闭、后整合、以大并小、以优并劣的原则进行整合，整合后形成的新矿井只能有一个法人主体、一套生产系统，并按照建设项目审批（核准）和管理。整合后矿井的生产能力原则要求15万吨，开采极薄煤层不得低于3万吨。

2. 全省停止核准（审批）生产能力3万吨及以下的煤矿新建项目。已批准（核准）规模在3万吨／年及以下的建设项目要立即停止建设，符合规定的可纳入煤炭资源整合范围。

四、煤矿整顿关闭工作的要求

(一) 统一思想，坚定信心，全力以赴做好煤矿整顿关闭工作

煤矿整顿关闭工作是一项长期、复杂和艰巨的任务，各产煤市、县（区）和有关部门要进一步统一思想认识，认清形势，坚定信心，加强领导，明确任务，健全制度，强化责任，精心组织，落实各项措施，狠抓薄弱环节，全力以赴做好煤矿整顿关闭工作。

(二) 加强组织领导，完善工作机制，落实部门职责

全省煤矿整顿关闭工作由省煤矿整顿关闭工作领导小组组织实施。各产煤市、县（区）人民政府须成立相应的煤矿整顿关闭工作领导机构，主要领导亲自抓，分管领导具体抓，认真细致地做好煤矿整顿关闭的有关工作，要把煤矿整顿关闭工作作为实现安全生产的一项重要举措列入地方各级人民政府工作目标，纳入政绩考核内容，逐级分解、层层落实各项任务。

1. 各产煤设区市人民政府负责本地区煤矿整顿关闭工作，建立、制订全市煤矿整顿关闭工作职责、制度，根据国家和省的有关法律、法规和政策规定，制定相关的经济政策和配套措施，组织监督、检查各产煤县（市、区）人民政府煤矿整顿关闭工作任务、目标落实情况。

2. 各产煤县（市、区）人民政府负责本地煤矿整顿关闭工作，具体实施整顿关闭工作各项任务。建立整顿关闭煤矿工作责任制，对应关闭的煤矿必须严格按照“六条标准”组织实施关闭；对被列入关闭矿井对象实施关闭的，必须填报“关闭矿井报告单”按隶属关系逐级上报，并在当地主要媒体上发布关闭矿井公告；负责落实各有关收缴部门对列入关闭矿井所缴纳的安全生产风险抵押金等费用据实予以返还本息工作。

3. 各产煤乡镇人民政府、街道办事处建立已关闭矿井巡回检查制度，巡回检查制度应实行乡镇领导分片包干、责任到人。发现本乡镇、街道范围内已经关闭矿井“死灰复燃”时，必须采取有效制止措施，并向上一级政府及相关部门报告。

4. 国土资源部门要加强对煤炭资源勘查、开采的监督管理，加大对无采矿许可证非法开采、超层越界开采等滥采乱挖煤炭资源违法行为的查处力度，负责组织认定资源接近枯竭矿井，清理不符合矿产资源规划和矿业权设置方案、大型煤炭矿区内及采矿许可范围相互重叠的矿井，提出有关关闭矿井名单。同时要做好非法采矿所造成矿产资源破坏价值鉴定工作。

5. 发展改革部门负责清理纠正不符合经批准的煤炭工业发展规划和矿区总体规划、违规越权核准的新建煤矿建设项目，负责控制新建煤矿建设矿井规模。

6. 煤炭行业管理部门要加强对煤矿生产的监督管理，加大对无煤炭生产许可证非法生产的查处力度。负责清理纠正违规越权核准的改、扩建煤矿建设项目，负责控制改、扩建煤矿建设矿井规模；负责提出小煤矿数量控制规划目标，会同有关部门认定不符合产业政策、布局不合理和非法挂靠、一证（矿）多井或多井拼凑的矿井，提出有关关闭矿井名单。

7. 煤矿安全监管部门和煤矿安全监察机构要加强煤矿安全生产的监督检查，对存在重大隐患矿井

依法做出停产整顿、停止施工的监管监察指令，监督煤矿停产整顿情况，提出关闭不具备安全生产条件矿井名单。

8. 工商行政管理部门负责取缔无照经营煤矿。

9. 行政监察部门负责对参与煤矿整顿关闭工作的有关部门履行职责情况实施监督监察；负责对存在非法开采并且没有采取有效制止措施的县、乡级人民政府主要负责人依照有关规定进行责任追究；负责牵头查处国家机关工作人员和国有企业负责人投资入股办矿问题。

10. 公安部门负责处置县级人民政府决定关闭煤矿的民爆物品，依法吊销相关民爆物品许可证件；负责维护煤矿关闭现场的治安秩序；负责查处非法采矿、破坏性采矿等涉嫌犯罪案件。

11. 财政部门配合国土资源管理部门按规定对关闭的矿井已交纳的剩余采矿权价款予以退还。

12. 劳动保障部门负责依法查处煤矿非法用工，监督煤矿按照规定参加社会保险并缴纳社会保险费，指导和督促煤矿企业与劳动者签订劳动合同，加强劳动用工管理。配合制订煤矿转产职工再就业和社会保障等经济政策。

13. 环境保护部门负责依法查处污染环境各类煤矿，对严重污染环境、整改无望的，应提请当地政府予以关闭。

14. 国有资产监督管理委员会负责监督国有煤矿井田范围内的各类小煤矿关闭的落实工作。

15. 供电单位负责切断当地政府决定予以关闭矿井的供电电源，拆除供电设施。电监部门负责查处供电单位向非法煤矿供电行为。

16. 省煤炭工业（集团）有限责任公司负责关闭所属煤矿各类矿办小井。

(三) 加快煤炭资源整合进度，进一步提高全省煤矿开采的规模化、集约化、科学化水平

各产煤区市、县（区）人民政府必须严格按照《福建省人民政府办公厅转发省安监局、福建煤监局关于福建省煤炭资源整合实施方案的通知》的指导思想和基本原则，组织煤炭行业管理、国土资源、煤矿安全监管等部门抓紧编制本地区资源整合总体方案，确定煤炭资源整合目标和范围，制定相关的工作责任制度和程序，及时完成报送工作，保证资源整合工作顺利开展。省直相关部门应加大工作力度，简化审批环节，讲求实效，积极推行联合审查、审批。对审批同意的资源整合矿井，当地政府应督促有关部门抓好设计方案的实施工作。决不允许假整合、边整合边生产和违反设计施工现象的出现。

关于实施矿山生态环境恢复治理保证金管理办法有关事项的通知

2007年7月17日　闽国土资综〔2007〕168号

各市、县（区）国土资源局、财政局、环境保护局：

为加强矿山生态环境保护，根据《福建省矿山生态环境恢复治理保证金管理办法（试行）》（闽国土资文〔2006〕195号，下称《管理办法》）的规定，结合我省实际情况，现就《管理办法》实施的有关事项通知如下：

一、保证金的收取标准，按照《管理办法》第七条的规定，根据矿区面积（采矿许可证登记面积）、影响系数确定。属特殊情况的，按以下原则执行：

(一) 同一个矿区，实行露天开采和地下开采两种开采方式的，按照矿产资源开发利用方案（下称“开发利用方案”）确定的各自影响面积计收保证金。

(二) 地质环境条件复杂、生态环境恢复治理难度特别巨大，按照标准收取的保证金不足以完成恢复治理工作的矿区，可以参照经审核认可的矿山生态环境恢复治理方案（下称“恢复治理方案”），

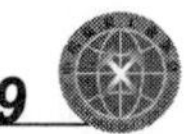

经省财政和国土资源行政主管部门批准，提高保证金的收取标准。

(三)《管理办法》实施前已取得采矿许可证的已建矿山，其已完成恢复治理的矿区面积可剔除后计算保证金应缴纳数额。已完成恢复治理的矿区面积在恢复治理方案审核时认可。

二、恢复治理方案应按照《福建省矿山生态环境恢复治理方案编写参考大纲》(附件1）的要求编制。内容主要包括：矿山概况、编制依据、治理主要任务及技术方案、组织实施、经费概算及效益分析等，并附相关的图件。

三、承担恢复治理方案编制工作的单位，应当具备与矿山生产规模及储量规模相适应的矿产资源开发利用方案编制资质、水土保持方案编制资质、环境影响评价资质或地质灾害治理工程勘查、设计资质。

四、恢复治理方案由收取保证金的国土资源行政主管部门审核认可。

(一)《管理办法》实施前已取得采矿许可证的已建矿山，采矿权人应于2008年采矿权人年检前完成恢复治理方案的编制、审核认可，与国土资源行政主管部门签订《福建省矿山生态环境恢复治理协议书》（下称“恢复治理协议书”，附件2），并缴纳保证金。逾期未完成的，采矿权人年检不合格。

(二)新建、变更矿区范围和开采方式登记的矿山，采矿权申请人应同时编制恢复治理方案与开发利用方案，经审核认可后，按规定与国土资源行政主管部门签订恢复治理协议书，并缴纳保证金。否则，不予颁发采矿许可证。

(三)采矿权人申请恢复治理方案审核时，应提交以下材料：

1. 矿山企业法人营业执照（复印件）；

2. 矿山地质勘查报告；

3. 矿产资源开发利用方案；

4. 矿山环境影响报告书及其审批文件；

5. 矿山生态环境恢复治理方案；

6. 矿山生态环境恢复治理方案编制委托书；

7. 矿山生态环境恢复治理方案编制单位资质证书（复印件）；

8. 其他有关材料。

五、矿山生态环境恢复治理验收工作由收存保证金的国土资源行政主管部门组织同级财政、环保、林业、水行政等主管部门和专家进行。采矿权人提出治理验收申请时，应提交以下材料：

(1) 矿山生态环境恢复治理工程验收申请书；

(2) 矿山采矿许可证（复印件）；

(3) 矿山生态环境恢复治理保证金缴存收据（复印件）；

(4) 矿山生态环境恢复治理工程一览表及其说明书（图件）等；

(5) 矿产资源开发利用方案；

(6) 矿山环境影响报告书及其审批文件；

(7) 矿山生态环境恢复治理方案；

(8) 其他有关材料。

六、采矿权人缴纳保证金时，按实际缴纳保证金数额以预提费用列入企业成本。采矿权人收到国土资源、财政行政主管部门返还的保证金（含利息）与实际发生的生态环境恢复治理费用存在差额的，相应调整企业的年度成本。

七、国土资源行政主管部门收存保证金时，应向采矿权人开具省级财政行政主管部门统一印制的《福建省行政事业单位往来结算票据》。采矿权人在收到国土资源行政主管部门返还的保证金时，要开具企业单位内部往来结算票据。

保证金纳入同级财政监督管理，实行专户存储、专户管理、专账核算。各级国土资源行政主管部门向同级财政部门申请设立或指定保证金结算账户，承接保证金的收支核算和日常管理。

省级保证金账户为：户名“福建省国土资源厅”

开户行“兴业银行湖东支行”，账号“118060152200000249”。

附件：1. 福建省矿山生态环境恢复治理方案编写参考大纲

2. 福建省矿山生态环境恢复治理协议书

附件1

福建省矿山生态环境恢复治理方案编写参考大纲

前言

一、矿山生态环境恢复治理方案编制的依据；

二、矿山生态环境恢复治理方案编制的目的；

三、矿山生态环境恢复治理方案适用年限。

第一章　矿山基本情况

一、矿区自然地理概况；

二、矿山地质条件（矿区地形地貌、地层、构造、岩浆岩、水文地质条件、工程地质条件等）；

三、矿山概况（矿区所处行政区位置、分布范围、地理坐标、区位条件、矿区及周围经济社会环境；矿产资源及储量、矿床类型与地质特征；矿山设计生产服务年限、矿山开采年限、年生产能力及产量变化；开采历史、现状、矿山尚有生产服务年限；采矿许可证期限）；

四、矿产资源开发利用方案概述（包括矿山建设规模及工程布局，矿山开采方式方法及开采影响范围；废弃物处置情况；选（冶）位置及生产工艺流程；尾矿库位置、规模等）。

第二章　矿山环境现状及矿山环境问题分析

一、矿山生态环境恢复治理情况（土地复垦、植被恢复、矿山地质灾害等恢复治理措施及效果）；

二、矿山生态环境现状（土地、植被资源占用和破坏问题；土地利用和耕作情形、森林覆盖、植被附着情况；水资源、水环境变化问题；矿山地质灾害；矿业活动对地貌景观的影响，等）；

三、矿山环境问题分析（开发矿山可能引发的各种环境地质问题的形成条件、分布规律、影响因素、发育程度、发展趋势；预测其对矿业活动和矿山生态环境的影响，等）。

第三章　矿山生态环境恢复治理目标和任务

一、矿山生态环境恢复治理目标

二、矿山生态环境恢复治理任务

第四章　矿山生态环境恢复治理措施

一、矿山生态环境恢复治理范围；

二、矿山生态环境恢复治理目标任务分区；

三、矿山生态环境恢复治理措施（按环境地质问题类型分述治理对象、主要工作量，恢复治理的主要措施和方法，达到的具体标准等）；

四、预计工期与进度，组织管理，保障措施；

五、地质资源（土地、地质地貌景观、水资源等）利用的方向；

六、矿山生态环境监测方案（为切实加强矿山环境保护，开采过程中应重点监测的内容、监测点的布设、监测方法等）。

第五章 经费概算

一、经费概算；

二、社会、经济、环境效益分析。

第六章 结论与建议

主要附件

一、有关说明书及证明材料

二、附图：

1. ×××矿山生态环境现状图

2. ×××矿山生态环境影响评估图

3. ×××矿山生态环境恢复治理方案图

附录：福建省矿山生态环境恢复治理方案编制技术要求(试行)

福建省矿山生态环境恢复治理方案编制技术要求（试行）

1. 范围

本技术要求适用于福建省新建、改（扩）建和已投产生产的矿业权人编制矿山生态环境恢复治理方案（下称“恢复治理方案”）。

2. 规范性引用文件

下列文件中其最新版本适用于本要求。

GB12719－1991	矿区水文地质工程地质勘查规范	GB／T14848－1993	地下水质量标准
DZ／T0239－2004	泥石流灾害防治工程设计规范	GB958	区域地质图图例
DZ／T0240－2004	滑坡防治工程设计与施工技术规范	GB／T12328－1990	综合工程地质图图例及色标
GB50330－2002	建筑边坡工程技术规范	GB／T14538－1993	综合水文地质图图例及色标
DZ／T0245－2004	建设用地地质灾害危险性评估技术要求	GB／T15776－1995	造林技术规程
SL204－1998	开发建设项目水土保持方案技术规范	GB／T18337.3－2001	生态公益林建设技术规程
TD／T1012－2000	土地开发整理项目规划设计规范	DZ／T0157－1995	1:50000地质图地理底图编绘规范
GB15618－1995	土壤环境质量标准	DZ／T0179－1997	地质图用色标准及用色原则 (1:50000)
GB3838－2002	地表水环境质量标准	DZ／T223－2007	矿山环境保护与综合治理方案编制规范

3. 总则

3.1 矿山企业要从促进经济社会和环境协调发展的战略高度，坚持“预防为主，防治结合”、“在保护中开发、在开发中保护”、“谁破坏谁治理”和“依靠科技进步，发展循环经济，建设绿色矿业”的原则。

3.2 新建矿山，其恢复治理方案应在申请采矿权之前编制。恢复治理方案要突出矿山生态环境保

护的内容，防患于未然，尽量使矿山的生态影响和破坏降到最低程度。综合考虑矿山开发规划、开发设计、矿山基建、采矿选矿技术、生态环境治理、植被恢复、废弃地复垦等环节，制定预防性环境保护措施，实施保护性开发。

3.3 改（扩）建和已投产生产矿山，其生态环境恢复治理方案的内容和精度应与采矿阶段要求相适应。恢复治理方案应包括对已经产生的矿山生态环境问题的治理和开发活动可能引发的矿山生态环境问题的防治。

3.4 矿山生态环境恢复治理的地域范围，包括矿山开采区及其矿业活动影响的地区。依据已经存在和潜在的矿山生态环境问题的区域，适度扩大评价范围，应将采矿、选矿、冶炼场地及矿石、矸石堆场，尾砂库坝址及库区等与采矿活动直接有关的用地及可能危害的区域划入评价区范围。

3.5 恢复治理方案中涉及矿山地质灾害治理的，需对其进行勘查、评估。

4. 工作程序

编制恢复治理方案，按以下工作程序（见图1）进行。

5. 矿山生态环境调查

5.1 调查对象：包括矿业活动对矿山环境的影响和破坏、产生和可能产生的矿山生态环境问题；矿山开采遭受和可能遭受地质灾害的危害程度、危险性；地质环境对矿山建设及生产活动的适宜性；已采用的矿山生态环境保护的对策和工程技术措施及其效果等。

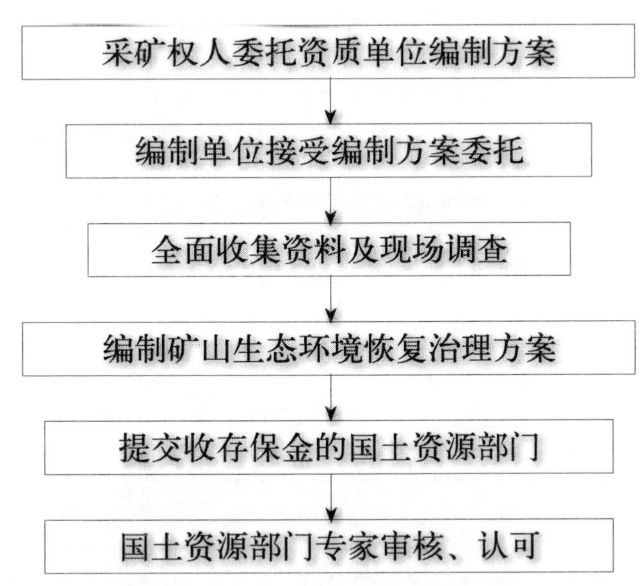

图1 工作程序框图

5.2 收集资料内容：包括矿山企业概况，自然环境及经济社会概况，城镇、重要工程及特殊保护区的分布情况，区位条件及环境功能规划要求等资料。

5.3 调查内容：矿区气象、水文、地形地貌、地层岩性、地质构造、新构造运动及水文地质、工程地质、环境地质条件；矿体赋存特征、矿山开采方式、开采深度、开采厚度及开采影响范围；矿区环境问题和地质灾害的形成条件、分布规律、影响因素、发育程度、发展趋势；预测其对矿业活动的影响；预测矿业活动引发或加剧的主要环境问题和地质灾害。

5.4 应查明的矿山环境问题

5.4.1 矿区土地、植被资源占用和破坏，指土地利用现状改变、地貌景观破坏、水土流失、土地

沙化、盐碱化、土壤污染等；

5.4.2 矿区地下水均衡破坏、水污染问题，指地下水水位下降、水资源枯竭、地下水及地表水污染等；

5.4.3 矿山地质灾害，指矿山已存在或因矿业生产活动引发的滑坡、崩塌、泥（渣）石流、采空塌陷、岩溶塌陷、尾矿库溃坝、尾矿坝开裂等；

5.4.4 其他矿山环境问题：如放射性污染等；

5.4.5 矿山环境问题的影响范围。

5.5 矿山主要环境地质问题：矿业活动引起的主要环境地质问题有矿区土地、植被资源占用和破坏，矿区地下水均衡破坏、水污染，矿山地质灾害等（见表1）。

表1 矿业活动引起的主要环境地质问题分类表

环境地质问题	类 型
矿区土地、植被资源占用和破坏	A、采场（露天开采）、工业广场、采矿废弃物、尾矿库、生活设施建设占用和破坏土地、植被资源；
	B、矿山地质灾害造成的土地、生态环境、植被资源和地貌景观破坏；
	C、废液排放、堆积物淋滤液污染土壤及水土流失。
矿区地下水均衡破坏、水污染问题	A、矿井突水、矿井排水引发地表水漏失、含水层疏干（地下水超常下降、泉井干涸）、采矿后上覆岩层破碎、断裂、沉降导致各含水层贯通，造成地下水均衡改变；
	B、废液废渣排放、堆积物淋滤液造成地下水、地表水污染，破坏水环境。
矿山地质灾害	A、井工开采、露天开采、矿坑疏干排水引发的崩塌、滑坡、地面塌陷（开采沉陷、岩溶塌陷）、不稳定边坡等；
	B、固体废弃物堆积引起的崩塌、泥（渣）石流、不稳定边坡等；
	C、尾矿库溃坝、尾矿坝开裂问题；
	D、矿坑突水、突泥等。

5.6 调查工作要求：依据矿山生态环境影响调查结果，明确矿山生态环境保护与综合治理目标、任务。依照国家有关法律、法规、规章的规定和要求，提出不同时段矿山生态环境综合治理目标；按照近期、中期、远期划分不同时段，原则上每5年划分为一个时段，服务年限较短的矿山企业，各时段年限可适当缩短。

6. 矿山生态环境保护和恢复治理措施

6.1 矿山生态环境保护和治理措施要点

6.1.1 矿山生态环境主要问题治理措施要点见表3。矿区泥（渣）石流、滑坡（崩塌）、开采塌陷、岩溶塌陷、危(损)尾矿库（坝）的治理，矿区地表水、地下水污染的治理，地下水均衡恢复等恢复治理工程的选址、规模和工艺技术，应按照有关工程勘查、设计、施工技术规范执行；

6.1.2 矿区土地复垦，包括工程整治和生物复垦。由于采挖、排弃等活动而形成的废弃土地和排土场、堆渣场、尾矿场等，应根据不同情况，分别采取不同的土地整治工程，矿山基建临时性占地应

及时恢复。对破坏土地进行顺序回填、平整、覆土及综合整治，常用的工程复垦技术有就地整平复垦、梯田式整平复垦、挖深垫浅式复垦和充填法复垦技术等。生物复垦技术包括快速土壤改良、植被恢复、生态工程、耕地工艺、农作物和树种选择等；

6.1.3 矿区植被重建措施，包括种草护坡、造林护坡、开采建设形成的裸露土地应恢复林草植被，对土壤重构、地形、景观进行优化设计，对物种选择、配置及种植方式进行优化。在改造中应珍惜已有植被，采用鱼鳞坑的栽种方式，如石质山坡，应采取补土、换土措施确保植树成活率。

表3 矿山环境问题治理措施要点一览表

类型	主要防治措施
露天开采的矿山	A、内排和剥离－排土－造地－复垦一体化技术； B、选择合理的坡角范围以避免崩塌、滑坡的发生： a.优化采矿方案；b.降低坡高、坡角，使坡角小于安全坡角；c.采用注浆加固、抗滑桩、锚索（杆）、挡石坝等加固；采用深孔预应力锚索、长锚杆进行加固；d.在滑坡后缘削坡卸荷；低处宜用挡土墙支挡，高处可采用框格式拱墙护坡。岩层边坡失稳，可采取用非爆破法清除表面松动浮石或爆破清除，清除危岩；e.边坡加固、衬砌护坡，在有效部位建设支挡工程，设置梯级台阶；f.修建相应的排水、防水工程，沿台阶设横向排水沟；g.整治好的平台和边坡，应覆盖土层。
水资源、水环境的破坏	A、帷幕注浆隔水（阻水）充填法和排供结合等措施，控制矿坑涌水量，避免破坏地下水均衡，保护和合理利用地下水资源； B、采取地下帷幕注浆隔水、地表防渗或污水处理。
井工开采的固体矿山地面塌陷	A、预留矿柱、矿墙、矿层（体）顶板覆岩厚度标准或采用充填开采法将固体废渣及时回填； B、采用减沉注浆技术，通过地面裂缝灌注水泥砂浆，防止或减轻采空沉陷、地面裂缝及地表下沉； C、在地下坑道采取密闭、回填、夯实、监测等防塌措施； D、难以治理且存在安全隐患，可将其圈定为矿山地质灾害监测研究特区。在确保安全的前提下，划定出禁入区、监测区，修建防灾栅栏、设立警示说明牌和修建观测道路。
采矿活动所产生的固体废物	A、使用专用场所堆放，并采取有效措施防止二次环境污染及诱发崩塌、滑坡、泥石流地质灾害； B、消除或固化泥石流物源，弃渣填入沟谷中、造田复垦修筑拦渣坝； C、截、排除水源。修筑排洪明渠，设计流量应能承受百年一遇的洪流； D、做好护坡，明确固体废物边坡稳定角，必要时应采取加固措施，控制水土流失； E、采用完善的防渗、集水排水措施，防止淋溶水污染地表水和地下水，预防和降低废石场的酸性废水污染； F、废弃矿山煤矸石首选作为建筑材料。煤矸石中含硫化物时，应安装注石灰浆系统，保证随时注浆，避免水土污染。
地下液体矿产开采	确定允许开采量。热矿水井不应超过回灌量。
存放含有有毒、有害物质的废水、废液的淋浸池、贮存池、沉淀池	A、制定防水、防渗漏、防流失等措施； B、采取化学分解、中和、电离或照射方法以及固结等新技术，变废水为无毒无害的可利用水或形成不溶解可安全存放的固体物。

（续表）

类型	主要防治措施
尾矿库	A、尾矿库容接近极限，应新建尾矿库； B、抑尘、覆土和恢复植被控制扬沙、扬尘； C、疏通或修建沿坝排水沟，播植灌草保护带，防止积水引发滑坡和水土流失； D、坝体基础渗漏、危坝： a.及时采取桩基础或灌浆等工程措施治理； b.坝体适度削坡，重新砌护。
矿区岩溶塌陷	A、查明岩溶塌陷的成因以及与矿山排水活动之间的关联，采取矿坑供水、排水和环境保护相结合的措施，合理利用水资源，从源头上控制塌陷的发展； B、有巷道等地下采矿设施，应按有关规定采取防护工程措施，进行专项设计治理； C、岩溶塌陷区地下无采矿设施（巷道、斜井等），塌陷区非农田且有良好的蓄水条件时，可以发展蓄水养殖或储水用于农业灌溉；适于旅游开发的，可考虑发展旅游产业；原为可耕地，宜回填造地，重建植被体系。

7. 矿山生态环境恢复治理目标

矿山闭坑或停办时，其生态环境恢复治理应达到如下目标：

7.1 矿区人畜饮用水得到基本解决，耕地肥力和面积得到恢复；

7.2 地下井巷采空区矿柱按设计保存完好或者进行了必要的填充，采矿造成的地面塌陷及引发的滑坡、崩塌得到有效治理或划定；

7.3 露天采矿各类岩土体边坡小于或等于安全坡度值，处于稳定状态，危岩体和不稳定边坡得到有效防治，没有引发山体崩塌、滑坡等地质灾害的隐患；

7.4 尾矿、废石、废渣、剥离表土等固体废弃物堆放场选择合理，有安全可靠的矿坝，无滥占耕地、破坏土壤、污染环境等现象，清除引发泥石流的隐患；

7.5 矿坑水、选矿污水、固体废弃物淋滤溶解废液、生活污水等得到有效处理，未造成环境污染；

7.6 井巷妥善封闭，废弃水井等及时回填或处理；

7.7 采场边坡、剥离表土、固体废弃物堆放场应植树种草加以美化；

7.8 矿区土地根据其质量条件，分别改造为农业、林业用地、水面利用和其他用地。

8. 提交成果要求

8.1 恢复治理方案应由文本和附图两部分组成。具体内容可根据具体情况确定重点；

8.2 恢复治理方案编制完成后，应提交有关部门进行审查，提交的成果包括恢复治理方案的纸质材料和电子文档。

附件2

福建省矿山生态环境恢复治理协议书

甲方：____________________

乙方：____________________

根据《中华人民共和国矿产资源法》、《财政部、国土资源部、国家环保总局关于逐步建立矿山

环境治理和生态恢复责任机制的指导意见》（财建〔2006〕215号）、《福建省国土资源厅、财政厅、环境保护局关于印发福建省矿山生态环境恢复治理保证金管理办法（试行）的通知》（闽国土资文〔2006〕195号）等有关法律法规，双方本着平等、诚信的原则，签订本协议。

第一条 甲方根据法律法规的授权，对本行政区域内矿产资源开采活动进行监督管理。

根据“谁开采、谁付费、谁治理”的原则，乙方应当遵守国家有关矿山生态环境保护和恢复治理的有关规定，做好矿山生态环境恢复治理工作，按规定缴纳矿山生态环境恢复治理保证金（以下简称“保证金”）。

第二条 乙方经依法批准的矿区范围位于___市___县（区）___乡（镇）。

采矿权人：________，矿山名称：___________，采矿证号：_______，矿区面积____平方公里，开采矿种 ____，开采方式___，开采规模 ______，开采标高上限_____、下限_______，开采年限____年。

第三条 本协议保证金额为人民币（大写）___________万元（小写）____万元。

第四条 乙方同意按照本协议第三条的规定向甲方缴纳保证金。

采矿许可证有效期3年以下（含3年）的，采矿权人应在领取采矿许可证前，一次性全额缴纳。采矿许可证有效期超过3年的，按以下时间和金额分____期缴纳保证金。首次缴纳保证金应不少于总额的20%，且采矿许可证期满前1年，应缴纳全部保证金。

第一期 人民币_________________万元（小写____万元），缴纳时间___年__月__日之前。

第二期 人民币_________________万元（小写____万元），缴纳时间___年__月__日之前。

第三期 人民币_________________万元（小写____万元），缴纳时间___年__月__日之前。

第四期 人民币_________________万元（小写____万元），缴纳时间___年__月__日之前。

第五期 人民币_________________万元（小写____万元），缴纳时间___年__月__日之前。

第六期 人民币_________________万元（小写____万元），缴纳时间___年__月__日之前。

第五条 乙方将保证金缴入矿山生态恢复治理保证金银行专户，户名：_______________

开户行：______________，账号：__________________。

第六条 保证金本金及孳生利息属乙方所有，实行专户存储、专户管理、专户核算，严禁挪作他用。

第七条 乙方采矿权人在开采过程中，应根据经批准的矿山生态环境恢复治理方案实施生态环境恢复治理工作，实行边开采边治理。乙方分期实施矿山生态环境恢复治理的，完成分期恢复治理工作后，可向甲方提出分期验收申请。甲方根据验收结论及进度可部分返还保证金及利息，但矿山生态恢复治理工作未全部完成前，乙方保证金余额不得少于应缴保证金总额的20%。

第八条 乙方应当自停办或关闭矿山之日起6个月内完成矿山生态环境恢复治理工作。有特殊情况的，经甲方批准后可延长6个月。

乙方完成矿山生态环境恢复治理工作后，应向甲方申请验收。验收结果符合有关规定和恢复治理方案的，在出具验收合格报告之日起30日内，甲方按规定将乙方剩余的保证金及孳生利息全额返还乙方。

第九条 乙方不履行矿山生态环境恢复治理义务，或矿山生态环境恢复治理工作经甲方验收不合格的，甲方应责令乙方限期进行环境恢复。逾期不治理或治理仍达不到要求的，保证金及孳生利息不予返还，由甲方开具收据转为治理经费，直接用于矿山生态环境恢复治理工作。恢复治理经费超过保证金的部分由乙方承担，节余部分上缴财政。

第十条 乙方必须按照本协议的约定，按时缴纳保证金。如果乙方不按时缴纳保证金，从自滞纳之日起按每日1‰比例缴纳滞纳金。

第十一条 甲方必须按照本协议规定，按时返还保证金。如果甲方不能按时返还保证金的，自应返还期限之日起按每日1‰比例滞返金返还给乙方。

第十二条 因履行本协议发生争议，由争议双方协商解决。协商不成的，可依法向人民法院起诉。

第十三条 本协议自双方签章之日起生效。

第十四条 本协议一式三份（甲方二份、乙方一份），具有同等法律效力。

第十五条 本协议未尽事宜，可由双方签订补充协议，作为协议的附件，与本协议具有同等法律效力。

甲方（章）：	乙方（章）：
通讯地址：	通讯地址：
邮政编码：	邮政编码：
电话：	电话：
法定代表人：（委托代理人）（签字）：	法定代表人：（委托代理人）（签字）：
年 月 日	年 月 日

关于印发《企业安全生产风险抵押金管理暂行办法》的通知

2007年9月28日　闽财建〔2007〕144号

省直有关部门、中央驻闽有关企业、省属有关企业、各商业银行省分行：

现将财政部、安全监管总局、人民银行关于印发《企业安全生产风险抵押金管理暂行办法》的通知转发给你们，并提出以下补充通知，请一并遵照执行。

一、安全生产风险抵押金存储数额的核定

中央驻闽企业、省属有关企业安全生产风险抵押金存储的数额由省安全生产监督管理局、省财政厅核定，具体企业名单及存储数额另行通知。

二、安全生产风险抵押金的存储

企业的安全生产风险抵押金一经核定，由核定机关发出通知。企业收到核定通知后，在银行开设专户，按规定于一个月内将资金足额存入该专户，专款专用。各商业银行应将企业安全生产风险抵押金存款情况回单及时报送核定机关。

三、安全生产风险抵押金的使用

企业确需动用安全生产风险抵押金的，须报省安全生产监督管理局、省财政厅批准后，由经办银行办理相关手续。

附：企业安全生产风险抵押金管理暂行办法

企业安全生产风险抵押金管理暂行办法

第一章　总　则

第一条 为了强化企业安全生产意识，落实安全生产责任，规范安全生产风险抵押金的管理，

保证生产安全事故抢险、救灾工作的顺利进行，根据《国务院关于进一步加强安全生产工作的决定》（国发〔2004〕2号），制定本办法。

第二条 本办法所称企业，是指矿山（煤矿除外）、交通运输、建筑施工、危险化学品、烟花爆竹等行业或领域从事生产经营活动的企业。

本办法所称安全生产风险抵押金（以下简称风险抵押金），是指企业以其法人或合伙人名义将本企业资金专户存储，用于本企业生产安全事故抢险、救灾和善后处理的专项资金。

第二章 风险抵押金的存储

第三条 各省、自治区、直辖市、计划单列市安全生产监督管理部门（以下简称省级安全生产监督管理部门）及同级财政部门按照以下标准，结合企业正常生产经营期间的规模大小和行业特点，综合考虑产量、从业人数、销售收入等因素，确定具体存储金额：

(一) 小型企业存储金额不低于人民币30万元（不含30万元）；

(二) 中型企业存储金额不低于人民币100万元（不含100万元）；

(三) 大型企业存储金额不低于人民币150万元（不含150万元）；

(四) 特大型企业存储金额不低于人民币200万元（不含200万元）。

风险抵押金存储原则上不超过500万元。

企业规模划分标准按照国家统一规定执行。

第四条 本办法施行前，省级人民政府有关部门制定的风险抵押金存储标准高于本办法规定标准的，仍然按照原标准执行，并按照规定程序报有关部门备案。

第五条 风险抵押金按照以下规定存储：

(一) 风险抵押金由企业按时足额存储。企业不得因变更企业法定代表人或合伙人、停产整顿等情况迟（缓）存、少存或不存风险抵押金，也不得以任何形式向职工摊派风险抵押金。

(二) 风险抵押金存储数额由省、市、县级安全生产监督管理部门及同级财政部门核定下达。

(三) 风险抵押金实行专户管理。企业到经省级安全生产监督管理部门及同级财政部门指定的风险抵押金代理银行（以下简称代理银行）开设风险抵押金专户，并于核定通知送达后1个月内，将风险抵押金一次性存入代理银行风险抵押金专户；企业可以在本办法规定的风险抵押金使用范围内，按国家关于现金管理的规定通过该账户支取现金。

(四) 风险抵押金专户资金的具体监管办法，由省级安全监管部门及同级财政部门共同制定。

第六条 跨省（自治区、直辖市、计划单列市）、市、县（区）经营的建筑施工企业和交通运输企业，在企业注册地已缴纳风险抵押金并能出示有效证明的，不再另外存储风险抵押金。

第三章 风险抵押金的使用

第七条 企业风险抵押金的使用范围为：

(一) 为处理本企业生产安全事故而直接发生的抢险、救灾费用支出；

(二) 为处理本企业生产安全事故善后事宜而直接发生的费用支出。

第八条 企业发生生产安全事故后产生的抢险、救灾及善后处理费用，全部由企业负担，原则上应当由企业先行支付，确实需要动用风险抵押金专户资金的，经安全生产监督管理部门及同级财政部门批准，由代理银行具体办理有关手续。

第九条 发生下列情形之一的，省、市、县级安全生产监督管理部门及同级财政部门可以根据企业生产安全事故抢险、救灾及善后处理工作需要，将风险抵押金部分或者全部转作事故抢险、救灾和善后处理所需资金：

(一) 企业负责人在生产安全事故发生后逃逸的；

(二) 企业在生产安全事故发生后，未在规定时间内主动承担责任，支付抢险、救灾及善后处理费用的。

第四章　风险抵押金的管理

第十条　风险抵押金实行分级管理，由省、市、县级安全生产监督管理部门及同级财政部门按照属地原则共同负责。

中央管理企业的风险抵押金，由所在地省级安全生产监督管理部门及同级财政部门确定后报国家安全生产监督管理总局及财政部备案。

第十一条　企业持续生产经营期间，当年未发生生产安全事故、没有动用风险抵押金的，风险抵押金自然结转，下年不再增加存储。当年发生生产安全事故、动用风险抵押金的，省、市、县级安全生产监督管理部门及同级财政部门应当重新核定企业应存储的风险抵押金数额，并及时告知企业；企业在核定通知送达后1个月内按规定标准将风险抵押金补齐。

第十二条　企业生产经营规模如发生较大变化，省、市、县级安全生产监督管理部门及同级财政部门应当于下年度第一季度结束前调整其风险抵押金存储数额，并按照调整后的差额通知企业补存（退还）风险抵押金。

第十三条　企业依法关闭、破产或者转入其他行业的，在企业提出申请，并经过省、市、县级安全生产监督管理部门及同级财政部门核准后，企业可以按照国家有关规定自主支配其风险抵押金专户结存资金。

企业实施产权转让或者公司制改建的，其存储的风险抵押金仍按照本办法管理和使用。

第十四条　风险抵押金实际支出时适用的税务处理办法由财政部、国家税务总局另行制定。具体会计核算问题，按照国家会计制度处理。

第十五条　每年年度终了后3个月内，省级安全生产监督管理部门及同级财政部门应当将上年度本地区风险抵押金存储、使用、管理有关情况报国家安全生产监督管理总局及财政部备案。

第十六条　风险抵押金应当专款专用，不得挪用。安全生产监督管理部门、同级财政部门及其工作人员有挪用风险抵押金等违反本办法及国家有关法律、法规行为的，依照国家有关规定进行处理。

第五章　附 则

第十七条　省级安全生产监督管理部门及同级财政部门可以根据本办法制定具体实施办法。

第十八条　不属于本办法第二条第一款规定范围的企业集团，其内部分公司、车间属于规定范围的，参照本办法执行。

第十九条　本办法由财政部、安全监管总局、人民银行负责解释。

第二十条　煤矿企业按照《财政部、国家安全生产监督管理总局关于印发〈煤矿企业安全生产风险抵押金管理暂行、办法〉的通知》（财建〔2005〕918号）相关规定执行。

第二十一条　本办法自2005年8月1日起施行。

关于成立省政府煤电油运和抢险抗灾应急指挥中心的通知

2008年2月4日　闽政办〔2008〕13 号

各市、县（区）人民政府，省人民政府各部门、各直属机构，各大企业：

为应对当前低温雨雪冰冻灾害，做好我省煤电油运和抢险抗灾工作，按照《国务院办公厅关于成立国务院煤电油运和抢险抗灾应急指挥中心的通知》（国办发〔2008〕7号）要求，经省政府研究，决定成立省政府煤电油运和抢险抗灾应急指挥中心（以下简称“指挥中心”）。现将有关事项通知如下：

一、主要职责

(一) 及时掌握全省煤电油运和抢险抗灾有关方面的综合情况。

(二) 协调解决全省煤电油运和抢险抗灾的重大突发问题。

(三) 督促各设区市、各有关部门和单位落实有关政策措施。

(四) 向省委、省政府报告协调会商的综合情况。

(五) 建立新闻发布制度，统一发布政府信息。

二、组成人员

总　指　挥：　李　川　省政府副省长

常务副总指挥：　徐　钢　省经贸委、国资委主任

副 总 指 挥：　马跃征　省民政厅厅长

　　林宝金　省政府副秘书长

成　员：

钟安平　省经贸委副主任、食安办主任

马鉴康　省经贸委副主任

李德金　省发改委副主任、重点办主任

刘剑津　省委教育工委副书记

陈永共　省委农办副主任

戴滨辉　省军区副参谋长

李　清　省公安厅副厅长

黄新銮　省财政厅总会计师

王兆飞　省交通厅副厅长

严效东　省信息产业厅副厅长

张天明　省水利厅副厅长

檀云坤　省农业厅副厅长

黄家铭　省林业厅副厅长

陈文加　省卫生厅副厅长

翁玉耀　省建设厅副厅长

赖诗卿　省劳动保障厅副厅长

蔡万源　武警福建总队副总队长

林作明　省物价局副局长

陈乙熙　省工商局副局长

李毅强　省旅游局副局长

陈松青　省口岸与海防办副主任

卢承圣　省政府新闻办副主任

陆昌鼎　省交警总队总队长

施惠财　省安监局副局长

杨锦炎　省通信管理局局长

林新彬　省气象局副局长

李　伟　福建海事局副局长

丁明干　福建煤监局副局长

李志峰　民航福建监管办主任

张建平　福州电监办副主任

孙祥生　南昌铁路局福州办事处副主任

许新生　省电力有限公司副总经理

周联清　省煤炭工业（集团）公司董事长

唐建辉　省高速公路有限公司董事长

廉小强　省交通运输（控股）公司总经理

黄宪培　华电福建发电有限公司总经理

王　琴　中石化森美（福建）石油公司副总经理

陈克雄　中石油福建销售分公司福州公司经理

三、指挥中心工作机构及有关要求

(一) 指挥中心下设办公室，办公室设在省经贸委，办公室主任由徐钢同志兼任，副主任由钟安平、马鉴康同志兼任。指挥中心各成员单位确定一名处级干部为联络员，具体人员名单抓紧报送指挥中心办公室。

（指挥中心办公室日常联系电话：0591－87853875；传真：0591－87832628）

(二) 各设区市政府要成立相应的工作机构，负责统筹协调本地区煤电油运和抢险抗灾各方面工作。

(三) 各设区市、各有关部门和单位每日下午17：30前将前日及当日有关情况报送指挥中心办公室，重大突发问题及时报告。

(四) 指挥中心实行会商制度，各成员单位要积极参加会商，密切配合，相互支持，形成合力，确保煤电油运和抢险抗灾工作有序进行。

关于进一步加强矿产资源勘查开发管理的通知

2009年2月16日　闽政〔2009〕9号

各市、县（区）人民政府，省政府各部门、各直属机构，各大企业，各高等院校：

为进一步规范矿产资源勘查开发行为，实现矿产资源有效保护、有序开发、合理利用、持续发展，为海峡西岸两个先行区建设提供有效的矿产资源支撑和生态环境保障，现就进一步加强矿产资源勘查开发管理工作通知如下：

一、科学编制和严格实施矿产资源规划

(一) 加快矿产资源总体规划编制。矿产资源规划是依法审批和监督管理矿产资源勘查、开采活动的重要依据。市、县政府要围绕我省经济社会发展需要和区域生态环境保护，抓紧于2009年6月底前完成新一轮矿产资源总体规划编制工作，并报省政府审批后实施。编制矿产资源总体规划，要与相关规划相互衔接，要科学划定禁采区、限采区和可采区。县级矿产资源总体规划应把建筑石料、饰面石材、砖瓦粘土作为规划的重要内容，按照“集中开发、规模开采”的原则，明确矿业权投放时序，合理控制矿山数量，优化开发布局。

(二) 科学编制实施矿产勘查专项规划。严格执行《福建省省级煤炭资源勘查专项规划》。编制实施《福建省重要成矿带金属矿勘查预留区专项规划》，设立金属矿勘查预留区，将成矿条件较好或列入国家储量表且探矿权、采矿权灭失的金属矿成矿区带划入金属矿勘查预留区。省级煤炭资源勘查规划区和金属矿勘查预留区使用省级地质勘查专项资金进行前期勘查。

(三) 加强矿产资源规划实施管理。必须依据规划，切实加强对矿产资源勘查、开发利用与保护的监督管理。对不符合矿产资源规划的，不得批准立项，不得审批、颁发勘查许可证、采矿许可证，不得批准用地。禁采区不得新设置探矿权、采矿权（地热、矿泉水除外），已设置采矿权的矿山，由所在地市、县人民政府限期关闭，关闭后采矿许可证由原发证机关予以注销；已设置的探矿权不再办理延续变更手续；限采区不得新设置露天开采的小型以下（含本数，下同）金属矿采矿权和中型以下非金属矿采矿权，不得新设置地下开采的零星分散金属矿采矿权和小型以下非金属矿采矿权；已设置的不符合上述条件的采矿权，期满不予办理延续。可采区应认真执行新建和已建矿山最小开采规模的有关规定，按照一个井田一个矿山、一个矿山一个开采主体和资源向优势企业集中的原则，加大矿产资源开发整合力度。

二、切实加强矿产资源勘查管理

(一) 规范探矿权出让。新设置探矿权要以招标拍卖挂牌等市场竞争方式出让，以下2种情况除外：

1. 属中央财政专项资金、省级地质勘查专项资金安排的勘查项目，可以批准申请方式授予探矿权进行普查或必要的详查后按规定出让探矿权作进一步勘查。

要充分调动市、县政府投资找矿的积极性，鼓励市、县财政出资参与省级地质勘查资金，风险共担，利益共享。

2. 属已建矿山企业（饰面石材除外）申请在其矿区外围找矿，符合国家规定和资源整合要求，确属同一矿体、地理空间不宜分割且可利用已有开采系统的，经组织专家论证，其扩大部分的探矿权经批准后可以协议出让给该矿山企业。

除中央财政专项资金、省级地质勘查专项资金外，继续暂停新设立煤、铅、锌、钼的探矿权。对已设置的铅锌矿探矿权到期原则上不予延续，如符合新的准入条件、矿产资源规划和生态环境保护要求的经批准方予办理。

(二) 优化省级地质勘查专项资金找矿成果配置。省级地质勘查专项资金项目，应由具有甲级资质的省属国有地勘单位承担，项目探矿权人为省级地质勘查专项资金项目管理办公室，所取得的阶段性勘查成果，其探矿权经批准首先协议出让给省属国有地勘单位、省属国有（国有控股）矿山企业继续勘查。勘查成果出让收入主要用于地质勘查再投入，实现滚动发展。

(三) 严格探矿权转让。省属国有地勘单位、省属国有（国有控股）矿山企业拥有的探矿权，不得自行向国有地勘单位或国有（国有控股）矿山企业之外转让或股权合作，特殊情况确需转让或股权合作的，必须经省政府同意后以招标拍卖挂牌等市场竞争方式转让，转让底价需经有资质的矿业权评估机构评估。各有关单位要加强成果收益管理，规范探矿权转让程序，防止国有资产流失。除省属国有地勘单位、省属国有（国有控股）矿山企业外的其他探矿权，地质工作程度达不到开采设计要求、不符合矿产资源等规划和产业政策的，也不得转让，严禁炒买炒卖、非法转让探矿权。

(四) 提高地质勘查管理水平。要根据地勘单位的实际技术含量及业绩，审查核定资质等级。勘查单位应具备与承担的勘查项目数量相适应的勘查施工能力，不得将地质业务转包给其他地勘单位，不得将勘查施工业务转包给不具相应资质的单位施工。严格实施勘查区块退出制度，缩短勘查周期，防止圈而不探，切实提高地质勘查工作的有效投入。

加强地质勘查项目全程管理，严格执行地质勘查设计审查和野外验收制度。勘查项目应按批准的勘查设计施工，不得弄虚作假、以采代探。验收单位出具的野外工作验收意见书作为矿产资源储量评审的要件之一，凡没有通过验收的，不得进入资源储量评审备案程序。

规范生产勘探管理，矿山企业在矿区范围内为增加已登记矿种（含共伴生矿种）资源储量进行生产勘探的，应由相应资质的地勘单位编写勘查设计，报经省国土资源厅批准后，按批准的设计组织施工。生产勘探结束后提交的生产勘探报告，经评审备案后作为编制或修改补充矿山开发利用方案的依据，按规定补交扣除勘查成本后的价款。矿山企业在矿区范围内进行非登记矿种勘查或深部找矿，应提出书面申请，报经省国土资源厅核准后，按上述程序执行。

鼓励地勘单位找矿积极性，实行地质找矿奖励制度，对找矿成效突出的予以奖励，并积极推进探采合作和探采一体化，促进地勘单位的稳定发展，促进矿产资源的合理利用。

三、规范完善矿产资源开采管理

(一) 规范采矿权出让。已取得探矿权且地质工作达到可供开发利用程度并符合国家有关规定的，可依法申请转为采矿权。建筑石料、饰面石材、砖瓦粘土不设置探矿权，直接以招标拍卖挂牌等市场竞争方式出让采矿权。

在采矿许可证有效期内增加开采矿种和申请兼采共伴生矿产的，或已建矿山经批准扩大矿区范围（扩大平面、抬升或降低开采标高）的，新增资源储量按规定缴纳采矿权价款。

采矿许可证到期申请延续开采的矿山，以招标拍卖挂牌或协议出让方式取得的采矿权或探矿权转为采矿权的，有新增资源储量的，按新增的可供开发利用的资源储量缴纳采矿权价款；以批准申请方式取得探矿权后转为采矿权的，按其剩余及新增的可供开发利用的资源储量缴纳采矿权价款。

(二) 严格采矿权转让审批。已经取得采矿权的矿山企业，采矿权主体原则上不得变更，特殊原因需要变更的，应依法申请办理采矿权转让审批手续。矿山企业内部股权比例及企业法人代表发生变更的，应向工商行政管理部门办理变更登记手续，并向颁发采矿许可证的机关备案。国有地勘单位、国有（国有控股）矿山企业转让采矿权或减持国有股份比例，应经有资质的矿业权评估机构评估，并报上级主管部门审批同意后依法办理。

省属国有地勘单位、省属国有（国有控股）矿山企业以协议出让方式取得的省级地质勘查专项资金项目探矿权转入采矿权后，不得进行采矿权转让，也不得与国有地勘单位或国有（国有控股）矿山企业之外进行股权合作。

(三) 合理开发利用矿产资源。要加快推进矿产资源开发整合，优化矿业产业布局，强化安全生产和矿山生态环境保护。要以资源节约、规模开发、延长产业链、提高附加值、环境保护和安全生产作为重点，研究制定不同类型矿产的准入条件和管理办法。要严格执行保护性矿产的有关政策，对钨、稀土和煤、铁、铅、锌、钼、饰面石材、水泥用灰岩、萤石实行保护控制性开采。严格执行最小开采规模标准，对金、银、铜、铁、铅、锌、钼、钨等主要金属矿种要进一步严格管理，逐步提高并及时修订最小开采规模标准，达不到省定最小开采规模标准的一律不予审批。饰面石材、水泥用灰岩、萤石矿采矿权及环评的审批权上收一级，县级国土资源管理部门、环境保护管理部门不再审批以上矿种的采矿权和项目环评。开办煤矿企业，必须先报省级煤炭行业管理部门批准，严格执行国家发展和改革委员会制定的煤炭产业政策，即“十一五”期间年生产规模达不到30万吨、“十一五”后年生产规模达不到9万吨的煤的新建矿山，不予审批。国土资源管理部门要积极配合经贸主管部门继续做好已建煤炭矿山企业的资源整合工作。新建、改扩建铁矿、有色金属、稀土、黄金和煤炭开发项目，在取得采矿许可证后应报省级及以上投资主管部门核准。

切实加强铅、锌矿的开发管理。铅、锌资源储量达不到最小开采规模标准的；不符合矿产资源规划的；不符合市、县（区）生态功能区划，破坏生态环境、影响当地群众生产生活等的铅锌矿探矿权不得转为采矿权。已建铅锌矿山通过整改、整合等措施仍达不到准入条件的，当地政府要组织关闭。

加强矿山储量动态监管，大中型矿山企业和开采规模在9万吨以上的煤矿应设立矿山地质测绘机构，其他矿山应配备地质测绘人员，并由有资质测绘单位按要求做好矿山储量地质测绘工作，建立矿山储量台账，编制资源储量估算图、采剥（露天开采）或采掘（井下开采）现状图、井上井下工程对照图等有关图件，提交矿山储量年度报告，严禁超层越界非法开采，按规定报销储量，及时掌握矿山储量的变动情况。

四、加大矿产资源勘查开采生态环境保护力度

(一) 严格执行矿山环境影响评价制度。各级环境保护行政主管部门要进一步加强矿山环境保护的监督管理，矿山环境影响评价报告审批权限上收一级，县级环境保护行政主管部门不再审批项目环评。金属矿、煤矿、稀土矿与水泥熟料配套的水泥用灰岩开采等项目环境影响评价报告按有关规定由国家或省级环境保护行政主管部门审批，其他项目环境影响评价报告由设区市及以上环境保护行政主管部门审批。严格把好矿山环境影响评价报告的审核审批关，从源头上控制低水平、低效益、高污染、高消耗的矿产开发项目的建设。严格审查矿产资源勘查设计方案，设计硐探勘查工程应进行环境影响评价，环境影响评价报告书未经有权机关审批，不予办理勘查许可延续登记手续。矿山环境影响评价报告未经有权机关审批，使用林地未经预审，不予办理采矿许可登记手续。督促矿山企业认真实施环境保护和治理工程与矿山主体工程同时设计、同时施工、同时验收的制度，环保工程验收不合格的，不得投入使用，不得进行生产；建立和完善矿山企业排污许可管理制度，健全矿山环境保护和污染排放监测体系，运用网络、遥感等先进技术，加强对开采铅锌等易造成环境污染的矿种以及其他大、中型矿山企业排污的实时监测，及时发现和查处破坏矿山生态环境的违法违规行为，保证矿山企业的“三废”达标排放。

要高度重视尾矿库安全管理工作，发展和改革、安全生产监督管理部门要从严审批尾矿库项目建设，安全生产监督管理部门要切实加强对尾矿库安全生产的监督管理和技术指导，督促尾矿库企业全面落实安全生产的主体责任。

(二) 全面落实矿山生态环境恢复治理补偿机制。严格执行矿山生态环境恢复治理保证金制度，国土资源管理部门要将符合要求的矿山生态环境恢复治理方案作为申请采矿许可的前置条件，凡矿山生态环境恢复治理方案不符合要求的，不予办理采矿许可登记手续。国土资源管理部门要会同有关职能部门按照各自职责分工加强检查巡查，共同指导矿山企业实施“边开采、边治理”，督促落实矿山生态环境恢复治理的责任义务。要把矿山生态环境恢复治理工作列入矿山“年检”的内容，对未按规定缴纳矿山生态恢复治理保证金，以及未按矿山生态恢复治理方案实施“边开采、边治理”的矿山企业，矿山所在地的国土资源管理部门要责令其停产整顿，整改不到位的，要提请当地政府组织关闭，相关部门要依法吊（注）销有关证照。

对废弃且业主已灭失的矿山，由矿山所在地县级人民政府有计划地组织治理。矿山企业申请闭坑或已完成治理任务的，国土资源管理部门要及时组织验收，按规定退还保证金。

五、强化矿产资源执法监察

各级政府要切实加强矿产资源执法监察工作，各部门要严格依法行政、协同配合、各司其职，建立矿产资源勘查开发管理的共同责任机制，维护正常的勘查开发秩序。

县级政府要持续开展对矿产资源开发秩序的治理整顿，重点打击无证勘查、无证开采、超层越界开采、持勘查许可证采矿、非法转让探矿权和采矿权、污染破坏环境和不具备安全生产条件、越权审批矿业权等各类违法违规行为。乡（镇）政府要建立巡查制度，对发现无证勘查开发矿产资源的行为，及时函告国土资源管理部门组织查处。

国土资源部门要加强对依法勘查开采的监管，环保部门要加强对矿山企业有关环保制度执行情况的监管，林业部门要加强占用林地的监管，安监部门要加强矿山企业安全生产特别是尾矿库安全的综合监管。各有关部门对违法勘查开采、不符合环保要求、违法占用林地的、未取得安全生产许可证或已取得安全生产许可证不再具备安全生产条件的，要责令其限期整改，整改不到位的，当地政府要组织关闭，相关部门要依法吊（注）销有关证照。公安机关要切实加强对火工品的管理，严厉查处超量供应和向非法探矿权人、采矿权人提供火工品的行为，同时进一步加强对涉嫌非法采矿、破坏性采矿

犯罪的查处力度。电力部门要加强矿山用电的管理，严厉查处向非法探矿权人、采矿权人提供电力的行为。监察机关要严肃查处国家机关及其工作人员滥用职权、徇私舞弊、直接或变相参与矿产资源勘查开发，以及玩忽职守、渎职失职的行为。涉嫌犯罪的，要移送司法机关追究刑事责任。

关于印发福建省煤矿安全生产“三项行动”工作方案的通知

2009年5月4日　闽经贸能源〔2009〕259号

各产煤设区市经贸委、煤矿安全监管部门、煤炭行业管理部门，省煤炭集团公司，各煤矿安全中介机构、培训机构：

为贯彻落实党中央、国务院关于加强煤矿安全生产工作的一系列工作部署，深入开展煤矿安全生产“三项行动”，根据《国务院办公厅关于进一步推进安全生产“三项行动”的通知》（国办发〔2009〕32号）和《福建省人民政府办公厅关于进一步推进安全生产“三项行动”的通知》（闽政办〔2009〕70号）等文件精神，结合我省煤矿安全生产实际，省经贸委、福建煤监局制定了《福建省煤矿安全生产“三项行动”工作方案》，现印发给你们，请结合本地本单位实际，认真贯彻执行。

附件：福建省煤矿安全生产三项行动工作方案

福建省煤矿安全生产“三项行动”工作方案

根据《国务院办公厅关于进一步推进安全生产“三项行动”的通知》（国办发〔2009〕32号）和《福建省人民政府办公厅关于进一步推进安全生产“三项行动”的通知》（闽政办〔2009〕70号）精神，结合我省煤矿实际，决定于4月中旬至12月底，在全省范围内推进煤矿安全生产执法行动、治理行动和宣传教育行动（以下简称煤矿安全生产“三项行动”），特制定本方案。

一、工作目标

通过扎实开展煤矿安全生产“三项行动”，加强煤矿安全生产全员、全过程、全方位管理，推进“安全生产年”、“科技兴安年”目标任务落实。加大煤矿安全监管监察执法力度，严厉打击违法非法生产行为，建立规范的煤矿安全生产法治秩序；深化煤矿安全生产专项治理，促进安全生产责任制落实，强化煤矿安全监管监察，治理纠正违规违章行为，狠抓隐患排查治理，切实加强和解决煤矿安全生产薄弱环节和突出问题；加强安全教育，牢固树立安全发展理念，增强安全意识，不断提高煤矿从业人员的安全生产技能和综合素质。通过开展“三项行动”，强化煤矿安全基层基础管理，构建安全生产长效机制，坚决遏制较大以上事故发生，确保完成2009年全省煤矿安全生产控制考核指标，力争实现百万吨死亡率奋斗目标，确保煤矿安全生产形势持续稳定好转。

二、范围和内容

(一)“三项行动”的对象是：各产煤地区、各煤矿企业、各煤矿安全中介机构和安全培训机构。

(二)“三项行动”的重点内容是：

1. 执法行动。对下列行为依法进行打击或查处：

(1) 无证或证照不全从事煤炭生产的；

(2) 关闭取缔后又擅自组织开采的；

(3) 小煤矿应关未关或关闭计划不落实的；

(4) 超层越界开采的；

(5) 以假密闭、栅栏等形式和手段隐瞒、躲避监管监察，或未经批准擅自打开密闭从事生产或其他作业的；

(6) 已取得煤矿安全生产许可证但不能持续保持安全生产条件的；

(7) 煤矿建设项目建设期非法组织生产的；

(8) 煤矿安全生产许可证、煤炭生产许可证暂扣期间擅自组织生产的；

(9) 违反建设项目核准规定和安全设施“三同时”规定进行项目建设的；

(10) 瞒报煤矿安全事故的；

(11) 安全评价机构出具虚假评价报告的；

(12) 重大隐患隐瞒不报或不按规定期限予以整治的；

(13) 不按规定进行安全培训或无证上岗的；

(14) 拒不执行安全监管监察指令或抗拒监察执法的；

(15) 其他非法违法开采行为。

2. 治理行动。对以下行为进行严格治理：

(1) 煤矿安全生产技术装备、作业环境、劳动防护用品装备不符合规定要求，或规定应检仪器设备未经有关资质部门检测检验、检定的；

(2) 煤矿通风、排水、提升、运输、供电、防尘、供水、通讯、压风等系统不健全、不完善的；

(3) 煤矿安全监控系统未按规定进行建设，或未能正常使用的；

(4) 煤矿水害防治措施不落实或落实不到位，矿井水文地质基础档案资料不健全、不完善的；

(5) 矿井受自然灾害威胁而未落实防范措施的；

(6) 隐患排查治理制度不健全、责任不明确、措施不落实、整改不到位的；

(7) 应急救援队伍、装备不健全，应急预案制订修订演练不及时，以及自救装备配备不足、使用培训不够的；

(8) 煤矿安全生产费用提取使用、安全生产风险抵押金交纳等经济政策落实不到位的；

(9) 煤矿建设项目安全制度不完善、管理措施落实不到位，施工工期不明确、没有月进度计划的；

(10) 违章指挥、违章作业、违反劳动纪律的；

(11) 地方各级人民政府对煤矿安全监管责任不落实，安全管理和行业管理机构不健全，以及有关部门监督检查不到位，安全许可制度执行不严格的。

3. 宣传教育行动。着力开展以下宣传教育活动：

(1) 宣传党中央、国务院关于加强煤矿安全生产的一系列指示精神；

(2) 宣传煤矿安全生产法律法规、规章制度，增强安全法制意识；

(3) 宣传安全发展的理念，推进安全文化建设；

(4) 宣传推广煤矿整顿关闭、整合技改、安全质量标准化建设、监控系统建设和专业人才培养等基础强矿、科技兴矿的典型经验和做法，推进煤矿安全生产示范矿井建设；

(5) 建立规范的煤矿安全生产信息发布制度，及时召开发布会、媒体通气会，及时公布煤矿安全生产重点工作进展、控制考核指标落实、煤矿事故查处等情况，加快形成新闻媒体、社会公众广泛参与的安全生产舆论监督网络；

(6) 建立完善煤矿安全生产“黑名单”制度，公布事故矿井“黑名单”、事故查处情况，加强煤矿安全生产舆论监督；

(7) 深入开展“安全生产月”、“安全生产万里行”、“海西安全发展行”、“安全生产科技周”等集中宣传教育活动；

(8) 进一步拓宽煤矿专业技术人才的培养渠道，加大煤矿专业技术人才队伍建设和培养力度，提高全省煤矿专业技术人才储备量和应用型人才总量，促进煤矿安全生产和煤炭工业健康持续安全发展；

(9) 积极推动煤矿企业安全生产诚信体系建设，大力培训安全诚信、安全道德，开展安全诚信理论研究，通过宣传教育、规范引导和典型示范等方法途径，在煤矿企业和中介机构、安全培训机构管理者中，倡导树立安全诚信意识和安全道德观念，自觉履行煤矿安全生产责任和义务。

(10) 严格煤矿安全培训机构监管，加强师资力量、培训装备建设，创新培训方式方法，提高培训质量；整合优化培训资源，加强培训师资力量建设，进一步改善培训条件，提高培训装备水平；严格日常监管，加强监督检查，规范煤矿安全培训机构建设。

三、重点时段和工作重点

“三项行动”要贯穿于全年煤矿安全生产工作始终，同步部署、同步实施、同步检查推进。同时，要结合煤矿安全生产规律特点，统筹兼顾，突出重点，有计划、有步骤、有针对性地组织开展。

(一) 制定工作方案，开展自查自纠（4月底以前）

1. 根据上级的统一部署，结合2008年“隐患治理年”和今年一季度煤矿安全监管监察工作中发现的突出问题，研究制定全省煤矿安全生产“三项行动”工作方案，全面进行动员部署。

2. 各产煤市、县（区）煤矿安全监管部门、煤炭行业管理部门、省煤炭集团公司要提高思想认识，按照“三项行动”内容和要求，结合省经贸委等3委局《关于开展全省煤矿生产安全监管检查的通知》（闽经贸能源〔2009〕183号）要求，进一步细化工作措施，抓好组织发动，认真开展自查自纠，指导煤矿企业制定整改计划。

3. 各煤矿企业、煤矿安全中介机构和安全培训机构要根据上级的统一部署，深入开展自查自纠，针对存在的问题和薄弱环节，制定整改计划，落实整改措施，严防事故发生。

(二) 加强督促检查，全面推进各项工作（5至9月）

1. 针对煤矿安全生产领域存在的非法违法行为，各级煤矿安全监管监察部门要进一步加大监管监察力度，强化联合执法，严厉打击各类非法违法生产、经营、建设行为。

2. 进一步强化煤矿瓦斯治理和整顿关闭专项整治措施，配合国土资源部门继续打击非法开采行为，防止已关闭煤矿“死灰复燃”，切实遏制较大以上煤矿事故发生。

3. 加强新建、改扩建、资源整合煤矿的监管监察，防止边施工边生产，严禁假建设真产煤，严禁抢工期、抢进度、抢投产。

4. 督促煤矿企业重点针对台风、暴雨、洪灾、雷电等自然灾害可能引发事故的隐患点进行深查细排、除险加固、彻底整改，落实应急预案，防范引发事故。

5. 以“关爱生命、安全发展”为主题，组织开展好“安全生产月”集中宣传教育活动和“安全生产万里行”、“海西安全发展行”、“安全科技周”等系列活动，全力配合做好“万里行”进福建启动仪式，适时推出煤矿安全生产专题采访活动，积极营造有利于加强煤矿安全生产、促进煤矿安全发展的社会氛围。

6. 积极推进煤矿专业技术人才的培养和储备工作，结合福建煤炭工业发展和安全生产实际，按照“行业、企业、院校共同参与”的模式和“长期培养本科、中期培养专科、近期培养中专”的总体规划，牵头组织龙岩学院、福建省交通职业学院和永春职业中专学校，有计划、有步骤、有针对性地做好2009年煤矿专业技术人才培养工作。

7. 加大对煤矿业主和一线工人的教育培训力度，在抓紧抓好“三项岗位”人员培训的基础上，督促各煤矿企业进一步落实安全培训制度，加强岗前培训和在职培训，切实加强对班组长的培训，促进广大从业人员安全素质提高。

8. 省经贸委、福建煤监局将会同省有关部门在9月份组织开展全省煤矿安全生产大检查，为国庆60周年创造安全稳定环境。

(三) 深化“三项行动”，巩固扩大成果（10至12月）

1. 针对四季度工作的特点，进一步完善执法措施，提高执法效能，坚决查处和打击“三超”和“三违”行为，坚决查处煤矿建设项目违法组织生产，切实消除事故隐患。

2. 加快推进煤矿安全监控系统安装和联网工程建设。确保全省煤矿企业100%安装监控系统并实现全省联网，运用信息化建设平台实现分级监管和远程监察。

3. 加强建设项目监管，加快推进煤炭整合技改进度。进一步加快资源整合项目初步设计、安全专篇设计及审查工作，实行限时办结制，有效防止无故拖延建设期，认真组织资源整合项目的联合试运转和相关验收工作。

4. 积极推进煤矿安全质量标准化建设。督促各级煤炭行业管理部门对2009年度列入安全质量标准化建设计划的矿井进行检查验收，严格落实各类奖励措施，争取到2010年全省煤矿安全质量标准化矿井达标率达到80%以上的目标早日实现。

5. 认真开展专项督查和全面总结工作。12月下旬，省经贸委、福建煤监局将会同省有关部门对各产煤设区市和省煤炭集团公司的煤矿安全生产“三项行动”开展情况进行专项督查，并进行全面总结，各设区市煤矿安全监管部门、煤炭行业管理部门和省煤炭集团公司应将“三项行动”开展情况总结于11月15日前报送省经贸委和福建煤监局。

四、工作要求

(一) 加强组织领导。我省煤矿安全生产“三项行动”由各产煤设区市政府统一领导，省经贸委、福建煤监局负责指导、督促，省国土资源厅负责无证开采的取缔和越界开采的查处工作，各级煤矿安全监管部门、煤炭行业管理部门、国土资源管理部门和省煤炭集团公司负责组织实施；各级各部门各单位要根据本地区、本部门、本单位实际，成立组织领导机构，制订具体的实施方案，以保证本地本单位“三项行动”稳步实施；要层层落实责任，逐级抓好工作落实，对影响煤矿安全生产的重大问题要抓住不放，通过开展联合执法、政府挂牌督办等措施，确保将各类安全隐患整改到位。各煤矿企业要进一步落实安全生产主体责任，煤矿业主（法定代表人）要针对“三项行动”内容，强化各项措施，确保安全生产。

(二) 抓好协调推进。着重做好“三个结合”：一是监察执法与安全治理相结合。重点打击非法违法生产行为，同时对安全治理过程中的重大隐患和问题，要及时组织联合执法、专项执法督促解决，对重大安全隐患，要落实政府挂牌督办；二是“三项行动”与“三项建设”（安全生产法制体制机制、保障能力和监管监察队伍建设）相结合。研究把握煤矿安全生产规律，完善和落实治本之策，推进建立煤矿安全生产长效机制；三是“三项行动”与煤矿安全生产日常工作相结合。要继续抓紧抓好煤矿安全生产许可证延期换证工作，严格安全生产许可，加强安全监管监察，务求实效。

(三) 突出工作重点。立足于治大隐患、防大事故，突出防水灾、火灾，依法严厉打击非法违法生产行为，治理违规违章现象；按期完成小煤矿关闭任务，对不具备安全生产条件且难以整改到位的煤矿，该关闭的坚决关闭、该取缔的坚决取缔；狠抓煤矿企业安全质量标准化建设，进一步加大安全投入，加快安全技术改造，淘汰落后生产能力，提高安全基础保障水平。要加大“五一”、汛期、“十一”、第四季度等重点时段和关键节点的安全防范工作，坚决遏制较大以上事故发生。

(四) 严格责任追究。要协调执法行动，严格监察执法，凡触犯刑律的要移交司法部门，依法追究刑事责任。要健全完善和落实重大隐患公告公示、挂牌督办、跟踪治理和逐项整改销号等制度，对因隐患排查治理工作不力而引发事故的，依法严厉查处。要严格煤矿事故查处，严肃追究事故责任，坚决惩处瞒报事故、失职、渎职以及事故背后的腐败行为，公开查处结果，接受社会监督。

(五) 强化监督检查。要切实加强对“三项行动”的监督检查和指导，及时研究、协调解决行动中出现的突出问题。省经贸委、福建煤监局将建立“三项行动”工作督查通报制度，及时掌握全省煤矿安全“三项行动”进展情况，通报重大问题执法解决情况、重大事故隐患治理情况和安全教育培训情况，并定期举办新闻发布会。

(六) 加强舆论引导。要充分利用广播、电视、网络、报纸等各种媒体，大力宣传“三项行动”的目标、范围、重点和要求，广泛发动群众，增强推进“三项行动”的积极性、主动性。要认真总结宣传煤矿安全生产的典型事例，鼓励群众举报非法违法行为和事故隐患，对“三项行动”实施不力、走过场的单位将公开予以曝光。要进一步加强煤矿安全生产法制教育，宣传普及煤矿安全生产基本知识，增强安全意识，在全社会营造安全发展的良好氛围。

附件：1. 福建省煤矿安全生产执法行动实施方案

2. 福建省煤矿安全生产治理行动实施方案

3. 福建省煤矿安全生产宣传教育行动实施方案

附件1

福建省煤矿安全生产执法行动实施方案

根据《安全生产法》和《国务院安委会办公室关于印发安全生产执法行动实施方案的通知》（安委办〔2009〕6号）、《福建省人民政府安委会关于印发安全生产执法行动实施方案的通知》（闽安委〔2009〕5号，以下简称《通知》）精神，为深入开展全省煤矿安全生产执法行动，严厉打击非法违法行为，有效遏制重特大煤矿事故，维护广大人民群众生命财产安全，制定本方案。

一、指导思想和目标

认真贯彻落实党的十七大和十七届三中全会、中央经济工作会议精神，坚持科学发展观和安全发展指导原则，加大煤矿安全生产执法力度，严厉打击非法违法行为，建立规范的煤矿安全生产法治秩序，有效减少煤矿事故，坚决遏制较大以上事故发生，确保2009年全省煤矿安全生产形势持续稳定好转。

二、主要任务

严厉打击煤矿安全生产非法违法行为，规范煤矿安全生产法治秩序。突出抓好煤矿安全执法，重点对以下行为坚决严厉打击或查处：

(1) 无证或证照不全从事煤炭生产的；

(2) 关闭取缔后又擅自组织开采的；

(3) 小煤矿应关未关或关闭计划不落实的；

(4) 超层越界开采的；

(5) 以假密闭、栅栏等形式和手段隐瞒、躲避监管监察，或未经批准擅自打开密闭从事生产或其他作业的；

(6) 已取得煤矿安全生产许可证但不能持续保持安全生产条件的；

(7) 煤矿建设项目建设期非法组织生产的；

(8) 煤矿安全生产许可证、煤炭生产许可证暂扣期间擅自组织生产的；

(9) 违反建设项目核准规定和安全设施“三同时”规定进行项目建设的；

(10) 瞒报煤矿安全事故的；

(11) 安全评价机构出具虚假评价报告的；

(12) 重大隐患隐瞒不报或不按规定期限予以整治的；

(13) 不按规定进行安全培训或无证上岗的；

(14) 拒不执行安全监管监察指令或抗拒监察执法的；

(15) 其他非法违法开采行为。

三、工作步骤

煤矿安全生产执法行动要贯彻于全年煤矿安全监管监察工作的全过程，与煤矿安全生产治理行动、宣传教育行动同步部署、同步实施、同步检查推进。同时要结合煤矿安全生产规律特点，统筹兼顾，突出重点，有计划、有步骤、有针对性地组织开展。

(一) 进一步细化方案，开展自查自纠（5月上旬以前）

1. 各产煤设区市煤矿安全监管部门、煤炭行业管理部门和省煤炭集团公司要按照《通知》和本方案要求，结合2008年“隐患治理年”和今年一季度监管监察工作中发现的突出问题，认真研究制定本地区、本单位煤矿安全生产执法行动具体实施方案，落实责任，明确任务，完善措施。各地各单位的煤矿安全生产执法行动具体实施方案要于5月上旬前报省经贸委和福建煤监局。

2. 要搞好宣传发动，通过各种方式，大力宣传打击煤矿非法违法行为的重要意义，切实提高各地区、各部门开展煤矿安全生产执法行动的自觉性和主动性。要搞好自查自纠，针对煤矿安全生产执法方面存在的问题和薄弱环节，制定整改计划，落实整改措施，提高开展煤矿安全生产执法行动的能力和水平。

(二) 加强督促检查，全面推进煤矿安全生产执法行动各项工作(5月中旬至9月)

1. 由各级煤矿安全监管部门、煤炭行业管理部门和省煤炭集团公司负责组织，对所辖范围内的煤矿企业非法违法行为进行认真清理、检查。对清查出的问题，要逐一登记，建档立案，逐级上报。要坚持公正执法、严格执法，切实做到边查边纠、边查边改、边查边打击，从严从快解决煤矿安全生产领域的各种非法违法问题，着力规范煤矿企业安全生产经营行为，促进企业加强煤矿安全生产全员、全过程、全方位管理，遏制煤矿安全事故，实现安全生产。

2. 各级煤矿安全监管部门、煤炭行业管理部门、省煤炭集团公司要在深入开展执法行动的基础上，对前阶段煤矿安全生产执法行动进行认真总结，对检查中发现的问题进行集中梳理，对重大问题进行集中整治；要配合9月全省煤矿安全生产大检查行动，对本地区、本单位煤矿安全生产执法行动进展情况进行专项抽查；要把解决当前问题同建立规范的煤矿安全生产法治秩序密切结合起来，对影响本地区、本单位煤矿安全生产工作的突出问题及其成因进行深入分析，有针对性地研究提出进一步规范煤矿安全生产经营秩序的政策措施，制定遏制非法违法行为的治本之策。

3. 省经贸委、福建煤监局在9月份将会同省有关部门，以全省煤矿安全生产大检查为契机，进一步加大煤矿安全生产执法力度，对检查中发现的非法违法行为予以严厉打击，为庆祝新中国成立60周年创造安全稳定环境。福建煤监局各职能处室要结合日常监察任务和煤矿安全生产许可证延期换证现场审查工作，分期分批组织督查组，深入各产煤市、县（区）和省煤炭集团公司，检查、指导和督促各单位执法行动的开展。

(三) 深化安全生产执法行动，巩固扩大成果（10至12月）

1. 针对第四季度工作特点，加强对煤矿安全生产执法行动开展情况的督查检查。进一步完善执法措施，提高执法效能，坚决查处和打击治理“三超”和“三违”问题，对存在重大违法违规行为又未能在限定期限内整改到位的矿井，要提请地方政府予以关闭。

2. 要做好煤矿安全生产执法行动总结工作。针对执法行动中暴露出来的政府监管监察以及安全生产法制建设方面的不足，进一步加强安全生产法制建设，健全煤矿安全执法机构和执法队伍，完善监察执法程序，创新监察执法手段，规范监察执法行为，提高监察执法效率，保证监察执法质量。各产煤设区市煤矿安全监管部门、煤炭行业管理部门和省煤炭集团公司的煤矿安全生产执法行动总结要于11月15日前报省经贸委和福建煤监局。

四、工作要求

(一) 切实加强组织领导。煤矿安全生产执法行动由各产煤设区市政府统一领导，省经贸委、福建

煤监局负责指导、督促，各级煤矿安全监管部门、煤炭行业管理部门、省煤炭集团公司负责组织实施；按照省政府有关职责规定，国土资源管理部门负责无证开采的取缔和越界开采的查处工作。各单位要制定切实可行的具体实施方案，明确本地区、本单位的工作重点、工作方法、工作步骤和保障措施；要建立由各单位主要领导负责的工作机构，搞好组织协调，加强与国土、公安等部门的配合协作，强化联合执法；要加强对执法行动进展情况的跟踪，及时上报、反馈有关信息；要严格落实“一岗双责”，促进“两个主体责任”落实，坚持一级抓一级，形成工作合力。

(二) 严厉打击非法违法行为。对检查中发现的非法违法行为，要综合运用经济、法律和行政等手段，依法从严处理，该停产整顿的停产整顿，该关闭、取缔的坚决关闭、取缔，坚决完成小煤矿关闭任务。对于相关责任人，要依法依纪进行严肃查处。触犯刑律的，要移交司法部门追究刑事责任。对于存在严重非法违法行为的煤矿企业，要在媒体上公布，并在煤矿安全、生产许可证、矿长资格证等证照发放以及项目审批、延期审核等方面予以严格限制。

(三) 加大事故调查处理工作力度。要按照“依法依规、实事求是、注重实效”的要求，坚持“四不放过”原则，认真查处各类煤矿安全事故，严肃责任追究。要充分发挥生产安全事故处理协调机制的作用，坚决惩处事故背后的腐败行为以及失职渎职行为，公开查处结果，接受社会监督。要落实事故查处结案报备制度、重特大事故约谈制度、现场会制度和通报制度，用事故教训推动工作。

(四) 强化社会监督和舆论引导。要鼓励群众举报煤矿非法违法行为。各级煤矿安全监管部门、煤炭行业管理部门、省煤炭集团公司都要设立举报箱、举报电话，方便群众投诉。对于举报属实人员，给予适当奖励。要搞好新闻宣传和舆论引导，充分利用广播、电视、网络、报纸等各种媒体，大力宣传煤矿安全生产执法行动的目标、范围、重点和要求，广泛发动群众。既要坚持正面宣传为主，总结宣传煤矿安全生产的典型事例，也要及时曝光一批非法违法生产矿井以及煤矿安全生产执法行动走过场的单位，形成强大舆论声势，为深入开展煤矿安全生产执法行动创造良好氛围。

(五) 坚持统筹兼顾。要把深入开展煤矿安全生产执法行动与“安全生产年”、“科技兴安年”活动的其他工作结合起来，统筹煤矿安全生产执法行动与宣传教育行动、治理行动，使“三项行动”相互促进、协调推进；统筹煤矿安全生产执法行动与煤矿安全生产法制体制机制建设、保障能力建设和监管监察队伍建设等“三项建设”，为扎实开展好“安全生产年”活动奠定坚实基础。

(六) 加强综合协调、督促检查。深入开展煤矿安全生产执法行动是一项关系煤矿安全生产全局的重要工作，各级煤矿安全监管部门、煤炭行业管理部门和省煤炭集团公司要切实搞好综合协调、督促检查，确保煤矿安全生产执法行动健康深入进行。要搞好统计调度，及时掌握各地煤矿安全生产执法行动的进展情况，及时编报发布有关信息，及时研究、协调解决执法行动中出现的突出问题。要加强检查督查，在“五一”、汛期、“十一”、第四季度等重点时段和关键节点组织开展综合督查，确保执法行动各项工作落到实处。要搞好调查研究，注意分析把握煤矿安全生产执法行动中暴露出来的深层次矛盾和问题，研究探索新时期煤矿安全生产工作规律，着力从法制体制机制上提出解决问题的思路和对策，促进构建煤矿安全生产长效机制。

对各级煤矿安全监管部门、煤炭行业管理部门和省煤炭集团公司开展煤矿安全生产执法行动的情况，省经贸委、福建煤监局将不定期进行检查、督查。各产煤设区市煤矿安全监管部门、煤炭行业管理部门和省煤炭集团公司的煤矿安全生产执法行动进展情况要在每个月25日前报送省经贸委和福建煤监局。

附件2

福建省煤矿安全生产治理行动实施方案

根据《安全生产法》和《国务院安委会办公室关于印发安全生产治理行动实施方案的通知》（安

委办〔2009〕7号）、《福建省人民政府安委会关于印发安全生产治理行动实施方案的通知》（闽安委〔2009〕6号，以下简称《通知》）精神，为深入开展煤矿安全生产治理行动，深化隐患排查治理工作，制定本方案。

一、指导思想

认真贯彻党的十七届三中全会和中央经济工作会议精神，深入贯彻落实科学发展观，坚持“安全发展”的指导原则，坚持“安全第一、预防为主、综合治理”的方针，以煤矿安全生产隐患排查治理为重点，标本兼治，远近结合，突出重点，依法治理，夯实基础，提高水平，促进煤矿安全生产形势进一步稳定好转，为海西经济平稳较快发展创造安全稳定的环境。

二、总体目标

通过深入开展煤矿安全生产治理行动，促进安全生产责任制落实，强化煤矿安全监管监察，治理纠正违规违章行为，狠抓隐患排查治理，切实解决煤矿安全生产薄弱环节和突出问题，推进安全标准化建设，实施分类监察，坚决遏制较大以上事故发生，促进全省煤矿安全生产形势持续稳定好转。

三、主要内容

1. 治理行动对以下行为进行严格治理：

(1) 煤矿安全生产技术装备、作业环境、劳动防护用品装备不符合规定要求，或规定应检仪器设备未经有关资质部门检测检验、检定的；

(2) 煤矿通风、排水、提升、运输、供电、防尘、供水、通讯、压风等系统不健全、不完善的；

(3) 煤矿安全监控系统未按规定进行建设，或未能正常使用的；

(4) 煤矿水害防治措施不落实或落实不到位，矿井水文地质基础档案资料不健全、不完善的；

(5) 矿井受自然灾害威胁而未落实防范措施的；

(6) 隐患排查治理制度不健全、责任不明确、措施不落实、整改不到位的；

(7) 应急救援队伍、装备不健全，应急预案制订修订演练不及时，以及自救装备配备不足、使用培训不够的；

(8) 煤矿安全生产费用提取使用、安全生产风险抵押金交纳等经济政策落实不到位的；

(9) 煤矿建设项目安全制度不完善、管理措施落实不到位，施工工期不明确、没有月进度计划的；

(10) 违章指挥、违章作业、违反劳动纪律的；

(11) 地方各级人民政府对煤矿安全监管责任不落实，安全管理和行业管理机构不健全，有关部门监督检查不到位，安全许可制度执行不严格的。

2. 煤矿企业、地方人民政府及其相关部门针对以下重点治理内容，提出具体实施方案和措施。

(1) 治理违规采掘作业。矿井生产系统可靠，生产布局合理，同一采（盘）区采掘工作面数量要符合相关规定要求，杜绝“剃头下山开采”；严禁未按有关规定审批而进行非正规采煤，严禁以掘代采、多头作业；采掘作业应严格执行作业规程，逐步提高煤矿采、掘、运机械化程度。

(2) 治理瓦斯事故隐患。矿井通风系统合理，通风设施可靠，按照规定设置专用回风巷，矿井总风量和各作业点实际风量达到规定要求，杜绝无风、微风作业和不合理串联通风，消除盲巷；强化局部通风管理，严格执行风电闭锁和瓦斯断电规定。安全监控系统探头安设位置、报警断电功能和标校符合规定，严防人为因素干扰传感器正确测量真实瓦斯浓度；按规定配备瓦斯检查员，严格执行瓦斯检查制度；严禁电气设备失爆；组织开展小煤矿瓦斯专项治理工作。

(3) 治理透水事故隐患。严格按照“预测预报、有疑必探、先探后掘、先治后采”的原则，落实矿井水文地质工作，特别是采空区、相邻矿井及废弃老空（窑）积水的防治措施，完善承压水开采的安全技术措施，健全防排水系统，治理自然灾害可能引发煤矿事故的地表水患。

(4) 治理火灾事故隐患。严禁不符合安全标准和国家明令禁止的设备下井，严格入井检身制度，严防携带烟草或点火用具下井。

(5) 深化煤矿整顿关闭。切实采取有效措施，落实“十一五”后二年小煤矿关闭计划，完成2009年关闭小煤矿任务，对列入关闭的煤矿，要按照“六条标准”关实、关死，要加强日常督促巡查，防止死灰复燃。加快资源整合和设计施工进度，纳入资源整合的矿井必须停止生产，被整合矿井必须关闭，严防边整合、边生产。

(6) 严格煤矿建设项目管理和安全设施“三同时”管理。严禁未批先建，严禁越权审批建设项目；建设项目安全设施设计未经审查批准不准开工建设，安全设施未经验收合格不准投产；严禁建设项目边施工、边生产，严禁假建设、真产煤；严禁不按施工进度计划进行建设。

(7) 严格劳动用工管理。规范劳动用工，依法签订劳动合同；严禁以包代管，层层转包；从业人员须经培训合格后才能下井作业；严格执行入井人员检身制度和出井人员清点制度，积极推广使用井下人员入井考勤管理系统。

(8) 深入开展安全质量标准化建设。要制定计划，分步推进，落实责任，强化考核，把质量标准化工作落到实处，实现全面动态达标。做好2009年度列入安全质量标准化建设计划矿井的检查验收工作，落实奖励措施。

(9) 各地区、各煤矿企业认为应当治理的其他突出问题和重大隐患。

四、进度安排

煤矿安全生产治理行动要贯穿于各煤矿企业全年煤矿安全生产工作的始终，与煤矿安全生产执法行动、煤矿安全生产宣传教育行动同步部署、同步实施、同步检查和同步总结，并结合煤矿安全生产规律特点，统筹兼顾，突出重点，有计划、有步骤、有针对性地组织开展。

(一) 细化方案，自查自纠（5月上旬以前）

1. 各产煤设区市煤矿安全监管部门、煤炭行业管理部门和省煤炭集团公司要按照《通知》精神和本方案要求，结合自身实际和2008年煤矿安全生产“隐患治理年”发现的突出问题，制订本地区、本部门、本单位的煤矿安全生产治理行动具体实施方案，明确目标，落实责任，细化要求，强化措施。各地各单位的煤矿安全生产治理行动具体实施方案要于5月上旬前上报省经贸委和福建煤监局。

2. 认真抓好组织发动工作，大力宣传开展煤矿安全生产治理行动的目的和意义，提高有关各方参与煤矿安全生产治理行动的积极性和主动性，并按照法律法规和标准规程的要求，全员、全过程、全方位开展自查自纠，针对排查发现的隐患和问题，制定整改计划，落实整改措施，及时整改到位。

(二) 督促检查，全面推进（5月中旬至9月）

1. 突出重点，治大隐患、防大事故。进一步强化落实煤矿瓦斯治理和整顿关闭等专项整治措施，切实遏制重特大事故发生，杜绝较大以上事故发生。

2. 加强雨季汛期煤矿安全检查和应急管理。落实汛期防洪、防透水、防坍塌、防溃坝、防泥石流、防雷电等措施，严密防范因台风、暴雨、洪水等自然灾害引发煤矿安全事故。

3. 加强对煤矿安全生产治理行动的指导、监督和检查，对行动过程实行动态管理，及时掌握情况。各级煤矿安全监管部门、煤炭行业管理部门和省煤炭集团公司要配合9月全省煤矿安全生产大检查行动，对本地区、本单位煤矿安全生产治理行动进展情况进行专项抽查；对重大事故隐患和突出问题要挂牌督办，逐项销号；对普遍性和倾向性问题，要分析原因，研究对策，集中整治。

(三) 深化治理，巩固成果（10至12月）

1. 针对四季度工作的特点，进一步完善治理措施，提高执法效能，坚决查处和打击“三超”和“三违”行为，坚决查处煤矿建设项目违法组织生产，切实消除事故隐患。

2. 省经贸委、福建煤监局将联合省有关部门对煤矿安全生产治理行动开展情况进行督查，开展隐患整改情况“回头看”，推广典型经验做法，建立长效机制，并对煤矿安全生产治理行动进行全面总结。各产煤设区市煤矿安全监管部门、煤炭行业管理部门和省煤炭集团公司的煤矿安全生产治理行动总结要于11月15日前上报省经贸委和福建煤监局。

五、工作要求

(一) 加强领导，落实责任。煤矿安全生产治理行动由各产煤设区市政府统一领导，省经贸委、福建煤监局负责指导、督促。各级煤矿安全监管部门、煤炭行业管理部门和省煤炭集团公司要结合本地区、本单位的实际，制订切实可行的具体实施方案，明确工作重点、步骤、要求和保障措施；要建立组织协调机构，明确各有关单位的职责；要认真落实政府行政首长负责制和企业法定代表人负责制，任务层层分解，责任落实到人；要采取有效措施，将工作任务安排部署落实到每个基层单位，落实到每个岗位，并加强督促、检查和指导。

(二) 突出重点，全面推进。煤矿安全生产治理行动要突出煤矿水害防治、顶板管理、“一通三防”及事故矿井为重点工作，既要突出“五一”、汛期、“十一”、第四季度等重点时段，以及重点部位、重要设施、关键装备和关键岗位，也要注意日常检查，兼顾其他作业场所和岗位，做到横向到边、纵向到底，不留死角，全面深入开展治理行动，努力减少煤矿事故总量，遏制重特大事故发生，杜绝较大以上事故。

(三) 标本兼治，重在治本。煤矿安全生产治理行动是煤矿安全专项整治的深化，是隐患排查治理工作的继续。通过煤矿安全生产治理行动，既要抓现场、反“三违”、治隐患，切实消除当前严重威胁煤矿安全生产的突出问题，努力避免事故发生，又要着力推进煤矿安全生产质量标准化建设和煤矿安全监控系统的建设。要按照省政府安委会《关于印发福建省开展落实企业安全生产主体责任活动指导意见的通知》（闽安委〔2009〕29号）要求，对每个矿井安全状况摸清底数，按照A、B、C、D四个等级进行评估，实行分类指导、动态监管，推动煤矿企业安全生产长效机制建设，落实各项治本之策，切实解决影响煤矿安全生产的深层次矛盾和问题，提高煤矿安全基础保障水平和防范事故的能力。

(四) 统筹协调，形成合力。要把这次煤矿安全生产治理行动与安全生产执法行动、安全生产宣传教育行动结合起来，对重大隐患和问题，及时组织联合执法、专项执法和舆论曝光督促解决；要与煤矿安全生产法制体制机制、安全生产保障能力、安全生产监管监察队伍“三项建设”结合起来，推进建立煤矿安全生产长效机制；要与实施煤矿安全生产许可延期换证和推进煤矿整合技改、安全质量标准化建设、日常监管监察等工作结合起来，综合采取法律、行政、经济、教育等手段，统一部署，统筹兼顾，相互促进，务求实效。

(五) 严格考核，强化监督。要及时掌握治理行动进展情况，建立健全信息统计报送工作制度，逐月统计上报煤矿安全生产隐患排查治理情况、煤矿安全生产控制指标完成情况和安全生产投入情况等。福建煤监局将建立完善控制指标月通报、季发布和年度考核制度，确保工作进度和质量。要采取巡检、抽检、互检等方式，对治理行动开展情况进行逐级检查，发现问题和隐患及时下达整改通知，督促、跟踪落实；要健全和落实重大隐患公告公示、挂牌督办、跟踪治理和逐项整改销号等制度，对因隐患排查治理工作不力而引发事故的，依法严厉查处，确保各项工作落到实处、取得实效。

(六) 深入发动，群防群治。各煤矿企业要充分依靠和发动广大从业人员参与治理行动，紧紧依靠管理人员、工程技术人员、班组长和广大职工，调动职工群众的积极性，组织职工全面细致地查找各种事故隐患，积极参加隐患治理，杜绝“三违”现象。福建煤监局将充分发挥行业协会、煤矿安全生产专家组和安全中介机构在安全检查、隐患治理和技术推广等方面的技术支撑作用，提高煤矿安全生产治理行动质量水平。

(七) 广泛宣传，舆论监督。要充分利用报刊、广播、电视和网络等各种媒体，广泛宣传这次治理行动的目标、内容和要求，提高思想认识，加大舆论监督和群众监督力度，宣传先进典型，曝光落后单位，普及煤矿安全生产知识，形成煤矿安全生产治理行动的良好舆论氛围。同时，进一步完善隐患举报制度，对举报的事故隐患要认真进行核查，督促落实整改，并对举报属实人员进行适当奖励。

附件3

福建省煤矿安全生产宣传教育行动实施方案

为认真贯彻落实党中央、国务院关于加强安全生产工作的一系列指示精神和决策部署，扎实开展好煤矿安全生产宣传教育行动（以下简称“宣教行动”），根据《安全生产法》、《国务院安委会办公室关于印发安全生产宣传教育行动实施方案的通知》（安委办〔2009〕8号）和《福建省人民政府安委会关于印发安全生产宣传教育行动实施方案的通知》（闽安委〔2009〕7号）精神，结合我省实际，制定本实施方案。

一、指导思想和工作目标

指导思想：坚持以科学发展观为统领，全面认识和把握新时期煤矿安全生产的特点和规律，坚持以人为本，坚持安全发展，坚持正面宣传为主，以引导地方各级政府、各煤矿企业更加重视煤矿安全生产工作、提高全民安全意识和职工安全技能为重点，创新方式方法，推进安全文化建设，增强煤矿安全生产宣传教育的针对性和有效性，为搞好“安全生产年”、“科技兴安年”活动，促进煤矿安全生产状况的持续稳定好转提供思想基础、精神动力和舆论支持。

工作目标：通过开展煤矿安全生产宣教行动，进一步加强煤矿安全生产宣传教育，全面推动地方各级政府、各煤矿企业切实将党中央、国务院关于加强煤矿安全生产工作的方针政策和国家有关安全生产的法律法规落到实处，牢固树立安全发展理念，营造全社会“关爱生命、关注安全”的舆论氛围，增强全社会安全意识。通过加强教育培训，促使煤矿企业主要负责人、安全管理人员和特种作业人员安全意识、安全技能得到提高，煤矿安全监管监察人员执法能力得到明显提升，一线矿工得到全面培训，广大从业人员的安全防范意识和安全生产技能进一步提高，促进全省煤矿安全生产形势稳定好转。

二、工作重点和活动内容

(一) 以“关爱生命、安全发展”为主题，深入开展煤矿安全生产系列宣传教育

1. 大力宣传安全发展科学理念，特别要促进地方各级政府和煤矿企业负责人牢固树立安全发展理念。深入学习、深刻理解安全发展理念的科学内涵、精神实质和本质要求，举办以安全发展为主题的研讨会、论坛、演讲会，结合我省煤矿实际，深入研究探讨全面贯彻落实科学发展观，实现煤矿安全发展的思路、途径、方法和措施。推进安全发展理念进一步深入人心，指导实践，推动工作。

2. 强化煤矿安全生产法治宣传教育。结合“五五”普法，充分利用“安全生产月”、《安全生产法》实施周年日等时段和节点，做好以《安全生产法》为主体的安全生产法律法规普及和宣传活动。坚持法律宣传与煤矿安全生产执法行动、煤矿安全生产治理行动相结合，在执法行动和治理行动中坚持宣传先行、教育推动，强化监察，严格监督，达到学法、知法、守法、用法的目的。要结合典型事故案例，采用有效形式，加强法律知识的学习普及，提高煤矿企业负责人和一线矿工安全生产法律意识，提升从业人员依法维护生命健康权益的能力。

3. 大力宣传《福建省安全生产条例》和《“一岗双责”制度》。积极宣传、报导基层在落实“一岗双责”制度中好的经验和做法，坚持典型示范，有效促进煤矿安全生产“两个主体责任”落实到位。同时，要抓住反面典型，对责任事故、责任人员，以及事故背后的腐败问题，及时给予曝光，举一反三，警钟长鸣，进而营造各级各部门和全社会齐抓共管的整体氛围。

4. 以“关爱生命、安全发展”为主题，组织开展好“安全生产月”集中宣传教育活动。要创新活动内容、创新方式方法，突出重点，注重实效，适时组织“海西安全发展行”、“安全科技周”和煤矿安全生产专题采访等系列活动。通过丰富多彩的宣传教育活动，促进“两个主体责任”的落实，促进煤矿企业加强安全管理，促使广大职工群众增强安全生产意识，自觉遵章守纪，形成全社会关心煤矿安全生产的良好氛围。要以“安全生产万里行”进福建活动为契机，通过记者采访和新闻报道，营造全社会坚持安全发展、关注煤矿安全生产的热潮。

5. 认真做好国庆60周年的宣传。通过主题宣传、成就宣传、典型宣传，充分展示新中国成立60年来我省煤矿安全生产取得的成就。要突出宣传煤矿安全监管监察体制改革创新3年以来我省煤矿安全生产形势发生的巨大变化，营造全社会关注煤矿安全、支持煤矿安全监察工作的舆论氛围。

6. 推出煤矿安全监管监察一线的先进典型，大力宣传先进典型的感人事迹。大力宣传煤矿安全监管监察工作者开拓进取、扎实工作、艰苦奋斗、无私奉献的精神，在全社会树立良好形象。积极推出煤矿安全监管监察一线的先进典型，让社会更多地了解煤矿安全监管监察工作者对社会所做的贡献和崇高的职业精神。

(二) 努力推进“以人为本、关注安全、关爱生命”的安全文化建设

1. 重点加强企业安全文化建设。要积极引导煤矿企业开展安全文化建设示范活动，把安全文化建设贯穿于煤矿整顿关闭、整合技改、安全质量标准化建设、监控系统建设和专业人才培养等基础强矿、科技兴矿工作的全过程，总结典型，推广经验，让安全文化在煤矿企业蔚然成风。要结合实际，积极借鉴国内外煤矿安全文化建设的成功经验，引导煤矿企业建设各具特色的矿区安全文化。要引导各煤矿企业加强煤矿安全文化理论研究和知识普及，编印煤矿安全文化理论与实践读本，创办安全类报刊，开设安全文化专栏和网站，推动煤矿安全文化理论研究与实践同步发展。

2. 开展煤矿安全生产诚信企业创建活动，推动煤矿企业安全诚信体系建设。大力培训安全诚信、安全道德，开展安全诚信理论研究，通过宣传教育、规范引导和典型示范等方法途径，在煤矿企业和中介机构、安全培训机构管理者中，倡导树立安全诚信意识和安全道德观念，自觉履行煤矿安全生产责任和义务。学习推广河北、湖北、江苏无锡等地开展企业安全生产“双承诺”的做法，督促煤矿企业和中介机构、安全培训机构负责人向社会和政府做出公开承诺，保障煤矿安全生产，履行社会责任。建立完善煤矿安全生产“黑名单”制度。对存在诚信缺失、非法违法生产经营行为和发生较大以上责任事故的煤矿企业，要继续在媒体上公布。

3. 开展安全矿区创建活动，提高全员安全意识和防范能力，最大限度降低和减少各类事故和人员伤害。要在全省范围内推动开展安全矿区创建评比活动，通过典型示范，督促检查、考核评比等方法，努力建设一批安全文化示范矿区。今年每个重点产煤县（区）至少建设 3 个以上安全文化示范矿区，其他产煤县（区）至少建设 1 个以上示范矿区，省煤炭集团公司至少建设 5 个以上示范矿区。

(三) 加强煤矿安全监管监察人员和企业负责人教育培训，大力推动煤矿安全专业技术人才的培养和储备

1. 加强煤矿安全监察人员的培养。要发挥各种优势，采取灵活政策，进一步拓宽煤矿安全监察干部教育培训渠道，通过强化自学、集体学、相互学、请教学、培训学等方式，促进监察人员全面掌握煤矿安全政策法规和业务知识，增强实践能力，把深入基层、深入一线，加强监察、服务煤矿作为工作的落脚点，充分体现务实、高效的工作作风。充分利用理论学习集训时机，举办业务专题讲座、介绍经验、交流学习体会，组织煤矿安全生产专家专题辅导。

2. 加快推进煤矿专业技术人才培养和储备。按照长期培养本科、中期培养专科和近期培养中专煤矿专业技术人才的总体规划，积极探索、有效整合省内煤矿专业院校教学资源，组织、指导各级煤炭行业管理部门和广大煤矿企业，加大定点式培养、委托式培养煤矿专业技术人才力度，大幅度提高全

省煤矿专业技术人才储备量和应用型人才总量。今年要牵头组织龙岩学院、省交通职业学院、永春职业中专学校和各级煤炭行业管理部门，有计划、有步骤、有针对性地安排好2009年度煤矿主体专业技术人才的招生工作。

3. 提升基层煤矿安全监管人员的素质。为解决我省没有设立煤矿监察分局，监察人员编制紧、任务重的实际困难，要坚持立足省情、实事求是，充分调动基层煤矿安全监管部门、煤炭行业管理部门的积极性和主动性，通过加强指导和帮带，逐步提升基层煤矿安全监管监察人员的业务素质和执法能力，严格和规范监管行为，促进煤矿安全日常监管到位，确保煤矿安全隐患得到有效的治理。

4. 加强对煤矿业主和一线矿工的教育培训力度。在继续抓紧抓好“三项岗位”人员培训的基础上，督促各煤矿企业进一步落实安全培训制度，加强岗前培训和在职培训，强化班组长培训，促进提高广大从业人员安全素质。高度重视农民工和新矿工的培训，督促煤矿企业通过岗前培训、岗位练兵、技能比武等，提高广大矿工特别是农民工的安全意识和安全技能。

5. 严格煤矿安全培训机构监管。要加强师资力量、培训装备建设，创新培训方式方法，提高培训质量。整合优化培训资源，加强培训师资力量建设，进一步改善培训条件，提高培训装备水平。严格日常监管，加强监督检查，规范煤矿安全培训机构建设。

(四) 加强新闻宣传工作，坚持正确舆论导向

1. 规范信息发布，做好舆论引导工作。建立规范的煤矿安全生产信息发布制度，适时召开发布会、媒体通气会，公布煤矿安全生产重点工作进展情况、控制考核指标落实情况、煤矿事故查处情况，加快形成新闻媒体、社会公众广泛参与的安全生产舆论监督网络，维护人民群众安全生产知情权、参与权和监督权。福建煤监局将选送新闻发言人参加总局组织的专题培训班，以提高新闻发布工作水平和舆论引导能力。

2. 充分利用主流媒体的阵地作用，营造主流舆论强势。要继续密切与《中国安全生产报》、《中国煤炭报》、《福建日报》、《东南快报》、《海峡都市报》等主流媒体的联系，通过专题报道、深度报道、系列报道、跟踪报道，加强正面宣传，围绕社会关注、群众关心的煤矿安全生产问题，有针对性地开展舆论引导。

3. 认真贯彻落实《突发事件应对法》、《突发公共事件新闻报道应急办法》、《外国常驻新闻机构和外国记者采访条例》。认真贯彻落实总局《突发生产安全事故灾难舆论引导预案》，结合实际，制定我省工作预案，坚持导向正确、及时准确、公开透明、有序开放、有效管理，及时发布有关突发煤矿安全事故灾难事态发展和应急处理工作的信息。

4. 建立网上舆情监测和分析研判机制。准确把握网上舆论态势，加强网上正面引导，建立网上舆情监测系统，建设煤矿安全生产网络评论员队伍，对网上重大舆情动向早发现、早引导，对重大煤矿安全事故情况要争取第一时间在网上作出反应。

三、保障措施和工作要求

(一) 加强领导，落实责任。按照统一部署，煤矿安全生产宣传教育行动由各产煤设区市政府统一领导，省经贸委、福建煤监局负责指导、督促，各级煤矿安全监管部门、煤炭行业管理部门和省煤炭集团公司负责组织实施。要建立“政府统一领导，各界齐抓共管，煤矿安全监管监察部门组织协调，宣传、教育、新闻、文化及行业主管部门密切配合”的组织领导机制。各单位要成立由主管负责人为组长的领导机构，落实责任，明确分工，认真组织。宣教行动要做到有方案、有项目、有行动，做到方案、项目、责任、人员、完成时限“五落实”。各设区市煤矿安全监管部门、煤炭行业管理部门和省煤炭集团公司的煤矿安全生产宣传教育行动具体实施方案要于5月上旬前报省经贸委和福建煤监局。

(二) 建立会议联系制度和信息沟通机制。各级煤矿安全监管部门、煤炭行业管理部门和省煤炭集团公司要定期召开会议，总结工作进展情况，分析存在问题，研究部署工作，每季度要向省经贸委和

福建煤监局报送工作情况，加强信息沟通，总结推广典型经验。省经贸委、福建煤监局将根据统一安排和工作进展情况，采取重点抽查、异地检查等方式，对宣教行动开展情况进行督查，交流经验，推动工作。

(三) 突出重点，紧密结合煤矿安全生产重点工作和人民群众关心的热点难点问题，狠抓落实。各级煤矿安全监管部门、煤炭行业管理部门和省煤炭集团公司要加大对煤矿安全生产宣传教育的投入，保障煤矿安全生产宣传、教育、培训所需经费，要把宣传教育行动与煤矿安全监管监察重点工作有机结合起来，与煤矿安全生产执法行动、治理行动及煤矿安全生产法制体制机制建设、保障能力建设、监管监察队伍建设“三项建设”有机结合起来，与建立煤矿安全生产宣传教育长效机制结合起来，与解决当前群众关心的热点问题结合起来，以科学发展观为指导，在全社会营造煤矿安全发展的良好氛围。

(四) 运用多种宣教手段，形成合力。充分运用地方党委、政府的宣传思想文化资源和教育培训资源，充分发挥中央和地方主要新闻媒体作用，充分发挥骨干宣传思想文化单位和教育培训机构的引领作用，做好宣传教育工作。各级煤矿安全监管部门、煤炭行业管理部门、各煤矿企业、中机机构和安全培训机构要积极投入煤矿安全生产宣教行动，鼓励社会各界致力于安全文化事业的企业和团体积极支持和参与煤矿安全生产宣教行动。

(五) 做好煤矿安全生产宣传教育行动总结工作。各产煤设区市煤矿安全监管部门、煤炭行业管理部门和省煤炭集团公司的煤矿安全生产宣传教育行动总结要于11月15日前报省经贸委和福建煤监局。

关于印发福建省煤矿领导带班下井及安全监督检查实施细则的通知

2010年10月22日　闽经贸能源〔2010〕672号

各产煤市、县（市、区）经贸委（经委、经贸局）、安监局、煤炭行业管理、煤矿安全监管部门，省能源集团公司：

为认真贯彻落实《国务院关于进一步加强企业安全生产工作的通知》（国发〔2010〕23号）精神，进一步推动我省煤矿安全生产形势持续稳定好转，根据《煤矿领导带班下井及安全监督检查规定》（国家安监总局令第33号）和国家安监总局国家煤监局《关于认真贯彻执行〈煤矿领导带班下井及安全监督检查规定〉的通知》（安监总煤行〔2010〕167号）要求，省经贸委、福建煤监局、省安监局结合我省实际，在征求各地意见的基础上，制定了《福建省煤矿领导带班下井及安全监督检查实施细则》，现予以印发，请认真贯彻执行。

请各产煤县（市、区）煤炭行业管理部门和省能源集团公司迅速将本通知转发至辖区内所有煤矿企业。

附件：1. 福建省煤矿领导带班下井及安全监督检查实施细则

2. 《煤矿领导带班下井及安全监督检查规定》（国家安监总局令第33号）(略)

3. 国家安监总局国家煤监局《关于认真贯彻执行〈煤矿领导带班下井及安全监督检查规定〉的通知》（安监总煤行〔2010〕167号）（略）

福建省煤矿领导带班下井及安全监督检查实施细则

第一章 总则

第一条 为落实煤矿领导带班下井制度，根据《煤矿领导带班下井及安全监督检查规定》（国家安监总局令第33号）和有关法律法规的规定，结合我省实际，制定本实施细则。

第二条 煤矿领导带班下井和县级以上地方人民政府煤炭行业管理部门、煤矿安全生产监督管理部门（以下分别简称为煤炭行业管理部门、煤矿安全监管部门）以及驻地煤矿安全监察机构对本行政区域内的煤矿实施煤矿领导带班下井监督检查，适用本实施细则。

第三条 煤炭行业管理部门是落实煤矿领导带班下井制度的主管部门，负责督促煤矿抓好煤矿领导带班下井及安全监督检查有关制度的建设和落实。

煤矿安全监管部门对煤矿领导带班下井进行日常性的监督检查，对煤矿违反带班下井制度的行为依法作出现场处理或者实施行政处罚。

煤矿安全监察机构对煤矿领导带班下井实施国家监察，对煤矿违反带班下井制度的行为依法作出现场处理或者实施行政处罚。

第四条 本实施细则所称的煤矿，是指持有合法证照的煤矿生产矿井和新建、改建、扩建等建设矿井。

本实施细则所称煤矿领导，是指煤矿的主要负责人、领导班子成员和副总工程师。

建设矿井的领导，是指从事煤矿建设的施工单位的主要负责人、领导班子成员和副总工程师。

第五条 煤矿、施工单位（以下统称煤矿，下同）是落实领导带班下井制度的责任主体，每班必须有矿领导带班下井，并与工人同时下井、同时升井。

煤矿的主要负责人对落实领导带班下井制度全面负责。

省能源集团公司应当建立健全煤矿领导带班下井及安全监督检查的有关规章制度，并加强对所属煤矿领导带班下井的情况实施监督检查。

第六条 任何单位和个人对煤矿领导未按照规定带班下井或者弄虚作假的，均有权向煤炭行业管理部门、煤矿安全监管部门、煤矿安全监察机构举报和报告。

第二章 带班下井

第七条 煤矿应当建立健全领导带班下井制度，并严格考核。带班下井制度应当明确带班下井人员、每月带班下井的个数、在井下工作时间、带班下井的任务、职责权限、群众监督和考核奖惩等内容。

煤矿的主要负责人每月带班下井不得少于5个。

煤矿领导带班下井时，其领导姓名应当在井口明显位置公示。煤矿领导每月带班下井工作计划的完成情况，应当在煤矿公示栏公示，接受群众监督。

煤矿停工停产，应参照煤矿领导带班下井制度，安排煤矿领导在井口带班值班值守。

第八条 煤矿领导带班下井制度应当按照煤矿的隶属关系报当地县级煤炭行业管理部门备案，同时抄送县级煤矿安全监管部门和驻地煤矿安全监察机构。

省属煤矿的领导带班下井制度报省能源集团公司，同时抄送当地煤矿安全监管、煤炭行业管理部门和驻地煤矿安全监察机构。

未设立煤矿安全监察分局的地区，煤矿领导带班下井制度抄送设区市煤矿安全监管部门。

第九条　煤矿领导带班下井时，应当履行下列职责：

(一) 加强对重点部位、关键环节的检查巡视，全面掌握当班井下的安全生产状况，全面掌握井下人员数量和分布情况；

(二) 及时发现和组织消除事故隐患和险情，及时制止违章违纪行为，严禁违章指挥，严禁超能力、超定员、超强度组织生产，严禁超层越界开采，严禁擅自开启密闭；

(三) 遇到险情时，立即下达停产撤人命令，组织涉险区域人员及时、有序撤离到安全地点。

第十条　煤矿应当建立领导带班下井月报制度，并严格考核。煤矿应当于每月5日前将上月的每日每班领导带班下井的名单汇总上报煤矿所在地的县级煤炭行业管理部门。

省属煤矿汇总上报省能源集团公司。

第十一条　煤矿领导带班下井实行井下交接班制度。

上一班的带班领导应当在井下向接班的领导详细说明井下安全状况、存在的问题及原因、需要注意的事项等，并认真填写交接班记录簿。

第十二条　煤矿应当建立领导带班下井档案管理制度。

煤矿领导升井后，应当及时将下井的时间、地点、经过路线、发现的问题及处理情况、意见等有关情况进行登记，并由专人负责整理和存档备查。

煤矿领导带班下井的相关记录和煤矿井下人员定位系统存储信息保存期不少于一年。

第十三条　煤矿没有领导带班下井的，煤矿从业人员有权拒绝下井作业。煤矿不得因此降低从业人员工资、福利等待遇或者解除与其订立的劳动合同。

第三章　监督管理

第十四条　各级煤炭行业管理部门应当加强对煤矿领导带班下井的日常管理和督促检查。

省级煤炭行业管理部门负责对全省煤矿领导带班下井工作的指导和督促检查。

设区市级煤炭行业管理部门每季度至少对所辖区域煤矿领导带班下井执行情况进行一次督促检查。

县级煤炭行业管理部门应当加强对所辖区域煤矿领导带班下井的日常管理和督促检查。每月至少对所辖区域煤矿领导带班下井执行情况进行一次全面检查，并在当地主要媒体向社会公布上月所辖区域煤矿领导带班下井执行情况，接受社会监督。

第十五条　煤矿安全监管部门应当将煤矿建立并执行领导带班下井制度作为日常监督检查的重要内容，每季度至少对所辖区域煤矿领导带班下井执行情况进行一次监督检查。

第十六条　煤矿安全监察机构应当将煤矿领导带班下井制度执行情况纳入年度监察执法计划，每年至少进行两次专项监察或者重点监察。

煤矿领导带班下井的专项监察或者重点监察的情况应当报告上一级煤矿安全监察机构，并通报有关地方人民政府。

第十七条　省能源集团公司每季度至少对所属煤矿领导带班下井执行情况进行一次检查。

省能源集团公司所属煤炭子公司每月至少对所属煤矿领导带班下井执行情况进行一次全面检查，并在当地主要媒体向社会公布上月所属煤矿领导带班下井执行情况，接受社会监督。

第十八条　煤炭行业管理部门、煤矿安全监管部门、煤矿安全监察机构对煤矿领导带班下井情况进行监督检查，可以采取现场随机询问煤矿从业人员、查阅井下交接班及下井档案记录、听取煤矿从业人员反映、调阅煤矿井下人员定位系统监控记录等方式。

第十九条　煤炭行业管理部门、煤矿安全监管部门、煤矿安全监察机构对煤矿领导带班下井情况进行监督检查时，重点检查下列内容：

(一) 是否建立健全煤矿领导带班下井制度，包括井下交接班制度、带班下井月报制度和带班下井档案管理制度；

(二) 煤矿领导特别是煤矿主要负责人带班下井情况；

(三) 是否制订煤矿领导每月轮流带班下井工作计划以及工作计划执行、公示、考核和奖惩等情况；

(四) 煤矿领导带班下井在井下履行职责情况，特别是重大事故隐患和险情的处置情况；

(五) 煤矿领导井下交接班记录、带班下井档案等情况；

(六) 群众举报有关问题的查处情况。

第二十条 各级煤炭行业管理部门、煤矿安全监管部门、驻地煤矿安全监察机构和省能源集团公司应当建立举报制度，公开举报电话、信箱或者电子邮件地址，受理有关举报。举报内容经查证属实的，依法照《煤矿领导带班下井及安全监督检查规定》（国家安监总局令第33号）有关规定处理。

第四章 附则

第二十一条 本实施细则自发布之日起施行。

关于调整煤矿井下艰苦岗位津贴有关工作的通知

2006年8月21日　赣劳社劳〔2006〕11号

各设区市劳动和社会保障局、发改委、财政局，省直、中央驻赣有关单位：

现将劳动和社会保障部、国家发展改革委、财政部《关于调整煤矿井下艰苦岗位津贴有关工作的通知》（劳社部发〔2006〕24号）转发给你们，并结合我省实际，提出如下贯彻意见，请遵照执行：

一、我省煤矿井下艰苦岗位津贴的执行范围、资金来源按劳社部发〔2006〕24号文件规定执行。

二、我省煤矿井下艰苦岗位津贴包括：井下津贴、班中餐补贴和夜班津贴。具体标准如下：

(一) 井下津贴

1. 井下采掘工：15元/工；

2. 井下辅助工：10元/工；

3. 安检人员、基层干部、技术人员及管理人员的井下津贴标准按井下辅助工标准执行。

(二) 班中餐补贴

1. 井下采掘工：8元/工；

2. 井下辅助工：6元/工；

3. 班中餐补贴由企业集中用于井下作业职工的伙食，不得挪作他用，也不得直接支付给职工个人。

(三) 夜班津贴

1. 前夜班：6元/工；

2. 后夜班：8元/工。

三、各类煤炭企业要认真执行国家关于井下艰苦岗位津贴的有关规定，切实落实井下人员的相关待遇。企业发放的井下艰苦岗位津贴不得低于上述标准。实行吨煤工资含量计件制的企业，应结合职工出勤情况，在吨煤工资以外发放井下艰苦岗位津贴。企业要结合提高井下艰苦岗位津贴，采取多种措施，提高井下职工的收入水平，使工资分配向井下一线职工倾斜，形成合理的井下人员与地面人员的工资收入分配关系。各类煤炭企业要在提高井下艰苦岗位津贴的同时，积极改善劳动条件和劳动环境，切实保证职工的身体健康。

四、各设区市，省直、中央驻赣有关单位应将本通知在1个月内及时转发给各煤矿企业，并抄报省劳动保障厅、省发改委、省财政厅。

关于印发《江西省矿山环境治理和生态恢复保证金管理暂行办法》的通知

2008年7月11日　赣建财〔2008〕155号

省直有关集团公司，各设区市、省直管县财政局、国土资源局（矿管局）、环境保护局：

为了加强矿山地质环境保护，有效防止矿山地质灾害，促进经济与社会的可持续发展，根据《国务院关于全面整顿和规范矿产资源开发秩序的通知》（国发〔2005〕28号）、财政部、国土资源部、国家环保总局《关于逐步建立矿山环境治理和生态恢复责任机制的指导意见》（财建〔2006〕215号）和国家有关法规规定，我们联合制订了《江西省矿山环境治理和生态恢复保证金管理暂行办法》，经省政府同意，现印发给你们，请遵照执行。执行中遇到问题，请及时反馈省财政厅和省国土资源厅、省环保局。

附件：江西省矿山环境治理和生态恢复保证金管理暂行办法

江西省矿山环境治理和生态恢复保证金管理暂行办法

第一条 为贯彻落实科学发展观，建立矿山生态环境保护的长效机制，促进经济社会可持续发展，根据《中华人民共和国矿产资源法》、《中华人民共和国环境保护法》、《国务院关于全面整顿和规范矿产资源开发秩序的通知》（国发〔2005〕28号）、《财政部、国土资源部、环保总局关于逐步建立矿山环境治理和生态恢复责任机制的指导意见》（财建〔2006〕215号）等有关规定，结合本省实际，制定本办法。

第二条 本办法所称矿山环境治理和生态恢复保证金（以下简称保证金），是指矿山企业预提，并以其法人名义专户存储于财政部门指定的银行，用于保证履行其矿山环境治理和生态恢复义务的暂存资金。

矿山环境治理和生态恢复主要包括保护矿区的自然生态环境，预防因矿产资源开发引起的环境污染和生态破坏，恢复被破坏的生态环境功能，治理环境污染和矿山地质灾害。

按照“企业所有，政府监管，专款专用”的原则，保证金由矿山企业根据采矿登记的矿区面积、采矿许可证的有效期、矿种、开采方式以及对生态环境的影响等因素预提，由国土资源部门（含矿产资源管理部门，下同）会同环境保护部门及财政部门核定，并由矿山企业在省财政厅指定的银行开设保证金账户，专项用于矿山环境治理和生态恢复。保证金专户内的资金不得用于贷款质押或挪作他用。

第三条 凡在本省行政区域内从事矿产资源开采、采选活动的矿山企业，必须按照本办法的规定，编制矿山生态环境保护与综合治理方案，签订矿山生态环境保护与综合治理协议书，并在指定的银行专户存储保证金。

第四条 保证金按以下规定存储：

(一) 保证金由矿山企业按时足额存储。矿山企业不得因变更企业法定代表人、停产整顿等情况迟（缓）存、少存或不存保证金，也不得以任何形式向职工摊派保证金。

(二) 矿山企业的保证金存储金额由颁发采矿许可证的国土资源部门（以下简称发证机关）会同同级环境保护、财政部门按第六条规定核定。国土资源部颁发采矿许可证的，由省国土资源厅会同省环境保护局和省财政厅按第六条规定核定。

(三) 保证金实行专户管理。矿山企业应当在省财政厅指定的保证金代理银行（以下简称代理银行）开设专户存储保证金。矿山企业应于核定通知送达后1个月内，将保证金存入代理银行保证金专户。

(四) 矿山企业保证金专户资金的监管办法，由省财政厅会同省国土资源厅、省环保局商代理银行制定。

第五条 矿山企业提取的保证金列入企业成本。

第六条 保证金的金额，根据采矿登记的矿区面积、采矿许可证有效期、矿种、开采方式以及

对生态环境的影响程度等因素，按照不低于基本治理恢复费用的原则确定，并可根据变化情况进行调整。保证金的存储标准及影响系数详见附件。

保证金总额按下列公式计算：

保证金总额＝存储标准×矿区面积×面积系数×开采系数×采矿许可剩余年限

年均存储额＝保证金总额÷采矿许可剩余年限＝存储标准×矿区面积×面积系数×开采系数

第七条 保证金存储分为一次性存储和分年度按一定比例存储两种。

采矿许可证有效期三年以下（包括三年）的，矿山企业应在领取采矿许可证时一次性全额存储保证金。

采矿许可证有效期超过三年的，保证金可以一次性全额存储，也可以分年度按一定比例存储，但所分年度最长不得超过采矿许可证的有效期。分年度存储的，首次存储数额应当为年均存储额的2倍，但不得低于保证金总额的15%，在采矿许可证期满前一年，全部保证金必须存储到位。

保证金分年度按比例存储的，由发证机关与矿山企业按照本条第三款的规定，在矿山生态环境保护与综合治理协议书中确定每年度应存储的数额。

矿山企业在银行存储保证金的余额达到1亿元，可停止存储保证金。

第八条 矿山生态环境保护与综合治理方案应按照环境保护行政主管部门提出的环境治理和生态恢复目标及要求，制定具体措施，并应包括以下内容：

(一) 矿山企业名称，编写单位及人员；

(二) 矿区位置、范围、采矿许可证有效期，开采矿种；

(三) 矿区地形地貌、地质概况和生态环境现状（包括土地利用、森林覆盖、地表水、野生动植物、环境污染、地质灾害、水土保持等情况）；

(四) 矿山开发中及闭坑后可能引发的环境问题；

(五) 治理恢复措施及其具体标准；

(六) 治理恢复时间及经费概算；

(七) 有关部门规定的其他内容。

矿山生态环境保护与综合治理方案由发证机关会同同级环境保护行政主管部门和财政部门审批。国土资源部颁发采矿许可证的，由省国土资源厅会同省环境保护局和省财政厅审批。

第九条 矿山企业应当与发证机关签订矿山生态环境保护与综合治理协议书（以下简称协议书）。协议书应当明确采矿权人对矿山环境治理和生态恢复的义务与责任，保证金的存储数额、期限、方式及其保证金返还的条件。

协议书的具体格式由省国土资源厅会同省环境保护局、省财政厅制定。

第十条 新办矿山企业在申请办理采矿许可证时，应当向发证机关提交经审批的矿山生态环境保护与综合治理方案，并与发证机关签订协议书。

采矿许可证由国土资源部颁发的，新办矿山企业应当在初审前编制矿山生态环境保护与综合治理方案，经省国土资源厅会同省环境保护局和省财政厅审批后，与省国土资源厅签订协议书。

第十一条 本办法实施前已经取得采矿权且在本办法实施后仍处于采矿许可证有效期内的矿山企业，应当自本办法实施之日起6个月内编制矿山生态环境保护与综合治理方案，经发证机关会同同级环境保护部门、财政部门审批后，与发证机关补签协议书，并存储采矿许可证剩余年限的保证金。

采矿许可证由国土资源部颁发的，矿山生态环境保护与综合治理方案的审批和协议书的签订，按照本办法第十条第二款的规定执行。

第十二条 矿山企业依法转让采矿权的，保证金一并转让，同时变更矿山生态环境保护与综合治理责任人，原矿山生态环境保护与综合治理方案可以继续沿用，并重新签订协议书。

矿山企业需办理采矿许可证延续登记手续的，应当续签协议书，重新审核矿山生态环境保护与综合治理方案，并重新核定保证金。

矿山企业变更矿区范围、主采矿种或开采方式的，应修订并重新审核原矿山生态环境保护与综合治理方案，重新签订协议书，并重新核定保证金。

第十三条 矿山企业在开采过程中，应当根据矿山生态环境保护与综合治理方案实施边开采边治理恢复；停办、关闭矿山的，应当自停办、关闭矿山之日起6个月内完成矿山环境治理和生态恢复工作。特殊情况不能完成的，由矿山企业提出书面申请，经发证机关会同同级环境保护行政主管部门、财政部门批准，可以再延期6个月完成。

第十四条 矿山企业完成矿山环境治理和生态恢复工作后，应当向发证机关提出验收的书面申请，并提交矿山环境治理和生态恢复工作竣工报告等资料。发证机关应当自接到验收申请之日起30个工作日内，会同同级环境保护行政主管部门、财政部门根据协议书、矿山生态环境保护与综合治理方案，以及有关技术规范和验收标准组织验收。

前款规定的有关技术规范和验收标准，由省国土资源厅会同省环保局等有关部门另行制定。

第十五条 矿山环境治理和生态恢复工作经验收合格的，发证机关的同级财政部门在15个工作日内发放保证金返还通知单，开设保证金账户的银行凭保证金返还通知单办理保证金返还手续。

矿山环境治理和生态恢复工作经验收不合格的，由发证机关责令矿山企业限期治理恢复。限期治理恢复工作经再次验收合格后，其存储的保证金按前款的规定办理。

矿山企业在开采过程中实行边开采边治理恢复的，可以对已完成的分期治理恢复工作按照本办法第十四条第一款规定申请验收。分期治理恢复工作经验收合格后，按照本条第一款的规定，返还分期治理恢复投入资金一定比例的保证金，或者冲抵年度应存储的保证金。但返还后，保证金账户余额不得低于累计存储保证金总额的30%。

第十六条 发生下列情形之一的，经发证机关会同同级财政部门、环境保护部门核准，矿山企业存储的保证金转作矿山环境治理和生态恢复资金，由发证机关通过招标，代为组织实施矿山环境治理和生态恢复工作：

(一) 矿山企业倒闭、破产或者矿山停办、关闭超过6个月，没有进行治理恢复的；

(二) 矿山企业在与发证机关约定的时间内不实施治理恢复，经国土资源部门公告满60日后仍不治理恢复的；

(三) 矿山企业在进行部分治理恢复后，声明放弃继续治理恢复的；

(四) 治理恢复工作经验收不合格，责令限期治理恢复后仍达不到验收合格标准，矿山企业拒绝继续实施治理恢复，或在责令期限内拒不治理恢复的；

(五) 由于其他原因，矿山企业不能进行治理恢复的。

第十七条 代为组织实施矿山环境治理和生态恢复工作完成后，由发证机关会同同级环境保护行政主管部门、财政部门组织验收。

代为组织实施的矿山环境治理和生态恢复，已存储的保证金不足以完成治理恢复工作的，矿山企业必须缴纳不足部分的资金；保证金有结余的，其结余部分返还矿山企业。

第十八条 矿山企业不履行矿山环境治理和生态恢复义务的，按照有关法律、法规的规定进行处罚。

矿山企业因违法受到处罚或者因其他原因终止采矿的，不免除其矿山环境治理和生态恢复的义务。

开采矿产资源涉及水土保持、污染防治、生态保护、征收征用土地、林地的，依照有关法律、法规的规定办理。

第十九条 国土资源部门、财政部门、环境保护部门及其负责保证金管理的工作人员，违反本办法规定擅自收取、坐支或挪用保证金，或者对违反本办法规定的行为不依法予以制止、处罚的给予行政处分；构成犯罪的，依法追究刑事责任。

第二十条 本办法自2008年10月1日起施行。

附件：江西省矿山环境治理和生态恢复保证金存储标准及影响系数表

江西省矿山环境治理和生态恢复保证金存储标准及影响系数表

<table>
<tr><td rowspan="11">存储标准</td><td colspan="3">主采矿种</td><td>存储标准（元/平方米•年）</td></tr>
<tr><td rowspan="3">能源矿产</td><td colspan="2">煤、油页岩</td><td>0.30</td></tr>
<tr><td colspan="2">地热</td><td>0.02</td></tr>
<tr><td colspan="2">其他矿种</td><td>0.30</td></tr>
<tr><td rowspan="2">金属矿产</td><td colspan="2">铁、铜、钨、稀土</td><td>0.45</td></tr>
<tr><td colspan="2">其他矿种</td><td>0.30</td></tr>
<tr><td rowspan="4">非金属矿产</td><td colspan="2">石灰岩、白云岩、大理岩、花岗岩、玄武岩、辉长岩、辉绿岩、辉石岩、安山岩、闪长岩、板岩</td><td>2.00</td></tr>
<tr><td colspan="2">石膏</td><td>0.30</td></tr>
<tr><td colspan="2">地下卤水</td><td>0.02</td></tr>
<tr><td colspan="2">其他矿种</td><td>1.80</td></tr>
<tr><td>水气矿产</td><td colspan="2">矿泉水</td><td>0.01</td></tr>
<tr><td rowspan="6">面积系数</td><td colspan="3">矿区面积（平方公里）</td><td>面积系数</td></tr>
<tr><td colspan="3">≤0.01</td><td>4</td></tr>
<tr><td colspan="3">0.01～0.1</td><td>2</td></tr>
<tr><td colspan="3">0.1～1</td><td>1.2</td></tr>
<tr><td colspan="3">1.0～5.0</td><td>1</td></tr>
<tr><td colspan="3">＞5.0</td><td>0.8</td></tr>
<tr><td rowspan="8">开采系数</td><td colspan="3">采矿方法</td><td>开采系数</td></tr>
<tr><td rowspan="2">露天开采</td><td colspan="2">自上而下水平分层采矿法</td><td>1</td></tr>
<tr><td colspan="2">其他采矿法</td><td>1.5</td></tr>
<tr><td rowspan="5">地下开采</td><td colspan="2">充填采矿法</td><td>0.5</td></tr>
<tr><td rowspan="2">空场采矿法</td><td>不允许地表塌落</td><td>1</td></tr>
<tr><td>允许地表塌落</td><td>1.2</td></tr>
<tr><td colspan="2">崩落采矿法</td><td>1.5</td></tr>
<tr><td colspan="2">其他采矿法</td><td>1</td></tr>
</table>

关于开展兼并重组和整合技改煤矿安全专项监察情况报告

2011年1月17日　赣煤安函〔2011〕1号

国家煤矿安全监察局监察司：

按照《国家煤矿安全监察局关于立即开展兼并重组和整合技改煤矿安全专项监察的紧急通知》（煤安监监察〔2010〕28号，以下简称《紧急通知》）的部署，我局于2010年12月20日到2011年1月10日对全省兼并重组和整合技改煤矿开展了专项监察，现将有关事项报告如下：

一、基本情况

2007年，按照国家煤矿资源整合的相关政策，结合我省煤矿的实际情况，全省有245处矿井通过了规划能力由3万吨及以下改造提升至3万吨以上的预核准。到2010年底，已有159处煤矿通过了省工信委的立项核准，11处煤矿通过省煤炭行业办公室的初步设计审批，10处煤矿通过了煤矿安全监察部门的安全设施设计审查。有15处矿井放弃改造提升，自行关闭。

二、所做工作

1. 领导重视，精心组织。接到《紧急通知》后，局领导十分重视，把做好这次专项监察作为做好元旦春节期间煤矿安全生产工作的一项重要内容，要求各处室和监察分局立即贯彻落实，按照《紧急通知》要求认真做好监察工作，按要求将监察情况汇总上报。

2. 各地认真落实了煤矿资源整合和兼并重组的安全责任。我省一直十分重视规划能力由3万吨及以下改造提升至3万吨以上的扩建工作。早在2007年省政府办公厅印发的《关于全省安全生产形势和下步将采取的几项措施》（赣府厅发〔2007〕82号）就明确规定煤炭整合规划确定实施规范扩建，将能力由3万吨及以下提升至3万吨以上的矿井，从即日起一律停产，重新严格审批。对于应停产未及时停产到位的矿井，以及停产后擅自恢复生产的矿井，一律予以关闭。为加强对这些矿井的管理，全省各地都建立完善了监管制度，加强了日常巡查。2010年，结合安全生产“打非治违”活动，全省煤炭行业把对预核准矿井非法违法生产建设作为工作重点。为加强对已开工扩建项目的安全管理，全省各地因地制宜地出台了许多好的措施，萍乡市建立了建设矿井6+1管理体系，即：每个施工矿井必须配备一套完整的管理班子、必须制定一套有针对性的安全生产管理制度、必须配备一套专用设备、必须制定一套安全管理方案、必须制定一套质量进度管理方案和县煤矿安全监管部门制定一套监管方案。

3. 认真开展专项监察活动。为做好此次专项监察，我局做了充分的准备，组织参加专项监察的人员认真学习了《紧急通知》的精神和要求，做了专门的监察计划。这次监察共监察矿井59处，对7处矿井作出了停止施工的处罚。上栗县鸡冠山垦殖场南源煤矿因施工顺序与原设计不相符，未及时变更设计和报批，被停止施工、罚款4万元。对于一些矿井安全基础管理不到位等共性问题，向当地政府发出了加强和改善煤矿安全管理的建议。

三、存在的问题

1. 一些矿井安全基础管理不到位。“三项岗位人员”配备不足。

2. 矿领导带班下井和值班值守落实不到位。

3. 矿井扩能改造审批手续多，时间长，造成很多矿井原有的一些安全设施瘫痪。如大多数煤矿的安全监控系统已不能使用。

4.部分扩能改造煤矿不按原设计施工，也不报批。

5.有个别矿井存在明停暗采、日停夜采现象。

四、下步打算

1. 严格项目开工管理。督促建设单位严格执行项目开工标准，未经项目核准、初步设计审批和安全设施设计审查的项目，不能以任何名义进行项目主体工程的施工。

2. 严格项目安全设施设计审查。在安全设施设计审查中，认真对照现行安全技术标准严格审查，煤矿设计标准必须达到省七厅局《关于印发〈规划能力由3万吨及以下改造提升至3万吨以上煤矿验收办法〉的通知》（赣煤行管字〔2007〕146号）规定的要求。安全设施设计要在查明煤层瓦斯、自燃倾向性、煤尘爆炸性、水害等技术参数的基础上，制定有针对性的安全防范措施，其标准不能低于小煤矿安全示范矿井建设验收标准要求。要按规定要求配备安全避险“六大系统”。一个项目只能有一套生产系统。

3. 严格项目施工安全管理。督促煤矿建设单位按照批准的安全设施设计进行施工，不得擅自变更设计内容。遇重大变化要停止施工并及时变更设计和报批。煤矿建设项目应编制施工组织设计，并按照施工组织设计有序推进工程进度，完善有关安全设施。督促煤矿对建设项目统一指挥协调，建立健全安全、技术、工程管理机构，组织制定并督促落实好各项安全技术措施，加强对建设项目的施工管理。督促施工项目执行矿级领导带班下井制度，赋予井下带班人员、班组长和调度值班人员相应的决策指挥权，保证遇到险情时能够安全撤出现场作业人员。要完善应急预案，按规定建立矿山救援队伍或与具备求援能力的矿山救援队签订救援协议，配备必要的应急物资、装备和设施，定期实施演练，确保作业和施救人员掌握相关应急预案内容，具备应急处置能力。

4. 加强对矿井扩建项目的监督检查。全省煤矿安全监管监察部门将进一步加强对矿井扩建工程的监督检查，落实安全监管主体责任，打击边建设边生产、假建设真生产的不法行为。对于那些未进行项目核准、未按规定取得初步设计批准、未通过安全设施设计审查的项目，一律不得开工建设。对擅自建设或生产的，将要按照省政府办公厅印发的《关于全省安全生产形势和下步将采取的几项措施》（赣府厅发〔2007〕82号）要求关闭。

山东省实施《中华人民共和国煤炭法》办法

2001年8月18日　第75号

《山东省实施〈中华人民共和国煤炭法〉办法》已于2001年8月18日经山东省第九届人民代表大会常务委员会第22次会议审议通过，现予公布。

山东省实施《中华人民共和国煤炭法》办法

第一章　总 则

第一条　根据《中华人民共和国煤炭法》和有关法律、法规，结合本省实际，制定本办法。

第二条　在本省行政区域内从事煤炭生产、经营活动，必须遵守本办法。

第三条　煤炭开发应当坚持可持续发展战略，实行统一规划、合理布局、综合利用的方针，坚持开发利用与环境保护并重的原则。

第四条　煤矿企业必须坚持安全第一、预防为主的方针，建立健全安全生产责任制度，确保安全生产。

第五条　县级以上人民政府煤炭管理部门按照管理权限负责煤炭行业的监督管理，其他有关部门在各自职责范围内对煤炭行业实施监督管理。

第六条　各级人民政府应当鼓励和扶持煤矿企业发展多种经营。

第二章　开发与建设

第七条　省人民政府煤炭管理部门应当根据全国煤炭资源勘查规划和全省矿产资源勘查规划，组织编制、实施全省煤炭生产开发规划。

全省煤炭生产开发规划应当根据全省国民经济和社会发展计划的需要制定，并纳入本省国民经济和社会发展计划。

煤炭生产开发规划应当含有安全生产、劳动保护、环境保护和土地复垦等方面的内容。

第八条　煤矿建设项目应当符合国家产业政策和全省煤炭生产开发规划。

煤矿建设项目的立项，由建设单位向省人民政府煤炭管理部门提出立项申请，经初审同意后报省计划管理部门审查，并按国家基本建设程序审批。

第九条　开办煤矿企业，应当具备《中华人民共和国煤炭法》第十八条规定的条件，报有批准权的人民政府煤炭管理部门审查批准。

审查批准煤矿企业，必须由国土资源行政主管部门对其开采范围和资源综合利用方案进行复核并签署意见。

经批准开办的煤矿企业，凭批准文件到国土资源行政主管部门申请领取采矿许可证。

第十条　煤矿建设工程项目，应当按照批准的立项报告，委托具有相应资质的设计单位进行设

计。任何单位和个人不得擅自变更经批准的工程设计方案。

第十一条 煤矿建设工程项目应当实行法人负责制度、合同管理制度和工程监理制度。

煤矿建设工程项目应当按照有关招标投标的法律、法规规定实行公开招标，接受社会监督。

第十二条 煤矿建设工程的设计、施工，必须符合土地利用总体规划、环境保护和安全生产的要求。环境保护设施和安全设施必须与主体工程同时设计、同时施工、同时验收、同时投入使用。

第十三条 煤矿建设工程项目竣工后，由工程项目审批部门会同有关单位进行验收；煤矿建设工程项目中安全设施和条件的验收，由煤矿安全监察机构负责。

第十四条 在依法批准建设的煤矿井田范围内，不得新建各类煤矿。

对已建成的各类煤矿，按照国家有关规定进行清理、整顿或者关闭。

第三章 生产与经营

第十五条 煤矿在投入生产前，煤矿企业应当按照管理权限，以矿井为单位向省级以上人民政府煤炭管理部门申请领取煤炭生产许可证。

未取得煤炭生产许可证的煤矿企业，不得从事煤炭生产活动；公安、电力等有关部门不得批准其购买、使用火工产品，不得安排煤炭生产用电或者提供其他生产条件。

第十六条 省人民政府煤炭管理部门负责本省煤矿企业煤炭生产许可证的登记、审查、颁发和监督管理工作。

煤炭生产许可证不得转让、出租。

第十七条 煤矿企业应当在批准的开采范围内作业；需要变更开采范围的，应当报省国土资源行政主管部门审批，并报省人民政府煤炭管理部门备案。

第十八条 煤矿企业应当按照批准的设计能力或者核定的生产能力合理组织生产，不得超能力开采。

开采煤炭资源的，必须达到国家规定的煤炭资源回采率。县级以上人民政府煤炭管理部门应当加强对煤炭资源回采率和综合利用情况的监督检查，指导煤矿企业不断提高煤炭资源回采率和资源综合利用水平。

第十九条 因开采煤炭造成地表土地塌陷、挖损的，应当由煤矿企业依法承担复垦义务。煤矿企业可以自行复垦，也可以向县级以上国土资源行政主管部门缴纳土地复垦费，由县级以上国土资源行政主管部门组织复垦。土地复垦费必须专款专用，不得侵占或者挪作他用。

复垦的土地应当达到可供利用的状态。县级以上国土资源行政主管部门会同有关部门对复垦的土地进行验收，验收合格后方可交付使用，复垦的土地应当优先用于农业。

因开采煤炭造成地表土地塌陷、挖损，造成他人损失的，煤矿企业应当依法给予补偿。

第二十条 煤矿企业应当编写土地复垦实施方案，经县级以上人民政府煤炭管理部门审查同意，报县级以上国土资源行政主管部门批准后实施。土地复垦实施方案应当符合土地复垦规划和年度土地复垦计划的规定。

县级以上人民政府及有关部门负责本行政区域内煤矿企业土地复垦的协调工作，对列入土地复垦规划的项目，应当确保如期实施。

第二十一条 关闭煤矿或者报废矿井，应当按照管理权限向县级以上人民政府煤炭管理部门提交关闭或者报废申请报告；经审查批准后，向有关部门申请办理关闭或者报废注销手续。

第二十二条 煤炭经营实行煤炭经营资格审查制度。在本省行政区域内从事煤炭经营活动，应当按照规定取得煤炭经营资格。

依法取得煤炭生产许可证的煤矿企业，有权销售本企业生产的煤炭；销售非本企业生产、加工的煤炭产品，应当按照规定申请领取煤炭经营资格证书。

第二十三条　在本省行政区域内设立煤炭经营企业，应当按照管理权限向设区的市级以上人民政府煤炭管理部门提出申请，经初审同意后，报省煤炭经营资格审批办事机构；符合条件的，由省人民政府煤炭管理部门颁发煤炭经营资格证书。申请人凭煤炭经营资格证书，向工商行政管理部门申请领取营业执照后，方可从事煤炭经营。

经营所在地无煤炭管理部门的，由所在地设区的市级以上人民政府指定部门办理本区域内有关初审及申报工作。

煤炭经营资格证书不得转让、出租、转借、伪造。

第二十四条　煤矿企业、煤炭经营企业应当依法经营，保证煤炭质量，不得在煤炭中掺杂、掺假，以次充好。

第四章　安全管理

第二十五条　县级以上人民政府及其煤炭管理部门和其他有关部门应当加强对煤矿企业安全生产的监督管理，建立安全事故行政责任追究制度。

第二十六条　煤矿企业必须按照有关矿山安全的法律、法规和煤炭行业安全规程、技术规范的要求，建立健全有关瓦斯检验、矿井通风、防治水、爆炸物品与危险物品管理、安全检查等安全生产规章制度，有效防止安全事故。

第二十七条　煤矿矿长、煤矿特种作业人员必须按照国家有关规定，经县级以上人民政府煤炭管理部门培训、考核。考核合格后取得矿长资格证书、特种作业操作证书。

煤矿矿长、煤矿特种作业人员必须持证上岗；未取得相应资格证书的，不得上岗。用人单位和有关部门应当加强对煤矿矿长、煤矿特种作业人员的管理和监督。

第二十八条　煤矿企业必须对职工加强安全教育和技术培训，并按照规定向职工提供保障安全生产所需的劳动保护用品。

煤矿企业必须按照规定为井下作业职工办理意外伤害保险，并对其进行定期健康检查。

第二十九条　煤矿企业使用的设备、器材、火工产品和安全仪器，必须符合国家标准或者行业标准；不符合国家标准或者行业标准的，不得使用。

第三十条　煤矿企业管理人员不得违章指挥，强令职工冒险作业。对违章指挥、强令职工冒险作业的指令，职工有权拒绝执行。

煤矿职工必须按照规定的安全操作规程和技术要求作业。

第三十一条　煤矿安全监察机构应当根据矿井分布、井型大小和安全条件，对全省矿山救护队伍实行统一规划、合理布局，建立区域救护网络。

大、中型煤矿企业和有条件的其他煤矿企业应当组建矿山救护队伍；未组建救护队伍的煤矿企业，应当与矿山救护队伍签订救护协议，并实行有偿服务。

第三十二条　发生煤矿伤亡事故，煤矿企业必须立即组织抢救，并如实向当地人民政府、煤矿安全监察机构、煤炭管理部门和其他有关部门报告。当地人民政府和有关部门、单位，应当迅速组织救护工作。

煤矿企业及其他有关单位对煤矿伤亡事故不得隐瞒、谎报、延报、拒报。

第五章　矿区保护

第三十三条　任何单位和个人不得危害煤矿矿区的电力、通讯、水源、交通及其他生产设施，不得哄抢、侵吞、盗窃煤矿矿区的煤炭产品，不得扰乱矿区生产秩序和工作秩序。

第三十四条 在列入搬迁计划并经批准搬迁的压煤村庄范围内，自县级以上人民政府公告之日起，任何单位和个人不得突击栽种树木、青苗和抢建建筑物、构筑物。

需要搬迁的，应当按照国家和省的有关规定进行补偿；自县级以上人民政府公告之日起突击栽种树木、青苗和抢建建筑物、构筑物的，不予补偿。

第三十五条 在煤矿井田范围内，不得擅自兴建永久性设施。确需兴建的，兴建单位应当与煤矿企业达成兴建协议。

第六章 法律责任

第三十六条 违反本办法第十五条规定，未取得煤炭生产许可证，擅自从事煤炭生产的，由煤炭管理部门责令停止生产，没收违法所得，可以并处违法所得一倍以上五倍以下的罚款。拒不停止生产的，由煤炭管理部门申请人民法院强制执行。

第三十七条 违反本办法第十六条第二款规定，转让或者出租煤炭生产许可证的，由煤炭管理部门吊销煤炭生产许可证，没收违法所得，并处违法所得一倍以上五倍以下的罚款。

第三十八条 违反本办法第十九条第一款、第二款规定，不履行土地复垦义务或者不组织土地复垦的，由上级主管部门或者有关机关责令改正，对其负责的主管人员和其他直接责任人员，依法给予行政处分。侵占、挪用土地复垦费，构成犯罪的，依法追究刑事责任；尚不构成犯罪的，依法给予行政处分。

第三十九条 违反本办法第二十二条规定，未经审查批准，擅自从事煤炭经营活动的，由负责审批的部门责令停止经营，没收违法所得，可以并处违法所得一倍以上五倍以下的罚款。

第四十条 违反本办法第二十四条规定，在煤炭产品中掺杂、掺假，以次充好的，责令停止销售，没收违法所得，并处违法所得一倍以上五倍以下的罚款，可以依法吊销煤炭生产许可证或者取消煤炭经营资格；构成犯罪的，依法追究刑事责任。

第四十一条 违反本办法第二十五条规定，各级人民政府和其他有关部门在煤矿企业安全生产监督管理工作中，玩忽职守、徇私舞弊、滥用职权，造成安全事故的，对其主管人员和直接负责的责任人员，依法给予行政处分；构成犯罪的，依法追究刑事责任。

第四十二条 违反本办法第三十二条规定，隐瞒、谎报、延报、拒报煤矿伤亡事故的，由煤矿安全监察机构给予警告，并可处以三万元以上十五万元以下罚款；情节严重的，由煤炭管理部门责令停产整顿；对直接负责的主管人员和其他直接责任人员，依法给予行政处分；构成犯罪的，依法追究刑事责任。

第四十三条 县级以上人民政府煤炭管理部门和其他有关部门的工作人员，在审批煤炭生产许可证、煤炭经营资格证和煤炭管理的其他活动中玩忽职守、徇私舞弊、滥用职权的，依法给予行政处分；给当事人造成损失的，依法承担赔偿责任；构成犯罪的，依法追究刑事责任。

第七章 附 则

第四十四条 本办法自2001年12月1日起施行。

关于贯彻落实国发〔2006〕4号文件切实加强地质工作的意见

2006年6月3日 鲁政发〔2006〕65号

各市人民政府，各县（市、区）人民政府，省政府各部门、各直属机构，各大企业，各高等院校：

为贯彻落实《国务院关于加强地质工作的决定》（国发〔2006〕4号），全面增强地质勘查的资源保障能力和服务功能，切实加强我省地质工作，现提出以下意见：

一、统一思想，充分认识地质工作的重要意义

地质工作是国民经济发展的先行性、基础性工作，服务于经济建设和社会发展的全过程。建国50多年来，我省地质工作取得了显著成就，为全省经济和社会发展提供了大量的矿产资源和丰富的基础地质资料。特别是近年来，我省地质事业有了新的发展，地质勘查市场日趋活跃，找矿成果日益显著，地质灾害防治和地质环境保护能力明显提高。但是，与经济社会发展的要求相比，地质工作还存在着一些问题，如地质工作体制改革进展较慢，地质勘查资金投入不足，专业技术人员匮乏，地勘单位活力不足，投资环境尚待进一步优化等等。随着我省工业化、城镇化进程的加快，经济社会发展与资源环境的矛盾日益突出。加强地质工作，是党中央、国务院作出的重大战略决策，是缓解资源约束、保障经济发展的重要举措，是推进城乡建设、开展国土整治的重要基础，是防治地质灾害、改善人居环境的重要手段。各级、各部门要从全面建设小康社会、加快推进社会主义现代化的战略高度，充分认识加强地质工作的重大意义，增强责任意识和紧迫感，切实把这项工作抓紧抓好。

二、明确要求，以科学发展观统领地质工作全局

(一) 总体要求。坚持以邓小平理论和“三个代表”重要思想为指导，全面贯彻落实科学发展观。紧紧围绕全省经济社会发展这一中心任务，统筹地质工作与经济社会发展，统筹公益性地质调查与商业性地质勘查，统筹矿产地质勘查与环境地质勘查，统筹全省地质事业发展与地质领域对外开放。深化改革，完善管理体制和运行机制，加快构建与社会主义市场经济体制相适应的地质工作体系。切实加强重要矿产资源勘查和地质环境调查监测，努力实现地质找矿新的重大突破，为全省经济社会可持续发展提供更加有力的资源保障和基础支撑。

(二) 基本原则。立足省内、兼顾省外，充分挖掘省内资源潜力，适度利用省外资源；统筹规划、适度超前，面向社会需求，超前部署和开展地质勘查工作；突出重点、全面推进，突出重点矿种和重点成矿区带的矿产勘查，全面加强地质工作；完善体制、健全机制，建立政府与企业合理分工、相互促进的地质勘查体系；依靠科技、自主创新，广泛应用高新技术和先进适用技术，大力推进地质理论研究与创新；坚持资源环境和社会效益相统一，在保护中开发、在开发中保护，促进人与自然的和谐发展。

三、突出重点，增强资源保障能力和服务功能

(一) 实施能源矿产勘查工程，提高能源矿产的保障能力。按照深化老区、开辟新区、突出重点、全面勘查的原则，重点加强油气、煤、地热资源勘查，积极开展煤层气、油页岩等非常规能源的调查评价与勘查。开展渤海湾、黄河三角洲主要含油气盆地勘查，加强东营－滨州、济阳－临清等地区及蓬莱北部海域石油天然气勘查，切实增加可采储量。加快鲁西煤炭基地及黄河北、枣庄－滕州等煤炭规划区的煤炭资源勘查，重点加强菏泽巨野－单县及聊城阳谷－茌平等地区的煤炭普查和必要的详查。加强全省地热资源的勘查，重点开展鲁西鲁北平原区、沂沭断裂带及胶东半岛等地区地热资源勘查。

(二) 实施非能源重要矿产勘查工程，提高重要矿产资源供给能力。重点加强金、铁、铜、金刚石等矿产勘查，兼顾石墨、钾盐、铅、锌、钼、硫铁矿、地下卤水、地下水等矿产勘查。在胶东地区及济南－淄博－潍坊、泰安－莱芜、临沂－枣庄等重要成矿区带，合理部署矿产普查，引导和鼓励商业性矿产勘查，形成一批重要资源基地。开展全省主要矿产资源远景调查、成矿预测及综合研究，科学评估区域矿产资源潜力，为科学部署矿产资源勘查提供依据。

(三) 实施矿山接替资源勘查工程，做好矿山地质工作。按照理论指导、技术优先、探边摸底、外围拓展的方针，大力推进重点矿种矿山深部和外围找矿工作，重点开展鲁西地区煤矿、胶东地区金矿、鲁中地区铁矿等重要危机矿山的接替资源勘查。加强矿山生产过程中的补充勘探，指导科学开

采，最大限度地利用矿产资源。开展共生伴生矿产的综合评价及尾矿综合利用，探索资源节约和循环利用的有效模式，大力推广矿产资源的综合利用示范工程。做好矿山关闭资源储量核实、矿山环境恢复治理及复垦阶段的地质工作。

(四) 实施地质调查工程，提高基础地质调查程度。按照多目标、多学科、多技术的要求，在全省系统开展区域地质、地球物理、地球化学和遥感地质等调查。重点在重要经济区域、重点成矿区带、重大地质问题地区开展基础地质调查。开展海岸带综合地质调查，对区域稳定性、海（咸）水入侵、海岸侵蚀与淤积等问题进行系统调查，对城市和港口集中的海岸带地区进行重点调查与保护研究。建立地质图文更新机制，为社会提供有效快捷的地质信息服务。

(五) 实施地质环境保障工程，提高地质灾害防治和地质环境保护水平。围绕防灾减灾，积极开展地质灾害监测，完成重点县（市、区）地质灾害调查与区划，建立健全群专结合的地质灾害防治预警体系。围绕供水安全，积极开展地下水动态调查评价和过量开采与污染的监测，保护地下水环境。围绕生态农业建设，积极开展农业地质调查监测评价，为农业区化、种植结构调整及发展优质农产品提供科学依据。围绕城市和重点工程建设，积极开展水文地质、工程地质、环境地质调查，重点开展半岛城市群、济南都市圈及鲁南城市带等重要经济区及南水北调、西水东调、西气东输、交通网络等重大工程的地质环境调查监测工作。围绕矿业开发，积极开展矿山地质环境监测，保护治理矿山环境，多渠道筹集资金对采煤塌陷地、已毁损山体进行治理，积极推进渤海湾、黄河口等重要海域环境综合整治，促进生态省建设。

(六) 实施地质资料信息化建设工程，强化地质资料社会服务功能。利用现代信息技术，建设山东省地质资料数据库和矿产资源勘查开采投资环境信息服务系统，建立健全地质资料信息共享和社会化服务体系。严格执行地质资料汇交制度，开展地质资料专项清理，推进地质资料的研究开发，避免工作重复和资料浪费。加快地质成果资料的数字化建设，建立地质资料服务网络，全面公开地质资料目录，推进地质图书档案向社会开放，依法及时向社会提供地质信息服务。

四、深化改革，完善地质工作机制

(一) 健全完善公益性地质工作体系。根据全省经济社会发展的需要，全面推进公益性地质工作。省政府主要负责全省性、跨区域的基础地质、矿产地质和环境地质调查，各市政府负责为本地区经济发展服务的城市地质、农业地质、灾害地质、环境地质监测等公益性地质工作。加强公益性地质调查队伍建设，按照人员精干、结构合理、装备精良、能承担重大任务的要求，加强装备和基地建设，充实野外地质调查技术力量，组织实施全省的基础性、公益性地质调查和战略性矿产勘查工作。各级政府要按照国家有关规定将公益性地质调查队伍经常性支出和公益性地质工作专项经费等有关费用列入本级财政预算，切实保障公益性地质调查队伍的运行和公益性地质调查工作的正常开展。实施公益性地质调查，应当积极引入市场竞争机制，优选项目承担单位。

(二) 建立矿产资源勘查投入的良性循环机制。充分发挥各级政府和企业的积极性，形成多渠道投入地质勘查的机制。加大财政对矿产资源勘查的资金投入力度，注重发挥对社会资金的引导作用。建立省级地质勘查基金，着重用于重点矿种和重点成矿区带的前期勘查。对由省地质勘查基金出资查明的矿产资源，除国家另有规定外，一律采用市场方式出让矿业权，出让收入按照国家、省有关规定分成。由省地质勘查基金和其他资金共同出资查明的矿产资源，出让收入由投资各方按比例分成。政府所得收入主要用于补充地质勘查基金，实现基金的滚动发展。各级财政分成所得的矿产资源补偿费、矿业权使用费和矿业权价款等收益，主要用于地质勘查。各级财政要根据实际情况从资源税收入中安排部分地质勘查经费。规范地质勘查基金和勘查项目管理，主要通过招投标的方式优选项目承担单位，充分发挥各类地质勘查单位的人才和技术优势。

(三) 完善商业性矿产资源勘查机制。培育壮大商业性勘查市场主体，确立企业在商业性矿产资源勘查中的主体地位。对可以由企业投资的商业性地质勘查项目，政府原则上不再出资，运用政策调控，改善市场环境，引导和促进各类社会资本参与矿产资源勘查。矿业企业的矿产资源勘查支出可按有关规定据实列支。培育矿产资源勘查资本市场，支持符合条件的勘查开采企业在境内外上市融资。鼓励国有矿山企业实行探采结合、组建具有竞争力的矿业公司或企业集团；鼓励国有地质勘查单位与社会资本合资、合作，组建矿业公司或地质技术服务公司；鼓励发展多种所有制形式的商业性矿产资源勘查公司和机制灵活的找矿企业。

(四) 培育完善矿业权市场。深化矿产资源有偿使用制度和矿业权有偿取得制度改革，建立健全统一、竞争、开放、有序的矿业权市场。全面落实矿业权招标、拍卖、挂牌出让制度，进一步规范矿业权有偿出让管理，完善矿业权一级市场。加强政策支持和信息引导，完善市场规则，充分利用已有国土资源交易场所和网站等，建设多种形式的矿业权交易平台，培育矿业权二级市场。培育和规范矿业权评估、矿产储量评估等地质勘查市场中介服务机构。加强市场监管，维护市场秩序。

(五) 深化国有地质勘查单位改革。进一步落实国务院、省政府关于地质勘查队伍管理体制改革的各项政策，按照企事分开的原则，推进国有地质勘查单位改革。加强地质勘查队伍建设，提高矿产资源勘查技术水平和竞争能力。省有关部门要认真总结改革经验，加大工作力度，加强对改革的指导，积极探索有利于加强地质工作的改革途径。按照事业单位改革的有关规定，尽快落实国有地质勘查单位离退休人员和在职职工社会保障政策，落实有关住房改革所需经费，解决职工住房和基础设施建设欠账过多等问题。在“十一五”时期，继续申请国家投资补助，用于基础设施建设。

(六) 扩大地质领域对外开放。进一步创造稳定、公平、透明的投资环境，完善相关政策，加大鼓励外商投资矿产资源勘查开采的力度，积极引进省外和国外资本、先进技术和管理方法，广泛开展地球科学和地质勘查领域的国际交流与合作。

五、依靠科技，增强地质工作创新能力

(一) 推进地质科技进步。完善地质科技创新体系，编制省地质科技发展中长期规划，建立健全鼓励创新的机制，营造良好的科研环境。积极开展重大地质问题科技攻关，突出重点矿种、重点成矿区带地质问题和深部找矿理论方法研究，大力推进成矿理论、找矿方法的自主创新；积极开展非常规油气资源、低品位资源、难利用资源、尾矿资源的开发利用技术研究，大力推进矿产资源开发利用技术创新；积极开展勘查、分析测试技术的引进与应用研究，大力推进勘查关键技术的自主创新；积极开展地质环境监测和地质灾害预报预警研究，大力推进监测预警新技术新方法的创新；积极开展地理信息系统、全球定位系统和遥感技术等现代信息技术的引进与应用研究，大力推进地质工作信息化技术应用与创新。充分发挥高等院校和科研机构在地质科技领域的作用，鼓励矿山企业、地勘单位、科研机构和高等院校联合攻关。建立多渠道的地质科技投入体系，鼓励矿业企业自主投资地质科技研究。逐步增加地质科技财政投入，用于重大地质科技问题研究和新技术推广。

(二) 积极发展地质教育。加大对地质类教育的财政投入，加强地质类学科建设，调整优化地质专业设置和教学内容，有条件的院校要增设地质类学科或增设地学综合类课程。奖学金和资助贫困学生政策进一步向地质类学生倾斜，鼓励学生报考地质类专业。积极推进地质类高等院校与行业企业的合作和共建，鼓励地质科技人员接受继续教育或培训，提倡高等院校地质类教师到地质勘查单位挂职，加强地质类院校野外实习教学，鼓励学生毕业后到地质一线就业。在中小学教学中增加地球科学方面的内容。加大宣传力度，充分利用各类宣传媒体、地质博物馆、地质公园等普及地球科学、资源环境、地质灾害等方面的知识。

(三) 加快地质人才开发。建立健全鼓励创新的地质人才开发机制和管理体制。加大人才培养力度，支持中青年科技骨干进入关键岗位，以重大地质勘查和科技攻关项目为依托，大力培养创新型人才、复合型人才和科技领军人才。改善人才培养环境，提高野外地质工作人员待遇，改善野外地质工作条件，完善津贴补贴政策，逐步建立知识、技术、管理等要素按贡献大小参与勘查开采项目收益分配的新机制。

六、加强领导，提高地质工作管理水平

(一) 加强对地质工作的领导。各级政府要将地质工作列入重要议事日程。落实和完善相关政策，积极创造条件，改善环境，指导和支持各类地质队伍的改革和发展，充分发挥现有地质队伍和广大地质工作者的作用。整顿和规范矿产资源开发秩序，严格依法行政，依法维护地质工作秩序、维护探矿权人的合法权益，为地质勘查提供良好的工作环境。加强矿政管理队伍的建设，充实专业技术管理人员，保障地质勘查管理工作顺利进行。省国土资源、财政、发展改革、人事编制、劳动保障、教育、科技等有关部门，要认真履行各自职责，研究制定地质勘查基金、鼓励商业性勘查、地质教育、科技、国有地质勘查队伍改革、人才培养等方面的相关政策和措施，加大支持力度，加强协作配合，共同做好地质工作。

(二) 实施地质勘查规划管理。要科学编制和实施地质勘查规划，通过规划明确地质勘查的发展目标、重点任务和保障措施，统筹全省地质工作布局，引导地质勘查资源合理配置。省国土资源管理部门要根据经济社会发展的需要，充分利用现有工作基础，抓紧编制全省地质勘查规划，报国土资源部批准后，纳入全省国民经济和社会发展规划。可根据需要编制煤、铁、金、地热等重要矿种的矿产勘查规划。地质勘查规划要与相关专项规划搞好衔接，并通过年度计划、勘查项目、专项措施等予以落实。

(三) 强化地质勘查行业管理。省国土资源管理部门要认真履行地质勘查行业管理职能。组织制定地质勘查政策措施，引导各类地质勘查企业健康发展，指导国有地质勘查单位改革和发展。完善和落实地质勘查技术规范、行业标准，建立健全地质勘查单位资质管理制度，依法规范行业准入。建立统一的地质勘查行业统计制度，及时提供信息服务。规范和发展行业协会，发挥好行业自律、中介服务等作用。有关部门和单位要各司其职，密切配合，共同促进地质勘查行业健康发展。

(四) 加强矿业权管理。建立矿产资源储备制度，科学调整矿业权准入条件，增强对重要矿产资源勘查开采的调控能力。严格探矿权审批，按照国家、省矿产资源总体规划和地质勘查规划，科学设置探矿权。加强对矿产资源勘查的监督管理，依法查处圈而不探、以采代探、无资质勘查、非法转让探矿权等违法行为，规范探矿权人和勘查单位的勘查活动。省国土资源主管部门要严格审查地质勘查设计，严格审查探矿权申请人资金能力和地勘单位勘查施工能力，切实杜绝不按地质勘查规范施工等问题。

加强地质工作，任务光荣，责任重大。各级、各部门要切实加强领导，加强监督检查，确保各项政策措施落实到位。广大地质工作者要继承和发扬“以献身地质事业为荣、以艰苦奋斗为荣、以找矿立功为荣”的优良传统，在新时期地质工作中再创辉煌。

关于做好煤矿安全生产工作的紧急通知

2006年1月29日　鲁政办发明电〔2006〕166号

各市人民政府，各县（市、区）人民政府，省政府有关部门，各大企业：

今年以来，我省安全生产形势总体稳定，但是形势依然严峻。特别是冬季，既是煤炭生产旺季，也是煤矿事故的高发期。为进一步做好煤矿安全生产工作，严防各类重特大事故发生，确保全省安全生产形势稳定，特作如下紧急通知：

一、狠抓煤矿事故隐患的排查整治。以“一通三防”、防治水和冲击地压防治为重点，突出老空水探放、通风系统、安全监测监控、供电和顶板管理等重要环节，深入开展“查隐患、抓整改、重落实、保安全”为主要内容的安全检查活动。对供电可靠性不强、通风系统不完善、不可靠或开采有煤尘、瓦斯爆炸危险煤层、综合防尘措施不到位的，要立即停产整顿。发现有透水隐患而未采取有效防治措施，或者开采资料不清、情况不明，未采取全方位、全过程探放水措施的，以及发现在未经核准区域内进行生产的，要立即停产整顿。

二、严格按核定能力组织生产。认真搞好矿井生产能力复核工作，严格按核定能力组织生产。核定能力未经批准，不得作为安排生产计划的依据。各级煤炭、煤监等部门要对煤炭企业生产情况进行检查，加强监管考核，发现超能力、超强度、超定员组织生产的，立即停产整顿并追究责任，并暂扣煤炭生产许可证和矿长资格证。对因超能力生产发生事故的，依法从严追究企业负责人的责任。

三、加大煤矿整顿关闭工作力度。要按照国务院和省政府的部署要求，细化煤矿关闭范围和对象，完善小煤矿整顿关闭三年规划，坚定不移地抓好小煤矿整顿关闭工作。凡属关闭范围的小煤矿，地方政府要坚决予以关闭。对已关闭的矿井，要加强巡回检查，严防死灰复燃。对列入今年关闭计划的矿井，要采取断然措施立即关闭，各有关部门要吊销证照，供电部门停止供电，公安部门停止供火工品，拆除电源和地面设施，炸毁井筒，填平场地，恢复地貌，遣散从业人员。

四、严厉打击非法开采行为。各级政府和国土资源、煤炭、煤监等部门要加大对列入2007年、2008年关闭计划小煤矿的监管力度，采取派驻督查员等措施，实施专人盯守，严防乱采滥挖、盲目生产。同时，要加强矿业秩序整顿工作，强化对矿产资源的监管，加强对废弃矿井的巡查，对超层越界、私采滥挖等非法开采行为，要从严查处。

五、严格落实安全生产责任制。各级各部门特别是领导同志要高度重视煤矿安全生产工作，坚决防止麻痹松懈思想。各级政府要认真履行安全生产监管主体职责，主要领导同志要拿出精力，切实抓好年底这一时期的安全生产工作，确保一方平安。各级煤炭部门要强化煤矿安全监管职能，依法查处煤矿重大事故隐患和违法行为；煤矿安全监察机构对违法生产行为要加大处罚力度；国土资源、工商、公安、电力等部门要认真履行各自承担的煤矿安全管理职责。对各职能部门不依法履行监管职责或监管工作不到位的，要依据国家《安全生产领域违法违纪行为政纪处分暂行规定》，追究其行政责任。要督促煤矿企业认真履行安全生产主体责任和矿长安全生产第一责任人的责任，建立健全职工安全培训、隐患排查整改、领导干部下井带班等安全保障制度，凡是责任、措施、制度不落实造成重特大事故的，要从严追究企业法人、煤矿矿长的责任。

六、认真开展冬季安全集中整治活动。各级政府、各部门要按照全省安全生产集中整治电视会议和省安委会《关于印发全省冬季安全生产集中整治活动方案的通知》要求，在煤矿、非煤矿山、道路交通、危险化学品、水上运输和渔业生产、消防和森林防火、烟花爆竹和民用爆破器材、建筑施工等重点领域，深入开展以“查隐患、抓整改、重落实、保安全”为主要内容的安全集中整治活动，严防各类重特大事故发生。近日，省安委会将组织17个包市督查组，对各市的冬季安全集中整治情况进行督查落实。

关于印发山东省深化煤炭资源有偿使用制度改革实施方案的通知

2007年2月2日　鲁政发〔2007〕15号

各市人民政府，各县（市、区）人民政府，省政府各部门、各直属机构，各大企业，各高等院校：

《山东省深化煤炭资源有偿使用制度改革实施方案》已经省政府同意，现印发给你们，请认真贯彻执行。

山东省深化煤炭资源有偿使用制度改革实施方案

为促进我省煤炭资源探矿权、采矿权有偿取得和合理有效开发，实现煤炭工业健康、协调、可持续发展，根据《国务院关于同意深化煤炭资源有偿使用制度改革试点实施方案的批复》（国函〔2006〕102号）精神，结合我省实际，制定本实施方案。

一、深化煤炭资源有偿使用制度改革的指导思想

煤炭是我省的重要矿产和基础能源，在国民经济中具有重要的战略地位。建国以来，全省已探明煤炭资源储量331亿吨，采出原煤26.85亿吨，保有煤炭资源储量238亿吨。煤炭资源的开发利用，为我省经济建设和社会发展作出了积极贡献。但煤炭工业发展过程中还存在无偿取得和新设煤炭矿业权有偿取得“双轨制”并存等问题，给企业造成了不完全的成本核算，导致企业间不公平竞争、非法转让矿业权、资源开采浪费严重等矛盾加剧。矿业权的无偿取得，企业无偿占有国家资源，不能体现国家作为矿产资源所有者和出资人的权益，也造成了国有资产的流失。深化煤炭资源有偿使用制度改革，是党中央、国务院作出的重大决策，对缓解资源供求矛盾、保障国民经济和社会可持续发展具有重要意义。

煤炭资源有偿使用制度改革的指导思想是：以邓小平理论和“三个代表”重要思想为指导，以科学发展观统领全局，坚持保护环境、节约资源与促进煤炭工业健康发展并举，以深化煤炭资源探矿权、采矿权有偿取得和建立煤炭资源勘查、开发合理成本负担制度为核心，以促进煤炭资源合理有序开发和提高煤炭资源回采率为目标，完善煤炭资源税费政策，逐步使煤炭企业合理负担煤炭资源成本，使煤炭产品价格真实地反映煤炭资源价值，维护矿产资源的国家所有权益，加大对煤炭资源勘查的支持力度，为山东经济社会的可持续发展提供能源保障。

二、深化煤炭资源有偿使用制度改革的基本思路

(一) 全面推行煤炭资源探矿权、采矿权有偿取得制度。新设煤炭资源探矿权、采矿权，除国家特别规定的以外，一律以招标、拍卖、挂牌等市场竞争方式有偿出让。已取得国家出资探明的煤炭资源探矿权，可以优先取得采矿权，但须缴纳原国家出资形成的采矿权价款。

经国务院批准的重点煤炭开发项目和经省政府批准的大型煤炭开发项目，已设采矿权需要整合或利用原有生产系统扩大勘查开采范围的项目，以及国家出资为危机矿山寻找接替资源的找矿项目，经国土资源部会同国家发展改革委批准，可以协议方式有偿出让矿业权。以协议方式出让的，探矿权、采矿权出让价款比照同类条件下的市场价确定。

经煤炭资源探矿权、采矿权清理后，凡属无偿占有国家出资探明的煤炭资源探矿权和无偿取得采矿权的，一律缴纳探矿权、采矿权价款。

(二) 认真清理煤炭资源探矿权、采矿权。国土资源部门要对辖区已设煤炭资源探矿权、采矿权进行全面清理，查清无偿占有属于国家出资探明的煤炭资源探矿权和无偿取得采矿权的数量、分布情况，核实每个探矿权、采矿权有关数据，采集有关信息，为煤炭资源有偿使用制度改革提供依据。煤炭资源储量核实、采矿权价款评估基准日定为2006年9月30日。

(三) 严格煤炭资源探矿权、采矿权价款缴纳方式和缴纳期限。探矿权、采矿权人应及时足额以资金方式缴纳探矿权、采矿权价款。以资金方式一次性缴纳煤炭资源探矿权、采矿权价款确有困难的，经探矿权、采矿权登记管理机关批准，可在探矿权、采矿权有效期内分期缴纳。其中，探矿权价款最多可分2年缴纳，第一年缴纳比例应不低于60%；采矿权价款最多可分10年缴纳，第一年缴纳比例应不

低于20%。分期缴纳价款的企业应承担不低于同期银行贷款利率水平的资金占用费。

对以资金方式缴纳探矿权、采矿权价款确有困难，且符合国务院和省政府有关规定的国有煤炭企业，按照探矿权、采矿权人自愿原则，经省政府审定，报财政部会同国土资源部批准后，可以将应缴纳的探矿权、采矿权价款部分或全部以折股形式向国家缴纳，划归中央地质勘查基金（周转金）持有。

经财政部、国土资源部批准，已将探矿权、采矿权价款部分或全部转增国家资本金的，企业应向国家补缴矿业权价款。符合国务院有关规定的，经省政府审定，报财政部会同国土资源部批准后，可将已转增的国家资本金折股后划归中央地质勘查基金（周转金）持有。

地勘单位在国家实施方案发布之日前持有的由各级财政出资勘查形成的煤炭资源探矿权、采矿权，可继续执行价款转增国家资本金的政策。

(四) 规范煤炭资源探矿权、采矿权价款征收和收益。

1. 探矿权、采矿权价款的征收。煤炭资源探矿权价款由勘查许可证审批登记管理机关负责征收，通过非税收入征缴系统上缴省财政，按照规定比例解缴入库；煤炭资源采矿权价款原则上由采矿许可证审批登记管理机关负责征收，通过非税收入征缴系统上缴同级财政，按规定比例分别解缴入库。

2. 煤炭资源矿业权价款的分配。矿业权登记管理机关收取的探矿权、采矿权价款收入，统一按中央财政20%、地方财政80%的比例分成。地方分成的80%，省级分成40%，市、县分成40%（具体办法由有关部门另行制定），市与县分成比例由各市自定。

3. 煤炭资源矿业权价款的使用。按照“取之于矿、用之于矿”的原则，省留成部分除用于国有企业和国有地勘单位煤炭资源勘查外，也可用于解决国有老矿山企业的各种历史包袱问题。

三、深化煤炭资源有偿使用制度改革的工作步骤

全省深化煤炭资源有偿使用制度改革工作大致分为三个阶段，至2007年底结束。

(一) 煤炭资源矿业权清理（2007年1月－3月）。对全省无偿占有属于国家出资探明的煤炭资源探矿权和无偿取得的采矿权进行全面清理，摸清全省煤炭资源探矿权、采矿权管理现状；制定煤炭企业资源储量核实、采矿权价款评估工作方案。

(二) 煤炭资源储量核实和采矿权价款评估（2007年4月－9月）。省统一组织煤炭资源储量核实和采矿权价款评估工作，按照煤炭企业资源储量核实、采矿权价款评估工作方案，选择具有地质勘查资质的单位对煤炭企业开展煤炭资源储量核实工作，并选择有资质的矿业权评估机构进行采矿权价款评估。

(三) 煤炭资源矿业权价款处置（2007年10月－12月）。根据国函〔2006〕102号文件精神，按照本实施方案规定，依法处置试点煤炭企业采矿权价款（缴纳或以折股形式上缴），并对试点工作进行评估总结，全面完成改革试点工作。

四、加大对煤炭资源管理和支持的力度

(一) 建立省级地质勘查基金。按照《山东省人民政府关于贯彻落实国发〔2006〕4号文件切实加强地质工作的意见》（鲁政发〔2006〕65号）精神，尽快建立省级地质勘查基金（周转金），其来源主要包括：省留成的矿产资源补偿费、探矿权采矿权价款和使用费，以及其他省财政性资金等。有条件的市也要建立地质勘查基金。

(二) 煤炭资源勘查支持的重点。加快鲁西煤炭基地及黄河北、枣庄－滕州等国家煤炭规划区和重点成矿区（带）内煤炭资源的预查、普查，切实增加可采储量。普查以下的，不再吸纳社会资金，省政府统一安排地勘资金，由省国土资源部门组织开展地质勘查工作，管理煤炭一级探矿权市场。在编制煤炭资源探矿权、采矿权设置方案时，要征求省发展改革、煤炭管理部门的意见。采用招标、拍卖、挂牌等市场竞争方式出让探矿权和采矿权，促进煤炭资源的合理开发利用，满足社会可持续发展

对煤炭资源的需要。

(三) 推进煤炭资源整合。搞好煤炭资源整合，合理调整矿山布局，关闭不合理生产矿山。鼓励大型煤炭企业兼并改造中小型煤矿；大矿周边的小煤矿，要采取合理补偿、整体收购或联合经营等方式进行资源整合；资源储量可靠的小煤矿，要加大整合改造力度，提高单井开采规模和技术装备水平。通过煤炭资源整合，全面提升煤炭资源整体开发水平、煤炭企业产业集中度和安全防范能力，促进煤炭资源有效保护和合理开发利用。资源整合后，要按照新的矿区范围核实资源储量，进行采矿权价款评估，缴纳采矿权价款。

(四) 建立煤矿矿山环境治理和生态环境恢复责任制。认真贯彻实施《山东省地质环境保护条例》，加强矿区生态环境保护，建立煤矿矿山环境治理和生态环境恢复责任制，实行矿山生态环境治理保证金制度，严格执行矿山生态环境影响评价制度。新建矿山必须依法编制矿产资源开发利用方案，开展地质灾害危险性评估和环境影响评价，环保设施与主体工程要严格实行建设项目“三同时”制度。正常生产的煤炭企业应按有关规定足额缴纳矿山地质环境治理保证金，各级、各部门要按照各自职责，加大对矿山地质环境恢复治理的力度。

对此前遗留的煤矿环境治理问题，有关市要制定矿区环境治理和生态恢复规划，实施综合治理，按照企业和政府共同负担的原则加大投入力度。对不属于企业职责或责任人已经灭失的煤矿环境问题，以市政府为主，根据财力区分重点，逐步治理。

(五) 贯彻落实好煤炭资源税费政策。在贯彻落实好国家煤炭资源税费政策的同时，各类煤炭企业要按有关规定足额提取煤矿生产安全费用和维简费，确保煤矿安全生产技术改造资金来源。

(六) 加强煤炭资源规划管理。对地质勘查程度达到普查以上的区域，省国土资源部门要根据《山东省矿产资源总体规划》，结合煤炭生产开发规划和矿区总体规划，尽快编制探矿权、采矿权设置方案，组织开展国家规划矿区煤炭资源普查和必要的详查工作。同时，加强对地方煤炭资源规划的协调指导。

(七) 严格煤炭资源管理。国土资源部门要会同财政等有关部门认真研究加强煤炭资源探矿权、采矿权一级市场管理的有关措施，积极探索建立国家煤炭等矿产地储备制度。同时，进一步规范煤炭资源等探矿权、采矿权交易市场，促进煤炭等矿业权有序流动和公开、公平、公正交易。严格探矿权、采矿权审批，凡未经国家和省政府批准的矿业权设置方案区域，不得设置探矿权、采矿权；煤炭资源矿业权登记转让，应优先考虑大中型骨干煤炭企业资源接续。

五、扎实做好深化煤炭资源有偿使用制度改革的组织实施工作

煤炭资源有偿使用制度改革涉及面广，工作难度大，任务十分艰巨，各级、各部门要从建设社会主义和谐社会、加快推进社会主义现代化建设的战略高度，充分认识深化煤炭资源有偿使用制度改革的必要性，增强责任意识和紧迫感，切实加强组织领导，确保有偿使用制度改革顺利进行。省里成立深化煤炭资源有偿使用制度改革领导小组，有关市要建立相应的工作协调机制，协调安排煤炭资源有偿使用制度改革工作。各级政府要将深化煤炭资源有偿使用制度改革工作列入重要议事日程，整顿和规范矿产资源开发秩序，严格依法行政，为煤炭资源开发创造良好的工作环境。省财政厅、国土资源厅、发展改革委、国资委、经贸委、环保局、煤炭工业局等部门要搞好协作配合，确保2007年底前全面完成煤炭资源有偿使用制度改革工作。财政部门要加大对煤炭资源勘查的投入，督促煤炭企业提足环境治理恢复保证金和生产安全费用、维简费，指导企业用足用好有关税费优惠政策；配合国土资源部门，抓紧对企业无偿占有属于国家出资探明的煤炭探矿权和无偿取得的采矿权进行清理，核实剩余资源储量，摸清我省探矿权、采矿权底数。国土资源部门要会同煤炭行业管理、发展改革等部门切实加强对煤炭资源矿业权市场的监管，促进煤炭矿业权有序流动和公开、公平、公正交易。煤炭行业管理部门要积极配合和支持改革试点工作。煤炭企业要及时缴纳探矿权、采矿权价款，足额提取环境治

理恢复保证金和生产安全费用、维简费，确保煤矿安全技术改造资金来源。

关于做好近期煤炭生产供应工作的通知

2008年2月2日　鲁政办发明电〔2008〕28号

各市人民政府，各县（市、区）人民政府，省政府有关部门：

为应对近期雨雪冰冻灾害，迅速解决交通运输严重受阻，电煤供应紧张问题，夺取抗灾救灾工作的胜利，国务院办公厅1月30日下发了《关于做好近期煤炭生产供应工作的通知》（国办发明电〔2008〕12号，以下简称《通知》）。根据当前我省煤炭生产供应和安全生产情况，省政府常务会议已对全省煤炭生产供应工作作了全面部署，煤电运有关单位积极组织煤炭生产，增加储备和电煤供应，加大电煤运输组织，为保障全省电网平稳运行和有序用电做出了积极贡献。按照国务院、省政府的部署要求，现就进一步抓好当前全省煤炭生产供应工作紧急通知如下：

一、高度重视煤炭生产供应工作。各级政府、各有关部门和煤炭企业要进一步把思想认识统一到党中央、国务院和省委、省政府关于做好目前抗灾救灾工作的要求上来，从抗灾救灾的大局来认识做好当前煤炭生产和供应工作的重要性和紧迫性，把煤炭生产和供应作为一项重要的政治任务来抓，要顾全大局，坚持全国一盘棋，统筹安排好省内外电煤供应，正确处理好保省内与保省外的关系，不得限制煤炭外运，一手抓省外煤调入，一手抓省外电煤合同履行，确保煤炭安全生产、保障供应，确保经济平稳正常运行，确保全省人民度过一个欢乐祥和的春节。

二、合理组织安排煤炭生产。各级煤炭管理部门要加强煤炭生产的组织协调，逐一落实具备安全生产条件、坚持正常生产的煤矿名单，逐矿安排好春节期间的生产。节日期间，省属煤炭企业、省监狱系统和地方国有煤矿在确保安全的前提下，原则上要组织正常生产、必要的设备检修，保证基本产量。动员其他具备安全生产条件的地方煤矿，能正常生产就要坚持正常生产；已经放假的，尽快组织验收复产。各煤炭企业要加强科学调度和安全管理，组织好节日必要的设备检修，坚持节日生产要严格按照核定能力进行，严禁“三超”，科学均衡的组织生产和供应工作。要调整好资源流向，提前安排好2. 3月份煤炭资源的供应计划，认真履行合同，确保电煤和民用煤炭供应。省属重点煤炭企业煤炭储存量要保持在2天生产量以上，全省煤矿生产储备不低于80万吨，并保证电煤的均衡、足量供应。

三、全面落实各项安全措施。各级政府、各有关部门和企业要正确处理增加煤炭供应与安全生产的关系，越是生产任务繁重，越要把安全放在第一位，切实落实各项安全责任和措施，节日生产期间要严格执行煤矿负责人和生产经营管理人员下井带班制度，坚决杜绝超能力、超强度、超定员生产，坚决杜绝违法违规生产。各级政府和煤炭行业管理部门、安全监管监察机构、国土资源部门等要加大安全生产监督检查力度，及时发现问题，督促企业排除隐患，确保安全生产。

四、加大节日期间电煤调运和运输组织力度。各发电公司要大力组织电煤资源，积极衔接好铁路运输计划，组织好汽车、海上运输工作，进一步强化电煤调运措施。要加大冬季铁路卸车的组织，加快车辆周转，提高运输效率。铁路部门对电煤运输要继续做到有请必装、有请必运，并对应急调运给予大力支持。交通、公安等部门要认真落实电煤汽车运输“绿色通道”政策，为电煤运输提供便利和支持。各有关方面要充分利用春节客运空闲时机，加大电煤铁路运输突击力度，有效提高电煤库存。沿海城市政府要组织电厂和港口航运企业，充分利用港口优势，加大海上运输力度，努力提高电煤供应能力。

五、切实安排好节日期间的职工生活。各有煤炭企业的市、县（市、区）政府的领导节日期间要走访慰问坚持节日生产的煤炭企业，耐心细致地做好节日期间坚守岗位职工的思想工作，充分发扬广大干部职工为国分忧、为民解难的主人翁精神，在确保安全的前提下，发挥主观能动性和生产积极性。要安排好职工的生活福利，切实解决好职工生活中存在的实际困难，排除职工后顾之忧，使职工更好地投入到当前的生产中去。

关于做好当前煤电油气运和农资供应保障工作的紧急通知

2008年6月2日　鲁政办发明电〔2008〕122号

各市人民政府，各县（市、区）人民政府，省政府各部门、各直属机构，各大企业，各高等院校：

为认真贯彻落实国务院办公厅《关于做好当前煤电油气运和农资供应保障工作的紧急通知》（国办发明电〔2008〕30号）精神，进一步做好我省煤电油气运保障和农资供应工作，切实保证农业丰收和经济社会又好又快发展，经研究，现将有关事项通知如下：

一、提高认识，明确目标，确保迎峰度夏和奥运期间电力供应保障

各级各部门要充分认识做好当前煤电油气运和农资供应保障工作的重要性和紧迫性，要以对国家、对人民高度负责的精神，把煤电油气运供应保障作为当前重要而紧迫的任务，坚决做到保发电、保运行、保安全，把保障电力供应，保障人民生活用电作为重中之重，切实抓紧抓好，尤其是要全力确保迎峰度夏和奥运期间不出现有重大影响的煤电油气供应保障问题。健全完善煤电油气运供应工作协调机制，加强动态监测和预测，发现问题要迅速协调解决、及时报告。特别是青岛奥帆赛、残奥帆赛和迎峰度夏已临近，加上年初南方雨雪冰冻灾害和5.12大地震造成部分煤矿停产，煤电油气运供应保障工作任务更加艰巨而繁重。各级政府和有关部门要克服麻痹思想，高度重视，提上议程，充分考虑各种不利因素影响，提前做好有序用电工作安排。各市政府和各部门主要领导要负总责，分管领导要靠上抓。充分发挥各级煤电油运办公室组织协调作用，完善工作机制。严格责任制度，对工作不力，玩忽职守，致使出现重大问题、造成严重后果的，要严肃追究领导者和直接责任人的责任。

二、全力做好迎峰度夏和奥运期间电力保障工作

(一) 加大电煤的采购和存储力度。各发电企业是电煤调运供应的第一责任人，主要领导要亲自抓，分管领导要靠上抓，积极向上级公司反映情况、请求支援。电厂要在确保电煤合同全额兑现的情况下，积极开拓新的煤炭供应渠道，提高电煤自采量。当务之急要抽调力量赴重点产煤省落实贫瘦煤资源，进一步加大省外贫瘦煤催调、催运力度。按照《关于恳请给予奥帆赛城市青岛和中央驻鲁发电企业省外煤炭资源供应和铁路运力紧急支持的函》（鲁政办发明电〔2008〕12号）要求，积极争取公司总部的支持，加强与省外煤炭企业和运输部门衔接，加大省外煤炭调运力度，千方百计组织好电煤的采购和运输，尽快将全省电厂电煤库存提高到15天以上。6－8月期间，政府将对超计划采购外省电煤的发电企业给予一定的奖励。

(二) 积极组织好电煤生产供应。在确保安全的前提下，组织好煤炭生产。省属煤矿、地方煤矿和生建煤矿要按照2008年5月12日全省煤电运调度会议确定的省内电煤追加量要求，严格履行已签订的电煤合同，稳定煤炭价格，确保按质按量完成电煤供应任务，对以前欠供的电煤，6月份要全部补齐，切实落实省内煤保省内电措施。7、8、9三个月，每月再追加256万吨电煤计划，所供电煤在6月价格基础上每吨下调10元。实行全省煤炭价格临时干预政策，凡供应省内电厂电煤的省内煤炭生产企业不得随意涨价。为鼓励国有煤炭生产企业完成电煤合同，对临时干预价格与市场价格的差额视同为国有煤炭生产企业实现利润。各产煤市和煤炭企业要加强安全生产监管，切实加大煤矿百日安全督查工作力度，严查安全隐患，坚决遏制安全事故的发生。按照我省煤电油运应急预案的要求，省内煤炭企业特别是省属煤炭企业要保证达到相当于2天产量以上的煤炭生产库存。各地政府要加强对地方发电企业的

管理，积极协调解决电力生产供应有关问题。在全省电网实行移峰错锋有序用电措施时，对各市实施电煤供应计划完成情况、地方电厂发电计划完成情况与网供负荷、网供电量挂钩的办法，对完不成供煤任务的市和完不成地方电厂发电计划的市(县)将扣减网供用电负荷和用电量，以鼓励增加电煤供应和地方电厂发电。经贸、质检、电监、煤炭、工商等部门要加强对电煤质量和市场的监督检查，严厉查处非法经营、囤积居奇、掺杂使假等不法行为，维护消费者合法权益。

(三) 妥善安排电煤运输能力。各发电企业要积极与省内外煤炭生产企业和铁路部门衔接煤炭资源供应和运输计划，千方百计抓好电煤运输工作。铁路部门要继续把电煤运输作为重中之重，进一步挖掘潜力，调整结构，在迎峰度夏期间提高电煤日均装车水平，确保做到电煤运输“有请必装”。在迎峰度夏和举办奥运会期间，交通运输部门对主要煤炭运输公路开辟电煤运输“绿色通道”，6月份全省电煤汽车运输实施免征车辆通行费等政策，保障电煤运输畅通。各港航企业、发电企业要充分利用我省港口优势，充分发挥海运优势，积极组织海上运输，提高电煤海运能力。泰安、济宁、枣庄和省司法系统要组织好煤矿电煤供应的运输工作。

(四) 进一步加强电力需求侧管理。各地区要积极落实电力需求侧管理的各项措施，严格执行以煤定电、以电定用、有序用电的原则。要按照《山东省人民政府办公厅关于印发加强电力需求侧管理开展节约用电有序用电工作的意见的通知》（鲁政办发明电〔2008〕111号）要求，进一步完善有序用电方案，把各项措施细化到用户、班组和设备。要扎实细致做好有序用电、错峰移峰企业排序工作，具体的企业排序名单于6月10日前分别报省经贸委、济南电监办和山东电力集团公司；要坚持保重点、保稳定的原则，确保重要用户、抗震救灾企业生产、农业“三夏”和人民群众生活用电，坚决杜绝随意拉闸，影响群众正常生活用电的问题发生。积极落实脱硫电价政策。要进一步完善峰谷分时电价政策，在迎峰度夏等电力紧张时期适当扩大峰谷用电差价，由上下浮动50%调整为60%。要尽快制定出台尖峰电价政策，引导、安排电力用户错峰、避峰用电。

(五) 强化对发电企业的依法管理，提高发电企业管理水平。发电企业要从大局出发，精心组织生产，眼睛向内，大力挖掘生产潜力，节能减排，提高管理水平。加强对发电设备的运行维护，加快机组检修速度，最大限度地提高机组可用率和出力水平，确保满发稳供。要认真贯彻《电力法》、《电网调度管理条例》、《电网供应与使用条例》（简称一法两条例）等法律法规，增强法律意识，严格服从电网统一调度，按照电网调度命令接带负荷，依法履行发电企业应有的责任，不经批准，不得随意停机、检修，确保电网的安全稳定运行。要加强对发电机组的考核管理，按照省经贸委关于《山东省电力供应不足时期鼓励机组多发电奖惩考核暂行办法》，考核各发电企业的设备可用率和负荷率，按“两率”完成情况核增、核减年度计划，对完成不好的企业通报批评。要加强对地方公用及企业自备电厂的管理，鼓励多发电支持电网，电力供应紧张时期因地方机组欠发而减少的地区用电负荷，电网将不另增补网供负荷。在迎峰度夏和奥运期间，各地政府可以给予地方发电企业一定的补贴，以鼓励地方发电企业多发电。要加强电力法制建设，省经贸委、省法制办等部门要及时出台贯彻一法两条例的有关实施细则。

(六) 合理安排电网运行方式。电网企业要密切关注电煤和电力供需态势变化，充分考虑贫瘦煤短缺、运力约束等电煤供应存在的突出问题，周密安排机组计划检修，科学组织电力生产和供应，优化电能资源配置。要加强对电网的运行监控和输变电设施的巡检，及时消除设备缺陷和隐患，提高电网运行安全稳定水平。要进一步完善各类应急预案，加强反事故演练，提高应对各种突发事件的能力。

(七) 积极开展科学用电、节约用电工作。坚决停止不符合产业政策、违规建设和淘汰企业的用电，大力压缩小钢铁、小水泥、小焦化、小化工等高耗能、高污染企业和产能过剩行业用电，把有限的电能资源用在最关键的地方。加大推进差别电价和超耗能加价制度的实施力度，运用法律、市场和行政手段促进落后产能的关闭淘汰。大力倡导节约用电，积极推广使用节能新技术、新设备、新工艺，提高电能利用水平。加强公共场所用电管理，科学合理地安排城市景观照明，办公室及酒店、娱乐等公共场所空调温度要控制在不低于26度。各级机关和国有企业要发挥表率作用，带头节约用电。

(八) 稳妥推进电力行业"上大压小"工作。针对当前我省电力供应面临的形势，为缓解迎峰度夏期间电力供应压力，单机容量10万千瓦及以上机组的关停工作一律推迟到夏季用电高峰过后再研究实施的时间表。

三、做好成品油市场供应

(一) 加强成品油产销运衔接协调，增强市场供应能力。各成品油生产企业，在保证生产系统安全稳定运行的前提下，开足马力生产，努力增加成品油资源供给。各级政府、各有关部门要积极支持成品油生产，对成品油生产所需电力、资金等要给予优先保障。要加强地方炼油厂生产调度，完善生产调度制度，掌握生产情况，采取有效措施提高成品油市场供应率。

(二) 各成品油销售企业，要积极组织货源，努力增加市场投放。中石化山东分公司和中石油山东销售公司要在积极向总部争取资源配置的同时，加大自采量，加强全省资源的统一调配和平衡协调，进一步增强市场投放的有效性，确保重点急需。

(三) 铁路、交通运输等部门，要加强运力调度组织。对成品油生产、销售所需运力，特别是省外原油、成品油调入所需运力要给予优先保障。

(四) 加强组织，突出重点，保障有效供给。要组织成品油经营企业按照先重点、后一般和先生活、后生产的原则，排出优先保障的重点，特别是对于公益应急车辆如120急救和消防、电力、供水、道路抢修以及抗震救灾等应急车辆用油要给与优先保证。

(五) 认真依法加强成品油市场监管工作，确保市场稳定。要认真贯彻《成品油市场管理办法》，加强加油站监督管理，规范成品油经营行为；加强成品油价格监督管理，严肃查处囤积居奇、哄抬油价等扰乱市场秩序行为；加强油品质量检查，防止劣质油流入市场，切实保障成品油供应稳定。

四、千方百计保证农业"三夏"用油

突出做好农业"三夏"用油保障工作。要按照省政府办公厅《关于切实做好三夏农业生产工作的通知》（鲁政办发明电〔2008〕99号）要求，把保证"三夏"生产用油作为当前市场保供的重点抓紧抓好。要密切关注"三夏"期间大型联合收割机作业区的转移情况，及时掌握反映不同区域、不同时段的农机用油需求信息。中石化山东分公司、中石油山东销售公司要根据"三夏"用油需求，及时调整柴油投放，强化资源统筹，合理安排调运，增加作业地区柴油投放量，保障用油需求。要根据农机作业的实际需求，确定农机专供加油点，保证 24小时营业；对持有三证（优先加油卡、行驶证、驾驶证）跨区作业的联合收割机要保证其作业需求油品满足供应；要积极组织油罐车送油到田间地头，开展便民惠农服务。公安等执法部门要加强对两大公司加油站的巡逻和检查，维护加油站安全和正常经营秩序。

五、切实保证化肥等农资的市场供应

要积极落实扶持和促进化肥等农资生产供应和流通的各项优惠政策，保证化肥生产企业用煤、用电、用气及原材料供应，切实组织好农资生产和运输，保证化肥生产用煤价格稳定。继续严格控制化肥及其原料出口，完善化肥淡季储备政策办法，增加储备规模，加强储备管理，确保淡储旺供。要鼓励和引导农资流通企业规范发展农资连锁经营，推进"万村千乡市场工程"和"新网工程"建设，扩大连锁经营网络覆盖面，提高农资统一配送率，减少流通环节，降低流通费用，确保市场供应。要充分发挥"万村千乡市场工程"承办企业和农资农家店的作用，积极组织货源，敞开供应，树正牌、销正品，严禁农资流通企业囤积居奇、哄抬物价、牟取暴利。要进一步整顿和规范化肥市场秩序，加强价格和质量监管，严厉打击各种价格违法和生产经营假冒伪劣农资等行为。要鼓励和支持农资流通企业建设农化服务中心，积极开展测土配方施肥，加大对科学施肥的投入和支持力度，引导农民科学合理施肥，增施有机肥，提高化肥利用率。

六、进一步加大产业结构调整力度，抑制不合理需求

各级、各部门要认真贯彻落实中央和省委、省政府关于节能减排工作的决策部署，采取综合措施加快结构调整，大力推进节能降耗，确保超额完成今年节能目标。要严格执行国家和省高耗能行业准入政策，提高高耗能行业准入门槛，严格控制新建高耗能项目。按照国家和省统一部署，坚决淘汰落后产能，确保完成小火电、水泥、钢铁等重点行业淘汰任务。切实落实差别电价政策，及时将增加的差别电费收入专项用于产业结构调整和节能技术改造。继续从严控制高耗能产品出口。严格按照鲁发〔2008〕24号和鲁政发〔2008〕55号文件要求，加强节能目标责任制考核和责任追究，切实兑现节能考核奖惩。大力开展全民节约能源活动，加强舆论引导和社会监督，坚决抑制不合理的能源消费。

七、加强领导，做好煤电油气运和农资供应保障工作的组织协调

煤电油运保障工作涉及到中央、省、市各部门，是一项系统工程。各级各部门要顾全大局，进一步增强工作主动性，抓早、抓好、抓落实，在保奥运、保抗震救灾、保迎峰度夏上切实履行职责，密切配合，形成工作合力，切实把各项工作措施落到实处。要坚持省政府煤电油运联席会议制度，省经贸委做好组织协调工作，指导各地搞好电力生产和供应工作。交通、铁路、民航、水运部门要安排足够的运输工具和人力，把保证运输安全畅通作为重中之重。电力部门要科学调度，保障供电基础设施安全有序运行。公安交通管理部门要加强拥堵路段的指挥和疏导，加强路面巡逻管控力度，保障煤电油“绿色通道”畅通。济南电监办要抓好电网安全运行监控。质检、工商和物价部门要搞好煤质监查、差别电价执行监督和节能减排工作措施落实。发改委和经贸委做好迎峰度夏期间暂停10万千瓦以上发电机组淘汰工作。石油、农机部门做好成品油市场供应和“三夏”用油保障工作。供销社、化工办做好化肥生产、供应工作。有关行业协会也要积极发挥应有作用。各大电力公司、中央驻鲁发电企业要发挥带头作用，努力增加生产和供应，切实履行社会责任。煤炭、铁路、港口、航运、汽运、电力等企业，要保证正常生产，保证居民生活和重点单位用电。要加强监督检查，确保各项措施落实到位。各市、各有关部门要根据本地区、本系统工作情况，就组织煤电油气运生产和调运、供应等工作进行督查，确保各项措施落实到位。

关于加强省属煤炭企业和中央企业在鲁煤矿安全监管工作的意见的通知

2008年7月9日　鲁政办发〔2008〕42号

各市人民政府，各县（市、区）人民政府，省政府各部门、各直属机构，各大企业，各高等院校：

省政府同意省煤炭局等部门《关于加强省属煤炭企业和中央企业在鲁煤矿安全监管工作的意见》，现转发给你们，请认真贯彻执行。《意见》对省政府办公厅鲁政办发〔2008〕22号文件第7条第2款中省属企业的政府安全监管范围作了进一步完善，明确了省属煤炭企业安全生产政府监管按照“谁主管、谁负责、谁受益、谁负责”和属地管理相结合的原则，由省煤炭管理等部门与地方政府共同负责，以省煤炭管理等部门为主，地方政府负责协助配合。同时，进一步明确了中央企业在鲁煤矿安全生产主体责任和政府监管责任。省煤炭局要牵头会同地方政府逐个煤矿落实政府安全监管责任，并按照鲁政办发〔2008〕22号文件第6条和第10条要求，将安全监管责任落实到监管单位，建立规范的监管程序和考核督查机制。省直有关部门、各市、县（市）政府和各煤炭企业要认真填写《山东省煤炭企业及所属煤矿政府安全监管责任和企业安全生产主体责任登记表》，落实我省境内各类煤矿安

全监管的领导者和具体监管人员，并于7月20日前将表格上报省煤炭局、山东煤监局和负有监管职责的地方政府备案。

关于加强省属煤炭企业和中央企业在鲁煤矿安全监管工作的意见

为认真贯彻落实《山东省人民政府办公厅关于印发落实政府及其有关部门安全生产监督管理责任的暂行规定的通知》（鲁政办发〔2008〕22号）和国家安全生产监督管理总局、国家煤矿安全监察局、国家发展改革委、国务院国资委等四部门《关于加强中央企业煤矿安全管理工作的通知》（安监总煤综〔2008〕110号）精神，进一步明确各级政府对所属区域内省属煤炭企业和中央企业煤矿安全监管职责，建立无缝隙的煤矿安全监管体系，促进煤矿安全生产，现提出以下意见。

一、充分认识加强省属煤炭企业和中央企业在鲁煤矿安全监管的重要意义

煤炭行业是高危、特殊行业，生产条件复杂，专业技术性强，煤矿安全生产历来是整个安全生产工作的重中之重。多年来，在各级党委、政府的正确领导下，经过煤炭行业及各有关方面共同努力，我省煤矿安全生产工作取得了明显成效，煤矿安全形势持续稳定。但应看到，我省煤炭资源赋存条件差，开采难度大，矿井受水、火、瓦斯、冲击地压等自然灾害威胁严重，老矿井生产条件逐年恶化，安全生产的基础还不牢固，煤矿安全工作的任务非常艰巨。省属煤炭企业和中央企业在鲁煤矿是我省煤炭生产的重要组成部分，在全省煤矿安全生产工作中具有重要地位和作用，进一步落实省属煤炭企业和中央企业在鲁煤矿安全生产政府监管责任，对于加强和改进政府安全监管、搞好煤矿安全生产具有重要意义。各有关市、县（市）政府和煤炭企业要从保障煤炭工业安全健康发展，维护经济社会稳定大局的高度统一思想认识，切实承担起煤矿安全生产的相关责任，不断加强和改进安全监管和安全管理工作，推动煤矿安全生产持续稳定好转。

二、进一步明确省属煤炭企业和中央企业在鲁煤矿安全监管职责

根据国务院关于煤炭工作的有关规定和鲁政办发〔2008〕22号、安监总煤综〔2008〕110号文件要求，结合我省煤矿实际，按照“谁主管、谁负责，谁受益、谁负责”和属地管理相结合的原则，对省属煤炭企业和中央企业在鲁煤矿的安全监管职责分别明确如下：

(一) 省属煤炭企业及所属煤矿的政府安全监管职责。省属煤炭企业及所属煤矿的政府安全监管，由省煤炭管理等部门与地方政府共同负责，省煤炭管理等部门为主，地方政府负责协助配合。其中，兖矿集团、新矿集团、淄矿集团、枣矿集团、肥矿集团、临矿集团及所属煤矿，分别由省煤炭管理等部门与企业所在地设区的市人民政府负责监管；龙矿集团及所属煤矿和德州市区域内省属煤矿，分别由省煤炭管理等部门与企业所在地的龙口市、齐河县人民政府负责监管。其他县（市、区）区域内的省属煤矿，所在地县（市、区）政府不负有安全监管职责。省监狱系统煤矿的安全监管，由省监狱管理局依照《监狱法》及司法部有关规定执行。产煤市、有关产煤县（市）政府对省属煤炭企业及所属煤矿的主要监管职责是：

1. 及时传达省委、省政府对煤矿安全生产工作的重要指示和部署，监督检查煤炭企业对煤矿安全生产方针政策、法律法规和重要工作的贯彻落实情况。

2. 督促煤炭企业认真执行《劳动法》，保障职工合法权益；开展职工作业技能和安全知识培训，提高职工素质；开展应急救援演练，提高应对突发事件的能力。

3. 对煤矿安全进行日常性的监督检查，督促煤矿落实安全生产主体责任和各项规章制度，对煤矿违法违规行为依法做出现场处理或实施行政处罚，监督检查煤矿事故隐患的排查治理。

4. 协调解决影响省属煤矿安全生产的重大问题，对危及煤矿安全的河道、水库、塘坝、周边小煤矿等危险源实施有效及时的监控治理。

5. 参与省属煤矿事故调查处理。

6. 落实省里部署的各项煤矿安全监管任务并及时报告相关情况。

(二) 中央企业在鲁煤矿的安全监管职责。

1.开办煤矿的中央企业是所属煤矿安全监管责任主体，必须完善企业安全管理责任制度，建立健全企业内部煤矿安全管理机构，配备具有相应资质和能力的管理人员，加强煤矿安全管理，切实履行安全生产主体责任。

2. 控股煤矿的中央企业和其他主业非煤企业履行安全管理职责的，必须完善安全管理制度，健全安全管理机构，认真贯彻执行国家安全生产方针政策和煤矿安全生产法律法规，深入开展煤矿安全生产隐患排查，切实履行安全生产主体责任；不履行安全管理职责的，必须通过公司章程、经营合同、管理协议等形式明确安全管理责任主体。

3. 参股煤矿的中央企业和其他主业非煤企业不履行安全管理职责的，要通过公司章程、经营合同、管理协议等形式明确安全管理责任主体。负有安全管理责任的一方要切实加强对煤矿的安全管理，全面履行安全生产主体责任。

4. 凡开办两个及以上煤矿的企业，必须达到《安全生产许可证条例》和《煤矿企业安全生产许可证实施办法》规定的安全生产条件，并按规定办理煤矿企业安全生产许可证。

5. 中央企业在鲁煤矿由煤矿所在地设区的市人民政府履行政府安全监管职责。

三、确保省属煤炭企业和中央企业在鲁煤矿安全监管工作落到实处

为切实有效地对省属煤炭企业和中央企业在鲁煤矿实施安全监管，各级、各部门和煤炭企业要正确把握和处理各方面关系，加大措施，协作配合，形成工作合力。

省煤炭管理部门要依法做好煤炭生产许可证、矿长资格证的核发和年检工作，严肃查处煤矿重大安全生产隐患和违法行为，监督煤矿企业安全生产隐患的整改，组织关闭不符合产业政策和不具备安全生产条件的矿井，毫不放松地加强对省属煤炭企业和中央企业在鲁煤矿的安全监管。

负有省属煤炭企业和中央企业在鲁煤矿监管职责的地方政府，要把对这些煤矿的安全监管摆到重要日程，进一步健全煤炭管理机构，落实煤矿监管责任，加强煤矿监管力量，积极与省煤炭管理部门搞好配合，不断提高煤矿安全监管水平。

省属煤炭企业和中央企业在鲁煤矿要自觉接受地方政府的安全监管，切实履行煤矿安全生产主体责任，进一步加强企业安全生产工作，狠抓安全隐患整改治理，保证安全生产。

煤矿安全监察机构要在全面落实煤矿安全监察职责的同时，加强对省属煤炭企业和中央企业在鲁煤矿所在市、县（市）煤矿安全监管工作的检查指导，促进煤矿安全监管工作。

省属煤炭企业和中央企业在鲁的基本建设煤矿的安全监管工作依照本意见实施。

附件：1. 产煤市、有关产煤县（市）区域内省属煤炭企业及所属煤矿名单

2. 产煤市区域内中央企业煤矿名单

3. 山东省煤炭企业及所属煤矿政府安全监管责任和企业安全生产主体责任登记表

产煤市、有关产煤县（市）区域内省属煤炭企业及所属煤矿名单

（54个）

1. 济南市（2个）：淄博矿业集团有限责任公司埠村煤矿；山东新阳能源有限公司济阳矿井。

2. 淄博市（4个）：淄博矿业集团有限责任公司，淄博光正实业有限责任公司，山东东泰矿业有限公司、山东东泰矿业有限公司宝山井。

3. 枣庄市（5个）：枣庄矿业（集团）有限责任公司，枣庄矿业（集团）有限责任公司柴里煤矿、枣庄矿业（集团）有限责任公司蒋庄煤矿、枣庄矿业（集团）有限责任公司田陈煤矿、枣庄矿业（集团）有限责任公司滨湖煤矿。

4. 济宁市（22个）：兖矿集团有限公司，兖矿集团有限公司杨村煤矿、兖矿集团北宿煤矿有限公司，兖州煤业股份有限公司济宁二号煤矿、兖州煤业股份有限公司济宁三号煤矿、兖州煤业股份有限公司鲍店煤矿、兖州煤业股份有限公司东滩煤矿、兖州煤业股份有限公司南屯煤矿、兖州煤业股份有限公司兴隆庄煤矿；淄博矿业集团有限责任公司许厂煤矿、淄博矿业集团有限责任公司岱庄煤矿、淄博矿业集团有限责任公司葛亭煤矿，山东唐口煤业有限公司；枣庄矿业（集团）付村煤业有限公司、枣庄矿业（集团）有限责任公司高庄煤矿、枣庄矿业（集团）有限责任公司新安煤矿、枣庄矿业（集团）有限责任公司新安煤矿新源井；肥城矿业集团梁宝寺能源有限责任公司；山东东山王楼煤矿有限公司，山东东山矿业有限责任公司新驿煤矿、山东东山矿业有限责任公司古城煤矿，山东省田庄煤矿。

5. 泰安市（9个）：新汶矿业集团有限责任公司，新汶矿业集团有限责任公司孙村煤矿、新汶矿业集团有限责任公司华丰煤矿；肥城矿业集团有限责任公司，肥城曹庄煤矿有限公司，肥城陶阳煤矿有限公司，肥城白庄煤矿有限公司，肥城查庄煤矿有限公司；临沂矿务局马坊煤矿。

6. 临沂市（2个）：临沂矿业集团有限责任公司，山东东山矿业有限责任公司株柏煤矿。

7. 莱芜市（1个）：新汶矿业集团有限责任公司鄂庄煤矿。

8. 菏泽市（2个）：兖州煤业菏泽能化有限公司赵楼煤矿（基建）；山东新巨龙能源有限公司（基建）。

9. 龙口市（5个）：龙口矿业集团有限责任公司，龙口矿业集团洼里煤矿，龙口煤电有限公司北皂煤矿、龙口煤电有限公司梁家煤矿；龙口柳海矿业有限公司。

10. 齐河县（2个）：山东省邱集煤矿；山东新矿赵官能源有限公司（基建）。

产煤市区域内中央企业在鲁煤矿名单（3个）

1. 菏泽市（2个）：山东鲁能菏泽煤电开发有限公司彭庄煤矿、山东鲁能菏泽煤电开发有限公司郭屯煤矿（基建）。

2. 泰安市（1个）：鲁能泰山西周矿业公司西周煤矿（基建）。

山东省煤炭企业及所属煤矿政府安全监管责任和企业安全生产主体责任登记表

企业（煤矿）名称：　　　　　　应急救援中心电话：

责　任　人	姓名	职务	电话
企业安全生产主体第一责任人(主要负责人)			
企业安全生产主体分管责任人(分管安全负责人)			
省煤炭局监管第一责任人			
省煤炭局具体监管责任人			
山东煤监局监察第一责任人			

（续表）

责　任　人	姓名	职务	电话
山东煤监局监察责任人			
当地政府监管第一责任人(市、县长)			
当地政府分管责任人(分管市、县长)			
当地政府监管部门第一责任人(市、县煤炭局长)			
当地政府监管部门责任人(分管安全副局长)			
当地政府监管部门科室责任人			

关于用好增值税转型政策促进企业技术改造和工业调整振兴的意见的通知

2009年6月3日　鲁政办发明电〔2009〕71号

各市人民政府，各县（市、区）人民政府，省政府各部门、省直属机构，各大企业，各高等院校：

省经贸委、省国税局《关于用好增值税转型政策促进企业技术改造和工业调整振兴的意见》已经省政府同意，现转发给你们，请认真贯彻执行。

关于用好增值税转型政策促进企业技术改造和工业调整振兴的意见

为充分用好增值税转型政策，促进企业技术改造，加快工业调整振兴，实现工业经济平稳较快发展，现提出以下意见。

一、充分认识增值税转型对促进企业技术改造和工业调整振兴的重大意义

为积极应对国际金融危机对我国经济发展的冲击，鼓励企业加大技术改造投入，加快工业结构调整，扩内需，保增长，国家自2009年1月1日起实施了增值税转型改革，由原来的生产型增值税转变为消费型增值税，主要内容是：允许企业抵扣新购入设备所含的增值税，同时，取消进口设备免征增值税和外商投资企业采购国产设备增值税退税政策，将小规模纳税人的增值税征收率统一调低至3%，将矿产品增值税税率恢复到17%。这次增值税转型改革，有利于企业技术改造，有利于中小企业发展，有利于促进资源节约和综合利用，有利于增强企业国际竞争力。据测算，此项改革仅2009年就可为我省企业减少增值税负担188亿元左右，对于降低现有工业企业技术改造投资成本，加快工业结构调整，增强企业发展后劲具有十分重要的意义。

从今年1－4月份转型政策的执行情况看，我省企业共计抵扣固定资产进项税额27.9亿元，呈现出抵扣税额逐月快速增长、抵扣企业范围逐步扩大的特点，有效地减轻了企业税负，促进了企业技术进步、产业结构调整和经济发展方式的转变。但同时，与发达省市相比，我省还存在一定差距，我省各地区、行业、企业间也存在较大差异，部分企业对国家实施增值税转型政策的重大意义认识不足，工作措施不到位，效果不明显。当前，我省工业正处于转型升级的关键时期，省委、省政府按照中央保增长、扩内需、调结构的一系列指示精神，召开了工业调整振兴大会，出台了加快全省工业调整振兴

的意见（鲁发〔2009〕7号），编制了10大产业调整振兴规划、40个特色产业调整振兴指导意见和13个新兴产业加快发展指导意见，为工业调整振兴指明了方向。各级政府和广大企业要充分认识搞好技术改造的重要性、紧迫性，把技术改造作为当前和今后一个时期推动全省工业调整振兴的一项重要任务来抓，切实加强对企业技术改造的组织领导、政策引导和检查监督，充分利用好国家政策，调动各方面积极性，打好技改投入攻坚战，促进经济平稳较快发展。

二、把握重点，以增值税转型政策促进企业技术改造和工业调整振兴

1. 进一步加大政策宣传力度。各地和有关部门要积极开展宣传和培训工作，将增值税转型改革的目的、意义、内容和要求传达到每一个企业，使所有企业都能够全面了解增值税转型的重大意义、新购进机器设备进项税金抵扣的具体操作流程及有关注意事项。要推广典型经验，用实例向企业宣传增值税转型带来的益处。要搞好信息发布，加强沟通交流，互相学习借鉴具体操作办法，使企业用足、用好转型政策。

2. 进一步加大企业技术改造投入。增值税转型改革为企业大搞技术改造、提高装备水平、实施转型升级带来了难得机遇，企业投资要重技改、少新建，以尽早享受到增值税转型带来的优惠。省里出台的10大产业调整振兴规划、40个特色产业和13个新兴产业的指导意见，规划了5421个重点项目，总投资17279亿元。各级政府、有关部门和企业要充分利用增值税转型政策，加大工业调整振兴规划项目的实施力度。对在建项目，要加强跟踪调度，及时发现和协调解决存在的问题，保证项目顺利实施，早日建成投产；对拟开工项目，要抓紧完善前期工作，早日开工建设。要抓好国家产业振兴和技术改造专项资金和省扩大内需调控资金重点技术改造项目的实施，早日发挥效益。各级税务部门要对企业投资项目进行跟踪问效，引导企业及时足额享受国家增值税转型政策，降低企业投资成本，推动项目实施。

3. 加快发展装备制造业。按照增值税转型政策的规定，企业购置国产设备和引进国外设备在增值税抵扣方面享受同等待遇，为国内装备制造业的发展创造了更加公平的环境。我省是装备制造业大省，装备制造业增加值已占规模以上制造业的30.2%，具备了加快发展的基础条件。全省装备制造业企业要抓住增值税转型和国家扩大投资双重机遇，以国家和全省装备制造业调整振兴规划为指导，强化技术创新，加快技术改造，开发适销对路产品，大力发展重大成套技术装备，实现装备制造业的大发展。

4. 促进资源型企业资源节约和综合利用。作为增值税转型改革的一项配套措施，矿产品的增值税税率由13%恢复到17%。这是促进资源节约和综合利用的一项重要举措。各市要充分利用好此项政策的作用，推动矿产品使用企业节约资源，提高资源综合利用效率，推动全省节能减排和产业结构调整，加快经济发展方式的转变。

5. 加快中小企业发展。小规模纳税人增值税征收率的统一调低，减轻了小企业纳税负担，增强了小企业发展能力。中小企业是经济发展的生力军，扩大就业的主力军，各市要充分利用好这项政策，切实减轻中小企业负担，使中小企业轻装上阵，加快发展。

三、加强组织领导，确保各项工作落到实处

落实增值税转型政策，促进企业技术改造和工业调整振兴，是一项长期的系统工程，需要全社会动员、多部门参与。各级政府要认真贯彻全省工业调整振兴大会和加快工业调整振兴意见精神，建立健全推进工业调整振兴的工作机制，以落实国家各项政策为手段，以组织实施国家和省里一系列规划意见为主要任务，以技术改造为突破口，推动工业调整振兴工作深入开展。省经贸、国税部门将定期通报各地企业购置设备抵扣增值税的情况，各有关部门应加强沟通协调和配合，进一步简化程序，提高效率，强化服务，引导企业用足、用好增值税转型等各项政策，为企业技术改造和结构调整创造良好环境，促进全省工业平稳较快发展。

附：16市1－4月份增值税抵扣额统计表

16市1－4月份增值税抵扣额统计表

单位：元

分市	4月份抵扣企业户数	本年累计抵扣固定资产进项税额
合计	9542	2794373208
济南市	1443	316653221
淄博市	798	293729702
枣庄市	28	33292010
东营市	411	233702041
烟台市	1135	334332921
潍坊市	1638	347830470
济宁市	731	217216863
泰安市	482	107745811
威海市	671	89065068
日照市	317	72646558
莱芜市	215	184585396
临沂市	337	129696276
德州市	329	78136677
聊城市	383	127982052
滨州市	352	131036639
菏泽市	272	96721503

关于做好当前煤电油气运及重要物资保障工作的紧急通知

2009年11月17日　鲁政办发明电〔2009〕136号

各市人民政府，各县（市、区）人民政府，省政府各有关部门、各直属机构，各大企业：

自今年11月上旬以来，全国部分地区出现大范围雨雪天气，给工农业生产、交通运输和人民群众生活带来较大影响，局部地区受灾严重。为此，国务院和国家发展改革委分别下发了《关于做好强降雪防范应对工作的通知》（国办发明电〔2009〕25号）和《关于积极应对恶劣天气影响抓紧做好煤电油气运及重要物资保障工作的紧急通知》（发改电〔2009〕303号）。为进一步做好我省煤电油气运和重要物资供应保障工作，最大限度减少恶劣天气对我省经济发展和群众生活的影响，经省政府同意，现将有关事项紧急通知如下：

一、提高认识，切实加强煤电油气运及重要物资保障工作组织领导。当前我省已进入冬季用煤、用电高峰期，加上近期大雪、大雾、严寒等恶劣天气影响，煤电油气运及重要物资供应保障工作所面临的形势十分严峻，有关形势不容乐观。各级各部门及企业要高度重视当前煤电油气运和重要物资供应保障工作，要以对国家、对人民群众高度负责的精神，切实把煤电油气运及重要物资供应保障作为当前重要而紧迫的任务，提上重要议事日程，加强领导，超前部署，精心组织，科学调度，密切配合，针对可能出现的灾情和困难，研究制定扎实有效的应对预案和措施，确保各项措施迅速及时落实到位，把各类灾害天气和突发性矛盾的影响降到最低限度，努力做到“保运输、保生产、保安全、保民生”，确保正常的生产、生活秩序，为巩固扩大全省经济社会发展的好形势提供坚强的物质保障。

二、精心组织好煤炭生产和供应工作。各煤炭企业要把电煤供应作为重中之重，在确保安全的前提下，积极组织好煤炭生产和供应，确保省内电煤合同的足额兑现。省内煤炭企业特别是省属煤炭企业要储备相当于2天产量以上的煤炭资源量，作为省内应急调运量，省煤电运联合办公室将根据冬季恶劣天气条件下市场需求变化和煤炭供应情况进行应急调拨，各有关煤炭企业要积极优先给予资源供应保障，全力保障冬季居民供热取暖和发电用煤需求。各地政府要加强对地方热电企业的管理，积极协调解决供热和发电用煤供应问题。经贸、质检、煤炭、工商等部门要加强对煤炭质量和市场的监督检查，严厉查处非法经营、囤积居奇、掺杂使假等不法行为，维护消费者合法权益。

三、加强电煤调运，保障电力运行安全稳定。各发电企业要切实履行电煤调运供应第一责任人职责，主要领导要亲自抓，分管领导要靠上抓，进一步加大电煤的采购和存储力度，千方百计增加煤炭库存，确保冬季发电、供热用煤需求。同时要加强设备检查与维护，制定完善防寒防冻预案，确保发电供热生产平稳运行。电网企业要随时掌握用电需求和电厂存煤动态，科学安排运行方式，优化电力调度，确保电网安全稳定运行；要进一步完善有序用电方案和预防大面积停电预案，备足应急物资、装备和抢修力量，最大限度的减轻雨雪恶劣天气对输电、供电造成的损失，确保重要设施、公共单位、居民生活和煤矿、化工等特殊行业的供电安全可靠。

四、积极做好成品油天然气供应。各级政府、各有关部门要积极支持成品油生产，对成品油生产所需电力、资金等要给予优先保障。石油天然气生产企业要在保证生产系统安全稳定运行的前提下，开足马力生产，特别是努力增产低凝点柴油，保障资源供应。加强成品油产销运衔接协调，统筹资源平衡，确保所属加油、加气站点正常运营。强化安全管理，确保油田、炼厂、管道等油气产销储运设施平稳运行。加强需求侧管理，优化用气结构，对资源供应薄弱地区予以重点关注和协调，确保居民生活、公共设施等重点领域用气需求。

五、加大运输组织力度，确保交通运输安全畅通。交通、铁路、民航、水运部门要加强协调配合，做好恶劣天气下的运输协调和应急工作，把保证运输安全畅通作为重中之重。要加大煤炭等重要物资运输组织力度，铁路部门继续把电煤运输作为重中之重，科学安排运力，优先给予电煤运输支持。各港口企业要继续落实优先靠泊、优先装卸、优先生产组织“三优先”措施，保障冬季电煤海上运输。交通、公安等部门继续实行电煤绿色通道政策，发挥公路运输保障作用。各有关部门要通过多种渠道及时发布道路预警和交通管制信息，并提前做好分流工作。一旦发生雨雪、大雾等恶劣天气，及时采取融雪、防滑、疏导等措施，尽量减少高速公路、国道主干线封路，防止重特大交通事故发生。对受恶劣天气影响滞留的车辆和旅客，要及时采取救援和疏导措施，确保旅客生命和财产安全。各车站、机场、码头要加强服务，做好通报解释工作，确保紧急情况下乘客能及时有序疏散，维护良好的交通运输秩序。

六、进一步完善各种应急预案，防患于未然。各有关单位及企业要针对冬季雨雪冰冻低温天气的特点，进一步加强气象监测预警，充分估计可能出现的各种困难和问题，未雨绸缪，超前部署，研究制定各种预案，细化各项有效应对措施，切实把各项措施落到实处。要进一步完善煤电油气运生产供应保障各个环节的应急预案，适时启动并做好组织实施工作，最大限度降低恶劣天气对煤电油气运保障的影响。

七、确保生活必需品和甲流感防控物资的稳定供应。各级政府要密切关注天气变化，加强对粮、油、肉、蛋、奶和蔬菜等生活必需品的市场监测，及时掌握产供销存等情况，加强监管，稳定市场价格。同时要采取各种措施积极组织货源，完善政府储备，增加有效供给，发现问题迅速解决，确保人民群众正常生活需要和市场供应。切实做好甲型H1N1流感疫苗、防治药物、医疗器械等物资的生产、调运的各项保障工作。

关于做好煤电运供应保障工作的紧急通知

2010年1月14日　鲁政办发明电〔2010〕9号

各市人民政府，各县（市、区）人民政府，省政府各部门、各直属机构，各大企业，各高等院校：

近期受天气持续严重冰冻寒冷等多方面因素影响，我省部分地区出现了煤炭、电力需求骤升，电煤库存急剧下降，煤炭、电力供应紧张的情况。为尽快稳定全省煤电运供应保障工作局势，切实保障电力热力供应，确保经济持续平稳较快增长和社会和谐稳定，现就做好当前煤电运保障工作提出如下要求：

一、充分认识做好当前煤电运供应保障工作的重要性、紧迫性

保障煤炭、电力稳定供应事关全省经济社会发展大局。各级各有关部门和企业一定要清醒认识当前煤炭、电力供应形势的严峻性，增强紧迫感和责任感。把确保煤炭电力供应作为当前保增长、保企业、保民生的重要工作摆上议事日程，切实把各项工作措施落到实处，确保全省“两会”期间电力供应稳定，确保广大人民群众度过一个欢乐祥和的新春佳节。

二、煤炭企业要稳定生产经营，努力增加电煤供应

各煤炭生产企业要继续发扬讲政治、顾大局的优良传统，切实把保障电煤供应作为重中之重，在保证安全的前提下，严格按照一季度电煤供应计划量，全力组织电煤供应，确保足额兑现。凡原煤入洗量和地销量过大影响电煤供应的，必须立即调整煤炭品种结构，减少原煤入洗量和地销煤数量。各大矿业集团要合理安排检修时间，做好煤炭生产储备工作，保持煤矿储存量在3 天生产能力以上，全省煤矿生产储备不低于120 万吨。

三、发电企业要组织好机组运行，确保电力供应

各发电企业要加强发电设备运行维护，及时消除故障隐患，努力提高机组出力水平。拿出全年发电量计划的 5%－10%，落实好发电量计划奖惩考核机制。按日调度通报各发电企业开停机、降出力、检修情况，对运行状况好、保供电贡献大的机组进行奖励；对无正当理由停机、临故修或降出力的机组，进行通报批评，并减扣发电指标。山东电力集团公司要加强电力调度管理，做好与华北电网交易调剂工作，优化电能资源配置。各市、县（市、区）政府和经信部门要加强地方机组可用率的考核奖惩，按日调度通报各地方机组开停机、降出力、检修情况，督促各发电企业满发满供。

四、供电企业要进一步落实电力需求侧管理措施，保障有序用电

转变发展方式，把节能减排、扶优汰劣与有序用电结合起来，把大力推进经济结构调整，坚决控制高耗能、高排放行业过快增长，淘汰落后生产能力，进一步加强电力需求侧管理。按照有保有限原则，严格执行有序用电方案，优先保障居民生活、医院、学校、金融机构、交通枢纽、农业生产、优势产业等涉及公众利益和重大安全的单位用电需求，按照“先预警、再错峰、后避峰、最后限电、确保不拉路”的原则，把居民生活和医院等社会公共服务机构用电放在第一位予以保障，着力压缩高耗能、高排放和落后生产能力企业的电力需求，确保电网安全稳定运行。

五、运输企业进一步加大煤炭调运力度

各发电公司要采取有力措施，加大省内外电煤的催调催运力度，进一步落实电煤资源，衔接好铁路运输计划，组织好汽车、海运煤炭运输工作，千方百计做好电煤调运工作。铁路部门要继续把电煤运输作为重中之重，继续坚持电煤优先和有请必装、有装必运的原则，科学合理安排运力，抓住铁道部集中运力保电煤的有利时机，多争取对山东的应急电煤运输量。要针对冰雪冻车严重的实际，采取有效措施，加快卸车进度，加快车辆周转，提高运输效率。对省内外电煤汽车运输，交通、公安等部门要确保电煤运输绿色通道畅通无阻。沿海有关电厂要充分利用我省的沿海港口优势，加大海上运输力度，努力提高电煤库存。各市、县（市、区）政府和有关热电企业要切实担负起供热用煤的供应责任，采取综合措施，多方面开辟煤炭供应渠道，切实保证辖区内主要热电企业供热生产安全，确保冬季城乡居民取暖需求。

六、加强煤炭质量监管，规范煤炭经营秩序

积极引导煤炭生产、经营企业诚信经营，切实维护用户和消费者合法权益，加强煤炭生产及流通环节上煤炭质量监管，各市、县（市、区）政府要组织相关部门对煤炭质量进行一次全面检查，重点检查用户反映集中的煤炭生产企业、经营企业和运输企业，对以次充好、掺假施杂的典型案例要抓住不放，依法严厉打击，切实维护煤炭生产经营秩序和广大消费者的合法权益，促进我省煤炭市场健康有序发展。近期，省政府将责成省煤炭局、省质监局等有关部门组成联合检查组，开展煤炭质量专项督查和执法检查。

七、加强协调调度，落实工作责任制，形成工作合力

煤电运供应保障涉及面广、责任重大，协调任务重。各级政府、各部门必须树立大局意识和全省一盘棋的思想，加强调度协调，确保可靠供应保障。要坚持省政府煤电油运联席会议制度，省经济和信息化委要树立调度协调的权威性，健全完善协调机制，加强煤电运调度监测和综合协调，对煤电运情况进行日调度、日考核、日通报，及时处理好各个环节的供需矛盾，并及时准确地向省政府报告。各级各部门、各单位要加强对煤、电、油、运等重要资源供需情况的动态监测，提高预测预警能力、工作效率和应急保障调度工作水平。要严格责任制度，按照职能分工，加强组织领导和协作配合，自觉服从全省统一调度和协调，形成工作合力。要落实煤电运保障责任制，加强工作督查和考核，确保各项措施落实到位。要进一步做好宣传工作，大力宣传发电企业、供电企业、煤炭生产企业和运输企业、及煤电运调度运行等方面的好典型、好经验。通过宣传报道，让群众和社会各界了解我省煤电运保障应对措施，加强信息沟通和交流，自觉节约用电、合理用电。

关于严厉打击非法和违法生产煤矿遏制重特大事故的决定

2005年12月5日　豫政〔2005〕48号

为构建和谐社会，建设平安河南，实现中原崛起，保障职工生命安全和煤矿安全生产，根据《国务院关于预防煤矿生产安全事故的特别规定》(国务院令第446号)和《国务院办公厅关于坚决整顿关闭不具备安全生产条件和非法煤矿的紧急通知》(国办发明电〔2005〕21号)等有关法律法规规定，结合我省实际，就关闭非法煤矿、打击煤矿违法生产做出如下决定：

一、总体目标和工作任务

1. 彻底关闭非法煤矿，严厉打击煤矿违法生产，消除煤矿重大安全生产隐患，有效遏制煤矿重特大事故发生，促进矿业秩序、生产秩序和安全状况持续稳定好转，确保国家财产和人民生命安全。

2. 全省范围内所有非法煤矿、违法生产煤矿都属于打击对象。

非法煤矿指：未依法取得采矿许可证、安全生产许可证、煤炭生产许可证、工商营业执照、矿长资格证和矿长安全资格证，擅自从事生产的煤矿；未取得采矿许可证和未按有关程序批准，擅自建设的煤矿。

违法生产煤矿指：取得有关证照，但在生产过程中违反有关法律法规、拒不执行有关行政机关依法作出的行政处罚、处理决定的煤矿。

3. 对以下三类矿井必须依法实施关闭：

(1) 非法矿井；

(2) 停产整顿矿井经整改仍达不到安全生产标准的；

(3) 无视政府监管，拒不执行停产整顿指令或者停而不整的矿井。

4. 资源整合规划方案确定的以下五类矿井依法关闭：

(1) 规划方案列入关闭的矿井应按文件批复要求，按期关闭；

(2) 凡是整合后的煤矿只能保留一套生产系统，原则上不超过3个井筒(主井、副井、风井)，其余井筒一律关闭；

(3) 列入单独保留的矿井，没有取得安全生产许可证或转为技术改造未依法获得批准的，一律关闭；

(4) 省属煤炭企业整合的乡镇煤矿，技术改造后生产能力达不到30万吨/年及以上；国有地方煤矿整合的乡镇煤矿，技术改造后生产能力达不到15万吨/年及以上；

(5) 资源整合中转为技术改造的矿井，必须在规定的时间内完成，在改造期间不得生产；在规定的改造时间内没有完成的一律关闭。

5. 关闭工作按以下要求实施：

(1) 地方煤矿关闭工作实行分级负责。市、县(市、区)人民政府依法做出关闭矿井决定，并由省辖市人民政府书面报告省人民政府安全生产委员会并抄送省国土资源、煤矿安全监察、煤炭管理、工商、公安、电力等部门。上述部门要依法注销或吊销有关证照。

(2) 市、县(市、区)人民政府做出关闭矿井决定后，3日内在省辖市及以上主要媒体上发布关闭矿井通告。

(3) 依法关闭矿井的标准：切断矿井所有供电电源，拆除生产设备，填实井筒，遣散人员，恢复地貌，收缴民爆物品。

(4) 省属煤炭企业整合的煤矿，对不再利用的井筒由该企业负责实施关闭，并按要求报告有关部门。

(5) 自本决定发布之日起，按规定应当关闭的矿井必须立即停止生产、维修，并在一个月内关闭到位。省辖市人民政府和省属煤炭企业要在2006年1月底以前把本辖区内关闭矿井情况报省人民政府。

6. 县级以上人民政府煤矿安全生产监督管理部门、煤矿安全监察机构、国土资源部门，对煤矿取得有关证照后，存在以下重大安全生产隐患之一的，应当立即责令其停产整顿：

(1) 超能力、超强度或者超定员组织生产的；

(2) 瓦斯超限作业的；

(3) 煤与瓦斯突出矿井，未依照规定实施防突出措施的；

(4) 高瓦斯矿井未建立瓦斯抽放系统和监控系统，或者瓦斯监控系统不能正常运行的；

(5) 通风系统不完善、不可靠的；

(6) 有严重水患，未采取有效措施的；

(7) 超层越界开采的；

(8) 有冲击地压危险，未采取有效措施的；

(9) 自燃发火严重，未采取有效措施的；

(10) 使用明令禁止或者淘汰的设备、工艺的；

(11) 没有双回路供电系统的；

(12) 新建煤矿边建设边生产，煤矿改扩建期间，在改扩建的区域生产或者在其他区域的生产超出安全设计规定的范围和规模的；

(13) 煤矿实行整体承包生产经营后，未重新取得安全生产许可证和煤炭生产许可证从事生产的，或者承包方再次转包的，以及煤矿将井下采掘工作面和井巷维修作业进行劳务承包的；

(14) 煤矿改制期间，未明确安全生产责任人和安全管理机构的，或者在完成改制后，未重新取得或者变更采矿许可证、安全生产许可证、煤炭生产许可证和营业执照的；

(15) 有其他重大安全生产隐患的。

对3个月内发现有2次重大安全生产隐患仍然生产的煤矿，依法予以关闭。

7. 对停产整顿煤矿按以下要求实施：

(1) 对责令停产整顿的煤矿，颁发证照的有关部门要暂扣其采矿许可证、安全生产许可证、煤炭生产许可证、工商营业执照和矿长资格证、矿长安全资格证。

(2) 被责令停产整顿的煤矿，必须依照安全技术规范制定整改方案，并按照分级负责的原则，经市、县(市、区)煤炭管理部门批准后抄报有关部门，然后组织实施。整改方案必须包括整改内容、目标、时限、作业范围、措施、工程量和作业人数。

(3) 对停产整顿煤矿的监管，要按照煤矿的管理权限分级实施。国有重点煤矿停产整顿矿井由省人民政府煤矿安全监管部门负责；市属国有地方煤矿停产整顿矿井由省辖市人民政府煤矿安全监管部门负责；县(市、区)属国有地方煤矿和乡镇煤矿停产整顿矿井由县(市、区)人民政府煤矿安全监管部门负责。煤矿安全生产监督管理部门要加强监督管理，督促煤矿按照批准的整改方案施工作业，严防煤矿明停暗干，停而不整或以整顿为名进行生产。发现停产整顿煤矿擅自从事生产的，提请同级政府依法关闭。

(4) 停产整顿结束后申请恢复生产的煤矿，由县级以上人民政府煤矿安全生产监督管理部门自收到申请之日起60日内组织有关部门进行验收；验收合格的，由煤矿安全生产监督管理部门的主要负责人签字并经有关煤矿安全监察机构审核同意，报请同级人民政府分管负责人签字批准，颁发证照的部门发还证照后，方可恢复生产。

(5) 所有停产整顿煤矿，只给予一次停产整改机会。对验收不合格和逾期不提出整顿验收申请的煤矿，负责组织验收的煤矿安全生产监督管理部门应当提请同级人民政府依法予以关闭。

二、政府及有关部门的职责

8. 关闭非法煤矿、打击煤矿违法生产工作由省人民政府统一领导。市、县(市、区)、乡镇人民政府分级负责，组织实施。市、县(市、区)人民政府对关闭矿井做出决定，由同级人民政府负责组织实施，乡级人民政府参与关闭工作。

9. 各乡镇人民政府必须严密监督本辖区内各类煤矿的生产和建设情况，发现本乡镇范围内有非法或违法生产煤矿时，必须立即制止，并向上一级政府及相关部门报告。

10. 各级煤矿安全监察、煤矿安全生产监督管理、国土资源、工商、公安、监察、供电等部门必须依法履行其相应的监管监察职责，及时发现辖区内非法和违法生产煤矿并向县乡两级政府及上一级主管部门报告，并依法采取相应措施，确保执法效果。

(1) 煤矿安全监察机构要认真履行煤矿安全的监察职责，依法查处煤矿生产和建设中的违法行为；负责向当地政府提供建议关闭煤矿名单，对停产整顿矿井依法作出停产整顿、停止施工的行政处罚决定，并把停产整顿煤矿名单分别抄送当地人民政府；对煤炭管理部门验收合格的停产整顿煤矿进行审核，依法暂扣停产整顿煤矿的安全生产许可证和矿长安全资格证；对决定关闭的煤矿及时依法吊销安全生产许可证和矿长安全资格证；严格煤矿建设项目安全设施的设计审查及竣工验收，组织查处煤矿事故。

(2) 煤矿安全生产监督管理部门要加强对煤矿的行业管理，认真履行煤矿安全生产的监督管理职责，严格查处煤矿生产和建设中的违法行为；负责对停产整顿煤矿依法作出停产整顿、停止施工的行政处罚决定，对停产整顿、停止施工的煤矿进行监管，对停产整顿煤矿进行验收；负责向政府提供建议关闭煤矿名单，对决定关闭的煤矿及时依法注销或吊销煤炭生产许可证和矿长资格证；依法暂扣停产整顿煤矿的煤炭生产许可证和矿长资格证。

(3) 国土资源部门要加强采矿秩序的监管，及时查处未取得采矿许可证的非法煤矿，严肃查处超层越界煤矿；负责向政府提供无采矿许可证非法煤矿名单，对决定关闭的煤矿及时依法注销或吊销采矿许可证，依法暂扣停产整顿煤矿的采矿许可证。

(4) 工商行政管理部门要加强对煤矿的工商管理，负责对决定关闭的煤矿及时依法注销或吊销工商营业执照；依法暂扣停产整顿煤矿的工商营业执照。

(5) 公安部门要加强对煤矿民爆物品购买、运输、储存和使用过程的监管，负责收缴决定关闭煤矿的民爆物品，注销民用爆破器材准用证；负责维持煤矿关闭现场的秩序，对拒不执行停产整顿行政处罚决定、违法、抗法的煤矿依法查处。对煤矿安全监察、煤炭管理、国土资源等有关部门移送的涉嫌非法违法采矿、重大安全事故等犯罪的，公安机关要及时立案侦查，并依法严肃处理。

(6) 监察部门要加强对与煤矿安全有关的国家行政机关、国家公务员和国家行政机关任命的其他人员的行政监察，负责对参与打击非法和违法生产煤矿工作的监察对象履行职责情况实施监察，严厉查处国家公务员、国有企业负责人违反国家规定投资入股煤矿和利用职权对非法违法煤矿纵容、包庇等违法违纪行为。

(7) 供电部门要加强煤矿供电管理，严禁为非法和违法生产煤矿供应电力；对依法关闭的矿井必须及时切断电源，拆除供电设施。

各有关部门要按照职责分工，各司其职，各负其责，相互配合，形成合力。

11. 各级人民政府要建立群众监督网络和定期巡查、举报奖励制度，向社会公布举报电话、电子信

箱及网址。对举报问题属实的，给予最先举报人1000元至1万元的奖励，对重大举报贡献突出的，可给予1万元至5万元奖励。所需费用纳入同级财政年度预算。同时，要加强宣传，强化新闻媒体的监督作用，形成打击非法违法煤矿的强大舆论声势。

三、严肃责任追究

12. 对非法和违法生产煤矿要依法严查重处。

(1) 非法煤矿一经发现，由相关执法部门依法没收非法所得和开采出的煤炭及采掘设备，并处200万至500万元罚款，依法吊销各种证照，予以关闭。

(2) 对非法和违法生产煤矿的负责人和实际控制人，构成犯罪的，依法追究刑事责任；尚不够刑事处罚的，处以20万元罚款；对参与组织非法和违法生产煤矿生产的分管安全、生产、机电、技术等有关负责人处以5万元罚款。

(3) 非法和违法生产煤矿发生安全事故的，依照有关法律、法规规定，对煤矿负责人和责任人员从重从严处理。

(4) 非法和违法生产煤矿造成死亡事故的，除按规定对死亡职工给予赔偿外，每死亡1人处以100万元的罚款。以上行政处罚由县级以上人民政府煤矿安全生产监督管理部门和煤矿安全监察机构具体实施。

13. 煤矿拒不执行县级以上人民政府煤矿安全生产监督管理部门或者煤矿安全监察机构依法下达的行政处罚决定的，由颁发证照的部门吊销矿长资格证和矿长安全资格证，情节严重的，依法关闭煤矿；构成违反治安管理规定行为的，由公安机关依照治安管理的法律、法规给予处罚；构成犯罪的，依法追究刑事责任。

14. 县级以上人民政府及有关部门未按规定履行职责，辖区内有非法和违法生产煤矿或没有在规定时间内把应当关闭的非法和违法生产煤矿关闭或依法处理到位的，对有关负责人按照有关规定，给予严肃处理。非法和违法生产煤矿发生事故的，从重处理。

乡镇辖区内有非法煤矿并且未采取有效制止措施的，对乡镇政府主要负责人以及负有责任的相关负责人，根据情节轻重给予降级、撤职或者开除的行政处分；乡镇辖区内非法和违法生产煤矿发生一次死亡3人以上事故的，给予乡镇政府主要负责人和分管负责人撤职或者开除的处分。构成犯罪的，依法追究刑事责任。

县(市、区)辖区内一个月中有两处及两处以上非法煤矿并且未采取有效制止措施的，对县级人民政府的主要负责人以及负有责任的相关负责人，根据情节轻重，给予降级、撤职或者开除的行政处分。非法和违法生产煤矿发生一次死亡10人以上事故的，给予县人民政府主要负责人和分管负责人撤职或者开除的处分。构成犯罪的，依法追究刑事责任。

15. 各相关部门或机构不按规定履行职责，未及时发现辖区内非法和违法生产煤矿，或者发现后不及时采取有效措施并及时向同级人民政府和上级主管部门报告的，对直接责任人，根据情节轻重，给予降级、撤职或者开除的行政处分；对有关负责人，根据情节轻重，给予记大过、降级、撤职或者开除的行政处分；构成犯罪的，依法追究刑事责任。不属于行政机关工作人员的，建议有关部门给予相应处分。

16. 关闭煤矿未达到关井标准要求的，对组织实施关闭的人民政府及其有关部门的负责人和直接责任人给予记过、记大过、降级、撤职或者开除的行政处分；构成犯罪的，依法追究刑事责任。

17. 各级政府及其有关部门、任何个人都不得向煤矿下达超安全许可能力的生产指标、利润指标和税收指标。违反本项规定导致严重后果的，依法追究责任。

18. 严禁党政机关干部、国有企业负责人违反国家规定投资入股煤矿或者利用职权变相入股经营，违者开除公职；构成犯罪的，依法追究刑事责任。

19. 本决定自发布之日起施行。

关于印发《煤矿企业安全生产风险抵押金管理暂行办法》的通知

2005年12月14日　财建〔2005〕918号

各省、自治区、直辖市、计划单列市财政厅(局)、安全生产监督管理局、煤矿安全监管机构、煤炭行业管理部门，各级煤矿安全监察机构，中央管理的煤矿企业：

为了强化煤矿企业安全生产意识，落实安全生产责任，保证煤矿生产安全事故抢险、救灾工作的顺利进行，根据《国务院关于进一步加强安全生产工作的决定》(国发〔2004〕2号)，财政部、国家安全生产监督管理总局联合制定了《煤矿企业安全生产风险抵押金管理暂行办法》，现予印发，请遵照执行。

附件：煤矿企业安全生产风险抵押金管理暂行办法

煤矿企业安全生产风险抵押金管理暂行办法

第一章　总 则

第一条　为了强化煤矿企业安全生产意识，落实安全生产责任，规范煤矿企业安全生产风险抵押金的管理，保证煤矿生产安全事故抢险、救灾工作的顺利进行，根据《国务院关于进一步加强安全生产工作的决定》(国发〔2004〕2号)，制定本办法。

第二条　本办法所称煤矿企业安全生产风险抵押金(以下简称风险抵押金)，是指煤矿企业以其法人名义将本企业资金专户存储，用于本企业生产安全事故抢险、救灾和善后处理的专项资金。

第三条　本办法适用于我国境内所有煤矿企业，包括集团公司、总公司、矿务局、煤矿等。

第二章　风险抵押金的存储

第四条　按照煤矿企业核定(设计)或者采矿许可证确定的生产能力，风险抵押金按以下标准存储：

(一) 3万吨以下(含3万吨)存储60－100万元；

(二) 3万吨以上至9万吨(含9万吨)存储150－200万元；

(三) 9万吨以上至15万吨(含15万吨)存储250－300万元；

(四) 15万吨以上，以300万元为基数，每增加10万吨增加50万元。

风险抵押金累计达到600万元时不再存储。

第五条　各省、自治区、直辖市人民政府安全生产监督管理部门(以下简称省级安全生产监督管理部门)及同级财政部门根据煤矿企业正常生产经营期间的规模产量和安全程度评估等有关因素，在相应分档区间内确定风险抵押金具体存储数额。

本办法颁发前，省级人民政府有关部门制定的风险抵押金存储标准高于本办法第四条规定标准上限的，仍按照原标准执行，并按规定程序报有关部门备案。

第六条　风险抵押金按以下规定存储：

(一) 风险抵押金由煤矿企业按时足额存储。煤矿企业不得因变更企业法定代表人、停产整顿等情况迟(缓)存、少存或不存风险抵押金，也不得以任何形式向职工摊派风险抵押金；

(二) 风险抵押金存储数额由省、市、县级安全生产监督管理部门及同级财政部门核定下达；

(三) 风险抵押金实行专户管理。煤矿企业到经省级安全生产监督管理部门及同级财政部门指定的风险抵押金代理银行(以下简称代理银行)开设风险抵押金专户，并于核定通知送达后1个月内，将风险抵押金一次性存入代理银行风险抵押金专户；

(四) 风险抵押金专户资金的具体监管办法，由省级安全生产监督管理部门及同级财政部门商代理银行制定。

第三章　风险抵押金的使用

第七条　风险抵押金的使用范围为：

(一) 煤矿企业为处理本企业生产安全事故而直接发生的抢险、救灾费用支出；

(二) 煤矿企业为处理本企业生产安全事故善后事宜而直接发生的费用支出。

煤矿企业发生生产安全事故后产生的抢险、救灾及善后处理费用，原则上应由煤矿企业先行支付。确需动用风险抵押金专户资金的，经安全生产监督管理部门及同级财政部门批准，由煤矿企业到代理银行具体办理有关手续。

第八条　发生下列情形之一的，省、市、县级安全生产监督管理部门及同级财政部门可以根据煤矿企业生产安全事故抢险、救灾及善后处理工作需要，将风险抵押金部分或者全部转作事故抢险、救灾和善后处理所需资金：

(一) 煤矿企业负责人在生产安全事故发生后逃逸的；

(二) 煤矿企业生产安全事故发生后，在规定时间内未主动承担责任，支付抢险、救灾及善后处理费用的。

第四章　风险抵押金的管理

第九条　风险抵押金实行分级管理，由省、市、县级安全生产监督管理部门及同级财政部门共同负责。中央管理煤矿企业的风险抵押金，按照属地原则管理，由所在地省级安全生产监督管理部门及同级财政部门确定后报国家安全生产监督管理总局及财政部备案。

第十条　煤矿企业持续生产经营期间，当年未发生生产安全事故、没有动用风险抵押金的，风险抵押金自然结转，下年不再存储。当年发生生产安全事故、动用风险抵押金的，省、市、县级安全生产监督管理部门及同级财政部门应当重新核定煤矿企业应存储的风险抵押金数额，并及时告知煤矿企业，煤矿企业在核定通知送达后1个月内按规定标准将风险抵押金补齐。

第十一条　煤矿企业生产经营规模如发生较大变化，省、市、县级安全生产监督管理部门及同级财政部门应于下年度第一季度结束前调整其风险抵押金存储数额，并按照调整后的差额通知煤矿企业补存(退还)风险抵押金。

第十二条　煤矿企业依法关闭、破产或者转为其他行业的，由企业提出申请，经省、市、县级安全生产监督管理部门及同级财政部门核准后，企业按照国家有关规定自主支配其风险抵押金专户结存资金。

第十三条　风险抵押金实际支出时计入煤矿企业成本，在缴纳企业所得税前列支。有关会计核算问题，按照国家统一会计制度处理。

第十四条　每年年度终了后3个月内，省级安全生产监督管理部门及同级财政部门将上年度本地区风险抵押金存储、使用、管理有关情况报国家安全生产监督管理总局及财政部。

第十五条　风险抵押金应当专款专用，不得挪用。安全生产监督管理部门、同级财政部门及其工作人员有挪用风险抵押金等违反本办法及国家有关法律法规行为的，依照国家有关规定进行处理。

第五章　附则

第十六条　省级安全生产监督管理部门及同级财政部门可以根据本办法制定具体实施办法。

第十七条　非煤矿企业的内部煤矿比照本办法执行。

第十八条　本办法由财政部、国家安全生产监督管理总局负责解释。

第十九条　本办法自2006年1月1日起施行。

关于调整煤矿井下艰苦岗位津贴有关问题的通知

2006年9月19日　豫劳社劳资〔2006〕13号

各省辖市劳动和社会保障局、发展和改革委员会、财政局：

为贯彻落实《国务院关于促进煤炭工业健康发展的若干意见》（国发〔2005〕18号）精神，提高煤矿工人的工资收入，稳定煤矿职工队伍，促进煤炭行业持续稳定健康发展，按照劳动和社会保障部、国家发展和改革委员会、财政部《关于调整煤矿井下艰苦岗位津贴有关工作的通知》要求，结合我省煤炭行业实际情况，确定调整我省煤矿井下艰苦岗位津贴标准，现就有关问题通知如下：

一、煤矿井下艰苦岗位津贴的执行范围

井下艰苦岗位津贴适用于各类煤炭企业的井下作业职工，不包括露天煤矿职工。具体发放范围为：井下采掘工人、辅助工人、安检人员及下井工作且编制在井下采掘、辅助队的基层干部、技术人员和管理人员。

二、煤矿井下艰苦岗位津贴的种类及标准

井下艰苦岗位津贴包括：井下津贴、班中餐补贴和夜班津贴。

(一) 井下津贴

1. 井下采掘工：30元/工；

2. 井下辅助工：18元/工；

3. 安检人员、基层干部、技术人员及管理人员的井下津贴标准按井下辅助工标准执行。

(二) 班中餐补贴：8元/工。

班中餐补贴由企业集中用于井下作业职工的伙食，不得挪作他用，也不得直接支付给职工个人。

(三) 夜班津贴

1. 前夜班：8元/工；

2. 后夜班：10元/工。

三、调整煤矿井下艰苦岗位津贴的资金来源

调整井下艰苦岗位津贴所需资金可在企业成本中列支。实行工资总额同经济效益挂钩的企业，调整津贴标准增加的工资在挂钩工资基数外单列。

四、煤矿井下艰苦岗位津贴的实施

1. 调整煤矿井下艰苦岗位津贴是针对煤炭职工的一项特殊政策，体现了国家对煤矿井下作业人员的关怀，也是保持煤矿井下作业人员稳定，促进安全生产的一项重要措施，各类煤炭企业及有关单位必须不折不扣地贯彻执行本《通知》规定，切实落实井下人员的相关待遇，企业发放的井下艰苦岗位津贴不得低于本《通知》规定标准。

2. 井下艰苦岗位津贴是因煤矿井下水、火、瓦斯等自然灾害和粉尘、温度、湿度、噪音等艰苦作业环境的影响，对职工付出额外和特殊劳动消耗的一种补偿，因此，应结合职工出勤情况，按日考核，按月发放。实行吨煤工资含量计件制的企业，应在吨煤工资以外单独发放，不得与计件工资或效益工资挂钩。各类煤炭企业要结合提高井下艰苦岗位津贴，采取多种措施，提高井下职工的收入水平，同时，积极改善劳动条件和劳动环境，切实保证职工的身体健康。

3. 调整后的井下艰苦岗位津贴标准自2006年10月1日起执行。各省辖市有关部门要认真抓好组织实施工作，督促本辖区内各类煤炭企业抓紧调整井下艰苦岗位津贴标准，省里将对津贴标准执行情况进行检查。在工作中遇到什么问题，请及时与省劳动和社会保障厅劳动工资处联系。

关于印发河南省煤矿企业从业人员准入资格管理规定的通知

2006年12月30日　豫政〔2006〕98号

各省辖市人民政府，省人民政府各部门：

《河南省煤矿企业从业人员准入资格管理规定》已经省政府同意，现印发给你们，请认真贯彻执行。

河南省煤矿企业从业人员准入资格管理规定

为贯彻落实《国务院关于促进煤炭工业健康发展的若干意见》(国发〔2005〕18号)精神，提高我省煤炭行业从业人员的基本素质，加强安全生产工作，促进煤炭工业持续健康发展，根据《中华人民共和国煤炭法》、《国务院关于预防煤矿生产安全事故的特别规定》(国务院令第446号)、《河南省煤炭条例》及《招用技术工种从业人员规定》(劳动和社会保障部令第6号)有关规定，特制定本规定。

一、实行煤矿企业从业人员职业准入的范围

煤矿企业从业人员实行职业准入制度的范围包括下列从业人员：

(一) 矿长及安全、生产、机电、技术副矿长(以下简称“五职”矿长)及安全管理部门负责人、总工程师；

(二) 在煤矿安全生产和基建岗位上从事技术、生产安全管理的工程技术人员；

(三) 在煤矿安全生产和基建岗位上从事矿建、采掘、机电、运输、通风、监测和地质测量及火工品等专业的技术工人；

(四) 在煤矿安全生产和基建岗位上从事矿建、采掘、机电、运输、通风、监测和地质测量及火工品等专业的成建制劳务工；

(五) 劳动和社会保障部令第6号规定的其他工种技术工人。

二、煤矿企业从业人员准入标准

凡在省内煤炭生产和煤矿基本建设企业从事以下职业的从业人员必须是60岁以下男性且必须达到下列相应的职业准入标准：

(一)“五职”矿长、安全管理部门负责人、总工程师。

国有重点煤业集团公司煤矿的“五职”矿长、安全管理部门负责人、总工程师的职业准入标准按照国家安全生产监督管理总局等七部委《关于加强国有重点煤矿安全基础管理的指导意见》(安监总煤矿〔2006〕116号)有关规定执行。

地方国有煤矿的“五职”矿长、安全管理部门负责人和总工程师必须具有煤矿安全生产相关专业中专以上学历和从事煤矿井下工作3年以上的经历；矿长还必须具备煤矿生产、机电、技术、安全等副职岗位2年以上的经历并取得《煤矿矿长资格证书》和《煤矿矿长安全资格证书》；总工程师必须具有煤矿相关专业中级以上技术职称。

乡镇煤矿的“五职”矿长、安全管理部门负责人必须具有高中以上学历和从事煤矿井下工作2年以上的经历；矿长还必须具备煤矿生产、机电、技术、安全等副职岗位1年以上的经历并取得《煤矿矿长资格证书》和《煤矿矿长安全资格证书》。

(二) 工程技术及安全管理人员。

国有重点煤业集团公司煤矿从事技术管理和安全生产管理的工程技术人员必须具有相关专业大专以上学历并具有煤矿相关专业技术职称。

地方国有煤矿从事技术管理和安全生产管理的工程技术人员必须具有中专以上学历并具有煤矿相关专业技术职称。

乡镇煤矿从事技术管理和安全生产管理的工程技术人员必须具有高中以上学历并具有煤矿相关专业技术职称。

凡从事煤矿技术管理的工程技术人员必须具有从事煤矿井下工作1年以上的经历。其中，从事安全生产管理的工程技术人员必须具有从事煤矿井下工作2年以上的经历。

新毕业的大中专学生至少应有生产一线1年以上工作经历后，才能从事煤矿技术管理工作。

(三) 特有工种技术工人。

特有工种技术工人必须具有初中及以上文化程度并取得国家职业资格五级(初级工)以上等级的《职业资格证书》。

特有技术工人中瓦斯检查工、爆破工、安全检查工、主提升机操作工、采掘电钳工、采煤机司机等专业同时要取得特种作业操作资格证书。其中：瓦斯检查工、安全检查工、主提升机操作工、采掘电钳工、采煤机司机、液压支架工、综掘机司机等与安全生产关系较大、技术含量较高工种的技术工人必须具有高中以上文化程度。

(四) 其他工种技术工人。

煤矿企业中凡属劳动和社会保障部令第6号涉及工种的技术工人，必须具有初中以上文化程度并取得相应工种职业资格证书。

三、煤矿企业从业人员的培训和考核

下列人员必须经培训和考核取得职业资格证书后，才能到特有工种岗位上工作：

(一) 新参加工作人员；

(二) 转换专业、工种岗位的人员；

(三) 因事故责任受到处分后重新上岗人员；

(四) 矿井建设生产使用的成建制劳务工；

(五) 其他需要取得职业资格证书才能上岗的人员。

四、煤矿从业人员数量的配置

(一)“五职”矿长、总工程师、安全管理部门负责人职数的配置。

煤矿矿长配置1人，分管安全、生产、机电、技术的副矿长职数按实际需要配置，总工程师配置1人，安全管理部门负责人配置1人，大中型煤矿采掘、通风、机电、地质测量专业岗位可按实际需要配置副总工程师。

(二) 工程技术人员数量的配置。

煤矿企业应根据煤矿企业生产规模、煤层赋存条件、存在灾害程度和矿井机械化程度配备适当数量的工程技术人员。一般情况下，工程技术人员占井下作业定员总数的比例要达到4%以上。

(三) 技术工人数量的配置。

技术工人数量的配置应按照煤矿企业定额定员标准确定。但煤矿企业井下辅助及采掘定员不得突破按照《河南省煤矿劳动定员管理办法》(豫煤人〔2006〕946号)规定计算的人数。

五、煤矿企业从业人员准入制度的组织与实施

省煤炭管理部门负责全省煤矿企业从业人员准入制度的组织与实施。省政府有关部门监督检查。

煤矿企业从业人员准入资格培训考核要依据“统一规划、归口管理、分工协作、分级负责、分类实施”的工作原则，按照“谁主管、谁组织、谁落实”的工作要求，分级、分层、分类组织实施。进一步完善省煤炭管理部门、国有重点煤业集团公司及省辖产煤市煤炭管理部门、国有重点煤矿及产煤县(市)煤炭管理部门、地方国有煤矿四级培训基地体系制度建设，避免多头管理、重复培训。

(一) 分类实施煤矿企业从业人员资格准入的培训考核。

煤矿“五职”矿长由省煤炭管理部门组织实施。

安全管理部门负责人和煤矿安全生产岗位上从事技术、生产安全管理的工程技术人员的培训由国有重点煤业集团公司及省辖产煤市煤炭管理部门组织实施，省政府有关部门考核认定。

煤矿企业从业人员中除地方国有及乡镇煤矿涉及劳动和社会保障部令第6号准入工种的技术工人的职业技能培训鉴定由各市职业技能鉴定机构组织实施外，其余所有准入工种的技术工人的职业技能培训鉴定由省煤炭管理部门职业技能鉴定机构组织实施。前款规定需要取得特种作业操作资格证书的煤矿特有工种人员的培训考核按国家和省相关规定组织实施。

(二) 严格“五职”矿长、安全管理部门负责人、总工程师及安全管理部门负责人、煤矿安全生产岗位工程技术人员的任命或聘任。

“五职”矿长、安全管理部门负责人、总工程师及煤矿安全生产岗位工程技术人员必须符合规定条件，经过规范的培训和考核，达到规定的准入资格标准后方可任命或聘任。

(三) 煤矿企业要积极组织职业技能鉴定工作。

各级煤炭职业技能鉴定机构要按照有关规定，健全工作制度，加大工作力度。煤矿企业要积极组织上述人员参加职业技能培训和鉴定，并通过职业技能鉴定达到职业准入资格。

(四) 煤矿企业要加强准入资格从业人员管理。

煤矿企业要认真制定从业人员培训计划、教学大纲，积极组织开展多层次、全方位的职工教育培训，建立健全从业人员培训考核档案，加强准入资格从业人员管理。

(五) 煤矿企业要建立劳动预备制培训制度。

煤矿企业要建立劳动预备制培训制度，根据生产需要制定新招收技术工人用人计划。新招收工人必须接受技工学校至少1年的教育，经考试合格并经具有资质的机构进行培训和职业技能鉴定合格后方可录用。

(六) 煤矿企业对已取得《职业资格证书》且符合其他煤矿企业职业准入标准条件的人员，可依照技术岗位人员配备标准和煤矿定员自主录用。

六、煤矿企业从业人员准入资格制度的监督检查

各级劳动保障、煤炭管理部门和煤矿安全监察机构要定期对煤矿企业从业人员准入资格管理制度进行监督检查。对违反本规定的煤矿企业依法实施行政处分或处罚。

附件：煤矿企业从业人员实行准入资格的专业、工种范围

煤矿企业从业人员实行准入资格的专业、工种范围

一、工程技术人员专业范围

采掘专业、矿建专业、机电专业、运输专业、通风专业、安全专业、地质测量专业。

二、操作人员工种范围

1. 采掘专业：采煤工、支护工、爆破工、充填回收工、放顶煤工、采煤机司机、液压支架工、输送机操作工、液压泵工、综采集中控制操纵工、井下普工、综掘机司机、矿压观测工、巷修工。

2. 矿建专业：矿山工程检查验收工(员)、锚喷工、巷道掘砌工、冻结安装运转工、竖井钻机工、井筒掘砌工、钻车司机、天井钻孔工、抓岩机司机、装岩机司机。

3. 机电专业：主提升机操作工、主扇风机操作工、矿井泵工、钢缆皮带操作工、煤矿电气安装工、采掘电钳工、综采维修电工、矿井维修电工、矿山电子修理工、矿灯管理工、液压支架(柱)修理工、综采维修钳工、煤矿机械安装工、矿井维修钳工、井筒维修工、绞车操作工。

4. 运输专业：电机车司机、电机车修配工、矿车修理工、矿井轨道工、煤矿搬运工、信号工、翻车机司机、把钩工。

5. 通风安全专业：瓦斯检查工、矿井通风工、矿井测风工、矿井测尘工、矿井防尘工、注浆注水工、矿山救护工、瓦斯抽放工、安全仪器监测工、安全检查工(员)、瓦斯泵工、瓦斯防突工、配气分析工。

6. 地质测量专业：矿山测量工、矿山地质工、井下钻探工。

7. 火工专业：火工化验工、火工品检验工、矿山火药库工。

8. 制造专业：矿灯检验工、矿灯装配工、电化学工、电化学检验工。

9. 其他：《招用技术工种从业人员规定》(劳动和社会保障部令第6号)涉及到的专业工种。

关于鼓励支持企业开发利用境外矿产资源的意见

2007年8月23日　豫政〔2007〕59号

各省辖市人民政府，省人民政府各部门：

为贯彻实施“走出去”战略，发挥我省地勘单位和企业在资源勘查开采方面的人才和技术优势，积极参与国际合作和竞争，鼓励、引导和支持我省企业到境外开发利用矿产资源，弥补省内资源不足，保障我省经济社会发展对矿产资源的需求，特提出以下意见：

一、发挥我省矿产资源勘查开采技术优势，促进境外资源开发利用

针对我国“十一五”期间工业化进程加速、资源消费持续大幅增长、资源紧缺矛盾日益突出的现状，国务院近期出台了《国务院关于鼓励和规范企业对外投资合作的意见》(国发〔2007〕10号)，国家发展改革委编制了《境外投资“十一五”规划》(发改外资〔2007〕974号)，均提出我国要在建设资源节约型社会、扩大国内资源供给的同时，加大对境外矿产资源的投资开发力度，提高矿产资源的保障能力。我省也把境外资源勘查开发作为境外投资工作的重点，明确要大力拓宽境外资源合作的渠道和领域，开拓和融入海外资源市场，参与世界资源市场的竞争和再分配，缓解我省资源瓶颈制约。

我省拥有一批具有技术和人才优势的地勘单位和矿山开采、冶炼企业，这些地勘单位和企业近年来积极贯彻国家和省委、省政府的部署，利用技术、人才和经验优势，积极实施“走出去”战略，已在亚洲、非洲和南美洲等20多个国家和地区开展地质勘查、矿产开采和工程施工，有的已在国外取得矿产资源的探矿权和采矿权。“十一五”期间，我省地勘单位和企业要充分利用国际国内两个市场、两种资源，继续在世界范围内开发利用矿产资源，满足我省国民经济可持续发展对矿产资源的需求，为实现中原崛起提供资源保障。

二、合理安排境外重点矿产资源的地域布局，选准市场发展空间

国家提出，“十一五”期间我国要加大对境外矿产资源的勘查开发投资力度，以铁、铜、铝、镍、

铬、钾等重点矿产资源为重点，加强周边，扩展非洲，开拓美洲及大洋洲等区域。上述区域在矿产资源方面与我省有很强的互补性，亚洲的蒙古、越南、缅甸、柬埔寨、印度尼西亚、菲律宾等国家拥有丰富的铝土、铜、钼、镍和钾盐等矿产资源，非洲和南美洲拥有丰富的铬铁、铜、金、富铁、铅锌、镍等我省紧缺矿种。其中：东南亚的铝土、铁，中亚的铜、铅、锌，非洲的贵金属、铜、铁、铝土，南美洲的铜、铁、锰、贵金属、稀有金属等都具有较好的开发前景。

按照国家"十一五"期间境外投资规划和境外投资产业指导政策，我省地勘单位和企业要从我省经济建设实际需要和资源供求状况出发，以自身技术优势为依托，在以上重点区域中优先选择与我国政治关系好、合作意愿强、社会环境相对稳定、有较强经济互补性的国家和地区开展前期地质勘查工作，降低投资风险；要加强与当地政府及企业的合作和沟通，开展广泛调研，选准开发矿种和勘查方案，对矿产资源进行科学评价，摸清资源的分布、储量和开发条件、市场价值及发展空间等情况。对我省急需的铁、铜、铝、铅、锌等矿种，要采取"边勘测、边开采"滚动发展的战略，抓住有利时机，实行"政府推进、开行融资、企业承贷、信保担保"的模式，加大开发利用力度。加强省内地勘单位与有实力的矿山开采、冶炼企业间的合作和联合，发挥各自优势，逐步形成矿产资源勘查、开发、加工、转化一体化的产业链，成立境外矿业开发集团，把境外矿产资源的开发利用做大做强，实现经济效益最大化。支持我省有实力的矿产企业通过并购国外企业获取矿产资源的勘查、开采和加工权，实现生产规模和国际市场方面的有效扩张，逐步成长为具有国际竞争力的企业集团。

三、充分利用国家鼓励政策，完善省内扶持措施，加大境外矿产资源开发支持力度

积极利用国家对境外勘查开发资源的各项优惠政策。支持项目单位申请国家开发银行、中国进出口银行等政策性金融机构对境外投资提供的股本贷款和专项贷款等融资政策支持。对前期费用支出较大、国民经济发展急需、预期效益良好的项目，要积极申请利用国家财政前期费用扶持资金和国外矿产资源风险勘查专项资金，争取国家财政拨款补助和银行贷款的财政贴息。鼓励我省有条件的矿产开发企业在境内外利用发行股票、债券和项目融资等多种方式融资。对境外勘查开发矿产资源的风险，积极利用中国出口信用保险公司提供的风险保障机制，增强抗风险能力。

进一步完善境外资源勘查开发扶持措施。对境外矿产资源勘查开发单位和企业要加大信贷支持力度，省内商业银行在充分评估和控制风险的基础上，为境外矿产资源开发单位和企业提供融资便利和金融服务。境外矿产资源开发所需的前期费用外汇支出，勘查开采单位和企业可以通过使用自有外汇、国内外汇贷款或人民币购汇方式解决，并可先行汇出。对境外勘查开采企业在国内采购并运往境外作为投资的设备，按现行政策规定办理出口退税；对境外勘查开采企业运回的矿产资源及加工产品，在通关方面给予便利；按照国家有关政策在税收方面给予减免，在运保费方面给予补贴。逐步建立支持我省企业开发利用境外矿产资源的长效机制，探索成立河南省境外矿产资源勘查开发风险投资公司。对于需要资金支持的项目，有关部门要积极协助项目单位做好与国家财政部门、政策性金融机构的联系和沟通，帮助、指导项目单位申请国家拨款补助、优惠贷款和贷款贴息。

四、加强宏观指导，建立政府部门协调机制，健全服务体系

各有关部门要指导企业建立健全公司法人治理结构，加强企业内部管理，提高我省企业参与国际竞争与合作的能力与水平。要引导地勘单位和企业在境外勘查、开采矿产资源工作中坚持优势互补、互利共赢，避免恶性竞争和无序发展；遵守投资所在地的法律法规，树立良好的国际形象，加强同各国的交流与合作，促进共同发展；增强风险意识，科学论证，慎重决策，注意防范投资和经营风险。

省发展改革委、商务厅、财政厅、国土资源厅、地质矿产勘查开发局、有色金属勘探局及开行河南省分行、省外汇管理局、郑州海关、中国出口信用保险公司河南省分公司等有关部门和机构要加强政策引导和服务，加强部门间的沟通和协作，加大信息交流、政策沟通、工作协商力度，相互配合，

形成合力，积极协调解决我省项目单位在境外勘查开采矿产资源中遇到的困难和问题，重大问题要及时向国家有关部门汇报，争取支持。对我省有重要战略意义的境外资源勘查、开采项目，争取纳入国家间合作框架协议，提升合作级别，促进项目顺利开展。

加强与驻外使(领)馆间的信息沟通，了解投资所在国家的政治、经济、社会治安等情况，保障我省境外资源开发企业的人员和财产安全。健全我省法律、财务、投资咨询、知识产权和认证等社会中介机构，为到境外开发利用矿产资源的企业提供中介服务。强化各项培训，培养熟悉国际规则、熟练掌握外语、涉外工作能力强的人才。

关于进一步加强煤矿安全生产工作的若干意见

2008年10月29日　豫政〔2008〕51号

各省辖市人民政府，省人民政府各部门：

为进一步加强我省煤矿安全生产工作，切实遏制煤矿重特大事故的发生，促进全省煤炭工业又好又快发展，特提出如下意见：

一、进一步提高认识，切实加强对煤矿安全生产工作的领导

(一) 全省各级政府和有关部门、各级煤矿安全监察机构、各煤炭企业要充分认清当前煤矿安全生产工作的严峻形势，进一步提高对煤矿安全生产工作重要性和紧迫性的认识，增强做好煤矿安全生产工作的责任感、紧迫感和使命感。

(二) 各级政府主要领导要亲自抓煤矿安全生产工作，认真落实《国务院关于特大安全事故行政责任追究的规定》(国务院令第302号)，坚持每季度召开一次政府常务会议，每月召开一次安全办公会议，听取煤矿安全生产工作汇报，把煤矿安全生产工作作为重要议题，认真贯彻落实党和国家有关煤矿安全生产的法律法规和方针政策，专题研究和解决煤矿安全生产工作中存在的突出问题。严格落实政府安全监管主体责任，坚决遏制煤矿重特大事故发生。

二、加强对煤矿安全生产的监督管理

(三) 各级政府要经常组织煤炭、国土资源、公安、安全生产监管、电力等涉煤部门开展联合执法，形成监管合力。要积极探索煤矿安全监管方式方法，对煤矿进行分级分类管理，提升安全监管效能。

(四) 国土资源、煤炭、煤矿安全监察、工商等部门要严格按照有关程序和标准颁发相关证照。对把关不严、弄虚作假、擅自放宽颁证条件的，由有关职能机关依照相关规定严肃处理。

(五) 煤炭部门要科学核定高瓦斯矿井、煤与瓦斯突出矿井和受水灾、冲击地压威胁严重矿井的生产能力，适度降低开采强度。严肃查处煤矿企业超能力、超强度、超定员组织生产行为。

(六) 有关部门要筛选关键技术难题开展科技攻关，督促煤矿企业积极引进新技术、新工艺和新装备，提升矿井科技保障水平。各产煤省辖市要设立瓦斯防治技术服务机构，产煤县(市、区)要成立防治水技术服务机构，为地方煤矿提供有偿技术服务，解决地方煤矿技术力量薄弱问题。

(七) 深化煤矿隐患排查和治理。有关部门和企业要建立重大隐患排查公告、分类建档、挂牌督办、限期整改、责任追究制度。煤矿企业对排查出的隐患要按“五定”(定标准、定时间、定人员、定措施、定责任)原则进行整改，并按规定上报隐患排查治理情况。

(八) 煤矿企业要建立健全安全管理机构，建立和完善安全办公会议制度、隐患排查治理制度、安全教育培训制度、安全技术审批制度、领导干部跟班带班制度、安全风险抵押制度等各项安全管理制度，建立健全责任考核体系，落实企业安全生产主体责任。

(九) 煤矿企业要树立“按需投入”理念，安全投入必须满足煤矿安全生产的需要，按规定足额提取安全费用。对灾害威胁严重的矿井，要设立灾害治理专项资金，用于瓦斯、水灾和冲击地压防治。煤与瓦斯突出矿井和冲击地压严重矿井必须按10元/吨，高瓦斯和水灾威胁严重矿井必须按8元/吨的标准提取专项费用。

(十) 煤矿企业要加大科技投入，研究攻克矿井灾害治理难题，积极采用新技术、新设备和新工艺，改善矿井安全生产条件。要重视人才，提高工程技术人员待遇。

(十一) 加强对施工单位的监督与管理，对煤矿建设项目施工安全进行全过程监督。施工单位必须具备相应资质，施工人员必须具备相应资格，施工设备必须符合规范要求，劳动组织应当合理有序，并在规定工期内完成技改任务。严禁弄虚作假，以包代管。

三、开展资源整合矿井专项整顿

(十二) 由资源整合领导小组办公室牵头，发展改革、煤炭、国土资源、煤矿安全监察等部门参加，对资源整合矿井进行专项整顿。对假整合、假投资、假监管等不符合资源整合政策和要求的矿井，由地方政府立即予以关闭。

(十三) 省属煤炭企业、地方国有煤矿必须向整合矿井派出具备任职资格的矿长以及分管生产、安全、机电的副矿长和总工程师，配齐相关专业技术人员，确保资源整合矿井建立健全安全管理机构，充实安全管理人员，完善安全管理规章制度，强化现场管理，落实各级安全生产责任制。

(十四) 省属煤炭企业、地方国有煤矿要将整合矿井纳入本企业安全管理范围，实行统一标准、统一管理、统一考核，加强监督检查。

(十五) 加强资源整合技改矿井施工监管。技改矿井必须按照批准的技改设计进行施工。省辖市、县(市、区)政府和省属煤炭企业要明确技改矿井竣工期限，并加强监督管理，确保技改矿井按质、按量、按期完工。

(十六) 资源整合技改矿井、生产矿井必须做到一个矿井只能有一套生产系统，严厉打击多系统生产、边基建边生产、边技改边生产等违法违规生产行为。

(十七) 资源整合矿井必须严格执行“谁整合、谁投资、谁管理，谁负责”原则，做到投资到位、人员到位、管理到位。要加强安全基础管理，促使其走上良性健康发展道路。

四、严厉打击煤矿非法违法生产行为

(十八) 打击煤矿非法违法生产行为由煤矿所在省辖市、县(市、区)、乡镇政府负责。各级煤矿安全监察、煤炭、国土资源、安全生产监管、公安、工商、电力等部门或者单位要密切配合，加强联合执法，实施综合治理，严肃查处违法生产、超层越界开采等行为；严厉打击非法生产，杜绝已关闭矿井死灰复燃。

(十九) 存在下列情况之一的矿井，一律依法予以关闭：

1. 未依法取得采矿许可证、安全生产许可证、煤炭生产许可证、工商营业执照、矿长资格证和矿长安全资格证，擅自从事生产的非法煤矿。

2. 未取得采矿许可证和未按有关程序批准，擅自建设的非法煤矿。

3. 停产整顿矿井经整改仍达不到安全生产标准的。

4. 无视政府监管，拒不执行停产整顿指令或者停而不整的矿井。

5. 边技改边生产被责令停产整顿仍擅自生产的技改矿井。

6. 未在规定时间内提交竣工验收申请或者经验收不合格的资源整合技改矿井。7.资源整合规划采矿许可证到期的单独保留、独立块段矿井和技改设计不再利用的井筒。

关闭矿井必须达到切断矿井所有供电电源、拆除生产设备、填实井筒、遣散人员、恢复地貌、收缴民爆物品的标准。

(二十) 对取得有关证照，但存在重大安全隐患，违反有关安全规定违法生产的矿井，应当立即责令其停产整顿。对责令停产整顿的煤矿，有关部门要暂扣有关证照。按照隶属关系，停产整顿矿井由所在省辖市、县(市、区)、乡镇政府负责监管。严防煤矿明停暗干、停而不整或以整顿为名进行生产，发现停产整顿煤矿擅自从事生产的，提请同级政府依法予以关闭。

(二十一) 严肃查处煤矿超层越界开采行为。超层越界的矿井拒不退回矿区范围内开采的，依法予以关闭。

五、严格煤矿生产安全事故责任追究

(二十二) 对发生责任事故的煤炭企业，依照有关程序按照下列规定追究责任：

1. 发生较大事故的，给予煤炭企业所属煤矿的矿长免职处理。

2. 发生重大事故或一年内发生两次较大事故的，给予煤炭企业分管副总经理免职处理。

3. 发生特别重大事故或一年内发生两起重大事故的，给予煤炭企业总经理免职处理。

4. 发生一次死亡50人(含50人)以上事故或一年内发生两起一次死亡30－49人的特别重大事故的，给予煤炭企业董事长免职处理。对上述人员和负有责任的有关人员，根据事故调查结果，由监察机关或任免机关给予组织处理、行政处分；涉嫌犯罪的依法追究法律责任。

(二十三) 辖区内煤炭企业发生较大以上事故，依照有关程序，对省辖市、县(市、区)、乡镇政府及其有关部门的负责人给予以下处理：

1. 发生较大事故的，给予乡镇分管副乡镇长和县(市、区)政府有关部门分管负责人停职或免职处理。一年内发生两起较大事故的给予乡镇长和县(市、区)政府有关部门主要负责人停职或免职处理。

2. 发生重大事故的，给予县(市、区)分管副县(市、区)长、乡镇长和县(市、区)政府有关部门主要负责人停职或免职处理。一年内发生两起重大事故的，给予县(市、区)长和省辖市政府有关部门主要负责人停职或免职处理。

3. 发生特别重大事故的，给予省辖市分管副市长、县(市、区)长和省辖市政府有关部门主要负责人停职或免职处理。

4. 一年内发生两起特别重大事故或发生一次死亡50人(含50人)以上特别重大事故的，给予省辖市市长停职或免职处理。

对上述人员和负有责任的有关人员，根据事故调查结果，由监察机关或任免机关给予组织处理、行政处分；涉嫌犯罪的依法追究法律责任。

关于进一步明确煤矿安全生产工作责任的通知

2009年1月6日　豫政〔2009〕3号

各省辖市人民政府，省人民政府各部门：

为进一步明确煤矿安全生产责任，落实监管监察任务，切实做好全省煤矿安全生产工作，现就有关事宜通知如下：

一、煤炭生产企业是安全生产的责任主体，必须做好安全生产工作

煤炭生产企业主要负责人(包括法定代表人、煤矿业主、实际控制人等)是本企业安全生产的第一责任人，必须严格落实企业的主体责任和第一责任人的责任。各煤炭生产企业必须按照《中华人民共和国安全生产法》、《国务院关于预防煤矿生产安全事故的特别规定》(国务院令第446号)和《河南省人民政府关于进一步加强煤矿安全生产工作的若干意见》(豫政〔2008〕51号)等法律、法规和政策规定，切实落实安全生产主体责任，进一步完善企业安全生产责任制、安全生产规章制度以及安全技术

措施，加大安全投入，排查治理隐患；必须认真贯彻落实国家安监总局等7部委《关于加强国有重点煤矿安全基础管理的指导意见》(安监总煤矿〔2006〕116号)和《关于加强小煤矿安全基础管理的指导意见》(安监总煤调〔2007〕95号)精神，结合本企业实际情况，进一步制订和完善加强安全基础管理的各项工作措施，切实抓好落实，解决煤矿安全生产过程中的突出问题，全面提升煤矿安全管理水平。

国有及国有控股煤矿企业法定代表人、相关责任人以及其他责任人中由国家行政机关任命的人员有下列情形之一的，视情节轻重给予责令书面检查、通报批评、限期调离工作岗位、责令辞职、辞退、解聘等行政处理或者依法给予行政处分；构成犯罪的，移交司法机关，依法追究刑事责任。

(一) 未依法取得相关许可证照擅自从事生产的；

(二) 未制订本企业矿井灾害预防与处理计划和生产安全事故应急处理预案，未建立并落实本企业煤矿生产安全事故责任制的；

(三) 超核定生产能力组织生产的；

(四) 不执行有关行政职能部门依法作出的限期整改、停产整顿、关闭及其他有关行政处罚决定或行政处理措施的；

(五) 对本企业存在的安全生产隐患不采取有效措施治理、整改并按规定向有关职能部门报告的；

(六) 无证非法勘查开采、越层越界开采、非法转让探矿权、采矿权，或者非法用探矿权、采矿权作抵押的；

(七) 不按规定标准提取使用安全费和维简费；

(八) 不按规定设置安全生产监管机构并配备人员，不按资质等级标准使用特种从业人员，不按规定组织职工进行安全生产知识、技能培训的；

(九)非法用工，不依法与全体劳动者签订劳动合同，不按时足额支付劳动者工资，不依法为全体劳动者参加工伤保险的；

(十) 有其他过错行为导致发生重大生产安全事故的。

对其他煤炭生产企业不履行安全生产主体责任或发生生产安全事故的，依据《中华人民共和国安全生产法》、国务院令第446号和豫政〔2008〕51号文件等法律、法规和政策规定处理。

二、各级政府是煤矿安全监管工作的责任主体，必须确保煤矿安全生产

各级政府必须对本辖区煤矿安全生产监督管理工作负责，政府主要负责人是第一责任人，要亲自抓，负总责。班子成员实行煤矿安全生产“一岗双责制”，对分管行业领域涉及煤矿安全生产工作具体负责。分管领导对本级政府直接管理煤矿的安全生产工作和辖区内煤矿安全监管工作负具体领导责任。每季度至少召开1次安全生产工作会议，分析本地煤矿安全生产形势，研究制定预防事故发生的措施和方案，协调解决煤矿安全生产工作中的重大问题；负责定期组织有关部门检查指导本辖区煤矿安全隐患排查治理工作；组织有关部门开展联合执法，打击非法违法生产行为，关闭不符合安全生产条件的矿井；组织制定停产煤矿复产验收方案，并组织有关部门开展联合验收；督促煤矿整改重大安全隐患；加强安全监管部门基础建设。

各级政府在落实煤矿安全生产监督管理工作主体责任中，其主要负责人、分管负责人有下列行为之一的，视情节轻重给予责令书面检查、通报批评、限期调离工作岗位等行政处理或者依法给予行政处分；构成犯罪的，移交司法机关，依法追究刑事责任。(一)未按规定组织有关部门对煤炭生产企业开展安全检查和隐患排查治理工作的；(二)对煤矿重大安全生产隐患或生产安全事故不按规定督促及时上报、对登记备案的煤矿重大安全隐患督促整改不到位的；(三)接到煤矿安全监管监察部门煤矿停产停工、停产整顿或关闭煤矿的报告后，没有采取有效措施，煤矿该停产停工而没有停产停工的、该关闭未关闭的；(四)由于工作疏忽或不负责任，作出的煤矿安全生产方面的决定给煤炭生产企业造成不应有的经济损失，或给政府工作造成不良影响的；(五)省辖市政府所辖区域内1个月内发现2处以

上、县(市、区)政府所辖区域内1个月内发现1处以上非法开采煤矿未采取有效制止措施的；(六)对公告关闭矿井超过关闭期限未达到关闭标准的。

三、各级政府有关部门依法履行煤矿安全监管监察职能，必须做好所辖煤矿安全生产日常监管监察工作

省安全生产监督管理局负责综合管理全省安全生产工作，研究、协调和解决安全生产中的重大问题，依法行使安全生产综合监督管理职权，指导、协调和监督有关部门安全生产监督管理工作，督促、指导落实安全生产责任制和安全生产责任追究制。

省煤炭工业管理局对全省煤矿安全生产负总责，负责对省属煤炭企业的安全监管工作，指导、协调、监督市级煤矿安全监管工作。负责煤矿改建扩建项目的核准、设计审查和竣工验收，资源整合方案的审批、瓦斯等级鉴定、矿井生产能力和通风能力的核定、质量标准化建设和发放煤炭生产许可证、矿长资格证等工作，对审批、核定等职责负有审查把关责任。组织指导煤矿安全生产技术培训、职业危害防治、煤矿救护队伍建设及其应急救援工作。负责煤矿使用的设备、材料、仪器仪表的安全准入管理工作。

河南煤矿安全监察局对煤矿安全实施重点监察、专项监察和定期监察，对煤矿安全监管工作进行检查指导。按照分级管理原则和上级授权，组织煤矿事故的调查处理。依法查处煤矿企业安全生产违法违规行为。对颁发煤矿安全生产许可证、建设工程安全设施的设计审查和竣工验收负有审查把关责任。

发展改革部门负责对符合国家或省级煤炭工业发展规划和矿区总体规划的煤矿新建项目的核准、初步设计审查和竣工验收。对煤矿新建项目核准、初步设计审查和竣工验收负有审查把关和监督管理责任。

国土资源部门负责煤炭资源勘查、开采的监督管理，组织认定资源枯竭矿井，依法查处非法采矿行为，负责对无证采矿、非法盗采、破坏性采矿造成矿产资源破坏价值进行鉴定。对无证非法开采、超层越界开采、批准扩储、发放采矿许可证、勘查许可证等负有审查把关责任。

公安部门负责对涉嫌非法开采和破坏性采矿等犯罪行为立案侦查及向检察机关移送起诉，负责煤矿爆炸物品购买、运输、爆破作业的安全监督管理，监控民用爆炸物品流向。对颁发民用爆炸物品购买许可证、民用爆炸物品运输许可证、爆破作业单位许可证、爆破作业人员许可证及煤矿违规使用爆炸物品和向正常生产矿井、未开工生产、停产整顿等煤矿违规供应爆炸物品负有监督管理责任。

供电企业依据政府有关规定对关闭、违法违规等煤矿依法中断供电和防窃电负有责任。

工商行政管理部门负责对煤炭生产企业注册登记和经营行为的监督管理，对煤矿的无照经营行为负有监督和牵头依法查处取缔的责任。

劳动保障部门负责规范煤矿劳动用工管理，对查处煤矿企业非法用工和损害矿工基本权益的行为、监督煤矿企业与劳动者签订合同、按时足额支付劳动者工资和参加社会保险负有监察责任。

监察机关对地方政府相关部门及其工作人员履行职责情况进行监督，对不履行或不正确履行职责的行为负责调查处理。

各级政府有关部门在落实煤矿安全生产日常监管监察责任中，其主要负责人、分管负责人和直接责任人有下列行为之一的，视情节轻重给予责令书面检查、通报批评、暂扣或吊销执法证件、调离工作岗位等行政处理或者依法给予行政处分；构成犯罪的，移交司法机关，依法追究刑事责任。

(一) 安全生产监管部门：1.不依法履行煤矿安全生产日常监督管理职责，对查出的煤矿隐患没有及时跟踪整改和复查的。2.发现重大安全生产隐患没有及时下达停止生产或者停产整顿指令的，对违背停止生产或者停产整顿指令而继续生产的煤矿没有及时提请有关政府关闭的。3.对停产整顿复产验收矿井不按规定标准验收或在验收中弄虚作假的。4.不按规定条件和程序核发矿长资格证，未对煤矿井下作业人员的安全生产教育和培训情况进行监督检查的。

(二) 煤炭行业管理部门：1.对煤矿改建扩建设计、采掘作业规程、资源整合方案审批和矿井图纸

资料审查把关不严，该批不批、不该批滥批造成不良后果的。2.发现存在重大安全生产隐患问题的煤矿不依法责令停产停工或提请政府予以关闭，或不按规定向上级报告并向有关职能部门通报的。3.对符合法定条件的煤矿申请办理煤炭生产许可证不予受理或不在法定期限内颁发煤炭生产许可证的；向不符合法定条件的煤矿颁发煤炭生产许可证、证件过期未作出处理的；接到有关通知后，对被责令停产停工整顿的煤矿未暂扣或不及时暂扣生产许可证，或对地方政府决定关闭的煤矿不依法吊销或不及时吊销生产许可证的。4.在煤矿瓦斯等级鉴定、煤矿生产能力核定中弄虚作假的。

(三) 煤矿安全监察机构：1.不依法履行对煤矿安全实施重点监察、专项监察和定期监察职责，对煤矿安全生产违法违规行为未依法作出现场处理或实施行政处罚的。2.向不符合法定条件的煤矿颁发安全生产许可证、证件过期未作出处理的；接到有关通知后，对被责令停产、停工的煤矿未暂扣或不及时暂扣安全生产许可证，或对地方政府决定关闭的煤矿不依法吊销或不及时吊销安全生产许可证的。3.对煤矿新建、改建、扩建工程的安全设施未经设计审查和工程竣工验收而同意施工和投入生产的，或该审查不审查的。

(四) 发展改革部门：1.违规或越权核准(审批)煤矿新建项目的。2.不按照国家或省级煤炭工业发展规划和矿区总体规划核准煤矿新建项目的。3.对煤矿新建项目设计审查和竣工验收把关不严的。

(五) 国土资源部门：1.对发现并查实的无证勘查、非法开采、超层越界开采、非法转让探矿权、采矿权等行为，不按规定予以制止和处罚的。2.向不符合法定条件的煤矿颁发采矿许可证的，证件过期未作出处理的，对地方政府依法决定关闭的煤矿不依法吊(注)销或不及时吊(注)销采矿许可证的。接到有关通知后，对被责令停产停工整顿的煤矿未暂扣或不及时暂扣采矿许可证的。3.对不具备扩储条件的资源枯竭矿井批准扩储的。4.对不具备扩储条件的资源枯竭矿井不上报关闭的。

(六) 工商行政管理部门：1.对符合法定条件的煤矿申请办理营业执照不予受理或不在法定期限内发照的。2.向不符合法定条件的煤矿发照或执照过期应下达停产指令未下达的、应当暂扣煤矿企业营业执照而未及时作出处理的。

(七) 公安部门：1.未按国家有关规定批准煤炭生产企业使用、购买、运输、储存民用爆炸物品的。2.对单位和个人向公安机关举报煤炭生产企业非法使用民用爆炸物品的行为不及时查处的。3.对煤矿生产安全事故和煤矿安全监察、国土资源等部门移交的非法开采、破坏性采矿等构成犯罪的刑事案件不按规定及时立案侦查的。

(八) 劳动保障部门：发现煤矿企业存在非法用工、未与劳动者签订劳动合同、未按时足额支付劳动者工资和未按有关政策规定参加社会保险等违法行为未依法进行查处的。

(九) 供电企业：对违法、非法及依法关闭的煤矿供电的。各产煤省辖市政府要结合本地实际，研究制定进一步加强煤矿安全监管的具体办法，明确和落实省辖市、县(市、区)、乡镇、街道办事处的安全监管职责，扎实有效开展安全监管工作。要按照豫政〔2008〕51号文件和《河南省人民政府办公厅关于坚决遏制煤矿重特大事故发生的紧急通知》(豫政办〔2008〕90号)要求，采取更加果断严厉措施，坚决遏制煤矿重特大事故发生，确保全省安全生产形势总体稳定。

关于贯彻落实《河南省矿山环境治理恢复保证金管理暂行办法实施细则》的实施意见

2009年8月20日　豫国土资文〔2009〕109号

各科室、分局、局属各单位、采矿企业：

为了进一步加强矿山环境治理和生态恢复，有效防治矿山开发造成的环境污染和生态破坏，现就贯彻落实《河南省矿山环境治理恢复保证金管理暂行办法实施细则》提出如下实施意见：

一、统一思想，提高认识

各单位要认真贯彻落实《河南省矿山环境治理恢复保证金管理暂行办法实施细则》，充分认识到《河南省矿山环境治理恢复保证金管理暂行办法实施细则》是做好矿山环境治理和生态恢复、有效防治矿山开发造成环境污染和生态破坏的规范性文件，认识到实施矿山环境治理恢复保证金管理，是国家应对矿山地质环境有效保护的重要举措，对我们做好矿山环境治理恢复工作具有重要的意义。

二、严密组织，抓好落实

贯彻落实《河南省矿山环境治理恢复保证金管理暂行办法实施细则》，采取统一组织、分类指导、全面实施的方法进行，市局负责全市矿山地质环境治理恢复保证金管理工作，各国土资源分局负责辖区内矿山地质环境治理恢复保证金管理工作。

(一) 动员部署阶段（7月15日－8月31日）

各分局要召开由分局班子成员、各科室负责人、采矿企业负责人参加的动员会，学习文件精神，进行安排部署，并要制定具体的实施方案。

(二) 调查摸底阶段（9月1日－9月30日）

各分局要组织安排专门人员负责此项工作，深入辖区采矿企业调查，全面建立采矿企业台账，了解辖区采矿企业生产、矿山地质环境保护情况，做好分类指导、全面实施的准备工作。

(三) 组织实施阶段（从10月1日开始）

各分局在建立采矿企业台账的基础上，要重点做好矿山企业的矿山环境治理恢复保证金的缴纳与管理、矿山地质环境保护与治理恢复方案编制与审批工作。

1. 矿山环境治理恢复保证金的缴纳与管理。

①在我市境内新建的、开采矿产资源的各类企业均应按规定缴纳矿山地质环境治理恢复保证金。不按规定缴纳的，不予颁发采矿许可证。

②2009年5月1日前，甲类已建和在建矿山，采矿权人应当从2009年5月1日后开始按规定标准缴纳矿山环境治理恢复保证金。乙类已建和在建矿山，我市已征缴矿山环境治理保证金的企业，可在延期、扩界时按规定标准缴纳矿山环境治理恢复保证金，不按规定缴纳的，采矿许可证不予年审或延续。

③矿山地质环境治理恢复保证金的缴存，可一次性缴纳，也可按年度缴纳。

④各分局建立采矿企业矿山地质环境治理恢复保证金交纳台账，每季度须向市局提交工作情况报告，接受上级监督检查。

2. 矿山地质环境保护与治理恢复方案编制与审批的要求。

①2009年5月1日前已取得采矿权的矿山企业，须在2010年9月30日前，委托有编制资质的单位编制《矿山地质环境保护与治理恢复方案》，报有批准权的国土资源行政主管部门批准。否则，采矿许可证不予年审或延续。

②2009年5月1日以后，采矿权申请人申请办理采矿许可证时，必须同时提交国土资源行政主管部门批准的矿山地质环境保护与治理恢复方案，方可取得采矿权。

③采矿权人扩大开采规模、变更矿区范围或者开采方式的，应当重新编制矿山地质环境保护与治理恢复方案，并报原批准机关批准。

附件：河南省财政厅 河南省国土资源厅 河南省环境保护厅关于印发《河南省矿山环境治理恢复保证金管理暂行办法实施细则》的通知

河南省财政厅、河南省国土资源厅、河南省环境保护厅关于印发《河南省矿山环境治理恢复保证金管理暂行办法实施细则》的通知

各省辖市财政局、国土资源局、环保局，各有关县（市）财政局、国土资源局、环保局，省直有关厅局：

为加强矿山环境治理和生态恢复，有效防治矿山开发造成的环境污染和生态破坏，根据《中华人民共和国矿产资源法》、《中华人民共和国环境保护法》等有关规定和财政部、国土资源部、国家环保总局《关于逐步建立矿山环境治理和生态恢复责任机制的指导意见》（财建〔2006〕215号）等有关要求，为了推进我省矿产资源有偿使用制度改革试点工作，逐步建立矿山环境治理和生态恢复责任机制，报经省政府批准，省财政厅、省国土资源厅、省环保局结合我省实际，制定了本办法，现印发你们，请遵照执行，执行中有什么问题，望请及时函告我们。

河南省矿山环境治理恢复保证金管理（暂行）办法

第一条 为加强矿山环境治理和生态恢复，有效防治矿山开发中造成的环境污染和生态破坏，根据《中华人民共和国矿产资源法》、《中华人民共和国环境保护法》等有关规定和《财政部、国土资源部、国家环保总局关于逐步建立矿山环境治理和生态恢复责任机制的指导意见》（财建〔2006〕215号），逐步建立我省矿山环境治理和生态恢复责任机制，制定本办法。

第二条 本办法适用于在河南省境内新设立和已投产的开采矿产资源的各类企业。

第三条 矿山环境治理恢复保证金（以下简称保证金），是指采矿权人按本办法规定提取，按照“企业所有、政府监管、专款专用”的原则，由企业在财政部门指定的银行专户存储的，用于其矿山环境治理和生态恢复的专项资金。资金及利息属采矿权人所有。

第四条 根据《中华人民共和国环境影响评价法》的规定，矿山企业由负责审批的环境保护主管部门会同国土资源行政主管部门，组织有资质的环境影响评价机构对矿山逐个进行评估，按照基本恢复矿山环境和生态功能的原则，提出矿山环境治理和生态恢复目标及要求。同时，国土资源行政主管部门会同环境保护部门，督促矿山企业，按评估结果及矿山环境治理和生态恢复目标及要求，委托有资质的机构，制定矿山生态环境保护和综合治理方案，提出达到矿山环境治理及生态恢复目标的具体措施和所需费用。在此基础上，经国土资源行政主管部门会同环境保护、财政部门组织专家对方案进行评审后，进行批复，并与矿山企业签订矿山环境治理和生态恢复责任书（格式附后）。

第五条 矿山环境治理恢复保证金按以下标准提取：

河南省境内所有矿山生产企业，按吨产品分年按月预提矿山环境治理恢复保证金，并计入成本。其中煤炭企业暂按每吨原煤产量5元的标准预提，其他矿种另行制定。国土资源、环境保护行政主管部门会同财政部门，依据新矿山设计年限或已服役矿山的剩余年限，以及经批准的矿山生态环境保护和综合治理方案提出的环境治理和生态恢复所需要的费用等因素，确定实际提取标准。

第六条 各矿山生产企业应当在同级财政部门指定的银行（简称代理银行）开设企业保证金账户，并于每月10日前，将按上月矿产品产量计算提取的保证金存入保证金账户。

保证金账户实行专户管理。资金专门用于矿山环境治理和生态恢复，不得挪作他用。按企业隶属关系，同级财政部门应建立保证金台账，并会同国土资源、环境保护行业主管部门对保证金进行监管。

代理银行应当加强对保证金的管理，未经同级财政部门、国土资源、环境保护部门批准，各代理银行不得为企业办理支取保证金手续。因银行工作失误或监管不到位而造成保证金转移或损失的，由

代理银行承担全部责任。

保证金专户资金的具体监管办法，由省财政部门具体制定。

第七条 矿山环境治理恢复保证金使用范围：

1. 矿区废水、废气、废渣等排放所造成的环境污染的治理及矿山绿化；

2. 采矿引发的崩塌、滑坡、泥石流、地面塌陷、地裂缝等环境地质灾害的治理；

3. 矿区地貌与生态环境和地质环境的恢复，包括国土整治和土地复垦；矿区地貌景观破坏、水土流失、土地沙化和地下水均衡破坏的治理；

4. 与矿区生态保护、治理和修复直接相关的其他支出。

第八条 矿山施工、运营、停办、关闭或闭坑时，采矿权人应完成相应的矿山环境治理和生态恢复工作。矿山环境治理完毕，由负责审批治理方案的国土资源管理部门联合同级环境保护部门、财政部门按照国家环境保护法律法规、矿山环境治理恢复责任书的有关规定进行验收。验收部门自采矿权人提出验收申请之日起，30日内完成验收工作。

第九条 矿山企业按完成工作量占治理工作总量的比例，填报《河南省矿山环境治理恢复保证金使用审批表》（格式附后），按批准的数额到代理银行办理资金使用手续。治理工程完成经验收合格后，企业持国土、环保、财政部门联合验收文件，到银行办理结余保证金使用手续，并由企业相应冲减成本支出。

第十条 采矿权人未按照矿山环境治理和生态恢复责任书要求标准治理或者治理工程验收不合格的，由负责审批的国土资源行政部门，责令限期治理。逾期不治理或者治理后验收仍不合格的，由负责审批的国土资源行政部门会同环境保护、财政部门以公开招标等形式，组织具有相关资质的单位代采矿权人实施矿山环境治理和生态恢复，治理费用从采矿权人存储的保证金中支出，资金不足部分由采矿权人承担。

第十一条 国土资源、环境保护、财政行政部门及其工作人员有下列情形之一的，由行政监察机关或者任免机关责令限期改正，并对直接责任人员给予行政处分，构成犯罪的依法追究刑事责任。

(一) 未按规定验收矿山环境治理和生态恢复工程的；

(二) 未按时办理保证金及利息使用手续的；

(三) 擅自将保证金及利息挪作他用的。

第十二条 本办法自2007年1月1日起实施。

附件：1. 河南省矿山环境治理和生态恢复责任书

2. 河南省矿山环境治理恢复保证金使用审批表

河南省矿山环境治理和生态恢复责任书

矿山名称：____________________

责 任 人：____________________

________日______期______年______月________日(单位公章)

一、矿山环境治理和生态恢复总体规划及治理目标：

二、矿山环境治理和生态恢复措施：

三、矿山环境治理和生态恢复时间、治理内容及所需资金（如分期治理，应分期填列）：

国土资源行政部门意见__________

经办处负责人签字__________　　　　主管领导签字______年___月___日（公章）

环境保护行政部门意见__________

经办处负责人签字__________ 主管领导签字_____年___月___日（公章）

财政部门意见__________________

经办处负责人签字__________ 主管领导签字_____年___月___日（公章）

注：填写一式四份，附矿区平面位置图。国土资源部门、环境保护部门、财政部门、企业各存一份。

河南省矿山环境治理恢复保证金使用审批表

一、矿山企业基本情况（企业盖章）

企业名称		企业地址	
企业法人代表		企业性质及隶属关系	
截止申请日保证金专户余额		元	

二、保证金使用申请

金额(万元)	使用理由

三、保证金审批

国土资源部门意见		经办处负责人签字		主管领导签字		年 月 日
环境保护部门意见		经办处室意见		主管领导意见		年 月 日
财政部门意见		经办处室意见		主管领导意见		年 月 日

说明：1.此表一式五份，财政部门、国土资源部门、环境保护部门、代理银行、企业各存一份。

印发关于加强煤矿安全生产若干规定的通知

2010年2月2日 豫政〔2010〕17号

各省辖市人民政府，省人民政府各部门：

现将《关于加强煤矿安全生产的若干规定》印发给你们，请认真贯彻执行。

关于加强煤矿安全生产的若干规定

第一章 总 则

第一条 为进一步加强全省煤矿安全生产工作，有效遏制重特大事故发生，实现全省煤矿安全发展，根据《中华人民共和国煤炭法》、《中华人民共和国安全生产法》、《国务院关于预防煤矿生产安全事故的特别规定》(国务院令第446号)等法律、法规和国家煤炭产业政策，结合我省实际，制定本规定。

第二条 牢固树立安全发展理念，坚持以人为本、生命安全高于一切，严格煤矿安全生产准入标准；坚持市场主体一律平等的原则，切实维护企业合法权益，依法推进煤矿企业兼并重组；加大政府监管力度，全面落实企业安全生产主体责任，完善煤矿安全生产监督管理和问责机制，建立和完善政府统一领导、部门依法监管、企业全面负责、群众参与监督、社会广泛支持的煤矿安全生产长效机制。

第二章　准 入

第三条　煤矿生产实行严格的准入制度。全省辖区内煤矿企业必须具备相应的安全生产技术和管理规模并符合安全生产条件。

(一) 煤矿安全生产技术和管理规模标准：1. 新建煤矿单井规模不低于45万吨/年；2. 现有煤矿单井规模30万吨/年(不含30万吨/年)以上；3. 生产规模100万吨/年以上的煤矿企业所辖煤矿单井规模不低于15万吨/年。

(二) 全省各类煤矿必须严格执行有关法律、法规、技术规范和安全规程，并具备以下安全生产条件：

1. 煤矿依法取得采矿许可证、安全生产许可证、煤炭生产许可证和营业执照，煤矿矿长依法取得矿长资格证和矿长安全资格证。

2. 煤矿“五职”矿长(矿长、安全副矿长、生产副矿长、技术副矿长、机电副矿长)具备煤矿安全生产相关专业中专以上学历，具有3年以上井下工作经验，持证上岗；安全管理人员、特种作业人员的数量符合要求并持证上岗，其中专职安全检查人员不少于20人；设置安全生产技术管理机构，配备的专业技术管理人员应具备相关专业中专以上学历，其中采掘、机电、通风等专业每个专业不少于3人，地测专业不少于1人。

3. 煤矿的通风、防瓦斯、防水、防火、防煤尘、防冒顶、防冲击地压等安全设备、设施和条件符合国家标准、行业标准，并有防范生产安全事故发生的措施和完善的应急处理预案。

4. 煤矿严格按照核定的生产能力组织生产，实行科学的定额定员管理；依法与从业人员签订劳动合同，为从业人员办理工伤保险；参加安全生产责任险；对井下安全生产工作实行一体化管理，不得将井下工程层层转包或以包代管。

5. 煤矿必须对井下工程进行闭合导线测量，及时填绘反映实际情况的井上井下工程对照图、采掘工程平面图、通风系统图和避灾路线图等图纸资料。采掘工程每月实测填图，并按照隶属关系，及时报煤炭行业管理部门备案。

6. 煤矿在用巷道净断面能满足通风、行人、运输和设置安全生产设施的需要：矿井主要运输巷、主要通风巷净高不低于2米，净断面不小于8平方米；采区巷道净高不低于1.8米，净断面不小于5平方米。煤巷采用金属支护(包括锚网支护)，岩石巷道应采取光爆锚喷、砌碹或其他复合型支护形式，杜绝木支护。

7. 煤矿采用正规壁式采煤方法，严禁巷道式采煤；炮采工作面应采用单体液压支柱支护，至少保持2个畅通的安全出口；煤矿井下必须采用机械化运输。

8. 煤矿实行双回路供电，提升、运输、通风、排水、空气压缩等各类设备保护齐全可靠；防爆电气设备有产品合格证和煤矿矿用产品安全标志，安全性能符合要求；定期对各类机电设备进行检验、检测、维护、保养和检查，设备运转运行良好；严禁使用非阻燃电缆、非阻燃皮带和国家明令淘汰的机电设备，杜绝电气设备失爆。

9. 煤矿通风符合《煤矿井工开采通风技术条件(AQ1028－2006)》的规定，矿井总风量、采掘工作面和各供风场所的配风量符合安全生产要求。

高瓦斯、煤与瓦斯突出矿井建立完善的井上下瓦斯抽放系统，坚持“先抽后采、监测监控、以风定产”的瓦斯综合治理方针，构建“通风可靠、抽采达标、监控有效、管理到位”的瓦斯治理工作体系。

煤与瓦斯突出矿井必须严格执行《防治煤与瓦斯突出规定》，坚持区域防突措施先行、局部防突措施补充的原则，在采掘作业前消除突出危险。

煤矿装备有完善可靠的自动化、数字化安全生产指挥调度系统、煤矿安全监控系统和井下人员定位系统。煤矿安全监控系统必须符合《煤矿安全监控系统及检测仪器使用管理规范(AQ1029－2007)》的要求。煤矿井下通讯线路、压风自救管路和防尘洒水管路铺设到煤矿每个采掘作业地点，并安全可靠。

10. 煤矿坚持"预测预报、有疑必探、先探后掘、先治后采"的防治水原则，严格执行《煤矿防治水规定》，落实"防、堵、疏、排、截"综合治理措施。

第四条 坚持政府引导和市场运作相结合，推动生产规模15－30万吨/年煤矿实施兼并重组，着力提高煤炭资源利用率、煤炭产业集中度和煤矿安全保障程度。

(一) 省内现有煤炭生产规模100万吨/年以上的企业可作为兼并重组主体，以产权为纽带兼并重组小煤矿。兼并重组主体企业所占股权比例不得低于51%。

(二) 按规划整合煤炭资源和兼并重组现有煤矿。省工业和信息化厅会同有关部门负责编制全省煤矿兼并重组规划，省资源整合领导小组办公室负责编制全省煤炭资源整合规划，按照"一个矿区一个主体开发为主"的原则和就近适量的原则，将现有小煤矿分矿区逐一明确兼并重组主体。

(三) 实施兼并重组的煤矿企业应当实行统一的专业化生产经营管理，成立安监、生产、技术、通风、机电、地测等安全生产技术管理机构，充实专业技术管理人员，其中采掘、机电、通风、地测等专业每个专业不少于3人。

(四) 已全额缴纳采矿权价款的被兼并重组煤矿，可将其剩余资源储量的采矿权价款折价入股兼并重组后的煤矿企业。被兼并重组煤矿退出煤炭生产直接转让采矿权的，由兼并重组后的煤矿企业向其支付剩余资源储量的采矿权价款。

兼并重组煤矿的采矿权价款处置及资产评估具体办法由省财政厅、国土资源厅另行制定。

(五) 有关部门在办理兼并重组煤矿证照变更和项目审批手续时要坚持公开、公正、公平的原则，提前进行公示或公告，提高办事效率和透明度。

(六)各产煤省辖市政府要研究制定具体实施办法和鼓励扶持政策，确保兼并重组工作顺利进行和社会稳定。大力支持省骨干煤炭企业作为兼并重组主体，按规划兼并重组小煤矿。国有煤炭企业在兼并重组过程中要发挥模范率先作用，推动兼并重组工作顺利进行。

各级财政部门、金融机构要积极支持煤矿兼并重组工作。

各级监察部门要全程参与，确保兼并重组工作规范、健康、有序推进。

第三章　退出

第五条 严格查处煤矿非法违法生产行为。煤矿存在下列非法违法生产行为的，由县级以上政府依法予以关闭：(一)不具备本规定第三、四条规定条件继续从事生产的。(二)未依法取得采矿许可证非法建设的。(三)拒不执行停产整顿指令或者经整改逾期仍达不到安全生产条件的。(四)无视政府监管，在技改区域组织生产的。(五)超层越界开采拒不退回的。

第六条 2010年年底前申请退出的煤矿(确定关闭矿井除外)，经有关部门核准，全额退还其缴纳的安全风险抵押金、剩余资源储量的采矿权价款等规费。

产煤省辖市、县(市、区)政府和省政府有关部门要研究制定煤矿退出的配套政策。

第四章　企业主体责任

第七条 煤矿企业是安全生产的责任主体，企业法定代表人是本单位安全生产第一责任人，应当履行下列安全生产主体责任：

(一) 应当按照国家有关规定提取煤炭生产安全费用，实行专户管理、专款专用。

(二) 应当建设安全质量标准化矿井，推行作业现场精细化管理，制定各岗位工作质量标准和各单项工程质量标准，创建本质安全型矿井。

(三) 应当严格执行技术管理有关规定，做好矿井瓦斯等级、煤尘爆炸性和自燃倾向性的鉴定报批工作。

(四) 应当按照规定对井下作业人员进行安全生产和职业安全健康教育培训并建立培训档案，保证井下作业人员具有必要的安全生产知识，熟悉有关安全生产制度和安全操作规程，掌握本岗位的安全操作技能。

(五) 应当加强劳动用工管理，煤矿企业所辖煤矿劳动用工实行统一管理、统一招录、统一培训、统一分配，并依法签订劳动合同。

(六) 应当按照规定每年对井下劳动定员进行核定，按照核定标准严格控制每班下井作业人数。

(七) 应当建立完善领导干部下井跟班带班制度，企业负责人和生产经营管理人员应当按照规定轮流带班下井，并建立下井登记档案。

(八) 应当建立完善隐患排查治理制度，对矿井隐患实行分级管理，定期排查、治理和报告；发现重大隐患，必须实行停产整顿，由领导包案，挂牌督办，限期整改。

(九) 应当建立应急救援体系，制定完善应急救援预案，经常开展灾害预防、避险、报警、自救、互救知识培训，定期进行应急救援预案演习，提升应急自救能力。

第五章　监督管理

第八条　各级政府是煤矿安全监管的责任主体，按照隶属关系和属地管理的原则，对辖区内各类煤矿实行综合监管。

(一) 各级政府要加强对煤矿安全生产工作的领导，支持、督促各有关部门依法履行煤矿安全生产监督管理职责。

(二) 各级煤矿安全监察、煤炭行业管理、国土资源、国有资产监管、能源、公安、工商、电力、监察等部门，要依法履行其相应的监管监察职责，各司其职，各负其责，相互配合，形成合力。

(三) 负责颁发采矿许可证、安全生产许可证、煤炭生产许可证、营业执照、矿长资格证和矿长安全资格证的部门，要加强对取得证照煤矿的日常监督管理，促使煤矿持续符合取得证照应当具备的条件。

第九条　打击和查处非法违法煤矿由产煤省辖市、县(市、区)、乡镇政府分级负责并组织实施。关闭煤矿由产煤省辖市、县(市、区)政府作出决定并负责组织实施，乡镇政府参与关闭工作。关闭煤矿必须达到切断煤矿所有供电电源、拆除生产设备、填实井筒、遣散人员、恢复地貌、收缴民爆物品的标准。

第十条　产煤省辖市、县(市、区)政府要明确煤炭行业管理部门，建立与辖区内煤矿安全生产监管任务相适应的专业监管队伍，组建煤矿瓦斯和水害等专业技术研究或服务机构，为所辖煤矿提供专业技术服务。

第六章　问 责

第十一条　县级以上政府负有煤矿安全生产监督管理职责的部门发现煤矿无证照或者证照不全从事生产的，要责令立即停止生产，没收违法所得和开采出的煤炭以及采掘设备，并处违法所得1倍以上5倍以下罚款；涉嫌犯罪的，移送司法机关处理；同时于2日内提请同级政府予以关闭。

第十二条　煤矿存在重大安全生产隐患，仍然进行生产的，由县级以上政府负有煤矿安全生产监督管理职责的部门依法责令停产整顿，提出整顿的内容、时间等具体要求，并依法处50万元以上200万元以下罚款，对煤矿企业负责人依法处3万元以上15万元以下罚款。

第十三条 煤矿企业未依照规定排查和报告重大隐患的，由县级以上政府负有煤矿安全生产监督管理职责的部门责令限期改正；逾期未改正的，责令停产整顿，并对煤矿企业负责人处3万元以上15万元以下罚款。

第十四条 煤矿企业未依照国家有关规定对井下作业人员进行安全生产教育和培训或者特种作业人员无证上岗的，由县级以上政府负有煤矿安全生产监督管理职责的部门责令限期改正，并处10万元以上50万元以下罚款；逾期未改正的，责令停产整顿。

第十五条 煤矿企业在生产过程中，1周内其负责人或者生产经营管理人员没有按照国家规定带班下井，或者下井登记档案虚假的，由县级以上政府负有煤矿安全生产监督管理职责的部门责令改正，并对该煤矿企业处3万元以上15万元以下罚款。

第十六条 乡镇政府辖区内有非法煤矿并且没有采取有效制止措施的，对乡镇政府的主要负责人以及负有责任的相关负责人给予停职或免职处理，再依法依纪追究责任；县(市、区)政府所辖区域内1个月内发现有2处或者2处以上非法煤矿并且没有采取有效制止措施的，对县级政府的主要负责人以及负有责任的相关负责人给予停职或免职处理，再依法依纪追究责任；涉嫌犯罪的，移送司法机关处理。

各级政府及其有关部门不依法履行职责，致使可以避免的重特大煤矿生产安全事故发生的，对直接责任人和主要负责人依照有关规定依法依纪追究责任；涉嫌犯罪的，移送司法机关处理。

第七章　附则

第十七条 本规定自印发之日起施行。省政府以前有关规定与本规定不一致的，以本规定为准。各省辖市政府和省政府有关部门要根据本规定，制定具体的实施细则。

关于批转河南省煤炭企业兼并重组实施意见的通知

2010年2月26日　豫政〔2010〕32号

各产煤省辖市人民政府，省人民政府各部门：

省政府同意省煤炭企业兼并重组领导小组办公室制定的《河南省煤炭企业兼并重组实施意见》，现批转给你们，请认真贯彻执行。

河南省煤炭企业兼并重组实施意见

按照《河南省人民政府印发关于加强煤矿安全生产若干规定的通知》（豫政〔2010〕17号）要求，依据国家有关法律、法规及我省煤炭资源整合政策，现就我省实施煤炭企业兼并重组提出以下意见：

一、指导思想和基本原则

(一) 指导思想。以邓小平理论和“三个代表”重要思想为指导，全面贯彻落实科学发展观，坚持以人为本、安全第一，以加快河南煤炭基地建设为主线，充分发挥大型煤炭企业管理、技术、资金、人才优势，实施煤炭企业兼并重组，大力培育发展大型现代化煤炭企业和企业集团，着力提高煤炭产业集中度，提升煤矿安全生产水平，促进全省煤炭工业安全发展、节约发展、清洁发展和可持续发展。

(二) 基本原则。

1. 坚持“政府引导、企业自愿、市场运作”的原则，切实维护企业合法权益，依法推进煤炭企业兼并重组。

2. 坚持“一个矿区以一个主体开发为主”和就近适量的原则，遵循地质规律，科学合理划分兼并重组区域，确定兼并重组主体；大力支持省骨干煤炭企业优先兼并重组相邻相近煤炭企业和整合煤炭资源。

3. 坚持发展先进与淘汰落后相结合的原则，依托大型煤炭企业兼并重组中、小煤矿，实现规模化经营。

4. 坚持市场主体一律平等的原则，统一安全标准，统一准入条件，依法保障企业正常生产经营活动，维护劳动者合法权益，促进社会和谐稳定。

二、兼并重组的范围、目标和方式

(一) 兼并重组的范围。1. 此次兼并重组的重点是全省年生产规模在15－30万吨的煤矿(含15和30万吨，不包括年生产规模100万吨以上煤炭企业所属矿井)。2. 具备豫政〔2010〕17号文件规定条件的年生产规模30万吨以上煤矿，可单独组织生产。

(二) 兼并重组的目标。通过兼并重组，充分利用大型煤炭企业在管理、技术、资金和人才等方面优势，逐步形成以大型煤炭企业为主的办矿体制，提高煤矿安全保障能力，提升煤炭整体开发水平。

到2010年年底，全省要力争建成3个年产5000万吨的特大型煤炭企业；省骨干煤炭企业控制的煤炭资源量占全省占用煤炭资源量的85%以上，产量占全省总产量的75%以上；单个矿井生产规模不低于15万吨/年。

(三) 兼并重组的方式。以省骨干煤炭企业为主体，以资源为基础，以资产为纽带，通过企业并购、转让、联合重组、控股等多种方式，由大型煤炭企业兼并重组中小煤矿；鼓励大型煤炭企业联合重组；国有煤炭企业之间的兼并重组，可采用资产划转的方式；非国有煤炭企业之间或非国有与国有煤炭企业之间的兼并重组，可采用资源、资产评估作价入股的方式。

三、兼并重组的实施

(一) 确定兼并重组主体。大力支持中平能化集团、河南煤化集团、义煤集团、郑煤集团、神火集团、河南省煤层气开发利用有限公司等大型煤炭企业作为兼并重组主体，兼并重组中小煤矿，实现规模化经营。

年生产规模100万吨以上的煤炭企业可兼并重组中小煤矿。

兼并重组主体企业在所兼并重组煤矿中所占股权比例不得低于51%。

(二) 划定兼并重组区域。按照兼并重组基本原则，在遵循现有煤炭生产布局的基础上，大型煤炭企业兼并重组工作原则上以以下矿区为主：

中平能化集团：平顶山矿区、韩梁矿区、临汝矿区、禹州矿区、郏县矿区；

河南煤化集团：永夏矿区、鹤壁矿区、安阳矿区、焦作矿区、济源矿区、新乡矿区；义煤集团：义马矿区、陕渑矿区、新安矿区、偃龙矿区、宜洛矿区、汝阳矿区；

郑煤集团：新密矿区、登封矿区、荥巩矿区、新郑矿区、三李矿区；

神火集团：永夏矿区、禹州矿区；

省煤层气开发利用有限公司：可利用自身技术力量优势，兼并重组中小煤矿。

省骨干煤炭企业或年生产规模100万吨以上的煤炭企业已兼并重组的小煤矿原隶属关系不变。

各产煤省辖市具备兼并重组主体资格的煤炭企业原则上只允许兼并重组本辖区内的中小煤矿，并可根据本实施意见确定的兼并重组原则和全省煤炭企业兼并重组整合规划兼并重组相邻相近的中小煤矿。

(三) 编制兼并重组整合规划。按照兼并重组的原则和全省煤炭资源赋存、产能规模以及矿井分布状况等，省煤炭企业兼并重组领导小组负责编制全省煤炭企业兼并重组整合规划。各产煤省辖市政府根据本地煤矿实际情况，按照本实施意见和全省煤炭企业兼并重组整合规划，负责编制本地中小煤矿兼并重组规划，对被兼并重组中小煤矿要逐矿明确兼并重组主体，并报省煤炭企业兼并重组领导小组审查批准。

四、兼并重组的工作步骤

兼并重组工作分为三个阶段，时间为一年半。

(一) 第一阶段(2010年2月－3月)：制定方案。对全省境内所有煤矿现状(包括：资源储量、地区分布、生产规模、所有制形式等)进行调查摸底，为兼并重组工作提供基础数据；结合我省实际，制定兼并重组方案。同时，召开专门会议对兼并重组工作进行安排部署。

(二) 第二阶段(2010年4月－2011年3月)：组织实施。

按照兼并重组方案，明确兼并重组主体企业，确定被兼并重组小煤矿，制定配套措施，建立退出机制；兼并重组企业双方按照有关规定进行资产评估，签订相关协议，报国资部门或企业股东会(董事会)批准；办理相关产权、证照变更或过户手续。

(三) 第三阶段(2011年4月－6月)：检查验收。

兼并重组完成后，省政府将组织有关部门对兼并重组后的企业进行检查验收，并对兼并重组工作进行总结。

五、支持兼并重组的政策

兼并重组企业要严格按照《中华人民共和国公司法》规定，完善公司治理结构，实行统一的专业化生产经营管理；省政府将在资源、资金、税收等方面对兼并重组企业予以支持。

(一) 资源配置方面：根据兼并重组规模和全省煤炭生产开发规划，按照就近适量原则，优先将被兼并企业周边或部分深部资源配置给兼并重组主体企业；对于未参加兼并重组的小煤矿，一律不予新增资源，采矿权到期后不予延期。

(二) 资金方面：在向国家申报争取国家煤矿安全改造等项目资金时，优先考虑兼并重组的省骨干煤炭企业；支持企业发展的有关专项资金安排使用时向兼并重组煤炭企业安全技改等项目倾斜。兼并重组企业的煤矿生产安全费用可以重新确定提取标准。

(三) 安全监管方面：被兼并重组煤炭企业的安全生产责任由兼并重组主体企业承担，两年内安全指标单列、单独考核，两年后纳入兼并重组主体企业统一考核。

(四) 矿权转让及调整方面：对已全额缴纳采矿权价款的被兼并重组煤矿，原则上应将其剩余资源储量的采矿权价款折价入股兼并重组后的煤炭企业；被兼并重组煤矿退出煤炭生产直接转让采矿权的，由兼并重组后的煤炭企业向其支付剩余资源储量的采矿权价款；兼并重组的煤炭企业新增资源在办理采矿许可证时，可按国家有关规定分期分批缴纳采矿权价款。

(五)税收方面：兼并重组后的煤炭企业在印花税、契税、所得税等方面，享受国家规定的税收优惠政策。具体办法按财政部、国家税务总局有关规定执行。被兼并重组企业仍按原渠道纳税。

(六) 金融方面：省政府支持具备条件的兼并重组企业上市融资，通过发行企业债券、股权转让等融资方式筹集发展资金；各类金融机构应积极支持煤矿企业兼并重组工作，在金融资源投放决策时，对兼并重组企业优先给予信贷支持，对其贷款授信和不良债务回购等予以优惠；鼓励省内商业银行开展并购贷款业务，设立小煤矿兼并重组专项贷款资金，加大对小煤矿兼并重组的贷款支持力度。

(七) 资产补偿方面。对被兼并重组的煤矿，其现有的生产设备、工程投入以及地面建筑物等财产经有资质的机构进行评估后，由兼并重组主体企业给予一定的补偿。

(八) 行政审批方面：各产煤省辖市、县(市、区)政府有关部门要简化程序、减免费用，对涉及工商设立登记、变更登记、注销等事项的，要实行一站式集中办理，提供优质便捷服务；涉及采矿许可证、勘察许可权证、土地使用权证、房屋所有权证等变更或转移，以非交易形式办理的，减免相关费用；对被重组企业原使用的划拨土地，按照国家和省企业重组改制土地资产处置政策进行处置，符合国有资产无偿划转规定的进行无偿划转。

(九) 环境优化方面：完成兼并重组的煤炭企业要依法依规从事生产经营，不得乱停产。政府及有关部门依法保护企业利益和规范监管，不得乱检查、乱收费。

六、建立小煤矿退出机制

对于不符合豫政〔2010〕17号文件要求或者未参加兼并重组的小煤矿，必须退出煤炭开采领域，并可享受以下退出政策：

(一) 全额返还安全风险抵押金。对2010年年底前申请退出的煤矿(因非法违法生产被关闭的矿井除外)，经有关部门核准，全额退还其缴纳的安全风险抵押金。

(二) 退还剩余煤炭可采储量采矿权价款。对退出煤炭开采的煤矿，由相关部门对其剩余资源储量进行核查，并按原价款的1.5－2倍由政府予以退还；如其剩余资源被整合给其他煤炭企业，由兼并重组煤炭企业支付。

(三) 优先安置职工。各级政府要督促兼并重组煤炭企业优先安排录用退出矿井的职工，维护职工合法利益，确保社会稳定。

(四) 争取国家补偿。省政府将积极向国家申请小煤矿关闭补助资金，用于小煤矿退出补偿工作。

七、工作要求

(一) 统一思想，提高认识。实施煤炭企业兼并重组是我省为建立煤矿安全生产长效机制采取的一项重要举措，对促进煤炭工业健康发展具有十分重要的意义。各产煤省辖市、县(市、区)政府及有关部门要高度重视，主要负责人要亲自抓好组织领导工作，加强舆论宣传，在全省形成有利于企业兼并重组的良好氛围，并积极协调解决有关问题，确保煤炭企业兼并重组工作按期完成。

(二) 加强领导，成立机构。为加强对全省煤炭企业兼并重组工作的领导，省政府成立煤炭企业兼并重组领导小组，负责全省煤炭企业兼并重组工作。领导小组下设办公室，办公室设在省工业和信息化厅。各产煤省辖市、县(市、区)政府也要成立相应的领导小组，加强对本地煤炭企业兼并重组工作的组织领导，统筹推进煤炭企业兼并重组工作。

(三) 明确职责，落实责任。为确保高质量、按时完成煤炭企业兼并重组工作，煤炭企业兼并重组领导小组各成员单位要依法履行职责，认真开展工作。省工业和信息化部门要会同其他单位制定煤炭企业兼并重组规划，并做好日常综合组织协调工作；省发展改革部门要会同省资源整合领导小组其他成员单位制定煤炭后备资源整合规划；省国土资源部门负责对被兼并重组小煤矿资源进行认定，会同有关单位做好煤炭资源配置以及采矿权价款核准工作；省财政、国资、国土资源等部门负责采矿权价款处置、企业资产评估办法的研究制定工作；省安全监管部门负责加强对兼并重组煤矿的安全生产监管工作；省工商部门负责审核办理工商营业执照及变更工作；省税务部门负责税收优惠政策的落实工作；其他相关部门要积极配合。

兼并重组工作以产煤省辖市、县(市、区)为责任单位，各产煤省辖市、县(市、区)政府负责本辖区内煤炭企业兼并重组工作，政府主要负责人是煤炭企业兼并重组工作的第一责任人。各产煤省辖市、县(市、区)政府及有关部门要根据职责分工，采取措施，落实责任，积极推进兼并重组工作的开展。同时，要制定落实本地小煤矿退出配套政策，确保社会稳定。

省骨干煤炭企业在兼并重组过程中要发挥模范率先作用，推动兼并重组工作顺利进行；要利用管理、技术、人才、资金等方面优势，有效解决小煤矿存在的安全生产水平低、资源浪费严重等问题；要承担相应的社会责任，最大限度地维护被兼并重组小煤矿的合法利益，支持当地经济发展。

(四) 加强监管，确保安全。各级政府、各兼并重组主体企业要认真落实安全监管责任，对未参加兼并重组的煤矿，要加强监管，防止非法违法生产，对重组后的煤矿，按照《河南省人民政府印发关于加强煤矿安全生产若干规定的通知》(豫政〔2010〕17号)要求，制定改造方案和措施，杜绝不技改偷生产、边技改边生产现象，坚决防止因安全监管缺位、不到位发生安全事故。

关于实施河南省矿产资源总体规划(2008－2015年)的通知

2010年9月29日　豫政〔2010〕76号

各市、县人民政府，省人民政府有关部门：

《河南省矿产资源总体规划(2008－2015年)》(以下简称《规划》)已经国土资源部批准，现就实施《规划》有关事项通知如下：

一、充分认识实施《规划》的重要意义。《规划》是规划期内指导我省矿产资源勘查、开发利用与保护的纲领性文件。加强《规划》的实施和管理，对促进经济发展方式和矿产资源开发利用方式转变、提高矿产资源利用水平和保障能力、改善矿区生态环境、维护良好的矿业秩序等具有重要意义。各级政府和有关部门要认真落实《规划》确定的各项任务和措施，坚持“在保护中开发、在开发中保护”的方针，妥善处理当前与长远、局部与全局的关系，构建保障和促进科学发展的新机制，保障我省矿业持续健康发展。

二、严格依法监管矿产资源勘查开发活动。各级政府要严格按照《规划》审查矿产资源调查评价与勘查、开发利用与保护、矿山地质环境恢复治理与矿区土地复垦项目，切实加强对矿产资源勘查、开发利用与保护的监督管理，凡不符合《规划》的不得批准立项，不得审批、颁发勘查许可证和采矿许可证，不得批准用地。

三、全面开展市、县级矿产资源规划的编制工作。各地要按照《规划》要求，结合本地矿产资源特点、经济社会发展需要，组织国土资源部门抓紧编制市、县级矿产资源规划。涉及矿产资源开发利用活动的相关行业规划，应与矿产资源规划相衔接。

四、积极创新地质勘查工作机制。加大政策与资金支持力度，改善矿业投资环境，积极发挥市场配置资源的基础性作用，鼓励和引导社会投资开展商业性勘查，努力提高基础性地质勘查工作成效。

五、着力加强矿产资源开发利用管理。严格执行《规划》确定的分区和开采准入条件，推进矿业经济区和重要开采区配套建设，促进矿产资源开发利用合理布局。加强对矿产资源开发利用宏观调控，严格控制煤炭(煤层气)、铝土矿、钼(钨)、锑等矿产的开采总量，禁止开采石煤、蓝石棉等矿产。

六、继续深化矿山地质环境保护与恢复治理。各地要严格矿产资源开发利用的环境保护准入管理，逐步建立矿山地质环境保护考核制度，加强矿山地质环境调查与监测；要加强对采矿权人履行矿山地质环境治理恢复义务情况的监督检查，建立矿山地质环境治理恢复分类管理机制，积极推进矿区的土地复垦。

七、切实加强《规划》的实施管理。各级政府要建立健全各级矿产资源规划编制、审批和实施的领导责任制，将矿产资源规划目标和主要指标纳入本级国民经济和社会发展规划并严格执行；要切实加强对《规划》执行情况的监督检查，及时纠正各类违规行为；要加强对《规划》的宣传，接受社会对《规划》实施情况的监督，提高全社会珍惜和保护资源的意识。《规划》文本及其附件由省国土资源厅负责印发。

关于印发河南省价格调节基金征收使用管理办法的通知

2011年7月4日 豫政〔2011〕54号

各省辖市人民政府，省人民政府各部门：

现将《河南省价格调节基金征收使用管理办法》印发给你们，请认真贯彻执行。

河南省价格调节基金征收使用管理办法

第一章 总 则

第一条 为提高政府调控市场价格能力，合理配置自然资源，保障生产、生活资料供应，平抑重要商品市场价格异常波动，根据《中华人民共和国价格法》，结合河南省实际，制定本办法。

第二条 本办法所称价格调节基金是指省政府为调控重要商品市场价格，建立应急保障调节机制，促进全省经济平稳较快发展，依法向企业征收的专项基金。

第二章 征 收

第三条 为稳步推进省级价格调节基金制度的建立，起步阶段先对煤炭(含焦炭，下同)征收价格调节基金。价格调节基金在煤炭销售价格外从量计征。凡在本省行政区域内从事煤炭生产、销售的企业按销售量缴纳价格调节基金。价格调节基金征收标准按品种分类确定为：原煤20元/吨，洗选煤30元/吨，焦炭35元/吨。对洗选煤、焦炭征收价格调节基金时，在其原煤购进时已缴纳价格调节基金的，凭供货方提供的价格调节基金缴讫凭证抵扣。

第四条 价格调节基金委托地税部门在每月收缴税费时代征，并于次月15日前将代征的价格调节基金足额缴入国库。代征价格调节基金时统一使用省地税局监制的税收票证。

第五条 向煤炭企业征收的价格调节基金由省与市、县(市、区)按比例分享。省属煤炭、焦炭企业缴纳的价格调节基金，省级留用80%，拨付市、县(市、区)20%；其他煤炭、焦炭企业缴纳的价格调节基金，省级留用50%，拨付市、县(市、区)50%。

第六条 对收缴入库的价格调节基金，省财政部门应在规定时间内将市、县(市、区)按比例分享的价格调节基金全额划拨给市、县(市、区)财政价格调节基金专户。具体征缴办法由省价格主管、财政、地税部门另行制定。

第三章 管 理

第七条 向煤炭企业征收价格调节基金工作由省经济运行领导小组统一领导。省经济运行领导小组下设价格调节基金管理办公室，负责价格调节基金的日常管理工作。省价格调节基金办公室设在省发展改革委。

第八条 省经济运行领导小组负责指导、协调价格调节基金征收、使用、管理工作；研究价格调节基金的使用方向和重点；审查价格调节基金年度收支计划，审查征收标准调整方案，报省人民政府批准。省价格调节基金办公室负责对价格调节基金的征收、使用进行日常管理；编制价格调节基金年度收支计划；提出价格调节基金征收标准调整方案；开展煤炭价格监测分析；监督、检查价格调节基金的征收、使用情况和省经济运行领导小组制定的相关政策、决定的执行情况；协调解决价格调节基金征收、管理、使用中的相关问题。

第九条 价格调节基金实行“收支两条线”，由财政部门对价格调节基金按预算外进行管理并专户存放、专款专用。

第四章 使 用

第十条 价格调节基金的主要用途：

(一) 调节煤炭供求，平抑省内电煤价格；

(二) 支持煤炭、电力等相关产业发展；

(三) 电煤保障应急体系建设；

(四)煤炭矿区地质灾害处理和关闭小煤矿；

(五)煤炭资源有效利用与煤矿安全设施改造；

(六)扶持“菜篮子”工程建设；

(七)省人民政府批准的其他支出项目。

第十一条 价格调节基金使用由省价格调节基金办公室提出资金用途和金额，报省经济运行领导小组审核批准。

第十二条 价格调节基金资金申请经省经济运行领导小组批准后，由省发展改革委下达资金使用计划。省财政部门根据资金使用计划下达资金预算，并按实施进度办理资金拨付手续。

第十三条 价格调节基金使用单位应当严格按用途使用，并向省价格调节基金办公室和省财政部门报送资金使用情况、计划执行情况、年度决算及项目决算报告。

第十四条 省价格调节基金办公室对价格调节基金的使用进行跟踪监督检查，组织相关部门对完成的项目进行评估和验收，确保专款专用。

第十五条 地税部门代征费用：向省属煤炭、焦炭企业代征价格调节基金，代征手续费为实际征收额的1%；向其他煤炭、焦炭企业代征价格调节基金，代征手续费为实际征收额的3%。

第十六条 省价格调节基金办公室的正常支出，由省财政部门审核后在基金中列支。

第五章 监督检查

第十七条 对不按期缴纳价格调节基金的，由省价格调节基金办公室负责追缴；情节严重的，由价格主管部门按照相关法律、法规进行查处。

第十八条 价格调节基金的项目实施单位擅自改变基金用途，由省价格调节基金办公室责令限期改正；逾期不改的，取消其使用基金资格，收回投入的资金。对情节严重、构成犯罪的责任人，移送司法机关依法处理。

第十九条 代征部门违反本办法规定，擅自多征、减征、缓征、停征或截留、侵占价格调节基金的；征收、管理价格调节基金的工作人员滥用职权，贪污、挪用、私存价格调节基金的，依照《财政违法行为处罚处分条例》(国务院令第427号)等规定，由有关部门给予行政处分；构成犯罪的，依法追究刑事责任。

第二十条 各级价格主管、财政、审计、监察等部门应按照职责分工，加强对价格调节基金征收、拨付、使用的监督检查，确保基金及时足额征收和按规定使用。

第六章 附 则

第二十一条 各市、县(市、区)人民政府对省分配使用的价格调节基金，可根据本办法规定的用

途具体安排使用方向。

第二十二条　本办法自下发之日起施行。各市、县(市、区)人民政府停止对煤炭征收价格调节基金，对其他商品和服务征收的价格调节基金及管理方式仍暂按各地的规定执行。

关于印发《湖北省全生产风险抵押金管理暂行办法》的通知

2005年11月2日　鄂安监管法规〔2005〕214号

各市州、直管市、神农架林区安全生产监督管理局、财政局，省直各有关部门：

为了贯彻落实国务院国发〔2004〕2号文件和省人民政府鄂政发〔2004〕53号文件精神，落实安全生产责任制，强化生产经营单位的安全生产责任，提高安全意识，保障人民群众生命和财产安全，加强对生产经营单位安全生产风险抵押金管理，特制定《湖北省安全生产风险抵押金管理暂行办法》，现印发给你们，请结合本地本部门实际，认真贯彻执行。

附件：湖北省安全生产风险抵押金管理暂行办法

湖北省安全生产风险抵押金管理暂行办法

第一条　根据国务院《关于进一步加强安全生产工作的决定》(国发〔2004〕2号)和省人民政府《关于进一步加强安全生产工作的决定》(鄂政发〔2004〕53号)关于建立安全生产风险抵押金制度的有关规定，为强化生产经营单位的安全生产责任，建立安全生产风险防范机制，加强对生产经营单位安全生产风险抵押金管理，制定本暂行办法。

第二条　安全生产风险抵押金是生产经营单位根据危险程度预先交纳的资金。本省行政区域内从事矿山、危险化学品、烟花爆竹生产经营活动的单位应当按照本办法的规定，交纳安全生产风险抵押金。

第三条　安全生产风险抵押金年缴纳标准：

(一) 煤矿生产企业以生产矿井为单位按年生产能力分档缴纳：年生产能力低于3万吨（含3万吨）的，缴纳30万元（其中煤与瓦斯突出矿井和高瓦斯矿井不抵于40万元）；企业年生产能力3万吨以上的，每增加1万吨能力，风险抵押金增加5万元（煤与瓦斯突出矿井和高瓦斯矿井每增加1万吨能力，风险抵押金增加7万元），但最高不超过100万元（煤与瓦斯突出矿井和高瓦斯矿井不超过140万元）。

(二) 非煤矿山实行分类分档缴纳：

井工开采的非煤矿山（石膏矿除外）按生产能力缴纳。年生产能力5万吨以下的，缴纳3－5万元；年生产能力5－10万吨的，缴纳5－10万元；年生产能力10万吨（含10万吨）以上的，缴纳10－30万元；

露天开采的非煤矿山和石膏矿按照年生产能力分档缴纳：年生产能力10万吨以下的，缴纳1－5万元；年生产能力10－30万吨的，缴纳5－10万元；年生产能力在30万吨以上的，缴纳10－20万元。

(三) 烟花爆竹、危险化学品生产经营单位，其风险抵押金标准按年销售额分档收取：

危险化学品生产企业：年销售额1000万元以下的，缴纳3－5万元；年销售额1000－5000万元的，缴纳5－10万元；年销售额5000－10000万元的，缴纳10－20万元；年销售额1亿元以上，缴纳20－30万元。

危险化学品批发经营企业，其风险抵押金缴纳标准为：3－5万元。

烟花爆竹生产企业风险抵押金缴纳标准为：年销售额300万元以下的，缴纳3－5万元；年销售额300－1000万元的，缴纳5－10万元；年销售额1000－5000万元的，缴纳10－15万元；年销售额5000

万元以上的，缴纳20万元。

烟花爆竹批发经营企业风险抵押金缴纳标准为：年销售额500万元以下的，缴纳3－5万元；年销售额500－1000万元的，缴纳5－10万元；年销售额1000－5000万元的，缴纳10－15万元；年销售额5000万元以上的，缴纳20万元。

(四) 新开办煤矿、非煤矿山、巷探矿井、烟花爆竹、危险化学品企业基本建设期间，风险抵押金按10－20万元标准收取。

第四条 安全生产风险抵押金的使用

(一) 安全生产风险抵押金在生产经营单位发生安全事故后按一定比例转作救灾抢险资金，救灾抢险资金由安全生产监督管理部门统筹管理使用。主要用于处理安全生产事故而发生的指挥、抢险、救援工作费用。

(二) 安全生产风险抵押金转作救灾抢险资金的比例为：

1. 煤矿、非煤矿山、危化品、烟花爆竹生产企业当年发生一次死亡3人以上（含3人）重、特大事故或者当年发生两次死亡1－2人的或直接经济损失300万元以上的生产安全事故，所缴安全生产风险抵押金全部转作救灾抢险资金。

2. 煤矿、非煤矿山、危化品、烟花爆竹生产企业当年发生一次死亡1－2人或直接经济损失100－300万元的生产安全事故，所缴安全生产风险抵押金的50%转作救灾抢险资金。实际发生额大于50%的，按实际发生数据实结算。

3. 发生重伤和直接经济损失50－100万元的，所缴安全生产风险抵押金的25%转作救灾抢险资金。

(三) 安全生产风险抵押金利息收入转作救灾抢险资金，由安全生产监督管理部门按规定统一使用。

(四) 企业正常处理安全事故和事故善后工作所发生的费用由企业负担，不包括本办法所称的救灾抢险资金。

第五条 安全生产风险抵押金的管理

(一) 安全生产风险抵押金由安全生产监督管理部门会同财政部门管理，由市(州)、县(市、区)安全生产监督管理部门分别负责收取，存入同级财政部门指定的银行账户，实行专户存储，专款专用，任何单位和个人不得截留和挪用。按照属地管理的原则，市州安全生产监督管理局负责省属、市属和中央在鄂企业(国家有规定的除外)安全生产风险抵押金的收取；县（市区）安监局负责辖区内企业风险抵押金的收取。

(二) 生产经营单位缴纳的安全生产风险抵押金计入“其他应收款”科目，按规定转作救灾抢险资金后，安全生产监管部门应及时通知生产经营单位，并提供资金使用凭证，生产经营单位按现行财务会计制度规定进行账务处理。

(三) 全省安全生产红旗单位和连续三年无生产死亡事故的企业，按应缴风险抵押金总额减半收取。全省安全生产先进单位或当年无死亡事故的企业，按应交风险抵押金总额的75%收取。

(四) 企业于每年二月底前，将当年安全生产风险抵押金足额缴存指定银行。逾期未缴纳的，由安全生产监督管理部门责令缴纳。

(五) 安全生产风险抵押金按年度结算。结算办法按本规定第四条、第五条有关规定实行。不足部分应予补齐，超过部分应予退还。其余的转作下年度的风险抵押金。

(六) 企业因关闭、破产、歇业等原因停止生产时，由企业提出申请，经安全生产监督管理部门批准后，返还结余的安全生产风险抵押金。

(七) 安全生产风险抵押金的管理和使用，接受同级财政、审计部门的检查监督。各县（市、区）安全生产风险抵押金的收取和使用情况应每年向上一级安全生产监督管理机构报告；各市（州）安全生产监督管理机构对所辖区域内安全生产风险抵押金的管理和使用情况实行监管，并将收支情况报省安全生产监督管理局备案。

第六条 生产经营单位不按规定缴纳风险抵押金的，由风险抵押金管理部门责令限期交纳；拒不缴纳的，按未保证安全生产投入依法予以处理。

第七条 各市(州)可根据本暂行办法和当地实际情况，制定实施细则。

第八条 本办法由省安全生产监督管理局会省财政厅解释。

第九条 本办法自下发之日起执行。

关于煤炭资源整合的实施意见

2006年07月31日 鄂政发〔2006〕39号

各市、州、县人民政府，省政府各部门：

根据《国务院关于促进煤炭工业健康发展的若干意见》（国发〔2005〕18号）和《国务院关于全面整顿和规范矿产资源开发秩序的通知》（国发〔2005〕28号）等文件精神以及有关安全生产法律法规的要求，现就全省煤炭资源整合工作提出以下实施意见。

一、指导思想、工作目标和步骤

(一) 指导思想。

以科学发展观为指导，坚持可持续发展和安全发展，综合运用法律、经济和必要的行政手段，一手抓煤矿整顿关闭，严厉打击非法违法生产；一手抓煤炭资源整合，淘汰落后生产能力，促进煤炭工业结构调整，提高煤矿安全保障水平。

(二) 工作目标。

1. 严格控制煤矿数量。以全省现有696处煤矿为基数，原则上按照压减35%的比例进行控制，到2008年6月底，全省煤矿数量控制在482处以下，其中黄石市47处以下、襄樊市25处以下、荆州市10处以下、宜昌市181处以下、十堰市20处以下、荆门市54处以下、咸宁市25处以下、恩施州120处以下。各地在实际工作中要力争多关闭。

2. 坚决淘汰落后生产能力。淘汰巷道式采煤等非正规采煤方法，淘汰年生产能力3万吨以下的矿井，煤炭资源整合后形成的矿井生产能力不低于6万吨/年。边角地带或边远山区，按程序报批后，合理确定井型。

3. 切实提高煤矿整体水平。煤炭资源整合应由一个法人主体实施，以大并小，以优并劣，形成一套生产系统。通过资源整合、技术改造和强化安全管理，提高安全保障程度，减少各类事故发生。

二、切实抓好煤炭资源整合

(一) 进一步加大整顿关闭工作的力度。

在进一步落实《省委办公厅、省政府办公厅关于进一步做好全省煤矿整顿关闭的意见》（鄂办文〔2006〕20号）的基础上，加大下列三类矿井的关闭力度。

1. 资源接近枯竭和布局不合理矿井。采矿许可证证内保有储量低于10万吨且采矿许可证在2007年年底前到期的煤矿，采矿许可证到期后及时注销各种证照，当年依法予以关闭；采矿范围在垂直方向上相互重叠的矿井，只能保留一个，其余予以关闭。

2. 生产和能力落后的矿井。关闭生产能力在3万吨及以下的煤与瓦斯突出矿井；2007年底以前淘汰年生产能力在3万吨及以下的矿井。

3. 地方人民政府决定依法予以关闭的矿井。各级人民政府对发生重特大事故后决定依法予以关闭的矿井；各级人民政府决定依法关闭的不符合当地产业政策的矿井。

按照“属地管理”的原则，由地方人民政府国土、煤炭、安监部门提出关闭和淘汰的矿井名单，提请同级人民政府或者由地方人民政府依法直接作出关闭决定。

(二) 切实搞好煤炭资源整合。

1. 煤炭资源整合的范围。

(1) 按照国家产业政策，对下列合法矿井（含生产矿井、新建矿井和改扩建矿井）进行整合：单井年生产能力在3万吨及以下的；一个采矿权人，存在两对或多对矿井的；布局不合理、井田划分不合理的；单翼开采矿井走向长度不足500米的，双翼开采走向长度不足1000米的；开采同一煤层，矿井之间无不可逾越的地质构造相隔的。

(2) 已关闭矿井原则上不得纳入整合范围，经认定尚有开采价值的资源可以纳入整合范围；年生产能力3万吨及以下的煤与瓦斯突出矿井，不得纳入整合范围。

(3) 属于整合范围、具备整合条件的矿井都必须进行整合，拒不参与整合或未按规定期限进行整合的，不予批准单井改造，采矿许可证到期后，所有证照不再变更延续，依法关闭。

2. 煤炭资源整合的方式。

由有资质的中介机构对整合矿井进行资产评估后，以一个规模较大、技术力量较强、经济效益较好的煤矿为整合主体，出资对相邻矿井进行收购，保留一套生产系统；或按照平等协商、互惠互利、自愿合作的原则，通过产权入股，形成新的煤矿，保留一套生产系统。

3. 煤炭资源整合的程序。

由县级以上人民政府组织相关部门，制订辖区内煤炭资源整合方案，并逐级上报。经批准后，整合矿井按照新建煤矿的设计、审查、验收、办证的程序进行。

三、有关工作要求

(一) 加强组织领导。煤矿整顿关闭和煤炭资源整合工作，由省人民政府统一领导，各市、州、县人民政府分级负责。省政府成立专门的工作机构，由省安全生产监督管理局牵头抓落实。各产煤市（州）、县（市）要成立相应的工作机构，指定牵头部门，落实政府和职能部门的工作责任。各产煤县（市）主要领导要亲自抓，分管领导具体抓，切实加强对煤矿整顿关闭和煤炭资源整合工作的领导。

(二) 制定三年规划。市（州）政府要根据省政府下达的矿井数量控制指标，组织制定本地煤矿整顿关闭和煤炭资源整合工作三年（2005年7月~2008年6月）规划，确定到2008年6月底保留的矿井，明确分年度减少矿井数量计划和名单，并按县（市）进行分解。其中矿井关闭淘汰主要应安排在2006年和2007年，2008年原则上不安排关井计划。

各产煤市（州）于2006年7月31日前正式上报规划，经批准后实施。

(三) 完善联合执法机制。各地各有关部门要认真落实《关于进一步做好全省煤矿整顿关闭工作的意见》（鄂办文〔2006〕20号）和《关于制定煤矿整顿关闭工作三年规划的指导意见》（安委办〔2006〕19号）所规定的职责，建立健全政府统一领导、相关部门共同参与的联合执法机制，提高执法权威和执法效率。

关于进一步加强电煤供应和电力保障工作意见的通知

2008年7月8日　鄂政办发〔2008〕48号

各市、州、县人民政府，省政府各部门：

省经委、省发改委《关于进一步加强电煤供应和电力保障工作的意见》已经省人民政府同意，现转发给你们，请认真贯彻执行。

为有效解决我省电煤供应问题，为全省经济社会发展提供坚强的电力保障，现就进一步加强电煤供应和电力保障工作提出如下意见：

一、当前我省电煤供应面临的严峻形势

1. 全省经济社会发展导致对电煤的需求快速增长。当前，我省正处于工业化的中期，正处于新一轮的快速发展期。经济社会发展和人民生活水平提高，导致对电力和电煤的需求量快速增长。2007年，全省电煤消费量高达2900万吨，比2002年净增加1800万吨。预计到2015年，全省火电装机将达到2300万千瓦左右，电煤消费将超过5500万吨，比2007年增加2400万吨。

2. 我省电煤供应对外省资源依存度高。由于煤质、品种、价格、运输等多方面的原因，2007年我省虽然生产煤炭1000多万吨，但其中用于电煤供应的不到100万吨，仅占当年全省电煤消费量的3%。我省电煤供应主要依赖外省，2007年调入外省电煤达到2800万吨，对外省资源的依存度高达97%以上。随着国家煤炭产业政策的实施，我省小煤矿将大量关停，省内电煤自供能力必然萎缩，我省电煤供应对外省资源的依存度还将进一步走高。

3. 主产煤省电煤供应持续偏紧。长期以来，山西、河南、陕西省是我省电煤供应的主要省份，但这些省份近年来普遍加大了结构调整力度，大力发展煤炭产业的深加工，由输原煤变为输精煤、焦煤，冶金、火电、煤化工业快速发展，产煤省煤炭消费大量增加，个别省份还由煤炭净输出省份变为净调入省份，再加上小煤矿的重组力度加大，导致电煤供应长年偏紧，我省火电企业组织电煤供应极为艰难。

4. 铁路运力对电煤供应的保障程度受限。我省所需电煤，主要依靠铁路运输。但由于铁路运能的增长与我省经济发展的增长不相适应，再加上其他物资对铁路运能的挤占，使铁路运力对我省电煤供应的保障程度受限。我省电煤运输长年处于紧张状态。

总体而言，我省电煤供应面临的形势十分严峻。电煤供应事关我省经济社会长远发展和全面发展，事关人民群众的切身利益，解决电煤供应问题已刻不容缓。我们必须站在战略的高度、站在持续发展的高度，进一步加强电煤供应工作，为全省经济社会发展提供强有力的电力支撑。

二、进一步加强电煤供应和电力保障工作的指导思想、基本原则及工作目标

5. 指导思想。坚持以科学发展观为指导，充分发挥市场配置资源的基础性作用，以保障全省经济社会发展对电煤的需求为目标，以促进战略投资、资源整合，建立企业储备、社会战略储备和节能降耗为工作重点，以深化改革、制度创新为动力，形成打基础、利长远的电煤供应长效机制，促进全省经济又好又快发展。

6. 基本原则。结合我省实际，加强电煤供应工作必须遵循以下基本原则：

(1) 政府引导。电煤供应涉及电力保障，对经济发展和居民生活具有全局性的影响，必须由政府引导，通过对公共资源的整合，并发挥政策杠杆的导向作用，形成电煤供应的长效机制。

(2) 市场主导。电煤供应是一种市场行为，要充分发挥市场配置资源的基础性作用，遵循市场经济规律，合理、科学地调节和处理电煤供应体系中各方利益主体的分配关系，真正建立长期起作用的体制机制。

(3) 企业主体。企业是电煤供应的责任和利益主体，必须切实履行好主体责任，发挥好在资源衔接、运力组织、资金筹措等多方面的主观能动性，成为电煤供应工作中的核心环节。

(4) 部门联动。电煤供应长效机制建设，涉及政府各部门和金融、交通、电网等各方面，各部门都必须齐心协力，发挥好各自的职能与职责，并动员社会各方面的力量，共同做好电煤供应和电力保障工作。

(5) 分类指导。要按照不同企业、不同地区的实际情况，分类指导电煤供应，可以通过对外投资解决电煤供应的，大力促进对外投资；可以通过增加自身电煤储备解决电煤供应的，大力增加储备

能力。

7. 工作目标。通过3—5年的努力，形成平稳、有序、安全的电煤供应秩序，较好地缓解我省电煤供应紧张局面，为全省经济社会又好又快发展提供有力的煤炭和电力支撑。

三、加强电煤供应和电力保障工作的主要措施

8. 大力推进电煤战略性投资。解决电煤长远供应问题，必须下大力气推进电煤战略性投资：

(1) 大力推进以资本换资源。各发电集团驻鄂机构，要通过向上级主管部门争取政策，支持鼓励火电企业到产煤省以参股、控股或买断资源等多种方式投资，掌控电煤资源主动权。在3—5年内，力争省内装机容量在100万千瓦以上的电厂，都要实现对外投资，其投资所得到的资源应占到本企业电煤供应量的1／3以上。

(2) 大力推进以产权换资源。对现有火电企业，各发电集团要通过出让产权，吸引外省国有大型煤矿来我省火电企业投资，形成矿、电联合新格局，形成稳固的电煤资源渠道。对新上火电机组，原则上必须要有国有煤矿参与投资，并切实落实电煤资源。

(3) 大力推进电煤战略装车点建设。支持和鼓励火电企业、煤炭经营企业联手铁路运输部门，在产煤省的相关地区共同建立战略装车点，在获得电煤资源的同时，得到可靠的铁路运力保障。

9. 扩大火电企业自身储煤能力。我省火电企业储煤场地普遍不足，是电煤库存偏低的一个重要原因之一，必须采取措施尽快加以改变。各火电企业要筹措专门资金，专项用于改建或扩建自有储煤场，使储煤能力达到本企业机组30天的耗用水平；专项用于电煤接卸设备的更新改造，提高接卸效率，最大限度地提高铁路运输能力。

10. 增加省内煤炭企业电煤供给量。在外省电煤资源严重不足的情况下，各火电企业必须考虑适当使用本省煤炭资源。本省煤炭资源用于电煤供应的数量按年200－300万吨以上组织。按照平等互利、地域相近、运输方便的原则，确定宜昌市、恩施州生产的煤炭重点保障襄樊、沙市、汉川、青山、阳逻等电厂，荆门市生产的煤炭重点保障荆门电厂，襄樊市生产的煤炭重点保障襄樊电厂，黄石市生产的煤炭重点保障黄石、西塞电厂。省发改委、省经委要安排技改专项资金，支持各市州煤矿扩产和加强安全设施。各市州政府要采取有力措施，在确保安全的前提下，加大煤炭生产，以保障电煤供应。

11. 积极争取增加我省电煤铁路运能。一是要切实做好我省电煤铁路运输工作。武汉铁路局要把我省电煤运输当作货物运输的重中之重，特别是在迎峰度夏、度冬关键时期，要全力组织好省内各电厂的电煤运输，确保电煤供应。二是要成立专班，联合陕西省相关部门，积极向国家发改委、铁道部争取西康铁路复线建设，打通陕煤入鄂瓶颈，增加湖北电煤供应能力。

12. 利用长江水道开拓水运电煤资源。各火电企业要充分利用长江黄金水道优势，加大从四川、重庆、贵州等省份调入电煤力度，以补充山西、河南、陕西等主产煤省电煤资源供应不足。要采取措施改、扩建码头，或租借码头，疏通入港航道，充分发挥长江黄金水道运能，增加水运煤调入量。

13. 全力争取三峡电量支持。一是要积极争取三峡电量支持，力争供鄂电量在现有分配计划基础上增加60亿千瓦时；二是积极争取三峡地下电站电力电量，力争分配供鄂电力210万千瓦以上。由省政府领导挂帅，由省发改委、省经委、省电力公司组成工作专班，全力做好争取工作。

14. 合理安排外购电力。为最大限度地满足全省电力需求，在切实做好电煤供应的同时，要大力做好外购电力电量的争取工作。特别是迎峰度夏和迎峰度冬时段，要有外购电力电量方案。在电煤紧缺时，尽可能多增加外购电力电量。外购电力电量计划由省经委按年度提出，省电力公司具体落实。对我省的外购电力需求，华中电网公司要大力支持，积极主动地与相关省市做好协调工作，确保外购电计划实现。

15. 大力发展非煤电力。省发改委要采取有力措施，大力发展非煤电力，新上一批核电、风

电、燃气发电、生物质发电、余压余热发电项目，最大限度地减少我省电力工业对电煤的依赖。到“十二五”期末，除水电外的非煤电力装机规模要达到300万千瓦左右。

16. 大力推进产业结构调整和节能降耗。要优化产业结构，支持能耗低、产出高的产业加快发展，坚决控制高能耗产业的过快发展；要切实做好节能降耗工作，通过采用新技术、新工艺、新材料，以及实施技术改造、加强企业管理，降低单位产品的电耗水平；要推进电力工业的节能调度，在确保电网安全的前提下，鼓励将20万千瓦以下的机组发电计划，转让给30万千瓦以上机组代发，以提高单位煤耗的发电效率。

四、完善电煤供应、电力保障考核办法

17. 实行发电计划与企业组煤挂钩。省经委要依据各火电企业对电网安全的重要性，以及落实重点电煤合同量、储煤能力、电煤库存数量，合理核定其年度发电量计划。坚决不搞平衡照顾，在确保电网安全的前提下，组煤能力强的多安排发电计划，组煤能力弱的少安排发电计划。在全省电力供应紧张时期，对火电企业严格按照“超发不扣、欠发不补”原则进行考核兑现，适时调整全省发电计划。对超发电厂给予调增，欠发电厂予以调减。

18. 实行企业评价与组煤挂钩。对火电企业建立形象评价制度，并实行企业评价与组煤情况挂钩。按机组容量计算，火电企业储煤量必须满足20天以上满负荷发电耗用。省经委要按月对电厂储煤情况进行考核，考核情况好的要给予表扬，对连续三个月达不到要求的火电厂，在全省进行通报。

19. 实行新上机组初核与老机组运行情况挂钩。省发改委在核准火电企业新上机组时，要征求省经委、省电力公司意见，凡老机组一年内发生三次以上缺煤停机的火电厂，两年内不能初核其新上机组。

20. 实行地市用电计划与所辖电厂电煤库存挂钩。各地市用电计划，要与所辖电厂的电煤库存情况挂钩，电煤库存情况好的地市多用电，差的少用电。其中发生缺煤停机的，要相应扣减电厂所在地市的用电计划。

五、加强电煤供应和电力保障工作的支持政策

21. 鼓励火电企业对外投资办矿。对对外投资办矿力度大、效果好的火电企业，省发改委要从扩能立项、核准上给予优先支持。

22. 支持火电企业扩大储煤场地。对各火电企业扩大储煤场地建设，各地市在用地、拆迁等方面要给予优先照顾，各项规费要予以减免。

23. 协调和支持电煤储备所需流动资金。各金融单位要积极支持各大火电企业增加自身电煤储备的流动资金贷款，以调动和激励企业储煤的积极性。

24. 对火电企业组煤进行奖励。对完成和超额完成组煤任务的火电企业，省政府每年给予适当奖励。奖励资金由省财政安排。

六、切实加强对电煤供应和电力保障工作的组织领导

25. 成立湖北省电煤供应和电力保障领导小组。为切实加强对全省电煤供应、电力保障工作的组织领导，省政府成立由分管副省长任组长的领导小组，省经委、省发改委、省财政厅、武汉铁路局、华中电网公司、省电力公司、发电集团驻鄂机构和各市政府等为成员单位。领导小组下设办公室，与省经委交通处合署办公，各成员单位确定一名人员为办公室联络员。办公室主任由省经委一名分管领导兼任。增加电煤采购调运工作经费，每年安排专项经费500万元，并列入省财政预算。在省政府的统一领导下，各成员单位要各司其职，积极主动地做好工作，确保电煤供应、电力保障各项任务、目标圆满实现。对工作做得好的部门、单位，省政府将给予适当奖励。

26. 各地市要切实加强对所在地电厂电煤供应的协调支持工作。各地市要成立由分管副市长为组长的电煤供应协调小组，并成立工作专班，指定专人负责，全力以赴做好电煤供应各环节的协调工

作。省经委要对各地市组煤情况进行考核。

27. 电力企业要进一步加强对电煤供应工作的组织领导。各发电集团驻鄂机构，要把帮助所属企业组煤当作主要任务，下大力气做好电煤供应协调工作。各火力发电企业的主要领导，是组煤保发的第一责任人，要拿出主要的精力来组织电煤资源。要切实加强组煤队伍建设，选配责任心强、业务能力强、特别能吃苦的干部充实组煤队伍。要严格实行组煤责任制，对完成组煤任务好的有关人员，要给予重奖；对完不成组煤任务的，要采取必要的行政、经济处罚。

28. 强化电煤供应应急调度管理。将电煤供应应急调度管理，纳入全省公共突发事件应急管理体系。当全省电煤库存低于7天警戒水平，或主力火电厂电煤供应告急时，省政府授权省经委对省内所有单位库存煤炭进行紧急调度，任何单位都必须服从调度，以确保电煤供应，保障全社会用电安全。

关于发布实施《湖北省矿产资源总体规划（2008－2015年）》的通知

2010年2月21日　鄂政发〔2010〕12号

各市、州、县人民政府，省政府各部门：

《湖北省矿产资源总体规划（2008－2015年）》（以下简称《规划》）已经国土资源部批准，根据《国土资源部关于湖北省矿产资源总体规划的复函》（国土资函〔2009〕1169号）和《矿产资源规划实施管理办法》（国土资发〔2002〕388号）的有关要求，现予以发布，并就有关事项通知如下：

一、充分认识《规划》的重要性和必要性

《规划》是落实国家矿产资源战略和重大部署的重要手段，是指导我省矿产资源勘查、开发、利用与保护的纲领性文件，是依法管理矿产资源勘查、开采活动的重要依据。各地要以科学发展观为统领，统一思想，充分认识矿产资源规划的重要性和必要性，进一步增强《规划》实施管理的责任感和紧迫感。各级国土资源行政主管部门要在同级人民政府的指导下，严格按照“有序有偿、供需平衡、结构优化、集约高效”的要求，坚持统筹规划、依法保护、科学开发、合理利用的原则，实行最严格的资源管理政策和制度，进一步促进我省矿产资源开发利用方式的根本转变，确保资源的合理开发和有效保护。

二、认真落实规划的目标和任务

全省矿产资源调查评价、勘查、开发利用与保护，必须按照矿产资源规划有关要求进行。各地要将《规划》的目标和约束性指标纳入经济社会发展规划，并严格执行。各级国土资源行政部门要严格按照《规划》要求，认真审查矿业权人的勘查、开采准入条件和矿产资源开发利用方案，严格控制国家、省限制开采矿种的矿山总数和开采总量。对不符合《规划》的矿产资源调查评价与勘查、开发利用与保护、矿山环境治理与矿区土地复垦等项目，不得批准立项，不得审批、颁发勘查许可证和采矿许可证，不得批准用地。

矿山企业要严格按照《规划》安排，优化矿山布局、调整产业结构、提高采选和装备水平、节约综合利用资源，严禁大矿小开、一矿多开、采富弃贫、乱采滥挖、超计划开采以及破坏浪费资源等违法违规行为。

三、切实加强《规划》实施的监督管理

国土资源行政主管部门代表政府行使矿产资源管理职能。各地要切实加强矿产资源规划管理，建立《规划》编制、审批和实施管理的领导责任机制，进一步加强对《规划》实施情况的监督检查，及时纠正和查处各种违反《规划》的行为。对违法违规勘查、开采或者破坏矿产资源的，要坚决予以查处。同时，要建立《规划》实施动态监察制度，并将矿产资源总量调控、矿业权设置和矿山地质环境恢复治理与保护，以及矿山土地复垦等列为国土资源执法监察的重要内容，确保各项规划目标、任务落到实处。

关于印发湖北省煤矿企业兼并重组实施方案的通知

2011年07月11日　鄂政办发〔2011〕69号

各产煤市、州、县人民政府，省政府有关部门：

《湖北省煤矿企业兼并重组实施方案》已经省人民政府同意，现转发给你们，请结合实际，认真贯彻执行。

湖北省煤矿企业兼并重组实施方案

根据《国务院办公厅转发发展改革委关于加快推进煤矿企业兼并重组若干意见的通知》（国办发〔2010〕46号）精神，为扎实推进全省煤矿企业兼并重组，加快转变煤炭工业发展方式，进一步优化产业结构，提高煤炭生产集约化程度，促进煤炭产业健康发展，特制定湖北省煤矿企业兼并重组实施方案。

一、煤矿企业兼并重组的主要目标

通过煤矿企业兼并重组，淘汰一批达不到煤炭产业政策要求的矿井，关闭一批不符合安全生产条件、存在重大安全隐患的矿井，培育一批安全质量标准化和机械化、自动化、信息化管理水平高的煤矿骨干企业。到2012年底，除资源赋存等特殊原因外，全省煤矿企业年均生产能力原则上达到30万吨／年以上，煤炭开发秩序进一步规范，安全生产条件明显改善，煤炭产业不断优化升级。

二、煤矿企业兼并重组的主要任务和要求

(一) 编制煤炭发展规划。各产煤市州要按照“统一规划、合理布局、有序开发、综合利用、保护环境”的原则，组织编制煤炭发展总体规划。规划要充分考虑本地区煤炭资源赋存和经济发展需要，合理确定煤炭建设规模、生产能力和开发顺序，保护和合理开发煤炭资源，规范煤炭开发秩序。

(二) 制定兼并重组方案。各产煤市州要结合本行政区域内煤炭资源赋存条件、煤炭发展规划和矿井开发现状，认真制订煤矿企业兼并重组方案。方案要明确兼并重组主体企业及被兼并重组矿井数量、名称、井型规模及矿区布局。

(三) 组建煤炭企业重组主体。充分调动企业的积极性，引导和激励企业自愿、自主参与兼并重组。支持具有经济、技术和管理优势的企业兼并重组小煤矿；鼓励优势企业开展跨地区、跨行业、跨所有制兼并重组；鼓励优势企业强强联合重组；煤矿质量标准化矿井、示范矿井、安全评估程度为A级的矿井优先作为煤矿兼并重组的主体。原则上在同一矿区或同一行政区域内组建一个煤炭企业兼并重组主体。

(四) 选择有效重组模式。煤矿企业兼并重组要遵循市场经济规律，以资源为基础，以产权为纽带，采取企业并购、协议转让、联合重组、控股参股等多种形式进行。各地各有关部门要积极为煤矿企业兼并重组搭建协商平台。鼓励兼并重组主体企业在被兼并重组企业注册地设立子（分）公司。

(五) 规范兼并重组程序。坚持政策公开、方案公开、兼并主体名单公开、股权比例公开、办事程序公开、时效期限公开的原则，保证煤矿企业兼并重组工作规范有序进行。被兼并重组煤矿的资产、

资源由有资质的中介评估机构进行评估，在互利共赢与自愿协商基础上签订兼并重组协议。

(六) 严格重组企业标准。兼并重组后的煤矿企业生产能力原则上要达到30万吨/年以上，矿井生产能力要达到6万吨/年以上（2015年底以前淘汰3万吨/年及以下矿井）。兼并重组后的矿井要达到安全质量标准化三级以上水平，煤层赋存条件较好的应采用机械化采煤方法。兼并重组主体企业要完善公司法人治理结构，建立现代企业制度，加强和改善内部管理，实现生产、技术、安全、销售、财务的统一管理，严防煤矿企业假兼并、假重组。

(七) 落实安全生产责任。各产煤市州、各有关部门要加强兼并重组期间的安全生产监管，加大执法检查力度，坚决遏制重特大事故发生。被兼并重组企业要加强生产管理权移交前的安全管理。兼并重组主体企业要切实担负起被兼并重组企业的安全生产主体责任，严格落实各项安全措施，确保煤矿生产安全稳定。

(八) 确保社会和谐稳定。严格执行相关法律法规和规章制度，妥善解决企业兼并重组中资产、债务的处置问题，依法维护债权人、债务人以及企业职工等利益主体的合法权益。各级地方人民政府要认真贯彻落实国家人社部等部门《关于做好淘汰落后产能和兼并重组企业职工安置工作的意见》（人社部发〔2011〕50号），加强对职工安置工作的组织领导；各产煤市州人社部门要切实做好职工安置方案的审核、就业再就业政策落实以及社会保险关系接续等工作，确保企业和社会稳定。

三、煤矿企业兼并重组的工作步骤

全省煤矿企业兼并重组工作分三个阶段进行：

第一阶段：制定方案（2011年8月底前）。各产煤市州编制煤炭发展规划特别是煤矿企业兼并重组方案，并在2011年8月底前报送省煤矿企业兼并重组领导小组办公室。各地煤矿企业兼并重组方案经省煤矿企业兼并重组领导小组审查批复后组织实施。

第二阶段：组织实施（2011年9月至2012年9月）。各产煤市州要按照批复方案组织煤矿企业兼并重组工作。兼并重组企业双方要按照有关规定进行资产评估,签订相关协议,办理相关产权、证照变更或过户手续，全面完成煤矿企业兼并重组任务。

第三阶段：验收总结（2012年10月至11月）。各产煤市州要对兼并重组后的煤矿企业进行检查验收。省煤矿企业兼并重组领导小组将组织有关部门不定期对各地兼并重组工作进行检查，指导、协调煤矿企业兼并重组工作，并对工作进行总结。

四、煤矿企业兼并重组的扶持政策

(一) 煤炭资源优先配置给兼并重组企业。已全额缴纳采矿权价款的被兼并重组煤矿，可将其剩余资源评估后入股兼并重组主体企业。被兼并重组煤矿直接转让采矿权的，由兼并重组主体企业支付矿业权价款，并给予适当经济补偿。

(二) 兼并重组后的煤矿企业在办理新增资源采矿许可证时,可按国家有关规定分期分批缴纳采矿权价款。

(三) 优先安排兼并重组企业申报国家煤矿安全改造、技术改造等项目和资金。

(四) 对企业兼并重组涉及的资产评估增值、债务重组收益、土地房屋权属转移等按国家政策规定给予税收优惠。

(五) 对被兼并重组企业的煤矿安全改造、技术改造等项目优先安排财政贴息资金。各商业银行要加大对煤矿企业兼并重组的信贷支持力度。

五、煤矿企业兼并重组工作的组织领导

全省煤矿企业兼并重组工作在省政府统一领导下进行，各产煤市、州、县人民政府负责组织实施辖区内煤矿企业兼并重组工作。省政府成立由段轮一副省长任组长，省政府副秘书长彭勇、省经信委主任欧阳万坤任副组长，省经信委、省发改委、省国土资源厅、省财政厅、省人社厅、省公安厅、省监察厅、省安监局、湖北煤监局、省工商局、省地税局、省电力公司为成员单位的省煤矿企业兼并重组领导小组，负责指导全省煤矿企业兼并重组工作，制定推进煤矿企业兼并重组工作的政策措施，协调解决煤矿企业兼并重组中的重大问题。省煤矿企业兼并重组领导小组下设办公室，办公室设在省经信委，省经信委副主任胡树华任办公室主任。各产煤市、州、县人民政府要加强领导，明确工作分工和职责，及时研究解决煤矿企业兼并重组工作中存在的问题和困难，及时通报工作进展情况，统筹推进各项工作。各级政府相关职能部门要加强协作、紧密配合，确保煤矿企业兼并重组工作按时完成。

关于印发《湖南省企业技术改造专项资金管理办法》的通知

2006年2月7日　湘财企〔2006〕22号

各市州财政局、经委，省直各有关单位：

现将《湖南省企业技术改造专项资金管理办法》印发给你们，请遵照执行。

附件：1. 湖南省企业技术改造专项资金管理办法

2. 湖南省企业技术改造项目专项资金申请表（略）

附件1

湖南省企业技术改造专项资金管理办法

第一章　总 则

第一条　为积极推进我省工业结构调整和产业优化升级，加快我省工业化进程，进一步发挥财政资金的引导和激励作用，特制定本办法。

第二条　本办法所称企业技术改造专项资金（以下简称“专项资金”）是指省财政预算安排主要由省经委归口管理用于支持企业（含民营企业，下同）技术改造、技术创新、产业技术成果转化、发展循环经济等项目的企业挖潜改造资金。

第二章　专项资金安排的原则、支持范围和方式

第三条　专项资金的安排要遵循以下原则：

(一) 立足于可持续发展方针，坚持“择优扶强，突出重点，注重实效”的原则，重点支持壮大优势产业、产业集群、优势企业。

(二) 项目选择坚持“质量、品种、效益”相结合，围绕提高企业技术装备水平和经济效益，利用先进适用技术和高技术改造传统产业，优化产品结构，促进节能降耗，增强企业市场竞争力。

(三) 项目应符合国家和省产业发展政策。

(四) 充分发挥财政资金的扶持、引导和带动作用，引导企业自有资金和社会资金的投入，激发和调动企业加大技术改造投入的积极性。

第四条　专项资金支持范围主要包括：

(一) “十大标志性工程”及其配套的重点企业技术改造项目；

(二) 推进优势产业集群发展和企业创“四个一流”的项目；

(三) 国家级和省级高新技术开发区以及重点工业园工业产业技术成果转化项目；

(四) 推进循环经济发展的重点项目；

(五) 企业产业技术开发和产业技术成果转化项目；

(六) 老少边地区加快发展的重点技改项目；

(七) 其他促进工业发展的重点项目；

(八) 省委、省政府确定的其他重点项目和重要事项。

第五条 专项资金的投放主要采取无偿资助、贷款贴息和委托参股等方式。

对企业以自筹为主投入的项目，一般采取无偿资助的方式；对以银行贷款为主投入的项目，一般采取贷款贴息方式。一个项目两者选择其一，不得重复申请。需要以委托参股方式投入的项目由省经委会省财政厅行文具体明确。

第三章 申报专项资金应具备的条件

第六条 申报专项资金的企业必须具备以下条件：

(一) 湖南省境内注册，具有独立法人资格、法人治理结构规范；

(二) 财务管理制度健全、及时向同级财政部门报送财务报表；

(三) 具有一定比例的自有资金，有一定规模的资产；

(四) 会计信用和纳税信用良好。

第四章 申报程序及要求

第七条 项目单位申报专项资金应提供以下材料：

(一) 专项资金申请表（附件2）；

(二) 项目主要内容介绍及可行性研究报告；

(三) 项目批文或备案、核准文件；

(四) 经会计事务所审计的上年度会计报表和审计报告；

(五) 项目预算、资金来源及实施情况文字材料；

(六) 贴息项目附贷款合同或支付利息凭据；

(七) 企业营业执照复印件及相关附件等；

(八) 近两年内项目技术获得的省以上有关技术部门奖励证书或国家专利证书。

第八条 项目单位申报材料由本单位技术部门和财务部门联合准备，省属项目单位应经省行业主管部门审核签具意见。

第九条 凡符合专项资金安排原则及支持范围的项目，省属企业项目经省行业主管部门审查后向省经委和省财政厅行文，递交技术改造项目专项资金申请报告，并附应提供的材料，市（州）、县（市、区）属企业项目由企业所在地市州经委会同市州财政局联合向省经委、省财政厅行文，递交技术改造项目资金申请报告，并附应提供的材料。

第五章 项目审批和专项资金的管理

第十条 县（市、区）项目须经所在地经委会财政局对项目申报材料进行初审，并逐级上报推荐意见；省属项目由省行业主管部门初审后上报。

第十一条 市州和省直有关单位申报的项目由省经委审核汇总，省经委会省财政厅组织对上报的项目进行评审。省经委再根据资金预算进行综合平衡后会省财政厅联合下达项目专项资金计划。

第十二条 省财政厅根据下达的项目资金文件办理资金拨付。省属项目单位资金由省财政厅直接拨付到项目主管部门或项目单位，市县项目资金由省财政厅逐级下拨，由同级财政部门拨付到项目单位。

第十三条 资金的账务处理。企业收到项目补助资金，形成的资产，计入资本公积，不能形成资产部分，予以据实核销；收到的项目贴息资金，冲减财务费用。

第十四条 当年专项资金的最后一批项目资金计划，在9月底之前下达。

第十五条　专项资金由省财政厅、省经委负责管理，各司其职。

省财政厅负责专项资金预算管理，办理资金拨付手续，对资金使用情况进行追踪问效、监督检查。

省经委负责拟定年度专项资金预算方案，并送省财政厅备案，会同省财政厅联合组织项目申报、评审工作，对项目实施情况进行监督检查，组织项目验收和绩效评价。

第六章　监督与检查

第十六条　建立项目定期报告制度。自项目专项资金下达之日起至项目竣工验收后一年内，市（州）经委、财政局和省属项目单位应定期向省经委、省财政厅上报专项资金使用情况和项目进展情况。

第十七条　建立定期检查制度。省经委会同省财政厅负责对项目实施情况和专项资金使用情况定期进行检查，督促项目单位按进度实施项目建设，按规定使用项目资金。

第十八条　建立项目评价制度。省经委、省财政厅对项目完成情况、专项资金使用效益情况作出评价，建立技改项目评价信息库，将项目情况记录在案，作为今后是否继续扶持的依据。

关于印发《湖南省工伤保险基金财务管理办法》《湖南省工伤保险基金会计核算办法》的通知

2006年6月16日　湘财社〔2006〕14号

各市州财政局、劳动和社会保障局：

为规范工伤保险基金的财务管理行为，加强对工伤保险基金的征集、使用和管理，根据《工伤保险条例》、《湖南省实施〈工伤保险条例〉办法》（省人民政府〔2004〕第185号令）和《社会保险基金财务制度》（财社字〔1999〕60号）等有关规定，省财政厅会同省劳动和社会保障厅制定了《湖南省工伤保险基金财务管理办法》和《湖南省工伤保险基金会计核算办法》。现印发给你们，请认真贯彻执行。

附件：1. 湖南省工伤保险基金财务管理办法

2. 湖南省工伤保险基金会计核算办法（略）

附件1

湖南省工伤保险基金财务管理办法

第一章　总 则

第一条　为规范工伤保险基金（以下简称“基金”）的财务行为，加强基金的征集、使用和管理，根据《工伤保险条例》、《湖南省实施〈工伤保险条例〉办法》（省人民政府〔2004〕第185号令）（以下简称“办法”）和《社会保险基金财务制度》（财社字〔1999〕60号），制定本制度。

第二条　本规定适用于本省各级工伤保险经办机构（以下简称经办机构）筹集的工伤保险基金。

第三条　工伤保险基金应纳入社会保障基金财政专户（以下简称“财政专户”），实行收支两条线管理，专款专用，任何单位和个人均不得挤占、挪用，也不得用于平衡财政预算。

第四条　经办机构负责统筹地区内工伤保险费的征缴、待遇支付以及统计等具体经办工作；负责基金收支预、决算编制工作。

第二章　基金预算

第五条　基金预算是指经办机构根据工伤保险实施计划和任务编制的、经规定程序审批的年度基金财务收支计划。

第六条　基金预算的编制。年度终了前，经办机构应按照财政部门规定的表式、时间和编制要求，根据本年度预算执行情况和下年度基金收支预测编制下年度基金预算草案。

第七条　基金预算的审批。经办机构编制的年度基金预算草案，由劳动保障行政部门（以下简称劳动保障部门）审核汇总并报财政部门审核，经同级人民政府批准后，由财政部门及时向劳动保障部门批复执行，并报上级财政和劳动保障部门备案。

第八条　基金预算的执行。经办机构要严格按照批准的预算执行，并认真分析基金的收支情况，定期向同级财政和劳动保障部门报告基金预算执行情况。

财政和劳动保障部门应逐级汇总上报预算执行情况，并加强基金监控，发现问题应立即采取有效措施解决。

第九条　基金预算的调整。遇有特殊情况需要调整预算时，经办机构要编制预算调整方案，由劳动保障部门报财政部门审核，经同级政府批准后，由财政部门及时向劳动保障部门批复执行，并报上级财政和劳动保障部门备案。

第三章　基金筹集

第十条　工伤保险统筹层次与养老保险保持一致，即参加养老保险的职工在同一统筹地区参加工伤保险。凡依据“办法”和相应规定应当参加工伤保险的用人单位为本单位全部职工或者雇工（以下统称职工）缴纳工伤保险费。工伤保险费不得减免。职工个人不缴纳工伤保险费。

第十一条　工伤保险基金收入包括：工伤保险费收入、利息收入、财政补贴收入、上级补助收入、下级上解收入、其他收入。

工伤保险费收入：指用人单位按缴费基数的一定比例缴纳的工伤保险费。

利息收入：指工伤保险基金（含工伤保险储备金）存入银行或购买国债所取得的利息。

财政补贴收入：指财政给予工伤保险基金的补贴收入。

上级补助收入：指下级经办机构接收上级经办机构拨付的工伤保险储备金收入。

下级上解收入：指上级经办机构接收下级经办机构上解的工伤保险储备金收入。

其他收入：指滞纳金及其他经财政部门核准的收入。

第十二条　经办机构根据工作需要在同级财政和劳动保障部门共同认定的国有（控股）商业银行设立基金收入户。

收入户的主要用途是：暂存工伤保险费收入、暂存下级经办机构上解或上级经办机构下拨的储备金收入、暂存该账户的利息收入以及其他收入等。收入户除向财政专户划转基金外，不得发生其他支付业务。

第十三条　经办机构将收入户征集的基金按月缴存财政专户，收入户月末无余额。

第四章　基金支付

第十四条　经办机构在同级财政和劳动保障部门共同认定的国有（控股）商业银行设立基金支出户。

支出户的主要用途是：接收财政专户拨入的基金、暂存工伤保险支付费用及该账户的利息收入、

支付基金支出款项；划拨该账户资金利息收入到财政专户、上解上级经办机构或下拨下级经办机构工伤保险储备金。支出户除接收财政专户拨付的基金及该账户的利息收入外，不得发生其他收入业务。

第十五条　工伤保险基金支出包括：

1. 工伤医疗费

2. 伤残费用

(1) 伤残津贴

(2) 伤残补助金

(3) 生活护理费

3. 工亡费用

(1) 丧葬补助金

(2) 抚恤金

(3) 工亡补助金

4. 辅助器具费

5. 工伤康复费用

6. 工伤认定调查费

7. 劳动能力鉴定费

8. 工伤预防宣传和奖励费

(1) 预防宣传费

(2) 奖励费

9. 上解上级支出：指下级经办机构上解上级经办机构的工伤保险储备金。

10. 补助下级支出：指上级经办机构拨付给下级经办机构的工伤保险储备金。

11. 其他支出：指经财政部门核准开支的其他非工伤保险待遇性质的支出。

第十六条　经办机构应当根据财政部门核定的基金年度预算及实际需要，按月填写财政部门统一印制的用款计划，并注明支出项目，加盖单位用款专用章，在规定时间内报送同级财政部门。财政部门对用款计划审核无误后，应及时将基金从财政专户拨入支出户。

第十七条　用人单位拖欠工伤保险费期间和按有关规定不由工伤基金支付的，职工发生的工伤保险有关费用，工伤保险基金不予支付，由用人单位承担。

第五章　基金结余

第十八条　基金结余是指基金收支相抵后的期末余额。工伤保险基金结余应标明其中工伤保险储备金结余。

第十九条　基金结余按财政和劳动保障部门商定的数额留足支付费用后，可以用于购买国债、转存定期。任何地区、部门、单位和个人不得动用基金结余进行其他任何形式的直接或间接投资。

第六章　财政专户

第二十条　工伤保险基金财政专户是财政部门在同级财政和劳动保障部门共同认定的国有（控股）商业银行开设的工伤保险基金专用计息账户。可根据需要开设工伤保险储备金专用计息账户（以下简称储备金专户），储备金专户属于财政专户。储备金单独建账。

财政专户、收入户和支出户只在同一国有（控股）商业银行各开设一个账户。

第二十一条　财政专户的主要用途是：接收收入户转入的工伤保险费收入；接收收入户暂存的利息收入及其他收入；接收基金购买国债、转存定期兑付的本息收入；接收该账户的利息收入和支出户转入的利息收入；接收财政补贴收入；接收上级财政专户下拨或下级财政专户上解的基金；根据经办机构的用款计划，向支出户拨付基金；按劳动保障部门和财政部门依标准计算并提出的金额，计提工伤保险储备金；向上级或下级财政专户划拨基金；购买国债、转存定期。

储备金专户的主要用途：接收收入户转入的下级上解储备金；接收财政专户计提的储备金；接收该账户的利息；根据经办机构的用款计划，向支出户拨付基金；按经办机构提出的金额，向支出户拨付上解上级储备金。

第二十二条 财政专户发生的利息收入直接计入财政专户，储备金专户发生的利息直接计入储备金专户，支出户利息按季转入财政专户。

财政部门凭银行出具的原始凭证记账，同时，财政部门要出具财政专户缴拨凭证，并附加盖专用印章的原始凭证复印件，交经办机构记账和备查。

第二十三条 财政补贴收入由国库直接划入财政专户。

财政部门凭国库出具的拨款单记账，同时，财政部门要出具财政专户缴拨凭证，并附加盖专用印章的原始凭证复印件，交经办机构记账和备查。

第二十四条 设储备金专户的市（州）和省级，在计提储备金时，财政部门按经办机构提出的计提金额，将基金从财政专户拨入储备金专户；市（州）在上缴储备金时，财政部门按经办机构提出的上缴金额，将基金从储备金专户拨入同级经办机构支出户，经省本级经办机构收入户进入省级储备金专户；县（市、区）计提并上缴储备金时，财政部门按经办机构提出的计提金额，将基金从财政专户拨入同级经办机构支出户，经市（州）本级经办机构收入户进入市（州）储备金专户。在下拨储备金时，财政部门按照经过劳动保障部门和财政部门共同确定的金额，将基金从储备金专户拨入同级经办机构支出户，经下级经办机构收入户进入市（州）储备金专户或县级财政专户。

不设储备金专户的市（州），在计提储备金时，财政部门按经办机构在收入户计提后转入财政专户的金额登记储备金明细账；市（州）在上缴储备金时，财政部门按经办机构依标准计算并提出的上缴金额，将基金从财政专户拨入同级经办机构支出户，经省本级经办机构收入户进入省级储备金专户；县（市、区）计提并上缴储备金时，财政部门按经办机构提出的计提金额，将基金从财政专户拨入同级经办机构支出户，经市（州）本级经办机构收入户进入市（州）财政专户并由市（州）财政部门登记储备金明细账。在下拨储备金时，财政部门按照经过劳动保障部门和财政部门共同确定的金额，将基金从财政专户拨入同级经办机构支出户，经下级经办机构收入户进入财政专户并由财政部门登记储备基金明细账。

财政部门和经办机构凭银行出具的原始凭证记账。

第二十五条 财政部门根据劳动保障部门提出的意见，在共同协商的基础上，确定基金用于购买国债或转存定期的数额。

财政部门凭银行出具的原始凭证记账，同时，财政部门要出具财政专户缴拨凭证，并附加盖专用印章的原始凭证复印件，交经办机构记账和备查。

第七章 资产与负债

第二十六条 资产包括基金运行过程中形成的现金、银行存款（含收入户存款、支出户存款和财政专户存款、储备金专户存款）、债券投资、暂付款项等。

经办机构应认真做好现金的保管、押运、管理工作，建立健全现金的内部控制制度。现金的收付和管理，要严格遵守国务院发布的《现金管理暂行条例》。经办机构应及时办理基金存储手续，按月与开户银行对账。同时，经办机构和财政部门要按月相互对账，确保账账、账款相符。

用基金购买的国家债券应视同货币资金，由财政部门商劳动保障部门委托开户银行代为妥善保管，确保账实相符。暂付款项定期清理，及时收回。

第二十七条 负债指基金运行过程中形成的各种借入款项和暂收款项等。借入款项和暂收款项应定期清理，及时偿付。因债权人等特殊原因确实无法偿付的，经财政部门批准后并入基金的其他收入。

第八章 基金决算

第二十八条 年度终了后，经办机构应根据财政部门规定的表式、时间和要求编制年度基金财务报告。财务报告包括资产负债表、收支表、有关附表以及财务情况说明书。

财务情况说明书主要说明和分析基金的财务收支及管理情况，对本期或下期财务状况发生重大影响的事项，以及其他需要说明的事项。经办机构可以根据业务工作需要增加基金当年结余率、工伤保险费实际收缴率等有关财务分析指标。

年度基金财务报告必须做到内容完整、数字真实、计算准确、手续完备、报送及时。

第二十九条 经办机构编制的年度基金财务报告应在规定期限内经劳动保障部门审核并汇总，报同级财政部门审核后，由同级人民政府批准，批准后的年度基金财务报告为基金决算。

第三十条 财政部门应会同劳动保障部门逐级上报审核汇总的本级决算和下一级决算。经办机构的年度基金财务报告不符合法律、法规规定的，应予以纠正。

第九章 监督与检查

第三十一条 经办机构要建立健全内部管理制度，定期或不定期向社会公告基金收支和结余情况，接受社会监督。

第三十二条 劳动保障、财政和审计部门等要定期或不定期地对收入户、支出户和财政专户及储备金专户内的基金收支和结余情况进行监督检查，发现问题及时纠正，并向同级政府和基金监督组织报告。

第三十三条 用人单位未按规定缴纳工伤保险费的，由劳动保障行政部门责令其限期缴纳，逾期仍不缴纳的，除补缴欠缴的数额外，从欠缴之日起，按日加收所欠款额的 2 ‰的滞纳金。

第三十四条 应上解的储备金，不得减免，必须按规定及时、足额上解。未按规定上解和漏报计提基数的，由劳动保障行政部门责令其限期缴纳，逾期不上解的，不予安排下拨储备金。

第三十五条 下列行为属于违纪或违法行为：

(一) 截留、挤占、挪用、贪污基金；

(二) 擅自增提、减免工伤保险费；

(三) 不按时、按规定标准支付工伤保险待遇的有关款项；

(四) 未按时将基金收入存入财政专户；

(五) 未按时、足额将财政专户基金拨付到支出户；

(六) 未按时、足额上解工伤保险储备金和漏报上解基数；

(七) 其他违反国家法律、法规规定的行为。

第三十六条 有上述第三十五条所列行为之一的，除由有关部门做出下列处理外，还要按照《会计法》、《工伤保险条例》、《财政违法行为处罚处分条例》的规定，对单位及其直接负责的主管人员和其他直接责任人员予以处罚；应当给予纪律处分的，移送有关机关给予纪律处分。构成犯罪的，依法追究刑事责任。

(一) 即时追回基金；

(二) 即时退还多提、补足减免的基金；

(三) 即时足额补发或追回工伤保险待遇的有关款项；

(四) 即时缴存财政专户；

(五) 即时足额将财政专户基金拨付到支出户；

(六) 即时足额上解工伤保险储备金；

(七) 国家法律、法规及劳动保障部、财政部规定的其他处理办法。

第十章 附则

第三十七条 本规定由省财政厅、省劳动和社会保障厅负责解释和修订。

第三十八条 本规定自2006年7月1日起实施。

关于印发《湖南省煤矿企业安全生产风险抵押金管理暂行办法》的通知

2006年7月11日 湘财企〔2006〕43号

各市州财政局、安全生产监督管理局、煤炭行业管理部门，省属各煤矿企业：

根据财政部、国家安全生产监督管理总局《关于印发〈煤矿企业安全生产风险抵押金管理暂行办法〉的通知》（财建〔2005〕918号）精神，结合我省煤矿企业实际，我们制定了《湖南省煤矿企业安全生产风险抵押金管理暂行办法》，现印发给你们，请遵照执行。《湖南省生产经营单位安全生产风险抵押金管理暂行办法》（湘安监办〔2004〕84号）中有关煤矿企业风险抵押金的规定改按本办法执行。

附件：湖南省煤矿企业安全生产风险抵押金管理暂行办法

湖南省煤矿企业安全生产风险抵押金管理暂行办法

第一章 总则

第一条 根据《财政部国家安全生产监督管理总局关于印发〈煤矿企业安全生产风险抵押金管理暂行办法〉的通知》(财建〔2005〕918号)和《湖南省安全生产条例》、《湖南省生产经营单位安全生产风险抵押金管理暂行办法》的规定，制定我省煤矿生产企业安全生产风险抵押金(以下简称风险抵押金)管理暂行办法。

第二条 本办法所称风险抵押金，是指煤矿企业将其资金送缴专户存储，用于本企业生产安全事故抢险、救灾和善后处理的专项资金。

第三条 本办法适用于我省境内所有煤矿企业，包括集团公司、国有及国有控股煤矿企业、民营煤矿企业、非煤矿企业中的内部煤矿等。

第二章 风险抵押金的缴纳和存储

第四条 煤矿企业以矿为缴纳单位，按照核定(设计)或者矿许可证确定的原煤生产能力，按下列标准缴纳存储：

(一) 3万吨以下(含3万吨)60万元－100万元；

(二) 3万吨以上至9万吨(含9万吨)150万元－200万元；

(三) 9万吨以上至15万吨（含15万吨）250万元－300万元；

(四) 15万吨以上，以300万元为基数，每增加10万吨增加50万元。

风险抵押金累计达到600万元时不再缴纳和储存。

第五条　市(州)、县(市、区)安全生产监督管理部门和财政部门，根据煤矿企业正常生产经营期间的规模产量和安全程度评估等有关因素，在相应分档区间内核定下达风险抵押金具体缴纳数额。

第六条　煤矿企业于每年2月底前，将当年缴纳风险抵押金送缴同级安全生产监督管理部门，逾期未缴纳的，由安全生产监督管理部门和财政部门责令缴纳。煤矿企业不得因变更企业法定代表人、停产整顿等情况迟(缓)缴、少缴或不缴风险抵押金，也不得以任何形式向职工摊派风险抵押金。

第三章　风险抵押金的使用

第七条　风险抵押金的使用范围为：

(一) 煤矿企业为处理本企业生产安全事故而直接发生的抢险、救灾费用支出；

(二) 煤矿企业为处理本企业生产安全事故善后事宜而直接发生的费用支出。

煤矿企业发生生产安全事故后产生的抢险、救灾及善后处理费用，原则上应由煤矿企业先行支付。确需动用风险抵押金专户资金的，由煤矿企业提出申请，经同级安全生产监督管理部门和财政部门批准，才能办理资金拨付事项。

第八条　企业生产经营期间发生下列情形之一的，所缴纳的安全生产风险抵押金部分或全部转作事故抢险、救灾和善后处理所需资金，由安全生产监督管理部门统筹管理使用，主要用于处理安全生产事故而发生的指挥、抢险、救灾工作费用和安全生产强制性投入。

1. 煤矿企业负责人在生产安全事故发生后逃逸的；

2. 煤矿企业生产安全事故发生后，在规定时间内未主动承担责任、支付抢险、救灾及善后处理费用的；

3. 当年安全生产未达目标或年度考核评定为安全生产不合格的单位，所缴风险抵押金的50%转作救灾抢险资金。

第九条　煤矿企业安全生产投入严重不足或直接威胁安全生产的，安全生产监督管理部门可以安排该企业所缴风险抵押金强制投入。

第四章　风险抵押金的管理

第十条　风险抵押金实行分级管理，分别由省、市、县级安全生产监督管理部门会同同级财政部门负责收取和管理。省属煤矿企业风险抵押金的收取、存储和管理，由省安全生产监督管理局和省财政厅负责。

第十一条　风险抵押金实行专户管理，由安全生产监督管理部门到国有商业银行开设专门账户，实行专户存储，专账核算，专款专用，任何单位和个人不得截留和挪用。安全生产监督管理部门收取风险抵押金时，使用财政部门统一印制的往来结算票据。

第十二条　煤矿企业持续生产经营期间，当年未发生生产安全事故、没有动用风险抵押金的，风险抵押金自然结转，下年不再缴纳。当年发生生产安全事故、动用风险抵押金的，省、市、县级安全生产监督管理部门及同级财政部门应当重新核定煤矿企业应缴纳的风险抵押金数额，并及时通知煤矿企业，煤矿企业在接到通知的1个月内按规定标准将风险抵押金补齐。

第十三条　煤矿企业生产经营规模如发生较大变化，安全生产监督管理部门及同级财政部门应于下年度第一季度结束前调整其风险抵押金缴纳数额，并按照调整后的差额通知煤矿企业补缴(退还)风险抵押金。

第十四条 煤矿企业依法关闭、破产或者转为其他行业的，由企业提出申请，经安全生产监督管理部门会同同级财政部门核准后，退回已缴纳的风险抵押金。

第十五条 风险抵押金实际支出时计入煤矿企业成本，在缴纳企业所得税前列支。有关会计核算问题，按照国家统一会计制度处理。

第十六条 每年3月份前，各级安全生产监督管理部门及同级财政部门将上年度本地区风险抵押金缴纳、存储、使用、管理有关情况报上一级安全生产监督管理部门及财政部门。

第十七条 安全生产监督管理部门、同级财政部门及其工作人员有挪用风险抵押金等违反国家有关法律法规行为的，依照国家有关规定进行处理。

第五章 附 则

第十八条 市州安全生产监督管理部门和财政部门可根据本办法制定具体实施办法。

第十九条 本办法由省财政厅、省安全生产监督管理局负责解释。

第二十条 本办法从2006年7月1日起施行。

关于排污费收缴及分成有关问题的通知

2006年12月10日 湘财综〔2006〕86号

各市（州）财政局、环保局、人民银行各市州支行：

根据《湖南省实施〈排污费征收使用管理条例〉办法》（湖南省人民政府令第178号，以下简称《办法》），自2006年1月1日起，排污费执行新的分成规定。为做好排污费的收缴、分成及结算工作，现将有关事项通知如下：

一、排放污染物的单位和个体工商户（以下简称排污者），应当在接到《排污费缴费通知单》或复核决定之日起7日内，持执收单位开具的《湖南省非税收入一般缴款书》，将排污费缴入负责征收排污费的环境保护行政主管部门的同级国库。

二、各级国家金库按照下列比例对排污费（含滞纳金）进行划解入库：

(一) 省环境保护行政主管部门征收的排污费，10%缴入中央国库，90%缴入省国库；

(二) 设区的市（含区）环境保护行政主管部门征收的排污费，10%缴入中央国库，25%缴入省国库，65%缴入设区的市国库；

(三) 县（市）环境保护行政主管部门征收的排污费，10%缴入中央国库，20%缴入省国库，10%缴入设区的市、自治州国库，60%缴入县（市）国库。

三、各级财政部门、国库部门、非税收入管理机构要积极配合环境保护行政主管部门做好排污费的入库、划缴、对账工作，发现问题及时处理。

各市（州）、县（市）财政、环境保护行政主管部门应当在每季度终了后的20日内，将本部门排污费资金收缴情况（含附表）书面上报省财政、环境保护行政主管部门，县（市）财政、环境保护行政主管部门还须同时上报市（州）财政、环境保护行政主管部门。

四、此通知下达之前，2006年滞留在各级非税收入管理机构的排污费必须在12月底前按照新的分成规定全部缴入国库；已缴入国库未按新的分成比例划缴的排污费，各级环保行政主管部门必须在12月底前开具更正通知书通知同级国库部门办理更正手续。否则，按照《湖南省非税收入管理条例》和《财政违法行为处罚处分条例》追究单位和有关责任人的责任。

五、本通知自发文之日起执行。

附件：排污费收缴情况季报表

排污费收缴情况季报表

年　　季度　　　　执收单位：（公章）　　　　单位：元

项目名称	本季度	累计
征收及缴库情况	征收排污费金额	
	应缴中央国库金额	
	实缴中央国库金额	
	核对金额	
	退库金额	
	应缴省国库金额	
	实缴省国库金额	
	核对金额	
	退库金额	
	应缴市国库金额	
	实缴市国库金额	
	核对金额	
	退库金额	

审核人：　　　　联系电话：　　　　填表人：　　　填表日期：　　年　　月　　日

填表说明：1. 应缴省国库金额＝征收排污费 #215；分成比例；2. 有退付、退库情况的须附文字说明。

关于印发《湖南省财政森林生态效益补偿基金管理实施细则》的通知

2007年10月29日　湘财农〔2007〕49号

各市州财政局、林业局：

为进一步规范和加强中央和省级财政森林生态效益补偿基金管理，提高资金使用效益，根据财政部、国家林业局《中央财政森林生态效益补偿基金管理办法》（财农〔2007〕7号）规定，结合湖南的实际情况，我们制定了《湖南省财政森林生态效益补偿基金管理实施细则》，现印发给你们，请遵照执行。

附件：湖南省财政森林生态效益补偿基金管理实施细则

湖南省财政森林生态效益补偿基金管理实施细则

第一章　总则

第一条　为加强中央财政和省级财政森林生态效益补偿基金（以下简称财政补偿基金）的使用和管理，根据财政部、国家林业局《中央财政森林生态效益补偿基金管理办法》（财农〔2007〕7号）第十九条规定，结合我省实际，特制定《湖南省财政森林生态效益补偿基金管理实施细则》（以下简称实施细则）。

第二条　森林生态效益补偿基金用于公益林的营造、抚育、保护和管理。财政补偿基金是森林生态效益补偿基金的重要来源，用于重点公益林和省级公益林的营造、抚育、保护和管理。

第三条　本实施细则所称公益林包括重点公益林和省级公益林。重点公益林是指按照国家林业局、财政部《重点公益林区划界定办法》（林策发〔2004〕94号）区划界定并经国家林业局和财政部核查认定的公益林。省级公益林是指按照《湖南省省级公益林区划界定办法》（湘林资〔2007〕48号）区划界定的公益林。

第二章　补偿标准

第四条　财政补偿基金平均标准为每年每亩5元，其中4.75元为管护等支出，用于国有林业单位、集体和个人的管护等开支；0.25元为其他支出，由省级财政部门列支，用于省级林业主管部门组织开展的公益林监测和管护情况检查验收、跨公益林区域营造生物防火林带等森林火灾预防以及维护林区道路的开支。

第五条　公益林所有者或经营者为林农个人的，财政补偿基金中4.75元的管护等支出应支付给林农个人，由林农个人按照合同规定承担森林防火、林业有害生物防治、补植、抚育、管护等责任。林农个人同意统一管护的，可委托县、乡林业部门承担。委托县、乡林业部门承担森林防火、林业有害生物监测预报和管护的，发放给林农个人用于公益林营造、抚育和林业有害生物救治部分不得低于每亩3.5元，用于专职护林员劳务费每亩不高于0.8元，用于公益林资源监测、森林防火、林业有害生物监测预报每亩不高于0.45元。

公益林所有者或经营者为国有林场、森林公园、苗圃、自然保护区、采育场等国有林业单位或村集体、集体林场的，财政补偿基金中管护等支出开支范围为：公益林管护人员劳务费、建立森林资源档案、森林防火、林业有害生物防治、补植、抚育以及其他相关支出。财政补偿基金中管护等支出不得用于弥补经营性亏损；修建楼堂馆所；购买小轿车、手机等交通工具及通讯设备以及其他与本细则第二条使用规定不相符的支出。

第六条　各市（州）、县（市、区）林业和财政主管部门发生的相关管理经费由同级财政统筹安排，不得在财政补偿基金中列支。

第三章　资金拨付与管理

第七条　市（州）财政部门和林业主管部门应于每年11月30日之前，联合向省财政厅和省林业厅报送本年度财政森林生态效益补偿基金项目工作总结，下年度财政森林生态效益补偿基金申请报告（工作总结和申请报告要分别按中央财政森林生态效益补偿基金项目和省级财政森林生态效益补偿基金项目上报）。项目工作总结和申请报告材料包括本年度财政森林生态效益补偿基金使用情况，公益林管护情况，以及本年度批准的征、占用公益林林地等情况；申请下年度财政森林生态效益补偿基金其他支出计划及相关附表（见附件5:1－5）。

第八条　财政补偿基金拨付到省后，省财政厅会同省林业厅根据各市（州）纳入补偿的公益林面积和补偿标准，按照财政预算管理程序下达到市（州）。各市（州）财政局在收到省财政厅下达的财政补偿基金后，要在15个工作日内将财政补偿基金下达到县（市、区）财政。各市（州）、县（市、区）财政和林业主管部门不得挪用财政补偿基金，也不得用财政补偿基金抵拨、抵扣往来单位欠款。

第九条　各县（市、区）财政和林业主管部门要在省财政厅下达补偿基金50个工作日内，将应发公益林所有者或经营者的补偿基金通过乡镇财政“一卡通”存折发放到林农。对国有林业单位或村集体、集体林场的补偿基金，已实行国库集中支付的，资金拨付按照国库集中支付有关规定办理；未实行国库集中支付的，资金由县级财政部门或林业主管部门采取报账制等方式拨付，确保财政补偿基金及时足额拨付，专款专用。各级财政部门和林业主管部门应分别建立健全财政补偿基金拨付、使用和管理档案。对财政补偿基金实行专项管理，分账核算。

国有林业单位和集体应建立健全财务管理和会计核算制度，对中央财政补偿基金和省级财政补偿基金实行分账核算。

第十条　市（州）、县（市、区）林业主管部门应按隶属关系与承担管护任务的国有林业单位和集体签订公益林管护合同；国有林业单位、乡镇林业站、集体应与专职护林员签订公益林管护合同；村委会应与林农签订公益林管护合同。林业主管部门与承担管护任务的国有林业单位和集体签订公益林管护合同（样本）见附件1，国有林业单位、乡镇林业站、集体与专职护林员签订公益林管林合同（样本）见附件2，村委会与林农签订公益林管护合同（样本）见附件3。

第十一条　国有林业单位、集体和林农个人都应按照统一的合同规定，切实履行管护义务，承担管护责任，根据管护合同履行情况领取财政补偿基金。林农或村委会委托县、乡林业部门承担森林防火、林业有害生物监测预报和管护任务的，应与县、乡林业部门签订委托合同（合同格式见附件4），双方严格按合同履行公益林管护职责和使用补偿基金。

第十二条　各级财政部门和林业主管部门不得脱离管护任务切块下达资金，也不得搞平均分配。

第十三条　省财政厅会同省林业厅根据各市（州）征、占用公益林情况，调减财政补偿基金。省林业厅组织人员对各市（州）公益林林地征、占用情况进行检查核实。

第四章　检查与监督

第十四条　凡存在下列问题之一的，省财政厅将会同省林业厅视情况在下年度调减有关市（州）或县（市、区）1%的财政补偿基金。如造成财政部调减湖南省中央财政补偿基金的，省财政厅会同省林业厅将根据财政部调减额度，相应调减有关市（州）或县（市、区）财政补偿基金，因此而造成补偿基金的缺口由市（州）或县（市、区）财政和林业部门自行解决，不得影响对林农补偿资金的发放。

1. 挤占、截留、挪用、克扣或超范围使用财政补偿基金，不按规定拨付、发放财政补偿基金的；
2. 出现森林火灾、乱砍滥伐、滥捕乱猎以及发生林业有害生物不及时防治并造成较严重后果的；
3. 违规征占用公益林林地的；
4. 擅自调整公益林范围的；
5. 逾期半个月以上未按规定上报有关材料或上报的材料内容不符合规定的。

第十五条　调减的资金冲抵财政部调减额度后，剩余部分作为管理较好的市（州）或县（市、区）的奖励性分配，用于公益林管护的相关项目建设。

第十六条　各级财政部门和林业主管部门应加强对本行政区域内财政补偿基金的监督管理，对违反规定截留、挤占、挪用财政补偿基金的，按照《财政违法行为处罚处分条例》（国务院令第427号）及其他法律法规追究有关单位及其责任人的法律责任。

第十七条 凡违反公益林管理规定，或因管护不善，发生森林火灾，乱砍滥伐、乱捕滥猎、违规征、占用林地及发生林业有害生物灾害不及时防治导致疫情扩散等情况，造成公益林破坏及生态功能持续下降的，各级林业主管部门应对责任单位和责任人按照有关法律、法规的规定进行处罚。

第五章 附 则

第十八条 本实施细则由省财政厅、省林业厅负责解释。

第十九条 各市（州）和县（市、区）财政、林业部门应结合当地实际和本级安排的森林生态效益补偿基金的使用和管理情况，进一步明确有关标准、开支水平及操作规程。

第二十条 本实施细则自印发之日起执行。湖南省财政厅、湖南省林业厅《湖南省贯彻中央森林生态效益补偿基金管理办法的实施细则》（湘财农〔2004〕61号）同时废止。

关于印发《湖南省探矿权采矿权价款管理暂行办法》的通知

2007年11月16日 湘财建〔2007〕75号

省直有关部门、各市州财政局、国土资源局：

为进一步深化探矿权、采矿权（以下简称矿业权）有偿取得制度改革，调整矿产资源收益分配关系，加强矿业权价款征收和使用管理，根据财政部、国土资源部《关于深化探矿权采矿权有偿取得制度改革有关问题的通知》（财建〔2006〕694号）以及财政部、国土资源部、中国人民银行《关于探矿权采矿权价款收入管理有关事项的通知》（财建〔2006〕394号）等有关规定，结合我省实际，我们制定了《湖南省探矿权采矿权价款管理暂行办法》，请遵照执行。

附件：湖南省探矿权采矿权价款管理暂行办法

湖南省探矿权采矿权价款管理暂行办法

第一章 总则

第一条 为进一步深化探矿权、采矿权（以下简称矿业权）有偿取得制度改革，调整矿产资源收益分配关系，加强矿业权价款征收和使用管理，根据财政部、国土资源部《关于深化探矿权采矿权有偿取得制度改革有关问题的通知》（财建〔2006〕694号）以及财政部、国土资源部、中国人民银行《关于探矿权采矿权价款收入管理有关事项的通知》（财建〔2006〕394号）等有关规定，结合我省实际，制定本办法。

第二条 矿业权价款是指国家将其出资（包括各级财政出资，下同）勘查形成的矿产地、矿业权空白地的矿业权出让给矿业权申请人时，按规定向矿业权申请人收取的扣除出让成本后的价款。

第三条 矿业权价款纳入财政专项收支预算管理，收入全部缴入财政，支出一律由财政专项支出预算安排，实行收支两条线管理。

第二章 矿业权价款的收缴

第四条 全面实行矿业权有偿取得制度。

出让新的矿业权，除国家规定可以协议出让的以外，一律以招标、拍卖、挂牌的方式出让。以协议方式出让矿业权的，其缴纳的价款不得低于类似条件下的市场价；以竞争方式出让矿业权的，价款为最终的成交价。

本文发布前已发放采矿许可证但未缴纳采矿权价款的矿山，在办理采矿许可证延续登记、变更登记时，由采矿权人按评估确认价缴纳采矿权价款。

已发放勘查许可证的商业性探矿权，未缴纳探矿权价款的，在办理探矿权转让、探矿权转采矿权时，由探矿权人按评估备案价扣除勘查成本和勘查行业平均利润后补缴探矿权价款。勘查成本按国土资源调查预算标准核定，行业平均利润（节余）率由省财政厅和省国土资源厅联合发布。

第五条 矿业权价款收入由财政部门及其非税收入管理机构负责征收管理工作，国土资源部门依审批发证权限负责具体执收。省国土资源部门负责征收中央和省发证的矿业权价款；市（州）、县（市）分别负责征收本级发证权限范围内的矿业权价款。上级国土资源部门可以委托下级国土资源部门负责征收应由上级国土资源部门征收的价款，委托的范围、时限由上级国土资源部门确定，并将委托征收协议送同级财政部门及其非税收入管理机构备案。

第六条 由省级国土资源部门审批发证的矿业权价款按以下比例分成：

(一) 国家出资勘查形成的矿业权，其矿业权出让价款扣除出让直接成本费用后，中央和省实行2：8比例分成，留省部分按3：2：5比例在省、市（州）、县（市）之间分成。县（市）分成部分应按一定比例安排给矿区所在地的乡镇、村，用于农村基础设施建设和公益事业的发展，具体比例和使用由县（市）人民政府确定。

(二) 矿业权空白地的矿业权出让价款，在扣除出让直接成本费用后，在省、市（州）、县（市）之间按3：2：5比例分成。

(三) 国家和其他投资主体合作勘查形成的矿业权，先按有关规定对探矿权进行有偿处置，再按出资比例确定国家出让收入和其他投资主体收入。国家出让收入按本办法的规定在中央、省、市（州）、县（市）之间分成。

第七条 由国家出资的市（州）、县（市）国土资源部门审批发证的矿业权价款实行中央与市（州）、县（市）2：8比例分成。

第八条 矿业权价款收入按以下程序缴纳：

(一) 由负责组织出让工作的国土资源部门开具缴款通知书和《湖南省非税收入一般缴款书》，通知矿业权人（或矿业权申请人）缴纳价款。缴款通知书应载明缴纳总额、分级缴纳的额度、缴纳账户、缴纳期限等。分期缴纳的还必须明确分期缴纳的额度和时限。

(二) 矿业权人或矿业权申请人在接到缴款通知书7个工作日内，按缴款通知书和《湖南省非税收入一般缴款书》的要求，将应缴价款足额缴入财政部门设立的非税收入汇缴结算户。

(三) 应上缴中央的矿业权价款先缴入省非税收入汇缴结算户，再由省财政厅通过国库划缴中央。

第九条 对已出让的矿业权，矿业权人一次性缴纳矿业权价款确有困难的，经审批登记管理机关和审批登记管理的同级财政部门批准，可在矿业权有效期限内分期缴纳，也可以折股方式缴纳。其中探矿权价款最多可分2年缴纳，第一年缴纳比例不应低于60%；采矿权价款最多可分4年缴纳，第一年缴纳比例不应低于30%。分期缴纳价款的探矿权、采矿权人应承担不低于同期银行贷款利率水平的资金占用费。

对新出让的矿业权，矿业权人必须在签订出让合同60天内缴清全部价款，原则上不得以折股方式缴纳，不能按期缴纳价款的，解除出让合同，其保证金不予返回。

第十条 凡未有偿处置矿业权的国有矿山企业，矿业权出让价款经省以上审批登记机关批准按以下方式处置：

(一) 国有矿山企业破产和改制成非国有矿山企业的，矿业权价款20%上缴中央，25%上缴省财政，其余部分经省级国有资源部门和财政部门批准后，由矿山所在地的市（州）、县（市）人民政府用于国有矿山企业职工安置；

（二）国有矿山企业改制成国有控股或参股矿山企业的，矿业权价款20%上缴中央，25%上缴省财政，剩余部分经省级财政部门批准后，用于国有矿山企业的改制成本支出。对以资金方式缴纳矿业权价款确有困难的国有矿山企业，按照自愿的原则，经省级国有资源部门和财政部门批准，可以将应缴纳的矿业权价款部分或全部以折股方式缴纳，应缴中央价款的折股，由中央地勘基金机构持有，应缴省级价款的折股，由省国土资源厅和省财政厅委托省土地资本经营公司持有。折股与持股管理的具体办法，按财政部、国土资源部财建〔2006〕694号文件执行。

（三）国有矿山企业既不破产也不改制的，在办理采矿权延续登记时缴纳采矿权价款，一次性缴纳确有困难的，依本办法的规定，经登记管理机关及其同级财政部门批准后可以分期缴纳。

第十一条 对本通知发布之前探矿权、采矿权人无偿占有属于国家出资（包括中央财政出资、地方财政出资或中央财政和地方财政共同出资，下同）探明矿产地的探矿权和无偿取得的采矿权，由国土资源管理部门会同财政部门进行清理，并对清理后的探矿权、采矿权进行评估，其中采矿权按照剩余资源储量进行评估。探矿权、采矿权人按照探矿权、采矿权审批登记管理机关确认、或备案的价款评估结果，首先应当以资金方式向国家缴纳探矿权、采矿权价款；对以资金方式向国家缴纳探矿权、采矿权价款确有困难的，可遵循探矿权、采矿权人自愿原则，按照本通知有关规定报经批准后，以折股方式缴纳。

第十二条 财政部、国土资源部财建〔2006〕694号文件发布之前，国有地勘单位已经登记持有的由中央矿产资源补偿费出资（以下简称资补）、中央财政补助地方地质勘查（以下简称财补）形成的矿业权、国土资源大调查和中央危机矿山地质勘查形成的矿业权，按以下办法处置：

（一）地勘单位申请转让或以其他形式处置资补和财补探矿权的，先对探矿权进行价款评估，由地勘单位一次性向国家缴纳探矿权价款，再依法办理有关审批手续。

（二）国土资源大调查项目的探矿权处置按国土资源部国土资厅发〔2006〕62号文件的规定执行。

（三）中央危机矿山地质勘查形成的勘查成果，按已发证矿山的管理办法处置。

第十三条 财政部、国土资源部财建〔2006〕694号文件发布前已注销的矿业权、发布后新登记的中央各类出资形成的矿业权、省及以下财政历年出资勘查形成的矿业权，除省人民政府另有规定外，由省国土资源部门按照管理权限以市场竞争方式有偿处置。

第三章　矿业权价款的使用

第十四条 转让国家出资形成的矿业权，以及国有、国有控股企业及事业单位转让矿业权，应当在国土资源市场以竞争方式公开交易，以其他形式处置国家出资形成的矿业权，国家出资应得的收益不得低于类似条件下的市场价，并报经省财政厅、省国土资源厅批准。

第十五条 省、市（州）、县（市）收取的矿业权价款必须依法专项用于矿产资源勘查支出、矿产资源保护支出、地质灾害防治支出、矿产资源管理业务支出和征收业务支出，不得挪作他用。

第十六条 矿产资源勘查支出主要包括：省内经济建设和社会发展急需的重要矿产资源的勘查；主要区域成矿带矿产调查；重要基础地质工作调查；成矿预测与基础地质研究；重要找矿新技术、新方法的研究、推广与应用等。

矿产资源保护支出主要包括：采矿、选矿方法研究与运用；生产工艺技术改造；难选冶矿石、低品位矿石、尾矿的利用；矿山勘查、开发秩序维护等。

地质灾害防治支出主要包括：地质灾害日常监测；地质灾害勘查和治理；地下水动态监测；矿山地质环境调查、评价、恢复与治理等。矿产资源管理业务支出主要包括：矿产资源规划、储量管理、信息化建设、矿产资源管理基础设施建设、矿产资源执法、地质资料管理、矿业权管理、地质科研、组织项目实施、矿业权评估确认、矿业权出让成本费等。

征收业务支出是省、市（州）、县（市）国土资源部门、财政部门在征收价款过程中所需的征收成本支出，按不高于缴入同级财政价款总额的5%安排。

第十七条　矿业权出让直接成本费用可按缴入非税收入汇缴结算户的矿业权价款额的一定比例提取，具体计提标准为：矿业权价款成交额在100万元（含100万元）以下的，按10%核定出让直接成本费（最低不低于5万元）；成交价款100－500万元（含500万元）以内的，按8%核定出让直接成本费；成交价款500－1000万元（含1000万元）以内的，按6%核定出让直接成本费；成交价款1000万元以上的，按4%核定出让直接成本费。计提的出让直接成本费由国土资源部门报经同级财政部门审核批准后，用于实施具体出让工作中直接发生的有关费用开支。出让直接成本支出节余部分缴入同级财政，纳入部门预算，用于矿业权出让的相关支出。

第十八条　矿业权价款收入和支出纳入预算管理。由国土资源部门在编制年度部门预算时向同级财政部门申报年度使用计划，经同级财政部门批准后实施。

第四章　监督管理

第十九条　省、市（州）、县（市）国土资源部门应建立矿业权处置和价款征收台账，载明矿业权处置方式、矿业权评估或成交价总额、应缴中央、省、市（州）、县（市）的价款、已缴价款；分期缴纳的还应载明期限与分期应缴、已缴额度等，并及时向财政部门报送有关报表和资料。

第二十条　省、市（州）、县（市）国土资源部门要对相关缴款凭证及资料进行审核。对未按规定及时足额缴纳矿业权价款的，不得发放勘查许可证或采矿许可证。财政部门要及时与国土资源管理部门核对矿业权价款的收缴、使用情况，确保矿业权价款收入的及时、足额收取，确保矿业权价款的依法、合理使用。

第二十一条　各级财政、国土资源管理部门要密切配合，加大对矿业权价款征收、使用中各种违规违纪行为的查处力度，要依法对违规减免、不履行收费职责，应收不收，不及时足额缴库，截留、坐支、挪用及商业贿赂等违法违纪行为从严查处，追究有关领导和责任人的责任；构成犯罪的，依法移送司法机关追究刑事责任。

第五章　附则

第二十二条　本办法由省财政厅会同省国土资源厅负责解释。

第二十三条　本办法自发布之日起实施，此前有关规定与本办法规定不一致的，一律以本办法规定为准。

关于印发《湖南省节能技术改造财政奖励资金管理暂行办法》的通知

2008年5月7日　湘财企〔2008〕23号

各市州财政局、经委，有关企业：

为实现全省“十一五”期间单位GDP能耗降低20%的约束性指标，根据《国务院关于加强节能工作的决定》（国发〔2006〕28号）和财政部、国家发改委《关于印发〔节能技术改造财政奖励资金管理暂行办法〉的通知》（财建〔2007〕371号）以及省政府《关于印发湖南省节能减排综合性工作实施方案的通知》（湘政发〔2007〕29号）精神，省政府将安排专项资金采取“以奖代补”方式支持企业节能技术改造，奖励金额按项目技术改造完成后实际取得的节能量和规定的标准确定。同时，要明确企业的节能主体地位，落实责任，加强考核和监督。为此，我们制定了《湖南省节能技术改造财政奖励资金管理暂行办法》，现印发给你们，请遵照执行。

附件：湖南省节能技术改造财政奖励资金管理暂行

湖南省节能技术改造财政奖励资金管理暂行办法

第一章 总 则

第一条 根据《国务院关于加强节能工作的决定》（国发〔2006〕28号）和财政部、国家发改委《关于印发〈节能技术改造财政奖励资金管理暂行办法〉的通知》（财建〔2007〕371号）以及省政府《关于印发湖南省节能减排综合性工作实施方案的通知》（湘政发〔2007〕29号），“十一五”期间，省政府将安排专项资金支持企业节能技术改造（以下简称节能资金）。为加强财政资金管理，提高资金使用效益，特制定本办法。

第二条 为了保证节能技术改造项目的实际节能效果，节能资金采取奖励方式，实行资金量与节能量挂钩，对完成节能量目标的项目承担企业给予奖励。

第三条 节能量核定采取企业报告，第三方审核，政府确认的方式。企业提交改造前用能状况、节能措施、节能量及计量检测方法，由政府委托的第三方机构进行审核，第三方机构对出具的节能量审计报告负责。

第四条 节能资金奖励实行公开、透明原则，接受社会各方面监督。

第五条 本办法所称的节能资金，是指省级财政安排的专项用于奖励企业节能技术改造项目的资金。

第二章 奖励对象和方式

第六条 财政奖励的节能技术改造项目是指国家《“十一五”十大重点节能工程实施意见》（发改环资〔2006〕1457号）中确定的燃煤工业锅炉（窑炉）改造、余热余压利用、节约和替代石油、电机系统节能和能量系统优化等项目。

第七条 财政奖励资金主要是对企业节能技术改造项目给予支持，奖励金额按项目实际节能量与规定的奖励标准确定。

第三章 奖励条件

第八条 申请资金奖励的项目必须符合下述条件：

(一) 经省经委审批、核准或备案；

(二) 属于节能技术改造项目；

(三) 年节能量原则上在5千吨标准煤以上、1万吨标准煤以下（对年节能量在1万吨标准煤以上的企业节能技术改造项目，申报国家财政奖励资金）；

(四) 项目承担企业必须具有完善的能源计量、统计和管理体系。

第四章 奖励标准

第九条 年节能量在5千吨标准煤以上、1万吨标准煤以下的节能技术改造项目按50元／吨标准煤

奖励。

第十条　节能量是企业通过节能技术改造项目直接产生的，并且能够核定。节能技术改造项目节能量确定的原则和方法见附件二。

第五章　奖励资金的申报、审查和下达

第十一条　符合本办法规定的节能技术改造项目，由企业提出节能财政奖励资金申请报告并经法人代表签字，具体要求见附件一。

第十二条　按属地化申报原则，企业将财政节能奖励资金申请报告（一式3份）报所在地市州经委和财政局。市州经委会同财政局对企业节能资金申请报告进行严格初审、确定、汇总后，于每年4月底和8月底前分别报省经委和省财政厅。省属企业财政节能奖励资金申请报告直接报省经委和省财政厅。

第十三条　省经委会同省财政厅对各市州上报的财政节能奖励资金申请报告组织专家进行评审。省经委根据奖励标准确定项目奖励额度，会同省财政厅下达节能技术改造项目实施计划。

第十四条　省财政厅根据下达的节能技术改造项目实施计划，按照奖励金额的60%下达预算，并抄送省经委。财政部门按照财政国库管理制度有关规定将资金及时拨付到项目承担企业。

第十五条　市州经委会同财政局采取必要措施、落实相关政策，督促节能技术改造项目实施，保证项目按时完工并实现节能目标。

第十六条　省财政厅会同省经委委托节能量审核机构对项目实际节能量进行审核，由节能量审核机构出具审核报告并承担责任。

第十七条　省财政厅根据节能量审核机构出具的节能量审核报告与市州财政局对其余40%的奖励金额进行清算，由市州财政局负责下达或扣回奖励资金。

第六章　节能量审核机构的管理

第十八条　省经委会同省财政厅按照有关规定提出节能量审核机构名单。

第十九条　省经委对节能量审核机构的审核工作进行监管。对节能量审核报告严重失真的审核机构取消资格，并追究相关人员的责任。

第七章　奖励资金的监督管理

第二十条　企业收到财政奖励资金后，在财务上作资本公积处理。

第二十一条　企业对上报材料的真实性负责。对弄虚作假，骗取、套取财政资金的企业，省财政厅将扣回财政奖励资金，并由省经委责令市州经委进行整改，同时将企业名单在社会上进行曝光。

第二十二条　奖励资金必须专款专用，任何单位不得以任何理由、任何形式截留、挪用。对违反规定的，除将奖励资金全额收缴省财政外，按照《财政违法行为处罚处分条例》（国务院令第427号）等有关法律法规追究有关单位和人员的责任。

第八章　附 则

第二十三条　本办法由省财政厅会同省经委负责解释。

第二十四条　本办法自印发之日起施行，暂行期限到2010年12月31日。

附件：1. 企业财政节能奖励资金申请报告主要内容

　　　2. 节能技术改造项目节能量确定原则和监测方法

附件1

企业财政节能奖励资金申请报告主要内容

一、企业基本情况表和项目基本情况表（见附表）

二、企业能源管理情况

三、项目实施前用能状况

四、项目拟采用的节能技术措施

五、项目节能量测算和监测方法

六、其他需要说明的事项

七、附件：

1. 项目建议书或项目可行性研究报告

2. 项目的备案、核准和审批文件

3. 相应级别环保部门对环境影响报告书（表）的批复。

附：1. 企业基本情况表

2. 项目基本情况表

附表1

企业基本情况表

单位：万元

<table>
<tr><td>企业名称</td><td colspan="2"></td><td>法定代表人</td><td colspan="4"></td></tr>
<tr><td>企业地址</td><td colspan="2"></td><td>联系电话</td><td colspan="4"></td></tr>
<tr><td>企业登记
注册类型</td><td></td><td>职工人数(人)</td><td></td><td colspan="2">其中：技术人员(人)</td><td colspan="2"></td></tr>
<tr><td>隶属关系</td><td></td><td>银行信用等级</td><td></td><td colspan="2">有无国家认定的技术中心</td><td colspan="2"></td></tr>
<tr><td>企业总资产</td><td></td><td>固定资产原值</td><td></td><td>固定资产净值</td><td></td><td>资产负债率</td><td></td></tr>
<tr><td>企业贷款余额</td><td></td><td colspan="2">其中：中长期贷款余额</td><td></td><td>短期贷
款余额</td><td colspan="2"></td></tr>
<tr><td colspan="8">主要产品生产能力，国内市场占用率，2006年水、能源及相关资源消费量</td></tr>
<tr><td colspan="8">年度（近三年）</td></tr>
<tr><td>企业经营情况</td><td colspan="2">200 年</td><td>200 年</td><td colspan="2">200 年</td><td colspan="2">备 注</td></tr>
<tr><td>销售收入</td><td colspan="2"></td><td></td><td colspan="2"></td><td colspan="2"></td></tr>
<tr><td>利 润</td><td colspan="2"></td><td></td><td colspan="2"></td><td colspan="2"></td></tr>
<tr><td>税 金</td><td colspan="2"></td><td></td><td colspan="2"></td><td colspan="2"></td></tr>
</table>

附表2

项目基本情况表

单位：万元、万美元

<table>
<tr><td>企业名称</td><td></td><td>所属行业</td><td></td><td>所属工程类别</td><td colspan="3"></td></tr>
<tr><td>项目名称</td><td colspan="2"></td><td>建设年限</td><td></td><td>项目责任人
及联系电话</td><td colspan="2"></td></tr>
<tr><td colspan="8">项目建设必要性(项目资源消耗的现状、存在的主要问题）</td></tr>
<tr><td>项目建设内容</td><td colspan="7"></td></tr>
<tr><td>建成后达到目标</td><td colspan="7"></td></tr>
<tr><td>项目总投资</td><td></td><td>固定资产投资</td><td></td><td>银行贷款</td><td></td><td>自筹及其他</td><td></td></tr>
<tr><td>新增销售收入</td><td></td><td>新增利润</td><td></td><td>新增税金</td><td></td><td>新增出口创汇</td><td></td></tr>
<tr><td>项目前期工作情况</td><td colspan="7"></td></tr>
</table>

注：建成后达到目标必须注明项目实施后可能达到的具体目标，如节约××吨标准煤，节油××吨，节电××万千瓦时。

附件2

节能技术改造项目节能量确定原则和监测方法

一、适用范围

本方法适用于节能项目（以下简称项目）节能量的计算和监测。

二、节能量确定原则

(一) 本方法所称的节能量是指项目正常稳定运行后，用能系统的能源利用效率提高而形成的年能源节约量，不包括扩大生产能力、调整产品结构等途径产生的节能效果。若无特殊约定，比较期间为一年。

(二) 节能量确定过程中应考虑节能措施对项目范围以外能耗产生的正面或负面影响，必要时还应考虑技术以外影响能耗的因素，并对节能量加以修正。

(三) 项目实际使用能源应以受审核方实际购入能源的测试数据为依据折算为标准煤，不能实测的可参考附表中推荐的折标系数进行折算。

(四) 对利用废弃能源资源的节能项目（工程）（如余热余压利用项目等）的节能量，根据最终转化形成的可用能源量确定。

三、节能量确定方法

项目节能量等于项目范围内各产品（工序）实现的节能量之和扣除能耗泄漏。单个产品（工序）的节能量可通过计算监测直接获得，不能直接获得时，可以通过单位产量能耗的变化进行计算确定，步骤如下：

(一) 确定单个产品（工序）节能量计算的范围

与此产品（工序）直接相关联的所有用能环节，即是单个产品（工序）节能量计算的范围。

(二) 确定单个产品（工序）的基准能耗

项目实施前一年单个产品（工序）范围内的所有用能环节消耗的各种能源（按规定方法折算为标准煤）的总和，即为此产品（工序）的基准综合能耗。如果前一年能耗不能准确反映该产品（工序）的正常能耗状况，则采用前三年的算术平均值。

(三) 碇定单个产品（工序）的基准产量

项目实施前一年内，单个产品（工序）范围内相关生产系统产出产品数量为此产品（工序）的基准产量。全部制成品、半成品和在制品均应依据国家统计局（行业）规定的产品产量统计计算方法，进行分类汇总。如果前一年产量不能准确反映该产品产品（工序）的正常产量，则采用前三年的算术平均值。

(四) 计算单个产品（工序）的基准单耗

用项目实施前单个产品（工序）的基准综合能耗除以基准产量，计算出基准单耗。

(五) 确定项目完成后单个产品（工序）的综合能耗、产量和单耗

按照相同方法，统计计算出项目完成后一年的单个产品（工序）的综合能耗、产量和单耗。

(六) 计算单个产品（工序）节能量

项目实施前后单个产品（工序）单耗的差值与基准产量的乘积，为单个产品（工序）节能量。

(七) 估算能耗泄漏

综合考虑其他因素对项目能源消耗的影响及项目实施对项目范围以外的影响，估算出能耗泄漏（扣减或增加）。

(八) 确定项目节能量

项目范围内各产品（工序）的节能量之和扣除能耗泄漏，得到项目所实现的节能量。

四、节能量监测方法

受审核方应建立与项目相适应的节能量监测体系、监测方法和计量统计的档案管理制度，以确保项目实施过程中和建成后，可以持续性地获取所有必要数据，且相关的数据计量统计能够核查。

其中监测方法应符合《GB/T15316节能监测技术通则》的要求，监测设备应符合《GB17167用能单位能源计量器具配备与管理通则》的要求。

附表：各种能源折标准煤参考系数

附表

各种能源折标准煤参考系数

能源名称	平均低位发热量	折标准煤系数
原煤	5000千卡/千克	0.7143千克标准煤/千克
洗精煤	5300千卡/千克	0.9000千克标准煤/千克
其他洗煤		
洗中煤	2000千卡/千克	0.2857千克标准煤/千克
煤泥	2000～3000千卡/千克	0.2857－0.4286千克标准煤/千克

（续表）

能源名称	平均低位发热量	折标准煤系数
焦炭	6800千卡/千克	0.9714千克标准煤/千克
原油	10000千卡/千克	1.4286千克标准煤/千克
燃料油	10000千卡/千克	1.4286千克标准煤/千克
汽油	10300千卡/千克	1.4714千克标准煤/千克
煤油	10300千卡/千克	1.4714千克标准煤/千克
柴油	10200千卡/千克	1.4571千克标准煤/千克
液化石油气	12000千卡/千克	1.7143千克标准煤/千克
炼厂干气	11000千卡/千克	1.5714千克标准煤/千克
天然气	7700～9310千卡/立方米	1.3300千克标准煤/立方米
焦炉煤气	4000～4300千卡/立方米	0.5714－0.6143千克标准煤/立方米
其他煤气		
发生煤气	1250千卡/立方米	0.1786千克标准煤/立方米
重油催化裂解煤气	4600千卡/立方米	0.6517千克标准煤/立方米
重油热裂解煤气	8500千卡/立方米	1.2143千克标准煤/立方米
焦碳制气	3900千卡/立方米	0.5571千克标准煤/立方米
压力气化煤气	3600千卡/立方米	0.5143千克标准煤/立方米
水煤气	2500千卡/立方米	0.3571千克标准煤/立方米
炼焦油	8000千卡/千克	1.1429千克标准煤/千克
粗苯	10000千卡/千克	1.4286千克标准煤/千克
热力（当量）		0.03412千克标准煤/百万焦耳
电力（等价）		上年度国家统计局发布的供电煤耗

注：此表平均低位发热量用千卡表示，如需换算成焦耳，只需乘4.1816即可。

关于印发《湖南省煤炭价格调节基金征收使用管理办法》的通知

2008年5月16日　湘政发〔2008〕12号

各市州、县市区人民政府，省政府各厅委、各直属机构：

省人民政府决定，开征煤炭价格调节基金。现将《湖南省煤炭价格调节基金征收使用管理办法》印发给你们，请遵照执行。

湖南省煤炭价格调节基金征收使用管理办法

第一条 为合理配置煤炭资源，调节煤炭市场供求，确保电煤供应，促进全省经济又好又快发展，根据《中华人民共和国价格法》等法律法规规定，结合本省实际，制定本办法。

第二条 本省行政区域内煤炭价格调节基金的征收使用管理适用于本办法。

第三条 煤炭价格调节基金工作实行“统一政策，分级管理”的原则，省政府统一制定煤炭价格调节基金政策，市州、县市区人民政府负责组织实施，煤炭价格调节基金领导小组负责管理。领导小组组长由政府主要负责人担任，副组长由政府分管价格工作的领导担任，物价、经委、财政、煤炭等相关部门为领导小组成员单位。煤炭价格调节基金领导小组下设办公室，办公室设在物价部门，具体负责煤炭价格调节基金日常管理工作。

第四条 煤炭价格调节基金按煤炭（含焦炭，下同）实际销售量征收，征收标准为每吨35元。

第五条 省属煤矿企业的煤炭价格调节基金征收，由省煤炭价格调节基金领导小组办公室会同省经委、省煤炭局负责；其他煤矿生产企业的煤炭价格调节基金征收，由市州、县市区人民政府负责，在税费统征时一并征收。

第六条 省属煤矿企业的煤炭价格调节基金由煤矿企业直接缴纳到省财政。市州、县市区级征收的煤炭价格调节基金，按每吨5元的标准留用，其余按每吨30元直接上缴到省财政。省属煤矿企业和市州、县市区必须在每月10日前缴纳或上解上月煤炭价格调节基金。

第七条 煤炭价格调节基金实行收支两条线管理，使用省财政厅印制（或监制）的政府性基金专用票据。

第八条 省集中的煤炭价格调节基金使用范围：

(一) 奖励向省电网统调电厂销售煤炭的企业；

(二) 用于省内煤炭战略储备的补贴。

第九条 煤炭价格调节基金的使用，由省物价局会同省经委商有关部门提出方案，报领导小组审查后，由煤炭价格调节基金领导小组办公室会同省财政厅下达，由财政部门办理资金拨付手续。

第十条 省煤炭价格调节基金征管经费，按有关规定执行。

第十一条 省物价局会同省经委商有关部门根据本办法制定实施细则，并负责本办法及实施细则的解释。

第十二条 本办法自2008年5月20日起实施。

关于印发《湖南省节能专项资金管理办法》的通知

2008年9月4日　湘财企〔2008〕41号

各市州财政局、经委，省直各有关单位：

现将《湖南省节能专项资金管理办法》印发给你们，请遵照执行。

湖南省节能专项资金管理办法

第一章　总 则

第一条 为了贯彻落实科学发展观，促进我省资源节约和清洁生产工作，提高资源综合利用水平，推进循环经济发展，发挥财政资金的引导和激励作用，根据省政府《关于印发湖南省节能减排综合性工作实施方案的通知》(湘政发〔2007〕29号)精神，制定本办法。

第二条　本办法所称节能专项资金(以下简称“节能资金”)是指由省财政预算安排，用于支持节能降耗、清洁生产、资源综合利用和推进循环经济发展的资金。

第二章　安排原则与支持范围

第三条　节能资金的安排使用原则：

(一) 突出重点的原则。围绕支持企业实施节能技术改造，突出支持大项目、好项目，优先支持“千家企业节能行动”、“百家企业节能行动”企业和全省重点用能企业以及国家、省循环经济试点单位重点项目。

(二) 注重实效的原则。重点支持节能效果明显，主要产品单耗大幅企业下降的节能技术改造项目；支持资源综合利用水平明显提高的项目。

(三) 择优引导的原则。重点支持主要经济技术指标，特别是产品单耗指标在省内或行业内领先的项目；支持有较强示范引导作用的项目；优先支持已编制节能规划、开展能源审计、开展节能评估和审查、开展清洁生产审核并通过评审(验收)企业的重点项目。

(四) 注重创新的原则。支持企业和有关机构的节能技术示范项目；支持重大节能技术推广应用项目；鼓励企业加大节能技术创新投入，增强自主创新能力。

第四条　节能资金支持范围主要包括：

(一) 十大重点节能工程项目；

(二) 资源综合利用重点示范项目；

(三) 清洁生产示范项目；

(四) 推进循环经济发展的重点项目；

(五) 节能保障体系能力建设和国家节能项目申报前期事项；

(六) 省委、省政府确定的其他重要事项。

第三章　支持方式

第五条　资金安排主要采取项目投资补助、贷款贴息和按节能量奖励的方式，原则上一个项目当年只采取一种方式支持。

第六条　项目投资补助主要用于支持符合条件的企业实施节能技术改造不使用银行贷款的项目，单个项目补助资金原则上不超过50万元。

第七条　贷款贴息主要用于支持投资总额较大、贷款比重较高的项目。贴息额度根据银行承诺的贷款总额和现行贷款利率采取贴息或部分贴息。

第八条　奖励资金主要用于支持企业实施节能技术改造项目形成的节能量进行奖励(节能量不易确定的项目除外)，具体奖励办法按照《湖南省财政厅湖南省经济委员会关于印发〈湖南省节能技术改造财政奖励资金管理暂行办法〉的通知》(湘财企〔2008〕23号)文件执行。

第四章　项目申报与审查

第九条　省经委和省财政厅年初根据节能发展规划，发布年度项目申请指南，明确年度重点支持范围等具体事项。

第十条　节能资金申请单位必须具备以下条件：

(一) 项目单位在湖南省境内注册，具有独立法人资格、法人治理结构规范；

(二) 项目单位财务管理制度健全，及时向财政部门报送财务报表；

(三) 会计信用和纳税信用良好。

第十一条 节能资金申请单位应当提供以下资料：

(一) 专项资金申请表（附表1）；

(二) 企业基本情况表（附表2）；

(三) 项目基本情况表（附表3）；

(四) 项目资金申请报告（含可行性研究报告）；

(五) 项目批文或备案、核准文件；

(六) 贴息项目附贷款合同或支付利息凭据；

(七) 企业营业执照复印件及相关附件等。

第十二条 节能资金申报和审查程序

(一) 地方项目由各市州经委和财政局组织申报，各市州经委和财政局对申报项目进行初审后，联合行文报省经委和省财政厅。中央在湘企业项目直接向省经委、省财政厅申报。省属企业项目由企业主管部门签署意见后向省经委、省财政厅申报。

(二) 省经委会同省财政厅负责组织项目的汇总、审核和评审工作。

(三) 省经委、省财政厅根据评审意见综合平衡后，确定项目资金分配方案。

第五章 节能资金的下达与拨付

第十三条 省财政厅根据资金分配方案会同省经委下达资金。省属单位项目资金由省财政厅直接拨付到项目主管部门或项目单位，市（州）、县单位项目资金由省财政厅逐级下拨，由同级财政部门拨付到项目单位。

第十四条 企业收到的资助资金应当根据《企业财务通则》（财政部令第41号）进行账务处理。

第十五条 当年节能资金9月底之前全部下达。

第六章 监督与管理

第十六条 节能资金支持的项目实行报告和验收制度。自资金下达之日起至项目竣工验收后一年内，一般项目承担企业自专项资金下达之日起三个月内向省经委、省财政厅报告资金使用情况。重大项目承担企业每半年应向省经委、省财政厅报告专项资金使用情况、项目实施进展情况和项目投产达产情况，提交一份项目进度报表（附表4）；项目完工后，须向省经委、省财政厅提出项目竣工验收申请，省经委会同省财政厅组织相关单位对项目进行验收。

第十七条 省经委负责定期对项目实施情况、投产达产情况等进行检查，协调处理项目实施过程中的问题，督促项目按计划进度实施。

第十八条 省财政厅负责资金的监督管理，建立项目绩效评价制度。项目经验收合格一年后，省财政厅组织对重大项目资金使用情况进行绩效评价，提出评审意见，并作为今后安排专项资金的重要依据。

第十九条 任何单位、个人不得以任何理由截留、挤占、挪用专项资金。对弄虚作假骗取专项资金或不按规定用途使用专项资金的，暂停其专项资金申报资格3年；已拨付专项资金的，依法追回专项资金，并由省财政厅按照《财政违法行为处罚处分条例》的规定严肃处理。

第二十条 本办法自发布之日起施行。

转发财政部、国家税务总局关于再生资源增值税政策的通知

2009年2月26日　湘财税〔2009〕6号

各市州财政局、国税局：

现将《财政部、国家税务总局关于再生资源增值税政策的通知》（财税〔2008〕157号）转发给你们。根据我省实际，并依照《财政部、国家税务总局、中国人民银行关于税制改革后对某些企业实行“先征后退”有关预算管理问题的暂行规定的通知》（财预字〔1994〕55号）、《财政部、中国人民银行关于财政监察专员办事机构改革后一般增值税退税审批事宜的通知》（财监字〔1998〕186号）、《财政部关于印发〈财政监察专员办事处一般增值税退税行政审批管理程序暂行规定〉的通知》（财监〔2003〕110号）和《财政部关于明确办理再生资源增值税退税程序的补充通知》（财监〔2009〕7号）的有关规定，现就有关事项明确如下，请一并遵照执行。

一、初审、复审和终审机关及职责。(1) 申请退税纳税人所在地的市（州）财政局为初审机关，负责对退税企业的资格认定，负责对申报退税资料的真实性、准确性进行审核，对本地退税企业的再生资源仓储、整理、加工场地的现场考查验证，定期向所在地公安、商务、环保、税务及人民银行核实纳税人申报的资料；(2) 省财政厅为复审机关，负责对初审退税材料的复核审查；(3) 财政部驻湖南财政监察专员办事处为终审机关，下发审批意见；(4) 复审机关和终审机关对初审机关的资格认定意见以及具体退税初审意见联合进行实地抽查；(5) 终审机关定期或不定期组织对各市（州）退税工作质量进行进度检查；(6) 初审与复审退税的具体工作由财政机关负责税政法规工作的部门办理。

此外，为提高退税审核与审批效率，申请退税纳税人所在地的县（市、区）财政局可协助初审机关做好退税审核的基础工作，具体做好对本地退税企业的政策辅导、申报资料收集、整理、汇总上报和实际退税额的统计分析等工作；协助初审机关做好再生资源仓储、整理、加工场地的现场考查验证，以及定期向所在地公安、商务、环保、税务及人民银行核实纳税人申报材料。

二、申请退税的申报资料

(一) 申请退税的纳税人在首次申请退税时，需提交以下资格认定资料：

1. 申请人提出享受再生资源增值税先征后退的情况报告。报告内容包括企业的基本情况、经营范围、经营规模、注册资本、出资人、以及申请人符合优惠政策的条件和理由等。

2. 申请人营业执照、国税和地税部门税务登记证、组织机构代码证、公安主管部门备案登记证明、商务主管部门备案登记证明等复印件、2008年度会计报表、2008年度纳税申报表。

3. 申请人从事再生资源仓储、整理、加工场地的土地使用证和房屋产权证或者其租赁合同以及其他证明资料的复印件。

4. 2007年1月1日至申报时，申请人未受到工商、商务、环保、税务、公安机关相应的行政处罚（警告和罚款除外）的书面申明。

5. 申请人2008年金融机构结算的再生资源销售额和全部再生资源销售额的有关数据以及主要资料，申请人可分月列表上报。

6. 初审机关对申请人享受再生资源增值税先征后退政策的认定意见，认定意见需由初审机关以正式文件上报。

7. 企业基本情况表（表样附后，退税企业也可在湖南省财政厅网页下载，网址：http：//www.hnczt.gov）。

8. 初审、复审和终审机关要求申请人提供的其他资料。

上述资料，申请人只需在首次申请退税时提供，且需提交三份，分别留存初审机关、复审机关和终审机关。协助初审的县（市、区）财政局可根据情况需要要求申请人提供。但申请人的基本情况发生变化（如企业更名、法人代表更换及生产经营场地异动等），则上述资料需重新申报。

(二) 具体办理退税业务时，需提交以下申请资料：

1. 申请人当期享受再生资源增值税先征后退的申请报告。内容包括企业的基本情况、当期的经营情况，增值税的实现和缴纳情况以及申请退税的额度等。

2. 增值税退付申请书（一式四联，退税企业可向初审机关申领）。

3. 再生资源企业申报增值税退税审核表（一式四份，表样附后，退税企业也可在湖南省财政厅网页下载，网址：http：//www.hnczt.gov）。

4. 完税凭证的复印件。

5. 退税当期起止月份的会计报表。

6. 退税当期的各个月纳税申报表。

7. 申请退税所属期通过金融机构往来的再生资源销售额结算回执（复印件）及同期全部再生资源销售额数据。

8. 申报退税所属期间申请人未受到刑事处罚或者县级以上工商、商务、环保、税务、公安机关相应的行政处罚（警告和罚款除外）的书面申明。

9. 其他资料。

上述资料除第2. 3项外，其他资料申请人需提交三份，分别留存初审机关、复审机关和终审机关。协助初审的县（市、区）财政局可根据情况需要要求申请人提供。

三、初审机关和协助单位要对辖区内符合退税条件的纳税人建立退税档案和台账，内容包括：

(一) 退税企业基本信息；

(二) 财税〔2008〕157号文件规定认定企业退税资格的相关资料；

(三) 企业申报增值税退税审核情况（存根）。

四、企业退税申请办理时限：暂定季度内累计实缴增值税额度达50万元以上（含50万元）即可申请办理退税，季度内累计实缴增值税未达到50万元（不含50万元），按季度申请办理退税。初审机关集中办理退税审核的具体时间由市（州）财政局确定。为提高退税审核工作效率，加快审核流程，企业退税申报材料原则上由市（州）财政部门初审后分批集中报省厅及专员办复审和终审。

五、根据《财政部、国家税务总局关于增值税消费税实行先征后返等办法有关城建税和教育费附加政策的通知》（财税〔2005〕72号），申请退税企业的应缴城市维护建设税和教育费附加（包括地方附加）不受增值税退税影响。

六、初审机关以及协助单位要加强与税务、公安、商务、环保、人民银行等部门的信息沟通，加强对再生资源销售企业经营行为的监控，强化对再生资源的生产、回收经营、加工处理等各个环节的税收管理，堵塞偷逃税收的漏洞，保证国家再生资源综合利用税收优惠政策落到实处。

附件：

1. 企业基本信息表（略）

2. 再生资源企业申报增值税退税审核表（略）

3. 财政部、国家税务总局关于再生资源增值税政策的通知（略）

关于印发《湖南省煤矿矿长资格证安全资格证管理办法（试行）》的通知

各市州煤炭管理部门，省属煤矿企业，有关培训资质单位：

《湖南省煤矿矿长资格证安全资格证管理办法（试行）》，已经2009年6月19日办公会议通过，现予以印发，请认真贯彻执行。

湖南省煤矿矿长资格证安全资格证管理办法（试行）

第一章　总则

第一条　为加强全省煤矿矿长资格证、安全资格证的考核、发证和管理，根据《国务院关于预防煤矿生产安全事故的特别规定》（国务院令第446号）、《生产经营单位安全培训规定》（国家安全监管总局令第3号）和《关于煤矿矿长安全资格考核发证等职能调整问题的复函》（湘编办函〔2009〕29号）等有关法律法规和文件的规定，结合我省实际，制定本办法。

第二条　煤矿主要负责人（包括董事长、总经理，各类煤矿矿长、实际控制人等，下同）任职前，必须依照本办法的规定，经培训考核合格，取得煤矿矿长资格证、安全资格证。

煤矿企业安全生产管理人员（包括副董事长、副总经理，副矿长、总工程师或技术负责人，安全生产管理机构负责人及其管理人员，下同），必须依照本办法的规定，经培训考核合格，取得安全资格证后，方可任职。

第三条　取得煤矿矿长资格证、安全资格证的矿长，取得安全资格证的安全管理人员，只能在本煤矿企业任职，不得在其他煤矿企业兼任矿长或安全生产管理人员。

第四条　煤矿矿长资格证、安全资格证由省煤炭工业局按照全国统一式样监制。

第二章　取得煤矿矿长资格证、安全资格证的条件

第五条　煤矿矿长取得矿长资格证、矿长安全资格证，应当具备下列条件：

(一) 拟任职煤矿，生产矿井有依法取得的采矿许可证，新开办煤矿有依法取得的开办审批手续；

(二) 新任矿长应具备相关专业大专及以上学历；

(三) 必须从事煤矿安全生产相关工作3年以上，具备安全生产技术、管理岗位2年以上工作经历；

(四) 具有完全民事行为能力，身体健康，能深入井下生产现场正常工作的男性公民，矿长年龄一般在55周岁以下；

(五) 必须经依法培训考核合格；

(六) 法律法规规定的其他条件。

第六条　安全生产管理人员取得安全资格证的条件，省属煤矿参照煤矿矿长的取证条件执行，其他煤矿由市（州）煤炭管理部门研究制订相应的条件，并报省煤炭工业局备案。

第七条　申请煤矿矿长资格证、安全资格证，应提供下列资料：

(一) 煤矿矿长资格证、安全资格证申请表；

(二) 身份证复印件、学历证书及复印件、工作简历证明、2寸免冠照片（4张）；

(三) 拟任职煤矿采矿许可证及复印件，或开办审批文件；

(四)《湖南省煤矿矿长资格证及安全资格证培训考核合格证》。

第八条 煤矿名称变更或任职异动，煤矿矿长应在变更前30日内申请办理变更手续。办理变更手续应提交以下材料：

(一) 矿长资格变更申请表及2寸免冠照片（2张）；

(二) 拟任职煤矿的采矿许可证及复印件，或批准开办文件批准；

(三) 煤矿变更名称或职务任免文件；

(四) 申请人在有效期内的原矿长资格证，或前任矿长的矿长资格证。

第三章 培训与考核

第九条 煤矿矿长资格、安全资格实行“培用分离、任前培训”相结合的原则。凡是符合本办法第五条、第六条相关条件的人员，都可参加培训，作为人才储备。

第十条 煤矿矿长的矿长资格证、安全资格证由有相应资质的培训机构负责，省煤炭工业局负责监督指导和考核。

煤矿安全生产管理人员安全资格证培训由有资质的培训机构负责培训，省属煤矿由省煤炭工业局负责监督指导和考核，其他煤矿由市（州）煤炭管理部门负责监督指导和考核。

第十一条 煤矿矿长资格证、安全资格证的有效期为4年。已持证人员，每2年复审一次。复审前持证人必须参加复训并考试考核合格。

第十二条 各市（州）煤炭管理部门、省属煤矿企业每半年提出一次培训计划报省煤炭工业局安全监管处，由省煤炭工业局根据需要下达培训计划。

第十三条 从事煤矿矿长资格证、安全资格证培训的机构要严格按照统一的培训大纲和教材组织教学活动，培训时间、培训内容和考核标准要符合国家有关规定的要求。

第十四条 煤矿矿长资格证、安全资格证实行“培考分离”的制度。培训（复训）工作结束后，由负责发证的部门组织考核考试。考核考试合格的，颁发《湖南省煤矿矿长资格证及安全资格证培训考核合格证书》。

第四章 取得矿长资格证、安全资格证的程序

第十五条 煤矿主要负责人矿长资格证、安全资格证和省属安全生产管理人员的安全资格证，由省煤炭工业局统一审查发证；其他煤矿的安全生产管理人员由市（州）煤炭管理部门审查发证，并报省煤炭工业局。省煤炭工业局办证程序如下：

(一) 培训。煤矿矿长资格证、安全资格证申请人，必须首先参加培训，并经考试考核合格；

(二) 申请。申请人填写《湖南省煤矿矿长资格证申请表》、《湖南省煤矿安全资格证申请表》（可在“湖南省煤炭工业局”网站下载），按本办法第八条的规定准备申请资料，按照管理权限上报初审；

申请人对所提供的申报材料实质内容的真实性负责。各级煤炭管理部门认为必要时，可到现场对申请材料实质内容的真实性进行核查；

(三) 初审。初审部门应在收到申请人材料之日起5个工作日内完成初审、上报工作。市、县国有煤矿和乡镇煤矿按管理权限初审同意后，由市（州）煤炭管理部门上报省煤炭工业局。省属煤矿经集团公司初审同意后，由集团公司上报省煤炭工业局；

(四) 受理。市（州）煤炭管理部门、省集团公司上报由省煤炭工业局政务办事厅受理。政务办事厅对材料不齐全或不符合法定形式的，应当场或在收到申请材料5个工作日内，一次告知申请人需要补正的全部内容。逾期不告知的，自收到申请材料之日起即为受理；

(五) 审查。省煤炭工业局自受理申请之日起20个工作日内完成审查工作，经审查核实具备本办法第五条、第六条规定条件的，作出颁证许可决定；不具备规定条件的，书面告知申请人不能发证的理由。对因特殊情况不能完成在20个工作日内完成审查工作，经局领导批准，最多可延长10个工作日；

(六) 颁证。省煤炭工业局对申请人做出颁证许可决定后，在“湖南省煤炭工业局网站”予以公告，并自批准之日起2个工作日内，通知申请人在10日内在政务办事厅领取资格证书。

第五章　监督管理

第十六条　各级煤炭管理部门要按照管理权限，逐级建立矿长资格证、安全资格证管理档案。

第十七条　各级煤炭管理部门要加强对矿长、安全管理人员履职情况和是否存在违章指挥等行为的监督检查，对违反安全生产法律法规的矿长、安全生产管理人员，在依照有关规定及时纠正、处理的同时，还要对其实施安全生产违法违规计分。计分由煤炭管理部门按照管理权限建档登记。

对存在两种以上违法违章行为的，应当分别计算，累加分值。对有关监管部门已经计分，且在规定整改期限内的同一违法违规行为，不再重复计分，逾期未整改的应重新计分。

第十八条　一次计分分值，依据违章违规行为的严重程度分为12分、6分、3分、2分、1分五个档次。

第十九条　有下列情形之一的，一次计12分：

(一) 矿井证照不全，或者证照过期违法指挥组织生产的；

(二) 存在国务院令第446号第八条第二款所列情形，违法组织生产的；

(三) 1个月内3次或者3次以上被发现未按规定培训井下作业人员或者特种作业人员无证上岗的；

(四) 煤矿发生一次死亡1~2人责任事故的。

第二十条　有下列情形之一的，一次计6分：

(一) 非因特殊原因，连续一个月不主持召开安全办公会议的；

(二)非因特殊原因，连续一个月不按规定下井带班，或连续3月下井次数达不到规定要求的；

(三) 违章指挥，强令他人冒险作业的。

第二十一条　有下列情形之一的，一次计3分：

(一) 未按规定建立隐患排查、治理和报告制度，并将排查情况每季度向县级以上负责煤矿安全监管的部门写出书面报告的；

(二) 发现瓦斯超限未及时分析原因，研究措施的；

(三) 矿井无领导干部轮流带班下井登记档案，或一周内其负责人或者生产经营管理人员没有按规定带班下井的；

(四) 建设项目设计未经审查批准擅自组织施工，或不按批准的设计组织施工的；

(五) 将井下采掘工作面或者井巷维修作业对外承包的。

第二十二条　有下列情形之一的，一次计2分：

(一) 不按要求参加，或不及时传达贯彻上级有关安全生产会议精神的；

(二) 不按规定每周主持召开安全办公会议的；

(三) 未研究制订矿井年度灾害预防与处理预案的；

(四) 无作业规程、无措施安排作业的；

(五) 采掘工作面空顶作业的；

(六) 机电设备管理混乱，有设备失爆现象的；

(七) 斜井运输巷道“一坡三挡”不齐全或失效的；

(八) 随意开、停局扇的；

(九) 不按规定排放瓦斯的；

(十) 使用非煤矿许用火工产品的；

(十一) 不执行“一炮三检”和“三人连锁”放炮制度，放炮地点不符合要求的；

(十二) 其他安全隐患、违章违规行为。

第二十三条 有下情形之一的，一次计1分：

(一) 不按规定坚持每天审查通风瓦斯日报的；

(二) 不按规定配备管理和使用自救器的；

(三) 不按规定给职工配发劳保用品的；

(四) 开始作业前，安全生产确认制度不落实的；

(五) 其他安全隐患、违章违规行为。

第二十四条 计分周期为一年度，总分为12分，上年度计分不转入下年度。

第二十五条 对本办法第十九条所列情形，一次计12分者，由有关煤炭管理部门暂扣矿长资格证、安全资格证，由县、市煤炭管理部门每季度末逐级上报，参加省组织的培训学习，经考试合格后返还资格证，原计分值清零；考试不合格者可以申请补考一次。对不按规定参加培训学习或补考不合格者，吊销其资格证。

对累计计分满12分者，由煤炭管理部门按照管理权限暂扣其矿长资格证、安全资格证，组织培训学习，经考核合格后返还资格证，原计分值清零。考试不合格者可以申请补考一次；不按规定参加培训学习或补考不合格者，应提请原发证机关吊销其资格证。

第二十六条 被责令停产整顿的煤矿，由责令停产整顿的煤炭管理部门暂扣其矿长的矿长资格证、矿长安全资格证和有关责任人员的安全资格证，整改验收合格后返还。

第二十七条 有关煤炭管理部门决定暂扣有关人员资格证的，应立即按程序告知原发证单位。

第二十八条 煤矿3个月内2次或2次以上发现有重大安全隐患，仍然进行生产的，吊销其矿长资格证、安全资格证和有关责任人员的安全资格证，其法人代表和矿长5年内不得再担任任何煤矿的法人代表或矿长。

第二十九条 煤矿发生一次死亡3~9人，或一年内发生两起1~2人责任事故，吊销其矿长的矿长资格证、矿长安全资格证和有关责任人员的安全资格证。

第三十条 煤矿发生一次死亡10人以上（含10人），或一年内发生两起3~9人责任事故，吊销其矿长的矿长资格证、安全资格证，5年内不得重新核发。吊销有关责任人员的安全资格证。

第三十一条 煤矿发生事故后逃匿的煤矿矿长，吊销其矿长资格证、矿长安全资格证，终身不得再取得煤矿矿长资格证、安全资格证。

第三十二条 有下列情形之一的，煤矿矿长资格证、安全资格证失效，原发证机关注销：

(一) 撤销、免去职务的；

(二) 依法实行关闭或破产的煤矿；

(三) 不按规定办理变更登记的；

(四) 因持证人年龄、健康状况等不能继续任职的。

第三十三条 煤矿矿长资格证、安全资格证遗失、损坏的，由申请人向省煤炭工业局提出书面申请并说明原因，经审查认可，15个工作日内补发新证。

第三十四条 负责资格证行政许可审查的工作人员滥用职权，玩忽职守或者徇私舞弊的，依法给予行政处罚；涉嫌犯罪的，移送司法机关依法追究刑事责任。

第三十五条 负责煤矿矿长资格证、安全资格证发证审查发证和管理的部门，不得收取工本费、日常监督管理等费用。

第六章 附 则

第三十六条 本办法由湖南省煤炭工业局负责解释。

第三十七条 本办法自公布之日起施行。

关于印发《湖南省水资源费征收使用管理实施办法》的通知

2009年9月3日 湘财综〔2009〕32号

各市财政局、物价局、水利局：

根据《财政部 国家发展改革委 水利部关于印发〈水资源费征收使用管理办法〉的通知》（财综〔2008〕79号）的规定，我们制定了《湖南省水资源费征收使用管理实施办法》，现印发给你们，请遵照执行。

附件：湖南省水资源费征收使用管理实施办法

湖南省水资源费征收使用管理实施办法

第一章 总则

第一条 为加强水资源费征收使用管理，促进水资源节约、保护和合理利用，根据《取水许可和水资源费征收管理条例》（国务院令第460号）、《湖南省取水许可和水资源费征收管理办法》（省政府令第166号，省政府令第219号修订）和《财政部国家发展改革委水利部关于印发〈水资源费征收使用管理办法〉的通知》（财综〔2008〕79号）的规定，制定本实施办法。

第二条 水资源费属于政府非税收入，全额纳入财政预算管理。

第三条 水资源费征收、使用和管理应当接受财政、价格、审计部门和上级水行政主管部门的监督检查。

第二章 征收

第四条 直接从江河、湖泊或者地下取用水资源的单位（包括城市供水企业）和个人，除按《取水许可和水资源费征收管理条例》第四条和《湖南省取水许可和水资源费征收管理办法》第四条的规定不需要申请领取水许可证的情形外，均应按照本办法规定缴纳水资源费。

第五条 水资源费由县级以上的地方水行政主管部门按照取水审批权限负责征收。

第六条 上级水行政主管部门可以委托下级水行政主管部门征收水资源费。委托征收应当以书面形式授权，其中，省级水行政主管部门应按照《湖南省财政厅关于规范省直单位非税收入委托征收有关问题的通知》（湘财综〔2005〕12号）文件规定办理。

第七条 水资源费征收标准，由省价格主管部门会同省财政、水利行政主管部门制定，报省人民政府批准，并报国家发展改革委、财政部和水利部备案。任何地区不得增加或核减水资源费征收标准。

第八条 水资源费缴纳数额根据水资源费征收标准和实际取水量确定。城市供水价格中应含水资源费。未含水资源费的应将执行的水资源费标准列入供水价格。城市供水企业的水资源费，由有执收权的水行政主管部门按取水口计量核实后，由供水企业缴纳。

对开采矿产资源用水，不得按矿产品开采量计征水资源费。

第九条　所有取水单位和个人均应安装取水计量设施。因取水单位和个人原因未安装取水计量设施或者计量设施不能准确计量取水量的，由水行政主管部门按照其最大取水能力核定取水量，并按核定的取水量确定水资源费征收数额。

第十条　水资源费按月征收。

取水单位和个人应按月向负责征收水资源费的水行政主管部门报送取水量（或发电量）。

负责征收水资源费的水行政主管部门按照核定的取水量（或发电量）和规定的征收标准，确定水资源费征收数额。

第十一条　取水单位和个人因特殊困难情况不能按期缴纳水资源费的，可以自收到水资源费缴纳通知之日起7日内向发出水资源费缴纳通知的水行政主管部门申请缓缴；发出水资源费缴纳通知的水行政主管部门应当自收到缓缴申请之日起5个工作日内作出书面决定并通知申请人；期满未作决定的，视为同意。水资源费的缓缴期限最长不得超过90日。

第十二条　县级以上地方水行政主管部门征收水资源费，应到同级价格主管部门申领《收费许可证》，并使用省财政厅统一印制的非税收入票据。

第三章　缴库

第十三条　县级以上水行政主管部门征收的水资源费，按照1:9的比例分别上缴中央和同级国库。

第十四条　负责征收水资源费的水行政主管部门按本《实施办法》第十条确定的水资源费征收数额填写“湖南省非税收入一般缴款书”，送达取水单位或个人，由取水单位或个人持“湖南省非税收入一般缴款书”在规定时限内通过商业银行将款项缴入同级财政部门开设的非税收入汇缴结算户或用于非税收入汇缴结算的财政专户。

同级非税收入管理机构在收到款项后，应按照规定及时缴库。在填写“缴款书”时，上缴中央国库收入部分，“财政机关”栏填写“财政部”，“预算级次”栏填写“中央级”，“收款国库”栏填写实际收纳款项的国库名称；上缴地方国库收入部分，按照第十三条确定的地方各级水资源费分配比例，分别填写相应的财政机关、预算级次和国库名称。

第十五条　水资源费收入在“政府收支分类科目”列第103类“非税收入”02款“专项收入”02项“水资源费收入”，作为中央和地方共用收入科目。

第十六条　各级财政部门和水行政主管部门要确保将中央分成的水资源费及时足额上缴中央国库。

第四章　使用管理

第十七条　水资源费全额纳入同级财政预算管理，由财政部门按照批准的部门预算统筹安排。

第十八条　水资源费专项用于水资源的节约、保护和管理，也可以用于水资源的合理开发。任何单位和个人不得平调、截留或挪作他用。其使用范围包括：

(一) 水资源调查评价、规划、分配及相关标准制定；

(二) 取水许可的监督实施和水资源调度；

(三) 江河湖库及水源地保护和管理；

(四) 水资源管理信息系统建设和水资源信息采集与发布；

(五) 节约用水的政策法规、标准体系建设以及科研、新技术和产品开发推广；

(六) 节水示范项目和推广应用试点工程的拨款补助和贷款贴息；

(七) 水资源应急事件处置工作补助；

(八) 节约、保护水资源的宣传和奖励；

(九) 水资源的合理开发。

第十九条 县级以上水行政主管部门会同有关部门按规定编制水资源费收支预算，并纳入部门预算报同级财政部门审核。

财政部门按照县级以上水行政主管部门会同有关部门履行水资源节约、保护、管理职能以及水资源合理开发等需要，审核预算支出。

资金支付按照财政国库管理制度有关规定执行。

第二十条 水资源费支出在“政府收支分类科目”列第213类“农林水事务”03款“水利”31项“水资源费支出”。

第五章 违规处理

第二十一条 取水单位和个人违反本办法规定，拒不缴纳、拖延缴纳或者拖欠水资源费的，依照《中华人民共和国水法》第七十条规定处罚。

第二十二条 在水资源费的征收、使用过程中，管理部门和单位及其工作人员违反本办法规定，擅自多征、减征、缓征、停征，或者侵占、截留、挪用、坐收坐支水资源费的，由财政部门、价格主管部门和审计部门按照各自职责依照相关法律、法规查处，对直接负责的主管人员和其他直接责任人员依照《违反行政事业性收费和罚没收入收支两条线管理规定行政处分暂行规定》（国务院令第281号）、《财政违法行为处罚处分条例》（国务院令第427号）等相关法律法规予以处理。涉嫌犯罪的，移送司法机关，依法追究刑事责任。

第六章 附 则

第二十三条 水资源费分成比例从2009年1月1日起执行。本办法自公布之日起三十日后施行。

转发财政部国家税务总局关于再生资源增值税退税政策若干问题的通知

2009年11月18日 湘财税〔2009〕79号

各市州财政局、国税局：

现将《财政部、国家税务总局关于再生资源增值税退税政策若干问题的通知》(财税〔2009〕119号)转发给你们。根据该文件及《财政部、国家税务总局关于再生资源增值税政策的通知》(财税〔2008〕157号)、《湖南省财政厅、湖南省国家税务总局、财政部驻湖南省财政监察专员办事处转发财政部、国家税务总局关于再生资源增值税政策的通知》(湘财税〔2009〕6号)的有关规定，结合我省实际，补充规定如下，请一并遵照执行。

一、纳税人在2009年10月1日以后开具的再生资源收购凭证、扣税凭证或销售发票，除需符合现行发票管理有关规定外，还应当按照财税〔2009〕119号文件规定，详细注明购进或销售的再生资源的具体种类及品目，注明方式为“种类(品目)”。

纳税人申请退税时应将再生资源销售发票原件或复印件提交初审机关或协助初审单位查验，初审机关或协助初审单位应逐票检查、严格审核，并在再生资源纳税情况审核表(附件1)上签字盖章确认，明确审核责任。

二、从2009年10月1日起，初审机关对收到的纳税人申请退税资料，应加强对纳税人商务、公安备案日期的审查，对纳税人申请退付的税款所属期在最后备案当月1日之前的所缴增值税税款不予退还。

三、初审机关应加强对金融机构结算比例表(附件2)的审核，对申报退税当期金融机构结算比例未达到80%的纳税人，应暂缓办理退税，并及时告知纳税人待其金融机构结算比例达到80%时再行申报。

四、在申请资格认定和申报退税时，纳税人应分别按附件3、附件4所列格式和顺序提供所需各项材料。

在增值税退税申请报告中，纳税人应在原有内容基础上详细补充说明当期购进、销售的再生资源具体种类(品名)、数量、价格、工艺、交易企业名称及其他相关信息。

五、初审机关或协助初审单位应对每个纳税人是否兼营非再生资源采购、销售行为等加强监控，每年至少进行一次实际经营场地现场查勘和会计账簿、购进－销售合同、库存、运输情况检查，核实纳税人申报的有关材料。

附件：1. 再生资源纳税情况审核表

2. 再生资源销售金融机构结算比例表

3. 再生资源增值税退税资格认定审查目录表

4. 再生资源增值税先征后退初审目录表

附件1：

（企业名称）再生资源纳税情况审核表

完税凭证编号	实缴税额	销项发票编号	销项货物或应税劳务种类和名称	税额	进项发票编号	进项货物或应税劳务种类和名称	税额	再生资源项目纳税额

审核人：　　　　复核人：　　　　审核单位名称：（加盖公章）

年　月　日

附件2：

（企业名称）再生资源销售金融机构结算比例表

月份	全部销售额（含税）	再生资源销售额（含税）	再生资源销售金融机构结算金额	再生资源销售金融机构结算回执复印件份数	再生资源销售现金、以物易物等结算金额	再生资源当期销售应收账款	再生资源销售金融机构结算比例
合计							

填报人：　　　　财务负责人：

法定代表人签字：（加盖企业公章）

年　月　日

附件3：

（企业名称）再生资源增值税退税资格认定审查目录表

序号	资　料　内　容	是否齐备
1	申请人提出享受再生资源增值税先征后退的情况报告	
2	企业基本信息表	
3	申请人营业执照复印件（已年检）	
4	申请人国税和地税部门税务登记证复印件	
5	申请人组织机构代码证复印件（已年检）	
6	申请人在公安主管部门备案登记证明复印件	
7	申请人在商务主管部门备案登记证明复印件	
8	申请人上年度会计报表	
9	申请人上年度纳税申报表	
10	申请人自有或租赁的从事再生资源仓储、整理、加工的场地的土地使用证和房屋产权证、租赁合同以及其他证明资料复印件	
11	2007年1月1日至申报时，申请人未受到工商、商务、环保、税务、公安机关、人民银行等部门相应的行政处罚（警告和罚款除外）的书面申明	
12	申请人上年度金融机构结算的再生资源销售额和全部再生资源销售额的有关数据以及主要资料	
13	审核机关要求申请人提供的其他资料	

审核人：　　　　　　审核日期：　　　年　　月　　日

复核人：　　　　　　复核日期：　　　年　　月　　日

备注：

附件4：

（企业名称）再生资源增值税先征后退初审目录表

序号	资 料 内 容	是否齐备
1	增值税退付申请书（一式五联）	
2	再生资源企业申报增值税退税审核表（一式四份）	
3	申请人当期申请再生资源增值税先征后退的报告	
4	再生资源纳税情况审核表	
5	申请人申报退税当期完税凭证复印件（加盖国税或国库红章）	
6	申请人申报退税当期各月资产负债表	
7	申请人申报退税当期各月利润表	
8	申请人申报退税当期各月纳税申报表（主表）	
9	申请人申报退税当期再生资源销售金融机构结算比例表	
10	申请人申报退税当期再生资源销售金融机构结算证明材料复印件	
11	申请人申报退税当期未受到工商、商务、环保、税务、公安机关、人民银行等部门相应的行政处罚（警告和罚款除外）的书面申明	
12	企业基本信息表	
13	审核机关要求申请人提供的其他资料	
审核人：	审核日期：　　年　　月　　日	
复核人：	复核日期：　　年　　月　　日	
备注：		

关于印发《湖南省煤矿安全质量标准化标准及考核评级办法》的通知

2010年1月6日 湘煤行〔2010〕10号

各市州煤炭管理部门，省属煤矿企业：

为加强煤矿安全质量标准化管理，夯实煤矿安全生产基础，有效防范和遏制重特大事故，推动安全生产状况的持续稳定好转，根据国家安监总局、国家煤监局《关于深入持久开展煤矿安全质量标准化工作的指导意见》（安监总煤行〔2009〕117号）文件精神，结合湖南省实际情况，在湘煤行〔2005〕48号基础上，重新制定了《湖南省煤矿安全质量标准化标准及考核评级办法》，现予以印发，请认真贯彻执行。

湖南省煤矿安全质量标准化标准及考核评级办法

第一条 为全面落实科学发展观，贯彻“安全第一、预防为主、综合治理”方针，推进我省煤矿安全质量标准化工作深入开展，提升安全保障水平，促进煤矿安全生产状况的持续稳定好转，特制定本办法。

第二条 本办法适用于证照齐全、合法有效且生产规模达到6万吨/年以上（含6万吨/年）的生产煤矿。

第三条 省级安全质量标准化煤矿分三级：即省一级、省二级、省三级。

一级：安全质量标准化各专业得分均在90分及以上。

二级：安全质量标准化各专业得分均在80分及以上。

三级：安全质量标准化各专业得分均在60分及以上。

第四条 安全质量标准化煤矿参加评级的专业为八个，即地面、采煤、掘进、机电、运输、通风、安全管理、地测防治水，各专业计分以100分为满分。

安全质量标准化矿井的评级计分以100分为满分。各专业的考核得分先乘以各自的系数后，再计入矿井总分。

1. 地面：5分 系数为0.05；
2. 采煤：15分 系数为0.15；
3. 掘进：15分 系数为0.15；
4. 机电：15分 系数为0.15；
5. 运输：15分 系数为0.15；
6. 通风：15分 系数为0.15；
7. 安全管理：5分 系数为0.05；
8. 地测防治水：15分 系数为0.15。

第五条 安全质量标准化煤矿必须具备以下条件：

1. 实现安全目标。
2. 三个煤量符合规定，采掘关系正常。
3. 无超能力、超强度、超定员生产行为。

4. 无国家和行业明令禁止淘汰的采煤方法、设备；设备完好率达到90%以上。

5. 按《煤矿安全规程》和《防治煤与瓦斯突出规定》要求建立安全监控、瓦斯抽放和防灭火系统，并使用正常。

6. 建立健全隐患排查和治理制度，按规定进行隐患排查和治理；无重大安全生产隐患。

7. 制定安全质量标准化检查验收制度和奖惩制度，并落实到位。

第六条 安全质量标准化煤矿得分计算办法：

(1) 本年度专业单项得分=本年度内各月专业实际得分之和/12

本年度矿井得分=本年度参加计分的专业单项得分乘以各自系数之和

(2) 矿井自检与上级检查得分不一致时，按上级检查结果计算。

第七条 安全质量标准化煤矿考核实行分级管理，每年组织一次。省一级由省煤炭工业局考核；省二级由市州（湘煤集团、省监狱管理局，下同）煤矿标准化工作部门考核；省三级由县（市、区）煤矿标准化工作部门考核。

第八条 自评符合省一、二、三级安全质量标准化条件的煤矿，于每年12月15日前按行政隶属关系，向县（市、区）、市州煤矿安全质量标准化工作部门申报。

第九条 各煤矿安全质量标准化工作部门接到申报材料后，按本办法规定采取书面和现场抽查的方式进行复审，复审合格后，于每年1月31日前将上一年度复审结果以正式文件（附相关报表材料）报省煤炭工业局。

第十条 省煤炭工业局组织专家，采取书面与现场抽查相结合的方式，对申报省级安全质量标准化的煤矿进行审核。

第十一条 通过审核的煤矿，在湖南省煤炭工业网予以公示，广泛征求意见。公示时间15天，公示期满无异议的由省煤炭工业局予以命名表彰。各市州应对达到省一级安全质量标准化的煤矿予以奖励。

第十二条 审核、公示期间，申报煤矿发生死亡事故的，则不予命名。

第十三条 申报煤矿必须如实申报，如发现弄虚作假，除取消该矿当年申报资格外，3年内不得再次申报。

第十四条 本办法由湖南省煤炭工业局负责解释。

湖南省煤矿地面质量标准化标准及考核评级办法

第一条 地面质量标准化必备条件

1. 煤矿地面建筑应为永久性建筑。

2. 煤矿地面生产生活设施应分区建设，并通过规划设计，纳入矿井总体设计。

3. 生活区不受煤炭装载的煤尘污染。

4. 生产生活设施必须建设在无滑坡、无水患等自然灾害的地段。

5. 生活区离生产区大于500米。

6. 一年内未发生食物、煤气等中毒事故。

第二条 地面质量标准化考核评分办法

1. 考虑到乡镇煤矿起点较低，本标准只适应于年生产能力9万吨/年（不含9万吨/年）以下的乡镇煤矿。

2. 地面标准化评级共分三级；考核评分90分及以上的为一级，考核评分80分及以上的为二级，考核评分70分及以上的为三级。

3. 可单项达标，但只评一、二级。其三级标准仅参予质量标准化矿井的评比。

煤矿地面标准化及检查评分表

序号	项　　目	标准分	考核评分办法	备注
	总　　计	100		
一	地面生产设施	20		
1	煤场设置合理、设施齐全 ①煤炭储、装、运设备齐全、运行正常 ②防尘、防雨、降温设备齐全、运行正常	3	未建立及一项运行不正常扣1.5分。	
2	地面供水系统健全、运行正常	2	未建立及一项运行不正常扣2分。	
3	井口 ①有井口棚、清洁干净 ②井口20m内不得布置烟火作业的建筑和设施	2	未达标，一项扣1分	
4	生产材料供应及加工场地健全正常 ①加工场地的设置符合安全规程 ②材料堆放整齐 ③设备运行安全可靠	6	不符合安全规程设置扣2分，其他一项不合格扣1分	
5	生产生活物资库房健全 ①库房物资规范管理、物资上架 ②无乱堆放现象 ③库房有专人管理、有登记台账 ④火工产品的管理运输贮藏符合有关规定	4	每项不达标扣1分	
6	工业广场 ①有工业广场，生产生活设施布局合理 ②有公共厕所，保持清洁卫生 ③矿井环境绿化、美化、清洁整齐	3	每项不达标扣1分	
二	地面生活设施	60分		
1	职工食堂 ①有冷柜 ②生熟食分开 ③有就餐场所 ④炊事员身体健康 ⑤食堂清洁卫生	20分	每项不达标扣4分	
2	职工澡堂 ①澡堂面积按最大出勤人数计算不低于1.2平方米/人，总面积不小于20平方米 ②有淋浴 ③有更衣柜 ④有冷热水 ⑤有澡堂管理人员，清洁卫生	20分	每项不达标扣4分	

（续表）

序号	项　　目	标准分	考核评分办法	备注
3	职工宿舍 ①职工居住面积不低于8平方米/人 ②有洗漱间、卫生间、室内设施齐全 ③有职工活动场所、设施齐全 ④宿舍照明、通风良好 ⑤宿舍干净、整洁	20分	缺少1项扣4分	
三	办公设施完善、齐全	10分	缺少1项扣10分	
四	排矸场安全管理	10分	缺少1项扣5分	
	制定排矸场所管理制度，不得与进风口小于80米，不得污染水源，影响农田水利设施	5		
	有防溃坝、防滑坡、防垮塌措施	5		

采煤安全质量标准化标准及考核检查评级办法

第一条　本办法是在国家煤矿安全监察局与中国煤炭工业协会制定的《煤矿安全质量标准化标准及考核评级办法》的基础上，结合湖南煤矿实际，进行了调整、修改和补充。对采煤安全质量标准化矿井等级及标准进行了调整；对长壁式采煤工作面质量及检查评分办法进行了简化、细化和局部的修改；对不能采用走向长壁的煤层的开采，要求必须上有回风巷、下有运输巷，每隔20米有通风行人上山，其《标准》参照水平分层采煤面质量标准及检查评级办法。

第二条　采煤安全质量标准化矿井必须具备以下条件：

1. 采煤工作面回收率达到规定要求。即薄煤层不低于97%，中厚煤层不低于95%，厚煤层不低于93%。

2. 考核期内采煤工作面无瓦斯超限作业和空班漏检；无死亡事故；突出煤层；无突出记录和无突出事故。

3. 配备有专职安全质检员。

4. 检查资料齐全：

(1) 有每月的检查记录；

(2) 资料保持原始性、真实性，无虚假。

第三条　采煤安全质量化矿井分为三个等级，考核标准如下：

一级：采煤安全质量标准化得分在90分及以上，优良品率100%。

二级：采煤安全质量标准化得分在80分及以上，合格品率100%，其中优良品率50%及以上。

三级：采煤安全质量标准化得分在70分及以上，合格品率100%，且有优良品。

第四条　采煤工作面安全质量标准及检查评分办法

1. 各种采煤工作面的检查项数及满分规定

(1) 壁式采煤工作面，检查项目10项，满分100分。

(2) 急倾斜水平分层采煤工作面，检查项目9项，满分100分。

(3) 缺项未检查项目，视为满分。

2. 采煤工作面质量等级评分标准

优良品：检查项目中前五项（其中回棚放煤面为前四项）的最低得分不低于本项总分的90%，后几项的最低得分不低于本项总分的80%。

合格品：前五项（或四项）的最低得分不低于本项总分的70%－90%，后几项的最低得分不低于本项总分的60%。

不合格品：凡低于上述标准的和不具备必备条件的均为不合格品。

第五条 采煤安全质量标准化矿井得分的计算办法

1. 月度矿井采煤安全质量标准化得分＝各采煤工作面得分之和/采煤工作面个数

2. 年度矿井采煤安全质量标准化得分＝年度内各月采煤安全质量标准化得分之和/12（个月）

第六条 几点说明

1. 年度采煤安全质量标准化考核期不少于9个月。

2. 凡采用扣分办法评定小项得分的，一律以扣完为止，不出现负分。

3. 凡出现缺项的情况可按下式予以调整：

关于印发《湖南省环境保护专项资金管理办法》的通知

2010年1月19日　湘财建〔2010〕11号

各市州、省直管县财政局、环保局：

现将《湖南省环境保护专项资金管理办法》印发给你们，请遵照执行。

湖南省环境保护专项资金管理办法

第一章 总 则

第一条 为加强环境保护专项资金的使用管理，规范环境保护项目管理，促进污染治理，提高环境质量，根据国务院《排污费征收使用管理条例》（国务院第369号令，以下简称《条例》），财政部、环保部《排污费资金收缴使用管理办法》（以下简称《办法》）等文件精神，结合我省实际，特制定本办法。

第二条 本办法所指环境保护专项资金（以下简称环保专项资金）的来源主要包括：

(一) 省级环保部门依法直接征收及市、州、县按规定比例上解的排污费；

(二) 省财政预算内安排的各类环保专项资金；

(三) 中央因素法切块下达我省的环保专项资金；

(四) 其他环保专项资金。

第三条 各级财政部门会同环保部门负责对项目资金进行分配、监督和管理，各级环保部门会同财政部门负责对环保项目进行审查、监督和管理。

本办法中所称“各地”、“地方”、“当地”、“项目所在地”、“所在地”指各市（州）、直管县（市）。

第四条 环保专项资金按照合理分配、优化结构、公开透明的原则，实行项目法和因素法相结合的分配方式。

第五条 专项资金作为政府引导性资金，通过财政补助、贷款贴息等方式，引导企业、金融机构、社会资金等渠道资金的投入。

第二章 支持范围

第六条 环保专项资金优先支持列入省环境保护规划、计划的重点项目和重大科研项目、重大环境管理能力建设项目。环保专项资金使用的范围包括：

(一) 重点污染源治理项目。支持重点排污企业采用先进工艺和技术治理污染源，推行清洁生产以及化工、冶金、医药、电力、建材、轻工、纺织、机械等重点工业行业的环保示范项目。

(二) 区域性污染治理项目。支持省内跨流域、跨地区的重大污染治理项目，支持重点流域、区域实施环境综合整治和污染集中控制。

(三) 污染防治新技术、新工艺、新产品的研究开发、示范及推广应用项目。

(四) 重要的环保立法项目、政策研究项目补助、控制环境污染和生态破坏的重大环保基础科学研究成果奖励及环保普查、培训项目。

(五) 环境污染监控和污染事故预警应急系统建设及在线监控设施运行项目。

(六) 自然生态修复、保护和农村环境保护项目补助。

(七) 省政府规定的其他污染防治项目。

排污费资金支出范围限于以上(一)、(二)、(三) 项及国务院规定的其他污染防治项目，并严格按照《排污费征收使用管理条例》、《排污费资金收缴使用管理办法》的规定执行。

第七条 环保专项资金不支持下列项目：

(一) 新建项目需要配套建设的环境保护设施即环境保护 “三同时”项目。

(二) 环境影响评价认定对社会或自然环境有较大不良影响的项目。

(三) 城市绿化、环境卫生、城镇污水处理、城镇垃圾处理、城市燃气、集中供热等城市环境基础设施项目以及与污染防治无直接关系的其他项目。

(四) 国家产业政策不支持、明令淘汰、禁止的项目。

第三章 申报条件与程序

第八条 申请省级环保专项资金的项目，应符合下列基本条件：

(一) 符合本《暂行办法》第六条规定的环保专项资金使用范围。

(二) 项目实施后有利于减少流域或区域污染负荷，改善和提高生态环境质量，保障区域环境安全，具有较好的社会效益和环境效益。

(三) 环境排放污染物的项目申报单位， 具有独立法人资格，实行独立经济核算，有健全的财务核算与管理体系；按照规定进行排污申报登记，并按时、足额缴纳排污费，无重大环境违法行为。

(四) 项目应符合国家产业政策和环境政策。点源污染防治项目前期工作基础较好，已按有关规定完成可行性研究报告或技术方案，对环境有影响的项目还需编制环境影响报告书（表）并获得批准，具备开工条件或正在建设，项目资金到位后必须在2年内完成；区域流域污染防治项目已完成项目规划，具备实施条件或正在实施，所补助的项目资金到位后实施期一般不超过2年。

第九条 省环保厅会同省财政厅每年初确定当年专项资金支持重点及方向，编制年度专项资金项目申报指南并在全省范围内发布，组织项目申报工作。

省财政厅会同省环保厅每年初根据当年专项资金补助范围和原则、年度支持重点和预算，提出当年环保专项资金按照项目法及因素法方式分配资金的方案。

第十条 符合规定条件的项目企业按项目申报指南和规定程序申报。中央在湘和省直属单位可直接向省环保厅和省财政厅申报；其他单位按属地原则上报，由当地环保主管部门和财政部门联合对项目组织初审并联合行文推荐上报省环保厅和省财政厅。

第十一条 申报项目须提供以下有效材料：

(一) 专项资金项目申报表。该表由项目承担单位负责填写，并加盖公章。

(二) 项目单位法人营业执照复印件。

(三) 项目可行性研究报告或技术方案。

申报项目总投资在200万元（含200万元）以上的，项目承担单位需提供具有相应资质的单位编制的可行性研究报告；总投资200万元以下的项目，需提供项目技术方案。

(四) 对环境有影响的项目还需提供环境影响报告书（表）及其批复文件。

(五) 区域污染防治项目还需提供区域污染防治规划。

(六) 申请贷款贴息的项目，需提供相关银行贷款合同、贷款到位凭证、银行签证利息单等材料。

第十二条 各地环保、财政部门应对申报项目的实施基础、开工条件、建设方案、工艺流程、环境效益等进行充分论证和审查，择优上报，并对材料的完整性、真实性负责。

第四章 资金分配与拨付

第十三条 环保专项资金采取项目法及因素法下达两种方式，其中，项目法方式通过拨款补助及贷款贴息方式下达；因素法通过系数、因素测算下达，并明确资金用途（具体分配方式另行确定）。

在线监控运营费由省财政厅会同省环保厅根据实际情况制定补助标准、方式，具体办法另行制定。

第十四条 按项目法分配的专项资金，由各地企业按照当年省环保厅、省财政厅联合发布的环保项目申报指南要求提出项目申请，由当地财政、环保部门或企业省级主管部门初审后，向省财政厅和省环保厅申报。省环保厅会同省财政厅组织对申报项目进行审核、专家评审，必要时可组织实地考察和项目答辩，省财政厅会同省环保厅根据专家评审意见确定补助项目及金额并下达资金文件。具体程序为：

(一) 项目初审。省环保厅对项目申报条件、材料完整性等方面进行审查。

(二) 专家审查。对初审合格的项目，由省环保厅会同省财政厅组织专家进行可行性评审。立项评审包括专业技术审查和财务预算审查。对新技术、新工艺、新产品补助资金项目可进行必要的实地考察和项目答辩。其他项目在专家审查的基础上，也可进行项目答辩或和实地考察。

(三) 项目审定。专家组综合对评审项目给予评分排序，并提出明确的评审意见和建议。省环保厅根据专家评审意见提出项目预算安排建议，报省财政厅审核下达。

第十五条 按因素法分配的专项资金，由省财政厅会同省环保厅按照各地上年度上缴排污费金额、主要污染物削减量、环境质量状况、省人民政府确定的环保重点工作完成情况以及各地切块资金使用情况等因素，将专项资金下达到各地并明确使用范围。省财政厅和省环保厅将根据每年环保重点不同适当调整分配因素所占权重比例。

第十六条 资金拨付

对于项目法安排的资金，省财政厅根据下达的资金文件，对中央在湘、省属单位采取直接拨款的方式，对其他单位采取将资金拨付到当地财政部门，再通过当地财政部门直拨至项目承担单位（农村环保专项资金实行县级报账制）。对于因素法安排的资金，省财政厅根据下达的资金文件，将切块资金下达各地财政部门，由各地财政部门会同环保部门确定补助项目及金额后再将专项资金直拨至项目承担单位。

第五章 实施与监管

第十七条 项目承担单位（含地方对切块资金二次安排后的项目承担单位）对资金筹措和管理、施工建设、技术方案、设备采购以及建成后的设施运行全过程负责。要严格按照国家基本建设管理的有关规定，实行法人责任制、合同制、招投标制、工程监理制。应依据项目可行性研究报告，编制项目实施方案，报各地环保部门和财政部门审定后组织实施。实施方案应包括项目概况、实施条件、资金筹措、建设开完工时间、组织管理等。

对环境监管能力建设项目，项目单位按照申报文件编制项目实施方案；对于污染防治和生态保护项目，项目单位委托具有相应资质的工程设计单位编制项目实施方案。

对省级环保专项资金切块下达地方部分，各地应当在三个月内将指标下达文件，并同时将《××年度因素法安排省级环保专项资金情况表》（附件一）及当年项目审核意见上报省财政厅、省环保厅备案。

各地财政和环保部门在年度终了后三个月内将《××年度中央及省级环保专项资金项目实施情况汇总表》（附件二）加盖部门公章报省财政厅和省环保厅（纸质文本和电子版本分别各一份）。

因素法下达的专项资金地方安排、使用及专项资金项目实施情况将作为下年度安排省级环保专项资金的参考依据之一。

第十八条 项目所在地财政部门、环保部门应加强对环保专项资金项目的管理。重点是按照项目可行性研究报告和项目实施方案对实施进度、资金使用、配套资金到位、资金使用效益等进行跟踪监管。省财政厅、省环保厅进行定期或不定期检查，并对获得200万元以上（含200万元）省级环保补助资金的项目，分别由省环保厅和省财政厅委托有资质的中介机构进行项目评审和预决算评审。

第十九条 环保专项资金应与其他资金统筹安排，并专账核算、专款专用、专人管理，任何单位和个人不得截留，挤占或者挪用，不得擅自更改资金的使用范围、补助环节和补助标准等。项目完工验收后环保专项资金若有结余的，报经省财政厅和省环保厅批准，可继续用于本地区其他污染治理项目。

第二十条 项目承担单位对技术方案、处理规模、配套资金等有重大变更时，应向相关环保、财政部门提出变更申请，由审核下达省级补助资金项目的同级财政和环保部门及时组织专家重新进行论证，做出批复。

第二十一条 环保专项资金项目竣工验收制度。项目完工后3个月内，项目承担单位应向环保、财政部门申请项目竣工验收。中央环境保护专项资金项目、全省大型火电企业污染治理项目、省属企业及省级环保专项资金拨款（含贷款贴息）金额在200万元以上（含200万元）的项目，由省环保厅、省财政厅组织竣工验收。其他项目由项目承担单位所在地环保、财政部门组织竣工验收。

环保专项资金项目验收应根据项目实施方案（项目可研报告、项目建议书）的内容，按建设项目竣工环保验收的有关规定执行。污染治理项目竣工验收必须提交验收检测报告，否则不予验收。竣工验收项目的验收监测由具有相应资质的环境监测机构负责。

项目竣工验收后，各地组织竣工验收的项目，在验收后一个月内由各地环保局、财政局填写《中央和省级环保专项资金项目竣工验收报告表》（附件三）报省环保厅、省财政厅。项目未验收或验收不合格的，由省环保厅责令限期改正，逾期不改正的，省财政厅收回已拨付的资金。

第二十二条 企业或单位在申报专项资金过程中采取欺骗等不正当手段或在项目执行过程中违反国家财经纪律的，县级以上财政部门或环境保护部门依据职权责令限期改正；逾期不改正的，县级以上财政部门或环境保护部门按职责分工根据《财政违法行为处罚处分条例》（国务院令第427号）、《排污费征收使用管理条例》（国务院令369号）等有关规定，暂停或停止拨付未拨付专项资金，追回已拨付的专项资金，取消该企业申报专项资金的资格，并给予相应的行政处罚，涉嫌犯罪的，移交司法机关追究刑事责任。

第六章 附 则

第二十三条 本办法自公布之日起施行。原《湖南省财政厅、湖南省环境保护局关于省级环境保护专项资金申报及使用管理有关事项的通知》、《湖南省环境保护局关于中央和省级环境保护专项资金项目申报有关事项的补充通知》、《湖南省环境保护局关于中央和省级环境保护专项资金项目监督管理暂行规定》同时废止。

湖南省财政厅关于印发《湖南省义务植树绿化费征收使用管理办法》的通知

2010年5月5日 湘财综〔2009〕52号

各市州、省直管县市财政局：

为规范义务植树绿化费的收缴、使用和管理，推动全民义务植树运动深入开展，促进生态湖南建设，根据全国人大《关于开展全民义务植树运动的决议》、《中华人民共和国森林法》等国家法律法规规定和《湖南省全民义务植树实施细则》（省人民政府第15号令）以及财政部、全国绿化委员会的有关规定，结合我省实际，我们制定了《湖南省义务植树绿化费征收使用管理办法》，现印发给你们，请遵照执行。

附件：湖南省义务植树绿化费征收使用管理办法

湖南省义务植树绿化费征收使用管理办法

第一条 为规范义务植树绿化费的收缴、使用和管理，推动全民义务植树运动深入开展，促进生态湖南建设，根据全国人大《关于开展全民义务植树运动的决议》、《中华人民共和国森林法》等国家法律法规规定和《湖南省全民义务植树实施细则》（省人民政府第15号令）以及财政部、全国绿化委员会的有关规定，结合我省实际，制定本办法。

第二条 凡11至60周岁的男性公民，11至55周岁的女性公民，除丧失劳动能力者外，每人每年义务植树3～5棵，或者完成3个工日的整地、育苗、管护或其他绿化任务。义务植树绿化费是指公民未履行植树义务以及没有完成规定义务植树任务所缴纳的与义务植树任务相应的造林绿化费用。

第三条 义务植树绿化费属行政事业性收费，纳入同级财政预算，实行“收支两条线”管理，专款专用，年终结余结转下年度安排使用。

第四条 义务植树绿化费的征收执行属地管理原则。各级财政部门及其非税收入管理机构负责征收管理工作，各级人民政府绿化委员会办公室负责具体执收工作。

省、市（州）、县（市、区，以下简称县级）人民政府绿化委员会办公室负责当年义务植树计划任务的下达和督促检查工作。县级人民政府绿化委员会办公室负责对所辖范围按当地统计部门提供的人口数据逐个登记造册，下达义务植树任务，建立义务植树登记卡，督促检查落实情况。对未履行植树义务及没有完成规定义务植树任务的公民收缴义务植树绿化费，并承担组织社会劳动力完成以资代劳义务植树的任务。

第五条 凡我省范围内男性18～60周岁，女性18～55周岁，应义务植树但因故不能完成义务植树任务的非农业人口，必须缴纳义务植树绿化费。义务植树绿化费由个人缴纳，机关、企业、事业等单位可以代扣代缴，但不得重复计算。

第六条 下列适龄公民免收义务植树绿化费：

(一) 当地驻军、武警官兵；

(二) 丧失劳动能力者、残疾人员；

(三) 享受社会低保人员、领取救济金的失业人员及无收入人员；

(四)法律、法规规定免征的其他人员。

第七条 义务植树绿化费收缴标准：每个公民每年按3个劳动日缴纳，每个劳动日的征收标准为10元。

第八条 县级人民政府绿化委员会办公室对未完成植树义务的适龄公民应依照本办法第七条规定的标准收取义务植树绿化费。

第九条 各级人民政府绿化委员会办公室应到同级价格主管部门办理义务植树绿化费《收费许可证》相关手续，到同级非税收入管理机构领购由省财政厅统一印制的非税收入票据。

第十条 县级人民政府绿化委员会办公室征收义务植树绿化费前，应按照本办法第七条规定计算应缴金额，并向缴款人（单位）送达《公民义务植树绿化费缴款通知书》，开具《湖南省非税收入一般缴款书》。缴款人（单位）收到通知后在规定时间内，按照缴款通知书和《湖南省非税收入一般缴款书》的要求，将义务植树绿化费通过银行缴入同级财政部门设立的非税收入汇缴结算户或用于非税收入汇缴结算的财政专户。

第十一条 义务植树绿化费实行分成。具体为省与省直管县市分成比例为省级10%，县（市）级90%；省与省直管县市外地区分成比例为省10%，市（州）级90%，市（州）、县（市、区）分成比例由市（州）财政确定。义务植树绿化费的省级分成部分按照现行结算规定，通过市（州）、县（市）非税收入汇缴结算户或用于非税收入汇缴结算的财政专户按月上解省非税收入汇缴结算户。

第十二条 义务植树绿化费实行专款专用，专项用于各级人民政府绿化委员会办公室组织的本区域范围内义务植树基地建设，包括购置苗木、雇请劳务、义务植树宣传、组织协调、监督检查、征管业务费等费用开支，其中植树支出不得少于80%，不得平调或挪作他用。

第十三条 县级绿化委员会办公室每年要将义务植树绿化费的收支报表呈报上一级绿化委员会办公室和同级财政部门和非税收入管理机构。省绿化委员会办公室应于次年2月15日前将全省义务植树绿化费收缴使用情况汇总报省绿化委员会、省财政厅和省非税收入征管管理局。

第十四条 对未完全履行植树义务且未按规定缴纳义务植树绿化费的公民，依照《财政违法行为处罚处分条例》（国务院令第427号）第十三条规定处理。

第十五条 义务植树绿化费的征收、使用和管理应当接受同级财政等部门和上级主管部门的监督检查。

在义务植树绿化费的征收、使用过程中，管理部门和单位及其工作人员违反本办法规定，擅自多征、减征、缓征、停征，或者侵占、截留、挪用、坐收坐支义务植树绿化费的，由同级财政部门依照《财政违法行为处罚处分条例》的规定严肃查处。

第六章　附则

第十六条 本办法自公布之日起30日后施行。此前有关规定与本办法规定不一致的，以本办法为准。

关于进一步强化煤监机构监督检查，促进煤矿安全监管落实的通知

2011年5月4日　湘政办发〔2011〕26号

各市州、县市区人民政府，省政府各厅委、各直属机构：

为深入贯彻《国务院办公厅关于进一步加强督促检查切实抓好工作落实的意见》（国办发〔2008〕120号）、《中共湖南省委湖南省人民政府关于进一步加强安全生产工作的决定》（湘发〔2009〕19号）等文件精神，经省人民政府同意，现就进一步强化湖南煤矿安全监察机构（以下简称“煤监机构”）的监督监察，切实促进煤矿安全监管落实有关问题通知如下：

一、高度重视煤监机构的监督检查。国家监察是我国煤矿安全生产监管体制的重要组成部分，煤监机构对地方政府煤矿安全监管工作实施监督检查，是《国务院办公厅关于印发国家煤矿安全监察局主要职责内设机构和人员编制规定的通知》（国办发〔2008〕101号）规定的工作职责。各产煤市州、县市区人民政府及其煤矿安全监管部门要积极支持和配合煤监机构的工作，共同构建“国家监察、地方监管、企业负责”的煤矿安全工作格局；对煤监机构提出的情况通报以及监察建议或意见，要落实责任单位和人员，认真抓好整改落实，并按规定书面反馈有关情况；对重大问题，要按规定实施分级督办。各级煤矿安全监管部门对煤监机构检查中发现并提出的问题要高度重视，积极配合煤监机构督促煤矿企业认真整改。

二、煤监机构要依法履行监督检查职责。煤监机构要依法履行煤矿安全监察职能，促进煤矿企业安全生产主体责任和地方政府煤矿安全监管主体责任的落实。要按照《煤矿安全监察条例》、《国家安全监管总局国家煤矿安监局关于切实加强对地方政府煤矿安全监管工作监督检查的意见》（安监总煤监〔2009〕88号）的要求，在切实加强划定区域内煤矿安全检查、督促企业认真整改的同时，从贯彻落实国家煤矿安全生产法律法规、标准情况，煤矿整顿关闭工作情况，煤矿安全监督检查执法工作情况，煤矿安全生产专项整治、隐患整改及复查情况，煤矿事故责任人的责任追究落实情况等方面，及时开展监督检查。湖南煤矿安全监察局对产煤市州人民政府煤矿安全监管工作进行监督检查，及时就监察执法和监督检查发现的重大问题向市州人民政府发出加强和改善煤矿安全管理工作建议书，向市州煤矿安全监管部门发出加强和改善煤矿安全管理监察意见书，并向省人民政府报告。湖南煤矿安全监察局各监察分局对辖区内产煤县市区人民政府煤矿安全监管工作进行监督检查，及时就监察执法和监督检查发现的重大问题向县市区人民政府发出加强和改善煤矿安全管理工作建议书，向县市区煤矿安全监管部门发出加强和改善煤矿安全管理监察意见书，并向市州人民政府报告。湖南煤矿安全监察局在监察执法和监督检查中，发现产煤市州、县市区人民政府不落实煤矿整治措施，政府公务人员参股、入股煤矿，或有关部门相互推诿、影响煤矿安全生产的，可直接向省人民政府报告，必要时可直接向省人民政府主要负责人报告。

三、落实工作责任，促进煤矿安全监管。各级政府要认真落实煤监机构提住的监察建议，及时反馈情况，对不落实建议、不及时反馈情况的，由湖南煤矿安全监察局报请省人民政府，参照《湖南省安全生产督导约谈制度(试行)》，对相关市州人民政府分管负责人或县市区人民政府主要负责人进行约谈，必要时将情况向省、市行政监察机关通报，由监察机关按有关规定启动行政问责程序。情节严重的，由湖南煤矿安全监察局报请省人民政府同意，在新闻媒体予以公开曝光，强化社会舆论监督。各产煤市州人民政府可以参照本意见，对县市区、乡镇人民政府建立领导约谈、媒体曝光制度。对工作不力、事故多发并被媒体曝光或约谈的，要纳入年度安全生产工作考核内容。

湖南省人民政府办公厅关于加快推进煤矿企业兼并重组的实施意见

2011年6月7日　湘政办发〔2011〕37号

各市州、县市区人民政府，省政府各厅委、各直属机构：

为严格保护和合理开发煤炭资源，淘汰落后产能，调整优化煤炭产业结构，提高煤炭产业集中度和生产力水平，促进煤炭工业持续稳定健康发展，根据《国务院办公厅转发发展改革委关于加快推进煤矿企业兼并重组若干意见的通知》（国办发〔2010〕46号）精神，经省人民政府同意，现就加快推进煤矿企业兼并重组提出以下实施意见：

一、充分认识加快推进煤矿企业兼并重组的重要意义

煤炭是我省主要的一次能源和重要工业原料，煤炭工业的健康发展事关我省经济发展大局。全省煤矿整顿关闭后保留矿井通过资源整合、技改扩能，矿井单井规模、安全装备和管理水平有了显著提高。部分煤矿企业通过兼并重组，产业结构进一步优化，实现了煤矿企业集团化。但是，全省煤炭生产集约化程度低、煤矿企业安全技术管理水平不高、煤矿企业自主创新能力弱、市场竞争力和抗风险能力差等问题仍很突出。加快推进煤矿企业兼并重组，减少煤炭开发主体数量，对深化企业改革，促进煤炭产业结构优化升级，提高煤炭产业集中度，提高煤矿安全装备和管理水平，增强企业抵御市场风险能力具有极为重要的意义。各地各有关部门要把加快推进煤矿企业兼并重组作为贯彻落实科学发展观，实现煤炭工业健康持续发展的重要任务，进一步增强紧迫感、责任感和主动性，正确处理局部与整体、当前与长远的关系，切实抓好加快推进煤矿企业兼并重组各项工作。

二、目标和任务

在政府主导和推动下，统一规划，分类指导，发展先进生产力，淘汰落后产能，发挥市场机制作用，促进体制创新，减少煤矿开发主体，维护企业职工和投资者合法权益。用3年左右的时间，通过兼并重组，形成一批年产100万吨以上的煤矿企业集团，全省 80 %以上煤矿企业年均产能达30万吨以上，到2013年底，全省煤矿企业总数控制在 180 个以内。兼并重组后煤矿企业技术装备水平明显提升，安全生产条件明显改善，煤炭资源回采率明显提高，环境保护与治理得到加强，煤矿企业经济效益明显提高。

按照“总量控制、产能稳定、优化结构、提升水平”和“并小上大、产能置换、有序建设”的原则，以市州、县市区为单位实施重组，在遵循现有煤炭生产布局的基础上，各市州兼并重组后煤矿企业数量原则限定为：长沙市5个、湘潭市3个、株洲市13个、娄底市30个、郴州市40个、衡阳市26个、邵阳市16个、永州市4个、益阳市3个、常德市5个、张家界市5个、湘西自治州4个、怀化市8个。

三、实施方案

1. 范围。全省所有合法生产和基建矿井。

2. 方式。以骨干煤矿企业或者大型电力、冶金、化工企业为主体，以资源为基础，以资产为组带，通过企业并购、转让、联合、控股等多种方式，兼并重组中小煤矿企业，组建煤矿企业集团；鼓励大中型煤矿企业联合重组。

股份制是煤矿企业兼并重组的主要形式，兼并重组企业应在被兼并企业注册地设立子公司。国有企业之间的兼并重组，可采用资产划转的方式；非国有之间或非国有与国有之间煤矿企业的兼并重组．可采用资源、资产评估作价入股的方式。

3. 主体企业的确立。兼并重组主体企业应具有较高的技术和管理水平，有较强的安全生产监管能力，有较强的经济实力。支持和鼓励国有煤矿企业和其他优势煤矿企业兼并重组小煤矿，鼓励电力、冶金、化工等行业企业兼并重组煤矿企业，实现煤电、煤冶、煤化等一体化，延伸产业链。坚持“一个矿区尽可能由一个主体开发”的原则，支持和鼓励年产能 15 万吨及以上的煤矿企业作为兼并重组主体企业。

4. 兼并重组规划（方案）编制。各市州人民政府要按照尽量减少开发主体的要求，统筹协调关闭整顿、资源整合与兼并重组的关系，加大兼并重组力度，减少煤矿企业数量。根据当地煤炭资源条件和经济社会发展情况，科学编制各市州煤矿企业兼并重组规划（方案），确定兼并重组主体企业。在

各市州编制的规划（方案）基础上由省有关部门汇总编制省兼并重组规划（方案），并确立兼并重组主体企业名单，报省人民政府煤矿企业兼并重组工作领导小组批准后实施。

5. 时间安排。

(1) 2011年6月底前，完成各市州煤矿企业兼并重组规划（方案）编制工作，开展有关宣传工作。

(2) 2011年7月至9月底，完成对各市州煤矿企业兼并重组规划（方案）审查，汇总编制完成全省规划（方案）并报省人民政府煤矿企业兼并重组工作领导小组批准。

(3) 2011年10月至2013年10月，实施全省煤矿企业兼并重组工作。

(4) 2013年10月至2013年12月，省人民政府煤矿企业兼并重组工作领导小组将组织有关部门对各市州兼并重组工作进行检查验收。

6. 职工安置和债权、债务处置。各级人民政府要加强对职工安置工作的组织领导，兼并重组煤矿主体企业要认真落实相关法律法规及政策规定，严格履行企业改组改制民主程序，制定切实可行的职工安置方案，落实安置资金，积极稳妥做好职工安置工作，解决职工劳动关系、社会保险关系接续以及企业拖欠职工工资、欠缴社会保险费等问题，做好职工职业健康检查，切实维护职工权益。要妥善安置被兼并煤矿企业职工，改扩建和新建煤矿等项目应优先录用被兼并企业分流人员。要严格依照有关法律法规和政策规定妥善处置债权债务关系，落实清偿责任，确保债权人、投资者的合法权益。

7. 分离企业办社会职能。产煤市州、县市区人民政府要进一步落实分离企业办社会职能相关政策，加大工作力度，积极筹措资金，加快分离企业办社会职能，在2012年底前完成分离国有煤矿企业办社会职能工作，并积极支持兼并重组企业主辅分离等。

8. 生态与环境保护。兼并重组规划在实施中凡涉及的自然保护区、森林公园、风景名胜区、重点泉域等，要按照国家、省关于生态与环境保护的有关法律、法规及政策执行，明确禁采区和限采区。在禁采区严禁煤炭开采活动；对位于限采区内的煤矿一律不新增资源、不扩大生产能力，不允许规划或建设新的煤矿项目。

四、政策措施

1. 安全监管。兼并重组主体企业要切实担负起被兼并煤矿企业的安全生产主体责任，加强管理，加大投入，加快淘汰落后技术装备，采用安全可靠、先进适用的新技术、新工艺，进一步提高企业安全生产水平，确保煤矿生产安全平稳进行。兼并重组后煤矿安全监管主体不变，各级煤矿安全监管机构要按照原有监管体制切实履行监管责任，有效防范、坚决遏制兼并重组煤矿事故发生，为兼并重组创造安全、稳定的环境。要坚持煤矿兼并重组和安全治理相结合，继续保持打击非法违法开采的高压态势，严厉打击无证开采、以采代探和超层越界等非法、违法生产行为。同一煤矿1年内发现2次超层越界行为的，由县市区国土资源部门报告当地县级人民政府，县级人民政府应作出关闭决定，并按标准关闭到位，各颁证机关应及时吊（注）销其相关证照。

2. 落实税收优惠政策。对煤矿企业兼并重组涉及的资产评估增值、债务重组收益、土地房屋权属转移等给予税收优惠，具体按照财政部、国家税务总局《关于企业兼并重组业务企业所得税处理若干问题的通知》（财税〔2009〕59号）和《关于企业改制重组若干契税政策的通知》（财税〔2008〕175号）等规定执行。

3. 加大财政金融支持力度。对兼并重组企业煤矿安全改造、煤炭产业升级、煤矿地质勘探等项目，优先安排补助或贴息资金支持。支持符合条件的兼并重组主体企业上市融资和再融资，支持兼并重组主体企业通过发行债券、股权转让等融资方式筹集发展资金。对符合国家产业政策和相关条件的煤矿企业兼并重组项目，各类金融机构要按照安全、合规、自主的原则，积极提供相应的授信支持和配套金融服务。

4. 矿业权价款政策。兼并重组企业采矿权价款依法经审批登记机关批准，可在不超过4年（含）

内分期缴纳，其中第一年缴纳比例不低于30%。

5. 支持企业自主创新和技术进步。支持煤矿企业建立企业技术中心，提高研发水平和自主创新能力，加快科技成果向现实生产力转化。大力支持兼并重组企业技术改造，优先安排技术改造资金，对符合国家产业政策的技术改造项目优先立项。鼓励引导企业通过兼并重组淘汰落后产能。

6. 深化煤矿企业体制改革和管理创新。鼓励兼并重组企业进行公司制、股份制改革，建立健全规范的法人治理结构，转换企业经营机制，创新管理理念、管理机制和管理手段，加强和改善生产经营管理，促进自主创新，提高企业市场竞争力。

7. 清理限制跨地区兼并重组的规定。优化煤炭产业布局、进一步打破市场分割和地区封锁，认真清理废止各种不利于煤矿企业兼并重组和妨碍公平竞争的规定，坚决取消各地自行出台的限制外地企业对本地企业实施兼并重组的规定。

8. 维护地区间利益分配关系。兼并重组后维持各地区原有利益分享分配关系不变。在不违背有关政策规定的前提下，地区间可根据煤矿企业资产规模和盈利能力，签订煤矿企业兼并重组后的财税利益分成协议，妥善解决兼并重组后工业增加值等统计数据的归属问题，实现兼并重组成果共享，维护地区间合理利益分配关系。

9. 完善小煤矿退出机制。未参与兼并重组的小煤矿不得扩界增加资源，不得改扩建，证照延期不能超过2013年12月31日，逾期即自行关闭；发生较大以上死亡事故的一律关闭。2012年底前主动申请退出煤炭开采领域的可享受煤矿整顿关闭以来关闭小煤矿的有关优惠政策。

10. 加快工作进度，简化程序。各有关部门要切实加大对煤矿企业兼并重组工作支持力度，简化相关程序，提高办事效率。对于证照齐全的煤矿企业，兼并重组后按变更名称的简易程序办理证照变更手续，不再进行评估、评价、评审。涉及煤矿企业兼并重组的，省人民政府有关部门应建立一站式服务的部门协调机制，在兼并重组企业提出申请30个工作日内，办结有关行政审批和证照变更等手续。

11. 各地各单位要结合实际，抽调专人组成工作组，落实任务、人员、责任和经费，研究制订切实可行的工作方案，确保工作顺利开展。

五、企业责任

兼并重组主体煤矿企业要发挥技术、资金、人才和安全管理方面的优势，有效解决中小煤矿安全保障水平低、资源利用率不高和环境综合治理方面存在的问题。被兼并企业要从大局和长远出发，主动积极参加煤矿企业兼并重组，通过平等协商，实现平稳过渡和互利共赢。兼并重组工作必须规范进行，不得弄虚作假和违规运作，否则将追究有关人员的责任。

要切实加强兼并重组企业的安全管理责任。一是建立健全安全管理体系。重组后的集团公司（或股份有限公司）要立即建立健全安全管理制度，建立健全集团公司直属管理（不与生产挂钩）的安全监管部门和队伍，要配备安全副总经理、安全管理部门负责人和不少于4人的专职安全管理人员，明确安全管理人员的职责。兼并重组后要加强对兼并重组保留矿井的安全管理和安全投入，不得削弱保留矿井的安全管理力度，不得减少安全管理人员。二是建立健全技术管理体系。重组后的集团公司（或股份有限公司）要立即建立健全技术管理体系和管理制度，设置技术管理部门，至少配备1名以上总工程师和相关技术管理部门负责人，配备足够的采矿、地质等相关专业技术人员。三是加强对兼并重组过程中的煤矿安全生产监督管理。

六、加强组织领导

1. 成立专门机构。省成立省煤矿企业兼并重组工作领导小组，负责协调兼并重组过程中遇到的重大问题，由分管副省长担任组长，省发改委、省经信委、省公安厅、省财政厅、省人力资源和社会保障厅、省国土资源厅、省环保厅、省国资委、省地税局、省工商局、省煤炭局、湖南煤监局等为成员单位，领导小组办公室设在省煤炭局，负责领导小组办公室日常工作。煤炭企业兼并重组工作实行任务到市州、县市区，责任到市州、县市区。各市州、县市区人民政府也要切实加强领导，成立组织领导机构，由行政一把手担任领导小组组长，作为这项工作的第一责任人。

2. 加强部门协作配合。各相关部门要大力支持、积极推进煤矿企业兼并重组工作，省煤矿企业兼并重组工作领导小组办公室负责汇总完成全省煤矿企业兼并重组规划（方案）的编制并报国家能源局备案，负责审查批复各市州及主体企业的兼并重组规划（方案），并做好牵头组织协调工作；省发改委应积极支持兼并重组项目建设，优先申请安排煤矿安全改造等中央预算内资金；省国土资源厅负责完成煤矿企业兼并重组资源采矿权价款处置办法的制定工作；省国资委负责完成煤矿企业兼并重组企业资产评估办法的制定工作；省财政厅要安排一定的工作经费用于支持相关部门推进煤矿企业兼并重组工作，支持省属企业积极参与兼并重组；省国税局、省地税局应积极争取和提出涉及煤矿企业兼并重组的税收相关优惠政策；其他相关部门要积极配合。

3. 报告和考核制度。承担煤矿企业兼并重组任务的市州人民政府和省属煤矿企业每季度要向省煤矿企业兼并重组工作领导小组办公室报告本地区和本单位煤矿企业兼并重组进展情况，领导小组办公室分年度向省人民政府报告。领导小组办公室要加强对煤矿企业兼并重组工作的指导和考核，分年度对产煤市州、县市区人民政府和大型煤矿企业兼并重组工作进行考核通报，并向省人民政府报告。

4. 做好舆论宣传。加快推进煤矿企业兼并重组是我省煤炭工业改革的一项重大举措，关系着我省能源工业的发展，各级人民政府主要负责人要亲自抓好组织领导和宣传发动工作，并积极协调解决有关问题，促进全省煤炭工业的又好又快发展。各有关部门要组织开展形式多样的宣传活动，宣传加快推进我省煤矿企业兼并重组的重要意义和政策措施，宣传介绍煤矿企业兼并重组的先进经验和工作成果，对浪费和破坏煤炭资源的典型案例进行曝光，为煤矿企业兼并重组创造良好的舆论环境。

有关深化煤矿企业整顿关闭工作的事项仍按省人民政府办公厅湘政办发〔2010〕3号文件执行。

广西壮族自治区

关于修改《广西壮族自治区矿产资源管理条例》的决定

2004年6月3日　广西壮族自治区人大常委会公告　第十届第31号

2000年12月2日广西壮族自治区第九届人民代表大会常务委员会第二十一次会议通过　根据2004年6月3日广西壮族自治区第十届人民代表大会常务委员会第八次会议《关于修改〈广西壮族自治区矿产资源管理条例〉的决定》修正。

第一章　总 则

第一条　为了加强矿产资源的勘查、开发利用和保护工作，维护探矿权人、采矿权人的合法权益和矿业秩序，促进矿业可持续发展，保护地质环境，根据《中华人民共和国矿产资源法》和有关法律、行政法规，结合本自治区实际，制定本条例。

第二条　在自治区行政区域内从事矿产资源勘查、开采和管理的单位和个人，必须遵守本条例。

第三条　矿产资源勘查、开采坚持开发利用与保护并重的原则。

第四条　鼓励国内外投资者依法在自治区行政区域内合资、合作或者独资勘查、开采矿产资源。保障投资者的合法权益不受侵犯。

第五条　勘查、开采矿产资源，必须依法取得探矿权、采矿权。

探矿权、采矿权实行有偿取得制度。依法取得的探矿权、采矿权可以按照有关法律、行政法规和本条例的规定转让。

第六条　勘查、开采矿产资源，应当节约用地，保护环境，防治地质灾害，防止水土流失，做好植被恢复和土地复垦工作。

第七条　各级人民政府应当采取措施，加强矿产资源的保护，依法维护本行政区域内的矿业秩序，保护探矿权、采矿权不受侵犯，保障勘查作业区和矿区的正常生产秩序和工作秩序。

第八条　县级以上地质矿产主管部门负责本行政区域内矿产资源勘查、开采的监督管理工作，有关主管部门协助同级地质矿产主管部门做好矿产资源勘查、开采的监督管理工作。

第二章　矿产资源勘查

第九条　矿产资源勘查实行统一的区块登记管理制度。勘查下列矿产资源，由自治区地质矿产主管部门审批登记，颁发勘查许可证：

(一) 国务院《矿产资源勘查区块登记管理办法》第四条第一款、第二款规定以外的矿产资源；

(二) 国务院地质矿产主管部门授权省级地质矿产主管部门审批登记的矿产资源。

第十条　勘查出资人为探矿权申请人。国家出资勘查的，国家委托勘查的单位为探矿权申请人。

地方人民政府财政（包括使用地方留成的矿产资源补偿费，下同）出资勘查或者合作勘查的，合同约定的单位为探矿权申请人。

第十一条　申请地方人民政府财政出资勘查并已经探明矿产地的区块的探矿权的，探矿权申请人除依法缴纳探矿权使用费外，还应当缴纳经评估的探矿权价款。

探矿权使用费和地方人民政府财政出资勘查形成的探矿权价款，由登记管理机关收取，全部纳入同级财政预算管理。

第十二条 勘查许可证的申报、审批、核发和变更、注销登记，依照国务院《矿产资源勘查区块登记管理办法》办理。

第十三条 从事地质勘查活动的单位，必须依法取得地质勘查资格。

探矿权人不具有地质勘查资格的，应当委托具有地质勘查资格的单位进行地质勘查。

第十四条 探矿权人需要延长勘查工作时间的，应当在勘查许可证法定有效期届满的30日前申请延续登记。可申请延续登记2次，每次延续时间不得超过2年。

探矿权人逾期不办理延续登记手续的，勘查许可证自行废止。

第十五条 探矿权人应当按照勘查许可证规定的勘查区块范围和勘查项目进行勘查，并按照批准的勘查设计施工，不得越界勘查，不得擅自进行采矿活动。

第十六条 探矿权人完成勘查项目后，必须编写勘查报告。供矿山建设使用的一般大型、中型、小型矿床勘查报告和供中型、小型水源地建设使用的地下水勘查报告，由自治区矿产储量审批机构审批。

矿产储量审批机构应当自收到大中型勘查报告之日起6个月内，小型勘查报告之日起3个月内作出批复。

未经审批的勘查报告不得作为矿山建设设计的依据。

第十七条 探矿权人应当按照国务院有关规定向自治区地质矿产主管部门汇交勘查报告和其他有价值的勘查资料，填报矿产储量登记统计资料。

矿床勘查报告和其他有价值的勘查资料按国务院规定实行有偿使用。

第三章　矿产资源开采

第十八条 开采矿产资源，应当向县级以上地质矿产主管部门办理采矿登记手续，取得采矿许可证。但是，开采矿产资源属于下列情形之一的，不需要办理采矿登记手续、领取采矿许可证：

(一) 建设单位在工程建设项目批准占地范围内，因工程需要动用或者采挖只能用作普通建筑材料的砂、石、粘土并用于本工程建设的；

(二) 不以营利为目的，采挖只能用作普通建筑材料的砂、石、粘土并用于公益性建设的；

(三) 个人为生活自用在规定范围内采挖只能用作普通建筑材料的砂、石、粘土的；

(四) 采挖用于抢险救灾的砂、石、粘土的。

第十九条 开采矿产资源，必须统筹规划，优先保证国家和自治区经济发展的需要。除国家规划矿区外，对自治区经济发展具有重要价值的矿区，由自治区地质矿产主管部门会同有关部门提出划定自治区规划矿区方案，并提请自治区人民政府批准，由所在地县级人民政府予以公告。

第二十条 开采下列矿产资源，由自治区地质矿产主管部门审批登记，颁发采矿许可证：

(一) 国务院《矿产资源开采登记管理办法》第三条第一款、第二款规定以外的矿产储量规模中型以上的矿产资源；

(二) 自治区规划矿区内的矿产资源；

(三) 自治区财政出资勘查探明矿产地的矿产资源；

(四) 国务院地质矿产主管部门授权省级地质矿产主管部门审批登记的矿产资源；

(五) 依法可以边探边采的矿产资源。

开采本条第一款规定以外的矿产储量规模为小型的矿产资源，由设区的市地质矿产主管部门审批登记，颁发采矿许可证。

开采本条第一款、第二款规定以外的矿产储量规模为小矿、零星分散矿产资源和只能用作普通建筑材料的砂、石、粘土，由县级地质矿产主管部门审批登记，颁发采矿许可证。

矿区范围跨县级以上行政区域的，由所涉及行政区域的共同上一级地质矿产主管部门审批登记，颁发采矿许可证。

第二十一条 矿产储量规模的小型、小矿和零星分散矿产资源的划分标准，由自治区矿产储量审批机构规定。

矿山建设规模应当与矿产储量规模相适应。

第二十二条 采矿权申请人在提出采矿权申请前，应当持经批准的勘查报告或者地质资料，按照本条例第二十条规定的权限向地质矿产主管部门申请划定矿区范围。

地质矿产主管部门在划定矿区范围时，认为申请的矿区范围需要实测的，采矿权申请人应当聘请具有测绘资格的单位实地勘测。

需要申请立项，设立矿山企业的，应当根据划定的矿区范围，按照国家有关规定办理有关手续。

第二十三条 采矿权申请人申请办理采矿许可证时，应当向地质矿产主管部门提交下列资料：

(一) 采矿权申请登记书和矿区范围图；

(二) 采矿权申请人资质条件的证明；

(三) 矿产资源开发利用方案；

(四) 依法设立矿山企业或者个体采矿的批准文件；

(五) 开采矿产资源的环境影响评价报告和安全生产保障措施报告。

法律规定需要有关主管部门提出审批意见的，采矿权申请人应当提交有关批准文件。

开采小矿、零星分散矿产资源和只能用作普通建筑材料的砂、石、粘土的，申请办理采矿许可证的手续可以从简。

第二十四条 地质矿产主管部门应当自收到申请之日起40日内，作出准予登记或者不予登记的决定，并书面通知采矿权申请人。需要采矿权申请人修改或者补充本条例第二十三条规定的资料的，地质矿产主管部门应当通知采矿权申请人限期修改或者补充；申请时间从修改或者补充资料齐全之日起计算。

准予登记的，采矿权申请人应当自收到通知之日起30日内，依法缴纳采矿权使用费和地方人民政府财政出资勘查形成的采矿权价款，办理登记手续，领取采矿许可证，成为采矿权人。逾期不办理的，视为放弃申请。

不予登记的，地质矿产主管部门应当向采矿权申请人说明理由。

第二十五条 地方人民政府财政出资勘查形成的采矿权价款，由依法取得评估资格的评估机构进行评估，评估结果由自治区地质矿产主管部门确认。

第二十六条 地质矿产主管部门在颁发采矿许可证后，应当通知矿区范围所在地的有关县级人民政府。有关县级人民政府应当自收到通知之日起90日内，对矿区范围予以公告，并可根据采矿权人的申请，组织埋设界桩或者设置地面标志。

采矿权人应当在采矿窿（井）口或者采场张挂由自治区地质矿产主管部门统一制作的采矿权标志牌。

第二十七条 采矿许可证有效期，按照矿山建设规模确定：大型以上的，采矿许可证有效期最长为30年；中型的，采矿许可证有效期最长为20年；小型的，采矿许可证有效期最长为10年；开采小矿、零星分散矿产资源和只能用作普通建筑材料的砂、石、粘土的，采矿许可证有效期最长为3年。采矿许可证有效期满，需要继续采矿的，采矿权人应当在采矿许可证有效期届满的30日前，到原发证机关办理延续登记手续。发证机关应在接到报告之日起15日内审批完毕。

采矿权人逾期不办理延续登记手续的，采矿许可证自行废止。

第二十八条　在采矿许可证有效期内，有下列情形之一的，采矿权人应当在变更前向地质矿产主管部门申请办理变更登记：

(一) 变更矿区范围的；

(二) 变更主要开采矿种的；

(三) 变更开采方式的；

(四) 变更矿山企业名称的；

(五) 经依法批准转让采矿权的。

变更矿山企业法定代表人的，应当在变更之日起15日内向所在地地质矿产主管部门备案。

第二十九条　采矿权人在采矿许可证有效期内或者有效期届满，停办、关闭矿山的，应当自决定停办或者关闭矿山之日起30日内，向原发证机关申请办理采矿许可证注销登记手续。发证机关应在接到报告之日起15日内审批完毕。

第三十条　采矿权人自采矿许可证颁发之日起，有下列情形之一的，采矿许可证颁发机关有权注销其采矿许可证：

(一) 开采大中型规模矿产资源，在2年内逾期未进行建设或者生产的，无正当理由停工或者停产连续满2年的；

(二) 开采小型规模、小矿、零星分散矿产资源和只能用作普通建筑材料的砂、石、粘土，在1年内逾期未进行建设或者生产的，无正当理由停工或者停产连续满1年的。

第三十一条　开采矿产资源，必须按照有关主管部门批准、地质矿产主管部门认可的矿产资源开发利用方案施工，不得随意丢弃矿产资源。

禁止采取破坏性开采方法开采矿产资源。

第三十二条　收购矿山企业和个体采矿者出售的矿产品，收购单位和个人应当要求出售者出示采矿许可证；无采矿许可证的，收购单位和个人不得收购。

国务院和自治区人民政府规定由指定的单位统一收购的矿产品，任何其他单位和个人不得收购。开采者不得向非指定单位销售。

第四章　探矿权采矿权的转让

第三十三条　探矿权人在完成规定的最低勘查投入后，经依法批准，可以将探矿权转让他人。

已经取得采矿权的矿山企业，因企业合并、分立，与他人合资、合作经营，或者因企业资产出售以及有其他变更企业资产产权的情形，需要变更采矿权主体的，经依法批准，可以将采矿权转让他人采矿。

第三十四条　转让地方人民政府财政出资勘查所形成的探矿权、采矿权的，必须进行评估，缴纳经评估的探矿权价款、采矿权价款。

第三十五条　转让探矿权、采矿权，必须依照国务院《探矿权采矿权转让管理办法》规定的条件和程序办理。

第五章　监督管理

第三十六条　地质矿产主管部门应当对探矿权人的勘查投入、勘查工作进展情况，采矿权人合理开发利用矿产资源、保护环境和依法缴纳矿产资源税费以及其他执行矿产资源法律、法规的情况进行监督检查，探矿权人、采矿权人和其他有关人员应当如实报告有关情况并提供有关资料，不得虚报、瞒报，不得拒绝检查。

对探矿权人、采矿权人要求保密的申请登记资料、财务决算报表和勘查成果资料等，地质矿产主管部门应当予以保密。

第三十七条 地质矿产主管部门对违反矿产资源法律、法规的行为进行检查时，有权采取下列措施：

(一) 按照规定程序询问违法的行为人、利害关系人、证明人，制作询问笔录，并要求提供证明材料；

(二) 进入违法勘查、开采的现场进行勘测；

(三) 查阅、复制与违法行为有关的合同、发票、账单及其他资料；

(四) 查封、扣留违法开采的矿产品。

第三十八条 地质矿产主管部门在采取查封、扣留措施时，必须出具查封、扣留凭证，造具清单，由在场人签名或者盖章后，交被查封、扣留者一份。

地质矿产主管部门对查封、扣留的矿产品应当妥善保管，不得动用、调换或者损毁。

地质矿产主管部门应当从查封、扣留矿产品之日起3个月内，对违反矿产资源法律、法规的行为依法作出处理决定。逾期不作出处理决定的，地质矿产主管部门应当解除查封、扣留。

第三十九条 勘查、开采矿产资源，应当妥善处理生产中的废水、废渣和废矿，对有害物质应当进行无害化处理，防止环境污染、地质环境破坏、资源破坏或者引发地质灾害。

第四十条 对违反矿产资源法律、法规的行为，依法应当给予行政处罚，而有关地质矿产主管部门不给予行政处罚的，上级地质矿产主管部门有权责令有关地质矿产主管部门作出行政处罚决定或者直接给予行政处罚。

第六章 法律责任

第四十一条 违反本条例第十八条规定，未取得采矿许可证，擅自开采矿产资源的，由地质矿产主管部门责令停止开采、赔偿损失，没收采出的矿产品和违法所得，可以并处二千元以上十万元以下的罚款；对违法开采矿产资源的采矿设备，责令限期拆除，逾期不拆除的，依法强制拆除；拒不停止开采，造成矿产资源严重破坏，构成犯罪的，依法追究刑事责任。

第四十二条 买卖、出租或者以其他任何形式转让矿产资源的，由地质矿产主管部门责令停止违法行为，没收违法所得，处以一万元以上十万元以下的罚款。

第四十三条 不按照批准的勘查设计或者矿产资源开发利用方案施工的，由地质矿产主管部门责令限期改正；逾期不改正的，处一千元以上五万元以下的罚款；情节严重的，原发证机关可以吊销勘查许可证或者采矿许可证。

第四十四条 擅自收购无采矿许可证开采的矿产品，擅自收购和销售国务院、自治区人民政府规定由指定的单位统一收购的矿产品的，由工商行政管理部门没收矿产品和违法所得，可以并处违法所得一倍以下的罚款。

第四十五条 勘查、开采矿产资源，造成环境污染、地质环境破坏、资源破坏或者引发地质灾害，未按规定恢复治理的，责令限期恢复治理；情节严重的，吊销勘查许可证、采矿许可证；构成犯罪的，依法追究刑事责任。

第四十六条 探矿权人、采矿权人和其他有关人员不按照本条例第三十六条规定如实报告有关情况、提供有关资料或者拒绝接受监督检查的，由地质矿产主管部门责令限期改正；逾期不改正的，予以警告，可以并处一千元以上五万元以下的罚款。

第四十七条 国家法律、行政法规另有处罚规定的，从其规定。

第四十八条 地质矿产主管部门工作人员玩忽职守、滥用职权或者徇私舞弊的，由其所在单位或者有关机关依法给予行政处分；构成犯罪的，依法追究刑事责任。

第七章 附则

第四十九条 本条例自2001年1月1日起施行。

《广西煤矿安全生产风险抵押金管理办法》出台

2005年12月14日 财建〔2005〕918号

各省、自治区、直辖市、计划单列市财政厅(局)、安全生产监督管理局、煤矿安全监管机构、煤炭行业管理部门，各级煤矿安全监察机构，中央管理的煤矿企业：

为了强化煤矿企业安全生产意识，落实安全生产责任，保证煤矿生产安全事故抢险、救灾工作的顺利进行，根据《国务院关于进一步加强安全生产工作的决定》(国发〔2004〕2号)，财政部、国家安全生产监督管理总局联合制定了《煤矿企业安全生产风险抵押金管理暂行办法》，现予印发，请遵照执行。

附件：煤矿企业安全生产风险抵押金管理暂行办法

煤矿企业安全生产风险抵押金管理暂行办法

第一章 总则

第一条 为了强化煤矿企业安全生产意识，落实安全生产责任，规范煤矿企业安全生产风险抵押金的管理，保证煤矿生产安全事故抢险、救灾工作的顺利进行，根据《国务院关于进一步加强安全生产工作的决定》(国发〔2004〕2号)，制定本办法。

第二条 本办法所称煤矿企业安全生产风险抵押金(以下简称风险抵押金)，是指煤矿企业以其法人名义将本企业资金专户存储，用于本企业生产安全事故抢险、救灾和善后处理的专项资金。

第三条 本办法适用于我国境内所有煤矿企业，包括集团公司、总公司、矿务局、煤矿等。

第二章 风险抵押金的存储

第四条 按照煤矿企业核定(设计)或者采矿许可证确定的生产能力，风险抵押金按以下标准存储：

(一) 3万吨以下(含3万吨)存储60－100万元；

(二) 3万吨以上至9万吨(含9万吨)存储150－200万元；

(三) 9万吨以上至15万吨(含15万吨)存储250－300万元；

(四) 15万吨以上，以300万元为基数，每增加10万吨增加50万元。

风险抵押金累计达到600万元时不再存储。

第五条 各省、自治区、直辖市人民政府安全生产监督管理部门(以下简称省级安全生产监督管理部门)及同级财政部门根据煤矿企业正常生产经营期间的规模产量和安全程度评估等有关因素，在相应分档区间内确定风险抵押金具体存储数额。

本办法颁发前，省级人民政府有关部门制定的风险抵押金存储标准高于本办法第四条规定标准上限的，仍按照原标准执行，并按规定程序报有关部门备案。

第六条 风险抵押金按以下规定存储：

(一) 风险抵押金由煤矿企业按时足额存储。煤矿企业不得因变更企业法定代表人、停产整顿等情况迟(缓)存、少存或不存风险抵押金，也不得以任何形式向职工摊派风险抵押金；

(二) 风险抵押金存储数额由省、市、县级安全生产监督管理部门及同级财政部门核定下达；

(三) 风险抵押金实行专户管理。煤矿企业到经省级安全生产监督管理部门及同级财政部门指定的风险抵押金代理银行(以下简称代理银行)开设风险抵押金专户，并于核定通知送达后1个月内，将风险抵押金一次性存入代理银行风险抵押金专户；

(四) 风险抵押金专户资金的具体监管办法，由省级安全生产监督管理部门及同级财政部门商代理银行制定。

第三章　风险抵押金的使用

第七条　风险抵押金的使用范围为：

(一) 煤矿企业为处理本企业生产安全事故而直接发生的抢险、救灾费用支出；

(二) 煤矿企业为处理本企业生产安全事故善后事宜而直接发生的费用支出。

煤矿企业发生生产安全事故后产生的抢险、救灾及善后处理费用，原则上应由煤矿企业先行支付。确需动用风险抵押金专户资金的，经安全生产监督管理部门及同级财政部门批准，由煤矿企业到代理银行具体办理有关手续。

第八条　发生下列情形之一的，省、市、县级安全生产监督管理部门及同级财政部门可以根据煤矿企业生产安全事故抢险、救灾及善后处理工作需要，将风险抵押金部分或者全部转作事故抢险、救灾和善后处理所需资金：

(一) 煤矿企业负责人在生产安全事故发生后逃逸的；

(二) 煤矿企业生产安全事故发生后，在规定时间内未主动承担责任，支付抢险、救灾及善后处理费用的。

第四章　风险抵押金的管理

第九条　风险抵押金实行分级管理，由省、市、县级安全生产监督管理部门及同级财政部门共同负责。中央管理煤矿企业的风险抵押金，按照属地原则管理，由所在地省级安全生产监督管理部门及同级财政部门确定后报国家安全生产监督管理总局及财政部备案。

第十条　煤矿企业持续生产经营期间，当年未发生生产安全事故、没有动用风险抵押金的，风险抵押金自然结转，下年不再存储。当年发生生产安全事故、动用风险抵押金的，省、市、县级安全生产监督管理部门及同级财政部门应当重新核定煤矿企业应存储的风险抵押金数额，并及时告知煤矿企业，煤矿企业在核定通知送达后1个月内按规定标准将风险抵押金补齐。

第十一条　煤矿企业生产经营规模如发生较大变化，省、市、县级安全生产监督管理部门及同级财政部门应于下年度第一季度结束前调整其风险抵押金存储数额，并按照调整后的差额通知煤矿企业补存(退还)风险抵押金。

第十二条　煤矿企业依法关闭、破产或者转为其他行业的，由企业提出申请，经省、市、县级安全生产监督管理部门及同级财政部门核准后，企业按照国家有关规定自主支配其风险抵押金专户结存资金。

第十三条　风险抵押金实际支出时计入煤矿企业成本，在缴纳企业所得税前列支。有关会计核算问题，按照国家统一会计制度处理。

第十四条　每年年度终了后3个月内，省级安全生产监督管理部门及同级财政部门将上年度本地区风险抵押金存储、使用、管理有关情况报国家安全生产监督管理总局及财政部。

第十五条 风险抵押金应当专款专用，不得挪用。安全生产监督管理部门、同级财政部门及其工作人员有挪用风险抵押金等违反本办法及国家有关法律法规行为的，依照国家有关规定进行处理。

第五章 附则

第十六条 省级安全生产监督管理部门及同级财政部门可以根据本办法制定具体实施办法。

第十七条 非煤矿企业的内部煤矿比照本办法执行。

第十八条 本办法由财政部、国家安全生产监督管理总局负责解释。

第十九条 本办法自2006年1月1日起施行。

广西壮族自治区重要矿产品运输管理办法

2008年9月8日　第40号

《广西壮族自治区重要矿产品运输管理办法》已经2008年8月29日自治区第十一届人民政府第16次常务会议审议通过，现予发布，自2008年10月1日起施行。

广西壮族自治区重要矿产品运输管理办法

第一条 为了加强重要矿产品运输管理，保护矿产资源，根据本自治区实际，制定本办法。

第二条 在本自治区行政区域内从事重要矿产品运输的单位和个人，应当遵守本办法。

第三条 本办法所称重要矿产品，是指铝土矿、铁矿、锰矿、铅锌矿和自治区人民政府确定的其他矿产资源经过开采或者采选后，脱离自然赋存状态的产品。

第四条 本自治区实行重要矿产品运输许可制度。重要矿产品运输许可由县级以上人民政府地质矿产主管部门负责实施。

工商、公安、交通、铁路等部门应当按照各自职责，做好重要矿产品运输的监督管理工作。

第五条 运输重要矿产品，应当办理《重要矿产品准运证》。

有下列情形之一，免办《重要矿产品准运证》：

(一) 重要矿产品运进本自治区的；

(二) 采矿权人在矿区范围内运输自采自用重要矿产品的。

第六条 《重要矿产品准运证》应当载明持证人、矿种名称、产地、数量、运输起止地点、运输方式、有效期限等内容。

《重要矿产品准运证》格式由自治区人民政府地质矿产主管部门统一规定。

第七条 申请领取《重要矿产品准运证》，应当向矿区所在地的县级或者设区的市人民政府地质矿产主管部门提出，并提交下列资料：

(一) 申请表；

(二) 申请人身份证明材料；

(三) 《采矿许可证》或者采矿权人出具的销售证明；

(四) 购销合同。

第八条 收到重要矿产品运输许可申请的县级或者设区的市人民政府地质矿产主管部门应当根据下列情况分别作出处理：

(一) 申请事项不需要取得《重要矿产品准运证》的，应当当场告知申请人；

(二) 申请材料存在可以当场更正的错误的，应当允许申请人当场更正；

(三) 申请材料不齐全或者不符合法定形式的，应当当场一次性告知申请人需要补正的全部内容，并给予指导帮助，不告知的，自收到申请材料之日起即为受理；

(四) 申请材料齐全、符合法定形式，应当当场受理。

第九条 受理重要矿产品运输许可申请的县级或者设区的市人民政府地质矿产主管部门，对符合本办法第七条规定条件的重要矿产品运输许可申请，应当在5个工作日之内核发《重要矿产品准运证》；对不符合本办法第七条规定条件的重要矿产品运输许可申请，应当在五个工作日内作出不予核发《重要矿产品准运证》的书面决定，并说明理由。

核发《重要矿产品准运证》不得收取任何费用。

第十条 运输重要矿产品，《重要矿产品准运证》应当随货同行。承运单位或者个人不得承运无《重要矿产品准运证》的重要矿产品。

第十一条 禁止伪造、涂改、倒卖、出租、出借《重要矿产品准运证》。

《重要矿产品准运证》不得重复使用。

第十二条 县级以上人民政府地质矿产主管部门行政执法人员可以进入矿区、车站、码头、货场对重要矿产品准运情况进行检查，有关单位和个人应当积极配合。

第十三条 县级以上人民政府地质矿产主管部门可以查封、扣押无《重要矿产品准运证》运输的重要矿产品。

有下列情形之一的，视为无《重要矿产品准运证》：

(一) 《重要矿产品准运证》超过有效期限；

(二) 超过《重要矿产品准运证》准运数量的超出运输部分；

(三) 矿种名称、产地、运输起止地点、运输方式与《重要矿产品准运证》记载不符；

(四) 使用伪造、涂改或者通过倒卖、出租、出借等方式取得的《重要矿产品准运证》。

第十四条 县级以上人民政府地质矿产主管部门实施查封、扣押期限不得超过15日；情况复杂的，经县级以上人民政府地质矿产主管部门主要负责人批准，可以延长15日。

查封、扣押重要矿产品的县级以上人民政府地质矿产主管部门应当在查封、扣押期间对查封、扣押的重要矿产品依法作出处理。

第十五条 县级以上人民政府地质矿产主管部门应当建立重要矿产品运输许可举报奖励制度，设立举报电话，并为举报者保密。

第十六条 无《重要矿产品准运证》运输重要矿产品的，由县级以上人民政府地质矿产主管部门对货主处以运输重要矿产品价款30%以下的罚款；对承运人处以运费1倍至3倍的罚款。

第十七条 伪造、涂改、倒卖、出租、出借《重要矿产品准运证》的，由县级以上人民政府地质矿产主管部门予以收缴，并处以1000元以上1万元以下罚款。

第十八条 县级以上人民政府地质矿产主管部门及其工作人员玩忽职守、滥用职权、徇私舞弊的，依法给予行政处分；构成犯罪的，依法追究刑事责任。

第十九条 本办法自2008年10月1日起施行。

关于印发《广西壮族自治区矿山地质环境恢复保证金管理办法》的通知

2009年4月20日　桂国土资发〔2009〕24号

各市、县人民政府，自治区各委、办、厅、局：

《广西壮族自治区矿山地质环境恢复保证金管理办法》已经自治区第十一届人民政府第31次常务会议审议通过，现印发给你们，请认真贯彻执行。

特此通知。

广西壮族自治区矿山地质环境恢复保证金管理办法

第一条　为了保护矿山地质环境，预防和治理矿山地质灾害，根据《广西壮族自治区地质环境保护条例》和国家其他有关规定，结合我区实际，制定本办法。

第二条　在本自治区行政区域内缴纳、使用、管理和返还矿山地质环境恢复保证金的,适用本办法。

第三条　矿山地质环境恢复保证金(以下简称保证金),是指采矿权人向财政部门缴纳并用于其矿山地质环境恢复治理的保证性资金。

采矿权人缴纳保证金，不免除其矿山地质环境恢复治理的义务。

保证金本息属于采矿权人所有，按照“企业所有、政府监管、专款专用”的原则管理。采矿权人履行矿山地质环境恢复治理义务，并经验收合格后，保证金本息返还采矿权人。

第四条　县级以上国土资源管理部门按照采矿权的审批权限负责保证金的缴纳核定工作,并出具《保证金缴纳通知书》，通知采矿权人将保证金直接存入同级财政部门指定的账户。

对由国家或者自治区国土资源管理部门核发采矿许可证的，保证金缴纳核定工作由自治区国土资源管理部门负责；对由设区的市国土资源管理部门核发采矿许可证的，保证金核定工作由该市国土资源管理部门负责；对由县（市）国土资源部门核发采矿许可证的，保证金核定工作由该县（市）国土资源管理部门负责。

第五条　保证金的缴纳金额，依据采矿权人的采矿许可证登记面积（含堆渣场等）、采矿权有效期、开采矿种、开采方式等因素确定（保证金缴纳的具体计算方法见附件）。

第六条　保证金分一次性缴纳和分期缴纳。

采矿权有效期在3年（含3年）以内,或者保证金总额在5万元以内的(含5万元)，采矿权人必须一次性全额缴纳保证金。采矿权有效期超过3年和保证金总额超过5万元的，经负责缴纳核定工作的国土资源管理部门批准，采矿权人可以分期缴纳保证金。首次缴纳数额不得低于应缴纳总额的30%，余额可分年度平均缴纳，但在采矿权有效期届满前一年应当全部缴清。

采矿权有效期在3年以上，按照开采设计分期开采的，经负责缴纳核定工作的国土资源管理部门同意，可以先缴纳首采地段的保证金。首采地段的矿山地质环境恢复治理工作验收合格后，已缴纳的保证金可以结转为下一矿段的保证金，各矿段保证金的数额可以分别核定。

经批准分期缴纳的，采矿权人应当在当年的6月30日前缴纳该年度应缴的保证金。

第七条　采矿权人应当在领取采矿许可证时，与负责缴纳核定工作的国土资源管理部门签订《矿

山地质环境恢复治理责任书》（以下简称《责任书》），并缴纳保证金。

《责任书》样式由自治区国土资源管理部门统一印制。

第八条 采矿权人变更矿区范围（含破坏地质环境范围）或者主要矿种的，负责缴纳核定工作的国土资源管理部门应当按照变更后的矿区面积（含破坏地质环境范围）或者主要矿种重新核定应缴纳的保证金数额，并由采矿权人与负责缴纳核定工作的国土资源管理部门重新签订《责任书》。

第九条 采矿权人经批准转让采矿权的，保证金可以一并转让。转让人和受让人应当到负责缴纳核定工作的国土资源管理部门和同级财政部门办理保证金本息转移手续，变更保证金缴纳人，由受让人与负责缴纳核定工作的国土资源管理部门签订《责任书》，并承担相应的矿山地质环境治理义务。

第十条 采矿权期限届满，采矿权人申请延续登记的，应当重新计算应缴纳的保证金数额，重新签订《责任书》，并缴纳保证金。

第十一条 采矿权人应当边开采边治理边恢复。采矿权期限界满停办、关闭或者闭坑的，采矿权人应当在停办、关闭或者闭坑前完成矿山地质环境治理工作。

第十二条 采矿权人应当按照下列规定开展矿山地质环境治理工作：

(一) 整治被破坏的土地、河道、航道，使之能够种植、养殖、行洪、通航或者可供其他利用；

(二) 整修露天采矿的边坡、断面并种草植树，使之与周围环境相协调；

(三) 消除崩塌、滑坡、泥石流、地面塌陷等地质灾害隐患；

(四) 采取封闭、充填或者人工放顶等措施，使地下井巷采空区及其地面安全稳定；

(五) 法律、法规规定的其他地质环境治理责任。

第十三条 采矿权人完成矿山地质治理工作后应当及时向负责缴纳核定工作的国土资源管理部门书面提出验收申请。国土资源管理部门应当自收到申请之日起20个工作日内，会同同级财政、环保部门组织有关专家完成验收工作。

经验收合格的，负责缴纳核定工作的国土资源管理部门应当出具《矿山地质环境治理工程验收合格通知书》，计算应返还的保证金本息，并通知同级财政部门将保证金本息返还采矿权人；对按照边开采边治理边恢复原则完成治理的矿段，经验收合格后，由国土资源管理部门出具《矿山地质环境治理工程验收合格通知书》，并根据开采年限和治理程度经审核后按照一定比例逐步返还保证金本息，但返还的保证金不得超过已缴纳保证金总额的85%。

验收不合格的，负责缴纳核定工作的国土资源管理部门应当责令采矿权人限期治理。逾期不治理或者限期治理后仍达不到要求的，已缴纳的保证金本息不予返还，由国土资源管理部门通过向社会公开招标等方式，组织有治理资质的单位进行治理，治理费用超过保证金（含利息）的部分仍由该采矿权人承担。

第十四条 财政部门收缴保证金必须使用自治区财政厅统一印制的广西壮族自治区行政事业单位一般收款收据。

不予返还的和因故无人申请返还的保证金本息转入财政非税收入专户，专项用于矿山地质环境恢复治理，禁止将其改变用途。

第十五条 国土资源管理部门应当建立保证金收缴、往来台账和保证金管理制度，并按时编制和报送有关会计报表。设区的市国土资源管理部门、财政部门应当在每年的2月底前向自治区国土资源管理部门、财政部门报送上一年度保证金的执行情况。

各级财政、国土资源管理部门应当接受监察、审计部门对保证金收缴、返还、使用和管理等情况的监督和检查。

第十六条 采矿权人不按照本办法规定缴纳保证金的，按照国家和自治区有关规定处理。

第十七条 国土资源管理、财政部门工作人员侵占、挪用保证金的，依法给予行政处分；构成犯罪的，依法追究刑事责任。

第十八条　本办法自2009年6月1日起施行。

本办法施行前已取得采矿许可证的采矿权人，应当自本办法施行之日起6个月内，与负责缴纳核定工作的国土资源管理部门签订《责任书》，并缴纳保证金。

矿山地质环境恢复保证金收缴金额计算方法

矿山地质环境恢复保证金收缴金额＝收缴标准×采矿许可证登记面积（含尾矿库、堆渣场等）×采矿许可证有效期年限×影响系数。

收缴标准及影响系数见下表。

广西矿山地质环境恢复保证金收缴标准和影响系数表

<table>
<tr><th colspan="3">收缴标准</th><th colspan="5">影响系数</th></tr>
<tr><td colspan="2">矿种</td><td>收缴标准（元/平方米•年）</td><td colspan="2">露天开采</td><td colspan="3">地下开采</td></tr>
<tr><td rowspan="3">能源矿产</td><td>煤</td><td>0.20</td><td>采矿方法</td><td>影响系数</td><td colspan="2">采矿方法</td><td>影响系数</td></tr>
<tr><td>石油、天然气、煤成气</td><td>0.01</td><td>自上而下水平分层采矿法</td><td>1.0</td><td colspan="2">充填采矿法</td><td>0.5</td></tr>
<tr><td>其他矿种</td><td>0.15</td><td rowspan="4">其他采矿法</td><td rowspan="4">1.5</td><td rowspan="2">空场采矿法</td><td>不允许地表塌落</td><td>0.8</td></tr>
<tr><td colspan="2">金属矿产</td><td>0.20</td><td>允许地表塌落</td><td>1.2</td></tr>
<tr><td colspan="2">非金属矿产</td><td>0.40</td><td colspan="2">崩落采矿法</td><td>1.5</td></tr>
<tr><td colspan="2">水气矿产</td><td>0.02</td><td colspan="2">其他采矿法</td><td>1.0</td></tr>
</table>

说明：开采地热、矿泉水，暂不收缴保证金。

重庆市

关于调整煤矿井下艰苦岗位津贴有关工作的通知

2006年8月8日　劳社部发〔2006〕24号

各省、自治区、直辖市劳动和社会保障厅（局）、发展改革委、财政厅（局）：

为贯彻落实《国务院关于促进煤炭工业健康发展的若干意见》（国发〔2005〕18号）的精神，提高煤矿工人的工资收入，稳定煤矿职工队伍，促进煤炭行业持续稳定健康发展，现就调整煤矿井下工人岗位津贴有关工作通知如下：

一、煤矿井下艰苦岗位津贴的执行范围

井下艰苦岗位津贴适用于各类煤炭企业的井下作业职工，不包括露天煤矿职工。具体发放范围为：井下采掘工人、辅助工人、安检人员及下井工作且编制在井下采掘、辅助队的基层干部、技术人员和管理人员。

二、煤矿井下艰苦岗位津贴的种类及标准

井下艰苦岗位津贴包括：井下津贴、班中餐补贴和夜班津贴。

(一) 井下津贴

1. 井下采掘工：15－30元/工；　2. 井下辅助工：10－20元/工。

3. 安检人员、基层干部、技术人员及管理人员的井下津贴标准按井下辅助工标准执行。

(二) 班中餐补贴：6－10元/工。

班中餐补贴由企业集中用于井下作业职工的伙食，不得挪作他用，也不得直接支付给职工个人。

(三) 夜班津贴

1. 前夜班：6－10元/工；　2. 后夜班：8－12元/工。

三、调整煤矿井下艰苦岗位津贴的资金来源

调整井下艰苦岗位津贴所需资金可在企业成本中列支。实行工资总额同经济效益挂钩的企业，调整津贴标准增加的工资在挂钩工资基数外单列。

四、煤矿井下艰苦岗位津贴的实施

各类煤炭企业要认真执行国家关于井下艰苦岗位津贴的有关规定，切实落实井下人员的相关待遇。企业发放的井下艰苦岗位津贴不得低于各地确定的标准。实行吨煤工资含量计件制的企业，应结合职工出勤情况，在吨煤工资以外发放井下艰苦岗位津贴。企业要结合提高井下艰苦岗位津贴，采取多种措施，提高井下职工的收入水平，使工资分配向井下一线职工倾斜，形成合理的井下人员与地面人员的工资收入分配关系。各类煤炭企业要在提高井下艰苦岗位津贴的同时，积极改善劳动条件和劳动环境，切实保证职工的身体健康。

五、有关工作要求

各省、自治区、直辖市应在上述标准区间内，综合考虑井下劳动强度、工作时间、煤层的赋存条件以及水、火、瓦斯等自然灾害和粉尘、温度、湿度、噪声等作业环境，合理确定本地区煤矿井下艰苦岗位津贴的具体标准，在2个月内提出本地区调整煤矿井下艰苦岗位津贴标准的具体意见，并分别报送劳动保障部、发展改革委、财政部备案。

关于建立无煤社区的通告

2006年9月25日　大渡口府发〔2006〕111号

为有效控制我区城区大气环境污染，进一步改善环境空气质量，保护人民群众身体健康，促进我区经济社会可持续发展，根据《重庆市主城区尘污染控制办法》(渝府令〔2005〕188号)和《重庆市人民政府关于印发重庆市主城蓝天行动实施方案（2005－2010年）的通知》（渝府发〔2005〕41号）的要求，经区政府研究，决定在我区部分城区创建"无煤社区"。现就有关事项通告如下：

一、"无煤社区"建设范围：新一社区、锁口丘社区、翠园社区辖区范围。

二、"无煤社区"建设目标及要求："无煤社区"内居民清洁能源使用率应达到100%。现有锅炉、工业炉窑和餐饮业、机关企事业单位、部队、学校、医院及建筑工地食堂的炉灶和茶水炉必须于2006年10月31日前按要求完成燃料设施清洁能源改造和整治，并向区环保局提交验收书面申请，由区环保局组织相关单位按有关要求及时组织验收。无煤社区内禁止新建燃煤设施和重污染行业的工业企业；禁止任何单位和个人在"无煤社区"内销售和使用燃煤、重油、渣油等高污染燃料。新山村街道办事处、区执法局、区环保局将加强日常监督管理，对违规使用燃煤的，依法取缔并予以行政处罚。

三、由新山村街道办事处组织建设"无煤社区"，并达到建设目标要求。

四、以煤为燃料的炉窑，应按本《通告》的要求限期改用清洁能源，在限期内未改用清洁能源的，区环保局将依法责令停产或关、迁、改、调，并处以罚款。

五、本通告执行中的具体问题，由区环保局负责解释。

六、本通告自发布之日起施行。

关于印发《重庆市矿山环境治理和生态恢复保证金管理暂行办法》的通知

2007年2月26日　渝财建〔2007〕41号

市级有关部门、有关企业，各区县（自治县）财政局、国土房管局（国土资源局）、环境保护局：

为了加强矿山环境治理和生态恢复，改善矿山生态环境，促进经济社会可持续发展，根据《矿产资源法》、《环境保护法》等法律法规，以及《国务院关于全面整顿和规范矿产资源开发秩序的通知》、《财政部、国土资源部、环保总局〈关于逐步建立矿山环境治理和生态恢复责任机制的指导意见〉》等规定，我们制定了《重庆市矿山环境治理和生态恢复保证金管理暂行办法》。现印发给你们，请遵照执行。

附件：重庆市矿山环境治理和生态恢复保证金管理暂行办法

重庆市矿山环境治理和生态恢复保证金管理暂行办法

第一条　为了加强矿山环境治理和生态恢复，改善矿山生态环境，促进经济社会可持续发展，根据《矿产资源法》、《环境保护法》等法律法规，以及《国务院关于全面整顿和规范矿产资源开发秩序的通知》、《财政部、国土资源部、环保总局〈关于逐步建立矿山环境治理和生态恢复责任机制的指导意见〉》等规定，结合我市实际，制定本暂行办法(以下简称本办法)。

第二条　本办法所称矿山企业是指在我市行政区域内从事以下矿产资源开采的所有企业：

1. 煤炭；

2. 石油、天然气；

3. 金属矿产，包括锶、锰、汞、铁矿、铝土矿、钡等；

4. 非金属矿，包括土矿石、石棉等；

5. 其他矿藏资源。

第三条　本办法所称矿山环境治理和生态恢复保证金(以下简称保证金)，是指为了保证矿山企业在采矿过程中以及矿山停办、关闭或闭坑时，切实履行矿山生态环境保护与恢复治理义务，由矿山企业按国土资源行政主管部门、财政部门确定的标准，预提并单独存储的专门用于本企业矿山环境治理和生态恢复的资金。

第四条　按照“谁破坏、谁治理”原则，矿山企业是矿山环境治理和生态恢复的责任主体，必须依法履行矿山环境治理和生态恢复的义务，向县级以上国土资源行政主管部门作出书面承诺，并预提保证金。

第五条　保证金专项用于因开发矿产资源造成的危害人民生命财产安全的崩塌、滑坡、泥石流、地裂缝、地面沉降和地面塌陷等地质灾害及其隐患的治理项目，以及因开发矿产资源造成的植被、地层、岩石、土壤、地质遗迹、地下水、地表水、地形地貌等矿山环境破坏的恢复保护项目，不得用于其他任何项目。

第六条　市国土房管局按照基本恢复矿山环境和生态功能的原则，组织有资质的机构对矿山进行评估，商市环保局后，制订全市各矿种矿山生态恢复保护和综合治理目标、要求，依据矿山企业开采矿种、开采规模和开采方式等制定保证金预提比例计算基价（见附件1）。各区县（自治县，下同）国土资源行政主管部门应于每年年初会同财政部门，依据市定计算基价，结合当地实际，综合考虑新建矿山设计年限和已开采矿山的剩余年限，以及矿山生态环境保护评估结论等，提出矿山企业按开采原矿产品年销售收入的一定比例提取保证金，报本级政府同意，市财政局、市国土房管局备案后，下达矿山企业年保证金提取比例。

保证金缴存到一定额度后，可暂停缴存，待恢复治理时多退少补。保证金缴存额度按矿山规模确定（见附件2）。

矿山企业已按主采矿产品缴存了保证金的，其综合利用的煤层气等不再缴存保证金。

第七条　采矿权证有效期在1年以下（含1年）的矿山企业，按批准的开采规模确定保证金计算基数；采矿权证有效期在1年以上的，原有矿山企业按上一年度的原矿销售收入确定保证金计算基数，新建矿山企业建设期不计提保证金，投产期首年按批准的年开采规模确定当年保证金计算基数，次年起按上一年度的原矿销售收入确定保证金计算基数。

第八条　保证金的管理坚持“企业所有、政府监管、专款专用”的原则。矿山企业在当地财政部门指定的银行开设保证金账户，并报当地财政、国土部门备案。保证金由企业作为当年的预提费用计入成本。

保证金的提取、使用，由区县财政、国土资源行政主管部门具体承担监督责任，市财政局、市国土房管局加强指导和监督。

市财政局会同市国土房管局不定期对区县保证金核定、管理、使用及企业是否按规定缴存保证金情况进行检查。

第九条　保证金管理程序：

(一) 区县国土资源行政主管部门根据本级政府同意的矿山企业保证金提取比例计算应预提的保证

金，开具保证金预提通知书。

(二) 矿山企业应在收到准予采矿登记之日起15个工作日内，凭通知书直接到财政部门指定的银行开户缴存保证金，凭保证金缴存凭证及相关材料，到采矿权审批机关签订《重庆市矿山环境治理和生态恢复责任书》（见附件3）。

(三) 企业在开设保证金账户时，企业、财政、开户银行共同就该银行账户的使用签订管理协议，财政对此账户的资金支付实行全额监章管理。

第十条 本办法实施前已经取得采矿许可证的矿山企业，应当在本办法施行后6个月内到矿山所在地区县国土资源行政主管部门签订《重庆市矿山环境治理和生态恢复责任书》，开设保证金账户并提交保证金缴存凭证。

第十一条 矿山企业在采矿过程中应当按国土资源行政主管部门的要求开展并及时完成矿山环境治理和生态恢复工作；在矿山停办、关闭、闭坑前，应当完成矿山环境治理和生态恢复工作。

第十二条 矿山企业应依据国土资源行政主管部门制定的矿山生态恢复保护和综合治理目标和要求，按照矿山环境恢复治理项目建设程序，委托资质单位完成恢复治理初步设计，经有资质的技术服务机构审查后，通过区县国土资源主管部门初审后报市国土房管局申请立项。矿山在完成环境治理和生态恢复工作并组织竣工质量验收合格，通过区县国土资源行政主管部门初步验收检查后向市国土房管局提出验收检查申请，并提交矿山环境治理和生态恢复报告。市国土房管局会同市环保局根据矿山环境治理和生态恢复责任书、有关技术标准和验收规范，以及经批准的矿山开发建设项目环境影响评价报告、矿山地质灾害危险性评估报告等组织复查。

矿山企业在开采过程中进行恢复治理，并申请对分期恢复治理工程进行验收检查的，区县国土资源行政主管部门应当会同环保、财政等部门组织验收检查，验收检查完成后，报市国土房管局复查。

第十三条 恢复治理项目初步设计立项后，矿山企业可依据经立项的恢复治理初步设计，恢复治理项目进度，申请使用保证金。

区县国土资源行政主管部门商财政、环保部门，可以在项目立项后同意矿山企业按不超过设计概算的30%使用保证金；在治理过程中，可以根据项目进度按工程结算价款同意矿山企业使用保证金；治理工程验收检查合格后，可以按工程决算价款同意使用保证金。

第十四条 停办、关闭、闭坑的矿山企业，履行了矿山环境治理和生态恢复义务，经验收检查合格的，区县国土资源行政主管部门商财政、环保部门同意后，矿山企业可提取保证金余额。

第十五条 恢复治理项目经验收检查不合格的，由国土资源行政主管部门商环保部门责令矿山企业限期恢复治理。

矿山企业未履行矿山环境治理和生态恢复义务或者验收不合格，逾期不进行恢复治理或者恢复治理后仍达不到要求的，由国土资源行政主管部门商环保部门通过公开招标等方式，使用其预提的保证金实施恢复治理。

第十六条 区县国土资源主管部门对预提保证金不足的矿山企业应下达保证金追加通知，督促矿山企业缴存不足部分的费用。矿山企业应当及时缴存追加部分保证金。

第十七条 矿山企业变更开采的主要矿种和开采方式的，应根据变更后的矿产资源开发利用方案、设计，重新与国土资源行政主管部门签订《重庆市矿山环境治理和生态恢复责任书》，并从批准年起按新矿种标准缴存保证金。

第十八条 矿山企业转让采矿权的，保证金可以一并转让，由采矿权的受让人承担矿山环境治理和生态恢复义务。

保证金不转让的，采矿权转让人应当完成《重庆市矿山环境治理和生态恢复责任书》规定的矿山环境治理和生态恢复工作。同时采矿权受让人按照本办法规定重新缴存保证金。

第十九条　扩大开采范围的，应重新核算和确认应当提取的保证金数额。分矿段开采需要变更开采范围的，应调整提取的保证金数额。

第二十条　采矿许可证期满需要申请延续登记的，必须重新签订《重庆市矿山环境治理和生态恢复责任书》，并重新核算和确认保证金数额。

第二十一条　矿山企业因违法受到行政处罚或者因其他原因终止采矿的，不免除矿山环境治理和生态恢复义务。

第二十二条　林业、水利等有关行政主管部门按照各自职责，配合同级国土资源行政主管部门共同做好矿山环境治理和生态恢复工作。

第二十三条　矿山企业不履行矿山环境治理和生态恢复义务的，按照有关法律、法规的规定进行处罚。同时，区县国土资源行政主管部门应当建立矿山企业法人矿山环境治理和生态恢复责任诚信档案。

第二十四条　本办法自发布之日起施行。

附件：

1. 重庆市矿山环境恢复治理保证金2007年缴存标准
2. 重庆市矿山环境恢复治理保证金缴存额度
3. 重庆市矿山环境治理和生态恢复责任书

附件1：

重庆市矿山环境恢复治理保证金

2007年缴存标准

矿　种		年缴存比例系数					
		10万吨以下		11－30万吨		30万吨以上	
		露天开采	地下开采	露天开采	地下开采	露天开采	地下开采
能源矿产	煤	5－7%	2－4%	4－5%	0.8－1.2%	2－4%	0.3－0.5%
	石油、天然气	0.4－0.6%					
	地　热	0.1　0.15元/吨					
金属矿产	锰、铁	5－7%	3－4%	4－5%	2－3%	3－4%	1－2%
	铝土矿	4－5%	2－4%	3－4%	1－1.5%	2－3%	0.5－0.8%
	其他矿种	5－7%	3－5%	4－6%	1.5－3%	2－3%	1－2%
非金属矿产	建筑灰岩 溶剂灰岩	6－8%	3－5%	4－5%	1－1.5%	3－4%	0.5－0.8%
	石　膏	5－7%	2－3%	3－4%	1.5－2%	2－3%	1－1.5%
	地下卤水	0.8－1%					
	矿泉水	0.05元/吨					
	其他矿种	6－8%	3－5%	3－4%	1.5－2%	2－3%	1－1.5%

附件2：

重庆市矿山环境恢复治理保证金缴存额度

矿山规模	5万吨以下	5－10万吨	11－30万吨	31－50万吨	50万吨以上
缴存额度	150万元	200万元	500万元	800万元	1000万元

附件3：

重庆市矿山环境治理和生态恢复责任书

为了加强矿山环境治理和生态恢复，改善矿山生态环境，促进经济社会可持续发展，根据《矿产资源法》、《环境保护法》等法律法规，以及《国务院关于全面整顿和规范矿产资源开发秩序的通知》、《财政部、国土资源部、环保总局〈关于逐步建立矿山环境治理和生态恢复责任机制的指导意见〉》等规定，＿＿＿＿＿＿（采矿企业名称）承诺，承担本单位开发矿产资源矿过程中和矿山停办、关闭或闭坑时的矿山生态环境保护与恢复治理义务，对本单位在采矿过程中以及矿山停办、关闭或闭坑时造成的崩塌、滑坡、泥石流、地裂缝、地面沉降和地面塌陷等地质灾害及其隐患的治理，以及因开发矿产资源造成的植被、地层、岩石、土壤、地质遗迹、地下水、地表水、地形地貌等矿山环境破坏的恢复治理全面负责。特签订以下责任书：

一、本单位承诺按政府和有关部门的规定，及时足额提取和缴存矿山环境治理和生态恢复保证金。

二、本单位保证按国土资源行政主管部门的要求，及时申请矿山生态环境保护与恢复治理项目立项，切实履行本单位开发矿产资源矿过程中的矿山生态环境保护与恢复治理义务，全面完成矿山生态环境保护与恢复治理项目。

三、一旦发生因本单位未及时实施恢复治理项目，或恢复治理项目质量未达到标准，引发矿山环境破坏和矿山地质灾害，造成的经济损失由本单位先行承担赔偿责任，再由本单位自行负责依法追究有关当事人（单位）经济责任。

主管行政单位：　　　　责任单位：
（签章）　　　　　　　（签章）
年　月　日　　　　　　年　月　日

关于在城区建立无煤社区的通告

2007年10月29日　渝文备〔2007〕84号

为有效控制我区城区大气环境污染，进一步改善环境空气质量，保护人民群众身体健康，促进经济社会的可持续发展，根据《重庆市主城区尘污染控制办法》（渝府令〔2005〕188）和《重庆市人民政府关于印发重庆市主城蓝天行动实施方案（2005－2010年）的通知》（渝府发〔2005〕41号）的要求，经区政府研究，决定在我区部分城区建立“无煤社区”。现就有关事项通告如下：

一、2007年“无煤社区”建设范围：跃进村街道东正社区、跃进社区、跃新社区辖区范围。

二、“无煤社区”建设目标：“无煤社区”内居民清洁能源使用率应达到100%，现有锅炉、工业炉窑和餐饮业、机关企事业单位、部队、学校、医院及建筑工地食堂的炉灶和茶水炉一律使用清洁能源，禁止燃煤。所有燃煤设施必须于2007年10月31日前拆除或改用天然气、液化石油气、电等清洁能源。创建范围内的单位和个人按要求完成燃料设施的清洁能源改造和整治后，向区环保局提交验收书面申请，由区环保局组织相关单位按有关要求及时组织验收。无煤社区内禁止新建燃煤设施和重污染行业的工业企业；禁止任何单位和个人在“无煤社区”内销售和使用燃煤、重油、渣油等高污染燃料。跃进村街道办事处、区执法局、区环保局应加强日常监督管理，对违规使用燃煤的，由有关部门依法予以取缔并进行行政处罚。

三、由跃进村街道办事处组织建设“无煤社区”，并达到建设目标要求。

四、以煤为燃料的炉窑，要按区环保局的要求改用清洁能源；不能限期改为清洁能源的企业实施停产改造或关、迁、改、调。

五、本通告执行中的具体问题，由区环保局负责解释。

六、本通告自发布之日起施行。

关于印发重庆市煤炭价格调节基金征收使用管理办法（试行）的通知

2008年2月25日　武隆府办发〔2008〕65号

各乡镇人民政府，县政府各部门，有关单位：

现将市政府《关于印发重庆市煤炭价格调节基金征收使用管理办法（试行）的通知》（渝府发〔2008〕23号）转发给你们，请遵照执行。

重庆市煤炭价格调节基金征收使用管理办法（试行）

第一条　为合理配置煤炭资源，调节煤炭市场供求，确保电煤供应，调节煤炭工业及相关产业的合理发展，逐步理顺煤电价格关系，根据《中华人民共和国价格法》等法律法规规定，结合本市实际，制定本办法。

第二条　本办法所称煤炭价格调节基金是指政府为应对煤炭市场价格异常波动，合理配置煤炭资源，依法向煤炭生产企业征收的专项基金。

第三条　凡在我市行政区域内从事煤炭生产的各类企业和个人均应缴纳煤炭价格调节基金。煤炭价格调节基金按煤炭生产企业的实际销售量价外征收，其征收标准为：原煤40元/吨、洗精煤60元/吨、焦炭70元/吨。对洗精煤、焦炭征收煤炭价格调节基金时，如原煤环节已缴纳价格调节基金的，应作相应抵扣。

第四条　从事煤炭生产的各类企业和个人应于每月10日前向当地主管地方税务机关申报缴纳煤炭价格调节基金。若不按期缴纳煤炭价格调节基金的，由地税部门负责追缴，并从欠缴之日起每天按应缴基金总额的万分之五加收滞纳金。

第五条　煤炭价格调节基金按属地原则由地税部门征收。征收的煤炭价格调节基金直接缴入国库，由财政纳入基金预算管理。市属国有重点煤矿缴纳的煤炭价格调节基金全额纳入市财政。区县（自治县）属煤炭生产企业和个人缴纳的煤炭价格调节基金按市70%、区县（自治县）30%的比例分别纳入市、区县（自治县）两级财政。对市主要发电厂提供电煤的煤炭生产企业所缴纳的煤炭价格调节基金按计划即征即退。

第六条 煤炭价格调节基金基本用途：

(一) 主要用于调控煤炭市场价格，保障我市主要电厂电煤供应和煤炭供求平衡；

(二) 适当用于引导我市产业结构调整；

(三) 适当用于煤矿矿山环境恢复与治理，包括煤矿采空区沉陷治理；

(四) 经同级政府批准的其他支出项目。

第七条 煤炭价格调节基金工作由市电力发展领导小组组织领导，并在市物价局设立煤炭价格调节基金管理办公室（以下简称办公室），负责日常工作。市发展改革委、市经委、市财政局、市国土房管局、市地税局等有关部门按职能分工负责煤炭价格调节基金的有关工作。

第八条 市煤炭价格调节基金年度收支计划含即征即退计划以及紧急安排，由市经委、市发展改革委、市国土房管局按基本用途分类提出，市物价局分类汇总，并商有关部门综合协调、平衡，提请市电力发展领导小组审定后实施。紧急安排报市电力发展领导小组组长、副组长审批。

第九条 煤炭价格调节基金项目使用单位须严格按下达计划执行，专款专用，按季度向办公室报送资金使用情况和年度决算、项目决算报告，并抄送其业务主管部门。使用单位若出现违规使用、挪用等情况，将依照有关法规从严处理，构成犯罪的依法追究刑事责任。

第十条 市物价局会同有关部门根据本办法制定印发实施细则，并负责本办法及实施细则的解释。

第十一条 本办法自2008年3月1日起实施。此前本市各级政府制定的有关规定，凡与本办法有抵触的一律废止。

第十二条 各区县（自治县）依照本办法和实施细则，结合实际对本地有关工作加以规定。

关于印发重庆市南川区矿山环境治理和生态恢复保证金管理规定的通知

2008年7月1日　南川府办发〔2008〕145号

各乡镇人民政府、街道办事处，区政府有关部门：

现将《重庆市南川区矿山环境治理和生态恢复保证金管理规定》印发你们，请认真遵照执行。

重庆市南川区矿山环境治理和生态恢复保证金管理规定

第一条 为加强矿山环境治理和生态恢复，改善矿山生态环境，促进我区经济社会可持续发展，根据国家有关法律法规和《重庆市矿山环境治理和生态恢复保证金管理暂行办法》，结合我区实际，制定本规定。

第二条 在我区行政区域内从事以下矿产资源开采的所有企业适用本规定：

(一) 能源矿产，包括煤炭、地热；

(二) 金属矿产，包括铁矿、铝土矿等；

(三) 非金属矿，包括石灰岩、页岩、粘土、萤石、硫铁矿、矿泉水等；

(四) 其他矿藏资源。

第三条 矿山企业是矿山环境治理和生态恢复的责任主体，具有矿山环境治理和生态恢复的义务。矿山企业在采矿过程中以及矿山停办、关闭或闭坑时，应当履行矿山生态环境保护与恢复治理义务，按照区国土资源与房屋管理局（以下简称区国土房管局）、区财政局共同确定的标准，预提矿山环境治理和生态恢复保证金（以下简称保证金），单独存储于指定银行。

保证金本金及利息归企业所有，可作为当年的预提费用计入成本。

第四条 保证金专项用于因开发矿产资源造成的崩塌、滑坡、泥石流、地裂缝、地面沉降、塌陷等地质灾害及其隐患的治理项目，以及因开发矿产资源造成的植被、地层、岩石、土壤、地质遗迹、地下水、地表水、地形地貌等矿山环境破坏的恢复保护项目。

第五条 区国土房管局是我区矿山环境治理和生态恢复保证金管理的行政主管部门，对保证金的标准确定、缴存、使用实施监督管理职责。

区财政局负责保证金的全程监管。

区林业局、水务局、环保局等部门应按照各自职责，积极配合区国土房管局做好矿山环境治理和生态恢复工作。

第六条 矿山企业应当按照本规定与区国土房管局签订《重庆市南川区矿山环境治理和生态恢复责任书》，并按时按标准缴存保证金。

区国土房管局应当建立矿山企业法人矿山环境治理和生态恢复责任诚信档案。

第七条 区国土房管局应于每年年初会同区财政局，依据重庆市所确定的保证金预提比例计算基价，制定我区矿山企业保证金年缴存标准，经区政府同意，报市财政局、市国土房管局备案后执行。

第八条 保证金按以下规定缴存：

(一) 新建矿山企业在建设期不计提保证金，从投产之日起开始缴存；

(二) 地热、矿泉水、石灰岩、粘土、页岩、萤石等已取得采矿许可证的矿山企业，按照采矿许可证确定的生产能力在办理登记手续或新办采矿许可证时开始按年度缴存保证金；

(三) 煤炭、铁矿、铝土矿、硫铁矿等已取得采矿许可证的矿山开采企业，按照实际生产能力或区国土房管局确定的动用储量计划，实行均衡缴纳的原则逐月缴存保证金。矿山企业停产一月以上，经企业申请，区国土房管局核准后，可不缴存停产当月保证金；

(四) 已取得采矿许可证的其他矿藏资源开采企业，按照销售收入的一定比例提取保证金，根据区国土房管局的要求按年或按月缴存保证金；

(五) 综合采矿企业已按主采矿种缴存了保证金的，其综合开采的附属矿不再缴存保证金。

保证金缴存达到规定额度后，可暂停缴存，待恢复治理时多退少补。

第九条 保证金的管理坚持企业所有、政府监管、专款专用的原则，由区国土房管局、财政局共同监章管理。

第十条 区国土房管局根据各矿山企业实际情况，逐个核准矿山企业年度或月度保证金缴存额度，并向矿山企业下达保证金缴存通知书。

矿山企业变更主要开采矿种、开采方式或开采规模的，应报区国土房管局备案。区国土房管局根据矿山企业变更后的矿产资源开发利用方案、设计，重新确认保证金标准和核算保证金数额，矿山企业从批准之日起按新标准缴存保证金。

第十一条 矿山企业自接到保证金缴存通知书之日起15个工作日内，到指定银行开户缴存保证金，由银行开具一式四份缴存凭证，矿山企业、银行、区国土房管局、区财政局各执一份。

矿山企业在开设保证金账户时，由区财政局、国土房管局、开户企业、开户银行四方共同就银行账户的使用签订管理协议。

矿山企业未经区国土房管局、财政局同意不能单独提取保证金。

第十二条 矿山企业逾期不缴存保证金的，按日加收3‰的滞纳金。

第十三条 矿山企业应根据南川区矿山生态恢复保护和综合治理的目标和要求，委托有资质的单位进行恢复治理初步设计，经有资质的技术服务机构审查后，通过区国土房管局初审后报市国土房管局申请立项。

第十四条 恢复治理项目初步设计立项后，矿山企业可以申请使用保证金。

矿山企业申请使用保证金的，由区国土房管局与区财政局、环保局、水务局、林业局共同审定。对符合条件的矿山企业，按不超过设计概算的30%使用保证金。在治理过程中，可以根据项目进度按工程结算价款使用保证金；治理工程验收检查合格后，可以按工程决算价款使用保证金。

停办、关闭、闭坑的矿山企业，履行了矿山环境治理和生态恢复义务，经验收检查合格的，区国土房管局商区财政局、环保局同意后，矿山企业可提取保证金余额。

第十五条 矿山企业在完成环境治理和生态恢复工作并组织竣工质量验收合格，通过区国土房管局初步验收检查后向市国土房管局提出验收检查申请，并提交矿山环境治理和生态恢复报告。

矿山企业在开采过程中进行恢复治理，并申请对分期恢复治理工程进行验收检查的，区国土房管局应当会同区环保局、财政局、水务局、林业局及所在乡镇人民政府、街道办事处等相关单位组织验收检查；验收合格后，报市国土房管局复查。

第十六条 恢复治理项目验收检查不合格的，由区国土房管局和区环保局共同责令矿山企业限期恢复治理。

矿山企业拒不履行恢复治理义务或者验收不合格的，逾期不进行恢复治理或治理后仍达不到要求的，由区国土房管局商区财政局、环保局、水务局、林业局等相关部门研究确定恢复治理方案，通过公开招标等方式，使用其缴存的保证金实施恢复治理。

第十七条 矿山企业转让采矿权的，保证金可以一并转让，由采矿权的受让人承担矿山环境治理和生态恢复义务。

保证金不转让的，采矿权转让人应当完成《重庆市南川区矿山环境治理和生态恢复责任书》规定的矿山环境治理和生态恢复工作。同时采矿权受让人按照本规定重新缴存保证金。

第十八条 矿山企业因违法受到行政处罚或者因其他原因终止采矿的，不免除矿山环境治理和生态恢复义务。

第十九条 矿山企业不履行矿山环境治理和生态恢复义务的，按照有关法律、法规的规定进行处罚。

第二十条 本规定未尽事宜，依照《重庆市矿山环境治理和生态恢复保证金管理暂行办法》有关规定执行。

第二十一条 本规定由区国土房管局和区财政局共同解释。

第二十二条 本规定自发布之日起施行。

关于印发重庆市煤炭价格调节基金（电煤部分）返还和使用实施方案的通知

2008年7月30日　渝办发〔2008〕234号

各区县（自治县）人民政府，市政府有关部门，有关单位：

《重庆市煤炭价格调节基金（电煤部分）返还和使用实施方案》已经市政府同意，现印发给你

们，请遵照执行。

重庆市煤炭价格调节基金（电煤部分）返还和使用实施方案

根据《重庆市煤炭价格调节基金征收使用管理办法》，为增强政府调控能力，合理配置煤炭资源，逐步理顺电煤价格关系，确保煤炭资源满足全市经济社会发展需要，特制订本方案。

一、目的

通过基金调节，合理配置资源，增强政府调控煤炭市场的能力，逐步缩小市内电煤与其他工业用煤的价差，缓解电煤供应矛盾，优化资源配置，引导企业执行国家产业政策，应对煤炭供应中不可预料的因素，促进全市经济社会可持续发展。

二、基金返还使用对象及原则

煤炭价格调节基金（以下简称基金）的返还和使用对象为本市行政区域内用煤企业和煤炭生产经营企业。基金返还和使用坚持“取之于煤，用之于煤，公平、公正使用”的原则。

三、基金返还及确认方式

原则上本市煤炭生产企业和经营企业向市内主力电厂供应电煤的，均可以凭销售凭证直接抵扣应交基金。

(一) 煤炭生产企业向本市火力发电企业销售煤炭，应如实填报《综合纳税申报表》，并向当地地方税务机关提供电煤销售发票（增值税票）及复印件的，免征收调节基金。

(二) 煤炭经营企业购市内煤供应市内主力电厂，对能出示国家颁发的《煤炭经营企业许可证》的，有电厂接收煤炭的票据（增值税）以及市内煤矿售煤票据，经区县（自治县）煤炭调运管理部门确认向市内电厂的供应量后，可采取以下两种方式之一的办法抵扣：

1. 煤炭经营企业在购煤时向煤炭生产企业提供销售到市内电厂的增值税票据复印件的，由煤炭生产企业抵扣，煤炭生产企业不得向煤炭经营企业收取基金。

2. 煤炭经营企业直接向当地税务机关提供在市内购煤，并销售市内电厂的增值税票据复印件的，由当地税务部门直接抵扣，煤炭生产企业不再抵扣。

供重庆钢铁集团的冶炼精煤参照电煤执行。

四、基金使用

本方案所指的“基金使用”主要指征收总额中，用于返还后，用作平衡电煤价差方面的市级留存部分资金。市级主力电厂和供应主力电厂电煤的企业，均属基金使用范围。对地方火电厂，各区县（自治县）可参照本方案制订本地区所属火电厂基金使用方案，并报市物价局备案。

(一) 主要用途。

1. 用于解决电煤价差补贴资金。主要包括：鼓励向市外购电煤的部分价差；鼓励市内煤矿和经营企业增供电煤；库区煤矿和经营企业供应主力电厂电煤价差。

2. 用于建立储煤基地和储煤基地的购煤贴息及补助。其中包括：对建设项目和购煤的贴息、储煤耗损及装卸、管理等包干补贴等。

3. 用于煤电联动煤价未到位的部分补贴。

4. 用于电煤供应中不可预见的应急支付。

(二) 操作程序及要求。

基金补贴按照“谁承担了高价部分，就补贴谁”的原则，采用补贴电厂、煤炭储备和煤炭供应企业相结合的方式执行。

1. 要求。

(1) 外购煤补贴。在补贴总额中对境外采用火车运输方式供应电厂的煤，补助高于其他运输方式。目的:一是鼓励电厂主动扩大煤源，增加市外合作伙伴；二是考虑运距和价格因素。补贴采用每月结算一次方式。

(2) 市内增供电煤的补贴。原则上对高峰期增供部分给予补助。实施中以月计划（原则超合同的分月量）考核，补助额视当月电力和电煤需求量确定。

(3) 电煤储备补助。分为储煤场建设贴息和储煤包干补贴两部分。享受贴息的对象，必须经市里确定，并有批复的储煤场。储煤包干补贴的对象，一是主力电厂储煤超过正常部分（自有储煤量不低于15天），政府批准的应急储煤业主；二是政府临时指定的其他应急储煤业主。储煤包干补贴原则上按年以夏、冬两个时间段计算，不重复计量。煤矿和煤炭经营企业业主的储煤必须是超合同部分。凡享受了补贴的储煤，必须服从政府调度，并以电厂接收凭证作为计算补贴的基数。

(4) 鼓励库区电煤供应主力电厂的补贴：此项补贴政策主要鼓励电厂新拓展水运煤市场。原则上按运距补贴，对万州（含万州区、彭水县、武隆县）下游区县的煤炭补贴高于上游区县。

(5) 所有补贴中，对煤炭发热量在3000大卡（含3000大卡）以下的电煤予以减半补贴。

2. 操作程序。

(1) 市经委牵头成立由市物价、财政、监察、审计、煤调办等部门和单位组成的基金使用审核小组，共同提出操作方案。

(2) 每年分为两次，制订具体的操作实施方案，报市电力发展改革领导小组批准后实施。

(3) 资金使用的全过程接受监察、审计、财政、物价等部门的监督，严防违法乱纪、假公济私现象。

关于加快推进煤矿整合工作的通知

2008年7月31日　渝办发〔2008〕237号

各区县（自治县）人民政府，市政府有关部门，有关单位：

今年以来，按照市政府的统一部署，各区县（自治县）人民政府和市政府有关部门精心组织、共同努力，我市煤矿整合工作取得了一定进展，但与今年的整合工作目标任务还有较大差距。为深入推进煤矿整合工作，确保按期完成煤矿整合任务，经市政府同意，现就有关问题通知如下：

一、加强领导，精心组织

各产煤区县（自治县）人民政府和市政府有关部门要进一步加强领导、精心组织、周密部署，指导、督促和协调好煤矿整合工作。各区县（自治县）煤矿整合办要制定实施计划、工作措施和时间进度表，并将实施计划、工作措施和时间进度表于2008年7月底前报市煤矿整合办。

二、倒排工期，加快推进

各产煤区县（自治县）人民政府负责督促有关部门和整合煤矿，按以下时间要求，按期上报整合煤矿资料。

(一) 2008年7月底前，各产煤区县（自治县）国土资源管理部门完成符合要求的扩大矿区范围增划资源矿井和条件成熟的新建矿井采矿权出让计划的上报工作，并附矿区范围拐点坐标、矿区面积和资源储量（333及以上）等资料。

(二) 2008年8月底前，各产煤区县（自治县）国土资源管理部门委托专业机构，在整合煤矿参与和配合下，完成符合要求的扩大范围增划资源矿井、资源整合矿井及条件成熟的新建矿井划定矿区范围申请报告编制及所需资料的上报工作；资产整合煤矿企业完成企业名称预先核准工作。

(三) 2008年9月底前，符合要求的保留矿井、改扩建矿井、资源整合矿井及条件成熟的新建矿井完成项目立项和设计审批所需资料的上报工作；工商行政管理部门督促属于合伙企业或有限责任公司性质的被整合企业在报纸上刊登注销公告。

(四) 2008年10月底前，各产煤区县（自治县）国土资源管理部门委托专业机构，在整合煤矿参与和配合下，完成占用资源储量发生变化或变更生产规模的保留矿井、改扩建矿井、资源整合矿井以及条件成熟的新建矿井《占用矿产资源储量报告》、《矿产资源开发利用方案》等编制上报工作；市地质矿业协会完成上述报告和方案的合规性、合理性审查；煤矿安全监察部门完成整合煤矿安全专篇审批工作。

(五) 2008年11月底前，各产煤区县（自治县）国土资源管理部门上报符合出让要求的保留矿井、改扩建矿井、资源整合矿井以及条件成熟的新建矿井采矿权有关资料；市国土房管局对已建矿山新增资源的采矿权按“采矿权出让接受社会监督公告”的方式有偿出让，新建矿井采矿权按招拍挂方式出让；上报了符合相应许可或审批要求资料的煤矿企业，在缴纳有关规费后领取采矿权许可证；符合有关要求的煤矿企业（矿井）完成安全生产许可证、煤炭生产许可证和企业（矿井、分支机构）工商营业执照办理工作。

(六) 市煤矿整合办从2009年起，对各产煤区县（自治县）煤矿整合工作进行检查验收。

1. 全市488户整合煤矿企业控制指标落实情况，整合煤矿企业（含分支机构）工商注册登记情况，整合企业内部管理机制的建立和运行情况。

2. 《重庆市人民政府关于实施煤矿整合的通知》（渝府发〔2007〕128号）规划的各类整合矿井划定矿区范围、资源储量核查等审查批准（或备案）情况和采矿权登记情况。

3. 《重庆市人民政府关于实施煤矿整合的通知》规划的各类整合矿井项目立项、设计和安全专篇审查批准情况。

4. 因自身原因未完成整合工作任务的煤矿关闭实施情况。

三、工作要求

(一) 市政府有关部门要加强领导，落实责任，减少内部审批环节，提高工作效率，把煤矿整合工作作为当前工作重点抓紧抓实；切实加强对各产煤区县（自治县）人民政府对口部门的监督指导，为煤矿整合工作把好关、服好务。

(二) 各产煤区县（自治县）人民政府要督促有关职能部门按照总体推进、实事求是、先易后难的原则，成熟一件、上报一件。特殊情况，及时向市煤矿整合办和市政府有关部门报告，共同研究提出解决方案。

(三) 市煤矿整合办要进一步加强煤矿整合工作的督促和协调，认真分析存在的问题并提出解决问题的具体措施。各区县（自治县）煤矿整合办和市煤矿整合办成员单位每月向市煤矿整合办书面报送工作进展情况。市煤矿整合办适时组织成员单位对区县（自治县）煤矿整合工作进行监督、检查和指导，对没有按期完成工作任务的，及时督促并通报。

(四) 未按要求报送资料或申报资料不符合要求的整合煤矿，市煤矿整合办要通知所在区县（自治县）人民政府，依法责令停止生产。2008年年底前未完成资源资产整合有关工作的煤矿，区县（自治县）人民政府要按照《国务院办公厅转发安全监管总局等部门关于进一步做好煤矿整顿关闭工作意见的通知》（国办发〔2006〕82号）的规定，依法实施关闭。

四、工作措施

(一) 简化程序，提高效率。

1. 采矿权属办理。

(1) 凡已列入渝府发〔2007〕128号文件的扩大矿区范围增划资源矿井和条件成熟的新建矿井，其采矿权出让计划由所在区县（自治县）国土资源主管部门报市国土房管局审批；其余矿井由煤矿企业备齐相关资料，经所在区县（自治县）国土资源主管部门核实并出具采矿登记调查意见书后，报市国土房管局审批并颁发采矿许可证。

(2) 已纳入渝府发〔2007〕128号文件，经市政府相关部门审批已做部分前期工作或正在建设的保留矿井、改扩建矿井和新建矿井，按照《重庆市人民政府办公厅关于进一步规范煤矿整合工作的实施意见》（渝办发〔2007〕112号）、《关于加快推进煤矿整合工作有关问题的会议纪要》（市政府专题会议纪要2008－2）和《重庆市国土房管局重庆市经委关于解决我市部分新建和技改扩能煤矿办证遗留问题的会议纪要》（2006－11）的规定，继续完善相关手续。

(3) 采矿权登记按《重庆市国土房管局关于煤炭矿山资源资产整合中采矿权登记有关问题的通知》（渝国土房管发〔2008〕359号）要求办理。

(4) 整合煤矿占用资源储量应以333及以上类型的资源储量为依据。地质工作程度偏低的地区，专业机构可根据煤矿开采边界揭露煤层的情况按规范的要求有限外推，圈定333及以上资源储量范围，编制划定矿区范围报告和占用资源储量报告；市地质矿业协会对报告编制单位资质条件、报告编制依据等内容进行合规性和合理性审查并出具审查意见；专业机构和整合煤矿应共同对提交资料的真实性和报告质量负责。

2. 矿井立项和设计审批。按照《重庆市经委关于进一步规范煤矿建设管理的通知》（渝经煤管〔2008〕83号）要求办理。

3. 矿井安全专篇审批。按照《重庆煤监局关于印发〈重庆市煤矿建设项目安全设施设计审查与竣工验收实施办法〉的通知》（渝煤安监办字〔2008〕83号）要求办理。

4. 企业工商注册登记。按照《重庆市煤炭整合办公室关于简化整合煤矿工商登记材料的通知》（渝煤整合办〔2008〕30号）要求办理。

5. 市政府有关部门要定期召开中介服务机构会议，规范中介服务机构行为，督促中介服务机构调整充实技术力量服务于煤矿整合工作，加快整合煤矿采矿登记、采矿设计和安全专篇等资料编制速度。

6. 各职能部门要依据渝府发〔2007〕128号文件和《关于加快推进煤矿整合工作有关问题的会议纪要》要求，按照倒排工期的时间进度和业务工作办理时限，完成各自职责范围内的煤矿整合审批工作。

(二) 明确有关业务工作办理时限。

1. 国土资源管理部门。符合办理要求的整合煤矿划定矿区范围申请在10个工作日内办结；符合办理要求的采矿权登记申请在15个工作日内办结；不符合相应审批业务办理要求的，在5个工作日内书面告知申请人。各产煤区县（自治县）国土资源主管部门要及时审查整合煤矿提交的划定矿区范围或采矿登记申请资料，符合要求的，必须在收到申请资料后3个工作日内出具调查意见书，上报市国土房管局审批；不符合相应审批办理要求的，要说明原因。

2. 煤监机构。煤矿安全专篇设计审批在10个工作日内办结；颁发（变更）煤矿安全生产许可证在15个工作日内办结；不符合相应审批业务办理要求的，5个工作日内书面告知申请人。

3. 煤炭行业管理部门。符合办理要求的整合煤矿立项或设计审批在10个工作日内办结；颁发（变更）符合办理要求的煤炭生产许可证在15个工作日内办结；不符合相应审批业务办理要求的，5个工作日内书面告知申请人。各产煤区县（自治县）煤炭行业管理部门要及时审查整合煤矿提交的申请资料，符合要求的，在收到申请资料后3个工作日内出具意见，报市经委审批。

4. 工商行政管理部门。市工商局或相关区县（自治县）工商（分）局受理企业名称预先核准申请后，应当在1个工作日内作出核准或驳回的决定；在受理整合后存续的煤矿企业注册登记申请后5个工作日内作出是否准予登记的决定。

(三) 新建矿山和已建矿山扩大矿区范围增划资源的，其采矿权出让前期工作（含编制划定矿区范围申请报告、地质灾害危险性评估报告、占用储量报告、开发利用方案、采矿权价款评估报告等）所需费用，可由各产煤区县（自治县）国土资源主管部门先行垫支，经上报市国土房管局确认，待采矿权出让后，从市级地质矿产勘查周转金中支付归垫。

(四) 各产煤区县（自治县）要加强宣传，将煤矿整合工作有关政策措施贯彻到每一户煤炭企业、每一个矿井和每一个业主。

(五) 各产煤区县（自治县）人民政府和市政府有关部门要顾全大局，采取必要措施努力推进煤矿整合工作，加强整合矿井安全监管监察，坚决打击非法违规生产，促进煤炭产业持续稳定健康发展。要为整合煤矿企业和矿井办理采矿许可、安全许可、生产许可及工商营业执照等证照服好务，防止整合煤矿企业和矿井因无法办理有关证照（手续）而被迫停产，确保全市煤炭供给和煤矿安全生产。

关于进一步加强煤矿瓦斯治理工作实施意见

2008年11月17日　渝办〔2008〕71号

各产煤区县（自治县）人民政府，市政府有关部门，有关单位：

为深入贯彻2008年全国煤矿瓦斯治理现场会议精神，全面落实《国务院安委会办公室关于进一步加强煤矿瓦斯治理工作的指导意见》（安委办〔2008〕17号），结合实际，采取措施，切实推动我市煤矿瓦斯治理工作，提高煤矿瓦斯治理水平，有效防范较大以上煤矿瓦斯事故，经市政府同意，现就进一步加强煤矿瓦斯治理工作提出以下实施意见：

一、指导思想和工作目标

(一) 指导思想。深入贯彻党的十七大精神，认真落实科学发展观，坚持“以人为本”和“安全发展”，以有效防范和遏制较大以上瓦斯事故、大幅度降低瓦斯事故总量为目标，坚持“安全第一、预防为主、综合治理”的安全生产方针，进一步加强领导、落实责任、增加投入、依靠科技、严格监管、强化监察，着力构建“通风可靠、抽采达标、监控有效、管理到位”的煤矿瓦斯综合治理工作体系，推动全市煤矿瓦斯治理工作再上新台阶。

(二) 工作目标。到2010年，全市煤矿瓦斯事故死亡人数比2007年下降20%，杜绝重大以上瓦斯事故；瓦斯抽采总量达到5亿立方米、利用量达到3.5亿立方米；全市50%以上的矿井达到一级通风安全质量标准化矿井；各产煤区县（自治县）分别建成1个以上示范矿井，市能投集团建成10个示范矿井，全市所有新建矿井必须达到示范矿井标准；建成5个示范区县。到2012年，全市煤矿瓦斯事故死亡人数比2007年下降30%，杜绝较大以上瓦斯事故；瓦斯抽采总量达到6亿立方米，利用量达到4.5亿立方米；全市80%以上的矿井达到一级通风安全质量标准化矿井；建成100个瓦斯治理示范矿井和10个示范区县，形成全市新的煤矿瓦斯综合治理工作体系和格局。

二、优化生产部署，合理组织生产，为瓦斯治理提供基础保障

(三) 优化生产部署，确保采、掘、抽关系正常。矿井生产系统和布局必须充分考虑瓦斯治理的需要，新采区投产前，必须完成有关瓦斯治理工程，具备瓦斯治理的各项功能和条件，否则不准投产。低瓦斯矿井和高瓦斯矿井采掘部署满足“三区成套”（开拓区、准备区、回采区系统相对独立，下同）的要求，确保“三量”关系正常（开拓煤量的可采期不小于3年，准备煤量的可采期不小于1年，回采煤量的可采期不小于6个月）。煤与瓦斯突出矿井采掘部署满足“三区成套”和“三超前”（开拓巷道掘进超前，瓦斯抽采超前，保护层开采超前）的要求，确保“五量”关系正常（开拓煤量不小于5

年，准备煤量不小于18个月，保护煤量不小于2年，可直接布置开采的保护煤量不小于18个月，回采煤量不小于12个月）。

(四) 合理组织生产，确保接替工程超前。在水平生产能力开始递减前1－1.5年，必须完成接替水平的基本井巷工程、安全系统、安装工程；在采区（盘区）生产能力开始递减的前6个月，接替采区（盘区）必须完成设备安装并调试运转正常。底板开拓系统必须超前专用瓦斯抽采巷道一个工作面条带或一个区段，确保专用瓦斯抽采巷道的施工。专用瓦斯抽采巷道必须超前一个保护层准备工作面，以确保保护层准备工作面巷道掘进时满足先抽后掘的要求。保护层工作面的回采巷道采前形成时间不少于8个月，以满足首采层工作面先抽后采的要求。

(五) 采用规范的采煤方法。禁止采用国家明令淘汰的采煤方法和非正规采煤方法，所有矿井回采工作面采用正规壁式采煤方法，开采三角煤、残留煤柱按《煤矿安全规程》第五十条规定执行；矿井的采掘工作面数量按《煤矿安全规程》第四十八条规定执行。煤与瓦斯突出矿井、高瓦斯矿井、低瓦斯矿井的高瓦斯区域的采煤工作面，不得采用前进式采煤方法。

三、建立系统合理、设施完好、风量充足、风流稳定的通风系统，确保通风可靠

(六) 确保通风系统合理。矿井必须具备独立完整的通风系统，并不断优化，适应矿井延深和采掘接替的变化，保持系统的简单、稳定、可靠。各煤矿应按规定进行矿井通风阻力测定，并符合《煤矿井工开采通风技术条件》（AQ1028－2006）标准。矿井的生产水平和采区必须实行分区通风，采区进、回风巷必须贯穿整个采区，严禁一段为进风巷、一段为回风巷。高瓦斯、有煤（岩）与瓦斯（二氧化碳）突出危险的矿井的每个采区和开采容易自燃煤层的采区，必须设置至少1条专用回风巷；低瓦斯矿井开采煤层群联合布置的采区和分层开采采用联合布置的采区，必须设置1条专用回风巷。严禁无风、微风作业和采取不合理的串联通风。煤矿改变全矿井通风系统时，必须制订方案并报批，市属国有煤矿报煤矿公司审批，市能投集团备案；区县（自治县）煤矿报区县（自治县）煤矿监管部门审批。区县（自治县）人民政府和供电部门必须将煤矿用电作为一类负荷进行管理，保证供电稳定。

(七) 保证通风设施完好。煤矿企业要保持风机、风门、风筒、密闭等井下通风设施及构筑物完好。矿井主要通风机和局部通风机要按规定定期检测、检修和维护，实行挂牌管理，专人负责并持证上岗，按规定进行反风演习；要加强对风门、风筒、密闭等通风设施及构筑物设置的管理，通风设施质量必须达到煤矿通风安全质量标准化标准的要求；防突掘进工作面在其进风侧的巷道中，必须设置至少2道牢固、可靠的防逆流风门，与其回风系统相连通的进风巷道，必须建筑坚固、可靠且有闭锁的2道正向风门和2道反向风门，严禁在防突掘进工作面回风侧设置控风设施；总回风巷、主要回风巷不得设置风流控制设施；废弃巷道、采空区、盲巷要及时密闭；采区应尽量减少通风构筑物，减少漏风，提高有效风量率；要加强通风巷道维护，保证风流畅通。

(八) 确保风量充足。矿井总风量、采掘工作面和各供风场所的配风量，必须满足安全生产的要求，风速、有害气体浓度等必须符合《煤矿安全规程》规定。不能满足用风需要时，应当进行系统改造，否则必须按实际供风量核定矿井和采区产量，严禁超通风能力组织生产；矿井主要通风机应当双机同能力配备，实现双回路供电；矿井开拓、准备采区以及采掘作业前，要准确预测瓦斯涌出量，制定通风风量计算和配风标准，每月编制通风设计，保证采掘面配风充足；硐室配风量要满足设备降温、空气质量符合规定、有害气体不超限的要求；矿井有效风量率应达到87%以上。矿井风量应当在满足井下各工作地点、通风巷道和硐室等用风的前提下，加强通风能力配备，具备充足、合理的富余系数，提高矿井抗灾能力。开采自燃、容易自燃煤层的矿井和采区，风量配备要在满足防治瓦斯的前提下进行有效控制，满足防范煤层自燃发火的要求。

(九) 确保风流稳定。煤矿要严格按《煤矿安全规程》建立和执行测风制度，并根据生产变化及时对通风系统和供风量进行调整，保证采掘工作面及其他供风地点风流稳定可靠。废弃巷道、盲巷和与

采空区联通的巷道要及时进行封闭；要尽量减少角联通风，对无法避免的角联通风巷道要进行有效控制，确保风向、风速稳定，严禁在角联通风网络内布置采掘工作面；要根据采掘进度及时施工永久通风设施，杜绝通风工程亏欠，并确保风流稳定，控制可靠。掘进工作面必须采用局部通风机通风或全风压通风；高瓦斯矿井、煤与瓦斯突出矿井掘进工作面必须实行“三专两闭锁”，采用“双风机、双电源”，并实现运行风机和备用风机自动切换，保持局部通风机连续运转、均衡供风、风流稳定。全市所有煤矿掘进巷道必须使用5.5KW及其以上的局部通风机。严禁使用3台及以上的局部通风机向1个掘进工作面同时供风，不得使用1台局部通风机同时向2个掘进工作面供风。低瓦斯矿井的煤与半煤岩掘进工作面要积极推广使用“双风机、双电源”，确保供风稳定、可靠。

四、强化多措并举、应抽尽抽、有保尽保、抽采平衡的技术措施，确保抽采达标

(十) 坚持多措并举，实现抽采达标。煤矿要加强生产全过程的瓦斯抽采，坚持“三并举和三不原则”。“三并举原则”：一是采煤与采气并举，在煤炭开采的计划安排中，必须同时计划安排瓦斯抽采工程，且采煤必须先抽采瓦斯；二是顺层与穿层瓦斯抽采并举；三是瓦斯抽采与利用并举，把瓦斯作为一种资源进行开发利用。“三不原则”：一是未达到抽采效果不揭煤层；二是未达到抽采效果不掘进；三是未达到抽采效果不开采。要准确掌握开采水平和回采区域煤层的瓦斯压力、瓦斯含量、煤层透气性等参数，科学确定抽采方式，并根据采掘工作面瓦斯涌出情况，合理选择抽采系统、抽采方法和抽采工艺。要积极采用密集钻孔、大直径钻孔、水平长距离钻孔、专用巷道等抽采工艺，采取“密钻孔、严封闭、高负压、高效抽”措施，推广应用深孔预裂爆破、水力冲孔、水力割缝、水力压裂、顺层交叉孔等卸压增透技术，提高瓦斯抽采效果；要优先选择高负压大流量水环式真空泵，瓦斯抽采泵和管网的能力要留有足够的富余系数，泵的装机能力应为需要抽采能力的2－3倍；具备条件的矿井，应分别建立高、低浓度两套抽采系统，满足煤层预抽、卸压抽采和采空区抽采的需要。煤层预抽瓦斯后抽采效果指标要达到《煤矿瓦斯抽采基本指标》的要求。

(十一) 坚持应抽尽抽，可保尽保。所有应进行抽采的矿井要建立完善的地面永久瓦斯抽采系统。生产能力在6万吨/年及以上的煤与瓦斯突出矿井，必须在2008年底前安装地面永久瓦斯抽采系统；6万吨/年以下的煤与瓦斯突出矿井和达到抽采条件的高瓦斯矿井，在2010年必须安装地面永久瓦斯抽采系统。煤与瓦斯突出矿井禁止将井下瓦斯移动抽放系统作为矿井主要抽采系统。煤与瓦斯突出矿井具备开采保护层的，必须优先选择开采保护层，实施超前预抽瓦斯等区域防突措施，并强化“四位一体”防突措施的落实。保护层首先选择无煤与瓦斯突出或煤与瓦斯弱突出煤层，且在保护层开采时，加强被保护层和邻近层卸压瓦斯抽采；煤与瓦斯突出矿井可采煤层不能作为保护层开采的，可选择邻近不可采煤层作为保护层开采；无保护层开采的单一煤与瓦斯突出煤层和不具备保护层开采条件的突出矿井，必须采用穿层钻孔预抽煤层瓦斯区域措施，煤与瓦斯突出危险区域掘进要在穿层预抽措施的掩护下进行。要认真考察被保护范围和保护效果，确保保护有效。煤与瓦斯突出矿井保护层开采应尽量不留设煤（岩）柱，并连续跨石门开采。特殊情况需留设煤（岩）柱时，市属煤矿必须报煤矿企业总工程师审批，区县（自治县）煤矿报区县（自治县）煤矿安全监管部门总工程师（技术负责人）审批，并在采掘工程平面图和瓦斯地质图上，准确标定煤（岩）柱的位置和尺寸，建立煤（岩）柱参数管理台账。

(十二) 保持抽采平衡。煤矿企业必须在每年年底前编制下年度瓦斯抽采计划，把矿井年度瓦斯抽采计划与年度生产计划摆在同等重要的位置，实行统一管理，同时下达、同时实施、同时考核。矿井生产计划的编制应以矿井瓦斯抽采达标煤量为限，瓦斯抽采与煤炭生产协调一致，计划开采的煤量不得超出瓦斯抽采达标的煤量，使采掘生产活动始终在抽采达标区域进行。对未抽采的煤层和抽采不达标的煤层不予安排生产计划。逐步建立瓦斯抽采效果达标考核系统，对抽采指标进行考核。各煤矿企业要制定瓦斯抽采达标考核和效果评估办法，制订煤矿瓦斯治理达标计划，落实具体的项目、资金、

保障措施，有计划分步骤地组织实施，确保2012年全市所有应抽采矿井全面达到《煤矿瓦斯抽采基本指标》规定要求。

五、建立装备齐全、运行正常、断电可靠、处置迅速的监控系统，确保监控有效

（十三）确保装备齐全。所有煤矿都必须按照《煤矿安全监控系统及检测仪器使用管理规范》（AQ1029－2007）的要求安装煤矿安全监控系统，建立煤矿安全监控系统维护技术服务体系。2008年年底前完成所有煤矿在用安全监控系统升级改造工作，按新的MA标志证书确认系统配置。监控系统中心站应双回路供电，有不小于2小时在线式不间断电源，主机能适时显示所有传感器数据或真实状态，能正确显示报警断电及馈电的时间及地点，并实行数据双机备份，有接地、防雷装置及录音电话。备份主机能在5分钟内投入工作，矿调度室内有主机或显示终端。井下分站应设在进风巷道或处于新鲜风流硐室中，监控设备的供电电源必须取自被控开关的电源侧。加快安全监控系统的区域联网工作进度，市属国有重点煤矿企业必须加强煤矿安全监控系统及远程瓦斯数据传输网络维护和管理，必须统一传输软件、平台和接口，确保系统运行稳定、可靠，并对市煤矿瓦斯数据远程监测监控系统开放；各产煤区县（自治县）行政区域内的煤矿安全监控系统必须实现区域联网，年产煤60万吨及以上的区县（自治县）必须在2008年年底以前完成区域联网工作，其他区县（自治县）必须在2009年6月底以前完成区域联网工作。

（十四）确保运行正常。健全完善各种规章制度，确保安全监控系统正常运行。要制定安全监控岗位责任制、操作规程、值班制度、维护调校等规章制度，完善图纸台账，配备足够的管理、维护、检修、值班人员，并经培训持证上岗；监控主机能显示所有传感器的真实信息，监控中心能适时反映监控场所和对象的真实状态；甲烷传感器必须按照规定的报警、断电和复电值以及断电范围进行设置，必须采用新鲜空气和标准气样用正确的方法调校。加强监测队伍建设，没有能力对系统和传感器进行维护、调校的小煤矿，要与技术服务机构签订协议，及时维护、定期调校，保证系统运行稳定、数据准确可靠。安全监测仪器装备维护检修机构必须认真履行职责，切实加强煤矿安全监控系统的维护工作。

（十五）确保断电可靠。正确选择监控设备的供电电源和连线方式，保证监控系统的断电和故障闭锁功能。监控设备的供电电源必须取自被控开关的电源侧；每隔10天必须对甲烷超限断电闭锁和甲烷风电闭锁功能进行测试，保证甲烷超限断电、停风断电功能和断电范围的准确可靠，中心站应正确显示报警断电及馈电的时间、地点。采、掘工作面等作业地点瓦斯超限时，应声光报警、自动切断监控区域内全部非本质安全型电气设备的电源并保持闭锁状态。

（十六）确保处置迅速。各产煤区县（自治县）人民政府和煤矿企业要建立和完善瓦斯事故应急预案，落实应急措施。各产煤区县（自治县）人民政府要加快监控系统区域联网和技术服务体系建设，完善网络中心和服务机构非正常处置程序和应急预案，确保网络和系统正常运行并发挥其监测、控制和预警作用。煤矿企业要加强监控中心的值班、值守，明确值班、带班人员的责任，当瓦斯超限和各类异常现象出现时，要迅速作出反应，采取正确的应对措施，及时处理瓦斯异常问题。

六、完善责任明确、制度健全、执行有力、考核到位的管理机制，确保管理到位

（十七）明确责任体系。健全以煤矿企业主要负责人对本单位瓦斯治理工作全面负责的责任体系，保障瓦斯治理规划、目标、措施的制定实施和投入的落实。健全以总工程师（技术负责人）为核心的技术管理体系，设立由总工程师（技术负责人）直接管理的科研、设计、地测、生产技术、“一通三防”等技术部门和机构；高瓦斯、煤与瓦斯突出矿井必须按要求设立通风、防突、抽采、安全监控等专业队伍，并配备专业技术人员；矿井必须设通风副总工程师；煤与瓦斯突出矿井应配齐瓦斯地质技术人员；涉及瓦斯治理的矿井开拓部署、采掘巷道布置、生产系统调整和技术规范、标准、措施的制定，以及新技术、新装备、新工艺的推广应用等重大技术问题，必须由总工程师（技术负责人）负责决策。

(十八) 确保制度完善。煤矿企业要建立健全瓦斯防治规章制度，把通风、抽采、监控、防尘、防火等各个环节、各个岗位的工作要求，全部纳入规范化、制度化轨道，做到有章可循。要根据井下条件的变化和随时出现的新情况、新问题，不断修改、充实、完善规章制度和各项措施。要建立瓦斯等有害气体的检查制度，配备足够的瓦斯检查人员，落实巡回检查和专人检查规定；建立无计划停电停风及瓦斯超限追查制度，查找和消除事故隐患；要建立排放瓦斯管理制度，落实安全排放措施，确保瓦斯排放安全；要建立通风系统调整管理制度，明确程序、分级审批、专人指挥。建立巷道贯通管理制度，保证贯通两巷的正常通风和系统稳定、瓦斯不超限；建立机电设备使用管理制度，加强矿用设备安全标志管理，加强机电设备和供电系统维护，按规定定期检测检验，及时淘汰国家明令禁止使用的设备，坚决杜绝失爆，保障供电安全。

(十九) 确保执行有力。煤矿企业要加强对干部、职工的培训，保证对规章制度的正确理解和掌握，自觉遵守各项规章制度，提高执行能力；要将瓦斯治理的责任落实到每个矿井、区队、班组，落实到每个环节、每道工序；要建立瓦斯治理定期研究和推进机制，明确工作标准、工作程序和执行标准，煤矿企业及所属矿井主要负责人每月至少组织一次瓦斯治理专题研究工作，定目标、定责任、定进度，及时研究解决瓦斯治理工作中的突出问题，确保职责和制度的落实；要坚持从严要求、一丝不苟，严格执行规章制度，严厉惩处违章指挥、违章作业、违反劳动纪律的行为。要积极发挥工会、共青团、妇联和群众的监督作用，实现群防群治。

(二十) 确保考核到位。煤矿企业要建立瓦斯治理考核奖惩制度，加强对安全生产规章制度、规程、标准、规范的执行情况的监督检查；煤矿各级干部必须切实履行职责，要认真落实《国务院办公厅转发国家发展改革委、国家安全监管总局〈关于煤矿负责人和生产经营管理人员下井带班的指导意见〉的通知》（国办发〔2005〕53号）精神，强化和完善领导干部下井带班制度，切实履行下井带班职责，研究解决井下存在的突出问题，加强对重点部位、关键环节的巡视、检查和监督，增强下井带班效果。各产煤区县（自治县）煤矿安全监管部门每月必须对业主和煤矿管理人员下井带班情况和瓦斯治理责任落实情况进行一次全面考核。

七、全面落实煤矿瓦斯治理和利用的政策措施

(二十一) 制定和实施瓦斯治理工作规划。各产煤区县（自治县）人民政府和重点煤矿企业要在深入调查研究、摸清底数、分析现状和问题的基础上，尽快研究制定煤矿瓦斯治理和利用“十一五”后三年规划，明确瓦斯治理的目标、任务、重点和保障措施，抓住关键环节，确定瓦斯治理和利用的重点工程，落实具体的项目和资金，提出分步骤达到的要求。

(二十二) 进一步落实和完善瓦斯治理和利用政策。各产煤区县（自治县）人民政府要引导各瓦斯抽采企业贯彻落实《国务院办公厅关于加快煤层气（煤矿瓦斯）抽采利用的若干意见》（国办发〔2006〕47号）精神，加大政策扶持引导力度，强化政策的导向作用，用足用好国家瓦斯抽采利用各项优惠政策，鼓励瓦斯抽采，建立健全瓦斯开采、利用独立核算机制，用足用好销售瓦斯增值税先征后退、免征所得税、加速抽采设备折旧、瓦斯利用财政补贴、瓦斯发电上网电价优惠等政策，实现“采煤采气一体化”，化害为宝，以用促抽，促进煤矿企业瓦斯治理工作健康发展。各煤矿企业要持续增加安全投入，按需提取煤炭安全生产费用。提取的安全费用重点用于瓦斯治理，以保证通风、抽采、防火、防尘、监控系统的稳定可靠，设备设施到位。

(二十三) 严格煤矿安全准入。要将瓦斯治理工程作为煤矿新建项目核准、“三同时”审查的重要内容，高瓦斯和煤与瓦斯突出矿井新建与改扩建项目，瓦斯治理工程不配套的，不得立项建设；继续淘汰关闭瓦斯灾害严重、不具备治理能力和不具备安全生产条件的煤矿；对存在重大瓦斯隐患而没有整改的煤矿，不得延期、换发安全生产许可证。

八、加强瓦斯隐患排除，创造本质安全生产环境

(二十四) 建立排查制度。市政府有关部门和各产煤区县（自治县）煤矿安全监管部门应建立分级瓦斯隐患排查治理制度。市政府有关部门每季度应组织一次抽查式的重点排查，各产煤区县（自治县）煤矿安全监管部门必须每月进行一次重点排查，各煤矿企业每月、矿井每周必须进行一次全面系统的排查。要加强重大瓦斯隐患的排查治理，建立健全重大瓦斯隐患分级管理和监控机制，对重大瓦斯安全隐患实行挂牌督办、整改销号。

(二十五) 突出排查重点。一是对存在重大瓦斯隐患且难以治理的煤矿依法实行关闭，一律不得发放和延续煤矿安全生产许可证；二是对瓦斯治理措施不配套的煤矿建设项目，一律不予审核批准；三是对煤矿可能造成瓦斯隐患的部位实行重点排查，特别是通风系统、通风能力、通风设施是否可靠；四是矿井抽采能力是否满足开采需要，是否坚持瓦斯预抽和日常生产抽采；五是是否做到机电设备防爆经常性检查和严格按停送电制度执行；六是通风管理和局部通风机管理，特别是有无瓦斯积聚；七是监控系统是否有效监控所有规定地点。按规定对瓦斯隐患排查情况进行归类处理，若发现瓦斯重大安全隐患必须按规定上报，并按重大隐患处置办法进行管理和消除。

九、强化对瓦斯治理工作的监督管理和监察

(二十六) 强化瓦斯治理行业管理。煤矿安全监管部门要加强管理和指导，按规定组织开展所辖煤矿的瓦斯等级鉴定，严把审核批准关，严格按标准和规范确定矿井瓦斯等级，对已发生煤与瓦斯突出的矿井，即认定该矿井为煤与瓦斯突出矿井；对已发生过瓦斯动力现象的矿井，一律按煤与瓦斯突出矿井管理；经鉴定升级为煤与瓦斯突出的矿井，要按照相关规定落实“四位一体”防突措施；对相邻是煤与瓦斯突出矿井、开采深度达到其始突标高的矿井，要强制进行煤与瓦斯突出危险性鉴定。要严肃认真地搞好矿井生产能力核定工作，把构建瓦斯综合治理工作体系的要求特别是矿井通风、瓦斯抽采能力等作为生产能力核定的重要内容和约束指标。要积极推进行政区域内煤矿企业瓦斯综合治理工作体系的建设。

(二十七) 强化瓦斯治理监管监察。煤矿安全监管部门要进一步加强对煤矿企业落实瓦斯治理规定的日常监督，督促煤矿企业认真排查治理重大瓦斯隐患，落实瓦斯治理各项措施，对行政区域内煤矿落实瓦斯综合治理工作体系要求的情况进行监督检查。煤矿安全监察机构要将煤矿瓦斯治理情况作为监察重点，列入年度监察计划，开展定期监察、专项监察和重点监察，对存在系统不完善、管理不到位、抽采不达标等重大瓦斯隐患仍然组织生产的，必须责令停产整顿。对存在重大瓦斯隐患难以治理的煤矿，应提请地方政府对该煤矿治理灾害的能力进行专家论证，并决定是否予以关闭；对瓦斯隐患严重、排查治理不力酿成事故的，要依法从严追究责任；对未参加当年瓦斯等级鉴定的煤矿，责令停产整顿，并暂扣停产整顿矿井安全许可证。

十、加强组织领导，扎实推进瓦斯治理工作

(二十八) 加强瓦斯治理工作的组织领导。建立市级煤矿瓦斯治理联席会议制度和全市煤矿瓦斯隐患排查治理信息交流制度。由市经委、重庆煤监局、市发展改革委、市财政局、市科委、市安监局等部门组成煤矿瓦斯治理工作协调小组，每季度召开一次瓦斯治理工作协调会议。其主要职责是贯彻落实国家和我市瓦斯治理各项政策，研究制定全市有关配套政策和煤矿瓦斯治理的办法，协调和帮助解决瓦斯治理工作中各种困难和问题，并针对存在的问题向市政府提出对策建议。

(二十九) 完善科技支撑体系。依托煤炭科学技术研发和学术机构，加强产学研联合和引导煤矿瓦斯科研攻关，加大技术创新力度，加强瓦斯治理利用、科研成果推广应用，开发瓦斯治理关键技术和装备，围绕煤矿瓦斯治理技术重大课题以及安全生产的共性、关键技术及装备进行科学研究，使煤与瓦斯突出预测、煤与瓦斯突出防治技术和设备、提高瓦斯预抽率等瓦斯治理技术取得新的实质性突破。现有市级科技研发专项资金应适当安排用于瓦斯治理科研攻关。

(三十) 加强机构人员配备。高瓦斯、煤与瓦斯突出矿井必须设立通风、防突、抽采、安全监控等瓦斯治理专业机构。6万吨/年以下矿井每个瓦斯治理专业机构必须配备不少于1名持安全资格证人员；6万－30万吨/年的矿井，其通风、采掘、机电、地测等专业，每个专业应至少配备1名具有专业技术职称的专职工程技术人员；30万吨/年以上的矿井每个专业应至少配备2名具有工程师及以上专业技术职称的专职工程技术人员。凡煤与瓦斯突出的市属煤炭企业应建立专门独立的瓦斯治理研究机构，充分发挥全市煤矿瓦斯治理桥头堡的主体作用，加强与科研所、大专院校的合作，不断实践研究和探索瓦斯治理技术手段。

(三十一) 着力推进瓦斯治理示范矿井和示范区县建设。各产煤区县（自治县）人民政府和煤矿企业要借鉴煤矿瓦斯抽采利用示范项目建设取得的经验和技术成果，研究探索和不断丰富瓦斯治理技术手段，制定规划，分步推进，分类指导，典型引路，一矿一策，推进构建瓦斯治理示范区县和示范矿井建设，提高瓦斯灾害治理水平，到2010年，建成一批瓦斯治理示范区县和瓦斯治理示范企业。

重庆市质量技术监督局煤矿生产企业在用强检计量器具监督管理办法的通知

2008 年12月29日　渝质监发〔2008〕99号

市计量质量检测研究院，各区县（自治县）质监局，市局各直属单位，市局机关各处室：

《重庆市质量技术监督局煤矿生产企业在用强检计量器具监督管理办法》已经2008年5月5日第9次市局党组会议审议通过，现印发给你们，请严格遵照执行。

重庆市质量技术监督局煤矿生产企业在用强检计量器具监督管理办法

第一条（目的） 为加强煤矿生产企业在用强检计量器具的监督管理，维护正常的强检工作秩序，确保煤矿生产企业在用强检计量器具数据准确可靠，奠定煤矿安全生产基础，根据《中华人民共和国计量法》及其实施细则、《中华人民共和国强制检定的工作计量器具检定管理办法》和《重庆市计量监督管理条例》等相关规定，制定本办法。

第二条（调整范围） 本办法适用于重庆市境内煤矿生产企业在用强检计量器具使用、检定、修理日常监督管理。

本办法所称煤矿生产企业在用强检计量器具是指煤矿生产企业在生产过程中使用的并列入《中华人民共和国强制检定的工作计量器具目录》的（如光干涉甲烷测定器、催化燃烧式甲烷测定器、风压表、风速表、粉尘测量仪等）工作计量器具。

第三条（管理部门及检定机构） 重庆市质量技术监督局（以下简称市质监局）对全市煤矿生产企业在用强检计量器具的计量工作实施统一监督管理，对全市煤矿生产企业在用强检计量器具的量值传递工作进行统一规划、统一布局。每年与区县（自治县）质量技术监督局（以下简称区县质监局）签订责任书，与授权开展煤矿生产企业在用强检计量器具检定机构（以下简称检定机构）签订责任书。

区县质监局对本行政区域内的煤矿生产企业在用强检计量器具的计量工作实施监督管理。每年与煤矿生产企业签订责任书。

检定机构负责授权区域内煤矿生产企业在用强检计量器具的检定、修理工作。

第四条（安全主体） 煤矿生产企业是煤矿安全计量工作的主体，法定代表人煤矿生产企业在用强检计量器具管理的第一责任人。

第五条（企业职责） 煤矿生产企业应当遵守以下规定：

(一) 遵守计量法律、法规和规章，制定计量管理制度，对使用的计量器具进行维护和管理，接受质量技术监督部门的计量监督检查。

(二) 建立和完善计量管理体系，成立计量管理组织机构，有分管计量工作的领导。配备专（兼）职计量管理人员，负责企业的计量管理工作。

(三) 按要求配备与煤矿安全生产相适应的煤矿生产用强检计量器具，按照计量器具名称、型号规格、出厂编号、生产厂名、检定日期、有效日期、检定机构等建立企业计量器具信息动态管理档案。

(四) 按《煤矿生产企业在用强检计量器具申报表》要求如实填报在用强检计量器具，经企业法人确认签字并加盖公章后报送当地质监局备案。依据《中华人民共和国计量法实施细则》第十一条的规定，主动将在用强检计量器具向市质监局指定的检定机构申请周期检定，保证所申报的在用强检计量器具受检率达100%。

(五) 新购的强检计量器具应当具有制造计量器具许可证标志、编号和出厂产品合格证书，按本条（四）款要求在使用前申报备案和申请周期检定。

(六) 停用和报废的强检计量器具应及时报当地质监局备案。

(七) 发现如有未经检定或超过检定周期或在有效期内不能正常使用的在用强检计量器具，应立即停止使用，并将以上情况及时通报给当地质监局和煤矿安全管理部门，同时将在用强检计量器具送检定机构依法实施强制检定。

(八) 按照重庆市物价局、重庆市财政局《关于贯彻国家计委财政部关于调整计量检定收费标准的通知的通知》（渝价〔2004〕424号）等规定主动向检定机构交纳计量检定费。

第六条（检定机构职责） 检定机构和计量检定人员应当遵守以下规定：

(一) 建立和完善煤矿生产企业在用强检计量器具的计量标准，建立的计量标准必须经考核合格后使用。

(二) 在市质监局授权区域内开展强制检定工作，检定工作按行政许可规定时间完成。

(三) 建立授权区域内煤矿生产企业在用强检计量器具的检定动态信息管理档案，并将信息录入中国质量监督业务平台（www.cqs.gov.cn）强制工作计量器具管理系统，保证煤矿生产企业在用强检计量器具的建档率达100%。

(四) 按年度制定和组织实施煤矿生产企业在用强检计量器具周期检定计划，并将周期检定计划报送当地质监局。

(五) 按照市质监局授权项目开展强检工作。在授权有效期内如遇计量标准设备更换、授权范围变更等，必须按行政许可相关程序向组织考核单位申报，经重新考核确认后开展强检工作。

(六) 检定人员必须持证上岗，严格按照检定规程要求进行检定，保证检定原始数据的准确可靠。

(七) 定期将煤矿生产企业在用强检计量器具的送检情况、检定情况通报给当地质监局，尤其对到期未送检的煤矿生产企业要及时通报给当地质监局和企业。每年底将煤矿生产企业在用强检计量器具的检定工作情况汇总上报市质监局计量处。

(八) 严格依据重庆市物价局、重庆市财政局《关于贯彻国家计委财政部关于调整计量检定收费标准的通知的通知》（渝价〔2004〕424号）规定进行收费。

第七条（区县质监局职责） 区县质监局应当遵守以下规定：

(一) 宣传计量法律法规和规章，帮助和督促煤矿生产企业按照计量法律法规的有关要求，建立计量管理体系，做好煤矿生产企业在用强检计量器具的计量管理工作。

(二) 区县质监局主要负责人是本辖区煤矿安全计量监管的第一责任人，负责落实本单位责任部门，并将辖区内煤矿生产企业的监管任务分解落实到具体责任人。

(三) 按照煤矿生产企业提供的《煤矿生产企业在用强检计量器具申报表》和检定机构提供的周期检定计划，建立辖区内煤矿生产企业在用强检计量器具的动态监管档案，并根据检定机构的检定情况和煤矿生产企业的送检情况，依法对煤矿生产企业实施监督检查，确保对煤矿生产企业的监督面达100%、受控率达100%。

(四) 依法查处计量违法行为，对不按期送检、使用未经检定或检定不合格计量器具的煤矿生产企业，要出具书面限期整改通知书并依据计量法律法规给予处罚。

(五) 定期向当地政府汇报煤矿安全计量监管工作，发现安全隐患立即向当地政府书面报告。

(六) 加强与当地煤矿安全管理部门的协调与合作，定期召开会议，互通信息，共同搞好监管工作。

第八条（涉及企业的处罚） 煤矿生产企业不得有下列行为：

(一) 使用未经检定或超过检定周期或使用不合格的强检计量器具。

(二) 谎报、瞒报、迟报、漏报煤矿生产企业在用强检计量器具的检定、使用等情况。

若违反上述规定，质量技术监督部门将依据相关规定予以处理。

第九条（涉及检定机构的处罚） 检定机构不得有下列行为：

(一) 未建立计量标准开展强检工作。

(二) 超出授权项目和授权区域开展强检工作。

(三) 伪造数据和出具虚假检定证书。

(四) 随意调整检定周期。

(五) 使用未取得计量检定员证件的人员从事检定工作。

若违反上述规定，市质监局将依据相关规定予以处理，情节严重的吊销计量授权证书。

第十条（涉及执法人员的处罚） 区县质监局要认真履行职责，加强对煤矿生产企业在用强检计量器具的计量监管，维护我市煤矿生产安全的正常秩序。对失职、渎职的单位或个人，将按《公务员法》予以严肃处理，情节严重的将追究相关责任人的法律责任。

第十一条（实施日期） 本办法自印发之日起施行。

关于进一步加快煤矿整合工作的通知

2009年1月4日　渝府〔2009〕2号

各产煤区县（自治县）人民政府，市政府有关部门，有关单位：

按照《重庆市人民政府关于实施煤矿整合的通知》（渝府发〔2007〕128号）的总体部署，全市各产煤区县（自治县）加强领导、精心组织、扎实工作，煤矿整合工作进展顺利。全市煤矿企业从1182户整合为494户，平均生产规模从4万吨/年提高到16.5万吨/年。全市263个资源整合矿井、584个改扩建矿井、70个新建矿井工程竣工后，煤矿矿井数控制在1050个，总生产规模可达到8188万吨/年（含133个保留矿井，生产规模1089万吨/年）。其中，小煤矿矿井数控制在1005个，总生产规模5653万吨/年；市能投集团市内煤矿数45个，生产规模2535万吨/年。为进一步加快煤矿整合工作进度，落实煤矿整顿关闭工作任务，提高煤炭供应保障能力，改善煤矿安全生产状况，现将有关工作通知如下：

一、准确把握，严格执行国家和市政府煤矿整合的有关规定

推进煤矿整合是进一步提高煤炭产业集中度、煤矿安全生产技术水平、煤矿企业综合管理水平和抗风险能力，保障煤炭供应的重要基础性工作。为此，市政府依据国家煤炭产业政策，先后制定并下发了《重庆市人民政府关于实施煤矿整合的通知》（渝府发〔2007〕128号）、《重庆市人民政府办公厅关于进一步规范煤矿整合工作的实施意见》（渝办发〔2007〕112号）和《重庆市人民政府办公厅关

于加快推进煤矿整合工作的通知》（渝办发〔2008〕237号）等一系列文件。各产煤区县（自治县）人民政府及其有关职能部门要认真学习领会，严格执行国家和市政府有关煤炭产业发展政策和规定精神，切实采取措施，确保按照已经明确的时限完成相应工作任务。

二、加强领导，进一步完善煤矿整合工作协调机制

(一) 市煤矿整合工作领导小组各成员单位要切实加强领导，落实内部工作责任，配备精干力量，减少内部审批环节，提高工作效率，把煤矿整合工作作为当前重点工作抓紧抓好抓实，为煤矿整合工作把好关、尽好责、服好务。

(二) 市煤矿整合工作领导小组办公室（以下简称市煤矿整合办）要进一步加强煤矿整合工作的督促和协调，组织成员单位分析存在的问题并提出解决问题的具体措施，要积极协调处理煤矿整合日常工作，保持部门间的信息沟通，继续发挥好联合办公、集体研究决定的优势，及时研究解决各产煤区县（自治县）煤矿整合工作中出现的问题。

(三) 各产煤区县（自治县）人民政府要督促有关职能部门按照总体推进、实事求是、先易后难的原则，成熟一件、上报一件。特殊情况及时向市煤矿整合办报告。

(四) 各产煤区县（自治县）煤矿整合办每月20日向市煤矿整合办书面报送工作进展情况。市煤矿整合办适时组织有关成员单位对各产煤区县（自治县）煤矿整合工作进行监督、检查和指导，对未按期完成工作任务的，要及时进行督促、通报；对工作进度滞后的产煤区县（自治县），要进行专门督促和指导。

(五) 市政府有关部门要定期召开中介服务机构会议，规范中介服务机构行为，督促中介服务机构调整充实技术力量服务煤矿整合工作，加快整合煤矿储量核实、采矿登记、采矿设计和安全专篇等资料编制、评审速度，保质保量完成工作任务。

三、创新方法，进一步提高行政审批效率

市经委、市国土房管局、市工商局、市环保局和重庆煤监局等部门要明确责任分工，选调业务骨干，集中开展矿业权、环境影响评价、采矿设计和安全专篇的审批工作。采取牵头处室负责、相关业务部门集中分审和多点平行审查等办法，切实提高行政审批效率，尽量避免单一审批、业务部门按序轮流审查的方式。

(一) 采矿权有关手续办理。采矿权有关手续按照渝办发〔2008〕237号文件和《关于煤炭矿山资源资产整合中采矿权登记有关问题的通知》（渝国土房管发〔2008〕359 号）要求办理。

(二) 矿井立项和设计审批。按照《关于进一步规范煤矿建设管理的通知》（渝经煤管〔2008〕83号）要求办理。

(三) 矿井安全专篇审批。按照《重庆煤监局关于印发〈重庆市煤矿建设项目安全设施设计审查与竣工验收实施办法〉的通知》（渝煤安监办字〔2008〕83号）要求办理。

(四) 企业工商注册登记。按照《重庆市煤矿整合工作领导小组办公室关于简化整合煤矿工商登记材料的通知》（渝煤整合办〔2008〕30号）要求办理。

(五) 各产煤区县（自治县）人民政府和市政府有关部门要增强责任感，切实做好煤矿整合指导和服务工作，加强沟通协调，创新工作方法，采取灵活多样的工作方式，保质保量，切实推进各项行政审批工作。

(六) 各整合煤矿必须按相关要求上报有关资料。未按期上报相关申请资料的，其合法生产证照（手续）到期后一律停止生产；未停止生产的，由各产煤区县（自治县）人民政府按非法生产进行查处。

(七) 进一步明确有关业务工作办理时限。市政府有关部门要按照规定的时间要求，做好煤矿整合各项行政审批（备案）工作。

(八) 各产煤区县（自治县）人民政府、市能投集团要督促所属矿井按以上要求，完善煤矿建设（新建、改扩建）相关法定行政审批手续。

四、优化政策，进一步简化办事环节

煤矿整合工作要按照有序、有效、有利于煤矿企业发展的原则整体推进。

(一) 已纳入渝府发〔2007〕128号文件规划和符合本通知要求或经市煤矿整合办研究调整的资源整合矿井、改扩建矿井的煤炭资源开发利用方案与初步设计合并。以初步设计代替煤炭资源开发利用方案并增加资源利用篇章，由市经委牵头组织煤炭、地质矿产方面的专家组进行方案审查。审查初步设计应具备项目立项批准文件、划定矿区范围批复、储量核实报告备案证明和占用储量登记书。市国土房管局以初步设计评审材料作为煤炭资源开发利用方案的备案。没有初步设计的，仍需提交经评审通过的煤炭资源开发利用方案。

(二) 简化已纳入渝府发〔2007〕128号文件规划和经市煤矿整合办研究调整的资源整合矿井、改扩建矿井增划资源储量范围的确定方法。对于增划资源范围地质工作程度低的矿区，可由具有地质勘查资质的地勘单位按照生产矿井实际巷道及见煤点控制情况，结合现行规范有限外推。原则上走向外推不超过500米，倾向外推斜长不超过300米，标高按照煤层厚度、产状的稳定程度控制在200米以内。在采矿权属无争议的情况下，扩大矿区范围内所有达到可采厚度的煤层，均应估算其资源储量，并纳入增划范围。

储量核实工作应按照《重庆市国土资源和房屋管理局关于印发〈固体矿产资源储量核实报告编写规定〉的通知》（国土资发〔2007〕26号）的要求执行。主井、风井和运输大巷必须采用全仪器法实测坐标及高程，已进行过实测并符合精度要求的矿区可以利用原实测成果。井下的其他工程布置、煤层厚度、产状变化可用半仪器法实测。

(三) 整合煤矿采矿权价款按类比方式确定。无标准可类比的，评估结果经评审备案后作为缴纳采矿权价款的类比依据。原采矿权已有偿出让缴纳采矿权价款的，只对新增部分按上述方式确定采矿权价款。渝府发〔2007〕128号文件规划和经市煤矿整合办研究调整的新建煤矿应交采矿权价款，仍由市国土房管局委托具有矿业权评估资质的中介机构评估确定。

(四) 设计生产能力在45万吨/年以下的煤矿整合项目，原则上可不做安全预评价，直接编制初步设计安全专篇。

五、积极稳妥，处理好煤矿整合工作中的问题

(一) 自2008年12月31日起，原则上不再调整区县（自治县）煤矿整合规划（变更煤矿企业或矿井拟定名称和调整扩建矿井生产规模的除外）。由于资源储量、煤层赋存、地质构造、地质灾害危险性及开采技术等条件发生重大变化，确需调整煤矿资源整合规划的，由矿井所在区县（自治县）人民政府提出申请，市国土资源管理部门审查后，提交市煤矿整合办研究同意，方可调整。

(二) 继续执行渝府发〔2007〕128号文件确定的各项政策措施和规定。经市煤矿整合办研究调整规划的整合煤矿，按照规定的程序继续办理相关手续。调整情况见市能投集团和各产煤区县（自治县）调整后的整合基本情况明细表。

(三) 煤矿企业资产整合以完成企业名称预先核准、签订资产整合协议、制定公司章程和形成公司化运作为检查验收标准。

(四) 已纳入渝府发〔2007〕128号文件规划的整合煤矿企业、个体工商户（煤矿），因《采矿许可证》、《煤炭生产许可证》和《煤矿安全生产许可证》等许可证有效期届满而无法通过营业执照年检、验照的，工商部门可暂不吊销其营业执照，待其完善相关手续后再依法办理营业执照注销或变更登记。

(五) 已纳入渝府发〔2007〕128号文件规划、现仍为非公司制企业的独立保留矿井，若自愿维持原

企业类型不变的，可暂不要求其规范为公司制企业，待其条件成熟后再自行逐步规范。

(六) 已纳入渝府发〔2007〕128号文件规划，积极参与整合并按时提供了有关资料的资源整合主体矿井、保留矿井、改扩建矿井，受客观因素影响，未能按倒排工期的要求完成有关资料编制、审查工作，其采矿许可证有效期到期的，可按原生产规模申请延续。有关区县（自治县）人民政府、市煤矿整合办可根据企业主动参与整合和安全生产等情况，原则上批准延续半年，最长不超过1年（有效期截止时间不超过2009年12月31日）。延续采矿许可证有效期按下列程序办理。

1. 资源整合主体矿井、保留矿井或改扩建矿井向区县（自治县）煤矿整合办提出书面申请。

2. 区县（自治县）煤矿整合办组织成员单位对影响其按期提交资料的原因进行调查核实并出具书面意见。

3. 报区县（自治县）人民政府审定后，由区县（自治县）人民政府向市煤矿整合办报送同意延续采矿许可证有效期、承担此期间安全监管责任的函。

4. 市煤矿整合办成员单位根据企业提交的申请资料（附申请企业出具的截至2009年底仍不能完成整合工作任务就无条件自行关闭的承诺书），办理有关证照的延续审批手续。

(七) 资源整合主体矿井或改扩建矿井在安全设施竣工验收后，按照《煤矿安全生产许可证实施办法》的规定，办理煤矿安全生产许可证。

(八) 资源整合主体矿井或改扩建矿井在整合工程竣工验收前，按照《煤炭生产许可证管理办法》的规定，按原设计规模（或核定生产能力）和服务年限办理煤炭生产许可证。

(九) 实施资源整合的矿井，原则上整合为一套生产系统。情况特殊的，在形成一套通风系统的前提下，经区县（自治县）人民政府同意，编制可行性研究报告，报市煤矿整合办审查后，可实行分区通风、分区生产，生产分区原则上不超过2个。

(十) 实行分区布置、分期开采的资源整合矿井，只能一套系统生产，生产分区原则上不超过3个。分区布置、分期开采方案必须经区县（自治县）人民政府同意，报市煤矿整合办审查后，方可实施。区县（自治县）报送的方案中，必须明确开采范围、开采顺序和相关安全、技术、组织保障等措施。区县（自治县）人民政府要加强此类资源整合矿井生产和准备过程的监管，开采其中一个区域时，必须经区县（自治县）煤矿监管部门批准，方可进行接续区域的准备工作。开采完一个区域后，必须经区县（自治县）煤矿监管部门批准，方可进入下一个区域开采。

(十一) 各产煤区县（自治县）人民政府和市政府有关部门要顾全大局，努力推进煤矿整合工作，加强整合矿井安全监管监察，坚决打击非法和违法违规生产；为整合煤矿企业和矿井创造条件办理采矿许可、安全许可、生产许可及工商营业执照等证照，防止因工作措施不力或不当导致整合煤矿企业和矿井无法办理有关证照（手续）而停产，确保全市煤炭供给、确保煤矿安全生产。

(十二) 继续坚决贯彻执行国家“十一五”后3年煤矿整顿关闭工作要求。在本次煤矿整合的基础上，到2010年全市再关闭小煤矿至少53处、保留806处以内、托管150处以上。市政府将分解下达各产煤区县（自治县）煤矿整顿关闭和托管目标任务。市能投集团要高度重视，顾全大局，积极参与托管小煤矿工作，研究制订托管小煤矿的工作方案和管理措施，以推动煤矿整合工作，达到管理强矿的目的。

关于印发全市2009年煤矿安全专项整治工作方案的通知

2009年4月10日　渝办发〔2009〕91号

各产煤区县（自治县）人民政府，市政府有关部门，有关单位：

《2009年全市煤矿安全专项整治工作方案》已经市政府同意，现印发给你们，请结合实际，认真组织实施。

2009年全市煤矿安全专项整治工作方案

为认真落实市委、市政府领导关于全面加强当前安全生产工作、严防各类安全事故发生的指示精神，深刻汲取奉节县石乳煤矿“2·14”、石柱县马皇沟煤矿“3·27”、巫溪县八字庄煤矿“4·6”三起较大瓦斯事故教训，确保全年煤矿安全生产各项目标任务的完成，市政府决定开展煤矿安全专项整治工作（以下简称专项整治工作）。为确保专项整治工作取得实效，特制订本工作方案。

一、指导思想

以科学发展观为指导，推进全市煤矿安全“基层基础强化年”各项工作全面落实，立足于治隐患、抓整治、打非法、压事故，全面加强事故预警、预防和应急救援工作，强化基层，打牢基础，着力构建煤矿安全长效机制，实现全市煤矿安全形势持续稳定好转。

二、整治目标

通过开展专项整治工作，重点消除一批重大煤矿安全隐患，整治一批煤矿违规开采、违法开采突出，采矿秩序混乱，事故隐患多的地区和矿井，依法查处一批煤矿安全严重违法违规企业，全市煤矿杜绝较大以上安全事故发生，有效遏制一般事故。

三、时间及步骤

专项整治工作从2009年4月15日开始，至2009年7月25日结束，分为动员部署、组织实施、督查检查、总结评估4个阶段。

(一) 动员部署阶段（4月15－20日）。制订工作方案，加强宣传发动。市政府有关行业行政主管部门和产煤区县（自治县）人民政府结合实际研究制订具体的、有针对性和操作性的专项整治工作方案，召开专项整治工作动员部署会议，利用报纸、电视、网络等形式广泛宣传，深入发动，营造专项整治工作的强大声势。

(二) 组织实施阶段（4月21日至6月10日）。各产煤区县（自治县）人民政府、市能投集团组织煤矿企业逐矿开展安全隐患大排查、大治理。企业自查工作必须做到3个100%，即：矿井安全检查率达100%，采煤工作面检查率达100%，掘进头检查率达100%。企业自查自纠情况要向乡镇人民政府（街道办事处）和区县（自治县）主管部门报告；市属国有煤矿自查情况由各矿业公司向市能投集团和市国资委报告。各产煤区县（自治县）人民政府、市能投集团完成煤矿安全监管制度，并按照管理权限，对煤矿企业安全生产隐患排查治理情况进行跟踪，采取定点复查、定期复查、重点复查的方式进行，复查面必须达到100%。复查情况要向市经济和信息化委员会、重庆煤监局报告。

(三) 检查督查阶段（2009年5月1日至7月25日）。市经济和信息化委员会、重庆煤监局、市国土房管局、市安监局、市国资委等部门组成若干督查组，对各产煤区县（自治县）、有关企业专项整治工作情况进行抽查，抽查煤矿企业必须达到30%。市政府安委会办公室、市政府督查室、市监察局组成综合督查组，对各产煤区县（自治县）人民政府、市政府有关部门、有关单位工作情况进行监督检查。对工作不力、专项整治工作搞形式、走过场的地区和单位给予通报批评，必要时启动行政问责制。

(四) 总结评估阶段（2009年7月20－25日）。各产煤区县（自治县）人民政府、市政府有关部门和有关单位对专项整治工作情况进行分析研究，全面总结、评估，7月25日前向市经济和信息化委员会报送书面工作总结。市经济和信息化委员会在2009年7月31日前向市政府报告专项整治工作总结。

四、整治内容

(一) 加强煤矿安全监管基层基础建设。各产煤区县（自治县）人民政府、市政府有关部门、市能投集团及各煤矿企业分解落实煤矿安全生产控制考核指标情况；落实煤矿安全生产企业主体责任和全市各级政府及部门监管责任情况；完善煤矿安全监管机构、配备专业人员和必需的设施设备情况；“一通三防”制度落实情况；煤矿安全生产三大经济政策落实情况；推进煤矿安全质量标准化建设情况；企业12本台账建立情况，特别是干部带班下井和安全调度值班制度落实情况；重点监管企业“黑名单”制度建立情况；金属支柱、壁式开采、三人连锁放炮器等技术运用推广情况；开展煤矿从业人员安全培训工作情况；煤矿安全文化建设情况；加强煤矿应急救援体系建设情况等。

(二) 加大煤矿安全隐患排查治理力度。建立煤矿安全隐患排查治理长效机制情况；组织开展煤矿隐患排查治理情况；建立煤矿重大隐患检查、登记、公告公示、挂牌督办、跟踪治理和逐项整改销号制度情况；全面排查易由自然灾害引发煤矿淹井、矸石山垮塌等事故灾难隐患情况等。

(三) 强化煤矿瓦斯治理攻坚工作。落实“先抽后采、以风定产、监测监控”十二字方针情况；开展瓦斯示范区县（自治县）和示范矿井建设情况；瓦斯监测监控制度落实情况；瓦斯监控系统运行情况，年产6万吨以上煤矿是否建立瓦斯固定抽放系统，探头是否完好有效，数量是否足够，布点是否合理等；瓦斯超限制度执行情况，是否严格做到瓦斯超限及时停产、及时断电、及时撤人、及时处理等；瓦斯抽采和利用情况；矿井通风系统畅通情况；“四位一体”防突措施执行情况等。

(四) 做好汛期安全措施落实工作。坚持“预测预报、有疑必探，先探后掘、先治后采”的探放水措施落实情况；落实采空区、相邻矿井及废弃矿井老空（窑）积水防治措施，制定承压水开采安全技术措施及地表水监控防范措施情况；小煤矿查清与相邻矿井连通情况，建立完善的防、排水系统情况等。落实除险加固措施和完成安全隐患治理工作的情况；汛期安全预警机制和应急措施落实情况。

(五) 加强三类停产矿井监管。停产整顿矿井、事故整改矿井、停产检修矿井等三类矿井是否落实了停产整顿整改措施和规定，是否落实了任务、资金、时限、责任、验收等工作要求。

(六) 严厉打击煤矿非法违法生产。区县（自治县）“打非”工作责任主体是否落实；“打非”工作机构、人员、装备是否落实到位；对非法违法开采行为的打击和查处情况；严防已关闭矿井死灰复燃和建立长效监管机制情况等。

(七) 严肃处理已发生事故的企业及其责任人。各产煤区县（自治县）人民政府、市政府有关部门对已发生的煤矿安全事故，是否按照“四不放过”的原则进行了调查处理，是否依据法律法规对有关责任单位、人员进行了责任追究，对事故有关责任人员的处分决定是否落到了实处，是否认真进行了整改。

五、工作要求

(一) 加强领导，落实责任。各产煤区县（自治县）人民政府、市政府有关部门、有关单位要认真总结今年以来已发生煤矿安全事故的原因，深刻汲取事故教训，高度重视，加强领导，强化措施，狠抓落实，针对当前煤矿安全工作的特点，认真查找存在的薄弱环节和各种漏洞，立足超前防范，确保安全生产。各煤矿法定代表人要切实担当起安全生产主体责任，进一步强化安全意识，认真开展煤矿安全自查自纠。各产煤区县（自治县）人民政府要履行属地责任，切实组织开展专项整治工作；市国资委、市能投集团要制订工作方案，对市属国有煤矿开展专项整治工作进行督促检查。市经济和信息化委员会、重庆煤监局、市国土房管局、市安监局、市监察局等部门要认真履行监管职责，各司其职、密切配合、统一行动、强化督查和指导，确保专项整治工作取得实效。各产煤区县（自治县）人民政府、市政府有关部门、有关单位要按照“谁主管、谁负责”的原则，建立健全严格的安全检查责任制，确保职责明晰、任务明确、责任到人、工作到位。

(二) 周密部署，精心组织。各产煤区县（自治县）人民政府、市政府有关部门和市能投集团要精心安排，周密部署，认真组织开展专项整治工作。主要负责人要亲自组织，深入实际和一线，进行抽查和巡查。要特别注意与当前安全生产形势和特点相结合，围绕隐患排查治理、打击非法违法开采、矸石山安全整治、瓦斯治理、水害防治等工作，全面组织推进。此次专项整治工作实行周报制，各产煤区县（自治县）煤矿监管部门、市能投集团在每周五15：00前将本地区、本单位专项整治工作情况书面报市经济和信息化委员会（联系人：刘俊宁、桑鹏程；电话：63896934；传真：63896447），市经济和信息化委员会要及时以工作简报等形式通报工作进展情况。

（三）突出重点，切实整改。各产煤区县（自治县）人民政府、市政府有关部门、有关单位和市能投集团要督促企业采取切实有效的措施，立即整改治理专项整治工作排查出的安全隐患。整改工作要有具体的实施方案，做到责任人、完成时限、工作任务、措施和经费“五落实”。对达不到安全生产条件，存在重大安全隐患的煤矿，一律要依法令其停产整顿。对重大安全隐患按照“谁挂牌、谁验收”的原则，实行市、区县（自治县）人民政府挂牌管理，定期跟踪，验收销号。各产煤区县（自治县）人民政府、市能投集团所有挂牌整治的隐患必须报市经济和信息化委员会备案。对一时难以整改到位的安全隐患和重大危险源要制定监控措施，落实专人监管，做到万无一失。

附件：1. 煤矿安全生产隐患排查治理情况统计月报表（略）

2. 煤矿重大安全隐患整改明细表（略）

关于印发全市煤矿安全大排查大整治大执法工作方案的通知

2009年7月14日　渝办发〔2009〕222号

各产煤区县（自治县）人民政府，市政府有关部门，有关单位：

《全市煤矿安全大排查大整治大执法工作方案》已经市委第72次常委会议、市政府第43次常务会议通过，现印发给你们，请结合实际，认真组织实施。

全市煤矿安全大排查大整治大执法工作方案

一、工作目标

通过对全市煤矿进行大排查、大整治、大执法，坚决杜绝重大以上事故发生，有效遏制较大事故，确保一般事故大幅度下降，全面完成市政府下达的2009年煤矿事故控制指标，生产安全事故死亡人数力争控制在220人以内。依法关闭一批小煤矿。

二、工作步骤

（一）动员部署阶段（2009年7月15－31日）。各产煤区县（自治县）人民政府、市政府有关行业主管部门、有关单位要结合实际，制订工作方案，动员部署工作，开展宣传活动。

（二）组织实施阶段（2009年8月1日至11月15日）。各产煤区县（自治县）人民政府、市能投集团组织开展安全隐患大排查，彻底整治安全生产隐患。各煤矿企业对矿井安全、采煤工作面、掘进头进行自查，自查率要达到100%；按照管理权限，对煤矿企业安全生产隐患排查治理情况进行跟踪，采取定点复查、定期复查、重点复查的方式进行，复查面必须达到100%。

各产煤区县（自治县）人民政府、市政府有关部门、有关单位要认真梳理大排查、大整治、大执法工作的实施情况，对薄弱环节和实施不力的单位定点督促，落实整改。市经济信息委、重庆煤监局、市国土房管局、市安监局、市国资委等部门要组成若干督查组，对各产煤区县（自治县）、有关企业专项整治工作情况进行抽查，抽查煤矿企业必须达到30%；对各产煤区县（自治县）人民政府、有关单位工作情况进行督促检查。

（三）“回头看”总结提高阶段（2009年11月16日至12月15日）。各产煤区县（自治县）人民政府、市政府有关部门和有关单位对此次大排查、大整治、大执法工作情况进行分析研究，全面总结评估。

三、工作要求

(一) 健全完善安全生产责任制。各产煤区县（自治县）人民政府、市政府有关部门、市能投集团及各煤矿企业主要领导负总责，分管领导牵头抓，其他领导成员“一岗双责”的安全生产责任体系，把领导责任、管理责任、操作责任落实到具体环节、具体岗位、具体人头。对各类安全事故，要按照有关法律法规和党纪政纪的规定问责，一查到底，严肃处理。对直接责任人员和负有领导责任的人员，要视情节轻重，依法依规给予取消当年评优评先资格、通报批评、诫勉谈话、调离工作岗位、引咎辞职、责令辞职、免职等处分；涉嫌犯罪的，依法移送司法机关追究刑事责任。

(二) 开展煤矿安全生产大排查。各产煤区县（自治县）人民政府、市政府有关部门、市能投集团及各煤矿企业要全面排查治理各煤矿企业及其工艺系统、基础设施、技术装备、作业环境、防控手段等方面存在的隐患；全面排查安全生产体制机制建设、安全管理组织体系、责任落实、劳动纪律、现场管理、事故查处等方面存在的薄弱环节；全面排查建立煤矿安全隐患排查治理长效机制情况；全面排查建立煤矿重大隐患检查、登记、公告公示、挂牌督办、跟踪治理和逐项整改销号制度情况；全面排查由自然灾害引发的煤矿灾难隐患情况。做到不留死角、不留余地，消除煤矿安全生产隐患。

(三) 开展煤矿安全生产大执法。主要执法内容包括：一是各产煤区县（自治县）“打非”工作机构、人员、装备是否落实到位；二是对非法违法开采行为的打击和查处情况；三是已关闭矿井死灰复燃情况；四是煤矿证照不全或过期、停产整顿未经复产验收擅自组织生产的情况；五是煤矿越层越界生产的情况；六是煤矿超定员、超能力、超强度组织生产，以及以掘代采的情况；七是煤矿私自采购、储存、使用非法火工品的情况；八是煤矿无视政府监管，拒不进行停产整顿或停而不整、明停暗采的情况；九是对1个煤矿在3个月内2次以上发现有重大安全生产隐患，仍然进行生产的情况；十是煤矿停产整顿验收不合格的情况；十一是煤矿1个月内3次以上未依照国家有关规定对井下作业人员进行安全生产教育和培训或特种作业人员无证上岗的情况；十二是资源整合煤矿主体未明确、该关闭的多余坑口未关闭等十种类型的情况；十三是因地灾、洪灾等自然灾害影响，国土房管、水利等部门提请当地政府关闭的情况。上述情况中出现的非法违法煤矿，一经检查发现，市政府有关部门要严格执法，立即关闭。

执法检查中，发现有以下十三种情形的煤矿，必须立即停产整顿，经停产整顿仍达不到要求的，要坚决予以关闭。一是瓦斯超限作业的；二是煤与瓦斯突出矿井，未依照规定实施防突出措施的；三是高瓦斯、突出矿井未建立瓦斯抽放系统和监控系统，或瓦斯监控系统不能正常运行的；四是通风系统不完善、不可靠的；五是有严重水患，未采取有效措施的；六是有冲击地压危险，未采取有效措施的；七是自然发火严重，未采取有效措施的；八是使用明令禁止使用或淘汰的设备、工艺的；九是年产6万吨以上的煤矿没有双回路供电系统的；十是新建煤矿边建设边生产，煤矿改扩建期间，在改扩建区域生产，或在其他区域生产超出安全设计规定的范围和规模的；十一是煤矿实行整体承包生产经营后，未重新取得安全生产许可证和煤炭生产许可证，从事生产的，或承包方再次转包的，以及煤矿将井下采掘工作面和井巷维修作业进行劳务承包的；十二是煤矿改制期间，未明确安全生产责任人和安全管理机构的，或在完成改制后，未重新取得或变更采矿许可证、安全生产许可证、煤炭生产许可证和营业执照的；十三是使用未经检定，检定不合格或超过检定周期的煤矿安全计量器具的。

(四) 加强煤矿安全基层基础建设。各产煤区县（自治县）人民政府、市政府有关部门、市能投集团及各煤矿企业要分解煤矿安全生产控制考核指标，落实企业主体责任和政府职能部门监管责任；要完善煤矿安全监管机构、配备专业人员和必需的设施设备，向煤矿派驻“一对一”安全特派员；严格执行“一通三防”制度；全面落实煤矿安全生产三大经济政策；全力推进煤矿安全质量标准化建设；

建立健全企业12本台账，特别是严格落实干部带班下井和安全调度值班制度；建立重点监管企业“黑名单”制度；运用推广金属支柱、壁式开采、三人连锁放炮器等技术；开展煤矿从业人员安全培训；大力推进煤矿安全文化建设；加强煤矿应急救援体系建设。

（五）强化煤矿瓦斯治理攻坚工作。坚持“先抽后采、以风定产、监测监控”十二字方针；开展瓦斯示范区县（自治县）和示范矿井建设；严格执行瓦斯监测监控制度，年产6万吨以上煤矿必须建立瓦斯固定抽采系统，探头必须完好有效，数量必须足够，布点必须合理；严格执行瓦斯超限制度，严格做到瓦斯超限及时停产、及时断电、及时撤人、及时处理；确保矿井通风系统畅通，严格执行“四位一体”防突措施。

（六）全面落实汛期安全工作措施。全面落实“预测预报、有疑必探，先探后掘、先治后采”的探放水措施；全面落实采空区、相邻矿井及废弃矿井、老窑积水防治措施，制定承压水开采安全技术措施及地表水监控防范措施；全面查清小煤矿与相邻矿井连通情况，建立完善的防、排水系统；全面落实除险加固措施和完成安全隐患治理工作；全面落实汛期安全预警机制和应急措施。

四、职责分工

各产煤区县（自治县）人民政府、市政府有关部门、有关单位要按照“谁主管、谁负责”的原则，组织开展煤矿安全大排查大整治大执法工作。要建立健全严格的安全检查责任制，确保职责明晰、任务明确、责任到人、工作到位。建立由市经济信息委牵头、市政府有关部门、有关单位参加的煤矿安全生产联席会议制度，定期研究和解决煤矿安全生产的重大问题。市经济信息委、重庆煤监局、市国土房管局、市安监局、市监察局等部门要认真履行监管职责，各司其职，密切配合，统一行动，加强督查和指导，确保工作取得实效。市能投集团要制订工作方案，切实开展煤矿安全大排查大整治工作。

五、工作要求

（一）加强领导，精心组织。各产煤区县（自治县）人民政府、市政府有关部门和市能投集团要深刻汲取今年以来发生的煤矿安全事故教训，树立发展是硬道理、安全稳定是硬任务，发展是第一要务、安全稳定是第一责任的理念，加强领导，精心组织，认真组织开展煤矿安全大排查、大整治、大执法工作。主要负责人要亲自挂帅，深入基层一线，开展抽查、巡查工作。要特别注意与当前安全生产形势和特点相结合，全面推进隐患排查治理、打击非法和违法开采、矸石山安全整治、瓦斯治理、水害防治等工作。

（二）突出重点，切实整改。各产煤区县（自治县）人民政府、市政府有关部门和市能投集团要督促企业采取切实有效的措施，立即整改治理排查出的安全隐患。对重大安全隐患按照“谁挂牌、谁验收”的原则，实行市、区县（自治县）人民政府挂牌管理，定期跟踪，验收销号；对一时难以整改到位的安全隐患和重大危险源要制定监控措施，落实专人监管，做到万无一失。整改工作确保实施方案，做到责任人、完成时限、工作任务、措施和经费“五落实”。特别是对停产整顿矿井、事故整改矿井、停产检修矿井等三类矿井必须落实停产整顿整改措施，落实有关规定和要求。煤矿企业、乡镇（街道）、区县（自治县）煤炭管理部门要建立隐患排查和整改记录台账。

（三）畅通信息，及时报送。企业自查自纠情况要向乡镇人民政府（街道办事处）和区县（自治县）主管部门报告；市属国有煤矿自查情况由各矿业公司向市能投集团和市国资委报告；各产煤区县（自治县）、市能投集团所有挂牌整治的隐患要报市经济信息委备案。各产煤区县（自治县）人民政府、市政府有关行业主管部门、有关单位每月1日、15日将工作情况报市政府安委会办公室和市经济信息委。市政府安委会办公室每月5日、20日将工作开展情况报市政府。2009年12月15日前，市经济信息委将工作总结报市政府。

关于印发重庆市小煤矿整顿关闭工作实施方案的通知

2009年8月21日　渝办发〔2009〕286号

各产煤区县（自治县）人民政府，市政府有关部门，有关单位：

《重庆市小煤矿整顿关闭工作实施方案》已经市政府同意，现印发给你们，请结合实际，认真组织实施。

重庆市小煤矿整顿关闭工作实施方案

为进一步调整优化全市煤炭产业结构，淘汰落后生产能力，实现煤炭产业科学发展、安全发展，促进煤矿安全生产状况根本好转，按照国务院关于煤矿整顿关闭工作的统一部署，根据《重庆市人民政府关于实施高危行业生产小企业整顿关闭工作的决定》（渝府发〔2009〕81号）有关要求，特制订本方案。

一、指导思想和工作目标

(一) 指导思想。认真贯彻市委、市政府“下大决心，抓大排查，动大手术”的工作要求，坚持科学发展观，按照“科学规划，总体部署，分步实施，整体推进”的原则，综合运用法律、经济等手段，进一步深化煤矿整顿关闭工作，减少小煤矿数量，调整煤炭产业结构，促进全市煤炭工业安全、清洁、节约、可持续发展，不断提高煤矿安全生产保障能力。

(二) 工作目标。2012年7月底以前，全市共关闭小煤矿300个，小煤矿总数控制保留在700个以内。2009年8月至2010年7月底，关闭100个；2010年8月至2011年7月底，关闭100个；2011年7月至2012年8月底，关闭100个。通过实施小煤矿整顿关闭工作，促进煤矿死亡人数和百万吨死亡率大幅度下降，全市煤矿质量达标准，管理上台阶，安全有保障。

二、工作原则

(一) 科学关闭原则。用科学发展观指导关闭工作，科学合理制定任务、数量、标准、条件、政策、措施等。

(二) 依法关闭原则。按照法律法规政策的规定，依法关闭。

(三) 阳光关闭原则。关闭工作实行政策公开、标准公开、条件公开、结果公开。

(四) 和谐关闭原则。充分考虑企业实际，最大限度地保护企业、职工的合法利益。妥善处理好企业职工安置和再就业、困难职工救济救助以及土地复耕、环境治理、煤矿周边群众的水电和道路等问题。

三、整顿关闭类型

凡有下列情形之一的煤矿，各产煤区县（自治县）人民政府必须坚决予以关闭：

(一) 属于《国务院办公厅转发安全监管总局等部门关于进一步做好煤矿整顿关闭工作意见的通知》（国办发〔2006〕82号）规定的16种关闭类型的煤矿：

1. 不符合矿产资源规划和矿业权设置方案的；

2. 不符合经批准的煤炭工业发展规划和矿区总体规划的；

3. 未依法取得采矿许可证、安全生产许可证、煤炭生产许可证、工商营业执照和矿长资格证、矿长安全资格证，擅自组织生产的；

4. 超层越界开采拒不退回的；

5. 3个月内2次及以上发现有重大安全生产隐患，仍然组织生产的；

6. 被依法责令停产整顿的矿井擅自组织生产或经整顿验收不合格的；

7. 存在煤与瓦斯突出、自然发火、冲击地压、水害威胁等重大安全生产隐患，经论证在现有技术条件下难以有效防治的；

8. 1个月内3次发现未对井下作业人员进行安全生产教育和培训或特种作业人员无证上岗的；

9. 不同采矿权人，其被许可的采矿范围在垂直方向上相互重叠且影响安全生产的，只保留1个矿井，其他予以关闭；

10. 在大型煤炭矿区范围内开采的；

11. 年生产能力在3万吨及以下的矿井；

12. 资源接近枯竭的矿井，采矿许可证到期后一律予以关闭；

13. 纳入资源整合范围的矿井，未履行煤矿建设项目相关核准手续和“三同时”（安全设施与主体工程同时设计、同时施工、同时投入生产和使用）审批程序、违规越权核准，未重新取得采矿许可证、安全生产许可证和煤炭生产许可证擅自组织生产的；

14. 擅自进行“三下”（建筑物下、水体下、铁路下）开采和在自然风景名胜区、文物保护区、重要水源地、重要设施等区域内开采的；

15．国家和地方产业政策明令淘汰的；

16. 地方人民政府规定应予关闭的。

(二) 核定生产能力6万吨/年以下的煤矿，发生一次死亡3－9人事故或一年内发生3次死亡事故的；核定生产能力6万吨/年及以上、30万吨/年以下的煤矿，发生一次死亡10人及以上事故或一年内发生两次3－9人事故的；

(三) 矿井位于地质灾害危险区、重要水体保护区、国家森林保护区内的；

(四) 矿井安全质量标准化建设在规定期限内不达标的；

(五) 重大安全隐患限期整改验收不合格的；

(六) 不按国家和地方政府规定缴纳有关税费的；

(七) 事故隐瞒不报或发生事故后业主或矿长逃逸，情节严重，性质恶劣的。

四、工作步骤

(一) 制订工作方案。各产煤区县（自治县）人民政府、市政府有关部门要结合实际，认真制订细化年度小煤矿整顿关闭工作实施方案；切实做好小煤矿整顿关闭的宣传动员工作。各产煤区县（自治县）人民政府于2009年9月25日前将分年度整顿关闭工作实施方案报市小煤矿整顿关闭工作办公室。

(二) 确定关闭对象。各产煤区县（自治县）人民政府要按照关闭条件，在每年度工作开始后的第一季度内确定关闭对象，明确关闭时限，按要求分批组织实施。

(三) 公告关闭名单。各产煤区县（自治县）人民政府要将本行政区域内小煤矿关闭名单在本地主要媒体上公示，市小煤矿整顿关闭工作办公室要将小煤矿关闭企业名单在市级媒体上公示，接受社会监督。

(四) 严格检查验收。各产煤区县（自治县）人民政府要定期组织对小煤矿整顿关闭工作进行检查验收。检查验收内容包括：一是是否达到关闭标准：吊销有关证照；停止供应并处理火工用品；停止供电、撤除矿井生产设备、供电、通信线路；封闭、填平矿井井筒，平整井口场地，恢复地貌；妥善遣散并安置从业人员。二是关闭工作是否严格按程序进行，是否按规定进行公示等。三是是否建立了监督管理长效机制。要将已关闭煤矿企业的监管责任逐级落实到产煤乡镇（街道）、村居，防止死灰复燃，确保关死关严。

五、职责分工

各产煤区县（自治县）人民政府是小煤矿整顿关闭工作的责任主体。负责具体组织实施小煤矿整顿关闭工作，按期完成整顿关闭工作目标任务，督促关闭煤矿按照关闭矿井的标准和措施，对关闭矿井炸毁井筒并实施永久闭坑、切断电源、拆除井下和地面设备设施、上缴火工品、遣散作业人员、恢复地貌和植被，同时要按照属地管理职责，千方百计化解矛盾，做好失业人员培训和再就业、工伤处理等后续配套工作，确保社会安全和稳定。

市经济信息委牵头负责指导、协调全市小煤矿整顿关闭工作。市经济信息委、市国土房管局、重庆煤监局、市工商局等部门依据各自职责，加强督促检查，协助各产煤区县（自治县）人民政府抓好小煤矿整顿关闭工作，对区县（自治县）人民政府决定关闭的煤矿，依法吊（注）销其煤炭生产许可证、采矿许可证、安全生产许可证、工商营业执照等相关证照。

安全监管部门参与组织、协调全市小煤矿整顿关闭工作，督促、检查各地小煤矿整顿关闭工作的开展情况。

人力社保部门依据《劳动法》、《工伤保险条例》等法律法规，负责依法查处煤矿企业非法用工行为；负责监督煤矿企业与劳动者签订劳动合同和为每位劳动者加入工伤保险，加强劳动组织管理，落实和保护劳动者权益，严禁超定员组织生产，严禁强令劳动者超时限作业。并负责对关闭煤矿的从业人员培训和再就业安置等工作进行指导。

公安部门负责收缴关闭矿井的火工用品，注销民用爆破器材准用证；负责维护矿井关闭工作的治安秩序。

供电部门负责切断决定关闭矿井供电电源，拆除供电设施，查处地方供电部门向非法煤矿供电行为。

监察部门要把整顿关闭工作纳入行政监察的重要内容，对在整顿关闭工作中未认真履责的区县（自治县）人民政府、市政府有关部门及违规违纪人员，依法依规予以严肃处理；对逾期未完成整顿关闭任务的区县（自治县）人民政府主要领导和分管领导，提请市政府实施行政问责。

六、工作措施

(一) 细化矿权，停划资源。市国土资源管理部门要依照国办发〔2006〕82号文件细化矿业权设置有关规定，对煤炭资源接近枯竭的矿井予以明确界定，进一步提高煤矿关闭的可操作性。在2012年以前，不再受理核定生产能力6万吨/年以下煤矿增划煤炭资源的申请，停止煤矿探矿权审批（新矿区除外）。对煤矿区探矿工程已完工的，暂缓受理其采矿权申请。

(二) 提高门槛，严格把关。对设计能力15万吨/年以下的煤矿新建项目，市经济信息委和重庆煤监局在2012年前一律停止其项目立项、初步设计和安全专篇的受理和审批；对建设项目未经审批擅自施工的，一律按照国务院令第446号的有关规定，从严从重予以处罚。煤矿资源整合项目要按照“安全可靠，技术可行，经济合理”、“先关闭、后整合”的原则，从严审查。在煤矿的资源许可、生产许可和安全许可方面，有关职能部门要严格把关，不得降低审批标准和准入门槛。

(三) 完善相关配套措施。市、区县（自治县）财政负责落实小煤矿整顿关闭工作专项资金，主要用于整顿关闭补偿。市经济信息委、重庆煤监局积极向安监总局等有关部委进行协调，争取更多的政策支持。

七、工作要求

(一) 深化思想认识，加强组织领导。各产煤区县（自治县）人民政府、市政府有关部门、有关单位要充分认识小煤矿整顿关闭工作的重要性，牢固树立科学发展观，切实增强工作的责任感和紧迫感，真正把思想和行动统一到国务院和市委、市政府的决策及部署上来，切实做好小煤矿整顿关闭工作，为创建安全保障型城市提供有力保证。各产煤区县（自治县）要成立小煤矿整顿关闭工作领导小组及办事机构，组织实施本地区小煤矿整顿关闭工作；要切实落实小煤矿整顿关闭工作主体责任，主要领导负总责，分管领导具体抓，确保小煤矿整顿关闭工作依法有序进行。

(二) 严厉打击非法开采，加强关闭矿井监管。各产煤区县（自治县）人民政府要始终保持打击非法煤矿、防止死灰复燃的高压态势，加强监管，发现一处及时查处一处。对性质恶劣、后果严重的要移送司法机关依法严惩；要建立监管关闭煤矿和打击非法煤矿的工作责任制，把监管关闭煤矿的工作责任，落实到乡镇（街道）、村、社、户（非法煤矿井口所在地的土地或森林承包人）、矿（非法煤矿附近的合法煤矿），把打击非法煤矿的工作责任落实到安全监管、公安、国土、供电、乡镇（街道）等部门和单位，联合打击、齐抓共管。乡镇（街道）是监管关闭煤矿的责任主体，负责现场监管和信息报告；合法煤矿要积极配合关闭行动，并提供物质和技术支持。

(三) 采取多种措施，确保社会稳定。各产煤区县（自治县）要严格属地负责原则，坚持一手抓关闭、一手抓稳定，千方百计化解矛盾，做好职工安置和再就业等工作，确保社会安全和稳定。财政部门在整顿关闭工作经费等方面给予资金支持。发展改革部门要在项目、资金等方面给予关闭小煤矿企业转产扶持，确保平稳过渡。人力社保部门要打击非法用工，加大力度支持小煤矿企业关闭职工的培训和再就业等工作。民政部门要从低保、救济等方面给予关闭小煤矿企业的下岗困难职工帮扶。维稳部门要加大对关闭小煤矿企业和职工的思想疏导力度，切实做好稳定工作。

(四) 加强督查检查，严格考核奖惩。各产煤区县（自治县）人民政府要认真分解落实年度小煤矿整顿关闭目标任务，确保整顿关闭任务按时完成。市政府督查室要将小煤矿关闭目标任务纳入区县（自治县）人民政府政绩考核。整顿关闭工作期间，市小煤矿整顿关闭工作办公室要组织煤管、煤监、安监、国土、公安、监察、工商等部门，对整顿关闭工作进展情况进行检查督导。对工作不力、措施不落实，不能按期完成目标任务的区县（自治县），取消年度安全生产评优资格，并依法依规严格规追究有关人员的责任。

附件：重庆市小煤矿整顿关闭工作任务分解表

重庆市小煤矿整顿关闭工作任务分解表

2009年8月14日

序号	区县（自治县）	关闭矿山数	三年拟关闭合计数（个）	拟关闭煤矿（300个）		
				2009年	2010年	2011年
				100（个）	100（个）	100（个）
1	奉节县	98	28	6	11	11
2	永川区	84	23	6	8	9
3	开县	75	23	6	9	8
4	云阳县	68	21	4	9	8
5	巫山县	53	16	4	6	6
6	南川县	48	14	3	6	5
7	荣昌县	40	14	3	5	4
8	合川县	38	13	6	4	3
9	北碚区	38	13	3	4	6
10	万盛县	38	10	3	3	4
11	梁平县	31	11	4	4	3

（续表）

序号	区 县（自治县）	关闭矿山数	三年拟关闭合计数（个）	拟关闭煤矿（300个）		
				2009年	2010年	2011年
				100（个）	100（个）	100（个）
12	石柱县	28	8	3	2	3
13	渝北区	30	12	5	4	3
14	巫溪县	34	8	3	2	3
15	铜梁县	30	7	3	2	2
16	綦江县	27	7	3	2	2
17	大足县	26	8	4	2	2
18	万州县	25	10	3	3	4
19	长寿县	25	7	3	2	2
20	彭水县	25	6	2	2	2
21	武隆县	24	9	5	2	2
22	城口县	23	7	2	2	3
23	璧山县	18	5	2	2	1
24	垫江县	15	5	2	1	2
25	涪陵区	15	3	2	1	0
26	黔江区	13	4	2	1	1
27	秀山县	13	4	3	1	0
28	双桥区	10	3	3	0	0
29	丰都县	7	1	1	0	0
30	忠县	5	1	1	0	0
31	酉阳县	1	1	0	0	1
	合计	1005	300	100	100	100

关于关闭庐丰湾煤矿等四个煤矿的决定

2010年4月6日　武隆府发〔2010〕41号

有关乡镇人民政府，县政府有关部门，有关单位：

根据市政府《关于实施高危行业生产小企业整顿关闭工作的决定》（渝府发〔2009〕81号）、市政府办公厅《关于印发重庆市小煤矿整顿关闭工作实施方案的通知》（渝办发〔2009〕286号）、市政府办公厅《关于加快实施高危行业生产小企业整顿关闭工作的紧急通知》（渝办发〔2009〕338号）要求，经企业申请和县政府第33次常务会议研究，决定对武隆县三合煤炭有限公司庐丰湾煤矿、武隆县贵鑫煤炭有限公司大沱煤矿、武隆县宝利煤炭有限责任公司宝利煤矿等三个煤矿实施永久性关闭，对武隆县吉安煤炭有限公司富民煤矿实行先关闭再整合。请除富民煤矿外的上述煤矿，自发文之日起，立即停止一切井上井下作业；富民煤矿在2010年5月30日前，停止一切井上井下作业。请各煤矿业主

积极配合相关部门拆除设施设备，封填井筒，遣散从业人员。同时，有关乡镇人民政府要按属地管理原则，各司其职、各负其责，全力抓好小煤矿关闭工作，坚决杜绝死灰复燃和假关闭真生产的情况发生，并做好小煤矿关闭期间的安全维稳工作。

重庆市大渡口区人民政府关于在部分城区建立无煤区的通告

2010年7月23日　大渡口府发〔2010〕54号

为有效控制城区大气环境污染，进一步改善环境空气质量，保护人民群众身体健康，促进经济社会可持续发展，根据《重庆市主城区尘污染控制办法》(渝府令〔2005〕188号)和《重庆市人民政府关于印发重庆市主城蓝天行动实施方案（2008－2012年）的通知》（渝府发〔2007〕224号）的要求，经区政府研究决定，2010年，在我区新山村街道、跃进村街道渝钢社区、九宫庙街道百花社区和马桑溪社区建立“无煤区”。现就有关事项通告如下：

一、2010年“无煤区”建设范围：新山村街道、跃进村街道渝钢社区、九宫庙街道百花社区和马桑溪社区。

二、“无煤区”建设目标：“无煤区”内居民清洁能源使用率应达到100%，现有锅炉、工业炉窑和餐饮业、机关企事业单位、学校、医院及建筑工地食堂的炉灶和茶水炉一律使用清洁能源，禁止燃煤。“无煤区”内禁止新建燃煤设施和重污染行业的工业企业；禁止任何单位和个人在“无煤区”内销售和使用燃煤、重油、渣油等高污染燃料。

三、“无煤区”建设要求：“无煤区”创建范围内的所有燃煤设施必须于2010年8月15日前拆除或改用天然气、液化石油气、电等清洁能源。被责令限期整改的单位和个人在按要求完成燃料设施的清洁能源改造和整治后，向区环保局提交验收书面申请；未能限期改为清洁能源的单位和个人应实施停产改造、转产或搬迁。对违规使用燃煤的，区执法局、区环保局将依法予以取缔并进行行政处罚。

四、本通告执行中的具体问题，由区环保局负责解释。

五、本通告自发布之日起施行。

关于切实解决小煤矿关闭遗留问题的通知

2010年8月3日　武隆府办发〔2010〕207号

有关乡镇人民政府，县政府有关部门，有关单位：

为淘汰落后产能，优化产业结构，根据市政府《关于实施高危行业生产小企业整顿关闭工作的决定》（渝府发〔2009〕81号）、市政府办公厅《关于印发重庆市小煤矿整顿关闭工作实施方案的通知》（渝办发〔2009〕286号）要求，我县已于2010年6月30日前，完成全县9个煤矿的关闭任务。为切实解决被关闭煤矿的遗留问题，确保社会和谐稳定，经县政府同意，现将有关事项通知如下：

一、加强组织领导

有关部门、乡镇要充分认识解决小煤矿整顿关闭遗留问题的重要性，牢固树立科学发展观，切实增强工作的责任感和紧迫感，真正把思想和行动统一到县政府的决策及部署上来，切实做好遗留问题处理工作，为创建和谐武隆提供有力保证；要进一步明确责任，主要领导要亲自主持研究，分管领导要具体抓落实，确保煤矿整顿关闭遗留问题处理工作有序推进。由县经信委牵头，继续抽调县公安局、财政局、人力社保局、监察局、国土房管局、环保局等部门的工作人员统一办公，集中协调解决全县小煤矿关闭遗留问题，务必在2010年11月30日前全部处理完毕。

二、解决矛盾纠纷

有关乡镇要按照属地管理原则，认真清理辖区内的遗留问题，坚持一手抓关闭、一手抓稳定，千方百计化解矛盾纠纷，要努力做好职工的安置和再就业工作，协调解决周边群众水、电、道路畅通等工作，做到问题不上交，矛盾不扩大。针对职工合法权益受到损害，群众房屋裂缝、饮水困难，企业债务繁杂等问题，相关职能部门和乡镇要及时作出处理方案，妥善解决，切实保障职工、群众的合法利益，确保社会和谐稳定。

三、严格考核奖惩

为妥善解决小煤矿关闭遗留问题，全面完成小煤矿关闭工作任务，县政府将对小煤矿关闭工作遗留问题处理情况纳入年度综合考核，对工作不力、措施不落实，不能按期解决遗留问题的单位主要负责人要向县委、县政府作说明。县重点办要按期通报小煤矿关闭遗留问题解决情况，对工作完成不力、情况较差的单位要予以通报。

四、落实资金保障

为妥善处理小煤矿关闭遗留问题，县经信委、国土房管局、环保局要在煤矿产业调解资金、排污费、矿产资源补偿费上足额征收，并按照关闭补偿奖励资金需求，积极支付到位。

关于创建无煤区的通告

2010年8月13日　渝中府办〔2010〕180号

第一条　为有效杜绝渝中区燃煤污染，改善大气环境质量，确保全区人民群众的身体健康，根据《中华人民共和国大气污染防治法》、《重庆市环境保护条例》及《重庆市主城尘污染防治办法》等法律法规规章的规定，结合我区实际，制定本通告。

第二条　重庆市渝中区行政辖区属建设无煤区范围。

第三条　在重庆市渝中区行政辖区范围内禁止以下行为：

(一) 新建、改建、扩建燃煤设施；

(二) 销售和使用燃煤、重油、渣油等高污染燃料；

(三) 焚烧沥青、油毡、橡胶、塑料、皮革、垃圾以及其他产生有毒有害烟尘和恶臭气体的物质；

(四) 其他违反环境保护法律法规规章规定，污染大气环境的行为。

第四条　对在本通告施行后仍有违反本通告第三条规定行为的单位和个人，环保、市政等相关职能部门将依法查处。

第五条　本通告自发布之日起施行。

关于恢复完善征收煤炭价格调节基金的通知

2011年3月30日　渝府发〔2011〕23号

各区县（自治县）人民政府，市政府有关部门：

为了保障全市电煤电力供应，满足人们生活生产需要，在现行电、煤价格管理不对称的情况下，经2010年12月20日全市电煤电力保障工作紧急会议研究，决定恢复征收煤炭价格调节基金。经过今年以来的征收实践，提出了进一步完善征收煤炭价格调节基金的措施。现将有关事项通知如下：

一、充分认识恢复征收煤炭价格调节基金的意义

煤炭供应紧缺是我市长期面临的困难。当前，由于电煤供求矛盾加大，煤炭价格大幅上扬，电煤电力供应形势十分严峻，特别是在今年夏季、冬季用电高峰期间，电煤电力供应紧缺情况将更加突出。我市2008年开征的煤炭价格调节基金的实践证明，其对于优化煤炭资源配置、保障电煤供应、理顺煤电价格等都有积极作用。在当前电煤供应矛盾加剧的情况下，恢复征收在金融危机中暂停的煤炭价格调节基金十分必要。各区县（自治县）人民政府、市政府有关部门要从满足民生基本要求，创造发展基础条件，保持当前产业，特别是笔记本电脑基地建设的良好势头的高度来认识这项工作，切实组织实施到位。

二、进一步明确和完善煤炭价格调节基金征收管理政策

为增强煤炭价格调节基金征收政策的合理性，更有效地开展征收管理工作，对煤炭价格调节基金征收管理政策作如下明确：

(一) 恢复征收时间和用途。

自2011年1月1日起恢复征收煤炭价格调节基金，煤炭生产经营企业和个人在2010年12月31日以后销售的煤炭均应按本通知规定缴纳煤炭价格调节基金。对今年1－3月已经开征并上缴煤炭价格调节基金的区县（自治县）和企业要按照本通知规定予以结算，并由各地地税部门出具更正通知书送达当地国库进行调账处理。征收的煤炭价格调节基金全部用于组织电煤、电力供应，不得挪作他用。

(二) 调整煤炭价格调节基金征收方式和标准。

煤炭价格调节基金实行量价结合方式计征，即按照煤炭生产经营企业实际销售量和价格档次计征，其征收标准为：煤炭生产企业原煤出厂价格（含税价格，下同）每吨600元以上的，煤炭价格调节基金按每吨60元征收；原煤出厂价格每吨450－600元（不含600元）的，按每吨40元征收；原煤出厂价格每吨300－450元（不含450元）的，按每吨30元征收；原煤出厂价格每吨300元以下（不含300元）的，按每吨20元征收。洗精煤和焦煤分别按实际销售量每吨90元、105元征收。

销售除市内电煤以外的煤炭，其煤炭价格调节基金按上述规定标准征收。承担市内电煤供应的经营企业向市内火力发电企业（含企业自备电厂）销售煤炭，煤炭价格调节基金凭电煤销售发票载明的数量予以抵扣。

(三) 适当提高煤炭价格调节基金区县（自治县）留成比例。

为进一步增强区县（自治县）人民政府调控能力，适当提高区县（自治县）分成比例。区县（自治县）属煤炭企业缴纳的煤炭价格调节基金按市40%、区县（自治县）60%的比例分别纳入市、区县（自治县）两级财政；市属国有重点煤矿缴纳的煤炭价格调节基金按市70%、区县（自治县）30%的比例分别纳入市、区县（自治县）两级财政。

(四) 落实煤炭价格调节基金征收管理工作经费。

为有利于煤炭价格调节基金征收工作正常开展，各区县（自治县）人民政府可按煤炭价格调节基金区县（自治县）留成额的3%－5%安排财政预算支出作为煤炭价格调节基金征收管理工作经费，专项用于煤炭价格调节基金征收管理和总结表彰等工作经费开支。

(五) 煤炭价格调节基金实行分级征收。

鉴于市属重点煤矿煤炭生产销售由市能投集团统一经营，为切实提高煤炭价格调节基金征收效率，市属重点煤矿煤炭价格调节基金由市地税局直属分局统一向市能投集团统一征收，并按规定分成比例分别纳入市、区县（自治县）两级财政金库；区县（自治县）属煤炭生产经营企业煤炭价格调节基金由所在区县（自治县）地税部门征收，并按规定分成比例分别缴入市、区县（自治县）两级财政金库。未按比例足额缴入市级财政金库的，市财政局将在年终决算中予以扣回。

(六) 调整基金征期。

为与税收征期保持一致，方便基金缴纳者，基金征收时间与地方税务机关税收征期同步，即每月15日缴纳煤炭价格调节基金。

(七)其他有关规定。

除上述规定外，其他有关煤炭价格调节基金的征收使用管理仍按《重庆市煤炭价格调节基金征收使用管理办法（修订）》（渝府发〔2008〕99号）及市物价局、市发展改革委、市经济信息委、市国土房管局、市财政局、市地税局、人行重庆营管部《关于印发〈重庆市煤炭价格调节基金征收使用管理办法实施细则（修订）〉的通知》（渝价〔2008〕508号）规定执行。

三、加强煤炭价格调节基金征收管理

为促进煤炭价格调节基金征收工作有效开展，实现保电煤、保电力的目标要求，市政府有关部门将根据产煤计划，预测下达煤炭价格调节基金征收指导计划。由市政府督查室牵头组织对基金征收、电煤保障等进行督查。对完成计划任务较好的区县（自治县）予以表彰，对未完成任务的区县（自治县）予以通报批评。

关于印发《重庆市电力电煤补贴专项资金管理暂行办法》的通知

2011年6月29日　渝财企〔2011〕316号

有关区县（自治县）财政局、经信委（煤管局），市能源集团、市电力公司，有关发电企业：

为规范我市电力电煤补贴专项资金管理，充分发挥财政资金的政策引导作用，强化我市电力电煤保障工作，确保我市经济又好又快发展，我们制定了《重庆市电力电煤补贴专项资金管理暂行办法》，现印发给你们，请遵照执行。执行中有何问题，请及时向我们反映。

附件：重庆市电力电煤补贴专项资金管理暂行办法

重庆市电力电煤补贴专项资金管理暂行办法

第一章　总 则

第一条　为规范我市电力电煤补贴专项资金管理，充分发挥财政资金的政策引导作用，强化我市电力电煤保障工作，确保我市经济又好又快发展，根据《预算法》、《预算法实施条例》和财政预算管理的有关规定，制定本办法。

第二条　本办法所称重庆市电力电煤补贴专项资金（以下简称专项资金）是指市级财政通过煤炭价格调节基金收入、CNG附加收入、城市公用事业附加（电力附加）收入、相关专项资金以及预算安排等多渠道筹集，为保障我市电力电煤供应而设立的专项资金。

第三条　专项资金遵循“利益传导，补贴终端”的原则安排使用。

第四条　专项资金由市财政局和市经信委按各自职责共同管理。

市财政局负责专项资金预算管理和资金拨付，与市经信委共同拟定年度专项资金补贴方案，监督检查专项资金使用情况。

市经信委负责下达年度电力电煤保障方案，会同市财政局拟定年度专项资金补贴方案，配合市财政局监督检查专项资金使用情况。

第二章　补贴范围和标准

第五条　专项资金主要用于以下方面：

(一) 八大主力电厂市外购煤补贴；

(二) 市内供煤区县和能源集团超计划供煤补贴；

(三) 市电煤储运集团和八大主力电厂储煤补贴；

(四) 市电力公司计划外购电补贴；

(五) 市政府确定的其他补贴或电力电煤保障相关支出。

第六条　外购煤、超计划供煤补贴资金根据实际完成的市外购煤数量、超计划供应电煤数量计算补贴；外购电补贴资金根据计划外购电量计算补贴；储煤补贴资金主要根据6月30日和11月30日两个时点储煤数量并结合月度储煤任务完成情况计算补贴。

电煤补贴数量（含外购煤、超计划供煤、储煤）以实际到达电厂或储煤基地（固定储煤点）并且按照合同约定所有权已转移到电厂或市电煤储运集团的电煤数量为计算依据。

第七条　补贴标准根据财力状况和电力、电煤需求情况在年度补贴方案中确定，其中，外购电补贴实行阶梯标准；对超过储煤目标任务部分按补贴标准上浮50%予以补贴，对未完成储煤目标任务的，按所欠数量予以双倍扣回。

第三章　资金申报和拨付

第八条　专项资金实行“年中拨付，年度清算”，申报时间如下：

(一) 外购煤补贴资金由主力电厂按月（季）向市经信委、市财政局申报；

(二) 市内供煤区县超计划供煤补贴资金由区县经信委（煤管局）会同财政局于年度终了后次月向市经信委、市财政局申报；

(三) 能源集团超计划供煤补贴资金于年度终了后次月向市经信委、市财政局申报；

(四) 储煤补贴资金由市电煤储运集团和主力电厂于考核时点的次月向市经信委、市财政局申报；

(五) 市电力公司外购电补贴资金按季向市经信委、市财政局申报。

第九条　外购煤、储煤补贴资金申报数据须经企业主管部门或所在区县经信委（煤管局）复核确认，能源集团和市内供煤区县超计划供煤补贴资金申报数据须经主力电厂复核确认。

第十条　市经信委会同市财政局对相关申报材料审核后，由市财政局下达资金并拨付到相关单位。其中，市内供煤区县超计划供煤补贴资金由市财政局通过专项转移支付方式下达区县财政。

第十一条　其他补贴或电力电煤保障相关支出由市经信委会同市财政局根据市政府有关文件、会议纪要或其他相关规定共同审定后，由市财政局下达资金并拨付到相关单位。

第四章　监督检查

第十二条　专项资金接受审计、纪检、监察等部门监督检查。

市经信委、市财政局不定期委托社会中介机构对申报补贴数量和相关情况进行核查，对核查调减数量予以双倍扣回补贴资金。

第十三条　对于违反规定，有虚报骗取专项资金或其他违规行为的，市财政局将收回相关资金，同时，按照《财政违法行为处罚处分条例》（国务院令第427号）的规定进行处理，并依法追究有关单位和人员的责任。

第五章 附 则

第十四条 本办法由市财政局、市经信委负责解释。

第十五条 本办法自印发之日起施行。

关于切实做好关闭整顿小煤矿和煤矿安全生产工作的通知

2001年9月29日　川办发〔2001〕92号

关闭整顿小煤矿和搞好煤矿安全生产工作是党中央、国务院作出的一项重要部署，是煤炭行业结构调整的需要，是保护和合理利用煤炭资源，实现可持续发展战略的必然要求，是加强煤矿安全生产，整顿和规范市场经济秩序的重要措施。为认真贯彻《国务院办公厅关于进一步做好关闭整顿小煤矿和煤矿安全生产工作的通知》（国办发〔2001〕68号，以下简称《通知》）精神，不断巩固并进一步做好我省关闭整顿小煤矿和煤矿安全生产工作，经省政府同意，现就有关事项通知如下：

一、小煤矿关闭整顿工作的原则

这次我省关闭整顿小煤矿和搞好煤矿安全生产工作责任在地方，关键在县乡。必须坚持“统一领导，明确目标，分级负责，落实在县，保证进度”的原则，即由省人民政府统一领导，有关部门通力合作，各市（州）人民政府负责组织，县、乡人民政府负责具体实施；按照《通知》规定，凡属“四个一律关闭”的小煤矿，确保在2001年10月底前全部关闭，小煤矿整顿工作在2001年年底前全部结束，经整顿后仍不符合规定的，一律依法关闭。

经整顿后保留的小煤矿必须符合以下条件：具备安全生产条件和事故防范能力；布局合理，规模适度，符合环保要求；矿长和特殊工种人员取得职业资格证书，持证上岗。

二、加快小煤矿关闭工作进度

(一) 我省煤矿安全整顿前共有各类小煤矿9309个，经过两年多关井压产，已关闭6741个，目前尚有各类有证小煤矿2568个。经初步核查，《通知》规定“四个一律关闭”的小煤矿，即国有煤矿矿办小井、国有煤矿矿区范围（即国有煤矿采矿登记确认的范围）内的小煤矿、不具备基本安全生产条件的各类小煤矿、“四证”（即采矿许可证、煤炭生产许可证、营业执照、矿长资格证书）不全以及生产高灰高硫煤炭（含硫大于3%，灰分大于40%）的小煤矿，共有215个，必须按照《国务院办公厅关于关闭国有煤矿矿办小井和乡镇煤矿停产整顿的紧急通知》（国办发明电〔2001〕25号，以下简称《明电》）和《通知》要求，由市（州）人民政府组织，县、乡人民政府负责，于2001年10月底以前全部予以关闭。（各市（州）关闭小煤矿数量见附表）

(二) 小煤矿关闭工作必须按规定限期注销或吊销证照，炸毁井筒，填平场地，发布公告，并按要求恢复地表植被或复垦。

(三) 省政府将组织督查组分赴各地，明查暗访，对应关闭未关闭，非法无证生产，不符合安全条件的小煤矿提出名单，敦促各级政府限期予以关闭。

三、加大小煤矿整顿工作力度

(一) 除“四个一律关闭”之外，我省尚有2568个小煤矿列入这次整顿的范围。要把整顿的重点放在煤矿“一通三防”（通风、防火、防瓦斯、防尘）等安全设施的建设是否符合规定要求，安全生产是否符合煤矿安全规程和技术规范，煤矿矿长是否具备安全专业知识，特殊工种作业人员是否有职业资格证书，煤矿开采是否符合环保要求，排放污染物是否达到环保标准，资源利用是否合理，矿业秩序是否良好等方面。

(二) 全省小煤矿整顿工作于2001年年底前结束。经整顿后仍不符合《明电》、《通知》和《四川省小煤矿安全管理规定》以及《四川省安全生产委员会办公室关于转发〈四川省煤矿安全生产专项整治验收实施办法〉的通知》（川安办〔2001〕76号）中的有关规定、标准和要求的小煤矿，一律依法予以关闭。

四、积极稳妥做好验收工作

(一) 小煤矿整顿验收工作程序按照我省煤矿安全生产专项整治验收实施办法的规定进行。验收合格的小煤矿，由验收人员及乡（镇）、县（市、区）、市（州）政府负责人逐级签字，分批由省级有关部门联合审核，经省人民政府批准，并由省级有关部门核发“四证”后，方可恢复生产。

(二) 抓好小煤矿整顿验收试点工作。宜宾市为全省小煤矿整顿验收试点市。全省18个产煤市州中，每个市州至少应有一个整顿验收试点县。

(三) 小煤矿整顿验收中的有关具体要求。

1. 整顿验收工作按《四川省整顿小煤矿验收工作安排意见》（川煤并井办〔2001〕51号）进行。

部分地区已经市、县、乡三级政府验收同意，并由煤矿安全监察机构复查的小煤矿，要按照本规定的有关要求，停产复查，认真回头看，把安全整顿工作做扎实，并按《通知》的规定完备手续后，逐级上报，经省政府批准后换发“四证”，方可恢复生产。

2. 按照《通知》的规定，自本通知下发之日起，将“四证”的审核发放权力一律上收到省级有关部门。采矿许可证由省国土资源厅负责审核发放；煤炭生产许可证由省煤炭工业局负责审核发放；煤炭企业取得采矿许可证、煤炭生产许可证后，向省工商行政管理局申请换证；矿长资格证书由省煤炭工业局审核发放。

3. 负责审核发放“四证”的国土资源、煤炭、工商等有关部门，对本通知下发前发放的证照进行全面清理。凡是予以关闭的小煤矿持有的各种证照，有关部门要在2001年10月底前全部依法予以注销或吊销；凡属停产整顿的小煤矿持有的证照，经验收合格并经省政府批准恢复生产的，再重新核发种种执照；经整顿验收不合格，应予关闭的，有关证照要在2001年年底前全部注销或吊销。在小煤矿关闭整顿期间，暂停对小煤矿审核发放新的“四证”。

4. 加强煤矿安全整顿期间矿业秩序的整顿，严禁采矿权人以承包、转包和租赁等方式，将部分和全部采矿权转给他人开采。对已有的以承包、转包等方式开采矿产资源的，由国土资源部门认真清理，并依法严肃处理，坚决取缔和打击各种非法转让行为。

5. 严格劳动用工管理。小煤矿用工必须报当地劳动保障、公安部门备案。劳动保障和公安部门应对小煤矿用工依法进行监管。小煤矿从业人员必须与企业签订劳动用工合同，严禁女工从事井下劳动。煤矿井下作业人员必须接受国家认定的培训机构所组织的安全和操作技能培训，并取得相应的职业资格证书，未取得职业资格证书的人员，不得擅自上岗。

6. 各煤矿企业都要依据《煤炭法》和《四川省小煤矿安全管理规定》，依法为煤矿井下作业人员办理意外伤害保险，支付保险费，切实保障从业人员的权益。

五、落实责任依法监管

(一) 经省委、省政府明确，省关井压产工作领导小组负责这次贯彻《通知》关于关闭整顿小煤矿和煤矿安全生产工作，工作中要加强协调和指导。

关闭整顿小煤矿，责任在地方，关键是县、乡，各市、州、县（市、区）政府也要完善和建立煤矿整治领导机构，明确职责，切实把这项工作纳入重要的议事日程。特别是县、乡两级政府主要领导要亲自负责、具体抓，要层层建立责任制，并落实到人。各地要把关闭整顿小煤矿工作的成效作为考核县、乡两级领导政绩的重要内容。各市州政府和有关部门也要组织开展明查暗访，加强对小煤矿关闭整顿工作的督查督办。

(二) 在小煤矿整顿期间，对各县、乡主要领导和分管领导，不履行或者不正确履行职责，对本辖区内的煤矿非法生产失察，按照《中共四川省纪委、四川省监察厅关于印发〈关于违反煤炭行业关闭非法和布局不合理煤矿的政策规定的常政纪处分暂行规定〉》（川纪发〔1999〕7号）追究责任。要严厉查处关闭整顿小煤矿中暴露出的腐败问题。对各级政府工作人员利用职权参股办矿，收受贿赂，公开或暗地包庇袒护，使应关闭小煤矿迟迟未能关闭的，要一查到底，严肃处理。

(三) 切实加强煤矿安全监察工作，认真贯彻落实《煤矿安全监察条例》和《四川省人民政府办公厅印发四川煤矿安全监察局等部门关于〈煤矿安全监察条例〉实施意见的通知》（川办发〔2001〕29号），规范煤矿伤亡事故的调查处理，各市、（州）政府要支持煤矿安全监察机构开展工作，对煤矿发生的伤亡事故，一律由煤矿安全监察机构负责，并会同有关部门按照“四不放过”原则依法严肃查处。涉及追究法律责任的要及时移送司法机关，依法追究有关责任人的法律责任。

(四) 各级公安机关依法打击暴力抗拒关闭整顿小煤矿的行为，为关闭整顿小煤矿提供执法保障，要及时清理收缴关闭的小煤矿存放的易燃易爆物品。

(五) 按照《通知》要求，对未经验收，擅自组织生产，发生事故的，或已关闭又擅自恢复生产的小煤矿，由县（市、区）政府一律依法予以关闭。同时，要严肃追究有关直接责任人和当地政府负责人的责任。

(六) 在煤矿安全整顿期间，对有关部门及其工作人员徇私舞弊、滥发证照的，要严肃查处；导致发生特大责任事故的，要依照有关规定追究行政责任。

六、保持稳定，妥善处理关闭小煤矿工作中有关问题

(一) 在关闭整顿小煤矿工作中，要正确处理稳定与发展的关系，要确保社会和矿区的稳定。各级政府和有关部门要精心组织，改进作风，深入一线，向群众讲清政策，摆明道理，做过细的思想工作，取得群众的理解和支持。

(二) 各级政府要根据国家有关法律、法规和政策规定妥善安置被关闭小煤矿的职工，保持社会稳定。

(三) 关闭小煤矿过程中发生的费用，原则上由当地政府承担。部分关闭小煤矿和矿办小井职工安置任务重，地方财政确有困难的地区，由当地政府将有关问题报省煤炭行业关井压产领导小组，由省政府专题向国家反映，争取适当补助。

(四) 各新闻单位要密切配合关闭整顿小煤矿和煤矿安全生产工作，加强舆论监督，电视台、报纸要开辟专题、专栏，搞好报道。各地和有关部门要设立关闭整顿小煤矿和煤矿安全生产举报电话或电子信箱，方便群众举报。对举报有功人员要予以奖励，并切实保护举报人。

附件：四川省关闭整顿小煤矿情况表（略）

关于印发《四川省煤矿安全生产监管监察过错责任追究办法（试行）》的通知

2006年9月19日 川办发〔2006〕35号

《四川省煤矿安全生产监管监察过错责任追究办法（试行）》已经省政府同意，现予印发，请结合实际认真贯彻执行。

四川省煤矿安全生产监管监察过错责任追究办法（试行）

第一条 为进一步加强煤矿安全生产监管、监察工作，落实煤矿安全生产责任，严肃追究煤矿安全生产监管、监察中的过错行为，根据《中华人民共和国安全生产法》、《中华人民共和国煤炭法》、《国务院关于预防煤矿生产安全事故的特别规定》（国务院令第446号）、《四川省行政机关工作人员行政过错责任追究试行办法》（省政府令第193号）等有关法律法规，结合我省实际制定本办法。

第二条 本省各级行政机关和法律、法规授权的具有管理公共事务职能的组织以及行政机关依法委托的组织及其工勤人员以外的工作人员适用本办法。

企业事业单位、社会团体中由行政机关以委任、派遣等形式任命的人员以及其他对煤矿安全生产负有监管、监察职责的人员参照执行本办法。

第三条 任何单位和个人均有权向各级人民政府和有关职能部门举报煤矿安全生产监管、监察工作中存在的问题和行政过错行为。

各级人民政府和有关职能部门应当及时受理举报并调查处理，在相关工作中失职、渎职的，依法依纪追究责任。

第四条 过错责任人员的行为涉嫌违法的，移送司法机关依法处理。

对煤矿安全生产监管、监察过程中的过错责任认定及责任追究，法律、法规、规章另有规定的，从其规定。

第五条 各级人民政府有下列行为之一的，对其主要负责人、负有责任的相关负责人和其他责任人，视情节轻重，给予责令作出检查、通报批评、限期调离工作岗位、责令辞职、辞退等处理；构成违纪的，同时依法追究纪律责任。

(一) 发布与煤矿安全生产法律、法规、规章和政策规定相抵触的文件或规定的；

(二) 未制订本地区生产安全事故应急处理预案，未建立并落实预防煤矿生产安全事故责任制的；

(三) 未建立健全相关监管、监察制度并有效组织、领导和督促有关职能部门依法履行职责，对重大安全生产隐患失察的；

(四) 对煤矿重大安全生产隐患或生产安全事故不按规定及时上报、向有关职能部门通报或者采取有效防治措施的；

(五) 无正当理由，对有关职能部门依法提出的组织论证、关闭煤矿的申请或建议不按规定及时组织论证，不按规定作出是否关闭的决定并组织实施，或者对煤矿安全监察机构依法提出的其他监察建议拒不采纳的；

(六) 阻挠、干预、限制煤矿安全生产监察机构及其他有关职能部门依法履行职责的；

(七) 在履行有关工作职责过程中有其他过错的。

在乡、镇人民政府所辖区域内发现有非法煤矿并且没有采取有效制止措施的，对乡、镇人民政府的主要负责人以及负有责任的相关负责人，根据情节轻重给予降级以上的行政处分。

在县级人民政府所辖区域内1个月内发现有2处或者2处以上非法煤矿并且没有采取有效制止措施的，对县级人民政府的主要负责人以及负有责任的相关负责人，根据情节轻重给予降级以上的行政处分。

第六条 各级国土资源管理部门有下列行为之一的，对其主要负责人、负有责任的相关负责人和其他责任人，视情节轻重给予责令作出检查、暂扣或吊销执法证件、通报批评、限期调离工作岗位、责令辞职、辞退等处理；构成违纪的，同时依法追究纪律责任。

(一) 不按矿产资源规划设置探矿权、采矿权的；

(二) 不按法定权限和规定的条件、程序进行探矿权、采矿权的行政审批工作的；

(三) 在年检中发现采矿权人有违反矿产资源法律法规的行为未依法制止、处罚，达不到年检标准认定为年检合格的；

(四) 对发现的无证非法勘查开采、越层越界开采、非法转让探矿权、采矿权等行为，不按规定职责权限及时予以制止、处罚的；

(五) 对被责令停产整顿并提请暂扣采矿许可证的煤矿未予及时暂扣采矿许可证，或者对地方人民政府依法决定关闭并提请注销采矿许可证的煤矿不予依法注销或不及时注销采矿许可证的；

(六) 在履行相关工作职责的过程中有其他过错的。

第七条　各级煤炭行业主管部门有下列行为之一的，对其主要负责人、负有责任的相关负责人和其他责任人，视情节轻重给予责令作出检查、暂扣或吊销执法证件、通报批评、限期调离工作岗位、责令辞职、辞退等处理；构成违纪的，同时依法追究纪律责任。

(一) 制发与煤矿安全生产法律、法规、规章和政策规定相抵触的文件或规定的；

(二) 不依法履行日常监管职责，对煤矿违法生产造成安全生产隐患的行为不予及时制止、处理，隐瞒不报或者不按规定向上级报告或向有关职能部门通报的；

(三) 不按规定条件和程序核发煤炭生产许可证，或者使不符合继续取得煤炭生产许可条件的煤矿通过年检的；

(四) 对存在重大安全生产隐患的煤矿不依法责令停产整顿或提请政府予以关闭的；

(五) 对被责令停产整顿的煤矿未暂扣或不及时暂扣生产许可证，或者对地方人民政府决定关闭的煤矿不依法吊销或不及时吊销生产许可证的；

(六) 在煤矿瓦斯等级鉴定、煤矿生产能力核定中弄虚作假或者有其他重大失误的；

(七) 对煤矿新建、改建、扩建工程未按国家“三同时”要求履行法定手续擅自同意开工建设，未经设计审查擅自同意施工建设和未经竣工验收同意投产使用的；

(八) 不督促煤矿企业落实维简费、安全费的提取使用的；

(九) 在履行相关工作职责的过程中有其他过错的。

第八条　各级负责煤矿安全生产监督管理的部门有下列情形之一的，对其主要负责人、负有责任的相关负责人和其他责任人，视情节轻重给予责令作出检查、暂扣或吊销执法证件、通报批评、限期调离工作岗位、责令辞职、辞退等处理；构成违纪的，同时依法追究纪律责任。

(一) 不依法履行煤矿安全生产的日常性监督检查职责，对重大安全生产隐患失察的；

(二) 对存在重大安全生产隐患的煤矿不依法责令停产整顿或提请政府予以关闭并及时组织复查，或者在停产整顿矿井的验收中不按相关规定组织验收或在验收中弄虚作假的；

(三) 对煤矿企业存在的重大安全生产隐患不按规定及时向上级或者有关职能部门报告、通报的；

(四) 对煤矿超核定生产能力组织生产不及时制止、调查核实、纠正处理的；

(五) 不督促煤矿企业落实安全费的提取使用的；

(六) 不履行对煤矿井下作业人员安全生产教育和培训情况监督检查职责的；

(七) 对被责令停产整顿或关闭的煤矿未按有关规定在当地主要媒体公告，或者对停产整顿后验收合格的煤矿未按规定在同一媒体上公告的；

(八) 在履行煤矿安全生产监管职责过程中有其他过错的。

第九条　煤矿安全生产监察机构有下列情形之一的，对其主要负责人、负有责任的相关负责人和其他责任人依照有关规定，建议其上级主管部门进行责令作出检查、暂扣或吊销执法证件、通报批评、限期调离工作岗位、责令辞职、辞退等处理；构成违纪的，由行政监察机关或者上级主管部门依法追究纪律责任。

(一) 不按规定对煤矿安全生产开展定期监察、专项监察和重点监察的；

(二) 不按规定的条件和程序核发安全生产许可证，或者使不符合继续取得安全生产许可证条件的煤矿通过年检的；

(三) 对被责令停产整顿的煤矿未暂扣或者不及时暂扣安全生产许可证，或者对地方人民政府决定关闭的煤矿不依法吊销或不及时吊销安全生产许可证的；

(四) 对煤矿企业存在的重大安全生产隐患不按规定及时上报或及时向地方人民政府通报的；

(五) 对存在重大安全生产隐患或经整顿后未达到安全生产条件的煤矿，不依法责令停产整顿或提请政府予以关闭的；

(六) 不按规定条件和程序核发矿长资格证、矿长安全资格证、特种作业人员资格证，或者对煤矿矿长、特种作业人员持证上岗情况，不依法履行监督检查职责的；

(七) 对煤矿新建、改建、扩建工程的安全设施未经审查和竣工验收同意投产使用的；

(八) 在履行煤矿安全生产监察职责过程中有其他过错的。

第十条 国有及国有控股煤矿企业有下列情形之一的，对企业法定代表人及负有责任的相关责任人、其他责任人中由国家行政机关任命的人员，视情节轻重给予责令作出检查、通报批评、限期调离工作岗位，责令辞职、辞退、解聘等处理；构成违纪的，同时依法追究纪律责任。

(一) 未依法取得相关许可证照擅自从事生产的；

(二) 未制订本企业矿井灾害预防与处理计划和生产安全事故应急处理预案，未建立并落实本企业煤矿生产安全事故责任制的；

(三) 超核定生产能力组织生产的；

(四) 不执行有关行政职能部门依法作出的限期整改、停产整顿、关闭及其他有关行政处罚决定或行政处理措施的；

(五) 对本企业存在的安全生产隐患不采取有效措施治理、整改并按规定向有关职能部门报告的；

(六) 无证非法勘查开采、越层越界开采、非法转让探矿权、采矿权，或者非法用探矿权、采矿权作抵押的；

(七) 不按规定标准提取使用安全费和维简费并进行企业安全生产投入的；

(八) 不按规定设置安全生产监管机构并配备人员，不按资质等级标准使用特种从业人员，不按规定组织职工进行安全生产知识、技能培训的；

(九) 有其他过错行为造成重大安全生产隐患的。

国有及国有控股企业可参照本办法的规定对责任人中由企业任命的人员实施责任追究。

第十一条 各级国家行政机关及其工作人员在履行相关工作职责的过程中有滥用职权、玩忽职守、徇私舞弊等行为的，视情节轻重给予暂扣或吊销行政执法证件、通报批评、限期调离工作岗位、责令辞职、辞退等处理；构成违纪的，同时依法追究纪律责任。

第十二条 国家行政机关工作人员和国有企业负责人违反国家规定投资入股煤矿（依法取得上市公司股票的除外），或者对煤矿的违法行为予以纵容、包庇的，根据情节轻重给予降级以上的行政处分。

第十三条 对过错责任人员的调查处理及控告申诉依照《四川省行政机关工作人员行政过错责任追究试行办法》的有关规定处理。违反党纪的，按党组织隶属关系调查处理。

处理决定作出后，责任单位、责任人员所在地方人民政府及其有关职能部门应当认真组织执行。对执行中滥用职权、玩忽职守、徇私舞弊的，依纪依法追究责任。

第十四条 行政监察机关依照《中华人民共和国行政监察法》及其实施条例的规定对国家行政机

关及其工作人员、国家行政机关任命的其他人员履行煤矿安全生产监管、监察职责的情况实施监察。

对违反本《办法》的过错人员，行政监察机关可以提出《办法》规定的纪律处分以外的责任追究建议，有关单位无正当理由的，应当采纳。

第十五条　对其他非煤矿山安全生产监管监察工作中的过错责任追究，参照本办法执行。

第十六条　本办法由四川省监察厅负责解释。

第十七条　本办法自颁布之日起施行。

关于印发《四川省煤矿节后复产验收工作方案》的紧急通知

2008年2月15日　川安监〔2008〕47号

各市（州）煤矿安全监管部门、煤炭行业管理部门、各煤监分局：

为认真贯彻落实国家安全生产监督管理总局、国家煤矿安全监察局《关于切实做好放假、停产检修煤矿节后复产工作的紧急通知》（安监总明电〔2008〕2号）、《关于加强灾区供电线路受损煤矿安全生产工作的紧急通知》（安监总明电〔2008〕3号）等文件要求，结合四川煤矿实际情况，特制定《四川省煤矿节后复产验收工作方案》。现印发给你们，请认真组织贯彻落实。

附件：四川省煤矿节后复产验收工作方案

四川省煤矿节后复产验收工作方案

为认真贯彻落实国家安全生产监督管理总局、国家煤矿安全监察局《关于切实做好放假、停产检修煤矿节后复产工作的紧急通知》（安监总明电〔2008〕2号）、《关于加强灾区供电线路受损煤矿安全生产工作的紧急通知》（安监总明电〔2008〕3号）要求，特制定煤矿节后复产验收工作方案。

一、工作目标

全省煤矿节后安全有序复产，杜绝节后复产煤矿发生较大以上事故，有效遏制一般事故，确保全省煤矿安全生产形势进一步稳定好转。

二、工作内容

(一) 制订并落实煤矿复产验收方案，防止煤矿盲目恢复生产。各煤矿企业要制订完善的复产安全保障措施，特别是对因冰雪灾害影响停电的矿井要在情况清楚、准备充分的基础上，按照“一矿一策”的要求制定安全保障措施，所有煤矿必须按照安全保障措施做好复产前的事故隐患自查和整改工作；各产煤市（州）要制定煤矿节后复产验收方案，确保煤矿复产验收工作安全有序进行。

(二) 确保煤矿供电系统安全、可靠。各煤矿企业要对供电系统进行检查，保证主扇、排水、瓦斯抽放的电源和通讯系统的正常工作；要制定落实停电预案，一旦停电必须立即撤出井下作业人员；要制定落实恢复供电生产安全保障措施，严格恢复送电送风的程序；要监测监控井下水位，采取措施排水防止淹井。供电系统不能确保稳定可靠的矿井不能恢复生产。

(三) 检查和恢复通风系统。重点检查通风系统是否畅通，通风设施是否完好，凡通风系统不合理或主要扇风机运行不正常，安全监控系统使用不正常的矿井不得恢复生产；各煤矿企业要严格执行瓦斯管理的各项制度，特别是要严格瓦斯排放制度，凡停电停工矿井必须由煤矿专业救护队进行瓦斯排放后方可复工，不得自行组织煤矿工人排放瓦斯，严禁“一风吹”排放瓦斯。

(四) 全面排查矿井作业场所的安全隐患。要严格执行煤矿企业负责人和生产经营管理人员下井带班制度；要严格执行“敲帮问顶”制度，认真检查矿井巷道和采掘工作面的情况，凡支护密度和强度达不到要求的，不准恢复生产；对提升运输系统、排水系统进行认真检查，凡存在严重安全隐患，不准恢复生产。

(五) 认真组织复工培训学习。各煤矿企业在复产前必须由矿长组织从业人员认真进行培训教育，贯彻安全生产方针政策、宣讲煤矿安全作业规程规定、学习煤矿复产安全技术措施、强调复产后的注意事项，并做好记录备查；煤矿企业新招录的工人必须按规定进行岗前培训，并签订劳动合同和参加工伤保险，特种作业人员必须持证上岗。

三、工作程序

煤矿企业必须认真做好复产前的自查工作，并将自查中发现的隐患整改完成后，报县（市、区）煤矿安全监管部门和煤炭行业管理部门共同审核。县（市、区）煤矿安全监管部门和煤炭行业管理部门接到煤矿企业申请复产验收的申请后必须及时认真组织检查验收，验收合格的煤矿报经县（市、区）政府主管领导签字同意并下达书面通知后方可恢复生产。

四、工作要求

(一) 要高度重视，加强领导，切实抓好煤矿节后复产验收工作。各县（市、区）要成立煤矿节后复产验收工作领导小组，负责本区域的煤矿复产验收工作，分期分批有计划的组织验收；各煤监分局要加强对煤矿节后复产验收工作的督促和指导，确保煤矿节后复产验收工作安全有序进行。各级煤矿安全监管、煤炭行业管理部门和各煤矿安全监察分局要加强对复产矿井的监管监察，防止复产煤矿超能力、超强度、超定员组织生产。

(二) 要周密部署，精心组织，认真落实煤矿复产验收方案。各级煤矿安全监管部门、煤炭行业管理部门和各煤矿企业要对节后复产验收工作精心安排，周密部署，认真组织开展复产验收工作。各煤矿企业法定代表人（包括实际控制人）必须认真组织做好复产前的自查工作；各市（州）、县（市、区）要分区域召开煤矿业主、矿长参加的节后复产验收工作会议，要制定节后复产验收标准、明确复产验收程序、严格复产验收的安全技术措施，煤矿驻矿安监员要驻矿监督指导，确保煤矿节后复产验收工作安全有序进行。

(三) 严格标准，执行煤矿节后复产验收工作责任追究。要逐级建立健全严格的复产验收责任制，按照“谁主管，谁负责”、“谁验收、谁签字、谁负责”的原则，落实领导责任，做到分兵把关，确保职责明晰、任务明确、责任到人、工作到位。验收工作人员要认真履行职责，严格执行各项验收考核标准，对于在检查验收工作中发现的安全隐患，要及时进行处理，不具备恢复生产条件的煤矿坚决不能恢复生产。凡在复产验收工作中降低标准、把关不严、弄虚作假等造成事故的，要对有关责任人和单位严肃追究责任。

(四) 发挥联动机制，加大协调力度，促进煤矿复产验收工作。各级煤矿安全监管、煤炭行业管理部门和各煤矿安全监察分局要在当地政府领导下，严格按照煤矿复产验收标准，从本地区煤矿实际情况出发，研究制定复产验收工作方案，并按照安全生产条件好、生产规模大、供电煤煤矿优先复产的原则排出不同时段的复产验收煤矿名单报省安监局、省经委和四川煤监局。列入2月25日前复产验收的煤矿名单于2月17日18时前上报，列入3月2日前复产验收的煤矿名单于2月20日18时前上报。

(五) 省安监局、省经委、四川煤监局近期将组织督查组，对煤矿复产验收工作进行督查（附督查组名单）。各产煤市（州）煤矿安全监管部门、煤炭行业管理部门、各煤监分局要在3月15日前将本区域煤矿节后复产验收工作和督促检查情况分别报省安监局、省经委和四川煤监局。

请各市（州）煤矿安全监管部门及时将本通知转发到辖区内所有煤矿企业。

关于印发《四川省矿山地质环境恢复治理保证金管理暂行办法》的通知

2008年3月20日　川府函〔2008〕75号

各市（州）人民政府，省直各部门：

《四川省矿山地质环境恢复治理保证金管理暂行办法》已经省政府第2次常务会审议通过，现予印发，请遵照执行。

四川省矿山地质环境恢复治理保证金管理暂行办法

第一条　为保证采矿权人履行保护和恢复治理矿山地质环境的义务，规范矿山地质环境恢复治理保证金的收缴、管理和使用，根据《四川省地质环境管理条例》和国家有关规定，制定本办法。

第二条　矿山地质环境恢复治理保证金（以下简称保证金），是指采矿权人为履行矿山地质环境恢复治理义务而缴纳的保证资金。

采矿权人应当按照本办法规定缴纳保证金。

第三条　保证金的缴纳标准，由省国土资源行政主管部门依据采矿许可证批准面积以及矿山开采对地质环境的影响程度确定（具体收取标准见附件），并可视情况每3年调整一次。

第四条　保证金由矿区所在地县级财政行政主管部门负责收取，县级国土资源行政主管部门负责具体收取。矿区范围跨行政区域的，保证金由其共同的上一级财政行政主管部门负责收取，同级国土资源行政主管部门负责具体收取。

保证金由同级财政行政主管部门和国土资源行政主管部门共同负责管理。

第五条　采矿许可证有效期3年（含3年）以内的，采矿权人应当在2年内缴清保证金。

采矿许可证有效期4至10年（含10年）的，首次缴纳保证金的数额不得低于应缴总额的30%，余额应每1年缴纳1次，每次缴纳数额不得低于余额的25%；11至20年（含20年）的，首次缴纳保证金的数额不得低于应缴总额的20%，余额应每1年缴纳1次，每次缴纳数额不得低于余额的20%；20年以上的，首次缴纳保证金的数额不得低于应缴总额的20%，余额应每1年缴纳1次，每次缴纳数额不得低于余额的15%。剩余保证金必须在采矿许可证有效期满1年前全部缴清。

第六条　采矿权人在收到准予登记之日起15个工作日内，与负责收取保证金的国土资源行政主管部门签订《矿山地质环境恢复治理责任书》，在领取采矿许可证时一并缴纳保证金。

本办法施行前已经取得采矿许可证的采矿权人，应当在办理采矿许可证年检的同时，与负责收取保证金的国土资源行政主管部门签订《矿山地质环境恢复治理责任书》，缴纳保证金。

《矿山地质环境恢复治理责任书》样式由省国土资源行政主管部门统一制订。

第七条　采矿权人变更矿区范围或主采矿种、开采方式的，负责收取保证金的国土资源行政主管部门应当按变更后的矿区面积或主采矿种、开采方式重新核定应缴纳的保证金数额。采矿权人应与国土资源行政主管部门重新签订《矿山地质环境恢复治理责任书》，并按重新核定的保证金数额缴纳保证金。

第八条　采矿权人转让采矿权，保证金一并转让的，由采矿权的受让人承担矿山地质环境恢复治理义务。

保证金不转让的，采矿权转让人应当完成《矿山地质环境恢复治理责任书》规定的矿山地质环境恢复治理工作；同时采矿权受让人按照本办法规定继续缴纳保证金。

第九条 采矿许可证期满，采矿权人申请延续登记的，应重新计算应缴纳的保证金数额，与负责收取保证金的国土资源行政主管部门重新签订《矿山地质环境恢复治理责任书》。原缴纳的保证金合并计算。

第十条 矿山停办、关闭或者闭坑前，采矿权人应当完成矿山地质环境恢复治理工作，向国土资源行政主管部门提出书面验收申请，并提交矿山地质环境恢复治理报告。

经验收合格的，由国土资源行政主管部门签发矿山地质环境恢复治理验收合格通知书，并向同级财政行政主管部门提交应返还保证金本金的缴款证明及利息计算的相关资料，财政行政主管部门审核后办理资金退付。

矿山地质环境恢复治理不符合要求的，由国土资源行政主管部门责令限期治理。逾期不恢复治理或者限期治理仍然达不到要求的，保证金暂不予返还，由国土资源行政主管部门通过向社会公开招标等方式，组织有关单位用保证金进行恢复治理。保证金用于恢复治理后有余额的，应予以返还；保证金用于恢复治理不足部分由采矿权人承担。

第十一条 采矿权人在采矿过程中应当边开采边治理。采矿权人要求对分期恢复治理工程进行验收的，应书面提出申请。经验收合格的，由国土资源行政主管部门签发矿山地质环境恢复治理验收合格通知书，并按已恢复治理的面积计算应返还保证金本金及利息，相关资料报经同级财政行政主管部门审核后办理资金退付。

采矿权人边开采边治理的，可以按治理工程进度向收取保证金的有关行政主管部门申请使用保证金，但申请使用的保证金数额应不超过已缴纳保证金总数的50%。

第十二条 国土资源行政主管部门会同环境保护等有关行政主管部门在20个工作日内根据矿山地质环境恢复治理责任书、有关技术标准和验收规范，以及矿山地质环境影响评价报告等组织验收。验收结果报上级国土资源行政主管部门备案。

有关技术标准和验收规范，由省国土资源行政主管部门制订。

第十三条 保证金收取必须使用由财政部门统一监制的《四川省非经营性结算统一收据》。

第十四条 保证金的收缴实行“票款分离”，统一纳入同级财政专户，按代管资金管理。

对按规定予以返还的保证金，由国土资源行政主管部门向同级财政行政主管部门提出申请，财政行政主管部门审核同意后，将应返还的保证金及利息返还给采矿权人，财政专户在做会计处理时冲销保证金收入。

对按规定不予返还的保证金本金及利息收入，作为同级财政的非税收入，定期清算后缴入同级财政国库，实行“收支两条线”管理，专项用于该矿山地质环境的恢复治理工作。

第十五条 开采矿产资源给他人造成损失的，由采矿权人按照有关法律、法规的规定承担赔偿责任，赔偿费用不得从保证金中支付。

采矿权人因违法受到行政处罚或者因其他原因终止采矿的，不免除矿山地质环境恢复治理义务。

第十六条 严肃财经纪律，加强对保证金收缴、使用的监管。政府负责人和行政主管部门及其工作人员坐支、侵占或挪用保证金，违规收取保证金，或者在工作中玩忽职守、徇私舞弊、滥用职权的，由任免机关或者监察行政机关依法对直接责任人及其他责任人员给予处分；构成犯罪的，依法追究刑事责任。对被挪用的保证金，本级政府要负责限期补齐并向坐支、侵占或挪用保证金的单位和个人追回。

第十七条 本办法自2008年5月1日起施行。

附件：四川省矿山地质环境恢复治理保证金缴纳标准（略）

关于印发《四川省煤炭价格调节基金征集使用管理办法（试行）》的通知

2008年7月20日　川府发〔2008〕22号

《四川省煤炭价格调节基金征集使用管理办法（试行）》已经省政府同意，现予印发，请遵照执行。

四川省煤炭价格调节基金征集使用管理办法（试行）

第一条　针对我省电源结构特点和煤炭资源赋存条件，为有效缓解电煤供应日益紧张的矛盾，为“5•12”汶川特大地震灾后恢复重建、加快发展提供电煤保障，根据《中华人民共和国价格法》有关规定，结合四川实际制定本办法。

第二条　本办法所称煤炭价格调节基金是指政府为调节煤炭市场供求关系，促进省内电煤生产，调节电煤价格，确保电煤稳定供应，依法向省内煤炭生产企业征集的专项基金。

第三条　四川省电力工作领导小组（以下简称省领导小组）负责煤炭价格调节基金征集、使用、管理和监督的领导工作。四川省电力工作领导小组办公室（以下简称省领导小组办公室）负责全省煤炭价格调节基金的日常管理及相关协调工作。

第四条　各产煤市（州）、扩权试点县（市）成立以政府分管领导为组长的煤炭价格调节基金工作领导小组，负责所在地区煤炭价格调节基金的征集督促、管理和分成基金的使用、监督领导工作，支持、配合地税部门征收煤炭价格调节基金。省直有关部门根据各自职能履行煤炭价格调节基金的征集、使用、管理和监督职能，确保足额征集、专款专用。

第五条　为合理分担电煤生产供应的社会责任，凡在本省行政区域内从事煤炭开采、洗选、炼焦的各类煤炭生产企业均应缴纳煤炭价格调节基金。煤炭价格调节基金按煤炭开采、洗选、炼焦企业实际销售的原煤（含洗混煤）、洗精煤、焦炭数量征收。征收标准为：原煤（含洗混煤）40元/吨、洗精煤60元/吨、焦炭70元/吨。洗精煤、焦炭生产企业购进已缴纳煤炭价格调节基金的原料煤，可凭供货方提供的有效凭证相应抵扣煤炭价格调节基金。

根据煤炭市场情况、电煤供求情况和灾后恢复重建情况，经省人民政府批准可适时调整或取消煤炭价格调节基金。

第六条　煤炭价格调节基金由地税部门使用省财政厅印制的政府非税收入票据，在对煤炭开采、洗选、炼焦企业征收税费时一并征收，按规定的期限直接解缴到省财政预算外收入专户，由财政纳入预算外管理。

第七条　从事煤炭开采、洗选、炼焦的企业应于每月10日前向当地主管地方税务机关申报缴纳煤炭价格调节基金。不按期缴纳的，由地税部门负责追缴，并从欠缴之日起每天按欠缴基金总额的千分之二加收滞纳金。

第八条　对向主网火电厂、地方火电厂和企业自备电厂供应电煤的电煤生产企业所缴纳的煤炭价格调节基金实行先征后返。

第九条　煤炭价格调节基金主要用于促进电煤生产供应与储备，其主要使用范围为：

(一) 电煤供应补贴。对向主网火电厂、地方火电厂和纳入统调的企业自备火电厂供应电煤的煤炭企业给予补贴；

(二) 电煤丰存枯用储备补贴、电煤应急调度价格补贴；

(三) 地税部门代征手续费；

(四) 经省领导小组批准的其他用途。

第十条 实际征集的煤炭价格调节基金在退还供应电煤所缴纳的煤炭价格调节基金、提取主网火电厂和纳入统调的企业自备火电厂电煤供应补贴资金、电煤丰存枯用储备补贴和电煤应急调度价格补贴、拨付代征手续费、领导小组批准的其他用途支出后，余下部分按省40%、产煤市（州）和扩权试点县（市）60%的比例在省与产煤市（州）、扩权试点县（市）之间进行分配，各级分配所得资金的用途必须符合本办法第九条规定，不得挪作他用。对地方火电厂供应电煤的补贴由地方火电厂所在市（州）或县（市、区）负责。当年结余的煤炭价格调节基金滚存至下一年使用。

各产煤市（州）及扩权试点县（市）之间按各市（州）、扩权试点县（市）实际征收上缴的煤炭价格调节基金占全省的比例进行分配。分配给产煤市（州）、扩权试点县（市）的煤炭价格调节基金，由省财政厅以预算外资金专款形式下达。

各产煤市（州）对产煤县（市、区）的分配办法由产煤市（州）确定。

第十一条 煤炭价格调节基金代征部门的手续费，由省财政厅按实际入库煤炭价格调节基金1.5%的比例统一拨付给省地方税务局，在该项资金中列支。

第十二条 煤炭价格调节基金支出按照省领导小组批准的预算或计划安排使用，不得挪作他用。煤炭价格调节基金使用部门和单位要建立健全有关财务管理和会计核算制度，对煤炭价格调节基金实行专账核算。煤炭价格调节基金使用单位要向省领导小组办公室报送资金年度使用计划、资金使用情况季度报告和年度决算、项目决算报告，领导小组办公室要按照规定向省领导小组和财政部门报送年度基金收支计划（预算）和决算。

第十三条 煤炭价格调节基金执收、管理及使用部门和工作人员以及相关企业和个人违反本办法规定的，按照《财政违法行为处罚处分条例》相关规定处理。构成犯罪的，依法追究刑事责任。

第十四条 本办法自2008年8月1日起施行。各产煤市（州）、扩权试点县（市）制定的向煤炭行业征收价格调节基金或价格调节资金等有关政策、规定一律停止执行，按本办法执行。各地不得以任何形式向煤炭生产企业征收没有法律、法规依据的其他费用。

第十五条 省领导小组办公室会同相关部门根据本办法制定实施细则，并负责本办法及实施细则的解释。

贵州省

贵州省《探矿权采矿权招标拍卖挂牌管理办法》的意见

2004年1月19日　黔国土资发〔2004〕002号

各州（市、地）、县（市、区、特区）国土资源局，各开发区国土资源分局：

为了全面贯彻执行国土资源部《探矿权采矿权招标拍卖挂牌管理办法》，推进矿权市场建设，优化资源配置，规范探矿权、采矿权招标拍卖挂牌活动，维护探矿权人、采矿权人合法权益，促进矿业经济发展,经省人民政府批准,现就有关具体问题提出以下实施意见，请遵照执行。

一、自2003年8月1日起，除本《意见》第“二、三”条规定情形之外，申请以行政审批方式新授予探矿权、采矿权的，一律停止受理、办理或审批。新授予探矿权、采矿权，按照国土资源部《探矿权采矿权招标拍卖挂牌管理办法》的规定采用招标拍卖挂牌的方式进行。

二、2003年8月1日以后，有下列情形之一的，新授予探矿权、采矿权不进行招标拍卖挂牌，仍按法律、法规的原相关规定，采取行政审批的方式：

(一) 探矿权人依法申请其勘查区块范围内采矿权的。

(二) 符合矿产资源规划或矿区总体规划的矿山企业的接续矿区，已设采矿权的矿体上下部需要统一开采的区域。

(三) 为国家、省重点基础设施建设项目提供建筑用矿产的。

(四) 为实施国家、省重点建设项目，需整体规划、部署开发建设，经省人民政府正式行文明确指定特定业主进行矿产资源勘查、开发的勘查区域、矿产地。

(五) 为满足一定时期贵州经济发展、结构调整和资源配置宏观统筹的需要，经省人民政府批准，对一定专项或重点规划的区域、矿产地或矿种，进行勘查、开发的。

(六) 先予申请国家和省级矿产资源勘查专项规划划定的勘查区块外，未进行过勘查工作的矿权空白地，进行矿产资源勘查的。

(七) 法律法规另有规定或因特殊情形，不适宜进行探矿权、采矿权招标拍卖挂牌的勘查区块、矿产地。

三、有下列规定情形之一的，新授予探矿权、采矿权也不进行招标拍卖挂牌，采取协议授予的方式：

(一) 2003年8月1日前，各级矿权登记管理机关在权限内已受理探矿权、采矿权登记发证申请的，以及已受理申请人为办理探矿权、采矿权登记发证而提交地勘设计或地勘计划审查、划定矿区范围、矿产资源储量评审与占用储量登记、地质灾害危险性评估、矿权价款评估结果的确认与备案、矿产资源开发利用方案评审等申请的。但2003年8月1日前，探矿权人依法申请其勘查区块范围内采矿权; 申请未进行过勘查工作或达不到普查工作程度的矿权空白地探矿权，仍采取行政审批的方式授予探矿权、采矿权。

(二) 勘查许可证、采矿许可证有效期届满，探矿权人、采矿权人依法申请国家出资形成,且其未缴纳过矿业权价款的矿产地探矿权、采矿权延续或探矿权保留的。

(三) 探矿权、采矿权转让中，受让国家出资形成的矿产地，且原矿权人未缴纳过矿业权价款的区

域的探矿权、采矿权。

(四) 采矿权人申请扩大矿区范围变更登记中，扩大部分的采矿权。

(五) 法律法规另有规定或因特殊情形,应当采取协议授予探矿权、采矿权的。

四、探矿权、采矿权的招标拍卖挂牌必须整体规划、稳步推进，必须符合矿产资源规划探矿权、采矿权的招标拍卖挂牌年度计划的编制，应当事先征求有关综合经济部门或相关行业部门的意见，煤炭等相关行业部门可以根据本行业的产业发展规划，提出探矿权、采矿权招标拍卖挂牌的相关建议计划，作为国土资源管理部门编制全省探矿权、采矿权招标拍卖挂牌年度计划的依据之一。

五、探矿权、采矿权招标拍卖挂牌应当遵循以下主要工作程序：

(一) 依据矿产资源规划及其专项规划、有关行业部门的建议，编制招标拍卖挂牌年度计划；

(二) 省人民政府或上级国土资源管理部门对招标拍卖挂牌年度计划进行审批；

(三) 根据年度计划编制招标拍卖挂牌具体实施方案；

(四) 探矿权、采矿权评估并确定标底、底价；

(五) 信息发布；

(六) 行业准入(仅限于煤炭开采)或有关办矿资质（资格）审查，确定竞标、竞买人范围；

(七) 组织招标拍卖挂牌；

(八) 签订成交确认书，颁发勘查许可证或采矿许可证。

六、以协议的方式授予探矿权、采矿权，须遵守以下规定:

(一) 矿权协议授予的协议主体，一方应是探矿权或采矿权申请人，另一方应是有权限的勘查许可证、采矿许可证登记发证机关或其委托的下级国土资源管理部门。

(二) 探矿权、采矿权协议收入的协商及协议书的签署，设定在探矿权、采矿权申请人按照探矿权、采矿权原行政审批法定程序，办理完勘查许可证、采矿许可证颁发前所有审批、评审、确认等手续并已提交、缴纳有关应交资料与费、款后，矿权审批机关登记发放勘查许可证、采矿许可证的前一工作环节进行。

(三) 协议授予探矿权、采矿权的协议收入，原则上不得低于按以下方式确定的最低价:

1. 达到普查工作程度以上、矿权已灭失的勘查区块的探矿权协议最低价，不得低于经评估的探矿权评估价、拟批准的勘查许可证有效期内应缴纳的法定的探矿权使用费总和、矿权协议工作成本的三项之和。

达不到普查工作程度、矿权已灭失的勘查区块的探矿权授予，按本《意见》第“二”条第六款办理。

2. 采矿权协议最低价不得低于经评估的采矿权评估价、拟批准的采矿许可证有效期内应缴纳的法定的采矿权使用费总和、矿权协议工作成本的三项之和。

(四) 因探矿权、采矿权协议收入低于规定的最低价或其他原因，而不能达成协议的，不予登记颁发勘查许可证、采矿许可证，对该勘查区块或矿产地的探矿权、采矿权一律进行招标拍卖挂牌。

(五) 以协议方式授予探矿权、采矿权所收取的协议收入由勘查许可证、采矿许可证登记发证机关按现行财务制度管理使用。

(六) 协议授予探矿权、采矿权中，涉及探矿权、采矿权评估的，比照国土资源部《探矿权采矿权评估管理暂行办法》的有关规定和技术规范进行。

(七) 探矿权、采矿权的评估机构，根据各地工作量的大小，由勘查许可证、采矿许可证登记发证机关采取招标的方式，择优确定若干家有矿权评估资格的中介组织承担。

七、各级国土资源管理部门组织探矿权、采矿权招标拍卖挂牌或以协议方式授予探矿权、采矿权，必须按照《矿产资源勘查区块登记管理办法》、《矿产资源开采登记管理办法》、《贵州省矿产资源条例》规定的探矿权、采矿权审批权限分级实施，未经有权限的勘查许可证、采矿许可证登记发证机关的批准或委托，任何一级政府及其国土资源管理部门均不得越权或擅自变更、下放探矿权、采矿权管理权限。

八、2003年8月1日前，各级国土资源管理部门按权限已受理的探矿权、采矿权登记发证申请，以及已受理的申请人为办理探矿权、采矿权登记发证而提交地勘设计或地勘计划审查、划定矿区范围、矿产资源储量评审与占用储量登记、地质灾害危险性评估、矿权价款评估结果的确认与备案、矿产资源开发利用方案评审等申请事项，自本《意见》下发之日起，可开始按本《意见》的有关规定继续办理。

各级国土资源管理部门在继续受理、办理上述规定的申请事项中，要严格要求、从严把关，特别是审查探矿权、采矿权延续登记、探矿权采矿权转让、扩大勘查区块或采矿范围三类申请事项时，要着重审查探矿权人、采矿权人是否已达到规定的生产能力、生产规模，完成法定的最低勘查投入；生产能力、生产规模是否与批准其占用储量的服务年限相适应；矿产资源开发利用的技术水平是否能达到规定的“三率”指标要求；是否有能力履行环境保护与按期足额缴纳法定费、款的义务等具体情况，对不能达到有关法定要求的，应当收回探矿权、采矿权，将该勘查区块、矿产地纳入矿权储备，适时进行探矿权、采矿权的招标拍卖挂牌。

九、探矿权、采矿权招标拍卖挂牌与协议工作，是国土资源管理与国土资源管理部门，适应市场经济发展的基本要求，转变资源利用与管理方式，以市场为导向，优化资源配置，建立公平、公正、公开的矿业经济秩序的主要内容之一，各地必须高度重视，采取有力措施推进这项工作。工作中遇到的经验与各种问题，要及时总结上报。

关于印发《贵州省煤炭价格调节基金征集使用管理办法》的通知

2004年5月13日　黔价〔2004〕164号

各市（州、地），县（市、区、特区）物价局、财政局、煤炭管理局：

为提高政府调控煤炭市场价格的能力，促进我省煤炭工业和下游产业的可持续发展，合理配置煤炭资源，调节煤炭市场供求，根据《中华人民共和国价格法》第二十七条“政府可以建立重要商品储备制度，设立价格调节基金，调控价格，稳定市场”的规定，结合本省实际，借鉴全国部分省（区、市）价格调节基金征集管理的模式和一些省（区、市）对煤炭行业收取价格调节基金的做法，制定了《贵州省煤炭价格调节基金征集使用管理办法》，并经省委、省人民政府研究同意，现印发给你们，请遵照执行。执行中出现的问题请及时报我们。

附件：贵州省煤炭价格调节基金征集使用管理办法

贵州省煤炭价格调节基金征集使用管理办法

第一条　为提高政府调控煤炭市场价格的能力，促进我省煤炭工业和下游产业的可持续发展，合理配置煤炭资源，调节煤炭市场供求，根据《中华人民共和国价格法》的规定，结合本省实际，制定本办法。

第二条　本办法所称煤炭价格调节基金是指政府为调控煤炭价格，防止煤炭市场价格突发性波

动，稳定煤炭市场，依法征集的专项基金。本省行政区域内煤炭价格调节基金的征集使用管理适用于本办法。

第三条 煤炭价格调节基金由省人民政府及市（州）人民政府、地区行署、县（市、区、特区）人民政府设立的煤炭价格调节基金管理委员会统一征集、管理。

煤炭价格调节基金管理委员会由物价、煤炭、经贸、财政、发展改革、国土、审计、国税、地税等部门组成。

煤炭价格调节基金管理委员会下设办公室，办公室设在物价部门，负责煤炭价格调节基金日常管理工作。

第四条 凡在本省行政区域内从事煤炭生产经营的各类企业均应按煤炭销售量缴纳煤炭价格调节基金。

煤炭价格调节基金征收标准按煤炭品种分类确定，在征收税费时一并收取，原煤（含洗混煤）每吨30元、洗精煤（含无烟块煤）每吨50元、焦炭每吨70元。对洗精煤、焦炭等煤炭加工产品征收煤炭价格调节基金时，在其原煤购进时已缴纳价格调节基金，凭供货者提供的已交基金有效收据，可以相应抵扣。

根据煤炭市场价格的变化情况，经省人民政府批准可适时调整煤炭价格调节基金征收标准。

第五条 省属国有煤炭企业及监狱管理系统煤炭企业，由省煤炭价格调节基金委员会委托税务部门在对其征税时统一征收煤炭价格调节基金。其他各类煤炭生产企业由市（州、地）、县（市、区、特区）煤炭价格调节基金管理委员会委托税务或煤炭管理部门在对其征收煤炭税费时，统一征收煤炭价格调节基金。

市（州、地）级征收的煤炭价格调节基金按30%的比例上缴省级。县（市、区、特区）级征收的煤炭价格调节基金，按征收总额30%上缴省，20%上缴市（州、地），50%留存县（市、区、特区）煤炭价格调节基金管理委员会。

第六条 煤炭价格调节基金设立财政专户，实行收支两条线管理，使用省财政厅印制（或监制）的政府性基金专用票据，并由税务和煤炭管理部门负责按规定的期限分级解缴国库。其会计帐目核算，按照国家颁布的会计制度执行。

第七条 各级煤炭价格调节基金委员会办公室的正常支出，由同级财政审核后，在基金支出中列支。各级煤炭价格调节基金代征部门的手续费，由同级财政部门按当年实际入库煤炭价格调节基金1%的比例拨付，在基金支出中列支。

第八条 煤炭价格调节基金的使用范围：

(一) 不低于征收金额的50%用于平抑市场煤炭价格；

(二) 矿区经济结构调整和后续非煤产业发展；

(三) 矿区地质灾害治理和煤矿安全生产补欠；

(四) 经省人民政府批准的其他用途。

第九条 煤炭价格调节基金管理委员会应根据煤炭市场供求变化趋势和煤炭产业及相关产业发展情况，确定煤炭价格调控目标和任务，制定煤炭价格调节基金年度收支预算，报同级人民政府批准后执行。

煤炭价格调节基金应保持一定规模的储备。当煤炭价格出现突发性波动时，市（州、地）、县（市、区、特区）煤炭价格调节基金管理委员会经研究，并报经同级人民政府同意，报上一级人民政府批准，可以临时动用基金储备调控煤炭价格，稳定煤炭市场。

第十条 使用煤炭价格调节基金所申报的项目和用途必须符合煤炭价格调节基金年度收支预算规定的使用范围，并提供项目方案、可行性研究报告和项目概算等相关资料。

第十一条　使用煤炭价格调节基金的单位应当设立专门账户，严格按批准用途使用，并按项目实施进度向煤炭价格调节基金管理委员会办公室报送使用情况报告和结算报告。

第十二条　煤炭价格调节基金管理委员会办公室应当对煤炭价格调节基金的使用进行跟踪监督，检查使用情况，确保专款专用。

第十三条　省人民政府及市（州）人民政府、地区行署、县（市、区、特区）人民政府相关部门根据各自的职能履行对煤炭价格调节基金征集、使用和管理监督职能。

物价部门承担煤炭价格调节基金管理委员会办公室的工作，负责煤炭价格调节基金的日常管理工作。

煤炭部门会同经贸、发展改革等部门负责提出煤炭价格调节基金的使用计划。

国土部门负责矿区地质灾害治理项目的规划、论证和实施监督工作。

财政、审计部门对煤炭价格调节基金的使用分别实施财务监督和审计监督。

国税、地税部门协助搞好煤炭价格调节基金的征收工作。

第十四条　违反本办法规定不按期缴纳煤炭价格调节基金的，由基金征收部门负责追缴并每天按应缴基金总额的千分之二追缴滞纳金；情节严重的，由价格主管部门依据《价格法》和《贵州省价格条例》等法律法规的有关规定予以处罚。

第十五条　使用煤炭价格调节基金的单位改变基金使用的规定项目和用途，由煤炭价格调节基金管理委员会及其办公室责令限期改正；逾期不改正的取消其使用基金资格，停止拨款，收回投入的资金。对情节严重构成犯罪的责任人移送司法机关依法处理。

第十六条　征收、管理煤炭价格调节基金部门的工作人员玩忽职守，滥用职权，贪污挪用基金，造成基金损失，由有关部门按规定给予行政处分；构成犯罪的，依法追究刑事责任。

第十七条　本办法自2004年5月15日起施行。

关于贵州省大中型煤矿企业安全生产许可证颁证审查的规定

2004年9月9日　黔煤安监一字〔2004〕160号

各有关处（室）、各煤矿安全监察办事处：

为认真贯彻落实国务院颁布的《安全生产许可证条例》和国家安全生产监督管理局制定的《煤矿企业安全生产许可证实施办法》，规范我省大中型煤矿企业安全生产许可证颁证审查行为，按照“公开、公平、公正”的原则，特制定本规定，请有关处（室）和各煤矿安全监察办事处遵照执行。

一、对于承办处（室）的安全生产许可证颁证审查工作，实行“处（室）负责人全面负责、审查负责人主要负责、审查人具体负责”的制度。

(一) 处（室）负责人对承办的安全生产许可证颁证审查工作全面负责。在审查工作中，要全面掌握承办的安全生产许可证颁证审查项目，及时纠正审查负责人的失误和不当，并对审查意见负责；

(二) 审查负责人对承办的安全生产许可证颁证审查工作主要负责。在审查工作中，要全面审查核实承办的安全生产许可证颁证审查项目，及时纠正审查人员的失误和不当，并对审查意见负责；

(三) 承办审查人对承办的安全生产许可证颁证审查内容具体负责。在审查工作中，要严格按照有关法律法规的规定，认真审查核实承办的安全生产许可证颁证审查项目，逐项仔细填写相关内容，并对审查意见负责。

二、接到省局行政许可办公室的正式书面通知后，由承办处（室）的负责人及时按有关规定指定审查负责人、审查人员承办相应的大中型煤矿企业安全生产许可证颁证审查工作。

参加审查的人员可由承办处（室）监察人员和煤矿企业所在地的煤矿安全监察办事处监察人员担任。

审查人员不得私自外接煤矿企业安全生产许可证的颁证审查工作。否则，承担一切后果。

三、自接到省局行政许可办公室正式书面通知之日起，承办处（室）应当在30个工作日内完成承办的审查工作。

四、承办安全生产许可证颁证审查的工作人员，应当认真核实填写《贵州省大中型煤矿企业安全生产条件审查基础表》（附件一）、《贵州省大中型煤矿企业所属煤矿安全生产条件审查基础表》（附件二）的内容。在审查过程中，发现其形式要件内容不能达到审查条件的，经审查负责人和省局行政许可办公室同意，可向申请单位下达申请材料告知书。

五、承办安全生产许可证颁证审查的工作人员，在填写《贵州省大中型煤矿企业及其所属煤矿安全生产条件审查基础表》的基础上，要严格按照《煤矿企业安全生产许可证审查意见书》的内容，逐项认真审查核实填写《煤矿企业安全生产许可证审查意见书》。

(一) 审查人在审查意见一栏中填写符合规定或不符合规定，简要写明不符合规定的理由，并在相应的栏目中签字；

(二) 审查负责人填写审查意见，审查合格的，写建议发证；审查不合格的，写建议不予发证，并写明理由；

(三) 处（室）负责人填写承办处（室）的审查意见，审查合格的，写同意发证；审查不合格的，写不予发证，并写明理由。

在现场审查核实工作中，有关审查人员只对相应的《煤矿企业安全生产许可证审查意见书》分项内容填写意见，不填写审查负责人的审查意见和承办处（室）负责人审查意见，待承办处（室）讨论后，统一填写。

六、对于承办的安全生产许可证颁证审查工作，需要到现场审查核实的，审查负责人和审查人员必须到现场进行审查核实。

七、承办处（室）填写的安全生产许可证颁证审查结果及相关资料，由承办处（室）统一移交省局行政许可办公室，由省局行政许可办公室统一办理对外相关事项。

八、承办处（室）应当保存一套完整的相关资料（含《审查基础表》），并由内勤人员统一登记造册存档。

九、在承办安全生产许可证颁证审查工作中，要严格执行国家煤矿安全监察局和贵州煤矿安全监察局的有关规定。严禁徇私枉法、谋取私利；严禁故意刁难企业、抬高门坎；严禁擅自降低审查标准、给不符合条件的企业签署同意意见；在未得到省局行政许可办公室的书面通知前，严禁在现场随意表态企业通过或不通过审查颁证的情况。

对于违反有关规定的人员，按《煤矿企业安全生产许可证实施办法》的有关规定进行处理。

关于印发《贵州省煤炭经营监管办法实施细则》的通知

2005年5月19日　黔煤行管字〔2005〕96号

各市（州、地）煤炭局，各产煤县（市、区、特区）煤炭局：

为加强对煤炭经营监督管理，依法规范煤炭经营秩序，根据《中华人民共和国煤炭法》、《中华人民共和国行政许可法》和《煤炭经营监管办法》，我局制定了《贵州省煤炭经营监管办法实施细则》，现予印发实施。

望各级煤炭管理部门认真履行职责，切实加强煤炭经营监管、规范煤炭经营秩序，促进我省煤炭经营市场的健康发展。

贵州省煤炭经营监管办法实施细则

第一章　总　则

第一条　为加强对煤炭经营监督管理，依法规范煤炭经营秩序，根据《中华人民共和国煤炭法》、《中华人民共和国行政许可法》和《煤炭经营监管办法》（国家发展和改革委员会令第25号），结合我省实际，制定本实施细则。

第二条　本细则所称煤炭经营，是指从事原煤及其洗煤、选煤、配煤、焦化等加工产品的批发、零售经销活动。本细则所称煤炭经营企业是指煤炭经营和煤炭加工企业（不含民用型煤加工及民用煤零售企业）。凡在贵州省行政区域内从事煤炭经营活动的企业，适用本实施细则。

第三条　贵州省煤炭管理局负责全省煤炭经营的监督管理。

市（州、地）、县（市、区、特区）煤炭管理部门应当加强本行政区域内煤炭经营的监督管理。

工商、质监、环保等有关部门在各自的职责范围内对煤炭经营实施监督管理。

第二章　煤炭经营企业

第四条　国家实行煤炭经营资格审查制度。设立煤炭经营企业，应当经过煤炭经营资格审查。

第五条　贵州省煤炭管理局负责《煤炭经营资格证》颁发管理工作。

省属国有煤炭企业、省属国有控股煤炭企业、省属国有股份制煤炭企业以及在贵州省工商行政管理局登记注册的其他煤炭经营企业，由省煤炭管理局受理申请并审查发证。

在市（州、地）、县（市、区、特区）工商行政管理局登记注册、从事煤炭经营的各类企业，须经所在县（市、区、特区）煤炭管理部门同意，由所在市（州、地）煤炭管理部门进行煤炭经营资格的初审，符合条件的经市（州、地）煤炭管理部门签署意见后，由申请人送省煤炭管理局审查发证。

第六条　设立煤炭经营企业，应当具备下列条件：

(一) 拟注册资金或经营资金300万元以上；

(二) 有固定的经营场所；

(三) 有与经营规模相适应的设施和储煤场地：

1. 有必要的装卸设备、消防设施及防尘设施；

2. 储煤场地1500平方米以上。

(四) 有符合标准的计量和质量检验设备：

1. 有自备或租用的地磅或其他符合标准的计量设施；

2. 有符合标准的质量检验设备，委托国家认定的质检部门的，需出具相关的有效证明。

(五) 符合煤炭经营企业合理布局及环保要求；

(六) 法律和行政法规规定的其他条件。

第七条　民用型煤加工和民用煤零售企业实行备案登记制度，具备经营条件，符合环保要求，由所在县（市、区、特区）煤炭管理部门审查备案，工商部门给予登记。

第八条　取得煤炭生产许可证的煤矿企业销售本企业生产、加工的煤炭产品，不实行煤炭经营资格审查。

取得煤炭生产许可证的煤矿企业经营非本企业生产、加工的煤炭产品，应当向煤炭管理部门提出申请，取得煤炭经营资格。

依法核准建设的矿井，建设期间的基建工程煤的销售不实行煤炭经营资格审查。

第九条 设立煤炭经营企业，应当向煤炭管理部门提出申请，并提交下列材料：

(一) 煤炭经营项目可行性分析报告（由有资质的咨询评估机构出具）；

(二) 煤炭经营申请报告、申请表；

(三) 注册资金证明及法定验资机构出具的资信证明文件；

(四) 拟或企业法定代表人、负责人、经营者、投资人身份证明；

(五) 固定经营场所证明；

(六) 企业自有储煤场地证明（使用权证）；租赁、联营场地的合同证明（包括县级以上国土部门的证明、场地面积、储煤能力和场地设施）；

(七) 环保部门出具的储煤场地环保合格证明；

(八) 质监部门出具的计量设施、煤炭质量监测设施合格证明；

(九) 国家有关部门颁发的计量、质检工作人员上岗证书。

第十条 煤炭加工企业申请煤炭经营资格证应提交下列材料：

(一) 煤炭经营申请报告、申请表；

(二) 可行性报告；

(三) 项目立项批文；

(四) 环保验收合格报告和排污许可证；

(五) 项目竣工验收报告；

(六) 土地使用有关手续和批文；

(七) 资信证明材料。

第十一条 省煤炭管理局在接到申请人提交的申请材料后，对材料不齐或不符合法定形式的，在五个工作日内一次告知申请人需要补正的全部内容，逾期不告知的，自收到申请材料之日起即为受理。

第十二条 省煤炭管理局依法对申请人提交的材料进行审查，必要时可以到现场对申请材料的实质内容的真实性进行核实。经审查核实具备煤炭经营条件的，予以批准；不具备条件的，不予批准，并书面通知申请人。

第十三条 省煤炭管理局自受理申请之日起二十个工作日内完成审查工作。二十个工作日内不能完成的，经本局负责人批准，可以延长十个工作日，并将延长期限的理由告知申请人。

第十四条 申请人持依法取得的《煤炭经营资格证》向工商行政管理部门申请登记，领取营业执照，方可从事煤炭经营活动。

未取得《煤炭经营资格证》的，工商行政管理部门不予核发有煤炭经营范围的营业执照。

第十五条 煤炭经营企业登记事项发生变更的，应当到贵州省煤炭管理局办理变更手续，并到工商行政管理部门办理相关的变更登记手续。

第十六条 煤炭经营企业终止煤炭经营的，应当到贵州省煤炭管理局办理煤炭经营资格注销手续，并到工商行政管理部门办理相关的变更登记手续。

第三章 煤炭经营

第十七条 煤炭经营企业从事煤炭经营，应当遵守有关法律、法规的规定，服从政府的宏观调控。

第十八条 从事煤炭经营，应当依照《中华人民共和国合同法》规定，由买卖双方签订煤炭买卖合同。

煤炭买卖合同一般包括下列内容：

(一) 出卖人和买受人的名称和住所；
(二) 数量；
(三) 品种、规格、质量；
(四) 价格；
(五) 交货方式；
(六) 发出地点（站、港）和到达地点（站、港）；
(七) 履行期限；
(八) 货款及运杂费的结算方式，买卖双方的开户银行、帐号、纳税登记号；
(九) 违约责任；
(十) 解决争议的方法；
(十一) 买卖双方约定的其他条款。

第十九条 煤炭买卖合同签订后，买卖双方必须全面履行合同，任何一方不得擅自变更或者解除合同。有特殊原因需要变更或解除合同的，要求变更或解除合同的一方应当在合理期限内向另一方提出；未在合理期限内提出变更或解除合同请求而不履行合同的，应当承担违约责任。

第二十条 需由运输企业承运的煤炭，煤矿企业、煤炭经营企业或煤炭用户依照《合同法》与运输企业签订煤炭运输合同。

第二十一条 煤炭运输合同生效后，合同双方必须全面履行合同。煤矿企业或煤炭经营企业应当按照合同约定发运质量合格、计量准确的煤炭；运输企业应当按照合同约定承运，并将承运的不同质量的煤炭分装、分堆；煤炭用户应当按照合同的约定接卸煤炭。不履行合同的，应当承担违约责任。

第二十二条 煤炭发运时承运、托运双方的交接和到站（港）后收货人对煤炭质量、数量的验收，按照国家有关规定办理。

第二十三条 煤炭经营应当取消不合理的中间环节。国家提倡有条件的煤矿企业直销，鼓励大型煤矿企业与耗煤量大的企业签订中长期直销合同。

第二十四条 提倡有条件的煤炭经营企业实行代理配送。

第二十五条 在主要产煤区可以组建煤炭销售、运输服务机构，为中小型煤矿办理经销、运输业务。

第二十六条 煤炭经营企业经营民用型煤，应当保证质量，方便群众，稳定供应。

民用型煤应当推行集中粉碎、定点成型、统一配送、连锁经营。

第二十七条 鼓励使用洁净煤，推广动力配煤、工业型煤，节约能源，减少污染。

第二十八条 煤矿企业、煤炭经营企业，应当依法经营，公平竞争，禁止下列经营行为：
(一) 未取得煤炭经营资格擅自经营；
(二) 未取得煤炭生产许可证擅自销售煤炭产品；
(三) 采取掺杂掺假、以次充好、数量短缺等欺诈手段；
(四) 垄断经营；
(五) 违反国家有关价格的规定，哄抬煤价或者低价倾销；
(六) 违反国家有关税收的规定，偷漏税款；
(七) 违反法律、行政法规的其他行为。

第二十九条 从事煤炭运输的车站、港口及其他运输企业不得利用其掌握的运力参与煤炭经营。

第三十条 禁止行政机关设立煤炭供应的中间环节和额外加收费用。

禁止行政机关开办煤炭经营企业或者从事、参与煤炭经营活动。

第三十一条 禁止经营无煤炭生产许可证的煤矿企业生产、加工的煤炭产品。禁止经营无煤炭经

营资格的煤炭经营企业的煤炭产品。

第三十二条 煤矿企业和煤炭经营企业应当严格执行国家有关煤炭产品质量管理的规定，其供应的煤炭产品质量应当符合国家标准或者行业标准。用户对煤炭产品质量有特殊要求的，由买卖双方在煤炭买卖合同中约定。

第四章 监督管理

第三十三条 煤炭经营实行统一发证，分级管理。

省煤炭管理局依法对全省煤炭经营进行监督管理，依法对违法违规经营行为实施行政处罚。负责省属国有煤炭企业、省属国有控股煤炭企业和省属国有股份制煤炭企业经营的监管。

在省工商行政管理部门注册登记的其他煤炭经营企业接受经营所在地煤炭管理部门的监督管理。

市（州、地）煤炭管理部门负责本行政区域内（省煤炭管理局监管的煤炭经营企业除外）煤炭经营资格证的初审及年检的初检、经营调查统计等工作；负责本行政区域内煤炭经营的监督管理，依法对违法违规经营行为实施行政处罚。

县（市、区、特区）煤炭管理部门负责本行政区域内（省煤炭管理局监管的煤炭经营企业除外）的煤炭经营管理，执法检查，经营调查统计以及民用型煤加工、民用煤零售企业的备案登记工作，依法对违法违规经营行为实施行政处罚。

第三十四条 煤炭管理部门的有关工作人员应当熟悉有关的法律、法规，具备必要的专业知识，公正廉洁，秉公执法。

第三十五条 煤炭管理部门进行监督检查时，有权向煤炭经营企业或者煤炭用户了解有关执行煤炭法律、法规的情况，查阅有关资料，进入现场进行检查；煤炭经营企业、煤炭运输的车站（港口）、其他运输企业和煤炭用户应当提供方便。

第三十六条 煤炭管理部门的工作人员进行监督检查时，应当出示证件。

第三十七条 煤炭经营实行经营资格年检制度。

年检的主要内容包括：

本实施细则第二章第六条、第九条规定的条件有无重大变化；是否按本实施细则第三章规定的内容合法经营；是否按本实施细则第四章的规定服从监督管理等。

第五章 罚 则

第三十八条 未经贵州省煤炭管理局审查批准，擅自从事煤炭经营活动的，由煤炭管理部门依照《中华人民共和国煤炭法》第七十条和《煤炭监督管理办法》四十四条的规定，责令停止经营，没收违法所得，可以并处违法所得一倍以上五倍以下的罚款，最多不得超过三万元。

第三十九条 未取得煤炭生产许可证擅自销售自己生产的煤炭产品的，由煤炭管理部门责令停止经营，没收违法所得，可以并处违法所得一倍以上五倍以下的罚款，最多不得超过三万元。

第四十条 采取掺杂掺假、以次充好等欺骗手段进行经营的，依照《中华人民共和国煤炭法》七十二条的规定，责令停止经营，没收违法所得，并处违法所得一倍以上五倍以下的罚款；情节严重的，由经营地煤炭管理部门提出取消煤炭经营资格的建议，由省煤炭管理局依照法定程序注销其经营资格；构成犯罪的，由司法机关依法追究刑事责任。

第四十一条 伪造《煤炭经营资格证》，或以买卖、出租、转借等形式取得《煤炭经营资格证》，擅自从事煤炭经营活动的，由煤炭管理部门没收违法所得，可以并处违法所得一倍以上五倍以下的罚款，最多不得超过三万元。

第四十二条 经营无煤炭生产许可证或无煤炭经营资格证的企业的煤炭产品的，或向无《煤炭经营资格证》的煤炭经营企业销售煤炭产品的，由煤炭管理部门责令停止经营，并处违法所得一倍以上三倍以下的罚款，最多不得超过三万元。

第四十三条 煤炭经营企业违反本细则的有关规定，从事其他非法经营的，依照有关法律、法规的规定处罚。

第四十四条 煤炭经营资格审查部门的工作人员滥用职权、玩忽职守或者徇私舞弊的，依法给予行政处分；构成犯罪的，由司法机关依法追究刑事责任。

第四十五条 依照《中华人民共和国煤炭法》、《煤炭经营监管办法》的规定获得的罚没收入，按规定上缴国库。

第六章 附 则

第四十六条 本实施细则实施前依据原国家经贸委《煤炭经营管理办法》取得的煤炭经营资格，继续有效。

第四十七条 《煤炭经营资格证》，由国家统一印制，其他单位和个人不得擅自印制。《煤炭经营资格证》分为正本和副本，正本为悬挂式，副本为折叠式。

第四十八条 本实施细则由贵州省煤炭管理局负责解释。

第四十九条 本实施细则自发布之日起施行。

附件：贵州省煤炭产品经营企业资格申请表（略）

关于加强煤炭生产许可证管理有关问题的通知

2005年6月21日 黔煤行管字〔2005〕111号

各市（州、地）煤炭局，各县（市、区、特区）煤炭局，有关煤炭企业：

根据《煤炭法》、《煤炭生产许可证管理办法》及相关法律、法规的规定，为进一步明确煤炭管理部门的职责，更好地做好行业指导和服务工作，加强煤炭生产许可证的管理，现就有关事项通知如下：

一、关于煤炭生产许可证的申办

新建矿井和技改、扩能矿井投入生产前，必须申办和换领煤炭生产许可证，凡未取得煤炭生产许可证擅自进行生产的矿井，将根据《煤炭法》的有关规定，依法予以处理。

申办和换领煤炭生产许可证的资料包括：

(一) 依法取得《采矿许可证》；

(二) 有经过批准的开采方案或技改扩能开采设计；

(三) 取得《安全生产许可证》；

(四) 矿长持有《矿长资格证》；

(五) 特殊工种的持证人数满足生产需要；

(六) 持有工商注册登记证明；

(七) 省级煤炭管理部门组织的现场验收证明；

(八) 填写《煤炭生产许可证申请书》；

省煤炭管理局自受理《煤炭生产许可证中请书》之日起二十工作口内完成审查工作，符合条件的予以发证，不符合条件的不予发证，并书面通知申请人。

二、煤炭生产许可证年检

煤炭生产许可证是法律规定的行政管理事项，是煤矿（矿井）合法生产、经营的依据，是煤炭行业管理部门监管的重要手段，是促进煤矿（矿井）依法生产、经营的必要条件，是加强煤矿（矿井）生产经营活动监管的一项具体措施。因此，组织和参加煤炭生产许可证年检是煤炭管理部门和煤矿（矿井）的法定职责和义务。

(一) 年检范围

根据《煤炭生产许可证管理办法》的规定，煤炭生产许可证实行年检制度，所有生产矿井必须参加年检，生产矿井必须持有年检合格的煤炭生产许可证方能进行生产。

(二) 年检程序

年检由企业按《煤炭生产矿井年检表》进行自查后向县（市、区、特区）煤炭管理部门提出申请，县级煤炭管理部门必须对本行政区域内合法生产的矿井逐矿进行年检检查，年检合格的矿井汇总后报上一级（市、州、地）煤炭管理部门申请抽查；市（州、地）煤炭管理部门要对本行政区域内县级煤炭管理部门上报的年检合格的矿井组织抽查，抽查比例不得少于30%；省级煤炭管理部门对各市（州、地）上报的年检矿井组织抽查，抽查比例不低于10%；省属国有煤炭企业所属矿井、省级国有控股煤炭企业所属矿、省级国有股份制煤炭企业所属矿井的煤炭生产许可证年检由省级煤炭管理部门负责。

(三) 年检时间

每年九月一日至三十日为企业自检和申报时间，十月一日至十一月三十日为县级煤炭管理部门年检验收时间，十二月一日至次年元月三十日为地级煤炭管理部门抽查时间，次年三月三十一日前为省级煤炭管理部门抽查时间。

(四) 年检内容

年检内容按《煤炭生产矿井年检表》的内容进行。各级煤炭管理部门检查和抽查的内容包括现场检查和资料检查，在抽查中，合格矿井的比例达不到抽查数的80%以上，该县（市、区、特区）年检工作不合格，并按要求进行整改后重新组织年检，并由抽检单位重新复查合格后方能通过年检。

1. 现场检查内容包括：

(1) 矿井是否按开采设计布置采掘工作面和组织生产；

(2) 矿井主要生产系统是否符合设计要求并运转正常；

(3) 矿井井下的工程、设施、装备质量是否达到技术规范的质量要求；

(4) 井下作业人员是否经过培训、持证上岗；

(5) 煤矿制定的各项操作规程、作业规程和各项制度是否在生产中得到贯彻执行。

2. 资料检查的内容：

(1) 矿井的各项生产、经营管理制度的建立情况；

(2) 矿井生产、经营管理机构的建立情况；

(3) 矿井生产、经营人员的配备及职工培训情况；

(4) 作业规程、操作规程、技术措施的制定落实情况；

(5) 矿井开采设计、技术资料、图表、记录、报表的填绘保管情况；

(6) 矿井各种证照的持证情况。

(四) 年检结果评定和处理意见

年检结果分为合格、不合格两个档次。

1. 合格：

经企业自查、县级检查、省、地抽查，符合《煤炭法》、《煤炭生产许可证管理办法》等有关法律法规规定，上年度没有发生特大伤亡事故的煤矿（矿井），确定为年检合格煤矿（矿井）。

年检合格的煤矿（矿井），省级煤炭管理部门在年检表上签署意见，在煤炭生产许可证副本上加

盖年检专用章。准予在本年度内进行生产和经营。

2. 不合格：

凡有下列情形之一的，为年检不合格：

(1) 采矿许可证、安全生产许可证、工商营业执照、矿长资格证、煤炭生产许可证等证件不齐全的；

(2) 煤炭生产许可证有效期满未办理延期手续，继续从事煤炭生产的；

(3) 合伙生产经营控股股东发生改变，未经县级以上煤炭管理部门进行法人资格准入审核的；

(4) 存在超层、超深、越界开采行为，擅自开采或破坏保安煤柱，采用危及相邻矿井生产安全的决水、爆破、贯通巷道等危险方法的；

(5) 矿井机电、提升、通风、防瓦斯、防尘、防火和防水等安全设施和条件不符合行业规范和标准的；

(6) 超设计生产能力或核定生产能力生产的；

(7) 有煤与瓦斯突出而未采取综合治理措施的；

(8) 生产布局和通风系统不符合规范要求，存在重大安全隐患和资源破坏的；

(9) 存在重大事故隐患而缺乏有效治理措施的；

(10) 年度内发生重特大责任事故经停产整顿由有关部门验收不合格的；

(11) 煤与瓦斯突出矿井或高瓦斯矿井具备抽放条件而未进行抽放或抽放系统不能正常工作，未安装矿井安全监测监控系统或系统不能正常工作的；

(12) 在年检表中存在严重弄虚作假现象的；

(13) 煤炭生产许可证登记事项已发生变更而在60日内未按规定履行变更登记的；

(14) 有矿权和资产法律纠纷未终结的；

(15) 未按开采设计或方案组织生产，采区回采率达不到国家规定的；

(16) 未按规定配齐相关技术人员的；

(17) 特殊工种持证上岗人员数量不能满足正常生产需要的；

(18) 使用不符合国家标准或行业标准的设备、器材、仪表、仪器和防护用品的；

(19) 井上下对照图、采掘工程平面图（立面图）、通风系统图中有一种或一种以上图纸和内容不符合规定或与现场不符的；

(20) 未按规定进行年度矿井瓦斯等级鉴定，发生煤与瓦斯突出动力现象未按规定及时进行鉴定的；

(21) 矿井生产活动对矿区人民群众生活生产造成重大危害而未采取措施处理的；

(22) 环保部门认定矿井开采造成重大污染未得到治理的；

(23) 经营其他企业生产的煤炭产品未办理煤炭经营资格证，对煤炭产品掺假使杂的；

(24) 正在进行技改的煤矿（矿井），各生产系统未建成的；

(25) 其他违反法律法规规定的。

对年检不合格的煤矿（矿井），省级煤炭管理部门将依据《煤炭法》、《煤炭生产许可证管理办法》、《煤炭生产许可证管理办法实施细则》的相关条款，责令其停产整改，延期年检，在整改和延期年检期间（一般不超过3个月），不得进行生产和经营活动，不得进行煤炭生产许可证登记事项的变更。整改完毕后重新中请年检，逾期不申请年检或年检再次不合格而组织生产经营活动的，根据情节分别做出责令停止生产、没收违法所得、罚款、吊销煤炭生产许可证等处理决定。

三、煤炭生产许可证的日常监管

煤炭生产许可证行政许可事项的日常监管是煤炭管理部门的一项重要职责，它贯穿于煤矿（矿井）的全部生产经营活动中。各级煤炭管理部门要认真准确履行法律赋予的权利和义务，加强煤矿（矿井）的日常生产经营监管工作，促进煤炭工业健康持续发展，对于违反《煤炭法》、《煤炭生产许可证管理办法》、《煤矿安全规程》等法律、法规、规范的行为，各级煤炭管理部门要依法严肃处理。煤炭管理部门工作人员现场执法时，应出示《行政执法证》。

(一) 生产矿井储量变动和回采率监管：

生产矿井必须在国土部门划定的范围内进行开采，任何矿界的变动必须经相关部门批准。矿井严禁越界开采。矿井必须根据设计的煤层开采顺序进行开采，严禁丢瘦采肥，采区回采率要求达到国家技术政策的要求。各级煤炭管理部门应负责对其监管的煤矿（矿井）的储量进行监督管理，矿井储量的转入、转出、注销、地质及水文地质损失都应经过县级以上煤炭管理部门的审核，并建账备案，煤矿（矿井）必须每年填绘符合要求的储量计算图（比例尺为1:2000）。

(二) 矿井开采设计或方案：

矿井必须按经过批准的煤矿开采设计进行生产，开采设计方案的改变必须经原设计审批单位批准。现有生产矿井的开采设计或方案必须经县级以上煤炭管理部门批准，没有开采设计或方案的矿井严禁生产。煤矿必须绘制符合要求的采掘工程平面图（立面图）和井上下对照图，并每季和县级以上煤炭管理部门交换，未按季交换或不符合规定的将不得进行生产。凡发现未按开采设计方案生产的矿井，煤炭管理部门要责令其停止生产，矿井生产的主要设备与开采设计不符时，要重新计算选型，并报设计审批单位批准（备案）。如不按要求整改或情节严重的，可进行行政处罚或向颁证的煤炭管理部门申请延期年检或吊销其煤炭生产许可证。

矿井必须一井一证（煤炭生产许可证）。矿井在法定的采矿范围内，由于地质条件所限或利用现有生产系统开采技术上不合理需要进行多井技术改造的，需经省级有关部门批准。未履行相关手续而非法建井或持一个煤炭生产许可证而有两套以上独立的生产系统进行生产的，将按《煤炭生产许可证管理办法》第16条进行处理。

(三) 企业的主要生产系统必须符合《煤矿安全规程》及有关技术规范的要求。

1. 矿井提升运输：矿井必须按开采设计方案中选用的矿用绞车作为主提升设备，并备齐防过卷、防过载、防过流等电器装备。斜巷串车提升必须遵守《煤矿安全规程》中第370条的规定。凡平巷（平硐）长度超过1.5公里的要采用机械运输。使用架线或蓄电池机车的巷道宽度、高度要符合《煤矿安全规程》第21、22、23条的规定。人力推车必须遵守《煤矿安全规程》第362条的规定。

2. 矿井通风：矿井必须保持完整独立的通风系统。矿井主要进、回风巷道必须保持完好和畅通，采煤工作面必须在全负压通风的范围内进行生产，每一个掘进工作面要有专用的局部扇风机进行独立通风，矿井主要扇风机必须按开采设计方案选用，井下的通风设施（密闭、调节风窗、风桥、风门、防爆门等）必须按规定设置并符合质量要求。矿井通风系统必须符合“系统简单、安全可靠、经济合理”的原则，改变矿井通风系统必须制定通风设计和安全措施，并由企业技术负责人审批后实施。矿井必须建立测风制度，每10天进行1次全面测风，对采掘工作面和其他用风地点要根据实际需要进行配风，并有测风记录和牌板。矿井必须按季绘制标明风流方向、风量和通风设施的安装地点的通风系统图，并与县级以上煤炭管理部门交换，同时，要按月补充修改，多煤层同时开采的矿井必须绘制分层通风系统图。

3. 矿井瓦斯防治及管理：矿井要严格执行“先抽后采，监测监控，以风定产”的方针。矿井每年必须进行瓦斯等级鉴定，应包括绝对瓦斯涌出量、相对瓦斯涌出量、绝对二氧化碳涌出量、相对二氧化碳涌出量，并附上开采煤层最短发火期和自燃倾向性、煤尘爆炸性的鉴定结果。地、县级煤炭管理部门应在每年的瓦斯涌出最大的月份（一般在7. 8. 9三个月）督促煤矿按规定进行此项工作，并汇总逐级上报至省煤炭管理部门审批。省属国有煤炭企业所属矿井、省级国有控股煤炭企业所属矿井、省级国有股份制煤炭企业所属矿井的瓦斯等级鉴定直接报省煤炭管理部门审批。煤与瓦斯突出矿井要经有资质的单位鉴定后报省煤炭管理部门审批。煤矿要建立完善的瓦斯检查制度，配备足够满足正常生产工作需要的瓦斯检查员和检查的仪器仪表，瓦斯监测监控系统必须保持正常运行，凡瓦斯监测监控系统不能正常工作时，必须立即进行修复，如不能立即恢复，必须报告县级以上煤炭管理部门，煤矿要采取临时安全措施和加强巡回检查，并在规定时间内尽快恢复正常使用。井下各工作地点必须配备风、电、瓦斯闭锁装置并保持正常运行。矿井瓦斯抽放系统要由有资质的单位进行设计并由企业组织专家进行论证后方可实施。煤与瓦斯突出矿井除在巷道布置上设采区专用回风上（下）山外，必须建立瓦斯抽放系统，必须严格执行“预测预报、防突措施、效果检验、安全防护”四位一体的工作原则，并按《煤矿安全规程》的相关条款进行管理。

4. 矿井防尘防火：矿井要建立完整的消防防尘洒水系统，制定定期防尘制度和措施，有煤层自燃发火倾向的矿井要从巷道布置、回采工艺、防灭火措施等方面做好防治火灾的工作，地面和井下各主要工作地点要备足消防设施或器材。

5. 矿井防治水：矿井的主要排水设备要能在20小时内排出矿井24小时的正常涌水量，并配有备用、检修水泵，排水管路应与主要排水泵的能力匹配，矿井井底主要水仓必须有主仓和副仓，主要水仓容量应能容纳8小时的矿井正常涌出量。矿井必须建立水害防治的制度、探放水措施、配齐探放水设备。受水害威胁的矿井要有探放水设计，每年雨季前必须制定防治水计划并检查落实，做好雨季“三防”工作。

6. 矿井供电：矿井的供电电源必须可靠，要实现双回路供电，未实现双回路供电的年产6万吨以下的矿井，要备有能及时起动且满足矿井主要设备（主扇、绞车、水泵等）同时正常运转的备用电源。矿井的井下变电所、主排水泵房、下山采区的排水泵房、主要通风机房、提升绞车房、抽放瓦斯泵站均应有两回路供电。严禁在地面变电所向井下供电的变压器中性点直接接地。井下所有电气设备都必须选用符合安全标准的防爆电气。矿井的井上、井下配电系统图应符合《煤矿安全规程》449条的要求。井下不得带电检修、搬迁电气设备、电缆和电线。

(四) 煤矿的矿长必须持有经贵州省煤炭管理部门培训合格的《矿长资格证》，矿长资格证的有效期满后必须经过复训，重新换发后才能继续担任矿长。凡无矿长资格证或有证而无人到岗的矿井不得进行生产，矿长不得同时在另一煤矿兼职。

(五) 矿井必须配备满足其正常生产需要的数量足够的工程技术人员和瓦检员、安全员、放炮员、绞车司机、井下电工等特殊工种人员，这些特殊工种作业人员必须持有经培训合格的上岗证方可上岗工作，特殊工种人员数量不足或不持证上岗的矿井不得进行生产。

(六) 县（市、区、特区）煤炭管理部门、省属国有煤矿企业要组织对井下作业人员进行岗前培训和定期培训，做到持证上岗。煤矿的安全、生产、技术管理人员必须由县级以上煤炭管理部门组织或指定定期培训，持证上岗。

(七) 矿井的矿内、外必须有可靠的通讯方式，井上与井下主要工作地点要保持调度通讯畅通。

(八) 煤矿必须持有环保部门颁发的排污许可证方可进行生产，环保设施必须达到环保部门的要求。

凡违反上述煤炭生产许可证监管主要内容的行为，县（市、区、特区）和市（州、地）煤炭管理部门可根据《煤炭法》、《煤炭生产许可证管理办法》中的相关条款对煤矿实施罚款、停产整顿、停止生产，情节严重的，可向上级煤炭管理部门申请予以吊销煤炭生产许可证。省属国有煤矿、省属国有控股煤矿、省属国有股份制煤矿生产许可证的日常监管由省煤炭管理部门负责。

四、煤炭生产许可证的注销

矿井资源枯竭、企业申请停办、撤消需注销煤炭生产许可证时，应提供以下资料：

(一) 煤炭生产许可证注销申请书；

(二) 地、县煤炭管理部门的批准或申请文件；

(三) 矿井开采现状报告及实测图件。

五、重新申办煤炭生产许可证

被吊销煤炭生产许可证的煤矿（矿井）需要重新申办时，应具备以下条件：

(一) 《采矿许可证》有效；

(二) 《安全生产许可证》有效；

(三) 矿井的开采设计方案经省级煤炭管理部门批准；

(四) 矿井整改后经省、地、县煤炭管理部门验收合格；

(五) 重新申办煤炭生产许可证的报告和《煤炭生产许可证申请书》。

六、煤炭生产许可证的登记内容变更

煤炭生产许可证的登记内容变更是一项严肃的工作，容易引起一些法律纠纷和行政责任，各级煤炭管理部门要严肃认真对待此项工作，严格把关，除填写《变更煤炭生产许可申请书》外，还应提供相应的证明材料。

(一) 煤矿企业变更企业名称、经济类型的，需提供省工商局重新核准的相关材料。

(二) 煤矿企业变更矿长的，需提供企业法定代表人证书、身份证复印件、工商营业执照及矿长聘用合同和矿长资格证（正本）、身份证复印件。

(三) 煤矿企业变更设计生产能力的，需提供有审批权限的煤炭管理部门批准技改扩能的开采设计方案，技改扩能竣工验收报告及煤监部门安全设施的验收材料。核定生产能力的变更必须有省级煤炭管理部门的批准文件。

(四) 煤矿（矿井）企业变更井口坐标的，需提供批准变更的文件、变更后的设计方案批复文件以及有资质部门所做的井口坐标测定资料。

鼓励和支持合法矿井为优化布局、消化矛盾、提升规模而进行的联合、兼并、改造。这类煤矿（矿井）按技术改造的程序变更煤炭生产许可证。

七、煤炭生产许可证的补办

对遗失煤炭生产许可证要求补办的企业，要求提供在省级公开发行的报刊上登载的遗失声明，填写《补办煤炭生产许可证申请书》，企业法定代表人身份证复印件和申请补办的报告。

关于印发《贵州省坚决整顿关闭不具备安全生产条件和非法煤矿的工作方案》的通知

2005年9月16日　黔安监管办字〔2005〕230号

各市、州人民政府，各地区行署，各产煤县（市、区、特区）人民政府，各市（州、地）安全监管局、发展改革委（局）、经贸委（局）、监察局、国土资源局、煤管局、工商局、公安局，各煤监分局：

根据《省人民政府办公厅〈转发国务院办公厅关于坚决整顿关闭不具备安全生产条件和非法煤矿的紧急通知〉的通知》（黔府办发电〔2005〕139号）的精神，省安全监管局、贵州煤监局牵头，会同省发展改革委、经贸委、监察厅、国土资源厅、煤管局、工商局、公安厅共同拟定了《贵州省坚决整顿关闭不具备安全生产条件和非法煤矿的工作方案》，并报经省人民政府同意，现印发给各地各有关部门，请认真组织实施。

抄报：国家安全生产监督管理总局、国家煤矿安全监察局、国家发展改革委员会、国土资源部、国家工商行政管理总局、监察部、公安部、省人民政府省人民政府。

贵州省坚决整顿关闭不具备安全生产条件和非法煤矿工作方案

为贯彻落实国务院办公厅《关于坚决整顿关闭不具备安全生产条件和非法煤矿的紧急通知》（国办发明电〔2005〕21号）和国家五部委《关于严厉打击煤矿违法生产活动的通知》（安监总煤矿字〔2005〕54号）等文件精神，进一步规范我省煤炭生产秩序，打击违法违规生产活动，促进我省煤矿安全生产形势的稳定好转，特制定本工作方案。

一、加强领导，履行职责，建立联合执法机制

省政府决定由省安全生产监督管理局（贵州煤矿安全监察局）牵头，会同省发改委、省经贸委、省监察厅、省国土资源厅、省煤管局、省工商局、省公安厅组成整顿关闭不具备安全生产条件和非法煤矿工作领导小组。劳动和社会保障厅、省环保局、省检察院、省高院、贵州电网公司积极做好配合工作。领导小组下设办公室，办公室设在省安全生产监督管理局。各部门按照各自的职能依法履行工作职责，密切配合、协调行动，及时通报情况、交流信息，协商解决打击违法生产活动工作中的重大问题，形成分工明确、功能互补、运转有序、关系协调的联合执法运行机制。整顿关闭领导小组要定期或不定期地组织开展专项检查，及时发现和严肃查处无证非法开采和违法违规生产行为，加大整顿关闭不具备安全生产条件和非法煤矿的力度，要像对待瓦斯集中整治工作一样予以高度重视，打一场整顿关闭煤矿攻坚战。

各市、州人民政府、各地区行署及各产煤县（市、区）人民政府要相应成立整顿关闭工作领导小组，明确联合执法牵头部门，统一领导整顿关闭工作。要积极组织所属煤矿安全监管、国土资源、煤管、工商、公安、行政监察、劳动保障、环保、检察院、法院、电力等部门和单位开展联合执法。各煤矿安全监察分局要积极配合辖区所在地人民政府开展整顿关闭工作。各地要将本地区整顿关闭工作方案及工作开展情况按时上报省安全生产监督管理局，并接受监督检查。实施整顿关闭工作中出现的新情况、新问题，对重大的苗头性、倾向性问题，要及时向省安全生产监督管理局报告。

二、明确整顿关闭煤矿名单，依法严厉打击违法生产活动

煤矿的通风、防瓦斯、防水、防火、防煤尘、防冒顶等安全设备、设施条件应当符合国家标准，并有防范生产安全事故发生的措施和完善的应急处理预案。

凡有下列情形之一的必须立即停止生产，认真进行整顿：一是逾期没有提出办理煤矿安全生产许可证申请、煤矿安全监管监察机构责令停产整顿的矿井；二是已提交申请，但经审查不具备安全生产条件、责令限期整顿的矿井；三是通过省级复产验收后证照仍不齐全或失效的矿井；四是超通风能力生产的矿井；五是没有按规定建立瓦斯监测监控和瓦斯抽放系统的矿井；六是有突出或瓦斯动力现象，没有采取防突措施的矿井；七是没有经过煤矿建设项目“三同时”竣工验收而投产的基建和改扩建矿井。

除上述七条外，凡存在《国务院关于预防煤矿生产安全事故的特别规定》（国务院令第446号）第八条规定的其他重大安全生产隐患和行为的煤矿，应当立即停止生产，排除隐患。如检查中发现存在重大安全隐患和行为的，一律责令停产整顿。

我省确定停产整顿的第一批142家矿井（见附件一），必须立即停产整顿。各市、州、地和煤矿安全监察分局要根据监管监察和联合执法工作的动态情况，对存在重大安全隐患和行为应停产整顿的矿井，要坚决勒令停产整顿，并于每月25日前及时向省安全监管局补报新增停产整顿矿井名单。对确

定停产整顿的矿井，各市、州、地煤矿安全监管部门和各煤矿安全监察分局要逐矿下达停产整顿指令，并抄送各县（市、区）人民政府和同级国土资源、工商、煤炭行业管理等部门，依法暂扣其采矿许可证、煤炭生产许可证、工商营业执照、矿长资格证（矿长安全资格证）和安全生产许可证，强制停止一切生产经营活动。同时，在当地报纸公告，接受社会监督。

凡有下列情形之一的矿井要坚决关闭取缔：一是证照不全拒不停产或无证生产的矿井；二是已被关闭又非法生产的矿井；三是明停暗开或“停而不整”的矿井；四是经整顿仍达不到安全生产条件的矿井。

凡属于证照不全拒不停产或无证生产的矿井，已被关闭又非法生产的矿井，明停暗开或“停而不整”的矿井，经整顿仍然达不到安全生产条件的矿井，必须立即依法予以关闭取缔。我省确定关闭取缔的第一批13家矿井（见附件二），要立即依法关闭。对这13家矿井中已取得相关证照的，省国土资源厅要吊销采矿许可证、贵州煤监局要吊销安全生产许可证和矿长安全资格证、省煤管局要吊销煤炭生产许可证和矿长资格证、省工商局要依法办理企业注销登记或者吊销营业执照。对无证非法开采、关闭之后又擅自恢复生产的矿井要严厉打击，严肃查处。各级国土资源管理部门和煤矿安全监管监察部门对非法开采的矿井要依法予以严惩，除对非法业主要移送司法机关依法追究矿主的刑事责任外，还要在经济上依法予以重罚。

煤矿关闭取缔工作由县级人民政府组织实施。对应关闭取缔的矿井，各产煤县（市、区）人民政府要及时组织力量炸毁井筒、填平场地、恢复地貌，遣散煤矿所有从业人员。并责成电力企业停止供电，拆除电源和地面设施；公安部门停供火工品；有关单位和个人不得提供运输工具或销售其煤炭产品；同时，要认真建立和落实整顿关闭工作责任制，采取有效措施严防死灰复燃。

各市、州、地要根据监管监察及联合执法工作的动态情况，对凡属关闭取缔的矿井，要坚决依法关闭，并于每月25日前及时将新增关闭取缔矿井名单上报省安全生产监督管理局并抄送贵州电网公司。

三、明确整改内容，确定整改期限，加强监督检查

对截止2005年7月13日仍未申办煤矿安全生产许可证的矿井，必须立即停产整顿。

对已申办煤矿安全生产许可证的矿井，申办材料审查合格的方可进入现场审查。申办材料审查不合格的，一律停产整顿。

各市、州、地对列入整顿名单的矿井，要依据其安全生产状况和整顿工作难易程度，分批次规定整顿期限。对列入整顿名单的煤矿，只能给予一次停产整顿机会，届时达不到安全生产许可证颁证条件的，一律依法予以关闭。停产整顿的最后期限不能超过2005年12月31日。

被停产整顿的煤矿，要认真按照有关规定，查证照、查隐患、查安全管理、查劳动组织，明确整改内容，制定整改方案及停产整顿期间保障安全的有关措施，报县（市、区）煤矿安全监管部门和煤矿安全监察分局。

各产煤地县级人民政府要立即向停产整顿煤矿派出监督员，坚决防止出现明停暗采、日停夜开、假整顿真生产的行为，督促煤矿认真整改。

2005年9月15日前，各市、州、地要将整顿工作方案包括第一批整顿煤矿的整改内容、整改期限报省安监局。从9月份起，每月底向省安监局报送本月整顿关闭落实情况和下月的整顿关闭工作计划。省整顿关闭工作领导小组将不定期组织有关人员进行抽查。

四、加强监察监管，督促落实整改

各级国土资源管理部门、煤矿安全监察机构、煤炭行业管理部门和工商管理部门要严格执行《中华人民共和国行政许可法》、《中华人民共和国矿产资源法》、《中华人民共和国煤炭法》、《中华人民共和国安全生产法》、《安全生产许可证条例》、《煤矿企业安全生产许可证实施办法》、《煤

炭生产许可证管理办法》、《中华人民共和国企业法人登记管理条理》、《中华人民共和国私营企业暂行条例》、《国务院关于预防煤矿生产安全事故的特别规定》等法律法规，建立健全行政审批责任制，依法规范行政许可行为，加强采矿许可证、安全生产许可证、煤炭生产许可证、矿长资格证、矿长安全资格证和工商营业执照审核颁证的管理工作，严格各项准入条件和标准，共同严把煤矿安全生产的市场准入关。对向不符合法定条件的煤矿或矿长颁发证照的，要根据国务院令第446号有关规定严肃追究其责任。

各级政府要从实践“三个代表”重要思想、落实科学发展观、构建社会主义和谐社会的高度，充分认识安全生产工作的重要性，牢固树立“安全第一、预防为主”和以人为本的理念，切实加强领导，把责任落实到县、乡人民政府和有关工作部门。对列为停产整顿和关闭对象的煤矿，要严整关死，并加强督促检查，不留后患。

对确定为停产整顿的矿井，有关部门停产整顿通知要下到位、证照暂扣工作要到位、指导服务工作要到位、监督检查要到位、监督人员要到位。整改结束后要求恢复生产煤矿，向当地县级以上地方人民政府煤矿安全监管部门提出申请，煤矿安全监管部门自收到恢复生产申请之日起60日内组织验收完毕；验收合格的，经组织验收煤矿安全监管部门的主要负责人签字，报请有关地方人民政府主要负责人签字批准，颁发证照的部门发还证照或给予颁证后，煤矿方可恢复生产；验收不合格的，由有关地方人民政府予以关闭。

五、依法查处违法违规单位和人员，加强社会监督和舆论监督

对拒不执行停产整顿指令、违法生产的，按妨碍执行公务处理。被责令停产整顿的煤矿擅自从事生产的，县级以上地方人民政府煤矿安全监管部门、煤矿安全监察分局应当提请有关地方人民政府予以关闭，没收违法所得，并处违法所得1倍以上5倍以下的罚款；构成犯罪的，依法追究刑事责任。要严格执行安全生产行政问责制，认真查处煤矿安全生产和煤矿事故背后的失职渎职、官商勾结和腐败现象。各级党的机关、国家机关、人民团体、事业单位的工作人员和国有企业负责人参与投资入股办矿、接受贿赂、公开或暗中包庇袒护，致使煤矿未能停产整顿或关闭取缔，甚至酿成事故的，要一查到底，依法严肃处理。凡已投资入股煤矿（依法购买上市公司股票的除外）的各级党的机关、国家机关、人民团体、事业单位的工作人员和国有企业负责人（包括国有大型、特大型企业中层以上领导干部；国有中小型企业负责人；国有资产占控股地位或主导地位的公司中由政府主管部门委派或者招聘的领导干部、企业职工代表大会选举产生并报政府主管部门批准的领导干部、企业党组织的领导干部），必须按照四部委联合下发的《关于清理纠正国家机关工作人员和国有企业负责人投资入股煤矿问题的通知》（中纪发〔2005〕12号）的规定，于9月22日前撤出投资。对逾期没有如实登记撤出投资或者隐瞒事实真相、采取其他手段继续投资入股办矿的人员，一经查出，一律就地免职，然后依照有关规定严肃处理。

按照《国务院关于预防煤矿生产安全事故的特别规定》的规定，在乡、镇人民政府所辖区域内发现有非法煤矿并且没有采取有效制止措施的，对乡、镇人民政府的主要负责人以及负有责任的相关负责人，根据情节轻重，给予降级、撤职或者开除的行政处分；在县级人民政府所辖区域内1个月内发现有2处或者2处以上非法煤矿并且没有采取有效制止措施的，对县级人民政府的主要负责人以及负有责任的相关负责人，根据情节轻重，给予降级、撤职或者开除的行政处分；构成犯罪的，依法追究刑事责任。

对问题严重的地区，以及性质恶劣的案例，要通过新闻媒体予以曝光，形成打击非法开采、违法生产行为的强大舆论声势。产煤市、州、地人民政府负责煤矿安全监管的部门、煤矿安全监察分局对被责令停产整顿或关闭煤矿，应当自被责令停产整顿或关闭之日起3日内在当地主要媒体公告；被责令停产整顿的煤矿经验收合格恢复生产的，产煤市、州、地人民政府负责煤矿安全监管的部门、煤矿安

全监察分局应当自煤矿验收合格恢复生产之日起3日内在当地同一媒体公告。对已被责令停产整顿而明停暗开、非法生产造成重特大事故的，要公开查处情况，接受社会和舆论监督。

建立举报奖励制度，鼓励广大职工和人民群众积极举报非法生产和存在重大安全隐患的煤矿。省安监局受理举报电话为：0851－6824213，举报信箱：gz××@gzaj.gov.cn。对受理举报经调查属实的，将给予最先实名举报人1000元奖励，所需费用由省财政列支。各地也要进一步建立和完善群众对非法开采和违法生产的举报制度和举报奖励制度，对群众举报的问题要认真对待、严肃查处，充分发挥人民群众对煤矿安全生产的监督作用。

各新闻单位要积极配合，要对整顿关闭不具备安全生产条件和非法煤矿工作进行跟踪报道，做好舆论监督工作。

关于进一步做好煤矿安全生产有关工作的通知

2005年10月10日　黔工商注〔2005〕15号

各市、州、地工商行政管理局：

为认真贯彻落实国务院《关于预防煤矿生产安全事故的特别规定》、国务院办公厅《关于坚决整顿关闭不具备安全生产条件和非法煤矿的紧急通知》（国办发明电〔2005〕21号）、国家安全生产监督管理总局和国家工商行政管理总局等五部门联合下发的《关于严厉打击煤矿违法生产活动的通知》（安监总煤矿字〔2005〕54号）、省委办公厅和省人民政府办公厅《关于2005年以来全省煤矿重特大事故的情况通报》（黔党办发〔2005〕15号）、贵州省安全生产监督管理局、贵州省工商行政管理局等九部门联合下发的《关于进一步做好关闭取缔无证煤矿严厉打击煤矿违法生产活动的意见》（黔安监管办字〔2005〕181号）等文件精神，现就进一步做好煤矿安全生产工作的有关事项通知如下：

一、要进一步提高对煤矿安全生产极端重要性的认识

全省工商行政管理机关一定要从实践“三个代表”重要思想、落实科学发展观、构建社会主义和谐社会的高度，进一步提高对煤矿安全生产工作极端重要性的认识，认清我省煤矿安全生产面临的严峻形势，切实增强工作责任感和使命感，牢固树立“安全生产、预防为主”和“以人为本”的理念，把煤矿安全生产工作摆在重要议事日程，充分发挥工商行政管理职能作用，采取有力措施，在当地党委、政府的统一领导下，积极主动配合当地煤矿安全监管部门的工作，坚决遏制我省煤矿重特大事故的发生，确保人民生命财产安全。

二、要切实加强煤矿企业的监管

各级工商行政管理机关接本通知后，要按照属地监管的原则，对辖区范围内煤矿企业进行一次全面排查。凡未依法取得采矿许可证、安全生产许可证、煤炭生产许可证、营业执照和矿长未依法取得矿长资格证、矿长安全资格证，而擅自从事生产的煤矿，属非法煤矿。一经发现煤矿无证照或者证照不全从事生产的，应当责令该煤矿立即停止生产，同时于2日内提请当地县级以上人民政府予以关闭，并及时向上一级工商行政管理机关报告，同时向当地煤矿安全监管部门通报有关情况，配合进行查处。

工商行政管理机关要将煤矿企业纳入重点监管范围，对依法取得证照的煤矿，要加强日常监管，促使煤矿持续符合取得证照应当具备的条件。要随时掌握煤矿企业的登记注册情况，对营业执照和采矿许可证、安全生产许可证、煤炭生产许可证、矿长资格证、矿长安全资格证的经营期限或有效期限

即将到期的煤矿企业，要督促其及时办理延期登记手续；对在经营期限或有效期限截止时仍不能取得继续生产合法手续的煤矿企业，应当责令其立即停止生产，并及时向当地政府报告和向上一级工商行政管理机关报告，同时向当地煤矿安全监管部门通报有关情况。

对向不符合法定条件的煤矿颁发营业执照和不按属地监管原则履行日常监督管理职责的工商行政管理机关，要按照国务院《关于预防煤矿生产安全事故的特别规定》第六条的规定，对直接责任人和主要负责人，根据情节轻重，分别给予行政处分，构成犯罪的，依法追究刑事责任。

三、依法严厉打击煤矿违法生产活动

工商行政管理机关要严格执行上级有关部门和当地人民政府关于责令煤矿停产整顿和关闭煤矿的决定，积极主动配合当地煤矿安全监管部门牵头组织的煤矿安全联合执法工作。对当地人民政府责令关闭的煤矿企业，如已取得营业执照的，要立即依法办理注销登记或者吊销营业执照。对省安全生产监督管理局、省煤矿安全监察局责令停产整顿的六盘水六枝特区中寨乡宏源煤矿等142家煤矿企业和当地人民政府责令停产整顿的其他煤矿企业，要按照省工商局《关于暂扣停产整顿煤矿营业执照的通知》（黔工商明电〔2005〕31号）要求，立即暂扣营业执照；该批煤矿企业中经整改验收合格，要求恢复生产的煤矿，由组织验收的当地政府负责煤矿安全生产监督管理部门的主要负责人签字，并经有关煤矿安全监察机构审核同意和经当地人民政府主要负责人签字批准，相关部门已发还其采矿许可证、安全生产许可证、煤炭生产许可证、矿长资格证、矿长安全资格证的情况下，工商行政管理机关方可发还其煤矿企业营业执照；对经验收不合格，当地人民政府责令关闭的煤矿，工商行政管理机关要立即依法办理注销登记或者吊销其营业执照。

四、几点要求

1. 在煤矿安全联合执法工作中，各级工商行政管理机关要坚决服从当地党委、政府的统一领导，切实履行职责；要加强巡查，利用12315消费者申诉举报网络，积极配合煤矿安全监管部门，依法严厉打击煤矿违法生产活动，共同做好预防煤矿安全事故工作。对监管不力、行动迟缓、推诿扯皮、不负责任的要严肃批评，情节严重的要追究有关人员的责任。

2. 各级工商行政管理机关要进一步完善上下联动的工作机制，充分发挥工商所的优势，进一步加强对辖区范围内煤矿企业经济户口的认领，积极落实监管措施，明确监管责任，保证监管到位。工商所形成的监管资料和上级机关的企业登记信息及各类监管信息，都要及时录入经济户口，确保监管信息数据的真实、准确、完整。

3. 各级工商行政管理机关要密切关注当前出现的炒买炒卖煤矿的现象，一经发现违法行为，要及时向当地政府和上级工商行政管理机关报告，同时向当地煤矿主管部门通报有关情况。

4. 各市、州、地工商行政管理局务必于10月31日前，将排查情况书面报省工商局。

贵州省四个煤矿区列为国家规划矿区

2006年2月15日

日前，国家发改委、国土资源部正式对外公布了45个煤炭国家规划矿区名单，贵州省占4个。

贵州省4个国家规划矿区分别为：盘县矿区，矿区范围为贵州省盘县；水城矿区，矿区范围为贵州省六盘水市；织纳矿区，矿区范围为贵州省纳雍县、织金县；黔北矿区，矿区范围为贵州省金沙县、桐梓县、大方县、毕节市、赫章县。

关于当前采矿权办理有关工作的通知

2006年6月29日　黔国土资发〔2006〕81号

近几年来，由于国家和省对采矿权管理的政策变化较大，我省暂停了部分矿种采矿权的新立、延续和变更等相关手续的办理工作。近期，国土资源部《关于进一步规范矿业权出让管理的通知》（国土资发〔2006〕12号）、《关于进一步加强煤炭资源勘查开采管理的通知》（国土资发〔2006〕13号）和省政府发布实施的贵州省铝土矿资源勘查与开发专项规划，进一步明确了采矿权管理的基本原则和相关政策，现根据部、省文件精神，就当前采矿权办理的有关工作通知如下：

一、全面恢复，加快办理到期现有合法采矿权延续手续

全面受理各矿种到期采矿权延续登记申请。各地要督促和指导有关矿山完善延续登记的相关材料。

(一) 有下列情形之一的，不予批准延续登记：

1. 因各种原因被县级以上人民政府和有关部门实施关闭的；

2. 自取得采矿权之日起无正当理由超过一年未进行生产、施工建设的；

3. 无正当理由中断生产、施工建设连续一年以上的；

4. 无正当理由超过矿山生产施工建设期一年以上未建成投产的；

5. 无正当理由未在法定时间向登记管理机关提出延续申请的；

6. 在矿产资源规划确定的禁采区开采矿产资源的。

(二) 与国家在建和拟建大中型矿山矿区范围重叠采矿权延续的办理：

与正在建设中的国家和省规划的大中型矿山矿区范围重叠，但与在建大中型矿山建设单位已达成合理补偿小矿、整体收购或联合办矿等处置协议的，不再办理延续手续；

与正在建设中的国家和省规划的大中型矿山矿区范围重叠，但尚未与大中型矿山建设单位达成处置协议的，对其提出妥善处置的要求，暂予以延续有效期1年；

与拟建设的国家和省规划的大中型矿山矿区范围重叠的，可予以延续，但维持其原有的矿区范围不变，有效期不得超过3年。

(三) 对生产能力达不到有关规定的煤矿采矿权延续的办理：

根据《省人民政府办公厅转发国家安全监管总局等部委关于加强煤矿安全生产工作规范煤炭资源整合的若干意见的通知》（黔府办发电〔2006〕69号）精神，年生产能力3万吨以下地方政府尚未决定关闭的煤矿，延续有效期一律设定至2007年12月31日。到期不再延续，注销采矿许可证。

(四) 与相邻采矿权的矿区范围重叠的采矿权延续的办理：

对发生重叠的采矿权，相邻矿山之间进行协商达成协议或进行资源整合调整矿区范围后方予以延续。

向登记管理机关提出自愿让出重叠范围的，按剔出重叠后的范围予以延续。

(五) 办理采矿权延续登记的其他要求：

1. 采矿权人占有的矿产资源储量与其实际生产能力不相适应或无正当理由超过设计达产期限2年仍达不到设计生产规模的，经调整其矿区范围及占用矿产资源储量后予以延续；

2. 有非法转让采矿权等违法行为，尚达不到吊销采矿许可证情节的，经依法查处后予以延续；

3. 采矿权人未进行矿产资源储量核实或未履行缴纳矿产资源补偿费等法定义务的，由国土资源部门责令履行法定义务后予以延续；

4. 在采矿许可证延续中，凡采矿权人开采的是国家出资形成的矿产地且未缴纳采矿权价款的，均须向登记管理机关补交采矿权价款。

5. 2006年底到期的小型煤矿采矿权的延续申请，由各市（州、地）国土资源局按省国土资源厅规定的时间和要求，统一组织报厅电子政务窗口受理。

二、区别矿种，从严审批扩大矿区范围的申请

恢复受理扩大矿区范围的登记申请，进一步规范扩大矿区范围的程序和要求。登记管理机关原已受理扩大矿区范围申请的，经审查不符合批准扩大矿区范围条件的报件，说明理由后作出不予扩大矿区范围的批复。

(一) 有以下规定情形之一的，不予批准扩大矿区范围：

1. 煤、磷、铝土等对全省国民经济社会发展具有重要作用的矿种，且在国家规划矿区范围内，尚未编制矿业权设置方案或不符合编制的矿业权设置方案的；

2. 未纳入经我厅和相关部门批准的煤炭资源整合方案的；

3. 不符合矿产资源规划的；

4. 扩大矿区后影响已规划的大中型矿山建设的；

5. 扩大部分的矿区范围肢解了较大规模矿产地的（较大规模矿产地指资源储量足以设置1个新的采矿权的）；

6. 现有矿山生产规模难以提高，矿区保有资源储量仍能够满足现有矿山生产规模和服务年限要求的；

7. 扩大部分与原矿区范围合并后不能形成一套完整生产系统的；

8. 因采矿活动造成或引发的地质灾害未能有效治理的；

9. 开采回采率、采矿贫化率和选矿回收率在规定期限内达不到设计要求，造成矿产资源浪费或破坏的；

10. 未按规定履行缴纳矿产资源补偿费等法定义务的；

11. 存在越层、越界开采矿产资源等违法行为的；

12. 根据国家和省关于整顿关闭小矿的政策近期可能被关闭的小矿。

(二) 新申请采矿权扩大矿区范围按照以下规定程序办理：

1. 采矿权人向登记管理机关提出扩大矿区范围申请报告，提出申请扩大矿区范围的理由、可行性和拟扩大的矿区范围图。登记管理机关为省国土资源厅的，报告须经县、地两级国土资源管理部门签署拟扩大矿区范围内矿权设置情况的说明。

2. 登记管理机关按照有关规定对申请报告进行审查，并对采矿权人扩大矿区范围申请给予同意或不同意的批复。

3. 采矿权人按照登记管理机关同意扩大矿区范围的批复意见，开展地质勘查和矿产资源开发利用方案编制等相关工作。

4. 采矿权人在备齐有关资料后，报登记管理机关。在缴纳扩大部分的采矿权价款后，登记管理机关以协议方式办理新扩大部分的采矿权和办理扩大矿区范围后采矿权变更登记手续。

三、分类处理，进一步规范新立采矿权办理

受理新立采矿权登记申请，按照三种不同情形分类办理，对不符合规定的不予受理或退件。

(一) 可以行政审批方式授予采矿权的情形：

1. 《关于进一步规范矿业权出让管理的通知》（国土资发〔2006〕12号）附录《矿产勘查开采分类目录》（以下简称《目录》）中的第一类矿产，符合国土资发〔2006〕12号规定及我厅贯彻意见，以申请在先方式取得的探矿权申请采矿权的；

2.《目录》中的第一类、第二类矿产，以招拍挂方式获得的探矿权申请采矿权的；

3. 按国土资发〔2006〕12号文及我省贯彻意见应以招标拍卖挂牌出让方式取得而实际是以行政审批方式取得的探矿权申请采矿权，申请人缴纳了探矿权价款的。

(二) 可以协议方式授予采矿权的情形：

1. 属于国土资发〔2006〕12号第一条第(五) 项规定情形的：

国务院批准的重点矿产资源开发项目和为国务院批准的重点建设项目提供配套资源的矿产地；已设采矿权需要整合或利用原有生产系统扩大勘查开采范围的毗邻区域；经省人民政府同意，并正式行文报国土资源部批准的大型矿产资源开发项目；国家出资为危机矿山寻找接替资源的找矿项目。

2. 属于《贵州省国土资源厅关于贯彻执行国土资源部〈探矿权采矿权招标拍卖挂牌管理办法〉的意见》（黔国土资发〔2004〕002号）规定可以协议方式授予采矿权的：

2003年8月1日前，按登记权限已受理探矿权、采矿权登记申请，以及已受理申请人为采矿权登记发证而提交划定矿区范围、矿产资源储量评审与占用储量登记、地质灾害危险性评估、矿权价款评估结果的确认与备案、矿产资源开发利用方案评审申请的；

3. 符合《关于印发〈关于解决产煤地区农村贫困农民生活用煤问题的意见〉的通知》（黔国土资发〔2005〕90号）第二条第(一) 项规定的：

按黔府专议〔2005〕22号要求，由县人民政府提出名单，地州市煤炭部门会同国土资源等部门审核，经省煤炭部门会同国土资源部门认定后，乡（镇）现有建成或基本建成、符合矿产资源规划并达到了煤炭矿山最低生产规模要求，满足安全生产条件，当地政府已越权发证但尚未办理相应合法手续的矿井。

4. 为实施国家、省重点建设项目，需整体规划、部署开发建设，经省人民政府正式行文明确特定业主进行矿产资源开发的矿产地。

5. 已经开工建设并经省人民政府同意作为遗留问题处理的部分矿山。

按协议出让的有关规定，申请人应进行采矿权价款评估后，向登记管理机关缴纳价款。

(三) 以招拍挂方式授予采矿权的情形：

1.《目录》中的第三类矿产，一律以招拍挂方式授予采矿权。

2.《目录》中的第一类、第二类矿产，探矿权灭失、但矿产勘查工作程度已经达到详查（含）以上程度并符合开采设计要求的矿产地；

3.《目录》中的第一类、第二类矿产，采矿权灭失或以往有过采矿活动，经核实存在可供开采矿产储量或有经济价值矿产资源的矿产地。

四、做好采矿权办理的相关工作

(一) 完善采矿许可证的填写。

目前采矿许可证填写内容不够完备，使非法转让采矿权行为不易发现，为及时发现和有效打击非法转让采矿权行为，加强矿产开发监督管理，自本《通知》下发后新办理的新立、延续、变更采矿权，采矿许可证上的采矿权人名称后用括号加注：

1. 企业性质为个人独资企业的，加注投资人姓名；

2. 企业性质为合伙企业的，加注执行合伙企业事务的合伙人姓名；

3. 企业性质为股份制企业和集体企业的，加注企业法定代表人姓名。

(二) 做好采矿权的变更登记。

申请采矿权延续时需变更登记事项或申请采矿权转让经批准后，缴纳了属于国家出资形成的矿产地采矿权价款的，可以一并办理变更手续。

(三) 加强《矿产资源开发利用方案》的审查。

由省国土资源厅受理登记发证的矿种，委托贵州省国土资源勘测规划院受理《矿产资源开发利用方案》评审申请并组织专家按照有关规定进行审查。《矿产资源开发利用方案》审查结果报省厅认定后，由贵州省国土资源勘测规划院将认定意见及《矿产资源开发利用方案》审定文本发给申请人。

五、本通知自下文之日起执行。

关于印发《贵州省企业安全生产风险抵押金管理暂行办法》的通知

2006年12月4日　黔财建〔2006〕340号

各市(州、地)和各县(市、区、特区)财政局、安全生产监督管理局、人民银行：

为了强化企业安全生产意识，落实生产责任，保证我省生产安全事故抢险、救灾工作的顺利进行，根据《贵州省安全生产条例》和财政部、国家安全生产监督管理总局、人民银行联合印制的《企业安全生产风险抵押金管理暂行办法》，并结合我省实际，贵州省财政厅、贵州省安全生产监督管理局、人民银行贵阳中心支行联合制定了《贵州省企业安全生产风险抵押金管理暂行办法》，现予印发，请遵照执行。

贵州省企业安全生产风险抵押金管理暂行办法

第一章　总 则

第一条　为了强化企业安全生产意识，落实安全生产责任，规范安全生产风险抵押金的管理，保证生产安全事故抢险、救灾工作的顺利进行，根据《贵州省安全生产条例》和财政部、国家安全生产监察督管理总局、人民银行联合印制的《企业安全生产风险抵押金管理暂行办法》，并结合我省实际，制定本办法。

第二条　本办法所称企业，是指矿山（煤矿除外）、交通运输、建筑施工、危险化学品、烟花爆竹行业或领域从事生产经营活动的企业。

本办法所称安全生产风险抵押金(以下简称风险抵押金)，是指企业以其法人或合伙人名义将本企业资金专户存储，用于本企业生产安全事故抢险、救灾和善后处理的专项资金。

第二章　风险抵押金的存储

第三条　省、各市（州、地）、各县（市、区、特区）安全生产监督管理部门（以下简称安全生产监督管理部门）及同级财政部门按照以下标准，结合企业正常生产经营期间的规模大小和行业特点，综合考虑资产总额、从业人数、销售收入等因素，确定具体存储金额：

(一) 小型企业存储金额人民币30万元；

(二) 中型企业存储金额人民币100万元；

(三) 大型企业存储金额人民币150万元；

(四) 特大型企业存储金额人民币200万元。

企业规模划分标准按照国家统一规定执行，划分标准如下：

大中小型企业划分标准

行业名称	指标名称	计算单位	大型	中型	小型
非煤矿山、危险化学品、烟花爆竹（不含零售）	从业人员数	人	2000及以上	300－2000以下	300以下
	销售额	万元	30000及以上	3000－30000以下	3000以下
	资产总额	万元	40000及以上	4000－40000以下	4000以下
交通运输	从业人员数	人	3000及以上	500－3000以下	500以下
	销售额	万元	30000及以上	3000－30000以下	3000以下
建筑施工	从业人员数	人	3000及以上	600－3000以下	600以下
	销售额	万元	30000及以上	3000－30000以下	3000以下
	资产总额	万元	40000及以上	4000－40000以下	4000以下

上表划分以法人企业或单位作为对企业规模的划分对象，大型和中型企业须同时满足所列各项条件的下限指标，否则下划一档。

对从业人员极少、销售额和资产规模较低的采石场等小型企业可酌情减免，减免由属地安全生产监督管理部门会同同级财政部门确定。

第四条 风险抵押金按照以下规定存储：

(一) 风险抵押金由企业按时足额存储。企业不得因变更企业法定代表人或合伙人、停产整顿等情况迟（缓）存、少存或不存风险抵押金，也不得以任何形式向职工摊派风险抵押金。

(二) 风险抵押金存储数额由省、市、县级安全生产监督管理部门及同级财政部门核定下达《贵州省企业安全生产风险抵押金核定通知书》（以下简称核定通知书，格式附后）。

中央在黔企业、省属企业、大型及特大型企业由省安全生产监督管理局会同省财政厅核定下达；

市（州、地）属企业以及中型企业由市级安全生产监督管理部门会同同级财政部门核定下达；

县（市、区、特区）属及县（市、特区）以下企业、小型企业由县级安全生产监督管理部门会同同级财政部门核定下达。

(三) 风险抵押金实行专户管理。贵州省境内的国有商业银行、股份制商业银行为我省企业风险抵押金代理银行。代理银行的确定，按照分级管理的原则，分别由省、市、县级安全生产监督管理部门及同级财政部门按照属地负责指定，中央驻黔及省属企业由省安全生产监督管理局会同省财政厅指定；市（州、地）属企业由市级安全生产监督管理部门会同同级财政部门指定；县（市、区、特区）属及县（市、区、特区）以下企业由县级安全生产监督管理部门会同同级财政部门指定。

风险抵押金代理银行确定以后，省、市、县级安全生产监督管理部门及同级财政部门应当依照本办法和国家有关规定，同代理银行签订代理协议，以确定风险抵押金监管人和代理银行应当履行的职责，确保风险抵押金安全。

企业可在贵州省境内国有商业银行、股份制商业银行县（包括县）以上分支机构（以下简称代理银行）开设风险抵押金专户，并于核定通知送达后1个月内，将风险抵押金一次性存入代理银行风险抵押金专户；企业可以在本办法规定的风险抵押金使用范围内，按国家关于现金管理的规定通过该账户支取现金。

风险抵押金专户所有人应在所属风险抵押金管理所指定的银行代理网点开立风险抵押金专户，开立专户时应向代理银行出具风险抵押金核定通知书、基本存款账户开户许可证复印件、企业营业执照、组织机构代码证、法人身份证、税务登记证。代理银行网点应按有关开户规定及时办理开户手续。

第五条　省外来黔和跨市、县（区、特区）经营的建筑施工企业和交通运输企业，在企业注册地已缴纳风险抵押金并能出示有效证明的，不再另外存储风险抵押金。

第六条　企业安全生产风险抵押金存储利息计入风险抵押金专户。

年度内企业使用安全生产风险抵押金的，使用部分按银行活期存款利率结算，未使用部分按银行一年期存款利率结算。

第三章　风险抵押金的使用

第七条　企业风险抵押金的使用范围为：

(一) 为处理本企业生产安全事故而直接发生的抢险、救灾费用支出；

(二) 为处理本企业生产安全事故善后事宜而直接发生的费用支出。

第八条　企业发生生产安全事故后产生的抢险、救灾及善后处理费用，全部由企业负担，原则上应当由企业先行支付，确实需要动用风险抵押金专户资金的，企业应当办理《贵州省煤矿企业安全生产风险抵押金使用审批表》等审批手续，经安全生产监督管理部门及同级财政部门批准，按审批金额支取风险抵押金。

第九条　企业发生生产安全事故后负责人逃逸或者在事故发生后3日内未主动承担责任支付抢险、救灾及善后处理费用的，将根据安全事故抢险、救灾及善后处理工作需要，安全生产监督管理部门经商同级财政部门同意，可持《贵州省企业安全生产风险抵押金使用审批表》，支取事故发生企业的风险抵押金。

第四章　风险抵押金的监督管理

第十条　风险抵押金实行分级管理，由省、市、县级安全生产监督管理部门及同级财政部门按照属地原则共同负责。

一、中央驻黔企业、省属企业、大型及特大型企业由省安全生产监督管理局会同省财政厅共同负责管理；

二、市（州、地）属企业以及中型企业由市级安全生产监督管理部门会同同级财政部门共同负责管理；

三、县（市、区、特区）属及县（市、区、特区）以下企业、小型企业由县级安全生产监督管理部门会同同级财政部门共同负责管理。

第十一条　企业持续生产经营期间，当年未发生生产安全事故、没有动用风险抵押金的，风险抵押金自然结转，下年度不再增加存储。当年发生生产安全事故、动用风险抵押金的，省、市、县级安全生产监督管理部门及同级财政部门应当重新核定企业应存储的风险抵押金数额，并及时告知企业；企业在核定通知送达后1个月内按规定标准将风险抵押金补齐。

第十二条　企业生产经营规模如发生较大变化，省、市、县级安全生产监督管理部门及同级财政部门应当于下年度第一季度结束前调整其风险抵押金存储数额，并按照调整后的差额通知企业补存(退还)风险抵押金。

第十三条　风险抵押金专户所有人因撤并、解散、宣告破产或关闭等原因撤销抵押金专户，必须持省、市、县级安全生产监督管理部门及同级财政部门相关核准证明原件，同时还须与代理银行核对账户存款余额，交回各种重要空白票据及结算凭证和开户登记证，银行核对无误后方可办理销户手续。

企业实施产权转让或者公司制改建的，其存储的风险抵押金仍按照本办法管理和使用。

第十四条 企业未按规定时间要求存储安全生产风险抵押金的，按应存储额的日利率万分之三收取滞纳金。

收取的滞纳金归同级安全生产监督管理部门所有，全部用于事故抢险救援及风险抵押金管理。

第十五条 风险抵押金实际支出时适用的税务处理办法由财政部、国家税务总局另行制定。具体会计核算问题，按照国家统一会计制度处理。

第十六条 风险抵押金监管人应认真履行以下职责：

风险抵押金监管人是指按照国家有关规定履行风险抵押金监管职能的省、市(州、地)、县(市、区、特区)级安全生产监督管理部门和同级财政部门。

一、对风险抵押金专户的开立、使用以及本办法的执行情况进行监督和检查，并对风险抵押金专户和代理银行违反规定的行为依照国家有关规定进行处理。

二、对风险抵押金存储、使用额度进行核定，并向代理银行发送风险抵押金收支指令。

三、安全生产监督管理部门、财政部门应当加强对风险抵押金存储、使用和管理等情况的监督管理，按规定及时收集、汇总上报风险抵押金统计表，把对风险抵押金的监管工作纳入日常监察监管工作。

对企业不按规定拒绝存储风险抵押金的，将依照国家有关法律法规进行处理。

第十七条 代理银行应认真履行以下职责：

一、各代理网点均要明确专人负责风险抵押金专户的开立、使用和撤销的审查和管理，负责收集、汇总风险抵押金各种统计报表及报告，并按照本办法的规定及时向监管人报送。建立健全风险抵押金内部控制制度，确保风险抵押金存储安全。

二、对监管人所发送风险抵押金使用指令进行真实性、合法性、完整性审核，经双人复核审核无误后制作划款指令，并通过网上、电话银行等方式进行实时跟踪，确认指令执行结果无误后，方可办理支付业务。企业未经审批，各代理银行不得为其办理支取手续。因代理银行工作失误或监管不到位而造成安全生产风险抵押金损失的，由代理银行承担全部责任。

三、各代理银行网点应随时满足各级风险抵押金监管机构对风险抵押金使用情况的查询和检查。对风险抵押金的使用范围、使用额度、使用限制以及监管人约定的其他监督内容进行全面监控。发现监控内容不符合约定或有关法规要求时，立即电话通知风险抵押金监管人，同时制作提示函书面通知风险抵押金所有人。

四、风险抵押金应按户独立建账，独立核算，准确反映风险抵押金运用情况及结果，并接受监管人或聘请的独立会计审计机构的审计。

五、根据有关规定需要履行的其他职责。

第十八条 风险抵押金应当专款专用，不得挪用。安全生产监督管理部门、同级财政部门及其工作人员有挪用风险抵押金等违反本办法及国家有关法律、法规行为的，依照国家有关规定进行处理。

第五章 报告制度

第十九条 每半年度终了后15日内，代理银行网点应当将本地区企业风险抵押金存储、使用、管理有关情况向风险抵押金监管人报送《贵州省企业风险抵押金管理统计表》；各级安全生产监督管理部门及同级财政部门对风险抵押金的存储、使用、管理有关情况应逐户统计整理汇总后实行逐级上报制度，县级安全生产监督管理部门及同级财政部门每半年度终了后20日内分别向市级安全生产监督管理部门及同级财政部门上报；市级安全生产监督管理部门及同级财政部门每半年度终了后25日内将本级和县级报表汇总后分别向贵州省安全生产监督管理局及贵州省财政厅上报。统计表统一使用电子表格（Microsoft Excel格式附后）按风险抵押金所有人逐一进行统计，报送方式为A4纸质打印统计明细表或通过电子邮件发送电子数据。

第六章 附 则

第二十条 不属于本办法第二条第一款规定范围的企业集团，其内部分公司、车间属于规定范围的，参照本办法执行。

第二十一条 本办法由贵州省安全生产监督管理局、贵州省财政厅、人民银行贵阳中心支行负责解释。

第二十二条 本办法自印发之日起施行。

附件：

1. 贵州省企业安全生产风险抵押金核定通知书
2. 贵州省企业安全生产风险抵押金核定通知书送达回执存根
3. 贵州省企业安全生产风险抵押金存款情况回单
4. 贵州省企业安全生产风险抵押金使用审批表
5. 贵州省企业安全生产风险抵押金管理统计表

关于印发加快推进煤矿整合工作指导意见的通知

2007年3月14日　遵府办发〔2007〕38号

各县、自治县、区（市）人民政府，市人民政府有关部门：

市煤炭局、市发改委、市经贸委、市国土资源局、市安监局、遵义煤监分局、市环保局、市工商局《关于加快推进煤矿整合工作的指导意见》已经市人民政府同意，现印发你们，请认真贯彻执行。

关于加快推进煤矿整合的指导意见

根据省人民政府《关于遵义市汇川区等十二县（市、区）煤矿整合和调整布局方案的批复》（黔府函〔2006〕204号文件）和省煤炭管理局等部门《关于印发〈贵州省煤矿整合指导意见〉的通知》（黔煤办字〔2006〕291号文件）的精神，为确保如期完成我市煤矿整合工作，促进煤炭产业健康发展，现就我市加快推进煤矿整合工作提出如下指导意见，请与上级有关文件要求一并贯彻执行。

一、煤矿整合步骤

1. 根据省人民政府批复的煤矿整合方案，各整合煤矿按《贵州省煤矿整合指导意见》精神进行资源作价和合并、资产评估和合并，商定股权，拟定企业章程或协议，选定企业法定代表人或负责人，拟定企业名称，办理企业名称预先核准登记。

2. 按省国土资源厅《关于实施煤炭资源整合、调整布局方案中采矿权办理有关问题的通知》（黔国土资发〔2006〕102号文件）规定办理采矿权变更登记，同时注销参与整合各矿的采矿许可证，当即或延迟一年内缴纳采矿权价款，当即或延迟一年内提交具资质机构编制、经有权机关批准（备案）的资源储量核实报告、矿产资源开发利用方案、地质灾害危险性评估报告。

3. 配备整合后煤矿企业的项目资本金、矿长、技术人员，按照省人民政府《关于印发贵州省中小型煤矿建设项目法人管理暂行规定的通知》（黔府发〔2004〕4号文件）、省煤炭管理局《关于贯彻〈省人民政府关于印发贵州省中小型煤矿建设项目法人管理暂行规定的通知〉有关问题的通知》（黔煤规字〔2004〕166号文件），申办煤矿项目法人行业准入资质审查。资质审查申请材料用整合后煤矿企业名称，尚无整合后企业印章则加盖参与整合各矿的印章。

4. 整合后煤矿企业委托具有资质机构编制矿井开采方案报请煤炭管理部门审批。对具备客观条件、企业要求保留暂时继续生产的与整合工程无关联的整合前合法生产矿井，必须在编制矿井开采方案中统一布置和说明，编制的矿井开采方案中可以允许保留一个暂时继续生产的与整合工程无关联的整合前合法生产矿井。

5. 整合后煤矿企业委托具有资质机构编制矿井安全预评价报告，委托具有资质机构编制水土保持方案并报请水行政主管部门审批。

6. 整合后煤矿企业向环保部门咨询环境影响评价编制意见，委托具有资质机构编制环境影响评价报告，报请环保部门审批环境影响评价报告。

7. 项目涉及征用土地的，整合后煤矿企业向国土部门申办用地手续。

8. 整合后煤矿企业向经贸部门申请核准项目。申请核准项目需提交的前置批文和行政许可：整合后煤矿的采矿许可证、矿长资格证、矿长安全资格证，参与整合各矿的工商营业执照、生产许可证和安全生产许可证，整合后煤矿的地质报告批文或资源储量核实报告批文、矿井开采方案批文、环境影响评价报告批文、水土保持方案批文、用地手续。

9. 整合后煤矿企业选定董事、监事、经理等，申办整合后企业注册登记，同时注销参与整合各矿的工商营业执照。

10. 整合后煤矿企业申请将批准的矿井开采方案中允许保留暂时继续生产的与整合工程无关联的整合前矿井的安全生产许可证、煤炭生产许可证的煤矿名称变更为整合后矿名，暂时继续生产。县、区（市）煤管部门、安监部门对与整合工程相关联的整合前生产矿责令并监督停止生产，并暂扣和提请吊销煤炭生产许可证和安全生产许可证；同时对整合前在建矿井责令并监督停止建设。

11. 整合后煤矿企业委托具有资质机构编制矿井安全设施设计，报请煤监部门审批矿井安全设施设计。

12. 整合后煤矿企业将项目核准文件、煤矿项目法人行业准入资质审查批准表、工商营业执照、采矿许可证、矿井开采方案批文、矿井安全设施设计批文、环境影响评价报告批文、水土保持方案批文、用地批准文件、施工安全措施方案、开工报告等，报县、区（市）煤管、经贸、国土、安监、环保、工商、水利部门和遵义煤监分局备案，各有关部门应给煤矿出具备案回执。

13. 获得开工备案回执后，整合后煤矿企业遵照国家基本建设的有关规定，按照批准的设计组织建设煤矿整合项目，各相关部门要加强对整合项目建设施工的监管。

14. 煤矿整合项目建设竣工后，申请联合试运转、安全设施验收、环保设施验收、项目竣工验收，申办安全生产许可证和煤炭生产许可证。煤矿整合项目在获得安全生产许可证、煤炭生产许可证的同时，由所在县、区（市）安监局、煤管局分别提请吊销在项目建设期间允许暂时继续生产的与整合工程无关联的整合前矿井的安全生产许可证和煤炭生产许可证，由所在县、区（市）人民政府按照关闭矿井的标准和要求组织关闭该矿井。煤矿整合项目在最终获得煤炭生产许可证并关闭整合前全部矿井后才能投入生产。

二、工作要求

1. 加快推进煤矿整合工作，事关我市煤炭产业健康发展，事关全市经济平稳运行，各级各有关部门必须高度重视。有关县、区（市）人民政府要切实加强领导，成立由政府分管领导任组长，煤炭管理部门牵头，国土、经贸、工商、安监、环保等部门参加的煤矿整合工作领导小组，统一指导、协调，合力推进煤矿整合。市相关部门对煤矿整合工作要加强相互协调、向上衔接和向下指导。由市煤炭局牵头协调，市国土、经贸、工商、安监、环保、水利部门和遵义煤监分局共同参与，密切配合，全力做好相关工作。尤其对煤矿整合涉及省有关部门审批的手续以及采矿权延续手续，由市对口部门负责协调，帮助办理。有关县、区（市）人民政府和市有关部门要明确专人，落实责任制，驻守贵阳协助煤矿企业在规定时限内办理整合项目手续。

2. 煤矿整合项目务必在2007年4月底前完成采矿权变更登记，在2007年6月底前完成整合后企业工商注册登记。对未按上述时限完成采矿权变更登记、整合后企业工商注册登记的整合项目，由所在县、区（市）安监部门和煤管部门分别暂扣整合所涉各矿的安全生产许可证和煤炭生产许可证，责令全部停止生产开展整合。对已列入整合方案，2007年底仍未进入实质整合的煤矿，由所在县、区（市）人民政府实施关闭。

3. 高度重视煤矿安全生产，打好煤矿瓦斯治理和整顿关闭不具备安全生产条件和非法煤矿两个攻坚战。瓦斯治理要坚决落实“先抽后采、监测监控、以风定产”十二字方针，强力推进先抽后采。加强煤矿瓦斯监测监控，没有安装煤矿瓦斯监测监控系统的必须尽快安装，没有安装的一律不得生产和建设。

4. 加快技改煤矿和新建煤矿建设进度。县、区（市）政府和市有关部门要督促各技改煤矿和新建煤矿加快建设，按设计进度要求推进，尽快完成建设和技改工程，早日通过验收投入生产。加快煤矿“双回路”供电系统建设工作，县、区（市）政府要加强领导，加强督促检查，有关部门和煤矿企业要主动与供电部门协调合作，供电部门要加快建设进度，力争上半年完成全市80%的煤矿“双回路”供电系统建设，确保年内所有6万吨以上煤矿完成“双回路”供电系统建设。

三、相关事项

1. 虽列入整合方案但又公告关闭的煤矿，按煤矿整顿关闭工作要求进行关闭。对列入整合方案的3万吨煤矿，同时执行国家产业政策进行淘汰。

2. 在省煤管、发改、经贸、国土、煤监、环保六部门会审名单的基础上，技改扩能煤矿项目按产业政策规定和相关规定申办，新建煤矿项目按国家和省有关政策要求申办。

关于建立整合煤矿办理审批手续一条龙办公机制的通知

2007年4月25日　黔府办发〔2007〕34号

各自治州、市人民政府，各地区行署，各县（自治县、市、市辖区、特区）人民政府，省政府各部门、各直属机构：

为加快全省整合煤矿办理各种审批手续，推进煤矿整合工作的顺利进行，经省人民政府同意，建立整合煤矿办理审批手续“一条龙”办公机制（以下简称一条龙办公机制），现就有关事项通知如下：

一、本通知所指整合煤矿，是指经省人民政府批复的各地区《煤矿整合方案表》中所列的整合煤矿。

二、一条龙办公机制涉及省工商局、省国土资源厅、省煤管局、省环保局、省水利厅、贵州煤监局、省质监局、贵州电网公司。

(一) 省工商局负责整合煤矿名称变更登记、名称预核准、煤矿筹建营业执照和工商营业执照审核发放工作。

(二) 省国土资源厅负责整合煤矿一年期采矿许可证的审批发放工作。

(三) 省煤管局负责煤矿开采设计方案审核和煤矿生产许可证的审核发放工作。

(四) 省环保局负责煤矿环境影响评价报告的审核工作。

(五) 省水利厅负责煤矿水土保持方案的审核和取水许可审批工作。

(六) 贵州煤监局负责煤矿安全专篇（设计）审查和安全生产许可证审核发放工作。

(七) 省质监局负责煤矿组织机构代码证登记发放工作。

(八) 贵州电网公司负责协调各地供电部门根据煤监部门出具的证明恢复对整合煤矿供电。

上述各单位应按照《整合煤矿办理审批手续一条龙办公流程图》所明确的办理程序和时限要求，提高工作效率，加快办理整合煤矿相关审批手续。

三、各整合煤矿业主要尽快完成整合的各项前期工作，按照成熟一家上报一家的原则，根据本通知明确的程序，尽快到各有关部门申报办理审批手续。2007年8月31日前未进入申报办理审批手续一条龙办公程序的整合煤矿，各部门一律停止受理，并由省煤矿关闭整顿领导小组汇总报省人民政府批准后，按国家有关法律法规和产业政策的规定，依法予以关闭。

四、各县级人民政府及有关部门要对本县（市、区）内的整合煤矿逐矿做好协调工作，负责督促、指导和帮助整合煤矿业主在本通知规定的最后期限之前，完成整合并进入申办程序。但不得强行要求煤矿集中上报，避免因少数整合煤矿未达成一致意见影响多数煤矿的办理进度。

五、涉及整合煤矿审批手续办理的各有关部门要认真贯彻落实一条龙办公机制，在法律、法规允许的范围内，简化办事程序，提高办事效率。要安排专人负责整合煤矿相关审批手续的办理工作，在规定的时限内办结。要加强相互沟通、协调，办理完本部门审批手续后要及时告知后续手续办理的部门。同时，各有关部门要督促相关行业设计、咨询单位做好整合煤矿的设计、技术咨询服务工作，及时提供符合要求的设计文件。各有关部门不按本通知要求加快办理整合煤矿审批手续的，将依法依纪予以严肃查处。

各地人民政府、各有关部门要充分认识加快推进煤炭资源整合工作的重要意义，切实加强组织领导，精心安排部署，加快推进煤矿整合工作，确保按照国家要求在2007年底前将所有整合煤矿相关审批手续办理完毕，全面完成我省煤炭资源整合工作。

请各县级人民政府将本通知速转发到本县（市、区）各乡（镇）人民政府及所有整合煤矿。

附件：

1. 整合煤矿办理审批手续一条龙办公流程图

2. 整合煤矿办理审批手续各环节应提交资料一览表

3. 整合煤矿办理审批手续一条龙办公联系电话表

整合煤矿办理审批手续一条龙办公流程图

省国土资源厅按规定时限办理整合煤矿办理审批手续一条龙办公流程说明：

1. 拟整合的煤矿业主按照省人民政府批复的煤矿整合方案进行整合，商定股权，拟定企业章程，选定企业法定代表人，拟定企业名称等工作并签订协议，到省工商局办理企业名称核准或企业名称变更登记。

2. 整合煤矿到省国土资源厅办理采矿权变更登记，颁发一年期采矿许可证，同时注销参与整合各矿的采矿许可证，一年内提交具资质单位编制、经有权机关批准(备案)的资源储量核实报告、矿产资源开发利用方案、地质灾害危险性评估报告，办理采矿权延续登记，缴纳采矿权价款等。

3. 整合煤矿取得省国土资源厅核发的一年期采矿许可证后，委托有资质的煤矿设计单位在一年期采矿许可证登记的矿区范围内编制开采方案，按照开采方案(设计)审批的有关规定申请省煤炭管理部门批准。无保留矿井的煤矿持省国土资源厅划定的矿区范围文件及煤矿开采批复到省工商局办理筹建营业执照。

4. 未编制过环境影响评价报告、水土保持方案、水资源论证等设计文件的煤矿应委托有资质的设计单位编制环境影响评价报告、水土保持方案、水资源论证等设计文件申请环保、水利管理部门批准。

5. 整合煤矿业主向煤监机关申请安全设施设计审批。根据贵州煤监局批复意见，由供电部门恢复向整合煤矿保留矿井维护或施工供电。

6. 整合煤矿涉及征用土地的，应向国土资源管理部门申请土地征用审批。

7. 整合煤矿按照批准的设计进行项目工程施工。

8. 工程竣工后煤矿业主应按照有关法律法规分别向煤监、煤管、水利、环保部门申请专项验收。

9. 整合煤矿完成安全设施等专项验收后，向煤监机关申办安全生产许可证。

10. 整合煤矿取得安全生产许可证后，向省煤炭管理部门申办煤炭生产许可证。

11. 整合煤矿取得煤炭生产许可证后，到省工商管理部门换发营业性工商执照。至此煤矿可投入生产。

12. 整合煤矿取得营业性工商执照后到省质监部门换发组织机构代码证。

整合煤矿办理审批手续各环节应提交资料一览表

主办单位	煤矿业主办理相关手续时应提交资料
省工商局	(一)办理名称预先核准：整合文件，全体投资签署的企业名称预先核准申请书或名称变更申请书，办理人员的委托证明。 (二)有保留矿井的整合煤矿办理变更登记：整合文件，整合关闭煤矿的注销手续，整合关闭煤矿是否进入新设煤矿的证明材料(不进入的投资人须到省工商局办证大厅签字确认)，拟保留煤矿的采矿许可证、安全生产许可证、煤炭生产许可证原件及复印件，按照所设企业的经济类型提交材料。 (三)无保留矿井的煤矿办理筹建营业执照：整合文件，矿区划定范围批复，煤矿开采设计方案批复，整合关闭煤矿的注销手续，整合关闭煤矿是否进入新设煤矿的证明材料(不进入的投资人须到省工商局办证大厅签字确认)，按照所设企业的经济类型提交材料。
省国土资源厅	办理一年期采矿许可证需提供资料： (一)《煤矿整合、调整布局方案》批复文件； (二)被整合矿山采矿许可证注销申请书； (三)被整合矿山采矿许可证正、副本原件； (四)采矿权变更申请登记书； (五)省工商行政管理部门出具的企业名称预先核准登记审批文件(或工商部门对整合煤矿工商执照的说明文件)； (六)县级国土资源部门对参与整合的矿山是否存在非法转让行为及有关法定义务的履行情况； (七)县级人民政府对整合矿山整合情况的说明材料，包括：原采矿权人开采情况、企业及资源整合完备情况说明、整合后新确定的采矿权人及有关情况、原采矿权人与新确定的采矿权人之间达成的协议(签字并加按手印)； (八)采矿权变更前后的矿区范围对照图及直角坐标； (九)整合煤矿此前已向省国土资源厅申请了本矿区的煤矿探矿权，但尚未批复的，在办理煤矿采矿权前，须提交探矿权退件申请，以避免矿权重叠。

（续表）

主办单位	煤矿业主办理相关手续时应提交资料
省煤管局	办理煤矿开采方案(设计)审查需提供资料： 一年期采矿许可证，满足设计要求地质报告(储量核实报告)，申请审批表，开采方案(设计)说明书，中介机构咨询评估意见。 办理煤矿生产许可证需提供资料： 煤炭生产许可证申请书，一年期采矿许可证，经批准的开采方案，安全生产许可证，矿长资格证，特殊工种持证人数满足生产需要的资料，工商注册登记资料，现场验收证明。
省环保局	办理煤矿整合项目环境影响评价需提供资料： 《环境影响报告书》2份及电子文档，建设项目环境影响技术评估意见16份，台账表及备案表各4份，水土保持方案批复(由水利部门审批后直接抄送环保部门)。
省水利厅	(一) 办理水土保持方案审核需提供资料： 水土保持方案审批申请2份，水土保持方案报告书15份。 (二) 办理取水许可审批需提供资料： 取水许可申请书6份，水资源论证报告书15份。
贵州煤监局	(一) 整合煤矿申请安全设施设计审查应提交资料(一式3份)： (1) 安全设施设计审查申请表；(2) 安全预评价报告书；(3) 煤矿建设项目初步设计及安全设施设计；(4)工商预登记有关文件，一年期采矿许可证等。 (二) 整合煤矿申请安全设施设计竣工验收应提交的资料(一式3份)： (1)安全设施设计审查申请表；(2)初步设计、安全设施设计及设计修改的有关文件、资料；(3)安全设施工程质量认证书复印件；(4)施工期间安全事故及其他重大工程质量事故的有关资料；(5)设置安全管理机构文件、在有效期内的煤矿主要负责人及特种作业人员安全资格证书复印件；(6)联合试运转报告；(7)安全验收评价报告；(8)工商预登记有关文件，一年期采矿许可证等。(三)整合煤矿申请煤矿安全生产许可证应提交的资料(一式2份)：(1)安全生产许可证申请书；(2)工商预登记有关文件，一年期采矿许可证复印件；(3)各种安全生产责任制；(4)安全生产规章制度和操作规程目录清单；(5)设置安全管理机构和配备专职安全生产管理人员的文件；(6)矿长、安全生产管理人员考核合格的证明材料；(7)特种作业人员操作资格证书复印件；(8)从业人员安全生产教育考试合格的证明材料；(9)为从业人员缴纳工伤保险费用的证明材料；(10)具备资质的中介机构出具的安全验收评价报告；(11)矿井瓦斯等级鉴定文件；(12)矿井灾害预防处理计划；(13)设立矿山救护队的文件或与专业矿山救护队签订的救护协议。
省质监局	办理组织机构代码证需提交资料： 煤矿企业名单原件、复印件各1份，整合前的煤矿组织机构代码证，工商营业执照副本原件、复印件各1份，采矿许可证副本原件、复印件各1份，煤炭生产许可证原件、复印件各1份，煤矿负责人身份证原件、复印件各1份，经办人身份证原件、复印件各1份，单位公章。

整合煤矿办理审批手续一条龙办公联系电话表

主办单位	负责人	具体承办处室及负责人	联系电话	经办人员	联系电话
省工商局	顾炳志	注册分局：刘永丽	0851－6856485	徐婷婷 赵维君	0851－6818797 0851－6825142
省国土资源厅	麻少玉	矿产开发管理处：王振宇	0851－6857482	高玉平 朱 洁 陶久强 程 果	0851－6826028 0851－6818705
省煤管局	胡世延	规划处：王家平	0851－6891177	孙卓萍	0851－6891364
贵州煤监局	陈富庆	安全监察处：石坚胜	0851－6891349	张红星	0851－6891110
贵州煤监局林东分局	江国兴	综合室：郭晓明	0851－6317359	罗飞霆	0851－6317650
贵州煤监局遵义分局	赵久利	综合室：胡义军	0852－8436336	孙光忠	0852－8436336
贵州煤监局水城分局	任树山	综合室：王显红	0858－8972415	孙光忠	0858－8972415
贵州煤监局盘江分局	陈开明	综合室：刘宗融	0859－3121117	杨友均	0859－3121117
省环保局	熊际翎	开发建设项目环境管理：陈红	0851－5570119	徐 卉	0851－5571099
省水利厅	周登涛 涂 集	水土保持处：徐彦杰 水资源处：喻兴涛	0851－5925953 0851－5921667	王晓宇 石 鹏	0851－5928985转5407 0851－5928985转5704
省质监局	任学勤	贵州省质量技术监督信息所：惠予	0851－6820128	周 烨	6823411
贵州电网公司	廖新和	市场交易部：谢兵	0851－5593858	万启斌	0851－5593856

关于转发省国土资源厅等部门贵州省矿山环境治理恢复保证金管理暂行办法的通知

2007年5月21日　黔府办发〔2007〕38号

各自治州、市人民政府，各地区行署，各县（自治县、市、市辖区、特区）人民政府，省政府各部门、各直属机构：

省国土资源厅、省财政厅、省环保局制定的《贵州省矿山环境治理恢复保证金管理暂行办法》已经省人民政府同意，现转发给你们，请遵照执行。

贵州省矿山环境治理恢复保证金管理暂行办法

第一章　总 则

第一条　为保证矿山企业认真履行保护和治理恢复矿山环境的义务，有效治理矿山开采引发和加剧的地质灾害，确保人民生命财产安全，促进经济社会可持续发展，根据《中华人民共和国矿产资源法》，《中华人民共和国环境保护法》，《地质灾害防治条例》，《贵州省地质环境管理条例》的有关规定，制定本办法。

第二条　本办法所称矿山环境治理恢复保证金（以下简称保证金），是指为保证矿山企业在采矿过程中、闭坑或者停办、关闭时做好矿山地质灾害和生态环境治理恢复工作而缴存的抵押金。

第三条　保证金按照矿山企业所有、政府监管、专款专用的原则，由矿山企业在地方财政部门指定的银行开设保证金账户，并按规定使用资金。

凡在本省行政区域内从事矿产资源开采活动的矿山企业，应按本办法规定到财政部门指定的银行账户缴存保证金。

第四条　矿山环境治理恢复原则：谁开发，谁保护；谁破坏，谁恢复；谁诱发，谁治理。

第二章　保证金的缴存

第五条　保证金实行一次性缴存和年度缴存制度。采矿许可证有效期在3年以下（含3年）的，一次性全额缴存保证金；采矿许可证有效期超过3年的，按年度分期缴存。

保证金计入矿山企业成本，有关会计核算问题，按照国家统一会计制度处理。

第六条　保证金缴存数额按照矿山企业核定的矿山设计开采规模、年限，由各级国土资源主管部门及财政部门核定下达，保证金按以下标准计算：

年缴存额＝基价×开采影响系数×矿山设计开采规模

缴存总额＝年缴存额×采矿许可证有效期

矿山企业年度缴存额不足5万元的，按5万元缴存。在银行缴存保证金达到1亿元的矿山企业，可不再缴存保证金。

第七条　新申请采矿权的矿山企业，在办理采矿许可证登记时，应向国土资源部门递交矿山地质环境保护与综合治理方案，并提交在财政部门指定银行缴存保证金的凭证。

已取得采矿权的矿山企业，在办理矿山年检手续时，应按本办法规定递交矿山地质环境保护与综合治理方案和已缴存保证金的凭证。

申请延续登记的矿山企业，应按新申请的采矿许可证年限、规模，重新核定缴存数额。已缴存的保证金继续收存。

矿山企业转让采矿权的，凭国土资源部门批准的变更登记，到矿区所在地的国土资源部门进行备案，并继续缴存保证金。已缴存的保证金及利息应转入新的矿山企业继续收存。

第八条　保证金实行属地缴存制度。保证金按采矿许可证登记发证权限，由矿山所在地的县级以上国土资源行政主管部门和财政部门监督缴存。

国土资源部、省和市（州、地）登记发证的，由矿区所在地的市（州、地）国土资源行政主管部门和财政部门负责监督缴存；县（市、区）登记发证的，由县（市、区）国土资源行政主管部门和财政部门负责监督缴存。矿区范围跨行政区域的，由其共同的上一级国土资源主管部门和财政部门委托下级国土资源行政主管部门和财政部门负责监督缴存。

第九条　保证金由矿山企业到财政部门指定的代理银行开设保证金账户，按照各级国土资源主管部门及财政部门的核定通知，1个月内将保证金一次性存入保证金账户。

各市（州、地）财政部门指定一家银行负责本地区内矿山企业缴存保证金的代理，并共同制定保证金专户监管办法。县级财政部门指定该银行在本地的一家代理网点负责本地保证金的代理。

第三章 保证金的退还和使用

第十条 矿山企业应根据“矿产资源开发利用方案”和“矿山地质灾害危险性评估报告”，制订矿山地质环境保护与综合治理方案，在采矿许可证有效期间、期满及矿山停办、关闭时，对矿区分阶段实施治理恢复。矿山地质环境保护与综合治理方案应经国土资源部门会同环保部门组织审查批准。

第十一条 保证金实行退还结算制度。矿山企业履行完成矿山环境治理恢复义务后，保证金（含利息）全部退还矿山企业。

(一) 采矿许可证有效期为3年以下的矿山，可在有效期满时，一次性对矿山环境实施治理恢复。采矿许可证有效期超过3年的矿山，应根据矿山开采过程中出现的滑坡、崩塌、泥石流、塌陷、地面沉降、地表开裂、地表水地下水枯竭与污染、侵占农田与污染、废矿渣堆放、生态环境破坏等矿山环境问题，按矿山地质环境保护与综合治理方案，实施分期治理恢复。

(二) 完成治理恢复工程的矿山企业，可向国土资源行政主管部门申请工程验收，经国土资源行政主管部门会同同级财政、环境保护行政主管部门组织专家进行验收合格并经3年检验无问题的，一次性返还矿山企业全部保证金（含利息）。对实施分期治理恢复工程的，应将拟实施阶段的治理方案报国土资源部门组织审查，审查合格后可开展治理工作。阶段治理工程结束，并经国土资源行政主管部门会同同级财政、环境保护行政主管部门组织专家进行验收合格后，保证金可按审定的治理方案确定的费用退还，但退还额度不超过已缴纳总额的50%，不足部分由矿山企业承担。

(三) 矿山企业依法关闭、破产、停办或者转为其他行业的，在没有履行完成矿山环境治理恢复义务时，保证金（含利息）不能退还。经国土资源、财政行政主管部门同意，可支取保证金用于矿山环境治理恢复。

第十二条 治理恢复工程未完成或未达到要求的，国土资源部门有权责令其限期治理或重新治理。矿山企业拒不治理或不重新治理，或经治理后仍达不到要求的，保证金不予退还，由国土资源部门组织治理，所需资金从保证金中支出。治理资金由国土资源主管部门与同级财政部门共同向代理银行下达支付通知，按有关财务规定办理支付手续。对所缴保证金不足以支出治理费用的，其不足部分由国土资源部门依法向矿山企业追缴。

第十三条 保证金实行突发性地质灾害应急使用制度。对引发和加剧矿山地质灾害，危及人员生命财产安全的，矿山企业应立即实施减灾治理工程。对不予治理的，由国土资源部门组织治理，费用从该矿山企业缴存的保证金中支出，保证金不足的，由国土资源部门依法向矿山企业追缴。

第四章 保证金的监管

第十四条 保证金实行专户管理，由县级以上财政部门会同国土资源、环境保护行政主管部门对企业缴存的保证金进行监管。

第十五条 保证金应由代理银行按户独立建帐，独立核算，准确反映保证金的运用情况及结果。

第十六条 保证金的缴存、退还、支出必须经监管的财政、国土资源行政主管部门审核同意后，代理银行才能存取保证金。

第十七条 保证金的缴存、使用、管理有关情况实行逐级统计上报制度，各级国土资源、环境保护主管部门及同级财政部门每年年初第1个月内将上年度本地保证金的缴存、使用、管理有关情况报上级国土资源、环境保护主管部门及财政部门。

代理银行应在年度终了15日内及时向各级国土资源、环境保护主管部门和财政部门提供保证金的缴存、使用、管理情况。

第十八条 严禁任何单位和个人采用任何方式挪用保证金。监管部门、代理银行及其工作人员有挪用保证金等违反本办法及国家有关法律法规行为的，依照国家有关规定进行处理。

第五章 附 则

第十九条 为对保证金的缴存和使用实行统一的监管，本办法颁发前，市（州、地）人民政府（行署）、县（市、区）人民政府和有关部门制定的保证金管理办法与本办法不一致的，按本办法执行。

第二十条 本办法由省国土资源厅、省财政厅和省环境保护局负责解释。

第二十一条 本办法自发布之日起施行，煤矿企业暂不缴存保证金，待全省煤矿企业整合后另行确定。

附件：1. 矿山环境治理恢复保证金缴存标准

2. 贵州省矿山环境治理恢复保证金缴存（退还）核定通知书

3. 贵州省矿山环境治理恢复保证金使用审批通知书

4. 贵州省矿山环境治理恢复保证金缴存管理统计表

附件1：

矿山环境治理恢复保证金缴存标准

<table>
<tr><th colspan="2">缴存基价</th><th colspan="3">开采影响系数</th></tr>
<tr><th>矿种</th><th>标准（元/矿石吨）</th><th>露采系数</th><th>坑采深度(m)</th><th>坑采系数</th></tr>
<tr><td>煤矿</td><td>5.0</td><td rowspan="7">5.0</td><td>H≤50</td><td>4.0</td></tr>
<tr><td>磷矿</td><td>4.0</td><td>50＜H≤100</td><td>2.5</td></tr>
<tr><td>金</td><td>3.0（元/克）</td><td rowspan="3">100＜H≤500</td><td rowspan="3">2.0</td></tr>
<tr><td>锰矿</td><td>3.0</td></tr>
<tr><td>铝土矿</td><td>2.0</td></tr>
<tr><td>建筑用砂石</td><td>0.5(元/m^3)</td><td rowspan="2">H＞500</td><td rowspan="2">1.5</td></tr>
<tr><td>其他矿</td><td>1.5</td></tr>
<tr><td colspan="5">年缴存额(万元/年)＝基价×开采影响系数×矿山设计开采规模</td></tr>
<tr><td colspan="5">缴存总额（万元）＝年缴存额×采矿许可证有效期</td></tr>
</table>

注：矿山坑采深度是指矿产资源采掘面的平均高程与矿区地面的平均高度之差。金矿按照金的产量进行计算，砂石按照开采体积计算。

附件2：

贵州省矿山环境治理恢复保证金缴存（退还）核定通知书

×××国土资环核〔200〕号

矿山企业或采矿权人名称：______________法人代表：______________

矿区所在地：__________________________开采矿种：__________________________

设计开采规模：______万吨，缴存基价：____元，开采影响系数____，核定缴存（退还）矿山环境治理恢复保证金_____万元。

根据《贵州省矿山环境治理恢复保证金管理暂行办法》，你单位矿山环境治理恢复保证金已核定，请于___年 __月___日到银行办理矿山环境治理恢复保证金缴存（退还）手续。

×××国土资源局（分局）　　　　　　　　×××财政局（分局）
盖章　　　　　　　　　　　　　　　　　盖章
年　　月　　日　　　　　　　　　　　　年　　月　　日

经办人：　　　　　　　　　　　　　　　经办人：

四联复写：第一联交矿山企业或采矿权人，第二联国土资源主管部门留存，第三联财政部门留存，第四联交代理银行。

附件3：

贵州省矿山环境治理恢复保证金使用审批通知书

× × ×国土资环支〔200〕号

矿山企业或采矿权人名称：_______________法人代表：______________________________
矿区所在地：____________________________开采矿种：______________________________

设计开采规模：____万吨，缴存基价：____元，开采影响系数：__，缴存矿山环境治理恢复保证金余额_____万元。

根据《贵州省矿山环境治理恢复保证金管理暂行办法》的规定，为履行矿山环境治理恢复义务，经批准支取该矿山企业或采矿权人缴存的矿山环境治理恢复保证金_____万元。

× × ×国土源局（分局）　　　　　　　　× × ×财政局（分局）
盖章　　　　　　　　　　　　　　　　　盖章
年　　月　　日　　　　　　　　　　　　年　　月　　日

经办人：　　　　　　　　　　　　　　　经办人：

四联复写：第一联交矿山企业或采矿权人，第二联国土资源主管部门留存，第三联财政部门留存，第四联交代理银行。

附件4：

贵州省矿山环境治理恢复保证金缴存管理统计表

编制单位：×××国土资源局、财政局　　　年　月　日　　　　　　　　计量单位：万元

序号	矿山企业或采矿权人名称	所在地	核定设计开采规模（万吨/年）	缴存金额	存款利息	开户银行	支出使用情况	退还情况	缴存余额	说明
1										
2										
3										

关于加强煤矿安全生产工作的决定

2007年11月30日　黔府发〔2007〕32号

各自治州、市人民政府，各地区行署，各县（自治县、市、市辖区、特区）人民政府，省政府各部门、各直属机构，各有关企业：

煤矿安全是全省安全生产的重中之重。省委、省人民政府高度重视煤矿安全工作，近年来，采取了一系列重大措施加强煤矿安全生产工作，制定完善了加强煤矿安全生产的法律法规，明确了安全生产责任，建立了煤矿安全生产监管体系，安全生产监督管理得到加强，深入开展煤矿安全专项整治，实施煤矿瓦斯治理和整顿关闭攻坚战，煤矿安全生产工作取得一定成效，全省煤矿安全状况总体趋向好转，事故起数和死亡人数保持“双下降”。但是，目前全省煤矿安全生产形势依然严峻，煤矿重特大事故时有发生的状况尚未根本扭转，部分地方和煤矿存在安全意识不强、责任不落实、投入不足等问题和薄弱环节。为进一步加强煤矿安全生产工作，尽快实现全省煤矿安全生产形势根本好转，特作如下决定：

一、提高认识，明确指导思想和工作目标

1. 充分认识煤矿安全生产的重要性。煤炭产业是我省重要基础产业，强化煤炭安全生产，提高煤矿安全保障水平，遏制煤矿重特大事故发生，关系人民群众生命财产安全，关系改革开放和经济社会发展大局，是实现好、维护好、发展好最广大人民根本利益的体现。做好煤矿安全生产工作是构建社会主义和谐社会，统筹经济社会发展，加强社会管理的重要内容，是煤矿企业生存发展的基本要求。各地区、各部门要把煤矿安全生产作为一项长期艰巨的任务，警钟长鸣、常抓不懈，按照党的“十七大”提出的“坚持安全发展、强化安全生产管理和监督，有效遏制重特大安全事故”的要求，从全面落实科学发展观，维护人民群众生命财产安全，实现全省经济社会又好又快发展的高度，充分认识加强煤矿安全生产的重要意义和紧迫性，采取更加严密的管理、更加科学的方法、更加有力的措施，切实抓好、抓实、抓出实效。

2. 指导思想：以党的“十七大”精神为指导，全面贯彻落实科学发展观，坚持“安全第一、预防为主、综合治理”的方略要求，进一步强化煤矿企业主体责任，加强煤矿安全生产监督管理，建立安全生产长效机制，加强煤矿安全基础管理，努力实现煤矿安全生产状况根本好转，确保我省煤炭工业健康发展。

3. 工作目标：进一步整顿规范煤炭开采秩序，严厉打击煤矿非法建设、非法生产、非法经营和越层越界开采行为，严防无证非法煤矿死灰复燃，发现一处，坚决取缔炸封一处；深入推进煤矿瓦斯集中整治，确保不突破国家下达我省的煤矿瓦斯事故、死亡人数指标，全力以赴减少死亡人数；加快煤矿整顿关闭和整合工作，到2010年，全省煤矿控制在1000家左右，生产总规模达到年产1.8亿吨，煤炭总产量超过1.5亿吨；加强煤矿基础管理，提升煤矿安全生产水平，生产安全事故逐年下降，坚决遏制煤矿重特大事故的发生，到2010年百万吨死亡率降到3以下。

二、强化管理，进一步落实煤矿企业安全生产主体责任

4. 依法建矿、依法管矿。煤矿企业必须依法从事煤炭生产活动，严禁无证非法生产。未依法取得办矿核准和相关审批手续，不得进行矿井建设和开采煤炭资源。证照不全、过期或存在重大隐患的，不得组织生产或建设。要采取强有力措施确保公告关闭煤矿按有关规定关闭到位，并建立巡回检查制度定期或不定期对已关闭煤矿进行检查，保证已关闭煤矿关实、关死，防止死灰复燃。对无证非法采

煤窝点，发现一处，坚决打击取缔炸封一处。

5. 建立健全安全生产责任制。强化煤矿企业安全生产主体地位，进一步明确煤矿企业安全生产主体责任，建立、健全主要负责人、分管负责人、安全生产管理人员、职能部门和各岗位安全生产责任制。把安全生产责任逐级分解、落实到各部门和各岗位人员，形成健全完善的安全生产责任体系，建立和完善各岗位人员责任考核制度，严格奖惩、严格制止煤矿“三违”行为。坚持企业法定代表人和管理人员下井带班制度，要确保井下每班至少有1名矿级管理人员在现场带班。

6. 建立和完善各项安全管理制度。煤矿企业应当依照有关规定，建立安全会议制度、安全目标管理制度、安全投入保障制度、安全质量标准化管理制度、安全教育与培训制度、事故隐患排查与整改制度、安全监督检查制度、安全技术审批制度、矿用设备器材使用管理制度、矿井主要灾害预防制度、事故应急救援制度、安全与经济利益挂钩制度、入井人员管理制度、安全举报制度、管理人员下井及带班制度、安全操作管理制度、企业认为需要制定的其他制度。

7. 建立和完善安全投入长效机制。煤矿企业必须保障煤矿安全生产投入，严格执行国家煤炭生产安全费、煤矿维简费、风险抵押金提取、使用、管理的规定，提足用好生产安全费、维简费、折旧费等安全资金，做好安全风险抵押金的存储，逐步提高煤矿安全装备和管理水平，增强矿井防灾、抗灾能力。大中型煤矿安全费用的提取标准为，高瓦斯、煤与瓦斯突出、自燃发火严重和涌水量大的矿井吨煤不低于8元；我省列入国家重点监控的国有煤矿企业吨煤不低于15元；低瓦斯矿井吨煤不低于5元。小型煤矿安全费用的提取标准为，高瓦斯、煤与瓦斯突出、自燃发火严重和涌水量大的矿井吨煤不低于10元；低瓦斯矿井吨煤不低于6元。维简费按吨煤10.5元提取。煤矿企业每年要制定生产安全专项资金的提取和使用计划，安全资金要设立专用账户，做到专款专用、专项核算。提取的安全费用必须用于安全生产，重点用于“一通三防”和隐患防治等。

8. 全面深入持久开展煤矿安全隐患排查和治理。煤矿企业要建立安全生产隐患排查、治理和报告制度。由矿长组织实施隐患排查，明确隐患整改期限和质量要求。对发现的隐患要分类定级，制定措施，做到“项目、资金、设备材料、责任人、进度”五落实，确保排除隐患。瓦斯隐患排查要做到适时排查、适时治理，做到经常化、规范化、制度化。

9. 强化煤矿全员安全培训工作。加强煤矿安全生产培训工作，对所有从业人员实行全员安全生产技术培训，提高煤矿企业员工安全意识，煤矿企业主要负责人、安全生产管理人员、特种作业人员和其他从业人员必须接受严格规范的安全生产培训，经考试合格持证上岗。加强对农民工和新招矿工的培训，培训时间不得少于72小时，必须签订新、老矿工师徒合同并严格落实。

三、加强领导，强化煤矿安全生产监督管理

10. 加强对煤矿安全工作的领导。各地政府要把煤矿安全生产摆在更加突出的位置，主要领导亲自抓，负总责。六盘水市、毕节地区、遵义市、黔西南自治州等重点产煤市（州、地）和生产能力100万吨/年以上的重点产煤县（市、区）人民政府（地区行署）要按照《关于进一步加强县（市、区、特区）分管煤矿安全生产的领导干部选拔任用和监督管理工作的意见（暂行）》（黔组发〔2006〕4号）等有关文件的要求尽快配备到位分管安全生产负责人。定期组织召开会议，研究煤矿安全生产工作，市（州、地）每季度至少1次，县（市、区）每月至少1次；组织开展安全生产大检查，市（州、地）每年至少2次。县（市、区）每年至少4次；督促煤矿企业做好隐患排查工作，对隐患排查实行“编号登记、挂牌督办、限期整改、专人负责、复查销号”制度；坚持政府领导干部分工联系煤矿制度，帮助、督促解决煤矿安全生产中存在的问题。

11. 加强煤矿安全监管机构建设。各地政府要明确煤矿安全监管部门，配齐安全生产监管人员特别是煤矿安全监管专业人员，充实经费、装备。要坚持派驻驻矿督查员制度，做好驻矿督查员管理工作，提高驻矿督查员的专业水平和能力。驻矿督查员必须经过专业培训，具备上岗工作资格，切实履

行安全责任。由省安全监管局（贵州煤监局）会同省煤管局等部门制定驻矿督查员培训管理办法。

12. 切实加强煤矿安全监察。各级煤矿安全监察机构要认真履行职责，加大监察执法工作力度，制定监察预案，明确监察的具体内容、监察方式、监察力量安排、处理措施，组织开展好对煤矿的重点监察、定期监察和专项监察工作。对监察执法、检查中发现和上级部门查出的重大安全隐患，要委派专人负责督促整改，监督煤矿在隐患排除前不得生产。各级煤矿安全监察机构要进一步加强自身建设，加强学习培训，促进各级监察工作人员牢固掌握开展本职工作所需的业务知识、法律知识，切实提高履职能力。

13. 完善煤矿安全监管工作机制。各地各部门要建立、完善安全生产工作会议制度、煤矿安全监管工作计划制度、安全隐患督促整改跟踪落实制度、安全监管档案制度、安全监管行政执法信息通报制度、联席会议制度、安全检查联合执法工作制度、事故调查处理工作制度、安全监管人员培训学习制度等，保证煤矿安全监管工作规范和有序。

14. 加大行政执法力度。煤矿安全监管部门、煤矿安全监察机构对监管、监察中发现煤矿存在重大安全生产隐患和违法行为的，要依法严肃处理。煤矿安全监管部门、煤矿安全监察机构不依法履行职责，不及时查处煤矿重大安全生产隐患和违法行为的，对直接责任人和主要负责人，要依法依纪严肃处理；构成犯罪的，移送司法机关依法追究刑事责任。

15. 加大煤矿安全投入。省人民政府每年安排上亿元引导资金用于加强煤矿安全生产，各地政府应根据辖区内煤矿的状况，按人均1－2元安排相应配套资金，引导煤矿改善安全环境和条件，提高安全装备水平。督促煤矿提足用好安全生产费、维简费、折旧费等费用。凡属煤矿自行提取和使用的，政府不得收取，也不得收取其他费用。各级审计部门要加强对煤炭各种费用使用管理的审计。

16. 采用先进适用技术推进技术改造。针对我省煤矿特别是小煤矿安全基础差，技术管理薄弱的实际情况，煤矿企业要加大技术改造投入，采用先进适用技术进行技术改造，改进采煤方法，增强煤矿“一通三防”、水害防治等技术保障能力，提高煤矿基础管理水平。要积极培育和发展面向煤矿的安全技术服务体系，组建煤矿瓦斯监测监控系统服务中心、煤矿防突技术服务中心等中介机构，充分利用社会资源，推广先进适用技术，帮助煤矿解决安全生产中的突出问题，夯实安全基础。

17. 积极开展省属国有煤矿帮扶地方小煤矿试点工作。充分利用省属国有煤矿企业的技术优势，帮助、扶持地方一些生产规模较大、有一定发展后劲的小煤矿加强、提高安全管理基础工作，实现管理强矿。通过树立典型，以点带面，推动全省小煤矿安全生产工作上一个新台阶。支持鼓励省属国有煤炭企业收购、控股、托管、整合地方小煤矿，深化帮扶工作成效。由省安全监管局（贵州煤监局）会同省煤管局、省工商局、省法制办等单位制定具体试点办法，按程序报批后实施。

四、整治薄弱环节，加强煤矿安全基础管理

18. 全面落实加强煤矿安全基础管理的措施。积极推进煤矿安全质量标准化建设，煤矿生产各环节、各岗位要建立严格的安全生产质量责任制，符合安全生产有关法律法规和安全生产技术规范要求，做到规范化和标准化，努力构建本质安全煤矿。煤矿企业必须严格执行国家和省关于加强国有重点煤矿和小煤矿安全基础管理的指导意见，配齐配全矿级有关管理人员，建立以安全矿长为核心的安全生产指挥体系、以技术矿长（总工程师）为首的技术管理体系、以生产矿长为主的生产调度管理体系、以机电矿长为主的机电运输管理体系。同时，加快三条生命保障线建设，按规定安装通信设施、压风系统、防尘供水系统。

19. 防止超能力、超强度、超定员生产。大中型煤矿一个生产水平不得布置三个及以上采区、四个及以上采煤工作面同时生产；二个生产水平同时生产的，不得布置四个及以上采区、五个及以上采煤工作面同时生产；一个采区内同一煤层不得布置三个及以上采煤工作面和五个及以上掘进工作面；小型煤矿只准布置一个采煤工作面、二个掘进工作面同时生产。规范煤矿生产用工管理，原则上生产能力45万吨/年以上煤矿每个采区同时作业的采掘人员每小班不得超过100人，生产能力30万吨/年以下的不得超过50人。特殊情况确需增加采区作业人数的，煤矿企业应制定专门的安全措施报省煤管局批准，报省安全监管局（贵州煤监局）备案。

20. 加强矿井通风管理。矿井的开拓部署及采掘布置要确保通风系统合理，矿井必须有完整的独立通风系统；所有通风构筑物的质量必须符合要求，并保障通风系统的稳定可靠；矿井供风量必须满足所有采掘工作面及硐室的风量需求，严禁超通风能力生产；局部通风机安设位置要合理，杜绝循环通风；临时停工的地点，不得停风，否则必须切断电源，设置栅栏，揭示警标，禁止人员入内；杜绝无风、微风和瓦斯超限作业。有关部门要严肃查处煤矿瓦斯超限和超通风能力生产违法行为。

21. 加强矿井综合防灭火措施。开采容易自燃或自燃煤层时，必须编制防止煤层自燃发火专项设计，建立完善自燃发火预测预报等管理制度，配齐防灭火的设备和材料，完善防灭火系统，采取综合预防煤层自燃发火措施。开采容易自燃或自燃煤层的矿井，应设置专用回风巷，集中运输大巷、专用回风巷和总回风巷应布置在岩层内或不易自燃煤层内；布置在容易自燃或自燃煤层内的必须采用砌碹或锚喷支护。要加强矿井电气设备及汽油、机油等易燃物资管理，防止外因火灾的发生。凡未采取综合防灭火措施或措施落实不到位的必须停产整顿。

22. 加强矿井水患防治。定期组织对矿区内老窑及上部采空区的积水情况和周边河流、湖泊等水文情况调查，完善有关水文资料。建设及生产过程中，在每一采区、每一煤层首采工作面掘进施工前及在含水层承压区和侵蚀基准面下进行采掘活动都必须编制专门的探放水设计，工作中必须严格执行“预测预报、有疑必探，先探后掘、先治后采”的规定。凡未按规定编制探放水设计或探放水措施落实不到位的必须停产整顿。

23. 加强矿井综合防尘措施。矿井必须建立完善的防尘供水系统，防尘供水系统不完善的采掘工作面不得生产。开采有煤尘爆炸危险煤层的矿井，必须有预防和隔绝煤尘爆炸措施。必须及时清除巷道中的浮煤，清扫或冲洗沉积煤尘。

24. 加强矿井机电运输管理。要建立设备定期查验、监测、维护、保养和检修制度，按期对设备进行效检和维修，确保设备完好；做好对供电线路、设备的检查、维护和预防性试验工作，确保矿井供电安全；完善斜巷提升跑车防护装置和防跑车装置；严格胶带输送机的管理，所选用的胶带必须是阻燃胶带，胶带输送机必须按《煤矿安全规程》规定安装防滑保护，堆煤保护、温度保护等保护装置，否则不得运行；加强对机械运送人员设备和设施的管理，提升机、乘人装置等安全保护装置不齐全、安全设施不完好的一律不得运行。生产能力6万吨/年以上矿井必须实现双回路电源供电。

25. 逐步推行专用回风井。高瓦斯和有煤与瓦斯突出危险的小煤矿应推行布置专用回风井（同时具备特殊情况下人员升井功能），确保矿井通风系统稳定和人员在新鲜风流中通行；新核准或批准的新建、改扩建、资源整合矿井中的高瓦斯和有煤与瓦斯突出危险的矿井必须布置专用回风井。

26. 强制推行壁式采煤法。小煤矿必须采用壁式采煤方法，采煤工作面必须形成全风压通风系统，至少保持两个畅通的安全出口，一个通到进风巷道，另一个通到回风巷道。

27. 积极推进支护方式改革。小煤矿应当积极推行支护方式改革，巷道应推广使用锚杆、锚喷、锚网、锚索、砌碹或金属支架等支护；采煤工作面应采用单体液压支柱、悬移顶梁液压支架或综采液压支架等稳定性和可靠性较高的支护；新建矿井的巷道禁止采用木支护，采煤工作面禁止采用木支护和金属摩擦支柱支护；新开工的改扩建和资源整合矿井的采煤工作面禁止采用木支护，并且必须在2009年底之前淘汰金属摩擦支柱支护；采煤工作面采用木支护的生产矿井，要抓紧进行整改，并且必须在2008年底之前淘汰木支护。开采急倾斜煤层应采用走向长壁采煤法、俯伪斜长壁采煤法、倾斜长壁采煤法、柔性掩护支架采煤法、水平分段放顶煤采煤法等正规采煤方法。回采工作面初次放顶及收尾时，必须制定安全措施，采用全部垮落法管理顶板的回采工作面，控顶距离和悬顶距离超过规定的，必须停止采煤，进行处理。掘进工作面空顶距离超过规定的和未按要求使用前探支护等临时支护的不得进行掘进施工。

五、加大力度，继续深化煤矿瓦斯专项治理和煤矿整顿关闭两个攻坚战

28. 落实瓦斯治理方针。严格执行“先抽后采、监测监控、以风定产”十二字方针，把实现瓦斯先抽后采与实现矿井瓦斯全方位监测监控、坚持采掘工作面以风定产有机结合起来，做到超前治理消除突出。

29. 着力抓好煤与瓦斯突出的管理与防治。凡在采掘过程中，发生过煤与瓦斯突出动力现象的矿井必须按煤与瓦斯突出矿井进行管理；凡在突出区域、突出危险区域开采的，必须按煤与瓦斯突出矿井进行管理；凡与突出矿井相邻且开采相同煤层的矿井须按煤与瓦斯突出矿井进行管理。上述按突出矿井管理的煤矿必须与突出矿井同样建立完善防突管理的有关制度，设置专门的防突管理机构，严格落实有关防突的安全防护措施：一是建立完善防突的各类安全防护设施，如防突风门、压风自救系统等；二是放炮前必须切断放炮地点采掘工作面回风流中的一切电源；三是实行远距离放炮，人员必须撤至防突风门以外进风流中的避难硐室内或井口。按突出矿井管理的煤矿要逐步建立完善防突管理的全面工作体系，防突专项设计，区域性防突措施、局部防突措施的制定，瓦斯抽采效果等必须符合《煤矿安全规程》、《防突细则》及《煤矿瓦斯抽采基本指标》等有关规定和要求。

30. 加大瓦斯抽采力度。坚持多措并举、应抽尽抽、抽采平衡的原则，把煤矿瓦斯先抽后采落到实处。到2008年底所有高瓦斯矿井、煤与瓦斯突出矿井必须建立和完善瓦斯抽放系统，同时还必须建立专门的瓦斯抽放管理机构，配齐相应人员，完善管理制度。按照《煤矿安全规程》规定应实施抽放的必须确保瓦斯抽放系统正常运行，采掘工作面瓦斯抽采效果必须符合《煤矿瓦斯抽采指标》的有关规定，否则不得组织生产。

31. 进一步完善矿井安全监测监控系统，建设数字矿山。所有矿井必须确保矿井安全监测监控系统正常运行，否则必须停产整顿；积极推广在设计生产能力30万吨/年及以上的煤矿装备井下人员位置监测与管理系统。凡属省要求矿井安全监测监控实现县级联网的重点产煤县（市、区），在要求的时限内必须完成，否则将严肃追究有关领导和部门的责任。

32. 积极推进煤矿瓦斯综合利用。要认真贯彻落实《省人民政府办公厅转发省安全监管局关于贯彻落实国家对煤层气（煤矿瓦斯）和煤矸石综合利用项目有关扶持政策的通知》（黔府办发〔2007〕118号）精神，切实把国家对煤矿瓦斯综合利用的有关优惠政策落到实处。通过“以用促抽”、“以抽促采”，提高经济效益，促进煤矿安全工作。

33. 探索地面瓦斯抽采等多渠道治理瓦斯新途径。我省煤炭赋存条件和地质构造复杂，瓦斯抽采难度大，要积极推广先进适用技术，采用先进设备，提高瓦斯抽采和利用率，努力探索多渠道治理瓦斯新途径。各有关地区、各有关部门和煤矿企业要大力支持、配合贵州省煤层气资源开发有限责任公司开展地面瓦斯抽采和瓦斯综合利用工作。

34. 继续执行并完善省属煤矿瓦斯治理督导。贵州省煤矿瓦斯集中整治领导小组继续派驻督导组进驻各省属国有煤矿企业，对省属国有煤矿企业瓦斯治理工作进行督导。

35. 加快资源整合进程。各地人民政府、各有关部门要积极督促、帮助整合煤矿抓紧做好资源整合的后续工作，尽快编制和上报方案，并协助煤矿解决在资源整合中出现的问题，争取使绝大部分煤矿在今年年底以前进入建设阶段；对已经批准安全设施设计、进入实施阶段煤矿，要监督其严格按设计施工，遵守煤矿建设项目的有关规定，防止边建设边组织生产。

36. 严格煤矿关闭标准。严格执行《国务院办公厅转发安全监管总局关于进一步做好煤矿整顿关闭工作意见的通知》（国办发〔2006〕82号），对整合煤矿要先关闭和整合；对已公告关闭的煤矿，各市（州、地）人民政府（行署）必须严格按照《特别规定》规定的关闭煤矿的“五条标准”组织实

施关闭，各部门要根据职责对已公告关闭煤矿的证照暂扣和吊（注）销情况、剩余民用爆炸物品及停止供电情况进行认真清理和落实。同时要采取有力措施防止其死灰复燃、违法生产。

37. 深入推进煤矿整顿关闭。未完成关闭指标任务的地方要积极采取措施，尽快完成。要认真清理未列入资源整合、也未列入扩界扩能、生产能力经复核仍为3万吨/年的煤矿，做好关闭的前期准备工作，严格按照国办发〔2006〕82号规定的时限和要求实施关闭。

六、提高水平，加快煤矿应急救援体系建设

38. 加强应急救援指挥机构建设和应急救援物资储备工作。省安全生产应急救援指挥中心要尽快充实人员，配备装备及设施。各市（州、地）要按照充实力量、明确职责、理顺关系、整合资源、提高效能的要求，做好应急救援指挥机构的建设，增强煤矿事故应急救援的指挥和协调能力。在加大投入建设全省现有13个煤矿救援物资储备站，加快建设省安全生产应急救援物资储备中心。按照事故灾害性质、特点合理配备储备物资种类、增加储备量。加强应急救援储备物资管理、维护保养和演练工作，不断增强应急救援储备物资在煤矿安全生产中的保障作用。

39. 加强应急预案的编制与管理。各地、各部门要切实加强领导，采取有力措施，强力推进煤矿事故应急预案的编制工作，预防和控制事故发生或扩大。加强应急预案的备案、评估和动态管理，督促煤矿企业按规定要求认真开展应急预案演练，做到应急预案有用管用，应急预案应报同级安全监管部门备案。未编制应急预案的煤矿企业，不得组织生产。煤矿企业应制定因山洪爆发、山体滑坡等自然灾害可能引发安全生产事故的具体应急预案。

40. 加强矿山救护队建设。煤矿应设立矿山救护队，不具备单独设立矿山救护队条件的煤矿企业，应指定兼职救援人员，并与就近的救护队签订救护协议或联合建立矿山救护队，否则，不得生产。设计生产能力30万吨/年以上（含30万吨）的煤矿企业，必须建立矿山救护队；设计生产能力30万吨/年以下、属于煤与瓦斯突出的煤矿要与矿山救护队签订救护协议，同时必须建立辅助救护队，救护队员不得少于9人，并按规定配备救护装备和器材。矿山救护队为煤矿实施事故救援和提供救援技术服务，实行有偿服务。矿山救护队必须对所服务的煤矿企业进行预防性安全检查，熟悉矿井情况，并提出隐患整改意见和建议，每季度不少于一次。

41. 做好事故应急救援和善后工作。煤矿发生安全事故后，相关政府、部门要按规定启动应急救援预案，及时赶赴事故现场，认真组织实施事故救援、善后工作，最大限度帮助企业减少事故造成的人员伤亡和财产损失。各级应急救援指挥机构要建立健全事故现场救援工作管理制度，规范现场救援组织指挥，充分发挥专家和救护队伍的作用。要高度重视救援过程中施救人员的安全，采取有效措施，防止次生事故发生。事故应急处置要做到反应灵敏、响应迅速、组织有力、救援有效。要及时组织做好善后工作，确保社会稳定。

七、严格执法，加大事故查处力度

42. 从严查处煤矿生产安全事故。认真贯彻落实《安全生产事故报告和调查处理条例》（国务院令第493号）、《特别规定》和相关法律法规，对发生的各类安全生产事故，按照“四不放过”的原则，严肃查处。对不认真履行职责、监管不力、失职渎职的领导干部和国家工作人员，以及造成事故的直接责任人员和有关责任人员，都要依法追究责任，构成犯罪的依法移交司法机关，追究刑事责任。

43. 完善煤矿安全生产问责制度。对以下情况由省人民政府问责。一是对煤矿生产安全事故死亡人数超过省下达的全年控制指标的市（州、地）人民政府（行署）、有关厅（局）主要负责人进行行政问责；二是对一年内发生两起重大事故或一起特别重大事故的市（州、地）人民政府（行署）主要负责人进行行政问责；三是对三个月内发生两起较大事故或一年内发生一起重大事故的县（市、区）人民政府主要负责人进行行政问责。

44. 加大对事故处理意见的跟踪落实。各级地方人民政府及有关部门要依照法律、行政法规规定

的权限和程序，认真落实经批复的对事故责任人的处理意见。拖延或者拒绝落实的，对政府或部门的主要负责人给予行政处分。

45. 做好宣传教育工作和发挥舆论监督作用。坚持正确舆论导向，宣传安全生产先进典型和经验；对忽视安全生产、导致重特大事故发生的典型要予以通报曝光，定期召开新闻发布会向社会公布事故处理情况，充分发挥舆论监督和群众监督的作用，通过广泛深入的宣传教育，大力营造有利于安全生产的氛围。

请各县级人民政府将本决定发至辖区内乡（镇）人民政府和所有煤矿企业。

贵州省煤炭国家规划矿区矿业权设置方案获得批准

2008年5月9日

近日，在专家审查、征求国家发改委意见的基础上，国土资源部对我省盘县、水城、织纳、黔北4个煤炭国家规划矿区矿业权设置方案作出批复。

煤炭是我国的主体能源，在经济社会发展中具有重要战略地位。为加强煤炭资源的保护和合理利用，国土资源部对煤炭资源实行国家规划矿区管理制度，主要内容是：新设矿业权首先要按资源状况和地质条件统一组织编制矿业权设置方案。矿业权设置方案未经批准，一律不得新设矿业权。对地质勘查工作程度未达到方案编制要求的，国家运用地质勘查基金开展普查和必要的详查后再编制矿业权设置方案。矿业权出让范围必须符合矿业权设置方案划定的区块或井田范围。

2004年、2006年国土资源部会同国家发改委联合划定、公告了两批共45个煤炭国家规划矿区，保有煤炭资源量达 7036亿吨，占全国保有煤炭资源量的70%，分布在山西、内蒙古、陕西、贵州（包括盘县、水城、织纳、黔北4个矿区）等13个主要产煤省(区)，覆盖了全国主要煤炭集中区。

根据国土资源部要求，省国土资源厅委托具有甲级矿山设计单位贵州省煤矿设计研究院承担《方案》的编制工作。在《方案》编制过程中，省国土资源厅广泛征求了地方政府、有关矿山企业、专家的意见，并多次与省发改委、省煤炭局组织研究和论证。

《方案》编制的基本原则是：对以往已经批准的矿权,依法维护其合法权益；矿区规模适度，与审批权限适宜；地方经济发展与可持续发展相结合；矿产资源开发利用与资源、生态环境保护相结合；按照《国务院关于整顿和规范矿产资源开采秩序的通知》要求，将小煤矿的整合、合理调整布局与矿权设置方案有机结合，将已批准煤炭资源整合方案全部纳入本方案；实行资源整合、减少矿井数量、提高办矿水平，到2010年贵州省矿井数力争减少到1000对左右；勘查项目原则上根据含煤构造单元设置，一般以向斜构造单元或背斜的一翼为单位，浅部以含煤地层底界为界，深部以800－1000m为界等。

在《贵州省煤炭国家规划矿区（盘县、水城、织纳、黔北矿区）矿权设置方案》中矿权设置的情况为：已设采矿权数量为 1244个，其中大型矿井5个，中型矿井 22个，小型矿井 1217个；拟设采矿权74个，其中大型矿井25个，中型矿井15个，小型矿井34个，均为“十一五”期间准备开工建设的项目。已设探矿权86个，拟设探矿权67个，计划勘探程度为勘探。

据了解，我国现有的45个煤炭国家规划矿区有42个矿区的矿业权设置方案已编制完成并经专家审查，34个矿区的矿业权设置方案通过国土资源部批复。这意味着我国从矿业权设立源头上加快了整治煤矿布局分散、分割资源的进程。

关于印发贵州省煤炭产业振兴计划的通知

2009年4月23日　黔府发〔2009〕13号

各自治州、市人民政府，各地区行署，各县（自治县、市、市辖区、特区）人民政府，省政府各部门、各直属机构：

现将《贵州省煤炭产业振兴计划》（以下简称《计划》）印发给你们，请结合本地区、本部门实际，认真贯彻执行。

制定实施重点产业振兴计划，是应对国际金融危机，落实中央和省保增长、扩内需、调结构的总体要求，抢抓机遇，加快推进产业结构调整和优化升级，积极推进科技创新和技术改造，扩大内需的重要举措，对促进全省经济社会平稳较快发展具有重要意义。各地、各部门要深入贯彻落实科学发展观，按照《计划》确定的目标、任务和重点项目，加强组织领导，增强服务意识，及时帮助解决《计划》实施中出现的困难和问题。省有关部门要结合自身工作职责，指导和帮助企业及时办理有关审批手续。各有关企业要发挥企业在项目建设中的主体作用，积极筹措建设资金，按《计划》确定的时限推进项目加快建设。

贵州省煤炭产业振兴计划

为贯彻落实中央保增长、扩内需、调结构的总体要求，结合我省保持经济平稳较快增长的战略部署和国家能源发展规划，制定本振兴计划。

一、我省煤炭产业发展现状和面临的形势

我省煤炭资源丰富，是云贵大型煤炭基地的主体，也是国家规划的重要能源基地和“西电东送”的重要省份，全省煤炭资源远景储量2400多亿吨，目前已累计探明储量500多亿吨。近年来，我省加快煤炭资源勘探，编制了17个矿区总体规划，为全省煤炭工业规模化、规范化健康发展创造了条件；大煤矿建设进一步加快，“大煤保大电”的格局正逐步形成；一批新型煤化工基地加快建设；深入开展煤矿整顿关闭和瓦斯治理利用两个攻坚战，加大安全生产投入，积极推进煤矿安全技术改造和产业升级，煤矿安全生产条件和技术水平不断提高，煤矿百万吨死亡率逐年下降；煤炭资源综合利用率不断提高，瓦斯和煤矸石等煤炭伴生物的开发得到有效利用，以煤炭为基础的能源工业已成为我省的基础产业和第一支柱产业。2008年，在遭受雪凝灾害和金融危机的影响下，原煤生产量仍然达到11798万吨，煤炭工业总产值（现价）达到508亿元，同比增长59.7%，煤炭税费超过46亿元，为全省经济社会发展作出了重要贡献。

但是，我省煤炭产业仍存在一些突出矛盾和问题。煤炭勘探程度低，资源情况有待进一步探明；产业结构不合理，小煤矿数量多，技术装备落后，总体生产力水平低；环境破坏严重，地质灾害程度深，资源利用率低，保障煤炭发展的公路、铁路、双电源建设等基础设施建设滞后；增长方式粗放，技术和管理人才匮乏，产业工人队伍建设滞后；安全生产事故总量大；促进煤炭产业健康发展的体制机制尚未完全形成。

当前，受国际金融危机的影响，煤炭需求下降，对煤炭产业发展造成一定影响，但我省工业化和城镇化快速发展的进程将继续推进，能源发展仍然处于较快增长阶段，全省煤炭发展的基本面和长期趋势没有改变。随着国家拉动内需的政策措施效果逐步显现，煤炭市场将逐步好转。要化危机为机遇，加快实施煤炭产业振兴计划，抓住有利时机转变发展方式，调整产业结构，深入推进整合重组，加快大煤矿建设，增强安全生产保障能力，提高煤矿科技水平，加快矿区公路、煤矿双电源等基础设施建设，加快产业升级，促进煤炭产业持续健康发展，为全省经济社会发展提供坚实的保障。

二、指导思想、基本原则和目标

(一) 指导思想。

认真贯彻落实党的十七大精神，以邓小平理论和“三个代表”重要思想为指导，深入贯彻落实科学发展观，按照《国务院关于促进煤炭工业健康发展的若干意见》、《省人民政府关于进一步促进煤炭工业健康发展的意见》精神，把煤炭作为重要的战略资源和基础产业，坚持节约发展、清洁发展、安全发展和环境保护，围绕“电力起飞、西电东送”战略的实施，发展煤炭深加工，延长煤炭产业链，统筹各行业和外送需要，依靠科技进步，调整优化产业结构，转变经济增长方式，深入推进小煤矿关闭整合和瓦斯治理两个攻坚战，加快大煤矿带小煤矿体系建设，加快现代化、标准化大煤矿建设，力争大煤矿建设取得历史性突破，构建大中型煤矿为主、小煤矿为辅的煤炭产业体系，坚定不移地将我省建设成为我国南方能源和原材料基地，走资源利用率高、安全有保障、经济效益好、环境污染少和可持续的煤炭工业发展道路，为实现我省经济社会发展的历史性跨越提供长期、稳定的基础能源和原材料保障。

(二) 基本原则。

坚持大中型煤矿为主，小矿为辅。加快产业结构调整，转变发展方式，继续深入推进煤矿整顿关闭和瓦斯治理利用两个攻坚战，加快“云贵大型煤炭基地”和贵州能源基地建设，建设一批高效安全现代化大型矿井，推进大型煤炭企业（集团）的形成，保障电煤供应和“煤－电－路－港－化”相关产业联营或一体化发展。

坚持以人为本，保障安全发展。坚持安全发展，以满足全社会煤炭需求为宗旨，进一步加大煤矿安全改造投入，保障职工生命安全。

坚持节约煤炭资源，保护生态环境。按照“以资源定规划，以规划定项目”的要求，合理、有序开发煤炭资源。

坚持资源综合利用与治理环境并重。提高资源利用效率，坚持节能减排，实现可持续发展。

坚持依靠科技进步，加强技术改造。引进和推广煤炭采选新技术、新工艺、新设备，加快对现有煤矿、选煤厂的升级改造，提高煤炭工业总体水平。

(三) 振兴目标。

1. 煤炭生产。2009至2012年，全省煤炭产能年均增长1500万吨左右，到2010年煤炭产能1.8亿吨，产量1.5亿吨；到2015年煤炭产能2.5亿吨，产量2亿吨。

2. 煤矿安全。重特大事故得到有效控制，原煤生产百万吨死亡率逐年下降，到2010年降至3人左右。

3. 生产力水平。加强煤矿技术改造，大力发展采掘机械化，小型煤矿逐步普及先进适用的机械化装备和设备，到2012年新建大型煤矿采掘机械化程度达到95%以上，生产效率达到人均年产1500吨以上；新建中、小型矿井采掘机械化程度达到30%以上，人均年产1000吨以上；现有生产矿井生产效率达到人均年产600吨。

4. 环境保护及综合利用。严格执行煤矿建设“三同时”制度，加强水土保持和矿山环境治理，进一步做好煤炭资源综合利用。到2012年，煤矸石、煤泥综合利用率达到32%以上，矿井水利用率达到60%并实现100%达标排放，矿山生态恢复治理率达到40%以上，基本实现建设“和谐矿区”的目标。

5. 结构调整目标。继续加大煤炭资源整合，规模以上（30万吨/年及以上）煤矿比率逐步趋向合理，到2012年，全省规模以上（30万吨/年及以上）煤矿数量占到30%以上，产量占到60%以上。

6. 回采率。按照设计可采储量，争取到2012年全省大、中型煤矿的资源回收率达到70%以上；小型煤矿的资源回收率达到60%以上。

7. 经济效益。努力实现煤炭工业效益平稳增长，争取到2012年全省煤炭工业总产值（现价）达到800亿元。

三、重点任务

(一) “十五”至“十一五”期间开工建设55对90万吨/年规模以上大型矿井，并在“十一五”内建成投产18对，形成生产规模3280万吨/年。

“十二五”期间开工建设11对90万吨/年规模以上大型矿井，建成投产38对，形成生产规模6760万吨/年。

(二) “十一五”期间开工建设60对30－60万吨/年中小型矿井，建成投产21对，形成生产规模930万吨/年。

“十二五”期间开工建设28对30－60万吨/年中小型矿井，建成投产67对，形成生产规模2706万吨/年。

(三) 加快省内国有煤炭企业现有生产矿井技改扩能（含盘江、水城老矿区正在实施的千万吨技术改造），到2010年新增生产能力1030万吨/年（含盘江、水城老矿区技术改造后新增能力500万吨/年），总生产能力达到3500万吨/年。

(四) 加快各市（州、地）煤矿整合和调整布局，到2010年，保留及整合、技改煤矿1078对，预计生产规模达到9600万吨/年。

四、保障措施

(一) 进一步加大煤炭勘探力度。

加大煤炭勘探特别是规划矿区煤炭普查、详查力度，开展深部勘查，应用先进科学技术提高煤炭勘探精度；充分发挥我省煤田地质勘探队伍的作用，并积极引进省内外业绩良好的勘探队伍参与我省煤田地质勘查工作，推广应用先进适用的煤田地质勘查新技术，提高勘探水平，增强煤炭资源战略储备能力，为矿井开发建设创造条件，为煤炭发展提供资源保障。

(二) 加快推动矿区总体规划和煤矿建设项目的实施。

积极争取更多煤炭项目进入国家《能源产业振兴规划》，获取国家更多政策和资金支持。加快前期工作，争取国家能源局尽快审核批准我省国家规划矿区内的煤矿开工建设。

(三) 支持大中型煤矿加快建设和小煤矿整合技改。

加快办理大中型煤矿土地预审、申报和探矿权转让等有关核准支持性文件，落实大型配套电煤矿井探矿权转让的措施和办法；加大对国家规划矿区内大型矿井范围内小煤矿的整合力度，为大煤矿建设创造良好条件。继续推进大煤矿带小煤矿产业体系建设，引导大煤矿和小煤矿按照市场规则实现联合重组，提高煤炭产业整体水平，优化煤炭产业结构。

(四) 加快相关基础设施建设。

结合全省路网规划的制定，编制完善全省运煤公路规划并尽快实施；积极争取铁路部门规划建设运煤专线铁路，建设战略装车点，改善煤炭运输条件。全力以赴配合贵州电网公司加快实施全省煤矿双电源建设，为煤矿提供安全可靠的电力供应。

(五) 加快推进瓦斯治理和综合利用。

按照企业为主、政府支持的原则，企业要建立瓦斯综合治理持续投入机制，各级政府要加大对煤矿瓦斯治理和综合利用的引导，支持建设煤矿瓦斯治理和综合利用的示范工程，鼓励开展煤矿瓦斯清洁发展合作项目，推动全省瓦斯治理和综合利用取得新成果。

(六) 加强矿区环境保护和治理。

依法开展环境影响评价和地质灾害危险性评估，环保设施与主体工程要严格实行建设项目“三同时”制度，有序合理、科学开发矿产资源。加大宣传教育力度，进一步提高政府部门、矿山企业和广大矿区群众对资源环境保护的重要性认识，从根本上扭转以忽视或牺牲资源环境代价获取短期利益的局面。按照“谁开发、谁保护，谁污染、谁治理，谁破坏、谁恢复”的原则，加强矿区生态环境保护和水土保持、地质灾害治理。建立矿山生态环境恢复补偿机制，明确企业的矿山生态环境治理责任。

(七) 提高煤炭科技和装备保障水平。

加大煤炭采选新技术、新工艺、新设备的引进力度，进一步提升我省煤炭工业的科技水平。重视培育煤炭深加工研究开发技术力量，培养煤炭科技研发队伍，增强我省煤炭资源综合利用实力。

(八) 加大煤矿建设资金扶持。

积极争取国家对我省规划矿区内大型煤矿建设的资本金支持，继续争取国家对我省在煤矿安全改造、产业升级改造、国有煤矿采煤沉陷区和棚户区治理等方面的国债资金支持；加大对煤炭勘探开发、安全技改、新技术（产品）研发、综合利用、环境治理等方面资金支持。

(九) 确保煤矿安全生产。

研究制定有利于促进煤矿安全生产的政策措施，全面落实煤矿企业安全生产主体责任，加大安全投入，加强煤矿安全基础管理。深入开展煤矿安全质量标准化工作，推进本质安全型矿井建设。健全完善煤矿重大隐患分级管理、挂牌督办制度，抓好整改责任、措施、资金、期限和应急预案“五落实”，深入开展煤矿隐患排除治理工作。加强对煤矿安全技术的指导，规范煤矿安全技术管理，督促煤矿企业限期淘汰落后的技术装备与工艺，以小煤矿为重点，推动采煤方法和支护方式的改革，推广一批先进适用的煤矿安全技术，提升我省煤矿安全生产整体水平。

五、计划实施

省有关部门要按照各自职责分工，加强沟通协商，密切配合，落实国家和省的各项保障措施，确保实现《计划》；要加强对《计划》实施的适时调度，掌握实施进度，及时协调处理实施中的问题，定期向省政府报告进展情况。

各地区要加强组织领导，制定保障《计划》实施的方案，及时处理和解决《计划》实施中的新情况和新问题，确保涉及本地区的项目顺利实施。

省政府定期召开的全省工业经济运行调度会议将听取各部门、各地区和企业《计划》实施情况汇报，研究实施《计划》中的问题，采取措施加以解决，持续推动《计划》实施。

关于转发省安全监管局等部门《贵州省煤矿水害防治规定》的通知

2009年6月25日　黔府办发〔2009〕64号

各自治州、市人民政府，各地区行署，各县（自治县、市、市辖区、特区）人民政府，省政府各部门、各直属机构：

省安全监管局、贵州煤监局、省能源局《贵州省煤矿水害防治规定》已经省人民政府同意，现转发给你们，请认真贯彻执行。

为了加强煤矿管理水平，遏制煤矿水害事故，根据《中华人民共和国安全生产法》、《煤矿安全规程》、《矿井水文地质规程》、《煤矿防治水工作条例》、《矿井水害防治技术》等法律、法规和技术标准、规范，结合我省实际，制定本规定。

一、基本要求

1. 必须落实煤矿企业水害防治主体责任。煤矿企业法定代表人（包括煤矿实际负责人）是煤矿安全生产第一责任人，负责煤矿水害防治措施的组织实施，确保煤矿水害防治所需人力、物力和财力的投入；总工程师是煤矿水害防治工作的技术负责人，负责收集相关水害防治资料，制定水害防治措施，组织编制中长期水害防治规划；生产矿长负责具体落实水害防治工作；安全副矿长及煤矿安全监督部门负责对煤矿水害防治措施的落实情况实施监督检查。

2. 必须设立防治水机构。水文地质条件复杂或水害隐患严重的煤矿企业必须设立专门的防治水机构，配备煤矿地质与水文地质工作的专业技术人员，建立专门的探放水队伍。

3. 必须完善水害防治规划和相关管理制度。煤矿企业要编制矿区水害防治规划、年度水害防治计划和水害应急预案，建立健全水害防治工作的各级岗位责任制、水害防治技术管理制度、水害预测预报制度和水害隐患排查制度并组织实施，保证水害防治工程所需要的资金、设备、仪器仪表落实到位。

煤矿要建立探放水钻孔施工验收制度和探放水报表制度，探放水钻孔施工完毕后，必须经工程质量验收人员进行验收并制作报表。报表内容包括钻孔数量、深度、方位角、倾角、控制范围等钻孔参数，钻进过程中发现的情况和建议允许掘进(回采)距离，并附钻孔布置图。探放水报表由报表制作人、分管负责人签字，总工程师审批允许掘进(回采)的距离。采掘队必须根据审查批准的掘进(回采)距离进行掘进（回采），严禁超掘(采)。

4. 必须加强矿区和矿井水文地质基础工作。煤矿企业必须查清矿区及周边水文地质和周边小窑的分布情况，绘制真实可靠的井上井下对照图和采掘工程平面图，并标明矿区范围内老窑及采空区分布情况。不具备开展水文地质工作能力的煤矿企业，应委托有资质的部门（地质勘查单位或煤矿设计部门）开展水文地质工作，查清矿区内水文地质情况，编制《水文地质条件分类报告》并报当地煤矿安全监管部门和煤监分局备案。水文地质条件发生变化后，还应及时增补《水文地质条件分类补充报告》。

黔北煤田和黔东煤田等受岩溶水威胁较大的地区，煤矿企业必须进行区域水文地质调查，未查清岩溶含水层分布情况的矿井，不得进行井下采掘作业。

5. 必须按照《煤矿安全规程》建立完善可靠的矿井排水系统。煤矿要配备与矿井涌水量相匹配的水仓、水泵、排水管路、输电线路等设施，确保矿井正常排水，并满足正常和灾害水量下排水需要。必须有工作、备用和检修的水泵。必须有工作和备用水管。主水泵必须实现“双回路”供电，配电设备应同工作、备用和检修水泵相匹配，并能够确保全部水泵同时运转。主要水仓必须有主水仓和副水仓，确保一个水仓清理时，另一个水仓能正常使用。及时清理水仓、沉淀池和水沟中的淤泥，每年雨季前至少清理1次。

水文地质条件复杂的矿井，井底车场或井下中央泵房附近应适当设置防水闸门或安装配备能够抵御灾害水量的潜水泵排水系统。防水闸门必须由有煤矿井工资质单位设计，门体采用定型设计，在进行耐压试验合格后，方可投入使用。

6. 必须配备足够的探放水设备和完善矿井安全监测监控系统。各类煤矿企业要在2010年底前安装井下人员位置监测与管理系统，并确保正常运行。

二、矿井水文地质类型划分及其工作要求

7. 从矿区水文地质条件、井巷充水及其相互关系出发，根据受采掘破坏或影响的含水层性质、富水性、补给条件、单井年平均涌水量和最大涌水量、开采受水害影响程度和防治水工作难易程度等情况，把矿井水文地质划分为简单、中等、复杂、极复杂四个类型（详见附件）。

8. 水文地质条件复杂和极复杂型矿井，除必须按照水文地质特点和开采需要进行补充调查、勘探，建立井上下水动态观测网，坚持长期观测，健全观测资料台账和历时曲线等外，还应做到以下要求：

(1) 高原山地向斜正地形岩溶矿区，要注意岩溶调查、暗河探测和封闭汇水洼地的水均衡工作，研究分析探放、堵截暗河水的方案与措施。

(2) 石灰岩露头分布范围广、河流发育、山塘水库多的矿区，要注重地表水体、岩溶泉同井下出水点关系的调查分析，做好探放溶洞泥砂水工作，防止大突水的威胁。

(3) 经常直接或间接受煤层顶底部石灰岩溶洞——溶隙高压富含水层突水威胁的矿区(井)，要开展区域水文地质综合调查，研究岩溶发育规律，并采用大口径抽水、井下大型放水试验及连通试验，勘查岩溶水集中强迳流或岩溶管道带的分布。矿井开采，要制定具有针对性的截(堵截水源)排(疏降)措施方案。要注重突水与隔水层岩性、厚度、水压、构造及采矿等关系的探查与研究，不断寻求突水规律。

9. 水文地质条件中等型矿井，应根据开采需要，进行一些单项的水文地质补充调查、勘探、动态观测和正常的井下水文地质工作。

10. 水文地质条件简单型矿井，应根据矿井的具体情况，进行正常的水文地质工作。

三、加强矿井水文地质基础工作

11. 煤矿企业要查明矿井或采区水文地质条件、附近地面水系的汇水和渗漏情况、煤系地层含水层及岩溶发育情况、矿区范围内老窑的空间位置、积水量和水压，确定探水警戒线，并准确绘制在采掘工程平面图上。

12. 煤矿企业要定期收集、调查核对本矿及周边煤矿的位置、范围、开采层位、充水情况、地质构造、采煤方法、采出煤量、隔离煤柱以及与相邻矿井的空间关系，并根据以往发生水害的观测研究资料，编制相应的《矿井综合水文地质图》、《矿井水文地质剖面图》、《矿井涌水量与各种因素动态曲线图》、《矿井充水性图》等基础图纸和资料，建立矿区气象观测、矿井涌水量观测、地表水文观测、抽放水试验、突水点以及水质分析等防治水基础台账。要建立健全矿区地下水动态观测网，为水害防治工作提供翔实、可靠的技术依据。

13. 水文地质台账包括：

(1) 矿井涌水量观测台账；

(2) 气象资料台账；

(3) 地表水文观测成果台账；

(4) 钻孔水位及井泉动态观测台账；

(5) 抽(放)水试验成果台账；

(6) 矿井突水点卡片或台账；

(7) 井下水文地质钻孔台账；

(8) 水质分析成果台账；

(9) 封闭不良的钻孔台账；

(10) 其他专门项目的台账。

14. 煤矿必须建立下列图纸，其内容必须符合《矿井水文地质规程》要求：

(1) 矿井充水性图；

(2) 矿井涌水量与各种相关因素动态曲线图；

(3) 矿区综合水文地质图、水文地质柱状图、水文地质剖面图、主要含水层等水位(压)线图、井上下防治水系统图、断层两盘含水层对接补给关系图等；

(4)极复杂型矿井还应增加区域水文地质图、岩溶图、矿区地下水化学图等水文地质图。

四、建立健全矿井水害预测预报和排查排除制度

15. 煤矿企业要建立水害预测预报制度，对矿井生产区域的地质构造情况、水害类型等进行预测

预报，并制定预防和处理水害措施和方案。

16. 煤矿要定期开展水害隐患排查工作。水文地质条件复杂和极复杂的矿井每月应定期开展水害隐患排查，其他矿井每季度至少开展一次水害隐患的排查。查出的水害隐患，要落实责任，采取切实可行的防治措施，尽快排除隐患。

17. 煤矿水害防治工程应编制设计、施工方案及安全防护措施，工程结束后及时进行总结分析。

五、矿井防隔水煤柱的留设和管理

18. 凡属下列情况之一者，必须留设防隔水煤（岩）柱：

(1) 煤层露头风氧化带防隔水煤（岩）柱；

(2) 在地表水体、含水冲积层下和水淹区邻近地带防隔水煤（岩）柱；

(3) 与强含水层相接触的断层或强导水断层相接触的煤层防隔水煤（岩）柱；

(4) 有大量积水的老窑和老窑区防隔水煤（岩）柱；

(5) 导水、充水陷落柱及受保护的通水钻孔防隔水煤（岩）柱；

(6) 井田或采区、大巷技术边界防隔水煤（岩）柱。

各类防隔水煤柱的留设，其尺寸大小应根据相邻矿井的地质构造、水文地质条件、煤层赋存条件、围岩性质、开采方法及岩层移动规律来确定，并根据《矿井水文地质规程》的要求进行留设。

19. 已破坏的防隔水煤（岩）柱必须重新留设，严禁在各种防隔水煤（岩）柱中进行采掘活动。

六、矿井探放水设备仪器的配备

20. 所有煤矿必须配备足够的探放水设备，保证矿井探放水需要，每矿至少配备一台专用的探放水钻机。煤电钻不能作为探放水的基本装备。

21. 大力推广物探、化探等先进的探测方法，水文地质复杂或不清的煤矿企业、多个煤矿整合的煤矿企业应该引进先进的探测技术，配备物探、化探仪器仪表，开展水害预测预报工作，查清整合前或技改扩界扩能前采空区及老窑的积水范围、积水量以及水压等水文地质条件。

七、矿井探放水钻机安装及探水钻孔布置的原则

22. 在安装钻机探水前，必须遵守下列规定：

(1) 加强钻孔附近的巷道支护，背好帮顶，并在工作面迎头打好坚固的立柱和拦板。

(2) 清理巷道浮煤，挖好排水沟。

(3) 在打钻地点或其附近安设专用电话。

(4) 确定主要探水孔位置时，应由测量人员进行标定。负责探放水工作的人员必须亲临现场，共同确定钻孔方位、倾角和钻孔布置数目以及钻进的深度。

(5) 在预计水压大于1kg/cm^{2}的地点探水时，应预先固结套管。套管口应安装闸阀，套管深度必须在探放水设计中规定。

(6) 煤层内原则上不得探高压充水断层、含水层及陷落柱水。如确定需要，可先建防水闸墙并在闸墙外向内探水，或根据水压等情况，按第(5) 款的要求进行。

23. 探放水钻孔的布设必须遵循以下原则：

(1) 探老空水，探水钻孔应成组布设，并在平面图上呈扇形。钻孔终孔位置以满足平距3米为准，厚煤层内各孔终孔的垂距不得超过1.5米，若有出水预兆未放出，其钻孔的布置必须加密，同时预测预报水量，直到确定老窑水已放完为止。

(2) 探放断层及底板岩溶水的钻孔，必须沿掘进方向的前方及下方布置。底板方向的钻孔不得少于2个。

(3) 探水钻孔除兼作堵水或疏水用钻孔外，终孔孔径一般不得大于58毫米。

24. 探水钻孔超前距离和止水套管长度应符合以下要求：

探放小窑老空积水和本矿老空积水的超前钻孔，一般超前距不得小于20米，但要根据水压情况具体确定。沿岩层探岩层水或断层水时可按下表要求进行。

水压 (kgf/cm^2)	钻孔超前距(m)		止水套管长(m)
	水平距	垂直距	
＜10	10	8	5
10～20	15	12	10
＞20～30	20	15	15
＞30	＞20	＞15	＞15

八、采掘工作面水害预测与探放水

25. 采掘工作面水害预测

凡采掘工作面受水害影响的矿井，应开展水害因素分析和水害预测工作。其基本要求如下：

(1) 每年初，根据年采掘接续计划，结合水文地质资料，全面分析水害因素，提出水害分析预测表及水害预测图。

(2) 在采掘过程中，对预测图、表要逐月进行检查、补充和修改。发现险情，应及时发出水害通知单，并报告调度室，通知可能受水害威胁地点的人员撤到安全地点。

采掘工作面年度水害预测资料，应纳入矿井灾害预防计划，月预测资料应按时报送总工程师及分管安全的负责人。

26. 采掘工作面探放水

(1) 探老空水

查明有无漏填、错填的积水老硐、老塘和废弃井巷。在采掘工程图上标明积水区及其最洼点的具体位置和积水外缘标高，并外推60米用红色圈出积水老空区的警戒线。

以平面图、剖面图确切反映积水区与采掘工作面的空间关系。对于缓倾斜、近水平煤层或厚煤层分层回采的上覆采空区，应绘制小等高距的采空区底板等深线图，以表明积水区的构造和形状。要分析其主要的充水因素，预测可能的积水量和动水量。

掘进工作面进入积水警戒线后，必须超前探放水，并在距积水实际边界20米处停止掘进，进行打钻放水，在积水被放净后，方可继续掘进。

(2) 探放顶板水

倾斜长壁工作面探放顶板水：

煤层顶板导水裂隙带范围内分布有含水层时，必须探放顶板水。采前应编制探放水设计，先期探放水孔，一般从开切眼起，可按10、30、50米间距布置，但要视具体情况而定。孔位应尽可能结合地质构造布设在疏水效果好的部位。预计涌水量，当涌水量较大可能影响安全时，应安设专门的排水管进行排放。

走向长壁工作面探放顶板水：

回采工作面顶板导水裂隙带范围内分布有含水层时，采前要查明充水因素，提出探放顶板水的措施，并预计涌水量；应重点做好新井、新水平，新区的首采工作面、充水断层或向斜、背斜的扭曲部位、地表水、老塘水、老硐水、老窑水对回采有可能充水的地段的探放水。

(3) 探放底板水

当煤层底板以下赋存高水压岩溶或裂隙含水层时，必须预防底板突水或岩溶泥石流涌出。采掘前，必须具备勘探或补充勘探资料，水文地质条件要基本清楚。

全面整理已有勘探、生产等各种数据资料，分析研究含水层的含水性特征和已采掘区的突水规律，并在采掘地质说明书中，对可能发生的水害及其预防措施提出建议。编制隔水层或相对隔水层等厚线图；预测有突水可能的危险区；预测最大涌水量，增大排水能力。底板隔水层厚度达不到安全开采要求和受底板承压水威胁的矿井，要进行疏水降压，保证安全开采；无法保证安全开采时，必须进行底板加固注浆。在可能有岩溶泥石流突出的地段采掘时，应加强探放，如有异常，应及时采取措施。

(4) 探放断层水

核准断层产状、位置，分析断层带的富(导)水性，并在平面图、剖面图上确定断层与采掘工作面的空间几何关系。井巷通过导水或可能导水断层带前，必须超前探水，超前距执行第24条。当井巷通过含(导)水断层时，要严防来压冒顶突水或迟到突水。对强含水层连通的导水断层，必须按规定留设防隔水煤柱。采掘工作面接近断层煤柱前，要验证煤柱的可靠性。

(5) 防钻孔水

为防止钻孔突水，应于年初对本年度采掘范围内所有穿越煤层顶、底板富含水层的钻孔，核查其封孔报告书或封孔资料，分析判断封孔质量。对查出的封闭不良的钻孔，要建立台账，并根据不同情况，在采掘工作面相遇前，分别采取井下探水、留设隔水煤柱等措施。

27. 严格、认真做好探放水工作，采掘工作面遇到下列情况之一时，必须确定探水线进行探放水工作。探水前，必须编制探放水设计，确定探水警戒线，并采取防止瓦斯和其他有毒有害气体危害等安全措施：

(1) 接近水淹区或情况不明井巷、老空区时；

(2) 接近含水层、导水断层、溶洞、裂隙带和导水陷落柱等时；

(3) 打开隔离煤柱放水时；

(4) 接近可能与河流等水体相通的断层破碎带时；

(5) 接近稀泥的灌浆区时；

(6) 接近有出水可能的钻孔时；

(7) 采动影响范围内有承压水等且存在隔水岩柱厚度不清时；

(8) 接近水文复杂地段且情况不明时；

(9) 采、掘工作面接近其他可能突水段时。

28. 受溶洞水、老窑水和采空区积水等威胁的矿井，必须坚持“预测预报，有疑必探，先探后掘，先治后采”的原则；水文地质条件复杂和极复杂的矿井，必须坚持“有掘必探”；掘进巷道过导水断层、裂隙（带）、陷落柱等构造地带时，必须探水掘进。如果前方有水，应超前预注浆封堵加固。

九、采掘工作面水害预防

29. 承压含水层与开采煤层之间的隔水层能承受的水头值大于实际水头值时,可以“带水压开采”，但必须制定安全措施，报企业主要负责人审批。

30. 承压含水层与开采煤层之间的隔水层能承受的水头值小于实际水头值时,开采前必须采取下列措施，由企业主要负责人审批：

(1) 采取疏水降压的方法，把承压含水层的水头值降到隔水层能承受的安全水头值以下，并制定安全措施。

(2) 承压含水层不具备疏水降压条件时，必须采取建筑防水闸门、注浆加固底板、留设防水煤柱、增加抗灾强排能力等防水措施。

31. 水文地质条件复杂或有突水淹井危险的矿井，必须在井底车场周围设置防水闸门。在其他有突水危险的地区，必须在其附近设置防水闸门后，方可掘进。

设置防水闸门必须符合《煤矿安全规程》第273、274条的相关要求。

32. 煤系底部有强岩溶承压含水层时，主要运输巷和主要回风巷必须布置在不受水威胁的层位中，并以石门分区隔离开来。

33. 煤系底部有强承压含水层并有突水危险的工作面，在开采前，必须编制探放水设计，明确安全措施。

34. 预计水压较大的地区，探水钻进前，必须先安好孔口管和控制阀，进行耐压试验，达到设计承受的水压后，方准继续钻进。特别危险的地区，要有躲避场所，并规定避灾路线。

35. 钻孔内水压过大时，应采用反压和有防突水装置的方法钻进，并有防止孔口管和煤(岩)壁突然鼓出的措施。

36. 探放水钻孔施工时发现煤岩松软、片帮、来压或钻眼中水压、水量突然增大和顶钻等异常时，必须立即停止钻进，但不得拔出钻杆。现场负责人要立即向矿调度室汇报，并派人监测水情。如发现情况危急时，必须立即撤出所有受水威胁地区的人员，然后采取措施，进行处理。

37. 探放老空水前，首先要分析查明老空水体的空间位置、积水量和水压。老空积水区高于探放水点位置时，只准打钻孔探放水；探放水时，必须撤出探放水点部位及探放水点标高以下受水害威胁区域内的所有人员。探放水孔必须打到老空水体，并要监视放水全过程，核对放水量，直到老空水放完为止。

钻孔接近老空区，预计可能有瓦斯或其他有害气体涌出时，必须有瓦斯检查工或矿山救护队员在现场值班，检查空气成分。如果瓦斯或其他有害气体超过《煤矿安全规程》规定时，必须立即停止钻进，切断电源，撤出人员，并报告矿调度室，及时处理。

38. 钻孔放水前，必须估计积水量，根据矿井排水能力和水仓容量，控制放水流量；放水时，必须设专人监测钻孔出水情况，测定水量、水压，做好记录。若水量突然变化，必须及时处理，并立即报告矿调度室。

39. 采掘工作面或其他地点发现有挂红、挂汗、空气变冷、出现雾气、水叫、顶板淋水加大、顶板来压、底板鼓起或产生裂隙渗水、水色发浑、有臭味等突水预兆时，必须停止作业，立即报告矿调度室，撤出所有受水威胁地区的人员。

40. 排出井筒和下山的积水以及恢复被淹井巷前，必须有矿山救护队员检查水面上的空气成分，发现有害气体，必须及时处理。排水过程中，如有被水封住的有害气体突然涌出的可能，必须制定安全措施。

41. 严禁在水体下开采急倾斜煤层。在水体下开采缓倾斜及倾斜煤层时，宜采用倾斜分层长壁采煤法。同时，水体下采煤还必须进行安全试采。试采前，要由具有煤矿井工资质的设计单位编制开采设计，报省级煤炭行业管理部门备案，并严格落实“三同时”的有关规定；试采时，要设立观测站，观测地表移动与变形，查明垮落带和导水裂隙带的高度以及水文地质条件的变化等情况；试采结束后，要提出试采报告，报原审批部门审查，进一步完善安全防范措施。未按有关规定进行安全试采的矿井一律不得在水体下进行生产活动。

十、建立完善可靠的井下排水系统

42. 新建井井筒掘进到达井底车场后，井底附近必须设置具有一定能力的临时排水设施，并有足够的排水能力，保证临时变电所、临时水仓形成之前的施工安全。永久排水系统未形成前不得进行采掘巷道的布置。

43. 水文地质条件复杂的矿井，当开拓到设计水平，必须在建成防、排水系统后，方可进行开拓掘进工作。

44. 水泵、水管、闸阀、排水用的配电设备和输电线路，必须经常检查和维护。在每年雨季以前，必须全面检修一次，并对全部工作水泵和备用水泵进行一次联合排水试验，发现问题，及时处理。

45. 根据预测矿井涌水量，每年必须对矿井的排水能力至少核对1次，若排水能力不足及时采取措施，增大矿井的排水能力。

十一、加强矿井“雨季三防”工作

46. 抓好“雨季三防”工作。各煤矿企业必须成立以企业主要负责人为组长的“雨季三防”工作（防洪、防排水、防雷电）领导小组，认真编制“雨季三防”工作计划、措施和实施方案，明确“雨季三防”工作任务和责任，组织抢险队伍，储备足够数量的防洪抢险物资，并检查相关工作落实情况。

十二、加强矿井水害防治安全技术培训

47. 煤矿必须制定各级管理人员、从业人员水害防治的应知应会标准，熟悉矿井突水预兆（如挂红、挂汗、空气变冷、出现雾气、水叫、顶板淋水加大、顶板来压、底板鼓起或产生裂隙渗水、水色发浑、有臭味等），要对管理人员和从业人员进行防治水知识培训，增强管理人员和员工防范水害事故的意识和能力。

十三、加强矿井水害防治安全监管监察

48. 煤矿安全监管部门要认真履行对煤矿水害的日常监管工作，对检查中发现矿井存在重大水害隐患的要登记建档，重点跟踪落实隐患整治情况。督促煤矿企业认真落实水害防治责任制和水害防治措施；督促煤矿企业成立“雨季三防”工作领导机构，落实防汛物资，进行矿井联合排水试验。未落实水害防治责任制和水害防治措施的煤矿，要责令其停止采掘作业，将井下人员全部撤到地面。

煤矿存在下列隐患的，要责令其停产整改，停产整改期间煤矿不得进行井下采掘作业；限期整改不合格的，或整改期间违法生产的要依据相关法律法规进行处罚：

(1) 煤矿没有聘用驻矿工程技术人员的；

(2) 水文地质条件复杂或水害隐患严重的煤矿，没有设立专门防治水机构的；

(3) 防治水规划、年度计划资金和工程不落实的；

(4) 没有建立水害隐患排查制度、制定水害防治应急预案的；

(5) 未按设计要求完善水仓、水泵，排水设备及其设施的；

(6) 擅自开采各类防（隔）水煤柱的；

(7) 需建筑防水闸门而未建立的；

(8) 未使用专用探放水设备进行探放水的。

49. 煤矿安全监察部门在监察过程中发现煤矿存在重大水害隐患的应立即责令其停产整顿；对拒不执行停产指令仍擅自生产的煤矿必须按照国家有关法律法规进行处罚直至关闭；对于水害威胁严重的煤矿，地方人民政府要组织专家进行论证，经论证表明在现有技术条件下难以有效防止重、特大水害事故的煤矿，应依法予以关闭。

50. 严厉打击煤矿超层越界开采的违法行为，煤矿安全监管、监察部门在检查中发现煤矿超层越界开采存在重大水害威胁的矿井，要立即责令其停产整顿，并移交国土资源部门依法查处。

51. 本规定由省安委办负责解释。

附件：煤矿矿井水文地质类型表

煤矿矿井水文地质类型表

依据（分类）		水文地质简单	水文地质中等	水文地质复杂	水文地质极复杂
受采掘破坏或影响的含水层或老窑积水情况	含水层性质及补给条件或老窑积水情况	受采掘破坏或影响的孔隙裂隙、溶隙含水层、补给条件差、补给水源少或极少如： 1. 露头区被粘土类土层覆盖； 2. 被断层切割封闭； 3. 地表泄水条件良好； 4. 属于深部井田； 5. 在当地侵蚀基准面以上开采； 6. 属高原山地背斜正地形，煤层底部灰岩无出露； 7. 煤层距顶底板上下富含水层距离很大	受采掘破坏或影响的孔隙裂隙、溶隙含水层补给条件一般，有一定的补给水源	1. 受采掘破坏或影响的主要是灰岩溶隙－溶洞含水层、厚层砂砾石含水层（煤层直接顶底板为含水砂层），其补给条件好，补给水源充沛 2. 未开展水文地质普查，存在老窑积水，资料不齐的整合和技改矿井。	受采掘破坏或影响的为岩溶含水层，其补给条件很好，补给水源极其充沛 1. 矿井经常的直接或间接受煤层顶底部灰岩溶洞－溶隙高压富水含水层突水的威胁；2. 灰岩露头分布范围广、河溪发育、山塘水库多；3. 在高原山地向斜正地形矿区灰岩岩溶特别发育常形成暗河系统或汇水封闭洼地
	单位涌水量（L/sm）	＜0.1	0.1~＜2	2~＜10	≥10
单井涌水量（立方米）	年平均	＜180	180~＜600	600~1200	1200~3000
	年最大	＜300	＜1200	1200~3000	＞3000
开采受水害影响程度		采掘工程一般不受水害影响	采掘工程受水害影响，但不威胁矿井安全	采掘工程、矿井安全受水害威胁	矿井突水频繁，来势凶猛，含泥砂率高，采掘工程，矿井安全受水害严重威胁
防治水工作难易程度		防治水工作简单	防治水工作简单或易于进行	防治水工程量较大，难度较高，防治水的经济技术效果较差	防治水工程量大，难度高，往往难以治本，或防治水的经济技术效果极差

注：单位涌水量以井田主要含水层代表性的为准。

关于开展煤矿建设项目专项检查的通知

2010年5月5日　黔能源发〔2010〕203号

各市（州、地）煤炭行业管理部门、煤矿投资主管部门、煤矿安全监察分局、煤矿安全监管部门，各重点煤矿施工单位、设计单位、监理单位，各重点煤矿建设企业：

今年以来，全国各地煤矿建设项目安全事故多发，重、特大事故时有发生，给人民生命财产造成重大损失，产生严重社会影响。为深刻吸取事故教训，严厉打击非法违法和违规违章建设行为，进一步加强煤矿建设项目管理，遏制煤矿建设重特大事故发生，切实提高基建煤矿安全建设水平，促进基建项目顺利建成投产，保障能源供应，国家发展和改革委员会、国家能源局、国家安全生产监督管理总局、国家煤矿安全监察局联合下发了《关于进一步加强煤矿建设项目安全管理的通知》（发改能源〔2010〕709号）。为贯彻落实《关于进一步加强煤矿建设项目安全管理的通知》（发改能源〔2010〕709号）精神，同时结合《国务院安委会关于立即开展全国安全生产大检查的通知》（安委明电〔2010〕1号）、《省人民政府办公厅关于立即开展全省安全生产大检查的通知》（黔府办发电〔2010〕64号）等文件和全国安全生产（季度）视频会议要求，现组织开展全省煤矿建设项目专项检查，并将有关事项通知如下：

一、总体要求

各有关部门和单位要充分认识确保煤矿建设安全的极端重要性，坚持“安全第一、预防为主、综合治理”的工作方针和“严字当头、科学规范、狠抓落实”的工作作风，全面加强各类煤矿建设项目（包括新建、改扩建、技术改造、资源整合等项目）安全管理。通过全面、深入的检查，进一步落实企业安全生产主体责任和政府安全监管责任，严厉打击煤矿建设中非法违法行为，推动企业进一步健全并落实安全管理各项规章制度，严格执行安全技术规程和标准，严格履行煤矿项目建设程序，扎实做好煤矿建设项目基础工作，切实加强煤矿建设项目工程招投标管理，科学编制煤矿建设项目施工组织设计，合理安排煤矿建设项目施工顺序，切实强化煤矿建设项目施工管理，彻底排查治理事故隐患，认真解决安全管理上存在的突出问题和薄弱环节，有效防范和坚决遏制事故的发生。

二、重点检查内容

一是重点检查煤矿建设项目是否符合项目核准程序，项目初步设计和安全设施设计是否通过审查。二是重点检查煤矿建设项目的基础工作、工程招投标、施工组织设计、施工顺序、施工进度、施工管理、应急管理等是否符合《关于进一步加强煤矿建设项目安全管理的通知》（发改能源〔2010〕709号）要求。三是重点检查煤矿建设项目工程是否符合项目开采方案设计和安全设施设计。四是重点检查煤矿建设项目在防治瓦斯、水灾等方面存在的问题和不足。五是重点检查煤矿建设项目在建设施工中存在的其他重大安全隐患。

三、检查时间和方式

此次专项检查从5月5日开始，到5月底结束，采取企业自查、政府检查的方式进行。各煤矿施工单位、设计单位、监理单位和各煤矿建设企业于5月20日前将自查情况报送至当地煤炭行业管理部门，各市（州、地）煤炭行业管理部门于5月28日前将本辖区内各有关企业的自查情况及本部门组织开展检查情况报送至省能源局。

为切实开展好此次专项检查工作，各市（州、地）煤炭行业管理部门要在当地政府的领导下，积极协调有关部门配合参与检查，并将此文件及《关于进一步加强煤矿建设项目安全管理的通知》（发改能源〔2010〕709号）印发至辖区内各煤炭行业管理部门、煤矿投资主管部门、煤矿安全监察分局、煤矿安全监管部门，各煤矿施工单位、设计单位、监理单位，各煤矿建设企业。同时省能源局将会同省发展和改革委员会、贵州煤矿安全监察局、省安全生产监督管理局成立专项检查组对全省煤矿建设项目进行重点抽查。

关于切实加强煤矿安全生产工作的意见

2010年11月17日　黔府发〔2010〕18号

各自治州、市人民政府，各地区行署，各县（自治县、市、市辖区、特区）人民政府，省人民政府各

部门、各直属机构：

近年来，全省煤矿安全生产工作取得明显进步，连续6年实现事故起数和死亡人数“双下降”，安全生产状况总体稳定。但是，目前全省煤矿安全生产形势依然严峻，存在着一些煤矿重生产、轻安全，主体责任不落实，一些地方和有关部门监管不到位，安全基础管理薄弱等突出问题。为了全面加强煤矿安全生产工作，实现全省煤矿安全生产形势根本好转，现提出如下意见：

一、总体要求和目标任务

(一) 总体要求。深入贯彻落实科学发展观，坚持以人为本，牢固树立安全发展的理念，切实转变煤炭工业发展方式，积极推进煤矿整顿关闭、兼并重组和整合技改工作，淘汰落后产能，调整煤炭产业结构，把煤炭工业发展建立在安全生产有可靠保障的基础上，提高煤炭工业发展的质量和效益；坚持“安全第一、预防为主、综合治理”的方针，健全规章制度，完善安全标准，全面加强煤矿企业安全管理，提高生产技术水平，夯实安全生产基础；坚持依法依规生产建设，切实加强安全监管监察，严厉打击非法违法行为，强化煤矿企业安全生产主体责任的落实和事故责任追究，提高煤矿安全生产水平。

(二) 目标任务。进一步减少煤矿事故总量，到2015年末全省煤炭百万吨死亡率控制在1左右，有效防范较大以上事故，坚决遏制重特大事故的发生，促进煤矿安全生产形势持续稳定好转。

二、全面落实煤矿企业安全生产主体责任

(三) 严格规范生产经营建设行为。认真落实《国务院关于进一步加强企业安全生产工作的通知》〔国发2010〕23号）规定，全面落实企业安全生产主体责任，煤矿企业必须依法取得相关证照，依法依规从事生产经营建设活动；必须坚持不安全不生产和建设，严禁超能力、超强度、超定员组织生产；依法建立健全安全管理机构、规章、制度和责任体系；全面开展安全质量标准化创建活动；严格按要求配备“五职矿长”和安全管理人员；严格安全目标考核，进一步完善企业安全绩效工资制度，安全绩效在工资结构中比例不低于30%。

(四) 深化瓦斯治理。煤与瓦斯突出矿井必须严格执行防突规定，确保实现通风可靠、抽采达标、监控有效、管理到位、隐患排除、综合利用。

(五) 加强水害防治。煤矿企业必须认真开展水文地质调查分析，完善相关水文地质资料，编制矿井防治水方案，组建专业探防水队伍，配备专用探放水设备，坚决做到预测预报、有疑必探、先探后掘、先治后采。

(六) 严格落实隐患排查排除报告制度。存在重大隐患的，必须停产停建整改、及时上报并制定整改措施，确保整改措施、责任、资金、时限和预案五落实；整改结束后，进行隐患整改效果评价，达不到要求的，严禁恢复生产（建设）。

(七) 严格落实矿级领导带班下井制度。煤矿企业要认真执行《煤矿领导带班下井及安全监督检查规定》、《贵州省煤矿领导带班下井及安全监督检查实施细则》，建立健全煤矿领导下井带班制度，切实做到矿级领导下井带班并与工人同时下井、同时升井，切实履行带班职责，发挥带班作用。

(八) 积极采用先进适用的新技术、新工艺和新装备。2015年，小型煤矿采煤机械化和掘进装载机械化程度分别达到50%和80%以上。加快推进井下安全避险“六大系统”建设。2010年底前，所有煤矿全面健全完善安全监测监控、压风自救、供水施救和通信联络系统；2011年底前，所有煤矿全部完成井下人员定位系统建设；2012年6月底前，所有煤与瓦斯突出矿井和国有重点煤矿全部建设完成紧急避险系统；2013年6月底前，所有煤矿全部完成“六大系统”的建设工作。

三、加大煤矿企业兼并重组和煤矿整顿关闭工作力度

(九) 强力推进小煤矿资源整合、兼并重组。根据《国务院办公厅转发发展改革委关于加快推进煤矿企业兼并重组若干意见的通知》（国办发2010〕46号），结合我省煤炭资源条件和经济社会发展情

况，科学编制全省煤矿企业兼并重组总体规划，在与矿区总体规划相衔接的基础上，制定矿区兼并重组方案，明确兼并重组主体企业。整合扩能后，煤炭企业规模原则上不低于80万吨/年。整合扩能后的大中型煤炭企业，比照煤业集团对其煤矿进行安全管理。

(十) 进一步提高煤炭产业集中度、扩大矿井开采规模。充分发挥大煤矿的技术、装备、管理和人才等优势，实施煤炭大企业、大集团、大基地建设。到“十二五”末，全省煤炭开发主体企业控制在200家以内，大中型矿井要占到全省煤矿数量的50%以上，生产建设规模的70%以上；小矿井降到全省煤矿数量的50%以下，生产建设规模的30%以下；平均单井产能提高到35万吨/年以上。

(十一) 进一步加大煤矿整顿关闭工作力度。2010年底前取消全省所有整合、技改煤矿保留的一套独立生产系统；对今年以来发生死亡3人以上（含3人）事故以及发生煤与瓦斯突出、水害事故的煤矿，其主要灾害在现有技术条件下难以有效防治的，按照《国务院关于预防煤矿生产安全事故的特别规定》（国务院令第446号）和《贵州省安全生产条例》有关规定，依法实施关闭；对2010年8月份以来，在开展全省打击煤矿非法违法生产经营建设行为和煤矿安全大检查、大整顿、大排除专项行动中，发现的不具备安全生产条件和存在重大安全隐患的煤矿，其隐患没有能力治理到位的，在2011年上半年依法实施关闭。

(十二) 严把准入关。“十二五”期间，一律停止审批（核准）设计能力30万吨/年以下的煤矿新建项目；对设计能力30万吨/年的具有煤与瓦斯突出危险性的煤矿，一律暂停审批；对现有生产能力30万吨/年以下（含30万吨/年）的煤与瓦斯突出矿井，或按煤与瓦斯突出管理的矿井，并在现有技术条件下难以有效治理的，一律按国家有关规定实施兼并重组或关闭。

（十三）进一步加大对新建大中型煤矿的服务力度。对现有在建的特别是竣工待验收的大中型煤矿，省各有关部门要加大协调、服务的力度，帮助其解决建设中的实际困难、办理投产所需的相关手续和证照，确保早日投产，形成新的煤炭生产能力。

四、强化地方政府对煤矿安全生产工作的领导

(十四) 合理配置市、县级政府分管煤矿安全生产的领导干部。认真落实省委组织部等部门《关于进一步加强县（市、区、特区）分管煤矿安全生产的领导干部选拔任用和监督管理工作的意见（暂行）》（黔组发2006〕4号），在六盘水市、毕节地区、遵义市、安顺市、黔西南州等重点产煤市（州、地）和生产能力100万吨/年以上的重点产煤县（市、区），选配熟悉煤矿安全生产管理的副职领导干部，分管煤矿安全生产工作。煤炭产能在50万吨/年以上的重点产煤乡（镇），要参照市、县配备分管煤矿安全生产工作的副职领导干部。同时，在省、市、县三级安全监管部门选配熟悉煤矿安全业务的领导干部，指导市、县、乡做好煤矿安全生产管理工作。选配以上干部，在符合选拔任用基本条件的同时，重点选配具备煤炭相关专业知识的干部。

(十五) 建立煤矿安全包保责任制。对煤矿安全生产按属地原则建立领导干部包保责任制，产煤乡（镇）领导干部对辖区内各类生产建设煤矿安全生产按矿包保，责任落实到人；产煤县（市、区）县级领导按片区进行包保，负责指导、协调、督促县安全监管、煤炭行业管理、国土资源、工商、公安等部门加大对责任区内煤矿加大联合执法力度，严厉打击各类非法违法生产经营建设行为。

(十六) 加大煤矿安全监管专业技术人才选拔任用工作力度。积极通过公务员公开考录或公务员调任，为市、县、乡煤矿安全监管部门充实煤矿安全监管队伍的履职能力。

(十七) 加强驻矿安全监管员队伍建设和管理。各产煤地区要严格落实《贵州省地方煤矿驻矿安全监管员管理试行办法》的规定，驻矿安全监管员尚未配备到位的，相关县级政府在2010年12月31日前必须全部配备到位，县级安全监管局要加强对驻矿安全监管员的管理。

(十八) 进一步强化煤炭行业管理。重点产煤市（州、地）、县（市、区）必须明确承担煤炭行业管理的部门，强化对煤矿的安全管理和指导。

五、加快煤炭专业技术人才培养

(十九) 进一步扩大招生规模。鼓励支持贵州大学、六盘水能源矿业学院和毕节学院等高校，以及各类高职院校、中职院校、职业中专学校和煤矿企业技工学校，采取校企合作办学、对口单招、订单式培养等方式，切实扩大采矿、机电、地质、通风、安全等相关专业技术人才招生培养规模，加快培养煤矿急需的技能型人才。

(二十) 不断提高煤矿井下作业人员素质。推动煤矿企业变招工为招生，进一步强化技能培训，推进岗位达标。到2012年底，新招收的特种作业人员必须达到煤矿技校毕业以上；到2014年底，对全省煤矿特种作业人员必须完成技校层次的再教育培训。

六、加大煤矿安全保障投入

(二十一) 构建企业安全投入长效机制。煤矿企业在年度财务预算中依法确定必要的安全生产投入，按煤矿井型、灾害程度提取安全费用，原则上大中型矿井中煤与瓦斯突出矿井吨煤不少于40元、高瓦斯矿井吨煤不少于35元、水害隐患严重矿井吨煤不少于30元、其他矿井吨煤不少于25元提取，小型煤矿在大中型矿井同类灾害类别中吨煤上浮不少于5元提取。煤矿企业据实发生的安全费用可在所得税前扣除，未发生而预提的安全费用不得在所得税前扣除。煤矿企业必须据实提取安全费用，专款专用，专账核算。提取和使用情况按规定报当地税务机关、财政部门、煤炭行业管理部门、煤矿安全监管机构和煤矿监察机构备案，对不按规定提取和使用安全费用的企业，有关部门应责令其限期整改，并按有关规定予以处罚。

(二十二) 加大政府对煤矿安全专项技改的投入。由省财政厅会同省有关部门整合有关安全生产投入资金，设立1亿元以上的省级煤矿安全生产专项资金，由省安全生产委员会统筹安排，主要用于全省煤矿瓦斯治理、水害防治、经批准的救援基地建设、职业健康、重大隐患治理、重大灾害科技攻关和专业技术人才培养等方面的补助。各市（州、地）、县（市、区）也要相应加大对安全生产的投入。

七、加大打击非法违法生产经营建设行为和责任追究力度

(二十三) 进一步加强安全生产执法力度。各级煤矿安全监察、煤炭行业管理、国土资源、安全监管、公安、工商、电力监管等部门和单位要认真履行职责，加强联合执法，实施综合治理，严肃查处违法生产、超层越界开采等行为，严厉打击非法生产，杜绝已关闭矿井死灰复燃。各产煤县政府及有关部门对煤矿安全监察机构提出的意见建议，必须认真抓好落实。

(二十四) 进一步加大事故查处和责任追究力度。对发生事故的煤矿和相关责任人员要依法依规从重处罚。对发生一次死亡5人以上事故煤矿的矿长，吊销其矿长资格证、矿长安全资格证，5年内不得再担任煤炭行业矿长的职务。

(二十五) 严格煤矿安全生产行政问责。各级政府及有关部门要建立健全煤矿安全生产行政问责制度，并依法追究相关责任。构成犯罪的，移交司法机关追究刑事责任。

各地区、各部门和各煤矿企业要做好对加强煤矿企业安全生产工作的组织实施，制订部署本地区、本行业、本企业贯彻落实本意见要求的具体措施，及时研究、协调解决工作中的突出问题。省安委办和省有关部门要加强督促检查，确保各项规定、措施执行落实到位。

关于印发贵州省煤炭产业十二五发展规划的通知

2011年1月30日　黔府办发〔2011〕21号

各自治州、市人民政府，各地区行署，各县（自治县、市、市辖区、特区）人民政府，省政府各部门、各直属机构：

经省人民政府同意，现将《贵州省煤炭产业“十二五”发展规划》印发给你们，请结合本地区、本部门实际，认真贯彻执行。

贵州省煤炭产业“十二五”发展规划煤炭是重要的战略资源和基础产业。我省煤炭资源丰富，是国家大型煤炭基地云贵基地的重要组成部分。促进煤炭工业健康发展，对于加快把我省建设成为南方重要能源基地，充分发挥我省“水火互济”的资源组合优势，平衡区域煤炭需求，支撑煤炭相关产业和保障国民经济可持续发展，实现全省“十二五”经济社会发展目标至关重要。为推动“十二五”期间煤炭产业持续快速协调健康发展，编制本规划。

一、煤炭工业发展现状

我省煤炭资源丰富、分布集中，全省煤炭保有资源量549亿吨，其中六盘水、织纳和黔北三个煤田保有资源量占总量的90%左右，占云贵煤炭基地总量的2/3以上。煤种齐全、煤质较好，煤种包括褐煤、气煤、肥煤、焦煤、瘦煤、贫煤、无烟煤，煤质以中灰、低～中硫、高发热量为主，低硫煤占总量的1/3，中、低硫煤占总量的72%以上。地质成果可靠、资源保证程度高，煤炭资源勘查、详查等比例较高，目前全省煤炭资源开发利用率仅为34.7%，尚未利用的资源量达386.5亿吨。煤层埋藏较浅、易开发，大部分探明储量在垂深500米以浅，大多适宜机械化开采，适宜建设大中型现代化矿井。水资源丰富、人均占有率高，为煤炭资源开发和延伸煤基产业链提供了有利条件。但我省各矿区瓦斯含量普遍较高，相当部分煤矿有煤与瓦斯突出危险。东部和北部局部地段煤层含硫量偏高，并且煤炭运输通道仍然是制约煤炭开发的瓶颈。

“十一五”期间，我省加大煤炭资源地质勘查力度，新发现一批大中型矿产地，已提交查明煤炭资源量154.5亿吨（含新增煤炭资源量78.7亿吨）。全省查明保有资源量549亿吨，其中基础储量150亿吨、资源量399亿吨。煤炭生产大幅增长，2010年全省原煤产量达到1.5亿吨，“十一五”原煤总产量超过6.3亿吨，比“十五”增加2.6亿吨，增长70.3%。大中型煤矿采煤机械化程度平均达到70%，比“十五”初期提高22.6个百分点。2009年底，全省共有大中小型选煤厂165座，原煤入选能力达8960万吨/年。水城和盘江矿区等一批瓦斯发电、煤矸石发电综合利用项目陆续建成投产，毕节、水城老鹰山等煤基气化替代燃料项目等一批新型煤化工基地正在建设。煤矿瓦斯抽采量和利用量逐年提高，分别从2005年的27220万立方米和3790万立方米提高到2009年的76336万立方米和9204万立方米。采区回采率平均达到74.9%，比“十五”初期提高22.9个百分点，其中国有重点煤矿回采率平均达到85%以上。煤矿安全生产形势稳步好转，对全省特别是国有重点煤矿进行安全改造，加大对煤矿井下装备和安全生产系统的投入，建成了一批标准化、现代化矿井。2009年全省煤矿百万吨死亡率由2005年的7.75降至3.17，下降59.1%。当前，我省煤炭产业仍存在一些突出问题。一是煤炭产业集中度不高。二是小煤矿采掘等技术装备水平比较低，工艺比较落后。三是安全生产形势不容乐观。四是尚未形成煤电、煤电化、煤焦化一体化的产业集群，产业结构比较单一。

二、煤炭需求预测

(一) 煤炭市场趋势预测。总体上看，“十二五”期间，我省煤炭需求将持续增长。

1. 控制煤炭过快增长是能源结构调整的必然要求。“十二五”期间，我国经济发展的重点是调整经济结构和转变发展方式。从能源结构调整来讲，将会加快可再生能源和新能源发展，控制煤炭过快增长。

2. 全国煤炭产能快速增长将对我省造成一定压力。近年来，全国煤炭产量以每年2亿多吨的速度增加。2006－2009年，全国煤炭采选业投资总额达8680多亿元，比“十五”净增6280亿元，目前全国在建煤矿7000余处，总规模15亿吨/年。在大力推进节能减排的形势下，煤炭产能过剩的压力越来越明显，对我省的影响不容忽视。

3. 周边省（区）将降低对我省煤炭的依赖。从我省周边煤炭供需形势看，广东、广西、海南等沿海地区进口煤炭的数量将会增加，新疆煤炭将增加对四川、重庆等地的供应，铁路运输条件的改善和储备基地的建设，将使湖南、湖北、江西等省煤炭供应渠道多元化，沿海地区加速发展核电等新能源，都将对我省输出煤炭和煤炭转化产品市场产生一定影响。但我省作为南方最大的产煤省，地理位置优越，向广东、广西、海南、湖南、重庆、江西、湖北南部、四川成都以南等主要煤炭调入省（区、市）就近供煤，平衡区域煤炭需求，调剂煤炭品种具有不可替代的重要作用。

(二) “十二五”煤炭需求预测。

电力行业。根据贵州省“十二五”电力规划，到2015年，我省火电装机将达到3570多万千瓦，加上自备电厂及热电厂电煤需求，预计消耗原煤9910万吨。

“十二五”贵州省电煤需求预测表

	2011年	2012年	2013年	2014年	2015年
全省火电装机容量（万千瓦）	1934	2264	2574	3094	3574
其中，统调（万千瓦）	1814	2084	2274	2674	3094
其他（万千瓦）	120	180	300	420	480
电煤需求量（万吨）	5540	6490	7140	8580	9910

*电煤需求量考虑了其他自备电厂及热电厂等所需煤量。

化工行业。根据《贵州省煤电化一体化基地规划》，“十二五”我省将大力发展煤经甲醇制烯烃。2009年全省化工用煤1170万吨，到2015年，我省甲醇等煤化工产品（商品或中间产品）生产能力将达到648万吨/年，预计消费原煤3230万吨。冶金行业。预计首钢盘县基地等项目将在“十二五”期内建成，2015年冶金行业消费原煤1900万吨。建材行业。预计2015年我省建材行业原煤消费量将维持在1100万吨左右。民用及其他行业。主要包括居民生活消费和轻工（造纸、农副产品加工、食品、饮料、纺织）、机械等行业用煤。随着人民生活水平的提高，人均生活用能呈上升趋势，但主要是优质、清洁能源消费增长，煤炭消费量将呈下降趋势。预计2015年民用及其他行业原煤消费量约1100万吨。煤炭调出量。参照《国家大型煤炭基地规划》，“十二五”期间，我省煤炭净调出量年均约4000万吨左右。

“十二五”贵州省煤炭需求量预测表　　单位：万吨

煤炭消费量	“十一五”（计划）	“十二五”（规划）				
	2010年	2011年	2012年	2013年	2014年	2015年
1. 电力行业	4820	5540	6490	7140	8580	9910
2. 化工行业	1640	1650	1800	2200	2500	3230
3. 冶金行业	1050	1160	1250	1500	1650	1900
4. 建材行业	1000	1000	1050	1050	1100	1100
5. 民用及其他	1500	1380	1360	1300	1200	1100
省内需求合计	9980	10730	11950	13190	15030	17240
6. 调出量	3500	4000	4000	4000	4000	4000
煤炭需求总计	13480	14730	15950	17190	19030	21240

*调出量中含焦炭产品调出所折合的原煤调出量。

综上，到2015年我省煤炭总需求为21240万吨，但按照现有煤矿建设规划和在籍矿井及在建煤矿产量安排，2015年全省煤矿产量将达到18233万吨，供需缺口超过3000万吨。

三、发展思路和开发布局

(一) 发展思路。贯彻落实科学发展观，大力推进煤炭行业发展和结构调整，加快推进大型骨干煤矿建设，着力提高煤炭资源综合利用水平，加大煤矿企业兼并重组力度，培育大型煤炭企业，大力推进推广先进的采掘技术、安全技术、资源综合利用技术和机械化综采设备，促进煤炭工业发展从粗放型向集约型转变，强化企业安全生产主体责任，切实提高煤矿的安全保障能力。

按照以上思路，煤炭产业发展要着重做好以下工作：

——加快煤田地质勘查步伐，科学规划，合理确定煤炭开发规模，不断提高煤炭供应能力。

——坚持发展先进生产能力和淘汰落后生产能力相结合，推进煤炭企业兼并重组，建设大型煤炭基地；推进煤炭资源整合和小煤矿升级改造，实质性改变小煤炭生产状况，提高资源回收率。逐步形成以大中型煤矿为主的开发格局。

——积极开展煤矸石、煤泥、煤层气（煤矿瓦斯）、矿井排水、与煤共伴生资源等的综合开发与利用，扩大原煤洗选比率，推进煤炭资源深加工。

——密切关注国家产业政策以及煤炭前沿技术发展，改善科研条件，广泛开展多层次的技术交流与合作，培育自主创新能力，大力提高煤矿生产和建设自动化控制和信息化技术运用的深度和广度，努力使一批关键性技术攻关取得突破，使煤矿技术装备水平得到显著提高。

——认真落实安全生产法律法规，坚持管理、装备、培训并重，深入开展瓦斯治理，落实各级安全生产责任制，加大安全投入，强化安全监管，提高煤矿防灾抗灾能力。

(二) 主要发展目标。

1. 煤炭生产。2015年，原煤产量达到2.1亿吨，其中规模以上矿井产量1.7亿吨，占总产量的81%。矿井采区回采率达到80%以上，原煤入选比例达到60%，其中炼焦煤全部入洗。

2. 煤矿建设。建设矿井275处，建设规模1.6亿吨/年。其中，“十一五”结转194处，规模7365万吨/年；“十二五”新开工矿井81处，规模8730万吨/年。建成投产矿井37处，新增生产能力3170万吨/年。煤炭资源基础地质勘查提交普查资源量200亿吨以上。

3. 产业集中度。力争建成1个年产5000万吨、2个年产3000万吨大型煤炭企业集团，煤炭企业集团控制在200个以内。省骨干煤炭企业规模不小于120万吨/年，规模以上煤炭企业控制的煤炭资源量占全省占用煤炭资源量的80%以上，产量占全省总产量的70%以上。

4. 技术进步。2015年，煤矿采煤机械化程度达到80%以上，其中大型矿井100%（综采85%）；中型矿井80%（综采60%）、小型矿井50%。掘进机械化程度达到85%（含机械装载，下同），其中大型矿井100%（综掘75%）；中型矿井80%（综掘55%）、小型矿井50%（综掘20%）。力争在瓦斯治理和采掘机械化方面取得突破。

5. 资源综合利用。建设400万千瓦煤矸石电厂，消耗煤矸石600万吨/年，矸石发电利用率30%以上。利用煤矸石、粉煤灰生产水泥、墙体材料的规模达到250万吨/年，灰渣利用率达到50%。煤层气（煤矿瓦斯）年抽采量达到30亿立方米，其中地面抽采3.2亿立方米、井下煤层气抽采26.8亿立方米；抽采煤层气利用量达到15亿立方米，利用率近50%；煤层气发电装机容量54.6万千瓦，煤层气燃气居民用户达到60.1万户。

6. 安全生产。全省煤矿百万吨死亡率降至1以下，安全水平明显提升。

(三) 重点矿区开发布局及其功能定位。

1. 盘江矿区。矿区开发主体为盘江煤电集团，发展方向为煤－焦化－火电－煤化工，即以开发炼焦用煤、发展焦化（及其下游化工产品）为主，炼焦煤的洗混煤供盘县电厂，南部的贫煤和无烟

煤供盘南电厂并适度发展煤化工。力争将盘江煤电建成5000万吨级大型煤炭企业（包括外矿区的生产能力）。

2. 水城矿区。分为水城老矿区和发耳矿区（格目底片区）两部分，矿区开发主体为水城矿业集团，发展方向为煤－焦化－电，适度发展煤化工。力争水城矿业建成3000万吨级大型煤炭企业（包括外矿区的生产能力）。

3. 六枝矿区。分为六枝老矿区和新规划的黑塘矿区两部分，矿区开发主体为六枝工矿集团，发展方向为煤－电，即以开发中－高硫的贫煤、无烟煤（部分高硫焦煤），经洗选（或筛选）后，供规划建设的六枝电厂（一期200万千瓦，二期100万千瓦）。力争将六枝工矿建成1000万吨/年级大型煤炭企业（包括外矿区的生产能力）。

4. 普兴矿区。包括普安县大部、晴隆县南部和兴仁县西部。发展方向为建设煤－电－化一体化基地。永贵能源已在本矿区获多处矿权，应积极参与矿区煤炭资源整合和煤炭企业兼并重组，确立其矿区开发主体的地位。力争普兴矿区建成3000万吨/年煤炭基地。

5. 织纳矿区。发展方向为建设煤－电－化一体化基地，目前有多家大型煤炭企业（集团）开发，下一步应加大整合重组工作力度。

6. 黔北矿区。分为毕节、大方、黔西、金沙、桐梓、习水二郎等六个片区。各区总体规划确定的规模分别为：765万吨/年、915万吨/年、795万吨/年、700万吨/年、720万吨/年、510万吨/年。发展方向为煤－电－化。综合考虑矿区交通运输条件，前期以保障“西电东送”电厂用煤为主（含矿区周边电厂的燃煤供应），少量优质块煤外运，适量发展煤化工。目前有多家大型煤炭企业（集团）开发，下一步应加大整合重组工作力度。

四、保障措施

积极争取国家在煤炭总量控制指标和煤矿建设项目审批上给予更大支持。加大煤炭资源勘查投入，提高勘查精度，提高资源保障程度。按照建设大型现代化煤矿，科学规划、合理设置矿业权，促进煤炭资源规模开发、集约生产。强化政府对矿区总体规划编制和实施的监管力度，对矿区总体规划实行动态管理。

附件：1. 2009年现有煤矿及2009－2015年规划矿井产量汇总表（略）

2. 贵州省“十二五”规划新开工煤矿明细表（略）

3. 贵州省“十二五”期间煤炭项目新增投资估算表（略）

贵州省开展全省煤矿安全专项督查

2011年3月21日

为深刻吸取毕节地区广木煤矿“3.9”较大煤与瓦斯突出事故、六盘水市新成煤业公司“3.12”重大瓦斯爆炸事故教训，按照栗战书书记、赵克志省长专门作出“采取措施、强化安全生产”重要批示精神，贵州省从3月14日起在全省范围内深入开展为期一个月煤矿安全专项督查。

此次督查的重点是对省政府已公告关闭的煤矿进行拉网式全覆盖复查，确保已公告关闭煤矿的关闭工作按“六条标准”落实到位，坚决打击非法开采行为和非法违法生产经营建设行为。

同时，对煤矿企业普遍存在的安全生产主体责任落实不好、安全基础管理薄弱、瓦斯治理不重视措施不到位、安全生产隐患排查治理工作不到位和防治水工作措施不到位等问题，对地方政府及其相关部门安全监管普遍存在的贯彻落实全省安全生产工作会议精神存在差距、节后复产（工）把关不严及走过场现象、吸取事故教训及督促落实事故防范措施不足和煤矿包保责任不落实等问题进行重点检查。凡瓦斯治理工作体系不健全和水害防治工作及措施不到位的矿井一律停止井下采掘作业；凡存在重大安全隐患的矿井复产（工）验收一律不得通过。煤矿主要灾害在现有技术条件下难以有效防治的，按照《国务院关于预防煤生产安全事故的特别规定》（国务院令第446号）和《贵州省安全生产条例》有关规定，依法实施关闭。

省安委办要求各煤监分局要加大对煤与瓦斯突出矿井的安全监察力度，组织对辖区煤与瓦斯突出矿井进行专项监察。对存在重大瓦斯隐患的煤矿要责令其停产（建）整顿并依法暂扣安全生产许可证。同时对存在水害隐患矿井也要加大专项监察力度。对拒不整改的煤矿，要加大处罚力度直至提请地方人民政府进行关闭。

九个省级督查组继续在全省范围内对煤矿深入开展安全专项督查，指导、督促煤矿企业和地方政府及其有关部门，切实把存在的隐患和问题整改到位，坚决遏制煤矿较大、重大生产安全事故频发势头。

关于加快煤矿企业兼并重组工作的指导意见

2011年5月18日　黔府办发〔2011〕47 号

日前（2011 年4 月15 日），贵州省人民政府办公厅转发了贵州省能源局关于加快推进煤矿企业兼并重组工作指导意见的通知（黔府办发〔2011〕47 号），要求全省有关部门和各自治州、市人民政府、各地区行署、各县（自治县、市、市辖区、特区）人民政府，省政府各部门、各直属机构认真贯彻执行。这是继山西省出台大力整合煤矿资源政策后，又一省级政府所推出的重大举措。

该指导意见全文如下：

为深入贯彻落实科学发展观，严格保护和合理开发煤炭资源，淘汰落后产能，提高煤炭生产集约化程度和生产力水平，促进煤炭工业持续稳定健康发展，根据《国务院关于促进企业兼并重组的意见》（国发〔2010〕27 号）、《国务院办公厅转发发展改革委关于加快推进煤矿企业兼并重组若干意见的通知》（国办发〔2010〕46 号）等文件精神，现就加快推进我省煤矿企业兼并重组工作提出如下意见：

一、 指导思想、基本原则和主要目标

(一) 指导思想。以邓小平理论和“三个代表”重要思想为指导，全面贯彻落实科学发展观，坚持安全发展、集约发展、清洁发展、可持续发展，加快推进煤矿企业兼并重组，淘汰落后产能，提高煤炭生产集约化、机械化程度，提升安全生产和科技水平，有序开发利用煤炭资源，建设新型能源工业基地，增强煤炭产业竞争力和政府调控能力，确保安全生产持续稳定好转，促进全省煤炭工业持续健康发展。

(二) 基本原则。坚持政府引导、政策鼓励和市场运作相结合；坚持发展先进生产力和淘汰落后产能相结合；坚持统一规划与因地制宜、分类指导相结合；坚持以强并弱、以优并劣、以大并小相结合；坚持依法操作与体制机制创新相结合；坚持减少煤炭开发主体与维护企业职工和投资者合法权益相结合。

(三) 主要目标。通过煤矿企业兼并重组等方式减少企业数量，特别是减少小煤矿数量，扩大企业规模，提高煤矿安全生产保障程度，提升煤矿整体开发水平。到2013 年底，全省煤矿企业集团控制在200 个以内。铜仁地区、黔东南自治州、黔南自治州兼并重组后的煤矿企业集团规模不低于80 万吨/年；贵阳市兼并重组后的煤矿企业集团规模不低于100万吨/年；遵义市、安顺市、黔西南自治州兼并重组后的煤矿企业集团规模不低于150 万吨/年；六盘水市、毕节地区兼并重组后的煤矿企业集团规模不低于200万吨/年。形成一个年生产能力5000万吨特大型煤炭旗舰企业集团，2个年生产能力3000万吨级以上的大型煤炭企业集团，3个年生产能力1000万吨级以上，10个产量500万吨级以上的煤炭企业集团，使年产量500 万吨级以上的煤炭企业集团控股生产的煤炭产量达到全省煤炭总产量的60%以上。小型煤矿采煤机械化和掘进装载机械化程度到2013年底分别达到45%和70%以上，到2015 年底分别达到55%和80%以上。2015 年全省煤炭产能3.0亿吨、原煤产量2.5亿吨。

(四) 兼并重组范围。在黔各类合法煤矿企业。

(五) 兼并重组方式。以市（州、地）和有关县（市、区）为单位，以资源为基础，以资产为纽带，通过企业兼并重组等方式，减少企业数量，鼓励各种所有制煤矿企业以及电力、冶金、化工等工业企业以产权为纽带、以股份制为主要形式参与兼并重组。

(六) 兼并重组主体。支持符合条件的国有和民营煤矿企业成为兼并重组主体，支持具有经济、技术和管理优势的企业兼并重组落后企业，支持优势企业开展跨地区、跨行业、跨所有制兼并重组，鼓励优势企业强强联合，鼓励煤、电、化、运一体化经营，实现规模化、集约化发展，努力培育一批具有较强竞争力的大型企业集团。兼并重组企业应在被兼并企业注册地设立子公司。

二、兼并重组工作要求

(一) 各市（州、地）人民政府（行署）要按照总量适度、优化布局、关小上大、提升水平的原则，统筹考虑本区域矿井布局、生产现状；统筹考虑区域开发与生态协调发展；统筹考虑兼并重组范围内的煤炭资源进行重组整合，签订重组协议后，编制兼并重组方案，于2011年6月底前报省人民政府。

(二) 各地人民政府要加强对职工安置工作的组织领导，兼并重组主体企业要认真落实相关法律、法规及政策规定，严格履行企业改组改制方案，制定切实可行的职工安置方案，落实安置资金，积极稳妥解决职工劳动关系、社会保险关系接续以及企业拖欠职工工资、欠缴社会保险费等问题，切实维护职工合法权益。要妥善安置被兼并煤矿企业职工，改扩建和新建煤矿等项目应优先录用被兼并煤矿企业分流人员。

(三) 在兼并重组实施中凡涉及国家级、省级各类保护区的，要按照国家、省关于生态与环境保护的有关法律、法规及政策执行，明确禁采区和限采区。在禁采区严禁煤炭开采活动，对限采区内的煤矿一律不扩界、不允许规划或建设新的煤矿项目。

(四) 要严格依照有关法律、法规和政策规定妥善处理债权、债务关系，落实清偿责任，确保债权人、投资者的合法权益。

三、安全生产责任

兼并重组主体企业要切实担负起被兼并煤矿企业的安全生产主体（或管理）责任，加强管理，加大投入，加快淘汰落后技术装备，采用安全可靠、先进适用的新技术、新工艺，按规定建设完善煤矿井下安全避险“六大系统”，进一步提高企业安全生产水平，确保煤矿生产安全平稳进行，建成本质安全型煤矿企业。被兼并煤矿企业要认真做好干部职工的思想工作，加强资产和生产管理权移交前的安全管理，严格落实责任，加强安全巡查。地方各级人民政府要加强对被兼并重组企业的安全生产监管，加大执法检查力度，有效防范、坚决遏制重特大事故发生，为兼并重组创造安全、稳定的环境。

四、兼并重组补偿标准

煤矿企业兼并重组的补偿按照下列标准之一执行：

(一) 按双方达成的收购价款执行。

(二) 按双方认可的有资质的中介机构对煤矿企业评估的价值参考执行。

(三) 必要时也可参照以下标准：

1. 被兼并重组的煤矿为生产矿井的，按其设计规模吨煤投资补偿不低于300 元，如被兼并重组煤矿已缴纳采矿权价款的，兼并重组企业集团应支付其已缴纳的采矿权价款，并再按已缴纳采矿权价款的30%给予补偿。未交纳采矿权价款的，由兼并重组企业集团按规定交纳采矿权价款，不再另外补偿。

2. 被兼并重组煤矿为在建矿井的，按其实际属发生的基本建设投资额给予补偿，并再支付其实际发生的基本建设投资额的50%给予garbled

五、兼并重组的政策措施

(一) 对企业兼并重组涉及的资产评估增值，债务重组收益，土地房屋权属转移等

给予税收优惠，具体按财政部、税务总局《关于企业重组业务企业所得税处理若干问题的通知》（财税〔2009〕59 号）、《关于企业改制重组若干契税政策的通知》（财税〔2008〕175 号）等规定执行。同时，在兼并重组期间免征印花税。被兼并重组企业仍按原渠道纳税。

(二) 国家、省对兼并重组企业集团煤矿安全技术改造、煤炭产业升级、煤矿地质勘查等项目，优先安排财政投资补贴或贴息资金支持。

(三) 支持具备条件的兼并重组主体企业上市融资和再融资，支持兼并重组主体企业通过发行企业债券、股权转让等融资方式筹集发展资金。

(四) 各类融资机构应积极支持煤矿企业兼并重组工作。对符合国家产业政策和相关条件的煤矿企业兼并重组项目，各类金融机构应按照安全、合规、自上的原则，积极提供相应的授信支持和配套金融服务。

(五) 按照规划和重组规模，将整合矿区的资源配置给兼并重组企业，未达到企业规模且不参加兼并重组的企业，不予新增资源，采矿权到期后不予延期。对尚未开发的煤田，要按照一个矿区原则上由一个主体开发的要求，科学、合理划分矿区和井田范围，制定矿区总体规划和矿业权设置方案，依法向具备开办煤矿条件的企业出让矿区的矿业权。

对已设置矿业权的矿区，鼓励优势企业对毗邻区域进行资源整合，符合规定的相关矿业权经国土资源管理部门批准可以协议方式出让。

(六) 对兼并重组小煤矿达到一定数量和规模的煤矿企业集团，优先规划、核准其新建煤矿、改扩建煤矿、坑口电站和综合利用煤炭加工转化项目，支持对被兼并重组煤矿实施采掘机械化改造，对于因实施采煤机械化改造而提升的能力，可以通过能力核定予以认可。

(七) 对不符合煤炭产业政策规定的最低规模且不参与兼并重组的煤矿将分期、分批实施关闭；贫煤地区及煤层赋存条件复杂地区可适当保留9 万吨/年规模煤矿。

六、加强领导，明确责任省人民政府成立省煤矿企业兼并重组工作领导小组。领导小组办公室设在省能源局，负责编制煤矿企业兼并重组规划；根据煤矿占用资源储量确定规模，确定兼并重组主体和煤矿企业个数，牵头做好组织协调工作；省国土资源厅负责煤矿企业兼并重组采矿权价款的处置工作；其他相关部门积极配合。各市（州、地）和有关县（市、区）人民政府（地区行署）也要成立相应的领导小组，加强本地煤矿企业兼并重组工作的组织领导，在深入调查的基础上，研究制定工作方案并组织实施，确保高质量、按时完成煤矿兼并重组工作。省能源局要牵头建立部门协调机制，简化程序，支持煤矿企业兼并重组工作的顺利实施，在兼并重组企业集团提出申请受理45 个工作日内，办结有关行政审批和证照变更等工作。兼并重组工作必须规范进行，阳光操作，不得弄虚作假和违规运作。有关煤矿企业集团要发挥技术、资金、人才和安全管理方面的优势，有效解决中小煤矿安全保障水平低，资源利用率不高和环境综合治理等方面存在的问题，承担相应的社会责任，使县、乡、村原有的合法利益得到保障，构建和谐矿区。承担煤矿企业兼并重组任务的各市（州、地）人民政府（行署）每季度向省人民政府报告本地煤矿企业兼并重组进展情况，并抄送省领导小组办公室。省领导小组办公室要加强对煤矿企业兼并重组工作的指导和考核，按照省人民政府下达的全省煤矿企业兼并重组分解目标（附后），对市（州、地）人民政府（行署）相关工作进行考核、通报。各市（州、

地）、有关县（市、区）人民政府（地区行署）。各有关部门和煤矿企业要进一步提高认识，统一思想，加快推进我省煤矿企业兼并重组工作，促进我省煤炭工业转型和安全、和谐发展，促进全省煤炭工业又好又快、更好更快发展。

关于切实抓好今冬明春以煤矿为重点的安全生产工作的紧急通知

2006年11月14日

各自治州、市人民政府，各地区行署，各县(自治县、市、市辖区、特区)人民政府，省政府各部门：

今年以来，在省委、省政府的领导下，在各级政府和各有关部门以及广大煤矿企业的共同努力下，全省煤矿安全生产形势总体稳定，煤矿事故起数、死亡人数、百万吨死亡率均保持下降。但近期全省连续发生煤矿重大事故，造成重大人员伤亡。10月12日，遵义市遵义县山盆镇遵沿煤矿发生透水事故，造成3人死亡；10月27日，贵阳市花溪区久安乡贵安煤矿发生透水事故，造成3人死亡；11月6日，毕节地区赫章县松林坡乡塌土村一非法采煤窝点发生透水事故，造成4人死亡；11月12日，黔南自治州荔波县德比煤矿发生透水事故，造成6人死亡、2人下落不明；同日，遵义市遵义县向阳煤矿发生瓦斯爆炸事故，造成4人死亡、3人受伤；11月13日，遵义市桐梓县官仓镇德奎煤矿发生一起瓦斯突出事故，造成3人死亡。这些事故的发生，充分暴露出全省煤矿安全管理中还存在一些突出问题和薄弱环节，安全生产基础仍不牢固。一些地区、部门和企业对安全生产的极端重要性认识不足，不能正确处理安全与生产的关系，安全责任不落实，措施不到位，对事故隐患麻痹大意，对隐患整治排除不力导致事故；一些煤矿业主不顾煤矿存在安全隐患，违反安全生产规程，超能力组织生产、突击生产导致事故；一些地方对非法采煤窝点打击不力，非法采煤窝点盗采国家煤炭资源导致事故；一些地方政府和部门对煤矿安全生产监管监察不力导致事故。省政府对此提出严肃批评，并通报全省。

国家安全监管总局和省委、省政府对这些事故高度重视，国家安全监管总局局长李毅中、省委书记石宗源、省政府代省长林树森、副省长孙国强针对这些事故多次作出重要批示，要求全力组织施救，尽可能减少伤亡人数，认真调查处理，吸取教训，举一反三，加大煤矿安全的监管、监察力度，采取有力措施，坚决防止煤矿关闭整顿期间突击生产，遏制重特大事故的发生。各地、各部门要认真学习和贯彻落实国家安全监管总局和省委、省政府领导的重要批示精神，切实加强对安全生产工作的领导，全力以赴做好煤矿安全生产工作，采取坚决有力措施，严防死守，遏制重、特大事故的发生，确保实现省委、省政府全年安全生产各项目标。

冬春季节是各类事故的易发期、高发期，尤其煤矿安全方面，因市场需求旺盛，生产企业超负荷生产，建设项目抢进度、赶工期等，极易酿成事故。为切实抓好今冬明春煤矿安全生产工作，现将有关事项通知如下。

一、各地、各部门要认真贯彻《中华人民共和国安全生产法》、《国务院关于预防煤矿生产安全事故的特别规定》(国务院令第446号，以下称《特别规定》)、《贵州省安全生产条例》等有关法律法规，特别要切实防范和纠正在煤矿关闭整顿期间，煤矿企业超能力、超强度、超定员组织生产的行为和现象，继续坚决打击取缔非法采煤窝点，深入推进煤矿瓦斯治理和整顿关闭工作，进一步加强对新、改、扩建项目和资源整合矿井的监管、监察。对国有重点煤矿特别是改制企业要加大监管、监察力度，监督企业建立健全安全管理机构和规章制度，加大安全投入，认真排查、治理、排除隐患，确保安全生产。

二、认真贯彻落实《国务院办公厅转发安全监管总局等部门关于进一步做好煤矿整顿关闭工作意见的通知》(国办发〔2006)82号〕、国家安全监管总局等部委《关于加强煤矿安全生产工作规范煤炭资源整合的若干意见》(安监总煤矿〔2006〕48号)，积极推进煤矿整顿关闭工作。一是凡属国办发〔2006〕82号规定应关闭的16种矿井，必须下决心坚决予以关闭，绝不能姑息迁就。各地必须在2006年12月底前将本地区整顿关闭名单(附煤矿整合协议或关闭的事实依据)报省煤矿整顿关闭领导小组办公室(贵州煤监局)，不按规定时间报送名单的，省政府将按有关规定责成监察部门追究有关负责人和相关责任人的责任；二是要加大煤矿安全的监管、监察力度。凡不具备安全生产条件的矿井，一律停产整顿；凡经停产整顿后验收不合格的矿井一律关闭。严厉查处整合煤矿在整顿关闭期间突击生产。煤矿在整合、整顿期间，各地政府要派安全督查员驻矿监督检查，凡发现煤矿在整合期间违法生产的，一律予以关闭，监督检查和制止不力的，要追究有关政府、部门负责人和相关责任人的责任。已公告关闭的矿井，必须立即予以关闭。

三、各地、各部门在深入开展小煤矿关闭整顿工作的同时，要按照国家安全监管总局、国家煤监局《关于吸取近期煤矿事故多发教训做好四季度煤矿安全生产工作的通知》精神，加大对生产矿井的监管、监察力度。一要督促和指导煤矿企业认真落实“先抽后采、监测监控、以风定产”的要求，深入开展以“一通三防”为重点的集中专项整治。要加大对煤矿“防突”、“防水”的监察力度。对煤与瓦斯突出矿井未按规定建立和配备专门的防突管理机构和人员，未按规定编制专门的防突设计，开采突出煤层时未采取突出危险性预测、防治突出措施及其效果检验、安全防护措施等综合措施的，要立即停产整顿。对煤矿企业未建立水害防治预测预报制度，未严格执行“预测预报、有疑必探、先探后掘、先治后采”规定，未按规定配齐探放水设备和专业队伍的，要立即停产整顿。二要加大煤矿建设项目的监管、监察力度。凡是煤矿工程建设项目及设计未经审批(核准)、未履行“三同时”审批手续擅自违法施工的，必须立即停止施工，完善相关审批(核准)手续后方可恢复建设。对建设项目安全生产主体责任不落实，以包代管的，要下达停建整顿指令。对建设项目施工单位、监理单位不具备相应资质的，要责成项目业主单位予以清退；对违规行为要依法追究有关单位和人员责任；对安全管理机构不健全、不按规定配备安全生产管理人员和特种作业人员的，要严格按照《特别规定》等规定予以处罚。

四、切实做好隐患排查和排除工作。各级安监、煤监以及煤炭管理部门要督促煤矿企业按照《特别规定》的要求，建立安全生产隐患排查、治理和报告制度，对不按规定建立健全安全生产隐患排查、治理和报告制度，或不认真组织实施的，一律停产整顿。煤矿安全监管、监察部门在安全检查中，发现煤矿企业存在《特别规定》所明确15种重大安全隐患之一的，要立即责令停止生产，限期进行整改，并跟踪落实到位，切实做到“查找隐患，排除隐患，监管到位，确保安全”。

五、结合冬、春季节安全生产工作的特点，开展煤矿安全生产专项检查。各地、县、乡要立即组织对属地内煤矿安全进行一次全面彻底的检查，严格按照《贵州省安全检查制度》要求，对检查中发现的事故隐患，立即下达整改或停产整顿指令，实行“编号登记、限期整改、专人负责、复查销号”制度。对整改不合格的，要依法予以关闭。检查情况要在2006年11月30日前报省安全监管局(贵州煤监局)。

六、严格执行《特别规定》，对违反《特别规定》的有关责任人，各地政府及监察、安监、煤监部门要根据职责从严从快严肃查处。

(一)县级以上安监、煤监部门不依法履行职责，不及时查处所辖区域的煤矿重大安全生产隐患和违法行为的，对直接责任人和主要负责人，根据情节轻重，给予记过、记大过、降级、撤职或者开除的行政处分；构成犯罪的，依法追究刑事责任。

(二)在乡、镇人民政府所辖区域内发现有非法煤矿并且没有采取有效措施的，对乡、镇人民政府的主要负责人及相关负责人，根据情节轻重，给予降级、撤职或者开除的行政处分；在县级人民政府所辖区域内1个月内发现有2处或者2处以上非法煤矿并且没有采取有效制止措施的，对县级人民政府的主要负责人以及负有责任的相关负责人，根据情节轻重，给予降级、撤职或者开除的行政处分；构成犯罪的，依法追究刑事责任。

(三)关闭煤矿须达到《特别规定》所明确的5项关闭要求，未达到要求的，要对组织实施关闭的地方人民政府及其有关部门的负责人和直接责任人给予记过、记大过、降级、撤职或者开除的行政处分；构成犯罪的，依法追究刑事责任。

(四)对被责令停产整顿的煤矿，在停产整顿期间，由有关地方人民政府采取有效措施进行监督检查。因监督检查不力，煤矿在停产整顿期间继续生产的，对直接责任人，根据情节轻重，给予降级、撤职或者开除的行政处分；对有关负责人，根据情节轻重，给予记大过、降级、撤职或者开除的行政处分；构成犯罪的，依法追究刑事责任。

(五)煤矿拒不执行县级以上安监或煤监部门依法下达的执法指令的，由颁发证照的部门吊销矿长资格证和矿长安全资格证；构成违反治安管理行为的，由公安机关依照治安管理的法律、行政法规的规定处罚；构成犯罪的，依法追究刑事责任。

七、在抓好煤矿安全生产的同时，要进一步抓好道路及水上交通、消防、非煤矿山、公众聚集场所、危险化学品、烟花爆竹、民爆物品、建筑施工、特种设备、旅游景点、学校、民航、铁路、军工、冶金、有色、建筑、建材、轻工、纺织、电力等行业和领域的安全工作，全面加强监督检查，及时发现和消除事故隐患，确保全年安全生产实现“双降”目标，为全省经济社会发展作出贡献。

八、按照“四不放过”的原则，严肃查处事故。各地区、各部门要严格按照国家和省关于安全生产行政责任追究的有关规定，按照“四不放过”的原则，严肃查处各种责任事故。对因安全管理不到位、安全措施不得力、隐患整改不落实或违法、违规生产造成重、特大事故的，要查明原因，分清责任，按照相关规定，从重、从严进行查处，严肃追究相关人员的责任；对非法采煤窝点造成的事故和对事故迟报、谎报和隐瞒不报的，更要严厉查处。要按照事故处理的有关规定时限，对今年以来发生的事故按时结案。

请各县级人民政府将本通知转发至本县所辖乡(镇)人民政府和煤矿企业，并督促其遵照执行。

贵州下调煤炭价格调节基金征收标准

贵州省最近将全省煤炭价格调节基金征收标准从每吨50元下调为20元，以扶持煤炭企业的发展。

贵州省煤炭价格调节基金是为了适当限制全省煤炭外运出省而于2003年向出省煤炭征收的调节基金，当时征收的背景主要是贵州省内电煤价格与省外相比每吨相差100元左右。但今年以来，受全球金融危机的影响，山西等地煤炭出口减少，开始大量进入“两广”市场，与贵州煤炭价格相差幅度也减小，因此贵州煤炭今年省外销量仅为1513万吨，与去年同期相比减少了581万吨。

另一方面，由于省内用电负荷大幅减少，全省近50%火电机组停产，也使得贵州电煤消耗量大幅下滑。

云南省

云南省矿山地质环境恢复治理保证金管理暂行办法

2006年7月2日　云政发〔2006〕102号

第一条　为了加强矿山地质环境保护，有效防治矿山地质灾害，促进经济社会可持续发展，根据《国务院关于全面整顿和规范矿产资源开发秩序的通知》(国发〔2005〕28号)规定，结合我省实际，制定本暂行办法(以下简称本办法)。

第二条　本办法所称矿山地质环境恢复治理保证金(以下简称保证金)，是指为了保证采矿权人在采矿过程中以及矿山停办、关闭或闭坑时，切实履行矿山地质环境保护与恢复治理义务而由采矿权人向国土资源行政主管部门交存的保证金。

本办法所称矿山地质环境，是指因开发利用矿产资源所涉及的地层、构造、岩石、土壤、地质遗迹、地下水、地形地貌等要素的总体，是蕴藏矿产资源的载体，具有环境和资源的双重属性。

本办法所称矿山地质灾害，是指开发矿产资源造成的危害人民生命财产安全的地质现象，主要包括崩塌、滑坡、泥石流、地裂缝、地面沉降和地面塌陷。

第三条　凡在我省行政区域内从事矿产资源开发活动的采矿权人，必须依法履行矿山地质环境保护与恢复治理的义务，按照本办法向县级以上国土资源行政主管部门作出书面承诺，并交存保证金。

保证金属于采矿权人所有，采矿权人履行了矿山地质环境保护与恢复治理的义务，经检查验收合格后，保证金本金和利息返还采矿权人。

采矿权人交存保证金，不免除其矿山地质环境保护与恢复治理义务。

第四条　保证金的收取、使用及本息返还，按采矿权审批权限，由县级以上国土资源行政主管部门分级负责。跨行政区域的由上一级国土资源行政主管部门负责。国土资源部发证的由省国土资源行政主管部门负责。

上级国土资源行政主管部门可以委托下级国土资源行政主管部门负责应由其负责的保证金的收取、使用及本息的返还。负责保证金管理的国土资源行政主管部门应建立健全相应的保证金管理制度。

第五条　矿山地质环境保护与恢复治理主要包括预防和治理矿山地质灾害、保护矿区自然地质地貌景观或珍稀地质遗迹、开展土地复垦等。

矿山地质环境保护与恢复治理工作应与矿产资源开发工作统一规划，综合治理，达到经审查批准的矿山开发建设项目环境影响评价报告、矿山地质灾害危险性评估报告的要求。

第六条　各级国土资源行政主管部门必须对本行政区域内的矿山地质环境保护与恢复治理工作进行定期和不定期监督检查，对发现的问题依法及时处理，并报上级和有关部门。

15个工作日内，到指定银行交存保证金。凭保证金交存凭证及相关材料，到采矿权审批机关签订矿山地质环境保护与恢复治理责任书，领取采矿许可证。

矿山地质环境保护与恢复治理责任书的格式和内容由省国土资源行政主管部门按照有关规定和要求统一制定。

第十条　保证金必须存入各级国土资源行政主管部门指定的银行专户，集中管理，专款专用，不得用于其他任何用途。

第十一条 采矿权人在矿山停办、关闭、闭坑前，在完成矿山地质环境保护与恢复治理工作后，向负责保证金管理的国土资源行政主管部门书面提出检查验收申请，并提交矿山地质环境保护与恢复治理报告。国土资源行政主管部门根据矿山地质环境保护与恢复治理责任书、有关技术标准和验收规范，以及经批准的矿山开发建设项目环境影响评价报告、矿山地质灾害危险性评估报告等组织验收。验收结果报上一级国土资源行政主管部门备案。

前款规定的有关技术标准和验收规范，由国土资源行政主管部门会同有关部门制定。

第十二条 采矿权人履行了矿山地质环境保护与恢复治理义务，经验收合格的，由负责保证金管理的国土资源行政主管部门返还保证金本金及利息。

经验收不合格的，由负责保证金管理的国土资源行政主管部门责令其限期恢复治理，限期恢复治理经复验合格后，按照前款规定向采矿权人返还保证金本金及利息。

采矿权人未履行矿山地质环境保护与恢复治理义务或者验收不合格，逾期不进行恢复治理或者恢复治理后仍达不到要求的，由负责保证金管理的国土资源行政主管部门组织招、投标，使用其交存的保证金及利息实施恢复治理。

保证金及利息不足以完成该矿山地质环境恢复治理的，采矿权人应当交纳不足部分的费用；保证金及利息有节余的，其余额返还采矿权人。

采矿权人在开采过程中应当同时进行恢复治理。采矿权人申请对分期恢复治理工程进行检查验收的，负责保证金管理的国土资源行政主管部门应当组织检查验收。经验收合格的，可根据开采年限，按一定比例逐步返还保证金本金及利息。但保证金余额不得少于保证金总额的15%。

第十三条 采矿权人转让采矿权的，保证金及利息可以一并转让，由采矿权的受让人承担矿山地质环境保护与恢复治理义务。

保证金不转让的，采矿权转让人应当完成规定的矿山地质环境保护与恢复治理工作，由国土资源行政主管部门会同有关部门验收，并按照本办法第十二条的规定办理，同时由采矿权的受让人按照本办法规定重新交存保证金。

第十四条 变更开采的主要矿种和开采方式的，应根据变更后的矿产资源开发利用方案、设计，重新确定应当交存的保证金总额。

第十五条 扩大开采范围的，应当对原开采范围内的矿山地质环境保护与恢复治理情况进行实地检查验收，并重新核算和确认应当交存的保证金数额。

分矿段开采需要变更开采范围的，应进行实地检查验收，并调整交存的保证金数额。

第十六条 采矿许可证期满需要申请延续登记的，必须重新签订矿山地质环境保护与恢复治理责任书，并重新核算和确认保证金数额。

第十七条 保证金及利息因故无人申请返还的，应当优先用于该矿山地质环境恢复治理，剩余部分用于其他矿山地质环境恢复治理，禁止将其改变用途。

第十八条 采矿权人因违法受到行政处罚或者因其他原因终止采矿的，不免除矿山地质环境恢复治理义务。

第十九条 环境保护、林业、水利等有关行政主管部门按照各自职责，配合同级国土资源行政主管部门共同做好矿山地质环境的保护与恢复治理工作。

各级审计、财政等部门负责对保证金实施监督。

第二十条 采矿权人不履行矿山地质环境保护与恢复治理义务的，按照有关法律、法规的规定进行处罚。

第二十一条 负责保证金管理的国土资源行政主管部门违反本办法的规定，擅自收取、借支或挪用保证金，或者在工作中玩忽职守、徇私舞弊、滥用职权的，由同级人民政府或者上级行政主管部门责令其限

期改正，并对直接责任人给予行政处分；构成犯罪的，依法追究刑事责任。

第二十二条　已经取得采矿许可证的，按照本办法的规定，于2006年12月31日前到颁发许可证或者受委托的国土资源行政主管部门交存保证金。

第二十三条　本办法自发布之日起施行。

附件：云南省矿山地质环境恢复治理保证金收取参考标准

云南省矿山地质环境恢复治理保证金收取参考标准

<table>
<tr><th colspan="3">收取标准</th><th colspan="5">影响系数</th></tr>
<tr><th colspan="2">矿种</th><th>收取标准
(元/平方米•年)</th><th colspan="2">露天开采</th><th colspan="3">地下开采</th></tr>
<tr><td rowspan="3">能源矿产</td><td>煤</td><td>0.10－0.25</td><td>开采方法</td><td>影响系数</td><td colspan="2">开采方法</td><td>影响系数</td></tr>
<tr><td>石油、天然气、煤层气、地热</td><td>0.005－0.01
0.01－0.02</td><td rowspan="3">自上而下水平分层采矿法</td><td rowspan="3">1.0</td><td colspan="2">充填法开采</td><td>0.5</td></tr>
<tr><td>其他矿种</td><td>0.10－0.20</td><td colspan="2">崩落法开采</td><td>1.5</td></tr>
<tr><td colspan="2">金属矿产</td><td>0.10－0.40</td><td rowspan="2">空场法开采</td><td>不允许地面塌陷和地面沉降</td><td>1.0</td></tr>
<tr><td colspan="2">非金属矿产</td><td>0.10－0.80</td><td rowspan="2">其他开采方法</td><td rowspan="2">1.5</td><td>允许地面塌陷和地面沉降</td><td>1.2</td></tr>
<tr><td colspan="2">矿泉水</td><td>0.01－0.02</td><td colspan="2">其他开采方法</td><td>1.0</td></tr>
</table>

关于调整煤矿井下艰苦岗位津贴有关工作的通知

2006年11月2日　云劳社发〔2006〕24号

各州、市劳动和社会保障局、发展和改革委员会、财政局：

为认真贯彻落实《国务院关于促进煤炭工业健康发展的若干意见》（国发〔2005〕18号）精神，提高煤矿工人的工资收入，稳定煤矿职工队伍，促进我省煤炭行业持续稳定健康发展，按照劳动和社会保障部、国家发展和改革委员会、财政部《关于调整煤矿井下艰苦岗位津贴有关工作的通知》（劳社部发〔2006〕24号）的要求，结合我省实际，现就调整煤矿井下艰苦岗位津贴有关工作通知如下，请遵照执行。

一、煤矿井下艰苦岗位津贴的执行范围

井下艰苦岗位津贴适用于我省行政区域内各类煤炭企业的井下作业职工，不包括露天煤矿职工。具体发放范围为：井下采掘工人、辅助工人、安检人员及下井工作且编制在井下采掘、辅助队的基层干部、技术人员和管理人员。

二、煤矿井下艰苦岗位津贴的种类及标准

井下艰苦岗位津贴包括：井下津贴、班中餐补贴和夜班津贴。

(一) 井下津贴

1. 井下采掘工：15元/工；

2. 井下辅助工：10元/工；

3. 安检人员、基层干部、技术人员及管理人员的井下津贴标准按井下辅助工标准执行。

(二) 班中餐补贴：6元/工。

班中餐补贴由企业集中用于井下作业职工的伙食，不得挪作他用，也不得直接支付给职工个人。

(三) 夜班津贴

1. 前夜班：6元/工；

2. 后夜班：8元/工。

三、调整煤矿井下艰苦岗位津贴的资金来源

调整井下艰苦岗位津贴所需资金可在企业成本中列支。实行工资总额同经济效益挂钩的企业，调整津贴标准增加的工资在挂钩工资基数外单列。

四、煤矿井下艰苦岗位津贴的实施

各类煤炭企业要认真执行国家关于井下艰苦岗位津贴的有关规定，切实落实井下人员的相关待遇。企业发放的井下艰苦岗位津贴不得低于上述标准。实行吨煤工资含量计件制的企业，应结合职工出勤情况，在吨煤工资以外发放井下艰苦岗位津贴。企业要结合提高井下艰苦岗位津贴，采取多种措施，提高井下职工的收入水平，使工资分配向井下一线职工倾斜，形成合理的井下人员与地面人员的工资收入分配关系。

五、执行时间

上述标准自2007年1月1日起执行。

关于印发云南省煤矿安全隐患治理配套资金管理办法的通知

2007年7月4日　云政办发〔2007〕153号

各州、市人民政府，省直各委、办、厅、局：

《云南省煤矿安全隐患治理配套资金管理办法》已经省人民政府同意，现印发给你们，请遵照执行。

云南省煤矿安全隐患治理配套资金管理办法

第一章　总 则

第一条　为了支持和促进煤矿企业加大安全投入，推进安全科技进步，改善安全生产条件，消除重大安全隐患，建设本质安全型煤矿，构建煤矿安全生产长效机制，规范煤矿安全隐患治理配套资金的管理，提高资金使用效益，根据《中华人民共和国预算法》等法律、法规和政策，结合本省实际，制定本办法。

第二条　本办法所称煤矿安全隐患治理配套资金（以下简称配套资金），是指由省级财政预算安排，专项用于支持和促进煤矿企业加大安全生产投入的资金。

第三条　省财政厅负责煤矿安全隐患治理配套资金的预算管理，下达资金使用计划，办理资金拨付手续，并对资金的使用情况进行跟踪问效和绩效评价。

云南煤矿安全监察局（省煤炭工业局，下同）和省财政厅共同确定年度配套资金使用方向和支持重点，进行项目审查，并对资金的使用情况进行监督检查。

云南煤矿安全监察局负责对项目实施情况进行督促协调和竣工验收。

第四条　配套资金的管理和使用按照突出重点、注重实效、科学合理、强化基础的原则进行安排，确保资金的规范、安全和高效使用。

第二章　资金支持对象、范围和方式

第五条　配套资金的支持对象主要为省属国有煤矿和州（市）、县(市、区)、乡（镇）骨干煤矿。

第六条　配套资金的支持范围主要是：

(一) 中央资金要求地方财政配套的煤矿安全隐患治理项目；

(二) 煤矿瓦斯防治、矿井通风系统改造和矿井火灾、水灾以及其他重大安全隐患的治理；

(三) 加强煤矿安全基础，加大建设本质安全型矿井的设施投入；

(四) 提高煤矿安全管理人员和从业人员安全技术及操作技能培训；

(五) 其他与煤矿安全隐患治理相关的项目。

已获得中央国债资金扶持的项目，原则上不再安排煤矿安全隐患治理配套资金。

第七条　配套资金每年安排5%，用于煤矿安全监管人员的培训、改善安全监管装备、煤矿应急救援和安全培训等工作。但不得用于煤矿安全监管人员工资或者办公经费，发放各种奖金、津贴和福利补助及其他与煤矿安全隐患治理无关的支出。

第八条　配套资金采取无偿资助方式，实行项目管理，单个项目最高支持金额原则上不超过200万元。

第三章　申报条件和审批程序

第九条　申报配套资金的煤矿企业，应当符合以下条件：

(一) 持有合法、有效煤矿6证，原则上富煤地区矿井生产能力在6万吨/年以上，贫煤地区矿井生产能力在3万吨/年以上；

(二) 有50%以上的自筹配套资金；

(三) 设立安全生产管理机构，配备与安全生产需要相适应的专职安全生产管理人员；

(四) 按照规定缴纳煤矿安全生产风险抵押金；

(五) 按照规定足额提取煤矿安全生产费用；

(六) 按时为从业人员缴纳工伤保险费。

第十条　申报项目的煤矿企业应当提交以下材料：

(一) 云南省煤矿安全隐患治理配套资金申请表；

(二) 明确资金来源及构成比例的申请报告；

(三) 合法有效煤矿6证；

(四) 项目可行性研究报告；

(五) 安全生产管理机构专职工作人员名单；

(六) 银行出具的自筹配套资金到位证明；

(七) 煤矿安全生产风险抵押金缴纳凭证，从业人员保险费缴纳凭证；

(八) 经注册会计师审计的企业上一年度财务报告；

(九) 其他要求提交的文件、资料（由项目单位或其委托咨询、科研、设计单位负责编制的项目建议书、初步设计等）。

第十一条　符合本办法第九条规定条件的煤矿企业，应当向所在地县级煤炭行业监督管理部门提出申请，县级煤炭行业监督管理部门会同同级财政部门联合初审并报州（市）煤炭行业监督管理部门和财政部门联合审核后，由州（市）煤炭行业监督管理部门和财政部门联合行文将审核和推荐意见上报云南煤矿安全监察局和省财政厅。

省属国有煤矿经省级企业主管部门审核后上报云南煤矿安全监察局和省财政厅。

第十二条 云南煤矿安全监察局和省财政厅按照有关规定和程序，共同对上报项目进行审核，提出拟支持项目、资助额度上报省人民政府同意后，联合下达批准项目及资金使用计划。

省财政厅应当及时拨付资金。省属国有煤矿直接拨至省级企业主管部门，地方煤矿划转到各州（市）财政部门，省级企业主管部门和各州（市）财政部门应当在收到款项后10个工作日内将资金划拨到项目承担单位。

第十三条 州（市）、县(市、区)煤炭行业监督管理部门，可以申报第七条规定的配套资金。

州（市）、县(市、区)煤炭行业监督管理部门申报上述资金的，应当提交载明申请资金具体用途和资金详细预算的申请报告，由州（市）煤炭行业监督管理部门和财政部门共同审核后，联合上报云南煤矿安全监察局和省财政厅。

第四章 监督管理

第十四条 配套资金项目使用单位必须对资金实行专户管理，专款专用，并按照国家有关财务会计制度进行财务处理，自觉接受财政部门、煤矿安全监察机构、审计部门的监督检查。

第十五条 使用配套资金的项目在执行过程中未按规定实施的，应当向云南煤矿安全监察局和省财政厅报告，说明原因，并由省财政厅收回配套资金。

第十六条 省财政厅和云南煤矿安全监察局在年度终了3个月内，负责汇总配套资金项目实施和资金使用情况，并向省人民政府汇报。

第十七条 任何单位和个人不得截留、挪用或者擅自改变资金用途。对截留、挪用或者违规使用资金的，按照规定将资金收缴省财政，取消该单位获得该项资金的扶持资格，并依法追究有关人员的法律责任。

第五章 附 则

第十八条 本办法实施中的具体问题由省财政厅、云南煤矿安全监察局负责解释。

第十九条 本办法自发布之日起施行。

附件：云南省煤矿安全隐患治理配套资金申请表（略）

关于印发云南省煤矿矿井瓦斯等级鉴定技术要求的通知

2008年7月9日 云煤安发〔2008〕106号

各州、市煤炭行业管理及煤矿安全监管部门，省监狱管理局，云南煤化工集团公司，来宾光明煤电公司，各煤矿瓦斯等级鉴定资格单位，各煤矿安全监察分局：

根据《煤矿安全规程》规定，结合我省煤矿矿井瓦斯等级鉴定工作实际情况，云南煤矿安全监察局、云南省煤炭工业局制定了《云南省煤矿矿井瓦斯等级鉴定技术要求》，现印发给你们，请在煤矿矿井瓦斯等级鉴定工作中认真贯彻实施。

云南省煤矿矿井瓦斯等级鉴定技术要求

根据《煤矿安全规程》第一百三十三条规定："每年必须对矿井进行瓦斯等级和二氧化碳涌出

量的鉴定工作，报省（自治区、直辖市）煤炭管理部门审批，并报省级煤矿安全监察机构备案”。因此，矿井瓦斯等级鉴定是煤矿矿井每年必须进行的工作。通过瓦斯等级鉴定可以掌握矿井的瓦斯涌出情况，对矿井瓦斯涌出量、涌出形式进行分级。其主要目的是为了做到区别对待，采取不同的针对性措施与装备，对矿井瓦斯进行有效管理与防治，以创造良好的作业环境，为安全生产提供保障。为确保全省煤矿矿井瓦斯等级鉴定工作正常有序开展，保证鉴定数据准确可靠，能切实用于指导安全生产，特制定本技术要求。

一、范围

本技术要求规定了矿井瓦斯等级鉴定的一般要求、鉴定方法和鉴定报告内容。适用于全省煤矿井工开采的矿井瓦斯等级和二氧化碳涌出量的鉴定工作。本技术要求未规定事项以《煤矿安全规程》、《矿井瓦斯等级鉴定规范》（AQ1025－2006）、《煤与瓦斯突出矿井鉴定规范》（AQ1024－2006）规定为准。

二、定义

本技术要求采用下列定义

(一) 矿井瓦斯等级

根据矿井的瓦斯涌出量和涌出形式所划分的矿井瓦斯等级。

(二) 正常生产条件

测定区域（矿井、煤层、翼、水平或采区）的实际产量（包括回采和掘进煤产量）达到该区域设计产量（或核定产量）的60%以上（但实际日产量不得超过核定日产量的110%）的条件。

(三) 瓦斯喷出

从煤体或岩体裂隙、孔洞、钻孔或炮眼中大量涌出瓦斯（二氧化碳）的异常涌出现象。在20m巷道范围内,涌出瓦斯(二氧化碳)量大于或等于1.0m^3/min且持续8小时以上的区域定为瓦斯（二氧化碳）喷出危险区域。

三、鉴定要求

(一) 矿井瓦斯等级鉴定以自然井为单位。

(二) 生产矿井和正在建设的矿井应当每年进行矿井瓦斯等级鉴定。确因矿井长期停产等特殊原因没能进行等级鉴定的矿井，必须经云南省煤炭工业局批准后，按上年度瓦斯等级确定。

(三) 生产矿井和正在建设的矿井根据实际测定的瓦斯涌出量和瓦斯涌出形式鉴定矿井瓦斯等级，同时必须进行矿井二氧化碳涌出量测定工作，作为核定和调整风量的依据。

(四) 煤与瓦斯突出矿井，在矿井瓦斯等级鉴定期间，可不再进行突出鉴定，但必须按照矿井瓦斯等级鉴定和二氧化碳测定内容进行测算瓦斯和二氧化碳的涌出量。

(五) 矿井中发生瓦斯或二氧化碳喷出的地点,在其影响范围内应按防治喷出的有关规定管理。在下一年度矿井瓦斯等级鉴定时，该地点的喷出现象已消失，该处可不再按防治喷出管理。

(六) 由煤炭企业委托经备案具有资格的单位进行鉴定。鉴定数据必须准确可靠，如实反映情况，鉴定单位对鉴定结果负责。

(七) 每年的矿井瓦斯等级鉴定工作结束后一月内，将鉴定报告报云南省煤炭工业局审批，并报云南煤矿安全监察局备案。

四、鉴定方法

(一) 鉴定时间和基本条件

1. 矿井瓦斯等级的鉴定工作应在正常生产条件下进行。

2. 根据当地气候条件，选择矿井绝对瓦斯涌出量最大的月份（要求为6月至9月）为鉴定月。在鉴定月的上、中、下旬各取一天（间隔10天）为鉴定日（如5，15，25日），在鉴定日内，分为早、中、夜三班（或四班）进行测定。

3. 鉴定日的每班每个测点测量3组数据，每组数据测量3次，共测量9（或12）个数据，每次测量间隔时间相等。

4. 每组鉴定人员不少于3人；1人测风，1人测瓦斯和二氧化碳，1人测气压、温度和记录等。

5. 测定前必须编制矿井瓦斯等级鉴定计划，做好组织分工、进行人员培训。

6. 测定所使用的仪器仪表必须经过具有资质的检定机构检定合格；确保仪器仪表在其计量检定合格证的有效期内使用。

(二) 测定的内容、测点选择和要求

1.测定内容：①风量（巷道断面和平均风速）；②风流中瓦斯浓度；③风流中二氧化碳浓度；④气候条件（井下测点气温、气压等用作参考）。

如果测定区域进风流中含有瓦斯和二氧化碳时，须在进风流中测风量、瓦斯（或二氧化碳）浓度。进、回风流中的瓦斯（或二氧化碳）涌出量之差，就是鉴定区域的风排瓦斯（或二氧化碳）量。抽放瓦斯的矿井，测定风流的同时，在相应地区需测定瓦斯抽放量。瓦斯涌出量包括抽出的瓦斯量和风排瓦斯量。

2.确定矿井瓦斯等级时，是按每一自然矿井、煤层、翼、水平和各采区分别计算相对瓦斯涌出量和绝对瓦斯涌出量。所以测点应布置在每一通风系统的主要通风机风硐、各水平、各煤层和各采区进、回风巷测风站内。可用原有测风站，如无测风站，可选择断面规整、无杂物，距离风口15～30m以外的一段（10m）平直巷道内。为分析瓦斯来源提供依据，各采煤工作面、掘进头回风道需设立测点。

3.在每一测定日的24小时内分测9（或12）次，每次测定间隔时间相等，取其平均值；在每一次测定时，对风流中瓦斯、二氧化碳，要在同一断面中线的上（距顶部20厘米）、中、下（距底部20厘米）分别测定，取其平均值，风量测定按测风要求进行，所测定数据及时记入表一“矿井瓦斯等级和二氧化碳涌出量鉴定原始记录表”中。采用四班制的矿井应按四班制绘制原始记录表格。进风流有瓦斯时应增加进风巷的测点数据。

(三) 鉴定资料整理

1.测定数据的整理和记录

将矿井、煤层、翼、水平或采区测定基础数据按表二“矿井瓦斯和二氧化碳涌出量基础数据表”的格式计算和填写。

鉴定日每个工作班及三班平均瓦斯（二氧化碳）绝对涌出量计算：

涌出量=风量×瓦斯浓度（或二氧化碳），m^3/min

瓦斯（二氧化碳）日绝对涌出量

$$Q_{CH4\ (CO2)}=\frac{Q_1C_1+Q_2C_2+Q_3C_3}{3\times 100}\times 1440$$

Q_1、Q_2、Q_3——分别鉴定时三班测定的风量，m^3/min；

C_1、C_2、C_3——分别鉴定时三班瓦斯（二氧化碳）浓度，%；

1440——常数（一日等于1440 min）。

在计算二氧化碳涌出量时应乘以0.955为实际二氧化碳量。

四班制工作的矿井，瓦斯与二氧化碳的测定计算均应按四班制进行。

计算煤层、水平或采区瓦斯或二氧化碳涌出量时，均应扣除相应进风流中的瓦斯量和二氧化碳量。当测定区域抽放瓦斯时，加上该区域抽放瓦斯量即为该区域的瓦斯涌出总量。

2.测定结果汇总与记录

整理完测定数据后进行汇总，整理出矿井测定结果，按表三“矿井瓦斯等级鉴定和二氧化碳测定结果表”的格式填写，按矿井、翼、煤层和采区分行填写。

矿井绝对瓦斯涌出量包括各通风系统风排瓦斯量和抽放系统的瓦斯抽放量,绝对瓦斯涌出量取鉴定月的上、中、下三旬进行测定的三天中，以最大一天的绝对瓦斯涌出量计算平均每产1吨煤的瓦斯涌出量（相对涌出量）。相对涌出量（q相）按下式计算：

$$Q_{相CH4（CO2）}=1440\times\frac{q_{maxCH4（CO2）}}{T}$$

式中：

$Q_{相CH4（CO2）}$——相对瓦斯（或二氧化碳）涌出量，m^3/吨；

$q_{maxCH4（CO2）}$——最大一天的绝对瓦斯涌出量，m^3/min；

T——月平均日产煤量，吨/d。

五、矿井瓦斯等级鉴定指标

鉴定矿井瓦斯等级的鉴定指标为矿井相对瓦斯涌出量，矿井绝对瓦斯涌出量和瓦斯涌出形式。

(一) 矿井瓦斯等级划分

按照矿井瓦斯涌出量和涌出形式，将瓦斯矿井分为二级，级别及其划分标准如下：

——低瓦斯矿井：矿井相对瓦斯涌出量≤10m^3/吨且矿井绝对瓦斯涌出量≤40m^3/min。

——高瓦斯矿井：矿井相对瓦斯涌出量＞10m^3/吨或矿井绝对瓦斯涌出量＞40m^3/min。

——煤（岩）与瓦斯（二氧化碳）突出矿井：矿井发生过煤（岩）与瓦斯（二氧化碳）突出现象。

(二) 低瓦斯矿井的高瓦斯区域鉴定

低瓦斯矿井中，相对瓦斯涌出量大于10m^3/吨或有瓦斯(二氧化碳)喷出的个别区域(采区或工作面)为高瓦斯(二氧化碳)区，该区应按高瓦斯矿井管理。

(三) 煤（岩）与瓦斯（二氧化碳）突出矿井的鉴定

《煤矿安全规程》第一百七十六条规定：矿井在采掘活动过程中,只要发生过1次煤(岩)与瓦斯突出(简称突出,下同),该矿井即为突出矿井,发生突出的煤层即为突出煤层。突出矿井及突出煤层的确定，由煤矿企业提出报告，经国家煤矿安全监察局授权单位鉴定后，报省（自治区，直辖市）负责煤炭行业管理的部门审批，并报省级煤矿安全监察机构备案。

对于突出煤层和突出矿井，只有在有充分依据证明不再有突出危险的情况下，由煤矿企业提出报告，经原鉴定单位确认和审批单位批准后，方可撤销，并报省级煤矿安全监察机构备案。

新建矿井的煤层突出危险性根据地质勘探部门提供的基础资料，由国家煤矿安全监察局授权单位鉴定，报省（自治区、直辖市）负责煤炭行业管理的部门审批。

新井建设期间必须根据揭穿各煤层的实际情况重新验证煤层的突出危险性，经验证与所定的煤层突出危险性不符时，由煤矿企业提出报告，报原审批部门审批。

(四) 正在建设矿井的鉴定

正在建设的矿井每年须进行矿井瓦斯等级鉴定工作。在没有采区投产的情况下，当单条掘进巷道的绝对瓦斯涌出量大于3m^3/min时，矿井应定为高瓦斯矿井；在有采区投产的情况下，当瓦斯涌出量大于10m^3/吨时，矿井也应定为高瓦斯矿井；采掘中发生过煤（岩）与瓦斯（二氧化碳）突出的矿井应定为煤（岩）与瓦斯（二氧化碳）突出矿井。如果鉴定结果与矿井设计不符时，应提出修改矿井瓦斯等级的专门报告，报原设计单位同意。

六、特殊问题处理

(一) 矿井多回风井的矿井瓦斯等级鉴定

1.首先测定各回风井的区域（煤层、翼、水平、采区）瓦斯和二氧化碳涌出量。

2.对各回风井进行区域瓦斯等级鉴定。

3.将矿井各回风井的风量、瓦斯和二氧化碳绝对涌出量相加得到矿井总风量、总瓦斯和总二氧化碳绝对涌出量。

4.用矿井瓦斯、二氧化碳绝对涌出量与相对涌出量计算公式，计算出矿井瓦斯和二氧化碳的相对涌出量。

5.根据计算结果确定矿井瓦斯等级和区域瓦斯等级。

(二) 矿井瓦斯来源分析

1.首先要根据矿井的开采情况，在鉴定计划中确定矿井瓦斯来源处测点的布设。

2.必须测取掘进及采煤工作面的风量、瓦斯和二氧化碳数据；其他（如采空区、巷道周边、邻近层等）的瓦斯和二氧化碳涌出量可根据现场具体情况测取和确定处理方式，测取数据填入表五“矿井瓦斯来源分析记录表”。

3. 采煤工作面测点设在距进、回风口分风及汇风巷以里20～50m的巷道内，掘进工作面测点设在距局部通风机以外及汇风口以里20～50m的巷道内。

4. 测定次数和时间：瓦斯来源分析测定点日每班至少测定一次，测定时间为上班时间后的2～3小时内，也可根据情况由鉴定现场负责人根据情况作具体安排。

5. 测取数据填入表五“矿井瓦斯来源分析记录表”，分析数据填入表四“矿井瓦斯来源分析表”。

(三) 其他

1. 鉴定月平均日产量、鉴定日产量要在核定生产能力日产量的60%－110%之间；鉴定月平均日产量、鉴定日产量达不到核定日产量60%的，鉴定资料和鉴定报告无效；实际日产量超过核定日产量110%的，产量数据最大取核定日产量的110%计算。

2. 鉴定机构和鉴定现场负责人必须是经云南省煤炭工业局备案的，具有资格的单位和人员。

七、鉴定报告的内容

鉴定报告须包括以下内容：

——矿井基本情况（表六）；

——矿井瓦斯等级和二氧化碳涌出量鉴定原始记录表（表一）；

——矿井瓦斯和二氧化碳涌出量基础数据表（表二）；

——矿井瓦斯等级鉴定和二氧化碳测定结果表（表三）；

——矿井通风系统图（绘制矿井通风系统图，并标注测定地点）；

——矿井瓦斯来源分析（表四）；

——矿井瓦斯来源分析记录表（表五）；

——矿井煤尘爆炸性鉴定情况（情况说明，附鉴定报告）；

——煤层自燃发火倾向性鉴定（情况说明，附鉴定报告）、煤层最短发火期及内因火灾发生情况；

——矿井煤（岩）与瓦斯（二氧化碳）突出情况，瓦斯（二氧化碳）喷出情况；

——上年度矿井年、月产量统计表，鉴定年年初至鉴定月产量统计表；

——鉴定月生产状况及鉴定结果简要分析说明；

——鉴定单位和鉴定人员（表七）。

由原来高瓦斯矿井新鉴定为低瓦斯矿井的，必须在报告中对瓦斯降低的原因进行综合分析。

附件：云南省煤矿矿井瓦斯等级鉴定报告

云南省煤矿矿井瓦斯等级鉴定报告

矿　井　名　称（公章）：________________________
矿井技术负责人（签字）：________________________
矿　　　　　长（签字）：________________________
鉴　定　机　构（公章）：________________________
鉴定机构负责人（签字）：________________________
鉴定现场负责人（签字）：________________________

编制日期：_____年_____月_____日

县(市)区　乡(镇)　煤矿　井　年度矿井瓦斯等级鉴定说明书

一、矿井概况

(一) 矿井地理位置

(二) 矿井生产建设情况

(三) 矿井开拓方式及采煤方法

(四) 矿井通风方式、主扇型号、电机功率

(五) 矿井核定生产能力、历年瓦斯等级鉴定和审批情况

二、鉴定组织机构

鉴定机构：

组　长：

副组长：

组　员：

三、鉴定方法

(一) 鉴定范围和测点布置：

(二) 鉴定时间：

(三) 鉴定使用仪器仪表型号及其他：高速风表、中速风表、微速风表、干（湿）温度计、气压计、光学瓦斯检定器、皮尺、钢卷尺、记录本等。

(四) 测定内容：风速、干（湿）温度、气压、瓦斯和二氧化碳浓度、测风站（点）巷道断面积。

(五) 测定次数：全月每旬一天，每天三(四) 班，每班三次（每次瓦斯和二氧化碳浓度、风速均测三遍；气压、温度测一遍）。

(六) 风速测定方法：采用侧身法。

四、鉴定时生产情况

(一) 鉴定月生产情况：

(二) 鉴定日生产情况：

五、参数计算

(一) 风量计算

$$Q=(S-0.4)V$$

其中：$V=K_{表}V_{表}+B_{表}$

式中：

Q——风量，m^3/min；

S ——巷道断面，m^2；

V——巷道表速，m^3/min；

$V_{表}$——风表表速，格/min；

$K_{表}$——风表校正系数；

$B_{表}$——风表校正系数；

0.4——测风员所占面积，m^2。

(二) 二氧化碳换算

$$CO_2=0.955\times Y_{测}$$

式中：

CO_2——换算后二氧化碳浓度，%；

0.955——二氧化碳换算率；

$Y_{测}$——二氧化碳实测浓度，%。

(三) 鉴定日每个工作班及三班平均瓦斯（二氧化碳）绝对涌出量计算：

绝对量=风量×浓度，m^3/min

瓦斯日绝对涌出量：

$$Q_{绝CH4（CO2）}=\frac{Q_1C_1+Q_2C_2+Q_3C_3}{3\times 100}\times 1440$$

式中：

$Q_{绝CH4（CO2）}$——绝对涌出量，m^3/日；

Q_1、Q_2、Q_3——鉴定时三班测定的风量，m^3/min；

C_1、C_2、C_3——鉴定日三班测定浓度，%

1440——常数（一日等于1440 min）。

(四) 瓦斯（二氧化碳）相对涌出量计算

在鉴定月的上、中、下旬进行测定的3天中，以最大一天的绝对涌出量（表二）计算平均日产吨煤相对涌出量，按矿井瓦斯等级鉴定和二氧化碳测定结果表（表三）计算为：

$$Q_{相CH4（CO2）}=1440\times\frac{q_{maxCH4（CO2）}}{T}$$

式中：

$Q_{相CH4（CO2）}$——相对瓦斯（或二氧化碳）涌出量，m^3/吨；

$q_{maxCH4（CO2）}$——最大一天的绝对瓦斯涌出量，m^3/min；

T——月平均日产煤量，吨/d。

六、鉴定结果

通过对该矿井瓦斯等级鉴定实际计算得到的最大相对瓦斯涌出量为______ m^3/吨，最大绝对瓦斯涌出量为______m^3/min，最大相对二氧化碳涌出量为______m^3/吨，最大绝对二氧化碳涌出量为______m^3/min，根据《煤矿安全规程》第一百三十三条规定，该矿井为______矿井。（或矿井×年×月×日发生过煤与瓦斯突出，或经×××单位鉴定为突出矿井。根据《煤矿安全规程》第一百七十六条规定，该矿井为煤与瓦斯突出矿井。）

七、鉴定结果分析说明

主要是与上年比较瓦斯涌出量发生变化的原因分析，其次说明采煤和掘进区域、采空区、巷道围岩、相邻煤层等瓦斯涌出所占比例情况。

八、附图表

1. 矿井通风系统图（标注测定地点）

2. 表一 矿井瓦斯等级和二氧化碳涌出量鉴定原始记录表

3. 表二 矿井瓦斯和二氧化碳涌出量基础数据表

4. 表三 矿井瓦斯等级鉴定和二氧化碳测定结果表

5. 表四 矿井瓦斯来源分析表

6. 表五 矿井瓦斯来源分析记录表

7. 表六 矿井基本情况表

8. 表七 鉴定人员基本情况表

九、附件

1. 矿井煤尘爆炸性鉴定情况（情况说明，附鉴定报告）。

2. 煤层自燃发火倾向性鉴定（情况说明，附鉴定报告），煤层最短发火区及内因火灾发生情况。

3. 矿井煤（岩）与瓦斯（二氧化碳）突出情况，鉴定报告；瓦斯（二氧化碳）喷出情况。

4. 鉴定所用风表、光学瓦检仪检定报告。

5. 上年度矿井年、月产量统计表，鉴定年年初至鉴定月月产量统计表。

6. 瓦斯等级鉴定结果上报审查表。

7. 鉴定资格单位与被鉴定矿井单位的《瓦斯等级鉴定协议》。

表一 矿井瓦斯等级和二氧化碳涌出量鉴定原始记录表

________矿____井________测点：　　　　　　　　　　　　　　　　______年____月______日

<table>
<tr><th>班次</th><th colspan="2">测定次数</th><th>表速格/分</th><th>断面积 m^2</th><th>风量 m^3/min</th><th>干温度℃</th><th>湿温度℃</th><th>大气压hpa</th><th>$CH_4\%$</th><th>$CO_2\%$</th><th>抽放量 m^3/min</th></tr>
<tr><td rowspan="13">夜班</td><td rowspan="4">1次</td><td>1</td><td></td><td rowspan="4"></td><td></td><td rowspan="4"></td><td rowspan="4"></td><td rowspan="4"></td><td></td><td></td><td></td></tr>
<tr><td>2</td><td></td><td></td><td></td><td></td><td></td></tr>
<tr><td>3</td><td></td><td></td><td></td><td></td><td></td></tr>
<tr><td>平均</td><td></td><td></td><td></td><td></td><td></td></tr>
<tr><td rowspan="4">2次</td><td>1</td><td></td><td rowspan="4"></td><td></td><td rowspan="4"></td><td rowspan="4"></td><td rowspan="4"></td><td></td><td></td><td></td></tr>
<tr><td>2</td><td></td><td></td><td></td><td></td><td></td></tr>
<tr><td>3</td><td></td><td></td><td></td><td></td><td></td></tr>
<tr><td>平均</td><td></td><td></td><td></td><td></td><td></td></tr>
<tr><td rowspan="4">3次</td><td>1</td><td></td><td rowspan="4"></td><td></td><td rowspan="4"></td><td rowspan="4"></td><td rowspan="4"></td><td></td><td></td><td></td></tr>
<tr><td>2</td><td></td><td></td><td></td><td></td><td></td></tr>
<tr><td>3</td><td></td><td></td><td></td><td></td><td></td></tr>
<tr><td>平均</td><td></td><td></td><td></td><td></td><td></td></tr>
<tr><td colspan="2">平均</td><td></td><td></td><td></td><td></td><td></td><td></td><td></td><td></td><td></td></tr>
</table>

（续表）

班次	测定次数		表速格/分	断面积 m^2	风量 m^3/min	干温度℃	湿温度℃	大气压hpa	$CH_4\%$	$CO_2\%$	抽放量 m^3/min
早班	1次（班初）	1									
		2									
		3									
		平均									
	2次	1									
		2									
		3									
		平均									
	3次	1									
		2									
		3									
		平均									
	平均										
中班	1次	1									
		2									
		3									
		平均									
	2次	1									
		2									
		3									
		平均									
	3次	1									
		2									
		3									
		平均									
日　平　均											

说明：1. 四班制生产矿井按四班制绘制表格。2. 抽放量是指测点所控制区域的抽放量。

表二　矿井瓦斯和二氧化碳涌出量基础数据表

＿＿＿＿＿矿＿＿＿＿＿井　　　　　　　　　　　　　　　　＿＿＿＿＿年＿＿＿＿＿月

测点名称	气体名称	旬别	日期	夜班			早班			中班			三班平均涌出风排量 m^3/min	抽放瓦斯量 m^3/min	涌出总量 m^3/min	月工作天数 d	月产煤量 t	说明
				风量 m^3/min	浓度 %	涌出量 m^3/min	风量 m^3/min	浓度 %	涌出量 m^3/min	风量 m^3/min	浓度 %	涌出量 m^3/min						
1	瓦斯	上																
		中																
		下																
	二氧化碳	上																
		中																
		下																
2	瓦斯	上																
		中																
		下																
	二氧化碳	上																
		中																
		下																

说明：月产量指测点所控制区域的月产量。

表三　矿井瓦斯等级鉴定和二氧化碳测定结果表

＿＿＿＿＿矿＿＿＿＿＿井　　　　　　　　　　　　　　　　＿＿＿＿＿年＿＿＿＿＿月

矿井、煤层、一翼、水平、采区、名称	气体名称	三旬中最大一天的涌出量 m^3/min			月实际工作天数d	月产煤量t	月平均日产煤量t/d	相对涌出量 m^3/t	瓦斯等级	上年度瓦斯等级	上年度瓦斯涌出量		说明
		风排量	抽放量	总量							绝对量 m^3/min	相对量 m^3/t	
	瓦斯												
	二氧化碳												
	瓦斯												
	二氧化碳												
	瓦斯												
	二氧化碳												

表四　矿井瓦斯来源分析表

______矿______井　　　　______年______月

旬别	瓦斯涌出总量	掘进工作面		采煤工作面		其他（巷道围岩、采空区、邻近层等）	
		绝对涌出	占	绝对涌出	占	绝对涌出	占
	m³/min	m³/min	%	m³/min	%	m³/min	%
上旬							
中旬							
下旬							
与上年比瓦斯涌出量变化原因							

表五　矿井瓦斯来源分析记录表

______矿______井　　　　______年______月

旬别	瓦斯涌出总量	掘进工作面		采煤工作面		其他（巷道围岩、采空区、邻近层等）	
		绝对涌出	占	绝对涌出	占	绝对涌出	占
	m³/min	m³/min	%	m³/min	%	m³/min	%
上旬							
中旬							
下旬							
与上年比瓦斯涌出量变化原因							

表六　矿井基本情况表

矿井名称		隶属关系	
详细地址		法人代表	
矿井职工数		下井职工人数	
井田面积（Km^2）		可采储量	
矿井现状	□生产　□基建	投产日期	
设计生产能力（Mt/a）		核定生产能力（Mt/a）	
上年度原煤产量Mt/a		本年度计划产量	
可采煤层数		现开采煤层名称	
煤层开采顺序		地质构造复杂程度	

<table>
<tr><td>煤层倾角（°）</td><td colspan="2"></td><td colspan="2">主采煤层名称、厚度(m)</td><td></td></tr>
<tr><td>开拓方式</td><td colspan="2"></td><td colspan="2">井筒数</td><td></td></tr>
<tr><td>水平数</td><td colspan="2"></td><td colspan="2">现开采水平</td><td></td></tr>
<tr><td>采区数</td><td colspan="2"></td><td colspan="2">现开采采区名称</td><td></td></tr>
<tr><td>采煤工作面数</td><td colspan="2"></td><td colspan="2">煤巷掘进工作面个数</td><td></td></tr>
<tr><td>采煤方法</td><td colspan="2"></td><td colspan="2">采煤工艺</td><td></td></tr>
<tr><td>顶板管理方法</td><td colspan="2"></td><td colspan="2">掘进方式</td><td></td></tr>
<tr><td rowspan="2">通风方式、方法</td><td rowspan="2" colspan="2"></td><td rowspan="2">主要通风机</td><td>型号、台数</td><td></td></tr>
<tr><td>电机功率(kw)</td><td></td></tr>
<tr><td>矿井总进风量（m^3/mn）</td><td colspan="2"></td><td colspan="2">矿井总回风量（m^3/mn）</td><td></td></tr>
<tr><td>矿井等积孔（m^2）</td><td colspan="2"></td><td colspan="2">突出煤层名称</td><td></td></tr>
<tr><td>地面抽放泵型号及台数</td><td colspan="2"></td><td colspan="2">抽放泵电机功率（kw）</td><td></td></tr>
<tr><td>井下移动抽放泵型号及台数</td><td colspan="2"></td><td colspan="2">移动抽放泵电机功率</td><td></td></tr>
<tr><td>抽放管路直径及长度</td><td colspan="2"></td><td colspan="2">瓦斯抽放方法</td><td></td></tr>
<tr><td>瓦斯泵站负压（kpa）</td><td colspan="2"></td><td colspan="2">瓦斯抽放浓度（%）</td><td></td></tr>
<tr><td>上年度抽放量（m^3）</td><td colspan="2"></td><td colspan="2">抽放瓦斯利用率（%）</td><td></td></tr>
<tr><td>安全监控系统型号</td><td colspan="2"></td><td colspan="2">生产厂家</td><td></td></tr>
<tr><td>监控系统安装时间</td><td colspan="2"></td><td colspan="2">联网情况</td><td></td></tr>
<tr><td>甲烷传感器数量</td><td colspan="2"></td><td colspan="2">瓦斯检查报警仪有效台数</td><td></td></tr>
<tr><td rowspan="2">瓦检员数量</td><td>应配人数</td><td></td><td rowspan="2">自救器数量</td><td>应配台数</td><td></td></tr>
<tr><td>实配人数</td><td></td><td>实配台数</td><td></td></tr>
<tr><td>其他需说明的情况</td><td colspan="5"></td></tr>
</table>

表七　鉴定人员基本情况表

姓 名	学 历	专 业	职 称	工作年限	本人签字

表八　瓦斯等级鉴定结果上报审查表

<table>
<tr><td>煤矿（矿井）名称</td><td colspan="4"></td></tr>
<tr><td>鉴 定 单 位</td><td colspan="4"></td></tr>
<tr><td>鉴 定 日 期</td><td colspan="4"></td></tr>
<tr><td>鉴 定 结 论</td><td colspan="4"></td></tr>
<tr><td rowspan="2">鉴定数据</td><td>最大相对瓦斯涌出量</td><td>m^3/吨</td><td>最大绝对瓦斯涌出量</td><td>m^3/min</td></tr>
<tr><td>最大相对二氧化碳涌出量</td><td>m^3/吨</td><td>最大绝对二氧化碳涌出量</td><td>m^3/min</td></tr>
<tr><td colspan="5">煤矿（矿井）意见：
负责人（签字）　　（公 章）
年　月　日</td></tr>
<tr><td colspan="5">鉴定单位意见：
负责人（签字）　　（鉴定单位公章）
年　月　日</td></tr>
<tr><td colspan="5">县级煤炭行业管理部门（煤化工集团公司、监狱管理局部门）意见：
负责人（签字）　　（部门公章）
年　月　日</td></tr>
<tr><td colspan="5">州、市级煤炭行业管理部门（煤化工集团公司、监狱管理局）意见：
负责人（签字）　　（部门公章）
年　月　日</td></tr>
</table>

关于印发云南省煤矿矿井瓦斯等级鉴定工作纪律规定的通知

2008年7月28日　云煤行管〔2008〕28号

各州、市煤炭行业管理及煤矿安全监管部门，省监狱管理局，云南煤化工集团公司，来宾光明煤电公司，各煤矿瓦斯等级鉴定资格单位，各煤矿安全监察分局：

为进一步规范煤矿矿井瓦斯等级鉴定工作，充分发挥制度建设在党风廉政建设工作中的保证作用，形成用制度规范行为，按制度进行瓦斯等级鉴定，靠制度保证瓦斯等级鉴定结果的有效机制，促进鉴定资格单位和鉴定人员公正、严格、廉洁进行瓦斯等级鉴定，结合云南省煤矿矿井瓦斯等级鉴定工作实际，云南煤矿安全监察局、云南省煤炭工业局制定了《云南省煤矿矿井瓦斯等级鉴定工作纪律规定》（点击下载），现印发给你们，请认真组织学习，并在煤矿矿井瓦斯等级鉴定工作中严格贯彻执行。

云南省煤矿矿井瓦斯等级鉴定工作纪律规定

为规范煤矿矿井瓦斯等级鉴定工作，促进瓦斯等级鉴定资格单位和鉴定人员公正、严格、廉洁进行瓦斯等级鉴定，结合云南煤矿矿井瓦斯等级鉴定实际，现就云南省煤矿矿井瓦斯等级鉴定工作纪律暨廉洁自律规定如下：

一、工作纪律规定

(一) 加强学习，提高认识。各个鉴定资格单位必须组织每个鉴定人员认真学习本工作纪律的规定，并结合本单位实际制定相应的纪律要求，做到每个鉴定人员明白、清楚哪些能做、哪些不能做，时刻把工作纪律作为自己行为的准则，做到令行禁止。

(二) 加强监督、保障落实。各鉴定资格单位要主动接受监督。要让煤矿矿井、煤炭管理部门、地方政府知道瓦斯等级鉴定的纪律规定，支持、协助、监督各鉴定资格单位认真执行规定。

各鉴定资格单位到煤矿矿井进行瓦斯等级鉴定，都必须填写“廉洁鉴定监督卡”，并由矿井主要负责人签字或盖煤矿矿井公章后邮寄到省局或由煤矿矿井封签后由鉴定人员带回交省局。

云南煤矿安全监察局、云南省煤炭工业局将以问卷调查、走访煤矿矿井、召开座谈会的形式，对鉴定资格单位人员执行工作纪律情况进行督查。

(三) 鉴定人员在现场数据采集和报告编制过程中，必须按不唯上、不唯人、只唯事、只唯实的原则，以仪器仪表所测数据为准，严格按《云南省煤矿矿井瓦斯等级鉴定技术要求》的规定，客观、公正、实事求是地出具鉴定报告。

(四) 瓦斯等级鉴定人员入井前严禁喝酒。

(五) 严肃执纪、严格追究。工作纪律是鉴定人员和鉴定资格单位廉政建设的基本要求，各鉴定资格单位和鉴定人员必须严格遵守，落实到自觉的行动之中，做到令行禁止。对置三令五申而不顾，违反工作纪律的行为，一经发现，坚决予以严肃查处，以维护瓦斯等级鉴定工作的严肃性和权威性。对违反本规定经调查核实的违规人员，鉴定资格单位应立即解除其劳动（聘用）合同，给被鉴定煤矿矿井或鉴定资格单位造成损失的，依法给予赔偿，造成严重后果的，移送相关部门依法追究其相应责任；对发生严重违规行为的鉴定资格单位，取消其鉴定资格，同时，依法追究相关责任。

二、廉洁自律规定

(一) 不准以任何理由违反规定收送现金、有价证券、支付凭证和礼品

1. 不准收受各类煤矿矿井的现金、礼品和各种有价证券、折、卡；

2. 不准向各类煤矿矿井借钱、借物、借车；

3. 不准借瓦斯等级鉴定之机帮助他人到煤矿矿井赊账要账。

(二) 不准参加可能影响公正鉴定的宴请及由被鉴定矿井支付费用的娱乐、健身、旅游活动。严禁参加任何形式的赌博

1. 不准接受各类煤矿矿井可能影响瓦斯等级鉴定结果的宴请；

2. 不准接受各类煤矿矿井支付费用的娱乐、健身、高消费洗浴、旅游活动；

3. 不准向各类煤矿主及亲属索要财物；

4. 不准参加赌博活动。

(三) 不准以任何理由向鉴定矿井集资、摊派、拉赞助、推销产品、索要钱物或借瓦斯等级鉴定之机为亲友谋取私利

1. 不准以任何理由到各类煤矿矿井搞集资、摊派、拉赞助；

2. 不准以个人名义或他人的名义到各类煤矿矿井推销各种矿用产品、物资或报刊书籍、音像制品；

3. 不准个人到煤矿矿井从事其他经商活动；

4. 不准借瓦斯等级鉴定之机为厂家介绍煤矿用户、为其推销产品提供方便；

5. 不准鉴定人员的配偶、子女和亲友在自己参加瓦斯等级鉴定的煤矿推销煤矿矿用设备、商品物资或为其提供方便；

6. 不准借瓦斯等级鉴定之机，打着领导或单位旗号为自己和亲友谋取私利。

(四) 不准到被鉴定矿井报销应由本单位或个人支付的费用

1. 不准瓦斯等级鉴定资格单位到各类煤矿矿井报销任何费用；

2. 不准瓦斯等级鉴定人员到各类煤矿矿井报销个人应支付的各种票据及费用；

3. 不准借瓦斯等级鉴定之机帮助亲友到各类煤矿矿井报销个人应支付的各种票据及费用。

(五) 不准擅自更改采集的基础数据和擅自修改瓦斯等级鉴定报告

1. 不准随意更改采集的基础数据；

2.瓦斯等级鉴定报告必须按《云南省煤矿矿井瓦斯等级鉴定技术要求》的规定编制，任何人不准擅自修改瓦斯等级鉴定报告；

3. 不准违反程序上报瓦斯等级鉴定报告；

4. 不准在报告编制过程中，违背程序、违规操作、放松标准。

(六) 严禁瓦斯等级鉴定人员直接到煤矿矿井收取技术服务费

1. 技术服务费必须由瓦斯等级鉴定资格单位财务人员按鉴定合同统一收取，并向鉴定矿井出具正式票据，财务手续必须齐全完整；

2. 技术服务费的收取和支出必须有专职人员进行统计，并有专人进行监督；

3. 技术服务费收取后必须进入单位财务账户进行核算，严禁借机私设“小金库”。

(七) 不准对瓦斯等级鉴定矿井故意刁难和打击报复

1. 不准袒护违法行为，帮助煤矿矿井在不具备瓦斯等级鉴定条件的时间进行数据采集；

2. 不准虚报所采集的瓦斯、二氧化碳、风量和煤炭产量等数据；

3. 不准对煤矿矿井故意刁难和打击报复。

附件：1. 煤矿瓦斯等级廉洁鉴定监督卡

2. 煤矿瓦斯等级廉洁鉴定情况评价表

煤矿瓦斯等级廉洁鉴定监督卡

编号：__________

瓦斯等级鉴定矿井：____________________

现场数据采集负责人：____________________，组员：____________________

数据采集完成日期：______ 年____月____日　收卡人：____________________

煤矿瓦斯等级廉洁鉴定监督卡回执卡

____________________：

为了广泛接受社会监督，促进煤矿瓦斯等级鉴定队伍廉政建设，确保煤矿瓦斯等级鉴定人员依法鉴定，公平、公正出具鉴定报告，请你对鉴定人员在瓦斯等级鉴定中廉洁鉴定情况作出实事求是的评价。评价方法：在《廉洁鉴定情况评价表》（附后）所列内容的评价意见栏内划“✓”。如有其他具体意见则请在“其他意见”栏内注明。评价结束后，加盖单位公章或由评价人签名。回执卡可用信封封好后直接交鉴定人员带回，也可按下列地址寄回省局行业管理处。

煤矿瓦斯等级廉洁鉴定情况评价表

评价内容	评价意见	
一、收受煤矿矿井馈赠的礼品、现金、有价证券、支付凭证。	有	无
二、参加煤矿矿井安排或者支付费用的宴请、娱乐、健身、旅游等活动。参加任何形式的赌博。		
三、以任何理由向鉴定矿井集资、摊派、拉赞助、推销产品、索要钱物或借瓦斯等级鉴定之机为亲友谋取私利。		
四、在煤矿矿井报销应由本单位或个人支付的费用。		
五、擅自更改采集的基础数据和擅自修改瓦斯等级鉴定报告。		
六、瓦斯等级鉴定人员直接到煤矿矿井收取技术服务费。		
七、对瓦斯等级鉴定矿井故意刁难、打击报复。		
其他意见： 被鉴定单位：盖章（签名） 年　月　日		

关于进一步明确云南省煤矿矿井瓦斯等级鉴定工作有关事项的通知

2008年8月15日　云煤行管〔2008〕32号

各州、市煤炭行业管理及煤矿安全监管部门，省监狱管理局，云南煤化工集团公司，来宾光明煤电公司，各煤矿瓦斯等级鉴定资格单位，各煤矿安全监察分局：

为认真贯彻云南煤矿安全监察局、云南省煤炭工业局《关于印发云南省煤矿矿井瓦斯等级鉴定技术要求的通知》(云煤安发〔2008〕106号)和《关于开展2008年度煤矿矿井瓦斯等级鉴定工作的通知》(云煤行管〔2008〕27号)精神，真实、准确地做好煤矿矿井瓦斯等级鉴定工作及报告审查工作，根据《云南省煤矿矿井瓦斯等级鉴定技术要求》（简称技术要求，下同）规定，以及在鉴定和报告审查过程中发现的部分问题，现将有关事项进一步明确如下：

一、技术要求中的表一更改为本通知附表一格式（将三旬所测数据填在一张表上）。

二、为能够对真风速和风量进行审核，应在技术要求表一下部填上所用风表的校正曲线。

$$V_{真}=K_{表}V_{表}+B_{表}$$

其中：$V_{真}$——风表真风速，m/s

$K_{表}$——风表启动初速的常数

$V_{表}$——风表的指示风速（风表表数除以60），m/s

$B_{表}$——风表校正常数

三、关于测点的选择和气体浓度测定：

(一) 矿井（翼、水平、采区）总回风巷巷道风流瓦斯和二氧化碳浓度测定：有支架的巷道，距支架梁50mm处测定瓦斯浓度，距巷道底部50mm处测定二氧化碳浓度；无支架或用锚喷、砌碹支护的巷道，距巷道顶部200mm处测定瓦斯浓度，距巷道底部200mm处测定二氧化碳浓度。以上数据测定均需分别测定3次取其平均值，以确保瓦斯、二氧化碳浓度的准确性、真实性。

(二) 壁式采煤工作面进、回风流中瓦斯和二氧化碳浓度测定：应在距采煤工作面煤壁线以外10m处的进、回风巷中，分别测定3次，取其平均值。其他采煤方法参照此方法执行。

(三) 壁式采煤工作面风流中瓦斯和二氧化碳浓度测定：应在距煤壁、顶、底板各为200mm和以采空区的切顶线为界的采煤工作面空间的风流中分别测定3次取其平均值（测点选择需符合第一项要求）。

(四) 掘进工作面风流中瓦斯和二氧化碳浓度测定：应在掘进工作面到风筒出口这一段巷道断面上部的左、右角距顶、帮、煤壁各200mm处测定瓦斯浓度；在工作面第一架棚左、右柱窝距帮、底各200mm处测定二氧化碳浓度，分别测定3次取其平均值。

四、技术要求附表的表四、表五中“绝对涌出”更正为“绝对涌出量”；表六中煤层倾角符号应为“（°）”。

五、为便于了解矿井开拓、开采、掘进等生产情况与通风系统的关系，更好地做好审核工作，报告中应附通风系统平面图（要求在近期采掘工程平面图的基础上绘制）；若附图为通风系统示意图，必须附鉴定期内的采掘工程平面图。

六、为便于资料汇总和证书打印，各资格单位在送审矿井瓦斯等级鉴定报告时，另附“矿井瓦斯等级鉴定结果汇总表”和汇总表（Excel）光盘一份（汇总表格式见附表二）。

七、各瓦斯等级鉴定资格单位要按《云南省煤矿矿井瓦斯等级鉴定工作纪律规定》严格廉洁管理，必须严格按要求向鉴定矿井发放《煤矿瓦斯等级鉴定廉洁监督卡》，并保存发放存根以备查。

关于印发《云南省煤矿瓦斯治理专项督查检查工作方案》的通知

2008年8月18日　云煤安发（2008）127号

各产煤州、市煤炭管理部门，省监狱管理局，云南煤化工集团公司，各煤矿安全监察分局：

为贯彻落实全国、全省煤矿瓦斯治理现场会议精神，推动全省致力于构建“通风可靠、抽采达标、监控有效、管理到位”的瓦斯治理工作体系；加大监管监察力度，确保瓦斯治理各项规定和要求落到实处；加大瓦斯隐患排查治理力度，有效遏制重特大瓦斯事故的发生，按照《国家煤矿安全监察局关于开展煤矿瓦斯治理专项监察的通知》要求，结合我省煤矿安全生产实际，云南煤矿安全监察局、云南省煤炭工业局制定了《云南省煤矿瓦斯治理专项督查检查工作方案》，现印发给你们，请认真组织实施。

云南省煤矿瓦斯治理专项督查检查工作方案

为认真贯彻落实7月8日至9日在沈阳召开的全国煤矿瓦斯治理现场会议及8月13日在曲靖召开的全省煤矿瓦治理现场会议精神，推动全省致力于构建“通风可靠、抽采达标、监控有效、管理到位”的煤矿瓦斯综合治理工作体系，紧紧围绕全省煤矿瓦斯治理现场会议确定的今后三年瓦斯治理工作总体目标和任务，进一步加强领导，落实责任，增加投入，依靠科技，严格管理，强化监管监察，加大瓦斯隐患排查治理力度，有效遏制较大以上瓦斯事故的发生，结合云南省煤矿瓦斯治理工作实际，制定本工作方案。

一、任务目标

坚持标本兼治、综合治理，在全面抓好煤矿各项安全生产工作的基础上，重点抓好煤矿瓦斯治理；以建立“通风可靠、抽采达标、监控有效、管理到位”的瓦斯综合治理工作体系为目标，以高瓦斯、煤与瓦斯突出矿井为重点，抓好以下五方面工作：一是围绕“通风可靠”要求，制定瓦斯治理工作标准，全面排查煤矿矿井“一通三防”方面存在的问题，制定整改方案和措施，重点要督促所有煤矿采用正规采煤方法，实现采煤工作面全负压通风，做到“通风可靠”。二是围绕“抽采达标”要求，建立和完善瓦斯抽放系统管理制度，督促煤与瓦斯突出矿井和按规定应安装瓦斯抽放系统的高瓦斯矿井完成瓦斯抽放系统建设，并严格执行先抽后采，力争做到“抽采达标”，防止煤与瓦斯突出和较大瓦斯事故的发生。三是围绕“监控有效”要求，制定和完善矿井安全监控系统管理制度，所有煤矿安全监控系统做到正常使用，数据准确；主要产煤州（市）、县（市、区）实现省、州、县三级煤矿数字化瓦斯远程监控系统联网，做到“监控有效”。四是围绕“管理到位”要求，进一步建立和完善瓦斯治理各项规章制度，所有矿井通风、机电设备要达到标准，“一通三防”和井下爆破管理等与瓦斯防治有关的现场管理做到制度化、规范化和标准化。五是完善安全管理机构，充实安全监管人员，加大安全投入，认真落实安全生产各项措施，防止较大以上事故的发生，努力实现煤矿安全生产状况的持续稳定好转。

二、组织机构

省局成立煤矿瓦斯治理专项督查检查工作领导小组。

组 长： 邹立生

成 员： 蒋建忠 张春生 刘朝明 王 祥 裘兴荣 吴 煜

下设煤矿瓦斯治理专项督查检查工作领导小组办公室，办公室设在局安全监察处，成员由安全监察处、事故调查处、安全监管处、行业管理处人员组成。办公室职责主要是：每年组织开展一次瓦斯治理专项督查检查工作，汇总上报开展瓦斯治理专项督查检查工作情况和信息发布，研究解决开展瓦斯治理专项督查检查工作中遇到的问题，完成领导小组交办的其他事宜。

三、工作步骤和方法

(一) 煤矿瓦斯治理专项督查检查工作，每年组织开展一次，每次分二个阶段组织进行。

第一阶段（一个月时间）：由各产煤州市煤炭行业管理（煤矿安全监管）部门、省监狱管理局及云南煤化工集团公司分别组织，按照国家、省及本方案的督查检查内容和要求，以高瓦斯矿井、煤与瓦斯突出矿井为检查重点，开展煤矿瓦斯治理专项督查检查活动。

第二阶段（一个月时间）：由云南煤矿安全监察局、云南省煤炭工业局组织专项督查检查活动，按照国家、省及本方案的督查检查内容和要求，组织督查组对部分产煤地区和煤矿企业进行督查检查。

(二) 2008年煤矿瓦斯治理专项督查检查活动安排。

第一阶段（8月份）：由各产煤州市煤炭行业管理（煤矿安全监管）部门、省监狱管理局及云南煤化工集团公司分别组织开展煤矿瓦斯治理专项督查检查活动。

第二阶段（9月份，具体时间由各组自行确定）：省局结合国家局批准的2008年度监察执法计划，与国庆节前组织开展的重点监察相结合，组织4个组，对部分重点产煤地区和煤矿企业进行抽查，具体安排为：

第一组：蒋建忠副局长带队，科技装备处牵头，行管处、人事培训处、机关党委和曲靖分局参加；督查检查曲靖市富源县、宣威市。

第二组：刘朝明总工程师带队，事故调查处牵头，政策法规处、纪检监察室和红河分局参加；督查检查圭山煤矿、红河州泸西县。

第三组：裘兴荣副巡视员带队，安全监察处牵头，信息调度中心、财务处和大理分局参加；督查检查大理州宾川县、祥云县。

第四组：吴煜局长助理带队，安全监管处牵头，局办公室和昭通分局参加；督查检查昭通市彝良县、镇雄县。

各组督查检查结束后，请尽快将督查检查情况材料送安全监察处，以便汇总上报国家煤矿安全监察局。

四、督查检查内容

(一) 检查各地、各单位贯彻落实全国、全省煤矿瓦斯治理现场会议精神的情况。重点检查是否认真传达学习了全国、全省煤矿瓦斯治理现场会议精神，是否按照全省煤矿瓦斯治理现场会议的总体工作目标和任务要求，结合本地区、本企业瓦斯灾害和治理现状，研究制定了构建煤矿瓦斯治理工作体系的具体措施。

(二) 检查全国、全省煤矿瓦斯治理现场会议提出的当前和今后一个时期，瓦斯治理要重点抓好的工作的落实情况。一是围绕“通风可靠”要求，检查各地、各煤矿企业全面排查“一通三防”方面存在问题的情况，是否针对排查出的隐患制定了整改方案和措施；是否采取了措施督促所有煤矿采用正规采煤方法，实现采煤工作面全负压通风，做到“通风可靠”。二是围绕“抽采达标”要求，检查建立和完善瓦斯抽放系统管理制度的情况。重点检查煤与瓦斯突出矿井和按规定应安装瓦斯抽放系统的高瓦斯矿井是否安装了瓦斯抽放系统；煤与瓦斯突出矿井是否达到安全生产条件。三是围绕“监控有效”要求，检查制定和完善矿井安全监控系统管理制度的情况。重点检查煤矿安全监控系统是否做到正常使用，数据准确，按要求进行联网。四是围绕“管理到位”要求，检查进一步建立和完善瓦斯治理各项规章制度，加强“一通三防”管理的情况。五是检查瓦斯隐患排查治理，建立健全重大瓦斯隐患分级管理和监控机制，做到隐患排查治理制度化、经常化的情况。六是检查煤与瓦斯突出矿井综合防突措施的落实情况。

(三) 检查重大瓦斯隐患治理情况。重点检查各地、各煤矿企业组织开展安全生产百日督查专项行动情况，以及在安全生产百日督查专项行动、煤矿安全隐患排查治理中发现的重大瓦斯隐患治理情况。

(四) 检查组织开展瓦斯等级鉴定的情况。

五、工作要求

(一) 要加强对煤矿瓦斯治理专项督查检查工作的组织领导。各州、市煤炭行业管理（煤矿安全监管）部门应由分管领导负责组织开展本次专项督查检查活动；各地要结合辖区实际制定煤矿瓦斯治理专项督查检查工作方案，按照省局要求，组织开展煤矿瓦斯治理专项督查检查工作。

(二) 加大煤矿安全监管监察执法力度。各州、市煤炭行业管理（煤矿安全监管）部门、各煤矿安全监察分局要组织参加专项督查检查的人员认真学习领会全国、全省煤矿瓦斯治理现场会议精神，按照国家和省的要求，增强做好煤矿瓦斯治理工作的责任感、使命感，进一步加大监管监察执法力度，对检查中发现的重大瓦斯隐患和违法违规行为，要严格依照相关法律法规实施行政处罚。

(三) 按时完成专项督查检查工作。各州、市煤炭行业管理（煤矿安全监管）部门、省监狱管理局及云南煤化工集团公司，要按照省局《关于开展煤矿瓦斯治理专项督查检查工作方案》要求，认真组织开展煤矿瓦斯治理专项督查检查工作，并在8月底前完成此次瓦斯治理专项督查检查工作。各产煤州、市煤炭行业管理（煤矿安全监管）部门、省监狱管理局及云南煤化工集团公司督查检查结束后，请务必在9月10日前将检查情况材料（连同电子版）报云南煤矿安全监察局安全监察处（电子信箱：jcc@ynmj.cn），以便汇总上报国家煤矿安全监察局。

关于印发云南省煤矿安全评价工作管理规定的通知

2008年10月9日　云煤安发〔2008〕165号

各州、市煤炭行业管理及煤矿安全监管部门，省监狱管理局，云南煤化工集团公司，各煤矿安全评价机构，各监察分局，云南煤矿安全评价协会：

为加强对我省煤矿安全评价工作的管理，进一步规范煤矿安全评价行为，促进煤矿安全评价机构和评价人员客观、公正、廉洁地开展煤矿安全评价工作，进一步提升煤矿安全评价质量和服务水平，充分发挥煤矿安全评价工作对促进我省煤矿安全生产形势稳定好转的作用，云南煤矿安全监察局制定了《云南省煤矿安全评价工作管理规定》，现印发给你们，请各评价机构认真贯彻执行；请评价协会加强管理；请各级煤炭行业管理及煤矿安全监管部门、省监狱管理局、云南煤化工集团公司、各监察分局对煤矿安全评价机构在所属区域开展煤矿安全评价工作执行本规定的情况进行监督。

云南省煤矿安全评价工作管理规定

第一条　为规范煤矿安全评价行为，促进煤矿安全评价机构和评价人员客观、公正、廉洁地开展煤矿安全评价工作，提高安全评价质量和服务水平，依据《安全生产法》、《安全评价机构管理规定》、《云南煤矿安全监察局、云南省煤炭工业局党组党风廉政建设责任追究制度》等相关规定，制定本规定。

第二条 安全评价机构、评价人员在云南省范围内从事煤矿安全评价活动，云南煤矿安全评价协会组织、协调和管理煤矿安全评价工作，云南煤矿安全监察局及其各分局对评价机构实施监督检查，适用本规定。

凡在云南省行政辖区内从事煤矿安全评价活动的安全评价机构及其评价人员必须接受云南煤矿安全监察局的监督检查。

第三条 凡在云南省行政辖区内从事煤矿安全评价的安全评价机构必须取得国家安全生产监督管理总局颁发的甲级资质证书或者云南煤矿安全监察局颁发的乙级资质证书，并持有合法有效资质证开展工作。存在重大变更时按相关规定办理变更手续。

第四条 煤矿安全评价机构及其评价人员到煤矿进行安全评价必须出示机构的评价资质证书和评价人员资格证书。

第五条 煤矿安全评价机构不得伪造、转让或出借资质证书，不得转包安全评价项目。

第六条 煤矿安全评价机构和评价人员不得泄漏评价单位的商业秘密、技术秘密和相关信息。

第七条 云南煤矿安全评价协会依照法律法规的规定组织、协调各煤矿安全评价机构开展煤矿安全评价工作。建立健全煤矿安全评价的行规行约，并加强执行情况的监督检查。

第八条 煤矿安全评价机构从事安全评价工作收费，应当执行云南煤矿安全评价协会制定的指导性收费标准，且只能按矿井的核定能力或经审批同意的设计能力收费。

煤矿安全评价机构不得在评价过程中变相收取技术服务等其他费用。

第九条 煤矿安全评价机构应不断健全完善安全评价过程控制体系文件和作业指导文件，并在实施安全项目评价时严格执行，确保安全评价的每一个环节均符合过程控制体系文件的规定。

第十条 煤矿安全评价机构必须建立并不断完善煤矿安全评价廉洁自律工作制度，加强对评价人员的宣传教育和监督检查，确保在评价过程中严格执行有关评价的廉洁自律纪律和各机构的规章制度。

煤矿安全评价机构和评价人员到煤矿进行安全评价时，应向煤矿业主及其管理人员宣传评价纪律，并向煤矿发放“廉洁自律监督卡”。监督卡应注明本机构、云南煤矿安全监察局纪检监察室的通信地址和邮政编码，由煤矿业主选择交寄途径。

评价机构收到的“廉洁自律监督卡”，由评价机构指定相关部门统一收集管理，接受上级纪检部门及业务部门的抽检。

第十一条 煤矿安全评价机构和评价人员到煤矿进行安全评价时，必须自觉遵守以下纪律。

1.不准收受被评价煤矿企业的现金、礼品和各种有价证券、折、卡。

2.不准安全评价人员个人借安全评价名义向被评价煤矿收取技术服务费、技术咨询费。

3.不准接受被评价煤矿组织的可能影响煤矿安全评价结果的宴请、娱乐及旅游等活动。

4.不准向被评价煤矿业主及亲属索要财物。

5.不准在被评价煤矿报销应由评价机构或评价人员承担的各种票据及费用；不准在被评价煤矿帮助亲友报销应由个人支付的各种票据及费用。

6.不准在被评价煤矿入股或收益分成；不准到被评价煤矿搞集资、摊派、拉赞助等。

7.不准评价机构或个人借煤矿安全评价工作向被评价煤矿推销书刊、设备和各类产品。

8.煤矿安全评价机构和评价人员必须按规定客观公正、实事求是地开展安全评价工作，不得弄虚作假、出具虚假报告。评价机构须对评价报告负责，评价人员须对评价业务工作负责。安全评价机构和个人不准擅自改变安全评价结果。

9.不准故意刁难和打击报复煤矿企业。

10.不准以云南煤矿安全监察局、云南省煤炭工业局及其工作人员的名义到煤矿招揽评价业务。

第十二条 凡是评价人员违反第十一条纪律规定的，一经查实，建议发证部门吊销评价人员资格证书，并建议评价机构进行相应处理；违反党风廉政建设规定的，按相关规定处理；情节严重或造成严重后果的，移交司法机关追究刑事责任。

第十三条 对经查实评价机构所属评价人员违反第十一条纪律规定的，在年终考核时按相关规定进行处理，并参照《云南煤矿安全监察局云南省煤炭工业局党组党风廉政建设责任追究制度》的规定，追究直接责任人和相关领导的相应责任。

第十四条 云南煤矿安全监察局对在辖区内开展安全评价活动的安全评价机构进行监督、检查和指导的同时，可以采取组织同行评议、向被评企业征求意见、对评价报告进行抽查等方式，加强对安全评价机构的监督管理。

第十五条 任何单位和个人对安全评价机构在安全评价活动中的违法违纪行为有权向云南煤矿安全监察局进行举报，云南煤矿安全监察局应及时调查处理，并为举报人保密。

第十六条 煤矿安全评价机构依法进行煤矿安全评价，不受任何组织和个人的非法干涉。

第十七条 本规定自发布之日起施行。

煤矿安监局开展兼并重组和整合技改煤矿安全专项监察

2011年1月30日

按国家煤矿安全监察局的统一布署和要求，云南煤矿安全监察局于2010年12月20日至2011年1月10日组织开展了兼并重组和整合技改煤矿安全专项监察活动。

本次专项监察对象为云南省煤炭资源整合工作领导小组批复的各州（市）煤炭资源整合方案中包括的兼并重组及整合技改煤矿。主要就项目合法性情况、依法停止生产情况、安全责任落实情况、主要安全设施建设使用情况、贯彻落实安全标准及规定情况、已公告关闭矿井关闭工作进展情况等开展监督检查。重点对照云南省煤炭资源整合工作领导小组办公室2010年9月30日在《云南日报》上公告关闭的160个小煤矿名单，检查了承担关闭任务的产煤县（市、区）人民政府对关闭矿井吊销有关证照，停止供应并处理火工用品，停止供电，拆除矿井生产设备、供电通信线路，封闭、填实矿井井筒、平整井口场地、恢复地貌，妥善遣散从业人员，测绘关闭矿井采掘工程图纸、处理遗留事故隐患、制定关闭煤矿开采现状报告、组织检查验收等关闭实施工作开展情况是否符合相关规定和要求。

专项监察活动中，四个监察分局共监察24对矿井，对查出的事故隐患在现场分别下达了行政执法文书，作出责令限期改正的现场处理决定。同时，督促相关企业按要求进一步加强自查整改，并根据监察过程中发现的普遍性问题，与地方政府或其主管部门交换了意见，提出了进一步加强兼并重组和整合技改煤矿以及已公告关闭矿井安全监管的措施和建议。省局于1月5日至9日对曲靖市师宗县和罗平县开展了现场抽查督查。

通过专项监察，云南煤监局就继续做好全省兼并重组及整合技改煤矿安全工作提出以下要求：一是树立安全发展理念，认真抓好兼并重组及整合技改煤矿安全工作；二是进一步加强兼并重组及整合技改煤矿的管理；三是进一步抓好兼并重组及整合技改煤矿现场安全管理；四是进一步抓好整顿关闭工作；五是进一步开展兼并重组及整合技改煤矿安全专项监察。

关于转发《陕西省煤炭价格调节基金征收使用管理办法》的通知

2006年5月15日　咸政办发〔2006〕63号

经市人民政府同意，现将陕西省发展改革委、财政厅、物价局联合下发的《陕西省煤炭价格调节基金征收使用管理办法》（陕价监发〔2005〕137号）转发你们，请遵照执行。

附件：陕西省煤炭价格调节基金征收使用管理办法

陕西省煤炭价格调节基金征收使用管理办法

第一章　总则

第一条　为提高政府调控煤炭市场价格的能力，合理配置煤炭资源，调节煤炭市场供求，促进全省煤炭工业可持续发展，平抑重要商品市场价格异常波动，根据《中华人民共和国价格法》规定，结合本省实际，制定本办法。

第二条　本办法所称煤炭价格调节基金是指政府为调控煤炭市场价格，促进煤炭工业持续健康发展，依法向煤炭、焦炭生产企业征收的专项基金。本省行政区域内煤炭价格调节基金的征收使用管理适用于本办法。

第三条　煤炭价格调节基金由省、市、县（市、区）人民政府设立的煤炭价格调节基金领导小组统一管理。

煤炭价格调节基金领导小组由省及产煤市、县（市、区）政府分管价格工作的领导任组长，同级发展改革、财政、物价、煤炭部门负责人任副组长，国土资源、审计、地税等相关部门负责人为成员。

煤炭价格调节基金领导小组下设办公室，办公室设在物价部门，负责煤炭价格调节基金日常管理工作。

第四条　各级政府煤炭价格调节基金领导小组负责指导、协调煤炭价格调节基金工作；审查煤炭价格调节基金年度收支计划，研究煤炭价格调节基金的使用方向和重点，报同级人民政府批准。省煤炭价格调节基金领导小组根据煤炭市场价格变化，提出征收标准调整方案，报省人民政府审定。

各级政府煤炭价格调节基金领导小组办公室负责对煤炭价格调节基金的征收、使用进行日常管理。编制煤炭价格调节基金年度收支计划；监督、检查煤炭价格调节基金的征收、使用情况和领导小组制定的相关政策、决定的执行情况；开展煤炭价格监测分析；协调解决煤炭价格调节基金征收、管理、使用中的相关问题。

第二章　征收

第五条　凡在本省行政区域内从事煤炭、焦炭生产的企业按销售量缴纳煤炭价格调节基金。煤炭价格调节基金征收标准按品种分类确定为：原煤（含洗混煤）每吨15元；洗精煤、焦炭每吨25元。对洗精煤、焦炭等煤炭加工产品征收煤炭价格调节基金时，在其原煤购进时已缴纳价格调节基金的，凭供货方提供的"价格调节基金专用票据"抵扣。

第六条 煤炭价格调节基金由地税部门在征收税费时一并征收。

中央、省属及外省在陕煤炭、焦炭生产企业缴纳的煤炭价格调节基金由省地税局直属分局征收，全额缴入省财政"价格调节基金专户"。

市属煤炭、焦炭生产企业缴纳的煤炭价格调节基金由设区市地税部门征收，按省20%、市80%的比例分别解缴省、市财政"价格调节基金专户"。

县（市、区）属煤炭、焦炭生产企业缴纳的煤炭价格调节基金由县级地税部门征收，按省20%、市20%、县（市、区）60%的比例分别解缴省、市、县（市、区）财政"价格调节基金专户"。

第七条 煤炭价格调节基金实行"收支两条线"管理，使用省财政厅监（印）制的"价格调节基金专用票据"。

第八条 代征煤炭价格调节基金的地税部门在次月15日前，将征收的基金按第六条规定的分成比例，分别解缴省、市、县（市、区）财政"价格调节基金专户"。具体征缴办法另行制定。

第三章 使 用

第九条 煤炭价格调节基金主要用途：

(一) 稳定煤炭市场价格，缓解省内供求矛盾；

(二) 促进煤炭资源有效利用与生态环境保护建设；

(三) 矿区沉陷等地质灾害治理补贴；

(四) 煤矿安全生产支出补贴；

(五) 安全、科研以及煤矿职工的教育和培训；

(六) 经省人民政府批准的其他支出项目。

第十条 煤炭价格调节基金项目申请单位应向政府煤炭价格调节基金领导小组办公室提交申请报告，申报的项目和用途须符合煤炭价格调节基金年度收支计划的使用范围，并提供项目可行性研究报告和项目概算等相关材料。

第十一条 政府煤炭价格调节基金领导小组办公室会同发展改革、财政、物价、煤炭等相关部门对申请项目进行审核，提出初步意见，报同级价格调节基金领导小组审批。

第十二条 煤炭价格调节基金的项目申请经政府煤炭价格调节基金领导小组批准后，由同级财政部门根据项目计划下达项目预算，并按项目实施进度办理资金拨付手续。

第十三条 煤炭价格调节基金项目实施单位应当严格按批准用途使用，并按项目实施进度向同级价格调节基金领导小组办公室、财政部门报送资金使用情况报告、年度决算及项目决算报告。

第十四条 政府煤炭价格调节基金领导小组办公室应对煤炭价格调节基金的使用进行跟踪监督检查，组织相关部门对完成的基金使用项目进行评估和验收，确保专款专用。

第十五条 各级煤炭价格调节基金代征部门的代征费用，由同级财政部门按实际征收额的1%—3%的比例拨付。具体代征费用标准，由同级政府煤炭价格调节基金领导小组确定。

第四章 监 督

第十六条 不按期缴纳煤炭价格调节基金的，由地税部门负责追缴并每天按应缴基金总额的千分之二加收滞纳金。

第十七条 煤炭价格调节基金的项目实施单位擅自改变基金用途，由政府煤炭价格调节基金领导

小组责令限期改正；逾期不改的取消其使用基金资格，收回投入的资金。对情节严重构成犯罪的责任人移送司法机关依法处理。

第十八条 代征部门违反本办法规定，截留、挤占、挪用或超标准、超范围征收煤炭价格调节基金的；征收、管理煤炭价格调节基金的工作人员滥用职权，贪污、挪用、私存基金的，按国务院《财政违法行为处罚处分条例》处理。构成犯罪的，依法追究刑事责任。

第五章 附 则

第十九条 本办法由省人民政府价格调节基金领导小组负责解释。

第二十条 本办法自2005年9月1日起施行。

关于下发《陕西省国土资源厅煤炭矿山采矿权价款评估有关技术要求》的通知

2008年12月2日 陕国土资矿发〔2008〕30号

省国土资源资产利用研究中心：

为了促进我省矿业权市场健康发展，不断提高矿业权评估质量，使采矿权评估更加公正、公平、合理，维护国家及矿业权人的权益，进一步提高服务水平，省厅研究制定了《陕西省国土资源厅煤炭矿山采矿权价款评估有关技术要求》，现印发你们，请在对矿业权价款评估报告审查中认真执行。在执行中发现问题及时向省厅报告。

陕西省国土资源厅煤炭矿山采矿权价款评估有关技术要求

为了促进陕西省矿业权市场健康发展，进一步规范矿权评估行为，不断提高各矿业权评估师、矿业权评估机构的执业水平，使采矿权评估更加公正、公平、合理，维护国家及矿业权人的权益。根据矿业权评估准则等有关规定，结合我省实际，针对煤矿采矿权评估过程中存在的一些问题，提出以下意见：

一、关于评估对象

评估报告必须明确评估对象（煤层编号、平面范围、高程范围）；说明采矿许可证范围、储量检测范围、备案证明范围是否一致；不能出现采矿许可证平面范围内的同一煤层割裂评估；若采矿许可证范围内赋存多层煤，而批准矿山开采下层煤、未批准开采上层煤,评估机构要征求委托人的意见确定评估对象。原则上批准开采的煤层及以上各煤层参与评估，批准开采的煤层以下的各煤层一般不参与评估。

二、关于资源/储量

评估采用的煤矿资源储量一般分为：储量核查基准日核定备案的地质资源/储量、评估基准日保有的资源/储量、评估基准日前至2003年12月31日可采储量、评估基准日可采储量四种主要数据。

(一) 储量核查基准日核定的地质资源/储量

以省级及以上矿政管理部门的资源储量备案证明为依据。

(二) 评估基准日前至2003年12月31日可采储量

此期间可采储量=已采出煤量／矿山实际回采率×国家标准规定回采率

要求：已采出量必须引用矿山所在市、县矿政管理部门出具的采出煤量、实际回采率证明计算。

(三) 评估基准日保有的资源/储量

以储量核查基准日核查备案的资源/储量为基础进行加、减。应注意资源/储量的类别、时间、理论和实际回采率等要点。

评估基准日保有的资源/储量实质是对评估基准日保有的资源/储量进行经济意义分类。经有煤矿矿山设计资质的单位、评估机构对探明的(331)、控制的（332）地质资源/储量进行预可行性、可行性综合评价和经济意义分类；要点是对2S11、2S21、2S22、2M11、2M21、2M22、压覆（331、332、333）类别的认定。

2S、2M及压覆类（331、332、333）资源/储量的定性应按照经批准的“矿山开发利用方案”或“矿山初步设计”、“矿山设计”确定。如果没有上述资料，评估机构可根据煤炭行业相关规范和标准确定，但是依据必须充分，并注明所依据的标准。

2S类别的资源量作为设计损失计算和陈述。

2M类别的资源/储量可以部分回收利用（大巷煤柱、工业广场煤柱等），方案或设计中明确了回采率的，以设计或方案为准，如果没有明确回采率，建议回采率一般为50%。注意不能对2M22重复计算回采率。如果采矿证平面范围内同层煤大巷未设计完全，可以在相关专家的指导下补充完全。应附经批准的开发利用方案或设计图，认真对照各项煤柱留设与储量估算图一致与否。

如果上层煤未开采、设计，2S、2M、压覆类别资源/储量的确定，目前暂时可以类比已设计煤层各类资源/储量的利用率计算可采储量。

评估报告必须对2S、2M、压覆类别资源/储量分类列表详细说明。评估报告必须对2S、2M、压覆类别资源/储量附图标示清楚。

(四) 资源量可信度系数

《煤炭工业矿井设计规范》对333资源量在设计利用时，根据煤层稳定性、地质构造复杂程度对333资源量用可信度系数进行调节。陕北侏罗纪煤田煤层稳定、构造简单，可信度系数一般取1；渭北、铜川、彬长、黄河沿岸煤田可信度系数一般取0.8。

(五) 评估利用的可采储量

评估利用的可采储量应根据有关规定详细计算。对评估计算期后（未评估处置价款的）剩余可采储量应在特别事项予以披露。

三、关于评估基准日前的采矿权价款

2003年底至评估基准日的矿业权价款以评估基准日后的平均可采储量单位评估价值推算以前应补缴的矿业权价款。

四、关于储量备用系数

储量备用系数是矿山设计部门计算煤矿矿山服务年限的专有名词。根据陕西省煤炭资源特征，陕北侏罗纪煤田储量备用系数一般取1.3；陕西省其他地区的煤田储量备用系数大型煤矿一般取1.4；中、小型煤矿一般取1.3。

五、关于煤炭价格调节基金

遵照准则：凡省级及省级以上部门文件规定，据实列示。

六、关于煤炭销售价格

应调查原煤产率、销售价格。原煤必须有各种规格产成品的比例，不同规格的产品有不同的价格。价格一般以评估机构市场调查、矿山提供的销售发票、物价或煤炭管理部门提供的证明三者互为佐证（一般应采用孰大原则）。中、大型煤矿应以3年市场平均价格为准（鼓励采用回归分析确定价格），小型煤矿取1年市场平均价格。有政府指导价者，以政府指导价为准。

七、关于经营成本和总成本

评估机构应对企业提供的生产成本报表进行详尽分析后，合理取值。成本各项费用应代表行业的中、上生产水平。

八、关于固定资产投资

固定资产投资额必须有出处，即引用有据，一般应采用煤矿矿山建设扩大指标法、相邻矿山类比法等。

九、关于生产规模

生产规模有证载（采矿许可证、安全生产许可证、煤炭生产许可证）规模、矿山设计规模、开发利用方案规模、矿山实际生产规模，有时数据不尽相同。一般由评估机构根据证载规模及矿山保有储量等综合确定评估利用的生产规模，要避免矿业权人大矿小开或囤积资源等现象。

十、关于现场调查

现场调查记录应重点突出：特别应注意调查矿山生产现状；调查各项技术、经济参数；调查核实资源/储量压覆情况；调查市场价格等内容。格式完整：调查单位应加盖公章，调查个人应亲笔签字，必要时要收集影像资料。

十一、关于摘要内容

明确评估范围，评估的煤层号，采矿许可证批准的范围。说明截至2003年底保有的资源/储量（包括2s）、保有的可采储量，提交备案函时应另附评估的矿山企业采矿权评估基本情况表（见附表）。

十二、非煤矿山采矿权评估工作可参照执行本技术要求

陕西省调整煤矿等井下艰苦岗位津贴标准

2010年12月31日　陕人社发〔2010〕244号

各市人力资源和社会保障局、发展和改革委员会、财政局，杨凌示范区人事劳动局、发展改革局、财政局，省级有关部门，各企业集团，中央驻陕有关单位：

为保障我省煤炭企业从事一线生产工作职工的身体健康，提高煤矿工人的工资收入，稳定煤矿职工队伍，促进煤炭行业持续稳定健康发展，根据省政府《关于提高我省企业职工收入水平的意见》（陕政办发〔2010〕81号）精神，结合实际，经省政府同意，现就调整煤矿等井下艰苦岗位津贴有关工作通知如下：

一、津贴的执行范围

1. 井下艰苦岗位津贴适用于各类煤炭企业的井下作业职工，不包括露天煤矿职工。具体发放范围为：井下采掘工人、辅助工人、安检人员及下井工作且编制在井下采掘、辅助队的基层干部、技术人员和管理人员。

2. 冶金、有色、黄金、化工、交通、建材、水利水电系统等非煤矿山企业井下作业人员参照本通知规定执行。

二、井下艰苦岗位津贴的种类及标准

井下艰苦岗位津贴包括：井下津贴、班中餐补贴和夜班津贴。

(一) 井下津贴

1. 井下采掘工：30－50元/工；

2. 井下辅助工：20－30元/工。

3. 安检人员、基层干部、技术人员及管理人员的井下津贴标准按井下辅助工标准执行。

(二) 班中餐补贴：10－14元/工。

班中餐补贴由企业用于井下作业职工的伙食，不得挪作他用。

(三) 夜班津贴

1. 前夜班：10－14元/工；

2. 后夜班：14－18元/工。

三、调整津贴的资金来源

调整井下艰苦岗位津贴所需资金在企业成本费用中列支。

四、井下艰苦岗位津贴的实施

各类企业均应按本通知的规定，调整提高井下艰苦岗位津贴标准。企业应根据本企业井下劳动强度、工作时间、矿层的赋存条件以及水、火、瓦斯等自然灾害和粉尘、温度、湿度、噪音等作业环境，提出调整井下艰苦岗位津贴的实施方案。方案应包括：执行津贴的标准、人员范围、支付办法等。方案必须经企业职代会同意，报同级人力资源和社会保障行政部门、发展和改革委员会、财政部门备案。

企业要在提高井下艰苦岗位津贴的同时，积极改善劳动条件和劳动环境，做好劳动安全工作，切实保证职工的人身安全和身体健康。

五、新的井下艰苦岗位津贴标准从2011年1月1日起执行。

关于加强全省煤矿安全监督管理进一步做好小煤矿关闭整顿工作的紧急通知

2004年11月29日　甘政办发〔2004〕132号

各市、自治州人民政府，陇南行署，省政府各部门：

为认真贯彻落实《国务院办公厅转发国务院安全生产委员会办公室关于加强煤矿安全监督管理进一步做好小煤矿关闭整顿工作意见的紧急通知》(国办发明电〔2004〕49号)精神，防止全省煤矿重、特大事故的发生，促进煤矿安全生产形势的稳定好转，现就进一步加强全省煤矿安全生产监督管理和做好小煤矿关闭整顿工作通知如下：

一、坚决打击非法开采行为，规范煤炭生产秩序。各地、各级煤矿安全监察机构及有关部门要立即对小煤矿安全生产情况进行一次全面检查。要严格执行《国务院办公厅关于进一步做好关闭整顿小煤矿和煤矿安全生产工作的通知》(国办发〔2001〕68号)的有关规定，凡在关闭之列的矿井，煤矿安全监察机构要督促有关地方政府和部门立即予以关闭，并炸毁井筒，填平场地，限期注销或吊销证照；对已关闭、报废矿井要加强巡查和监控，采取有力措施,坚决防止死灰复燃、非法生产。

二、强化对小煤矿安全隐患的整治，限期达到安全生产条件。对经煤矿安全监察机构评估，达不到安全生产条件的煤矿，要限期整改或停产整顿。煤矿安全监察机构要向当地政府和有关部门提出整改、整顿的意见，及时下达整改或停产整顿通知，责令企业限期达到安全生产许可条件。对拒不整顿或经整顿仍不达标的矿井，要依法予以查处或关闭。

三、落实安全生产许可制度，严格煤炭生产市场准入。甘肃煤矿安全监察局要加强煤矿安全生产许可证的颁发管理，规范许可程序，严把审核关，对不具备安全生产条件的煤矿坚决不予颁发许可证，从源头上加强对小煤矿的安全管理。对未按期取得煤矿安全生产许可证进行生产的，要严格按照《安全生产许可条例》的有关规定予以处罚。

四、集中开展煤矿“一通三防”专项整治，防止重、特大瓦斯事故的发生。各地要在深入开展小煤矿关闭整顿工作的同时，认真落实“先抽后采、监测监控、以风定产”的要求，开展以“一通三防”(通风、防瓦斯、防煤尘、防火)特别是以瓦斯治理为重点的集中专项整治工作。对超通风能力和通风系统不完善、未按规定进行瓦斯抽放和未按要求安装安全监测监控系统的生产矿井，要严肃追究有关领导的责任。煤炭生产企业要全面排查、及时整改瓦斯事故隐患，严把瓦斯防治设施、防范措施落实和现场自救关，重点抓好今年以来省政府及省上有关部门在历次安全检查中查出问题和隐患的整改情况。存在瓦斯突出现象的矿井，也要按照瓦斯突出矿井进行管理。对鉴定为瓦斯突出矿井但拒绝升级、不按突出矿井进行整改的，一律责令停产整顿。

五、加大处罚力度，严格执行责任追究制度。各级煤矿安全监管、监察部门要依法加大对煤矿非法生产的打击力度，对出现小煤矿非法开采的，除依法追究组织生产人员的直接责任外，还要按规定追究有关行政负责人的责任。

六、加强领导，强化煤矿安全监管监察。进一步做好小煤矿关闭整顿工作，是当前国家加强煤矿安全监督管理的重要部署。各市(州、地)政府(行署)一定要以对人民高度负责的态度，切实加强煤矿安全监督管理和小煤矿关闭整顿工作。特别是县(市、区)、乡(镇)两级政府要充分认识煤矿安全生产工作的重要性，对煤矿安全生产中存在的问题，采取有力措施，认真加以解决。各级煤矿安全监管、监察部门要正确履行职责，强化监管、监察责任，加强对煤矿企业的监督检查，对煤矿安全生产中存在的安全隐患，要及时督促企业进行整改。各地和甘肃煤矿安全监察局要将贯彻落实本《通知》精神，加强煤矿安全工作和小煤矿关闭整顿进展情况及时报省安委会。

关于印发甘肃省全面整顿和规范矿产资源开发秩序工作实施方案的通知

2005年11月18日　甘政办发〔2005〕144号

各市、自治州人民政府，省政府有关部门、有关单位：

《甘肃省全面整顿和规范矿产资源开发秩序工作实施方案》已经省政府同意，现予印发，请认真组织实施。

甘肃省全面整顿和规范矿产资源开发秩序工作实施方案

为了贯彻落实《国务院关于全面整顿和规范矿产资源开发秩序的通知》(国发〔2005〕28号)精神，认真组织开展我省全面整顿和规范矿产资源开发秩序工作，切实解决当前我省矿产资源开发中存在的突出问题，有效保护和合理开发利用矿产资源，促进全省经济社会可持续发展，特制定本实施方案。

一、指导思想和目标

指导思想：以邓小平理论和“三个代表”重要思想为指导，以科学发展观为统领，深入贯彻落实国务院关于全面整顿和规范矿产资源开发秩序的精神，坚持重点整治与全面规范相结合，集中治“乱”，突出治“散”，注重治“本”，全面开展以煤炭开发为重点的矿产资源开发秩序整顿和规范工作。

工作目标：到2007年年底全面完成整顿和规范的各项任务，使无证勘查和开采、乱采滥挖、破坏浪费矿产资源、严重污染环境等违法行为得到全面遏制；越界开采、非法转让探矿权采矿权等违法行为得到全面清理，违法案件得到及时查处；越权行政、擅自配置资源行为得到有效纠正；矿山安全事故及破坏生态环境现象明显减少；矿山布局不合理状况得到改善，矿产资源开发利用规模化、集约化程度明显提高；基层监管到位，投资环境改善，矿产资源管理加强，基本建立规范的矿产资源开发秩序，实现全省矿产资源的有效保护、合理开发和高效永续利用，为全省经济社会可持续发展提供坚实的资源保障。

二、主要任务

(一) 严厉打击无证开采、无证勘查、以采代探等违法行为。各级政府要组织国土资源、公安、安全生产、工商等部门，采取联合执法、集中整治等措施，对勘查单位和矿山企业逐一进行清查，对本行政区域内的无证勘查和开采、以采代探等违法行为，依法进行打击，限期拆除违法工程地面设施，查封设备，充填井筒，坚决取缔和制止各种非法开采活动。对未取得采矿许可证或持过期失效采矿许可证采矿的以及在被责令停产整改期间擅自采矿的，要依法从重处罚。对持勘查许可证采矿或开采矿种与采矿许可证不符的，国土资源管理部门要责令其停止违法行为，并按无证开采予以处罚，对拒不改正的，依法吊销勘查许可证或采矿许可证。对无证、吊销或注销采矿许可证的矿山企业，公安机关要停止供应火工器材，电力部门不得供电，其他有关部门要吊销或注销相关证照。对拒不停止开采或取缔后又违法开采，造成矿产资源破坏的，司法机关要追究直接责任人的法律责任。

(二) 全面查处越界开采等违法行为。各级政府要组织国土资源等部门对本行政区域内越界开采等违法行为进行全面排查。对越界采矿的要责令退回其矿区范围，并没收违法所得，密封越界的井巷工程；拒不改正的，依法吊销或注销采矿许可证、安全生产许可证、生产许可证、工商营业执照等相关证照。探矿权人不按勘查设计施工，采矿权人不按矿产资源开发利用方案开采、回采率达不到设计要求的，由县级以上国土资源管理部门责令其限期整改，逾期仍不整改或整改不合格的，要坚决予以关闭，并由原发证机关注销或吊销其勘查或采矿许可证。

(三) 坚决关闭破坏环境、污染严重、不具备安全生产条件的矿山。对在各类保护区的禁采区内进行开采的矿山企业和影响大矿安全生产的小矿，由当地政府予以关闭。对严重污染环境、未进行环境影响评价、未取得安全生产许可证，不符合安全生产要求超通风能力生产、未按规定建立瓦斯抽放系统、未采取防突措施、未经“三同时”审查验收的矿山企业，环保、安监部门要依法责令限期整改或停产整顿，有关部门要及时收回相关证照，对拒不停产、停而不整和整改后仍达不到要求的，由当地政府依法关闭。

(四) 严肃查处以承包、租赁等方式非法转让探矿权采矿权的行为。各级政府要组织国土资源、安全生产、工商等部门，核查探矿权人采矿权人与实际探、采经营者是否一致；核查采矿许可证、安全生产许可证、煤炭生产许可证、开采黄金矿产批准书、营业执照的登记主体是否一致；核查企业性质是否发生变化；核查探矿权人采矿权人是否以承包、租赁等方式将探矿权采矿权全部或部分转让他人。对非法转让探矿权采矿权的，没收其违法所得，处以罚款，并责令限期改正，逾期没有改正的，依法吊销或注销其相关证照。对在企业重组改制中，未依法处置采矿权资产，造成国有资产流失的，要限期改正，逾期不改正的，依法予以处罚，并追究有关人员的责任。

(五) 全面清查和纠正矿产开发管理中的各种违法违规行为。各级政府及国土资源、发展改革、安全生产、环保、工商、公安等部门要严格依照相关法律法规，对矿产资源开发管理中的探矿权采矿权审批、项目核准、生产许可、安全许可、环评审查、企业设立等各项管理行为进行全面清理检查。对违法违规审批、滥用职权、失职渎职、徇私舞弊等行为，依法进行严肃查处。凡国家工作人员以入股、参股等方式参与办矿的，一律先予免职，然后视情节按规定予以处理。对越权审批探矿权采矿权、擅自配置资源的违法违规行为，要认真纠正和查处，对隐瞒不报或拒不纠正的，由监察机关依法追究有关领导的责任。

(六) 全面开展煤炭资源回采率专项检查和保护性开采的特定矿种的专项整治。严格执行煤炭资源回采率标准，凡设计回采率达不到国家规定标准的建设项目一律不予核准，不予颁发采矿许可证。生产矿山凡达不到回采率标准的，要责令限期整改，逾期仍达不到标准的，要依法予以处罚，直至吊销采矿许可证和煤炭生产许可证等相关证照。煤炭行业主管部门要制定指导目录，强制淘汰落后生产技术、工艺及设备，全面提高煤炭资源开发利用水平。对国家实行保护性开采的钨、锑等特定矿种的勘查、开采、选冶、加工、销售和出口进行专项整治。各市州政府要结合地方实际，制定具体措施，对本行政区域内黄金、铅锌、铜、铁、钒等开发秩序问题突出的矿种的采矿行为进行专项整治。

(七) 严格探矿权采矿权审批管理。各地要严格依照有关法律法规，对探矿权采矿权的审批情况进行全面清理，凡与法律法规相抵触的，一律停止执行；凡属越权、违规审批设置探矿权采矿权的，要依法予以纠正。要严格按照国家产业政策和矿产资源规划，设置探矿权采矿权。依法执行审批权限，规范审批程序。进一步完善探矿权采矿权申请、延续、变更、注销等相关管理制度。各级政府国土资源部门要对辖区内已经设置的探矿权进行全面清理，加强审批后的监管。对探矿权人的以采代探、圈而不探、边探边采、未完成最低勘查投入、不提交地质勘查成果等违法违规问题，要及时查处，限期整改，拒不改正的，由发证机关吊销勘查许可证。

(八) 集中解决矿山布局不合理问题。依据省、市州矿产资源总体规划，引导矿山企业向鼓励开采区聚集，在限制开采区收缩，从禁止开采区撤出。以煤炭和有色金属为重点，对矿产资源开发集中区内的小矿，采取收购、联合、兼并、关闭等方式进行资源整合；新建矿山最低开采规模要严格执行《甘肃省矿产资源总体规划》确定的标准，逐步实现资源开发的规模化、集约化。要扶持和建造一批资源开发集约化程度高、开采工艺技术先进、资源综合利用和循环利用、具有市场竞争力的矿山企业。各地要结合本地实际，提出小矿整合方案，提高矿产资源开发利用水平。

(九) 建立和完善探矿权采矿权市场。按照矿产资源分类、分级管理的要求，进一步推进矿产资源有偿使用制度改革，建立和完善公正、公平、公开和竞争有序的矿业权市场。大力推进探矿权采矿权一级市场建设，积极推行探矿权采矿权招标、拍卖和挂牌出让，充分发挥市场对资源配置的基础性作用。严格规范矿业权二级市场，制定和完善矿业权有序流转的相关制度，加强对探矿权采矿权流转的全程监管，防止违法操作矿业权和国有资产流失。

(十) 建立矿山环境恢复补偿制度。加强矿山生态环境监督管理，按照“谁破坏、谁恢复”的原则，明确治理责任，保证治理资金和治理措施落实到位。采取“政府引导、市场主导”的方法，按照“谁投资，谁受益”的原则，实行多渠道融资，加快废弃矿山和老矿山的环境治理与恢复进程。建立矿山环境和采矿沉陷区恢复治理保证金制度。保证金收取标准及管理和使用办法由省财政、物价、国土和环保等部门研究制定。

(十一) 严格矿产资源勘查、开采准入管理。国土资源部门审批采矿许可证，必须依法对开发利用方案进行严格审查，凡不符合国家规划、产业政策和技术规范以及开采回采率低、矿产资源不能合理利用、不符合安全生产条件、未进行安全评估评价、不提交环境影响评价报告批准文件的，一律不予批准。对地勘单位转借、出租或变相出租资质证书的，责令限期整改，逾期不改的，吊销其资质证书。对设计单位不严格按照国家规定的技术规范编制开采设计或开发利用方案，设计或方案不能指导生产的，资质管理部门要对其进行处罚直至吊销其资质证书。

(十二) 建立矿产资源开发监管责任机制。国土资源等有关部门要依据法律法规，进一步完善探矿权采矿权审批、项目核准、生产许可、安全许可、环评审查、企业设立等各项矿产资源开发的管理制度，切实加强对矿产资源开发各个环节的监管并承担相应责任。建立健全矿产资源勘查、开发监管责任体系，建立矿产资源违法违规案件联合执法机制，提高矿产资源依法管理、科学管理水平。强化市州、县区市国土资源部门监管职能，充实监管力量，充分发挥执法监察队伍和矿产督察员队伍作用，实行任务到矿，责任到人，维护矿产资源勘查、开采正常秩序。

三、实施步骤

全省整顿和规范矿产资源开发秩序工作，按照统一部署、依法推进、突出重点、分步实施的原则，分四个阶段进行。

(一) 安排部署阶段(2005年11月至12月)：各市州、县区市要按照全省统一部署，于2005年年底前对整顿和规范矿产资源开发秩序工作做出具体安排，完成各项准备工作。同时，要尽快组织开展“三查”工作(对各种违法开采矿产资源行为进行全面排查；对所有矿产资源勘查项目进行全面检查；对矿产资源管理中违法违规行为进行全面清查)。

(二) 集中整顿阶段(2006年)：以治“乱”为重点，集中治理整顿，全面完成整顿的各项任务，同时开展相关规范工作。

(三) 全面规范阶段(2007年1月至6月)：以治“散”、治“本”为重点，围绕全省规范工作主要任务，健全和完善有关法规、制度及政策措施，建立长效机制，全面规范矿产资源开发管理秩序。

(四) 总结验收阶段(2007年6月至12月)：逐级搞好整顿和规范工作检查、抽查和总结验收工作。各市州于2007年9月底前向省政府上报工作总结，年底前完成检查验收。

四、组织领导

整顿和规范矿产资源开发秩序工作，在各级政府的领导下进行。省政府成立由分管副省长任组长，国土资源、发展改革、公安、监察、财政、商务、工商、环保、安监、煤矿安全监察、煤炭安全生产监管等部门负责人为成员的甘肃省全面整顿和规范矿产资源开发秩序工作领导小组，统一领导全省全面整顿和规范矿产资源开发秩序工作，研究解决整顿和规范工作中的重大问题。领导小组办公室设在省国土资源厅，负责指导、协调和组织实施全省全面整顿和规范矿产资源开发秩序工作。各市州和县区市要成立相应的工作机构，统一领导和组织实施本行政区域内整顿和规范矿产资源开发秩序工作。

五、工作要求

(一) 深入宣传教育，提高思想认识。全面整顿和规范矿产资源开发秩序，是实现矿产资源合理开发、永续利用、确保安全的重大举措，对全面落实科学发展观，提高矿产资源对经济社会可持续发展的保障能力，具有重要意义。各市州、县区市要集中时间，认真学习《国务院关于全面整顿和规范矿产资源开发秩序的通知》(国发〔2005〕28号)精神，广泛深入地宣传矿产资源保护和合理开发利用方面的政策法规，宣传国务院开展全面整顿和规范矿产资源开发秩序工作的重大意义和目标任务，切实把各级领导、各有关部门的思想统一到国务院和省政府的要求上来，统一到树立和落实科学发展观、保障全省经济社会健康发展上来。要充分利用电视、广播、报刊等新闻媒体集中开展宣传活动，扩大社会影响，营造良好的舆论氛围。

(二) 突出整治重点，确保工作实效。整顿和规范工作要突出重点，注重实效，在解决突出问题上下功夫、见成效。要把解决无证勘查和开采、以采代探、非法转让探矿权采矿权、越权审批矿业权、违规配置资源、矿产资源勘查开发监管不力等突出问题作为重点，狠抓落实。各市州要结合自身实际，确定整顿和规范工作的重点地区、重点矿种和重点问题，有针对性地抓好全面整顿和规范矿产资源开发秩序工作。

(三) 加大执法力度，严厉打击各类违法行为。各级政府、各有关部门要依法履行职能，采取联合执法、集中整治、限期督办、公开处理等措施，坚决打击各种违法行为。尤其是对一些矿业开发集中、秩序较乱、问题突出的地区，要实施重点整治。对有令不行、有禁不止，顶风违法违纪的行为，要依法从严从快查处。在执法过程中，要坚决避免执法失之于软、失之以宽的现象。要通过严厉打击、严肃查处各种违法违纪重大典型案件，有效遏制和震慑各类违法行为。

(四) 落实工作责任，切实加强领导。各级政府是全面整顿和规范矿产资源开发秩序的责任主体，要将整顿和规范工作纳入政府工作目标，一级抓一级，层层抓落实，确保责任到位、措施到位。各级政府和有关部门要明确责任、落实分工、协调行动，认真组织实施整顿和规范工作。对整顿规范工作不力、未完成整顿和规范任务的，要追究有关领导和部门的责任。各级整顿和规范工作领导小组要把整顿和规范矿产资源开发秩序工作作为一项事关全局的重要任务，切实抓紧抓好，抓出成效。

(五) 强化检查监督，促进工作落实。全面整顿和规范矿产资源开发秩序工作采取自查自纠与上级督查相结合的方式进行。各级政府要建立工作报告和通报制度，重大问题随时报告。省全面整顿和规范矿产资源开发秩序工作领导小组办公室以简报形式，不定期地通报交流各地区整顿工作情况。省、市州要适时组织检查或抽查，及时组织年度或阶段工作验收。各级政府要将本地整顿和规范工作的安排部署、主要任务、整顿措施、有关要求向社会公开，县以上全面整顿和规范矿产资源开发秩序工作领导小组办公室要设立举报电话和举报信箱，接受社会监督，充分发挥新闻媒体和社会舆论的监督作用，促进整顿和规范工作的落实。

关于建立电煤公路运输快速通道的通知

2006年1月12日　甘政办发〔2006〕2号

省经委、省交通厅、省公安厅：

为缓解我省电煤铁路运输紧张的压力，我省建立电煤公路运输快速通道。现将有关事项通知如下：

一、从2006年1月15日起至3月底，在我省境内从事电煤公路运输的专用车辆，根据运力需要，经省经委和省交通厅、省公安厅审查合格，联合颁发电煤公路运输特别通行证，在规定的线路和起迄点间运行。

二、交通和公安部门在各检查站凭电煤公路运输特别通行证放行电煤运输车辆，途中发现明显超载的，应予告诫并登记，但不罚款、不卸载。车辆通过收费路段时，按照收费管理办法正常收费。

三、各有关部门和各煤矿企业要严格按照国家有关超限超载治理工作的规定，加强源头治理，预防电煤运输车辆超载。

四、各发电企业、煤矿企业要积极配合交通、公安部门做好对电煤运输车辆驾驶人员的安全宣传教育和监督管理工作，消防安全隐患，确保安全运输。

关于落实煤矿安全监管责任的通知

2006年1月18日　甘政办发〔2006〕3号

各市、自治州人民政府，省政府有关部门：

为了贯彻落实《国务院关于促进煤炭健康发展的若干意见》(国发〔2005〕18号)精神，按照《甘肃省人民政府关于进一步加强全省煤矿安全生产工作的意见》(甘政发〔2005〕40号)和《甘肃省人民政府办公厅关于印发甘肃省煤炭安全生产监督管理局职能配置内设机构和人员编制规定的通知》(甘政办发〔2005〕151号)确定的原则，进一步加强我省煤矿安全生产工作，切实落实煤矿安全监管责任，现将有关事宜通知如下：

一、省煤炭安全生产监督管理局负责对华亭煤业集团有限责任公司、靖远煤业有限责任公司、窑街煤电有限责任公司的安全生产进行监督管理，指导产煤市州煤炭安全生产管理工作。

二、除上述三大省属煤业集团以外的国有煤矿、股份制煤矿、省外投资开办的煤矿、民营煤矿及窑街煤电有限责任公司原所属农村村办和个体煤矿、原九条岭煤矿矿办小煤矿、改制后的长征煤矿等所有煤矿，要按照属地化管理的原则，由产煤市州人民政府及县（区）人民政府负责所辖区煤矿安全生产的监督管理工作。

各市州人民政府要按照“国家监察、地方监管、企业负责”的煤矿安全工作格局和“谁主管、谁负责”的原则，切实加强煤矿安全管理，提高煤矿安全生产水平，有效防治瓦斯爆炸等重特大安全生产事故的发生。

关于矿产资源整合和煤矿整顿关闭有关工作的通知

2007年3月29日　甘政办发〔2007〕35号

各市、自治州人民政府，省政府有关部门,有关单位：

为了规范我省矿产资源整合和煤矿整顿关闭工作，按照“一事一报”的原则，做好矿产资源整合方案和煤矿整顿关闭工作三年规划制订和报送工作，现就有关事宜通知如下：

一、按照《国务院办公厅转发国土资源部等部门对矿产资源开发进行整合意见的通知》（国办发〔2006〕108号，以下简称《通知》)要求，在省政府的统一领导下，由省国土资源厅牵头编制全省矿产资源整合总体方案，并将煤炭资源整合纳入全省矿产资源整合总体方案。各市州要按《通知》要求，认真编制本地区矿产资源整合实施方案，产煤地区要重点突出煤炭资源整合工作，兼顾其他矿产资源整合工作，资源整合实施方案报经省政府批准后实施。资源整合实施方案应包括整合矿区矿产资源概况、已有矿业权设置情况、整合后拟设置矿业权方案、整合工作进度及保障措施等内容。

二、按照《国务院安委会办公室关于制定煤矿整顿关闭工作三年规划的指导意见》(安委办〔2006〕19号)、《国务院办公厅转发安全监管总局等部门关于进一步做好煤矿整顿关闭工作意见的通知》(国办发〔2006〕82号)要求，在省政府的统一领导下，由省煤管局牵头，负责制(修)订和落实全省煤矿整顿关闭工作三年规划。各产煤市州要结合资源整合工作实际和国家确定的16种关闭煤矿的类型，制(修)订本市州煤矿整顿关闭工作三年规划，报经省政府批准后组织实施。三年规划应包括各阶段的目标任务，特别是要明确第三阶段(2007年7月—2008年6月)的关井目标任务。省煤管局要督促各产煤市州尽快提出我省今年小煤矿整顿关闭矿井名单，经省政府确定后报国家安监总局，并在省内新闻媒体公布。

三、各市州政府要高度重视矿产资源整合和煤矿整顿关闭工作，明确责任。资源整合和煤矿整顿关闭工作的责任主体是各级政府，资源整合工作由各级整顿和规范矿产资源开发秩序领导小组办公室牵头，煤矿整顿关闭工作由煤矿整顿关闭工作领导小组办公室牵头，有关部门配合具体实施。

四、各市州要尽快将资源整合实施方案和煤矿整顿关闭工作三年规划报省政府审查批准，并分别抄送省国土资源厅和省煤管局。各产煤市州资源整合实施方案、煤矿整顿关闭工作三年规划要分别在2007年4月中旬前、4月底前报省政府。

关于印发《甘肃省企业安全生产风险抵押金管理实施暂行办法》的通知

2007年4月6日　甘财建〔2007〕11号

各市州财政局、安全生产监督管理局，人民银行各市、州中心支行，省直有关部门，有关企业：

根据《国务院关于进一步加强安全生产工作的决定》（国发〔2004〕2号）和财政部、安全生产监督管理总局、中国人民银行联合下发的《企业安全生产风险抵押金管理暂行办法》（财建〔2006〕369号）结合《甘肃省安全生产条例》及我省实际，省财政厅、省安监局、人民银行兰州中心支行联合制定了《甘肃省企业安全生产风险抵押金管理实施暂行办法》，现予印发，请认真贯彻执行。

附件：甘肃省企业安全生产风险抵押金管理实施暂行办法

甘肃省企业安全生产风险抵押金管理实施暂行办法

第一章 总 则

第一条 为了强化企业安全生产意识，落实安全生产责任，加强安全生产风险抵押金的管理，保证生产安全事故抢险、救灾工作的顺利进行，根据《国务院关于进一步加强安全生产工作的决定》（国发〔2004〕2号）和财政部、安全生产监督管理总局、人民银行联合下发的《企业安全生产风险抵押金管理暂行办法》（财建〔2006〕369号），结合《甘肃省安全生产条例》，制定本办法。

第二条 本办法所称企业，是指矿山（煤矿除外）、交通运输、建筑施工、危险化学品、烟花爆竹、民用爆炸物品等行业或领域从事生产经营活动的企业。

本办法所称安全生产风险抵押金（以下简称风险抵押金），是指企业以其法人或合伙人名义将本企业资金专户存储，用于本企业生产安全事故抢险、救灾和善后处理的专项资金。

第二章 风险抵押金的存储

第三条 从事矿山（煤矿除外）、危险化学品、烟花爆竹、民用爆炸物品生产经营活动的企业，按以下标准存储风险抵押金：

(一) 小型企业存储金额不低于人民币30万元。

(二) 中型企业存储金额不低于人民币100万元。

(三) 大型企业存储金额不低于人民币150万元。

(四) 特大型企业，存储金额不低于人民币200万元。

第四条 从事交通运输的企业，按以下标准存储风险抵押金：

(一) 年销售额在3000万元以下的小型企业，存储金额不低于人民币30万元。

(二) 年销售额在3000万元－3亿元的中型企业，存储金额不低于人民币100万元。

(三) 年销售额在3亿元以上的大型企业，存储金额不低于人民币150万元。

第五条 从事建筑施工的企业，按以下标准存储风险抵押金：

(一) 施工总承包特级及一级企业，存储金额不低于人民币150万元。

(二) 施工总承包二级及专业承包一级企业，存储金额不低于人民币100万元。

(三) 其他资质等级的企业，存储金额不低于人民币30万元。

企业规模划分标准按照国家统一规定执行。

第六条 安全生产监督管理部门会同同级财政部门根据第三、四、五条规定的标准，具体核定企业风险抵押金时，要结合企业正常生产经营期间的规模大小和行业特点，综合考虑产量、从业人数、销售收入等因素，确定企业具体存储金额，风险抵押金存储原则上不超过500万元。

第七条 风险抵押金由企业按时足额存储。企业不得因变更企业法定代表人或合伙人、停产整顿等情况迟（缓）存、少存或不存风险抵押金，也不得以任何形式向职工摊派风险抵押金。

第八条 企业风险抵押金存储金额按以下规定核定：

(一) 中央在甘、省属企业的风险抵押金存储金额由省安全生产监督管理局会同省财政厅核定下达。

(二) 市、州管理企业的风险抵押金存储金额由市、州安全生产监督管理局会同同级财政部门核定下达。

(三) 前两款规定外的其他企业按属地管理的原则，由县级管理生产监督局会同同级财政部门核定下达。

第九条 风险抵押金实行专户管理。

(一) 省安全生产监督管理局会同省财政厅确定风险抵押金代理银行（以下简称代理银行），并开设风险抵押金专户，中央在甘、省属企业接到核定通知后1个月内，将风险抵押金一次性存入代理银行风险抵押金专户。开立的专用账户可按有关规定支取现金。逾期未足额存储的企业，按欠缴金额每日1.5‰征收滞纳金。

(二) 市（州）由各市（州）安监局会同同级财政部门确定本级及所属县（市）风险抵押金代理银行及缴纳办法。

(三) 跨省（自治区、直辖市、计划单列市）、市、县（区）经营的建筑施工企业和交通运输企业，在企业注册地已缴纳风险抵押金并能出示注册地安全生产监督管理部门和同级财政部门出具的有效证明的，不再重复存储风险抵押金。

第三章　风险抵押金的使用

第十条　企业风险抵押金的使用范围为：

(一) 为处理本企业生产安全事故而直接发生的抢险、救灾费用支出；

(二) 为处理本企业生产安全事故善后事宜而直接发生的费用支出。

第十一条　企业发生生产安全事故后产生的抢险、救灾及善后处理费用，全部由企业负担，原则上应当由企业先行支付，确实需要动用风险抵押金专户资金的，经负责事故调查处理的安全生产监督管理部门审核确定后，报同级财政部门核批，通知代理银行具体办理抵押金支付手续。

第十二条　企业在本办法规定的风险抵押金使用范围内，可以按照国家关于现金管理的规定通过风险抵押金专户支取现金。

第十三条　发生下列情形之一的，省、市、县级安全生产监督管理部门及同级财政部门可以根据企业生产安全事故抢险、救灾及善后工作需要，将其风险抵押金部分或全部用于事故抢险、救灾和善后处理所需资金。

(一) 企业负责人在生产安全事故发生后逃逸的。

(二) 企业在生产安全事故发生后，未在规定时间内主动承担责任，支付抢险、救灾及善后处理费用的。

第十四条　按照本办法第十三条规定，确需将风险抵押金部分或全部转作事故抢险、救灾和善后处理所需资金，由负责事故调查处理的安全生产监督管理部门及同级财政部门共同决定，中央在甘、省属企业须报省安全生产监督管理局、省财政厅核批后，方可动用企业风险抵押金。

第四章　风险抵押金的管理

第十五条　风险抵押金实行分级管理，由省、市、县级安全生产监督管理部门及同级财政部门共同负责。

中央在甘企业的风险抵押金，由省安全生产监督管理局及省财政厅确定后报国家安全生产监督管理总局及财政部备案。

第十六条　企业持续生产经营期间，当年未发生生产安全事故、没有动用风险抵押金的，风险抵押金自动结转，下年不再增加存储。当年发生生产安全事故、动用风险抵押金的企业，省、市（州）、县安全生产监督管理部门及同级财政部门应将原核定的企业存储的风险抵押金数额和动用数告知企业；企业在通知送达1个月内按规定标准将风险抵押金补齐。

第十七条　企业因生产经营规模扩大或缩小导致风险抵押金存储数额发生变化时，省、市、县级安全生产监督管理部门及同级财政部门应当于下年度第一季度结束前调整其风险抵押金存储数额，并按照调整后的差额通知企业补存（退还）风险抵押金。

第十八条 企业依法关闭、破产或者转入其他行业的，由企业提出申请，并经过省、市（州）、县的安全生产监督管理部门及同级财政部门核准后，企业可以按照国家有关规定自主支配其风险抵押金专户结存资金。

企业实施产权转让或者公司制改制的，其存储的风险抵押金仍按照本办法管理和使用。

第十九条 风险抵押金实际支出时适用的税务处理按财政部、国家税务总局制定的办法执行。具体核算问题，按照国家会计制度处理。

第二十条 每年2月15日前，各市、州安全生产监督管理部门及同级财政部门应当将上年度本地区风险抵押金存储、使用、管理有关情况上报省安全生产监督管理局及省财政厅。

第二十一条 风险抵押金应当专款专用，不得挪用。安全生产监督管理部门、财政部门及其工作人员有挪用风险抵押金等违反本办法及国家有关法律、法规行为的，依照国家有关规定进行处理。

第五章 附 则

第二十二条 风险抵押金专户资金的具体监管办法，由省安全生产监督管理局和省财政厅另行制定。

第二十三条 各市（州）、县安全生产监督管理部门及同级财政部门可以根据本办法制定具体管理办法。

第二十四条 独立核算、独立承担民事责任的分公司、股份公司，按照本办法执行。

第二十五条 不属于本办法规定范围的企业集团，其内部分公司、车间属于规定范围的，按照本办法执行。

第二十六条 煤矿企业按照《财政部、国家安全生产监督管理总局关于印发〈煤矿企业安全生产风险抵押金管理暂行办法〉的通知》（财建〔2005〕918号）相关规定执行。

第二十七条 本办法由省财政厅、安监局、人民银行兰州中心支行负责解释。

第二十八条 本办法自2007年5月1日起施行。

关于印发《甘肃省矿业权交易管理暂行办法》的通知

2007年5月15日 甘政办发〔2007〕50号

各市、自治州人民政府，省政府各部门，各有关单位：

《甘肃省矿业权交易管理暂行办法》已经省政府同意，现予印发，请认真贯彻执行。

甘肃省矿业权交易管理暂行办法

第一条 为培育和发展全省矿业权市场，规范矿业权交易行为，促进矿产资源优化配置，根据《中华人民共和国矿产资源法》等法律、法规，结合甘肃省实际，制定本办法。

第二条 在甘肃省行政区域内，国土资源行政主管部门以招标、拍卖、挂牌等公开竞争方式出让矿业权以及矿业权人进入省国土资源交易中心转让矿业权的，应当遵守本办法。

本办法所称矿业权特指探矿权和采矿权。

第三条 在甘肃省行政区域内，法律法规规定必须以招标、拍卖、挂牌等公开竞争方式出让矿业权以及国有地勘单位转让矿业权的，必须进入省国土资源交易中心进行交易。

除前款规定以外的矿业权人转让矿业权的，可以进入省国土资源交易中心进行交易。

第四条 矿业权交易应当符合国家法律、法规和有关规定，遵循公开、公平、公正、诚信的原则。

第五条 省国土资源厅是全省矿业权交易的行政主管部门，负责矿业权交易的监督管理工作，依法履行下列职责：

(一) 制定矿业权交易市场建设和发展规划；

(二) 制定矿业权交易的有关管理办法、矿业权市场交易规则；

(三) 对全省矿业权交易进行政策指导；

(四) 依法监管矿业权市场和监督矿业权交易行为，依法查处矿业权交易违法违规问题。

省发改、财政、监察、工商、税务、林业、商务等部门按照各自职责，配合省国土资源行政主管部门共同做好矿业权转让、出让等交易活动的监督管理工作。省工商部门依照《拍卖法》等法律法规，对以拍卖方式出让探矿权采矿权的交易活动实施监督，对探矿权采矿权转让交易行为进行监督检查。

第六条 市州、县区市国土资源行政主管部门按权限负责矿业权交易的监督管理，其他有关部门应按各自职责配合国土资源行政主管部门做好矿业权交易的监督管理。

第七条 经省政府批准设立的甘肃省国土资源交易中心由省国土资源厅管理，其主要职责是：负责全省国土资源市场建设与管理，组织实施省级矿业权一级市场公开出让工作，承担矿业权出让项目的资料收集整理、现场踏勘、信息发布等工作；对国有地勘单位矿业权二级市场公开转让提供服务和实施监督。

第八条 国土资源行政主管部门、矿业权人委托省国土资源交易中心承办矿业权出让或者转让的，应向省国土资源交易中心下达任务书或与其签订委托书，提供拟出让或转让矿业权的有关资料。

第九条 矿业权受让人应当符合法律、法规规定的矿业权申请人条件。

外商申请受让矿业权的，应当经过商务、发改等有关部门核准。

第十条 转让的矿业权中，凡涉及政府出资勘查并探明的矿产地，应当由矿业权评估机构先对政府出资部分的矿业权价值进行评估，评估结果经确认并依法提出处置方案后方可转让。

第十一条 矿业权人转让矿业权的，应当符合法律、法规规定的条件，并持具有审批权的国土资源行政主管部门及政府出具的同意转让的文件，进入省国土资源交易中心进行交易。

矿业权人转让矿业权，可以采用招标、拍卖、挂牌以及法律、法规允许的其他方式。

第十二条 申请受让矿业权的，应当向省国土资源交易中心提出申请，并提交其符合矿业权申请人资格的有关材料。

第十三条 采用招标、拍卖、挂牌等方式出让矿业权的，实行有底价出让。

矿业权的出让底价，按照国家有关规定和程序依法确定。

第十四条 采用招标、拍卖、挂牌等方式转让矿业权的，其底价由矿业权人确定。

第十五条 采用招标、拍卖、挂牌方式出让或者转让矿业权的，按照招标、拍卖、挂牌约定的规则确定成交价。

经过批准，采用其他方式转让矿业权的，按照矿业权交易双方达成的一致意见确定矿业权成交价。

第十六条 采用招标、拍卖、挂牌方式出让或者转让矿业权的具体交易规则由国土资源行政主管部门制定。

第十七条 出让矿业权的，省国土资源交易中心与中标人或者竞得人签订矿业权成交确认书。成交确认书应当包括下列内容：

(一) 中标人或者竞得人的名称、地址；

(二) 成交时间、地点；

(三) 中标、竞得的勘查区块、开采矿区的简要情况；

(四) 矿业权成交价；

(五) 矿业权成交价的处置方式；

(六) 办理矿业权登记所需的材料和要求；

(七) 办理矿业权登记的时间期限；

(八) 其他事项。

第十八条 矿业权交易双方应当在《矿业权成交确认书》设定的期限内签订矿业权出让、转让合同。矿业权出让、转让合同包括下列基本内容：

(一) 矿业权出让人、转让人、受让人的名称、法定代表人、注册地址；

(二) 出让、转让矿业权的基本情况，包括当前权属关系、许可证编号、发证机关、矿业权地理位置坐标、面积、许可证有效期限、勘查工作成果或开采情况、探明或保有资源储量等；

(三) 出让、转让方式和价款、价款处置方式或权益实现方式等；

(四) 受让人对投入与开发时限的承诺；

(五) 争议解决方式；

(六) 违约责任；

(七) 其他事项。

第十九条 矿业权交易的受让方，凭矿业权成交确认书、矿业权交易合同及其他有关材料，向矿业权登记管理机关申请办理矿业权登记手续。

第二十条 矿业权交易活动应接受纪检监察部门的监督；公证机关应对矿业权交易评标、拍卖活动进行现场公证，并依法出具公证文书。

第二十一条 矿业权交易过程中，出现下列情形之一的，经省国土资源交易中心确认，可以终止交易：

(一) 第三方对出让或者转让的矿业权有争议的；

(二) 矿业权转让方有矿产资源违法行为尚未处理的，或矿产资源违法行为行政处罚尚未执行完毕的；

(三) 依法可以终止矿业权交易的其他情形。

第二十二条 在矿业权交易过程中，出现下列情形之一的，应当终止交易，其矿业权交易行为无效：

(一) 交易一方不具备交易资格的；

(二) 违反国家法律、法规的；

(三) 交易显失公平、损害国家利益的；

(四)出(转)让方或受让方向省国土资源交易中心书面提出终止矿业权交易的；

(五) 人民法院依法发出终止矿业权交易书面通知的；

(六)应当依法终止矿业权交易的其他情形。

第二十三条 在矿业权交易活动中，禁止下列行为：

(一) 按本规定应该在省国土资源交易中心进行矿业权交易而未进场交易的；

(二) 操纵交易市场或者扰乱交易秩序的；

(三) 省国土资源交易中心及其工作人员作为出让方、转让方、受让方参与矿业权交易活动的；

(四) 法律、法规禁止的其他行为。

第二十四条 省国土资源交易中心及其工作人员违反本办法组织矿业权交易、出具虚假成交确认书的，交易行为无效。国土资源行政主管部门按有关规定，对直接责任人员给予行政处分，情节严重、构成犯罪的，依法追究刑事责任。

第二十五条 矿业权交易双方违反法律、法规，在矿业权交易中有影响公平交易行为和操纵市场行为的，交易行为无效。构成犯罪的，依法追究刑事责任。

第二十六条　本办法印发之日起施行。

关于清理规范探矿权的通知

2007年7月2日　甘政办发〔2007〕87号

各市、自治州人民政府，省政府有关部门：

近年来，随着全省经济社会的快速发展，作为国民经济基础产业的矿产资源开发速度进一步加快。但一些探矿权人“圈而不探”、“以采代探”、“越界勘查”、“非法转让”等违法违规现象仍然比较突出，对全省整顿和规范矿产资源开发秩序工作和加快勘查开发进程造成了较大影响。为坚决制止违法违规行为，规范矿产资源勘查开发秩序，加快勘查开发进度，保护生态环境，促进全省经济社会又好又快发展，省政府决定，对全省探矿权人履行法定义务情况进行全面清理规范。现将有关事项通知如下：

一、目标任务

通过清理规范，全面掌握全省探矿权设置、探矿工作进度等情况，依法注销、收回一批探矿权，坚决制止违法违规行为，进一步规范勘查秩序，加快开发进度，保护生态环境。

二、组织领导

清理规范工作由省政府办公厅负责总协调，省国土资源厅具体组织实施，省环保局配合,并邀请省内有关地质矿产方面的专家参加。

三、清理规范的主要内容

探矿权人是否按批准的勘查施工方案、施工设计施工，是否完成规定的最低勘查收入；探矿权人有无“圈而不探”、“以采代探”、“越界勘查”、“非法转让探矿权”、“以承包方式转让探矿权”等违法违规行为；探矿权人是否按时缴纳探矿权使用费、报送有关报表、提交开工报告，勘查单位是否具备相应资质等。

四、时间及步骤

本次清理规范工作从7月份开始，分自查、抽查和整改三个阶段进行。

(一)自查。由各市州政府负责，按检查内容的要求，结合探矿权年检，对本行政区域内的有效探矿权进行全面自查，并将结果于7月25日前报省政府办公厅、省国土资源厅。

(二)抽查。根据各市州自查情况，由省国土资源厅牵头，省环保局配合，邀请有关专家组成工作组，于8月开始进行抽查。

(三)整改。省国土资源厅根据自查和抽查结果，对违反国家有关政策和法律法规规定，存在“圈而不探”、“以采代探”、“越界勘查”、“非法转让”、“以承包方式转让”等问题的探矿权，提出整改意见，制定整改措施，报经省政府同意后组织实施，限期整改。

五、工作要求

本次探矿权人履行法定义务情况检查工作是贯彻落实省第十一次党代会精神，加快资源优势转化为经济优势，夯实发展基础，增强发展后劲的具体行动。各市州政府要高度重视，切实负起责任，加强领导，认真组织开展自查工作，如实填报情况汇总表，并对自查过程中发现的问题及时进行清理整顿。省国土资源厅要认真履行职责，组织开展好本次清理规范工作，坚决整改发现的问题，严肃处理有关责任人，确保清理规范工作取得实效。

附件：探矿权人法定义务履行情况汇总表　（略）

关于贯彻落实《甘肃省矿山环境恢复治理保证金管理暂行办法》的实施意见

2008年12月16日　甘政发〔2008〕178号

各县（区）人民政府，市直各有关部门：

依据国务院《地质灾害防治条例》、《甘肃省地质环境保护条例》，按照2008年12月10日市政府第24次常务会议精神，现就我市贯彻落实《甘肃省矿山环境恢复治理保证金管理暂行办法》，提出以下实施意见：

一、实施矿山环境恢复治理保证金制度的重要意义

实施矿山环境恢复治理保证金制度是有效保护和恢复治理矿山环境的一项重要措施。有利于正确处理矿山开采中局部利益与整体利益、当前利益与长远利益的关系；有利于实现经济效益、社会效益、资源效益与环境效益的统一；有利于采空区塌陷恢复治理，防治矿山地质灾害，保障人民群众生命财产安全；有利于促进“绿色矿山”建设，改善人居环境，提升人民生活质量，优化投资环境，构建和谐社会，实现经济社会全面、协调、可持续发展。

二、实施矿山环境恢复治理保证金制度的主要内容

矿山环境恢复治理保证金制度的主要工作内容是：向采矿权人收缴保证金、编制《矿山地质环境保护与综合治理方案》，签订《矿山环境治理责任书》，在此基础上对被破坏的矿山环境实施有效保护与治理。从2009年1月1日起，保证金制度作为采矿权人在申办、换领采矿许可证和土地使用权证时的必要条件。

(一) 保证金征收标准。保证金由县（区）国土资源、地税部门依据采矿范围、年开采量共同核定，由地税部门负责代征。收取标准按照《甘肃省矿山环境恢复治理保证金管理暂行办法》确定的各类矿山提取标准执行。保证金征收工作经费在收取的保证金中按1.5%提取。保证金由县（区）国土资源、财政部门共同管理并确定代理银行，开设保证金专户储存，按照收支两条线封闭运行的管理规定进行管理，按不同采矿权人单独进行核算（保证金收取标准见附件）。

(二) 保证金缴纳方式和期限。保证金依据采矿许可证有效年限按年度提取。金属矿、能源矿按年实际开采量提取年度保证金；非金属矿采矿按许可证登记面积和采矿许可证有效年限确定分年度平均提取的保证金数额。分期提取保证金的，应按年度在每年12月31日前缴存，凭缴存凭据办理采矿许可证年检。

采矿权人在接到国土资源主管部门与地税部门核定的保证金缴存通知后，30个工作日内，将保证金一次性存入指定代理银行专户，并将缴存复印件送财政主管部门备查。

对于新建矿山，采矿权申请人应当按采矿许可年限逐年缴存保证金；对于已建矿山，按本办法实施后采矿证许可的剩余年限逐年缴存保证金。

(三) 矿山地质环境保护与综合治理方案和矿山环境治理责任书的签订。实行保证金制度，要求有资质单位编制《矿山地质环境保护与综合治理方案》，编制单位要求同时具备地质灾害评估、地质灾害治理勘查、地质灾害治理设计资质。《矿山地质环境保护与综合治理方案》是专项治理方案，是验收采矿权人矿山环境恢复治理情况的主要依据。治理方案由县（区）国土资源局组织专家评审后报市国土资源局备案。新建矿山企业在取得采矿许可证或土地使用权证前，采矿权人必须提交《矿山地质环境保护与综合治理方案》，并签订《甘肃省矿山环境治理责任书》，作为申请采矿许可证和土地使

用权证的前置条件；现有生产矿山未编制《矿山地质环境保护与综合治理方案》的，由县（区）国土资源局制定计划分批组织编制，但必须在2009年5月31日前编制并签订《矿山环境治理责任书》。

(四) 矿山环境恢复治理工作的实施及治理项目的验收。采矿权人要根据治理方案确定的目标、任务，认真实施保护与恢复治理工程。

分期恢复治理工程或矿山闭坑恢复治理工程实施完毕后，采矿权人提出恢复治理工程验收书面申请，县（区）国土资源局应在收到书面申请后20个工作日内，组织自验合格后，报请市国土资源局组织专家进行验收，验收合格的要在10个工作日之内向采矿权人签发恢复治理工程验收合格通知书。

采矿权人逾期不进行矿山环境恢复治理或经治理未达到《矿山地质环境保护与综合治理方案》要求，且限期整改后仍达不到要求的，由县（区）政府决定，国土资源局通过向社会公开招标等形式，动用保证金，组织有地质灾害治理资质的单位进行治理。治理难度大，费用高，超过采矿权人缴纳保证金（含利息）额度的，按实际治理需要费用向采矿权人加收保证金，治理完毕由县（区）国土资源局组织初验合格后，报市国土资源局组织专家会同有关部门进行验收。

(五) 采空区塌陷赔偿及搬迁。保证金要足额征收，其中在收取的保证金8元/吨中提取4元作为煤矿采空区塌陷赔偿或应急搬迁所需费用；剩余4元作为矿山环境恢复治理专项资金，设财政专户储存管理。其他费用不得从保证金中支付。除煤炭之外的其他矿种严格按甘国土资发〔2007〕135号文件规定执行。

(六) 保证金的返还。矿山环境分期治理工程经验收合格，在收到恢复治理工程验收合格通知书后30个工作日之内，按实际治理工程所需费用返还给采矿权人。

闭坑矿山恢复治理工程经验收合格，在取得验收合格通知书后30个工作日之内，由县（区）国土资源局会同财政局将保证金及利息返还采矿权人。治理费用超出保证金的部分由采矿权人承担。

三、实施矿山环境恢复治理保证金制度的程序步骤

(一) 加强领导，健全组织。为保证矿山环境恢复治理保证金制度的顺利实施，要切实加强对此项工作的组织领导。各县（区）要成立保证金使用管理领导小组，负责保证金收取的日常调度、指导、协调工作。

(二) 编制方案，靠实责任。从2009年1月1日起，新设采矿权及采矿权延续、变更、转让的，矿山企业在取得采矿许可证或土地使用权证前必须编制并提交《矿山地质环境保护与综合治理方案》，和县（区）政府签订《矿山环境治理责任书》，缴纳矿山环境恢复治理保证金。

(三) 加强征收，规范程序。采矿权人在县（区）国土资源局办理采矿证年检、变更、转让、延续、换发采矿许可证之前要先办理保证金缴存手续。采矿权人在收到县（区）国土资源与地税部门核定的缴纳数额和开具的矿山环境治理保证金登记凭证后到指定账户缴纳保证金。财政部门收到保证金缴存收据后开出收缴单到县（区）国土资源部门存档，由县（区）国土资源部门与采矿权人签订《矿山环境治理责任书》后方可为采矿权人办理相关手续。具体的征收程序、管理办法各县（区）可根据实际情况制定实施细则。

(四) 创新机制，强化治理。建立矿山环境恢复治理长效机制，全面落实《甘肃省矿山环境恢复治理保证金管理暂行办法》，采矿权人必须依法履行矿山环境恢复治理义务，缴纳矿山环境恢复治理保证金。一是要坚持采矿权管理与保证金收取相结合，把保证金缴纳作为采矿权人申办、换发采矿许可证和矿山年检以及办理土地手续的必要前提条件，不依法缴纳保证金的，不得换发采矿许可证，不予通过矿山年检，不予办理土地手续。二是要坚持标准，确保足额征收，必须专款专用，不得擅自减免或欠缴。保证金收缴工作从2009年起列入对县（区）政府的年度考核之中。三是市级国土资源、财政部门要加强对县级保证金收缴管理、资金使用、工程治理等方面的监督检查，确保矿山环境恢复治理保证金制度的真正落实。

关于加强2011年煤矿资源整合兼并重组和安全监管工作的通知

2011年5月25日　甘政办发〔2011〕120号

各产煤市、自治州人民政府，省政府有关部门：

为贯彻《国务院关于进一步加强企业安全生产工作的通知》(国发〔2010〕23号)和《甘肃省人民政府关于进一步加强企业安全生产工作的实施意见》(甘政发〔2010〕88号)精神，落实国务院及有关部委关于加强煤矿资源整合、兼并重组和安全生产工作的一系列政策措施和要求，促进全省煤矿安全生产形势持续稳定好转，现就加强2011年全省煤矿资源整合、兼并重组和安全监管工作的有关事项通知如下：

一、充分认识煤矿资源整合、兼并重组和安全监管工作的艰巨性、复杂性和重要性

近年来，随着煤矿整顿关闭、安全整治措施的逐步落实，我省煤矿安全生产事故逐年减少，安全生产形势总体稳定。但是，煤炭工业长期粗放发展积累的矛盾仍很突出，全省仍有地方小煤矿287处(平均年生产能力不足5万吨)，产业集中度低、生产技术落后、安全基础薄弱、安全保障能力差等问题，已成为制约煤炭工业健康发展和煤矿安全生产工作的主要因素。特别是近两年来，煤矿资源整合工作难度大、进展缓慢，已经列入资源整合的118处小煤矿长时间停产；一些小煤矿频繁转让，部分买主不具备安全生产基本知识，企业主体责任难以有效落实；一些地区矿权炒卖现象严重，转让价格节节升高，已严重影响到煤炭资源开发和煤矿安全生产正常秩序，煤矿安全生产、社会稳定等方面存在较大隐患。

推进全省煤矿资源整合和兼并重组，加强煤矿安全生产工作，是保护和集约开发煤炭资源、保障煤炭可靠供应和促进煤炭工业健康发展的必然要求，是调整优化产业结构、提高发展质量和效益，实现安全发展、可持续发展的重大举措。2010年以来，国务院及有关部委连续下发通知，对煤矿资源整合、兼并重组和安全监管工作特别是煤矿安全基础建设提出新的更高的要求，推进淘汰落后产能工作迫在眉睫。各产煤市州、各有关部门要进一步统一思想，充分认清当前工作面临的严峻形势和主要矛盾，切实增强紧迫感、责任感和主动性，按照各自职责分工，加强协调配合，切实抓好各项工作的落实。

二、加强组织领导，落实工作责任，扎实推动各项工作

省国土资源厅、省发展改革委、省安监局等部门要分别牵头负责，进一步加强对煤矿资源整合、兼并重组和整顿关闭工作的组织领导。各牵头部门主要领导要亲自抓，分管领导要具体抓，切实负起组织协调职责，及时沟通情况，协调督促相关部门加快工作进度，确保工作整体有序推进；各相关协同部门和各产煤市州政府要按照省政府有关要求，积极做好配合工作，并指定具体承办机构和责任人，认真抓好各项工作的落实。

(一) 加快资源整合审批进度，切实规范资源整合工作。省国土资源厅要按照《甘肃省人民政府关于进一步加强煤矿资源整合兼并重组和安全生产工作的意见》(甘政发〔2010〕58号)要求，每季度召集由相关部门参加的联席会议，准确把握煤矿资源整合政策，合理简化审批程序，协调解决资源整合中的制约因素和突出问题，推动煤矿资源整合工作扎实、有效开展，力争2011年底前完成所有整合主体煤矿的审批工作。

各产煤市州政府要加强资源整合中煤矿安全管理，严格落实先关闭后整合的工作要求，定期组织相关部门联合执法，严厉打击边整合边生产等违法违规行为。对整合期间发生较大以上事故或非法违法组织生产，设计批复一年内不开工以及在规定建设工期内不能完成项目建设(特殊情况经批准可适当

延长)的资源整合煤矿，要报请省国土资源厅取消其整合资格，依法予以关闭。

对经批准进行施工建设的资源整合煤矿，各产煤市州国土资源和煤矿安全管理部门要切实加强建设期间安全监管，以长期停产可能造成的积水、瓦斯积聚等隐患为重点，督促企业切实落实“一通三防”(矿井通风，防治瓦斯、防治煤尘、防灭火)和防治水措施，按期完成井下安全避险“六大系统”(监测监控系统、人员定位系统、紧急避险系统、压风自救系统、供水施救系统和通信联络系统)建设，严防基建安全事故。

(二) 加快规划方案编制，有效推进兼并重组工作。省发展改革委要按照《国务院办公厅转发发展改革委关于加快推进煤矿企业兼并重组若干意见的通知》(国办发〔2010〕46号)要求，以尽量减少开发主体为原则，会同相关部门和产煤市州，尽快开展工作调研，6月底前编制出台全省煤矿企业兼并重组总体规划。充分发挥市场机制作用，支持符合条件的各种所有制煤矿企业成为兼并重组主体，鼓励煤矿、电力、冶金、化工等行业企业以产权为纽带、以股份制为主要形式参与兼并重组。在与各矿区总体规划衔接的基础上，9月底前制定兼并重组方案，确定兼并重组主体企业，认真抓好组织实施。

(三) 强化安全基础建设，着力加强整顿关闭工作。省安监局要严格落实国家关于煤矿井下安全避险“六大系统”建设和安全质量标准化达标等硬性要求，依法、依规、合理提高安全准入门槛，促使煤矿加大安全投入、加强安全管理，促使资源和安全条件较差的煤矿自主、有序退出。加强生产煤矿的安全监管，深化专项整治，强化隐患排查治理，对隐患整改不力，安全基础设施不符合要求的，一律停产整顿、限期整改，逾期未整改的坚决关闭。各产煤市州要继续按照不具备安全生产条件、存在重大隐患且目前无法治理、违法违规生产建设等3个条件，对煤矿进行认真排查，确定2011年拟关闭煤矿名单，报请省政府公告关闭。

三、加强督促引导，全面落实企业安全生产主体责任

各产煤市州政府要认真履行属地监管职责，督促和推动辖区内各煤炭企业切实落实企业法人代表、实际控制人安全生产第一责任人的责任，不断提高企业安全生产主体责任意识。要突出抓好对企业法人代表、实际控制人和管理人员有关煤矿资源整合、兼并重组和整顿关闭工作特别是煤矿安全基础建设等方面政策、法规及要求的宣传培训工作。要引导企业进一步健全安全管理机构，完善安全生产规章制度，把安全生产作为强基固本的重要举措纳入企业发展战略，确保安全投入、安全管理、技术装备、教育培训等措施落实到位。要监督企业严格按照有关规程和制度要求，规范现场安全管理，落实矿领导带班下井制度，完善瓦斯和水害防治措施，加大隐患排查治理力度，切实提高安全保障水平。要着力强化资源整合、兼并重组主体企业安全管理责任落实，对资源整合、兼并重组实施过程中的安全管理和项目施工进行统一协调管理，完善安全保障措施，保证生产、施工安全。

青海省地质环境保护办法

2003年12月3日　青海省人民政府令第37号

公布根据2009年11月23日《青海省人民政府关于修改〈青海省地质环境保护办法〉的决定》修订

第一章　总 则

第一条　为保护地质环境和地质遗迹，防治地质灾害，保障经济社会可持续发展，根据有关法律、法规，结合本省实际，制定本办法。

第二条　在本省行政区域内从事地质环境、地质遗迹的保护、利用，防治地质灾害等活动，适用本办法。

第三条　地质环境保护坚持保护优先、合理利用和谁开发谁保护、谁破坏谁治理、谁投资谁受益的原则。

第四条　地质环境保护工作实行统一管理，分级、分部门负责。省人民政府国土资源行政主管部门负责全省地质环境保护监督工作。州（地、市）、县（市、区）人民政府国土资源行政主管部门负责本行政区域内地质环境保护管理工作。住房城乡建设、环保、交通、水利和林业等有关行政主管部门，在各自职责范围内做好地质环境保护工作。

第五条　鼓励单位和个人捐助、投资地质环境保护和地质灾害防治。任何单位和个人有保护地质环境的义务，有权制止和举报破坏地质环境、引发地质灾害的行为。对地质灾害前兆信息应及时报告当地人民政府或国土资源等有关行政主管部门。

第六条　县级以上人民政府或国土资源等有关行政主管部门应当向社会宣传地质环境保护与地质灾害防治的科学知识，使公众掌握避险防灾、应急救灾的基本方法。对在地质环境保护工作中做出显著成绩的单位和个人，给予表彰奖励。

第二章　地质环境保护利用规划

第七条　县级以上国土资源行政主管部门负责编制本行政区域的地质环境保护利用规划，报本级人民政府批准后公布实施，并报上一级国土资源行政主管部门备案。跨行政区域的地质环境保护利用规划，由其共同的上一级国土资源行政主管部门编制。

经批准的地质环境保护利用规划不得擅自修改，确需修改的，应当报经原批准机关批准。

第八条　地质环境保护利用规划应当包括地质环境现状、地质环境保护和利用、地质灾害防治、矿山地质环境恢复、地质遗迹利用和保护等内容。

第九条　县级以上人民政府及有关行政主管部门在审批涉及地质环境保护内容的有关规划时，应当征求同级国土资源行政主管部门的意见。

第三章　地质环境监测与保护

第十条　从事生产、建设活动应当保护地质环境，防止引发、加重地质灾害。从事地质灾害治理的单位应当对已存在的地质灾害险情进行监测，制定应急防治措施。

第十一条　工程建设单位、矿业权人对工程建设、矿山开采活动所损坏的地质环境履行恢复责任，向工程所在地县级以上国土资源行政主管部门报送地质环境治理恢复年度报告，并接受监督检查。

第十二条　开采油气资源、液体盐矿和地下热水、矿泉水等资源的，矿业权人应当实施矿区地质环境监测，并按规定向省国土资源行政主管部门报送监测资料。

第十三条　县级以上国土资源行政主管部门负责组织本行政区域地质环境监测，建立地质灾害监测预警系统，对重大地质灾害险情及时预报；建立地下水资源开发利用水量水质预报系统，防止地下水的过量开采与污染。

省国土资源行政主管部门所属地质环境监测机构负责组织实施、指导全省重大地质灾害险情、重要流域、主要城镇地下水水情和全省地质遗迹及重点矿山等地质环境的监测预报工作。

第十四条　省国土资源行政主管部门根据地质环境监测资料，发布年度地质环境公报。

第十五条　县级以上人民政府负责公告本行政区域内的地质遗迹保护名录。下列地质遗迹应当保护，并设立保护标志：

(一) 有重大观赏或科研价值的地质地貌景观；

(二) 有重要价值的地质剖面或构造形迹；

(三) 有重大科研价值的古人类遗址或古生物化石及其产地；

(四) 有特殊价值的矿物、岩石及其典型产地；

(五) 有典型和特殊意义的水体资源或地质灾害遗迹；

(六) 其他需要保护的地质遗迹。

第十六条　对具有国际、国内或区域性典型意义的地质遗迹，可以按照《中华人民共和国自然保护区管理条例》的规定，建立地质遗迹保护区或者地质公园。

第十七条　任何单位和个人不得擅自移动、侵占、损毁地质环境监测及地质遗迹保护设施和标志。

第四章　地质灾害防治

第十八条　防治地质灾害，坚持预防为主，避治结合的方针，实行谁引发谁治理，减少人为引发的地质灾害。

第十九条　县级以上人民政府应当建立和完善地质灾害防治工作政府领导责任制、政府主管部门管理责任制、重点隐患监测防灾责任制，明确具体负责部门和责任人，并把灾害危险点的长期监测和应急防范措施落实到具体单位和人员。

第二十条　县级以上人民政府应当加强地质灾害防治工作，将地质灾害防治资金列入地方财政预算。地质灾害防治资金用于本地区地质灾害隐患调查、建立健全群测群防网络及地质灾害危险区居民疏散等。省地质灾害防治资金用于全省地质灾害防治预报预警体系建设和重大地质灾害应急抢险与勘查、治理。

第二十一条　县级以上人民政府应当根据地质灾害隐患调查资料或者形成分布规律，在本行政区域内划定地质灾害危险区、地质灾害易发区，及时向社会公布地质灾害危险区和地质灾害易发区的信息资料。县级以上人民政府应当在地质灾害危险区的边界设置明显警示标志。除治理地质灾害工程外，在地质灾害危险区内禁止其他工程建设。

第二十二条 县级以上国土资源行政主管部门，应当对本行政区域内破坏地质环境、引发或加重地质灾害的行为和地质灾害危险区防范措施的落实情况进行监督检查。接受检查的单位和个人应当如实反映情况，提供有关资料。

第二十三条 县级以上国土资源行政主管部门应当会同住房城乡建设、水利、交通等有关行政主管部门，根据《地质灾害防治条例》的规定，编制年度地质灾害防治方案和突发性地质灾害应急预案，报同级人民政府批准后公布。

第二十四条 地质灾害险情预报（专报）或临灾预报由县级以上人民政府国土资源等有关行政主管部门会同省地质环境监测机构提出，报同级人民政府发布。群众监测点的险情（临灾）预报，由县级人民政府国土资源行政主管部门或者由其委托的组织发布。

第二十五条 地质灾害易发区的县、乡人民政府应当建立监测体系和群测群防网络，制定应急防范措施，加强汛期值班，完善险情巡视制度，做好避险防灾工作。必要时，应当设立专门监测站点，设置专人监测。

第二十六条 已在地质灾害易发区和危险区内的单位、组织和村（居）民，应当组织和加强日常观测，发现异常情况及时报告当地人民政府或国土资源等有关行政主管部门。当地人民政府应当加强指导和险情巡视工作，并根据实际情况制定紧急避让、撤离和安置措施 。

第二十七条 在地质灾害易发区内进行工程建设应当在可行性研究阶段进行地质灾害危险性评估，并将评估结果作为可行性研究报告的组成部分；可行性研究报告未包含地质灾害危险性评估结果的，不得批准其可行性研究报告。编制地质灾害易发区内的城乡规划时，应当对规划区进行地质灾害危险性评估。

第二十八条 地质灾害危险性评估单位进行评估时，应当对建设工程遭受地质灾害危害的可能性和该工程建设中、建成后引发地质灾害的可能性做出评价，提出具体的预防治理措施，并对评估结果负责。

第二十九条 个人在地质灾害低易发区内修建住房或牲畜棚圈、温棚等用于生产生活的小型建（构）筑物，经县级国土资源行政主管部门现场确认不会遭受或引发地质灾害的，可以不进行地质灾害危险性评估。

第三十条 工程建设、矿山开采应当按照地质灾害危险性评估要求，采取工程防护措施防止引发或加重地质灾害。处置城镇生活垃圾和矿山、工程建筑废渣（尾液）堆填物、其他废弃物，应当采取隔离防护措施，防止引发或加重地质灾害，破坏地质环境。

第三十一条 地质灾害危险性评估单位应当具有相应的专业技术人员，具备专门的技术装备。

第三十二条 发生地质灾害时，当地县、乡人民政府和有关行政主管部门，应按地质灾害防灾预案灾情报告制度报告，并迅速赶赴现场组织抢险救灾。灾害发生地的有关单位、个人应当立即向当地人民政府或国土资源行政主管部门报告地质灾害。发生大型以上及中型以下地质灾害的，县级国土资源行政主管部门应在4小时、12小时之内报县级人民政府及上一级国土资源行政主管部门，并同时向省人民政府和省国土资源行政主管部门报告。

第三十三条 工程建设、矿山开采造成地质环境破坏或引发、加重地质灾害的，以及发现重大灾害前兆、隐患的，责任人应当及时向当地人民政府国土资源行政主管部门报告，并采取恢复和治理措施，或者立即采取应急疏散避险减灾措施，防止灾害扩大。

第三十四条 因自然因素造成的地质灾害，确需治理的，大型地质灾害由省国土资源行政主管部门会同州（地、市）人民政府组织治理；中型以下地质灾害，由县级以上人民政府组织治理。受地质灾害威胁的单位和个人应当积极协助和配合治理工作。因矿山生产、工程建设等人为活动引发的地质灾害由责任单位限期治理。

第三十五条 政府投资的地质灾害治理工程竣工后，由县级以上国土资源行政主管部门组织竣工验收。其他地质灾害治理工程竣工后，由责任单位组织竣工验收；竣工验收时，应当有国土资源行政主管部门参加。禁止侵占、损毁地质灾害治理工程设施。确需变动、关闭或者拆除的，应当征得国土资源行政主管部门的同意。

第三十六条 从事地质灾害防治工程勘查、设计、施工、监理活动，应当具备相应的资质，并对其工作成果或者质量负责。

第三十七条 对处于治理成本过高或难以治理的地质灾害危险区域内的居民，应当实行搬迁避让。县级以上人民政府应当根据实际情况，充分尊重群众意愿，选择搬迁安置方式。搬迁安置点的选择应当避开可能发生地质灾害的区域，尽量不占用或者少占用农用地，避免对自然保护区、饮用水水源保护地造成破坏。

第五章 矿山地质环境保护

第三十八条 采矿权申请人申请办理采矿许可证时，应当委托具有相应资质的单位编制矿山地质环境保护与治理恢复方案，报有批准权的国土资源行政主管部门批准。矿山地质环境保护与治理恢复方案的主要内容和编制程序按照国家有关规范执行。

第三十九条 采矿权人变更开采规模、矿区范围或者开采方式的，应当重新编制矿山地质环境保护与治理恢复方案，并报原批准机关批准。

第四十条 采矿权人应当按照有关规定足额缴存矿山环境治理恢复保证金。保证金的计提、缴存、使用和管理按照《青海省矿山环境治理恢复保证金管理办法》执行。

第四十一条 采矿权人在矿山生产过程中或者在停办、关闭、闭坑前，应当根据矿山地质环境保护与治理恢复方案，完成矿山地质环境的治理恢复工作，并达到下列标准：

(一) 对挖损、塌陷、压占、污染的土地已进行回填、平整或改造，已恢复到适宜植物生长等其他可供利用状态；

(二) 探槽、探井、钻孔、巷硐等已进行封闭或者回填；

(三) 整修露天采矿的边坡、危岩体等并实施绿化，没有山体崩塌、滑坡、泥石流等人为地质灾害隐患；

(四) 处置矿山开采活动中产生的各类废弃物达到国家规定的标准；

(五) 地表水、地下水水质得到恢复，地下含水层恢复到采前状态。

第四十二条 县级以上人民政府环境保护、国土资源行政主管部门会同其他有关行政部门按照矿山地质环境保护与治理恢复方案要求，负责对停办、关闭、闭坑的矿山地质环境保护与治理恢复工程进行验收。

第四十三条 以槽探、坑探等方式勘查矿产资源，探矿权人在矿产资源勘查活动结束后未申请采矿权的，对勘查资源过程中遗留的钻孔、探井、探槽、巷硐形成的危岩、危坡等应当采取相应的措施，进行治理恢复。

第六章 法律责任

第四十四条 违反本办法规定，法律、法规、规章有处罚规定的，从其规定。

第四十五条 工程建设单位、矿业权人未向国土资源行政主管部门报送地质环境治理恢复年度报告的，由县级以上国土资源行政主管部门责令限期报送；逾期不报送的，处以一千元以上一万元以下的罚款。

第四十六条违　反本办法规定，侵占、损毁或擅自移动地质环境监测及地质遗迹保护设施和标志的，由县级以上国土资源行政主管部门责令停止违法行为，限期恢复原状或者采取补救措施，造成损失的，赔偿损失；并可对个人处以一百元以上二千元以下罚款，对单位处以一千元以上一万元以下罚款。

第四十七条　县级以上人民政府相关部门及其工作人员，在地质环境保护工作中有下列情形之一的，由其上级主管部门或者监察机关责令改正；情节严重的，对直接负责的主管人员和其他直接责任人员依法给予行政处分；构成犯罪的，依法追究刑事责任：

(一) 对因自然因素造成的地质灾害不按照规定组织治理的；

(二) 拒不发布或延缓发布地质灾害预报预警的；

(三) 不依法组织对地质灾害治理工程和矿山地质环境治理恢复工程进行验收的；

(四) 其他滥用职权、玩忽职守、徇私舞弊的行为。

第七章　附　　则

第四十八条　本办法下列专用词语的含义是：

地质遗迹，是指在地球地质演化历史时期，形成并保存下来不可再生的，具有重大科研或观赏价值的地质自然遗产。主要有：地质构造、地层古生物化石、地质地貌景观、典型地质灾害遗迹等。

地质灾害，是指由自然产生和人为引发，危害公众生命和财产安全的地质现象。主要有：崩塌、滑坡、泥石流、地面塌陷、地裂缝、地面沉降等。

地质灾害危险区，是指地质灾害的载体活动征兆明显，且将可能造成较多人员伤亡和严重经济损失的地质灾害承灾区。

地质灾害易发区，是指具备地质灾害形成的地质地貌条件和在自然、人为等营力作用下，容易产生地质灾害的区域。

第四十九条　本办法应用中的具体问题，由省国土资源行政主管部门负责解释。

第五十条　本办法自2004年2月1日起施行。

关于加强煤炭资源勘查开发管理的通知

2004年9月23日　青政〔2004〕68号

西宁市、各自治州人民政府，海东行署，省政府各委、办、厅、局：

为保护和合理利用煤炭资源，规范资源开发秩序，使我省煤炭资源开发实现可持续发展，按照国土资源部《关于加强煤炭资源勘查开采管理的通知》(国土资发〔2004〕34号)的要求，结合我省实际，现就加强煤炭资源勘查开发管理的有关事项通知如下：

一、认真修订和完善煤炭资源开发规划。由省发展改革委负责，各相关部门配合，根据国家有关部委的要求，尽快组织修订《青海省煤炭资源开发规划》，统筹规划我省今后一个时期内煤炭市场需求、开发布局和开发规模及电力、交通等基础设施配套建设。要在修编《青海省煤炭资源开发规划》的基础上，编制大型独立矿区的总体规划，为煤炭资源的合理开发、科学利用提供依据。

煤炭资源勘查开采、相关基础设施建设及煤炭深加工项目设置应根据煤炭资源自然分布情况，按照煤炭资源开发总体规划，遵循“合理布局、有序利用、开发与保护并重”的原则，以有效开发利用资源和保护环境为基础，综合考虑，统筹安排。

二、适度控制煤炭资源勘查开发规模。为使我省煤炭开发规范有序，规模适度，根据目前全省煤炭资源勘查开采情况，除省政府已同意进入有关矿区进行前期工作的企业外，木里、江仓和鱼卡地区其余矿区、勘查区暂停出让探矿权、采矿权和引进新的业主。

三、充分发挥市场配置资源的基础性作用。根据国土资源部《探矿权采矿权招标拍卖挂牌管理办法(试行)》(国土资发〔2004〕197号)，新设立的由国家出资勘查形成的煤炭资源探矿权、采矿权必须以招标拍卖挂牌方式出让。各地区、各有关部门在招商引资涉及配置煤炭资源时，必须依据法定权限事先征得主管部门同意，不得自行承诺资源配置和优惠政策。获得探矿权进行勘查后申请采矿权的，必须符合《青海省矿产资源总体规划》和《青海省煤炭资源开发规划》的要求，按相关规定办理。

四、坚决依法维护矿产资源国家所有权益。各地区要严格按照相关法律、法规的要求开展工作。今后各级国土资源管理部门要认真贯彻落实国土资源部下发的《关于进一步加强探矿权采矿权价款管理的通知》(国土资发〔2004〕97号)精神，严格按照国家规定收取探矿权采矿权价款、使用费和矿产资源补偿费，不得随意减缴、缓缴或免缴。

五、切实加强煤炭资源勘查开发管理。除青南地区、边界地区和零星分散的煤矿产地外，新设置采矿权生产规模原则上不能低于30万吨／年。凡未达到规定勘探程度的矿区，一律不得进行开采；在海西、海北州等重点产煤区，开采规模要按省政府有关要求执行，达不到生产规模的，坚决予以关闭；要切实维护煤炭资源勘查开发秩序，重点加强对木里、江仓和鱼卡地区从事勘查开发活动企业的监管，要按照省重点矿区开发规划确定的规模和要求，分期合理配置资源对执行规划、工作进展好的企业给予支持，对于不执行规划及其他相关政策的要依法处罚，坚决杜绝无证开采、以采代探及非法承包、转让等行为。

六、做好煤炭资源开发的环境保护工作。要做好煤炭资源集中区的区域环境评价和环境保护规划，建立严格的矿山生态环境保护制度，严格执行矿山的生态环境保护准入条件，坚持科学发展观，按照“谁开发、谁保护，谁污染、谁治理，谁破坏、谁恢复，谁使用、谁补偿”的原则，落实环境保护和治理责任。坚持矿山建设和环境保护设施同时设计、同时施工、同时投产使用的“三同时”制度，防治地质灾害、地下水污染，治理矿山“三废”。同时，要切实将环境保护工作纳入矿区开发总体规划，超前组织开展矿区生态恢复的研究，制定矿区分阶段恢复计划。

七、积极做好煤炭资源开发的综合利用工作，统筹提高煤炭开发技术含量。新建矿山应采用先进的开采方法和技术，提高资源利用率；积极推进煤炭资源综合开发利用，提高洗选率，禁止优煤劣用；煤炭深度加工利用，亦应按照规划进行项目建设，努力延长产业链，提高产品附加值。

八、本通知印发前制定的有关我省煤炭资源勘查开发管理的规定与本通知不一致的，依照本通知的规定执行。

关于调整我省煤矿井下艰苦岗位津贴标准的通知

2006年10月10日　青劳社厅发〔2006〕66号

西宁市、各自治州、海东行署劳动和社会保障局、经委、财政局，各企业集团公司，中央驻青企业：

根据劳动和社会保障部、国家发展改革委、财政部《关于调整煤矿井下艰苦岗位津贴有关工作的通知》（劳社部发〔2006〕24号）精神，为加强对企业艰苦岗位劳动者的劳动保护，提高煤矿工人的工资收入，促进煤炭行业持续稳定健康发展，结合我省煤炭企业的实际情况，现就提高我省煤矿井下艰苦岗位津贴标准的有关问题通知如下：

一、执行范围

井下艰苦岗位津贴适用于我省各类煤炭企业的井下作业职工，不包括露天煤矿职工。具体发放范

围为：井下采掘工人、辅助工人、安检人员及下井工作且编制在井下采掘、辅助队的基层干部、技术人员和管理人员。

二、艰苦岗位津贴的种类及调整标准

井下艰苦岗位津贴包括：井下津贴、班中餐补贴和夜班津贴。

(一) 井下津贴

(1) 井下采掘工：25元/工；井下辅助工：15元/工。

(2) 安检人员、基层干部、技术人员及管理人员的井下津贴标准按井下辅助工标准执行。

(二) 班中餐补贴：6元/工。班中餐补贴由企业集中用于井下作业职工的伙食，不得挪作他用，也不得直接发给职工个人。

(三) 夜班津贴：10元/工。

三、资金来源

调整井下艰苦岗位津贴所需资金可在企业成本中列支。实行工资总额同经济效益挂钩的企业，调整津贴标准增加的工资在挂钩工资基数外单列。

四、组织实施

各类煤炭企业要认真执行井下艰苦岗位津贴的有关规定，发放标准不得低于政府规定的标准。实行吨煤工资含量计件制的企业，应结合职工出勤情况，在吨煤工资以外发放井下艰苦岗位津贴。企业要在提高井下艰苦岗位津贴的同时，积极改善劳动条件和劳动环境，合理确定劳动定额，切实保障劳动者的身体健康。

本通知自下发之日起执行。

关于印发《青海省煤矿生产安全事故报告和调查处理暂行规定》的通知

2006年12月13日　青政办〔2006〕177号

西宁市、各自治州人民政府，海东行署，省政府各委、办、厅、局：

《青海省煤矿生产安全事故报告和调查处理暂行规定》已经省政府同意，现印发给你们，请认真贯彻执行。

青海省煤矿生产安全事故报告和调查处理暂行规定

第一条　为进一步规范煤矿生产安全事故的报告和调查处理工作，根据《中华人民共和国安全生产法》、《煤矿安全监察条例》等有关法律法规及规章的规定，结合青海实际，制定本规定。

第二条　煤矿生产安全事故等级划分：

(一) 煤矿生产安全一般事故：指一次死亡2人以下，或重伤3人以上9人以下的事故；

(二) 煤矿生产安全重大事故：指一次死亡3人以上9人以下，或重伤10人以上49人以下的事故；

(三) 煤矿生产安全特大事故：指一次死亡10人以上30人以下，或重伤50人以上100人以下的事故；

(四) 煤矿生产安全特别重大事故：指一次死亡30人以上，或重伤100人以上的事故。

第三条　煤矿企业发生生产安全事故后，事故现场有关人员应当立即报告本单位负责人，单位负责人接到事故报告后，应当迅速启动煤矿生产安全事故应急救援预案，组织事故应急救援，努力减少人员伤亡和财产损失，防止事故扩大。

第四条 煤矿企业发生生产安全事故，必须立即如实报告当地政府及其安全监管部门和其他负有煤矿安全监管职责的部门，不得瞒报、谎报、迟报。

第五条 事故发生地的安全监管部门和其他负有煤矿安全监管职责的部门，在接到煤矿企业生产安全事故报告后，即按下列要求报告生产安全事故情况：

(一) 按国家有关规定逐级上报青海煤矿安全监察局、省安全生产监督管理局和其他负有煤矿安全监管职责的部门，并同时报告同级人民政府。青海煤矿安全监察局、省安全生产监督管理局和其他负有煤矿安全监管职责的部门接到报告后，必须立即上报省人民政府和国家安全监管总局、国家煤矿安全监察局。

(二) 上报事故的时间要求：

1. 发生一般生产安全事故后，必须在24小时内逐级上报至青海煤矿安全监察局、省安全生产监督管理局和其他负有煤矿安全监管职责的部门。

2. 发生重大生产安全事故后，必须在2小时内逐级上报至省人民政府和国家安全监管总局、国家煤矿安全监察局。

3. 发生特大、特别重大事故后，必须立即逐级上报至省人民政府和国家安全监管总局、国家煤矿安全监察局。

第六条 煤矿企业发生生产安全事故后，应当派专人保护事故现场，不得故意破坏事故现场、毁灭证据。因抢救人员和财产，防止事故扩大，确需移动现场有关物件的，必须作出标志，绘制事故现场图，并做好音像记录和笔录。清理事故现场，应当经事故调查组同意。

第七条 发生生产安全事故的生产经营单位主要负责人和有关人员应立即赶赴事故现场，不得在事故抢救期间和事故调查处理期间擅离职守或者逃匿；不在单位的应当立即返回。

第八条 任何单位和个人不得干涉和阻挠事故报告和调查处理工作，并有权向安全监管部门、煤矿安全监察机构或者有关部门举报煤矿生产安全事故，接受举报的部门应当对举报人予以保护和奖励。

第九条 各级人民政府及其有关部门应当支持、配合事故的调查处理工作，并提供相应条件。

第十条 事故调查组成员应当具有事故调查所需要的知识和专长，并与事故单位和有关人员无利害关系；事故调查组成员应当在事故调查组的统一领导下开展工作，遵守纪律，保守调查秘密，并对事故调查组负责。

第十一条 事故调查组根据事故调查需要，必要时可聘请有关煤矿专家或成立专家组协助事故调查分析。调查中需要的技术资料和数据分析，可委托具有国家规定相应资质的机构进行检测和鉴定。

第十二条 事故调查组负有下列职责：

(一) 查明事故经过、人员伤亡和经济损失情况；

(二) 查明事故原因和性质；

(三) 确定事故责任，提出对事故责任者的处理建议；

(四) 总结事故教训，提出防止事故发生的措施建议；

(五) 提出事故调查报告。

第十三条 事故调查组对事故调查报告应当科学分析，充分讨论。事故调查组对事故分析和事故责任的处理建议，应当取得一致意见；不能取得一致意见的，煤矿安全监察或安全监管部门有权提出结论性意见。对结论性意见仍有不同意见的，应当报上级煤矿安全监察机构商有关部门处理。

第十四条 事故调查报告应当包括下列内容：

(一) 事故单位的基本情况；

(二) 事故发生的时间、地点、经过和抢救情况；
(三) 人员伤亡和经济损失情况；
(四) 事故发生的原因；
(五) 事故的性质；
(六) 事故责任认定及对事故责任者的处理建议；
(七) 事故教训和应当采取的措施；
(八) 事故调查组名单；
(九) 其他需要载明的事项。

第十五条 煤矿生产安全事故调查处理实行国家煤矿安全监察局、青海煤矿安全监察局、煤矿安全监察分局或产煤州（市）安全监管局分级管理的办法。

州（市）级以上安全监管、经委、监察、公安、工会、检察等有关部门参加煤矿生产安全事故的调查处理。

第十六条 对煤矿生产安全事故的调查，按下列规定进行：

(一) 一般生产安全事故，由煤矿安全监察分局或州（市）安全监管局负责组织调查，事故调查组由事故发生地的州（市）级安全监管、经委、监察、公安、工会、检察等有关部门组成，青海煤矿安全监察局监督事故调查，必要时，由青海煤矿安全监察局组织调查组调查。

事故调查报告由煤矿安全监察分局批复（分局未设立前，由青海煤矿安全监察局批复），州（市）人民政府接到煤矿安全监察分局或青海煤矿安全监察局的批复文件后，按照相关规定对事故责任人进行处理，处理结果抄送青海煤矿安全监察局备案。

(二) 重大生产安全事故，由青海煤矿安全监察局负责组织调查，事故调查组由青海煤矿安全监察局、省安全生产监督管理局、省经委、省监察厅、省公安厅、省检察院、省总工会等有关部门和州（市）人民政府组成，州（市）有关部门、事故发生地的县级人民政府及其有关部门，配合事故调查组进行调查。

事故调查报告由青海煤矿安全监察局批复，并报省人民政府和国家煤矿安全监察局备案。州（市）人民政府接到青海煤矿安全监察局的批复文件后，按照相关规定对事故责任人进行处理，处理结果抄送青海煤矿安全监察局备案。

(三) 特大生产安全事故，由青海煤矿安全监察局负责组织调查，事故调查组由省安全生产监督管理局、省经委、省监察厅、省公安厅、省检察院、省总工会等有关部门和州（市）人民政府组成，州（市）有关部门和事故发生地的县级人民政府及其有关部门，配合事故调查组进行调查。必要时，报请国家煤矿安全监察局组织调查组调查。

事故调查报告由青海煤矿安全监察局在征得省人民政府意见后，报国家煤矿安全监察局批复。有关州（市）人民政府与省级各有关部门按照国家煤矿安全监察局的批复和省人民政府的批转意见对事故责任人进行处理，处理结果抄送青海煤矿安全监察局，由青海煤矿安全监察局报省人民政府和国家煤矿安全监察局备案。

(四) 特别重大生产安全事故，依照国家有关规定进行调查。

第十七条 事故批复应当包括下列内容：

(一) 事故的性质；
(二) 事故的原因和责任；
(三) 对事故责任单位和有关责任人员的处理决定或建议；
(四) 事故防范措施和整改意见。

第十八条 事故批复中提出的对有关责任者的处理决定以及防范措施，由州（市）、县（市、区、行委）政府及有关部门、煤矿企业按照国家有关规定负责落实和实施。青海煤矿安全监察局及其煤矿安全监察分局和县级以上安全监管、监察、公安、检察、工会等部门，按照事故处理决定文件的要求，负责对事故责任人的处理进行督查。

第十九条 煤矿一般生产安全事故结案工作不得超过60天，重大以上生产安全事故结案工作不得超过90天，特殊情况不得超过180天。事故处理结案后，应当公开宣布处理结果。

第二十条 事故责任人员涉嫌犯罪的，由司法机关依法追究刑事责任。

第二十一条 本规定由青海煤矿安全监察局负责解释。

第二十二条 本规定自发布之日起施行。

关于创新地勘工作体制机制实现地质找矿新突破的若干意见

2010年4月6日 青政〔2010〕21号

西宁市、各自治州人民政府，海东行署，省政府各委、办、厅、局：

为进一步加快全省地质勘查进程，全面增强地质勘查的资源保障能力和服务功能，推进整装勘查，保障全省经济社会发展，现就创新地勘工作体制机制，实现地质找矿重大突破提出如下意见。

一、指导思想和目标任务

(一) 指导思想。做好新形势下的地质工作，要以科学发展观为统领，以提高矿产资源保障能力为目标，以实现地质找矿重大突破为核心，以创新地勘工作体制机制为主线，进一步解放思想，转变观念，统筹规划、统一部署、整装勘查，大幅提高地质工作程度和研究水平，为推进我省经济社会发展提供资源保障和基础支撑。

(二) 总体目标。全面提高我省基础地质和矿产勘查工作程度，争取三年取得新进展、新成果，五年实现地质找矿重大突破，八年形成矿产资源勘查开发新格局。到2015年，1:5万地质矿产调查力争达到全国平均水平，大比例尺航空磁测覆盖重要成矿区带，水工环地质调查和地下水资源评价得到加强，提交10处以上可供进一步勘查开发的大型—特大型重要矿产资源基地；力争新增资源储量：煤20亿吨、铁矿石6亿吨、铜铅锌1400万吨、金500吨、钾盐3亿吨。同时，推动“可燃冰”勘探及科研工作取得重大进展。

二、创新地质工作体制机制

(三) 构建统一部署、分类管理的地质工作机制。建立部省联动机制，统筹安排中央和地方地勘资金，统一部署和管理全省地质勘查工作。按照《青海省公益性地质调查及重要矿产勘查总体部署方案》要求，将全省地质工作区域划分为重点规划区、重点勘查区、整装勘查区和其他地区，建立统一管理、重点突出、分期投入、稽核审计等制度。整装勘查区原则上由财政资金开展前期工作，适时引进社会资金开展商业性矿产勘查，逐步确立企业在商业性矿产资源勘查中的主体地位。

(四) 构建分工协作的地勘投入机制。积极争取中央地勘资金，开展基础性、公益性地质和战略性矿产调查；省地勘基金主要用于为全省经济社会发展服务的基础地质、矿产地质、环境地质调查和重要矿产勘查评价；社会资金主要用于商业性矿产勘查工作。形成基础性、公益性地质工作引领拉动，商业性矿产勘查跟进拓展的地质找矿新局面。

(五) 构建地质找矿的保障激励机制。省级有关部门要进一步解放思想，开拓创新，完善资金管理、矿业权配置、设备更新、人才培养、激励奖励、收益分成等政策措施，加强对整装勘查区工作的跟踪评估，及时调整优化选区和工作方案；各级政府要主动支持和帮助地勘单位开展工作，确保地勘项目顺利实施。

(六) 构建深化国有地勘单位改革发展的促进机制。国有地勘单位是全省地质找矿工作的主力军，支持国有地勘单位在保持事业单位性质的基础上，积极探索市场化、企业化运行和改革。支持和鼓励国有地勘单位加大自有资金勘查力度，以地质找矿为核心带动地勘单位改革发展，逐步消化地勘单位历史遗留问题。地勘单位要深化内部管理、分配、人事制度改革，发挥优势，突出找矿主业，进行自主开发或与有实力的国有大中型企业联合勘查开发，创办地勘延伸产业，推进勘查开发一体化，加速地勘成果转化，提升国有地勘单位在市场经济条件下生存发展的综合实力。

三、实现地质找矿新突破目标的保障措施

(七) 加强对地质工作的组织领导。加强省矿产资源管理委员会在全省矿产资源调查评价与勘查、开发利用与保护等方面的领导作用，组织协调矿产资源勘查开发重大事项，研究解决全省矿产资源勘查、开发中的重大问题；省政府有关部门要认真履行各自职责，加大支持力度，加强协作配合，共同做好地质工作。

(八) 强化对国有地勘单位改革发展的政策支持。今后3年，每年为国有地勘单位以申请审批方式配置一定数量的探矿权。国有地勘单位承担省地勘基金项目有突出找矿成果的，可在计划配置探矿权数量的基础上增加配置数量。加快更新国有地勘单位生产设备，今后几年内省财政视地方财力情况适当安排资金用于省国有地勘单位的设备更新。允许国有地勘单位以探矿权、资金投入等形式参与财政出资地质勘查项目。对省内国有地勘单位矿业权价款转让收入，五年内享受相关税收优惠政策，具体办法由相关部门另行制定。

(九) 加大地勘资金投入。做好项目前期调研、立项论证等工作，积极争取中央加大地勘资金支持力度；省财政预算安排的地勘专项资金视财力增长情况逐年提高；培育矿业资本市场，探索建立地质矿产勘查开发投融资机制，借助资本市场吸引社会各类资金、基金进入地质矿产勘查开发领域，促进风险勘查；地方政府可使用矿业权分成所得配套用于省地勘基金项目。

(十) 建立探矿权分区、分类出让管理制度。重点规划区在1:5万地质矿产调查工作结束后，按矿业权设置方案出让探矿权；重点勘查区以优选勘查方案为主的综合比选方式，确定项目承担单位或出让探矿权；整装勘查区暂停向社会出让矿业权。其他地区按照国家有关规定出让矿业权。

(十一) 推进矿业权市场建设。建立“青海省矿业权交易中心”，推动我省矿业权有形市场建设和公开公平交易。引导地勘单位和矿业权人与有实力的企业合作，在符合资源整合要求的前提下，进入我省矿产勘查开发市场。充分发挥地勘单位的技术优势和企业的资金、管理优势，实现勘查开发一体化。

(十二) 建立矿业权退出制度。针对圈占资源、圈而不探、占而不采、非法倒卖矿业权等行为，通过勘查区块面积递减以及严格矿业权出让、转让、变更和延续等措施，建立矿业权退出制度。预查、普查、详查、勘探各勘查阶段探矿权有效期原则上为2年，地质勘查阶段工作需延长的，经审批同意可延续1年，并按首次登记面积的25%缩减勘查区面积。未按期提交阶段性地质勘查报告的，注销勘查许可证。采矿权人应按照批准的开发利用方案2年内开工建设，无正当理由未开工建设的，依法收回采矿权。

(十三) 积极推进整装勘查区矿业权整合。整装勘查区内已有的矿业权人应依照整装勘查实施方案，加大勘查投资力度。允许资金不足的矿业权人采用合资合作方式，加快推进整装勘查工作。对资金不足，又无融资能力的矿业权人，采用矿业权整合方式，推进整装勘查。对在整装勘查区内既不独立、合作勘查，又不参与整合的矿业权，勘查许可证、采矿许可证到期后，不予延续登记。

(十四) 完善地勘项目管理体系。省国土资源主管部门负责编制全省地质勘查规划和重大项目计划，组织全省地勘项目的统一部署和年度计划制定，统筹协调地勘项目全过程的监督管理和省内地勘项目的立项申报等工作，实现中央资金、省地勘基金项目统一管理；各地勘主管局对下属地勘单位的工作成果负责；地勘单位对项目的具体实施和工作质量负责；州、县国土资源主管部门加强对地勘项目的监管，规范勘查行为。

(十五) 理顺地勘项目费用管理。省地勘基金项目的资金预算由省财政厅组织审查，并按规定的资金拨付渠道及时下达项目承担单位。实行地勘资金与地勘项目工作情况变化相适应的动态管理。强化地勘项目资金使用情况的监督检查，加强年度资金使用情况的审核和项目完成后的决算审查，确保地勘资金按规定用途使用，提高资金的使用效益。省地质勘查项目预算定额标准要及时按国家最新颁布的定额标准进行调整，并结合我省实际，增补地质找矿新方法、新手段的定额标准，增加临时用地补偿等费用标准。

(十六) 加强地勘项目管理机构建设。随着全国矿产资源保障工程的实施，我省地勘资金规模逐渐扩大，扩建省级地勘项目管理机构势在必行。在“青海省国土资源勘查项目管理中心”的基础上，整合资源，充实力量，加强青海省地质勘查项目管理机构建设，统一管理全省地质勘查项目，统一部署和组织实施基础性、公益性地质工作和战略性矿产资源勘查项目。

(十七) 积极引进省外地勘队伍。在充分发挥省内地勘单位找矿主力军作用的基础上，积极稳妥地引进技术力量强、装备精良、信誉好的省外地勘队伍参与我省地勘工作，充实和加强我省地勘工作力量。对在我省地质找矿成效突出、资信较好的省外地勘单位，可以综合比选的方式委托承担地勘项目。引导和支持境内外大企业设立青海矿产资源勘查开发基金。

(十八) 完善矿产资源利益分配机制。充分体现地质勘查中知识、技术、地方政府管理等因素，逐步调整矿产资源勘查涉及各方的收益比例，完善地质勘查收益分配机制。建立地质工作奖励基金，每年从财政专项资金中安排300—500万元的奖励基金，用于奖励地质工作重大发现和找矿成果有重要进展或重大突破的地勘单位和个人。

(十九) 加强人才培养。加大资金投入，进一步健全人才保障体系，完善吸引、培养和使用人才的有效办法，创造人尽其才的良好环境，优化人才结构，全面提升地勘队伍素质。特别是要增强对高素质人才的吸引力和凝聚力，培养和造就一批业务精通、技术娴熟、吃苦耐劳、勇于创新，能解决重大问题的高层次领军人才。

(二十) 推进地质工作科技创新。加强地质勘查科技发展规划编制工作，充分发挥规划在地质找矿中的重要作用；支持和鼓励地勘单位同科研机构、高等院校的科技合作，加大地质勘查新理论、新技术、新方法的研究运用，提交一批重大科研成果，推动全省找矿的重大突破。逐年增加地质科技投入，并纳入地勘项目的整体部署之中，统一管理。并逐步建立和完善多渠道、多元化的地质科研投入机制，重点建设一批工程技术研究中心和重点实验室，使地质科研装备水平方面有较大幅度提高。

(二十一) 提高地质资料信息服务能力。加强地质资料汇交管理，加大地质资料编研开发服务利用工作，加快建立和完善地质信息共享和社会服务体系建设，建立省级地质资料数据中心，推进地质资料集群化、产业化服务工作。

(二十二) 进一步加大地质找矿管理经费的支持力度。为提高各级国土资源管理部门服务地质找矿的主动性和积极性，按照《青海省矿产资源补偿费征收管理实施办法》(省政府〔1994〕12号令)规定的补充经费比例，从省级矿产资源补偿费收入中足额安排国土资源部门工作补充经费，由省国土资源管理部门提出用款申请，省财政按现行预算管理体制逐级下达，各州、县财政部门及时足额拨付给国土资源管理部门，不得截留、挪用；矿业权价款中的管理性经费由省财政直接拨付省国土资源管理部门，用于规划编制、项目论证、评估、矿业权设置方案编制和核查、执法检查等管理性工作。

(二十三) 切实改善地质勘查外部环境。各级政府要提高对地质工作重要性的认识，营造有利于地勘项目实施的良好外部环境，将维护和改善矿产资源勘查外部环境列入重要议事日程，实行政府主要领导负总责，分管领导直接抓，部门分工负责，上下联动、齐抓共管的工作保障机制。对影响地勘项目进展和实施的，要追究项目所在地主要领导的行政责任。创新地质勘查体制机制，尽快实现地质找矿新突破，任务艰巨，责任重大。各地区、各部门要认真贯彻落实意见精神，抓紧制定相关配套政策措施，加强监督检查，协调解决好执行过程中出现的问题，重大问题及时向省政府报告。

宁夏回族自治区

关于贯彻落实《国务院关于全面整顿和规范矿产资源开发秩序的通知》的实施意见

2005年11月30日　宁政发〔2005〕第119号

各市、县（区）人民政府，自治区政府各部门、直属机构：

为了认真贯彻落实《国务院关于全面整顿和规范矿产资源开发秩序的通知》（国发〔2005〕28号，以下简称《通知》）精神，集中时间和力量，全面整顿和规范我区矿产资源开发秩序，制定如下实施意见：

一、指导思想

以邓小平理论和“三个代表”重要思想为指导，以科学发展观为统领，进一步提高对整顿和规范矿产资源开发秩序工作重要性、紧迫性和艰巨性的认识，将整顿和规范矿产资源开发秩序作为一项事关全局的重要任务抓紧抓好，推动我区矿业发展走出一条科技含量高、经济效益好、资源利用率高、环境污染少、安全有保障、人力资源优势得到充分发挥的新路子，为我区经济社会的可持续发展和全面建设小康社会提供可靠的资源保障。

二、工作目标

严格依照《中华人民共和国矿产资源法》等法律法规的规定，加大执法力度，切实做到有法必依、执法必严、违法必究。坚持依法行政，并运用经济手段，全面开展以煤炭开发为重点的矿产资源开发秩序的整顿和规范行动。到2007年底全面完成整顿和规范的各项任务，使无证勘查和开采、乱采滥挖、浪费破坏矿产资源、严重污染环境等违法行为得到有效遏制；越界开采、非法转让探矿权和采矿权等违法行为得到全面清理，违法案件得到及时查处；矿山安全事故及破坏生态环境现象明显减少；矿山布局得到明显改善，矿产资源开发利用规模化、集约化程度明显提高；基层监管职能到位，投资环境改善，矿产资源管理加强，基本建立规范的矿产资源开发秩序。

三、整顿矿产资源开发秩序的主要任务

(一) 严厉打击无证勘查和开采等违法行为。各市、县（区）政府要对本行政区域内的无证勘查和开采矿产资源的违法行为进行集中打击。对无证或持过期失效许可证进行勘查、开采的，公安部门不得批准其购买、使用民用爆破器材，电力部门不得供电，工商部门不得发放营业执照，安全监管部门不得发放安全生产许可证，国土资源主管部门要责令其停止开采，没收采出的矿产品和违法所得，并从重处以罚款。对偷采矿产资源的违法行为，公安和国土资源部门要联合行动，加大巡查力度，予以严厉打击。对持勘查许可证采矿或开采矿种与采矿许可证不符的，国土资源主管部门要责令其停止违法行为，并按无证开采予以处罚，对拒不改正的，依法吊销勘查许可证或采矿许可证和其他证照。对停产整改期间擅自采矿的，由决定停产整顿的部门进行严肃查处。对采矿许可证、安全生产许可证、生产许可证、营业执照和矿长资格证不全的煤炭开采企业，有关主管部门要责令其停止违法生产行为，并依法予以查处。

为加大整顿工作力度，各市、县（区）政府要组织有关部门及时拆除当地违法工程的地面设施，查封设备，充填井筒。国土资源主管部门要加强巡查，发现无证勘查、开采的，要及时报告当地人民政府予以取缔。要高度重视并有效制止各类群发性无证开采行为的发生，对违法行为保持高压态势，做到及时发现、及时查处。对拒不停止开采或取缔后又违法开采，造成矿产资源破坏、甚至发生事故的，要依法追究有关人员的刑事责任。

(二) 全面查处越界开采等违法行为。各市、县（区）政府要组织国土资源等部门对本行政区域内越界开采、非法转让探矿权和采矿权等违法行为进行全面排查。对超越批准矿区范围开采的，责令退回其本矿区范围，没收越界开采的矿产品和违法所得，查封越界的井巷工程，并依法进行处罚；对拒不退回本矿区范围内开采的，依法吊销其采矿许可证和其他证照。对非法转让探矿权、采矿权的，没收其违法所得，处以罚款，并责令限期改正，逾期仍不改正的，依法吊销勘查许可证、采矿许可证和其他证照；对受让方按无证勘查、开采予以处罚。对取得勘查许可证后不按期进行施工、未依法完成最低勘查投入、不按时提交勘查工作年报的，国土资源主管部门要责令限期改正，并依法处罚；对拒不改正的，依法吊销勘查许可证。对吊销许可证的，要及时依法注销工商登记并予以公告。对未按批准的开发利用方案或矿山设计进行开采、开采回采率达不到设计要求、浪费破坏矿产资源的，要责令停止生产、限期整改，对整改后仍达不到要求的，要坚决予以关闭。

(三) 坚决关闭破坏环境、污染严重、不具备安全生产条件的矿山企业。要加大对矿产资源开发环境保护和矿山企业安全生产的监管力度。对在各类保护区的禁采区内进行开采的矿山企业和影响大矿安全生产的小矿，由当地人民政府予以关闭。对严重污染环境、未按照规定进行环境影响评价、矿山地质灾害危险性评估和未编制水土保持方案、矿山环境恢复和土地复垦方案的矿山企业，对不符合安全生产条件、未经“三同时”审查验收的矿山企业，有关部门要依法责令限期整改或停产整顿，并及时收回所有证照；对拒不停产和整改后仍达不到要求的，要坚决及时予以关闭，有关部门要依法吊销所有证照。

(四) 全面清查和纠正矿产资源开发管理中的各种违法违规行为。各市、县（区）政府及有关部门要严格依法行政，全面规范矿产资源开发管理的行政行为。要依照相关法律法规和矿产资源规划，对矿产资源开发管理中的探矿权和采矿权审批、项目核准、生产许可、安全许可、环评审查、企业设立等各项管理行为进行一次全面清理检查。对违法违规审批、滥用职权、失职、渎职行为以及国家工作人员参与办矿、徇私舞弊等腐败现象依法进行严肃查处。

(五) 继续开展煤炭资源回采率专项检查。各有关市、县（区）政府及其国土资源管理部门，要按照国土资源部、国家发展改革委员会《关于开展全国煤炭资源回采率专项检查工作的通知》（国土资发〔2005〕61号），采取切实有效的措施，进一步加大煤炭资源回采率专项检查工作力度。严肃查处一批浪费、破坏煤炭资源的典型案例并进行曝光，坚决遏制浪费、破坏资源的势头。同时，表彰一批保护和合理利用资源的先进典型。今后，凡设计回采率达不到标准的煤炭开发申请，一律不予颁发采矿许可证。对达不到回采率标准的煤矿，要限期进行整改，逾期仍达不到的，依法予以经济处罚，直至吊销采矿许可证。

(六) 对保护性开采的特定矿种进行专项整治。各有关市、县（区）政府及有关部门要按照各自职责，对太西煤、贺兰石等保护性开采的特定矿种，进行开采、选冶、加工、销售的专项整治，切实解决超量开采、经营秩序混乱、生产结构失衡、缺乏有效监管、不具备安全生产条件等问题。煤炭和国土资源部门要按照《宁夏回族自治区太西煤资源保护办法》的规定，对太西煤资源的开采和销售实行总量控制，并对控制指标的执行情况进行全面清查。要修改完善《煤炭灭火管理办法》，严格煤炭灭火工程的论证、审批和施工。

四、规范矿产资源开发秩序的主要任务

(一) 严格探矿权、采矿权管理。各市、县（区）国土资源部门要严格依照《中华人民共和国行政许可法》、《中华人民共和国矿产资源法》等有关法律法规的规定，组织对各地探矿权、采矿权审批情况进行全面清理，坚决刹住个别市、县非法干预设置探矿权、采矿权的行为。要严格按照国家产业政策和矿产资源规划设置探矿权、采矿权。要依据法律规定严格审批条件，规范审批程序，进一步完善探矿权和采矿权申请、延续、变更、注销等相关管理制度。

(二) 集中解决矿山布局不合理的问题。要以煤炭资源为重点，通过资源整合，切实解决矿山布局不合理等问题，逐步实现资源开发规模化、集约化。对影响大矿统一规划开采的小矿，凡能够与大矿进行资源整合的，由大矿采取合理补偿、整体收购或联合经营等方式进行整合。鼓励引导小煤矿走集中、规模、联合发展的道路，积极扶持大型矿山企业，大力推进矿产资源的集约开发利用。要统一制定小矿整合方案，并切实抓好落实，提高矿产资源开发利用水平。通过整顿和规范，力争在现有基础上，进一步压缩矿山企业总量，减少小矿比重，扶持和建造一批规模化、集约化程度高、开采工艺技术先进、资源得到综合利用和循环利用、具有市场竞争力的大型矿山企业。

(三) 健全完善矿业权市场。进一步深化矿产资源有偿使用制度改革，大力推进探矿权、采矿权一级市场建设，规范二级市场有序流转。要认真总结经验，依据国家有关规定进一步完善矿业权有序流转的相关制度，严格实行矿业权的招标、拍卖和挂牌出让，充分发挥市场在资源配置中的基础性作用。

(四) 建立和完善矿山环境恢复补偿制度。各市、县（区）政府要将矿山环境保护规划纳入当地的国民经济和社会发展计划，按照“谁开发谁保护，谁破坏谁恢复”的原则，明确治理责任，保证治理资金和治理措施落实到位；加强矿区生态环境和水资源保护，积极探索废弃物和采煤沉陷土地复垦资源化途径；新建矿山和技术改造的矿山建设项目，必须符合矿产资源规划，编制环境影响评价报告、矿山地质灾害危险性评估报告、水土保持方案、矿山环境恢复与综合治理方案，并报经有关部门审查批准后实施。治理责任人灭失的废弃矿山和老矿山的生态环境恢复与治理，按照“谁投资治理谁受益”的原则，积极探索通过市场机制多渠道融资方式，加快治理与恢复的进程；积极推进矿山环境恢复保证金制度，建立矿山环境治理基金等生态环境恢复补偿机制。在这次整顿规范的过程中，区、市、县三级国土资源管理部门都要按照《宁夏回族自治区矿产资源管理条例》的规定，认真检查小型矿山企业闭坑保证金的执行情况。凡没有足额预收闭坑保证金的，各地务必于2006年3月底前足额收取。

(五) 严格矿产资源勘查、开采准入管理。各级国土资源部门要按照职责权限对我区的煤炭、冶镁白云岩、电石灰岩、水泥灰岩、硅石、石膏等主要矿种编制勘查规划和矿业权设置方案。要加强勘查、开采的资质管理，严格市场准入条件。国土资源部门审批采矿许可证，必须依法对开发利用方案进行严格审查，凡不符合国家规划、产业政策和技术规范以及开采回采率低、矿产资源不能合理利用、不符合安全生产条件、不符合矿业权审批要件要求的，一律不予批准。设计单位要严格按照国家规定的技术规范编制开发利用方案或设计，有关主管部门要加强审查和监管。

(六) 建立矿产资源开发监管责任体系。国土资源等有关部门要依据法律法规，进一步完善探矿权和采矿权审批、项目核准、生产许可、安全许可、环评审查、企业设立等各项矿产资源开发的管理制度，切实加强对矿产资源开发各个环节的监管并承担相应责任。要充分发挥执法监察队伍和矿产督察员队伍的作用，建立监管责任体系。各市、县（区）国土资源管理部门要切实履行监管职责，加强监管力量，实行任务到矿，责任到人，维护矿产资源勘查、开采正常秩序。强化矿产资源储量监督管理，按照国家规定逐步推进资源税费计征办法改革，将矿山占有资源储量、回采率与资源税费直接挂钩，进一步完善储量评审备案和矿业权评估制度，强化储量动态管理，定期进行矿山储量核查检测，规范生产矿井储量变动、转入、转出、注销、报损的审批程序，纠正和查处资源浪费行为。中型以上煤炭生产企业要健全资源储量管理机构，落实储量管理责任，促进资源节约和合理利用。要严格矿产资源开发利用方案执行情况的检查，完善年度报告制度，切实提高矿产资源开发利用水平。

五、工作步骤

我区整顿和规范矿产资源开发秩序工作分为5个阶段：

第一阶段：学习宣传阶段（2005年10月）

各级国土资源管理部门要集中一个月的时间，组织对《通知》进行认真学习，深刻领会，逐一对照目标和任务，明确责任，落实部门分工，掌握好各项政策界限。要加大对矿产资源相关法律法规和《通知》的宣传力度，采取多种形式，深入开展整顿和规范矿产资源秩序的宣传，营造治理整顿舆论声势，为全面整顿和规范工作奠定坚实的基础。同时，各市、县（区）要成立领导小组，建立专门的工作机构，抽调得力人员，落实工作经费和必要的物质保障。

第二阶段：排查、检查和清查阶段（2005年11月－12月）

1. 各市、县（区）要对本行政区域内的所有矿山企业进行一次拉网式的排查，对每一个矿山（坑口）进行登记造册，逐一排查，逐一认定，查清矿山（坑口）的产生时间、建设主体、批准机关、现实状况等相关情况。重点检查采矿许可证是否有效，发证程序是否合法，是否存在违规发证、越权发证等违法行为。对发现的问题要及时处理。

2. 各市、县（区）要对本行政区域内的所有矿产资源勘查项目组织开展一次全面检查。发现问题，及时纠正。

3. 各级国土资源管理部门要对本系统工作人员行政和执法行为进行一次全面清查，对违法、违规审批矿业权行为，一律进行责任追究；凡参与办矿的，一律先免职，然后视情节按有关规定予以处理。

第三阶段：全面整顿阶段（2006年全年）

各地要在全面排查、检查和清查的基础上，集中力量严肃查处各种违法行为。坚决关停、整顿破坏环境、污染严重、不具备安全生产条件的矿山企业；继续开展煤炭资源回采率专项检查；对保护性开采的特定矿种、煤炭灭火工程和露头煤清理工程进行专项整治。处理和纠正矿产资源开发管理中的各种违规行为，典型案件要公开处理和曝光。各市、县（区）政府要根据各地整顿工作的重点，组织有关部门对照有关法律法规和《通知》要求进行自查，对发现的问题要限期整改，全面完成各项整顿任务。

第四阶段：全面规范阶段（2007年1月－9月）

在全面整顿的基础上，进一步规范矿产资源开发秩序。各地要组织力量编制矿产资源规划；进一步建立和完善探矿权和采矿权申请、延续、变更、注销等相关管理制度；以煤炭资源为重点，加强小矿的整合，切实解决矿山布局不合理等问题；全面实行探矿权、采矿权有偿取得制度，规范矿业权市场；明确和落实矿山环境的恢复治理责任；加强市、县（区）对矿产资源的监督管理力度，建立矿产资源开发监管责任体系，落实各级监管责任，形成矿产资源开发利用规范管理的长效机制。

第五阶段：检查验收阶段（2007年10月－11月）

整顿和规范矿产资源开发秩序的主要工作基本结束后，各市、县（区）政府要组织对本辖区内整顿和规范工作按照检查验收标准进行全面检查，并形成书面材料，逐级报告。自治区人民政府将组织有关部门对各市整顿和规范矿产资源开发秩序工作进行检查验收，同时对县（区）进行抽查。对检查验收不合格的，国土资源部门要暂停办理勘查、采矿审批手续。

六、工作要求

(一) 加强领导，成立机构。整顿和规范矿产资源开发秩序工作涉及面广，政策性强，任务繁重。各级政府要高度重视，切实加强领导。自治区人民政府将调整、充实“自治区矿产资源管理秩序治理整顿领导小组”，由自治区国土资源厅、发展改革委、监察厅、公安厅、经委、财政厅、煤炭工业局、煤矿安全监察局、商务厅、水利厅、工商局、环保局、林业局、法制办等部门组成，领导小组办公室设在自治区国土资源厅。各市、县（区）政府要将整顿和规范矿产资源开发秩序工作纳入政府重要工作日程，成立领导小组，主要领导要亲自负责，建立专门工作机构，明确责任，协调行动，联合执法，统一组织实施本行政区域内整顿和规范矿产资源开发秩序工作。

(二) 精心部署，扎实开展。各地要按照统一部署、依法推进、突出重点、分步实施的原则，开展整顿和规范矿产资源开发秩序的各项工作。要抓好本地区矿产资源整合、优化布局方案的制订和实施，建立违法案件举报制度、重大案件督办和责任追究责任、联络员制度和信息交流制度等。整顿规范工作要做到进度服从质量，一级抓一级，层层抓落实。对整顿工作不力、未完成整顿和规范任务的，将追究有关领导及责任人的责任。

(三) 加强督查，整体推进。各市、县（区）在每阶段工作基本完成时，要认真做好各阶段工作的自查和检查，并逐级报告。自治区人民政府将组织有关部门进行阶段性工作检查、督查和指导。自治区各有关职能部门要按照统一安排，认真履行职责，密切配合，完成各自的工作任务，并指导市、县开展好相应的工作。各市、县（区）政府要于12月10日前将组织机构、实施方案报自治区矿产资源管理秩序治理整顿领导小组办公室。对整顿和规范工作中出现的重大问题，要及时向自治区人民政府报告。

宁夏回族自治区人民政府关于印发《宁东能源化工基地规划与建设纲要》和《宁东能源化工基地工业产业发展暂行规定》的通知

2006年6月14日

各市、县（区）人民政府，自治区政府各部门、直属机构：

《宁东能源化工基地规划与建设纲要》（以下简称《纲要》）和《宁东能源化工基地工业产业发展暂行规定》（以下简称《暂行规定》）已经自治区人民政府同意，现印发给你们，请认真贯彻落实。

《纲要》是宁东能源化工基地规划与建设的纲领性文件，是完善规划体系、编制专项规划、推进产业发展和制定有关政策措施的重要依据。《暂行规定》是《纲要》的配套措施之一。《纲要》和《暂行规定》对于进一步规范宁东能源化工基地的开发建设行为，加强政府对宁东能源化工基地产业发展的引导和调控，积极转变经济增长方式，实现工业结构优化升级和经济跨越式发展，具有十分重要的作用。各级政府和有关部门要按照《纲要》和《暂行规定》的精神和要求，进一步明确工作职责，加强配合协作，切实贯彻好、执行好、实施好《纲要》和《暂行规定》，努力实现全区经济社会跨越式发展。

宁东能源化工基地规划与建设纲要

宁东能源化工基地（以下简称宁东基地），泛指依托宁东煤田建立的能源、化工及相关产业集群。宁东煤田已探明地质储量270亿吨，占全区总量的88%；远景储量1394亿吨，已被国家列为13个重点发展的亿吨级煤炭基地之一。区域内煤炭资源富集，供水条件优越，交通运输体系完善，既靠近城市，又不占用耕地，具有发展大型能源化工基地的优越条件。

根据国家全面建设小康社会，实施西部大开发和能源发展战略要求，自治区党委、政府审时度势，深刻分析国际、国内和我区经济社会发展形势，在深入贯彻落实党的十六大精神的基础上，做出了建设宁东基地的重大战略决策。通过开发资源，发展优势特色产业，变资源优势为经济优势，增强自我发展能力，实现我区经济社会跨越式发展。

建设宁东基地，是我区落实科学发展观、实施国家区域发展战略和能源发展战略的关键步骤，是实现资源优化配置、有效调整产业结构的重要选择，是全面推进小康建设、惠及全体人民的重大举措，被自治区确定为举全力开发建设的“一号工程”。两年来的实践，更加坚定了我们举全区之力，更快、更好地开发建设宁东基地的信心和决心。

2003年制定的《宁东能源化工基地总体规划与建设纲要》，对宁东基地规划与建设的起步起到了重要指导作用，规划的部分工业项目已建成或开工，基础设施建设开始起步。随着国内外形势的发展变化以及宁东基地规划与建设实践的不断深入，全区上下对宁东基地发展建设的内在规律有了进一步认识，有必要对原来制订的纲要进行修编完善，以更好地发挥重要指导性作用。修订后的《宁东能源化工基地规划与建设纲要》（以下简称《纲要》），是宁东基地规划与建设的纲领性文件，全区上下与宁东基地规划与建设相关的各项事业都应该以此为指导开展工作。宁东基地以外的煤炭、电力、煤化工等相关产业发展，也应借鉴《纲要》的指导原则。

一、指导思想和基本原则

(一) 指导思想

以邓小平理论和“三个代表”重要思想为指导，认真贯彻党的十六大和十六届四中、五中全会精神，以科学发展观统领宁东基地规划与建设全局，落实国家西部大开发、能源发展战略和产业政策，坚定不移地走新型工业化道路，依靠技术进步提高综合竞争力，统筹发展质量、发展速度与资源环境承载力，实现持续、快速、健康发展，把宁东基地建设成为产业关联度强、生产集约度高、资源节约和环境友好、稳定可靠、优质高效的国家重要的能源化工基地，努力推进我区建设全面小康社会。

(二) 基本原则

1. 坚持统一规划，统筹发展。宁东基地规划是指导建设的根本依据，由自治区政府制订。开发建设要严格按照规划和建设程序实施。要统筹开发建设的内外部条件，统一规划、分期实施，并为未来发展留有余地，保持规划动态完善的主动性和连续性。

2. 坚持高标准。设立严格的产业准入标准，优先发展技术领先、具有规模优势和比较优势的项目，促进煤、电和煤化工优势企业聚集，形成优势产业群。禁止技术落后、污染严重的低水平重复建设项目进入宁东基地。

3. 坚持市场化推进。以培育可持续的市场竞争力为根本出发点，尊重并落实市场对资源的基础性配置作用，努力营造有利于各类投资主体进入宁东基地的环境，培育开放、有序的竞争机制。

4. 坚持优化产业布局。产业之间合理衔接，资源有效配置，实现均衡发展。依靠科技进步，不断优化产业、企业和产品结构，延长产业链，提高产品附加值，实现单位资源效益最大化。成组布局紧密相关的建设项目，形成特色鲜明、运转高效的产业板块和产业园区。

5. 坚持自主创新和引进消化国外先进技术相结合。在引进先进技术的基础上，重视培育企业的自主创新能力，提高企业核心竞争力。

6. 坚持合理有序开发资源。资源开发与资源综合利用并重，资源开发与资源节约并重。加强初级加工废弃物的梯级利用，形成循环经济产业链。

7. 坚持保护生态环境。以人为本，把保护与治理生态环境作为规划建设的重要内容，高度重视，严格实施，使生态环境水平对经济发展始终具有足够的承载能力，打造生态工业园区。

8. 坚持协调均衡发展。适度超前建设基础设施和发展城镇，建立完善的社会化服务体系，保护和开发人文自然景观，实现产业项目和基础设施、经济和社会的协调发展。

二、发展目标和主要任务

规划与建设的发展目标和主要任务分两个阶段安排。

第一阶段（一期）为2003－2010年。主要是深入探索宁东基地建设发展的内在规律，确定发展的总体思想，形成完整的规划体系；明确规划与建设的各种基础条件；建设和启动一批关键性基础设施和主导产业项目；同时起步资源综合利用、环境生态保护、城镇建设项目，争取把宁东基地列入国家循环经济试点园区。到第一阶段末，宁东基地框架和高效的管理体制、运行机制基本形成，对全区经济社会发展产生显著贡献。

第二阶段（二期）为2011－2020年。主要是进一步扩大主导产业规模，提高技术装备水平；不断调整产业结构，延长产业链；加大节能降耗力度，提高产品的技术含量和附加值；资源综合利用与环境生态保护建设达到国内领先水平；经济建设与社会事业协调发展。到第二阶段末，全面实现规划与建设的目标，我区产业结构和工业化水平发生根本性变化，宁东基地成为国家重要的能源化工基地，成为具有鲜明优势特色的国家循环经济示范园区，成为推动我区经济社会全面发展的主要力量。

宁东基地规划与建设各阶段的主要指标

指标内容	2005年	2010年	2020年
1. 资源开发加工能力			
煤炭产能（万吨）	1000	8000	13000
发电装机容量（万千瓦）	46.5	639	2699
煤化工产成品总量（万吨）	0	550	1300
2. 投资（亿元）			
基础设施	20	100	170
主导产业（煤、电、煤化工）	55	1100	3000
3. 资源利用效率			
煤矿回采率	72%	76%	78%
煤矸石与煤灰渣综合利用率	0	70%	100%
水循环利用率	75%	80%	90%
4. 生态与环境指标			
控制区森林覆盖率	8%	15%	25%
控制区植被总覆盖度	30%	40%	60%
空气质量指数	符合二类、三类区标准		
5. 产出效益（亿元）			
主导产业总产值	11	450	1500
主导产业增加值	3.3	148	510
其他产业总产值及增加值	148/48	750/255	
占全区经济总量的比重	0.6%	19.6%	32.3%

三、规划体系

在《纲要》指导下，制定控制区规划、主导产业发展规划、基础设施规划、社会发展规划等专项规划，形成完整的规划体系，确保建设发展快速、协调、顺利推进。

(一) 主导产业发展规划

通过制定主导产业发展规划，主要包括煤炭、电力、煤化工产业规划，明确各产业定位、发展方向、项目布局、资源开发等内容。接续资源是宁东基地中长期规划的基础，要抓紧实施煤炭等资源勘探规划，为长远规划和发展提供翔实可靠的依据。

(二) 基础设施规划

通过制定基础设施规划，为主导产业发展提供完善的支撑条件。主要包括：交通运输（铁路、公路、区域内部机械化运输系统）、供水、排水（污水处理及中水回用）、供电、供热（汽）、供气（工业气体）、电信通讯（信息化）、消防等专项规划。

(三) 社会发展规划

通过制定社会发展规划，解决自然生态环境、社会化服务能力及公共资源对工业发展、基础设施建设的承载力问题。主要包括：环境保护、生态建设、文物保护与旅游资源开发、宁东镇镇区和服务业等专项规划。

(四) 控制区规划

通过制定控制区规划，有效保护煤炭、土地等资源，合理布局工业园区，保障开发建设有序进行。控制区要总体覆盖宁东煤田和工业园区，相对分散的工业项目、基础设施、人文自然景观等，也要将其外缘50－100米区域一并纳入控制管理范围。制定宁东基地土地利用规划，统筹安排当前开发建设用地，并为未来发展预留空间。各工业园区要分别制定园区规划。

(五) 循环经济发展规划

以市场为导向，以可利用资源为基础，按照循环经济的理念和要求，对宁东资源开发利用、产业链条、工业废弃物综合利用等进行规划。制定发展循环经济的思路、方法、途径、建设内容、综合利用项目等，提出切实可行的考核指标体系、配套政策措施、组织管理体系等。通过制定循环经济规划，形成循环经济产业链，实现可持续发展。

四、产业布局

产业布局是规划与建设的核心内容。煤炭、电力、煤化工是宁东基地的三大主导产业，石油天然气化工等产业是其有机组成部分。

(一) 煤炭产业

煤炭资源是宁东基地电力、煤化工及其他产业最重要的燃料和原料，煤炭产业具有重要的先导和基础作用。

总体要求：

1. 统一规划煤炭资源开发。强化自治区政府对煤炭资源的管理，从宁夏经济社会可持续发展出发，根据市场需求、资源及运输条件，统一规划矿区建设。矿井建设依据矿区规划实施。

2. 保持煤炭供求平衡。优先保证宁东基地电力、煤化工产业燃料煤、原料煤的供求平衡，煤炭外运是宁东基地及宁夏煤炭总量平衡的调节手段。

3. 建设大型现代化矿井。发挥宁东煤田整装后发优势，矿井建设要突出规模效益，提高技术装备水平，保障安全生产。禁止新增小矿井，对原有小矿井不再新增资源。未达标小矿井要有计划地实施关闭。

4. 保护与节约煤炭资源，提高利用效益。根据不同煤种和煤质合理规划煤炭利用方案，最大程度挖掘煤炭资源效益。禁止对未探明储量矿区进行设计开采；禁止只开采浅表层或厚煤层、废弃埋深层或薄煤层的项目设计；尽可能减少各种因素预留煤柱占有的资源量。

5. 合理衔接工序关系，项目成组集中布局。根据采－洗选－配、煤－电、煤－煤化工工序关系和地理地质条件，成组设计、集中布局矿井及洗配煤项目。配套设计或预留原料用煤全部入洗的条件。

主要任务：

1. 煤炭资源勘探。围绕煤矿建设进度加快勘探，灵武、鸳鸯湖、横城、韦州矿区勘探任务于2007年全部完成。马家滩、积家井、萌城矿区勘探于2010年完成。

2. 矿井建设。一期工程期间，在灵武、鸳鸯湖两个矿区新建一批大型现代化矿井，在横城矿区建设中型矿井，在韦州矿区建设中小型矿井，并对灵武矿区、石沟驿井田现有老矿实施技术改造。2005年末，煤炭生产能力达到1000万吨/年，占全区总生产能力2640万吨/年的37.9%；一期工程期末，煤炭生产能力达到8000万吨/年，占全区1亿吨/年的80%。二期工程期间，扩大灵武、鸳鸯湖、横城矿区已有大中型矿井产能，并在灵武、横城、鸳鸯湖、马家滩、积家井矿区新建一批大中型矿井。二期工程期末，煤炭生产能力达到1.3亿吨/年，占全区1.5亿吨/年的86.7%。萌城矿区为宁东基地的资源后备区。

(二) 电力产业

国家“十五”计划和电网规划已经将宁夏确定为大型火电基地和外送电基地。要继续积极有力推进宁东基地电源、电网和对外送电两个方面的重点工程建设，早日建成国家西电东送重要的火电基地。

总体要求：

1. 电源与电网紧密关联，统一规划，适度超前发展电网。

2. 电网建设要以区内外两个市场为目标，科学预测、合理分析各个发展时期区内外负荷。区内需要是基础，对外送电是关键。内部电网要优化升级，输配电网要协调发展，建成结构清晰、安全可靠、运行灵活、经济合理的坚强电网。

3. 电源建设要优化规模和布局。鼓励建设600MW及以上超临界和超超临界火电机组；优先建设为宁东基地集中供热（汽）的大型热电厂；发展以中煤、煤泥、煤矸石为燃料的综合利用电厂；严格控制自备电厂建设，引导和支持利用工业余热发电。

4. 电厂选址要尽可能靠近矿井。优先安排煤－电联营项目，鼓励通过市场机制形成煤－电关系逐一对应的成组布局项目。电厂及电力线路走廊尽量避免占用或穿越白芨滩自然保护区、矿井、城镇及工业园区，减少与基础设施的立体交叉。对规划的电力线路走廊进行有效保护。

5. 充分利用自然凹地，尽可能集中建立灰渣场及脱硫石膏场，减少环境影响和节约用地，并为综合利用创造条件。

6. 电厂建设必须同步采用烟气脱硫及空冷技术，研究和规划烟气脱氮技术。统筹宁东基地新增电厂建设及外部老厂技术改造项目进度，保证全区污染物排放总量达标。

主要任务：

1. 电源点建设。宁东基地规划建设8个大型坑口电厂和2 个煤矸石综合利用电厂，规划总装机容量26990MW。2010年以前，开工建设马莲台电厂、灵州煤矸石综合利用电厂、灵武电厂、鸳鸯湖电厂、水洞沟电厂、方家庄电厂和枣泉电厂，新增装机容量6390MW。2020年以前，扩建上述电厂，开工建设永利电厂、马家滩电厂、石槽村煤矸石综合利用电厂，规划建设的10个电源点全部建成，新增装机容量20600MW。除满足全区用电需求外，实现向区外大规模送电。

2. 电网建设。一期工程期间，配合新建电厂接入系统建设330KV主网架。2010年前，建成兰州东至宁东750KV超高压交流输变电工程及宁东至天津东±500KV直流输电及换流站工程，形成宁夏火电和黄河上游水电打捆向华北送电3000MW。2015年前，宁东基地建成1000KV交流（或±800KV直流）

特高压输变电工程，向华北、华东电网送电4000MW。2020年前，宁东基地通过特高压电网向区外再增加送电6200MW。届时，宁东基地向区外送电达到13200MW。

(三) 煤化工产业

发展现代煤化工产业，对宁东基地发挥资源优势，调整我区产业结构，实现我区经济跨越式发展具有极其重要的现实和长远意义。

总体要求：

1. 以原料煤品种、质量和供应能力为基础，以发展石油化学工业替代品为主要目标，规划布局煤化工核心项目。

2. 坚持煤化工技术、规模和装备水平的高起点。优先采用工业化技术成熟的国内外先进工艺装置，建设具有规模效益的大型煤化工项目。

3. 密切跟踪国内外碳一化学工业的发展趋势和先进技术，延长煤化工产业链，提高产品附加值和经济效益。鼓励煤化工－精细化工等产业之间的多联产、集成化深加工项目，发展循环经济。

4. 发展高效利用和节约煤炭资源技术。重视劣质煤的开发使用，配合煤炭产业规划研究确定不同煤种、煤质的利用方案，通过合理使用不同煤种、煤质，挖掘煤炭资源最大效益。

5. 加强对污水、尾气、残渣等废弃物以及余热的综合利用和集中治理，减少污染物排放。要十分注重水资源的高效利用，积极发展节水技术。

主要任务：

2010年前，在建320万吨/年煤炭间接液化项目，建成25万吨/年煤基甲醇、21万吨/年煤基二甲醚、52万吨/年煤基烯烃和52万吨合成氨/92万吨尿素项目。2020年前，通过扩建，煤炭间接液化生产能力达到820万吨/年，煤基二甲醚生产能力达到83万吨/年，煤基甲醇生产能力达到430万吨/年，合成氨生产能力达到104万吨/年，尿素生产能力达到184万吨/年，煤基烯烃生产能力达到122万吨/年。

(四) 生产配套服务产业

宁东基地工业发展客观上要求具有比较完善的社会化生产服务体系，既能丰富宁东基地产业结构，也是现代化工业基地的必备条件。

总体要求：

遵循社会化服务产业发展规律，科学预测市场需要，制定服务产业发展规划。分阶段采取不同政策稳步推进规划实施，培育服务型企业逐渐成长。按照市场规律和企业改革方向，发挥政府的宏观调控作用，引导与宁东基地生产配套的服务产业快速发展。

主要任务：

一期工程期间，重点培养扶持金融、信息服务业、物流、机电、热能、自动控制等专业化生产服务企业，逐渐建立社会化服务体系框架。二期工程期间形成较为完善的社会化生产服务体系。

(五) 园区布局

工业园区是落实煤化工、石油天然气化工、精细化工、材料工业、综合利用及社会化生产服务产业发展规划的载体。工业园区发展建设在很大程度上代表了宁东基地的总体水平，必须科学规划、统一管理。

总体要求：

1. 优先保证主导产业发展。园区规划与布局要优先保证煤化工发展需要。三大主导产业以外的其他产业，要以产业政策和市场需求为指导，合理规划、有序发展。

2. 合理划分园区功能，分层管理。要从宁东基地整体目标出发，贯彻循环经济的理念，既坚持煤化工园区的高起点、高水平，又要兼顾产业多样性，分层次管理其他园区，使各产业协调发展。除符合规划布局的采矿、电力等能源工业外，其他新建工业项目必须进入园区。

3. 园区内部合理布局。优先规划安排具有比较优势和规模效益的项目建设。在充分考虑各项目之间安全布局的前提下，成组布局产业间关联度高的多联产、集成化深加工项目。统一布置园区公共服务设施和生产辅助系统。

园区设置：

规划建设煤化工园区、临河综合项目区、灵州综合项目区。综合考虑产业集中度、技术装备水平、园区功能等方面的因素，将三个工业园区分三个层次管理。

第一层次：煤化工园区。代表了宁东工业园区先进水平，是宁东基地的形象和标志。要严格项目准入标准，制定和落实项目准入条件，保证工艺技术装备具有较高水平和规模，以保持“产业关联度强、生产集约化高”的鲜明特色。园区划分为A区、B区和C区（C区为发展预留区）。煤化工园区只允许发展大型、特大型煤气化、煤液化项目以及配套和深加工产业，合理安排资源综合利用项目，其他工业项目一律不准进入。

第二层次：临河综合项目区。具有产业多样性、综合服务性园区功能，项目规划布局要保持较高的产业集中度、技术装备水平和建设规模。主要布局以煤化工产业产品为中间体开展深加工及配套服务的化工项目和建材深加工项目为主。积极发展精细化工、合成材料、建材、医药（不含生物制药）、设备制造、轻纺、清真食品、农副产品加工等产业。

第三层次：灵州综合项目区。项目规划布局要有一定的技术装备水平和适度的建设规模。主要布局以石油天然气化工为主，重点建设石油化工、化肥、资源综合利用、煤化工及煤化工产品中间体深加工等项目以及社会化服务产业。

为保证宁东基地健康、快速、持续发展，要制定宁东基地工业产业发展规定，明确不同时期、不同园区禁止发展的产业、产品和技术目录，使宁东基地保持鲜明特色，实现可持续发展。

五、基础设施与城镇建设

(一) 基础设施

总体要求：

1. 围绕宁东基地主导产业和社会发展，基础设施规划建设要与宁东基地总体发展速度相适应并适度超前。

2. 统筹基础设施、城镇建设、工业园区（项目）和地下资源的立体布局，合理衔接公共基础设施、工业园区（项目）专用基础设施和生产辅助设施，避免布局矛盾。

3. 规划建设集中供水、供热、供气等公共工程，合理控制自备配套项目。鼓励工业余热利用、中水回用等综合利用设施建设。通过实施集中供水逐渐关闭原有水井。

4. 根据外运、内运总量，衔接与平衡国家铁路、地方铁路、公路、工业管道及皮带运输能力，优化运能结构、降低建设成本。鼓励基地内部采用工业管道及皮带运输。

5. 供配电网建设要按照“统一规划、统一建设、统一管理”的原则，做到网架坚强、布局合理、运行灵活、接入方便。

6. 与循环经济、环境保护、生态建设和旅游产业等发展规划紧密衔接。

主要任务：

1. 铁路建设。建立布局合理、方便快捷的宁东铁路网，逐步形成西与包兰、北与东乌、向南向东分别与太中银铁路正线和银川联络线接轨的格局，在较短时期内达到东南西北都有进出条件的铁路运输优势。

宁东基地内部铁路网发展要充分考虑与国家铁路接轨的技术标准要求，遵循“统一规划、分步实施、集中管理、资源共享”的规划和建设管理方针，宁东铁路骨干线路既有线扩能改造和公用新线建设由地方铁路公司负责，通过投资主体多元化，加快实施步伐。到2010年，宁东基地铁路网总里程超过200公里，2015年以前达到300公里以上。

2. 公路建设。依托现有条件，不断完善与宁东基地关系密切的内部、外围路网，提高内部道路等级。一期工程期间，建成盐池－中宁高速公路，开工建设青铜峡－吴忠－灵武－宁东基地高速公路。根据工业园区（项目）建设需要增加等级公路。提高307国道宁东基地区段等局部运力紧张公路的等级标准并尽快实施。

3. 供水设施。宁东基地项目用水通过水权转换方式，由黄河取水解决。要合理调配宝贵的水资源，统筹安排生产、生活和生态建设用水，不断提高水的利用效率和效益。供水实行统一管理，并尽快建立适合宁东基地不同发展阶段情况的水价形成机制。

宁东供水一期工程形成1.6亿立方米/年供水能力。鸭子荡水库调节容量2053万立方米，目前已建成并蓄水。要抓紧净水厂及配水管网建设，及时向各园区供水。在宁东镇建设生活水厂。各工业园区（项目）生活用水，由基础设施规划根据技术经济分析确定集中供应或分散建设。二期工程期间，进一步扩大供水能力，水库库容达到8000万立方米，总供水能力最终达到3.6亿立方米/年。

4. 排水设施。各工业园区建设集中污水处理厂，宁东镇建设生活污水处理厂。各煤矿及电厂等相对分散项目，根据技术经济分析确定分片或单独建设工业污水处理设施。绿化、道路广场冲刷和部分工业循环冷却用水要充分利用中水，中水处理能力要包括全部清洁下水和达标排放的工业污水。

5. 供热（汽）设施。以规划的工业园区为单位集中建设供热设施。要积极研究马莲台电厂二期工程集中向煤化工园区和宁东镇供热方案。根据煤基甲醇、二甲醚项目建设进度，力争早日建成供热工程。各工业园区规划要科学计算热能需求总量、热负荷分布及需求进度，为集中供热热源点建设提供依据。

6. 供电设施。2005年建成宁东徐家庄330KV变电站。一期工程期末，建成灵武东、蒋家南及盐池330KV变电站，形成坚强的330KV供电主网架。配套建设110KV及以下各级配电网，保证各项目用户及时就近接入。

7. 供气设施。各工艺装置、仪表需要的压缩空气自建解决。煤化工园区化工项目需要的氧气、氮气、氢气，集中建设空分装置供应。要对一期、二期工程空分装置规模及供气方式、建设进度及投产时间等进行科学计算，满足各产业规划项目建设需要。

8. 消防设施。要统筹不同工业园区（项目）的特殊技术要求与一般消防标准，与城镇发展一并考虑，统一规划、分片建设。

9. 信息技术。在高起点上规划，一期工程期间，建设宁东基地物流信息处理中心及电子商务平台，建设社会事业信息管理网，与企业内部局域网一起构成相对完整的地区性信息系统。二期工程末，社会信息化各项指标达到国内发达地区城市水平。

(二) 城镇建设

宁东镇城镇建设对宁东基地整体发展有至关重要的影响。要从建立现代工业基地的客观要求出发，从提供可靠的社会服务支撑体系出发，发挥银川市、灵武市与宁东镇的作用。

总体要求：

1. 宁东镇要以建设现代化环境友好型、服务型城镇为规划建设目标，服从和服务于宁东基地规划与建设需要。

2. 宁东镇以现有位置为基础进行规划和建设，对银古高速以南、鸭子荡水库以东、307国道以北可供宁东镇发展建设的23平方公里土地进行科学规划和严格管理。

3. 以建立社会化服务体系为目标，发挥市场机制培育服务产业、配置服务资源的基础作用。在社会管理、公共安全、公共服务、医疗教育等公共设施建设上，发挥政府主导作用。

4. 按照建设社会主义新农村的要求，地方政府要做好农村庄点的规划和建设。

主要任务：

2006年初完成宁东镇发展建设规划并尽快组织实施。宁东镇规划要重点放在社会管理、公共安全、公共服务、基本医疗教育保障等公共设施规划与建设方面。镇区道路、集中供排水、供电、供热、通讯、消防等设施，要与宁东基地基础设施规划相互衔接、统筹安排，降低镇区建设成本。

六、综合利用与环境保护

开展资源梯级综合利用，由传统的“资源－产品－废弃物”单向直线增长模式向“资源－产品－废弃物－再生资源”循环经济增长模式转变，是落实可持续发展观和建设环境友好型社会的基本举措。宁东基地的工业废弃物主要有煤矸石、煤泥、电厂灰渣及脱硫石膏、工业污水、工业废气等。在规划与建设的各个阶段，都要牢固树立循环经济理念，重视废弃物再生利用。

总体要求：

1. 坚持市场机制与政策导向相结合，鼓励企业和社会各种力量参与宁东基地综合利用与环境保护建设，建立促进循环经济发展的政策体系。

2. 编制专项规划，注重节水、节能及废弃物再生利用。以工业装置为基本单元，通过技术进步从源头上实现清洁生产，减少污染物排放。以宁东基地为整体，打破产业、企业界限，实现废弃物合理交换利用。培育和发展以消化各类废弃物为目的的综合利用产业。

3. 修订自治区环境保护规划和建材、新材料产业发展规划，大力拓展与宁东基地综合利用产业相关联的区内外市场，为宁东基地规划与建设留出环境容量空间和综合利用产业发展空间。

4. 项目规划论证阶段，要认真落实环境影响评价制度；项目建设与投产阶段，要认真落实“三同时”制度；生产运行中，要重视运用在线监测等技术手段进行科学管理，保证各类污染物的达标排放和总量控制。

5. 专项规划要与基础设施规划、城镇建设规划、生态建设及旅游产业发展规划紧密衔接。

主要任务：

一期工程期间，完成宁东基地规划建设区域环境影响评价工作，编制循环经济及环境保护专项规划。建设灵州煤矸石综合利用电厂及太阳山开发区一期煤矸石综合利用电厂。在临河综合项目区选址建设电厂灰渣和脱硫石膏综合利用项目，在规划的车路沟、姜家沟等电厂灰场附近选址建设煤灰陶粒厂、煤灰砖厂。通过实施全区建材、新材料产业发展规划，增加水泥生产、公路建设等对煤矸石自燃灰渣、电厂灰渣的利用总量。

工业污水处理及中水回用统一纳入基础设施规划。建成宁夏危险物处置填埋中心，优先为宁东基地有毒有害废弃物处置进行配套。对全部工业项目的燃气、污水排放以及污水处理厂的进出水等连续生产装置，建立在线分析监测系统。对间断排放工业装置，形成即时全面监测能力。

二期工程期间，建成石槽村煤矸石综合利用电厂、太阳山开发区二期煤矸石综合利用电厂。扩大车路沟、姜家沟已有煤灰陶粒厂、煤灰砖厂规模。在永利、枣泉、马家滩等南部电厂灰场就近选址建设新的粉煤灰和灰渣利用项目。

七、生态建设与旅游开发

通过优化产业布局、完善基础设施、加强综合利用及污染物控制与治理，减少不可再生污染物总量，尽可能减轻对宁东基地自然生态环境的负面影响，使宁东基地向生态型工业基地迈进。

(一) 生态建设

总体要求：

1. 严格控制规划项目以外的土地占用，减少环境生态压力。通过政府投资、社会投资加强防护林工程建设，加大退耕（退牧）还林还草、治理荒漠化力度，改善区域生态环境。

2. 严格保护鸭子荡水库周边生态环境。有限度地开发利用水库旅游资源，把保护水质、发挥水库

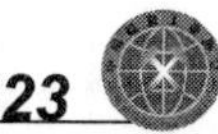

对宁东基地区域性自然生态气候调节作用放在首位。保护地表水系，严禁开采地下水。

3. 依法保护与建设白芨滩国家级自然保护区。加强保护区内荒漠治理及移民搬迁工作，庄点建设要做好规划，有利于群众生产、生活和保护生态环境。发挥自然保护区对于宁东基地与周边城市的天然屏障作用，加强自然保护区东部外缘绿化。禁止在白芨滩自然保护区核心区、缓冲区规划建设煤炭采选、运输项目。

4. 建设交通干线绿化带和历史文化遗迹、城镇、工业园区（项目）周边绿化隔离带，提高内部环境绿化水平，形成宁东基地区域内部条块结合、相互联系的绿色空间网络。

5. 加强管理，落实水土流失保护措施，把建设施工、生产运行对植被生态环境的影响控制在合理范围内。

6. 加强节水型绿化及生态治理技术研究与应用，节约水资源，提高存活率，降低绿化及生态建设成本。

主要任务：

2010年以前，尽快实施鸭子荡水库周边绿化等水土保持、生态保护工程。煤化工园区外围绿化隔离带2005年起步建设，2007年基本建成。把宁东基地区域内的“三北”防护林建设、退耕（退牧）还林还草等农林牧及水利建设工程纳入宁东基地生态建设规划并给予政策扶持。2015年以前，建成“四横、四纵、五环、多点”绿化网，配合白芨滩自然保护区荒漠治理及水库周边环境水土保持工程，有力改善宁东基地区域生态环境。

四横：沿古长城固沙林带、沿307国道绿化防护林带、沿狼南公路绿化防护林带、沿石马公路绿化防护林带。

四纵：沿下白公路防护林带、白芨滩自然保护区东部外缘防护林带、银古高速接磁马公路至周家沟沿线防护林带、沿鸳冯公路防护林带。

五环：环宁东镇、环鸭子荡水库、环煤化工园区、环临河综合项目区、环灵州综合项目区绿化隔离带。

多点：各项目的小区域绿化美化。

(二) 旅游开发

宁东基地区域有多处自然历史文化遗迹。宁东基地工业园区（项目）和大型基础设施有较高的科技含量和现代工业的震撼力。未来几年内，明显改善的绿化生态效果、新型城镇服务体系和便利的交通条件，为开展历史文化遗迹和工业旅游创造了条件。珍贵历史文化遗迹的保护性规划开发，是发展旅游产业的前提，也是哺育宁东基地工业文化、企业文化成长的重要条件，必将为现代工业的发展与建设增添活力。

总体要求：

1. 开展一期工程建设的同时，对宁东基地区域范围内具有旅游价值的景观遗迹要做好保护规划。凡列入旅游开发规划的景观遗迹，周围要形成50－100米的控制性隔离（绿化）带。

2. 遵循自然人文景观与工业旅游规律，以市场为导向，将自然景观、历史文化遗迹及工业旅游资源有机整合，整体规划，深度开发。

3. 处理好工业建设与旅游开发占用资源的关系。工业项目及基础设施建设要为旅游开发创造条件，并保证旅游资源开发的空间、平面效果。旅游资源开发要尽可能减少矿产资源无法利用的问题，不影响工业项目及基础设施的正常建设与投产运行。

4. 对于尚未开发和正在开发的旅游资源，要尊重其挖掘、开发规律，进行合理规划开发。

主要任务：

建设水洞沟旧石器文化遗址展览馆、南磁湾恐龙化石博物馆、鸭子荡水库度假村和宁东会展中

心。选定并整修古长城观光段。选定工业旅游项目点，在建设期解决工业旅游项目布局、安全等问题。合理规划、开发利用鸭子荡水库旅游区、黄河大桥、金水园度假区、甘露寺、白芨滩自然保护区、水洞沟旧石器文化遗址、鸳鸯湖新石器文化遗址、古长城遗址、汉墓群、南磁湾恐龙化石以及多处古磁窑址等主要景观和历史文化遗迹。

八、保障措施

高起点、高水平建设宁东基地，需要若干方面的保障与支持。

(一) 积极争取国家政策支持

切实贯彻执行国家产业政策，充分利用西部大开发等优惠政策，积极争取国家在资金、技术和建设项目等方面的支持。争取将宁东基地列入国家循环经济试点园区。全力争取火电基地和外送电工程继续列入国家“十一五”规划。

(二) 建立投资主体多元化机制

优化我区发展环境，不断加大政策支持力度，形成合力，促进发展。制定招商引资政策，合理利用国际国内资本，加快宁东基地建设；鼓励金融机构采取银团贷款等多种方式支持宁东基地建设；引进大集团、大企业采取不同合作方式参加建设。

(三) 加大人力资源支持力度

工业园区和企业要建立和完善人才培养和使用机制。用工需求要纳入劳动部门的劳动力培训计划，不断提高工业园区用工人员素质。鼓励大专院校、职业学校和劳动就业培训机构为企业定向培养专业技术人才和熟练技术工人。对引进的企业管理者和专业技术人才，公安、人事、教育等部门要认真落实国家和自治区有关人才引进和安置的相关政策。

(四) 建立自主创新机制

建立健全以企业为主体的自主创新机制，形成管理和技术创新体系，推动企业走依靠科技进步提高经济效益的发展道路。

(五) 加大资源勘探力度

加大对煤炭后备资源、其他矿产资源包括伴生资源、地下水资源的勘探工作力度，为宁东基地可持续发展奠定基础。

(六) 建立健全管理机制

建立组织健全、责任明晰、工作高效、协同配合的管理机制和管理措施，保障宁东基地科学有序地开发建设。

宁东能源化工基地工业产业发展暂行规定

开发建设宁东能源化工基地（以下简称宁东基地），是推进我区全面建设小康社会进程的一项重大举措。2003年以来，在自治区党委、政府的正确领导下，宁东基地的开发建设取得了重要进展，工业产业发展步伐加快，基础设施条件进一步完善，扩大开放实现新的突破。根据《宁东能源化工基地规划与建设纲要》确定的发展目标和主要任务，为把宁东基地建成产业关联度强、生产集约度高、资源节约和环境友好、稳定可靠、优质高效的国家重要的能源化工基地，成为循环经济和高新技术发展的典范，实现全区工业结构优化升级和经济跨越式发展的历史性任务，特制定本规定，作为实施《宁东能源化工基地规划与建设纲要》的重要配套文件。

一、指导思想和发展目标

(一) 指导思想

全面树立和落实科学发展观，深入贯彻落实西部大开发有关政策和投资体制改革精神，实施自治区“十一五”规划纲要，充分发挥市场配置资源的基础性作用，加强和改善政府对宁东基地发展的引导和调控；积极转变经济增长方式，大力发展循环经济；依靠科技进步和创新，切实推进工业产业结构优化和升级，着力提高产业集聚度和关联度；注重环境保护和生态建设，坚持走科技含量高、经济效益好、资源消耗低、环境污染少、人力资源优势得到充分发挥的新型工业化发展道路。

(二) 发展目标

1. 优化工业产业结构。充分发挥比较优势，大力推动煤炭、电力和煤化工产业发展，形成产业集群。围绕煤炭资源延长产业链，积极发展精深加工，形成“大而精”的产业布局。防止与自治区其他工业园区产业雷同，坚决禁止低水平重复建设。在产业发展上做到有所为、有所不为。

2. 建立健全工业发展管理体系。通过市场机制和政府调控，创造公平、竞争、统一的市场环境，建立健全工业发展的制度化、规范化管理体系。根据发展需要和资源、能源及环保状况，使煤炭、电力、煤化工等生产能力保持最优规模。

3. 推动工业产业组织结构优化。通过实施兼并、重组，扩大具有比较优势的骨干企业集团规模。进一步建立以大企业或企业集团为龙头，中小企业专业化配套协调发展的合作竞争型工业产业组织结构。积极吸引在国内外具有影响力、市场控制力和竞争力的强势企业集团参与宁东基地开发建设。

4. 提高工业产业技术水平。加大科技投入，不断提高自主创新能力。禁止落后生产工艺装备和产品进入园区。到2015年，依托煤化工园区和大型企业集团，建成1个国家级煤化工工程技术中心。力争在主导产业上有重大突破，整体处于国内先进水平，部分接近或达到同期国际先进水平。

5. 大力发展循环经济。按照可持续发展和循环经济理念，提高环境保护和资源综合利用水平，废物最终处置量明显减少，形成资源循环利用产业链，把宁东基地建成国家循环经济示范园区。对不符合规划和未落实环境和生态保护措施的项目，一律不准建设。

二、产业结构优化的方向和重点

(一) 优化园区产业结构

根据土地、水、交通等建设条件，现阶段在宁东基地建设煤化工园区、临河综合项目区和灵州综合项目区，除符合规划布局的采矿、电力等能源工业外，其他新建工业项目必须进入工业园区。宁东基地各工业园区要有明确的产业分工和定位，突出产业集群优势，避免产业雷同和无序竞争，形成区域整体竞争力。

煤化工园区是宁东基地的形象和标志，代表宁东基地工业园区先进水平，项目规模、技术工艺水平要坚持高起点。煤化工园区只允许发展大型、特大型煤气化、煤液化项目以及配套和深加工产业，合理安排资源综合利用项目，其他工业项目一律不准进入。

临河综合项目区具有产业多样性和综合服务功能，主要布局以煤化工产业产品为中间体开展深加工及配套服务的化工项目和建材深加工项目为主。积极发展精细化工、合成材料、建材、医药（不含生物制药）、设备制造、轻纺、清真食品、农副产品加工等产业。

灵州综合项目区以石油天然气化工为主，重点建设石油化工、化肥、资源综合利用、煤化工及煤化工产品中间体深加工等项目以及社会化服务产业。

(二) 实施阶段性非均衡工业发展战略

根据我区工业整体发展水平不高的状况，优先发展具有增长潜力的地区和产业，以阶段性的不平衡发展实现全局的协调平衡。

根据区域优势条件，现阶段宁东基地工业建设的重点是采掘业、能源和原材料工业。集中力量发展煤炭、电力和煤化工三大主导产业，扩大产品规模。以煤炭为基础，突出发展煤气化和液化产业链，加快形成上游与下游企业之间、技术开发与生产企业之间的多元协作关系，加快产业链的延伸。

通过政府引导，鼓励煤电一体化发展，加快大型坑口电站建设，缓解煤炭运输压力。鼓励煤炭企业与化工、建材、交通运输等企业发展联营合作。

(三) 加强产业选择的指向性

根据宁东基地煤炭资源丰富、石膏储量较大，但生态脆弱、金属矿藏贫乏的状况，工业发展要有较强的选择指向性，禁止发展超过环境、资源承载能力和不具备原料、市场优势条件的产业。禁止在宁东基地建设包括铁合金、钢铁、电解铝、金属镁等在内的黑色金属冶炼及压延加工业和有色金属冶炼及压延加工业。禁止建设电石、电石法聚氯乙烯、微生物发酵、造纸等高耗能、高耗水、高污染项目。禁止在煤化工园区发展煤焦化产业。

(四) 大力发展循环经济

坚持开发与节约并重、节约优先的方针。按照“减量化、再利用、资源化”的原则，以煤矸石、矿井水、粉煤灰、尾矿、废渣、废气及有机废水循环利用为重点，有计划、有步骤地规划建设综合利用项目，实现由点循环、链循环向园区综合循环的方向发展。抓好危险废物的处理处置。建立和完善清洁生产标准体系，严格执行环境准入制度。建立健全推进循环经济发展的政策措施和规划，对进入园区的企业提出土地、能源、水资源利用及污染物排放综合控制要求。

(五) 加强工业用水、用地管理

新建工业项目用水全部由宁东基地供水工程统一供给，不得使用地下水资源。积极发展中水回用。鼓励采用先进适用的节水工艺。工业废水要实现“零排放”。妥善保护城市和工业供水水源。

工业建设项目要节约用地。严格控制项目建设用地，防止出现以建设为由的圈地现象。严格控制划拨用地范围。严禁闲置土地，对用地单位闲置的土地，严格依照有关法律规定处理。

三、严格产业技术准入

(一) 根据宁东整装煤田的特点，煤矿开发必须坚持“先规划、后建设”的原则，严禁“大矿小开”和“整矿零开”。鼓励建设年产120万吨及以上高产、高效矿井，禁止建设单井井型规模低于30万吨/年的煤矿项目（韦州矿区除外）。开采极薄煤层不低于3万吨/年。修订完善煤炭资源回采率标准和管理办法，凡设计回采率达不到国家规定标准的煤矿项目，一律不予核准。加强矿井灾害（瓦斯、煤尘、矿井水、火等）防治工作。新建和已投产的煤矿企业要制订矿山生态环境保护与综合治理方案，报经主管部门审批后实施。积极开展节水型选煤工程技术开发及应用。保护性开采稀缺煤种，按照规划对主焦煤、肥煤以及对国民经济具有重要价值的特殊煤种进行有序开采，保证优煤优用。

严格开采顺序、开采方法和开发强度管理，禁止越层越界和私挖乱采。鼓励应用先进技术，开采难采煤层和极薄煤层。提高采掘机械化水平，淘汰落后技术和设备。禁止建设采用非机械化开采工艺的煤矿项目。

(二) 建设高参数、大容量、高效率、节水环保型燃煤电站项目，所选机组单机容量要在60万千瓦及以上空冷机组。机组发电煤耗要控制在286克标准煤/千瓦时以下（空冷机组在305克标准煤/千瓦时以下）。空冷机组耗水控制在0.18立方米/秒•百万千瓦以下。新建、扩建燃煤电站项目均应同步建设烟气脱硫设施，积极研究和应用节水的干法、半干法烟气脱硫工艺技术。

优先安排采用国产化设备的整体煤气化联合循环、大型循环流化床、增压流化床等洁净煤先进技术发电项目。根据产业布局需要，建设单机容量20万千瓦及以上、国产高效大型循环流化床锅炉的煤矸石电厂。根据热负荷、电力布局等实际，坚持“统一规划、以热定电”的原则，鼓励采用单机容量30万千瓦及以上集中供热机组的热电联产以及热、电、冷多联产。全力支持建设330千伏及以上交流电网和500千伏及以上直流输变电工程。加强大型电站及大电网变电站集约化设计和自动化技术应用、跨区电网互联工程技术以及输变电新技术推广应用等。

(三) 煤化工产业要坚持大型化和现代化。采用洁净煤、煤转化等先进技术，加强节能、降耗、节水、治污等措施应用。优选化工产业链，建设技术新、规模大、污染轻、效益好、具备竞争力的化工装置，防止低水平重复建设。

鼓励建设资源综合利用和环保型氮肥装置。加快高效、低毒、安全新品种农药及中间体开发生产。鼓励建设年产80万吨以上大型乙烯、年产20万吨及以上氧氯化法制聚氯乙烯项目。优先发展醇醚燃料生产项目。积极建设新型生物化工产品、专用精细化学品和膜材料生产项目。

四、优化产业组织结构

(一) 支持具备条件的优势企业向集团化方向发展，通过强强联合、优化整合、互相持股等方式进行战略重组，促进生产要素向优势企业集中，达到最优经济规模，实现效益最大化。

(二) 建立和完善现代企业制度。引导中小企业向股份合作制、股份制和企业集团发展。鼓励中小企业与大企业建立广泛的协作关系。积极为中小企业的发展提供信息咨询、贷款担保、技术支持、人才培训等服务。

(三) 提高自主创新能力。建立以企业为主体、市场为导向、产学研相结合的技术创新体系，大力提高原始创新能力、集成创新能力和引进消化吸收再创新能力，提升产业整体技术水平。对重大关键技术、共性技术攻关和推广应用项目，优先列入自治区科技发展规划。采取多种扶持措施，鼓励企业加大技术创新力度。

(四) 支持具备条件的企业到区外、国（境）外建设技术研发机构，紧跟煤炭、煤化工等国际先进技术发展的步伐。鼓励企业在区外、国（境）外建立产品研发和营销机构，充分利用国内、国外两种资源和两个市场，提升企业竞争能力和品牌影响力，扩大互利合作和共同开发。

五、完善和改进投资管理体制

(一) 对各类经济类型的投资主体在宁东基地范围内投资建设活动，要按照投资体制改革后的建设程序和权限规定，报自治区、有关市县（管委会）等投资主管部门备案或核准。

(二) 凡在宁东基地拟建的工业项目，自治区、有关市县（管委会）等投资主管部门要将符合本规定作为项目备案和核准审查的必备条件之一。

(三) 各级投资主管部门正式受理工业项目备案或核准申请后，应当要求项目申请单位同时将项目材料报送自治区宁东办，经自治区宁东办商自治区发改委、经委按照本规定审核同意后，由受理机关办理备案或核准手续。

(四) 对经审查不符合本规定或未按照本规定进行审查的工业项目，投资主管部门一律不得备案、核准或向国家有关部门申报。

六、其他

(一) 咨询、设计、施工等单位从事宁东基地投资建设活动的，必须遵守本规定。违反本规定的，由自治区宁东办协调自治区发展改革委、经委、国土资源厅等有关部门按照有关规定予以查处和纠正。

(二) 本规定是对宁东基地工业行业的基本要求，各市、县（区）、各有关部门可根据本规定制定或修订有关具体措施、技术规范和相关标准。

附件：宁东能源化工基地禁止发展的工业产业、产品和技术目录（2006年本）

宁东能源化工基地禁止发展的工业产业、产品和技术目录（2006年本）

一、为保证宁东能源化工基地科学合理开发和资源有效利用，根据《宁东能源化工基地规划与建设纲要》，充分考虑环境、资源等特点及承载能力，以及全区产业布局和发展情况，特制定本目录。未列入本目录的工业项目，按照国家、自治区有关规定执行。

二、列入本目录的原则是：环境污染严重、不利于环境保护和生态系统的恢复；原材料、能源和水资源消耗高或利用效率低；低水平重复建设比较严重，生产能力明显过剩；不具备市场、原料等优势发展条件的项目。

三、对于列入本目录的新建项目，禁止投资，投资主管部门不予审批、核准或备案，各金融机构不得发放贷款，土地管理、城市规划和建设、环境保护、质检、消防、海关、工商等部门不得办理有关手续。

四、本目录适用于宁东能源化工基地内建设的采矿和能源项目，以及煤化工园区、临河综合项目区和灵州综合项目区。

五、本目录根据国家、自治区有关产业政策变化，由自治区宁东办协调自治区发展改革委、经委等有关部门适时调整。

1. 单井井型规模低于30万吨/年的煤矿项目（韦州矿区除外）；开采极薄煤层低于3万吨/年

2. 设计的煤炭资源回收率达不到国家规定要求的煤矿项目

3. 采用非机械化开采工艺的煤矿项目

4. 单机容量60万千瓦（不含60万千瓦）以下的常规燃煤火电机组

5. 以石油（高硫石油焦除外）为原料的化肥生产项目

6. 100万吨/年及以下生产汽、煤、柴油的小炼油生产装置

7. 机焦炭化室高度小于4.3米、年生产能力小于60万吨、处理无水焦油小于10万吨/年、粗（轻）苯精制单套装置规模小于5万吨/年

8. 电石法聚氯乙烯装置

9. 烧碱生产项目

10. 炼铁

11. 炼钢及钢压延加工

12. 铁合金冶炼

13. 电石生产项目

14. 铝、镁等有色金属冶炼及压延加工

15. 斜交轮胎项目

16. 聚氯乙烯普通人造革生产线

17. 超薄型（厚度低于0.015毫米）塑料袋生产线

18. 纸浆制造、造纸及纸制品

19. 糊式锌锰电池、镉镍电池、开口式普通铅酸蓄电池项目

20. 高毒农药原药（甲胺磷、克百威、敌鼠酮、久效磷、氧化乐果等）生产项目

21. 以滴滴涕为原料的生产三氯杀螨醇项目

22. 以六氯苯为原料的生产五氯酚钠项目

23. 维生素原料药、抗生素原料药项目

24. 原糖生产项目

25. 白酒生产线

26. 酒精生产线（燃料乙醇项目除外）

27. 使用传统工艺、技术的味精生产线

28. 糖精等化学合成甜味剂生产线

29. 采用微生物发酵工艺的制药、轻工、化工、农药、食品等其他项目

30. 实心粘土砖项目

31. 水泥机立窑、干法中空窑、立波尔窑、湿法窑；水泥熟料生产线

32. 3000万标砖/年以下的煤矸石、页岩烧结实心砖生产线

33. 非浮法及日熔化量500吨以下普通浮法平板玻璃生产线

34. 100万平方米/年及以下的建筑陶瓷砖生产线

35. 50万件/年以下的隧道窑卫生陶瓷生产线

36. 15万平方米/年以下的石膏（空心）砌块生产线、单班年生产能力小于2.5万立方米混凝土小型空心砌块以及单班年生产能力小于15万平方米混凝土铺地砖固定式生产线、5万立方米/年以下人造轻集料（陶粒）生产线、10万立方米/年以下加气混凝土生产线

37. 2000万平方米/年以下的纸面石膏板生产线

38. 沥青纸胎油毡生产线、500万平方米/年以下的改性沥青防水卷材生产线、沥青复合胎柔性防水卷材生产线、聚乙烯膜层厚度在0.5毫米以下的聚乙烯丙纶复合防水卷材生产线

关于印发《宁夏工业“十一五”发展规划》的通知

2007年3月27日　宁政发〔2007〕46号

各市、县（区）人民政府，自治区政府各部门、直属机构：

《宁夏工业“十一五”发展规划》已经自治区人民政府第86次常务会议审议通过，现印发给你们，请认真组织实施。

宁夏工业“十一五”发展规划

宁夏工业“十一五”发展规划是在总结“十五”发展成就和经验的基础上，按照科学发展观和自治区“工业强区”战略要求研究制定的，是今后五年我区工业发展的指南。

一、“十五”宁夏工业发展回顾

“十五”期间，我区工业在自治区党委、政府的正确领导下，以科学发展观为指导，坚持走新型工业化道路，实施大企业、大项目带动战略，努力调整工业经济结构，深入推进企业改革，不断扩大对外开放，积极发展循环经济，全区工业走上了快速健康发展的轨道，成为国民经济中发展最快、活力最强、贡献最大的产业。

经济规模急剧扩张，主要产品产量成倍增加。截至2005年底，规模以上工业企业户数达到685户，比2000年增加276户。全区工业总产值达到660亿元，比“九五”末增长1.3倍；工业增加值达到228.3亿元，比“九五”末增长1.4倍，发电量、电解铝、轮胎外胎、水泥等主要产品成倍增长。

生产持续高速增长，对国民经济的贡献日益增大。“十五”期间，全区国内生产总值年均增长10.9%，工业增加值年均增长15.2%（规模以上19.5%），工业占GDP的比重由34.3%提高到38.1%，工业对GDP贡献率由2001年的33.7%提高到2005年的55.9%。

运行质量不断提高，综合经济效益状况逐步改善。2005年，全区规模以上工业实现利税 53.4亿元，比2000年增长1.8倍。其中，实现利润20.1亿元，比2000年增长3.6倍。工业经济效益综合指数为132.5，比2000年提高48.9个百分点。规模以上工业实现利税、利润、经济效益综合指数等多项指标均创历史最好水平。

工业投入大幅增长，一批重大项目落成投产。“十五”期间工业累计完成投资599.54亿元，比“九五”增长了2倍，共争取到17.3亿元国债资金支持。工业技术改造完成投资 182.01亿元，年均增长22.16%。组织实施了1400多个技术改造项目，已投产1040个。其中有40个项目列入国债计划，22个已竣工投产，先后得到5亿元国债资金支持。

结构调整取得新进展，产业聚集度不断提高。通过大力发展能源化工和原材料工业，努力振兴轻纺、机械工业，积极发展特色优势产业，加快培育高新技术产业，工业结构出现了新的格局。我区电力、煤炭、化工、冶金、轻纺工业在全部工业中的比重不断上升，成为支柱产业。我区已被国家确定为13个亿吨级煤炭基地、四个“西电东送”火电基地之一。以羊绒、葡萄酿酒、枸杞系列产品、土豆淀粉、乳制品、金属镁、稀有金属、化学原料药等为主的特色产业迅速发展壮大，成为我区今后工业的主要增长点。全区工业园区快速建设和发展，已形成1个国家级和 15个自治区级工业园区，入园企业已达1000多家，实现销售收入、工业增加值、上缴税金已占全部工业的30%以上。

企业改革不断深入，工业经济活力明显增强。经过多年的改革、改组，国有企业一统天下的局面被打破，国有经济逐步从一般竞争性领域中退出，先后有120多户企业被兼并破产，国有工业企业改制面达到95%，分离企业办社会职能取得了实质性进展。国有企业户数从2001年的149户下降到2005年的70户，多种所有制企业、多种经济成分、多元股权结构并存的企业组织结构已经形成。现代企业制度在国有及国有控股企业中已基本确立。对外开放和合作的领域不断扩大，引进了诸如加拿大铝业公司、日本须崎公司、日本马扎克公司、新加坡佳通公司、中国神华集团、中冶科工集团、四川泸州天然气化工公司、上海氯碱公司等一批国内外知名的战略投资者。非公有制经济快速发展，非公有制工业完成增加值和实现利税分别占全区工业的37.6%和39%。

但是，我们也要清醒地看到，我区工业还存在一些问题和矛盾，今后工业发展还面临不少困难和压力。一是经济增长方式粗放，高投入、高消耗、高污染、低水平、低效益的问题比较突出。二是主要产业及产品关联程度低，不仅链条短，而且配套能力不强，工业经济整体竞争力较弱。三是技术创新能力不足，科技含量高、附加值高、精深加工度高的产品少，经济发展仍然处于低层次经营阶段。四是资金、铁路运输等瓶颈制约问题短期内难以有效解决。

“十一五”是贯彻落实科学发展观、构建社会主义和谐社会的重要时期，也是全面建设小康社会的关键时期。在新的历史阶段，我们既面临有利的国内外环境，也面临新的挑战；既具有“十五”时期奠定的良好基础，也面临不少新的困难和问题；既具有加快发展的有利条件，也存在许多不利因素。未来五年，外部环境总体上对我区发展有利。随着市场经济体制日趋完善，消费结构将不断升级；国家实施“西部大开发”战略，政策支持力度进一步加大，有利于我区特色优势产业的尽快发展壮大；我区招商引资力度不断加大，区域经济合作稳步推进，发展空间不断拓展；自治区党委、政府集中力量加快宁东能源化工基地建设，必将促进工业发展迈上新的台阶。这些都为工业经济持续较快发展创造了有利条件。

宁夏工业“十一五”发展指导思想和总体目标

(一) 指导思想

“十一五”全区工业发展的指导思想是：以党的十六届四中、五中、六中全会精神为指导，坚持科学发展观，以结构调整为主线，以龙头企业为依托，以工业园区为载体，以改革开放和技术创新为动力，以项目建设为重点，实施工业强区战略，加快新型工业化进程，进一步发展壮大支柱行业，着力培育特色优势产业，切实壮大企业规模，努力转变经济增长方式，力争实现又好又快发展，使工业继续成为国民经济中发展最快、活力最强、贡献最大的产业。

(二) 总体目标

宁夏工业“十一五”发展的总体目标是，在优化结构、提高效益和降低消耗的基础上，力争形成布局合理、特色鲜明、优势明显和产业聚集度高、经济效益好和市场竞争力强的新型工业体系。具体目标为：

总量规模进一步提高。到2010年，全区全部工业增加值达到440亿元，年均增长14%。全区规模以上工业增加值406亿元，年均增长 15%；实现利润40亿元以上，年均增长15%。八个主要行业增加值目标：化工100亿元、冶金 80亿元、轻纺80亿元、电力60亿元、煤炭50亿元、机械40亿元、医药20亿元、建材10亿元。

技术装备水平进一步改善。技改投资累计完成455亿元，年均增长15%。工业技术水平达到国家本世纪初的水平，部分优势领域达到国内或国际先进水平。高新技术产业增加值在规模以上工业中的比重达到12%以上，科技进步贡献率达到43%以上。

培育一批大企业和龙头骨干企业。到2010年，形成50户销售收入过10亿元以上的龙头骨干企业，其中10户销售收入过50亿元、7户销售收入过100亿元的大企业、大集团。

综合能耗大幅下降。万元GDP综合能耗下降20%，万元工业增加值能耗下降20%以上，万元工业增加值用水量降低27%。主要耗能产品能耗指标达到国内先进水平。

环保治理达到标准。工业废水排放达标率 95%，工业废气消烟除尘率达到100%，工业固体废弃物综合利用率达到60%，工业用水重复利用率由45%提高到60%。

“十一五”时期宁夏工业发展重点

(一) 大力发展特色优势产业

1. 能源产业。坚持以煤炭为主体、电力为中心、油气和可再生能源全面发展的战略，规划建设高产、高效、环保和资源节约型的大型能源基地，加快能源优势向经济优势转化，使能源工业成为我区强势支柱产业。加大煤炭资源勘探和开采力度，在挖潜改造现有煤矿基础上，重点推进宁东能源化工基地建设。开工建设灵武矿区、鸳鸯湖矿区、横城矿区、王洼矿区等大型矿区，到2010年，全区煤炭生产能力和在建规模达到 1亿吨，其中大型煤矿产能占到全区总能力的 90%，矿井回采率达到70%以上。围绕国家“西电东送”的战略目标，加快灵武电厂一期2×60万千瓦、大坝电厂三期2×60万千瓦，大武口电厂扩建2×30万千瓦等电源项目，建成银川东至兰州东750KV交流输变电工程，银川东至天津东±500KV直流输电工程，同步加强区内各级电网建设，全区电力装机达到1320万千瓦，形成300万千瓦外送电能力。积极推进大型风电项目建设，加快宁东太阳山能源新材料基地建设，力争在“十一五”期间取得良好开局，

2. 化工产业。大力发展新型煤化工，建成 25万吨/年煤制甲醇、50万吨/年煤制烯烃、21万吨煤制二甲醚项目，开工建设2套320万吨/年煤炭间接液化，逐步开发煤化工及液化下游产品。积极引进高新技术，加强石油、天然气化工产品的开发，重点发展聚丙烯等石油深加工产品，使石油加工能力由435万吨提高到800万吨－1000万吨。建设第三套大化肥项目， “十一五”末合成氨年生产能力达到150万吨。提高电石法聚氯乙烯生产装置水平和规模，鼓励 25000KVA及以上规模的密闭环保炉型的发展，做好石灰氮、双氰胺、氯丁橡胶等电石下游系列产品，PVC树脂生产能力达到100万吨。精细化工重点发展双氰胺、电子级双氰胺、单氰胺等产品，围绕光气生产线，进行深度开发，生产高品质、低成本的农药产品和化工中间体精细化工产品。

3. 新材料产业。进一步发展钽、铌、铍等稀有金属功能材料及其高技术加工产品系列，电解铝及铝合金、铝材加工产品系列，金属镁、镁合金及其压延产品系列，碳基材料及其加工产品系列，大力发展多晶硅、单晶硅、微合金炉料等新型材料及加工产品。到2010年，钽粉产能达到550吨，钽铌电容器30亿只，电解铝80万吨，镁及镁合金25万吨，活性炭30万吨，碳化硅30万吨，单晶硅2000吨。使我区成为世界重要的钽铌铍和碳基材料制品生产研发基地，国内重要的铝、多晶硅、镁及镁合金及其深加工产品基地。

4. 装备制造业。以大型骨干企业为依托，采取引进技术、合作开发、联合制造、自主研发等多种形式，加强专业化协作配套和服务，大力发展数控机床、大型轴承、煤矿综采设备、自动化仪表、大型精密铸件、风电设备和电气化铁路高电压牵引变压器等优势产品。以高、中档数控机床为主导产品，开发智能化、网络化、信息化技术，数控机床能力达到8000台，建设数控机床功能部件如刀台、丝杆、动力卡盘以及板金加工、液压系统、铸件等生产配套体系。开发高温高压、高精度、多功能、低消耗、大压差的智能调节阀和模块化调节阀，智能调节阀产能达到4万台。重点发展高技术性能、高可靠性的重型和超重型刮板输送机等煤矿机械产品，开发滑行刨煤机和薄煤层刮板运输机等新产品，加强铸钢件、焊接、轴承、电机等配套能力建设，矿山机械产能达到14万吨。引进开发重型精铸钢件铸造技术和高精度金属模具和树脂模具生产技术，研制和生产高品质大型燃汽轮机、压缩机、风力发电机、特大型吨位球墨铸铁件等大型铸钢件新产品，形成铸件10万吨生产能力。加强与德国、日本等知名企业的经济技术合作，以1500千瓦、1000千瓦和750千瓦风力发电设备为主导产品，形成200台风机制造能力。加快发展以技术含量高的石油机械轴承、高可靠性工程机械轴承、冶金矿山轴承和风力电机轴承等高精密轴承，积极推动电气化铁路高电压牵引变压器和太阳能设备等高技术产业的形成。

5. 特色农产品加工业。加快发展羊绒、枸杞、葡萄、乳品、玉米、清真食品等产业及其加工产品系列，巩固提升全国最大的枸杞生产加工基地、羊绒原料及羊绒初级产品加工基地和全国重要的马铃薯加工基地地位，逐步建成全国最大的清真食品生产基地和重要的发酵制品生产基地。

以灵武羊绒工业园区和同心羊绒工业园区为依托，在扩大无毛绒收购量的基础上，提高羊绒深加工和精加工能力，使全区无毛绒加工能力扩大到6000吨，羊绒产业销售收入翻一番。枸杞种植面积扩大到60万亩，枸杞干果产量达到 3000万公斤，精加工率达到30%，商品市场占有率提高到60%以上，把“宁夏红”、“杞浓”和枸杞原汁产品打造成全国乃至世界的知名品牌。马铃薯种植面积扩大到400万亩，加工能力达到200万吨，引进变性淀粉项目和高分子降解生产技术，把固原建成我国重要的马铃薯种植繁育基地和马铃薯淀粉加工基地。大规模开发建设贺兰山东麓葡萄种植基地，葡萄种植面积达到 30万亩，整合重组宁夏现有的葡萄酒生产企业，加强与国内外大企业的合资合作，形成葡萄酒加工能力10万吨。大力发展以玉米淀粉为原料的谷氨酸、赖氨酸、味精等主导产品及红霉素、盐霉素等化学原料药的深加工产品，加快淀粉糖、糖醇、低聚糖、变性淀粉等产品的开发和新工艺的引进，重视解决污染治理问题。四环素年生产能力达到5000吨、红霉素6000吨、盐霉素 1200吨、沙利霉素15000吨、泰乐菌素1500吨，将我区建成中国西部地区最大的化学原料药生产基地。加速清真食品、清真肉制品、穆斯林用品及服饰等清真系列产品的开发，挖掘民族用品、饮食、服饰的文化内涵，着力提升清真食品和民族用品业的规模、档次和水平。

(二) 改造提升传统产业

推进化工、冶金、轻纺、建材等传统产业升级和产品更新换代，提升技术装备水平，提高产品的市场竞争力。“十一五”期间在以下几个行业取得重大进展：

冶金工业。扩大具有国际先进技术和生产工艺的电解铝生产能力，新增一条25万吨电解铝生产线，开发电解铝深加工高附加值产品，实施铝电联营，建设装机66万千瓦自备电厂。通过推广采用世界先进技术和低频矿热炉技术，促使铁合金矿热炉向大型化、高技术装备、清洁环保方向发展，使我区铁合金工业整体技术水平达到国内先进水平。进一步调整金属制品产品结构，扩大产品规格种类，向高技术产品发展，保持国内金属制品行业领先地位。钢铁及制品，电炉钢及钢材80万吨，具有国际竞争力的高附加值特种钢丝绳总量达到1.5万吨；大力开发三级螺纹钢、小规格螺纹钢以及钢丝绳、钢绞线所用优质碳素钢热轧盘条等产品，提高产品附加值。通过研发高性能预应力钢丝、低松弛预应力钢绞线等新产品，进一步优化金属制品结构。

造纸工业。重点建设文化用纸、生活用纸和包装用纸三大产业集群基地，并在附加值高的特种纸生产上实现突破。纸和纸制品总生产能力达到150万吨，创建3个－5个全国知名的名牌产品。提高国产制浆造纸设备、自动控制系统生产技术水平，严格控制并逐步消减造纸工业污染物排放总量，重点实施碱回收工程，基本实现废水"零排放"。以美利纸业集团公司为骨干，大力支持美利纸业林纸一体化项目，促进造纸工业向中卫美利和吴忠牛首山两个造纸工业功能区集聚。

橡胶轮胎。加大轮胎子午化率的研究开发力度，逐步减少斜胶胎的比重，加快300万套全钢子午胎和1000万套半钢子午胎工程的建设进程，研制开发军用航空轮胎。

建筑材料。用高新技术改造提升水泥及制品、玻璃、陶瓷三大传统产业，加快发展石膏建材、化学建材和新型墙体材料三大特色产业。逐步淘汰能耗高、污染严重的立窑等落后生产能力和装置。重点支持有矿山资源的企业建设日产 4000吨及以上规模新型干法熟料生产线。水泥产能控制在1300万吨，新型干法水泥比重提高到70%。建设中卫常乐陶瓷生产基地，建筑陶瓷生产线达20条，产能1亿平方米。加快发展市场前景广阔、附加值高的粉刷石膏、高强石膏粉及制品等。

(三) 压缩淘汰落后生产能力

严格行业准入管理，坚决制止低水平重复建设。加快淘汰落后生产能力，坚决关闭一批浪费资源、污染环境和不具备安全生产条件的小企业。（1）电石。关闭和淘汰5000千伏安以下（1万吨/年以下）电石炉，逐步关停单炉1.25万千伏安及以下小电石企业。电石生产电耗水平控制在3400千瓦时/吨以内，电石生产企业各项污染物排放要达到环保要求。（2）铁合金。关闭和淘汰5000千伏安以下矿热炉，严禁新建2.5万千伏安以下铁合金矿热炉，逐步淘汰1.25万千伏安以下的矿热炉；硅铁冶炼电耗下降到8500千瓦时/吨以下。（3）焦炭。淘汰土焦、改良焦生产能力，2009年底前淘汰炭化室高度4.3米（3.2米及以上捣固焦炉除外）以下焦炉。（4）水泥。关闭淘汰直径2.2米以下立窑生产线，逐步淘汰其他立窑等落后生产能力，严禁建设日产 2500吨以下新型干法水泥生产线。（5）造纸。2007年底前淘汰产能3.4万吨以下的草浆生产装置和1.7万吨以下的化学制浆生产线。（6）小煤矿。2007年末淘汰年核定生产能力在3万吨以下（含3万吨）的矿井，2010年末淘汰露天煤矿6万吨/年（不含6万吨）以下、井工煤矿 9万吨/年（不含9万吨）以下的矿井。（7）小火电。2010年底前关闭淘汰5万千瓦以下小型燃煤火电机组，等量置换为符合国家产业政策的大机组，或将其改造为资源综合利用或热电联产机组。

(四) 培育壮大一批骨干企业

以壮大企业规模和提高核心竞争力为重点，以机制创新和技术创新为动力，以实施重大项目为依托，按照政府政策扶持推动、企业自主决策运行的模式，加快社会资本和社会资源向大企业、大集团集中，培育壮大一批实力雄厚、能够发挥支撑和带动作用的大企业、大集团。

把神华宁夏煤业集团、宁夏电力公司、中国石油长庆油田分公司第三采油厂、青铜峡铝业集团有限公司、中冶美利纸业集团有限责任公司、宁夏发电集团公司、中石油宁夏大元炼化有限公司7家企业培育为销售收入过100亿元的大企业。把东方有色金属集团公司、宝塔石化集团公司、中石油宁夏石化分公司、佳通轮胎公司、宁夏启元药业公司、香山酒业集团公司、西部聚氯乙烯公司、国电西北分公司在宁企业、金昱元化工公司、宁夏电力开发投资公司10户企业培育为销售收入过50亿元的企业。各市县根据实际围绕优势特色产业培育扶持一批销售收入过10亿元的龙头骨干企业。

鼓励发展一批科技型、外向型、资源深加工和循环经济型、专业配套型、劳动密集型、成长型中小企业，使其成为区域经济的主体、吸纳就业的主体、民间投资的主体、市场竞争的主体和推进经济增长的主体。

(五) 集中建设重点工业园区

"十一五"工业园区发展总目标是：在"十五"的基础上，各项主要经济指标年增幅30%、力争50%，到2010年，全区工业园区工业增加值占全区工业增加值的比重提高到50%以上，基础设施配套率在80%以上；基本建立符合市场化运作规则的管理体制和运行机制，使之成为自治区对外开放的先行区、经济发展的增长极、特色产业的培育区。

重点培育和发展宁夏宁东化工产业园区、银川经济技术开发区、宁夏石嘴山工业园区、太阳山能源新材料基地、宁夏中卫工业园区和一批特色鲜明、优势显著的特色园区。

1. 宁东能源化工基地

（1） 宁夏宁东化工产业园区。举全区之力，按照规模化、一体化的要求和产业化发展方向，努力把宁夏宁东化工产业园区建设成为全国重要的煤炭、电力和煤化工产业基地。到2010年，形成25万吨甲醇、21万吨二甲醚、52万吨煤基烯烃等煤化工产品的生产能力，并开工建设320万吨煤炭间接液化项目，宁东能源化工基地工业增加值达到120亿元。

（2） 太阳山能源新材料基地。启动和建成一批煤炭、煤化工、电力、新材料、资源综合利用等项目和重大基础设施项目，到2010年，完成投资约80亿元，工业增加值达到6亿元以上，转移农村劳动力约2万人。形成与北部宁东化工产业园区“南北互动、优势互补、两翼齐飞”的战略发展格局。

2. 银川经济技术开发区。以高新技术产业为主导，重点发展机械电器制造产业、石油天然气化工产业、新材料产业、特色医药、信息及其他产业，形成以生产中高档数控机床及加工中心为主的产业群，扩大重型铸钢件及铸钢件精加工生产规模，建设国家一类新兽药——幼畜腹泻双价基因工程疫苗项目，完善以电视、电信、移动通讯为主的通信产业集群，以宁夏软件园、宁夏国家高新技术创业服务中心软件孵化园为平台，建设软件生产和服务基地。到“十一五”末，开发区实现工业增加值达到42亿元，年均增长 25%，高新技术企业实现增加值22亿元。

3. 宁夏石嘴山工业园区。以能源化工为主导产业，重点建设电力工业园、钢铁工业园、氯碱工业园、煤化工工业园、高载能工业园，形成电力装机总容量达到300万千瓦、80万吨钢、 50万吨PVC、5万吨活性炭的生产能力，加大金属制品、电石、焦炭等产品的深加工和产品开发，开发资源综合利用，大力发展循环经济。到 2010年工业增加值达到100亿元，工业企业达到150个，安排就业人员2万人。

4. 宁夏中卫工业园区。以造纸工业为主导产业，重点建设涂布白卡纸、牛卡纸、高强瓦楞纸、轻涂印刷纸及杨木化机浆，配套热电联产等制浆造纸项目，计划在2010年新增年造纸能力 200万吨，年制浆能力100万吨，新增年销售收入100亿元，年利税20亿元。与此同时，依托造纸工业，带动相关产业与行业的发展，形成以造纸为主、多业并进、共同发展的格局，把园区建成我国首家规模庞大、独具特色的现代化纸城，使中冶美利纸业跨入世界大型造纸企业行列，成为我国西部纸业通往世界的桥头堡。

(六) 促进地区工业协调发展

1. 银川市

发展思路：围绕现代化区域中心城市的目标，全面实施“兴工强市”战略，以具有资源优势和区域特色的能源化工、石油天然气化工、发酵和生物制药、穆斯林用品及清真食品、机械电器制造和新材料六大优势特色产业为重点，进一步明确各园区功能定位，引导和促进宁东能源化工基地、银川经济技术开发区、灵武羊绒工业园、望远工业园、德胜工业园向特色园区发展，形成特色鲜明的园区产业布局，力争到2010年把开发区和工业园区建成工业示范区、经济增长带、产业聚集园和技术辐射源。

龙头骨干企业（12个）：宁夏中银绒业有限公司、天马冶化实业有限公司、西部光彩再生能源公司、马斯特（集团）羊绒制品公司、宁夏德海土畜产品集团股份有限公司、宁夏建材集团公司、宁夏共享集团、宁夏多维（泰瑞）药业有限公司、宁夏伊品食品集团有限公司、紫荆花集团公司、嘉源绒业有限公司、宁夏新瑞长城机床有限公司。

2. 石嘴山市

发展思路：按照循环经济发展的要求，发挥优势，扬长避短，加快产业对接和优势工业资源整合，实施煤电及化工冶金一体化战略，走新型工业化发展道路。改造提升煤炭采选业、电力工业、钢铁工业和机械制造业四大传统产业，全面发展稀有金属、精细化工、碳基材料、新型电子四大接替产业，拉长新材料产业链、煤电能源化工产业链、煤电多元合金产业链和以农副产品加工为龙头的轻工产业链。

龙头骨干企业（8个）：宁夏电投钢铁有限公司、宁夏西北奔牛集团公司、宁夏恒力钢丝绳股份有限公司、宁夏大荣实业集团有限公司、宁夏沙湖纸业集团有限公司、宁夏三喜科技有限公司、宁夏大地冶金化工有限公司、宁夏惠冶镁业有限公司。

3. 吴忠市

发展思路：着力培育七个特色工业园区，壮大六个支柱产业，构建循环经济发展框架，提高工业经济整体素质和核心竞争力，推动全市经济跨越式发展。以青铜峡铝业集团、金昱元化工有限公司、新华百货夏进乳业公司等为骨干企业，以太阳山能源新材料基地、青铜峡新材料产业基地、牛首山工业园区为支撑点，实施煤电冶金化工一体化发展，围绕青铜峡铝业集团公司的发展壮大，搞好配套服务和产品的延伸开发和加工。大力发展乳业、清真牛羊肉和穆斯林用品、葡萄等特色产业。

龙头骨干企业（7户）：宁夏大坝发电有限责任公司、宁夏加宁铝业公司、宁夏新华百货夏进乳业公司、万胜生物工程有限公司、吴忠仪表公司、米来生物工程有限公司、盐池宁鲁石化有限公司。

4. 中卫市

发展思路：着力培育优势骨干企业和“造纸、酿酒、冶金化工、建材、农副产品加工、机械制造”六大优势产业，走科技含量高、经济效益好、资源消耗低、环境污染少、人力资源得到充分发挥的新型工业化路子，推进全市经济跨越式发展。

龙头骨干企业（3户）：宁夏科豪陶瓷有限公司、宁夏瀛海建材集团公司、宁夏隆基硅材料公司。

5. 固原市

发展思路：围绕做大做强草畜产业和马铃薯产业两大特色产业，积极培育和壮大傻傻集团、四波淀粉公司、宁夏六盘山泾河清真食品有限公司等龙头企业，扩大种植和养殖基地，加快固原扶贫试验区和清水河工业园区建设，实现固原工业的快速发展。

龙头骨干企业（2户）：宁夏六盘山泾河清真食品有限公司、西吉傻傻集团公司。

四、主要措施和工作要点

（一）发展大企业大集团，着力提高企业竞争力。围绕自治区确定的大企业、大集团战略，编制规划，落实责任，制定政策，政府部门提供帮助和服务。及时掌握大企业在市场竞争、生产经营、项目建设等方面的问题，提出应对措施，帮助协调解决。实行财政扶持政策，在支持重大新建工业项目基础上，进一步做好企业技术改造、增强自主创新能力和名牌战略推进，对企业发展所需的土地等要素优先供给。鼓励企业在国内外上市融资。打破行业、地域和所有制界限，鼓励和支持国内外有实力的大企业大集团，以资产为纽带，对我区各类企业进行改组改制改造。对如期实现目标的骨干企业给予重奖。各市县应根据当地实际和企业发展规划，确定一批销售收入有望达到10亿元的企业，进行培育扶持。各大企业大集团要围绕发展目标，制定科学具体的发展规划和方案，并付诸实施。围绕大企业及重大产业化项目，做好中小企业发展规划及配套服务规划。

（二）推进重大项目建设，夯实工业发展后劲。围绕发展壮大支柱行业、优势特色产业和重点骨干企业，以提高装备技术水平、增加产品品种、提高产品档次为重点，组织实施一批重大基本建设项目，加快推进企业技术改造，使工业基本建设和技术改造投资保持较快增长，投资规模再上一个新台阶。“十一五”期间预计完成工业总投资1867亿元，总量比“十五”增加1267亿元，其中技改投资455亿元，总量比“十五”增加273亿元，重点抓好一批投资过亿元的大项目。通过技术改造，工业技术装备、主要技术经济指标总体接近或达到20世纪90年代末期国际先进水平，其中，部分重点骨干企业和主导产品的技术装备要接近或达到国际同期先进水平，重要领域和重点行业的关键技术和共性技术的开发和应用取得较大突破。按照国家投资体制改革精神，建立起政府宏观引导、企业自主决策的新机制。不断创新投资环境，改善服务，强化综合协调。积极主动地向区内银行和区外股份制银行推介项目，为银企广泛接触创造条件。充分利用国内外产业梯度转移的有利时机，密切关注区外大公司的生产经营、发展战略、对外投资等情况，寻找与我区产业和企业的结合点，吸引其到我区投资。

(三) 发展特色优势产业，增强产业竞争能力。“十一五”我区特色优势产业的发展重点是羊绒、枸杞、数控机床、马铃薯、葡萄酒、金属镁、煤基炭材、生物发酵、清真肉制品、稀有金属材料等。要发挥比较优势，把握市场趋势，确定符合实际、快速发展的目标和培育措施，力争其中的1个－3个产业做到全国第一，为全国性的产业基地，其他产业居西部之首。以工业园区为依托，以优势特色产业为核心，实行集约化发展、规模化经营，提高产业聚集化程度，形成几个特色产业园区，发挥聚集效应，做大优势产业。着力支持具有支撑和带动作用的龙头企业加快发展，通过企业发展带动原料基地建设和产品深加工，支持企业实施品牌战略，培育名牌产品，形成竞争优势。按照工业布局规划，各市县要依托当地资源和产业基础，培育发展特色产业集群。银川重点发展能源化工、生物发酵及制药、高新技术等产业，灵武、同心重点发展羊绒产业，中卫重点发展枸杞产业，石嘴山重点发展新材料和冶金化工、高耗能等产业集群，吴忠重点发展乳业、葡萄酒、新材料等，中卫重点发展枸杞、造纸、陶瓷等产业，固原重点发展马铃薯、草畜产业。

(四) 支持工业园区建设，提高产业聚集度。重点抓好1个国家级和15个自治区级工业园区规划、管理、服务和协调，支持园区基础设施建设和特色产业发展，使工业园区成为特色鲜明、政策优惠、服务功能齐全的工业发展的平台和招商引资的窗口，切实把开发区和工业园区建成经济发展的带动区、特色产业的培育区、体制和科技创新的试验区、城市发展的新区。各级政府应不断加大财政资金投入力度，支持园区搞好基础设施建设；各有关部门对工业的扶持资金要向工业园区集中和倾斜，扶持资金重点用于基础设施建设补助、特色产业项目扶持、园区担保公司启动资金、企业管理人员及工作人员培训、信息管理体系建立及园区建设的考评奖励等。对各工业园区所涉及的行政事业性收费，按照审批权限，经审核批准后予以减免。对投资强度大、技术含量高，对区域经济发展具有较强带动作用的重大项目，可在已有优惠政策的基础上给予更大的支持。开展工业园区建设和发展的规范化管理和服务，并加强统计考核。

(五) 推进企业科技进步，鼓励企业自主创新。以国家重大产业技术开发项目为导向，加大我区实施重点技术创新项目的范围和力度，加快用高新技术和先进适用技术提升我区工业整体技术水平。到2010年，通过实施30项国家重大产业技术开发项目计划、500项自治区重点技术创新项目，进一步提高企业技术创新能力，国家重点企业技术水平达到国际上世纪90年代后期水平，自治区重点骨干企业技术水平达到国际上世纪90年代中期水平。全区大中型企业平均R&D支出经费占产品销售收入的比例达到或超过 1%，新产品销售额平均达到10%以上。要进一步加强企业技术创新体系建设，到2010年，自治区重点行业、骨干企业都要组建企业技术中心，规模以上企业要建立适应市场竞争机制和现代企业制度要求的技术开发机构。要以高新技术企业、技术创新机构和孵化器为主体，以龙头企业、名牌企业、高新技术企业和民营科技企业技术创新机构为重点，加快建立和完善以产业基地、专业镇、工业园区为载体的面向全国的区域性技术创新体系，不断夯实各种特色产业基地的技术基础。加快建立共性技术服务平台，以区域性产业研究开发中心、技术信息服务中心、产品检验检测中心等为主体，大力推动产、学、研相结合，为产业集群的发展提供强大的技术支撑。

(六) 强化招商引资工作，扩大工业对外开放。以优势特色产业和大项目为重点，积极吸引跨国公司、大财团、知名企业来我区投资。按照“优势互补，互惠互利，长期合作，共同发展”的原则，不断扩大东西合作的规模和领域。抓住中央管理的国有大中型企业参与西部特色优势产业发展的有利机遇，加强与神华集团、鲁能集团、国家电网公司、中化集团、中粮集团等大企业的合作，吸引国内外大企业来我区投资开发。密切关注招商引资重点项目和签约项目，切实搞好后续服务，确保合同签约履约率，引导中小企业主动与重点项目协作配套，营造适合产业集群发展的良好环境，吸引更多的投资者来我区投资。

（七）发展非公有制经济，调整完善所有制结构。按照“增加数量、提高质量”的总体目标，加快发展速度，扩大经济总量，提高所占比重。降低市场准入门槛，鼓励创办企业，支持非公有制经济发展，着力做多一批；选择一批成长性中小企业予以重点培育，发展一批龙头骨干企业，着力做大一批；依托资源优势，发展特色产业，开发特色产品，着力做精一批；强化基础管理，实施人才兴企战略，提高企业素质，着力做强一批。通过以上措施，促使中小企业成为区域经济的主体、吸纳就业的主体、民间投资的主体、市场竞争的主体和推进经济增长的主体，切实发挥其优化经济结构、体现发展活力、繁荣地方经济、保持社会稳定等方面的重要作用。

（八）推进节能降耗工作，大力发展循环经济。将节能优先的方针贯彻落实到制定和实施发展战略、发展规划、产业政策以及财政、税收、金融和价格等政策中，鼓励和支持节能。制定落实资源综合利用优惠政策，调动企业开展资源综合利用的积极性。工业园区要按照循环经济的模式进行规划布局，对同类企业的聚集区应提前安排企业废水、废气、废弃物的集中处置，提高废渣、废水、废气的综合利用率。加大对环保产业的扶持力度，力争在以太西煤为原料的活性炭环保材料、矿热炉除尘设备、真空锅炉、烟气监测和治理成套设备等领域，培育起一批骨干企业。到2010年，基本形成促进循环经济发展的法律法规体系，基本建立发展循环经济的机制和框架。

宁夏回族自治区人民政府关于又好又快建设宁东能源化工基地的若干意见

2007年9月3日　宁政发〔2007〕121号

各市、县（区）人民政府，自治区政府各部门、直属机构：

为贯彻落实胡锦涛总书记“又好又快建设宁东能源化工基地，实现资源优势向经济优势转化”的重要指示和自治区第十次党代会精神，加快推进宁东能源化工基地建设，特提出以下意见：

一、壮大配套主导产业

（一）加快发展主导产业。宁东基地主导产业坚持高起点、大规模、高技术，严格执行产业准入标准。集中力量重点支持骨干企业加快发展。对辐射带动作用强、延伸产业链具有关键意义的重大建设项目，自治区在土地、税收、供电、供水、项目审批等方面给予优先保证和优惠。

（二）优化主导产业项目布局。根据地理地质条件，按照采－洗、选－配、煤－电、煤－煤化工工序关系，成组设计，集中布局。水、热、气等公用产品一次规划、集中建设、统一供给。鼓励国内外具有先进技术水平的专业化企业进入宁东基地投资建设公用设施，可按照基础设施享受有关优惠政策。积极发展单机容量30万千瓦以上的热电联产和热、电、冷多联产。

（三）大力发展煤化工产业链。围绕煤气化、煤液化、煤焦化延长产业链。积极开发聚丙烯、甲醇等深加工产品，鼓励国内外知名企业进入宁东基地发展下游产品。自治区将制定延伸煤化工产品产业链的发展规划和相关政策。

（四）积极发展生产性服务业。建设大型物流园区，推进物流配送，积极发展第三方物流，形成包装、运输、仓储等配套服务体系，保障物流畅通。积极发展电子商务，构建信息服务网络。支持企业进入资本市场直接融资，建立和完善担保体系，搭建金融协作平台。积极发展法律咨询、工程咨询、会计审计等中介商务服务业，形成具有一定规模和实力的专业技术和智力服务体系。

二、着力推进自主创新

(五) 积极争取国家科技支持。围绕煤化工、新材料等领域重大关键技术、共性技术攻关和产业化推广应用，积极组织申报国家科技项目，争取国家科研力量和科技经费的支持。依托煤化工园区和大型企业集团，联合国内外专业院校和研究机构，组建煤化工工程技术研究中心和一批企业技术中心。把宁东基地建设成为技术研发与成果转化基地。

(六) 设立科技研发专项资金。每年从自治区科技攻关计划中安排一定比例资金，专项支持宁东基地的技术研发。重点用于大型甲醇合成、二甲醚合成、烯烃合成等技术和催化剂的研究，以及煤炭气化、煤炭液化技术和装备的引进消化吸收和再创新。

(七) 大力支持企业技术研发。自2008年1月1日起，企业开发新技术、新产品、新工艺发生的研究开发费用，按规定予以税前扣除。企业用于研究开发的仪器和设备，单台价值在30万元以下的，可一次或分次计入成本费用，在企业所得税税前扣除，其中达到固定资产标准的应单独管理，不再提取折旧。单台价值在30万元以上的，允许其采取双倍余额递减法或年数总和法实行加速折旧。

三、大力发展循环经济

(八) 建设国家级循环经济示范基地。全面实施《宁东基地循环经济发展规划》，坚持“源头把关”、“过程控制”、“末端治理”并举，主要工业废弃物、工业污水、工业废气实现资源化利用。

(九) 认真做好节能降耗工作。鼓励支持企业采用先进技术装备，建成全国同行业示范项目。到2010年，燃煤空冷机组发电煤耗控制在305克标准煤/千瓦时以下，机组耗水控制在0.18立方米/秒百万千瓦以下；煤化工万元增加值平均能耗控制在12.9吨标准煤以下，平均耗水控制在96吨新鲜水以内。对优于以上指标的项目，按其节能降耗的先进程度，列入自治区产业规划优先安排。

(十) 保证实现减排目标。新建、扩建燃煤电站项目均应同步建设烟气脱硫设施，同步建设烟气在线监控装置。积极研究和应用节水的干法、半干法烟气脱硫工艺技术。鼓励采用大型循环流化床、增压流化床等洁净煤先进技术。优先安排采用整体煤气化联合循环发电项目。到 2010年，二氧化硫排放总量控制在5.73万吨/年以内，化学需氧量排放总量控制在1万吨/年以内，固体废弃物排放总量控制在1.29万吨/年以内。

(十一) 努力提高资源循环利用效率。到 2010年，煤炭资源回采率达到75%以上，固体废弃物处理和利用率达到70%以上，矿井水利用率达到80%以上，塌陷区治理达到70%以上。电厂水循环利用率达到95%以上，固体废弃物处理和利用率达到100%，脱硫回收利用率达到 88%以上。煤化工水循环利用率达到98.5%，固体废弃物处理和利用率达到100%。

(十二) 积极支持企业进行“三废”综合利用。企业从事循环经济、节能减排、“三废”综合利用的，免征企业所得税地方留成40%部分5年。国家新税法出台后，执行国家相关优惠政策。

(十三) 积极开展节约用水和水循环高效利用。鼓励企业采用先进适用的节水工艺和设备。宁东基地生态绿化用水全部采用节水灌溉技术，对耗水量控制在标准以内的执行优惠水价。新建工业项目用水全部由宁东供水工程统一供给，不得使用地下水资源。积极发展中水回用。

四、加大财税政策支持力度

(十四) 加大公共财政投入力度。自治区财政根据财力增长每年安排一定规模的宁东基地专项建设资金，用于宁东基地公共基础设施和生态保护建设。今明两年，每年安排宁东基地1亿元，太阳山基地5000万元。同时，将自治区安排的工业园区建设、技术改造、节能降耗、预算内统筹等资金每年按一定比例向宁东基地倾斜。

(十五) 实行税收优惠政策。自2008年1月 1日起，企业从事国家重点扶持的公共基础设施项目投资经营所得，免征或减征企业所得税。企业购置用于环境保护、节能节水、安全生产等专用设备的投资额，可按一定比例实行税额抵免。凡进入宁东基地从事第三产业的企业，对其依法缴纳的房产税、土地使用税等地方税收可实行优惠。企业治理污染所需设备投资的40%可从企业当年新增企业所得税中抵免。宁东基地新建企业允许实行固定资产加速折旧，按照现行的企业会计制度规定，报财政部门和相关部门备案。

五、提高土地和水资源保障能力

(十六) 用好用足土地政策。各级国土资源部门要积极创造条件，按照国土资源部《关于发布实施全国工业用地出让最低标准的通知》的精神，对符合条件的执行“不低于所在地土地等别相对应最低价标准的30%”的政策。基础设施用地全部以划拨方式供给。

(十七) 宁东基地项目新增建设用地土地有偿使用费自治区留成的70%以专项预算的方式下达给相关市县，按照国家政策规定的用途使用。宁东基地建设项目免征城镇土地使用税5－10年。对技术含量高、产业带动作用强的重大项目，优先保证用地。

(十八) 切实保障项目用水需求。宁东基地工业项目用水全部通过水权转换方式解决其用水指标，重大项目水权转换费可以分期缴纳。工业用水执行现行水价2元/立方米，生态绿化用水执行现行水价1元/立方米。进一步深化水价改革。

(十九) 鼓励生产企业投资建设供水设施。凡投资宁东基地供水公共设施的生产企业，给予用水优先权，并给予一定比例水价优惠。

六、加强生态建设和环境保护

(二十) 抓好生态建设。始终坚持把生态建设摆在与资源和产业开发建设同等重要的位置。按照《自治区人民政府关于加快宁东基地生态建设的意见》（宁政发〔2006〕218号）的要求，各部门和相关市县要各负其责，协调配合，共同搞好生态建设。到2010年，宁东基地控制区森林覆盖率由8%提高到12%以上，林草覆盖度达到30%以上，各工业园区和建成投产项目区绿化率达到35%以上。

(二十一) 积极推广宁东生态建设新模式。按照“统一规划、社会参与、责任承包”的原则，采取政府补助、社会人承包种植、养护、经营等方式，广泛吸引社会力量投资宁东基地生态绿化建设。在宁东基地内治沙造林、退耕还林的单位或个人，享受国家的有关优惠政策。

(二十二) 严格执行环保政策。新建项目严格按照“三同时”的要求，同步建设环保设施，规范排污口建设，必须实现达标排放。鼓励和引导在宁东基地投资的企业采用CDM（清洁发展机制）方式，减少二氧化碳排放。加大对脱硫脱硝、洁净煤发电、二氧化碳应用处理、煤层气利用等新技术的跟踪、研究和推广应用，千方百计降低污染物排放。

(二十三) 加大环境整治力度。关停和搬迁现有粘土砖生产企业，规划建设以粉煤灰等固体废弃物为原料的新型建筑材料生产项目。制定砂石土开挖治理整顿方案，实现合理有序开发。

七、加大招商引资力度

(二十四) 积极引进战略投资合作者。加快与南非沙索、荷兰壳牌煤制油项目的技术经济合作谈判。推进与华能集团的战略合作，争取项目早日落地。继续加强与神华集团、华电集团、国电集团、山东鲁能、庆华集团等国内大企业的合资、合作。

(二十五) 坚持按项目配置资源原则。对经济发展带动作用强、产业关联度高的重大建设项目，自治区保证资源，优先供给。

(二十六) 全面落实招商引资优惠政策。对进入宁东基地的企业，按照《宁夏回族自治区招商引资的若干政策规定》（宁政发〔2004〕61号）给予政策优惠。鼓励国内外投资者以参股、产权置换和收购等方式进行投资创业。

八、创新和优化发展环境

(二十七) 继续加快基础设施建设。加快太中银铁路及银川联络线、神朔铁路延伸宁东线、地方铁路和厂矿专用线建设；完善以青银高速公路（GZ35）、盐中高速公路、国道307、国道211等为骨架的公路网络，建立方便快捷的交通运输通道。加快镇区、园区、项目区之间的公共基础设施建设，提高综合配套能力。继续完善水、电、气等各类管网，最大限度实现资源共享。

(二十八) 优化政务环境。进一步规范行政审批、行政事业性收费、行政处罚和行政监管行为。在宁东基地设立政务大厅，为企业提供“一站式”服务。全面推行政务公开、服务承诺和限时办结等制度，切实改进服务。免征宁东基地项目和企业的自治区和地方行政事业性收费（有成本支出的收费项目除外）。

(二十九) 营造良好的人才引进环境。对宁东基地重点建设项目引进高层次人才、紧缺专业技术人才和经营管理人才，子女在宁入托就学的，可以自主选择学校，由当地教育部门及时办理入学手续；需要解决两地分居等具体困难者，各级组织（人事）部门予以妥善安置，对方为公务员身份的，协调安排到有关党政机关，对方为事业单位干部的，协调安排到有关事业单位，对方为企业职工的，协调安排到有关企业工作；在宁落户的，由当地人事、公安部门及时办理调动和入户手续，免收各种费用。

(三十) 强化公路运输服务。在宁东基地设置交通运政、路政、征稽综合办事窗口，方便车辆办理相关手续。对宁东基地企业自用生产设备的大件运输车辆（超高、超宽、超长），从速办理通行手续，并减免公路补偿费。鼓励发展危险货物专项运输和专用车型，提高货物运输服务水平。积极开通宁东基地到附近城市、集镇的客运班线运输，为宁东基地提供优质高效的客运服务。

自治区有关部门、市县、企业要从大局出发，加强协作配合，认真落实以上意见。部分政策性较强的条款，由主管部门制订实施细则。

宁夏回族自治区人民政府关于印发《宁夏回族自治区招商引资优惠政策》的通知

2008年7月7日　宁政发〔2008〕93号

各市、县（区）人民政府，自治区政府各部门、直属机构：

《宁夏回族自治区招商引资优惠政策》已经自治区人民政府同意，现印发给你们，请认真贯彻执行。

宁夏回族自治区招商引资优惠政策

第一章　总 则

第一条　为进一步加强我区对外经济技术合作，吸引区内外资金在我区投资创业，促进我区经济又好又快发展，依据《中华人民共和国民族区域自治法》、《中华人民共和国企业所得税法》和《中华人民共和国企业所得税法实施条例》等有关法律法规规定，结合本自治区实际，制定本政策。

第二条　本政策适用于在宁夏行政区域内进行投资建设的居民企业。

个人独资企业、合伙企业、国家禁止和限制的行业以及排放废水、废气、废渣，且不治理或者进行治理但未达标的企业，不适用本政策。

第三条　本政策所称居民企业（以下简称企业），是指依法在中国境内成立，或者依照外国（地区）法律成立但实际管理机构在中国境内的企业。

本政策所称依法在中国境内成立的企业，包括依照中国法律、行政法规在中国境内成立的企业、事业单位、社会团体以及其他取得收入的组织。

第四条 本政策所称减征、免征企业所得税，是指减征、免征企业应缴纳的企业所得税中属于地方分享的部分，但特别注明的除外。

第五条 本政策由各级人民政府及有关部门负责实施。

第二章 财政和税收优惠政策

第六条 企业从事税法规定的农业种植业、林业、牲畜、家禽养殖业，农、林产品初加工，全额（含中央60%，下同）免征企业所得税，但淡水养殖、花卉、香料作物的种植，减半征收企业所得税。

第七条 国家重点扶持的属于《基础设施项目企业所得税优惠目录》规定的公共机场、铁路、公路、城市公共交通、电力、水利等基础设施项目的经营所得，从取得第一笔收入的纳税年度起，第1年－第3年免征企业所得税，第4年－第6年减半征收企业所得税。

第八条 对属于国家重点扶持的高新技术企业，除按照企业所得税法的规定享受优惠税率外，从其取得第一笔收入的纳税年度起，免征企业所得税5年。

第九条 新办的属于国家鼓励类的工业企业，从取得第一笔收入的纳税年度起，第1年－第3年免征企业所得税，第4年－第5年减半征收企业所得税。

第十条 新办的不属于国家鼓励类的项目，但投资、生产规模较大，应纳税所得额、从业人数、资产总额超过法定小型微利企业标准的工业企业，从其取得第一笔收入的纳税年度起，第1年－第3年，免征企业所得税。

第十一条 新办商贸和服务型企业，凡安置下岗失业人员、大、中专毕业生就业的，安置比例达到职工总人数50%（含50%）以上的，从其取得第一笔收入的纳税年度起，免征企业所得税3年；安置比例达到30%（含30%）以上的，免征企业所得税2年。

原有的商贸、服务型企业，安置上述人员达到原有企业职工人数50%（含50%）以上的，从达到50%比例的纳税年度起，减半征收企业所得税3年；安置比例达到30%（含30%）以上的，减半征收企业所得税2年。

第十二条 新办的现代服务业企业，从其取得第一笔收入的纳税年度起，免征企业所得税3年。

第十三条 企业开发建设旅游景点和景区的，其所从事的旅游经营活动取得的收入达到总收入70%以上的，从其取得第一笔收入的纳税年度起，第1年－第2年免征企业所得税，第3年－第5年减半征收企业所得税。

景点或景区类旅游企业缴纳城镇土地使用税确有困难的，可按税收管理权限报经批准后，给予减征城镇土地使用税。

旅游企业组织旅游团在中国境内旅游的，以收取的全部旅游费减去替旅游者支付给其他单位的房费、餐费、交通费、门票或支付给其他接团旅游企业的旅游费后的余额为营业额计算征收营业税。

第十四条 在南部山区（包括固原市原州区、西吉县、隆德县、泾源县、彭阳县、同心县、盐池县、红寺堡开发区、海原县）新办的不属于国家禁止或限制的工业企业，从取得第一笔收入的纳税年度起，第1年－第3年免征企业所得税；第4年－第7年，减半征收企业所得税。

第十五条 企业收购、兼并自治区境内资不抵债和长期亏损企业，从收购、兼并的次年起，第1年－第3年免征企业所得税，第4年－第5年减半征收企业所得税。

第十六条 对企业在一个纳税年度内，技术转让所得不超过500万元的，全额免征企业所得税；超过500万元的部分，减半征收企业所得税。

第十七条 软件开发和集成电路设计制造企业，其主营业务收入在70%以上的，从获利年度起，第1年－第2年全额免征企业所得税，第3年－第5年减半征收企业所得税。

第十八条 对企业生产销售的除硝酸铵以外的氮肥、磷酸二铵以外的磷肥、钾肥以及以免税化肥为主要原料生产的复混肥、饲料免征增值税；批发和零售的种子、种苗、化肥、农药、农机免征增值税。

第十九条 在生产原料中掺有不少于30%的煤矸石、石煤、粉煤灰、烧煤锅炉的炉底渣（不包括高炉水渣）及其他废渣生产的水泥，实行增值税即征即退政策；

生产符合前款规定条件的其他建材产品免征增值税。

第二十条 利用煤炭开采过程中伴生的废弃物油母页岩生产加工的页岩油及其他产品实行增值税即征即退的政策。

第二十一条 利用城市生活垃圾生产电力的，增值税实行即征即退的政策；利用煤矸石、煤泥、油母页岩和风力生产电力的，实行增值税应纳税额减半征收。

第三章 引进人才和技术优惠政策

第二十二条 鼓励和吸引留学归国人员和区外科研人员来宁夏从事高新技术项目研究开发，携带高新技术成果来宁夏转化和创业。经有关部门认证后，由所在地政府相关部门和园区给予科研经费和项目贷款贴息的支持。各级政府参股的中小企业担保中心要优先予以贷款担保支持。

归国留学人员来宁创业工作，还享受《宁夏回族自治区鼓励吸引留学人员来宁创业若干规定》和自治区党委、自治区人民政府《关于大力引进人才智力的若干规定》的各项优惠政策。

第二十三条 对在高新技术成果转化中做出重大贡献的专业技术人员和管理人员，自治区政府授予荣誉称号并给予奖励，所得奖金免征个人所得税。对创驰名商标或名牌产品的企业按照自治区人民政府《关于进一步加快实施名牌战略意见》（宁政发〔2006〕83号）文件精神给予奖励。

第二十四条 吸引国内外市场营销策划专业人才为我区企业服务。自然人所得收入应缴个人所得税地方部分，3年内由所在地征收，列支予以奖励。

第二十五条 投资者举办各种展览活动向参展者收取的各项价款，按“服务业——代理业”税率征收营业税。对展览馆、会展中心等专门用作会展活动的土地、房产，按规定缴纳土地使用税、房产税确有困难的，符合困难性减免条件的，可以向其所在地主管税务机关提出申请，逐级上报审批减免土地使用税、房产税。

第二十六条 对进入我区设立的外资企融、保险机构，纳税确有困难的，可免征城市房地产税。

第二十七条 向我区生产企业提供新技术、新工艺、新产品和转让科技成果的单位和个人，受益单位除按合同一次性付给转让费外，在项目投产后3年－5年内，每年按新增税后利润的10%给予奖励。引进高新技术、名牌产品的，可根据先进程度、产品知名度、经济效益情况，受益方可按年度新增税后利润1%－3%给予中介人一次性奖励；其他方式的协作如果效益较好，受益方按年度新增税后利润1%－2%给予一次性奖励。

第四章 矿产资源开发和土地优惠政策

第二十八条 凡勘查、开采矿产资源的，国家出让新设探矿权、采矿权，除按规定允许以申请在先方式或协议方式出让的以外，一律以招标、拍卖、挂牌等市场竞争方式出让。

第二十九条 生产性投资项目使用国有土地，符合国家《划拨用地目录》的，可以以划拨方式提供土地使用权。

第三十条 在土地利用总体规划确定的土地开垦区内，鼓励单位和个人在保护和改善生态环境、防止水土流失和土地荒漠化的前提下，依法开发未确定土地使用权的国有荒山、荒地、荒滩从事种植业、林业、畜牧业、渔业生产。依法批准的农业开发用地，可以确定给开发单位或者个人长期使用。土地使用期限一般为30年，用于植树造林的为50年，利用流动、半流动沙地植树种草的可以延长到70年。

第三十一条 从事基础设施建设和社会公益性建设项目等，依照国家规定可以使用国有划拨土地的，经有批准权限的人民政府批准，以划拨方式供地。

第五章 其他服务性扶持政策

第三十二条 对具有一定经营规模的少数民族特需商品定点生产企业技术改造贷款以及民族贸易县经销民族特需用品和生活必需品占有一定比例的商业企业网点改造贷款给与贴息支持，利息补贴由中央财政和自治区财政各承担50%。

第三十三条 鼓励区内外有识之士深度发掘我区历史文化、风景名胜等旅游资源，用新的理念去开发经营文化旅游项目，承认其无形资产，经有关部门认定后批准立项，允许其以知识产权作价入股，参与收益分配。分配的比例由知识产权所有人与投资方自行商定。

第三十四条 实施节能环保技改项目效果明显的，自治区将优先考虑节能改造部分的贴息和环保专项资金的倾斜支持。支持园区项目申请国家、地方环保专项资金用于污染治理工程。

第三十五条 为外籍投资者、高层次人才提供入境、居留便利。符合条件的，签发2年以上、5年以内外国人签证或居留许可，签发次数不限；对申请永久居留权的，可直接到公安厅提出申请。

第三十六条 对世界500强企业、国内100强企业等大企业大集团和行业协会组织到我区设立总部、地区总部、职能运营中心、研发中心、采购中心、营销中心、结算中心，或将上述机构注册在我区的，根据其对地方税收贡献大小在土地、财税、行政收费等方面给予相应优惠政策，具体优惠幅度视项目情况一事一议。

第三十七条 固定资产投资200万元以及每年缴纳各种税金10万元以上的区外投资企业和人员，其子女在就业、入托、就学等方面享受有关优惠待遇。

第三十八条 区外客商来我区兴办生产企业，按国家、自治区规定的收费项目最低标准执行。

第三十九条 严禁以任何名义向投资者乱收费、乱摊派、乱罚款。收费单位向企业收费，必须出示国务院及自治区人民政府或自治区财政、价格主管部门批准的有关文件及物价部门发放的收费许可证，否则，企业有权拒交。

第六章 附 则

第四十条 本政策发布前已经享受定期减征或免征企业所得税以及其他税收的企业，可按原法律、法规、政策规定的减免税期限执行到期。

第四十一条 本政策自发布之日起施行。《宁夏回族自治区招商引资的若干政策规定》（宁政发〔2004〕61号）同时废止。

关于印发《宁夏回族自治区矿山环境治理和生态恢复保证金管理暂行办法》的通知

2008年7月17日 宁政发〔2008〕100号

各市、县（区）人民政府，自治区政府各部门、直属机构：

《宁夏回族自治区矿山环境治理和生态恢复保证金管理暂行办法》已经自治区人民政府研究同意，现予以印发，请认真贯彻执行。

宁夏回族自治区矿山环境治理和生态恢复保证金管理暂行办法

第一条 为了加强矿山环境治理和生态恢复，切实改善矿山生态环境，促进经济社会可持续发展，根据《中华人民共和国矿产资源法》、《中华人民共和国环境保护法》、《宁夏回族自治区矿产资源管理条例》等法律法规，以及《财政部、国土资源部、环保总局关于逐步建立矿山环境治理和生态恢复责任机制的指导意见》（财建〔2006〕215号），结合我区实际，制定本办法。

第二条 矿山环境治理和生态恢复保证金（以下简称保证金），是为确保采矿权人履行矿山环境治理和生态恢复义务而预先缴存并用于矿山环境治理和生态恢复的资金。

第三条 凡在自治区行政区域内开采矿产资源的所有采矿权人（以下简称采矿权人），应当按本办法规定的标准和时限预提和缴存保证金，并列入成本。

第四条 保证金实行专户管理。自治区境内的国有商业银行为保证金代理银行（以下简称代理银行），经同级财政部门指定确认后，采矿权人可在县及县以上国有商业银行分支机构开设保证金专户，并按照国土资源行政主管部门开具的《矿山环境治理和生态恢复保证金缴存通知单》（附件3）缴存保证金。保证金专户实行分级监管，国土资源部和自治区审批发证的，由自治区国土资源行政主管部门负责监督缴纳，由市、县（市）审批发证的，分别由市、县（市）国土资源行政主管部门负责监督缴纳。

各级财政部门会同国土资源、环境保护行政主管部门对保证金预提、缴存和使用实行监督。

第五条 保证金的管理和使用按照“企业所有、政府监管、专款专用”的原则，本金及利息属采矿权人所有。采矿权人履行矿山环境治理和生态恢复义务，治理工程经验收合格后，保证金本金及利息返还采矿权人；采矿权人部分履行治理、恢复义务的，返还部分保证金；采矿权人不履行治理、恢复义务的，其保证金及利息不予返还，由国土资源行政主管部门采取公开招标的方式，组织有相应资质的单位，完成矿山环境治理和生态恢复。

第六条 保证金的缴存标准由自治区国土资源、财政和环境保护行政主管部门依据新矿山设计年限或已服务矿山的剩余年限、环境治理和生态恢复所需的费用以及批准登记的矿区面积、年开采量、对生态环境的影响程度等因素确定。具体标准见《宁夏回族自治区矿山环境治理和生态恢复保证金缴存标准》（附件1）。

第七条 采矿许可证有效期在3年以内（含3年）的，应当一次性全额缴存保证金。采矿许可证在3年以上的，可分期缴存，第一次缴存的数额不得少于保证金总额的20%，余额根据剩余的服务年限按年度平均缴存。

第八条 新建矿山企业采矿权申请人应当在取得采矿许可证之前向自治区国土资源行政主管部门提交《矿山环境治理和生态恢复承诺书》（附件2），同时缴存保证金，凭保证金缴存凭据办理采矿许可证。

由国土资源部颁发许可证的，采矿权申请人应当在取得采矿许可证60日内向自治区国土资源行政主管部门提交《矿山环境治理和生态恢复承诺书》，同时缴存保证金。

本办法实施前已取得采矿许可证或已预缴小型矿山闭坑保证金的采矿权人，应当在本办法施行后60日内向国土资源行政主管部门提交《矿山环境治理和生态恢复承诺书》，并缴存本办法实施之日起矿山剩余服务年限应当缴存的保证金；已预缴小型矿山闭坑保证金的采矿权人，闭坑保证金可抵顶。

拒绝缴存保证金的采矿权人，国土资源行政主管部门不予办理采矿许可证延续、变更和年检等手续。

第九条 采矿权人办理采矿许可证延续、变更登记，矿区范围发生变化的，应当重新核定缴存的保证金数额。

第十条 采矿权人转让采矿权的，保证金和利息一并转让，并签订转让协议，由采矿权受让人承担相应的矿山环境治理和生态恢复义务。

第十一条 新建矿山企业应当在取得采矿许可证90日内、在产矿山企业应当在本办法发布之日起90日内向自治区国土资源和环境保护行政主管部门上报《矿山生态环境保护和综合治理方案》，逾期不报的，国土资源行政主管部门不予办理采矿许可证延续、变更和年检等手续。

矿山停办、关闭或闭坑后，采矿权人应当及时提出申请，依据经批准的《矿山开发建设项目环境影响评价报告》、《矿山地质灾害危险性评估报告》、《矿山生态环境保护和综合治理方案》及相关规定，委托具有地质灾害治理工程设计资质的单位编制《矿山环境治理和生态恢复实施方案》，报经国土资源、财政和环境保护行政主管部门组织专家评审后，组织工程施工。

对符合边开采边治理条件的矿山，采矿权人应当边开采边治理，采矿权人要求对分期治理工程进行验收的，应提出书面申请。经验收合格的，由负责验收的机关签发验收合格通知书，并将保证金的相应部分返还采矿权人（不超过50%）。

第十二条 在矿山停办、关闭或闭坑前，采矿权人应当完成矿山环境治理和生态恢复工作。采矿权人按照批准的实施方案完成矿山环境治理和生态恢复工作后，国土资源、财政和环境保护行政主管部门按照国家有关法律法规和本办法的规定组织验收。

由市、县（市）国土资源行政主管部门颁发采矿许可证的，其验收工作由所在市、县（市）组织完成，并向自治区国土资源行政主管部门备案。国土资源部和自治区国土资源行政主管部门颁发采矿许可证的，先由所在市国土资源、财政、环境保护行政主管部门初验合格后，向自治区国土资源行政主管部门提出验收申请，并提交《矿山环境治理和生态恢复工程初验报告》，自治区国土资源部门会同财政、环境保护行政主管部门，依据《矿山环境治理和生态恢复承诺书》、《矿山环境治理和生态恢复实施方案》、有关技术标准和验收规范等组织验收。

第十三条 矿山环境治理和生态恢复的验收标准：

(一) 国家或自治区规定的相关生态恢复与重建标准；

(二) 矿产资源开发利用达到开发利用方案的要求，剩余资源处于能够继续开采状态；

(三) 对破坏或废弃的土地已进行回填、平整或改造，已恢复至适宜林木、植物生长、水产养殖等可供利用的状态；

(四) 采矿活动中遗留的探槽、探井、钻孔等不能作其他利用的，已进行封闭或者回填；

(五) 露采矿山终采后各类岩土体边坡小于允许坡度值，危岩体、不稳定边坡、孤岛、土林、采坑等得到有效治理，无诱发山体崩塌、滑坡、泥石流等地质灾害隐患；

(六) 地下井巷采空区矿柱按设计保存完好，或者进行了必要的填充，矿区内无塌陷隐患，或者塌陷得到有效治理；

(七) 尾矿、矸石、废石、废渣、剥离表土等固体废弃物处理或贮存场地选择合理，安全稳定，无滥占耕地、污染环境现象并按照国家有关环境保护规定进行封场。

新疆维吾尔自治区

关于做好煤矿安全生产许可工作的通知

2004年4月22日　新政办发〔2004〕69号

伊犁哈萨克自治州，各州、市人民政府，各行政公署，自治区人民政府各部门、各直属机构：

煤矿企业实行安全许可制度是规范煤矿企业安全生产条件，加强安全生产监督管理，防止和减少安全生产事故的重要举措。为认真贯彻实施国务院《安全生产许可证条例》(以下简称《条例》)，进一步加强煤矿安全生产工作，经自治区人民政府同意，现就做好煤矿安全生产许可工作通知如下：

一、按照《条例》规定，煤矿企业从事生产活动必须取得安全生产许可证，在《条例》实施前已经进行生产的企业，需在《条例》实施之日起1年内向安全生产许可证颁发管理机关申请办理安全生产许可证。取得安全生产许可证是煤矿进行生产的前提条件，各级人民政府和煤矿安全监察部门要高度重视，加强领导，督促各煤矿企业，按照《条例》规定的时限领取煤矿安全生产许可证。各煤矿企业要充分认识建立安全生产许可制度的重要意义，增强责任感，切实做好安全生产各项工作，提高安全生产条件，按照《条例》的规定申请领取安全生产许可证。

二、新疆煤矿安全监察局负责自治区行政区域内(新疆生产建设兵团所属煤矿除外)煤矿安全生产许可证的颁发和管理工作。煤矿企业应当以矿井为单位，在申请领取煤炭生产许可证前，领取安全生产许可证。煤矿企业申请领取安全生产许可证应当具备《条例》第六条规定的条件，可就近向煤矿安全监察办事处领取申请表及其他表格，提供规定的相关文件、资料，由新疆煤矿安全监察局审查，经审查符合《条例》规定的安全生产条件的予以发证；不符合《条例》规定的安全生产条件的不予发证，书面通知煤矿企业并说明理由。审查工作应当自收到申请之日起45日内完成。

三、煤矿安全监察机构要认真负责，严格把关，切实做好煤矿安全生产许可证的颁发和管理，确保颁证质量。要对各煤矿企业是否具备取得安全生产许可证的条件，进行摸底调查，争取在较短的时间内，完成现有煤矿生产企业安全生产许可证的颁发工作。

关于调整煤矿井下艰苦岗位津贴有关工作的通知

2006年11月16日　新劳社字〔2006〕139号

伊犁哈萨克自治州劳动和社会保障局、发展改革委、财政局，各地、州、市劳动和社会保障局、发展改革委、财政局，自治区有关单位，中央驻疆有关单位：

为贯彻落实劳动和社会保障部、国家发展改革委、财政部《关于调整煤矿井下艰苦岗位津贴有关工作的通知》（劳社部发〔2006〕24号）的精神，提高煤矿工人的工资收入，稳定煤矿职工队伍，促进煤炭行业持续稳定健康发展，结合自治区实际，现就调整我区煤矿井下工人岗位津贴有关问题通知如下：

一、煤矿井下艰苦岗位津贴的执行范围

井下艰苦岗位津贴适用于各类煤炭企业的井下作业职工，不包括露天煤矿职工。具体发放范围为：井下采掘工人、辅助工人、安检人员及下井工作且编制在井下采掘、辅助队的基层干部、技术人员和管理人员。

二、煤矿井下艰苦岗位津贴的种类及标准

井下艰苦岗位津贴包括：井下津贴、班中餐补贴和夜班津贴。

(一) 井下津贴

1. 井下采掘工：23元/工；

2. 井下辅助工：15元/工。

3. 安检人员、基层干部、技术人员及管理人员的井下津贴标准按井下辅助工标准执行。

(二) 班中餐补贴：8元/工。

班中餐补贴由企业集中用于井下作业职工的伙食，不得挪作他用，也不得直接支付给职工个人。

(三) 夜班津贴

1. 前夜班：8元/工；

2. 后夜班：10元/工。

三、调整煤矿井下艰苦岗位津贴的资金来源

调整井下艰苦岗位津贴所需资金可在企业成本中列支。实行工资总额同经济效益挂钩的企业，调整津贴标准增加的工资在挂钩工资基数外单列。

四、煤矿井下艰苦岗位津贴的实施

各类煤炭企业要认真执行国家和自治区关于井下艰苦岗位津贴的有关规定，切实落实井下人员的相关待遇。企业发放的井下艰苦岗位津贴不得低于自治区确定的标准。实行吨煤工资含量计件制的企业，应结合职工出勤情况，在吨煤工资以外发放井下艰苦岗位津贴。企业要结合提高井下艰苦岗位津贴，采取多种措施，提高井下职工的收入水平，使工资分配向井下一线职工倾斜，形成合理的井下人员与地面人员的工资收入分配关系。

各类煤炭企业要在提高井下艰苦岗位津贴的同时，积极改善劳动条件和劳动环境，加大安全设施的投入，切实保证职工的身体健康和生命安全。各级劳动保障部门要与同级相关部门加强配合，切实做好各类煤炭企业执行国家和自治区有关井下艰苦岗位津贴规定的监督检查工作。

五、本通知自2007年1月1日起施行。

新疆维吾尔自治区矿山地质环境治理恢复保证金管理办法

2008年5月8日　第155号

《新疆维吾尔自治区矿山地质环境治理恢复保证金管理办法》已经2008年4月2日自治区第十一届人民政府第2次常务会议讨论通过，现予发布。

新疆维吾尔自治区矿山地质环境治理恢复保证金管理办法

第一条　为了加强矿山地质环境保护，规范矿山地质环境治理恢复保证金的缴存、使用和管理，根据《新疆维吾尔自治区地质环境保护条例》和有关法律、法规，结合自治区实际，制定本办法。

第二条　在自治区行政区域内从事采矿活动的采矿权人，应当按照本办法规定履行矿山地质环境治理恢复义务，缴存矿山地质环境治理恢复保证金。

本办法所称矿山地质环境治理恢复保证金（以下简称保证金），是指采矿权人为履行矿山地质环

境治理恢复义务而缴存的备用资金。

第三条 保证金的缴存、使用和管理，按照采矿权审批权限，由县级以上国土资源行政主管部门分级负责；国务院国土资源行政主管部门颁发采矿许可证的，由自治区国土资源行政主管部门负责。

第四条 缴存保证金的代理银行，由本办法第三条规定的国土资源行政主管部门的同级财政部门确定。保证金实行专户储存、专账核算，任何单位和个人不得侵占和挪用。

第五条 保证金的缴存标准，依据采矿许可证批准面积、有效期、开采矿种、开采方式以及对矿山地质环境影响程度等因素确定。具体计算方式、标准由自治区国土资源行政主管部门会同同级财政部门确定，报自治区人民政府批准后施行。

第六条 保证金可以一次性缴存或者分期缴存。

采矿许可证有效期3年（含3年）以内的，采矿权人应当一次性全额缴存。

采矿许可证有效期3年以上的，可以分期缴存。其中10年（含10年）以下的，首次缴存金额不少于保证金总额的40%；10年以上的，首次缴存金额不少于保证金总额的30%；余额部分逐年平均缴存，并在采矿许可证届满前1年全部缴足。

第七条 采矿权人进行矿山建设前，应当持颁发采矿许可证的国土资源行政主管部门开具的缴存保证金通知，在代理银行缴存保证金；向国务院国土资源行政主管部门申请采矿许可的，申请人应当在自治区国土资源行政主管部门初审时缴存保证金。

第八条 代理银行应当将采矿权人的姓名或者名称、缴存保证金的数额、时间等情况，书面告知出具缴存保证金通知的国土资源行政主管部门和同级财政部门。

第九条 采矿权人进行矿山建设前，应当与颁发采矿许可证的国土资源行政主管部门签订矿山地质环境治理恢复责任书；向国务院国土资源行政主管部门申请采矿许可的，采矿权人应当自取得采矿许可证之日起60日内，与自治区国土资源行政主管部门签订矿山地质环境治理恢复责任书。

采矿权人在开采过程中，应当按照经批准的矿山地质环境保护方案，履行矿山地质环境治理恢复义务。

第十条 向国务院国土资源行政主管部门申请采矿许可，未获得准予的，自治区国土资源行政主管部门应当将已缴存的保证金及孳生利息全额返还采矿权申请人。

采矿权人分阶段或者一次性履行矿山地质环境治理恢复义务的，可以向本办法第九条规定的国土资源行政主管部门申请验收；验收工作由国土资源行政主管部门会同同级财政、环保、监察、煤炭等行政主管部门和有关矿山主管部门进行。验收合格的，其保证金按照下列规定返还：

(一) 实行分阶段治理的，自验收合格之日起20日内，由国土资源行政主管部门会同同级财政部门，按治理面积向采矿权人返还保证金及孳生利息；

(二) 实行一次性治理的，自验收合格之日起20日内，由国土资源行政主管部门会同同级财政部门，将保证金及孳生利息全额返还采矿权人。

验收未达到治理恢复标准的，不予返还保证金，并责令采矿权人限期治理恢复。

第十一条 在矿山地质环境治理恢复过程中，有下列情形之一的，采矿权人可以向本办法第九条规定的国土资源行政主管部门申请提取部分保证金：

(一) 实行分阶段治理，治理费用超过应缴存保证金总额50%的，可以提取已缴存保证金总额的30%；

(二) 实行一次性治理，治理费用超过应缴存保证金总额50%的，可以提取已缴存保证金总额的40%。

国土资源行政主管部门应当自收到提取保证金申请之日起20日内，会同同级财政部门审核，不同意提取的，应当书面说明理由。

第十二条 返还保证金或者准予提取保证金的，国土资源行政主管部门应当会同同级财政部门书面告知缴存保证金的代理银行，并向采矿权人出具支取保证金通知。

第十三条 变更矿区范围、开采方式或者主采矿种的，采矿权人应当与本办法第九条规定的国土资源行政主管部门重新签订矿山地质环境治理恢复责任书，并按重新核定的保证金数额缴存保证金。

第十四条 采矿权人依法转让采矿权的，已缴存的保证金及孳生利息可以一并转让，由受让人承担矿山地质环境治理恢复义务。

保证金不转让的，采矿权转让人应当按照经批准的矿山地质环境保护方案，履行矿山地质环境治理恢复义务，保证金按照本办法第十条规定办理；采矿权受让人应当与本办法第九条规定的国土资源行政主管部门签订矿山地质环境治理恢复责任书，并缴存保证金。

第十五条 停办、关闭矿山的，采矿权人应当在停办、关闭矿山之日起6个月内履行矿山地质环境治理恢复义务；需要延期的，可以向本办法第九条规定的国土资源行政主管部门申请延期，但是延长期限最多不超过6个月。

第十六条 国土资源行政主管部门应当对采矿权人合理开发利用矿产资源、履行矿山地质环境治理恢复义务情况加强监督检查；采矿权人应当向本办法第九条规定的国土资源行政主管部门提交矿山地质环境治理恢复情况年度报告。

第十七条 财政、国土资源行政主管部门应当建立保证金监督管理制度，接受审计、监察部门的监督检查。

第十八条 采矿权人未按照地质环境保护方案履行矿山地质环境治理恢复义务，或者经责令限期治理恢复后仍未达到标准的，由本办法第九条规定的国土资源行政主管部门会同同级财政部门，通知代理银行将其已缴存的保证金及孳生利息划入财政非税收入归集户，由国土资源行政主管部门组织治理恢复。治理恢复费用超过保证金的部分，由采矿权人承担；剩余部分，返还采矿权人。

第十九条 采矿权人未按照地质环境保护方案履行矿山地质环境治理恢复义务的，依照《新疆维吾尔自治区地质环境保护条例》予以处罚。

第二十条 财政、国土资源行政主管部门违反本办法规定，有下列情形之一的，对直接负责的主管人员和其他责任人员依法给予行政处分；构成犯罪的，依法追究刑事责任：

(一) 未按照缴存标准核定采矿权人应缴存的保证金的；

(二) 未按照规定返还或者准予提取保证金的；

(三) 侵占、挪用保证金的；

(四) 滥用职权、徇私舞弊、玩忽职守的其他情形。

第二十一条 因基础设施或公益事业建设开采砂石、粘土的，适用本办法。

第二十二条 本办法自2008年10月1日起施行。本办法施行前已经取得采矿权，仍在采矿许可证有效期限内的，采矿权人应当在本办法实施后6个月内，依照本办法规定签订矿山地质环境治理恢复责任书，并缴存保证金。

关于印发《新疆维吾尔自治区矿山地质环境治理恢复保证金缴存使用管理办法》的通知

2008年12月8日　新财建〔2008〕483号

伊犁哈萨克自治州财政局、国土资源局，乌昌财政局，各地州市财政局、国土资源局：

为确保自治区矿山地质环境治理恢复保证金的缴存使用管理工作顺利进行，根据《新疆维吾尔自治区矿山地质环境治理恢复保证金管理办法》(政府令第155号)规定，我们制定了《新疆维吾尔自治区矿山地质环境治理恢复保证金缴存使用管理办法》，现印发你们，请遵照执行。

附件：新疆维吾尔自治区矿山地质环境治理恢复保证金缴存使用管理办法

新疆维吾尔自治区矿山地质环境治理恢复保证金缴存使用管理办法

第一条 为确保自治区矿山地质环境治理恢复保证金的缴存使用管理工作顺利进行，根据《新疆维吾尔自治区矿山地质环境治理恢复保证金管理办法》（政府令第155号）(以下简称《政府令》)，制定本办法。

第二条 凡在自治区行政区域内开采矿产资源的采矿权人，应按照《政府令》和本办法，缴存矿山地质环境治理恢复保证金（以下简称保证金）。

第三条 保证金的缴存、使用和管理，按照采矿权审批权限，由县级以上（含县级）国土资源行政主管部门会同级财政部门分级负责；国土资源部颁发采矿许可证的，其保证金的缴存、使用和管理，由自治区国土资源厅会同自治区财政厅负责。

第四条 按照采矿权审批权限，由同级财政部门指定保证金缴存代理银行，并与代理银行签订矿山地质环境恢复治理保证金缴存管理协议。自治区矿山地质环境治理恢复保证金缴存代理银行为交通银行乌鲁木齐分行。

第五条 保证金的应缴额由具有采矿登记许可权限的国土资源行政主管部门，根据《自治区矿山地质环境治理恢复保证金缴存标准》（附件一）确定。

多种矿种同时开采的，以主矿种计算；多种开采方式并存的，以其中最高系数计算。

第六条 保证金缴存按以下程序进行：

(一) 采矿登记管理机关准予采矿权申请人采矿登记的，应当根据《政府令》的规定，核定采矿权申请人应当缴存保证金的数额，明确缴存期限，以书面形式通知采矿权申请人（附件二）；

(二) 采矿权申请人向采矿登记管理机关提交《自治区矿山地质环境治理恢复和保证金缴存承诺书》（附件三）；

(三) 采矿权申请人根据《自治区矿山地质环境治理恢复保证金开户和缴存通知书》（附件二）到代理银行开设专用账户，缴存保证金；

(四) 采矿权申请人凭银行缴款凭证和其他有关资料，到采矿登记管理机关领取采矿许可证。

第七条 凡符合《政府令》规定的保证金支取条件的，采矿权人凭国土资源行政主管部门和同级财政部门发出的《自治区矿山地质环境治理恢复保证金支取通知书》（附件六），到代理银行办理支取手续。

第八条 采矿权人未进行矿山地质环境治理或者经责令限期治理恢复后仍未达到验收标准的，由国土资源行政主管部门会同级财政部门，通知代理银行将其已缴存的保证金及孳生利息划入财政非税收入归集户，专项用于矿山地质环境治理恢复，同级财政部门按照核定的预算拨付同级国土资源行政主管部门组织治理恢复。治理恢复费用超过保证金的部分，由采矿权人承担；剩余部分，返还采矿权人。

第九条 本办法实行前已领取采矿许可证的采矿权人，由原采矿登记管理机关在本办法下发后即向采矿权人发出《关于办理矿山地质环境治理恢复保证金核定手续的通知》（附件四）；采矿权人应按照《政府令》的规定，向原采矿登记管理机关申请核定并缴存保证金，具体缴存程序按本办法第六条执行。

第十条 依法准予转让采矿权的，保证金缴存按下列情况处理：

(一) 转让已缴存的保证金（含利息）的，受让人应向国土资源行政主管部门提交《自治区矿山地质环境治理恢复和保证金缴存承诺书》（附件三）。转让人和受让人凭采矿权转让审批通知书及原采矿登记管理机关出具的《自治区矿山地质环境治理恢复保证金过户通知书》（附件五），到代理银行办理保证金过户手续。

(二) 不转让保证金（含利息）的，采矿权转让人应当按照经批准的矿山地质环境保护方案，履行应承担的矿山地质环境治理恢复义务，已缴存保证金按照《政府令》第十条办理。受让人应当与颁发采矿许可证的国土资源行政主管部门重新提交《自治区矿山地质环境治理恢复和保证金缴存承诺书》（附件三），并缴存保证金。

第十一条 国土资源行政主管部门应当建立保证金管理台账，逐矿建立登记卡片（附件七），按季度与银行核对，并于每年3月底对上一年度保证金缴存、支取和结余情况逐级汇总，将《××年度矿山地质环境恢复治理保证金缴存明细表》（附件八）上报至自治区国土资源厅和自治区财政厅。

第十二条 各地（州、市）国土资源行政主管部门会同同级财政部门，依据《政府令》和本办法制定本地区矿山地质环境治理恢复保证金缴存和使用管理具体实施办法。

第十三条 保证金本金及孳生利息属采矿权人所有，实行专户储存、专账核算。保证金专项用于矿山地质环境治理恢复，采矿权人不得将保证金用于担保抵押或改作其他用途。任何单位和个人不得侵占、挪用保证金。违反本办法，逾期不缴存保证金的，将依法予以严肃查处。

第十四条 自治区国土资源厅和自治区财政厅将对地（州、市）矿山地质环境治理恢复保证金缴存管理和使用情况进行监督检查。

第十五条 本办法自下发之日起执行。

附件：1. 自治区矿山地质环境治理恢复保证金缴存标准
2. 自治区矿山地质环境恢复治理保证金开户和缴存通知书（略）
3. 自治区矿山地质环境恢复治理与保证金缴存承诺书（略）
4. 关于办理自治区矿山地质环境恢复治理保证金核定手续的通知（略）
5. 自治区矿山地质环境恢复治理保证金过户通知书（略）
6. 自治区矿山地质环境恢复治理保证金支取通知书（略）
7. ××矿山地质环境恢复治理保证金缴存登记卡片（略）
8. ××年度矿山地质环境恢复治理保证金收存支取明细表（略）

附件1

自治区矿山地质环境治理恢复保证金缴存标准

<table>
<tr><th rowspan="2">矿种</th><th rowspan="2">采矿许可证登记面积
（平方米）</th><th rowspan="2">缴存标准
（元/平方米·年）</th><th colspan="2">影响系数</th></tr>
<tr><th>露天开采</th><th>地下开采</th></tr>
<tr><td rowspan="5">煤矿</td><td>S≤1000000</td><td>0.25</td><td rowspan="9">1.5</td><td rowspan="9">1.0</td></tr>
<tr><td>1000000＜S≤2000000</td><td>0.20</td></tr>
<tr><td>2000000＜S≤5000000</td><td>0.15</td></tr>
<tr><td>5000000＜S≤10000000</td><td>0.10</td></tr>
<tr><td>＞10000000</td><td>0.05</td></tr>
<tr><td rowspan="4">金属矿</td><td>2000＜S≤50000</td><td>0.5</td></tr>
<tr><td>50000＜S≤300000</td><td>0.3</td></tr>
<tr><td>300000＜S≤1000000</td><td>0.1</td></tr>
<tr><td>＞1000000</td><td>0.05</td></tr>
<tr><td rowspan="4">其他矿山</td><td>2000＜S≤50000</td><td>0.5</td><td rowspan="4">1.0</td><td rowspan="4">0.5</td></tr>
<tr><td>50000＜S≤300000</td><td>0.3</td></tr>
<tr><td>300000＜S≤1000000</td><td>0.1</td></tr>
<tr><td>＞1000000</td><td>0.05</td></tr>
<tr><td colspan="2">液体矿产、石油天然气、煤成（层）气</td><td>0.005</td><td colspan="2">无</td></tr>
<tr><td colspan="2">地热、矿泉水</td><td>0.1</td><td colspan="2">无</td></tr>
</table>

备注：

一、保证金计算方法

(一) 煤矿：保证金缴存金额=采矿许可证矿区面积×缴存标准（累进制）×影响系数×采矿许可证有效期（年限）。

(二) 金属矿和其他矿山：保证金缴存金额=100000元+采矿许可证矿区面积×缴存标准（累进制）×影响系数×采矿许可证有效期（年限）。

(三) 液体矿产、石油天然气、煤成（层）气、地热、矿泉水：保证金缴存金额=采矿许可证矿区面积×缴存标准×采矿许可证有效期（年限）。

二、金属矿和其他矿山采矿许可证矿区面积在2000平方米以下（含2000平方米）的矿山，一次性缴存保证金100000元。

三、计算举例

(一) 煤矿

矿山采矿许可证矿区面积为3200000平方米，地下开采，采矿许可证有效期3年，其保证金缴存金额=〔（1000000平方米×0.25元/平方米•年+（2000000平方米－1000000平方米）×0.20元/平方米•年+（3200000平方米－2000000平方米）×0.15元/平方米•年〕×1×3=1890000元。

(二) 金属矿和其他矿山

矿山采矿许可证矿区面积为500000平方米，地下开采，采矿许可证有效期5年，其保证金缴存金额=100000元+〔（50000平方米－2000平方米×0.5元/平方米•年+（300000平方米－50000平方米）×0.3元/平方米•年+(500000平方米－300000平方米)×0.1元/平方米•年〕×1×5=695000元。

(三) 石油天然气

矿山采矿许可证矿区面积为50000000平方米，采矿许可证有效期10年，其保证金缴存金额=50000000×0.005×10=2500000元。

关于调整新疆维吾尔自治区煤炭资源税税额标准的通知

2009年3月20日　财税〔2009〕26号

新疆维吾尔自治区财政厅、地方税务局，新疆生产建设兵团财务局：

根据《中华人民共和国资源税暂行条例》的有关规定，经研究决定，自2009年3月1日起，将你区的煤炭（不含焦煤）资源税适用税额提高为每吨3元。

关于煤矿瓦斯治理工作体系示范工程建设实施方案的通知

2009年5月25日　新政办发〔2009〕85号

伊犁哈萨克自治州，各州、市、县（市）人民政府，各行政公署，自治区人民政府有关部门：

自治区煤炭工业管理局《自治区煤矿瓦斯治理工作体系示范工程建设实施方案》已经自治区人民政府同意，现转发给你们，请认真贯彻执行。

自治区煤矿瓦斯治理工作体系示范工程建设实施方案

为全面提升煤矿瓦斯治理水平，有效防范和遏制重特大瓦斯事故，根据国务院安委会办公室《关于加强煤矿瓦斯治理工作体系示范工程建设的通知》（安委办〔2009〕2号）的总体部署，结合我区实际，制定本实施方案。

一、指导思想

以邓小平理论和“三个代表”重要思想为指导，深入贯彻落实科学发展观，根据“安全第一、预防为主、综合治理”的安全生产方针和“先抽后采、监测监控、以风定产”的瓦斯防治工作要求，构建“通风可靠、抽采达标、监控有效、管理到位”的煤矿瓦斯综合治理工作体系，努力创建瓦斯治理示范县和示范矿井工程，着力推动我区煤矿瓦斯综合治理工作再上新台阶。

二、工作目标

(一) 2010年底，完成国家、自治区确定的十三个瓦斯治理示范矿井和两个示范县的建设目标（具体名单附后）。

(二) 2013年底，力争全区所有生产矿井均达到瓦斯治理工作体系建设标准。

三、组织机构

自治区成立煤矿瓦斯治理工作体系示范工程建设领导小组，负责安排部署、组织协调全区煤矿瓦斯治理工作体系示范工程建设工作。领导小组组成人员如下：

组　长：张宏伟　自治区人民政府副秘书长

副组长：王　健　自治区煤炭工业管理局、新疆煤矿安全监察局局长

　　　　阿扎提·伊利雅斯　自治区安全生产监督管理局副局长

成　员：王永柱　自治区煤炭工业管理局、新疆煤矿安全监察局副局长

　　　　田光雄　自治区煤炭工业管理局、新疆煤矿安全监察局总工程师

自治区煤矿瓦斯治理工作体系示范工程建设领导小组办公室设在自治区煤炭工业管理局，负责瓦

斯治理工作体系示范工程建设的日常工作。办公室主任由田光雄同志兼任，副主任由展新忠（自治区煤炭工业管理局行业管理处处长）担任，成员由常源（新疆煤矿安全监察局安全监察处处长）、赵力（自治区煤炭工业管理局监管处处长）、刘忠（新疆煤矿安全监察局科技装备处处长）、张汉东（新疆煤矿安全监察局信息调度中心主任）、孙咸璇（自治区煤炭工业管理局行业管理处副处长）组成。

四、示范工程建设步骤

(一) 贯彻指导阶段：各地、各煤矿企业要认真学习国务院安委会办公室《关于加强煤矿瓦斯治理工作体系示范工程建设的通知》（安委办〔2009〕2号）文件精神。6月15日前，阿克苏地区、昌吉回族自治州，拜城县、阜康市要制定瓦斯综合治理工作方案，确定瓦斯治理工作体系示范工程建设规划、目标和实施步骤；十三个示范矿井要按照国家和自治区瓦斯治理示范工程建设要求做好前期准备工作；各重点产煤地（州、市）要根据本地区特点，确定本辖区的示范县和示范矿井，并制定各示范县、示范矿井的实施方案。自治区煤矿瓦斯治理工作体系示范工程建设领导小组办公室将对示范县和示范矿井的工作开展情况进行摸底调查，并在2009年6月底前，组织举办两期瓦斯治理示范工程建设技术培训班。

(二) 重点建设阶段：自治区煤矿瓦斯治理工作体系示范工程建设领导小组办公室将对有关地（州、市）煤矿瓦斯治理工作体系示范工程建设领导小组确定的示范县(示范矿井)建设开展情况进行监督检查。到2009年12月底，全区要完成8个示范矿井的建设；被国家、自治区确定的两个示范县建设要取得实质性进展，并建成一批示范矿井，示范矿井数量不得少于辖区内矿井总数的20%。

(三) 总体推进阶段：各地要加强本地区示范县和示范矿井监督检查力度，确保建设质量；在先行试点的基础上，认真总结示范工程建设经验，及时推广适用技术、先进装备和典型经验，及时发现和解决工程建设中出现的新情况、新问题，组织相关专家进行技术咨询和指导，推动示范工程建设；对工程建设进展缓慢的单位，及时查找原因，采取必要的措施，督促其加快示范工程建设进度，按期达到建设要求。2010年底，十三个示范矿井、两个示范县和各重点产煤地（州、市）确定的示范工程达标。

(四) 全面推广阶段：2010年以后，各地在全面总结示范矿井和示范县建设经验的基础上，采取多种形式全面推广，力争用三年左右时间，使辖区内所有矿井达到瓦斯治理工作体系建设要求，全面提升我区煤矿瓦斯综合治理水平，煤矿重特大瓦斯事故得到有效遏制，瓦斯事故总量大幅度下降。

五、保障措施

(一) 完善机构、加强领导。自治区确定的两个示范县、十三个示范矿井和各主要产煤地（州、市）、纳入自治区直属管理的煤矿企业要成立由分管领导任组长的煤矿瓦斯治理工作体系示范工程建设领导小组，负责组织实施瓦斯治理示范县、示范矿井建设工作。

(二) 典型引路，稳步推进。各级煤矿瓦斯治理工作体系示范工程建设领导小组要组织专家，对辖区内的各煤矿进行一次摸底调查，选择基础设施完备、采煤工艺先进、技术力量较强的矿井和各项条件较好的县（市）确定为瓦斯示范工程建设单位，并及时总结经验，提炼典型经验做法和适用技术，以点带面，稳步推进，逐步实现本辖区所有生产矿井达到瓦斯治理示范矿井的标准。

(三) 政策引导、科技支撑。各地要加大对示范工程建设的政策、科技、资金等方面支持力度，落实和完善经济激励政策，确保瓦斯治理投入，提升瓦斯治理能力和水平。要组织技术专家对示范矿井瓦斯治理进行技术分析论证，实现"一矿一策、一面一策"，为示范工程和全面推广瓦斯综合治理工作体系建设提供科技支撑。

(四) 严格标准、狠抓落实。按照《国务院安委会办公室关于进一步加强煤矿瓦斯治理工作的指导意见》（安委办〔2008〕17号）文件关于示范县（区）、示范矿井建设的基本要求，自治区煤矿瓦斯治理工作体系示范工程建设领导小组办公室每年对示范工程建设组织一次检查，阿克苏地区、昌吉州、纳入自治区直属管理的煤矿企业每半年对示范工程建设组织一次检查，被自治区确定的两个示范县（市）和十三个示范矿井每季度进行一次自检。自治区煤矿瓦斯治理工作体系示范工程领导小组办公室将制定煤矿瓦斯治理示范县（矿井）评估办法和评估标准。

(五) 加强监管、监察工作。各级煤炭行业管理部门和煤矿安全监察机构要全力支持示范工程建设工作，把对示范工程建设的监管、监察纳入工作重点，及时掌握辖区内示范工程建设进展情况，分析瓦斯治理工作体系建设中存在的困难和问题，及时向地方政府或煤矿企业提出整改意见和建议。

六、煤矿瓦斯治理示范工程建设评估程序

煤矿瓦斯治理示范工程建设经自查达到标准的，由所在地煤矿瓦斯治理工作体系示范工程建设领导小组组长签字后按隶属关系逐级向上级煤矿瓦斯治理工作体系示范工程建设领导小组申请评估。自治区煤矿瓦斯治理工作体系示范工程建设领导小组负责组织专家对国家和自治区确认的两个示范县和十三个示范矿井的示范工程建设工程进行评估确认。各产煤地（州、市）煤矿瓦斯治理工作体系示范工程建设领导小组负责组织对本地（州、市）、县（区）市确定的瓦斯治理体系示范工程建设工程进行评估确认。

各地（州、市）于2009年6月15日前将瓦斯治理体系示范工程建设实施方案，报自治区煤矿瓦斯治理工作体系示范工程建设领导小组办公室；于次年1月20号前将前一年度的煤矿瓦斯治理体系示范工程建设工作总结和书面材料连同电子版，报自治区煤矿瓦斯治理工作体系示范工程建设领导小组办公室。

关于促进自治区煤炭产业结构优化升级工作的指导意见

2009年6月23日　新政发〔2009〕52号

伊犁哈萨克自治州，各州、市、县（市）人民政府，各行政公署，自治区人民政府各部门、各直属机构：

为深入实施自治区优势资源转换战略，加快推进新型工业化进程，根据国务院32号文件、《国务院关于促进煤炭工业健康发展的若干意见》，经政府研究，现就促进全区煤炭产业结构优化升级提出以下指导意见：

一、煤炭产业结构优化升级的必要性和紧迫性

随着国家“九五”实施的“关井压产”和自治区煤炭工业“十五”结构的调整，我区煤炭资源开发建设秩序进一步规范，煤矿抗灾能力和市场供应支撑保障能力不断增强，产业结构趋于合理。但从总体上看，全区煤炭工业发展的结构性矛盾仍较突出，产业布局不尽合理，煤矿技术装备水平不高，安全生产的基础比较薄弱，可持续发展的后劲不足，与国家提出稳步建设大型煤炭基地，提升新疆煤炭战略地位的总体要求；与自治区加快煤炭工业发展的要求还不相适应。因此，加快推进煤炭产业结构优化升级，提高煤炭产业集中度，是贯彻落实科学发展观，转变煤炭经济发展方式，全面提升我区煤炭工业整体发展水平，实现煤炭资源合理开发和利用的重要途径；是实施自治区煤炭工业中长期发展的重要任务；也是实现自治区煤炭工业跨跃式健康发展的必然选择和必由之路。

二、指导思想

贯彻落实科学发展观，坚定不移地实施优势资源转换战略和大企业大集团战略，按照政府引导和市场机制相结合的原则，以全力推进煤矿企业资源重组和联合改造为主要内容，提升全区煤炭工业整体发展水平，实现煤炭资源的合理开发和利用，促进自治区煤炭工业又好又快发展。

三、总体目标和主要原则

(一) 总体目标。

通过煤炭产业结构优化升级，力争到2015年，除边远缺煤地区和因资源量有限、受煤层赋存和开采技术条件限制，依靠我国现有开采技术和装备水平，单井改造或联合改造后的规模难以达到30万吨/年以上的个别矿区（矿井）或独立矿点外，全疆基本淘汰设计能力30万吨/年以下规模（含30万吨/年）的小煤矿（含露天煤矿）；将中小型矿井改造为大中型矿井，大幅度提高单井生产规模；基地和矿区煤矿布局和结构得到优化，煤炭生产集约化、现代化程度明显提高，煤矿采掘机械化水平和安全保障能力显著增强，煤炭资源回收率达到65%以上。

(二) 主要原则。

1. 坚持政府引导和市场机制相结合，在政府统一指导下，按照公平、自愿、诚信、互利原则，通过市场机制运作，依法推进中小型煤矿资源重组和联合改造，扩大规模，提升发展水平。

2. 坚持突出重点和循序推进相结合，先易后难，以点带面，不断优化煤炭基地和矿区煤矿结构，提高煤炭产业集中度。

3. 坚持统筹协调和以人为本、兼顾各方利益相结合，妥善处理好矿井联合改造与保障市场供应、企业重组和维护资产所有者及劳动者合法权益等关系，保持矿区社会和谐稳定，确保煤炭市场供需平衡。

4. 坚持煤矿联合改造项目建设和地方经济发展规划、煤炭工业发展规划、矿区总体规划、矿业权设置方案等相结合，创新体制和机制，保障资源配置和产业布局合理，实现煤炭资源的合理开发和利用。

5. 坚持以强并弱、以优并劣、以大并小的原则，提高产业集中度和集约化水平，提高矿井生产规模。

6. 坚持立足当前和长远发展相结合，提升煤矿资源重组、联合改造的规模和发展水平。资源重组和联合改造后的煤矿规模，原则上井工煤矿设计生产能力应在45万吨/年及以上，露天煤矿设计生产能力应在100万吨/年及以上（准东、吐哈、伊犁、库拜四大基地井工煤矿设计生产能力应在60万吨/年及以上，露天煤矿设计生产能力应在200万吨/年及以上）。资源赋存和开采条件好的，应优先改造建设百万吨及以上规模的大型矿井（露天）。

7. 坚持煤矿资源重组和企业组织结构调整相结合，加强现代企业组织结构和制度建设，全方位提高煤炭企业技术、人才、安全和管理水平。

8. 坚持推进煤炭产业结构优化升级和培育区域性及跨区域的煤炭企业（集团）相结合，减少煤炭企业数量和矿井数量，增强市场调控和供应保障能力。

四、范围、途径和模式

(一) 范围。

1. 重点是自治区煤炭工业“十五”结构调整规划保留和建设（新建和改扩建）的设计能力30万吨/年以下（含30万吨/年）规模的小型煤矿。对因资源量有限、受煤层赋存和开采技术条件限制，单井改造或联合改造后的规模难以达到30万吨/年以上的个别矿区（矿井）或独立矿点，本着实事求是的原则，在产业优化升级方案中合理确定改造方案和改造后的规模。

2. 全疆现有设计能力30万吨/年以上规模的生产矿井，具备资源、技术和资金条件的，鼓励其联合、改造升级，进一步扩大规模，建设大型矿井。

3. 对边远缺煤地区的各类合法煤矿，原则上可予以保留，并鼓励和支持具备资源条件的煤矿进行改造升级，扩大规模，提升装备和管理水平。

(二) 途径和模式。

1.优先支持具备资金、技术、人才和管理优势的大企业大集团通过市场运作，以收购、兼并、入股、参股、控股等多种方式，参与中小型煤矿的资源重组和改造升级；鼓励大企业大集团对其周边具备条件的中小型煤矿进行兼并重组，扩大矿井规模；鼓励大企业大集团对不具备兼并重组、扩能改造的边远缺煤地区中小型煤矿企业进行租赁和托管，加强管理和实施技术改造，提高煤矿安全保障能力。

2. 鼓励具备资源条件的单个中小型煤矿独立进行改造升级，提高单井规模。

3. 支持具备条件的相邻若干个中小型煤矿以资源和资本为纽带，采取协议转让、合并、入股、融资参股、控股，联合组建新的股份制企业等多种方式，实行多井联合改造，根据资源和市场条件扩大矿井规模。

4. 鼓励以基地和矿区为基础，以资本和市场为纽带，通过对资源、资产和企业组织形式的重组，组建区域性和跨区域的煤炭企业（集团），减少现有煤炭企业数和矿井数，优化煤炭企业组织结构，提升发展水平。

五、主要做法

(一) 加强组织领导。

自治区成立由自治区煤炭工业管理局、自治区发展改革委、国土资源厅、经信委、建设厅、环保厅、水利厅等相关单位参加的自治区煤炭产业结构优化升级工作领导小组，主要职责是做好组织协调和指导全区煤炭产业结构优化升级工作。领导小组下设办公室，办公室设在自治区煤炭工业管理局，具体负责指导各地编制煤炭产业结构优化升级方案，并组织审批和督促实施。各主要产煤地（州、市）、县（市、区）人民政府和新疆生产建设兵团、自治区监狱管理局、自治区直接管理的煤炭企业集团也要成立相应的领导和办事机构，明确责任分工，调动各方面的积极性，切实推进煤炭产业结构优化升级工作。

(二) 周密组织实施。

自治区煤炭产业结构优化升级工作分三个阶段进行。

第一阶段：认真调查研究。主要产煤地（州、市）、县（市、区）人民政府和新疆生产建设兵团及各师（局）、自治区监狱管理局、自治区直接管理的煤炭企业集团煤炭产业结构优化升级工作领导和办事机构在2009年9月底前组织完成对本辖区内和所属煤矿情况的调查摸底工作。要对辖区内和所属各类煤矿的企业性质、资源赋存状况、开采范围、开采水平、开采工艺、剩余资源储量等情况认真进行摸底调查和统计，明确和界定煤矿资源重组和联合改造的范围和对象，为编制煤炭产业结构优化升级方案（以下简称方案）奠定基础。

第二阶段：广泛征求意见，组织编制方案。各有关县（市、区）人民政府要在调查研究的基础上，按照自治区煤炭产业优化升级的指导思想、总体目标、主要原则和途径、模式及方案编制提纲的要求，组织编制县（市、区）煤炭产业结构优化升级实施方案，明确本辖区内煤炭产业结构优化升级工作目标、范围和重点、实施进度安排和保障措施等。由属地人民政府牵头，对各类煤矿企业的资产、规模、技术力量、开采工艺和安全管理水平等进行综合比选，广泛征求意见，结合资源重组和改造企业的意愿，合理确定煤矿资源重组方式、矿井联合改造的方案及实施主体、实施期限。研究编制企业集团组建方案，进行淘汰矿井的规划安排。各有关地（州、市）煤炭产业结构优化升级工作领导小组在2009年底前完成对各县（市、区）煤炭产业结构优化升级实施方案审核和汇总，编制本地（州、市）煤矿产业结构优化升级方案，并上报自治区煤炭产业结构优化升级工作领导小组办公室。新疆生产建设兵团、自治区监狱管理局、自治区直接管理的煤炭企业集团也要按上述要求完成所属煤矿产业结构优化升级方案，并上报自治区煤炭产业结构优化升级工作领导小组办公室。

第三阶段：加快方案审批，周密组织实施。自治区煤炭产业结构优化升级工作领导小组办公室要加大指导、协调和督促力度，按照“成熟一个、审批一个、实施一个”的要求，及时组织有关部门和专家对各地（州、市）、新疆生产建设兵团、自治区监狱管理局和自治区直接管理的煤炭企业集团上报的方案进行审批，并督促各地（州、市）、部门和企业按照批准的方案组织实施。自治区煤炭产业结构优化升级工作领导小组及时进行检查、指导，方案实施完成后，组织验收。

六、保障措施

(一) 截止目前仍不能建成进入试生产的煤炭工业“十五”结构调整规划新建、改扩建煤矿，应停止建设，纳入所在基地和矿区煤炭产业结构优化升级范围。其优化升级的途径和方式在各地（州、市）优化升级方案中要认真进行研究和落实。

(二) 对实施资源重组和联合改造的煤矿建设项目，在编制、审批和组织实施自治区煤炭工业发展规划、区域发展规划、矿区总体规划等相关规划和矿业权设置方案时，予以重点支持和优先安排。

(三) 对实施资源重组和联合改造的煤矿，自治区在资源配置、矿业权审批、调整和转让等方面采取扶持政策和办法予以支持。建立自治区各有关部门联动机制，简化资源重组和联合改造煤矿建设项目的批准、验收和发证等相关程序，具体办法由领导小组办公室另行制定发布。

(四) 对实施企业兼并重组和煤矿联合改造的矿区水、电、路、通讯等基础设施建设，优先列入相关行业发展规划和有关部门年度投资计划予以支持。

关于进一步规范煤炭资源勘查开发管理的暂行规定的通知

2010年8月19日　新政发〔2010〕89号

伊犁哈萨克自治州，各州、市、县（市）人民政府，各行政公署，自治区人民政府各部门、各直属机构：

《关于进一步规范煤炭资源勘查开发管理的暂行规定》已经自治区人民政府第13次常务会议讨论通过，现印发给你们，请认真贯彻执行。

关于进一步规范煤炭资源勘查开发管理的暂行规定

为了进一步规范煤炭资源勘查开发管理，科学合理有序开发利用和保护煤炭资源，保障国家和自治区能源资源需要，促进煤炭工业和经济社会又好又快发展，制定本规定。

第一条　坚持以“以项目配资源”的原则。根据国家和自治区煤炭产业政策、煤炭资源开发布局、煤炭专项勘查规划和经批准的前期规划、开发利用项目、煤炭资源利用方向、需求总量、勘查开发建设进度等内容在内的整体方案，为企业配置资源。

第二条　煤炭资源的配置量以满足企业开发利用项目50年需求为原则。

第三条　煤炭资源的开发在符合矿区总体规划和采矿权设置方案的前提下，实行一个矿区一个开发主体的原则。

第四条　煤炭资源开发必须坚持环保优先的原则，严格限制在自然保护区、地质遗迹保护区（地质公园）、风景名胜区、重要饮用水水源保护区等生态环境保护区域和重要河流两岸、湖泊周围开展煤炭资源开发活动，自治区将暂停上述区域内煤炭资源配置。上述区域内已实施的煤炭资源开发项目，要按照环境保护的要求进行整改，达不到要求的予以关闭。

第五条　已配置煤炭资源的企业，应在规定的期限内提出其开发项目、资源利用方向和项目建设进度计划等实施计划，并承诺按期实施，报项目主管部门和自治区国土资源主管部门备案。未按进度计划实施的，已配置的资源由自治区统一调配。

第六条　对以协议方式无偿配置的煤炭资源，企业取得勘查许可证后在规定期限内未完成最低勘查投入的，根据勘查投入情况相应缩小其勘查面积；对存在“圈而不探”行为的，依法收回煤炭探矿权。

第七条 在矿区总体规划已批准、煤炭资源勘查已满足开发条件一年后仍不进入开发程序的，自治区将依法收回探矿权。采矿权人在领取采矿许可证一年内不进行矿山建设的，自治区将依法注销其采矿权。

第八条 自治区人民政府无偿出让给企业的煤炭资源探矿权采矿权不得擅自转让，无偿配置的煤炭资源不得作价入股或变相作价入股；确需转让或作价入股的，须经自治区人民政府批准，由自治区国土资源主管部门依法办理有关手续。未经批准擅自转让的，自治区将依法收回探矿权采矿权，并按照《自治区探矿权采矿权管理办法》有关规定，根据实际勘查开发投入，对原矿业权人给予合理补偿。

第九条 依法收回的煤炭资源，按照自治区煤炭工业发展"十二五"规划以及产业布局的要求，由自治区人民政府另行配置。

第十条 为了体现矿产资源的国家所有权，凡是由自治区人民政府无偿配置给企业的煤炭资源，由自治区或资源所在的地州市人民政府（行政公署）所属国有独资企业代表政府持有企业15%的股权，并由双方签订协议或合同予以确认。自治区配置给生产建设兵团的煤炭资源除外。

第十一条 本规定由自治区资源管理委员会办公室负责解释。

关于落实加快推进煤矿企业兼并重组若干意见有关问题的通知

2011年6月30日 新政办发〔2011〕106号

伊犁哈萨克自治州，各州、市、县（市）人民政府，各行政公署，自治区人民政府各有关部门、直属机构：

加快推进煤矿企业兼并重组是我区煤炭产业优化升级的重要内涵，是切实转变煤炭工业发展方式， 加快煤炭企业转型升级，提高产业集中度的有效途径，也是全面落实科学发展观，推进我区煤炭新型工业化建设的必然要求。现就贯彻落实《国务院办公厅转发发展改革委关于加快推进煤矿企业兼并重组若干意见的通知》（国办发〔2010〕46号）文件精神，进一步加大我区煤矿企业兼并重组力度，引导各地、生产建设兵团通过煤炭产业升级和企业兼并重组，优化煤炭产业组织结构，提升企业规模等有关问题通知如下：

一、煤矿企业兼并重组的目标

各地（州、市）、生产建设兵团通过实施煤炭产业优化升级，到2015年除喀什、和田、克州三地州和巴州、阿勒泰等地（州）的边远缺煤县（市）外，我区主要产煤地（州、市）、生产建设兵团所属煤矿企业的总规模（指煤矿企业独资或控股的煤矿总产能，包括该企业在本县（市、区）内的及跨县（市、区）或跨地（州、市）的独资或控股的所有煤矿的总产能，设计能力45万吨/年及以上的现生产煤矿按核定能力计算，新建和改扩建矿井按设计能力计算。以下同）应在120万吨/年及以上，同时煤矿企业所属煤矿的单井设计能力不低于45万吨/年。其中准东、吐哈、伊犁三大煤炭基地煤矿企业的总规模应在600万吨/年及以上，库拜煤炭基地煤矿企业的总规模应在180万吨/年及以上。自治区鼓励和支持各地建设1000万吨/年及以上和亿吨级的大型和特大型煤炭企业集团。

二、加大煤矿企业兼并重组力度

(一) 各级人民政府和兵团发改委要高度重视煤矿企业的兼并重组工作。要深刻认识煤炭产业优化升级，不仅是煤炭资源的整合、矿井的联合改造、提升单井规模和淘汰落后小煤矿，更重要的是通过煤炭产业升级，提高产业集中度，提升安全生产水平，实现人才、资金、技术、管理等资源的优化配置，转变煤炭工业发展方式。自治区积极支持和鼓励各种所有制煤矿企业以及电力、冶金、化工等行业的企业以产权为纽带、以股份制为主要形式参与煤矿企业的兼并重组，鼓励在被兼并煤矿企业注册地设立子公司；支持具有经济、技术和管理优势的企业兼并重组落后企业；鼓励优势企业强强联合；鼓励各地跨县（市、区）或跨地（州、市）组建大型煤炭企业集团；鼓励兵、地融合，组建大型煤炭企业集团；鼓励煤、电、运等一体化经营，实现规模化和集约化发展，努力培育一批具有较强竞争力的大型企业集团。

(二) 各级人民政府和兵团发改委在编制《煤炭产业结构优化升级方案》时，要以矿井升级改造方案为基础，贯彻落实国务院关于加快推进煤矿企业兼并重组的文件精神，按照自治区确定的煤矿企业规模目标，认真研究落实本区域、本系统煤矿企业的兼并重组；要按照建立现代企业制度和法人治理结构，实现人财物、产供销等方面统一管理的要求，切实减少煤矿企业个数，组建一批有实力、上规模的煤炭企业和企业集团，提升企业规模。《煤炭产业结构优化升级方案》已初步编制完成的单位也要按本通知的要求，对《煤炭产业结构优化升级方案》有关煤矿企业兼并重组的规划进行修改和完善。

三、认真落实相关政策措施

(一) 各地人民政府要加强煤矿企业兼并重组中职工安置工作的组织领导。兼并重组主体企业要认真落实相关法律法规及政策规定，严格履行企业改组改制民主程序，制定切实可行的职工安置方案，落实安置资金，积极稳妥地解决职工劳动关系、社会保险接续以及企业拖欠职工工资、欠缴社会保险费等问题，切实维护职工合法权益。兼并重组主体企业的新建和改扩建煤矿等项目要优先录用被兼并煤矿企业的分流人员，妥善安置被兼并煤矿企业职工，维护矿区和谐稳定。

(二) 在遵守国家有关法律和政策规定的前提下，县（市、区）间、地（州、市）间、兵团和地方之间可以根据煤炭企业资产规模和盈利能力等因素，相互签订企业兼并重组后的财税利益分成协议，实现煤矿企业兼并重组成果共享，促进煤矿企业兼并重组。

附件：国务院办公厅转发发展改革委关于加快推进煤矿企业兼并重组若干意见的通知（略）

新疆维吾尔自治区煤炭资源有偿配置与勘查开发转化管理规定（暂行）

2011年10月24日

第一条 为了坚持走资源开发可持续、生态环境可持续的发展道路，在依法有序、统一规划、有偿使用、节约集约的前提下，科学合理地开发利用和有效保护煤炭资源，加快优势资源转换步伐，做到经济效益、社会效益、生态效益并重，保障国家和自治区能源资源需要，推进新疆科学跨越发展，根据《中华人民共和国矿产资源法》、《中华人民共和国煤炭法》、《新疆维吾尔自治区矿产资源管理条例》和有关法律、法规，结合自治区实际，特制定本规定。

第二条 本规定适用于自治区行政区域内煤炭资源有偿配置与勘查、开发转化活动。

第三条 本规定下列用语的含义：

有偿配置，是指依法实行探矿权、采矿权有偿取得制度。

煤炭资源国家所有权，是指地表或者地下的煤炭资源属于国家所有，不因其所依附的土地的所有权或者使用权的不同而改变。

煤炭矿业权，是煤炭探矿权、采矿权的合称。

煤炭探矿权，是指依法取得勘查许可证，并在勘查许可证载明的范围内勘查煤炭资源的权利；煤炭采矿权，是指依法取得采矿许可证，并在采矿许可证载明的范围内开采煤炭资源和获得所开采的煤炭的权利。

第四条 勘查、开发煤炭资源，应当坚持统一规划、合理布局、优化调配、整装勘查、合理开采、综合利用、有效保护的方针；建立以维护矿产资源国家所有权为核心的矿产资源管理新机制，推进依法、规范、科学、高效管理；加强项目实际投入监管，鼓励煤炭资源开发利用就地转化。

第五条 勘查、开发煤炭资源，应当以矿产资源总体规划为依据，实现煤炭资源开发利用总量调控、结构调整、布局优化、方式转变、效率提高的目标。

第六条 自治区矿产资源总体规划，由自治区国土资源主管部门组织编制，报国务院国土资源主管部门批准后，由自治区人民政府发布实施；各地州市、县（市）矿产资源总体规划，由本级国土资源主管部门组织编制，经本级人民政府（行政公署）审核，报自治区人民政府批准后实施。

第七条 申请开发利用煤炭资源的项目，必须符合国家和自治区经济社会发展总体规划、自治区煤炭产业发展规划和自治区相关产业发展政策，用于煤电、煤化工等项目的煤炭资源开发利用就地转化率必须达到60%以上。申请配置煤炭资源的企业，应当在自治区工商行政管理部门注册登记，取得营业执照。

审批程序和权限：

(一) 企业应当编制项目整体方案，经项目所在地的州市人民政府、地区行政公署初审同意后，报自治区发展和改革主管部门审批。项目整体方案的主要内容应当包括：企业在疆发展总体规划、项目前期规划、项目可行性研究报告、对资源的需求、投资计划、自立项至达到生产能力的分年计划进度表和环境保护措施等。

(二) 自治区发展和改革主管部门会同经信、国土资源、财政、环保、住房城乡建设、旅游、煤炭、水利、畜牧、林业等部门，对项目整体方案进行综合评审，提出评审意见。

(三) 自治区国土资源主管部门对评审通过的项目，按照煤炭矿区总体规划及矿业权设置方案等，提出有偿配置煤炭资源勘查、开发区块的具体意见，提交自治区资源管理委员会审定后，由自治区国土资源主管部门办理探矿权、采矿权手续。

煤炭资源开发利用涉及生产建设兵团所属企业的，由生产建设兵团按照本规定统一审查后，报自治区人民政府审定。

第八条 煤炭探矿权、采矿权申请人在领取勘查许可证、采矿许可证前，应当依照法定条件、程序和期限缴纳探矿权、采矿权使用费和探矿权、采矿权价款。采矿权人还应当依法缴纳矿产资源补偿费和资源税。

第九条 煤炭资源勘查、开发应当坚持“以项目配资源”的原则和“注重项目实际投入和转化”的总体要求。企业开发利用煤炭资源的项目申请，须经自治区发展和改革主管部门会同有关部门审核批准。煤炭探矿权、采矿权原则上应当采取进场招标、拍卖、挂牌等公开方式有偿出让；经自治区人民政府批准，可以依法采取协议方式有偿出让。项目用煤也可以采取政府协调、市场化运作，直接供应原煤的方式解决，并实行合同约定、动态监管、项目跟踪、合理调配。

第十条 煤炭资源的开采，应当符合矿区总体规划和采矿权设置方案。一个井田原则上由一个主体开发建设。勘查区块与矿区总体规划和采矿权设置方案不一致的，应当按照矿区总体规划和采矿权设置方案进行调整。禁止大矿小开、占而不开、越界开采等行为。

第十一条 对已经批准的煤炭资源勘查区块和矿区范围，应当按照“清理、调整、优化、规范”的原则和下列规定，结合探矿权、采矿权设置方案，进行优化调整。

(一) 自治区国土资源主管部门全面核查区域内煤炭探矿权、采矿权及煤炭资源勘查、开发利用情况；自治区发展和改革主管部门会同有关部门，对项目投资、建设进度和资源需求等情况进行核实，提出调整意见，经自治区人民政府审定后进行统一调整。

(二) 凡未按项目进度计划和投资承诺实施勘查、开发和项目建设的，由自治区国土资源主管部门责令其在60日内整改；逾期未整改到位的，调减其勘查区块、矿区范围。

(三) 对调整出的勘查区块、矿区范围，经自治区国土资源主管部门组织评估后，按照勘查、开发前期实际投入，由自治区人民政府或者取得该勘查区块、矿区范围的企业给予合理补偿。

(四) 取得煤炭探矿权，经勘查达到开采程度并符合转化条件的，必须有国家或自治区发展和改革主管部门核准的开发利用转化项目，按照本规定第九条要求办理采矿登记手续。

煤炭资源所在地的州市人民政府、地区行政公署可以根据本条规定，向自治区人民政府提出调整建议。

第十二条 领取煤炭勘查许可证后，探矿权人在6个月内未开展勘查工作，或者已经开展勘查工作，但未完成自治区规定的最低勘查投入的，均按自动放弃探矿权处理，由自治区国土资源主管部门吊销其勘查许可证。

领取采矿许可证后，采矿权人在一年内未开工建设，按照自动放弃采矿权处理，由自治区国土资源主管部门吊销其采矿许可证；或者已经开工建设，但未完成年度投资计划的，由自治区经济和信息化主管部门责令其在60日内整改，逾期整改不到位的，按自动放弃采矿权处理，由自治区国土资源主管部门吊销其采矿许可证。

第十三条 煤炭探矿权、采矿权不得擅自转让;确需转让的，须经自治区人民政府批准，自治区国土资源主管部门方可办理有关手续。

擅自转让煤炭探矿权、采矿权的，由自治区国土资源主管部门依法吊销其勘查许可证、采矿许可证。

第十四条 在核准的非煤探矿权勘查区域内发现煤炭资源的，不得将非煤勘查矿种变更为煤炭；该区域内的煤炭资源，由自治区人民政府统一有偿出让。

违反本条规定，擅自勘查、开采煤炭资源的，按照法律、法规有关无证勘查、采矿的规定处置。

第十五条 煤炭资源勘查空白区，由国家或者自治区出资勘查，编制《矿区总体规划》及《矿业权设置方案》后，以有偿方式出让探矿权或者采矿权。

第十六条 勘查、开发煤炭资源，应当不占用或者限制占用耕地。

在饮用水水源保护区、自然保护区、风景名胜区、森林公园、国家地质公园及划定的重要河流、湖泊、水库源头保护区、调水水源地保护区、重要旅游区、基本农田和优质草场等区域内，不得勘查、开发煤炭资源。

在本条规定的限制或禁止勘查、开发区域内已经实施的煤炭资源勘查、开发项目，由自治区国土资源主管部门会同发展改革等有关部门提出调整意见，提交自治区资源管理委员会审定。

第十七条 在自治区行政区域内开采煤炭资源的企业，应当按照下列规定缴纳煤炭资源开发地方经济发展费。

(一) 动力煤15元/吨。

(二) 焦煤及配焦用煤20元/吨。

开采煤炭资源用于疆内煤电、煤化工等转化项目的，煤炭资源开发地方经济发展费按照上述收费标准的40%收取。

第十八条 凡以申请在先、协议出让方式取得煤炭采矿权的企业，在本规定第十七条规定收费标准的基础上，加收5元/吨。

煤炭资源开发地方经济发展费的50%返还资源所在地的州市、地区财政；其返还县（市）的比例，在不低于返还额度50%的基础上，由各地州市确定。

煤炭资源开发地方经济发展费的具体征收使用管理办法，由自治区财政主管部门会同国土资源、发展改革部门另行制定。征收标准应当根据煤炭资源开发利用和市场情况适时调整。

第十九条 本规定自发布之日起施行。自治区人民政府《关于进一步规范煤炭资源勘查开发管理的暂行规定》（新政发〔2010〕89号）同时废止。